2023 EDITION

FORTUNE 完打
민법개론_재산법

조문/이론/판례

김춘환 著

머리말

민사법 강의를 하다보면, 항상 느끼는 것은 답은 '조문'에 있다는 것이다. 그런데 오히려 조문을 의외로 잘 모르고 공부하는 수험생들이 많은 것이 현실이다. 현란한 이론, 판례 등은 알고 있으면서도, 정작 왜 그러한 이론, 판례가 있는지를 물어보면 모르는 경우가 많다. 대륙법 체계를 따르는 국가에서 모든 학설, 판례는 '조문'에 대한 해석에서 나오는 것이며, 그 이상도 그 이하도 아니다. 특히 수험 공부에서 '조문'의 중요성은 아무리 강조해도 지나치지 않을 것이다. 다만 그 조문에 대한 이론, 판례도 학습할 수 있도록 조문, 이론, 판례의 삼위일체의 내용을 담은 민법개론(재산법) 교재를 출간하게 되었다. 이 책의 특징은 다음과 같다.

1. 기존의 기본서와는 달리, 제1편 권리의 주체와 객체, 제2편 법률행위, 제3편 법률행위의 효력, 제4편 채권과 채무, 제5편 물권법 등의 편제를 취하였다. 강사가 평소 민법 공부 시에 꼭 알아야 하는 부분들에 대하여, 수험생들이 보다 이해를 쉽게 하기 위함이다.

2. 중요 조문, 이론, 判例 등은 거의 빠짐없이 넣었다. 법 공부의 요체는 무엇보다 '조문'에 있다. 이 조문 등이 활용되는 것이 判例이므로, 시험에서 나올 수 있는 중요 조문, 이론, 判例를 이해하고 바로 숙지할 수 있도록, 나름 최선을 다하였다.

3. 조금 작은 판형을 취하였다. 요즘의 트렌드에 맞게, 어디서나 가지고 다니면서 바로 볼 수 있도록 하여, 언제나 휴대가 가능하도록 하였다.

4. 요즘의 출제 경향이 재산법 문제에서 가족법을 함께 묻는 경우가 있으므로, 재산법에서 출제되는 가족법 내용도 관련 부분에서 같이 서술하여, 출제에 대비하였다.

감사를 드릴 분들이 있다. 현재 법학박사 과정을 수료한 중앙대학교 대학원의 지도교수님이신 이규호 교수님(법학박사, 변호사·변리사·공인노무사시험 출제·채점위원)과 학문하는 자세를 항상 일깨워 주시는 동 대학원의 김상용 교수님(법학박사, 변호사시험 출제위원)께 감사의 말씀을 전한다. 그리고 이 책의 출판에 대해 신경 써 주신 이인규 박사님께 감사드리고, 사랑하는 가족들에게 무한한 고마움을 전한다. 또한 변리사스쿨에서 강의하도록 하여 주신 조현중 대표변리사님, 김영남 변리사님과 김교훈 원장님, 서상민 실장님을 비롯한 학원관계자분들에게도 감사드린다.

마지막으로 하늘에 계시는 아버지께 부끄럽지 않은 삶을 살 것을 스스로 약속하면서, 이 책으로 공부하는 모든 분들이 합격의 영광을 안고, 건강한 삶을 영위하기를 간절히 기원해 본다.

2023. 6. 25. 시흥동 우거에서
저자 김춘환

목 차

제1편 서설, 권리의 주체와 객체

제1장 서설 ··· 3
제1절 민법의 의의, 법원(法源) ·· 3
제2절 민법의 기본원리 ··· 6
제3절 법률관계와 권리 ··· 7
제4절 신의성실의 원칙 ··· 11

제2장 권리의 주체 ··· 23
제1절 자연인 ··· 23
제2절 법 인 ·· 47

제3장 권리의 객체 ··· 78

제2편 법률행위

제1장 행위론 ··· 87

제2장 권리변동 론 ··· 109
제1절 권리 변동의 모습, 원인 ··· 109
제2절 의사표시론 ··· 112
    제1관 총론 ·· 112
    제2관 흠이 있는 의사표시 ··· 113
    제3관 의사표시의 효력 발생 ·· 130
제3절 대리론 ··· 132
    제1관 총설 ·· 132
    제2관 유권대리 ·· 133
    제3관 무권대리 ·· 141

제4절 법률행위의 무효와 취소 ································· 150
　　제5절 부당이득 론 ··· 163

제3편　법률행위의 효력

제1장 조건과 기한 ·· 179
제2장 쌍무계약의 일반적 효력 ·································· 187
제3장 제3자를 위한 계약 ·· 191
제4장 전형계약 ·· 193
　　제1절 총 설 ·· 193
　　제2절 증 여 ·· 194
　　제3절 매 매 ·· 197
　　제4절 사용대차 및 임대차 ······································ 209
　　　　제1관 사용대차 ·· 209
　　　　제2관 임대차 ·· 211
　　제5절 소비대차 ·· 221
　　제6절 도급 ·· 224
　　제7절 위 임 ·· 229
　　제8절 임치 ·· 233
　　제9절 조 합 ·· 235
　　제10절 화 해 ··· 242
　　제11절 기타의 전형계약 ··· 243

제4편　채권과 채무

제1장 채권의 목적과 채무의 이행 ······························ 253
　　제1절 채권의 목적 ··· 253
　　제2절 채무의 이행 ··· 264
　　제3절 채무의 불이행 및 구제방법 ··························· 297
　　제4절 채권양도와 채무인수 ···································· 303
　　제5절 책임재산의 보전 ··· 309
　　제6절 분할채권관계, 불가분채권과 불가분채무 ········ 323
　　제7절 연대채무 ·· 327

    제8절 보증채무 ··· 335
제2장 불법행위 법 ··· 346
    제1절 일반불법행위 ··· 346
    제2절 특수 불법행위 ·· 353
    제3절 불법행위의 효과 ··· 363

제5편 물권법

제1장 물권 일반 ··· 369
    제1절 서 설 ·· 369
    제2절 물권의 효력 ·· 369
제2장 물권의 변동 ··· 372
    제1절 물권의 공시 ·· 372
    제2절 부동산물권의 변동 ··· 373
    제3절 동산 물권 변동 ·· 375
제3장 점유권 ·· 382
제4장 소유권 ·· 400
    제1절 소유권의 의의 ·· 400
    제2절 소유권의 취득 ·· 419
    제3절 공동소유 ··· 436
    제4절 명의신탁 ··· 450
제5장 제한물권 ··· 458
    제1절 용익물권 ··· 458
    제2절 담보물권 ··· 478
    제3절 저당권 ·· 493
    제4절 비전형담보물권 ·· 529

    판례색인 ·· 536

FORTUNE 完打 민법개론(재산법) −조문·이론·판례−

제 1 편
서설, 권리의 주체와 객체

제1장 서설
제2장 권리의 주체
제3장 권리의 객체

제1장 서설

제1절 민법의 의의, 법원(法源)

제1조(법원) 민사에 관하여 법률에 규정이 없으면 관습법에 의하고 관습법이 없으면 조리에 의한다.
제185조(물권의 종류) 물권은 법률 또는 관습법에 의하는 외에는 임의로 창설하지 못한다.

Ⅰ. (실질적 의미의) 법률

1. 의 의

민법 제1조의 「법률」이란 형식적 의미의 법률에 한정하지 않고 실질적 의미의 법률도 포함한다. 따라서 형식적 의미의 법률을 의미하는 민법 제185조 물권법정주의에서의 법률과는 다르다. 즉 민법 제1조에서 말하는 법률은 광의의 법률(=실질적 의미의 법률)로서, 법률·명령·조례·규칙·성문조약 등은 모두 민법의 법원(法源)이 된다. 법률이란 좁은 의미·형식적 의미로 말하면 헌법상 국민의 대표기관인 의회에서 제정된 법을 의미한다. 이는 성문법 전체를 의미하는 광의의 법률과는 구별되는 개념이다.

2. (형식적 의미의) 법률

법률이란 형식적 의미로서 국민의 대표기관인 의회에서 제정된 법을 의미한다. 여기에는 민법전과 그 외의 법률이 있다. 민법전 외에도 민법의 법원이 되는 법률은 상당히 많다. ① 먼저 민법전을 보충하거나 수정하기 위하여 제정된 특별법규가 있는데, 이자제한법·주택임대차보호법·보증인보호를위한특별법·신원보증법·약관의규제에관한법률·자동차손해배상보장법·가등기담보등에관한법률 등이 그 예이다. ② 그리고 공법에 속하는 것으로서 농지법, 특허법, 저작권법, 국토의 계획 및 이용에 관한 법률 중의 일부 규정 등이 있다. ③ 그리고 민법전에 규정되어 있는 실체적인 민법법규를 구체화하기 위한 절차를 규정한 민법 부속법률도 있는데, 부동산등기법·가족관계의등록등에관한법률 등이 있다.

3. 명 령

명령은 국회가 아닌 국가기관이 일정한 절차를 거쳐 제정하는 법규를 말한다. 이는 ① 법률에 의하여 위임된 사항을 정하는 위임명령[1] ② 법률의 규정을 집행하기 위하여 필요한 세칙을 정하는 집행명령[2]이 있다. 그리고 제정권 자에 따라 대통령령·총리령·부령으로 나뉜다. 명령도 민사에 관해 규정하고 있으면 민법의 법원이 된다.

---

1) 민법 제312조의 2 단서의 시행에 관한 규칙
2) 주택임대차보호법 시행령

4. (대법원)규칙

대법원은 법률에 저촉되지 않는 범위 안에서 소송에 관한 절차, 법원의 내부규율과 사무처리에 관한 규정을 제정할 수 있다(헌법 제108조). 이 규칙이 민사에 관한 사항을 정한 것이면 민법의 법원이 된다. 부동산규칙·공탁규칙·공탁금이자에관한규칙 등이 그 예이다.

5. 조약 및 헌법재판소 결정, 긴급명령

헌법에 의하여 체결·공포된 조약과 일반적으로 승인된 국제법규는 국내법과 같은 효력을 가진다(헌법 제6조). 따라서 조약이 민사에 관한 것을 정하면 민법의 법원이 된다. 그리고 헌법재판소의 결정은 법률과 동일한 효력을 가지므로(헌재법 제47조, 제75조), 그 결정내용이 민사에 관한 것이라면 민법의 법원이 된다. 대통령은 헌법이 정한 요건을 갖추어 긴급명령을 발할 수 있다(헌법 제76조). 긴급명령은 법률과 동등한 효력이 인정되고 그 내용이 민사에 관한 것인 때에는 민법의 법원이 된다.

6. 조례·규칙

지방자치단체가 법령의 범위 안에서 그 사무에 관하여 제정한 "조례"와 지방자치단체의 장이 법령 또는 조례가 위임한 범위 안에서 그 권한에 속하는 사무에 관하여 제정한 "규칙"도 민사에 관한 것은 민법의 법원이 된다.

II. 관습법

1. 성립시기 – 법적 확신설(통설, 判例)

법으로서의 관행과 국민이 그 관습을 법으로서 받아들인다는 확신이 있을 때 관습법이 성립된다. 즉 관습법은 법원의 판결에 의해서 비로소 그 존재가 인정되지만, 그 성립 시기는 그 관습이 법적 확신을 획득한 때로 소급한다(통설, 법적 확신설). 따라서 법원의 판결에 의해서 관습법이 창설되는 것(국가승인설)은 아니다.

2. 성문법에 대한 효력

判例는 관습법은 법원으로서 법령에 저촉되지 아니하는 한 법칙으로서의 효력이 있다고 하여 제정법에 대한 보충적 효력을 인정 한다[3](대판(순합) 2005.7.21. 2002다1178, 보충적 효력설). 그리고 判例는 "관습법은 법원이 될 수 있지만 법령에 저촉되지 않는 범위 내에서 효력이 있으므로 종중의 구성원을 성인남자로 제한하는 관습이 법질서에 반하기 때문에 사회 구성원의 법적 확신이 상당부분 흔들리거나 약화되었다면 이러한 관습은 더 이상 법적 효력을 갖지 않는다."고 한다. 즉 대법원은 성년남자만 종중의 구성원이 되는 기존의 관습법에 대한 법적 확신이 흔들리고 그러한 관습이 헌법을 정점으로 하는 우리나라의 법질서에 맞지 않는다는 이유로 관습법이 효력을 상실하였다고 판단하였다. 종중의 구성원에 관한 기존의 관습법이 효력을 상실하였으므로 구성원에 관한 기준은 존재하지 않게 되었고 따라서 조리에 따라야 한다. 조리에 따라 성인여자도 당연히 종중의 구성원이 되어야 한다고 보았다(대판(순합) 2005.7.21. 2002다1178).

3. 직권조사사항

법령과 같은 효력을 갖는 관습법은 당사자의 주장 입증을 기다림이 없이 법원이 직권으로 이를 확정하여야 하고 사실인 관습은 그 존재를 당사자가 주장 입증하여야 하나, 관습은 그 존부자체도 명확하지 않을 뿐만 아니라 그 관습이 사회의 법적 확신이나 법적 인식에 의하여 법적 규범으로까지 승인되었는지의 여부를 가리기는 더욱 어려운 일이므로, 법원이 이를 알 수 없는 경우 결국은 당사자가 이를 주장·입증할 필요가 있다(대판 1983.06.14. 80다3231).

---

[3] 가정의례준칙 제13조의 규정과 배치되는 관습법의 효력을 인정하는 것은 관습법의 제정법에 대한 열후적·보완적 성격에 비추어 제1조의 취지에 어긋 난다(대판 1983.06.14. 80다3231).

4. 사실인 관습

> 제106조(사실인 관습) 법령중의 선량한 풍속 기타 사회질서에 관계 없는 규정과 다른 관습이 있는 경우에 당사자의 의사가 명확하지 아니한 때에는 그 관습에 의한다.

(1) 의 의

사실인 관습이란 사회의 거듭된 관행으로 인한 사회생활규범인 점이 관습법과 같으나, 다만 사회의 법적 확신, 인식에 의해 법적 규범으로 승인될 정도에 이르지 못한 것이다. 判例는 법적확신여하에 따라 관습법과 관습을 구별하는 입장[4])에 있다.

(2) 주장·증명

사실인 관습은 법령과 같은 효력이 없으므로, 원칙상 그 존재를 당사자가 주장, 입증하여야 한다(대판 1983.06.14. 80다3231). 다만 사실인 관습은 일상생활에 있어서의 일종의 경험칙에 속하고 경험칙은 일종의 법칙으로서 당사자의 주장이나 입증에 구애됨이 없이 법관이 직권에 의하여 판단할 수 있다(대판 1977.04.12. 76다1124).

(3) 법률행위의 해석 기준

사실인 관습은 사적 자치가 인정되는 분야 즉 그 분야의 제정법이 주로 임의규정일 경우에는 법률행위의 해석기준으로서 또는 의사를 보충하는 기능으로서 이를 재판의 자료로 할 수 있을 것이나 이 이외의 즉 그 분야의 제정법이 주로 강행규정일 경우에는 그 강행규정 자체에 결함이 있거나 강행규정 스스로가 관습에 따르도록 위임한 경우 등 이외에는 법적 효력을 부여할 수 없다(대판 1983.06.14. 80다3231).

III. 조 리

1. 의의

조리는 사물의 본질적 법칙 또는 사물의 도리를 말한다. 일정한 내용을 가진 것이 아니고 법질서 전체에 비추어 가장 적절하다고 생각될 경우를 말한다. 즉 일반사회인이 보통 인정한다고 생각되는 객관적인 원리 또는 법칙이다. 이른바 '경험칙'이라는 것도 여기에 포함된다. 경우에 따라서는 사회통념·사회적 타당성·신의성실·사회질서·형평·정의·이성·법의 체계적 조화·법의 일반원칙 등의 이름으로 표현되기도 한다.

2. 법원성

다수의 견해는 '법관은 헌법과 법률에 의하여 그 양심에 따라 독립하여 심판한다.'라는 헌법의 규정과 민법 제1조를 근거로, 조리의 법원성을 인정하고 있다[5]).

3. 判例

구 상법상의 상무취체역(이사)의 보수에 대하여 상관습, 민법규정 및 민사관습이 없으므로 조리에 의하여 결정하는 것은 위법이 아니다(대판 1965.08.31. 65다1156). 성년남자만 종중의 구성원이 된다는 관습이 법적효력이 없게 되었다면 민법 제1조에 따라서 종중의 구성원의 자격은 조리에 의해서 보충될 수밖에 없다(대판

---

4) 관습법이란 사회의 거듭된 관행으로 생성한 사회생활규범이 사회의 법적 확신과 인식에 의하여 법적 규범으로 승인·강행되기에 이르른 것을 말하고, 사실인 관습은 사회의 관행에 의하여 발생한 사회생활규범인 점에서 관습법과 같으나 사회의 법적 확신이나 인식에 의하여 법적 규범으로서 승인된 정도에 이르지 않은 것을 말하는 바, 관습법은 바로 법원으로서 법령과 같은 효력을 갖는 관습으로서 법령에 저촉되지 않는 한 법칙으로서의 효력이 있는 것이며, 이에 반하여 사실인 관습은 법령으로서의 효력이 없는 단순한 관행으로서 법률행위 당사자의 의사를 보충함에 그치는 것이다(대판 1983.06.14. 80다3231).
5) 조리를 재판의 준칙으로 인정하는 것은 그것이 법이기 때문이 아니라, 어디까지나 성문법국가에서 법이 마련되어 있지 않은 경우가 생기는 것이 불가피한 데다가, 법관이 재판을 거부할 수 없다는 사실에 기인하는 것이라는 부정설이 있다(곽윤직).

(全合) 2005.07.21. 2002다1178). 그리고 공동상속인들 사이에 협의가 이루어지지 않는 경우에는 제사주재자의 지위를 인정할 수 없는 특별한 사정이 있지 않는 한 피상속인의 직계비속 중 남녀, 적서를 불문하고 최근친의 연장자가 제사주재자로 우선한다고 보는 것이 가장 조리에 부합한다[6](대판(全合) 2023.05.11. 2018다248626).

Ⅳ. 判例의 법원성

민법 제1조는 判例의 법원성에 관하여 언급이 없고, 관습법도 判例에 의해 확인됨으로써 비로소 관습법이 되는 것이므로 判例가 규범성을 가지게 되면 하나의 관습법이 되고, 대법원의 심판에서 판시한 법령해석은 당해 사건에 관하여 하급심을 기속하며 다른 사건에서는 법원을 기속하지 않는다는 점, 또 <u>判例를 법규범이라고 하면 결과적으로 사법부가 입법하는 것이 되어 삼권분립의 정신에 반한다는 것</u> 등을 근거로 하여, <u>判例의 법원성을 부정하는 견해가 다수설, 判例이다.</u> 다만 하급심에 대한 기속력은 있다(법원조직법 제8조, 민사소송법 제436조 2항).

제2절 민법의 기본원리

1. 3대 원칙

(1) 사유재산권존중의 원칙

각 개인의 사유재산권에 대한 절대적 지배를 인정하고, 국가나 다른 개인은 이에 간섭하거나 제한을 가하지 않는다는 원칙을 말한다. 이 원칙으로 인하여 소유자는 자신의 물건을 누구의 간섭도 받지 않고 사용·수익·처분할 수 있다(제211조).

(2) 사적자치의 원칙

개인이 법질서의 한계 내에서 자신의 의사에 기하여 법률관계를 형성할 수 있다는 원칙이다. 이의 내용으로는 계약의 자유, 단체 결성의 자유, 유언의 자유, 권리행사의 자유 등이 있다. 이러한 사적자치의 원칙은 채권법에서 특히 강하게 나타난다.

(3) 과실책임의 원칙

> **제390조(채무불이행과 손해배상)** 채무자가 채무의 내용에 좇은 이행을 하지 아니한 때에는 채권자는 손해배상을 청구할 수 있다. 그러나 채무자의 고의나 과실없이 이행할 수 없게 된 때에는 그러하지 아니하다.
>
> **제750조(불법행위의 내용)** 고의 또는 과실로 인한 위법행위로 타인에게 손해를 가한 자는 그 손해를 배상할 책임이 있다.

개인이 다른 사람에 가한 손해에 대하여 그 행위가 위법하고 고의 또는 과실에 기한 경우에만 책임을 진

---

[6] - 그 이유는 다음과 같다. 가. 2008년 전원합의체 판결에서 조리에 부합한다고 본 제사주재자 결정방법이 현재의 법질서와 조화되지 않는다면 기존 법규범의 연장선상에서 현재의 법질서에 부합하도록 이를 조금씩 수정·변형함으로써 명확하고 합당한 기준을 설정할 필요가 있다. 나. 민법 제1008조의3은 제사용 재산의 특수성을 고려하여 제사용 재산을 유지·보존하고 그 승계에 관한 법률관계를 간명하게 처리하기 위하여 일반 상속재산과 별도로 특별승계를 규정하고 있다. 이러한 취지를 고려하면 어느 정도 예측 가능하면서도 사회통념상 제사주재자로서 정당하다고 인정될 수 있는 특정한 1인을 제사주재자로 정해야 할 필요가 있다. 다. 피상속인의 직계비속 중 최근친의 연장자를 제사주재자로 우선하는 것은 우리의 전통 미풍양속과 현행 법질서 및 사회 일반의 보편적 법인식에 부합한다고 볼 수 있다.

다는 원칙이다. 민법은 채무불이행, 불법행위 책임에서 이를 밝히고 있다.

2. 3대 원칙의 수정 - 사회형평성의 고려

하지만 3대 원칙은 경제적 차이가 극명하게 드러나고 있는 현대 사회에서는 문제점이 많이 드러나고 있다. 사유재산권존중의 원칙, 사적자치의 원칙은 이를 제한하는 방향으로, 과실 책임의 원칙은 무과실책임으로 변화하고 있다. 특히 노동법·경제법 등의 분야는 3대 원칙이 수정되고 있는 대표적인 예이다.

제3절 법률관계와 권리

Ⅰ. 법률관계

1. 법률관계의 의의

사람의 생활관계를 규율하는 사회규범으로는 법, 도덕, 관습, 종교 등 여러 가지가 있으나, 그 중에서 "법"에 의하여 규율되는 생활관계를 법률관계라고 한다. 법률관계가 되면 법에 의해 강제로 그 내용을 실현할 수 있다는 면에서 강제력이 없는 다른 사회규범과 구별된다.

2. 호의관계

(1) 의의 및 특징

예를 들어 출근하는 길에 자동차에 동승을 하게 해 주거나, 옆집 아이를 부모의 외출 중에 대신 돌봐주는 경우 같이, 법적 구속력을 받으려는 의사 없이 호의로 급부를 이행해 주는 관계를 호의관계라고 한다. 특히 호의관계는 상대방에게 급부청구권이 인정되지 않고, 따라서 그것을 강제로 실현할 수 없다는 점에서 법률관계와 구별된다.

(2) 구별기준

어떤 관계가 법률관계인지 호의관계인지는 당사자의 의사와 거래의 관행 등을 고려하여 구체적인 사안에 따라 신중하게 결정하여야 한다(통설, 判例).

(3) 判 例

1) 어떠한 의무를 부담하는 내용의 기재가 있는 문면에 "최대한 노력 하겠습니다."라고 기재되어 있는 경우, 특별한 사정이 없는 한 당사자가 위와 같은 문구를 기재한 객관적인 의미는 문면 그 자체로 볼 때 그러한 의무를 법적으로는 부담할 수 없지만 사정이 허락하는 한 그 이행을 사실상 하겠다는 취지로 해석함이 상당하다[7](대판 1994.03.25. 93다32668).

2) 차량의 운행자가 아무런 대가를 받지 아니하고 동승자의 편의와 이익을 위하여 동승을 허락하고 동승자도 그 자신의 편의와 이익을 위하여 그 제공을 받은 경우 그 운행 목적, 동승자와 운행자의 인적관계, 그가 차에 동승한 경위, 특히 동승을 요구한 목적과 적극성 등 여러 사정에 비추어 가해자에게 일반 교통사고와 동일한 책임을 지우는 것이 신의칙이나 형평의 원칙으로 보아 매우 불합리하다고 인정될 때에는 그 배

---

[7] 甲이 A회사를 인수하면서 A의 주거래은행의 중재 하에 A회사의 사장 乙에게 인수 후 6년간 사장으로서의 예우(임금, 승용차, 기사 제공)를 해 주기로 기재된 약정서에 대해, 甲은 이를 거절하였으나 A의 설득에 따라 甲은 약정서의 말미에 "최대한 노력 하겠습니다."라는 문구를 삽입하고서 위 약정서에 서명하였다. 甲은 3년간은 예우를 하였으나, 그 후 이를 중단하자 乙이 甲에게 위 약정에 근거하여 임금 등의 지급을 청구한 사안이다.

상액을 경감할 수 있으나, 사고 차량에 단순히 호의로 동승하였다는 사실만 가지고 바로 이를 배상액 경감 사유로 삼을 수 있는 것은 아니다(대판 1996.03.22. 95다24302).

II. 권리와 의무

1. 권리의 본질

(1) 학설은 전통적으로 ① 권리는 법에 의해 주어진 의사의 힘 또는 의사의 지배라는 의사설 ② 권리를 법에 의해 보호되는 이익이라는 이익설 ③ 일정한 이익을 향유하기 위하여 법이 인정한 힘이라는 권리법력설 등이 주장되었다.

(2) 다만 현재는 권리를 "일정한 생활상의 이익에 대한 법률상의 힘"으로 정의한다.

2. 권리와 구별되는 개념

(1) 권 한

타인을 위해 일정한 법률효과를 발생하게 하는 행위를 할 수 있는 법률상의 자격을 말한다. 예를 들어 대리권, 대표권, 사원의 결의권, 선택채권의 선택권 등이 있다. 권한은 그 효과가 권한자가 아니라 그 타인에게 귀속된다는 점에서, 권리자 자신이 그 이익을 받는 권리와 구별된다.

(2) 권 능

권능은 권리의 내용을 이루는 개개의 법률상의 힘을 말한다. 예를 들어 소유권은 "사용·수익·처분" 권능으로 구성된다(제211조).

(3) 권 원

일정한 법률상 또는 사실상의 행위를 하는 것을 정당화시키는 원인을 권원이라고 한다. 예를 들어 타인의 부동산에 건물 등을 지은 경우에 그 타인은 건물의 철거를 구할 수 있는데(제214조), 이에 대해 대항하려면 그 토지를 점유할 권원이 있어야 하고, 그러한 것으로는 지상권(제285조), 임차권(제646조) 등이 있다.

(4) 반사적 효과(반사적 이익)

1) 법률이 특정인 또는 일반인에게 어떤 행위를 명함으로써 다른 특정인 또는 일반인이 그 법률규범의 반사적 효과로서 이익을 받게 되는 것을 말한다. 전염병 예방주사를 강제하는 법률에 의해 일반인이 전염병 예방의 효과를 보는 것, 교통법규에 의해 일반인이 교통안전의 효과를 받는 것 등을 예로 들 수 있다.

2) 민법상으로는 불법(제103조)의 원인으로 인하여 재산을 급여한 자는 그 반환을 청구하지 못하는데(제746조), 그 결과 수익자가 급여된 재산의 소유권을 취득하게 되는 것도 반사적 효과이다.

3. 의 무

(1) 의 의

의무란 의무자의 의사와는 관계없이 반드시 따라야 할 법률상의 구속을 말한다. 의무가 있다면 그에 대응하여 권리가 있게 마련이지만 항상 그런 것은 아니다. 즉 권리만 있고 의무가 없는 경우도 있고(예 취소권·추인권·해제권 등의 형성권), 반대로 의무만 있는 경우도 있다(예 공고의무(제88조, 제93조), 등기의무(제50조~제52조), 감독의무(제755조) 등].

(2) 책 무(간접의무)

민법 제528조에 의하면 청약자는 연착통지의무가 있는데 이를 책무 또는 간접의무라고 한다. 이것은 승낙자가 청약자에게 적극적으로 청구할 권리가 있는 것이 아니라, 청약자가 그 통지를 하지 않은 경우에 계약이 성립된 것으로 간주되어 청약자가 불이익을 받을 뿐이라는 점에서 의무와 구별된다. 이 밖에도 증여자의 하자고지의무(제559조 1항), 대주의 하자고지의무(제612조) 등이 이에 속한다.

Ⅲ. 권리의 분류

1. 내용에 의한 분류

(1) 재산권

1) 물 권 : 물권은 권리자가 물건 등의 객체를 직접 지배해서 이익을 얻는 배타적 권리이다. 물권은 법률 또는 관습법에 의해서만 창설될 수 있는데(제185조), 점유권, 소유권, 지상권, 지역권, 전세권, 유치권, 질권, 저당권 등이 있다.
2) 채 권 : 채권은 특정인이 다른 특정인에 대하여 일정한 이행행위(급부)를 요구할 수 있는 권리이다. 채권은 채무자의 협력 즉 이행행위라는 문제를 남기는 면에서 물권과 구별된다.
3) 지식재산권 : 발명·저작 등의 정신적·지능적 창조물을 독점적으로 이용하는 것을 내용으로 하는 권리를 말한다. 무체재산권·지적소유권이라고도 한다. 특허권·실용신안권·디자인권·상표권·저작권 등이 있다.

(2) 인격권

인격권은 주체와 분리할 수 없이 결합되어 있는 인격적 이익(생명, 신체, 명예)을 누리는 것을 내용하는 권리이다.

(3) 가족권

부모와 자녀 사이, 배우자 사이, 형제자매 사이와 같은 친족관계에 있어서의 일정한 지위에 따르는 이익을 누리는 것을 내용으로 하는 권리이다.

(4) 사원권

사원권은 단체의 구성원 즉 사원이 그 구성원이라는 지위에서 단체에 대해서 가지는 권리를 통칭해서 이르는 권리이다. 주식회사의 주주권 등이 그 예이다.

2. 작용에 의한 분류

(1) 지배권

지배권은 다른 사람의 행위를 개입시키지 않고 일정한 객체에 대하여 직접 지배력을 미치게 하는 권리이다. 물권이 가장 전형적이고, 그 밖에 지식재산권·인격권·친권 등이 있다.

(2) 청구권

1) 청구권은 특정인이 다른 특정인에 대하여 일정한 행위를 요구 할 수 있는 권리이다. 소비대차계약에 기해 금전을 빌려준 사람(대주)이 빌린 사람(차주)에 대하여 금전의 지급을 요구할 수 있는 것이 그 예이다.
2) 청구권은 지배권과는 달리 권리의 객체(금전)을 직접 지배할 수는 없으며, 단지 의무자에 대하여 일정한 행위(금전지급행위)를 요구 할 수 있을 뿐이다.
3) 청구권은 기초되는 권리의 효력으로 발생하며, 그 기초되는 권리가 채권이면 채권적 청구권, 물권이면 물권적 청구권이 된다. 그 외에도 지식재산권, 상속권, 가족권 등도 기초되는 권리가 될 수 있다.

(3) 형성권

형성권은 권리자의 일방적인 의사표시에 의하여 법률관계가 창설·변경·소멸되는 권리이다. 특히 형성권 중에는 권리자가 법원에 권리를 재판상 행사하여야 하는 경우도 있다(形成訴權, 형성소권). 권리자의 의사표시만으로 효과가 발생하는 형성권으로는 동의권(제5조, 제10조), 취소권(제140조), 해제권(제543조) 등이 있고, 법원에 재판상 행사해야 하는 경우로는 채권자취소권(제406조), 재판상 이혼권(제840조), 친생부인권(제846조) 등이 있다.

(4) 항변권

항변권은 상대방이 청구권을 행사한 경우에 그 청구권의 작용을 저지할 수 있는 권리이다. 항변권은 상대방의 청구권의 작용을 일시적으로 저지 할 수도 있고(연기적 항변권), 영구적으로 저지할 수도 있다(영구적 항변권). 전자의 예로는 동시이행의 항변권(제536조), 보증인의 최고·검색의 항변권(제437조) 등이 있고, 후자의 예로는 한정승인의 항변권(제1028조) 등이 있다.

3. 그 밖의 분류

(1) 절대권·상대권

절대권은 모든 자에게 주장할 수 있는 권리이고, 상대권은 특정인에 대해서만 주장할 수 있는 권리이다. 물권·지식재산권·친권 등은 절대권이고, 채권 등은 상대권이다.

(2) 일신전속권, 비전속권

일신전속권[8]이란 권리의 성질상 타인에게 귀속할 수 없거나(귀속상 일신전속권), 타인이 행사할 수 없는 권리(행사상 일신전속권)를 말하는데, 양도나 상속이 가능하지 않은 권리(특히 귀속상 일신전속권의 경우)를 말한다. 이에 반해 비전속권은 양도나 상속이 가능한 권리이다.

(3) 주된 권리·종된 권리

원본채권·이자채권의 관계 같이 하나의 권리(종된 권리)가 다른 권리(주된 권리)를 전제로 하는 경우를 말한다.

Ⅳ. 권리의 충돌과 경합

1. 권리의 충돌과 순위

(1) 의 의

동일한 객체에 대하여 수개의 권리가 존재하는 경우에, 그 객체가 모든 권리를 충족시킬 수 없는 경우를 권리의 '충돌'이라고 하고, 이 때 그 수개의 권리 간에는 '순위'가 있게 된다.

(2) 권리 상호간의 순위

1) 물권 상호간

① 소유권과 제한물권 간에는 언제나 제한물권이 소유권에 우선한다. 예를 들어 지상권 설정 기간 동안은 부동산의 소유자는 그 부동산을 사용·수익할 수 없다.

② 동일한 종류의 물권 간에는 시간적으로 먼저 성립한 물권이 후에 성립한 물권에 우선한다. 예를 들어 동일한 물건 위에 甲의 소유권이 먼저 성립했다면 乙의 소유권은 성립할 수 없고, 동일한 물건 위에 1번 저

---

[8] 이는 채권자대위권의 대상이 될 수 있는 것인가에 실익이 있는 구별이다. 즉 행사상의 일신전속권은 채권자대위권의 대상이 될 수 없으나, 귀속상의 일신전속권은 비록 양도나 상속이 제한되기는 하지만 채권자대위권의 대상이 될 수 있기 때문이다. 가족법상의 권리는 친족상의 신분과 결부된 권리이므로 원칙적으로 행사상 일신전속권을 가진다. 따라서 친생부인권(제846조), 인지청구권(제863조), 혼인취소권(제816조), 재산관리권(제916조), 부양청구권(제974조), 상속회복청구권(제999조), 상속의 승인포기권(제1011조, 제1013조) 등은 채권자대위권의 대상이 될 수 없다.

당권이 성립했다면, 그 저당권을 침해하지 않는 범위에서만 2번 저당권이 성립할 수 있는 것이다.

2) 물권과 채권 상호간
성립시기를 불문하고, 항상 물권이 우선한다. 물권은 물건에 대한 직접적인 지배권이기 때문이다.

3) 채권 상호간
채권 상호간에는 '채권자평등의 원칙'에 따라, 동일한 채무자에 대한 채권은 발생원인·발생시기·채권액을 불문하고 평등하다. 그러나 이 원칙이 그대로 적용되는 것은 파산의 경우나 경매에서 배당참가의 경우이며, 그 밖의 경우에는 채권자 상호간에 순위가 없으므로, 채무자는 채권자 중 누구에게 이행을 할지는 자유이며, 그에 따라 먼저 급부를 받는 자가 만족을 얻고 다른 채권자는 그 나머지로부터 변제를 받을 수 있는데, 이를 '선행주의'라고 한다.

2. 권리의 경합

(1) 의 의
하나의 생활사실이 수개의 법규가 정하는 요건을 충족하여, 수개의 권리가 발생하고 이 수개의 권리가 동일한 목적을 가지고, 동일한 효과를 가져 오는 경우를 '권리의 경합'이라고 한다. 권리의 경합은 다시 ① 형성권의 경합(하나의 계약에 대해 해제권과 취소권이 경합하는 경우) ② 청구권의 경합으로 나뉜다. 특히 청구권의 경합이 많이 문제된다. 예를 들어 임대인 甲이 임차인 乙과 임대차계약을 체결하였는데, 임대차기간이 경과되었음에도 乙이 甲에게 임대물건을 반환하지 않고 있다면, 甲은 乙에게 소유권에 기한 반환청구권과 임대차계약 종료에 따른 계약상의 반환청구권을 모두 행사할 수 있다. 그리고 택시기사 乙이 손님 甲을 태워 운전하다 DMB를 보다 부주의로 교통사고를 내어 甲을 다치게 하였다면, 甲은 채무불이행에 따른 손해배상청구권(제390조)과 불법행위에 따른 손해배상청구권(제750조)을 모두 행사할 수 있다.

(2) 법조(법규) 경합
하나의 생활사실이 수개의 법조를 충족하는 것으로 보이지만, 하나의 법조가 다른 법조의 적용을 배제시키므로, 실제로는 하나의 법조만 충족하는 경우를 말한다(일반법과 특별법의 관계). 예를 들어 乙이 운전을 하다 甲에게 교통사고를 일으켰고 乙이 책임보험에 가입해 있다면, 자동차손해배상보장법의 요건도 충족하고, 민법상 불법행위도 충족하지만 자동차손해배상보장법이 민법의 특별법이므로, 甲은 자동차손해배상보장법 상의 권리만 행사할 수 있다.

제4절 신의성실의 원칙

제2조(신의성실) ① 권리의 행사와 의무의 이행은 신의에 좇아 성실히 하여야 한다.

Ⅰ. 신의칙

1. 의 의
신의성실의 원칙은 법률관계의 당사자가 상대방의 이익을 배려하여 형평에 어긋나거나, 신뢰를 저버리는 내용 또는 방법으로 권리를 행사하거나 의무를 이행하여서는 아니 된다는 추상적 규범을 말한다(대판 2003.04.22. 2003다2390).

2. 적용대상

신의칙은 사법 전 영역에서 적용되며, 사회법 영역에서도 적용이 많고 민사소송법, 행정법, 세법 등의 공법분야에도 적용된다.

3. 관련제도

불공정한 법률행위(제104조), 상린관계(제216조~제244조), 지상권의 경우 지료증감청구권(제286조), 임차권의 경우 차임증감청구권(제628조), 이행보조자의 고의, 과실에 대한 채무자의 책임(제391조), 과실상계(제396조), 채권자지체(제400조~제403조), 계약체결상 과실책임(제535조), 동시이행항변권(제536조), 위험부담에 관한 규정(제537조) 등이 있다.

4. 신의칙의 기능

(1) 법률행위해석의 기준

의무부담약정에서 '최대한 노력 하겠습니다.'라고 기재한 경우, 법적 의무는 부정된다(대판 1994.03.25. 93다32668). 그리고 헌법상 기본권은 제1차적으로 개인의 자유로운 영역을 공권력의 침해로부터 보호하기 위한 방어적 권리이지만 다른 한편으로 헌법의 기본적인 결단인 객관적인 가치질서를 구체화한 것으로서, 사법(사법)을 포함한 모든 법 영역에 그 영향을 미치는 것이므로 사인 간의 사적인 법률관계도 헌법상의 기본권 규정에 적합하게 규율되어야 한다. 다만 기본권 규정은 성질상 사법관계에 직접 적용될 수 있는 예외적인 것을 제외하고는 관련 법규범 또는 사법상의 일반원칙을 규정한 민법 제2조, 제103조 등의 내용을 형성하고 그 해석기준이 되어 간접적으로 사법관계에 효력을 미치게 된다(대판 2018.09.13. 2017두38560).

(2) 약관통제의 기준

보험계약자의 고지의무위반과 보험자의 약관의 명시·설명의무 위반이 경합한 경우 보험자는 그 약관의 내용을 보험계약의 내용으로 주장할 수 없으므로, 보험계약자나 그 대리인이 그 약관에 규정된 고지의무를 위반하였다 하더라도 이를 이유로 보험계약을 해지할 수 없다(대판 1996.03.08. 95다53546). 보험계약자가 주운전자가 아들임에도 불구하고 처라고 허위 고지한 경우라고 하여도 보험자가 그 약관의 설명의무를 위배하였다면 보험자는 보험계약을 해지할 수 없다.

5. 직권조사사항

신의칙위반이나 권리남용은 강행규정에 위반되는 것이므로, 당사자의 주장이 없더라도 법원은 직권으로 판단할 수 있다(대판 1995.12.22. 94다42129).

6. 신의칙 적용의 보충성

(1) 의 의

구체적 사건에 대한 적절한 해결이 법률규정의 취지나 유추적용 또는 계약에 의하여 가능한 경우에는 함부로 신의칙을 적용하여서는 아니 된다. 이를 신의칙 적용의 보충성이라고 한다.

(2) 判 例

유효하게 성립한 계약상의 책임을 공평의 이념 또는 신의칙과 같은 일반원칙에 의하여 제한하는 것은 사적 자치의 원칙이나 법적 안정성에 대한 중대한 위협이 될 수 있으므로, 채권자가 유효하게 성립한 계약에 따른 급부의 이행을 청구하는 때에 법원이 급부의 일부를 감축하는 것은 원칙적으로 허용되지 않는다. 甲 공사가 乙 주식회사와 체결한 전기공급계약에 따라 전기를 공급한 후 착오로 청구하지 않았던 전기요금의 지급을 구하자 乙 회사가 채무부존재 확인을 구한 사안에서, 甲 공사가 乙 회사에 유효하게 성립한 전기공급계약에 따른 전기요금을 청구하는 것이 신의성실의 원칙이나 형평의 원칙에 반하여 허용될 수 없어 전기요금을 감액할 수 있다고 보기 어려운데도, 乙 회사가 甲 공사에 지급할 추가 전기요금채무를 1/2로 감액한 원심판단에 법리오해의 잘못이 있다(대판 2016.12.01. 2016다240543).

Ⅱ. 실효의 원칙

1. 의 의

권리행사의 기대가능성이 있음에도 상당기간이 경과하도록 이를 행사하지 아니하여 상대방으로서도 이제는 그 권리를 행사하지 아니할 것으로 신뢰할만한 정당한 기대를 가지게 된 후 새삼스럽게 그 권리를 행사하는 것이 법질서 전체를 지배하는 신의성실원칙에 위반되는 결과로 되는 때는 그 행사가 인정되지 않는다(대판 1991.01.21. 91다30118).

2. 긍정한 경우

(1) 근로관계와 실효의 원칙

1) 동일한 사유로 의원면직된 다른 자가 그 무효 확인의 소를 제기하여 대법원의 승소확정판결을 받음으로써 의원면직처분이 무효임을 안 자가 그 후 2년 6월, 사직원 제출 후 12년이 지난 뒤에 제기한 해고무효소송은 인정되지 않는다(대판 1992.01.21. 91다30118).

2) 근로자가 사직원의 작성·제출이 자신이 아닌 그의 형에 의하여 이루어졌음을 이유로 의원면직의 무효 확인을 구하는 사안에서, 근로자의 형이 사직원을 제출하게 된 경위 및 근로자가 아무런 이의 없이 퇴직금을 수령한 점 등 제반 사정에 비추어 볼 때 의원면직일로부터 5년이 넘게 경과한 후에 위와 같은 소송을 제기한 것은 신의칙에 반하는 것이다(대판 2005.10.28. 2005다45827).

(2) 소송법상 권리와 실효의 원칙

실효의 원칙이라 함은 권리자가 장기간에 걸쳐 그 권리를 행사하지 아니함에 따라 그 의무자인 상대방이 더 이상 권리자가 권리를 행사하지 아니할 것으로 신뢰할 만한 정당한 기대를 가지게 된 경우에 새삼스럽게 권리자가 그 권리를 행사하는 것은 법질서 전체를 지배하는 신의성실의 원칙에 위반되어 허용되지 아니한다는 것을 의미하고, 항소권과 같은 소송법상의 권리에 대하여도 이러한 원칙은 적용될 수 있다고 할 것이다(대판 1996.07.30. 94다51840).

(3) 해제권의 경우

1년 4개월 전에 발생한 해제권을 행사하지 않고 오히려 그 채무의 이행을 최고한 자가 새삼스럽게 해제권을 행사하는 것은 인정되지 않는다(대판 1994.11.25. 94다12234).

3. 부정한 경우

(1) 토지에 대한 무단점유와 부당이득반환청구권

토지소유자가 그 무단점유자에 대하여 부당이득반환청구권을 장기간 적극적으로 행사하지 아니하였다는 사정만으로는 부당이득반환청구권이 이른바 실효의 원칙에 따라 소멸하였다고 볼 수 없다(대판 2002.01.08. 2001다60019).

(2) 인지청구권

인지청구권은 본인의 일신전속적인 신분관계상의 권리로서 포기할 수도 없으며 포기하였더라도 그 효력이 발생할 수 없는 것이고, 이와 같이 인지청구권의 포기가 허용되지 않는 이상 거기에 실효의 법리가 적용될 여지도 없다. 인지청구권의 행사가 상속재산에 대한 이해관계에서 비롯되었다 하더라도 정당한 신분관계를 확정하기 위해서라면 신의칙에 반하는 것이라 하여 막을 수 없다(대판 2001.11.27. 2001므1353).

(3) 중혼취소권

실효 또는 실권의 법리라 함은 권리자가 장기간에 걸쳐 그의 권리를 행사하지 아니하였기 때문에 의무자인 상대방이 이미 그의 권리를 행사하지 아니할 것으로 믿을 만한 정당한 사유를 갖게 되었거나 그 권리를 행사하지 아니할 것으로 추인하게 된 경우에 새삼스럽게 그 권리를 행사하는 것이 신의성실의 원칙에 반하는 결과가 될 때 그 권리행사를 허용하지 아니하는 것을 의미한다. 중혼 성립 후 10여 년 동안 혼인취소청구권을 행사하지 아니하였다 하여 권리가 소멸되었다고 할 수 없으나 그 행사가 권리남용에 해당 한다(대판 1993.08.24. 92므907).

Ⅲ. 모순행위금지의 원칙(금반언의 원칙)

1. 의 의

자신의 선행행위와 모순되는 후행행위는 허용되지 않는다는 원칙이다. 민법도 제452조 1항에서 "양도통지와 금반언"이라는 규정을 두고 있다.

2. 긍정한 경우

(1) 농지법상 자경의사

농지에 대해 자경의사가 있는 것처럼 소재지관서의 증명을 받아 소유권이전등기를 마친 후 증여세의 부과를 면하기 위하여 등기의 무효를 주장하는 것은 신의칙에 위배 된다(대판 1990.07.24. 89누8224).

(2) 경매사건

은행에게 보증금 없이 임차하고 있다고 말하고 확인서까지 써 준 임차인이 경락인인 은행에게 보증금반환을 내세워 건물의 명도를 거부하는 것은 신의칙에 위배되고(대판 1987.11.24. 87다카1708), 경매목적인 부동산의 소유자가 경매가 진행 중인 사실을 알면서 이의 없이 배당금을 수령하고 경락인 명의로 부동산을 인도해 준 후 그 기초가 된 근저당권이나 공정증서의 무효를 주장하여 이전등기의 말소를 청구하는 것은 신의칙에 위배되며(대판 1993.12.24. 93다42603), 임차인의 주민등록상 주소가 등기부상 표시와 다르다는 이유로 임대차의 대항력을 부정하는 근저당권자의 주장이 신의칙에 위배되는 경우도 있다(대판 2008.02.14. 2007다33224).

(3) 강제집행

채권자가 채권을 담보하기 위하여 제3자의 부동산을 채무자에게 명의신탁하게 한 다음 그 부동산에 대하여 강제집행 하는 것은 신의칙에 위배 된다(대판 1981.07.07. 80다2064).

3. 부정한 경우 - 강행규정위반을 주장하는 경우

(1) 투자수익보장약정, 토지거래허가

강행규정에 위반된 투자수익보장약정을 권유한 자가 나중에 약정금의 이행을 구하는 상대방에 대하여 무효주장을 하는 것이 신의칙에 반하지 않고, 구 국토이용관리법상 허가구역 내에서 허가받지 않은 매매의 경우 매도인이 매수인에게 무효주장을 하는 것이 신의칙에 반하지 않는다(대판 2003.04.22. 2003다2390 · 2406).

(2) 단체협약

「노동조합 및 노동관계조정법」제31조 제1항이 단체협약은 서면으로 작성하여 당사자 쌍방이 서명날인하여야 한다고 규정하는 바, 이러한 방식을 구비하지 않은 단체협약은 효력이 없고 강행규정의 취지를 살리기 위하여 단체협약의 무효를 주장하는 것은 신의칙에 반하지 않는다[9](대판 2001.05.29. 2001다15422 · 15439).

(3) 타인의 사망을 보험사고로 하는 보험계약

타인의 사망을 보험사고로 하는 보험계약에서는 보험계약체결시에 그 타인의 서면에 의한 동의를 얻어야 한다는 상법 제731조 제1항의 규정은 강행법규로서 위 규정에 위반하여 체결된 보험계약은 무효라고 할 것이고, 상법 제731조 제1항을 위반하여 계약을 체결한 자 스스로가 무효를 주장함이 신의성실의 원칙 또는 금반언의 원칙에 위배되는 권리행사라는 이유로 이를 배척한다면, 위와 같은 입법취지를 완전히 몰각시키는 결과가 초래되므로 특단의 사정이 없는 한 그러한 주장이 신의성실 또는 금반언의 원칙에 반한다고 볼 수는 없다(대판 1999.12.07. 99다39999).

(4) 미성년자

법정대리인의 동의를 얻지 않고 신용카드 가맹점과 신용구매계약을 체결한 미성년자가 사후에 법정대리인의 동의 없음을 들어 그 계약을 취소하는 것은 신의칙에 반하지 않는다(대판 2007.11.16. 2005다71659·71666·71673).

(5) 의사무능력자

의사무능력자가 자신의 명의로 대출계약을 체결하고 자신 소유의 부동산에 관하여 근저당권을 설정한 다음, 의사무능력자의 특별대리인이 위 대출계약 및 근저당권설정계약의 효력을 부인하는 것은 신의칙에 반하지 않는다(대판 2006.09.22. 2004다51627).

(6) 사립학교법위반의 담보제공

사립학교법 제28조 제2항, 같은법시행령 제12조가 학교법인이 학교교육에 직접 사용되는 학교법인의 재산 중 교지, 교사 등은 이를 매도하거나 담보에 제공할 수 없다고 규정한 것은 사립학교의 존립 및 목적 수행에 필수적인 교육시설을 보전함으로써 사립학교의 건전한 발달을 도모하는 데 그 목적이 있는 것이라고 해석되는바, 강행법규인 같은 법 제28조 제2항을 위반한 경우에 위반한 자 스스로가 무효를 주장함이 권리남용 내지 신의성실원칙에 위배되는 권리의 행사라는 이유로 배척된다면 위와 같은 입법 취지를 완전히 몰각시키는 결과가 되므로 명목상으로만 학교법인에 직접 사용되는 재산으로 되어 있을 뿐 실제로는 학교교육에 직접 사용되는 시설·설비 및 교재·교구 등이 아니거나 학교 자체가 형해화되어 사실상 교육시설로 볼 수 없는 경우와 같은 특별한 사정이 있다면 매도나 담보제공을 무효라고 주장하는 것은 법규정의 취지에 반하는 것이므로 신의성실 원칙에 반하거나 권리남용이라고 볼 것이지만 그와 같은 특별한 사정이 없이 사립학교 경영자가 매도나 담보제공이 무효라는 사실을 알고서 매도나 담보제공을 하였다고 하더라도 매도나 담보제공을 금한 관련 법규정의 입법 취지에 비추어 강행규정 위배로 인한 무효주장을 신의성실 원칙에 반하거나 권리남용이라고 볼 것은 아니다(대판 2000.06.09. 99다70860).

(7) 통상임금과 신의성실의 원칙

단체협약 등 노사합의의 내용이 근로기준법의 강행규정을 위반하여 무효인 경우에, 무효를 주장하는 것이 신의칙에 위배되는 권리의 행사라는 이유로 이를 배척한다면 강행규정으로 정한 입법 취지를 몰각시키

---

9) 신의성실의 원칙(이하 '신의칙'이라고 한다)은, 법률관계의 당사자는 상대방의 이익을 배려하여 형평에 어긋나거나 신뢰를 저버리는 내용 또는 방법으로 권리를 행사하거나 의무를 이행하여서는 아니 된다는 추상적 규범을 말하는 것으로서, 신의칙에 위배된다는 이유로 권리행사를 부정하기 위해서는 상대방에게 신의를 공여하였거나 객관적으로 보아 상대방이 신의를 가지는 것이 정당한 상태에 이르러야 하고 이와 같은 상대방의 신의에 반하여 권리를 행사하는 것이 정의 관념에 비추어 용인될 수 없는 정도의 상태에 이르러야 한다. 단체협약 등 노사합의의 내용이 근로기준법 등의 강행규정을 위반하여 무효인 경우에, 그 무효를 주장하는 것이 신의칙에 위배되는 권리의 행사라는 이유로 이를 배척한다면 강행규정으로 정한 입법 취지를 몰각시키는 결과가 되므로, 신의칙을 적용하기 위한 일반적인 요건을 갖춤은 물론 강행규정성에도 불구하고 신의칙을 우선하여 적용하는 것을 수긍할 만한 특별한 사정이 있는 예외적인 경우에 해당하지 않는 한 그러한 주장이 신의칙에 위배된다고 볼 수 없다(대판 2018.07.11. 2016다9261·9278).

는 결과가 될 것이므로, 그러한 주장이 신의칙에 위배된다고 볼 수 없음이 원칙이다. 그러나 노사합의의 내용이 근로기준법의 강행규정을 위반한다고 하여 노사합의의 무효 주장에 대하여 예외 없이 신의칙의 적용이 배제되는 것은 아니다. 신의칙을 적용하기 위한 일반적인 요건을 갖춤은 물론 근로기준법의 강행규정성에도 불구하고 신의칙을 우선하여 적용하는 것을 수긍할 만한 특별한 사정이 있는 예외적인 경우에 한하여 노사합의의 무효를 주장하는 것은 신의칙에 위배되어 허용될 수 없다(대판(全合) 2013.12.18. 2012다89399).

(8) 영업양도와 강행법규 위반

강행법규를 위반한 자가 스스로 그 약정의 무효를 주장하는 것이 신의칙에 위배되는 권리의 행사라는 이유로 그 주장을 배척한다면, 이는 오히려 강행법규에 의하여 배제하려는 결과를 실현시키는 셈이 되어 입법취지를 완전히 몰각하게 되므로, 달리 특별한 사정이 없는 한 위와 같은 주장이 권리남용에 해당되거나 신의성실 원칙에 반한다고 할 수 없다. 상법 제374조 제1항 제1호는 주식회사가 영업의 전부 또는 중요한 일부의 양도행위를 할 때에는 제434조에 따라 출석한 주주의 의결권의 3분의 2 이상의 수와 발행주식총수의 3분의 1 이상의 수로써 결의가 있어야 한다고 규정하고 있는데 이는 주식회사가 주주의 이익에 중대한 영향을 미치는 계약을 체결할 때에는 주주총회의 특별결의를 얻도록 하여 그 결정에 주주의 의사를 반영하도록 함으로써 주주의 이익을 보호하려는 **강행법규**이므로, <u>주식회사가 영업의 전부 또는 중요한 일부를 양도한 후 주주총회의 특별결의가 없었다는 이유를 들어 스스로 그 약정의 무효를 주장하더라도 주주 전원이 그와 같은 약정에 동의한 것으로 볼 수 있는 등 특별한 사정이 인정되지 않는다면 위와 같은 무효 주장이 신의성실 원칙에 반한다고 할 수는 없다</u>(대판 2018.04.26. 2017다288757).

Ⅳ. 사정변경의 원칙

1. 의 의

채권을 발생시키는 법률행위 성립 후 당시 환경이 된 사정을 당사자 쌍방이 예견하지 못 하고 또 예견할 수 없었던 변경이 발생한 결과 본래의 급부가 신의형평의 원칙상 당사자에 현저히 부당하게 된 경우, 당사자가 그 급부의 내용을 적당히 변경할 것을 상대방에게 제의할 수 있고, 상대방이 이를 거절하는 때에는 당해 계약을 해제할 수 있는 규범을 말한다(대판 1955.04.14. 4286민상231). 사정변경의 원칙에 있어 사정이라 함은 계약의 기초가 되었던 객관적인 사정으로서, 일방당사자의 주관적 또는 개인적인 사정을 의미하는 것이 아니다(대판 2007.03.29. 2004다31302). 민법에서는 사정변경의 원칙에 대한 개별적 규정은 있으나(제218조, 제286조 등), 이를 직접적으로 서술한 일반적인 규정은 없다.

2. 학설 및 判例

(1) 학 설

학설은 계약관계의 사정이 심하게 변경이 된 때에는 이 원칙을 적용하는데, 긍정적인 입장이다. 다만 그 효과로서 계약내용의 수정을 강조하는 입장과 계약의 해제를 강조하는 입장이 있다.

(2) 判 例

1) 해제권의 경우

判例는 "매매계약을 맺은 때와 그 잔대금을 지급할 때와의 사이에 장구한 시일이 지나서 그 동안에 화폐가치의 변동이 극심하였던 탓으로 매수인이 애초에 계약할 당시의 금액표시대로 잔대금을 제공한다면 그 동안에 앙등한 매매목적물의 가격에 비하여 그것이 현저하게 균형을 잃은 이행이 되는 경우라 할지라도 민법상 매도인으로 하여금 사정변경의 원리를 내세워서 그 매매계약을 해제할 수 있는 권리는 생기지 않는다(대판 1963.09.12. 63다452)."고 하여 이 원칙을 적용하는데 부정적인 입장이었다. 하지만 최근에는 "이른바 사정변경으로 인한 계약해제는, 계약 성립 당시 당사자가 예견할 수 없었던 현저한 사정의 변경이 발생하였고 그러한 사정의 변경이 해제권을 취득하는 당사자에게 책임 없는 사유로 생긴 것으로서, 계약내용대로의 구속력을 인정한다면 신의칙에 현저히 반하는 결과가 생기는 경우에 계약준수 원칙의 예외로서 인정되는 것이고, 여기에서 말하는 사정이라 함은 계약의 기초가 되었던 객관적인 사정으로서, 일방당사자의 주관적 또는 개인적인 사정을 의미하는 것은 아니다. 또한, 계약의 성립에 기초가 되지 아니한 사정이 그 후 변경되어 일방당사자가 계약 당시 의도한 계약목적을 달성할 수 없게 됨으로써 손해를 입게 되었다 하더라도 특별한 사정이 없는 한 그 계약내용의 효력을 그대로 유지하는 것이 신의칙에 반한다고 볼 수도 없다(대판 2007.03.29. 2004다31302)."고 하여 원칙 자체는 긍정하고 있다.

2) 해지권의 경우

判例는 계속적 계약관계에 있어서는 사정변경의 원칙을 계속적으로 적용하고 있다. 즉 회사의 임원 또는 직원이 회사의 요구로 회사와 제3자 사이의 계속적 거래로 인한 회사 채무를 보증했지만 그 후 퇴사한 경우라면, 사정변경에 의한 보증계약의 해지가 인정 된다(대판 2000.03.10. 99다61750). 하지만 회사의 이사가 채무액과 변제기가 특정되어 있는 회사 채무에 대하여 보증계약을 체결한 경우에는 계속적 보증이나 포괄근보증의 경우와는 달리 이사직 사임이라는 사정변경을 이유로 보증인인 이사가 일방적으로 보증계약을 해지할 수 없다(대판 1999.12.28. 99다25938; 대판 2000.03.10. 99다61750).

V. 권리남용금지원칙

제2조(신의성실) ② 권리는 남용하지 못한다.

1. 의의

권리의 행사가 신의칙에 반하는 경우에는 권리남용이 되어 정당한 권리행사로서 인정되지 않는다는 원칙을 말한다.

2. 주관적 요건[10]의 요부 - 시카아네(Schikane) 금지의 원칙

(1) 원 칙

判例는 "권리행사의 목적이 오직 상대방에게 고통을 주고 손해를 입히려는 데 있을 뿐 행사하는 사람에게 아무런 이익이 없어야 한다(대판 1986.07.22. 85다카2307 외 다수)."라고 하여, 객관적 요건 외에 주관적 요건을 갖출 것을 요구한다. 다만 判例는 "… 주관적 요건은 권리자의 정당한 이익을 결여한 권리행사로 보여지는 객관적인 사정에 의하여 추인할 수 있다(대판 1993.05.14. 93다4366)."라고 판시한 것이 있다.

(2) 예 외 - 주관적 요건 불요

1) 상계권 - 대전백화점 사건

부도 직전에 있는 甲에 대하여 채무를 부담하고 있는 乙이 甲의 채권자들로부터 채권을 헐값으로 양도받아, 상계하는 경우에는 일반적인 권리남용의 경우에 요구되는 주관적 요건을 필요로 하지 않는다[11](대판 20

---

10) 독일 민법은 "권리의 행사는 타인에게 손해를 가할 목적만을 가진 경우에는 허용되지 아니한다."라고 하여, 권리자의 가해의사 내지 가해목적이라는 주관적 요건을 요구한다. 그러나 우리 민법 제2조는 입법과정에서 독일 민법의 태도를 따르지 않고, 단순히 "권리는 남용하지 못한다."라고 정한 것이다. 따라서 학설은 대체로 주관적 요건은 권리남용의 성립을 강화하는 부차적 요건에 해당한다고 본다. 이에 반해 판례는 주관적 요건을 필요요건으로 보는 것이다.
11) 일반적으로 당사자 사이에 상계적상에 있는 채권이 병존하고 있는 경우에는 이를 상계할 수 있는 것이 원칙이고, 이러한 상계의 대상이 되는 채권은 상대방과 사이에서 직접 발생한 채권에 한하는 것이 아니라, 제3자로부터 양수 등을 원인으로 하여

03.04.11. 2002다59481).

2) 상표권(상호권)

상표권 행사의 목적이 오직 상대방에게 고통을 주고 손해를 입히려는 데 있을 뿐 이를 행사하는 사람에게는 아무런 이익이 없어야 한다는 주관적 요건을 반드시 필요로 하는 것은 아니다(대판 2008.07.24. 2006다40461 · 40478).

3. 판 례

(1) 권리남용에 해당하지 않는 경우

1) 송전선의 경우

토지소유자의 송전선 철거청구가 권리남용에 해당하지 않는다[12](대판 1996.05.14. 94다54283).

2) 송전탑의 경우

고압송전탑, 고압송전선 및 전신주 등의 철거요구가 권리남용에 해당하지 않는다. 구 전기사업법 제57조 제1항은 타인의 토지의 공간을 사용하는 전선로 등의 설치에 관한 규정일 뿐. 그 토지의 지상을 사용하는 송전탑을 설치할 수 있는 근거규정이 될 수 없으므로 이 규정에 의하여 토지의 지상을 사용하는 고압송전탑이나 전신주의 부지에 관한 점유 · 사용권을 취득할 여지는 없다(대판 2001.02.23. 2000다65246).

3) 집합건물의 경우

전기 · 기계실이 그 성질상 건물 전체의 유지 · 관리에 중요한 부분임을 고려하면 구분소유자 乙 등의 철거청구가 오직 상대방에게 고통을 주고 손해를 입히려는 데에 그 목적이 있을 뿐 이를 행사하는 구분소유자들에게는 아무런 이익이 없는 경우에 해당한다고 단정하기 어려워, 권리남용에 해당한다고 볼 수 없다[13](대판 2010.02.25. 2008다73809).

4) 매수인의 소유권이전등기청구

매매계약 체결 후 부동산의 시가가 등귀하였고, 매수인이 잔대금 지급기일을 경과한 지금까지 매매대금

취득한 채권도 포함한다 할 것인바, 이러한 상계권자의 지위가 법률상 보호를 받는 것은, 원래 상계제도가 서로 대립하는 채권, 채무를 간이한 방법에 의하여 결제함으로써 양자의 채권채무관계를 원활하고 공평하게 처리함을 목적으로 하고 있고, 상계권을 행사하려고 하는 자에 대하여는 수동채권의 존재가 사실상 자동채권에 대한 담보로서의 기능을 하는 것이어서 그 담보적 기능에 대한 당사자의 합리적 기대가 법적으로 보호받을 만한 가치가 있음에 근거하는 것이므로 당사자가 상계의 대상이 되는 채권이나 채무를 취득하게 된 목적과 경위, 상계권을 행사함에 이른 구체적 · 개별적 사정에 비추어, 그것이 위와 같은 상계 제도의 목적이나 기능을 일탈하고, 법적으로 보호받을 만한 가치가 없는 경우에는, 그 상계권의 행사는 신의칙에 반하거나 상계에 관한 권리를 남용하는 것으로서 허용되지 않는다고 함이 상당하고, 상계권 행사를 제한하는 위와 같은 근거에 비추어 볼 때 일반적인 권리 남용의 경우에 요구되는 주관적 요건을 필요로 하는 것은 아니다.

12) 토지소유자가 토지 상공에 송전선이 설치되어 있는 사정을 알면서 그 토지를 취득한 후 13년이 경과하여 그 "송전선"의 철거를 구한 사안에서, 한국전력공사가 그 토지 상공에 당초에 그 송전선을 설치함에 있어서 적법하게 그 상공의 공간 사용권을 취득하거나 그에 따른 손실을 보상하지 아니하여 그 송전선의 설치는 설치 당시부터 불법 점유라고 볼 수 있으며, 그 설치 후에도 적법한 사용권을 취득하려고 노력하였다거나 그 사용에 대한 손실을 보상한 사실이 전혀 없고, 그 토지가 현재의 지목은 전이나 도시계획상 일반주거지역에 속하고 주변 토지들의 토지이용 상황이 아파트나 빌라 등이 들어 서 있는 사실에 비추어 그 토지도 아파트, 빌라 등의 공동주택의 부지로 이용될 가능성이 농후한 점 및 한국전력공사로서는 지금이라도 전기사업법 등의 규정에 따른 적법한 수용이나 사용 절차에 의하여 그 토지 상공의 사용권을 취득할 수 있는 점 등에 비추어, 그렇게 판시하였다.

13) 집합건물의 지하 2층 전기 · 기계실에 사우나 영업을 위해 필요한 시설물을 별도로 설치한 사안에서, 집합건물의 전기 · 기계실은 구조상 구분소유자 전원의 공용에 제공되는 '공용부분'에 해당하고, 공용부분인 전기 · 기계실에 사우나 영업을 위해 필요한 시설물을 별도로 설치한 것은 그 시설물 설치장소를 배타적으로 점유 · 사용하는 것으로 공용부분의 변경 내지 관리에 관한 사항에 해당하므로 건물 구분소유자들의 적법한 집회결의에 의한 동의가 필요하다. 甲 등이 집합건물의 공용부분인 전기 · 기계실에 시설물을 별도로 설치하여 그 장소를 배타적으로 점유 · 사용한 데 대하여, 집합건물의 구분소유자 乙 등이 공유물에 대한 보존행위로 배타적 사용의 배제 및 각 시설물의 철거를 구한 사안이다.

중 7분의 6에 해당하는 금원을 지급하지 아니한 채 매매계약 후 19년이 지난 후에 소유권이전등기청구의 소를 제기하였다 하더라도 이러한 사유만으로 그 청구가 신의칙에 반하고 권리남용에 해당한다고 볼 수 없다 (대판 1992.06.12. 92다12384 · 92다912391(반소)).

(2) 권리남용에 해당하는 경우

1) 건축철거 주장

① 건물이 서 있는 토지를 매수하여 그 시가의 7배가 넘는 건물의 철거를 요구하면서 그 인접토지가격보다 2배 이상 되는 가격에 그 토지를 매수할 것을 요구하는 것은 권리의 남용에 해당 한다(대판 1964.11.11. 64다720).

② 계쟁토지의 시가는 12,500원 상당인데 그 지상 공장건물과 기계 및 벽돌담장을 철거이전하려면 230,000여원의 비용이 소요되는 사정이라면 원고의 본건 청구는 권리남용에 해당 한다[14](대판 1965.12.21. 65다1910).

③ 이 사건 건물은 민법 제242조 소정의 확보거리 0.5미터를 다 두지 못하고 원고소유 대지로 부터 30센치미터를 두고 세워져 있어 동 건물의 각층마다 1.2평씩만이 법정거리 내에 들어 있는바 동 건물이 건물이 건축된 지 수년이 지난 지금 법정거리 안에 있는 건물부분을 철거하는 것은 원고에게는 거의 어떠한 이익도 가져오지 못하고 오히려 사회, 경제적으로 보나 상린관계의 취지에서 보나 이를 철거한다는 것은 적절하지 아니하므로 원고의 위 건물 부분의 철거청구는 권리의 사회성에 비추어 권리남용에 해당 한다(대판 1982.09.14. 80다2859).

④ <u>한국전력주식회사가 철탑 및 전선의 설치를 위하여 구 전기사업법 제12조에 따른 손실보상조로 용지사용료를 지급하고 소유자 또는 점유자의 토지사용승낙을 얻어 철탑의 부지 및 전선이 지나가는 상공의 점유사용에 대한 정당한 권원을 취득하였다고 할 것이고, 그 권리를 등기하지 아니하였다면 이것을 물권이라</u>고 할 수는 없으나 그 용지사용료는 특별한 사정이 없는 한 철탑 및 전선의 존치 시까지의 토지사용의 대가(보상)라고 볼 것이므로 철탑 준공당시의 소유자로서는 그와 같은 절차를 거쳐 건조된 철탑 및 전선의 사용수익범위 안에서는 그 토지소유권이 제한되는 것이고, 그 후 철탑 및 전선이 설치되어 있는 사정을 알고 그 토지를 매수한 사람은 철탑 및 전선의 점유부분에 관하여 이미 사용수익권이 제한된 소유권을 취득함으로써 한전의 사용, 수익을 용인하여야 할 의무를 그대로 승계한 것이므로 다시(중복하여) 손실보상, 나아가 부당이득반환이나 손해배상을 청구할 수 없다(대판 1989.05.09. 88다카9418).

⑤ <u>한국전력공사가 정당한 권원에 의하여 토지를 수용하고 그 지상에 "변전소"를 건설하였으나 토지 소</u>유자에게 그 수용에 따른 손실보상금을 공탁함에 있어서 착오로 부적법한 공탁이 되어 수용재결이 실효됨으로써 결과적으로 그 토지에 대한 점유권원을 상실하게 된 경우, 토지소유자가 그 변전소의 철거와 토지의 인도를 청구하는 것은 토지 소유자에게는 별다른 이익이 없는 반면 한국전력공사에게는 그 피해가 극심하여 이러한 권리행사는 주관적으로는 그 목적이 오직 상대방에게 고통을 주고 손해를 입히려는 데 있고, 객관적으로는 사회질서에 위반된 것이어서 권리남용에 해당 한다[15](대판 1999.09.07. 99다27613).

---

14) 원고가 계쟁 대지부분(5평)에 이미 판자로 된 담장이 설치되어 있는 대지 162평을 매수한 이래 수년 동안 이웃 대지에 직조공장을 가지고 있는 피고와의 경계문제에 관하여 아무 이의가 없었고 소음방지를 위한 원고의 요청으로 위 판자울타리를 뜯고 그 자리에 세면벽돌담장을 축조하였으며 기후 원고가 경계측량을 하여 그 소유임을 확인하자 비로소 본소제기에 이르렀고 원고의 위 계쟁대지부분에 대한 매도의사표명이 있어 피고가 시가의 4~5배에 상당하는 금원에 매도할 것을 요구하여도 원고는 그 이상의 가격을 주장할뿐더러 자기대지전부와 그 지상가옥까지를 전부 매수하라고 하면서 위 계쟁대지상의 공정건물을 철거하라는 본소청구를 고집한 사안이다.

15) 그 변전소가 철거되면 61,750가구에 대하여 전력공급이 불가능하고, 그 변전소 인근은 이미 개발이 완료되어 더 이상 변전소 부지를 확보하기가 어려울 뿐만 아니라 설령 그 부지를 확보한다고 하더라도 변전소를 신축하는 데는 상당한 기간이 소요되며, 그 토지의 시가는 약 6억 원인데 비하여 위 변전소를 철거하고 같은 규모의 변전소를 신축하는 데에는 약 164억 원이 소요될 것으로 추산되며, 그 토지 소유자는 그 토지가 자연녹지지역에 속하고 개발제한구역 내에 위치하고 있어서 토지를 인도받더라도 도시계획법상 이를 더 이상 개발 · 이용하기가 어려운데도 그 토지 또는 그 토지를 포함한 그들 소유의 임야 전부를 시가의 120%에 상당하는 금액으로 매수하겠다는 한국전력공사의 제의를 거절하고 그 변전소의 철거와 토지의 인도

2) 인륜에 반하는 행위

외국에 이민을 가 있어 주택에 입주하지 않으면 안될 급박한 사정이 없는 딸이 고령과 지병으로 고통을 겪고 있는 상태에서 달리 마땅한 거처도 없는 아버지와 그를 부양하면서 동거하고 있는 남동생을 상대로 자기 소유 주택의 명도 및 퇴거를 청구하는 행위가 인륜에 반하는 행위로서 권리남용에 해당한다(대판 1998. 06.12. 96다52670).

3) 유치권 주장

공매절차에서 점유자의 유치권 신고 사실을 알고 부동산을 매수한 자가 그 점유를 침탈하여 유치권을 소멸시키고 나아가 고의적인 점유이전으로 유치권자의 확정판결에 기한 점유회복조차 곤란하게 하였음에도 유치권자가 현재까지 점유회복을 하지 못한 사실을 내세워 유치권자를 상대로 적극적으로 유치권부존재확인을 구하는 것은, 자신의 불법행위로 초래된 상황을 자기의 이익으로 원용하면서 피해자에 대하여는 불법행위로 인한 권리침해의 결과를 수용할 것을 요구하고, 나아가 법원으로부터는 위와 같은 불법적 권리침해의 결과를 승인받으려는 것으로서, 이는 명백히 정의 관념에 반하여 사회생활상 도저히 용인될 수 없는 것으로 권리남용에 해당하여 허용되지 않는다(대판 2010.04.15. 2009다96953).

4) 국가의 소멸시효완성 주장

① **채무자의 소멸시효에 기한 항변권 행사도 우리 민법의 대원칙인 신의성실 원칙과 권리남용금지 원칙의 지배를 받는 것이어서, 채무자가 시효완성 전에 채권자의 권리행사나 시효중단을 불가능 또는 현저히 곤란하게 하였거나, 그러한 조치가 불필요하다고 믿게 하는 행동을 하였거나, 객관적으로 채권자가 권리를 행사할 수 없는 장애사유가 있었거나 또는 일단 시효완성 후에 채무자가 시효를 원용하지 아니할 것 같은 태도를 보여 권리자로 하여금 그와 같이 신뢰하게 하였거나, 채권자보호의 필요성이 크고, 같은 조건의 다른 채권자가 채무변제를 수령하는 등의 사정이 있어 채무이행 거절을 인정함이 현저히 부당하거나 불공평하게 되는 등 특별한 사정이 있는 경우에는 채무자가 소멸시효 완성을 주장하는 것이 신의성실 원칙에 반하여 권리남용으로서 허용될 수 없다**(대판 2008.11.27. 2006다18129)[16].

② 국가에게 국민을 보호할 의무가 있다는 사유만으로 국가가 소멸시효의 완성을 주장하는 것 자체가 신의성실의 원칙에 반하여 권리남용에 해당한다고 할 수는 없으므로, 국가의 소멸시효 완성 주장이 신의칙에 반하고 권리남용에 해당한다고 하려면 일반 채무자의 소멸시효 완성 주장에서와 같은 특별사정이 인정되어야 한다(대판 2010.09.09. 2008다15865).

③ 수사과정에서 불법구금이나 고문을 당한 사람이 그에 이은 공판절차에서 유죄 확정판결을 받고 수사관들을 직권남용, 감금 등 혐의로 고소하였으나 검찰에서 '혐의 없음' 결정까지 받았다가 나중에 재심절차에서 범죄의 증명이 없는 때에 해당한다는 이유로 형사소송법 제325조 후단에 따라 무죄판결을 선고받은 경우, 이러한 무죄판결이 확정될 때까지는 국가를 상대로 불법구금이나 고문을 원인으로 한 손해배상청구를 할 것을 기대할 수 없는 장애사유가 있었다고 보아야 한다. 이처럼 불법구금이나 고문을 당하고 공판절차에서 유죄 확정판결을 받았으며 수사관들을 직권남용, 감금 등 혐의로 고소하였으나 '혐의 없음' 결정까지 받

만을 요구하고 있던 사안이다.

16) 그리고 채무자가 소멸시효의 이익을 원용하지 않을 것 같은 신뢰를 부여한 경우에도 채권자는 그러한 사정이 있은 때로부터 상당한 기간 내에 권리를 행사하여야만 채무자의 소멸시효의 항변을 저지할 수 있는데, 여기에서 '상당한 기간' 내에 권리행사가 있었는지는 채권자와 채무자 사이의 관계, 신뢰를 부여하게 된 채무자의 행위 등의 내용과 동기 및 경위, 채무자가 그 행위 등에 의하여 달성하려고 한 목적과 진정한 의도, 채권자의 권리행사가 지연될 수밖에 없었던 특별한 사정이 있었는지 여부 등을 종합적으로 고려하여 판단할 것이다. 다만 신의성실의 원칙을 들어 시효 완성의 효력을 부정하는 것은 법적 안정성의 달성, 입증곤란의 구제, 권리행사의 태만에 대한 제재를 이념으로 삼고 있는 소멸시효 제도에 대한 대단히 예외적인 제한에 그쳐야 할 것이므로, 위 권리행사의 '상당한 기간'은 특별한 사정이 없는 한 민법상 시효정지의 경우에 준하여 단기간으로 제한되어야 한다. 그러므로 개별 사건에서 매우 특수한 사정이 있어 그 기간을 연장하여 인정하는 것이 부득이한 경우에도 불법행위로 인한 손해배상청구의 경우 그 기간은 아무리 길어도 민법 제766조 제1항이 규정한 단기소멸시효기간인 3년을 넘을 수는 없다고 보아야 한다(대판(순합) 2013.05.16. 2012다202819).

은 경우에는 재심절차에서 무죄판결이 확정될 때까지 국가배상책임을 청구할 것을 기대하기 어렵고, 채무자인 국가가 그 원인을 제공하였다고 볼 수 있기 때문이다[17])(대판 2019.01.31. 2016다258148).

  5) 착오송금 된 경우 은행의 상계 주장

  ① 예금거래기본약관에 따라 송금의뢰인이 수취인의 예금계좌에 자금이체를 하여 예금원장에 입금의 기록이 된 때에는 특별한 사정이 없는 한 **송금의뢰인과 수취인 사이에 자금이체의 원인인 법률관계가 존재하는지 여부에 관계없이 수취인과 수취은행 사이에는 위 입금액 상당의 예금계약이 성립하고, 수취인이 수취은행에 대하여 위 입금액 상당의 예금채권을 취득한다. 그리고 수취은행은 원칙적으로 수취인의 계좌에 입금된 금원이 송금의뢰인의 착오로 자금이체의 원인관계 없이 입금된 것인지 여부에 관하여 "조사할 의무가 없으며", 수취은행이 수취인에 대한 대출채권 등을 자동채권으로 하여 수취인의 계좌에 입금된 금원 상당의 예금채권과 상계하는 것은 신의칙 위반이나 권리남용에 해당한다는 등의 특별한 사정이 없는 한 유효**하다.

  ② **송금의뢰인이 착오송금임을 이유로 거래은행을 통하여 혹은 수취은행에 직접 송금액의 반환을 요청하고 수취인도 송금의뢰인의 착오송금에 의하여 수취인의 계좌에 금원이 입금된 사실을 인정하고 수취은행에 그 반환을 승낙하고 있는 경우, 수취은행이 수취인에 대한 대출채권 등을 자동채권으로 하여 수취인의 계좌에 착오로 입금된 금원 상당의 예금채권과 상계하는 것은, 수취은행이 선의인 상태에서 수취인의 예금채권을 담보로 대출을 하여 그 자동채권을 취득한 것이라거나 그 예금채권이 이미 제3자에 의하여 압류되었다는 등의 특별한 사정이 없는 한, 공공성을 지닌 자금이체시스템의 운영자가 그 이용자인 송금의뢰인의 실수를 기화로 그의 희생하에 당초 기대하지 않았던 채권회수의 이익을 취하는 행위로서 상계제도의 목적이나 기능을 일탈하고 법적으로 보호받을 만한 가치가 없으므로, 송금의뢰인에 대한 관계에서 신의칙에 반하거나 상계에 관한 권리를 남용하는 것**이다(대판 2010.05.27. 2007다66088).

4. 효과

  권리의 행사가 권리남용으로 되면 권리 본래의 효과가 발생하지 않는다. 다만 소유자의 건물철거청구가 권리남용에 해당하여 철거청구(제214조) 자체는 인용되지 않더라도, 소유자의 소유권 자체가 부정되는 것은 아니고 침해자의 불법점유가 적법한 권원에 기한 것으로 전환되지도 않으므로, 소유자는 침해자에 대하여 부당이득반환청구를 할 수 있고(제741조), 권리남용으로 인하여 상대방에게 손해가 발생하였다면 불법행위가 성립할 수 있다(제750조).

V. 법인격부인의 법리

1. 의 의

  '법인격 부인론'이라 함은 회사의 독립된 법인격 그 자체는 인정하면서 특정한 법률관계에 한하여 회사의 법인격을 무시하고 그 배후에 있는 실체를 포착하여 구체적으로 타당한 해결을 꾀하려는 이론이다.

2. 判 例

(1) 소송법적 측면

  判例는 구회사에 대한 승소확정판결의 효력이 새로 설립된 신회사에게 미치는가가 문제된 사안에서 "권리관계의 공권적인 확정 및 그 신속, 확실한 실현을 도모하기 위하여 절차의 명확 안정을 중시하는 소송절차 및 강제집행절차에 있어서는 그 절차의 성격상 구회사에 대한 판결의 기판력 및 집행력의 범위를 신회

---

[17]) 원심은 '수사과정에서 한 위법행위가 없었더라면 원고 1이 재심대상사건에서 형사소송법 제325조 후단에 따라 무죄판결을 선고받았을 고도의 개연성이 있었다고 볼 수 없다.' 등의 이유로, 재심대상사건에서 무죄판결이 확정되기 전까지 원고들이 권리행사를 할 수 없는 장애가 있었다고 보기는 어렵다고 보아 피고의 소멸시효 완성 주장을 받아들였다. 이러한 원심의 판단에는 소멸시효 항변에 관한 법리를 오해하여 판결에 영향을 미친 잘못이 있다. 이를 지적하는 상고이유 주장은 정당하다.

사에까지 확장하는 것은 허용되지 아니한다고 할 것이다(대결 1995.05.12. 93마44531)."라고 판시하였다.

(2) 실체법적 측면

1) 적용 요건

① 회사가 외형적으로는 법인의 형식을 갖추고 있으나 법인의 형태를 빌리고 있는데 지나지 않고 ② 실질적으로는 그 배후인 타인의 개인 기업에 불과한 경우 그 배후 인에 대하여도 회사의 행위책임을 추궁하는 것이 가능하다(대판 2008.09.11. 2007다90982).

2) 신설회사를 설립한 경우

기존회사가 채무를 면탈할 목적으로 기업의 형태·내용이 실질적으로 동일한 신설회사를 설립하였다면, 신설회사 설립은 기존회사의 채무면탈이라는 위법한 목적달성을 위하여 회사제도를 남용한 것이므로, 기존회사의 채권자에게 위 두 회사가 별개의 법인격을 갖고 있음을 주장하는 것은 신의성실 원칙상 허용될 수 없다 할 것이어서 기존회사의 채권자는 위 두 회사 어느 쪽에 대하여서도 채무 이행을 청구할 수 있고, 이와 같은 법리는 어느 회사가 채무를 면탈할 목적으로 기업의 형태·내용이 실질적으로 동일한 이미 설립되어 있는 다른 회사를 이용한 경우에도 적용된다. 기존회사의 채무를 면탈할 의도로 다른 회사 법인격을 이용하였는지는 기존회사의 폐업 당시 경영 상태나 자산상황, 기존회사에서 다른 회사로 유용된 자산의 유무와 정도, 기존회사에서 다른 회사로 이전된 자산이 있는 경우 정당한 대가가 지급되었는지 등 제반 사정을 종합적으로 고려하여 판단하여야 한다(대판 2011.05.13. 2010다94472).

3) 역적용

그 개인과 회사의 주주들이 경제적 이해관계를 같이 하는 등 개인이 새로 설립한 회사를 실질적으로 운영하면서 자기 마음대로 이용할 수 있는 지배적 지위에 있다고 인정되는 경우로서, 회사 설립과 관련된 개인의 자산 변동 내역, 특히 개인의 자산이 설립된 회사에 이전되었다면 그에 대하여 정당한 대가가 지급되었는지 여부, 개인의 자산이 회사에 유용되었는지 여부와 그 정도 및 제3자에 대한 회사의 채무 부담 여부와 그 부담 경위 등을 종합적으로 살펴보아 <u>회사와 개인이 별개의 인격체임을 내세워 회사 설립 전 개인의 채무 부담행위에 대한 회사의 책임을 부인하는 것이 심히 정의와 형평에 반한다고 인정되는 때에는 회사에 대하여 회사 설립 전에 개인이 부담한 채무의 이행을 청구하는 것도 가능하다고 보아야 한다. 위와 같이 개인의 채무 부담행위에 대한 회사의 책임을 부인하는 것이 심히 정의와 형평에 반한다고 인정되어 회사에 대하여 개인이 부담한 채무의 이행을 청구하는 법리는 채무면탈을 목적으로 회사가 새로 설립된 경우뿐 아니라 같은 목적으로 기존 회사의 법인격이 이용되는 경우에도 적용되는데</u>, 여기에는 회사가 이름뿐이고 실질적으로는 개인기업에 지나지 않은 상태로 될 정도로 형해화된 경우와 회사의 법인격이 형해화될 정도에 이르지 않더라도 개인이 회사의 법인격을 남용하는 경우가 있을 수 있다. 이때 회사의 법인격이 형해화되었다고 볼 수 있는지 여부는 원칙적으로 문제가 되고 있는 법률행위나 사실행위를 한 시점을 기준으로, 회사의 법인격이 형해화될 정도에 이르지 않더라도 개인이 회사의 법인격을 남용하였는지 여부는 채무면탈 등의 남용행위를 한 시점을 기준으로 각 판단하여야 한다(대판 2023.02.02. 2022다276703).

제1절 자연인

I. 권리능력

1. 의의

제3조(권리능력의 존속기간) 사람은 생존한 동안 권리와 의무의 주체가 된다.

2. 시기 및 종기

(1) 시기

1) 출생 시기

전부노출설은 태아가 모체로부터 전부노출한 때에 출생한 것으로 보아, 그 때 권리능력을 취득한 것으로 보는 견해이다. 이에 반해 형법은 영아살해죄를 규정하고 있으므로, 진통설이 통설이다.

2) 출생의 증명

출생은 "가족관계의 등록 등에 관한 법률"에서 정한 바에 따라 1개월 이내에 신고하여야 하고(동법 제44조), 이를 위반하면 5만원 이하의 과태료를 부과한다(동법 제122조). 출생신고는 보고적 신고이므로, 신고에 의하여 권리능력을 취득하는 것은 아니다. 즉 신고가 없어도 자연인은 출생과 동시에 권리능력을 취득하는 것이다.

(2) 종기

1) 사망의 시기

통설은 자연인의 호흡과 심장이 영구적으로 정지한 때 사망한 것으로 본다(맥박종지설. 심장정지설).

2) 뇌사의 경우

통설은 뇌사를 사망이 아니라고 본다. 즉 장기 등 이식에 관한 법률이 뇌사설을 입법화한 것은 아니다. 장기 등 이식에 관한 법률에 의해 장기이식이 가능하려면 ① 본인이 뇌사 전에 장식 등의 적출에 동의하거나, 동의 또는 반대의 사실이 확인되지 않은 때에는 그 가족 또는 유족이 적출에 동의한 경우로서, 대가 없이 기증하는 경우에 한한다. ② 뇌사자가 동법에 의한 장기 등의 적출로 사망한 때에는 뇌사의 원인이 된 질병 또는 행위로 인하여 사망한 것으로 본다(제17조). 즉 뇌사의 시점이 아닌 장기 등의 적출로 실제로 사망한 때에 뇌사자가 사망한 것으로 보며, 이 경우 뇌사의 원인이 된 질병 등으로 사망한 것으로 본다. ③ 본인이나 가족이 장기 등의 적출에 동의하지 않은 때의 뇌사에 관해서는 동법이 적용되지 않는다(김준호, 민법강의, 제18판, 76면).

3. 태아의 권리능력

(1) 입법주의

1) 입법례
① 태아의 이익이 문제되는 경우에는 모두 출생하는 것으로 보는 일반적 보호주의(스위스 민법) ② 중요한 법률관계를 개별적으로 규정하여 그에 대해서만 출생한 것으로 보는 개별적 보호주의(독일민법, 프랑스민법, 일본민법)가 있다.

2) 민법의 태도
민법은 태아의 권리능력을 총칙 편에서 일반적으로 정하는 것 보다는 개별적으로 규정하는 것이 그 적용의 범위를 명료하게 하는 장점이 있다는 이유에서 <u>개별적 보호주의</u>를 채택하고 있다.

3) 유추적용 여부
① 개별적 보호주의는 태아의 보호에 충분지 못하다는 단점이 있으므로, 태아에 관한 민법상의 개별규정을 원칙규정으로 보고 다른 경우에 이를 유추적용하는 견해(곽윤직)가 있다. 그러나 ② 다수설·判例는 민법의 규정은 예외적·열거적 규정이므로 유추적용에 반대한다. 예외규정은 좁게 해석해야 하기 때문이다. 따라서 태아에게 인지청구권(제863조)을 인정할 수 없고, 생전증여능력을 인정할 수 없다. 사인증여에 관하여 태아의 권리능력이 인정되지 않는다는 判例는 보이지 않지만, 증여에 있어 수증능력이 없다는 判例는 있다(대판 1982.02.09. 81다534).

(2) 민법 규정

1) 불법행위
① 불법행위에 기한 손해배상청구권(제762조)
② 직계존속의 생명침해에 대한 위자료청구권(제752조)
③ 모체에 대한 위법한 약물투여로 인하여 기형으로 된 경우처럼 태아 자신이 입은 불법행위에 대한 손해배상청구권(제750조)

제762조(손해배상청구권에 있어서의 태아의 지위) 태아는 손해배상의 청구권에 관하여는 이미 출생한 것으로 본다.

2) 상 속
상속순위(제1000조 제3항), 대습상속(제1001조)

제1000조(상속의 순위) ① 상속에 있어서는 다음 순위로 상속인이 된다.
  1. 피상속인의 직계비속
  2. 피상속인의 직계존속
  3. 피상속인의 형제자매
  4. 피상속인의 4촌 이내의 방계혈족
② 전항의 경우에 동순위의 상속인이 수인인 때에는 최근친을 선순위로 하고 동친등의 상속인이 수인인 때에는 공동상속인이 된다.
③ 태아는 상속순위에 관하여는 이미 출생한 것으로 본다.

제1001조(대습상속) 전조제1항제1호와 제3호의 규정에 의하여 상속인이 될 직계비속 또는 형제자매가 상속개시전에 사망하거나 결격자가 된 경우에 그 직계비속이 있는 때에는 그 직계비속이 사망하거나 결격된 자의 순위에 갈음하여 상속인이 된다.

3) 유증, 유류분권

유증(제1064조, 제1000조 제3항), 유류분권(제1112조)

제1064조(유언과 태아, 상속결격자) 제1000조제3항, 제1004조의 규정은 수증자에 준용한다.

제1112조(유류분의 권리자와 유류분) 상속인의 유류분은 다음 각호에 의한다.
1. 피상속인의 직계비속은 그 법정상속분의 2분의 1
2. 피상속인의 배우자는 그 법정상속분의 2분의 1
3. 피상속인의 직계존속은 그 법정상속분의 3분의 1
4. 피상속인의 형제자매는 그 법정상속분의 3분의 1

4) 인 지(제858조)

부모가 태아를 인지할 수 있어 태아는 인지의 대상이 되나, 태아가 父에 대해서 인지청구를 할 수는 없다.

제858조(포태 중인 자의 인지) 부는 포태 중에 있는 자에 대하여도 이를 인지할 수 있다.

5) 사인증여(제562조)의 경우

명문의 규정이 없으므로, 권리능력을 부정하는 것이 옳다(정지조건설).

(3) "이미 출생한 것으로 본다."의 의미

1) 정지조건설(인격소급설) : 判例

태아가 살아서 출생한 경우 그의 권리능력취득의 효과가 문제의 사건발생시기까지 소급한다는 것으로서, 태아가 권리능력이 없으므로 법정대리인을 둘 수 없고 상속재산의 보존·관리가 불가능한 단점이 있으나, 태아 사산 시 타인에게 불측의 손해가 없다는 것이 장점이다. 정지조건설에 의하면 사인증여에 있어서의 수증능력. 생전증여계약상의 수증능력은 부정된다. 判例는 "민법 제762조의 취지는 태아가 살아서 출생한 때에 출생시기가 문제의 사건의 시기까지 소급하여 그때에 태아가 출생한 것과 같이 법률상 보아준다고 해석함이 상당하므로 그가 모체와 같이 사망하여 출생의 기회를 못 가졌다면 손해배상청구권을 논할 여지가 없다(대판 1976.09.14. 76다1365)."고 하여 정지조건설을 따른다.

2) 해제조건설(제한적 인격설)

다수설의 입장으로서 태아일 때라도 제한적 권리능력을 가지며, 사산한 경우 권리능력 취득효과가 소급하여 소멸한다. 태아는 법정대리인을 둘 수 있으므로 태아의 보호에 장점은 있으나, 사산인 경우 타인에게 불측의 손해를 입힌다는 단점이 있다.

II. 의사능력과 행위능력

1. 의사능력

(1) 의의

의사능력이란 자신의 행위의 의미나 결과를 정상적인 인식력과 예기력을 바탕으로 합리적으로 판단할 수 있는 정신적 능력 내지는 지능을 말하는 것이다.

(2) 판단

의사능력의 유무는 **구체적인 법률행위와 관련**하여 **개별적으로 판단**되어야 한다. 그러나 행위능력은 획일적으로 판단된다.

(3) 법률적인 의미, 효과에 대한 이해가능성

의사능력이란 자신의 행위의 의미나 결과를 정상적인 인식력과 예기력을 바탕으로 합리적으로 판단할 수 있는 정신적 능력 내지는 지능을 말하는 것으로서, **의사능력의 유무는 구체적인 법률행위와 관련하여 개별적으로 판단되어야** 하므로, 특히 어떤 법률행위가 그 일상적인 의미만을 이해하여서는 알기 어려운 특별한 법률적인 의미나 효과가 부여되어 있는 경우 의사능력이 인정되기 위하여는 그 행위의 일상적인 의미뿐만 아니라 법률적인 의미나 효과에 대하여도 이해할 수 있을 것을 요한다.(대판 2009.01.15. 2008다58367).

(4) 判例

의사무능력자가 사실상의 후견인의 보조를 받아 대출계약을 체결하고 자신 소유의 부동산에 관하여 근저당권을 설정한 경우, 의사무능력자의 특별대리인이 위 대출계약 및 근저당권설정계약의 무효를 주장하는 것이 가능하며, **신의칙에 반하지 않는다**(대판 2006.09.22. 2004다51627).

2. 행위능력의 의의

객관적·획일적 기준에 의하여 법률행위를 할 수 있는지를 정한 것이 행위능력 또는 제한능력제도이다(곽윤직·김재형). 반대로 이러한 제한능력자에 해당하지 않을 만한 자격을 행위능력이라고 한다. 따라서 혼자서 완전·유효한 법률행위를 할 수 있는 지위 또는 자격이 행위능력이라고 할 수 있다. 민법에서 단순히 '능력' 또는 '제한능력'이라고 할 때에, 그것은 '행위능력의 제한'을 의미한다.

3. 행위능력의 적용범위

신법 제4조(성년기) 사람은 19세로 성년에 이르게 된다.

구법 제4조(성년기) 사람은 20세로 성년에 이르게 된다.

---

(1) 가족법상 행위

가족법상 행위는 본인의 의사를 존중해야 하기 때문에 민법총칙편의 행위능력에 관한 규정은 특별규정이 있는 경우(제1024조 제2항)를 제외하고는, 가족법상 행위에는 적용이 없다.

(2) 불법행위

제753조(미성년자의 책임능력) 미성년자가 타인에게 손해를 가한 경우에 그 행위의 책임을 변식할 지능이 없는 때에는 배상의 책임이 없다.

제755조(감독자의 책임) ① 다른 자에게 손해를 가한 사람이 제753조 또는 제754조에 따라 책임이 없는 경우에는 그를 감독할 법정의무가 있는 자가 그 손해를 배상할 책임이 있다. 다만, 감독의무를 게을리하지 아니한 경우에는 그러하지 아니하다.
② 감독의무자를 갈음하여 제753조 또는 제754조에 따라 책임이 없는 사람을 감독하는 자도 제1항의 책임이 있다.
[전문개정 2011.3.7]

제한능력자제도는 법률행위에만 적용되고 **불법행위에 관하여는 적용되지 않는다**. 불법행위에 관하여는 책임능력이 문제되기 때문이다.

4. 의사무능력과 제한능력의 경합

(1) 예

미성년자가 행위 당시 심신상실 상태에 있었던 경우, 피성년후견인이 **행위 당시 만취상태**에 있었던 경우가 그 예이다.

(2) 이중효의 인정 여부

무효와 취소의 상대화를 근거로 의사무능력을 이유로 무효를 주장하든지, 제한능력을 이유로 취소를 주장하든지 선택적으로 주장할 수 있다(통설).

(3) 반환범위

무능력자의 책임을 제한하는 민법 제141조 단서는 부당이득에 있어 수익자의 반환범위를 정한 민법 제748조의 특칙으로서 무능력자의 보호를 위해 그 선의·악의를 묻지 아니하고 반환범위를 현존 이익에 한정시키려는 데 그 취지가 있으므로, **의사능력의 흠결을 이유로 법률행위가 무효가 되는 경우에도 유추적용 되어야 할 것이나,** 법률상 원인 없이 타인의 재산 또는 노무로 인하여 이익을 얻고 그로 인하여 타인에게 손해를 가한 경우에 그 취득한 것이 금전상의 이득인 때에는 그 금전은 이를 취득한 자가 소비하였는가의 여부를 불문하고 현존하는 것으로 추정되므로, 위 이익이 현존하지 아니함은 이를 주장하는 자, 즉 의사무능력자 측에 입증책임이 있다(대판 2009.01.15. 2008다58367). 그리고 의사무능력자가 자신이 소유하는 부동산에 근저당권을 설정해 주고 금융기관으로부터 금원을 대출받아 이를 제3자에게 대여한 사안에서, 대출로써 받은 이익이 위 제3자에 대한 대여금채권 또는 부당이득반환채권의 형태로 현존하므로, **금융기관은 대출거래약정 등의 무효에 따른 원상회복으로서 위 대출금 자체의 반환을 구할 수는 없더라도 현존 이익인 위 채권의 양도를 구할 수 있다**(대판 2009.01.15. 2008다58367).

III. 제한능력자(미성년자, 피성년후견인, 피한정후견인)

1. 미성년자

(1) 의의

신법 제4조(성년기) 사람은 19세로 성년에 이르게 된다.
구법 제4조(성년기) 사람은 20세로 성년에 이르게 된다.

---

(2) 원칙 및 예외

제5조(미성년자의 능력) ① 미성년자가 법률행위를 함에는 법정대리인의 동의를 얻어야 한다. 그러나 권리만을 얻거나 의무만을 면하는 행위는 그러하지 아니하다.
② 전항의 규정에 위반한 행위는 취소할 수 있다.

---

1) 원칙

① 법정대리인의 동의

원칙적으로 법정대리인의 동의를 얻어야 하며(제5조 제1항 본문), 이에 위반한 경우 미성년자 자신(제140조)이나 법정대리인이 그 법률행위를 취소할 수 있다. 법정대리인의 동의를 받지 않아 계약이 취소된 경우 미성년자 측에서는 선악을 불문하고 현존이익만을 반환하면 된다(제141조 단서).

② 동의의 시기 및 증명책임

미성년자의 행위에 대한 동의는 사전 아니면 적어도 미성년자의 법률행위와 동시에 행해져야 하며, 상대방이 동의가 있었다는 사실에 관하여 증명책임을 진다(대판 1970.02.24. 69다1568).

③ 신의칙

미성년자의 법률행위에 법정대리인의 동의를 요하도록 하는 것은 강행규정인데, 위 규정에 반하여 이루어진 신용구매계약을 미성년자 스스로 취소하는 것을 신의칙 위반을 이유로 배척한다면, 이는 오히려 위 규정에 의해 배제하려는 결과를 실현시키는 셈이 되어 미성년자 제도의 입법 취지를 몰각시킬 우려가 있으므로, 법정대리인의 동의 없이 신용구매계약을 체결한 미성년자가 사후에 법정대리인의 동의 없음을 사유로 들어 이를 취소하는 것이 신의칙에 위배된 것이라고 할 수 없다(대판 2007.11.16. 2005다71659·71673).

2) 예외

① **가능한 것**

부담 없는 증여의 수령, 채무면제의 청약에 대한 승낙, 미성년자가 무상으로 보관하고 있는 타인의 물건을 반환하는 것은 가능하다. 부양청구권도 단독으로 행사가 가능하다(대판 1972.07.11. 72므5).

② **불가능한 것**

기존의 채권에 대하여 **변제를 받는 경우, 부담부증여를 받는 경우, 유리한 매매계약을 체결**하는 경우, 상속을 승인·포기하는 행위, **경매목적물을 경락**하는 행위, **상계권 행사** 등은 불가능하다.

미성년자가 단독으로 할 수 있는 예	단독으로 할 수 없는 예
① 부담 없는 증여의 승낙 및 유증의 수락	① 부담부 증여를 받는 행위
② 증여세가 부과되는 부동산을 증여받는 행위	② 매매계약의 체결행위
③ 저당권이 설정된 부동산을 증여받는 행위	③ 상속의 승인과 포기행위
④ 채무면제에 대한 승낙	④ 채무의 변제를 받는 행위
⑤ 서면에 의하지 않은 증여의 해제	⑤ 미성년자의 채무이행을 위한 변제행위
⑥ 의무만을 지는 계약(무상수치·무상수임)의 해약	⑥ 타인의 채무를 보증하는 행위
⑦ 친권자에 대한 부양청구권의 행사	⑦ 상계
⑧ 담보물권의 설정 또는 보증의 취득	⑧ 쌍무계약의 체결
⑨ 제3자를 위한 계약에서 부담 없는 수익의 의사표시	⑨ 할부계약
⑩ 이미 증여받은 부동산에 대한 이전등기신청행위	

(3) 기타 문제

1) 성년의제

제826조의2(성년의제) 미성년자가 혼인을 한 때에는 성년자로 본다.

2) 유언행위

17세에 달한 미성년자는 단독으로 할 수 있다(제1061조).

제1061조(유언적령) 만17세에 달하지 못한 자는 유언을 하지 못한다.

3) 무한책임사원이 되는 것과 그에 기하여 하는 행위(상법 제7조)

상법 제7조(무능력자와 무한책임사원) 미성년자 또는 한정치산자가 법정대리인의 허락을 얻어 회사의 무한책임사원이 된 때에는 그 사원자격으로 인한 행위에는 능력자로 본다.

4) 근로계약과 임금청구

미성년자라도 근로계약은 유효하게 체결할 수 있고[18], 법정대리인의 대리는 허용되지 않는다. 또한 미성

---

[18] 이 경우 법정대리인의 동의가 필요한지, 견해가 나뉜다. 즉 ① 민법과 근로기준법의 해석상 법정대리인의 동의를 면제하는 규정이 없으므로 일반 원칙에 따라 근로계약 체결에 법정대리인의 동의가 필요하다는 견해(이은영), ② 법정대리인의 근로계약의 대리불가 규정에 비추어 근로계약에 법정대리인의 동의가 필요 없다는 견해(이영준), ③ 근로기준법 제66조에 18세 미만 근로자에 대하여는 연령을 증명하는 가족관계기록사항에 관한 증명서와 친권자 또는 후견인의 동의서를 사업장에 갖추어 두도록 규정되어 있는 점을 고려하여 18세 이상의 근로자 근로계약에는 동의가 필요 없다는 견해(민법주해) 등이 대립

년자는 단독으로 근로에 의한 임금을 청구할 수 있으며 법정대리인의 임금대리수령은 허용되지 않는다(근로기준법 제67조, 제68조).

근로기준법 제67조(근로계약) ① 친권자나 후견인은 미성년자의 근로계약을 대리할 수 없다.
② 친권자, 후견인 또는 고용노동부장관은 근로계약이 미성년자에게 불리하다고 인정하는 경우에는 이를 해지할 수 있다. 〈개정 2010.6.4.〉
③ 사용자는 18세 미만인 자와 근로계약을 체결하는 경우에는 제17조에 따른 근로조건을 서면으로 명시하여 교부하여야 한다. 〈신설 2007.7.27.〉

동법 제68조(임금의 청구) 미성년자는 독자적으로 임금을 청구할 수 있다.

5) 취소행위(제140조)

제140조(법률행위의 취소권자) 취소할 수 있는 법률행위는 제한능력자, 착오로 인하거나 사기·강박에 의하여 의사표시를 한 자, 그의 대리인 또는 승계인만이 취소할 수 있다.

제한능력자는 제한능력인 상태에서 상대방에 대하여 법정대리인의 동의 없이 단독으로 자신이 한 법률행위를 취소할 수 있다.

6) 부양료 청구

미성년자라 하더라도 권리만을 얻는 행위는 법정대리인의 동의가 필요 없으며 친권자와 자 사이에 이해상반 되는 행위를 함에는 그 자의 특별대리인을 선임하도록 하는 규정이 있는 점에 비추어 볼 때, 청구인(미성년자인 혼인외의 자)은 피청구인(생부)이 인지를 함으로써 청구인의 친권자가 되어 법정대리인이 된다 하더라도 피청구인이 청구인을 부양하고 있지 않은 이상 그 부양료를 피청구인에게 직접 청구할 수 있다 할 것이다(대판 1972.07.11. 72므5).

(4) 처분을 허락한 재산

제6조(처분을 허락한 재산) 법정대리인이 "범위를 정하여" 처분을 허락한 재산은 미성년자가 임의로 처분할 수 있다.

제7조(동의와 허락의 취소) 법정대리인은 미성년자가 아직 법률행위를 하기 전에는 전2조의 동의와 허락을 취소할 수 있다.

목적에 구속되는지에 견해 대립이 있으나, 목적불구속설[사용목적을 정하여(예 : 등록금, 여비 등) 일정한 범위의 재산을 주었어도 미성년자는 그 목적과 관계없이 그 재산을 임의로 처분할 수 있다]이 통설이다. 판례는 "만 19세가 넘은 미성년자가 월 소득범위 내에서 신용구매계약을 체결한 것은, 스스로 얻고 있던 소득에 대하여는 법정대리인의 묵시적 처분허락이 있었다고 보아 위 신용구매계약은 처분허락을 받은 재산범위 내의 처분행위에 해당한다. 미성년자의 법률행위에 있어서 법정대리인의 묵시적 동의나 처분허락이 있다고 볼 수 있는지 여부를 판단함에 있어서는, 미성년자의 연령·지능·직업·경력·법정대리인과의 동거 여부, 독자적인 소득의 유무와 그 금액, 경제활동의 여부, 계약의 성질·체결 경위·내용, 기타 제반 사정을 종합적으로 고려하여야 할 것이고, 위와 같은 법리는 신용카드를 이용하여 재화와 용역을 신용구매 한 후 사후에 결제하려는 경우와 곧바로 현금구매 하는 경우를 달리 볼 필요는 없다(대판 2007.11.16. 2005다71659·71673)."고 한다. 그리고 여기서 취소의 의미는 철회[19]이다(소급효 없음).

한대[주석 민법, 총칙(1), 313면, 한국사법행정학회].
19) 아직 효력이 발생하지 않은 의사표시를 그대로 저지하여 장래 효과가 발생하지 않게 하는 경우[제한**능력자에 대한 상대방의 철회권(제16조 제1항), 무권대리에 대한 상대방의 철회권(제134조)**]와 일단 의사표시가 발생하기는 하였지만 그것만으로는 권리의무를 생기게 하지 못할 때에, 그것에 기하여 법률행위가 행하여질 때까지 그 의사표시의 효력을 장래에 향하여 소멸시

(5) 영업의 허락

제8조(영업의 허락) ① 미성년자가 법정대리인으로부터 허락을 얻은 특정한 영업에 관하여는 성년자와 동일한 행위능력이 있다.
② 법정대리인은 전항의 허락을 취소 또는 제한할 수 있다. 그러나 선의의 제3자에게 대항하지 못한다.

1) 특정영업

영업의 종류를 특정한다는 의미이다. 종류를 특정하지 않은 허락(어떠한 영업을 하여도 좋다는 허락)은 미성년자를 보호하려는 목적에 반하기 때문이다. 그리고 '특정한 영업'이라는 것은 영업 단위의 하나 또는 둘이라는 것과 같이, 그 종류가 특정되어 있는 영업을 의미하며, 하나의 단위가 되는 영업의 일부만을 허락하거나 또는 제한을 하여서는 아니 된다(예 : 커피 음료를 제조해서 판매하는 것을 허락하면서, 금액 5천원이상의 커피를 파는 것은 법정대리인의 동의가 있어야 한다는 등). 또한 영업을 허락하는 방법에는 특별한 방식이 요구되지 않으나, 그 영업이 상업일 때에는 상업등기를 하여야 한다(상법 제6조, 제34조). 법정대리인의 허락이 있었다는 증명책임은 영업허가가 있었음을 이유로 법률행위의 유효를 주장하는 자에게 있다.

2) 성년자와 동일한 행위능력이 있다.

허락받은 영업의 범위 내에서 법정대리인의 대리권은 소멸한다는 의미이다.

3) 허락의 취소 또는 제한

취소는 철회의 의미이고, 제한은 영업의 종류를 제한한다는 의미이다.

* 미성년자와 법정대리인의 이해상반행위

제921조(친권자와 그 자간 또는 수인의 자간의 이해상반행위) ① 법정대리인인 친권자와 그 자 사이에 이해상반되는 행위를 함에는 친권자는 법원에 그 자의 특별대리인의 선임을 청구하여야 한다.
② 법정대리인인 친권자가 그 친권에 따르는 수인의 자 사이에 이해상반 되는 행위를 함에는 법원에 그 자 일방의 특별대리인의 선임을 청구하여야 한다.

1. 취지

이러한 공정한 친권의 행사를 기대할 수 없으므로, 자기계약·쌍방대리에 관한 제124조의 특칙을 인정하여 친권자의 법정대리권(대리권·동의권)을 제한하기 위한 것이다.

2. 판단기준

학설은 이해상반행위의 여부를 친권자의 행위 자체로부터 외형적·객관적으로 판단해야 한다는 형식적 판단설, 이해상반행위의 성립여부를 구체적인 사정에 비추어 실질적으로 고려하여 판단해야 한다는 실질적 판단설의 대립이 있다. 判例는 "민법 제921조의 이해상반행위란 행위의 객관적 성질상 친권자와 그 자 사이 또는 친권에 복종하는 수인의 자 사이에 이해의 대립이 생길 우려가 있는 행위를 가리키는 것으로서, 친권자의 의도나 그 행위의 결과 실제로 이해의 대립이 생겼는지의 여부는 묻지 않는다(대판 1996.11.22. 96다10270)."라고 판시하여 형식적 판단설의 입장이다.

3. 判例

(1) 이해상반행위 긍정

1) 본조 제1항 소정의 이해상반 되는 행위라 함은 친권자인 부와 미성년자인 자가 각각 당사자일방이 되어서 하는 법률행위뿐만 아니라 친권자를 위해서는 이익이 미성년자를 위해서는 불이익이 되는 행위도 포함된다고 해석함이 상당하다(대판 1971.07.27. 71다1113). 즉 친권자가 자기의 영업자금을 마련하기 위하여 미성년자인 자를

키는 것[미성년자의 법률행위에 대한 법정대리인의 동의와 허락(제7조)]을 말한다.

대리하여 그 소유부동산을 담보로 제공 저당권을 설정한 행위는 바로 위의 이해상반 된 행위에 포함된다.
2) 친권자인 母가 자신이 연대보증한 차용금 채무의 담보로 자신과 子의 공유인 토지 중 자신의 공유지분에 관하여는 공유지분권자로서, 子의 공유지분에 관하여는 그 법정대리인의 자격으로 각각 근저당권설정계약을 체결한 경우, 위 채권의 만족을 얻기 위하여 채권자가 위 토지 중 子의 공유지분에 관한 저당권의 실행을 선택한 때에는, 그 경매대금이 변제에 충당되는 한도에 있어서 母의 책임이 경감되고, 또한 채권자가 母에 대한 연대보증책임의 추구를 선택하여 변제를 받은 때에는, 母는 채권자를 대위하여 위 토지 중 자의 공유지분에 대한 저당권을 실행할 수 있는 것으로 되는바, 위와 같이 친권자인 母와 자 사이에 이해의 충돌이 발생할 수 있는 것이, 친권자인 母가 한 행위 자체의 외형상 객관적으로 당연히 예상되는 것이어서, 母가 子를 대리하여 위 토지 중 子의 공유지분에 관하여 위 근저당권설정계약을 체결한 행위는 이해상반행위로서 무효라고 보아야 한다(대판 2002.01.11. 2001다65960).

(2) 이해상반행위 부정
1) 법정대리인인 친권자가 부동산을 매수하여 이를 그 자에게 증여하는 행위는 미성년자인 자에게 이익만을 주는 행위이므로 친권자와 자 사이의 이해상반행위에 속하지 아니하고, 또 자기계약이지만 유효하다(대판 1981.10.13. 81다649).
2) 친권자인 모가 자신이 대표이사로 있는 주식회사의 채무 담보를 위하여 자신과 미성년인 자의 공유재산에 대하여 자의 법정대리인 겸 본인의 자격으로 근저당권을 설정한 행위는, 친권자가 채무자 회사의 대표이사로서 그 주식의 66%를 소유하는 대주주이고 미성년인 자에게는 불이익만을 주는 것이라는 점을 감안하더라도, 그 행위의 객관적 성질상 채무자 회사의 채무를 담보하기 위한 것에 불과하므로 친권자와 그 자 사이에 이해의 대립이 생길 우려가 있는 이해상반행위라고 볼 수 없다(대판 1996.11.22. 96다10270).
3) 민법 제921조 제2항의 이해상반행위라 함은 친권에 복종하는 미성년인 자(자)들 상호간에 있어서 각각 당사자 일방이 되어 하는 법률행위뿐 아니라 친권자가 미성년자 일방을 위하여 차금함에 있어서 다른 미성년인 자(자) 소유 부동산에 저당권을 설정하는 행위와 같이 미성년자 일방을 위하여서는 이익이 되고 다른 미성년자에 대하여는 불이익이 되는 경우도 포함하나 그 어느 경우에 있어서도 이해상반행위의 당사자는 모두가 친권자의 친권에 복종하는 미성년인 자(자)들이어야 하고 가령 성년이 되어 친권자의 친권에 복종하지 아니하는 자와 친권에 복종하는 미성년인 자 사이에 이해상반 되는 경우에는 친권자는 미성년인 자(자)를 위한 법정대리인으로서 그 고유의 권리를 행사할 수 있을 것이므로 그러한 친권자의 법률행위는 위 법조 소정의 이해상반행위에 해당 한다고 할 수 없다(대판 1976.03.09. 75다2340).

	성질	종류	보호범위
미성년후견			
(광의의)성년후견	법정후견	(협의의) 성년후견	포괄적·계속적
		한정후견	
		특정후견	일회적·특정적
	임의후견	후견계약	계약의 내용에 따라 결정

2. 피성년후견인

신법 제9조(성년후견개시의 심판) ① 가정법원은 질병, 장애, 노령, 그 밖의 사유로 인한 정신적 제약으로 사무를 처리할 능력이 지속적으로 결여된 사람에 대하여 본인, 배우자, 4촌 이내의 친족, 미성년후견인, 미성년후견감독인, 한정후견인, 한정후견감독인, 특정후견인, 특정후견감독인, 검사 또는 지방자치단체의 장의 청구에 의하여 성년후견개시의 심판을 한다.
② 가정법원은 성년후견개시의 심판을 할 때 본인의 의사를 고려하여야 한다.

구법 제9조(한정치산의 선고) 심신이 박약하거나 재산의 낭비로 자기나 가족의 생활을 궁박하게 할 염려가 있는 자에 대하여는 법원은 본인, 배우자, 4촌이내의 친족, 후견인 또는 검사의 청구에 의하여 한정치산을 선고하여야 한다.
〈개정 1990.1.13.〉

신법 제10조(피성년후견인의 행위와 취소) ① 피성년후견인의 법률행위는 취소할 수 있다.
② 제1항에도 불구하고 가정법원은 취소할 수 없는 피성년후견인의 법률행위의 범위를 정할 수 있다.
③ 가정법원은 본인, 배우자, 4촌 이내의 친족, 성년후견인, 성년후견감독인, 검사 또는 지방자치단체의 장의 청구에 의하여 제2항의 범위를 변경할 수 있다.
④ 제1항에도 불구하고 일용품의 구입 등 일상생활에 필요하고 그 대가가 과도하지 아니한 법률행위는 성년후견인이 취소할 수 없다.

구법 제10조(한정치산자의 능력) 제5조 내지 제8조의 규정은 한정치산자에 준용한다.

신법 제11조(성년후견종료의 심판) 성년후견개시의 원인이 소멸된 경우에는 가정법원은 본인, 배우자, 4촌 이내의 친족, 성년후견인, 성년후견감독인, 검사 또는 지방자치단체의 장의 청구에 의하여 성년후견종료의 심판을 한다.

구법 제11조(한정치산선고의 취소) 한정치산의 원인이 소멸한 때에는 법원은 제9조에 규정한 자의 청구에 의하여 그 선고를 취소하여야 한다.

(1) 의의

질병, 장애, 노령, 그 밖의 사유로 인한 정신적 제약으로 사무를 처리할 능력이 지속적으로 결여된 사람에 대하여 일정한 사람의 청구에 의하여 가정법원이 심판하는 자를 말한다. 이 경우 가정법원은 심판을 할 때 본인의 의사를 고려하여야 한다.

(2) 피성년후견인의 행위와 취소

피성년후견인의 법률행위는 취소할 수 있다. 다만 구법과는 달리 가정법원은 취소할 수 없는 피성년후견인의 법률행위의 범위를 정할 수 있다. 그리고 **일용품의 구입 등 일상생활에 필요하고 그 대가가 과도하지 아니한 법률행위는 성년후견인이 취소할 수 없다.**

(3) 성년후견의 종료

성년후견개시의 원인이 소멸된 경우에는 가정법원은 본인, 배우자, 4촌 이내의 친족, 성년후견인, 성년후견감독인, 검사 또는 지방자치단체의 장의 청구에 의하여 성년후견종료의 심판을 한다.

(4) 피성년후견인의 혼인

제808조(동의를 요하는 혼인) ② 피성년후견인은 부모나 성년후견인의 동의를 받아 혼인할 수 있다. 제835조(성년후견과 협의상 이혼) 피성년후견인의 협의상 이혼에 관하여는 제808조제2항을 준용한다.

(5) 성년후견과 한정후견의 관계, 성년후견과 한정후견의 개시

성년후견이나 한정후견에 관한 심판 절차는 가사소송법 제2조 제1항 제2호 (가)목에서 정한 가사비송사건으로서, 가정법원이 당사자의 주장에 구애받지 않고 후견적 입장에서 합목적적으로 결정할 수 있다. 이때 성년후견이든 한정후견이든 본인의 의사를 고려하여 개시 여부를 결정한다는 점은 마찬가지이다(민법 제9조 제2항, 제12조 제2항). 위와 같은 규정 내용이나 입법 목적 등을 종합하면, 성년후견이나 한정후견 개시의 청구가 있는 경우 가정법원은 청구 취지와 원인, 본인의 의사, 성년후견 제도와 한정후견 제도의 목적 등을 고려하여 어느 쪽의 보호를 주는 것이 적절한지를 결정하고, 그에 따라 필요하다고 판단하는 절차를 결정해야 한다. 따라서 한정후견의 개시를 청구한 사건에서 의사의 감정 결과 등에 비추어 성년후견 개시의 요건을 충족하고 본인도 성년후견의 개시를 희망한다면 법원이 성년후견을 개시할 수 있고, 성년후견 개시를 청구하고 있더라도 필요하다면 한정후견을 개시할 수 있다고 보아야 한다. (그리고) 가사소송법 제45조의2 제1

항은 "가정법원은 성년후견 개시 또는 한정후견 개시의 심판을 할 경우에는 피성년후견인이 될 사람이나 피한정후견인이 될 사람의 정신상태에 관하여 의사에게 감정을 시켜야 한다. 다만 피성년후견인이 될 사람이나 피한정후견인이 될 사람의 정신상태를 판단할 만한 다른 충분한 자료가 있는 경우에는 그러하지 아니하다."라고 정하고 있다. 이 규정의 의미는 의사의 감정에 따라 정신적 제약으로 사무를 처리할 능력이 부족하거나 지속적으로 결여되었는지를 결정하라는 것이 아니라, 의학상으로 본 정신능력을 기초로 하여 성년후견이나 한정후견의 개시 요건이 충족되었는지 여부를 결정하라는 것이다. 따라서 <u>피성년후견인이나 피한정후견인이 될 사람의 정신상태를 판단할 만한 다른 충분한 자료가 있는 경우 가정법원은 의사의 감정이 없더라도 성년후견이나 한정후견을 개시할 수 있다.</u>

(6) 미성년후견인과 성년후견인

제928조(미성년자에 대한 후견의 개시) 미성년자에게 친권자가 없거나 친권자가 제924조, 제924조의2, 제925조 또는 제927조제1항에 따라 친권의 전부 또는 일부를 행사할 수 없는 경우에는 미성년후견인을 두어야 한다. 〈개정 2014.10.15〉

제929조(성년후견심판에 의한 후견의 개시) 가정법원의 성년후견개시심판이 있는 경우에는 그 심판을 받은 사람의 성년후견인을 두어야 한다.

제930조(후견인의 수와 자격) ① 미성년후견인의 수(수)는 한 명으로 한다. ② 성년후견인은 피성년후견인의 신상과 재산에 관한 모든 사정을 고려하여 여러 명을 둘 수 있다. ③ 법인도 성년후견인이 될 수 있다. [전문개정 2011.3.7]

미성년자에게 친권자가 없거나 친권자가 법률행위의 대리권과 재산관리권을 행사할 수 없는 경우에는 미성년후견인을 두어야 한다(제928조). 미성년후견인의 수는 한 명으로 한다(제930조 1항). 미성년후견인은 자연인에 한하며, 법인은 미성년후견인이 될 수 없다(제930조 3항의 반대해석). 피성년후견인의 후견인인 성년후견인은 피성년후견인의 신상과 재산에 관한 모든 사정을 고려하여 여러 명을 둘 수 있다(제930조 2항). 그리고 법인도 성년후견인이 될 수 있다(제930조 3항).

3. 피한정후견인

신법 제12조(한정후견개시의 심판) ① 가정법원은 질병, 장애, 노령, 그 밖의 사유로 인한 정신적 제약으로 사무를 처리할 능력이 부족한 사람에 대하여 본인, 배우자, 4촌 이내의 친족, 미성년후견인, 미성년후견감독인, 성년후견인, 성년후견감독인, 특정후견인, 특정후견감독인, 검사 또는 지방자치단체의 장의 청구에 의하여 한정후견개시의 심판을 한다.
② 한정후견개시의 경우에 제9조제2항을 준용한다.

구법 제12조(금치산의 선고) 심신상실의 상태에 있는 자에 대하여는 법원은 제9조에 규정한 자의 청구에 의하여 금치산을 선고하여야 한다.

신법 제13조(피한정후견인의 행위와 동의) ① 가정법원은 피한정후견인이 한정후견인의 동의를 받아야 하는 행위의 범위를 정할 수 있다.
② 가정법원은 본인, 배우자, 4촌 이내의 친족, 한정후견인, 한정후견감독인, 검사 또는 지방자치단체의 장의 청구에 의하여 제1항에 따른 한정후견인의 동의를 받아야만 할 수 있는 행위의 범위를 변경할 수 있다.
③ 한정후견인의 동의를 필요로 하는 행위에 대하여 한정후견인이 피한정후견인의 이익이 침해될 염려가 있음에도 그 동의를 하지 아니하는 때에는 가정법원은 피한정후견인의 청구에 의하여 한정후견인의 동의를 갈음하는 허가

를 할 수 있다.
④ 한정후견인의 동의가 필요한 법률행위를 피한정후견인이 한정후견인의 동의 없이 하였을 때에는 그 법률행위를 취소할 수 있다. 다만, 일용품의 구입 등 일상생활에 필요하고 그 대가가 과도하지 아니한 법률행위에 대하여는 그러하지 아니하다.

구법 제13조(금치산자의 능력) 금치산자의 법률행위는 취소할 수 있다.

신법 제14조(한정후견종료의 심판) 한정후견개시의 원인이 소멸된 경우에는 가정법원은 본인, 배우자, 4촌 이내의 친족, 한정후견인, 한정후견감독인, 검사 또는 지방자치단체의 장의 청구에 의하여 한정후견종료의 심판을 한다.

구법 제14조(금치산선고의 취소) 제11조의 규정은 금치산자에 준용한다.

(1) 의의

질병, 장애, 노령, 그 밖의 사유로 인한 정신적 제약으로 사무를 처리할 능력이 부족한 사람에 대하여 일정한 사람의 청구에 의하여 가정법원이 심판하는 자를 말한다.

(2) 피한정후견인의 행위와 동의

1) 내용

구법과는 달리 원칙적으로 피한정후견인은 완전능력자이다. 다만 가정법원은 심판 시에 피한정후견인이 한정후견인의 동의를 받아야 하는 행위의 범위를 정할 수 있다. 가정법원은 일정한 자의 청구에 의하여 한정후견인의 동의를 받아야만 할 수 있는 행위의 범위를 변경할 수 있다. 그리고 한정후견인의 동의를 필요로 하는 행위에 대하여 한정후견인이 피한정후견인의 이익이 침해될 염려가 있음에도 그 동의를 하지 아니하는 때에는 가정법원은 피한정후견인의 청구에 의하여 한정후견인의 동의에 갈음하는 허가를 할 수 있다.

2) 취소

한정후견인의 동의가 필요한 법률행위를 피한정후견인이 한정후견인의 동의 없이 하였을 때에는 그 법률행위를 취소할 수 있다. 그러나 **일용품의 구입 등 일상생활에 필요하고 그 대가가 과도하지 아니한 법률행위는 취소하지 못 한다.**

(3) 한정후견의 종료

한정후견개시의 원인이 소멸된 경우에는 가정법원은 일정한 자의 청구에 의하여 한정후견종료의 심판을 한다.

4. 피특정후견인

신법 제14조의2(특정후견의 심판) ① 가정법원은 질병, 장애, 노령, 그 밖의 사유로 인한 정신적 제약으로 일시적 후원 또는 특정한 사무에 관한 후원이 필요한 사람에 대하여 본인, 배우자, 4촌 이내의 친족, 미성년후견인, 미성년후견감독인, 검사 또는 지방자치단체의 장의 청구에 의하여 특정후견의 심판을 한다.
② 특정후견은 본인의 의사에 반하여 할 수 없다.
③ 특정후견의 심판을 하는 경우에는 특정후견의 기간 또는 사무의 범위를 정하여야 한다.

신법 제14조의3(심판 사이의 관계) ① 가정법원이 피한정후견인 또는 피특정후견인에 대하여 성년후견개시의 심판을 할 때에는 종전의 한정후견 또는 특정후견의 종료 심판을 한다.
② 가정법원이 피성년후견인 또는 피특정후견인에 대하여 한정후견개시의 심판을 할 때에는 종전의 성년후견 또는 특정후견의 종료 심판을 한다.

(1) 의의

질병, 장애, 노령, 그 밖의 사유로 인한 정신적 제약으로 일시적 후원 또는 특정한 사무에 관한 후원이 필요한 사람에 대하여 일정한 사람의 청구에 의하여 가정법원이 심판하는 자를 말한다.

(2) 청구권자

특정후견을 청구할 수 있는 자는 본인, 배우자, 4촌이내의 친족, 미성년후견인, 미성년후견인, 검사 또는 지방자치단체의 장이다. 성년후견인이나 한정후견이 개시된 경우에는 특정후견을 받을 필요가 없기 때문에, 성년후견인이나 한정후견인은 청구권자에 포함되어 있지 않다. 그러나 미성년자에 대해서는 특정후견의 심판을 받을 수 있도록 하였다. 성년을 앞둔 미성년자는 미리 특정후견의 심판을 받음으로써 후견의 공백이 생기는 것을 막을 필요가 있기 때문이다(곽윤직·김재형).

(3) 내용

특정후견은 본인의 의사에 반하여 할 수 없다. 이에 반하여 한정후견개시나 성년후견개시 심판의 경우에는 본인의 의사를 고려하는 것이므로, 본인의 의사에 반해서도 할 수 있다는 점을 유의해야 한다. 특정후견의 심판을 하는 경우에는 특정후견의 기간 또는 사무의 범위를 정하여야 한다.

(4) 효과

피한정후견인이나 피성년후견인의 행위와는 달리, 피특정후견인의 행위는 취소할 수 없다는 점을 주의하여야 한다.

(5) 심판 사이의 관계

가정법원이 피한정후견인 또는 피특정후견인에 대하여 성년후견개시의 심판을 할 때에는 종전의 한정후견 또는 특정후견의 종료 심판을 한다. 가정법원이 피성년후견인 또는 피특정후견인에 대하여 한정후견개시의 심판을 할 때에는 종전의 성년후견 또는 특정후견의 종료 심판을 한다.

5. 후견계약

제959조의14(후견계약의 의의와 체결방법 등) ① 후견계약은 질병, 장애, 노령, 그 밖의 사유로 인한 정신적 제약으로 사무를 처리할 능력이 부족한 상황에 있거나 부족하게 될 상황에 대비하여 자신의 재산관리 및 신상보호에 관한 사무의 전부 또는 일부를 다른 자에게 위탁하고 그 위탁사무에 관하여 대리권을 수여하는 것을 내용으로 한다. ② <u>후견계약은 공정증서로 체결하여야 한다.</u> ③ <u>후견계약은 가정법원이 임의후견감독인을 선임한 때부터 효력이 발생한다.</u> ④ 가정법원, 임의후견인, 임의후견감독인 등은 후견계약을 이행·운영할 때 본인의 의사를 최대한 존중하여야 한다.[본조신설 2011.3.7]

제959조의18(후견계약의 종료) ① 임의후견감독인의 선임 전에는 본인 또는 임의후견인은 언제든지 공증인의 인증을 받은 서면으로 후견계약의 의사표시를 철회할 수 있다.
② 임의후견감독인의 선임 이후에는 본인 또는 임의후견인은 정당한 사유가 있는 때에만 가정법원의 허가를 받아 후견계약을 종료할 수 있다.[본조신설 2011.3.7]

후견계약에 의한 후견을 임의후견이라 한다. 후견계약은 질병, 장애, 노령, 그 밖의 사유로 인한 정신적 제약으로 사무를 처리할 능력이 부족한 상황에 있거나 부족하게 될 상황에 대비하여 자신의 재산관리 및 신상보호에 관한 사무의 전부나 일부를 다른 자에게 위탁하고 그 위탁사무에 관하여 대리권을 수여하는 것을 내용으로 한다(제959조의14 제1항). 후견계약은 가정법원에 의한 임의후견감독인[20]의 선임을 정지조건으로 하는 위임계약에 해당한다. 후견계약은 임의후견을 받을 본인과 임의후견인이 될 사람 사이의 계약으로 성립하는데, 상대방은 여럿일 수도 있으며 법인이어도 무방하다. 본인에 미치는 영향이 크고 본인의 의사능력이 부족할 때 분쟁이 발생할 수 있으므로 후견계약은 반드시 공정증서로 체결하여야 한다(제959조의14 제2항). 후견계약의 효력발생 시기는 원칙적으로 당사자들이 후견계약에서 정한 바에 따르지만, 민법은 후견계약이 가정법원이 임의후견감독인을 선임한 때부터 효력이 발생한다고 규정하고 있다(제959조의14 제3항). 임의후견감독인의 선임 전에는 본인 또는 임의후견인은 언제든지 공증인의 인증을 받은 서면으로 후견계약의 의사표시를 철회할 수 있다(제959조의18 제1항).

6. 후견의 공시 - 후견등기부 공시

미성년후견과는 달리 성년후견, 한정후견, 특정후견, 임의후견은 후견등기부에 공시된다. 후견등기부란 전산정보처리조직에 의하여 입력·처리된 성년후견, 한정후견, 특정후견 및 후견계약에 관한 등기 정보자료를 대법원규칙으로 정하는 바에 따라 편성한 것을 말한다(후견등기에 관한 법률 제2항 1항). 후견등기부는 피성년후견인 등 또는 후견계약의 본인 개인별로 구분하여 작성한다(동법 제11조 1항).

7. 제한능력자 상대방 보호

(1) 촉구권

신법 제15조(제한능력자의 상대방의 확답을 촉구할 권리) ① 제한능력자의 상대방은 제한능력자가 능력자가 된 후에 그에게 1개월 이상의 기간을 정하여 그 취소할 수 있는 행위를 추인할 것인지 여부의 확답을 촉구할 수 있다. 능력자로 된 사람이 그 기간 내에 확답을 발송하지 아니하면 그 행위를 추인한 것으로 본다.
② 제한능력자가 아직 능력자가 되지 못한 경우에는 그의 법정대리인에게 제1항의 촉구를 할 수 있고, 법정대리인이 그 정하여진 기간 내에 확답을 발송하지 아니한 경우에는 그 행위를 추인한 것으로 본다.
③ 특별한 절차21)22)가 필요한 행위는 그 정하여진 기간 내에 그 절차를 밟은 확답을 발송하지 아니하면 취소한 것으로 본다.

구법 제15조(무능력자의 상대방의 최고권) ① 무능력자의 상대방은 무능력자가 능력자가 된 후에 이에 대하여 1월 이상의 기간을 정하여 그 취소할 수 있는 행위의 추인여부의 확답을 최고할 수 있다. 능력자로 된 자가 그 기간 내에 확답을 발하지 아니한 때에는 그 행위를 추인한 것으로 본다.
② 무능력자가 아직 능력자가 되지 못한 때에는 그 법정대리인에 대하여 전항의 최고를 할 수 있고 법정대리인이 그 기간 내에 확답을 발하지 아니한 때에는 그 행위를 추인한 것으로 본다.
③ 특별한 절차를 요하는 행위에 관하여는 그 기간 내에 그 절차를 밟은 확답을 발하지 아니하면 취소한 것으로 본다.

---

20) 후견계약은 정신적 제약으로 사무를 처리할 능력이 부족한 상황에 있거나 부족하게 될 상황에 대비하여 체결되는 것이지만, 실제로 효력을 발생하게 되는 것은 본인의 판단능력이 저하되어 있을 때이므로 본인에 갈음하여 대리인을 감독할 필요가 있다. 이에 가정법원은 임의후견감독인을 선임하도록 하고 있다.
21) 여기서 **특별한 절차란** 친족회의 동의절차를 의미했으나, 친족회가 폐지되고, 후견감독인의 동의를 받는 것으로 변경되었다.
22) **제950조(후견감독인의 동의를 필요로 하는 행위)** ① 후견인이 피후견인을 대리하여 다음 각 호의 어느 하나에 해당하는 행위를 하거나 미성년자의 다음 각 호의 어느 하나에 해당하는 행위에 동의를 할 때는 **후견감독인이 있으면 그의 동의를 받아야 한다.** 1. 영업에 관한 행위 2. 금전을 빌리는 행위 3. 의무만을 부담하는 행위 4. 부동산 또는 중요한 재산에 관한 권리의 득실변경을 목적으로 하는 행위 5. 소송행위 6. 상속의 승인, 한정승인 또는 포기 및 상속재산의 분할에 관한 협의

> * 제한능력자의 상대방에 대한 촉구권과 무권대리인 상대방의 최고권과의 비교
>
> 제131조 (상대방의 최고권) 대리권 없는 자가 타인의 대리인으로 계약을 한 경우에 상대방은 상당한 기간을 정하여 본인에게 그 추인여부의 확답을 최고할 수 있다. 본인이 그 기간 내에 확답을 발하지 아니한 때에는 추인을 거절한 것으로 본다.

구 분	제한능력자 상대방의 촉구권(제15조)	무권대리인 상대방의 최고권(제131조)
성 질	준법률행위(의사의 통지)	준법률행위(의사의 통지)
상대방	**법정대리인 및 능력자로 된 자** (능력자로 되기 전의 무능력자에 대한 최고는 무효)	본인
상대방의 선의 요부	선의 不要	선의 不要
방 법	취소할 수 있는 행위 적시, 1개월 이상 유예기간 (제15조 제1항).	무권대리인의 행위 적시, 상당한 기간의 유예기간
효 과	유예기간 내 확답여부에 따라 법정의 효과 발생 (제15조 제1항~제3항) 추인간주가 원칙.	확답을 발하지 않으면, 추인거절로 간주

(2) 철회권과 거절권

신법 제16조(제한능력자의 상대방의 철회권과 거절권) ① 제한능력자가 맺은 계약은 추인이 있을 때까지 상대방이 그 의사표시를 철회할 수 있다. 다만, 상대방이 계약 당시에 제한능력자임을 알았을 경우에는 그러하지 아니하다.
② 제한능력자의 단독행위는 추인이 있을 때까지 상대방이 거절할 수 있다.
③ 제1항의 철회나 제2항의 거절의 의사표시는 제한능력자에게도 할 수 있다.

구법 제16조(무능력자의 상대방의 철회권과 거절권) ① 무능력자의 계약은 추인 있을 때까지 상대방이 그 의사표시를 철회할 수 있다. 그러나 상대방이 계약당시에 무능력자임을 알았을 때에는 그러하지 아니하다.
② 무능력자의 단독행위는 추인 있을 때까지 상대방이 거절할 수 있다.
③ 전2항의 철회나 거절의 의사표시는 무능력자에 대하여도 할 수 있다.

1) 철회권

철회권이란 제한능력자가 맺은 '계약'에 대하여 추인이 있을 때까지 상대방이 그 의사표시를 철회할 수 있는 권리를 말한다. 다만 상대방이 계약당시에 제한능력자임을 알았을 때 즉 악의인 경우에는 철회권을 행사할 수 없으므로, 선의이어야 한다.

2) 거절권

제한능력자의 '단독행위'에 대하여 추인이 있을 때까지 상대방이 거절할 수 있는 권리를 말한다. 이 경우 상대방은 선의, 악의를 불문한다(통설). 왜냐하면 쌍방의 의사표시의 합치로 성립하는 계약에서는 제한능력자의 의사표시와 상대방의 의사표시가 있으므로, 그 책임이 있게 되어 악의의 상대방의 경우 철회를 금하는 것이지만, 단독행위의 경우에는 제한능력자의 의사표시만이 있고 상대방은 그 의사표시를 수령하는데 지나지 않으므로, 제한능력자임을 알고 있었다고 하여도 그 책임을 물을 수는 없기 때문이다.

(3) 비 교

구 분	촉구권(제15조)	철회권(제16조 제1항)	거절권(제16조 제2항)
성 질	준법률행위(의사의 통지)	법률행위(의사표시)	준법률행위(의사의 통지)
상대방	법정대리인 및 능력자로 된 자(능력자로 되기 전의 제한능력자에 대한 최고는 무효)	법정대리인 및 제한능력자 본인에 대해서도 가능(제16조 제3항)	법정대리인 및 제한능력자 본인에 대해서도 가능(제16조 제3항)
상대방의 선의 요부	선의 不要	선의 要(악의는 不可) (제16조 제1항 단서)	선의 不要(통설)
방 법	취소할 수 있는 행위 적시, 1월 이상 유예기간(제15조 제1항).	본인의 추인이 있기 전	본인의 추인이 있기 전
효 과	유예기간내 확답여부에 따라 법정의 효과 발생(제15조 제1항~제3항)	취소와 동일하게 계약의 소급적 소멸효과 발생	상대방이 있는 단독행위(예 : 채무면제)의 소급적 소멸효과 발생

(4) 속임수(사술)

신법 제17조(제한능력자의 속임수) ① 제한능력자가 속임수로써 자기를 능력자로 믿게 한 경우에는 그 행위를 취소할 수 없다.
② 미성년자나 피한정후견인이 속임수로써 법정대리인의 동의가 있는 것으로 믿게 한 경우에도 제1항과 같다.

구법 제17조(무능력자의 사술) ① 무능력자가 사술로써 능력자로 믿게 한 때에는 그 행위를 취소하지 못한다.
② 미성년자나 한정치산자가 사술로써 법정대리인의 동의 있는 것으로 믿게 한 때에도 전항과 같다.

1) 속임수의 의미

判例는 "민법 제17조에 이른바 "무능력자가 사술로써 능력자로 믿게 한 때"라 함은 무능력자가 상대방으로 하여금 그 능력자임을 믿게 하기 위하여 적극적으로 사기수단을 쓴 것을 말하는 것으로서 단순히 자기가 능력자라 사언함은 동조에 이른바 사술을 쓴 것이라고 할 수 없다 할 것이므로, 본건에 있어서 미성년자인 원고가 본건 매매계약당시 원고 본인이 스스로 사장이라고 말하였다거나 또는 동석한 소외인이 상대방인 피고에 대하여 원고를 중앙전선 주식회사의 사장이라고 호칭한 사실이 있었다 하더라도 이것만으로써는 이른바 사술을 쓴 경우에 해당되지 아니한다 할 것이므로 이와 같은 견해의 취지에서 판단한 원판결은 정당하고, 원판결에는 법률의 해석적용을 그릇한 위법은 없다 할 것이므로 논지들은 받아들일 수 없다(대판 1971.12.24. 71다2045)."고 한다. 그러나 통설은 적극적인 기망수단을 쓴 경우는 물론 자기가 능력자라고 칭하거나 단순한 침묵도 속임수가 될 수 있다고 한다.

2) 속임수의 증명책임

미성년자와 계약을 체결한 상대방이 미성년자의 취소권을 배제하기 위하여 본조 소정의 미성년자가 사술을 썼다고 주장하는 때에는 그 주장자인 상대방 측에 그에 대한 증명책임이 있다(대판 1971.12.24. 71다2045).

3) 피성년후견인의 속임수

피성년후견인이 속임수로써 법정대리인의 동의가 있는 것으로 믿게 한 경우에는 그 행위를 취소할 수 있다. 피성년후견인은 법정대리인의 동의가 있어도 취소할 수 있으므로, 속임수가 되지 않기 때문이다. 다만 피성년후견인이 미성년자 또는 피한정후견인이라고 말하면서 법정대리인의 동의서를 제시하여 법률행위를 한 경우에도 민법 제17조 제1항의 제한능력자가 속임수로써 자기를 능력자로 믿게 한 경우에 해당하여 취소권을 상실하게 된다(다수설). 이에 대해 피성년후견인이라고 칭하든 피한정후견인이라고 칭하든 그 주체가 피성년후견인인 이상 취소권이 상실되지 않는다는 견해(김형배)도 주장되고 있다.

IV. 주소

1. 의의

주소라 함은 사람이 일정한 장소와 밀접한 관련을 가지고 법률관계를 형성·유지하기 위한 사람의 생활관계의 중심지를 말한다. 즉 주소란 생활의 근거되는 곳이다(제18조 1항).

2. 주소의 결정

제18조(주소) ① 생활의 근거되는 곳을 주소로 한다. - 실질주의
② 주소는 동시에 두곳이상 있을 수 있다. - 복수주의

(1) 형식주의와 실질주의

주소를 정하는 기준으로 형식적 기준에 의하여 획일적으로 정하는 형식주의, 생활의 실질적 관계에 따라 구체적으로 정하는 실질주의가 있는데, 민법은 실질주의에 입각하고 있다.

(2) 객관주의와 의사주의

주소의 설정 또는 변경과 관련하여 정주의 사실만 있으면 된다는 객관주의와 정주의 사실 외에 정주의 의사도 필요하다는 의사주의가 있다. 민법은 명문의 규정은 없으나, 제한능력자를 위한 법정주소를 규정하고 있지 않고, 실질주의를 취하고 있는 점을 고려하면 민법은 객관주의를 전제하고 있다.

(3) 단일주의와 복수주의

주소의 개수에 대해 1개만을 인정하는 단일주의, 여러 개를 인정하는 복수주의가 있고, 민법은 복수주의를 취하고 있다.

3. 주소의 효과

부재 및 실종의 표준(제22조, 제27조), 변제의 장소(제467조), 상속개시지(제998조), 어음행위의 장소(어음법 제2조 제2항, 수표법 제8조), 재판관할의 표준(민사소송법 제2조), 민사소송법상의 부가기간(민사소송법 제172조), 국제사법상 준거법 결정표준(국제사법 제2조, 제7조, 제11조, 제14조), 귀화 및 국적회복의 요건(국적법 제5조~제7조, 제14조)이 된다.

4. 거소, 현재지, 가주소

제19조(거소) 주소를 알 수 없으면 거소를 주소로 본다.

제20조(거소) 국내에 주소 없는 자에 대하여는 국내에 있는 거소를 주소로 본다.

제21조(가주소) 어느 행위에 있어서 가주소를 정한 때에는 그 행위에 관하여는 이를 주소로 본다.

(1) 거소

주소는 아니지만 사람이 다소의 기간 계속하여 거주하는 장소로서 그 장소와의 밀접한 정도가 주소에 미

치지 못하는 것을 말한다. 주소를 알 수 없을 때, 국내에 주소가 없는 자는 거소를 주소로 간주한다(제19조, 제20조).

(2) 현재지

현재지에 특별한 법률효과는 부여되지 않고 다만 거소에 포함되는 경우가 있다. 민법 제19조, 제20조의 거소는 현재지를 포함하는 개념이다.

(3) 가주소

어떤 특별한 법률관계에 관하여 법률상 주소에 갈음하는 것으로서, 가주소는 민법에 규정이 되어 있으므로 민법상 주소개념이다. 가주소란 당사자가 어떤 거래관계에서 일정한 장소를 정하여 그 거래관계에 관하여 주소로서의 법적 기능을 부여한 장소를 말하므로, 생활의 근거가 될 필요는 없다. 즉 가주소는 당사자의 의사에 의하여 설정되고, 따라서 제한능력자는 독자적으로 가주소를 설정할 수 없으며, 당해 거래관계에 관하여 주소로서의 효과를 가진다.

(4) 주민등록지

주민등록법상 주민등록이 등재되어 있는 장소로서 30일 이상 거주할 목적으로 일정한 장소에 주거 또는 거소를 갖는 자가 등록한다. 주민등록은 주택임차권을 공시하는 기능을 한다.

V. 부재와 실종

1. 서설

사람이 주소를 떠나서 쉽게 돌아올 가망이 없는 경우 민법은 1차적으로는 부재자의 재산관리제도에 의하여, 2차적으로는 실종제도에 의하여 그 사람의 법률관계를 규율하고 있다.

2. 부재자의 재산관리

> 제22조 (부재자의 재산의 관리) ① 종래의 주소나 거소를 떠난 자가 재산관리인을 정하지 아니한 때에는 법원은 이해관계인이나 검사의 청구에 의하여 재산관리에 관하여 필요한 처분을 명하여야 한다. 본인의 부재 중 재산관리인의 권한이 소멸한 때에도 같다. ② 본인이 그 후에 재산관리인을 정한 때에는 법원은 본인, 재산관리인, 이해관계인 또는 검사의 청구에 의하여 전항의 명령을 취소하여야 한다.

(1) 부재자의 의미

종래의 주소 또는 거소를 떠나서 용이하게 돌아올 가능성이 없어서 그의 재산을 관리하여야 할 필요가 있는 자를 말한다. 따라서 부재자는 실종선고와는 달리 반드시 생사불명일 필요는 없다(대판 1971.10.22. 71다1636). 특히 자연인이 아닌 법인에 대해서는 부재자의 개념을 인정할 수 없다(대결 1965.02.09. 64스9).

(2) 부재자 재산의 관리

1) 부재자 자신이 관리인을 둔 경우

① 원칙

이 경우 재산관리인은 부재자의 수임인이며, 임의대리인이므로 위임에 관한 규정(제680조 이하)에 의하여 규율 된다(대판 1973.07.24. 72다2136). 따라서 관리인의 권한과 관리의 방법 등은 부재자와 관리인 사이의 계약 및 제118조에 의하여 결정된다.

② 예외

> **제23조(관리인의 개임)** 부재자가 재산관리인을 정한 경우에 부재자의 생사가 분명하지 아니한 때에는 법원은 재산관리인, 이해관계인 또는 검사의 청구에 의하여 재산관리인을 개임할 수 있다.

부재자 본인의 부재중 재산관리인의 권한이 소멸한 때에 법원은 이해관계인이나 검사의 청구에 의하여 재산관리에 관하여 필요한 처분을 명하여야 한다. 부재자가 재산관리인을 정한 경우에도 부재자의 생사가 분명하지 아니한 때에는 법원은 재산관리인, 이해관계인 또는 검사의 청구에 의하여 재산관리인을 改任(개임)할 수 있다(제23조).

2) 부재자 자신이 관리인을 두지 않은 경우

① **불간섭의 원칙**

부재자가 관리인을 두고 떠난 경우에는 법원이 간섭하지 않음이 원칙이나, 관리인을 두지 않고 떠난 경우에는 일정한 자의 청구에 의하여 가정법원이 재산관리에 필요한 처분을 명해야 한다.

② **재산관리에 필요한 처분 명령**

종래의 주소나 거소를 떠난 자가 재산관리인을 정하지 아니한 때에는 법원은 이해관계인이나 검사의 청구에 의하여 재산관리에 관하여 필요한 처분을 명하여야 한다.

3) 법원이 선임한 재산관리인

① 의의

이 경우의 부재자재산관리인은 일종의 법정대리인이다(다수설). 하지만 선임관리인에게는 대리적 효과의사가 없으므로 그의 행위를 대리행위로 보는 것은 의제적이라는 견해도 있다(곽윤직).

② 직무

> **제24조(관리인의 직무)** ① 법원이 선임한 재산관리인은 관리할 재산목록을 작성하여야 한다.
> ② 법원은 그 선임한 재산관리인에 대하여 부재자의 재산을 보존하기 위하여 필요한 처분을 명할 수 있다.
> ③ 부재자의 생사가 분명하지 아니한 경우에 이해관계인이나 검사의 청구가 있는 때에는 법원은 부재자가 정한 재산관리인에게 전2항의 처분을 명할 수 있다.
> ④ 전3항의 경우에 그 비용은 부재자의 재산으로써 지급한다.

법원이 선임한 재산관리인은 관리할 재산목록을 작성하여야 한다. 법원은 그 선임한 재산관리인에 대하여 부재자의 재산을 보존하기 위하여 필요한 처분을 명할 수 있다. 부재자의 생사가 분명하지 아니한 경우에 이해관계인이나 검사의 청구가 있는 때에는 법원은 부재자가 정한 재산관리인에게 전2항의 처분을 명할 수 있다. 그 비용은 부재자의 재산으로써 지급한다(제24조).

③ 담보 제공 및 보수

> **제26조(관리인의 담보제공, 보수)** ① 법원은 그 선임한 재산관리인으로 하여금 재산의 관리 및 반환에 관하여 상당한 담보를 제공하게 할 수 있다.
> ② 법원은 그 선임한 재산관리인에 대하여 부재자의 재산으로 상당한 보수를 지급할 수 있다.
> ③ 전2항의 규정은 **부재자의 생사가 분명하지 아니한 경우**에 부재자가 정한 재산관리인에 준용한다.

법원은 그 선임한 재산관리인으로 하여금 재산의 관리 및 반환에 관하여 상당한 담보를 **제공하게 할 수 있다**. 법원은 그 선임한 재산관리인에 대하여 부재자의 재산으로 상당한 보수를 지급할 수 있다. 전2항의 규정은 **부재자의 생사가 분명하지 아니한 경우에 부재자가 정한 재산관리인에 준용**한다(제26조).

(3) 가정법원의 허가

제25조(관리인의 권한) 법원이 선임한 재산관리인이 제118조에 규정한 권한을 넘는 행위를 함에는 법원의 허가를 얻어야 한다. 부재자의 생사가 분명하지 아니한 경우에 부재자가 정한 재산관리인이 권한을 넘는 행위를 할 때에도 같다.

제118조(대리권의 범위) 권한을 정하지 아니한 대리인은 다음 각호의 행위만을 할 수 있다.

1) 원칙

법원이 선임한 재산관리인이 제118조에 규정한 권한을 넘는 행위를 함에는 법원의 허가를 얻어야 한다. 부재자의 생사가 분명하지 아니한 경우에 부재자가 정한 재산관리인이 권한을 넘는 행위를 할 때에도 같다.

2) 허가의 방법

① 허가받은 재산에 대한 장래의 처분행위 뿐 아니라 기왕의 처분행위를 추인하는 방법으로도 할 수 있다. 따라서 관리인이 허가 없이 부재자 소유 부동산을 매각한 경우라도 사후에 법원의 허가를 얻어 이전등기절차를 경료하게 하였다면 추인에 의하여 유효한 처분행위로 된다(대판 1982.09.14. 80다3063; 대판 1982.12.14. 80다1872).

② 부재자 재산관리인의 부재자 소유 부동산에 대한 매매계약에 관하여 법원의 허가를 받지 아니하였다는 이유로 소유권이전등기청구소송의 패소판결이 확정된 후 그 권한초과행위에 대하여 법원의 허가를 받게 되면 다시 그 매매계약에 기한 소유권이전등기청구의 소를 제기할 수 있다.

③ 부재자 재산관리인이 권한을 초과하여 체결한 부동산 매매계약에 관하여 허가신청절차를 이행하기로 약정하고도 이를 이행하지 않는 경우, 상대방은 부재자 재산관리인을 상대로 허가신청절차의 이행을 소구할 수 있다(대판 2002.01.11. 2001다41971).

3) 허가를 요하지 않는 경우

① 부재자의 재산에 대한 임대료 청구 또는 불법행위로 인한 손해배상청구는 허가를 요하지 않는다 (대결 1957.10.14. 4290민재항104).

② 부재자의 재산관리인이 **부재자의 권리보존에 전적으로 이익이 되는 내용의 화해**를 함에 있어서는 법원의 허가를 요하지 않는다(대판 1962.11.01. 62다582).

③ **부동산소유권이전등기말소등기절차이행청구나 인도청구는 보존행위에 불과**하므로 법원의 허가 없이 할 수 있다(대판 1964.07.23. 64다108).

④ 부재자재산관리인이 부재자를 위한 소송비용 때문에 피고로부터 돈을 차용하고 그 돈을 임대보증금으로 하여 본건 임야를 골프장을 하는 피고에게 임대하였다면 이는 **성질을 변하지 아니한 이용 또는 개량행위**로서 법원의 허가를 요하지 않는다(대판 1980.11.11. 79다2164).

4) 허가의 취소

① 법원의 허가를 얻어 권한초과행위를 한 후에는 그 허가결정이 취소되더라도 소급효가 없으며, 취소전의 처분행위는 유효하다(대판 1960.02.04. 4291민상636).

② 법원에 의하여 부재자재산관리인으로 선임된 자는 그 부재자의 사망이 확인된 후라 할지라도 위 선임결정이 취소되지 않는 한 관리인으로서의 권한이 소멸하지 않고(대판 1971.03.23. 71다189; 대판 1991.11.25. 91다11810), **부재자 재산관리인으로서 권한초과 행위의 허가를 받고 그 선임결정이 취소되기 전에 위 권한에 의하여 이루어진 행위는 부재자에 대한 실종선고기간이 만료된 뒤에 이루어졌다고 하더라도 유효하다**(대판 1981.07.28. 80다2668).

5) 권한초과행위

법원의 허가가 있었더라도 그 처분은 부재자의 이익을 위한 것에 한정되고, 부재자의 이익을위한 정당한 관리행위가 아닌 때에는 그 권한범위를 일탈한 것으로서 무권대리로 되고 표현대리가 성립하지 않는 한 본인에 대하여 효력이 없다. 그러므로, 관리인이 법원의 매각처분허가를 얻었더라도 부재자와 아무 관계없는 남의 채무의 담보를 위하여 부재자 재산에 근저당권을 설정한 때에는 달리 그 권한이 있다고 믿음에 정당한 이유가 없는 한 상대방은 선의, 무과실이라 볼 수 없고 본인은 책임이 없다(대판 1976.12.21. 75마551. 대판 1977.11.08. 77다1159).

3. 실종선고

(1) 의의

원래 자연인이 권리능력을 상실하는 것은 사망의 경우이다. 그러나 종래의 주소나 거소를 떠난 자가 사망의 개연성이 높음에도 사망의 증명이 없다고 하여 생존한 것으로 본다면 부재자의 이해관계인에게 불이익을 줄 수 있다. 이러한 불이익을 제거하기 위하여 생사불명상태가 일정기간 계속되는 경우 가정법원의 선고에 의하여 부재자를 사망한 것으로 보는 제도가 실종선고제도이다.

(2) 요건

1) 실질적 요건

① 생사불명

생사불명이란 생존의 증명도 사망의 증명도 없는 상태를 말하며, 청구권자와 가정법원에 부재자의 생사여부가 불분명하면 된다. 다만 가족관계등록부(구 호적부) 상 이미 사망한 것으로 기재되어 있는 자에게는 가족관계등록부의 추정력 때문에 실종선고를 할 수 없다[23](대결 1997.11.27. 97스4). 하지만 수난, 전란, 화재 기타 사변에 편승하여 타인의 불법행위로 사망한 경우에 있어서는 확정적인 증거의 포착이 손쉽지 않음을 예상하여 법은 인정사망, 위난실종선고 등의 제도와 그밖에도 보통실종선고제도도 마련해 놓고 있으나 그렇다고 하여 위와 같은 자료나 제도에 의함이 없는 사망사실의 인정을 수소법원이 절대로 할 수 없다는 법리는 없다(대판 1989.01.31. 87다카2954).

② 실종기간의 경과

> 제27조(실종의 선고) ① 부재자의 생사가 5년간 분명하지 아니한 때에는 법원은 이해관계인이나 검사의 청구에 의하여 실종선고를 하여야 한다. ② 전지에 임한 자, 침몰한 선박중에 있던 자, 추락한 항공기중에 있던 자 기타 사망의 원인이 될 위난을 당한 자의 생사가 전쟁종지후 또는 선박의 침몰, 항공기의 추락 기타 위난이 종료한 후 1년간 분명하지 아니한 때에도 제1항과 같다. 〈개정 1984.4.10〉

보통실종의 실종기간은 5년이며, 부재자의 생존을 증명할 수 있는 최후의 시점을 그 기산점으로 한다. **특별실종**의 실종기간은 1년이다. 각각의 유형에 따라 그 기산점이 다르다. 특히 전쟁종지 후라 함은 항복선언 또는 **휴전이나 정전선언 시에 기산**되며, 강화조약이 체결된 때가 아니다.

---

23) 가족관계등록부의 기재사항은 이를 번복할 만한 명백한 반증이 없는 한 진실에 부합하는 것으로 추정되고, 특히 가족관계등록부의 사망기재는 쉽게 번복할 수 있게 해서는 안 되며, 그 기재내용을 뒤집기 위해서는 사망신고 당시에 첨부된 서류들이 위조 또는 허위조작된 문서임이 증명되거나 신고인이 공정증서원본불실기재죄로 처단되었거나 또는 사망으로 기재된 본인이 현재 생존해 있다는 사실이 증명되고 있을 때, 또는 이에 준하는 사유가 있을 때 등에 한해서 가족관계등록부상의 사망기재의 추정력을 뒤집을 수 있을 뿐이고, 그러한 정도에 미치지 못한 경우에는 그 추정력을 깰 수 없다 할 것이므로, "가족관계등록부상 이미 사망한 것으로 기재되어 있는 자는 그 가족관계등록부상 사망기재의 추정력을 뒤집을 수 있는 자료가 없는 한 그 생사가 불분명한 자라고 볼 수 없어 실종선고를 할 수 없다(대결 1997.11.27. 97스4).

③ 기타 위난의 의미

민법 제27조의 문언이나 규정의 체계 및 취지 등에 비추어, 그 제2항에서 정하는 "사망의 원인이 될 위난"이라고 함은 화재·홍수·지진·화산 폭발 등과 같이 일반적·객관적으로 사람의 생명에 명백한 위험을 야기하여 사망의 결과를 발생시킬 가능성이 현저히 높은 외부적 사태 또는 상황을 가리킨다. 甲이 잠수장비를 착용한 채 바다에 입수하였다가 부상하지 아니한 채 행방불명되었다 하더라도, 이는 "사망의 원인이 될 위난"이라고 할 수 없다는 원심판단이 정당하다(대결 2011.01.31. 2010스165).

2) 절차적 요건

① 이해관계인 또는 검사의 청구

이해관계인이란 부재자의 사망으로 직접적으로 신분상 또는 경제상의 권리를 취득하거나 의무를 면하게 되는 자만을 뜻한다. 배우자, 상속인, 법정대리인, 재산관리인 등을 의미한다는 점에서 부재자재산관리를 청구할 수 있는 이해관계인의 범위와 다르다. 判例는 부재자의 자매로서 **제3순위 상속인에 불과한 자**는 부재자에 대한 실종선고의 여부에 따라 상속지분에 차이가 생긴다고 하더라도 위 부재자의 사망 간주시기에 다른 간접적인 영향에 불과하고 부재자의 실종선고 자체를 원인으로 한 직접적인 결과는 아니므로 부재자에 대한 실종선고를 청구할 이해관계인이 될 수 없다고 한다(대결 1986.10.10. 86스20). 그리고 직접적 이해관계인을 의미하므로 부재자의 상속인의 내연의 처로부터 재산을 매수한 자는 실종선고를 청구할 수 있는 이해관계인이 아니라고 한다(대결 1961.11.23. 4294민재항1). 검사는 공익의 대표자로서 청구권자이다. 부재자의 생사불명이 장기간 계속되어 법률관계가 정리되지 않고 방치되는 것은 공익에 반하는 것이고 국가는 상속세 취득의 이익이 있기 때문에 국가를 대표하는 검사에게 청구권을 인정한 것은 정당하다 할 것이다[주석민법(총칙 1), 421면].

② 공시최고

실종선고 청구를 받은 가정법원은 부재자 자신 또는 부재자의 생사를 알고 있는 자에 대하여 신고하도록 6월 이상 공고하여야 한다(공시최고, 가사소송규칙 제53조, 제54조). 공시최고기간이 지나도 신고가 없으면, 가정법원은 반드시 실종선고를 하여야 한다(제27조 1항, 필요적 선고). 다만 실종선고를 취소하는 경우에는 공시최고가 필요 없다.

(3) 실종선고의 효과

제28조(실종선고의 효과) 실종선고를 받은 자는 전조의 기간이 만료한 때에 사망한 것으로 본다.

---

1) 사망간주의 해석

① 실종선고가 확정되면 실종선고를 받은 자는 사망한 것으로 본다. 따라서 그에 의하여 상속이 일어나고, 혼인이 해소되어 실종자의 배우자는 재혼할 수도 있다. 이러한 효과는 청구인 뿐 아니라 모든 사람에게 일어난다. 그리고 이미 실종선고가 있었는데도 다른 사람의 청구에 의하여 다시 실종선고가 있었다면, 앞의 실종선고에 의하여 실종자의 법률관계가 정리되어야 한다(대판 1995.12.22. 95다12736[24]).

② 사망간주이므로, 추정과는 달리 실종자의 생존 기타 반증을 들어 선고의 효과를 다투지 못하며, 사망의 효과를 저지하려면 실종선고를 취소하여야 한다(대판 1995.02.17. 94다52751).

---

24) 실종자에 대하여 1950. 7. 30. 이후 5년간 생사불명을 원인으로 이미 1988. 11. 26. 실종선고가 되어 확정되었는데도, 그 이후 타인의 청구에 의하여 1992. 12. 28. 새로이 확정된 실종신고를 기초로 상속관계를 판단한 것은 잘못이다. 민법부칙(1977. 12. 31.) 제6항 및 민법부칙 제25조 제2항에 의하면 실종기간이 1977. 12. 31. 이전에 만료된 때에는 실종선고가 그 이후에 되었더라도 위 개정 전의 민법이 적용되는 것이고, 그 실종기간이 민법 시행 전의 구법 시행기간 중에 만료하는 때에도 그 실종이 민법 시행일 이후에 선고된 때에는 그 상속순위, 상속분 기타 상속에 관하여는 민법의 규정을 적용하여야 한다(대판 1995.12.22. 95다12736).

③ 사망한 것으로 추정하는 인정사망과 다르고, 실종선고는 종래의 주소와 거소를 중심으로 한 사법상의 법률관계에 관하여만 사망한 것으로 간주할 뿐, 권리능력 자체를 박탈하는 제도는 아니다. 즉 실종의 효과는 원칙적으로 선거권 등 공법상의 법률관계에는 영향을 미치지 않는다[25].

2) 判例

① 비록 실종자를 당사자로 한 판결이 확정된 후에 실종선고가 확정되어 그 사망간주의 시점이 소 제기 전으로 소급하는 경우에도 위 판결 자체가 소급하여 당사자능력이 없는 사망한 사람을 상대로 한 판결로서 무효가 된다고는 볼 수 없다(대판 1992.07.14. 92다2455).

② 부재자가 실종선고를 받은 경우에 실종자는 그가 사망한 것으로 간주되는 시기까지 **생존한 것으로 간주 된다**(대판 1977.03.22. 77다81·82). 그리고 실종선고를 받지 않고 있는 경우 부재자는 생존한 것으로 추정하는 것이 判例이다.

(4) 실종선고의 취소

> 제29조(실종선고의 취소) ① 실종자의 생존한 사실 또는 전조의 규정과 상이한 때에 사망한 사실의 증명이 있으면 법원은 본인, 이해관계인 또는 검사의 청구에 의하여 실종선고를 취소하여야 한다. 그러나 실종선고후 그 취소전에 선의로 한 행위의 효력에 영향을 미치지 아니한다.
> ② 실종선고의 취소가 있을 때에 실종의 선고를 직접원인으로 하여 재산을 취득한 자가 선의인 경우에는 그 받은 이익이 현존하는 한도에서 반환할 의무가 있고 악의인 경우에는 그 받은 이익에 이자를 붙여서 반환하고 손해가 있으면 이를 배상하여야 한다.

1) 소급효 - 원칙

선고가 취소되면 사망을 전제로 한 여러 가지 권리변동(재산상속, 신분관계의 변동)은 모두 소급하여 소멸한다.

2) 소급효의 제한 - 예외

① 제29조 제1항 단서

그 대상은 실종선고 후 그 취소 전의 행위를 말한다. 이 경우 **선의의 의미에 대하여 재산법상의 행위는** 쌍방선의설[26], 일방선의설[27], 전득자선의설[28](전득자보호설), 절대적효력설[29] 등의 견해 대립이 있다. 다만 **가족법상 행위에 대하여** 통설은 쌍방의 선의를 요구한다고 하며, 적어도 어느 한쪽이 악의일 때는 전혼은 부활하나 이혼사유(제840조 제6호)가 있게 되고, 후혼은 중혼으로 취소될 수 있다는 견해(제816조 제1항)이다.

② 제29조 제2항

실종선고를 직접원인으로 재산을 취득한 자란 상속인, 수유자, 생명보험수익자, 사인증여의 수증자 등을

---

25) 다만 주민등록법 제13조의 2, 시행령 제18조에 의하여 실종선고가 있으면 주민등록이 정리되고, 공직선거법 제15조에 의하면 주민등록이 되어 있지 않으면 선거권이 인정되지 않으므로, 실무상으로는 선거권을 행사할 수 없다.
26) 조문의 표현상 '행위'로 되어 있으나 그 행위는 예를 들어 매매계약·증여계약 그 자체를 가리키고 있는 것이므로 이에 관여한 당사자쌍방이 선의이어야 한다고 한다(곽윤직).
27) 재산관계에 대해서는 일률적으로 효력을 결정할 필요가 없으며, 선의자에 대해서는 행위의 효력을 인정하고, 악의자에 대해서는 무효로 하여 관계당사자의 선의·악의에 따라 개별적·독립적으로 그 효력을 인정하는 것이 타당하다고 한다(김주수).
28) 실종자의 甲의 사망으로 직접 권리를 취득한 乙(수익자)과 그와 법률행위를 하여 그 실종자의 권리를 이전 받은 자 丙(전득자) 또는 丁(전전득자)의 경우 전득자나 전전득자가 선의인 이상은 민법 제29조 제1항 단서를 적용할 수 있다는 견해이다(이은영).
29) 실종선고를 직접원인으로 하여 재산을 취득한 乙로부터 그것을 양수한 丙이 선의이면, 乙·丙 쌍방이 선의인 경우는 물론 丙만이 선의인 경우에도 乙·丙의 양도행위는 민법 제29조 제1항 단서가 적용되어 丙은 확정적으로 소유권을 취득하고(절대적 구성), 그 후 전전득자 丁이 악의라도 권리를 유효하게 취득한다는 견해이다(고상룡).

가리키며 전득자는 포함하지 않는다. 이 자들은 선의, 악의를 불문하고 반환하여야 하며 그 반환범위에만 차이가 있을 뿐이다. 본조의 반환의무는 성질상 부당이득 반환의무이며 반환범위도 수익자의 반환범위와 같다. 즉 실종선고를 직접원인으로 하여 재산을 취득한 자의 반환범위에 관한 특별규정이다(제748조).

4. 동시사망의 추정

제30조 (동시사망) 2인 이상이 동일한 위난으로 사망한 경우에는 동시에 사망한 것으로 추정한다.

(1) 상속

동시사망자 간에는 상속의 문제가 발생하지 않는다. 다만 동시사망으로 추정되는 경우 대습상속은 가능하다[30](대판 2001.03.09. 99다13157).

(2) 추정에 대한 복멸 정도

민법 제30조의 동시사망의 추정은 법률상 추정이므로, ① 전제사실에 대하여 법원의 확신을 흔들리게 하는 반증을 제출하거나 또는 법원에 확신을 줄 수 있는 본증을 제출하여야 하고, ② 관계인들의 법적 지위에 중대한 영향을 미치는 점을 감안할 때 충분하고도 명백한 입증이 없는 한, 위 추정은 깨어지지 아니한다(대판 1998.08.21. 98다8974).

---

30) [1] ① 우리나라에서는 전통적으로 오랫동안 며느리의 대습상속이 인정되어 왔고, 1958.2.22. 제정된 민법에서도 며느리의 대습상속을 인정하였으며, 1990.1.13. 개정된 민법에서 며느리에게만 대습상속을 인정하는 것은 남녀평등·부부평등에 반한다는 것을 근거로 하여 사위에게도 대습상속을 인정하는 것으로 개정한 점, ② 헌법 제11조 제1항이 누구든지 성별에 의하여 정치적·경제적·사회적·문화적 생활의 모든 영역에 있어서 차별을 받지 아니한다고 규정하고 있고, 헌법 제36조 제1항이 혼인과 가족생활은 양성의 평등을 기초로 성립되고 유지되어야 하며 국가는 이를 보장한다고 규정하고 있는 점, ③ 현대 사회에서 딸이나 사위가 친정 부모 내지 장인장모를 봉양, 간호하거나 경제적으로 지원하는 경우가 드물지 아니한 점, ④ 배우자의 대습상속은 혈족상속과 배우자상속이 충돌하는 부분인데 이와 관련한 상속순위와 상속분은 입법자가 입법정책적으로 결정할 사항으로서 원칙적으로 입법자의 입법형성의 재량에 속한다고 할 것인 점, ⑤ 상속순위와 상속분은 그 나라 고유의 전통과 문화에 따라 결정될 사항이지 다른 나라의 입법례에 크게 좌우될 것은 아닌 점, ⑥ 피상속인의 방계혈족에 불과한 피상속인의 형제자매가 피상속인의 재산을 상속받을 것을 기대하는 지위는 피상속인의 직계혈족의 그러한 지위만큼 입법적으로 보호하여야 할 당위성이 강하지 않은 점 등을 종합하여 볼 때, 외국에서 사위의 대습상속권을 인정한 입법례를 찾기 어렵고, 피상속인의 사위가 피상속인의 형제자매보다 우선하여 단독으로 대습상속하는 것이 반드시 공평한 것인지 의문을 가져볼 수는 있다 하더라도, **이를 이유로 곧바로 피상속인의 사위가 피상속인의 형제자매보다 우선하여 단독으로 대습상속할 수 있음이 규정된 민법 제1003조 제2항이 입법형성의 재량의 범위를 일탈하여 행복추구권이나 재산권보장 등에 관한 헌법규정에 위배되는 것이라고 할 수 없다.** [2] 원래 대습상속제도는 대습자의 상속에 대한 기대를 보호함으로써 공평을 꾀하고 생존 배우자의 생계를 보장하여 주려는 것이고, 또한 동시사망 추정규정도 자연과학적으로 엄밀한 의미의 동시사망은 상상하기 어려운 것이나 사망의 선후를 입증할 수 없는 경우 동시에 사망한 것으로 다루는 것이 결과에 있어 가장 공평하고 합리적이라는 데에 그 입법 취지가 있는 것인바, **상속인이 될 직계비속이나 형제자매(피대습자)의 직계비속 또는 배우자(대습자)는** 피대습자가 상속개시 전에 사망한 경우에는 대습상속을 하고, 피대습자가 상속개시 후에 사망한 경우에는 피대습자를 거쳐 피상속인의 재산을 본위상속을 하므로 두 경우 모두 상속을 하는데, 만일 피대습자가 피상속인의 사망, 즉 상속개시와 동시에 사망한 것으로 추정되는 경우에만 그 직계비속 또는 배우자가 본위상속과 대습상속의 어느 쪽도 하지 못하게 된다면 동시사망 추정 이외의 경우에 비하여 현저히 불공평하고 불합리한 것이라 할 것이고, 이는 앞서 본 대습상속제도 및 동시사망 추정규정의 입법 취지에도 반하는 것이므로, 민법 제1001조의 '상속인이 될 직계비속이 상속개시 전에 사망한 경우'에는 '상속인이 될 직계비속이 상속개시와 동시에 사망한 것으로 추정되는 경우'도 포함하는 것으로 합목적적으로 해석함이 상당하다. [3] 피상속인의 자녀가 상속개시 전에 전부 사망한 경우 피상속인의 손자녀는 본위상속이 아니라 **대습상속을 한다**(대판 2001.03.09. 99다13157).

제2절 법인

Ⅰ. 서설

1. 공법인과 사법인

(1) 공법인

사적자치의 원칙이 적용되지 않는 법인으로서 국가에 설립되고 법인의 조직 등이 법률로 정해지며 기관 및 구성원에 대해 국가가 관여하고 해산의 자유가 제한되는 법인을 말한다.

(2) 사법인

사적자치의 원칙이 적용되는 법인으로서 당사자가 자발적으로 설립하여 자율적으로 운영하며 자진해서 해산할 수 있는 법인을 말한다.

2. 영리법인과 비영리법인

> 제39조(영리법인) ① 영리를 목적으로 하는 사단은 상사회사설립의 조건에 좇아 이를 법인으로 할 수 있다.
> ② 전항의 사단법인에는 모두 상사회사에 관한 규정을 준용한다.

(1) 영리법인

구성원의 이익을 위하여 법인의 이익을 구성원에게 분배하여 경제적 이익을 주는 것을 목적으로 하는 법인을 말한다. 특히 재단법인은 이익을 분배할 사원이 없으므로 성질상 모두 비영리법인이 된다. 따라서 영리법인은 모두 사단법인이며, 상법의 규율을 받는다.

(2) 비영리법인

학술·종교·자선 등 영리를 목적으로 하지 않는 사단법인 또는 재단법인을 말한다(제32조).

3. 사단법인과 재단법인

(1) 사단법인

일정한 목적 하에 이루어진 다수인의 결합체로서, 그 구성원의 가입·탈퇴에 관계없이 존속하며, 대내적으로 그 결합체의 의사를 결정하고 업무를 집행할 기관에 관한 정함이 있고, 대외적으로 그 결합체를 대표할 대표자나 관리인의 정함이 있는 것을 말한다. 영리법인과 비영리법인이 있다.

(2) 재단법인

일정한 목적에 바쳐진 재산의 존재를 요소로 하며, 법인실립사(=재산출연자)의 의사에 의하여 정해진 대로 활동하며 의사결정기관을 별도로 갖지 않는 법인을 말한다. 비영리법인이 된다.

Ⅱ. 법인의 설립

1. 법인설립에 대한 입법주의

> 제31조(법인성립의 준칙) 법인은 법률의 규정에 의함이 아니면 성립하지 못한다.

(1) 준칙주의

법률에서 미리 정한 법인설립의 요건을 충족한 때 당연히 법인이 성립하는 것으로 하는 주의이다. 그 조직 내용을 공시하기 위하여 등기를 성립요건으로 하는 것이 보통이다. 각종의 영리법인(상법 제172조), 노동조합(노동조합 및 노동관계 조정법 제6조) 등에는 이 주의가 채용되어 있다.

(2) 허가주의

법인이 성립되기 위해서는 행정관청의 자유재량에 의한 허가가 필요한 주의이다. 민법은 비영리법인에 대하여 이 주의를 채용하고 있다(제32조).

(3) 인가주의

법률이 정한 요건을 갖추고 주무장관 그 밖의 관할관청의 인가를 얻으면 법인으로서 성립할 수 있게 하는 주의이다. 법무법인·지방변호사회·대한변호사협회·상공회의소·농업협동조합·중소기업협동조합·수산업협동조합·여객자동차운수사업조합·해운조합 등은 인가주의에 의하는 예이다. 인가주의에서는 허가주의와는 달리 법률이 정하고 있는 요건을 갖추고 있으면 인가권자는 반드시 이를 인가하여야 한다. 인가의 요건이 충족되어 있는데도 인가하지 않은 경우에는 법원의 사법적 심사의 대상이 된다.

(4) 특허주의

특정법인을 설립하기 위해서는 그 법인의 설치를 목적으로 하는 특별법을 필요로 하는 주의이다. 예를 들어 한국은행, 한국마사회, 각종 공사 등은 특허주의에 의한 법인들이다.

(5) 강제주의

법인의 설립을 국가가 강제하는 주의이다. 의료인 단체의 중앙회와 그 지부, 약사회 등이 그 예이다. 그리고 일정한 지역 내의 일부 유자격자가 법인을 결성한 때, 그 지역 내의 유자격자는 설립행위에 참여하지 않은 경우에도 당연히 그 회원이 되는 것으로 하는 가입강제도 일종의 강제주의이다. 예를 들어 일부의 상공회의소가 공동하여 대한상공회의소를 설립한 때에는 다른 상공회의소는 당연히 그 회원이 되는데, 이는 가입강제의 한 예가 된다(상공회의소법 제34조, 제37조).

2. 비영리사단법인의 설립

제32조(비영리법인의 설립과 허가) 학술, 종교, 자선, 기예, 사교 기타 영리 아닌 사업을 목적으로 하는 사단 또는 재단은 주무관청의 허가를 얻어 이를 법인으로 할 수 있다.

제33조(법인설립의 등기) 법인은 그 주된 사무소의 소재지에서 설립등기를 함으로써 성립한다.

제40조(사단법인의 정관) 사단법인의 설립자는 다음 각호의 사항을 기재한 정관을 작성하여 기명날인하여야 한다.
 1. 목적
 2. 명칭
 3. 사무소의 소재지
 4. 자산에 관한 규정
 5. 이사의 임면에 관한 규정
 6. **사원자격의 득실에 관한 규정**
 7. 존립시기나 해산사유를 정하는 때에는 그 시기 또는 사유

제42조(사단법인의 정관의 변경) ① 사단법인의 정관은 총사원 3분의 2이상의 동의가 있는 때 에 한하여 이를 변경할 수 있다. 그러나 정수에 관하여 정관에 다른 규정이 있는 때에는 그 규정에 의한다.
② 정관의 변경은 주무관청의 허가를 얻지 아니하면 그 효력이 없다.

3. 비영리재단법인의 설립

제43조(재단법인의 정관) 재단법인의 설립자는 일정한 재산을 출연하고 제40조제1호 내지 제5호의 사항을 기재한 정관을 작성하여 기명날인하여야 한다.

제44조(재단법인의 정관의 보충) 재단법인의 설립자가 그 명칭, 사무소 소재지 또는 이사 임면의 방법을 정하지 아니하고 사망한 때에는 이해관계인 또는 검사의 청구에 의하여 법원이 이를 정한다.

제45조(재단법인의 정관변경) ① 재단법인의 정관은 그 변경방법을 정관에 정한 때에 한하여 변경할 수 있다.
② 재단법인의 목적달성 또는 그 재산의 보전을 위하여 적당한 때에는 전항의 규정에 불구하고 명칭 또는 사무소의 소재지를 변경할 수 있다.
③ 제42조제2항의 규정은 전2항의 경우에 준용한다.

제46조(재단법인의 목적 기타의 변경) 재단법인의 목적을 달성할 수 없는 때에는 설립자나 이사는 주무관청의 허가를 얻어 설립의 취지를 참작하여 그 목적 기타 정관의 규정을 변경할 수 있다.

(1) 증여·유증에 관한 규정의 준용

제47조(증여, 유증에 관한 규정의 준용) ① 생전처분으로 재단법인을 설립하는 때에는 증여에 관한 규정을 준용한다.
② 유언으로 재단법인을 설립하는 때에는 유증에 관한 규정을 준용한다.

1) 증여규정의 준용
증여가 계약이라는 점에 기초한 규정은 준용할 수 없으나, **제555조, 제557조, 제559조는 준용할 수 있다.**
2) 유증규정의 준용
유언의 방식에 관한 규정, 유언의 효력에 관한 규정 등은 준용할 수 있다.
3) 착오취소규정 적용 가능성
서면에 의하지 않은 증여의 경우 출연행위를 해제할 수 있고, 서면에 의한 증여의 경우에는 해제할 수 없으나, 다만 착오에 의한 의사표시로서 취소할 수 있다(대판 1999.07.09. 98다9045). 즉 민법 제47조 제1항에 의하여 생전처분으로 재단법인을 설립하는 때에 준용되는 민법 제555조는 "증여의 의사가 서면으로 표시되지 아니한 경우에는 각 당사자는 이를 해제할 수 있다."고 함으로써 서면에 의한 증여(출연)의 해제를 제한하고 있으나, 그 해제는 민법 총칙상의 취소와는 요건과 효과가 다르므로 서면에 의한 출연이더라도 민법 총칙규정에 따라 출연자가 착오에 기한 의사표시라는 이유로 출연의 의사표시를 취소할 수 있고, 상대방 없는 단독행위인 재단법인에 대한 출연행위라고 하여 달리 볼 것은 아니다(대판 1999.07.09. 98다9045).

(2) 출연재산의 귀속시기

제48조(출연재산의 귀속시기) ① 생전처분으로 재단법인을 설립하는 때에는 출연재산은 법인이 성립된 때로부터 법인의 재산이 된다.
② 유언으로 재단법인을 설립하는 때에는 출연재산은 유언의 효력이 발생한 때로부터 법인에 귀속한 것으로 본다.

제186조(부동산물권변동의 효력) 부동산에 관한 법률행위로 인한 물권의 득실변경은 등기하여야 그 효력이 생긴다.

1) 물권의 경우[31]

判例는 "재단법인을 설립함에 있어서 출연재산은 그 법인이 성립된 때로부터 법인에 귀속된다는 제48조의 규정은 출연자와 법인과의 관계를 상대적으로 결정하는 기준에 불과하여, <u>출연재산이 부동산인 경우 출연자와 법인 사이에는 법인의 성립 외에 등기를 필요로 하는 것은 아니지만, 제3자에 대한 관계에 있어서는 출연행위는 법률행위이므로 출연재산의 법인에의 귀속에는 등기를 필요로 한다</u>(대판(全合) 1979.12.11. 78다481)."고 한다.

2) 채권의 경우

① 지명채권의 경우

지명채권의 경우 채권증서는 증거방법에 불과한 것으로서 제48조가 정한 시기에 법인에게 귀속함에 학설은 일치하고 있다. 判例도 유언에 의한 지명채권 출연 시 유언자가 사망하면 법인의 것이 되고 상속재산에 속하지 않는다고 한다. 지명채권에 있어 증서는 증거방법에 불과하기 때문이다. 즉 지명채권을 재단법인에 유언방식에 의하여 출연한 경우 유언자가 사망하면 이는 법인의 것으로 되고, 유언자의 상속인이 처분하면 무권한자의 처분행위가 될 수 밖에 없다고 한다(대판 1984.09.11. 83누578).

② 지시채권과 무기명채권의 경우

제48조를 제508조, 제523조의 특별규정 또는 예외규정으로 보아 배서, 교부 없이 제48조가 정하는 시기에 당연히 법인에게 귀속한다. 다만 **소수설은** 지시채권의 경우에는 배서, 교부를(제508조), 무기명채권은 교부(제523조)를 하여야만 각각 법인에게 귀속한다고 한다.

4. 법인의 설립허가 취소

제38조(법인의 설립허가의 취소) 법인이 목적이외의 사업을 하거나 설립허가의 조건에 위반하거나 기타 공익을 해하는 행위를 한 때에는 주무관청은 그 허가를 취소할 수 있다.

判例는 감독관청에 제출할 서류를 기한보다 지연하여 제출한 사실만으로 설립허가조건을 위배하였다 하여 설립허가를 취소하는 행위는 재량권의 범위를 심히 일탈한 위법한 처분이다(대판 1977.08.23. 76누145). 그리고 대립하거나 반대되는 가치관이나 신념을 가진 개인이나 단체가 그 법인의 존재를 부정하고 활동을 저지하려고 하여 사회적으로 갈등이 생길 염려가 있더라도 그러한 사정만으로 곧바로 당해 법인의 목적사업 또는 존재 자체가 공익을 해하는 경우에 해당한다고 쉽게 단정하여서는 아니 된다[32](대판 2017.12.22. 2016두

---

31) 학설은 제48조 우선 적용설과 제186조 우선 적용설이 있다.
32) 민법 제38조는 "법인이 목적 이외의 사업을 하거나 설립허가의 조건에 위반하거나 기타 공익을 해하는 행위를 한 때에는 주무관청은 그 허가를 취소할 수 있다."라고 규정하여 비영리법인에 관한 설립허가 취소사유를 정하고 있다. 그리고 비영리법인이 '공익을 해하는 행위'를 한 때에 해당된다고 하기 위해서는 해당 법인의 목적사업 또는 존재 자체가 공익을 해한다고 인정되거나 법인의 행위가 직접적이고도 구체적으로 공익을 침해하는 것이어야 하고, 목적사업의 내용, 행위의 태양 및 위법성의 정도, 공익 침해의 정도와 경위 등을 종합하여 볼 때 해당 법인의 소멸을 명하는 것이 그 불법적인 공익 침해 상태를 제거하고 정당한 법질서를 회복하기 위한 제재수단으로서 긴요하게 요청되는 경우이어야 한다. 나아가 '법인의 목적사업 또는 존재 자체가 공익을 해한다.'고 하려면 해당 법인이 추구하는 목적 내지 법인의 존재로 인하여 법인 또는 구성원이 얻는 이익과 법질서가 추구하고 보호하며 조장해야 할 객관적인 공공의 이익이 서로 충돌하여 양자의 이익을 비교형량 하였을 때 공공의 이익을 우선적으로 보호하여야 한다는 점에 의문의 여지가 없어야 하고, 그 경우에도 법인의 해산을 초래하는 설립허가취소는 헌법 제10조에 내재된 일반적 행동의 자유에 대한 침해 여부와 과잉금지의 원칙 등을 고려하여 엄격하게 판단하여야 한다. 우리 헌법은 양심과 종교의 자유, 결사의 자유를 기본권으로 보장하고 있으므로(헌법 제19조, 제20조 제1항, 제21조 제1항) 다양한 가치관 내지 종교적 신념은 헌법적 가치와 이념, 헌법질서와 충돌하지 않는 한 존중되어야 한다. 같은 가치관이나 신념을

49891 ; 대판 2023.04.27. 2023두30833).

5. 법인의 검사, 감독

제37조(법인의 사무의 검사, 감독) 법인의 사무는 주무관청이 검사, 감독한다.

제95조(해산, 청산의 검사, 감독) 법인의 해산 및 청산은 법원이 검사, 감독한다.

평상시에는 주무관청이 검사, 감독하지만 법인의 해산, 청산 시에는 법원이 사무를 검사, 감독한다는 것을 주의해야 한다(제95조).

III. 법인의 능력

1. 권리능력

제34조(법인의 권리능력[33]) 법인은 법률의 규정에 좇아 정관으로 정한 목적의 범위 내에서 권리와 의무의 주체가 된다.

(1) 성질에 의한 제한

법인은 사람만이 가질 수 있는 권리를 가질 수 없다. 생명권·친권·배우자의 권리 등이 그것이다. 그리고 재산상속권도 자연인만이 누릴 수 있으나, 법인은 포괄적 유증을 받을 수 있어 상속과 동일한 효과를 가져 온다. 다만 재산권·명예권·성명권·신용권 등은 가질 수 있다. 그리고 법인은 파산관재인·청산인·유언집행자 등은 될 수 있으나, 후견인이 될 수는 없다. 또한 이사는 성질상 자연인이어야 하고, 법인은 이사가 될 수 없다.

(2) 법률에 의한 제한

법인격은 법률에 의해 부여되는 것이므로, 법률로 권리능력의 범위를 제한할 수 있다. 그러나 민법상 법인의 권리능력을 일반적으로 제한하는 규정은 없고, 민법 제81조(청산법인은 청산의 목적범위 내에서 권리 의무의 주체가 된다), 채무자회생 및 파산에 관한 법률 제328조(파산의 목적 범위 내), 상법 제173조(회사는 다른 회사의 무한책임사원이 될 수 없다)의 규정이 있을 뿐이며 명령규칙에 의해서는 제한할 수 없고, 법률에 의해서만 제한 가능하다.

(3) 목적에 의한 제한

1) 문제점

민법이 규정한 "정관으로 정한 목적범위"의 해석에 관하여 견해가 대립된다.

가진 사람들이 공동의 목적을 위하여 자유로이 결합하여 단체를 설립하고 나아가 법인으로 허가받아 활동하는 것 역시 원칙적으로 보장된다.
33) 제34조는 구민법 제43조와 내용이 동일한데, 일본에서는 입법취지를 "법인의제설의 입장에서 영미법의 'ultra vires rule(월권이론)'에 따라 기초된 것"으로 이해하고 있다. 이는 회사는 정관상의 목적을 수행하는 범위에서만 권능을 가지고(intra vires), 그 목적을 벗어난 경우(ultra vires)에는 무효이며, 추인에 의해 유효로 될 수 없다는 이론이다. 그러나 최근 영미에서는 이 이론을 폐지하고 있으며, 독일 민법은 처음부터 이러한 이론을 알지 못하며, 이러한 규정도 없다. ultra vires rule은 법인을 보호하는 반면에 정관상의 그러한 제한을 알지 못하고 거래한 제3자에게 불측의 손해를 주고, 또 최근의 추세가 이를 폐지하고 있는 점에 비추어 제34조의 해석에 있어서도 이를 감안해야 한다(김준호, 계약법, 64면, 법문사, 참고).

2) 학설

적극적으로 목적을 달성하는데 필요한 범위 내라고 보는 협의설, 소극적으로 목적에 위반되지 않는 범위 내라고 보는 광의설이 있다.

3) 判例

회사의 권리능력은 회사의 설립근거가 된 법률과 회사의 정관상의 목적에 의하여 제한되나 <u>그 목적범위 내의 행위라 함은 정관에 명시된 목적 자체에 국한되는 것이 아니라 그 목적을 수행하는 데 있어 직접, 간접으로 필요한 행위는 모두 포함되고 목적수행에 필요한지의 여부는 행위의 객관적 성질에 따라 판단할 것이고 행위자의 주관적, 구체적 의사에 따라 판단할 것은 아니다</u>(대판 2009.12.10. 2009다63236). 따라서 학교법인의 대물변제 사안의 경우 학교경영을 목적으로 하는 재단법인도 정관에 따라 교육목적 달성에 수반하는 채무를 부담할 수 있으므로, 동 채무에 대하여 학교건물을 대물변제로 제공하는 행위는 법인의 목적 범위 내에 속한다(대판 1957.11.28. 4290민상613). 그리고 조합원 아닌 자에 대한 보증은 민법 제34조 소정의 법인의 목적 범위 내의 행위가 아니라고 하여 주식회사의 대표이사가 회사를 대표하여 사업의 목적범위에 속하지 않는 타인의 손해배상채무를 연대보증한 경우, 그 보증행위는 주주 및 이사들의 결의가 있다 하여도 회사에 대하여 효력이 없다(대판 1975.12.23. 75다1479 ; 대판 1974.11.26. 74다310).

2. 행위능력

(1) 범위

명문의 규정은 없으나 법인의 권리능력의 범위 내에서 행위능력을 가진다고 하는 것이 통설이다.

(2) 법인의제설과 법인실재설

법인의제설에 의하면 법인의 행위라는 것은 있을 수 없고 법인이 현실적으로 권리의무를 취득하는 것은 대리인의 행위에 의하는 것으로 되지만, 법인실재설에 의하면 법인의 대표기관의 행위가 바로 법인의 행위가 된다.

3. 불법행위능력

제35조(법인의 불법행위능력) ① 법인은 이사 기타 대표자가 그 직무에 관하여 타인에게 가한 손해를 배상할 책임이 있다. 이사 기타 대표자는 이로 인하여 자기의 손해배상책임을 면하지 못한다.
② 법인의 목적범위외의 행위로 인하여 타인에게 손해를 가한 때에는 그 사항의 의결에 찬성하거나 그 의결을 집행한 사원, 이사 및 기타 대표자가 연대하여 배상하여야 한다.

제756조(사용자의 배상책임) ① 타인을 사용하여 어느 사무에 종사하게 한 자는 피용자가 그 사무집행에 관하여 제3자에게 가한 손해를 배상할 책임이 있다. 그러나 사용자가 피용자의 선임 및 그 사무 감독에 상당한 주의를 한 때 또는 상당한 주의를 하여도 손해가 있을 경우에는 그러하지 아니하다.
② 사용자에 갈음하여 그 사무를 감독하는 자도 전항의 책임이 있다.
③ 전2항의 경우에 사용자 또는 감독자는 피용자에 대하여 구상권을 행사할 수 있다.

(1) 법인의 불법행위 요건

1) 대표기관의 행위일 것

① **이사 외의 기타 대표자에 임시이사, 특별대리인, 청산인, 직무대행자가 있다.** 민법 제35조에서 말하는 '이사 기타 대표자'는 법인의 대표기관을 의미하는 것이고 대표권이 없는 이사는 법인의 기관이기는 하지만

대표기관은 아니기 때문에 그들의 행위로 인하여 법인의 불법행위가 성립하지 않는다(대판 2005.12.23. 2003다30159). 그리고 **학교법인의 대표자였던 자에 의한 차금행위가 불법행위가 된다면** 이는 민법상 사용자의 배상책임이 아니고 **민법 제35조에 의한 법인자체의 불법행위가 되어 배상책임이 성립한다**(대판 1978.03.14. 78다132). 또한 여기서 '법인의 대표자'에는 그 명칭이나 직위 여하, 또는 대표자로 등기되었는지 여부를 불문하고 당해 법인을 실질적으로 운영하면서 법인을 사실상 대표하여 법인의 사무를 집행하는 사람을 포함한다고 해석함이 상당하다.34)

② 대표기관이 아닌 자(사원총회, 감사)의 행위에 관하여는 법인의 불법행위는 성립될 수 없다.

③ **이사가 제62조에 의하여 특정행위에 관하여 선임한 대리인**이나 이사로부터 일정한 대리권이 부여된 지배인의 불법행위에 관하여는 제35조 제1항의 법인의 불법행위는 성립되지 않고, 민법 제756조 제1항의 사용자책임이 성립될 수 있을 뿐이다35)(통설).

2) 대표기관이 "직무에 관하여" 가한 손해일 것

① 외형설

외형상 기관의 직무수행행위라고 볼 수 있는 행위뿐만 아니라 직무행위와 사회관념상 견련성을 가지는 행위를 포함한다(대판 1974.05.28. 73다2014). 사용자책임, 국가배상책임의 경우에도 외형설의 입장에 있다. 그러나, 법인의 대표자의 행위가 직무에 관한 행위에 해당하지 아니함을 피해자 자신이 알았거나 또는 중대한 과실로 인하여 알지 못한 경우에는 법인에게 손해배상책임을 물을 수 없다고 하여 보호가치 있는 상대방만 보호 한다36)(대판 2004.03.26. 2003다34045).

② 대표권 남용의 경우

대표기관이 개인적인 목적으로 권한을 남용, 부정한 대표행위를 한 경우에도 판례는 제35조에 의하여 해결한다. 즉 행위의 외형상 법인의 대표자의 직무행위라고 인정할 수 있는 것이라면 설사 그것이 대표자 개인의 사리를 도모하기 위한 것이었거나 혹은 법령의 규정에 위배된 것이었다 하더라도 직무행위에 해당 한다(대판 1969.08.26. 68다2320).

---

34) 민법 제35조 제1항은 "법인은 이사 기타 대표자가 그 직무에 관하여 타인에게 가한 손해를 배상할 책임이 있다"라고 정한다. 여기서 '법인의 대표자'에는 그 명칭이나 직위 여하, 또는 대표자로 등기되었는지 여부를 불문하고 당해 법인을 실질적으로 운영하면서 법인을 사실상 대표하여 법인의 사무를 집행하는 사람을 포함한다고 해석함이 상당하다. 구체적인 사안에서 이러한 사람에 해당하는지는 법인과의 관계에서 그 지위와 역할, 법인의 사무 집행 절차와 방법, 대내적·대외적 명칭을 비롯하여 법인 내부자와 거래 상대방에게 법인의 대표행위로 인식되는지 여부, 공부상 대표자와의 관계 및 공부상 대표자가 법인의 사무를 집행하는지 여부 등 제반 사정을 종합적으로 고려하여 판단하여야 한다. 그리고 이러한 법리는 주택조합과 같은 비법인사단에도 마찬가지로 적용된다(대판 2011.04.28. 2008다15438).

35) 민법 제35조 제1항은 "법인은 이사 기타 대표자가 그 직무에 관하여 개인에게 가한 손해를 배상할 책임이 있다"고 규정하고 있고, 민법 제756조 제1항은 "타인을 사용하여 어느 사무에 종사하게 한 자는 피용자가 그 사무집행에 관하여 제3자에게 가한 손해를 배상할 책임이 있다"고 규정하고 있다. 따라서 법인에 있어서 그 대표자가 직무에 관하여 불법행위를 한 경우에는 민법 제35조 제1항에 의하여, 법인의 피용자가 사무집행에 관하여 불법행위를 한 경우에는 민법 제756조 제1항에 의하여 각기 손해배상책임을 부담한다. (따라서) 현대상호저축은행의 대표이사인 원심 공동피고 1은 법인의 대표자로서 그 직무에 관한 불법행위에 관하여는 현대상호저축은행이 민법 제35조 제1항에 의한 손해배상책임을 지게 되는 것이고, 사용자책임을 규정한 민법 제756조 제1항이 적용된다고 할 수 없다(대판 2009.11.26. 2009다57033).

36) 비법인사단의 대표자가 직무에 관하여 타인에게 손해를 가한 경우 그 사단은 민법 제35조 제1항의 유추적용에 의하여 그 손해를 배상할 책임이 있고, 비법인사단의 대표자의 행위가 대표자 개인의 사리를 도모하기 위한 것이었거나 혹은 법령의 규정에 위배된 것이었다 하더라도 외관상, 객관적으로 직무에 관한 행위라고 인정할 수 있다면 민법 제35조 제1항의 직무에 관한 행위에 해당한다 할 것이나, 한편 그 대표자의 행위가 직무에 관한 행위에 해당하지 아니함을 피해자 자신이 알았거나 또는 중대한 과실로 인하여 알지 못한 경우에는 비법인사단에게 손해배상책임을 물을 수 없다. 여기서 중대한 과실이라 함은, 거래의 상대방이 조금만 주의를 기울였더라면 대표자의 행위가 그 직무권한 내에서 적법하게 행하여진 것이 아니라는 사정을 알 수 있었음에도 만연히 이를 직무권한 내의 행위라고 믿음으로써 일반인에게 요구되는 주의의무에 현저히 위반하는 것으로 거의 고의에 가까운 정도의 주의를 결여하고, 공평의 관점에서 상대방을 구태여 보호할 필요가 없다고 봄이 상당하다고 인정되는 상태를 말한다(대판 2008.01.18. 2005다34711).

3) 대표기관 자신의 불법행위가 성립할 것(제750조)

대표기관의 고의·과실이 있을 것, 가해행위가 위법행위일 것, 가해행위와 손해간 인과관계가 있을 것, 피해자가 손해를 입었을 것이다. 다만 적법한 대표권을 가진 자와 맺은 법률행위의 효과는 대표자 개인이 아니라 본인인 법인에게 귀속하고, 마찬가지로 그러한 법률행위상의 의무를 위반하여 발생한 채무불이행으로 인한 손해배상책임도 대표기관 개인이 아닌 법인만이 책임의 귀속주체가 되는 것이 원칙이다[37](대판 2019.05.30. 2017다53265).

(2) 법인의 불법행위의 효과

1) 법인의 불법행위가 성립하는 경우

① 무과실책임, 과실상계

법인은 피해자에게 무과실 손해배상책임을 진다. 법인에 대한 손해배상책임원인이 대표기관의 고의적인 불법행위라고 하여도, 피해자에게 그 불법행위 내지 손해발생에 과실이 있다면 법원은 **과실상계법리에 좇아** 손해배상의 책임 및 그 금액을 정함에 있어 이를 참작하여야 한다(대판 1987.12.08. 86다카1170). 불법행위와 채무불이행에 있어서의 과실상계는 당사자가 주장, 입증하지 않더라도 필요적으로 참작되어야 한다. 다만 표현대리, 손해배상예정의 경우 등 본래의 급부가 이행되어야 할 관계에 있는 때에는 과실상계법리는 적용되지 않는다.

② 구상권 및 사원의 연대책임

이사도 법인과 경합하여 피해자에게 배상책임을 지며, 그 성질은 부진정연대채무이며 법인이 피해자에게 배상을 하면 법인은 기관개인에 대하여 구상권을 행사할 수 있다(제35조 제1항 후문). 따라서 피해자는 법인이나 개인에게 동시나 순차로 전부나 일부의 이행을 청구할 수 있고 피해자에게 배상한 후 법인은 이사 기타 대표자에게 구상권을 행사할 수 있다. 다만 법인의 대표자가 그 직무에 관하여 타인에게 손해를 가함으로써 법인에 손해배상책임이 인정되는 경우에, 대표자의 행위가 제3자에 대한 불법행위를 구성한다면 그 대표자도 제3자에 대하여 손해배상책임을 면하지 못하며(민법 제35조 제1항), 또한 사원도 위 대표자와 공동으로 불법행위를 저질렀거나 이에 가담하였다고 볼 만한 사정이 있으면 제3자에 대하여 위 대표자와 연대하여 손해배상책임을 진다. 그러나 사원총회, 대의원 총회, 이사회의 의결은 원칙적으로 법인의 내부 행위에 불과하므로 특별한 사정이 없는 한 그 사항의 의결에 찬성하였다는 이유만으로 제3자의 채권을 침해한다거나 대표자의 행위에 가공 또는 방조한 자로서 제3자에 대하여 불법행위책임을 부담한다고 할 수는 없다[38](대결 2009.01.30. 2006마930).

---

[37] 법인이 대표기관을 통하여 법률행위를 한 때에는 대리에 관한 규정이 준용된다(민법 제59조 제2항). 따라서 적법한 대표권을 가진 자와 맺은 법률행위의 효과는 대표자 개인이 아니라 본인인 법인에게 귀속하고, 마찬가지로 그러한 법률행위상의 의무를 위반하여 발생한 채무불이행으로 인한 손해배상책임도 대표기관 개인이 아닌 법인만이 책임의 귀속주체가 되는 것이 원칙이다. 또한, 민법 제391조는 법정대리인 또는 이행보조자의 고의·과실을 채무자 자신의 고의·과실로 간주함으로써 채무불이행책임을 채무자 본인에게 귀속시키고 있는데, 법인의 경우도 법률행위에 관하여 대표기관의 고의·과실에 따른 채무불이행책임의 주체는 법인으로 한정된다. 따라서 법인의 적법한 대표권을 가진 자가 하는 법률행위는 그 성립 상 효과뿐만 아니라 위반의 효과인 채무불이행책임까지 법인에게 귀속될 뿐이고, 다른 법령에서 정하는 등의 특별한 사정이 없는 한 법인이 당사자인 법률행위에 관하여 대표기관 개인이 손해배상책임을 지려면 민법 제750조에 따른 불법행위책임 등이 별도로 성립하여야 한다. 이때 법인의 대표기관이 법인과 사이에 계약을 체결한 거래상대방인 제3자에 대하여 자연인으로서 민법 제750조에 기한 불법행위책임을 진다고 보기 위해서는, 그 대표기관의 행위로 인해 법인에 귀속되는 효과가 대외적으로 제3자에 대한 채무불이행의 결과를 야기한다는 점만으로는 부족하고, 법인의 내부행위를 벗어나 제3자에 대한 관계에서 사회상규에 반하는 위법한 행위라고 인정될 수 있는 정도에 이르러야 한다. 그와 같은 행위에 해당하는지 여부는 대표기관이 의사결정 및 그에 따른 행위에 이르게 된 경위, 의사결정의 내용과 그 절차과정, 침해되는 권리의 내용, 침해행위의 태양, 대표기관의 고의 내지 해의의 유무 등을 종합적으로 평가하여 개별적·구체적으로 판단하여야 한다.

[38] 이 때 의결에 참여한 사원 등이 대표자와 공동으로 불법행위를 저질렀거나 이에 가담하였다고 볼 수 있는지 여부는, 그 의결에 참여한 법인의 기관이 당해 사항에 관하여 의사결정권한이 있는지 여부 및 대표자의 집행을 견제할 위치에 있는지 여부,

2) 법인의 불법행위가 성립하지 않은 경우

제35조(법인의 불법행위능력) ② 법인의 목적범위외의 행위로 인하여 타인에게 손해를 가한 때에는 그 사항의 의결에 찬성하거나 그 의결을 집행한 사원, 이사 및 기타 대표자가 연대하여 배상하여야 한다.

① 문제점

외형설의 입장에서 대표기관의 가해행위가 직무관련성을 결한 경우가 문제된다.

② 제35조 제2항 - 피해자보호를 위한 특별규정

이 경우에도 "그 사항의 의결에 찬성하거나 그 의결을 집행한 사원, 이사 및 기타 대표자"는 그들 사이에 **공동불법행위의 성립 여부를 떠나 연대하여 배상하도록 규정**하여 피해자를 두텁게 보호하도록 하였다. 연대의 의미는 부진정연대로 해석하는 것이 일반적이다.

3) 적용범위

① 간접 손해 불 포함

재개발조합의 대표기관의 직무상 불법행위로 조합에게 과다한 채무를 부담하게 함으로써 재개발조합이 손해를 입고 결과적으로 조합원의 경제적 이익이 침해되는 손해와 같은 간접적인 손해는 민법 제35조에서 말하는 손해의 개념에 포함되지 아니하므로, 이에 대하여는 위 법 조항에 의하여 손해배상을 청구할 수 없다(대판 1999.07.27. 99다19384).

② 비법인사단에 사단에 대한 유추적용

주택조합과 같은 비법인사단의 대표자가 직무에 관하여 타인에게 손해를 가한 경우 그 사단은 민법 제35조 제1항의 유추적용에 의하여 그 손해를 배상할 책임이 있으며, 비법인사단의 대표자의 행위가 대표자 개인의 사리를 도모하기 위한 것이었거나 혹은 법령의 규정에 위배된 것이었다 하더라도 외관상, 객관적으로 직무에 관한 행위라고 인정할 수 있는 것이라면 민법 제35조 제1항의 직무에 관한 행위에 해당한다(대판 2003.07.25. 2002다27088). 그리고 노동조합의 간부들이 불법쟁의행위를 기획, 지시, 지도하는 등으로 주도한 경우에 이와 같은 간부들의 행위는 조합의 집행기관으로서의 행위라 할 것이므로 이러한 경우 민법 제35조 제1항의 유추적용에 의하여 노동조합은 그 불법쟁의행위로 인하여 사용자가 입은 손해를 배상할 책임이 있고, 한편 조합간부들의 행위는 일면에 있어서는 노동조합 단체로서의 행위라고 할 수 있는 외에 개인의 행위라는 측면도 아울러 지니고 있고, 일반적으로 쟁의행위가 개개 근로자의 노무정지를 조직하고 집단화하여 이루어지는 집단적 투쟁행위라는 그 본질적 특징을 고려하여 볼 때 노동조합의 책임 외에 불법쟁의행위를 기획, 지시, 지도하는 등으로 주도한 조합의 간부들 개인에 대하여도 책임을 지우는 것이 상당하다(대판 1994.03.25. 93다32828·32835).

(3) 대표권 남용의 문제 - 법인에 대한 효력이 부인되는 경우의 이론구성

1) 의의

법인의 대표기관이 형식적으로는 대표권의 범위 내에서 대표행위를 하였지만, 자신이나 제3자의 이익을 도모하기 위하여 대표행위를 한 경우를 말한다.

그 사원이 의결과정에서 대표자의 불법적인 집행 행위를 적극적으로 요구하거나 유도하였는지 여부 및 그 의결이 대표자의 업무 집행에 구체적으로 미친 영향력의 정도, 침해되는 권리의 내용, 의결내용, 의결행위의 태양을 비롯한 위법성의 정도를 종합적으로 평가하여 법인 내부 행위를 벗어나 제3자에 대한 관계에서 사회상규에 반하는 위법한 행위라고 인정될 수 있는 정도에 이르러야 한다.

2) 判例

① 제107조 1항 단서 유추적용설의 입장

주식회사의 대표이사가 그 대표권의 범위 내에서 한 행위는 설사 대표이사가 회사의 영리목적과 관계없이 자기 또는 제3자의 이익을 도모할 목적으로 그 권한을 남용한 것이라 할지라도 일단 회사의 행위로서 유효하고, 다만 그 행위의 상대방이 대표이사의 진의를 알았거나 알 수 있었을 때에는 회사에 대하여 무효가 되는 것이다(대판 1988.08.09. 86다카1858 ; 대판 1997.08.29. 97다18059).

② 신의칙설의 입장

주식회사의 대표이사가 그 대표권의 범위 내에서 한 행위는 설사 대표이사가 회사의 영리목적과 관계없이 자기 또는 제3자의 이익을 도모할 목적으로 그 권한을 남용한 것이라 할지라도 일응 회사의 행위로서 유효하고 다만 그 행위의 상대방이 그와 같은 정을 알았던 경우에는 그로 인하여 취득한 권리를 회사에 대하여 주장하는 것이 신의칙에 반하므로 회사는 상대방의 악의를 입증하여 그 행위의 효과를 부인할 수 있을 뿐이다(대판 1987.10.13. 86다카1522).

Ⅳ. 법인의 기관

1. 서설

법인은 스스로 활동하지 못 한다. 따라서 법인이 사회에서 활동하려면 일정한 조직이 필요하게 되는데, 이러한 조직을 이루는 것이 기관이다. 민법상 법인의 기관으로는 사원총회(의사결정기관), 이사(의사집행기관), 감사(감독기관)의 세 가지가 있다. 다만 사원총회는 사단법인에만 있고, 사원이 없는 재단법인은 사원총회가 없다. 그리고 이사는 필요기관이지만, 감사는 임의기관에 불과하다(다만 상법상 주식회사에서는 필요기관이다). 또 상법상 주식회사에서는 이사회를 규정하고 있으나(상법 제390조), 민법은 이에 관한 규정이 없다.

2. 이사

(1) 의의

제57조(이사) 법인은 이사를 두어야 한다.

이사는 법인의 집행기관으로서 정관 또는 사원총회의 결의에 따라 법인을 위하여 필요한 대내적, 대외적인 모든 사무를 집행할 권한을 가진다. 이러한 사무집행을 함에 있어서 이사는 **선량한 관리자의 주의로서**(제61조) 해야 한다.

(2) 법인과 이사의 법률관계

제61조 (이사의 주의의무) 이사는 선량한 관리자의 주의로 그 직무를 행하여야 한다.

법인과 이사의 법률관계는 신뢰를 기초로 한 위임 유사의 관계이므로, 이사는 민법 제689조 제1항이 규정한 바에 따라 언제든지 사임할 수 있고, 법인의 이사를 사임하는 행위는 상대방 있는 단독행위이므로 그 의사표시가 상대방에게 도달함과 동시에 그 효력을 발생하고, 그 의사표시가 효력을 발생한 후에는 마음대로 이를 철회할 수 없음이 원칙이다. 그러나 법인이 정관에서 이사의 사임절차나 사임의 의사표시의 효력발생시기 등에 관하여 특별한 규정을 둔 경우에는 그에 따라야 하는바, 위와 같은 경우에는 이사의 사임의 의사표시가 법인의 대표자에게 도달하였다고 하더라도 그와 같은 사정만으로 곧바로 사임의 효력이 발생하는 것은 아니고 정관에서 정한 바에 따라 사임의 효력이 발생하는 것이므로, 이사가 사임의 의사표시를 하였더라도 정관에 따라 사임의 효력이 발생하기 전에는 그 사임의사를 자유롭게 철회할 수 있다(대판 2008.09.25. 2007다17109).

(3) 직무권한 - 대외적 권한(법인의 대표권)

1) 대표권

제59조(이사의 대표권) ① 이사는 법인의 사무에 관하여 각자 법인을 대표한다. 그러나 정관에 규정한 취지에 위반할 수 없고 특히 사단법인은 총회의 의결에 의하여야 한다.
② 법인의 대표에 관하여는 대리에 관한 규정을 준용한다.

대외적으로 법인 사무에 관하여 법인을 대표하고 수인의 이사가 있는 경우 각자 법인을 단독대표하며(제59조 제1항 본문) 대표의 방식에는 대리규정을 준용한다(제59조 제2항).

2) 대표권의 제한

제41조(이사의 대표권에 대한 제한) 이사의 대표권에 대한 제한은 이를 정관에 기재하지 아니하면 그 효력이 없다.

제60조(이사의 대표권에 대한 제한의 대항요건) 이사의 대표권에 대한 제한은 등기하지 아니하면 제3자에게 대항하지 못한다.

① 대표권제한의 예

공동으로 대표행위를 하게 하거나, 일정액 이상의 법인재산매각 시 이사회승인을 얻도록 하는 경우를 들 수 있다.

② 등기 관련 문제

대표권의 제한은 정관에 기재하면 효력은 발생하지만, 등기해야만 제3자에게 대항할 수 있다. 이 경우 제3자의 범위가 문제된다.

③ "제3자"의 범위[39]

법인의 정관에 법인 대표권의 제한에 관한 규정이 있으나 그와 같은 취지가 등기되어 있지 않다면 법인은 그와 같은 정관의 규정에 대하여 선의냐 악의냐에 관계없이 제3자에 대하여 대항할 수 없다(대판 1992.02.14. 91다24564, 무제한설).

④ 비법인사단의 경우

비법인사단의 경우에는 대표자의 대표권 제한에 관하여 등기할 방법이 없어 민법 제60조의 규정을 준용할 수 없고, 비법인사단의 대표자가 정관에서 사원총회의 결의를 거쳐야 하도록 규정한 대외적 거래행위에 관하여 이를 거치지 아니한 경우라도, 이와 같은 사원총회 결의사항은 비법인사단의 내부적 의사결정에 불과하다 할 것이므로, 그 거래 상대방이 그와 같은 대표권 제한 사실을 알았거나 알 수 있었을 경우가 아니라면 그 거래행위는 유효하다고 봄이 상당하고, 이 경우 거래의 상대방이 대표권 제한 사실을 알았거나 알 수 있었음은 이를 주장하는 비법인사단 측이 주장·입증하여야 한다(대판 2003.07.22. 2002다64780).

---

[39] 제한설은 악의의 제3자는 보호할 필요가 없으므로, 대표권의 제한이 등기되어 있지 않더라도 악의의 제3자에게는 대항이 가능하여 법률행위의 효력을 부인할 수 있다고 본다. **무제한설**은 이사의 대표권의 제한을 등기사항(제49조 제2항 제9호)으로 규정하고 있는 이상 그 등기를 강제해야 하고, 법인에 관한 다른 등기사항을 선의·악의를 불문하고 제3자에 대한 대항요건으로 하고 있는 태도(제54조 제1항)에 비추어 악의의 제3자에게도 대항 할 수 없는 것으로 본다.

3) 복임권의 제한

제62조(이사의 대리인 선임) 이사는 정관 또는 총회의 결의로 금지하지 아니한 사항에 한하여 타인으로 하여금 특정한 행위를 대리하게 할 수 있다.

정관 또는 총회의 결의로 금지하지 않은 사항에 한하여 특정한 행위를 대리하게 할 수 있다. 포괄적 위임은 할 수 없다(제62조). 이와 같이 선임된 자는 법인을 위한 보통의 임의대리인으로서 법인의 기관은 아니며, 이사는 대리인의 행위에 관하여 선임, 감독의 책임을 지고, 법인은 대리인의 직무상 행위로 제3자가 손해를 입은 경우 사용자 책임을 진다(통설). 그리고 비법인사단에 대하여는 사단법인에 관한 민법 규정 가운데 법인격을 전제로 하는 것을 제외하고는 이를 유추적용 하여야 하는데, 민법 제62조에 비추어 보면 비법인사단의 대표자는 정관 또는 총회의 결의로 금지하지 아니한 사항에 한하여 타인으로 하여금 특정한 행위를 대리하게 할 수 있을 뿐 비법인사단의 제반 업무처리를 포괄적으로 위임할 수는 없으므로 비법인사단 대표자가 행한 타인에 대한 업무의 포괄적 위임과 그에 따른 포괄적 수임인의 대행행위는 민법 제62조를 위반한 것이어서 비법인사단에 대하여 그 효력이 미치지 않는다(대판 1996.09.06. 94다18522).

(4) 직무권한 - 대내적 권한(법인의 업무집행권)

제58조(이사의 사무집행) ① 이사는 법인의 사무를 집행한다.
② 이사가 수인인 경우에는 정관에 다른 규정이 없으면 법인의 사무집행은 이사의 과반수로써 결정한다.

1) 내용
이사는 법인의 모든 내부적인 업무를 집행할 권한이 있다(제58조 1항).

2) 수인인 경우
이사가 수인이 있는 경우 정관에 다른 규정이 없으면 법인의 **사무집행은 이사의 과반수**로써 결정한다(제58조 2항).

3) 이사의 주요사무
재산목록의 작성, 재산목록은 사무소에 비치하여야 하고 이사가 위와 같은 의무를 이행하지 않은 경우 과태료의 처분을 받는다. 사원명부의 작성, 사원총회의 소집, 총회의사록의 작성, 파산신청, 청산인이 되는 것, 등기신청 등을 들 수 있다.

4) 判例
① 민법상 법인의 이사나 감사가 임기가 만료된 경우 후임이사나 감사가 선임될 때까지 종전 직무를 계속 수행할 수 있는지가 문제되는데, 判例는 "그 후임이사나 감사의 선임이 없거나 또는 그 후임이사나 감사의 선임이 있었다고 하더라도 그 선임결의가 무효이고, 임기가 만료되지 아니한 다른 이사나 감사만으로는 정상적인 법인의 활동을 할 수 없는 경우, 임기가 만료된 구이사나 감사로 하여금 법인의 업무를 수행케 함이 부적당하다고 인정할 만한 특별한 사정이 없는 한, **구이사나 감사는 후임이사나 감사가 선임될 때까지 종전의 직무를 수행할 수 있다**[40](대판 1998.12.23. 97다26142)."고 판시한다.

② 임기 만료되거나 사임한 구 이사가 후임 이사가 선임될 때까지 종전의 직무를 수행할 수 있는 경우, 구 이사가 다른 이사를 해임하거나 후임 이사를 선임한 이사회결의의 무효확인을 구할 법률상의 이익이 있다(대판 2005.03.25. 2004다65336).

---

[40] 제691조(위임종료시의 긴급처리)
위임종료의 경우에 급박한 사정이 있는 때에는 수임인, 그 상속인이나 법정대리인은 위임인, 그 상속인이나 법정대리인이 위임사무를 처리할 수 있을 때까지 그 사무의 처리를 계속하여야 한다. 이 경우에는 위임의 존속과 동일한 효력이 있다.

③ 임기 만료되거나 사임한 구 이사로 하여금 법인의 업무를 수행케 함이 부적당하다고 인정될 만한 특별한 사정이 있다면 이러한 구 이사가 제기한 다른 이사를 해임하거나 후임 이사를 선임한 이사회결의의 무효 확인의 소는 확인의 이익이 없어 부적법하다(대판 2005.03.25. 2004다65336).
④ 민법 제58조 제1항은 민법상 법인의 사무집행은 이사가 하도록 규정하고 있고, 같은 조 제2항은 이사가 수인인 경우에는 이사의 과반수로써 결정하되 정관에 다른 규정이 있으면 이에 따르도록 규정하고 있다. 그러므로 이사가 수인인 민법상 법인의 정관에 대표권 있는 이사만 이사회를 소집할 수 있다고 규정하고 있다고 하더라도 이는 과반수의 이사가 본래 할 수 있는 이사회 소집에 관한 행위를 대표권 있는 이사로 하여금 하게 한 것에 불과하다. 따라서 정관에 다른 이사가 요건을 갖추어 이사회 소집을 요구하면 대표권 있는 이사가 이에 응하도록 규정하고 있는데도 대표권 있는 이사가 다른 이사의 정당한 이사회 소집을 거절하였다면, 대표권 있는 이사만 이사회를 소집할 수 있는 규정은 적용될 수 없다. 이 경우 이사는 정관의 이사회 소집권한에 관한 규정 또는 민법에 기초하여 법인의 사무를 집행할 권한에 의하여 이사회를 소집할 수 있다[41](대결 2017.12.01. 2017그661).

(5) 임시이사

제63조(임시이사의 선임) 이사가 없거나 결원이 있는 경우에 이로 인하여 손해가 생길 염려 있는 때에는 "**법원**"은 이해관계인이나 검사의 청구에 의하여 임시이사를 선임하여야 한다.

1) 의의
임시이사는 정식의 이사가 선임될 때까지 일시적 기관이라는 점을 제외하고는, 이사와 동일한 권한을 가지는 법인의 기관이다. 정식의 이사가 선임되면 임시이사의 권한은 당연히 소멸한다.

2) 요건
① 이사가 없거나 결원이 있는 경우에 이로 인하여 손해가 생길 염려 있는 때
이사가 전혀 없거나 정관에서 정한 인원수에 부족이 있는 경우를 말하고, '이로 인하여 손해가 생길 염려가 있는 때'라 함은 통상의 이사선임절차에 따라 이사가 선임되기를 기다릴 때에 법인이나 제3자에게 손해가 생길 우려가 있는 것을 의미한다.
② 이해관계인
임시이사가 선임되는 것에 관하여 법률상의 이해관계가 있는 자로서 그 법인의 다른 이사, 사원 및 채권자 등을 포함한다.

3) 비법인사단에 대한 유추적용 여부
민법 제63조는 법인의 조직과 활동에 관한 것으로서 법인격을 전제로 하는 조항이 아니고, 법인 아닌 사단이나 재단의 경우에도 이사가 없거나 결원이 생길 수 있으며, 통상의 절차에 따른 새로운 이사의 선임이 극히 곤란하고 종전 이사의 긴급처리권도 인정되지 아니하는 경우에는 사단이나 재단 또는 타인에게 손해가 생길 염려가 있을 수 있으므로, 민법 제63조는 법인 아닌 사단이나 재단에도 유추 적용할 수 있다(대판(全合) 2009.11.19. 2008마699). 따라서 비법인 사단에 대하여 민법 제63조에 의하여 법원이 선임한 임시이사는 원칙적으로 정식이사와 동일한 권한을 가진다(대판 2019.09.10. 2019다208953).

---

[41] 민법상 법인의 필수기관이 아닌 이사회는 이사가 사무집행권한에 의해 소집하는 것이므로, 과반수에 미치지 못하는 이사는 특별한 사정이 없는 한 민법 제58조 제2항에 반하여 이사회를 소집할 수 없다. 반면 과반수에 미치지 못하는 이사가 정관의 특별한 규정에 근거하여 이사회를 소집하거나 과반수의 이사가 민법 제58조 제2항에 근거하여 이사회를 소집하는 경우에는 법원의 허가를 받을 필요 없이 본래적 사무집행권에 기초하여 이사회를 소집할 수 있다. 법원은 민법상 법인의 이사회 소집을 허가할 법률상 근거가 없고, 다만 이사회 결의의 효력에 관하여 다툼이 발생하면 소집절차의 적법 여부를 판단할 수 있을 뿐이다.

(6) 특별대리인

제64조(특별대리인의 선임) 법인과 이사의 이익이 상반하는 사항에 관하여는 이사는 대표권이 없다. 이 경우에는 전조의 규정에 의하여 특별대리인을 선임하여야 한다.

1) 의의

특별대리인은 법인과 이사의 이익이 상반하는 사항에 한하여 이사에 갈음하여 법인을 대표하는 기관으로, 이해관계인 또는 검사의 청구에 의하여 법원이 선임한다. 특별'대리인'이라고 하지만 법인의 기관에 해당한다.

2) 判例

사단법인의 이사장 직무대행자가 개인의 입장에서 사단법인을 상대로 소송을 하는 것은 이익상반행위가 된다(대판 2003.05.27. 2002다69211).

(7) 직무대행자

제60조의2(직무대행자의 권한) ① 제52조의2의 직무대행자는 가처분명령에 다른 정함이 있는 경우 외에는 법인의 통상 사무에 속하지 아니한 행위를 하지 못한다. 다만, 법원의 허가를 얻은 경우에는 그러하지 아니하다. ② 직무대행자가 제1항의 규정에 위반한 행위를 한 경우에도 법인은 선의의 제3자에 대하여 책임을 진다.

1) 의의

이사의 선임행위에 흠이 있는 경우에 이해관계인의 신청으로 법원이 가처분에 의하여 직무대행자를 선임한다. 직무대행자는 임시적 기관으로 가처분명령에 다른 정함이 없는 한 법인의 통상사무에 속하는 행위만을 할 수 있다(제60조의2 1항 본문). 그러나 법원의 허가가 있으면 통상사무가 아닌 행위도 할 수 있다(제60조의2 1항 단서).

2) 判例

① 임시의 지위를 정하는 가처분

가처분결정에 의하여 학교법인의 이사의 직무를 대행하는 자를 선임한 경우에 그 직무대행자는 단지 피대행자의 직무를 대행할 수 있는 임시의 지위에 놓여 있음에 불과하므로, 가처분결정에 다른 정함이 있는 경우 외에는 학교법인을 종전과 같이 그대로 유지하면서 관리하는 한도 내의 학교법인의 통상업무에 속하는 사무만을 행할 수 있다[42](대판 2006.01.26. 2003다36225).

② 항소권 포기

가처분결정에 의하여 선임된 학교법인 이사직무대행자가 그 가처분의 본안소송의 제1심판결에 대한 항소권을 포기하는 행위는 위 법인의 통상업무에 속하는 행위가 아니다(대판 2006.01.26. 2003다36225).

③ 직무대행자가 있는 경우

법인 등 대표자의 직무대행자가 선임된 상태에서 적법하게 소집된 총회의 결의에 따라 피대행자의 후임자가 새로 선출된 경우, 총회에서 선임된 후임자는 그 선임결의의 적법 여부에 관계없이 대표권을 가지지 못 한다(대판 2010.02.11. 2009다70395).

---

[42] 민사집행법 제300조 제2항의 임시의 지위를 정하는 가처분은 권리관계에 다툼이 있는 경우에 권리자가 당하는 위험을 제거하거나 방지하기 위한 잠정적이고 임시적인 조치로서 그 분쟁의 종국적인 판단을 받을 때까지 잠정적으로 법적 평화를 유지하기 위한 비상수단에 불과한 것으로….

④ 이사장의 유고

재단법인의 정관에서 "이사장의 유고시에는 이사 중 최연장자가 그 직무를 대행 한다"고 규정하고 있는 경우에 이사장의 유고란 이사장의 임기가 만료하기 전에 이사장이 사망, 질병 등 기타 부득이한 사정으로 그 직무를 집행할 수 없는 경우를 말한다. 하지만 이사장의 임기가 만료한 후 후임 이사장이 취임하기 전에 임기 만료한 이사장에 대하여 법원의 직무집행정지 가처분결정이 확정됨으로써 임기 만료한 이사장이 그 직무를 계속 수행할 수 없는 사정이 발생한 경우에도, 이사장의 유고에 준하는 상황이 발생하였다고 보아야 한다(대판 2008.12.11. 2006다57131).

(8) 연대책임

제65조(이사의 임무해태) 이사가 그 임무를 해태한 때에는 그 이사는 법인에 대하여 연대하여 손해배상의 책임이 있다.

3. 감사

(1) 임의기관

제66조(감사) 법인은 정관 또는 총회의 결의로 감사를 둘 수 있다.

(2) 감사의 직무

제67조(감사의 직무) 감사의 직무는 다음과 같다.
  1. 법인의 재산상황을 감사하는 일
  2. 이사의 업무집행의 상황을 감사하는 일
  3. 재산상황 또는 업무집행에 관하여 부정, 불비한 것이 있음을 발견한 때에는 이를 총회 또는 주무관청에 보고하는 일
  4. 전호의 보고를 하기 위하여 필요 있는 때에는 총회를 소집하는 일

감사는 이사와 마찬가지로 선관주의의무를 지며 각자 단독으로 업무를 집행한다. 따라서 감사 1인이 의무를 위반한 경우의 이사의 연대배상책임에 관한 민법 제65조가 적용될 여지가 없다.

4. 사원총회

(1) 의의

사단법인을 구성하는 사원의 전원으로써 구성되는 의결기관이고 최고의사결정기관이며 필요기관이다. 재단법인에는 사원이 없으므로 사원총회는 없다. 총회는 필요기관이므로 정관으로도 이를 폐지할 수 없다.

(2) 사원총회의 종류

1) 통상총회

제69조(통상총회) 사단법인의 이사는 매년 1회 이상 통상총회를 소집하여야 한다.

1년에 1회 이상 정기적으로 소집한다(제69조). 소집 시기는 정관에 규정이 없으면 총회의 결의로 정할 수 있고, 총회의 결의도 없는 경우에는 이사가 임의로 정할 수 있다.

2) 임시총회

> 제70조(임시총회) ① 사단법인의 이사는 필요하다고 인정한 때에는 임시총회를 소집할 수 있다.
> ② 총사원의 5분의 1이상으로부터 회의의 목적사항을 제시하여 청구한 때에는 이사는 임시총회를 소집하여야 한다. 이 정수는 정관으로 증감할 수 있다.
> ③ 전항의 청구있는 후 2주간내에 이사가 총회소집의 절차를 밟지 아니한 때에는 청구한 사원은 법원의 허가를 얻어 이를 소집할 수 있다.

① 이사가 필요하다고 인정하는 때(제70조) ② 감사가 필요하다고 인정하는 때(제67조 제4호) ③ **총사원의 5분의 1 이상으로부터 회의의 목적사항을 제시하여 청구하는 때**(제70조 제2항)에 총회소집이 가능하다. 다만 **소수사원의 총회소집권은 고유권이므로 박탈하지 못한다.** 그리고 사단법인의 소수사원이 이사에게 요건을 갖추어 임시총회의 소집을 요구하였으나 2주간 내에 이사가 총회소집의 절차를 밟지 아니한 경우 법원의 허가를 얻어 임시총회를 소집할 수 있도록 규정한 민법 제70조 제3항은, 사단법인의 최고의결기관인 사원총회의 구성원들이 사원권에 기초하여 일정한 요건을 갖추어 최고의결기관의 의사를 결정하기 위한 회의의 개최를 요구하였는데도 집행기관인 이사가 절차를 밟지 아니하는 경우에 법원이 후견적 지위에서 소수사원의 임시총회 소집권을 인정한 법률의 취지를 실효성 있게 보장하기 위한 규정이다. 따라서 위 규정을 구성과 운영의 원리가 다르고 법원이 후견적 지위에서 관여하여야 할 필요성을 달리하는 민법상 법인의 집행기관인 이사회 소집에 유추 적용할 수 없다(대결 2017.12.01. 2017그661).

(3) 총회의 소집절차

> 제71조(총회의 소집) 총회의 소집은 1주간 전에 그 회의의 목적사항을 기재한 통지를 발하고 기타 정관에 정한 방법에 의하여야 한다.

총회의 소집은 **1주간 전에 그 회의의 목적사항을 기재한 통지를 발하고** 기타 정관에 정한 방법에 의하여야 한다(제71조). 여기에서 총회의 소집통지는 관념의 통지이며 **발신주의가 적용되는 경우**이다.

(4) 총회의 권한

> 제68조(총회의 권한) 사단법인의 사무는 정관으로 이사 또는 기타 임원에게 위임한 사항 외에는 총회의 결의에 의하여야 한다.

정관으로 이사가 기타 임원에게 위임한 사항을 제외하고는 법인의 사무의 전부에 관하여 결정권을 가진다(제68조). **정관변경**(제42조), **임의해산**(제77조 제2항)**은 총회의 전권사항이며, 정관에 의해서도 총회의 이 권한을 박탈하지 못한다.** 정관에 다른 규정이 없는 한 정관변경에는 **총사원의 3분의 2**, 임의해산에 관하여는 **4분의 3 이상의 결의**를 요한다.

(5) 사원총회의 결의

1) 결의사항

> 제72조(총회의 결의사항) 총회는 전조의 규정에 의하여 통지한 사항에 관하여서만 결의할 수 있다. 그러나 정관에 다른 규정이 있는 때에는 그 규정에 의한다.

법원의 소집허가에 의하여 개최된 종중임시총회에서는 법원의 소집허가결정 및 소집통지서에 기재된 회의 목적사항과 이에 관련된 사항에 관하여 결의할 수 있다(대판 1993.10.12. 92다50799). 그리고 비법인사단이

총회에서 의결한 안건의 내용이나 범위가 명확하지 않은 경우 그 의결이 가지는 법적 의미와 그에 따른 법률관계의 실체를 밝히는 것은 법적 판단의 영역에 속한다. 그것은 총회를 개최한 목적과 경위, 총회에 상정된 안건의 구체적 내용과 그에 관한 논의 과정, 의결에 따른 후속 조치가 있다면 그 조치의 내용과 경과 등을 종합적으로 고찰하여 논리와 경험칙에 따라 합리적으로 해석해야 한다(대판 2019.06.27. 2017다244054).

2) 사원의 결의권

제73조(사원의 결의권) ① 각사원의 결의권은 평등으로 한다.
② 사원은 서면이나 대리인으로 결의권을 행사할 수 있다.
③ 전2항의 규정은 정관에 다른 규정이 있는 때에는 적용하지 아니한다.

비영리법인에 있어서는 1인 1의결권 원칙이 적용되나 주식회사에서는 1주 1의결권 원칙, 즉 주식평등의 원칙이 적용된다.

3) 결의권이 없는 경우

제74조(사원이 결의권 없는 경우) 사단법인과 어느 사원과의 관계사항을 의결하는 경우에는 그 사원은 결의권이 없다.

민법 제74조는 사단법인과 어느 사원과의 관계사항을 의결하는 경우 그 사원은 의결권이 없다고 규정하고 있으므로, 민법 제74조의 유추해석상 민법상 법인의 이사회에서 법인과 어느 이사와의 관계사항을 의결하는 경우에는 그 이사는 의결권이 없다. 이 때 의결권이 없다는 의미는 상법 제368조 제4항, 제371조 제2항의 유추해석상 이해관계 있는 이사는 이사회에서 의결권을 행사할 수는 없으나 의사정족수 산정의 기초가 되는 이사의 수에는 포함되고, 다만 결의 성립에 필요한 출석이사에는 산입되지 아니한다고 풀이함이 상당하다(대판 2009.04.09. 2008다1521).

4) 결의방법

제75조(총회의 결의방법) ① 총회의 결의는 본법 또는 정관에 다른 규정이 없으면 사원 과반수의 출석과 출석사원의 결의권의 과반수로써 한다.
② 제73조제2항의 경우에는 당해 사원은 출석한 것으로 한다.

5) 의사록

제76조(총회의 의사록) ① 총회의 의사에 관하여는 의사록을 작성하여야 한다.
② 의사록에는 의사의 경과, 요령 및 결과를 기재하고 의장 및 출석한 이사가 기명날인하여야 한다.
③ 이사는 의사록을 주된 사무소에 비치하여야 한다.

(6) 判例

1) 종원에 관한 세보가 발간된 경우, 그 세보에 의하여 종중회의의 소집통지 대상이 되는 종원의 범위를 확정한다(대판 1999.05.25. 98다60668). 여기에서 발간된 족보란, 소집통지 대상이 되는 종중원의 범위를 확정하기 위하여 필요한 것이므로 반드시 사건 당사자인 종중이 발간한 것일 필요는 없고 그 종중의 대종중 등이 발간한 것이라도 무방하다(대판 2009.10.29. 2009다45740).

2) 종중원이 매년 시제일에 묘소에 모여 시제를 지내고 그날 거기에 모인 종중원들이 다수결로 중요한 종중일을 처리하는 것이 그 종중의 관례라면 그 종중회의의 소집통지나 결의사항통지가 없었다고 하여 그 회의의결이 무효라 할 수 없다(대판 1989.03.28. 88다카11602).

3) 직선제에 의한 종중의 회장 선출시 의결정족수를 정하는 기준이 되는 출석종원이라 함은 당초 총회에 참석한 모든 종원을 의미하는 것이 아니라 문제가 된 결의 당시 회의장에 남아 있던 종원만을 의미한다고 할 것이므로 회의 도중 스스로 회의장에서 퇴장한 종원들은 이에 포함되지 않는다(대판 2003.07.08. 2002다74817).

4) 법인이나 법인 아닌 사단의 총회에 있어서 총회의 소집권자가 총회의 소집을 철회·취소하는 경우에는 반드시 총회의 소집과 동일한 방식으로 그 철회·취소를 총회 구성원들에게 통지하여야 할 필요는 없고, 총회 구성원들에게 소집의 철회·취소결정이 있었음이 알려질 수 있는 적절한 조치가 취하여지는 것으로써 충분히 그 소집 철회·취소의 효력이 발생 한다(대판 2007.04.12. 2006다77593).

5. 사원

> **제55조(재산목록과 사원명부)** ① 법인은 성립한 때 및 매년 3월내에 재산목록을 작성하여 사무소에 비치하여야 한다. 사업연도를 정한 법인은 성립한 때 및 그 연도 말에 이를 작성하여야 한다.
> ② 사단법인은 사원명부를 비치하고 사원의 변경이 있는 때에는 이를 기재하여야 한다.

(1) 사원권의 종류

1) 공익권

사단의 관리, 운영에 참가하는 것을 내용으로 하는 권리을 말하는데, 결의권, 소수사원권, 업무집행권, 감독권 등이 있다.

2) 자익권

사원 자신의 이익 향수를 내용으로 하는 권리를 말하는데, 이익배당청구권, 잔여재산분배권, 설비이용권 등이 있다.

(2) 제56조의 법적 성격

> **제56조(사원권의 양도, 상속금지)** 사단법인의 사원의 지위는 양도 또는 상속할 수 없다.

"사단법인의 사원의 지위는 양도 또는 상속할 수 없다"고 한 민법 제56조의 규정은 강행규정은 아니라고 할 것이므로, 정관에 의하여 이를 인정하고 있을 때에는 양도·상속이 허용 된다(대판 1992.04.14. 91다26850). 민법 제56조의 규정은 임의규정이며, 조합원의 사망을 조합원의 당연탈퇴 사유로 규정한 제717조 1호의 규정도 임의규정으로 해석된다.

V. 법인의 소멸

1. 서설

법인의 소멸이란 법인의 권리능력을 상실하는 것을 말한다. 자연인의 권리능력 상실은 자연인이 사망한 때 일어나지만, 법인의 경우는 일정한 절차를 밟아 단계적으로 일어난다. 먼저 해산을 하고, 청산으로 들어가게 되고, 청산이 종결되었을 때 법인은 완전히 소멸하게 된다. 따라서 법인은 해산 후에도 청산이 종결될 때까지는 제한된 범위 내에서 권리능력을 가지게 되는데, 이를 청산법인이라고 한다. 청산법인은 해산 전의 법인과 동일성을 가진다.

2. 법인의 해산

제77조(해산사유) ① 법인은 존립기간의 만료, 법인의 목적의 달성 또는 달성의 불능 기타 정관에 정한 해산사유의 발생, 파산 또는 설립허가의 취소로 해산한다.
② 사단법인은 사원이 없게 되거나 총회의 결의로도 해산한다.

제78조(사단법인의 해산결의) 사단법인은 총 사원 4분의 3이상의 동의가 없으면 해산을 결의하지 못한다. 그러나 정관에 다른 규정이 있는 때에는 그 규정에 의한다.

제80조(잔여재산의 귀속) ① 해산한 법인의 재산은 정관으로 지정한 자에게 귀속한다.
② 정관으로 귀속권리자를 지정하지 아니하거나 이를 지정하는 방법을 정하지 아니한 때에는 이사 또는 청산인은 주무관청의 허가를 얻어 그 법인의 목적에 유사한 목적을 위하여 그 재산을 처분할 수 있다. 그러나 사단법인에 있어서는 총회의 결의가 있어야 한다.
③ 전2항의 규정에 의하여 처분되지 아니한 재산은 국고에 귀속한다.

3. 법인의 청산

제81조(청산법인) 해산한 법인은 청산의 목적범위 내에서만 권리가 있고 의무를 부담한다.

(1) 청 산

1) 의 의

청산이란 해산된 법인이 잔무의 처리, 재산의 정리를 하고 완전히 소멸하기에 이르는 절차를 말한다.

2) 청산절차

① 청산절차에는 파산으로 해산한 경우와 기타 원인에 의한 해산 등 2가지가 있으며, 전자는 채무자회생법이 정하는 절차에 따라 청산을 하고 후자는 민법이 정하는 청산절차에 의한다.

② 민법 제80조, 제81조, 제87조와 같은 청산절차에 관한 규정은 모두 제3자의 이해관계에 중대한 영향을 미치기 때문에 소위 강행규정이라고 해석되므로 만일 그 청산법인이나 그 청산인이 청산법인의 목적범위 외의 행위를 한 때는 무효라 아니할 수 없다(대판 1980.04.08. 79다203.6). 이는 조합의 해산, 청산절차에 관한 규정이 임의규정인 점과 다르다[43].

(2) 청산법인의 능력

청산법인은 청산의 목적범위 내에서만 권리가 있고 의무를 부담 한다[44](제81조). 청산종결등기가 경료 된 경우에도 청산사무가 종료되었다 할 수 없는 경우에는 청산법인으로 존속한다(대판 1980.04.08. 79다2036). 청산법인은 해산 전의 법인에 비하여 그 목적이 변경되고 능력도 감축(적극적 행위는 할 수 없다)되지만 해산 전의 법인과 동일성은 유지된다.

---

43) 민법의 조합의 해산사유와 청산에 관한 규정은 그와 내용을 달리하는 당사자의 특약까지 배제하는 강행규정이 아니므로 당사자가 민법의 조합의 해산사유와 청산에 관한 규정과 다른 내용의 특약을 한 경우, 그 특약은 유효하다(대판 1985.02.26. 84다카1921).
44) 해산된 법인은 청산의 목적 범위 내에서 그 청산의 결료에 이르기까지 존속하므로 부당하게 박탈된 귀속재산의 임차권을 회복하여 관리당국과 다시 임대차계약을 체결하는 소위 는 그 청산의 목적 범위를 일탈하는 것이 아니다(대판 1957.01.11. 4289행상70).

4. 청산법인의 기관

제82조(청산인) 법인이 해산한 때에는 파산의 경우를 제하고는 이사가 청산인이 된다. 그러나 정관 또는 총회의 결의로 달리 정한 바가 있으면 그에 의한다.

(1) 청산인

법인이 해산하면 이사에 갈음하여 청산인이 청산법인의 집행기관이 된다. 청산인은 법인의 이사와 같은 지위에 서므로 이사에 관한 규정을 준용한다. 청산인은 청산법인의 능력범위 내에서 사무를 집행하고 청산법인을 대표한다. 청산인이 되는 자는 정관에서 정한 자, 총회에서의 선임, 해산 당시의 이사의 순(총회가 선임하지 않은 경우)으로 청산인이 된다. 이에 해당하는 자가 없으면 법원에서 선임한 자가 된다(청산인이 있더라도 후에 결원이 생겨 손해가 생길 우려가 있는 경우에는 법원은 이해관계인이나 검사의 청구에 의하여 청산인을 선임한다).

(2) 기타 기관

청산절차에서의 청산사무집행에 관한 내부감독기능은 더욱 강화되어야 할 것이므로 감사와 총회는 그대로 그 지위를 지속한다.

제83조(법원에 의한 청산인의 선임) 전조의 규정에 의하여 청산인이 될 자가 없거나 청산인의 결원으로 인하여 손해가 생길 염려가 있는 때에는 법원은 직권 또는 이해관계인이나 검사의 청구에 의하여 청산인을 선임할 수 있다.

제84조(법원에 의한 청산인의 해임) 중요한 사유가 있는 때에는 법원은 직권 또는 이해관계인이나 검사의 청구에 의하여 청산인을 해임할 수 있다.

제85조(해산등기) ① 청산인은 파산의 경우를 제하고는 그 취임 후 3주간 내에 해산의 사유 및 년월일, 청산인의 성명 및 주소와 청산인의 대표권을 제한한 때에는 그 제한을 주된 사무소 및 분사무소 소재지에서 등기하여야 한다.
② 제52조의 규정은 전항의 등기에 준용한다.

제86조(해산신고) ① 청산인은 파산의 경우를 제하고는 그 취임 후 3주간 내에 전조 제1항의 사항을 주무관청에 신고하여야 한다.
② 청산중에 취임한 청산인은 그 성명 및 주소를 신고하면 된다.

제87조(청산인의 직무) ① 청산인의 직무는 다음과 같다.
  1. 현존사무의 종결
  2. 채권의 추심 및 채무의 변제
  3. 잔여재산의 인도
② 청산인은 전항의 직무를 행하기 위하여 필요한 모든 행위를 할 수 있다.

제88조(채권신고의 공고) ① 청산인은 취임한 날로부터 2월내에 3회이상의 공고로 채권자에 대하여 일정한 기간 내에 그 채권을 신고할 것을 최고하여야 한다. 그 기간은 2월이상이어야 한다.
② 전항의 공고에는 채권자가 기간내에 신고하지 아니하면 청산으로부터 제외될 것을 표시하여야 한다.
③ 제1항의 공고는 법원의 등기사항의 공고와 동일한 방법으로 하여야 한다.

제89조(채권신고의 최고) 청산인은 알고 있는 채권자에게 대하여는 각각 그 채권신고를 최고하여야 한다. 알고 있는 채권자는 청산으로부터 제외하지 못한다.

제90조(채권신고기간내의 변제금지) 청산인은 제88조 제1항의 채권신고기간 내에는 채권자에 대하여 변제하지 못한

다. 그러나 법인은 채권자에 대한 지연손해배상의 의무를 면하지 못한다.

제91조(채권변제의 특례) ① 청산중의 법인은 변제기에 이르지 아니한 채권에 대하여도 변제할 수 있다.
② 전항의 경우에는 조건 있는 채권, 존속기간의 불확정한 채권 기타 가액의 불확정한 채권에 관하여는 법원이 선임한 감정인의 평가에 의하여 변제하여야 한다.

제92조(청산으로부터 제외된 채권) 청산으로부터 제외된 채권자는 법인의 채무를 완제한 후 귀속권리자에게 인도하지 아니한 재산에 대하여서만 변제를 청구할 수 있다.

제93조(청산중의 파산) ① 청산중 법인의 재산이 그 채무를 완제하기에 부족한 것이 분명하게 된 때에는 청산인은 지체 없이 파산선고를 신청하고 이를 공고하여야 한다.
② 청산인은 파산관재인에게 그 사무를 인계함으로써 그 임무가 종료한다.
③ 제88조제3항의 규정은 제1항의 공고에 준용한다.5. 해 산

6. 청산의 종결

제94조(청산종결의 등기와 신고) 청산이 종결한 때에는 청산인은 3주간 내에 이를 등기하고 주무관청에 신고하여야 한다.

청산종결의 등기가 종료한 후에도 청산사무가 종결되었다고 할 수 없는 경우에는 청산법인으로 계속 존속 한다(대판 1980.04.08. 79다2036).

7. 해산, 청산의 검사 · 감독

(1) 강행규정

청산절차에 관한 규정은 모두 제3자의 이해관계에 중대한 영향을 미치기 때문에 이른바 강행규정이다(대판 1992.04.28. 91누9848).

(2) 평상시의 업무감독(제37조)

제37조(법인의 사무의 검사, 감독) 법인의 사무는 주무관청이 검사, 감독한다.

법인의 사무는 주무관청이 검사, 감독하며 감독의 내용은 법인의 사무 및 재산상황의 검사, 설립허가의 취소 등이다.

(3) 해산과 청산의 감독(제95조)

제95조(해산, 청산의 검사, 감독) 법인의 해산 및 청산은 법원이 검사, 감독한다.

제96조(준용규정) 제58조제2항, 제59조 내지 제62조, 제64조, 제65조 및 제70조의 규정은 청산인에 이를 준용한다.

법원이 검사, 감독하며 법원은 직권 또는 이해관계인이나 검사의 청구에 의하여 청산인을 선임 또는 해임할 수 있다.

VI. 법인에 관한 그 밖의 규정

1. 법인의 주소

제36조(법인의 주소) 법인의 주소는 그 주된 사무소의 소재지에 있는 것으로 한다.

2. 정관의 변경

(1) 서 설 - 사단법인 또는 법인 아닌 사단의 동일성 판단 기준

사단법인은 일정한 목적을 위해 결합한 사람의 단체에 법인격이 인정된 것을 말하고, 사단법인에 있어 사원 자격의 득실변경에 관한 사항은 정관의 기재사항이므로(민법 제40조 제6호), 어느 사단법인과 다른 사단법인이 동일한 것인지 여부는 그 구성원인 사원이 동일한지 여부에 따라 결정됨이 원칙이다. 다만, 사원 자격의 득실변경에 관한 정관의 기재사항이 적법한 절차를 거쳐서 변경된 경우에는 구성원이 다르더라도 그 변경 전후의 사단법인은 동일성을 유지하면서 존속하는 것이고, 이러한 법리는 법인 아닌 사단에 있어서도 마찬가지이다(대판 2008.09.25. 2006다37021).

(2) 사단법인의 경우

제40조(사단법인의 정관) 사단법인의 설립자는 다음 각호의 사항을 기재한 정관을 작성하여 기명날인하여야 한다.
 1. 목적
 2. 명칭
 3. 사무소의 소재지
 4. 자산에 관한 규정
 5. 이사의 임면에 관한 규정
 6. **사원자격의 득실에 관한 규정**
 7. 존립시기나 해산사유를 정하는 때에는 그 시기 또는 사유

제42조(사단법인의 정관의 변경) ① 사단법인의 정관은 총사원 3분의 2이상의 동의가 있는 때 에 한하여 이를 변경할 수 있다. 그러나 정수에 관하여 정관에 다른 규정이 있는 때에는 그 규정에 의한다.
② 정관의 변경은 주무관청의 허가45)를 얻지 아니하면 그 효력이 없다.

1) 정관에서 금지한 경우
정관에서 변경할 수 없다고 규정한 경우에도 변경이 가능하며, 전사원의 동의를 요한다.

2) 목적의 변경
민법 제42조가 목적변경을 제외하고 있지 아니하므로 통상의 정관변경절차(총사원 3분의 2 이상의 동의)에 따라 변경할 수 있다.

3) 정관변경의 한계
동일성이 파괴되는 정관변경, 즉 비영리법인을 영리법인으로 변경하지는 못한다.

4) 정관의 법적 성질과 그 해석 방법
사단법인의 정관은 법적 성질은 계약이 아니라 자치법규로 보므로(통설, 판례), 어느 시점의 사단법인의 사원들이 정관의 규범적인 의미내용과 다른 해석을 사원총회의 결의라는 방법으로 표명하였다고 하더라도 그

---

45) 민법 제45조 제3항, 제46조는 정관변경 시 주무관청의 허가를 받도록 규정하고 있는 바, 여기서 말하는 허가는 법률상의 표현이 허가로 되어 있기는 하나 그 성질에 있어 법률행위의 효력을 보충해 주는 것이지 일반적 금지를 해제하는 것은 아니므로 그 법적성격은 인가라고 보아야 한다고 한대대판(全合) 1995.5.16. 95누4810].

결의에 의한 해석은 그 사단법인의 구성원인 사원이나 법인을 구속할 수 없다(대판 2000.11.24. 98다12437).

(3) 재단법인의 경우

> 제43조(재단법인의 정관) 재단법인의 설립자는 일정한 재산을 출연하고 제40조제1호 내지 제5호의 사항을 기재한 정관을 작성하여 기명날인하여야 한다.
>
> 제44조(재단법인의 정관의 보충) 재단법인의 설립자가 그 명칭, 사무소 소재지 또는 이사 임면의 방법을 정하지 아니하고 사망한 때에는 이해관계인 또는 검사의 청구에 의하여 법원이 이를 정한다.
>
> 제45조(재단법인의 정관변경) ① 재단법인의 정관은 그 변경방법을 정관에 정한 때에 한하여 변경할 수 있다.
> ② 재단법인의 목적달성 또는 그 재산의 보전을 위하여 적당한 때에는 전항의 규정에 불구하고 명칭 또는 사무소의 소재지를 변경할 수 있다.
> ③ 제42조제2항의 규정은 전2항의 경우에 준용한다.
>
> 제46조(재단법인의 목적 기타의 변경) 재단법인의 목적을 달성할 수 없는 때에는 설립자나 이사는 주무관청의 허가를 얻어 설립의 취지를 참작하여 그 목적 기타 정관의 규정을 변경할 수 있다.

1) 원 칙

재단법인은 타율적 법인이므로 그 정관은 이를 변경하지 못하는 것이 원칙이다.

2) 예 외(정관변경이 가능한 경우)

① **정관 속에서 그 정관의 변경방법을 정하고 있는 경우의 변경**(제45조 제1항)

이 변경에도 주무관청의 허가는 그 효력요건이며 등기는 대항요건이다.

② **정관 속에서 그 정관의 변경방법을 정하고 있지 않은 경우의 변경**(제45조 제2항)

법인의 명칭이나 사무소 소재지와 같은 법인의 본질적 변경이 아닌 경우로서 재단법인의 목적달성 또는 재산의 보전을 위하여 적당한 때에 한한다.

4. 재단법인의 기본재산이 처분되는 경우

(1) 원칙

재단법인의 기본재산은 법인의 실체이고 정관의 필요적 기재사항이므로 그 처분행위는 곧 정관의 변경에 해당한다.

(2) 기본재산의 변경

기본재산의 변경은 곧 정관의 변경이 되므로 정관을 변경하여 주무관청의 허가를 얻지 아니하면 그 효력이 없는 것이고, 정관변경의 절차와 주무관청의 허가를 얻으면 처분이 가능하며, 기본재산이 아닌 재산의 매각은 정관변경을 초래하지 않으므로 주무관청의 허가를 요하지 않는다(대판 1967.12.19. 67다1337). 재단법인의 채권자가 그 기본재산에 대하여 강제집행을 실시하여 법원으로부터 매각허가결정을 받은 경우에도 주무관청의 허가를 요한다(대판 1965.05.18. 65다114). 재단법인의 기본재산 편입행위는 기부행위의 변경에 속하는 사항이므로 주무관청의 인가가 있어야 그 효력이 발생한다(대판 1978.08.22. 78다1038·1039). 재단법인 기본재산 처분은 정관변경을 요하는 것이므로 주무관청의 허가가 없으면 처분의 채권행위도 무효가 된다(대판 1974.06.11. 73다1975). 공원묘지 유지·관리 목적의 재단법인이 묘역일부에 대한 분양권을 양도하는 행위는 기본재산의 처분으로써 정관변경절차가 있어야 효력이 있다고 한다(대판 1994.04.12. 93다52747).

(3) 허가의 의미

민법 제45조 제3항, 제46조는 정관변경 시 주무관청의 허가를 받도록 규정하고 있는 바, 여기서 말하는 허가는 법률상의 표현이 허가로 되어 있기는 하나 그 성질에 있어 법률행위의 효력을 보충해 주는 것이지 일반적 금지를 해제하는 것은 아니므로 그 법적성격은 인가라고 보아야 한다고 한다(대판(全合) 1995.5.16. 95누4810).

(4) 사후 허가 및 장래이행의 소

기본재산의 매매 등 계약 성립 전에 감독청의 허가를 받아야만 하는 것은 아니고, **매매 등 계약 성립 후에라도 감독청의 허가를 받으면 그 매매 등 계약이 유효하게 된다고 하며** 감독청의 허가 없이 학교법인의 기본재산인 부동산에 대한 매매계약을 체결하였다면 매수인은 매도인에 대해 감독청의 허가를 조건으로 소유권이전등기절차의 이행을 청구할 수 있다(대판 1998.07.24. 96다27988).

(5) 허가받지 않은 재단법인 기본재산처분행위

사후의 정관변경과 추인으로 유효하게 된다. 즉 재단법인의 정관에는 자산에 관한 규정을 기재하여야 하므로 재단법인의 기본재산의 처분은 결국 정관의 변경을 초래하게 되어 주무관청의 허가를 얻지 못하면 그 효력이 발생하지 않는 것이지만, 그 후 재단법인이 그 기본재산을 보통재산으로 변경하는 정관변경에 대하여 주무관청으로부터 허가를 받은 다음 그 재산의 처분행위를 추인하였다면 종전의 처분행위는 추인한 때로부터 유효하게 된다(대판 2006.03.23. 2005다66534).

(6) 사립학교법상 해산명령을 받은 경우

학교법인이 사립학교법 제47조 제1항에 의한 해산명령을 받아 해산되고 고등교육법 제62조 제1항에 의한 학교폐쇄 처분을 받아 사실상 학교법인으로서 실체를 상실하고 기능을 수행할 수 없게 된 경우에도 사립학교법 제28조 제1항이 여전히 적용되어 그 기본재산을 처분하고자 할 때에는 관할청의 허가를 받아야 한다고 해석함이 상당하다(대판 2010.04.08. 2009다93329).

(7) 집합건물의 소유 및 관리에 관한 법률상의 매도청구의 경우

재단법인의 기본재산에 대하여 집합건물의 소유 및 관리에 관한 법률상의 매도청구가 있는 경우에는 그 기본재산에 대한 매매계약의 성립뿐만 아니라 기본재산의 변경을 내용으로 하는 재단법인의 정관의 변경까지 강제 된다46)(대판 2008.07.10. 2008다12453).

(8) 재단법인 기본재산에 대한 저당권 설정행위와 주무관청 허가

1) 원칙

민법상 재단법인의 기본재산에 관한 저당권 설정행위는 특별한 사정이 없는 한 정관의 기재사항을 변경하여야 하는 경우에 해당하지 않으므로, 그에 관하여는 주무관청의 허가를 얻을 필요가 없다47)(대결 2018.07.20. 2017마1565).

---

46) 집합건물의 소유 및 관리에 관한 법률 제48조 제4항에 정한 매도청구권은 재건축사업의 원활한 진행을 위하여 같은 법이 재건축 불참자의 의사에 반하여 그 재산권을 박탈할 수 있도록 특별히 규정한 것으로서, 그 실질이 헌법 제23조 제3항의 공용수용과 같다고 볼 수 있는데, 재단법인의 기본재산에 대하여 집합건물의 소유 및 관리에 관한 법률에 의하여 매도청구를 하는 경우에도 위 기본재산을 취득하기 위해서는 재단법인의 정관변경이 별도로 필요하다고 보면, 재단법인이 스스로 그 기본재산을 처분하는 내용으로 정관변경을 하지 않는 이상 매도청구를 한 사람이 재단법인의 기본재산을 취득할 수 없게 되어 매도청구 대상자의 의사에 반하여 그 재산권을 박탈하도록 한 매도청구권의 본질에 반하게 된다.
47) 민법 제32조, 제40조 제4호, 제42조 제2항, 제43조, 제45조 제3항, 제1항에 의하면, 재단법인은 정관에 재단법인의 자산에 관한 규정을 두어야 하고, 재단법인의 설립과 정관의 변경에는 주무관청의 허가를 얻어야 한다. 따라서 주무관청의 허가를 얻은 정관에 기재된 기본재산의 처분행위로 인하여 재단법인의 정관 기재사항을 변경하여야 하는 경우에는, 그에 관하여 주무관청의 허가를 얻어야 한다. 이는 재단법인의 기본재산에 대하여 강제집행을 실시하는 경우에도 동일하나, 주무관청의 허가는 반드시 사전에 얻어야 하는 것은 아니며, 재단법인의 정관변경에 대한 주무관청의 허가는, 경매개시요건은 아니고, 경락인의 소유권취득에 관한 요건이다. 그러므로 집행법원으로서는 그 허가를 얻어 제출할 것을 특별매각조건으로 경매절차를 진행하고, 매각허가결정 시까지 이를 제출하지 못하면 매각불허가결정을 하면 된다.

2) 예외

민법상 재단법인의 정관에 기본재산은 담보설정 등을 할 수 없으나 주무관청의 허가·승인을 받은 경우에는 이를 할 수 있다는 취지로 정해져 있고, 정관 규정에 따라 주무관청의 허가·승인을 받아 민법상 재단법인의 기본재산에 관하여 근저당권을 설정한 경우, 그와 같이 설정된 근저당권을 실행하여 기본재산을 매각할 때에는 주무관청의 허가를 다시 받을 필요는 없다(대결 2019.02.28. 2018마800).[48]

5. 법인의 등기

(1) 설립등기

제33조(법인설립의 등기) 법인은 그 주된 사무소의 소재지에서 설립등기를 함으로써 성립한다.

제49조(법인의 등기사항) ① 법인설립의 허가가 있는 때에는 3주간내에 주된 사무소 소재지에서 설립등기를 하여야 한다.
② 전항의 등기사항은 다음과 같다.
　1. 목적
　2. 명칭
　3. 사무소
　4. 설립허가의 년월일
　5. 존립시기나 해산사유를 정한 때에는 그 시기 또는 사유
　6. 자산의 총액
　7. 출자의 방법을 정한 때에는 그 방법
　8. 이사의 성명, 주소
　9. 이사의 대표권을 제한한 때에는 그 제한

(2) 변경등기

제52조(변경등기) 제49조제2항의 사항 중에 변경이 있는 때에는 3주간내에 변경등기를 하여야 한다.

(3) 분사무소 설치의 등기

제50조(분사무소설치의 등기) ① 법인이 분사무소를 설치한 때에는 주사무소 소재지에서는 3주간내에 분사무소를 설치한 것을 등기하고 그 분사무소 소재지에서는 동기간내에 전조제2항의 사항을 등기하고 다른 분사무소 소재지에서는 동기간내에 그 분사무소를 설치한 것을 등기하여야 한다.
② 주사무소 또는 분사무소의 소재지를 관할하는 등기소의 관할구역내에 분사무소를 설치한 때에는 전항의 기간내에 그 사무소를 설치한 것을 등기하면 된다.

(4) 사무소 이전의 등기

제51조(사무소이전의 등기) ① 법인이 그 사무소를 이전하는 때에는 구소재지에서는 3주간 내에 이전등기를 하고 신소재지에서는 동기간 내에 제49조제2항에 게기한 사항을 등기하여야 한다.
② 동일한 등기소의 관할구역내에서 사무소를 이전한 때에는 그 이전한 것을 등기하면 된다.

---

[48] ☞ 민법상 재단법인인 재항고인이 건물을 신축하기 위한 자금 조달 목적으로 주무관청의 허가를 받아 기본재산에 근저당권을 설정하였는데, 근저당권의 실행으로 기본재산이 경매절차에서 매각되자 재항고인이 주무관청의 매각허가가 없었다는 이유를 들어 매각허가결정에 대하여 재항고한 사안에서, 근저당권 설정 당시 정관 규정에 따라 이미 주무관청의 허가·승인을 받았다면 근저당권의 실행으로 재단법인의 기본재산을 매각할 때에는 주무관청의 허가를 다시 받을 필요가 없다는 이유로 재항고를 기각하여 매각허가결정이 적법하다고 판단한 사례

(5) 이사의 직무집행정지 등 가처분의 등기

제52조의2(직무집행정지 등 가처분의 등기) 이사의 직무집행을 정지하거나 직무대행자를 선임하는 가처분을 하거나 그 가처분을 변경·취소하는 경우에는 주사무소와 분사무소가 있는 곳의 등기소에서 이를 등기하여야 한다.

법원의 직무집행정지 가처분결정에 의해 회사를 대표할 권한이 정지된 대표이사가 그 정지 기간 중에 체결한 계약은 절대적으로 무효이고, 그 후 가처분신청의 취하에 의하여 보전집행이 취소되었다 하더라도 집행의 효력은 장래를 향하여 소멸할 뿐 소급적으로 소멸하는 것은 아니라 할 것이므로, 가처분신청이 취하되었다 하여 무효인 계약이 유효하게 되지는 않는다(대판 2008.05.29. 2008다4537).

(6) 해산등기 및 청산종결등기

제85조(해산등기) ① 청산인은 파산의 경우를 제외하고는 그 취임후 3주간내에 해산의 사유 및 년월일, 청산인의 성명 및 주소와 청산인의 대표권을 제한한 때에는 그 제한을 주된 사무소 및 분사무소 소재지에서 등기하여야 한다.
② 제52조의 규정은 전항의 등기에 준용한다.
제94조(청산종결의 등기와 신고) 청산이 종결한 때에는 청산인은 3주간내에 이를 등기하고 주무관청에 신고하여야 한다.

(7) 등기기간의 기산

제53조(등기기간의 기산) 전3조의 규정에 의하여 등기할 사항으로 관청의 허가를 요하는 것은 그 허가서가 도착한 날로부터 등기의 기간을 기산한다.

(8) 설립요건 및 대항요건

제54조(설립등기이외의 등기의 효력과 등기사항의 공고) ① 설립등기이외의 본 절의 등기사항은 그 등기후가 아니면 제3자에게 대항하지 못한다.
② 등기한 사항은 법원이 지체 없이 공고하여야 한다.

법인등기의 절차는 비송사건절차법에 규정되어 있고, 그 효력에는 등기를 성립요건으로 하는 것과 대항요건으로 하는 것으로 나뉜다. 민법은 설립등기만을 성립요건으로 하고, 그 밖의 등기는 모두 대항요건으로 하고 있다(제54조). 따라서 민법 제54조 제1항에 의하면 설립등기 이외의 법인등기는 대항요건으로 규정되어 있으므로 이사 변경의 법인등기가 경료 되었다고 하여 등기된 대로의 실체적 효력을 갖는 것은 아니다 (대판 2000.01.28. 98다26187).

Ⅶ. 벌칙

제97조(벌칙) 법인의 이사, 감사 또는 청산인은 다음 각호의 경우에는 500만원 이하의 과태료에 처한다. 〈개정 2007.12.21〉
  1. 본장에 규정한 등기를 해태한 때
  2. 제55조의 규정에 위반하거나 재산목록 또는 사원명부에 부정기재를 한 때
  3. 제37조, 제95조에 규정한 검사, 감독을 방해한 때
  4. 주무관청 또는 총회에 대하여 사실 아닌 신고를 하거나 사실을 은폐한 때
  5. 제76조와 제90조의 규정에 위반한 때
  6. 제79조, 제93조의 규정에 위반하여 파산선고의 신청을 해태한 때
  7. 제88조, 제93조에 정한 공고를 해태하거나 부정한 공고를 한 때

VIII. 권리능력 없는 사단, 재단

1. 비법인사단

(1) 의 의

권리능력 없는 사단이란 사단의 실체를 갖추고는 있으나 법인등기를 하지 않은 것을 말한다.

(2) 구체적 예

학회, 동창회, 설립중의 회사, 노동조합, 정당, 동민회, 자연부락, 직장주택조합(직장청산위원회), 교회(천주교회는 제외), 사찰, 불교신도회, 문중, 종중, 아파트입주자대표회의, 소비자단체, 상가번영회, 공동주택의 입주자대표회의[49] 등이 이에 해당한다.

(3) 재산관계

비법인사단의 재산은 사원의 총유에 속한다(제275조). 그리고 소유권 이외의 재산권은 준총유가 된다(제278조). 따라서 각 사원은 지분권이나 총유물분할청구권이 없다(통설, 판례). 총유물의 관리 및 처분은 사원총회의 결의에 의한다(제276조). 그리고 민법 제275조, 제276조 제1항에서 말하는 총유물의 관리 및 처분이라 함은 총유물 그 자체에 관한 이용·개량행위나 법률적·사실적 처분행위를 의미하는 것이므로, 비법인사단이 타인 간의 금전채무를 보증하는 행위는 총유물 그 자체의 관리·처분이 따르지 아니하는 단순한 채무부담행위에 불과하여 이를 총유물의 관리·처분행위라고 볼 수는 없다[대판(全合) 2007.4.19. 2004다60072·60089].

2. 비법인재단

(1) 의의

권리능력 없는 재단이란 재단의 실질은 존재하지만 아직 법인등기를 하지 않아 법인격을 취득하지 못한 것을 말한다.

(2) 구체적 예

사회사업을 위해 모집한 기부재산, 육영회, 대학교장학회, 유치원 등을 말한다. 다만 국립대학교는 법인도 아니고 대표자 있는 법인격 없는 사단 또는 재단도 아닌 교육시설의 명칭에 불과하여 민사소송에 있어 당사자능력을 인정할 수 없다[50].

(3) 재산관계

재단법인은 사원(=구성원)이 없으므로 총유가 인정될 수 없으며, 민법은 이에 대해 아무런 규정을 두고 있지 않다. 하지만 判例는 부동산, 동산 및 채권은 권리능력 없는 재단 자체에 귀속된다고 한다[51](대판 1996.

---

[49] 공동주택의 입주자대표회의는 동별세대수에 비례하여 선출되는 통별대표자를 구성원으로 하는 법인 아닌 사단이고, 그 동별대표자는 각 동별 입주자가 선출하는 것이므로, 동별대표자가 적법하게 선출되어 입주자대표회의가 적법하게 구성된 이후에 있어서는, 후임 동별대표자를 선출하는 것은 비법인사단으로서의 입주자대표회의가 동일성을 잃지 아니한 채 그대로 존속하면서 단순히 그 구성원을 변경하는 것에 지나지 아니하므로, 새로운 동별대표자의 선출절차가 위법하여 효력이 없다면 그 동별대표자는 입주자대표회의의 구성원으로서의 지위를 취득할 수 없고 종전의 동별대표자가 여전히 입주자대표회의의 구성원으로서의 지위를 가지고, 동별대표자 또는 입주자대표회의의 회장 등이 변경될 때마다 종전과는 별개, 독립의 새로운 비법인사단이 구성, 성립되는 것으로 볼 것은 아니며, 입주자대표회의가 비법인사단인 이상 그 존속기간의 정함이 있는 것으로 볼 수도 없다(대판 2007.06.15. 2007다6307). (11 법행)
[50] 서울대학교가 국가가 설립·경영하는 학교임은 공지의 사실이고, 학교는 법인도 아니고 대표자 있는 법인격 없는 사단 또는 재단도 아닌 교육시설의 명칭에 불과하여 민사소송에 있어 당사자능력을 인정할 수 없다(대판 2001.06.29. 2001다21991). 다만 최근 서울대법인화법의 통과로 현재 서울대학교는 특수법인이다.
[51] 사설 사암이나 사설 사찰이 아닌 한국불교 태고종에 등록된 일반적인 사찰은 독자적인 권리능력과 당사자능력을 가진 법인격 없는 사단이나 재단이라 할 것이므로, 그 사찰의 토지 및 건물을 점유하고 있는 자는 사찰 자신이고, 그 주지의 지위에

01.26. 94다45562).

3. 소송 및 등기상의 취급

(1) 원칙

법인 아닌 사단이나 재단이 원고 또는 피고가 된 경우에는 법인이 당사자일 때와 마찬가지의 소송상 취급을 한다.

(2) 당사자

법인 아닌 사단·재단 그 자체가 당사자[52]가 되며(민소법 제52조), 사단 또는 재단의 대표자·관리인은 법정대리인에 준해 취급된다(민소법 제64조). 사단의 구성원 또는 재단의 출연자는 당사자가 아니다. 인적 재판적이나 법관의 제척·기피의 원인은 그 사단·재단 자체를 표준으로 하여 결정된다. 그리고 종중, 문중, 그 밖에 대표자나 관리인이 있는 법인 아닌 사단이나 재단에 속하는 부동산의 등기에 관하여는 그 사단이나 재단을 등기권리자 또는 등기의무자로 한다(부동산등기법 제26조).

(3) 판결의 효력

판결의 기판력이나 형성력은 당사자인 사단이나 재단에 대해서만 미치고 사단의 구성원이나 재단의 출연자는 그 효력을 받지 아니 한다(대판 1978.11.01. 78다1206).

(4) 강제집행의 대상

강제집행의 대상은 사단이나 재단의 고유재산 뿐이며, 사단·재단 자체가 집행당사자(채권자·채무자)로서 취급된다.

4. 종중과 교회

(1) 종중

1) 의의

종중이란 공동선조의 분묘수호와 제사 및 종원 상호간의 친목 등을 목적으로 하여 구성되는 자연발생적인 종족집단이다[53]. 종중은 그 공동 선조를 정하기에 따라 상대적으로 대·소종중으로 나뉘어지는 것이기 때문에 이미 성립된 종중의 공동선조의 후손 중의 한 사람을 공동선조로 하여 또 하나의 종중(소종중)이 성립될 수도 있고, 반대로 이미 성립된 종중의 공동선조의 선조 중의 한 사람을 공동선조로 하는 다른 종중(대종중)이 성립될 수도 있는 것이며, 그 결과 대종중의 공동선조의 후손들을 공동선조로 하여 여러 개의 소종중이 수직으로 존재할 수 있는 것이다(대판 1991.08.27. 91다16525).

있는 자가 그 토지와 건물을 점유하는 것은 아니다(대판 1996.01.26. 94다45562).

[52] 학교에 대하여 判例는 국립·공립·사립·각종 학교 등 어느 것을 막론하고 교육을 위한 시설(영조물)에 불과하다고 하여 학교의 당사자능력을 부인하고 있다. 즉 학교의 경우에는 ① 국립학교의 경우에는 국가가 ② 공립학교의 경우에는 자치단체가 ③ 사립학교의 경우에는 학교법인이 ④ 각종 학교의 경우에는 설립자 등 운영주체가 당사자가 된다.

[53] 종중 유사단체는 비록 그 목적이나 기능이 고유한 의미의 종중과 별다른 차이가 없다 하더라도 공동선조의 후손 중 일부에 의하여 인위적인 조직행위를 거쳐 성립된 경우에는 사적 임의단체라는 점에서 자연발생적인 종족집단인 고유한 의미의 종중과 그 성질을 달리하므로, 그러한 경우에는 사적 자치의 원칙 내지 결사의 자유에 따라 그 구성원의 자격이나 가입조건을 자유롭게 정할 수 있음이 원칙이다. 따라서 그러한 종중 유사단체의 회칙이나 규약에서 공동선조의 후손 중 남성만으로 그 구성원을 한정하고 있다 하더라도 특별한 사정이 없는 한 이는 사적 자치의 원칙 내지 결사의 자유의 보장범위에 포함되고, 위 사정만으로 그 회칙이나 규약이 양성평등 원칙을 정한 헌법 제11조 및 민법 제103조를 위반하여 무효라고 볼 수는 없다(대판 2011.02.24. 2009다17783).

2) 종중구성원의 자격

종중이란 공동선조의 분묘수호와 제사 및 종원 상호간의 친목 등을 목적으로 하여 구성되는 자연발생적인 종족집단이므로, 종중의 이러한 목적과 본질에 비추어 볼 때 공동선조와 성과 본을 같이 하는 후손은 성별의 구별 없이 성년이 되면 당연히 그 구성원이 된다고 보는 것이 조리에 합당하다[54](대판(全슴) 2005.07.21. 2002다1178).

3) 종중의 법률관계

① **종중의 소집통지**

종중이 그 총회를 개최함에 있어서는 특별한 사정이 없는 한 세보에 기재된 모든 종원은 물론, 기타 세보에 기재되지 아니한 종원이 있으면 이 역시 포함시켜 총회의 소집통지대상이 되는 종원의 범위를 확정한 후 소재가 분명하여 연락가능 한 종원에게 개별적으로 소집통지를 하여야 한다(대판 2000.07.06. 2000다17582).

② **종중의 소집통지 권한**

종중을 대표하고 종중회의를 소집하는 권한은 관습상 종중원 중 연고항존자에 해당하는 종장에게 있으나 다만 종중규약 또는 당해 종중의 관습이나 일반관례에 의하여 별도로 종중대표자를 선임한 경우에는 이러한 종중대표자만이 종중대표권을 가지며 특히 종중재산에 관하여는 종장에게 아무런 권한이 없고 오로지 종중대표자만이 종중을 대표하여 그 관리처분권을 갖는다(대판 1983.12.13. 83다카1463).

③ **종중원의 기본권리 침해**

종중의 성격과 법적 성질에 비추어 종중이 그 구성원인 종원이 가지는 고유하고 기본적인 권리의 본질적인 내용을 침해하는 처분을 하는 것은 허용되지 않는다. 따라서 여성의 종중원 자격과 종중총회에서의 의결권을 제한하는 내용으로 종중규약을 개정하고, 종중 소유 부동산에 관한 수용보상금을 남성 종중원들에게만 대여하기로 한 종중 임시총회 결의는 무효이다(대판 2007.09.06. 2007다34982).

④ **종중유사단체**

특히 자연발생적으로 형성된 고유 종중이 아니라 그 구성원 중 일부만으로 범위를 제한한 종중 유사단체의 성립 및 소유권 귀속을 인정하려면, 고유 종중이 소를 제기하는 데 필요한 여러 절차(종중원 확정, 종중총회 소집, 총회 결의, 대표자 선임 등)를 우회하거나 특정 종중원을 배제하기 위한 목적에서 종중 유사단체를 표방하였다고 볼 여지가 없는지 신중하게 판단하여야 한다[55](대판 2020.04.09. 2019다216411).

⑤ **종중유사 단체 및 소집 통지의 법리 적용 여부**

<u>고유한 의미의 종중은 공동선조의 후손들에 의하여 선조의 분묘 수호와 봉제사 및 후손 상호간의 친목 도모를 목적으로 형성되는 자연발생적인 친족단체로서 그 선조의 사망과 동시에 그 자손에 의하여 성립하는 것으로 그 대수(대수)에 제한이 없다.</u> 종중에 유사한 비법인사단은 반드시 총회를 열어 성문화된 규약을

---

54) 대법원이 '공동선조와 성과 본을 같이 하는 후손은 성별의 구별 없이 성년이 되면 당연히 그 구성원이 된다.'고 종중 구성원의 자격에 관한 종래의 견해를 변경하는 것은 결국 종래 관습법의 효력을 배제하여 당해 사건을 재판하도록 하려는 데에 그 취지가 있고, 원고들이 자신들의 권리를 구제받기 위하여 종래 관습법의 효력을 다투면서 자신들이 피고 종회의 회원(종원) 자격이 있음을 주장하고 있는 이 사건에 대하여도 위와 같이 변경된 견해가 적용되지 않는다면, 이는 구체적인 사건에 있어서 당사자의 권리구제를 목적으로 하는 사법작용의 본질에 어긋날 뿐만 아니라 현저히 정의에 반하게 되므로, 원고들이 피고 종회의 회원(종원) 지위의 확인을 구하는 이 사건 청구에 한하여는 위와 같이 변경된 견해가 소급하여 적용되어야 할 것이다.

55) ☞ 원고가 자신이 특정인을 공동시조로 하는 후손들 중 특정 지역의 남성들로만 이루어진 종중 유사단체라고 주장하면서 이 사건 토지의 등기사항증명서상 소유자와 동일한 단체임을 이유로 원인무효인 등기의 말소를 구한 사건에서, 원고가 내세우는 종중 유사단체가 이 사건 토지의 소유자와 동일한 단체인지에 대한 증명이 충분히 이루어지지 않았고, 오히려 원고가 주장하는 여러 사정들에 비추어보면 이 사건 토지의 등기사항증명서상 소유자는 고유 종중임에도 특정한 종중원들을 배제하려는 목적으로 종중 유사단체임을 내세워 이 사건 소를 제기한 것으로 의심할 여지가 충분하다고 보아 파기환송한 사례

만들고 정식의 조직체계를 갖추어야만 비로소 단체로서 성립하는 것이 아니라, 실질적으로 공동의 목적을 달성하기 위하여 공동의 재산을 형성하고 일을 주도하는 사람을 중심으로 계속적으로 사회적인 활동을 하여 온 경우에는 이미 그 무렵부터 단체로서의 실체가 존재한다고 보아야 한다(대판 2010.04.29. 2010다1166). 그리고 종중총회는 특별한 사정이 없는 한 족보에 의하여 소집통지 대상이 되는 종중원의 범위를 확정한 후 국내에 거주하고 소재가 분명하여 통지가 가능한 모든 종중원에게 개별적으로 소집통지를 함으로써 각자가 회의와 토의 및 의결에 참가할 수 있는 기회를 주어야 하고, 일부 종중원에게 소집통지를 결여한 채 개최된 종중총회의 결의는 효력이 없다. 다만 종중의 규약이나 관례에 의하여 종중원이 매년 1회씩 일정한 일시에 일정한 장소에서 정기적으로 회합하여 종중의 대소사를 처리하기로 미리 정해져 있는 경우에는 따로 소집통지나 의결사항을 통지하지 아니하였다고 하여 그 종중총회의 결의를 무효라고 할 수 없다[56](대판 2014.02.13. 2012다98843).

4) 종중의 재산관계

종중 소유의 재산은 종중원의 총유에 속하는 것이므로 그 관리 및 처분에 관하여 먼저 종중 규약에 정하는 바가 있으면 이에 따라야 하고, 그 점에 관한 종중 규약이 없으면 종중 총회의 결의에 의하여야 하므로 비록 종중 대표자에 의한 종중 재산의 처분이라고 하더라도 그러한 절차를 거치지 아니한 채 한 행위는 무효이다(대판 2000.10.27. 2000다22881).

(2) 교회

1) 분열의 인정 여부 및 총유 재산관계

우리 민법이 사단법인에 있어서 구성원의 탈퇴나 해산은 인정하지만 사단법인의 구성원들이 2개의 법인으로 나뉘어 각각 독립한 법인으로 존속하면서 종전 사단법인에게 귀속되었던 재산을 소유하는 방식의 사단법인의 분열은 인정하지 아니한다. 그 법리는 법인 아닌 사단에 대하여도 동일하게 적용되며, 법인 아닌 사단의 구성원들의 집단적 탈퇴로써 사단이 2개로 분열되고 분열되기 전 사단의 재산이 분열된 각 사단들의 구성원들에게 각각 총유적으로 귀속되는 결과를 초래하는 형태의 법인 아닌 사단의 분열은 허용되지 않는다. 교회가 법인 아닌 사단으로서 존재하는 이상, 그 법률관계를 둘러싼 분쟁을 소송적인 방법으로 해결함에 있어서는 법인 아닌 사단에 관한 민법의 일반 이론에 따라 교회의 실체를 파악하고 교회의 재산 귀속에 대하여 판단하여야 하고, 이에 따라 법인 아닌 사단의 재산관계와 그 재산에 대한 구성원의 권리 및 구성원 탈퇴, 특히 집단적인 탈퇴의 효과 등에 관한 법리는 교회에 대하여도 동일하게 적용되어야 한다. 따라서 교인들은 교회 재산을 총유의 형태로 소유하면서 사용·수익할 것인데, 일부 교인들이 교회를 탈퇴하여 그 교회 교인으로서의 지위를 상실하게 되면 탈퇴가 개별적인 것이든 집단적인 것이든 이와 더불어 종전 교회의 총유 재산의 관리처분에 관한 의결에 참가할 수 있는 지위나 그 재산에 대한 사용·수익권을 상실하고, 종전 교회는 잔존 교인들을 구성원으로 하여 실체의 동일성을 유지하면서 존속하며 종전 교회의 재산은 그 교회에 소속된 "잔존" 교인들의 총유로 귀속됨이 원칙이다. 그리고 교단에 소속되어 있던 지교회의 교인들의 일부가 소속 교단을 탈퇴하기로 결의한 다음 종전 교회를 나가 별도의 교회를 설립하여 별도의 대표자를 선정하고 나아가 다른 교단에 가입한 경우, 그 교회는 종전 교회에서 집단적으로 이탈한 교인들에 의하여 새로이 법인 아닌 사단의 요건을 갖추어 설립된 신설 교회라 할 것이어서, 그 교회 소속 교인들은 더 이상 종전 교회의 재산에 대한 권리를 보유할 수 없게 된다(대판(全合) 2006.04.20. 2004다37775).

---

[56] 한편 선조의 분묘수호와 제사봉행 및 친목도모 등을 목적으로 공동선조의 후손 전원을 구성원으로 하여 자연발생적으로 성립하는 고유 의미의 종중과 그 후손 중 특정 지역의 거주자 또는 특정한 자격 요건을 갖춘 사람들만을 구성원으로 하는 종중 유사단체는 그 법적 지위나 단체의 구성 등에서 차이가 있지만, 종족 단체라는 근본 성격과 추구하는 목적 및 운영방식 등은 유사한 점이 있으므로, 종중에 관한 법리는 그 성질이나 규약에 반하지 아니하는 범위 내에서 종중 유사단체에 관한 법률관계에도 적용된다 할 것이고, 특히 종중총회의 소집 및 통지 등에 관한 위에서 본 법리는 종중 유사단체에도 마찬가지로 적용된다고 할 것이다.

2) 소속 교단의 변경

특정 교단에 가입한 지교회가 교단이 정한 헌법을 지교회 자신의 자치규범으로 받아들였다고 인정되는 경우에는 소속 교단의 변경은 실질적으로 지교회 자신의 규약에 해당하는 자치규범을 변경하는 결과를 초래하고, 만약 지교회 자신의 규약을 갖춘 경우에는 교단변경으로 인하여 지교회의 명칭이나 목적 등 지교회의 규약에 포함된 사항의 변경까지 수반하기 때문에, <u>소속 교단에서의 탈퇴 내지 소속 교단의 변경은 사단법인 정관변경에 준하여 의결권을 가진 교인 2/3 이상의 찬성에 의한 결의를 필요로 하고</u>, 그 결의요건을 갖추어 소속 교단을 탈퇴하거나 다른 교단으로 변경한 경우에 종전 교회의 실체는 이와 같이 교단을 탈퇴한 교회로서 존속하고 종전 교회 재산은 위 탈퇴한 교회 소속 교인들의 총유로 귀속 된다.

제3장 권리의 객체

I. 물건의 의의

제98조(물건의 정의) 본법에서 물건이라 함은 유체물 및 전기 기타 관리할 수 있는 자연력을 말한다.

사람의 유체·유골은 매장·관리·제사·공양의 대상이 될 수 있는 유체물로서, 분묘에 안치되어 있는 선조의 유체·유골은 민법 제1008조의3 소정의 제사용 재산인 분묘와 함께 그 제사주재자에게 승계되고, 피상속인 자신의 유체·유골 역시 위 제사용 재산에 준하여 그 제사주재자에게 승계된다. 피상속인이 생전행위 또는 유언으로 자신의 유체·유골을 처분하거나 매장장소를 지정한 경우에, 선량한 풍속 기타 사회질서에 반하지 않는 이상 그 의사는 존중되어야 하고 이는 제사주재자로서도 마찬가지이지만, 피상속인의 의사를 존중해야 하는 의무는 도의적인 것에 그치고, 제사주재자가 무조건 이에 구속되어야 하는 법률적 의무까지 부담한다고 볼 수는 없다[1][대판(全合) 2008.11.20. 2007다27670].

II. 부동산과 동산

제99조(부동산, 동산) ① 토지 및 그 정착물은 부동산이다.
② 부동산이외의 물건은 동산이다.

제256조(부동산에의 부합) 부동산의 소유자는 그 부동산에 부합한 물건의 소유권을 취득한다. 그러나 타인의 권원에 의하여 부속된 것은 그러하지 아니하다.

1. 부동산

(1) 토지[2]

1) 토지의 개수

---

1) 어떤 경우에 제사주재자의 지위를 유지할 수 없는 특별한 사정이 있다고 볼 것인지에 관하여는, 제사제도가 관습에 바탕을 둔 것이므로 관습을 고려하되, 여기에서의 관습은 과거의 관습이 아니라 사회의 변화에 따라 새롭게 형성되어 계속되고 있는 현재의 관습을 말하므로 우리 사회를 지배하는 기본적 이념이나 사회질서의 변화와 그에 따라 새롭게 형성되는 관습을 고려해야 할 것인바, 중대한 질병, 심한 낭비와 방탕한 생활, 장기간의 외국 거주, 생계가 곤란할 정도의 심각한 경제적 궁핍, 평소 부모를 학대하거나 심한 모욕 또는 위해를 가하는 행위, 선조의 분묘에 대한 수호·관리를 하지 않거나 제사를 거부하는 행위, 합리적인 이유 없이 부모의 유지(遺志) 내지 유훈(遺訓)에 현저히 반하는 행위 등으로 인하여 정상적으로 제사를 주재할 의사나 능력이 없다고 인정되는 경우가 이에 해당하는 것으로 봄이 상당하다.
2) 일반적으로 토석은 토지의 기본적 구성요소로서 토석 그 자체의 굴취, 채취를 목적으로 하는 경우를 제외하고는 토지와 분리하여 별도로 권리 또는 거래의 객체로 되지는 못하므로 토석의 굴취로 인하여 토지가 훼손됨으로써 입게 되는 통상의 손해는 그 토석이 토지와는 별개 독립의 권리객체로 될 수 있는 사정이 있을 경우에는 그 가액, 그 밖의 경우에는 훼손된 부분을 원상회복시키는데 소요되는 비용 상당액이고, 그 비용이 과다하거나 원상회복이 사실상 불가능할 때에는 훼손으로 인하여 토지 자체의 교환가치가 감소된 부분이 통상의 손해이다(대판 1989.06.27. 88다카25861).

물건으로서의 토지는 지적공부(地籍公簿, 토지대장·임야대장)에 하나의 토지로 등록되어 있는 육지의 일부분이다. 육지는 연속되어 있으나, 편의상 인위적으로 구분하여 각 구역마다 번호(토지번호 즉 지번)를 붙이고, 이를 지적공부에 등록한다. 등록이 되면 토지는 독립성이 인정된다. 그리고 토지의 개수는 지적법에 의한 지적공부상의 토지의 필수를 표준으로 하여 결정되는 것으로서 1필지의 토지를 수필의 토지로 분할하여 등기하려면 지적법이 정하는 바에 따라 먼저 지적공부 소관청에 의하여 지적측량을 하고 그에 따라 필지마다 지번, 지목, 경계 또는 좌표와 면적이 정하여진 후 지적공부에 등록되는 등 분할의 절차를 밟아야 되고, 가사 등기부에만 분필의 등기가 이루어졌다고 하여도 이로써 분필의 효과가 발생할 수는 없다(대판 1995.06.16. 94다4615).

2) 토지의 일부

토지의 일부는 분필절차를 밟기 전에 그것을 양도할 수 없으나, 지상권, 전세권 그리고 승역지의 일부 위에 지역권을 설정할 수 있다. 그리고 일부를 특정하여 외부에서 인식할 수 있을 정도로 점유하게 되면 일필의 토지의 일부에 대하여 점유취득시효가 가능하다.

(2) 토지의 정착물 중 토지와 별개의 독립한 부동산이 되는 것

1) 건 물

건물은 토지와는 별개의 부동산이다. 건물은 건축물대장에 등록되지만 등록에 의하여 독립성을 갖는 것이 아니며, 사회통념상 건물로 인정되는 때에는 하나의 물건이 된다. 判例는 최소한의 기둥과 지붕, 그리고 주벽이 이루어지면 사회통념상 건물이 인정된다고 한다(대판 2003.05.30. 2002다21592·21608[3])). 건물은 건물등기부에 공시되고, 집합건물의 경우 1동의 건물의 일부에 구분소유가 가능하다.

2) 수목의 집단

① 문제점

토지에서 자라고 있는 수목은 토지의 정착물이 되므로, 토지와는 별개의 부동산이 아니다. 그러나 수목이 특별법이나 판례에 의하여 독립한 부동산이 되기도 한다.

② 입목법이 적용되는 수목의 집단

입목에 관한 법률은 이 법에 의하여 소유권보존등기를 받은 수목의 집단을 "입목"이라고 하면서(동법 제2조 1항), 토지와는 별개의 부동산으로 다룬다(동법 제3조 1항).

③ 명인방법에 의해 공시된 수목의 집단

判例는 입목법이 적용되지 않는 수목의 집단도 명인방법을 갖추면 독립한 부동산으로서 거래의 목적이 된다고 본다. 명인방법이란 수목의 집단 또는 미분리의 과실의 소유권이 누구에게 속하고 있는지를 제3자가 명백하게 인식할 수 있도록 하는 관습법상의 공시방법이다. 예를 들어 나무껍질을 깎아 거기에 소유자의 이름을 먹물로 적어놓은 것, 과수원 주변에 새끼줄을 치고 소유자의 이름을 기재한 표찰을 붙여 놓은 것 등이 있다.

3) 미분리 과실

원래 과일·잎담배·뽕잎·입도(立稻, 서 있는 벼)와 같은 미분리의 과실은 수목의 일부에 지나지 않지만, 判例는 이러한 것들도 명인방법을 갖추면 독립한 물건으로서 거래의 목적이 될 수 있다고 본다.

---

3) 독립된 부동산으로서의 건물이라고 하기 위하여는 최소한의 기둥과 지붕 그리고 주벽이 이루어지면 된다. 신축 건물이 경락대금 납부 당시 이미 지하 1층부터 지하 3층까지 기둥, 주벽 및 천장 슬라브 공사가 완료된 상태이었을 뿐만 아니라 지하 1층의 일부 점포가 일반에 분양되기까지 하였다면, 비록 토지가 경락될 당시 신축 건물의 지상층 부분이 골조공사만 이루어진 채 벽이나 지붕 등이 설치된 바가 없다 하더라도, 지하층 부분만으로도 구분소유권의 대상이 될 수 있는 구조라는 점에서 신축 건물은 경락 당시 미완성 상태이기는 하지만 독립된 건물로서의 요건을 갖추었다(대판 2003.05.30. 2002다21592·21608).

4) 농작물

권원 없이 타인의 토지에서 재배하여도 성숙한 농작물은 명인방법을 갖추지 않았다 하여도 <u>경작자의 소유라는 것이 判例이다</u>(대판 1963.02.21. 62다913).

2. 동 산

부동산 이외의 물건은 모두 동산이고(제99조 제2항), 토지의 부착물이더라도 정착물이 아니면 동산이다[4] (가식의 수목, 충분히 고착되지 않은 기계). 전기 기타 관리할 수 있는 자연력은 동산이다.

3. 건물에 대한 判例

미완성의 아파트를 인도받아 건축함에 의하여 그 소유권을 원시취득 한 것이라고 하기 위하여는 아직 사회통념상 건물이라고 볼 수 있는 형태와 구조를 갖추지 못한 정도의 아파트를 넘겨 받아 이를 건물로 완성하였음을 필요로 한다(대판 1984.09.25. 83다카1858). 건물 신축의 공사가 진행되다가 독립된 부동산인 건물로서의 요건을 아직 갖추지 못한 단계에서 중지된 것을 제3자가 이어받아 계속 진행함으로써 별개의 부동산인 건물로 성립되어 그 소유권을 원시취득 한 경우에 그로써 애초의 신축 중 건물에 대한 소유권을 상실한 사람은 민법 제261조, 제257조, 제259조를 준용하여 건물의 원시취득자에 대하여 부당이득 관련 규정에 기하여 그 소유권의 상실에 관한 보상을 청구할 수 있다(대판 2010.02.25. 2009다83933). 신축 건물이 경락대금 납부 당시 이미 지하 1층부터 지하 3층까지 기둥, 주벽 및 천장 슬라브 공사가 완료된 상태이었을 뿐만 아니라 지하 1층의 일부 점포가 일반에 분양되기까지 하였다면, 비록 토지가 경락될 당시 신축 건물의 지상층 부분이 골조공사만 이루어진 채 벽이나 지붕 등이 설치된 바가 없다 하더라도, 지하층 부분만으로도 구분소유권의 대상이 될 수 있는 구조라는 점에서 신축 건물은 경락 당시 미완성 상태이기는 하지만 독립된 건물로서의 요건을 갖추었다(대판 2003.05.30. 2002다21592·21608).

4. 독립한 물건에 대한 判例

<u>미분리의 천연과실과 수목의 집단</u>은 토지의 일부이지만 명인방법을 갖춘 경우에는 독립한 부동산이다(대판 1977.04.12. 76도2887). 명인방법을 갖추면 독립물이다. <u>시설부지에 정착된 레일</u>은 사회통념상 그 부지에 계속적으로 고착되어 있는 상태에서 사용된 시설의 일부에 해당하는 물건이다(대판 1972.07.27. 72마741). 또한, <u>건물의 옥개부분</u>(대판 1960.08.18. 4592민상859)과 <u>논의 논뚝</u>(대판 1964.06.23. 64다120)도 구성부분에 해당하며 독립한 물건이 되지 않는다고 한다. 아무런 권원 없이 타인의 토지에서 경작·재배한 경우에는 <u>명인방법을 갖추지 않았다 하더라도 그 농작물의 소유권은 경작자에게 있다</u>(대판 1963.02.21. 62다913). 명인방법을 갖추지 않은 경우에도 농작물의 소유권은 경작자에게 있다. 각 점포의 경계나 특정을 위한 칸막이나 차단시설이 설치되어 있지 않은 어시장 건물 내의 각 점포는 어시장으로 이용되고 있다는 이용 상의 특성을 감안하여도 <u>구조상의 독립성을 갖추었다고 볼 수 없으므로 독립한 소유권의 객체로 인정할 수 없다</u>(대판 1995.06.05. 94다40239). 바다에 인접한 토지가 유실되어 바닷물에 잠기게 되어 과다한 비용을 요하고 원상복구가 불가능하다면 浦落(포락)으로 소유권이 소멸하였다(대판 1972.09.26. 71다2488; 대판 1995.08.25. 95다18659).

III. 주물과 종물

제100조(주물, 종물) ① 물건의 소유자가 그 물건의 상용에 공하기 위하여 자기 소유인 다른 물건을 이에 부속하게 한 때에는 그 부속물은 종물이다.
② 종물은 주물의 처분에 따른다.

---

[4] 임야에 있는 자연석을 조각하여 제작한 석불이라도 그 임야의 일부분을 구성하는 것이라고는 할 수 없고 임야와 독립된 소유권의 대상이 된다(대판 1970.09.22. 70다1494).

1. 종물의 요건

(1) 주물의 상용에 공할 것

계속적으로 주물의 경제적 효용을 도와야 한다. 어느 건물이 주된 건물의 종물이기 위하여는 주된 건물의 경제적 효용을 보조하기 위하여 계속적으로 이바지되어야 하는 관계가 있어야 한다(대판 1988.02.23. 87다카600). 폐수처리시설이 공장저당법에 의하여 근저당권이 설정된 공장 토지와 그에 인접한 공장 토지가 아닌 타인 소유의 토지에 걸쳐서 설치되어 있는 경우, 주물의 소유자나 이용자의 상용에 공여되고 있더라도 주물 그 자체의 효용과 직접 관계가 없는 물건은 종물이 아니다(대판 1997.10.10. 97다3750).

(2) 장소적 밀접성

"상용에 공한다"는 의미는 사회통념상 계속하여 주물의 효용을 완성시키는 작용을 한다고 인정되는 종류의 물건이고 또 특정의 주물에 부속된다고 인정될 만한 장소적 관계에 있어야 한다는 것을 의미 한다(대판 1988.02.23. 87다카600).

(3) 독립한 물건

1) 종물이 주물의 구성부분이거나, 주종이 합하여 단일물이나 합성물인 경우는 종물이 아니며, 주물·종물은 모두 동산이건 부동산이건 상관없다(주유소의 주유기, 백화점 내의 전화교환설비, 횟집건물 내의 수족관, 양수시설). **정화조는** 건물의 대지가 아닌 다른 필지의 지하에 설치되어 있다 하더라도 독립된 물건인 종물이라기보다 **건물의 구성부분**이다(대판 1993.12.10. 93다42399).

2) 종물은 독립한 물건이어야 한다는 점에서 부속물, 지상물과 같다.

> *** 종물, 합성물, 부속물 비교**
>
> (1) 문제점
> 민법은 종물과 구별되는 것으로 합성물과 부속물의 개념을 인정하고, 이에 관해 규정한다.
>
> (2) 합성물
> 부동산에 다른 동산이 부합하거나(제256조), 또는 동산 간에 부합이 이루어져 분리할 수 없거나 그 분리에 과다한 비용을 요할 경우에는(제257조), 그 물건을 하나의 물건으로 처리하여 부동산의 소유자 또는 주된 동산의 소유자가 부합한 물건의 소유권을 취득하는데, 이 때의 그 물건 전체를 '합성물'이라고 한다. 여기서는 그 부합물이 독립된 별개의 물건이 되지 못하고 그 구성부분을 이루는 점에서, 또 소유자가 서로 다른 물건이 어느 누구의 소유로 귀속되는 점에서 종물과는 다르다.
>
> (3) 부속물
> 건물의 임차인이 그 사용의 편익을 위해 임대인의 동의를 얻어 이에 부속한 물건이 있거나 또는 임대인으로부터 매수한 부속물에 대하여는, 임차인은 임대차 종료 시에 임대인에 대하여 그 부속물의 매수를 청구할 수 있는데(제646조), 이 때의 '부속물'은 건물의 구성부분이 아니라 독립된 물건이어야 하지만, 이것은 임대차에 수반하여 발생하는 효과라는 점에서 종물의 취지와는 다르다.

(4) 주물, 종물 모두 동일한 소유자에 속할 것

1) 원칙

종물은 물건의 소유자가 그 물건의 상용에 공하기 위하여 자기 소유인 다른 물건을 이에 부속하게 한 것을 말하므로(민법 제100조 제1항) 주물과 다른 사람의 소유에 속하는 물건은 종물이 될 수 없다(대판 2008.05.08. 2007다36933·36940).

2) 예외
다만 제3자의 권리를 해하지 않는 한, 주물·종물의 소유자가 달라도 된다는 것이 판례[5]이다.

3) 경매의 경우
判例는 "경매사건에서 주물의 소유자가 아닌 사람 소유인 물건은 종물이 될 수 없다"고 한다. 즉, "저당권의 실행으로 부동산이 경매된 경우에 그 부동산에 부합된 물건은 그것이 부합될 당시에 누구의 소유이었는지를 가릴 것 없이 그 부동산을 낙찰 받은 사람이 소유권을 취득하지만, 그 부동산의 상용에 공하여진 물건일지라도 그 물건이 부동산의 소유자가 아닌 다른 사람의 소유인 때에는 이를 종물이라고 할 수 없으므로, 부동산에 대한 저당권의 효력에 미칠 수 없어 부동산의 낙찰자가 당연히 그 소유권을 취득하는 것은 아니다. 다만, 부동산의 낙찰자가 그 물건을 선의취득 하였다고 할 수 있으려면 그 물건이 경매의 목적물로 되었고 낙찰자가 선의이며 과실 없이 그 물건을 점유하는 등으로 선의취득의 요건을 구비하여야 한다(대판 2008.05.08. 2007다36933·36940)."고 판시한다.

(5) 종물의 예
1) 배와 노, 시계와 시계 줄, 안채와 사랑채, 농장과 농구소가옥 등은 주물과 종물의 예이다.
2) 농지에 부속한 양수시설의 종물성이 있다(대판 1967.03.07. 66누176).
3) 낡은 가재도구 등의 보관 장소로 이용되는 방, 연탄창고, 공동변소 등은 본체에서 떨어져 축조되어 있어도 본체의 종물이다(대판 1991.05.14. 91다2729).
4) 횟집으로 사용할 점포건물에 신축한 수족관은 점포건물의 종물이다(대판 1992.02.12. 92도3234).
5) 백화점 지하에 설치된 전화교환설비는 백화점건물의 종물이다(대판 1993.09.13. 92다43142).
6) 주유소의 주유기는 주유소건물의 종물이다(단, 유류저장탱크는 토지의 부합물이다)(대판 1995.06.29. 94다6345).

종물에 해당하는 경우	종물에 해당하지 않는 경우
• 농지에 부속한 양수시설은 농지의 종물 • 횟집의 수족관은 횟집건물의 종물 • 주유기는 주유소의 종물 • 가재도구 등을 보관하는 방, 연탄창고 및 공동변소는 본채의 종물 • 백화점 건물 지하에 설치된 전화교환설비는 백화점 건물의 종물	• 호텔 각 방실의 TV·전화기, 호텔세탁실의 세탁기, 호텔주방의 냉장고, 호텔방송실의 VTR 등은 호텔의 종물이 아님[6] • 축사출입차량의 소독을 위하여 설치된 소독시설은 축사건물의 종물이 아님

2. 종물의 효과

(1) 수반성(제100조 제2항)
종물은 주물의 처분에 따른다. 이때 처분은 물권적 처분뿐만 아니라 채권적 처분도 포함하므로 소유권양

---
[5] 민법 제100조는 종물에 관하여 '자기 소유인 다른 물건'이라고 규정하고 있어 종물이 주물 소유자의 소유물인 것을 전제로 하고 있지만, <u>종물이 타인의 소유라고 하더라도 그 타인의 권리를 해치지 아니하는 범위에서 민법 제100조가 적용된다고 할 것</u>이고, 따라서 주물이 처분된 경우에 종물의 소유자가 동의 또는 추인하거나, 종물이 동산인 경우에 상대방이 선의취득의 요건을 갖추면 종물의 소유권을 취득하게 되는 것이며, 또한 동산의 선의취득을 주장하는 자는 점유취득시에 무과실이었다는 점을 주장·입증하여야 한다(대판 2002.02.05. 2000다38527).
[6] 호텔의 각 방실에 시설된 텔레비전, 전화기, 호텔세탁실에 시설된 세탁기, 탈수기, 드라이크리닝기, 호텔주방에 시설된 냉장고, 제빙기, 호텔방송실에 시설된 브이티알(비데오), 앰프 등이 포함되어 있는 사실이 인정되는 바, 위 사실관계에 의하면 적어도 위에 적시한 물건들에 관한 한 위 물건들이 위 호텔의 경영자나 이용자의 상용에 공여됨은 별론으로 하고 주물인 같은 제1,2목록 기재부동산 자체의 경제적 효용에 직접 이바지 하지 아니함은 경험칙상 명백하므로 위 부동산에 대한 종물이라고는 할 수 없다(대판 1985.03.26. 84다카269).

도, 저당권설정뿐만 아니라 매매, 임대차 등을 의미한다. 判例는 압류와 같은 공법상의 처분의 경우에도 처분의 수반성 원칙을 관철한다. 즉, 구분건물의 대지사용권은 전유부분과 종속적 일체불가분성이 인정되는 점 등에 비추어 볼 때, 구분건물의 전유부분에 대한 소유권보존등기만 경료되고 대지지분에 대한 등기가 경료되기 전에 전유부분만에 대해 내려진 가압류결정의 효력은, 대지사용권의 분리처분이 가능하도록 규약으로 정하였다는 등의 특별한 사정이 없는 한, 종물 내지 종된 권리인 그 대지권에까지 미친다고 본다(대판 2006.10.26. 2006다29020).

(2) 주물 위에 저당권이 설정된 경우

제358조(저당권의 효력의 범위) 저당권의 효력은 저당부동산에 부합된 물건과 종물에 미친다. 그러나 법률에 특별한 규정 또는 설정행위에 다른 약정이 있으면 그러하지 아니하다.

종물의 설치시기는 **저당권설정 전후를 불문하고 저당권의 효력**이 종물에도 미친다(제358조 본문). 判例도 "저당권의 효력이 저당부동산에 부합된 물건과 종물에 미친다는 민법 제358조 본문을 유추하여 보면 건물에 대한 저당권의 효력은 그 건물에 종된 권리인 건물의 소유를 목적으로 하는 지상권에도 미치게 되므로, 건물에 대한 저당권이 실행되어 경락인이 그 건물의 소유권을 취득하였다면 경락 후 건물을 철거한다는 등의 매각조건에서 경매되었다는 등 특별한 사정이 없는 한, 경락인은 건물 소유를 위한 지상권도 민법 제187조의 규정에 따라 등기 없이 당연히 취득하게 되고, 한편 이 경우에 경락인이 건물을 제3자에게 양도한 때에는, 특별한 사정이 없는 한 민법 제100조 제2항의 유추적용에 의하여 건물과 함께 종된 권리인 지상권도 양도하기로 한 것으로 봄이 상당하다(대판 1996.04.26. 95다52864)."고 한다.

(3) 규정의 성격
제100조 제2항은 강행규정이 아니므로 당사자의 약정에 의하여 종물만의 처분도 가능하다.

3. 종물이론의 유추적용

종물이론을 권리상호간에도 유추적용 할 수 있는지가 문제되는데, 학설은 제100조 제2항의 취지로 보아 유추적용 한다는 것이 통설, 判例이다. 예를 들어 건물이 양도되면 그 건물을 위한 대지의 임차권도 건물의 양수인에게 이전하며, 원본채권이 양도되면 기본적 이자채권도 같이 양도된다. 다만 이미 변제기에 도달한 이자채권은 당연히 함께 양도되는 것은 아니다[7].

IV. 원물과 과실

제101조(천연과실, 법정과실) ① 물건의 용법에 의하여 수취하는 산출물은 천연과실이다.
② 물건의 사용대가로 받는 금전 기타의 물건은 법정과실로 한다.

1. 천연과실

(1) "물건의 용법에 의하여"의 의미
원물의 경제적 용도에 따라서 수취되는 것을 의미한다.

---

[7] 이자채권은 원본채권에 대하여 종속성을 갖고 있으나 이미 변제기에 도달한 이자채권은 원본채권과 분리하여 양도할 수 있고 원본채권과 별도로 변제할 수 있으며 시효로 인하여 소멸되기도 하는 등 어느 정도 독립성을 갖게 되는 것이므로, 원본채권이 양도된 경우 이미 변제기에 도달한 이자채권은 원본채권의 양도당시 그 이자채권도 양도한다는 의사표시가 없는 한 당연히 양도되지는 않는다(대판 1989.03.28. 88다카12803).

(2) "산출물"의 의미

자연적·유기적으로 생산되는 물건(열매, 우유, 가축의 새끼, 양모)과 인공적·무기적으로 생산되는 것(석재, 토사)도 포함한다[8].

2. 법정과실

(1) **권리의 과실**(주식의 배당금, 특허권의 사용료, 노동의 대가인 임금)**이라는 관념은 인정하지 않는다.** 그리고 국립공원의 입장료는 토지의 사용대가라는 민법상 과실이 아니라 수익자 부담의 원칙에 따라 국립공원의 유지·관리비용의 일부를 국립공원 입장객에게 부담시키고자 하는 것이어서 토지의 소유권이나 그에 기한 과실수취권과는 아무런 관련이 없다(대판 2001.12.28. 2000다27749).

(2) 判例는 건물을 사용함으로써 얻는 이득은 법정과실에 준하여 보아야 하므로 선의로 건물을 점유하고 있던 자는 과실을 취득하고 부당이득반환의무는 발생하지 않는다고 한다. 사용이익도 과실에 준하는 것으로 보는 것이 判例의 태도이다. 따라서 민법 제201조 제1항에 의하여 선의의 점유자에게는 반환의무가 없다(대판 1996.01.26. 95다44290).

3. 천연과실 - 수취할 권리자

제102조(과실의 취득) ① 천연과실은 그 원물로부터 분리하는 때에 이를 수취할 권리자에게 속한다.

(1) 해당되는 경우

1) 원물의 소유자(제211조), 지상권자(제279조), 전세권자(제303조 제1항), 사용차주(제609조), 임차인(제618조)
2) 선의의 점유자(제201조), 목적물인도 前 매도인(제587조), 친권자(제923조), 수유자(제1079조)
3) 유치권자(제323조), 질권자(제343조), 저당권자(제359조) 등은 **담보물권자**로서 과실을 수취하여 자기의 채권에 충당하는 권리를 가지는 것이기 때문에 다른 과실취득권과는 성질을 달리한다. 즉, 이들은 과실에 대한 소유권을 갖는 것이 아니고 자기채권의 우선변제에 충당할 수 있는 과실수취권을 갖는 것이므로, 사용수익권자가 과실의 소유권을 갖는 것과는 달리 파악되어야 한다.

(2) 해당되지 않는 경우

수임인(제684조 제1항), **수치인**(제701조), **사무관리자**(제738조)는 제684조 제1항에서 취득물 등 인도의무가 규정되어 있으므로, 민법상 과실수취권이 없다.

(3) 규정의 성격

제102조 제1항은 강행규정이 아니라 **임의규정**이므로 귀속관계는 특약으로 달리 정할 수 있다.

4. 법정과실의 경우

제102조(과실의 취득) ② 법정과실은 수취할 권리의 존속기간일수의 비율로 취득한다.

금전채권이 양도된 경우의 이자의 귀속, 임대목적물이 양도된 경우의 차임의 귀속 등에 관하여 규정하고 있다.

---

[8] 화분에 열린 과실, 경주용 말의 새끼 등이 천연과실로 볼 수 있는가에 관하여는 학설이 대립한다.

FORTUNE 完打 민법개론(재산법) -조문·이론·판례-

제2편

법률행위

제1장 행위론
제2장 권리변동 론

제1장 행위론

FORTUNE 完打 민법개론(재산법)

	* 법률행위론		*소송행위론
성립요건	효력요건	성립요건	효력요건
당사자	권리능력(民 제3조) 의사능력 행위능력(民 제4조)	당사자	당사자능력 - 실체적 당사자개념(民訴 제51조), 형식적 당사자개념(民訴 제52조)
			당사자적격 =특정소송 자격 =민법상 관리처분권 = 소송수행권
			소송능력(民訴 제51조)
목적	확정, 가능, 적법, 타당	청구 = 소송물	확정, 가능, 적법, 타당
의사표시	의사와 표시의 일치 하자(瑕)이 없어야 함.	의사표시	하자불고려설(다수설, 판례) 하자고려설

Ⅰ. 성립요건 및 효력요건

1. 성립요건

(1) 일반성립요건

당사자, 목적, 의사표시가 있어야 한다.

(2) 특별성립요건

질권설정계약에서 물건의 인도(제330조), 대물변제에서 물건의 인도(제466조), 혼인에서 신고(제812조) 등이 있다.

2. 효력요건

(1) 일반효력요건

1) 당사자

① **권리능력**

권리·의무의 주체가 될 수 있는 법률상 지위 내지 능력(제3조)을 말한다.

② **의사능력**

자기의 행위결과를 인식·판단하여 정상적인 의사결정을 할 수 있는 정신능력을 말한다.

③ **행위능력**

의사능력을 가진 자가 법률행위를 단독으로 할 수 있는 능력(제5조)을 말한다.

2) 목적

법률행위의 내용(목적)이 확정될 수 있어야 하고, 실현가능하여야 하며, 강행법규에 위반하지 않아야 하고, 사회질서에 위반하지 않아야 한다(제103조, 제104조).

3) 의사표시

① 의사와 표시의 일치

비진의표시를 상대방이 알거나 알 수 있었던 경우(제107조 1항 단서), 통정허위표시는 무효(제108조). 착오는 표의자가 취소할 수 있다(제109조).

② 하자(흠)가 없어야 함

사기·강박에 의한 의사표시는 표의자가 취소할 수 있다(제110조).

(2) 특별효력요건

1) 대리행위에서 대리권의 존재(제114조 ~ 제136조)
2) 부관부(조건부·기한부) 법률행위에서 조건의 성취 또는 기한의 도래(제147조 ~ 제154조)
3) 유언에서 유언자의 사망 및 수증자의 생존(제1073조, 제1089조)

II. 법률행위의 종류 – 단독행위, 계약, 합동행위

1. 구별기준

법률행위의 구성요소인 의사표시의 결합 유무와 그 모습에 의한 분류이다.

2. 단독행위(일방행위)

(1) 의의

권리주체가 행하는 의사표시에 의하여 성립하는 법률행위이며, 계약의 경우와는 달리 상대방의 의사표시와 결합함이 없이 단독으로 독립해서 법률행위를 구성하는 의사표시이다. 따라서 의사표시 하나만으로 법률효과가 발생할 수 있다.

(2) 상대방의 수령 여부에 따른 구별

상대방 있는 단독행위와 **상대방 없는 단독행위**로 구별된다. 상대방이 있는 경우에 단독행위의 법률효과가 발생하려면 의사표시가 상대방에게 도달하여야 한다. 예를 들어 법정대리인의 동의, 채무면제, 무권대리행위에 대한 본인의 추인, 매매계약의 해지, 제한물권의 포기 등이 여기에 해당한다. 반면에 '상대방 없는 단독행위'라 함은 의사표시가 그 효력을 발생하는데 특정한 상대방에게 행하여질 필요가 없는 법률행위를 말한다. 이 경우는 의사표시가 표시되는 즉시 단독행위가 성립한다. 예를 들어 유언, 재단법인의 설립행위, 소유권에 대한 포기, 상속의 승인과 포기 등이 이에 해당한다.

3. 계약

계약이란 두 권리주체의 대립하는 의사표시가 서로 내용적으로 합치함으로써 성립하는 법률행위이다. 계약은 공법과 사법의 영역에 다 같이 존재하며, 사법에 있어서는 재산법뿐만 아니라 신분법에도 존재한다. 다만, 민법은 계약이란 용어를 채권 편에서 채권적 청구권을 발생하게 하는 합의의 의미로 사용하고 있으며, 가족법에 있어서는 계약이라는 용어 대신에 협의라는 표현을 주로 사용한다. 물권법에 있어서는 물권적 합의라는 용어를 주로 사용한다.

4. 합동행위

(1) 문제점

독일의 쿤체(Kuntze)는 단독행위와 계약 이외에 합동행위를 법률행위로 인정하였다. 이러한 합동행위(Gesamtakt)의 개념을 인정할 것인지가 문제가 된다.

(2) 긍정설(다수설)

합동행위는 방향을 같이하는 두 개 이상의 의사표시가 합치하여 성립하는 법률행위라고 한다. 즉, 계약은 대립하는 두 개 이상의 의사표시의 합치에 의하여 성립하는 데 반하여 합동행위는 방향을 같이하는 두 개 이상의 의사표시의 합치에 의하여 성립한다. 계약에서는 당사자가 각각 독립된 이익과 목적을 가지고 있는 데 반하여, 합동행위에서는 공동목적을 실현하기 위하여 협력하는 관계이다. 즉 **합동행위라는 개념을 인정하는 실익은 예를 들어 허위표시규정(제108조)과 자기계약·쌍방대리(제124조)의 금지규정은 계약에만 적용되고, 합동행위에 대해서는 적용되지 않는다**는 점에 있다. 따라서 합동행위를 구성하는 의사표시의 일부가 의사의 하자나 흠결로 무효로 되거나 합동행위자가 다른 합동행위자를 대리하더라도, 나머지 의사표시의 효력에는 영향을 미치지 않는다. 예를 들어, **사단법인의 설립행위에 있어서 설립자 중의 한 사람이 다른 설립자를 위하여 대리하는 것은 무방**하다.

(3) 부정설(이영준, 이은영)

합동행위는 계약의 일종이며, 특히 사단법인의 설립행위는 수인이 공동으로 구성원의 변경에 영향을 받지 않는 조직체를 창설하고 표의자는 스스로 그 조직체의 구성원으로 되는 것을 내용으로 하는 특수한 계약이다.

5. 의무부담행위와 처분행위

(1) 채권행위

채권행위는 채권적 청구권 또는 채권관계를 발생시키는 법률행위이다. 의사표시를 요소로 하는 증여계약 혹은 매매계약은, 증여 또는 매매에 관한 권리·의무를 그 내용으로 하는 법률관계로서의 증여관계 혹은 매매관계를 발생시키는 법률요건이다. 따라서 채권행위에 의하여 일방(채권자)은 채권을 취득하고 타방(채무자)은 채무를 부담한다(예 매수인의 '재산권이전청구권'과 매도인의 '재산권이전의무', 매도인의 '대금지급청구권'과 매수인의 대금지급의무). 특히 채권행위에 의해서는 물권변동이 발생하지 않으며(예 소유권의 이전), 채무자에 의한 이행(예 매매에 있어서 소유권이전)이라는 문제를 남긴다. 이러한 점에서 채권행위는 물권행위 및 준물권행위와 구별되는 의무부담행위이다.

(2) 처분행위

1) 물권행위

물권행위는 물권의 발생·변경·소멸의 효과를 일으키는 법률행위로서, 소유권의 이전, 지역권이나 저당권과 같은 제한물권의 설정 등을 들 수 있다. **물권행위에 있어서는 직접 물권변동(대신 공신방법을 갖추어야 한다)이 일어나기 때문에 채무이행의 문제가 남지 않는다**.

2) 준물권행위

준물권행위는 물권 이외의 권리(채권, 물체재산권)의 변동을 일으켜, 이를 이전하게 하고, 이행이라는 문제를 남기지 않는 법률행위로서 법률적 처분행위의 일종이다. 예를 들어 채권양도(제449조), 채무면제(제453조), 무체재산권의 양도 등이 여기에 속한다.

6. 유인행위와 무인행위

(1) 원인(causa)의 의의

법률행위의 전제가 되는 법률관계를 '원인'이라고 한다. 원인이 함은 민법 제741조 소정의'법률상 원인'을 말한다. 즉, 원인은 법률행위의 상대방에 대한 관계에서 출연(재산이나 권리의 변동)을 정당화할 수 있는 법률상의 원인을 의미하는 것이다. 따라서 법률상의 원인 없이 이득을 얻은 때에는 부당이득이 되며, 이를 반환할 의무가 발생하게 한다(제741조).

(2) 유인 · 무인의 의미

법률행위의 효력이 그 전제가 되는 원인의 존부에 영향을 받는 경우에 그 법률행위는 유인이라고 하고, 그 원인의 존부와 관계없이 효력이 인정되는 경우에 그 법률행위는 무인이라고 한다(무인행위). 判例는 "민법 548조 1항 본문에 의하면 계약이 해제되면 각 당사자는 상대방을 계약이 없었던 것과 같은 상태에 복귀케 할 의무를 부담한다는 뜻을 규정하고 있는 바 계약에 따른 채무의 이행으로 이미 등기나 인도를 하고 있는 경우에 그 원인행위인 채권계약이 해제됨으로써 원상회복 된다고 할 때 그 이론 구성에 관하여 소위 채권적 효과설과 물권적 효과설이 대립되어 있으나 <u>우리의 법제가 물권행위의 독자성과 무인성을 인정하고 있지 않는 점</u>과 민법 548조 1항 단서가 거래안정을 위한 특별규정이란 점을 생각할 때 계약이 해제되면 그 계약의 이행으로 변동이 생겼던 물권은 당연히 그 계약이 없었던 원상태로 복귀한다 할 것이다(대판 1977.05.24. 75다1394)."고 한다.

(3) 처분행위의 유인 · 무인

권리의 득실변경을 목적으로 하는 처분행위는 그 원인인 채무부담행위와 독립된 행위인지(처분행위의 독자성), 그리고 처분행위는 채무부담행위의 불성립, 무효, 취소 및 해제에 의하여 아무 영향을 받지 않는지(처분행위의 무인성)가 문제된다.

7. 생전행위와 사후행위

법률행위를 한 자의 사망으로 그 효력이 발생하는 법률행위를 사후행위 또는 사인행위라고 한고(예 유언, 사인증여), 그 이외의 것을 생전행위라고 한다. 사후행위는 행위자가 존재하지 않게 되면서 효력을 발생하는 것이므로, 그 법률행위의 존재와 내용을 미리 확실하게 함으로써 사후에 의문의 여지를 남기지 않도록 해야 할 필요가 있다. 그리하여 민법은 사후행위에 관하여 특별한 규정을 두고 있다(제1060조 참고).

8. 요식행위와 불요식행위

법률행위의 요소인 의사표시가 서면 기타 일정한 방식에 따라 행하여질 때 그 성립이 인정되는 경우를 요식행위라고 한다. 우리 민법은 법률행위자유의 원칙에 기초하고 있으므로 의사표시의 방식도 자유롭게 결정할 수 있다. 그러나 당사자로 하여금 법률행위를 신중하게 하기 위하여(예 혼인), 법률행의의 존재와 범위를 명료하게 하기 위하여(예 법인설립행위, 유언, 단체협약체결), 또는 외관을 신뢰하고 신속하며 안전하게 거래할 수 있도록 하기 위하여(예 어음행위) 일정한 방식을 요구하는 경우가 있다.

9. 유상행위와 무상행위

법률행위에 의한 재산의 출연이 상대방의 대가와 교환적 관계에 있느냐에 따른 구별이다. 이 때 대가를 받고 출연하는 행위를 유상행위라고 한다. 對價라 함은 출연과 교환적으로 행하여지는 것으로, 행위자의 출연을 전보하는 의미를 가지는 상대방의 출연을 말한다. 그러나 출연의 대가의 객관적 가치가 양적으로 반드시 일치할 필요는 없다. 매매, 교환, 임대차, 고용 및 도급 등은 유상행위이다. 반면 대가없이 출연하는 행위를 무상행위라고 하며 증여 또는 사용대차가 그 전형적인 예이다. 특히, 유상계약에는 매매에 관한 규정들이 준용되므로, 일방예약·해약금·담보책임에 관한 규정들이 준용된다(제567조). 또한 유상계약 당사자들이 부담하는 행위의무를 실현함에 있어서 기울여야 하는 주의의 정도는 원칙적으로 추상적 과실을 기준으로 한다(제695조).

10. 쌍무행위와 편무행위

(1) 의의

쌍무계약이란 계약 당사자가 서로 대가적 의미를 가지는 채무를 부담하는 계약을 말하고, 편무계약은 당사자의 일방만이 채무를 부담하거나 쌍방이 채무를 부담하더라도 그 채무가 서로 대가적 의미를 갖지 않는 계약을 말한다.

(2) 예

매매, 교환, 임대차, 고용, 도급, 조합, 화해계약, 유상인 소비대차·위임·임치계약은 쌍무계약에 속한다. 쌍무계약의 경우에는 양 당사자의 채무가 견련관계에 있으므로 '동시이행의 항변권(제536조)', '위험부담(제537조)'에 관한 규정이 적용된다.

11. 신탁행위와 비신탁행위

(1) 의의

신탁행위라 함은 신탁자로부터 부여받은 권리를 수탁자 자신이 아닌, 신탁자 또는 제 3자를 위하여 행사하도록 법률관계를 설정하는 행위를 말한다.

(2) 민법상 신탁행위

신탁자는 자신이 의도하는 경제적 목적의 달성에 필요한 한도를 넘은 권리를 수탁자에게 부여하지만, 수탁자는 그 목적의 범위 안에서 그 권리를 행사할 의무를 부담하는 행위를 신탁행위라고 한다. **민법상 신탁행위에 있어서는 신탁재산의 소유권이 외부적으로는 수탁자에게 이전되고 내부적으로는 여전히 신탁자에게 머무는 이중적 법률관계가 형성되는 것이 특징이다.**

(3) 신탁법상 신탁행위

신탁법에 있어서의 신탁은 신탁설정자와 신탁을 인수하는 자와의 특별한 신탁관계에 기하여 위탁자가 특정의 재산권을 수탁자에게 이전하거나 기타의 처분을 하고, 수탁자로 하여금 일정한 자(수익자 : 수탁자 자신 또는 제3자)의 이익을 위하여 또는 특정의 목적을 위하여 그 재산권을 관리·처분하게 하는 법률행위이다(신탁법 제1조 2항). 이러한 법률관계는 위탁자와 수탁자 사이의 계약 또는 위탁자의 유언에 의하여 설정되는데(신탁법 제2조), 이때의 계약이나 유언이 신탁행위이다. 특히 **민법상 신탁행위에 있어서는 신탁재산의 소유권이 외부적으로는 수탁자에게 이전되고 내부적으로는 여전히 신탁자에게 머무는 이중적 법률관계가 형성**되지만, **신탁법상 신탁행위는 신탁재산이 수탁자에게 절대적으로 이전**된다. 신탁설정자에게는 그 계약에 다른 이익을 받을 채권만이 발생할 뿐이다.

12. 독립행위와 보조행위

직접 실질적인 권리관계의 변동을 발생하게 하는 법률행위를 독립행위라고 하고, 다른 법률행위(독립행위)의 효과를 단순히 보충하거나 확정하는 역할을 하는 행위를 보조행위라고 한다(예 동의, 추인, 허가, 대리권의 수여(수권행위) 등).

13. 주된 행위와 종된 행위

어떤 법률행위가 유효하게 성립하기 위하여 다른 법률행위의 존재를 필요로 하는 행위를 '종된 행위'라

하고, 그 전제가 되는 행위를 '주된 행위'라고 한다. 보증계약이나 부부재산계약은 주된 행위인 금전소비대차계약이나 혼인을 전제로 하는 종된 행위이다. 다른 약정이 없는 한, 종된 행위는 주된 행위와 법률상 효력을 같이 한다(제430조 참고).

III. 법률행위의 목적

1. 목적의 확정

(1) 의의

법률행위의 목적은 확정될 수 있어야 하지만, 법률행위의 '성립 당시에' 확정될 필요는 없다. 즉 목적이 실현될 시점까지 예를 들어 채권행위라면 계약에 따라 채무를 변제할 시기까지 확정될 수 있으면 된다. 따라서 법률행위 목적의 확정성은 법률행위 해석의 문제와 관련된다.

(2) 判例

매매계약은 당사자 일방이 재산권을 상대방에게 이전할 것을 약정하고 상대방이 그 대금을 지급할 것을 약정하는 계약으로 매도인이 재산권을 이전하는 것과 매수인이 그 대가로서 금원을 지급하는 것에 관하여 쌍방 당사자의 합의가 이루어짐으로써 성립하는 것이므로, 특별한 사정이 없는 한 부실기업 인수를 위한 주식 매매계약의 체결 시 '주식 및 경영권 양도 가계약서'와 '주식매매계약서'에 인수 회사의 대표이사가 각 서명날인 한 행위는 주식 매수의 의사표시(청약)이고, 부실기업의 대표이사가 이들에 각 서명날인 한 행위는 주식 매도의 의사표시(승낙)로서 두 개의 의사표시가 합치됨으로써 그 주식 매매계약은 성립하고, 이 경우 매매 목적물과 대금은 반드시 그 계약 체결 당시에 구체적으로 확정하여야 하는 것은 아니고 이를 사후에라도 구체적으로 확정할 수 있는 방법과 기준이 정하여져 있으면 족하다(대판 1996.04.26. 94다34432).

2. 목적의 가능

구 분		원시적 불능(법률행위 성립 前)	구 분	후발적 불능(법률행위 성립 後)
전부불능	객관적	무효, 계약체결상의 과실책임 (제535조)	과실 ○	이행불능(제390조)
	주관적	유효, 타인권리매매(제569조)		
일부불능		담보책임(제574조, 제580조 등)	과실 ×	위험부담(제537조), 대상청구권

제535조(계약체결상의 과실) ① 목적이 불능한 계약을 체결할 때에 그 불능을 알았거나 알 수 있었을 자는 상대방이 그 계약의 유효를 믿었음으로 인하여 받은 손해를 배상하여야 한다. 그러나 그 배상액은 계약이 유효함으로 인하여 생길 이익액을 넘지 못한다.
② 전항의 규정은 상대방이 그 불능을 알았거나 알 수 있었을 경우에는 적용하지 아니한다.

제580조(매도인의 하자담보책임) ① 매매의 목적물에 하자가 있는 때에는 제575조 제1항의 규정을 준용한다. 그러나 매수인이 하자있는 것을 알았거나 과실로 인하여 이를 알지 못한 때에는 그러하지 아니하다.
② 전항의 규정은 경매의 경우에 적용하지 아니한다.

제537조(채무자위험부담주의) 쌍무계약의 당사자일방의 채무가 당사자쌍방의 책임없는 사유로 이행할 수 없게 된 때에는 채무자는 상대방의 이행을 청구하지 못한다.

(1) 기준
법률행위의 가능 또는 불능 여부는 그 시대의 사회통념에 따라 결정된다.

(2) 원시적 불능과 후발적 불능
법률행위 성립 당시에 이미 불능인 것을 원시적 불능, 법률행위 성립 후 그 이행 전에 불능인 것을 후발적 불능이라고 한다. 법률행위 목적이 원시적 전부불능이라면 무효가 되고, 계약체결상의 과실책임이 문제될 수 있다. 그러나 후발적 불능이라면 채무자의 고의·과실이 문제되면 채무불이행 책임(제390조) 등이 문제되고, 고의·과실이 없다면 위험부담(제537조)이 문제 된다.

(3) 전부불능과 일부불능
법률행위의 목적이 전부불능인 경우에는 법률행위 전체에 대해서 원시적 불능, 후발적 불능에 의한 법률효과가 발생한다. 법률행위의 일부가 무효사유에 해당하는 경우에는 원칙적으로 법률행위 전체가 불능으로 되지만, 불능인 부분이 없었더라도 법률행위를 하였을 것이라고 인정될 때에는 불능인 부분을 제외한 나머지 부분은 가능한 것으로 취급된다(제137조).

3. 목적의 적법

제105조(임의규정) 법률행위의 당사자가 법령중의 선량한 풍속 기타 사회질서에 관계없는 규정과 다른 의사를 표시한 때에는 그 의사에 의한다.

(1) 적법성과 타당성과의 관계
통설은 이를 별개로 이해하여 적법성이란 법률행위의 목적이 강행규정에 반하지 않아야 하고(적법성), 선량한 풍속 기타 사회질서(사회적 타당성)에 위반해서는 안 된다고 한다.

(2) 강행규정과 임의규정

1) 의의

강행규정이란 법령 중의 선량한 풍속 기타 사회질서에 관계있는 규정으로서 당사자의 의사에 의해 그 적용을 배제할 수 없는 규정이고, 반면에 임의규정이란 법령 중의 선량한 풍속 기타 사회질서에 관계없는 규정으로서 당사자의 의사에 의해 그 적용을 배제할 수 있는 규정이다(제105조).

2) 구별기준

양자의 구별기준에 관한 일반적 원칙은 없으므로, 해석상 각 법규마다 그의 종류·성질·입법목적 등을 고려하여 개인의 의사에 의한 적용의 배척을 허용하는 것이냐 아니냐를 판단해서 결정한다. 다만 민법이 강행규정임을 명문으로 규정하고 있는 경우도 있다(제289조·제608조·제652조).

3) 편면적 강행규정

당사자 일방만을 보호하기 위한 강행규정을 편면적 강행규정이라고 한다(제289조·제652조).

(3) 단속규정의 문제

1) 의의

행정법상 단속규정은 일정한 행정목적을 실현하기 위하여 설정된 것을 말한다.

2) 체계

통설은 강행규정을 효력규정과 단속규정으로 나눈다. 즉 효력규정에 반하는 법률행위는 무효이지만, 단속규정에 반하는 법률행위는 유효라고 한다. 예를 들어 무허가음식점의 음식물판매행위와 같이 단순한 단속규정 위반은 행정법상 과태료 제재 등은 별론으로 하고, 사법상 효력에는 영향이 없다고 한다(곽윤직).

(4) 判例

1) 효력규정

① 식목을 목적으로 하는 토지임대차의 임차인이 차임의 감액을 청구할 수 없다는 약정 - 효력규정

민법 제652조의 취지는 민법 제628조에 의하여 당사자가 장래에 대한 차임의 증감을 청구할 수 있는 경우임에도 불구하고 당사자 간에 그러한 경우에도 장래에 대한 차임의 증감을 청구할 수 없다고 약정하여 그러한 약정이 임차인에게 불리한 것이라고 보여 질 때에는 그 약정은 효력이 없다는 것이다(대판 1969.06.10. 68다1343). 따라서 차임을 일정기간 동안 감액하지 않는다는 특약은 언제나 무효이다. 그러나 일정기간 동안 증액하지 않는다는 특약은 임차인에게 유리하므로 유효하다.

② 증권회사 직원이 정당한 사유 없이 고객에게 증권거래와 관련하여 발생하는 손실을 보전하여 주기로 하는 고객과의 약정 - 효력규정

증권회사 등이 고객에 대하여 증권거래와 관련하여 발생한 손실을 보전하여 주기로 하는 약속이나 그 손실보전행위는 위험관리에 의하여 경제활동을 촉진하는 증권시장의 본질을 훼손하고 안이한 투자판단을 초래하여 가격형성의 공정을 왜곡하는 행위로서, 증권투자에 있어서의 자기책임원칙에 반하는 것이라고 할 것이므로, 정당한 사유 없는 손실보전의 약속 또는 그 실행행위는 사회질서에 위반되어 무효라고 할 것이다(대판 2001.04.24. 99다30718).

③ 공인중개사 자격이 없는 자가 중개사무소 개설등록을 하지 아니한 채 부동산중개업을 하면서 체결한 중개수수료 지급약정의 효력, 한도 초과 중개수수료 반환 판결 - 효력규정

중개사무소 개설등록에 관한 구 부동산중개업법 관련 규정들은 공인중개사 자격이 없는 자가 중개사무소 개설등록을 하지 아니한 채 부동산중개업을 하면서 체결한 중개수수료 지급약정의 효력을 제한하는 이른바 강행법규에 해당한다(대판 2010.12.23. 2008다75119). 그리고 고액의 수수료를 수령한 부동산 중개업자에게 행정적 제재나 형사적 처벌을 가하는 것만으로는 부족하고 구 부동산중개업법 등 관련 법령에 정한 한도를 초과한 중개수수료 약정에 의한 경제적 이익이 귀속되는 것을 방지하여야 할 필요가 있으므로, 부동산 중개수수료에 관한 위와 같은 규정들은 중개수수료 약정 중 소정의 한도를 초과하는 부분에 대한 사법상의 효력을 제한하는 이른바 강행법규에 해당하고, 따라서 구 부동산중개업법 등 관련 법령에서 정한 한도를 초과하는 부동산 중개수수료 약정은 그 한도를 초과하는 범위 내에서 무효이다(대판(전합) 2007.12.20. 2005다32159).

④ 구 지방재정법 및 국가를 당사자로 하는 계약에 관한 법률상의 요건과 절차를 거치지 않고 체결한 지방자치단체와 사인 간의 사법상 계약 또는 예약의 효력 - 효력규정

지방자치단체가 사경제의 주체로서 사인과 사법상의 계약을 체결함에 있어서는 위 법령에 따른 계약서를 따로 작성하는 등 그 요건과 절차를 이행하여야 하고, 설사 지방자치단체와 사인 사이에 사법상의 계약 또는 예약이 체결되었다 하더라도 위 법령상의 요건과 절차를 거치지 않은 계약 또는 예약은 그 효력이 없다(대판 2009.12.24. 2009다51288).

⑤ 의료인의 자격이 없는 일반인이 유자격 의료인을 고용하여 그 명의로 의료기관 개설신고를 하고, 의료기관의 운영 및 손익 등이 그 일반인에게 귀속되도록 하는 내용의 약정의 효력(=무효) 및 이때 새로운 약정의 형식을 통해 무효인 약정에 기한 급부의 내용을 정리하거나 일부 가감한다면 그 급부의 이행 청구가 허용

되는지 여부1) - 효력규정

⑥ 공공건설임대주택의 임대보증금과 임대료의 상호전환 사건 - 효력규정

임차인의 동의 절차를 올바르게 거쳤으면 유효한 임대차계약으로 성립될 수 있는 경우에도, 그러한 절차를 거치지 않고 일방적으로 상호전환의 조건을 제시하여 임대차계약을 체결하였다면 이는 효력규정인 임대주택법령에 위반된 약정으로서 무효가 된다2)(대판(슨합) 2016.11.18. 2013다42236).

⑦ 변호사 아닌 자와의 성공보수 약정 - 효력규정

변호사 아닌 甲과 소송당사자인 乙이 甲은 乙이 소송당사자로 된 민사소송사건에 관하여 乙을 승소시켜 주고 乙은 소송물의 일부인 임야지분을 그 대가로 甲에게 양도하기로 약정한 경우 위 약정은 강행법규인 변호사법 제78조(현 제109조) 제2호에 위반되는 반사회적 법률행위로서 무효이다(대판 1990.05.11. 89다카10514).

⑧ 문화재수리업자의 명의대여 행위를 금지한 문화재수리법 제21조 - 효력규정

문화재수리 등에 관한 법률(이하 '문화재수리법'이라 한다)은 제21조에서 문화재수리업자의 명의대여 행위를 금지하면서도 이를 위반한 법률행위의 효력에 관해서는 명확하게 정하지 않고 있다. 문화재수리업자의 명의대여 행위를 금지한 문화재수리법 제21조는 강행규정에 해당하고, 이를 위반한 명의대여 계약이나 이에 기초하여 대가를 정산하여 받기로 하는 정산금 약정은 모두 무효라고 보아야 한다3)(대판 2020.11.12. 2017다228236).

2) 단속규정

① 일임매매제한을 위반한 약정 - 단속규정

일임매매의 제한에 관한 증권거래법 제107조는 고객을 보호하기 위한 규정으로서 증권거래에 관한 절차

---

1) 의료인의 자격이 없는 일반인이 필요한 자금을 투자하여 시설을 갖추고 유자격 의료인을 고용하여 그 명의로 의료기관 개설신고를 하고, 의료기관의 운영 및 손익 등이 그 일반인에게 귀속되도록 하는 내용의 약정은 강행 법규인 의료법 제33조 제2항에 위배되어 무효이며, 무효인 약정에 기하여 급부의 이행을 청구하는 것은 허용되지 않고, 이행을 구하는 급부의 내용을 새로운 약정의 형식을 통해 정리하거나 일부를 가감하였다 하더라도 무효인 약정이 유효함을 전제로 한 이상 그 급부의 이행청구가 허용되지 않음은 마찬가지이며, 다만 그 무효인 약정으로 인하여 상호 실질적으로 취득하게 된 이득을 부당이득으로 반환하게 되는 문제만 남게 된다. 비의료인 甲이 의료인 乙을 고용하여 乙 명의로 의료기관 개설신고를 하되 의료기관의 운영 및 손익 등은 甲에게 귀속되도록 하는 약정을 체결하고, 甲과 그의 처 丙이 연대하여 乙에게 의료기관 운영과 관련된 각종 채무 상당의 금원을 지급하겠다는 취지로 각서를 작성한 사안에서, 각서 작성으로 인한 약정은 새로운 약정의 형식을 통해 무효인 제1차 약정의 이행을 청구하는 것에 불과하여 무효이다(대판 2011.01.13. 2010다67890).
2) 구 임대주택법(2008. 2. 29. 법률 제8852호로 개정되기 전의 것, 이하 같다) 제14조 제1항, 구 임대주택법 시행령(2008. 2. 29. 대통령령 제20722호로 개정되기 전의 것, 이하 같다) 제12조 제1항, 건설교통부장관의 「임대주택의 표준임대보증금 및 표준임대료」 고시(2004. 4. 2. 건설교통부 고시 제2004-70호로 전부 개정된 것) 등 공공건설임대주택의 임대보증금과 임대료의 상한을 정한 규정은 법령 제정의 목적과 입법 취지 등에 비추어 그에 위반되는 약정의 사법적 효력을 제한하는 효력규정으로 보아야 한다. 그리고 건설교통부 고시에서 말하는 '임차인의 동의'란 임대주택을 공급받으려고 하는 사람이 표준임대보증금과 표준임대료로 임대차계약을 체결할 수 있는 상황에서 스스로 금액의 상호전환 여부를 선택하는 것을 의미한다. 가령 임대사업자가 임대보증금과 임대료를 임의로 상호전환 하여 정한 임대차계약 조건을 제시하고 이를 그대로 받아들이거나 아니면 임대주택 청약을 포기하는 것 중에서만 선택할 수 있도록 한 경우에는 임차인에게 동의권이 부여되었다고 볼 수 없다. 따라서 임대사업자가 임대료의 일부를 임대보증금으로 상호전환 함으로써 표준임대보증금보다 고액인 임대보증금으로 임차인을 모집하고자 하는 경우에는 표준금액과 전환금액을 모두 공고하거나 고지하여 임차인을 모집한 후 전환금액에 동의하는 임차인에 한하여 그 조건으로 임대차계약을 체결하여야 한다.
3) 계약 등 법률행위의 당사자에게 일정한 의무를 부과하거나 일정한 행위를 금지하는 법규에서 이를 위반한 법률행위의 효력을 명시적으로 정하고 있는 경우에는 그 규정에 따라 법률행위의 유·무효를 판단하면 된다. 법률에서 해당 규정을 위반한 법률행위를 무효라고 정하고 있거나 해당 규정이 효력규정이나 강행규정이라고 명시하고 있으면 그러한 규정을 위반한 법률행위는 무효이다. 이와 달리 금지규정을 위반한 법률행위의 효력에 관하여 명확하게 정하지 않은 경우에는 규정의 입법 배경과 취지, 보호법익과 규율대상, 위반의 중대성, 당사자에게 법규정을 위반하려는 의도가 있었는지 여부, 규정 위반이 법률행위의 당사자나 제3자에게 미치는 영향, 위반행위에 대한 사회적·경제적·윤리적 가치평가, 이와 유사하거나 밀접한 관련이 있는 행위에 대한 법의 태도 등 여러 사정을 종합적으로 고려해서 효력을 판단해야 한다.

를 규정하여 거래질서를 확립하려는 데 그 목적이 있는 것이므로, 고객에 의하여 매매를 위임하는 의사표시가 된 것임이 분명한 이상 그 사법상 효력을 부인할 이유가 없고, 그 효력을 부인할 경우 거래 상대방과의 사이에서 법적 안정성을 심히 해하게 되는 부당한 결과가 초래되므로, 일임매매에 관한 증권거래법 제107조 위반의 약정도 사법상으로는 유효하다(대판 1996.08.23. 94다38199).

② 비업무용부동산 취득금지를 정한 구 상호신용금고법 규정 - 단속규정

이 규정은 효력규정이 아닌 단속규정이라고 해석함이 타당하다. 따라서 위 제한규정에 저촉되는 행위라 할지라도 그 행위의 사법상의 효력에는 아무런 영향이 없다(대판 2008.12.24. 2006다53672).

③ 신용협동조합의 비조합원에 대한 대출의 사법상 효력 - 단속규정

조합원이 아닌 자에 대한 신용협동조합의 대출이 신용협동조합법 등 관계 법령상 위법하다 하더라도 그 대출의 사법상 효력까지 부인되지는 아니 한다(대판 2008.12.24. 2008다61172).

④ 구 주택법 제39조 제1항의 전매금지규정 - 단속규정

구 주택법 제39조 제1항의 금지규정은 단순한 단속규정에 불과할 뿐 효력규정이라고 할 수는 없어 당사자가 이에 위반한 약정을 하였다고 하더라도 약정이 당연히 무효가 되는 것은 아니다(대판 2011.05.26. 2010다102991).

⑤ 공인중개사 자격이 없는 자가 우연한 기회에 단 1회 타인 간의 거래행위를 중개한 경우 - 단속규정

'중개를 업으로 한' 것이 아니라면 그에 따른 중개수수료 지급약정이 강행법규에 위배되어 무효라고 할 것은 아니고, 다만 중개수수료 약정이 부당하게 과다하여 민법상 신의성실 원칙이나 형평 원칙에 반한다고 볼만한 사정이 있는 경우에는 상당하다고 인정되는 범위 내로 감액된 보수액만을 청구할 수 있다(대판 2012.06.14. 2010다86525).

⑥ 개업공인중개사 등이 중개의뢰인과 직접 거래를 하는 행위를 금지하는 공인중개사법 제33조 제6호 - 단속규정

개업공인중개사 등이 중개의뢰인과 직접 거래를 하는 행위를 금지하는 공인중개사법 제33조 제6호의 규정 취지는 개업공인중개사 등이 거래상 알게 된 정보를 자신의 이익을 꾀하는데 이용하여 중개의뢰인의 이익을 해하는 경우가 있으므로 이를 방지하여 중개의뢰인을 보호하고자 함에 있는바, 위 규정에 위반하여 한 거래행위가 사법상의 효력까지도 부인하지 않으면 안 될 정도로 현저히 반사회성, 반도덕성을 지닌 것이라고 할 수 없을 뿐만 아니라 행위의 사법상의 효력을 부인하여야만 비로소 입법 목적을 달성할 수 있다고 볼 수 없고, 위 규정을 효력규정으로 보아 이에 위반한 거래행위를 일률적으로 무효라고 할 경우 중개의뢰인이 직접 거래임을 알면서도 자신의 이익을 위해 한 거래도 단지 직접 거래라는 이유로 효력이 부인되어 거래의 안전을 해칠 우려가 있으므로, 위 규정은 강행규정이 아니라 단속규정이다(대판 2017.02.03. 2016다259677).

⑦ 구 종자산업법상 등록제 및 신고제 - 단속규정

구 종자산업법(2012. 6. 1. 법률 제11458호로 전부 개정되기 전의 것) 제137조는 종자업을 하려면 일정한 시설기준을 갖추고 종자관리사 1명 이상을 두어 시장·군수에게 등록하여야 한다고 규정하고, 같은 법 제138조 제3항은 같은 항 제1, 2호가 정한 종자, 즉 출원공개된 품종의 종자나 품종목록에 등재된 품종의 종자가 아닌 종자를 생산, 수입, 판매하려면 농림수산식품부장관에게 신고할 것을 요구하며, 이를 위반할 경우 각 같은 법 제173조 제3호, 제5호에 따라 형사처벌을 하도록 규정하고 있다. 이러한 등록제와 신고제는 '식물의 신품종에 대한 육성자의 권리 보호, 주요 작물의 품종성능 관리, 종자의 생산·보증 및 유통, 종자산업의 육성 및 지원 등에 관한 사항을 규정함으로써 종자산업의 발전을 도모'하려는 구 종자산업법의 목적을 달성하기 위한 수단인바, 위 규정을 위반한 행위가 그 법률상 효과까지도 부인하지 않으면 안 될 정도로 현저히 반사회성, 반도덕성을 지닌 것이라고 보기 어렵다(대판 2020.04.09. 2019다294824).

3) 임의규정

① 건물의 임차인이 비용을 지출하여 개조한 부분에 대한 원상회복의무를 면하는 대신 그 개조비용의 상환청구권을 포기하기로 하는 임대인과 임차인 사이의 약정

임차인의 비용상환청구권에 관한 규정은 강행규정이 아니며(제652조 참조), 당사자 간의 약정으로 이를 포기할 수 있다. 즉 임차인이 임차건물을 증·개축 기타 필요한 시설을 하되 임대인에게 그 투입비용의 변상이나 일체의 권리주장을 포기하기로 특약하였다면, 이는 임차인이 임차건물을 반환 시에 비용상환청구 등 일체의 권리를 포기하는 대신 원상복구의무도 부담하지 아니한다는 내용을 포함하는 약정으로 볼 것이다(대판 1981.11.24. 80다320·321 ; 대판 1998.05.29. 98다6497 등).

② 채권자의 과실로 채무자가 제공한 담보물의 가치가 감소되더라도 보증인의 면책주장을 배제하는 채권자와 보증인 사이의 약정

민법 제485조의 면책규정은 법정대위권자로 하여금 구상의 실을 거둘 수 있도록 하기 위하여 채권자에게 담보의 보존을 간접적으로 강제하는 취지의 규정으로서 그 규정목적이 오로지 법정대위권자의 이익보호에 있으므로 그 성질상 임의규정으로 보아야 할 것이고, 따라서 법정대위권자로서는 채권자와의 특약으로서 위 규정에 의한 면책이익을 포기하거나 면책의 사유와 범위를 제한 내지 축소할 수 있다(대판 1987.04.14. 86다카520 ; 대판 1987.03.24. 84다카1324).

③ 사단법인의 사원의 지위를 양도하거나 상속할 수 있다는 약정

"사단법인의 사원의 지위는 양도 또는 상속할 수 없다"고 한 민법 제56조의 규정은 강행규정은 아니라고 할 것이므로 정관에 의하여 이를 인정하고 있을 때에는 양도·상속이 허용된다(대판 1992.04.14. 91다26850 ; 대판 2003.07.08. 2001다19097 등).

(5) 탈법행위 - 강행규정을 간접적으로 위반하는 행위

국유재산법 제14조가 같은 법 제1조의 입법취지에 따라 국유재산 처분사무의 공정성을 도모하기 위하여 관련사무에 종사하는 직원에 대하여 부정한 행위로 의심받을 수 있는 가장 현저한 행위를 적시하여 이를 엄격히 금지하는 한편, 그 금지에 위반한 행위의 사법상 효력에 관하여 이를 무효로 한다고 명문으로 규정하고 있는 점 등을 종합하여 보면, 국유재산에 관한 사무에 종사하는 직원이 타인의 명의로 국유재산을 취득하는 행위는 강행법규인 같은 법 규정들의 적용을 잠탈하기 위한 탈법행위로서 무효라고 할 것이고, 나아가 같은 법이 거래안전의 보호 등을 위하여 그 무효를 주장할 수 있는 상대방을 제한하는 규정을 따로 두고 있지 아니한 이상 그 무효는 원칙적으로 누구에 대하여서나 주장할 수 있다 할 것이므로, 그 규정들에 위반하여 취득한 국유재산을 제3자가 전득하는 행위 또한 당연무효라고 해석하여야 한다(대판 1996.08.23. 94다38199).

4. 목적의 사회적 타당

제103조(반사회질서의 법률행위) 선량한 풍속 기타 사회질서에 위반한 사항을 내용으로 하는 법률행위는 무효로 한다.

제746조(불법원인급여) 불법의 원인으로 인하여 재산을 급여하거나 노무를 제공한 때에는 그 이익의 반환을 청구하지 못한다. 그러나 그 불법원인이 수익자에게만 있는 때에는 그러하지 아니하다.

(1) 선량한 풍속

1) 정의의 관념에 반하는 행위

① 밀수나 도박을 위한 자금의 소비대차(대판 1962.04.04. 4294민상1296 등), 도박으로 부담한 채무의 변제로서 토지를 양도하는 계약(대판 1959.10.15. 4291민상262), 도박채권자에게 자기재산처분의 대리권을 수여하는 약정은 유효이나, 처분대금으로 변제에 충당하는 약정부분은 무효이다. 따라서 제3자는 도박채무자의 소유권을 취득할 수는 있다.
② 경매나 입찰에서 부정한 약속을 하는 담합행위
③ 범죄의 포기를 대가로 금전을 주는 계약
④ 공무원의 직무에 관한 사항에 관해 특별한 청약을 하고 그 대가를 지급하는 계약[4](대판 1971.10.11. 71다1645)
⑤ 사용자가 노동조합 간부에게 근로자들의 임금인상 요구가 있을 때 이를 적당히 무마해 달라는 청탁을 하고 그 대가를 약속하는 경우(대판 1956.05.10. 4289민상115)
⑥ 소송사건에서 일방당사자를 위하여 증인으로 출석하여 증언하였거나 증언할 것을 조건으로 어떤 대가를 받을 것을 약정한 경우(또는 어떠한 사실을 알고 있는 사람과의 사이에 소송에서 사실대로 증언하여 줄 것을 조건으로 어떠한 급부를 할 것을 약정한 경우), 증인은 법률에 의하여 증언거부권이 인정되지 않은 한 진실을 진술할 의무가 있는 것이므로 그 대가의 내용이 통상적으로 용인될 수 있는 수준(예컨대 증인에게 일당과 여비가 지급되기는 하지만 증인이 법원에 출석함으로써 입게 되는 손해에는 미치지 못하는 경우 그러한 손해를 전보해 주는 정도)을 초과하는 경우에는 그와 같은 약정은 금전적 대가가 결부됨으로써 선량한 풍속 기타 사회질서에 반하는 법률행위가 되어 민법 제103조에 따라 효력이 없다고 할 것이다(대판 1999.04.13. 98다52483 ; 대판 1994.03.11. 93다40522). 그러나 수사기관에서 참고인으로 진술하면서 자신이 잘 알지 못하는 내용에 대하여 허위의 진술을 하는 경우에 그 허위 진술행위가 범죄행위를 구성하지 않는다고 하여도 이러한 행위 자체는 국가사회의 일반적인 도덕관념이나 국가사회의 공공질서이익에 반하는 행위라고 볼 것이니, 그 급부의 상당성 여부를 판단할 필요 없이 허위 진술의 대가로 작성된 각서에 기한 급부의 약정은 민법 제103조 소정의 반사회적질서행위로 무효이다(대판 2001.04.24. 2000다71999).
⑦ 제2매수인이 매도인의 배임행위에 적극 가담하여 이루어진 이중매매(대판 1970.10.23. 70다2038)

2) 인륜에 반하는 행위

① 자가 부모와 동거하지 않는다는 계약
② 첩 계약(처의 동의 여부와 무관하게 무효) 및 처의 사망, 이혼 시 입적한다는 부수적 계약
③ 혼인예약 중 동거를 거부하는 경우에 금원을 지급하기로 하는 계약(대판 1963.11.17. 63마587)
④ 부부관계의 종료를 해제조건으로 하는 증여계약(대판 1966.06.21. 66다530) -이 경우에는 조건만이 무효가 되는 것이 아니라 법률행위자체가 무효가 된다.

3) 개인의 자유를 극도로 제한하는 행위

① 절대로 이혼하지 않겠다는 각서를 쓴 행위(대판 1969.08.19. 69므18)
② 독신계약(여은행원을 채용하면서 근무기간 중 혼인하지 않을 것을 정한 약관 등)

4) 생존의 기초가 되는 재산의 처분행위 : 사찰이 그 존립에 필수불가결인 재산을 증여하는 행위(대판 1970.

---

[4] 어떠한 위임계약이 행정청의 허가 등을 목적으로 하는 신청행위를 대상으로 하는 경우에 신청행위 자체에는 전문성이 크게 요구되지 않고 허가에는 공무원의 재량적 판단이 필요하며, 신청과 관련된 절차에 필수적으로 필요한 비용은 크지 않은 데 반하여 약정보수액은 지나치게 다액으로서, 수임인이 허가를 얻기 위하여 공무원의 직무 관련 사항에 관하여 특별한 청탁을 하면서 뇌물공여 등 로비를 하는 자금이 보수액에 포함되어 있다고 볼 만한 특수한 사정이 있는 때에는 위임계약은 반사회질서적인 조건이 결부됨으로써 반사회질서적 성질을 띠고 있어 민법 제103조에 따라 무효이다(대판 2016.02.18. 2015다35560).

03.31. 69다2293)

5) 지나치게 사행적인 행위 : 도박계약, 도박채무의 변제로서 토지의 양도 계약, 보험금을 편취하기 위한 생명보험계약[5]

6) 성도덕을 문란 시키는 행위 : 윤락녀의 화대를 포주와 나누는 계약

7) 폭리행위 : 제104조 적용

(2) 동기의 불법

1) 동기의 의의

동기라 함은 표의자가 의사표시를 하게 된 이유를 말하며, 그것은 의사표시에 선행하는 사람의 심적 과정이다.

2) 동기의 불법이 법률행위에 미치는 영향

예컨대 살인을 하기 위하여 무기를 매수하는 매매계약, 도박을 하게 하기 위하여 장소를 빌려주는 임대차계약이나 금전을 빌려주는 소비대차계약이 유효인가 무효인가의 문제이다.

3) 판 례

상대방 또는 제3자의 강박에 의하여 의사결정의 자유가 완전히 박탈된 상태에서 이루어진 의사표시는 효과의사에 대응하는 내심의 의사가 결여된 것이므로 무효라고 볼 수밖에 없으나, 강박이 의사결정의 자유를 완전히 박탈하는 정도에 이르지 아니하고 이를 제한하는 정도에 그친 경우에는 그 의사표시는 취소할 수 있음에 그치고 무효라고까지 볼 수 없다. 민법 제103조에 의하여 무효로 되는 반사회질서행위는 법률행위의 목적인 권리의무내용이 선량한 풍속 기타 사회질서에 위반되는 경우뿐만 아니라 그 내용자체는 반사회질서적인 것이 아니라고 하여도 법률적으로 이를 강제하거나 그 법률행위에 반사회질서적인 조건 또는 금전적 대가가 결부됨으로써 반사회질서적 성질을 띠게 되는 경우 및 표시되거나 상대방에게 알려진 법률행위의 동기가 반사회질서적인 경우를 포함 한다(대판 1984.12.11. 84다카1402).

(3) 제103조 위반의 효과

1) 무 효

무효행위의 추인, 전환의 문제가 발생하지 않으며, 무효를 가지고 선의의 제3자에게도 대항할 수 있으며, 시적인 제한이 없다. 그리고 거래 상대방이 배임행위를 유인·교사하거나 배임행위의 전 과정에 관여하는 등 배임행위에 적극 가담하는 경우에는 실행행위자와 체결한 계약이 반사회적 법률행위에 해당하여 무효로 될 수 있고, 선량한 풍속 기타 사회질서에 위반한 사항을 내용으로 하는 법률행위의 무효는 이를 주장할 이익이 있는 자는 누구든지 무효를 주장할 수 있다. 따라서 반사회질서 법률행위를 원인으로 하여 부동산에 관한 소유권이전등기를 마쳤더라도 그 등기는 원인무효로서 말소될 운명에 있으므로 등기명의자가 소유권에 기한 물권적 청구권을 행사하는 경우에, 권리 행사의 상대방은 법률행위의 무효를 항변으로서 주장할 수 있다(대판 2016.03.24. 2015다11281).

---

[5] 보험계약자가 다수의 보험계약을 통하여 보험금을 부정취득할 목적으로 보험계약을 체결한 경우, 이러한 목적으로 체결된 보험계약에 의하여 보험금을 지급하게 하는 것은 보험계약을 악용하여 부정한 이득을 얻고자 하는 사행심을 조장함으로써 사회적 상당성을 일탈하게 될 뿐만 아니라 합리적인 위험의 분산이라는 보험제도의 목적을 해치고 위험발생의 우발성을 파괴하며 다수의 선량한 보험가입자들의 희생을 초래하여 보험제도의 근간을 해치게 되므로, 이와 같은 보험계약은 민법 제103조의 선량한 풍속 기타 사회질서에 반하여 무효라고 할 것이다. 그리고 보험계약자가 보험금을 부정취득할 목적으로 다수의 보험계약을 체결하였는지에 관하여는 이를 인정할 직접적인 증거가 없다면 보험계약자의 직업 및 재산상태, 다수 보험계약의 체결 시기와 경위, 보험계약의 규모와 성질, 보험계약 체결 후의 정황 등 제반 사정을 종합하여 판단하여야 한다(대판 2016.01.14. 2015다206461).

2) 불법원인급여와의 관계

제746조(불법원인급여) 불법의 원인으로 인하여 재산을 급여하거나 노무를 제공한 때에는 그 이익의 반환을 청구하지 못한다. 그러나 그 불법원인이 수익자에게만 있는 때에는 그러하지 아니하다.

이행 전에는 이행할 필요가 없고, 이행 후에는 부당이득으로서 급부자가 반환청구할 수 있을 것 같으나, 제746조 본문에 의하여 불법원인급여가 되어 그 반환청구는 부정된다. 다만, 제746조의 단서에 의하여 반환청구를 하는 것은 별개 문제이다.

3) 물권적 청구권과 불법원인급여

제746조에 의하여 반환청구가 인정되지 않는 경우에, 소유권에 기한 물권적 청구권을 행사하여 반환받을 수 있는가에 대하여 종래의 판례는 이를 긍정하였으나, 대법원(대판(全合) 1979.11.13. 79다483[6])은 이를 부정하고, 그 반사적 효과로서 급부한 물건의 소유권은 급여를 받은 상대방에게 귀속하게 되는 것이라고 하였다.

4) 법률행위 성립과정에서 불법적 방법이 사용된데 불과한 경우

민법 제103조에 의하여 무효로 되는 반사회질서행위는 법률행위의 목적인 권리의무의 내용이 선량한 풍속 기타 사회질서에 위반하는 경우뿐만 아니라, 그 내용 자체는 반사회질서적인 것이 아니라고 하여도 ① 법률적으로 이를 강제하거나 그 법률행위에 ② 반사회질서적인 조건 또는 ③ 금전적 대가가 결부됨으로써 반사회질서적 성질을 띠게 되는 경우 및 ④ 표시되거나 상대방에게 알려진 법률행위의 동기가 반사회질서적인 경우를 포함 한다(대판 2001.02.09. 99다38613). 따라서 법률행위 성립과정에서 불법적 방법이 사용된데 불과한 때에 그 불법이 의사표시의 형성에 영향을 미친 경우에는 의사표시의 하자를 이유로 그 효력을 논의할 수 있을지언정 반사회질서의 법률행위로서 무효라고 할 수는 없다(대판 1996.04.26. 94다34432).

4. 배임행위에 적극 가담한 행위 - 이중매매에 적극 가담한 행위

제2매수인이 매도인의 배임행위에 적극 가담하여 이루어진 매매계약은 사회질서에 반하는 법률행위로서 무효이다(대판 1980.06.10. 80다569). 이중매매에 있어서 제2매수인이 적극가담 하였다고 보려면 적어도 그 매매를 알고도 매도를 요청하여 매매계약에 이른 정도에 이르러야 하고, 이중매수인이 매도인이 배임행위를 하는 것을 단순히 안다는 사실만으로는 무효가 되지 않는다(대판 1994.03.11. 93다55289). 그리고 判例는 매도된 부동산을 증여받은 경우에도 매도인의 배임행위에 수증자가 적극 가담한 경우에는 사회질서에 반하는 법률행위가 된다고 한다(대판 1982.02.09. 81다1134).

5. 변호사의 '형사'성공보수약정

형사사건에 관하여 체결된 성공보수약정이 가져오는 여러 가지 사회적 폐단과 부작용 등을 고려하면, 비록 구속영장청구 기각, 보석 석방, 집행유예나 무죄 판결 등과 같이 의뢰인에게 유리한 결과를 얻어내기 위한 변호사의 변론활동이나 직무수행 그 자체는 정당하다 하더라도, 형사사건에서의 성공보수약정은 수사·재판의 결과를 금전적인 대가와 결부시킴으로써, 기본적 인권의 옹호와 사회정의의 실현을 그 사명으로 하는 변호사 직무의 공공성을 저해하고, 의뢰인과 일반 국민의 사법제도에 대한 신뢰를 현저히 떨어뜨릴 위험이 있으므로, 선량한 풍속 기타 사회질서에 위반되는 것으로 평가할 수 있다. .... 그러나 대법원이 이 판결을 통하여 형사사건에 관한 성공보수약정이 선량한 풍속 기타 사회질서에 위반되는 것으로 평가할 수 있음을 명확히 밝혔음에도 불구하고 향후에도 성공보수약

---

[6] 민법 제746조는 단지 부당이득제도만을 제한하는 것이 아니라 동법 제103조와 함께 사법의 기본이념으로서, 결국 사회적 타당성이 없는 행위를 한 사람은 스스로 불법한 행위를 주장하여 복구를 그 형식 여하에 불구하고 소구할 수 없다는 이상을 표현한 것이므로, 급여를 한 사람은 그 원인행위가 법률상 무효라 하여 상대방에게 부당이득반환청구를 할 수 없음은 물론 급여한 물건의 소유권은 여전히 자기에게 있다고 하여 소유권에 기한 반환청구도 할 수 없고 따라서 급여한 물건의 소유권은 급여를 받은 상대방에게 귀속된다(대판(全合) 1979.11.13. 79다483).

이 체결된다면 이는 민법 제103조에 의하여 무효로 보아야 한다. 이와 달리 종래 대법원은 형사사건에서의 성공보수약정이 선량한 풍속 기타 사회질서에 어긋나는지를 고려하지 아니한 채 위임사무를 완료한 변호사는 특별한 사정이 없는 한 약정된 보수액을 전부 청구할 수 있는 것이 원칙이고, 다만 약정된 보수액이 부당하게 과다하여 신의성실의 원칙이나 형평의 원칙에 반한다고 볼 만한 특별한 사정이 있는 경우에는 예외적으로 상당하다고 인정되는 범위 내의 보수액만을 청구할 수 있다고 판시하여 왔는 바, 대법원 2009. 7. 9. 선고 2009다21249 판결을 비롯하여 그와 같은 취지의 판결들은 이 판결의 견해에 배치되는 범위 내에서 모두 변경하기로 한다(대판(全) 2015.07.23. 2015다200111).

6. 제103조 위반이 아닌 경우

불륜관계의 단절을 조건으로 하는 금전지급계약, 첩의 생활비나 자녀의 양육비를 지급하는 계약은 제103조 위반이 아니다(대판 1980.06.24. 80다458). 부정행위를 용서받는 대가로 손해를 배상함과 아울러 가정에 충실하겠다는 서약의 취지에서 처에게 부동산을 양도하되 부부관계가 유지되는 동안에는 처가 임의로 처분할 수 없게 한 계약은 제103조 위반이 아니다(대판 1992.10.27. 92므204). 해외파견 된 근무자가 귀국 후 3년간 회사에 근무하여야 하고, 위반 시 해외파견에 소요된 경비를 배상하여야 한다는 회사의 내규(근무기간의 제한이 아니라 경비반환채무의 면제기간을 제한한 것으로서 유효)는 제103조 위반이 아니다(대판 1982.06.22. 82다카90). 강제집행을 면할 목적으로 부동산에 허위의 근저당권설정등기를 경료 하는 행위는 선량한 풍속 기타 사회질서에 위반한 사항을 내용으로 하는 법률행위로 볼 수 없다(대판 2004.05.28. 2003다70041). 양도소득세를 회피하기 위한 방법으로 매매계약을 체결하였더라도 그 때문에 매매계약이 민법 제103조의 반사회적 법률행위로서 무효라고 할 수 없다(대판 1992.12.22. 91다35540·35557). 반사회적 행위에 의하여 조성된 재산인 이른바 비자금을 소극적으로 은닉하기 위하여 임치한 것이 사회질서에 반하는 법률행위로 볼 수 없다고 하여 불법원인급여가 아니라고 한 원심 판단을 수긍하였다(대판 2001.04.10. 2000다49343). 또한 사용자가 노동조합과의 단체교섭에 따라 업무상 재해로 인한 사망 등 일정한 사유가 발생하는 경우 조합원의 직계가족 등을 채용하기로 하는 내용의 단체협약을 체결하였다면, 그와 같은 단체협약이 사용자의 채용의 자유를 과도하게 제한하는 정도에 이르거나 채용 기회의 공정성을 현저히 해하는 결과를 초래하는 등의 특별한 사정이 없는 한 선량한 풍속 기타 사회질서에 반한다고 단정할 수 없다[7](대판(全) 2020.08.27. 2016다248998).

---

[7] [다수의견] 단체협약이 민법 제103조의 적용대상에서 제외될 수는 없으므로 단체협약의 내용이 선량한 풍속 기타 사회질서에 위배된다면 그 법률적 효력은 배제되어야 한다. 다만 단체협약이 선량한 풍속 기타 사회질서에 위배되는지를 판단할 때에는 단체협약이 헌법이 직접 보장하는 기본권인 단체교섭권의 행사에 따른 것이자 헌법이 제도적으로 보장한 노사의 협약자치의 결과물이라는 점 및 노동조합 및 노동관계조정법에 의해 이행이 특별히 강제되는 점 등을 고려하여 법원의 후견적 개입에 보다 신중할 필요가 있다. 헌법 제15조가 정하는 직업선택의 자유, 헌법 제23조 제1항이 정하는 재산권 등에 기초하여 사용자는 어떠한 근로자를 어떠한 기준과 방법에 의하여 채용할 것인지를 자유롭게 결정할 자유가 있다. 다만 사용자는 스스로 이러한 자유를 제한할 수 있는 것이므로, 노동조합과 사이에 근로자 채용에 관하여 임의로 단체교섭을 진행하여 단체협약을 체결할 수 있고, 그 내용이 강행법규나 선량한 풍속 기타 사회질서에 위배되지 아니하는 이상 단체협약으로서의 효력이 인정된다. 사용자가 노동조합과의 단체교섭에 따라 업무상 재해로 인한 사망 등 일정한 사유가 발생하는 경우 조합원의 직계가족 등을 채용하기로 하는 내용의 단체협약을 체결하였다면, 그와 같은 단체협약이 사용자의 채용의 자유를 과도하게 제한하는 정도에 이르거나 채용 기회의 공정성을 현저히 해하는 결과를 초래하는 등의 특별한 사정이 없는 한 선량한 풍속 기타 사회질서에 반한다고 단정할 수 없다. 이러한 단체협약이 사용자의 채용의 자유를 과도하게 제한하는 정도에 이르거나 채용 기회의 공정성을 현저히 해하는 결과를 초래하는지는 단체협약을 체결한 이유나 경위, 그와 같은 단체협약을 통해 달성하고자 하는 목적과 수단의 적합성, 채용대상자가 갖추어야 할 요건의 유무와 내용, 사업장 내 동종 취업규칙 유무, 단체협약의 유지 기간과 준수 여부, 단체협약이 규정한 채용의 형태와 단체협약에 따라 채용되는 근로자의 수 등을 통해 알 수 있는 사용자의 일반 채용에 미치는 영향과 구직희망자들에 미치는 불이익 정도 등 여러 사정을 종합하여 판단하여야 한다(대판(全) 2020.08.27. 2016다248998).

7. 불공정한 법률행위

> **제104조(불공정한 법률행위)** 당사자의 궁박, 경솔 또는 무경험으로 인하여 현저하게 공정을 잃은 법률행위는 무효로 한다.

(1) 객관적 요건

1) 급부와 반대급부의 현저한 불균형

보통은 상당한 급부의 불균형이 있어야 하는데, 그 판단은 구체적 사안에 따라서 사회질서의 기준에 의해 정해진다. 다만 判例는 시가의 반값으로 매각한 사안에서 폭리를 인정한 것도 있다(대판 1964.12.29. 64다1188). 그리고 최근 判例는 "키코(KIKO) 통화옵션계약의 구조는 환율 변동의 확률적 분포를 고려하여 쌍방의 기대이익을 대등하게 한 것이므로 계약 체결 후 시장환율이 당초 예상과 달리 변동함으로써 결과적으로 쌍방의 이익에 불균형이 생겼다 하더라도 그 때문에 계약 자체가 현저하게 불공정하게 체결되었다고 볼 수 없기 때문에 통화옵션계약은 불공정행위에 해당하지 않는다(대판(全合) 2013.9.26. 2012다1146,1153]."고 하였다.

2) 불공정의 판정 시기

통설, 判例(대판 1965.06.15. 65다610)는 법률행위시를 표준으로 하고 있다.

(2) 주관적 요건

1) 피해자의 궁박, 경솔, 무경험

사실과 다른 고소에 의하여 구속된 상태에서 고소인의 주장을 인정하고 한 합의는 불공정한 법률행위에 해당한다고 하면서 궁박, 경솔, 무경험 중 하나만 성립해도 되고(대판 1998.03.13. 97다51506), 궁박은 반드시 경제적인 것일 필요는 없으며, 정신적 곤궁을 포함하고 궁박의 상태가 계속적인 것이든 일시적인 것이든 무방하며(대판 2008.03.14. 2007다11996), 대리인에 의하여 법률행위가 이루어진 경우 그 법률행위가 민법 제104조의 불공정한 법률행위에 해당하는지 여부를 판단함에 있어서 경솔과 무경험은 대리인을 기준으로 하여 판단하고, 궁박은 본인의 입장에서 판단하여야 한다[8](대판 2002.10.22. 2002다38927). 궁박은 효과적인 측면이고 경솔, 무경험은 행위적 측면이기 때문이다.

2) 폭리자의 악의

폭리자는 위와 같은 사정이 있었음을 알고서 그것을 이용하려는 의도, 즉 악의(폭리의사)를 가지고 있어야 한다는 것이 통설, 판례이다(대판 1988.09.13. 86다카563; 대판 2008.03.14. 2007다11996).

3) 증명책임

무효를 주장하려면 주장자가 위의 주관적 요건, 객관적 요건, 급부와 반대급부 사이에 현저한 불공정, 불

---

[8] 민법 제104조에 규정된 불공정한 법률행위는 객관적으로 급부와 반대급부 사이에 현저한 불균형이 존재하고, 주관적으로 그와 같이 균형을 잃은 거래가 피해 당사자의 궁박, 경솔 또는 무경험을 이용하여 이루어진 경우에 성립하는 것으로서, 약자적 지위에 있는 자의 궁박, 경솔 또는 무경험을 이용한 폭리행위를 규제하려는 데에 그 목적이 있고, 불공정한 법률행위가 성립하기 위한 요건인 궁박, 경솔, 무경험은 모두 구비되어야 하는 요건이 아니라 그 중 일부만 갖추어져도 충분한데, 여기에서 '궁박'이라 함은 '급박한 곤궁'을 의미하는 것으로서 경제적 원인에 기인할 수도 있고 정신적 또는 심리적 원인에 기인할 수도 있으며, '무경험'이라 함은 일반적인 생활체험의 부족을 의미하는 것으로서 어느 특정영역에 있어서의 경험부족이 아니라 거래일반에 대한 경험부족을 뜻하고, 당사자가 궁박 또는 무경험의 상태에 있었는지 여부는 그의 나이와 직업, 교육 및 사회경험의 정도, 재산 상태 및 그가 처한 상황의 절박성의 정도 등 제반 사정을 종합하여 구체적으로 판단하여야 하며, 한편 피해 당사자가 궁박, 경솔 또는 무경험의 상태에 있었다고 하더라도 그 상대방 당사자에게 그와 같은 피해 당사자측의 사정을 알면서 이를 이용하려는 의사, 즉 폭리행위의 악의가 없었다거나 또는 객관적으로 급부와 반대급부 사이에 현저한 불균형이 존재하지 아니한다면 불공정 법률행위는 성립하지 않는다(대판 2002.10.22. 2002다38927).

균형이 있음을 입증하여야 하며(대판 1970.11.24. 70다2056), 법률행위가 현저히 공정을 잃었다고 하여 곧 그 법률행위가 궁박・경솔・무경험에 의하여 이루어진 것으로 추정되는 것은 아니다(대판 1969.12.30. 69다1873).

(3) 효 과

1) 무 효

무효의 주장에는 제한이 없으므로, 선의의 제3자에 대하여도 주장할 수 있으며, 시적 제한도 없으므로 언제나 행사할 수 있다. 그리고 무효행위의 추인의 대상은 되지 않는다는 것이 判例이다. 다만 매매계약이 약정된 매매대금의 과다로 말미암아 민법 제104조에서 정하는 '불공정한 법률행위'에 해당하여 무효인 경우에도 무효행위의 전환에 관한 민법 제138조가 적용될 수 있다. 그러므로 재건축사업부지에 포함된 토지에 대하여 재건축사업조합과 토지의 소유자가 체결한 매매계약이 매매대금의 과다로 말미암아 불공정한 법률행위에 해당하지만, 그 매매대금을 적정한 금액으로 감액하여 매매계약의 유효성을 인정할 수 있다(대판 2010. 07.15. 2009다50308).

2) 이행된 경우의 효과

이행된 경우는 일반적으로 불법원인이 상대방에게만 있는 것이라 할 것이므로 민법 제746조 단서가 적용되어 피해자는 급부한 것의 반환을 청구할 수 있다.

(4) 判 例

1) 제104조에 위반되는 경우

① 대물변제의 목적물인 부동산의 가액이 채권액의 3~4배에 달한 경우
② 매매가격이 시가의 1/8 정도로 현저한 차이가 있고 매수인은 이를 매수한 3개월 후에 매수가격의 4~5배 정도로 전매한 경우
③ 건물을 철거당하여 생업을 중단하게 될 궁박한 상태에서 시가의 1/3에 미달하는 금액으로 이루어진 건물매매(대판 1973.05.22. 73다231)
④ 신체사고로 인한 손해배상금으로 사고 후 일주일 밖에 되지 않은 시기에 그 받을 수 있는 금액의 1/8도 안되는 금액으로 합의한 경우(대판 1979.04.10. 78다2457)
⑤ 농촌에 거주하는 79세의 노인으로부터 감정가격의 30%에도 미치지 못한 가격으로 토지를 매수하고 계약금으로 매매대금의 1/3이상을, 계약 다음 날 중도금으로 고액을 지급하는 등 이례적인 매매계약을 맺은 경우(대판 1992.02.25. 91다40351)
⑥ 구속된 남편을 석방시키기 위하여 회사에 대한 물품잔대금채권이 얼마인지도 확실히 모르면서 남편을 대리하여 위임장과 포기서를 작성해 준'채권포기행위'(대판 1975.05.13. 75다92)

2) 제104조에 위반되지 않는 경우

① 매매가격이 시가보다 저렴하다는 사실만으로는 폭리행위로 인정될 수 없다.
② 간통죄로 고소하지 않는 대가로 합의금을 받은 것은 부정한 이익을 목적으로 하는 위법한 강박행위가 아니고, 다소 궁박한 상태에서 한 약속어음작성행위를 불공정한 법률행위로 볼 수 없다(대판 1997.03.25. 96다47951).
③ 기부행위(증여)와 같이 아무 대가관계 없이 일방적인 급부를 하는 행위는 그 성질상 공정성 여부를 논할 수 있는 법률행위라 할 수 없다(대판 1997.03.11. 96다49650). 즉 민법 제104조가 규정하는 현저히 공정을 잃은 법률행위라 함은 자기의 급부에 비하여 현저하게 균형을 잃은 반대급부를 하게 하여 부당한 재산적 이익을 얻는 행위를 의미하는 것이므로 증여와 같이 아무런 대가관계 없이 당사자 일방이 상대방에게 일방적인 급부를 하는 법률행위는 그 공정성 여부를 논의할 수 있는 성질의 법률행위가 아니다(대판 2000.02.11. 99다56833 등).

④ 경매에 있어서는 불공정한 법률행위 또는 채무자에게 불리한 약정에 관한 것으로서 효력이 없다는 민법 제104조, 제608조는 적용될 여지가 없다(대판 1980.03.21. 80마77).

⑤ 쟁의행위 끝에 체결된 단체협약이 사용자 측의 경영 상태에 비추어 그 내용이 다소 합리성을 결하였다는 사정만으로는 불공정한 법률행위에 해당하지 않는다(대판 2007.12.14. 2007다18584).

3) 제104조 위반과 부제소특약

① 부제소특약이 유효인 경우

당사자가 자유롭게 처분할 수 있는 권리관계에 대하여 부제소특약이 이루어진 경우에는, 부제소특약으로 말미암아 그 대상으로 된 권리관계가 강행법규 위반으로 무효라는 주장을 하지 못하게 되는 결과가 초래된다 하더라도, 그러한 사정만으로 그 부제소특약이 당해 강행법규에 위반하여 무효로 된다고 볼 수는 없다. 그런데 위약벌에 관한 권리관계에 대하여 당사자의 처분을 금하는 취지의 강행법규가 존재하고 있다고 인정되지 아니하므로, 설사 위약벌에 관한 권리관계에 대하여 부제소특약을 함으로써 그 권리관계가 강행법규 위반으로 무효라는 주장을 하지 못하게 된다는 사정을 들어 그 부제소특약이 당해 강행법규에 위반하여 무효로 되는 것은 아니라 할 것이다. 따라서 이와 다른 견해에 서서 이 사건 부제소특약이 강행법규에 위반하여 무효라는 취지의 원고의 주장 역시 그 이유가 없다. 원고가 내세우는 판결은 강행법규로 당사자의 처분이 금지된 권리관계에 대하여 부제소특약을 한 경우로 이 사건과 사안을 달리하므로 이 사건에서 원용하기에 적절하지 아니하다(대판 2008.02.14. 2006다18969).

② 부제소특약이 무효인 경우

매매계약과 같은 쌍무계약이 급부와 반대급부와의 불균형으로 말미암아 민법 제104조에서 정하는 '불공정한 법률행위'에 해당하여 무효라고 한다면, 그 계약으로 인하여 불이익을 입는 당사자로 하여금 위와 같은 불공정성을 소송 등 사법적 구제수단을 통하여 주장하지 못하도록 하는 부제소합의 역시 다른 특별한 사정이 없는 한 무효라고 할 것이다(대판 2010.07.15. 2009다50308).

IV. 법률행위의 해석

1. 의의

법률행위의 해석은 당사자가 그 표시행위에 부여한 객관적인 의미를 명백하게 확정하는 것으로서, 서면에 사용된 문구에 구애받는 것은 아니지만 어디까지나 당사자의 내심적 의사의 여하에 관계없이 그 서면의 기재 내용에 의하여 당사자가 그 표시행위에 부여한 객관적 의미를 합리적으로 해석하여야 하는 것이고, 당사자가 표시한 문언에 의하여 그 객관적인 의미가 명확하게 드러나지 않는 경우에는 그 문언의 내용과 그 법률행위가 이루어진 동기 및 경위, 당사자가 그 법률행위에 의하여 달성하려는 목적과 진정한 의사, 거래의 관행 등을 종합적으로 고려하여 사회정의와 형평의 이념에 맞도록 논리와 경험의 법칙, 그리고 사회일반의 상식과 거래의 통념에 따라 합리적으로 해석하여야 한다[9](대판 1996.10.25. 96다16049). 따라서 계약을 합의하여 해제하거나 해지하면서 상대방에게 손해배상을 하기로 하는 특약이나 손해배상청구를 유보하는 의사표시를 하였는지를 판단할 때에도 위와 같은 법률행위 해석에 관한 법리가 적용된다. 위와 같은 특약이나 의사표시가 있었는지는 합의해제·해지 당시를 기준으로 판단하여야 하는데, 원래의 계약에 있는 위약금이나 손해배상에 관한 약정은 그것이 계약 내용이나 당사자의 의사표시 등에 비추어 합의해제·해지의 경우에도 적용된다고 볼 만한 특별한 사정이 없는 한 합의해제·해지의 경우에까지 적용되지는 않는다(대판 2021.05.07. 2017다220). 그리고 조약은 전문·부속서를 포함하는 조약문의 문맥 및 조약의 대상과 목적에 비

---

9) 어떠한 의무를 부담하는 내용의 기재가 있는 문면에 "협조를 최대로 한다"라고 기재되어 있는 경우, 특별한 사정이 없는 한 당사자가 그와 같은 문구를 기재한 객관적인 의미는 문면 그 자체로 볼 때 그러한 의무를 법적으로 부담할 수는 없지만 사정이 허락하는 한 그 이행을 사실상 하겠다는 취지로 해석함이 상당하다.

추어 조약의 문언에 부여되는 통상적인 의미에 따라 성실하게 해석되어야 한다. 여기서 문맥은 조약문(전문 및 부속서를 포함한다) 외에 조약의 체결과 관련하여 당사국 사이에 이루어진 조약에 관한 합의 등을 포함하며, 조약 문언의 의미가 모호하거나 애매한 경우 등에는 조약의 교섭 기록 및 체결 시의 사정 등을 보충적으로 고려하여 의미를 밝혀야 한다(대판(全合) 2018.10.30. 2013다61381).

2. 사실인 관습과 임의규정

> 제106조(사실인 관습) 법령중의 선량한 풍속 기타 사회질서에 관계없는 규정과 다른 관습이 있는 경우에 당사자의 의사가 명확하지 아니한 때에는 그 관습에 의한다.
>
> 제105조(임의규정) 법률행위의 당사자가 법령중의 선량한 풍속 기타 사회질서에 관계없는 규정과 다른 의사를 표시한 때에는 그 의사에 의한다.

(1) 순서

당사자의 목적, 사실인 관습, 임의법규, 신의성실의 원칙의 순으로 해석하여 권리의무를 판단해야 한다.

(2) 사실인 관습

1) 직권조사사항인지 여부

사실인 관습은 경험칙에 속하고 경험칙은 일종의 법칙이므로 어떠한 경험칙을 판단함에 있어서는 당사자의 주장이나 입증에 구애됨이 없이 법관 스스로 직권에 의하여 판단할 수 있다고 하였다가(대판 1976.07.13. 76다983), 그 후 태도를 바꾸어 관습은 그 존부자체도 명확하지 않을 뿐만 아니라 그 관습이 사회의 법적 확신이나 법적 인식에 의하여 법적 규범으로까지 승인되었는지의 여부를 가리기는 더욱 어려운 일이므로 법원이 이를 알 수 없는 경우 결국은 당사자가 주장, 입증해야 한다(대판 1983.06.14. 80다3231)고 본다.

2) 제1조와 제106조의 관계

① 문제점

제1조와 제106조는 모순되는 규정인지에 대해서 논란이 있다.

② 학설

모순된다는 견해는 제1조에 의하면 법적용의 순서가 '강행규정→임의규정→관습법'이 되는 반면, 제106조에 의하면 '강행규정→사실인 관습→임의규정→관습법'의 순서로 되기 때문에 모순이 존재한다고 본다. 모순되지 않는다는 견해는 제1조는 법률적용의 문제이고, 제106조는 법률행위 해석의 기준에 관한 규정이어서, 이는 평면을 달리하는 문제이므로 양 규정 사이에 모순이 없다고 본다(이영준, 이은영, 김상용, 백태승 등).

3) 검토

사실인 관습은 구체적인 법률행위의 성립과 내용 확정에 관한 기준이고, 관습법은 이미 확정적으로 성립된 법률행위 일반에 적용되는 추상적 규범이다. 따라서 관습법과 사실인 관습은 서로 모순되지 않는다.

3. 해석의 대상 및 방법

(1) 법률행위해석의 대상

법률행위의 해석은 표시행위를 대상으로 하여 그에 부여된 객관적 의미를 명백히 확정하는 것이다(대판 1988.09.27. 86다카2375·2376).

(2) 해석의 방법

① 자연적 해석

표의자의 내심의 진의를 밝히는 해석방법을 말한다(표의자 입장). 단독행위는 자연적 해석이 적용되는 대표적인 경우(유언 등 단독행위에 있어서는 표시를 잘못한 때도 언제나 진의에 따른 효과가 발생)이고, 계약은 ① falsa demonstratio non nocet : 거짓표시는 해가 되지 않는다는 원칙(오표시무해의 원칙, 誤表示無害의 原則) 적용 ② 진의와 표시가 달라도 당사자 모두 진의대로 이해한 경우, 표의자의 진의를 상대방이 이미 올바르게 파악한 경우 등에서 진의에 따른 효과가 인정된다. 判例는 "목적물지번에 관한 당사자쌍방의 공통하는 착오 사안에서 甲, 乙이 모두 A토지를 계약목적으로 삼았으나 계약서에 B토지를 잘못 표기한 경우에도 쌍방당사자의 의사합치가 있는 이상 A토지에 관하여 매매계약이 성립하며, 만약 B토지에 관해 이전등기가 경료되었다면 이는 원인없이 경료된 것으로 무효이다(대판 1993.10.26. 93다2629)."라고 한다.

② 규범적 해석

표의자의 내심적 의사의 확정이 불가능한 경우 표시행위의 객관적 의미를 밝히는 해석방법을 말한다(상대방 입장). 표의자가 표시를 잘못하고 상대방도 표시된 대로 이해한 경우에 적용되며, 일단 표시된 대로의 법률행위가 유효하게 성립하며, 다만 착오에 의한 취소 문제가 발생하게 된다. 甲이 98만원에 매도할 생각이 있었으나 89만원으로 잘못 표기하고, 상대방은 89만원으로 인식하고 도장을 찍은 경우를 예로 들 수 있다. 判例는 "채권자가 채무액을 수령하면서 실제로 더 받을 금원이 있음에도 영수증에 '총완결'이라는 문언을 부기한 경우에는 더 받을 금원을 탕감한 것이며, 이는 총완결을 부기하지 않으면 변제하지 않겠다는 압박에 의한 경우에도 동일하다(영수증총완결사건, 대판 1969.07.08. 69다563)."고 하였고, "처분문서의 진정 성립이 인정되면 작성자가 거기에 기재된 법률상의 행위를 한 것이 직접 증명된다고 하겠으나, 처분문서라 할지라도 그 기재 내용과 다른 명시적, 묵시적 약정이 있는 사실이 인정될 경우에는 그 기재 내용과 다른 사실을 인정할 수 있고, 작성자의 행위를 해석할 때에도 경험칙과 논리칙에 반하지 않는 범위 내에서 자유로운 심증으로 판단할 수 있다. 그리고 동일한 사항에 관하여 내용을 달리하는 문서가 중복하여 작성된 경우에는 마지막에 작성된 문서에 작성자의 최종적인 의사가 담겨 있다고 해석하는 것이 일반적이라고 할 수 있지만, 마지막에 작성된 문서에 의한 법률행위가 최종적으로 완성되지 아니하는 등의 사유로 종전에 작성된 문서에 의한 법률행위가 철회되었다고 보기 어려운 사정이 있는 경우에는 그와 같이 해석할 수 없다(대판 2013.01.16. 2011다102776)."고 한다. 또한 하나의 법률관계를 둘러싸고 각기 다른 내용을 정한 여러 개의 계약서가 순차로 작성되어 있는 경우 당사자가 그러한 계약서에 따른 법률관계나 우열관계를 명확하게 정하고 있다면 그와 같은 내용대로 효력이 발생한다. 그러나 여러 개의 계약서에 따른 법률관계 등이 명확히 정해져 있지 않다면 각각의 계약서에 정해져 있는 내용 중 서로 양립할 수 없는 부분에 관해서는 원칙적으로 나중에 작성된 계약서에서 정한 대로 계약 내용이 변경되었다고 해석하는 것이 합리적이다[10](대판 2020.12.30. 2017다17603).

---

[10] 원고(임차인)가 피고(임대인)와 상가에 관한 기존 임대차계약 내용을 변경하면서 임차보증금 액수는 같지만 임차면적, 임대차기간(5년/8년), 월차임, 특약사항의 내용이 조금씩 다른 4개의 임대차계약서를 차례로 작성하였고, 이들 계약서의 진정성립과 그 중 세 번째 임대차계약서가 허위로 작성되었다는 점은 다툼이 없었던 사안에서, 가장 마지막으로 작성된 네 번째 임대차계약서가 허위로 작성된 것이라고 보기 어려워 네 번째 계약서에 따라 임대차관계가 계약기간(5년) 만료로 종료되었다고 보아 피고에게 임차보증금의 반환을 명한 원심 판단을 수긍하면서 피고의 상고를 기각함

> **※ 금융실명제에서의 예금주**
>
> 금융실명거래 및 비밀보장에 관한 법률에 따라 실명확인 절차를 거쳐 예금계약을 체결하고 그 실명확인 사실이 예금계약서 등에 명확히 기재되어 있는 경우에는, 일반적으로 그 예금계약서에 예금주로 기재된 예금명의자나 그를 대리한 행위자 및 금융기관의 의사는 예금명의자를 예금계약의 당사자로 보려는 것이라고 해석하는 것이 경험법칙에 합당하고, 예금계약의 당사자에 관한 법률관계를 명확히 할 수 있어 합리적이다. 그리고 이와 같은 예금계약 당사자의 해석에 관한 법리는, 예금명의자 본인이 금융기관에 출석하여 예금계약을 체결한 경우나 예금명의자의 위임에 의하여 자금 출연자 등의 제3자(이하 '출연자 등'이라 한다)가 대리인으로서 예금계약을 체결한 경우 모두 마찬가지로 적용된다고 보아야 한다. 따라서 본인인 예금명의자의 의사에 따라 예금명의자의 실명확인 절차가 이루어지고 예금명의자를 예금주로 하여 예금계약서를 작성하였음에도 불구하고, 예금명의자가 아닌 출연자 등을 예금계약의 당사자라고 볼 수 있으려면, 금융기관과 출연자 등과 사이에서 실명확인 절차를 거쳐 서면으로 이루어진 예금명의자와의 예금계약을 부정하여 예금명의자의 예금반환청구권을 배제하고 출연자 등과 예금계약을 체결하여 출연자 등에게 예금반환청구권을 귀속시키겠다는 명확한 의사의 합치가 있는 극히 예외적인 경우로 제한되어야 한다. 그리고 이러한 의사의 합치는 금융실명거래 및 비밀보장에 관한 법률에 따라 실명확인 절차를 거쳐 작성된 예금계약서 등의 증명력을 번복하기에 충분할 정도의 명확한 증명력을 가진 구체적이고 객관적인 증거에 의하여 매우 엄격하게 인정하여야 한다[11](대판(全合) 2009.03.19. 2008다45828).

③ 보충적 해석

이미 성립한 법률행위의 내용에 흠결이 있는 경우 당사자의 '가상적 의사'를 통하여 그 흠결을 보충하는 해석방법을 말한다(제3자 입장). 즉 계약당사자 쌍방이 계약의 전제나 기초가 되는 사항에 관하여 같은 내용으로 착오가 있고 이로 인하여 그에 관한 구체적 약정을 하지 아니하였다면, 당사자가 그러한 착오가 없을 때에 약정하였을 것으로 보이는 내용으로 당사자의 의사를 보충하여 계약을 해석할 수 있는바, 여기서 보충되는 당사자의 의사는 당사자의 실제 의사 또는 주관적 의사가 아니라 계약의 목적, 거래관행, 적용법규, 신의칙 등에 비추어 객관적으로 추인되는 정당한 이익조정 의사를 말한다[12](대판 2006.11.23. 2005다13288). 계약이 이미 성립하였고, 그 내용에 흠결이 있는 경우에 한하여 적용(법률행위 내용에 흠결이 없는 경우에 적용되는 자연적, 규범적 해석과 구별)하고, 흠결내용에 대한 임의법규나 관습이 있는 때는 그를 통하여 법률행위 내용의 간극을 보충할 수 있으나, 그러한 보충이 불가능한 때는 '당사자의 가상적 의사'를 통하여 간극을 보충한다. 判例는 "교통사고 피해자가 배상액을 합의하고 청구포기각서를 교부한 후라도 예상치 못한 후유증이 발생하였다면, 특별한 사정이 없는 한 그로 인한 배상청구권까지 포기하는 취지로 합의한 것이라고 볼 수 없다(대판 1989.07.25. 89다카968 등)."고 한다.

4. 예문해석

부당한 내용의 계약조항이 존재하는 경우 이를 例文이라고 하여 당사자에게는 이에 구속될 의사가 없기 때문에 계약 내지 그러한 조항이 무효라고 판단하는 해석을 말한다. 즉 처분문서의 기재 내용이 부동문자로 인쇄되어 있다면 인쇄된 예문에 지나지 아니하여 그 기재를 합의의 내용이라고 볼 수 없는 경우도 있으므로 처분문서라 하여 곧바로 당사자의 합의의 내용이라고 단정할 수는 없고 구체적 사안에 따라 당사자의 의사를 고려하여 그 계약 내용의 의미를 파악하고 그것이 예문에 불과한 것인지의 여부를 판단하여야 한다[13](대판 1997.11.28. 97다36231).

---

11) 甲이 배우자인 乙을 대리하여 금융기관과 乙의 실명확인 절차를 거쳐 乙 명의의 예금계약을 체결한 사안에서, 甲과 乙의 내부적 법률관계에 불과한 자금 출연경위, 거래인감 및 비밀번호의 등록·관리, 예금의 인출 상황 등의 사정만으로, 금융기관과 甲 사이에 예금명의자 乙이 아닌 출연자 甲을 예금계약의 당사자로 하기로 하는 묵시적 약정이 체결되었다고 보아 甲을 예금계약의 당사자라고 판단한 원심판결을 파기한 사례
12) 국가와 기부채납자가 국유지인 대지 위에 건물을 신축하여 기부채납하고 위 대지 및 건물에 대한 사용수익권을 받기로 약정하면서 그 기부채납이 부가가치세 부과대상인 것을 모른 채 계약을 체결한 사안에서, 두 계약당사자의 진의(眞意)가 국가가 부가가치세를 부담하는 것이었다고 추정하여 그러한 내용으로 계약을 수정 해석하여야 한다고 본 원심판결을 파기한 사례.
13) 시가 무단점유 하던 토지를 소유자로부터 매수하기로 하여 작성된 매매계약서상에 부동문자로 인쇄된 계약일 이전의 그

5. 경험칙 – 가동연한

　대법원은 1989. 12. 26. 선고한 88다카16867 전원합의체 판결(이하 '종전 전원합의체 판결'이라 한다)에서 일반육체노동을 하는 사람 또는 육체노동을 주로 생계활동으로 하는 사람(이하 '육체노동'이라 한다)의 가동연한을 경험칙상 만 55세라고 본 기존 견해를 폐기하였다. 그 후부터 현재에 이르기까지 육체노동의 가동연한을 경험칙상 만 60세로 보아야 한다는 견해를 유지하여 왔다. 그런데 우리나라의 사회적·경제적 구조와 생활여건이 급속하게 향상·발전하고 법제도가 정비·개선됨에 따라 종전 전원합의체 판결 당시 위 경험칙의 기초가 되었던 제반 사정들이 현저히 변하였기 때문에 위와 같은 견해는 더 이상 유지하기 어렵게 되었다. 이제는 <u>특별한 사정이 없는 한 만 60세를 넘어 만 65세까지도 가동할 수 있다고 보는 것이 경험칙에 합당하다</u>(대판(全合) 2019.02.21. 2018다248909).

　토지에 대한 권리의 포기 조항이 단순한 예문에 불과하여 소유자가 시에 대한 부당이득반환청구권을 포기한 것으로 볼 수 없다고 한 사례.

제1절 권리 변동의 모습, 원인

I. 서 설

법률관계의 내용은 구체적으로 권리와 의무의 관련성인데, 이를 권리중심으로 파악하면 권리의 발생·변경·소멸하는 모습으로 나타난다. 이러한 법률관계를 발생하게 하는 원인을 법률요건이라 하며, 법률요건은 법률사실로 이루어진다.

II. 권리변동의 모습

1. 권리의 발생

(1) 원시취득(절대적 발생)

원시취득(권리의 절대적 발생)이란 어떤 권리가 타인의 권리에 기함이 없이 특정인에게 새로 발생하는 것을 말한다. 예를 들어 선의취득(제249조), 취득시효(제245조), 무주물선점(제252조)·유실물습득(제253조)·신축한 주택의 소유권취득(제187조) 등이 이에 속한다.

(2) 승계취득

1) 의의

어떠한 권리가 타인의 권리에 기인하여 특정인에게 승계적으로 발생하는 것을 말한다. 이는 다시 이전적 승계와 설정적 승계로 나뉜다.

2) 이전적 승계

권리의 이전적 승계란 구권리자에 속하고 있었던 권리가 그 동일성을 유지하면서 그대로 신권리자에게 이전되는 경우로서, 권리의 주체만이 바뀌는 것을 말한다. 이에는 ① 개개의 권리가 개개의 취득원인에 의해 취득되는 특정승계(예컨대 매매·교환 등)와 ② 하나의 취득원인에 의해 다수의 권리가 일괄적으로 취득되는 포괄승계(예컨대 상속·포괄유증·회사의 합병 등)가 있다.

3) 설정적 승계

권리의 설정적 승계란 구권리자의 권리는 그대로 존속하면서 신권리자가 그 권리의 일부에 어떠한 권리를 취득하는 경우를 말한다. 예를 들어 타인의 소유권에 대해 지상권을 설정하여 이를 취득하는 경우를 들 수 있다.

2. 권리의 변경

권리내용의 변경에는 ① 물건의 인도를 목적으로 하는 채권이 인도를 할 수 없게 됨으로써 손해배상채권으로 변하는 것·대물변제(제466조)와 같은 질적 변경과 ② 소유권의 객체에 제한물권이 설정되거나 또는 이미 설정된 제한물권이 소멸하여 소유권이 원만한 상태로 회복되는 것(소유자의 입장)·첨부(제256조 이하)와 같은 양적 변경이 있다.

3. 권리의 소멸

권리가 권리주체로부터 이탈하는 것을 말한다. 권리 자체가 소멸하는 절대적·객관적 소멸이 있는 반면(예 소멸시효), 권리 자체는 소멸되지 않고 권리주체만 변경되는 상대적·주관적 소멸(예 매매로 인하여 매도인이 물건의 소유권을 상실하는 경우)이 있다.

III. 권리변동의 원인

1. 법률요건

법률요건이란 권리변동을 생기게 하는 법률효과의 법적 원인으로서 법률행위 뿐만 아니라, 준법률행위·불법행위·부당이득 등을 말한다.

2. 법률사실과 체계

(1) 의의

제527조(계약의 청약의 구속력) 계약의 청약은 이를 철회하지 못한다.

제528조(승낙기간을 정한 계약의 청약) ① 승낙의 기간을 정한 계약의 청약은 청약자가 그 기간 내에 승낙의 통지를 받지 못한 때에는 그 효력을 잃는다. - 계약 불성립
② 승낙의 통지가 전항의 기간 후에 도달한 경우에 보통 그 기간 내에 도달할 수 있는 발송인 때에는 청약자는 지체 없이 상대방에게 그 연착의 통지를 하여야 한다. 그러나 그 도달 전에 지연의 통지를 발송한 때에는 그러하지 아니하다[1].
③ 청약자가 전항의 통지를 하지 아니한 때에는 승낙의 통지는 연착되지 아니한 것으로 본다. - 계약 성립

법률요건을 구성하는 개개의 사실이 법률사실이다. 법률요건을 하나의 법률사실로 이루어질 수도 있고(예 채무면제·유언 등), 다수의 법률사실로 이루어질 수도 있다(예 청약의 의사표시와 승낙의 의사표시가 합치됨으로써 성립하는 계약).

(2) 체계

Ⅰ. 용태 : 사람의 정신작용에 기한 법률사실
1. 외부적 용태 : 사람의 의사가 외부에 표현되는 용태
(1) 적법행위 : 법률이 가치 있는 것으로 허용하는 행위
   1) 법률행위(의사표시) : 당사자가 의욕한대로 법률효과가 생기는 행위, 단독행위, 계약, 합동행위
   2) 준법률행위 : 당사자의 의사 내지 의욕과는 상관없이 법률에 의해 효과가 부여되는 행위
     ① 표현행위
      가. 의사의 통지
        자신의 의사를 통지하는 행위. 예: 각종의 최고(제15조 1항, 제88조, 제131조, 제174조, 제381조 1항, 제540조, 제552조 등)
      나. 관념의 통지(사실의 통지)

---

[1] 연착을 통지를 할 필요가 없다. 즉 계약 불성립

당사자일방이 상대방에게 과거 또는 현재의 사실을 알리는 것(예 : 제71조, 제168조 3호, 제450조, 제488조, 제528조 2항 등)
다. 감정의 표시
일정한 감정을 표시하는 행위(제556조 2항, 제841조 등)
② 비표현행위(사실행위)
가. 순수사실행위 : 외부적 결과만 있으면 일정한 효과를 주는 사실행위(제254조, 제259조)
나. 혼합사실행위 : 외부적 결과와 함께 어떤 의식과정이 따를 것이 요구되는 사실행위(제192조 1항, 제252조, 제253조, 제734조)

(2) 위법행위 : 채무불이행(제390조), 불법행위(제750조)

2. 내부적 용태(의식)

(1) 관념적 용태
일정한 사실에 관한 관념 또는 인식에 의한 내부적 용태, 예 : 선의, 악의

(2) 의사적 용태
의식이 일정한 의사를 가지는 내부적 용태. 예 : 소유의 의사(제197조), 제3자의 변제에서 채무자의 의사(제469조), 사무관리에서 본인의 의사(제734조)

II. 사건 : 사람의 정신작용에 기하지 않는 법률사실
사람의 출생 · 사망, 실종, 시간의 경과, 물건의 자연적 발생 및 소멸

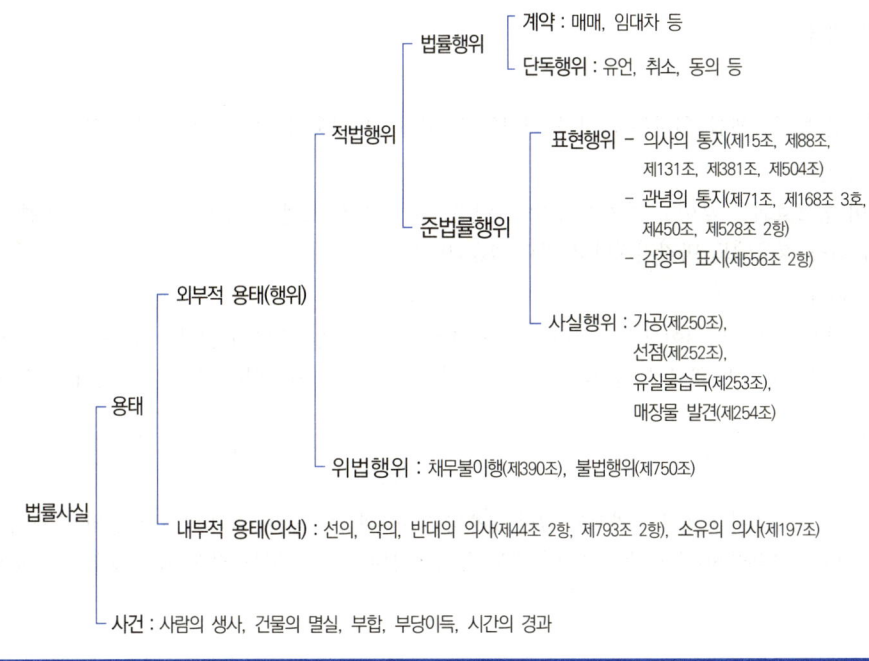

제2절 의사표시론

제1관 총론

Ⅰ. 의사표시의 개념

의사표시는 일정한 법률효과의 발생을 목적으로 의사를 표시하는 행위로서, 의사적 요소와 표시적 요소로 구성 된다.

Ⅱ. 의사표시의 구성요소

1. 행위의사

행위의사란 어떠한 행위를 한다는 인식이다. 따라서 의식불명상태나 최면상태에서 이루어진 행위에는 행위의사가 결여되어 있기 때문에 표의자의 행위라고 할 수 없다(곽윤직).

2. 효과의사

(1) 효과의사의 내용

1) 의의

효과의사란 일정한 법률효과를 원하는 의사를 의미한다. 다만 그 내용에 대해서는 견해가 갈린다.

2) 사실적 효과의사설

효과의사는 법이 법률효과를 부여할 가치가 있다고 인정하는 사실적 효과를 의욕 하는 것이며, 또한 경제적 효과를 의욕 하는 경우에도 마찬가지라고 한다(곽윤직).

3) 법률적 효과의사설

의사표시는 법률관계의 형성행위이므로 효과의사는 법률효과의 의욕일 수밖에 없다고 한다. 즉 효과의사는 단순한 심리적 사실로서의 의사가 아니라 하나의 규범적 존재로서 평가되는 의사라고 한다(이영준).

(2) 효과의사의 본질

1) 문제점

효과의사는 내심적 효과의사(표의자가 가지고 있던 실제의 의사, 내심의 의사, 진의)와 표시상의 효과의사(표시행위로부터 추단되는 효과의사)로 구별된다. 이 경우 의사표시의 요소가 되는 것은 어느 것인가가 문제가 된다.

2) 학설

① 표시상의 효과의사라는 견해

표시주의 이론을 근거로 하여 의사표시의 요소가 되는 것은 내심의 효과의사가 아니라 표시상의 효과의사라고 한다(곽윤직).

② 내심의 효과의사라는 견해

이 견해는 표시상의 효과의사라는 견해에 의하면 표시상의 효과의사만 있으면 내심적 효과의사가 없더라도 의사표시는 완전히 성립하게 되므로 이론적으로 착오에 의한 취소(제109조)를 인정할 여지가 없게 된다고 비판한다. 특히 사람의 의사는 내심의 효과의사가 그 본질이라고 한다(이영준).

3) 判例

의사표시 해석에 있어서 당사자의 진정한 의사를 알 수 없다면, 의사표시의 요소가 되는 것은 표시행위로부터 추단되는 효과의사 즉, 표시상의 효과의사이고 표의자가 가지고 있던 내심적 효과의사가 아니므로, 당사자의 내심의 의사보다는 외부로 표시된 행위에 의하여 추단된 의사를 가지고 해석함이 상당하다(대판 2002.06.28. 2002다23482).

3. 표시의사

(1) 의의 및 예

1) 표시의사는 효과의사를 외부에 발표하려는 의사를 말한다. 즉 효과의사와 표시행위를 매개하는 의사로서 표의자의 인식을 기초로 이루어지는 의사이다.

2) 예를 들어 甲이 부산 여행 중 호기심에 자갈치시장의 해산물경매현장을 구경하러 갔다가 우연히 맞은편에 친구가 있는 것을 발견하고 반갑게 손을 흔들어 주었던 경우, 자갈치시장 해산물경매장에서는 관습상 손을 흔드는 것이 경매에 응하겠다는 의사표시에 해당되어 원치도 않는 해산물이 甲에게 낙찰되어 버린 사례가 있다. 즉 이 경우 甲은 효과의사와 표시행위는 있으나, 표시의사가 없는 경우가 된다.

(2) 표시의사가 의사표시의 요소인지 여부

1) 부정설

표시의사가 의사표시의 구성요소라고 하면 표시의사가 없는 표시행위는 의사표시가 되지 않는데, 이런 결과는 실제로 거래안전을 해하므로 표시의사는 의사표시의 구성요소가 아니라고 한다. 따라서 표시의사가 존재하지 않아도 의사표시는 성립한다고 본다(곽윤직). 이 견해는 위의 사례에서 표시의사를 의사표시의 요소로 보지 않으므로 甲의 행위는 경매응찰행위로서 성립하나, 착오를 이유로 취소할 수 있게 된다고 본다.

2) 긍정설

표시의사를 의사표시의 요소로 인정하지 않더라도 대부분의 경우 규범적 해석에 의하여 표시의사가 존재한다고 해석되므로, 표시의사는 의사표시의 요소가 된다고 본다(이영준). 이 견해는 위의 사례에서 甲의 표시행위는 표시의사가 없는 표시행위이기 때문에 의사표시가 되지 아니한다고 본다.

4. 표시행위[2]

표시에 의하여 법률효과의 발생을 의욕하는 의미를 갖는 모든 방법을 말한다. 이 경우 모든 방법은 언어·문자·표시·몸짓 등을 말한다.

제2관 흠이 있는 의사표시

I. 서 설

통설은 의사표시의 문제를 '의사와 표시가 일치하지 않는 의사표시'와 '하자(흠) 있는 의사표시'로 구분 한다[3]. 전자는 표의자의 내심의 효과의사와 표시행위로부터 추단되는 표시상의 효과의사가 일치하지 않는 비

---

[2] 최근에 현금자동지급기에 의하여 현금을 지급하거나 자동판매기에 의해서 지하철승차권을 판매하는 행위처럼 사람의 행위가 아니라 기계설비에 의하여 의사표시가 이루어지는 자동화된 의사표시가 문제된다. 이 경우 자동화된 기계설비에의 정보입력과 그 이용은 결국 인간의 행위에 의하여 이루어지는 것이므로 이를 이용하는 의사표시는 통상의 의사표시와 동일하다. 따라서 의사표시에 관한 민법의 규정이 적용된다.

진의의사표시(제107조), 통정허위표시(제108조), 착오에 의한 의사표시(제109조)가 이에 해당하고, 후자는 의사표시가 타인의 위법한 간섭에 의하여 방해된 상태에서 행하여진 것으로서 사기·강박에 의한 의사표시(제110조)가 이에 해당한다고 본다(곽윤직).

II. 진의 아닌 의사표시

> 제107조(진의 아닌 의사표시) ① 의사표시는 표의자가 진의 아님을 알고한 것이라도 그 효력이 있다. 그러나 상대방이 표의자의 진의 아님을 알았거나 이를 알 수 있었을 경우에는 무효로 한다.
> ② 전항의 의사표시의 무효는 선의의 제3자에게 대항하지 못한다.

1. 요 건

(1) 의사표시가 있을 것

의사표시가 존재해야 한다. 따라서 법률관계의 발생을 의욕 하는 의사표시가 아닌 경우(예 : 연극배우의 대사)는 의사표시가 존재하지 않는다.

(2) 의사와 표시의 불일치

1) 진의의 의미

비진의 의사표시에 있어서의 진의란 특정한 내용의 의사표시를 하고자 하는 표의자의 생각을 말하는 것이지 표의자가 진정으로 마음속에서 바라는 사항을 뜻하는 것은 아니므로, 표의자가 의사표시의 내용을 진정으로 마음속에서 바라지는 아니하였다고 하더라도 당시의 상황에서는 그것을 최선이라고 판단하여 그 의사표시를 하였을 경우에는 이를 내심의 효과의사가 결여된 비진의 의사표시라고 할 수 없다(대판 1996.12.20. 95누16059; 대판 2000.04.25. 99다34475).

2) 진의가 있는 경우

① 비록 재산을 강제로 빼앗긴다는 것이 표의자의 본심으로 잠재되어 있었다 하더라도 표의자가 강제에 의해서나마 증여하기로 하였으므로 진의가 없다고 할 수 없다(대판 1993.07.16. 92다41528·41535).

② 사립학교법상의 제한규정 때문에 교직원등의 명의를 빌려서 한 학교법인의 차금행위의 경우 교직원에게 진의가 있다(대판 1980.07.09. 80다639).

3) 진의가 없는 경우

지방자치단체의 방침에 따라 주식포기각서를 받은 경우 비진의 의사표시로서 그 효력이 없다(대판 1998.12.23. 97다20649). 그리고 진의 아닌 의사표시인지의 여부는 효과의사에 대응하는 내심의 의사가 있는지 여부에 따라 결정되는 것인바, 근로자가 사용자의 지시에 좇아 일괄하여 사직서를 작성 제출할 당시 그 사직서에 기하여 의원면직처리될지 모른다는 점을 인식하였다고 하더라도 이것만으로 그의 내심에 사직의 의사가 있는 것이라고 할 수 없다. 사용자가 근로자로부터 사직서를 제출받고 이를 수리하는 의원면직의 형식을 취하여 근로계약관계를 종료시킨다고 할지라도, 사직의 의사없는 근로자로 하여금 어쩔 수 없이 사직서를 작성 제출하게 한 경우에는 실질적으로는 사용자의 일방적 의사에 의하여 근로계약관계를 종료시키는 것이어서 해고에 해당하고, 정당한 이유 없는 해고조치는 부당해고에 다름없는 것이다(대판 1991.07.12. 90다11554).

---

3) 유력설은 동기, 효과의사, 표시의사 및 표시행위가 일치하는 의사표시를 정상적 의사표시라고 보고, 그렇지 않은 것을 비정상적 의사표시라고 본다. 특히 비정상적 의사표시는 다양한 모습으로 나타날 수 있으므로, 이를 다시 통설과 같이 분류할 필요는 없으며, 실익도 없다고 한다(이영준).

4) 중간퇴직의 경우

상대방의 지시, 강요, 방침에 의한 사표제출은 제107조 제1항 단서 또는 제108조 제1항에 의하여 무효이다. 즉 근로자가 회사의 경영방침에 따라 사직원을 제출하고 회사가 이를 받아들여 퇴직처리를 하였다가 즉시 재입사하는 형식을 취함으로써 근로자가 그 퇴직 전후에 걸쳐 **실질적인 근로관계의 단절이 없이 계속 근무한 경우** 제107조 제1항 단서가 적용 된다(대판 1988.05.10. 87다카2578). 다만 해고된 근로자가 아무런 이의의 유보나 조건 없이 퇴직금을 수령한 후 오랜 기간이 지난 후에 해고의 효력을 다투는 소를 제기하는 것은 신의칙에 위배된다(대판 2000.04.25. 99다34475).

(3) 표의자가 그 불일치를 스스로 알고 있을 것

비진의표시는 의사와 표시의 불일치를 표의자가 스스로 알고 있다는 점에서 허위표시와 동일하지만, 비진의표시가 상대방 있는 의사표시라고 하여도 상대방과 서로 짜고(통정, 通情)하는 일이 없다는 면에서 허위표시와는 다르다. 그리고 의사와 표시의 불일치를 표의자가 의식하지 못하고 있는 착오와는 다르다.

(4) 비진의표시를 하게 된 동기는 불문

비진의표시를 하게 된 동기나 연유는 불문한다.

2. 효 과

(1) 원 칙

원칙적으로 의사표시의 효력에 영향을 미치지 않는다(제107조 제1항 본문). 즉, 표시된 대로의 효력을 생기게 한다.

(2) 예 외(무효)

1) 상대방에 대한 효과

"상대방이 표의자의 진의 아님을 알았거나 알 수 있었을 경우"에는 그 비진의표시는 무효이다(제107조 제1항 단서).

2) 선의의 제3자에게 대항하지 못한다.

① 제3자

당사자와 그 포괄승계인 이외의 자로서 비진의표시를 기초로 하여 새로운 이해관계를 맺은 자를 말한다.

② 선 의

비진의표시임을 알지 못하는 것을 말한다.

③ 대항하지 못 한다

당사자 및 다른 제3자는 선의의 제3자에 대하여 무효를 주장할 수 없다는 것이다. 그러나 선의의 제3자가 당사자에 대하여 무효를 주장하는 것은 무방하다.

3) 증명책임

어떠한 의사표시가 비진의 의사표시로서 무효라고 주장하는 경우에 그 증명책임은 그 주장자에게 있다(대판 1992.05.22. 92다2295).

3. 적용범위

(1) 상대방 없는 의사표시

제107조 제1항 단서의 적용이 없으므로, 언제나 유효라는 견해가 유력하다(곽윤직).

(2) 가족법상 행위

당사자의 진의를 절대적으로 필요로 하며, 언제나 무효이므로 그 적용이 배제된다. 따라서 혼인과 입양에는 진의 아닌 의사표시에 관한 민법 규정이 적용되지 않는다.

(3) 주식인수의 청약

상법 제302조 3항은 제107조 제1항 단서 규정의 적용을 배제하므로 언제나 유효이다. 그리고 회사설립 후에는 주식인수청약을 한 자는 착오, 사기, 강박을 이유로 주식인수청약의 취소를 주장하지 못하고 행위무능력(제한능력)에 의한 취소만 가능하다(상법 제320조). 이는 회사의 자본충실을 위하여 청약의 무효·취소 주장을 제한한 것이다.

> **상법 제302조(주식인수의 청약, 주식청약서의 기재사항)** ③ 민법 제107조제1항 단서의 규정은 주식인수의 청약에는 적용하지 아니한다.
>
> **상법 제320조(주식인수의 무효 주장, 취소의 제한)** ① 회사성립 후에는 주식을 인수한 자는 주식청약서의 요건의 흠결을 이유로 하여 그 인수의 무효를 주장하거나 사기, 강박 또는 착오를 이유로 하여 그 인수를 취소하지 못한다.
> ② 창립총회에 출석하여 그 권리를 행사한 자는 회사의 성립 전에도 전항과 같다.

(4) 공법행위

본조는 표시행위를 중시하는 공법행위에는 적용되지 않는다. 공무원의 사표제출의 경우 진의가 없고 상대방이 이를 알았다 하더라도 효력이 있다(대판 1997.12.12. 97누13962). 그리고 군인의 전역지원의 경우 진의가 없고 상대방이 이를 알았다 하더라도 효력이 있다(대판 1994.01.11. 93누10057).

(5) 대리권남용

진의 아닌 의사표시가 대리인에 의하여 이루어지고 그 대리인의 진의가 본인의 이익이나 의사에 반하여 자기 또는 제3자의 이익을 위한 배임적인 것임을 그 상대방이 알았거나 알 수 있었을 경우에는 민법 제107조 제1항 단서의 유추해석상 그 대리인의 행위는 본인의 대리행위로 성립할 수 없다 하겠으므로 본인은 대리인의 행위에 대하여 아무런 계약 책임이 없다(대판 1987.07.07. 86다카1004). 즉 대리권남용에 대해서는 비진의의사표시설(제107조 1항 단서 유추적용설)이 통설, 判例이다.

Ⅲ. 통정한 허위의 의사표시

> **제108조(통정한 허위의 의사표시)** ① 상대방과 통정한 허위의 의사표시는 무효로 한다.
> ② 전항의 의사표시의 무효는 선의의 제3자에게 대항하지 못한다.

1. 요 건

(1) 의사표시가 있을 것

(2) 의사와 표시의 불일치

임대인과 임차인이 임대차보증금반환채권을 담보할 목적으로 전세권을 설정하기 위하여 전세권설정계약을 체결하였다면, 임대차보증금에서 연체차임 등을 공제하고 남은 돈을 전세금으로 하는 것이 임대인과 임차인의 합치된 의사라고 볼 수 있으나, 그 전세권설정계약은 외관상으로는 그 내용에 차임지급 약정이 존재하지 않고 이에 따라 전세금이 연체차임으로 공제되지 않는 등 임대인과 임차인의 진의와 일치하지 않는 부분이 존재한다. 따라서 그러한 전세권설정계약은 임대차계약과 양립할 수 없는 범위에서 통정허위표시에 해당하여 무효라고 봄이 타당하다(대판 2021.12.30. 2018다268538).

(3) 표의자가 그 불일치를 스스로 알고 있을 것

(4) 상대방과의 통정이 있어야 한다.

통정은 표의자가 진의 아닌 의사표시를 하는 것을 상대방이 알고 있는 것만으로는 부족하며, 그에 관하여 상대방과의 사이에 의사의 합치가 있어야 한다. 즉 통정이란 진의가 없는 의사표시의 외형만을 서로 짜고 일치시키는 것을 말한다. 그런 의미에서 진정한 의사표시의 내용적 합치를 뜻하는 합의와 구별된다.

> *** 구별개념 - 은닉행위**
>
> 甲이 아들 乙에게 실제로는 토지를 증여하는 것이지만, 세금을 덜 내기 위해 매매를 하는 것으로 하였다. 이 경우 매매는 통정허위표시로서 무효이지만, 숨겨진 행위 즉 은닉행위인 증여 자체는 허위표시가 아니므로, 유효하다. 判例도 "매도인이 경영하던 기업이 부도가 나서 그가 주식을 매도할 경우 매매대금이 모두 채권자은행에 귀속될 상황에 처하자 이러한 사정을 잘 아는 매수인이 매매계약서상의 매매대금은 형식상 금 8,000원으로 하고 나머지 실질적인 매매대금은 매도인의 처와 상의하여 그에게 적절히 지급하겠다고 하여 매도인이 그와 같은 주식매매계약을 체결한 경우, 매매계약상의 대금 8,000원이 적극적 은닉행위를 수반하는 허위표시라 하더라도 실지 지급하여야 할 매매대금의 약정이 있는 이상 위 매매대금에 관한 외형행위가 아닌 내면적 은닉행위는 유효하고 따라서 실지매매대금에 의한 위 매매계약은 유효하다(대판 1993.08.27. 93다12930)."고 한다.

> *** 대출계약과 통정허위표시**
>
> 은행이 동일인 여신한도의 제한을 회피하기 위하여 실질적 주채무자 아닌 제3자와 사이에 제3자를 주채무자로 하는 소비대차계약을 체결한 경우의 효력에 관하여 은행이 양해하지 않은 경우 진의가 있는 경우로서 유효이고, 양해한 경우에는 무효이다(대판 2007.11.29. 2007다53013). 즉 동일인에 대한 대출액 한도를 제한한 <u>구 상호신용금고법 제12조의 적용을 회피하기 위하여 실질적인 주채무자가 실제 대출받고자 하는 채액에 대하여 제3자를 형식상의 주채무자로 내세우고, 상호신용금고도 이를 양해하여 제3자에 대하여는 채무자로서의 책임을 지우지 않을 의도하에 제3자 명의로 대출관계서류를 작성 받은 경우, 제3자는 형식상의 명의만을 빌려준 자에 불과하고 그 대출계약의 실질적인 당사자는 상호신용금고와 실질적 주채무자이므로, 제3자 명의로 되어 있는 대출약정은 상호신용금고의 "양해" 하에 그에 따른 채무부담의 의사 없이 형식적으로 이루어진 것에 불과하여 통정허위표시에 해당하는 무효의 법률행위이다</u>(대판 1999.03.12. 98다48989). 따라서 조합으로부터 대출받기로 하면서 자신의 부동산에 근저당권을 설정한 자가 조합의 이사장으로부터 대출금의 실제 채무자는 근저당권설정자가 아니라는 등의 각서 및 이사장과 조합이 대출금에 대하여 연대하여 책임지겠다는 확인서를 작성 받은 경우, 그 대출약정은 통정허위표시에 해당하여 무효이다(대판 2006.04.28. 2005다76265).

2. 효 과

(1) 당사자 사이에서의 효력

1) 무 효

허위표시는 당사자 사이에서는 언제나 무효이다(제108조 제1항).

2) 부당이득반환의무

이행을 하지 않았으면 이행할 필요가 없고 이행한 후이면 허위표시로 이익을 얻은 자는 부당이득반환의 의무를 진다(제741조 이하). 통정허위표시에 의한 급부가 불법원인급여는 아니며 강제집행을 면할 목적으로 부동산에 허위의 근저당권설정등기를 경료 하는 행위는 민법 제103조의 선량한 풍속 기타 사회질서에 위반한 사항을 내용으로 하는 법률행위로 볼 수 없다(대판 1994.04.15. 93다61307).

(2) 제3자에 대한 효력

1) 허위표시의 "무효는 선의의 제3자에게 대항하지 못 한다"(제108조 제2항). 이는 가장행위의 외형을 신뢰한 자를 보호하기 위한 것이다.

2) 이 경우 '대항하지 못 한다'는 것은 허위표시의 무효를 선의의 제3자에 대하여 주장할 수 없다는 의미이고, 허위표시의 당사자 사이에서 무효인 허위표시가 유효하게 되는 것은 아니다. 즉 허위표시는 여전히 무효이지만 선의의 제3자에 대한 관계에서는 표시된 대로 효력이 생기게 되고(상대적 무효), 선의의 제3자는 무권리자로부터 권리를 취득한 결과가 된다. 예를 들어 부동산의 가장매도인은 가장매수인으로부터 선의로 부동산소유권을 취득한 자에 대하여는 소유권의 취득을 인정하여야 하고, 따라서 등기의 회복이나 목적물의 반환을 청구할 수 없다(주석 민법(2), 631면). 그리고 상대방과 통정한 허위의 의사표시는 무효이고 누구든지 그 무효를 주장할 수 있는 것이 원칙이나, 허위표시의 당사자 및 포괄승계인 이외의 자로서 허위표시에 의하여 외형상 형성된 법률관계를 토대로 실질적으로 새로운 법률상 이해관계를 맺은 선의의 제3자에 대하여는 허위표시의 당사자뿐만 아니라 그 누구도 허위표시의 무효를 대항하지 못하고, 따라서 선의의 제3자에 대한 관계에 있어서는 허위표시도 그 표시된 대로 효력이 있다[4](대판 1996.04.26. 94다12074).

(3) 제3자의 범위

1) 제3자에 해당하는 경우

허위의 주채무를 이행한 보증인의 변제는 구상권을 취득할 이해관계 있는 변제가 된다(대판 2006.03.10. 2002다1321)고 한다. 그리고 파산자가 가장채권을 보유한 경우에 파산관재인은 제108조 제2항 소정의 제3자에 해당하고(대판 2003.06.24. 2002다48214), 그 선의·악의도 파산관재인 개인의 선의·악의를 기준으로 할 수는 없고 총파산채권자를 기준으로 하여 파산채권자 모두가 악의로 되지 않는 한 파산관재인은 선의의 제3자라고 할 수밖에 없다(대판 2006.11.10. 2004다10299; 대판 2010.04.29. 2009다96083). 금융기관이 한국자산관리공사에게 부실자산인 대출금 채권을 양도한 경우, 한국자산관리공사는 민법 제108조 제2항의 제3자에 해당 한다(대판 2004.01.15. 2002다31537). 실제로는 전세권설정계약을 체결하지 아니하였으면서도 담보의 목적 등으로 당사자 사이의 합의에 따라 전세권설정등기를 마친 경우, 전세권부채권의 가압류권자가 선의의 제3자에 해당하여 보호받을 수 있다. 즉, X가 통정허위표시에 해당하여 무효인 전세권설정계약에 의하여 형성된 법률관계로 생긴 채권(전세권부채권)을 가압류한 사안에서, 가압류 등기를 마칠 당시 전세권설정등기가 말소되지 아니한 상태였고, 전세권갱신에 관한 등기가 불필요한 전세권명의자가 부동산 일부를 여전히 점유·사용하고 있었던 이상, X는 통정허위표시를 기초로 하여 새로이 법률상 이해관계를 가진 선의의 제3자에 해당한다고 봄이 상당하다고 한다(대판 2010.03.25. 2009다35743). 그리고 실제로는 전세권설정계약이 없으면서도 임차보증금 반환채권을 담보할 목적으로 전세권설정등기를 마친 후 그 전세권에 대하여 근저당권이 설정된 경우, 임대인이 그와 같은 사정을 알지 못한 근저당권자에게 위 전세권설정계약이 통정허위표시에 해당함을 이유로 무효를 주장할 수 없다(대판 2008.03.13. 2006다29372·29389). 또한 甲이 乙의 임차보증금반환채권을 담보하기 위하여 통정허위표시로 乙에게 전세권설정등기를 마친 후 丙이 이러한 사정을 알면서도 乙에 대한 채권을 담보하기 위하여 위 전세권에 대하여 전세권근저당권설정등기를 마쳤는데, 그 후 丁이 丙

---

4) 통정 허위표시를 원인으로 한 부동산에 관한 가등기 및 그 가등기에 기한 본등기로 인하여 甲의 소유권이전등기가 말소된 후 다시 그 본등기에 터 잡아 乙이 부동산을 양수하여 소유권이전등기를 마친 경우, 乙이 통정 허위표시자로부터 실질적으로 부동산을 양수하고 또 이를 양수함에 있어 통정 허위표시자 명의의 각 가등기 및 이에 기한 본등기의 원인이 된 각 의사표시가 허위표시임을 알지 못하였다면, 甲은 선의의 제3자인 乙에 대하여는 그 각 가등기 및 본등기의 원인이 된 각 허위표시가 무효임을 주장할 수 없고, 따라서 乙에 대한 관계에서는 그 각 허위표시가 유효한 것이 되므로 그 각 허위표시를 원인으로 한 각 가등기 및 본등기와 이를 바탕으로 그 후에 이루어진 乙 명의의 소유권이전등기도 유효하다는 이유로, 乙이 선의라 하더라도 乙에 대하여 甲이 그 부동산의 소유권자임을 주장할 수 있다고 한 원심판결을 파기한 사례

의 전세권근저당권부 채권을 가압류하였다가 이를 본압류로 이전하는 압류명령을 받은 사안에서, 丙의 전세권근저당권부 채권은 통정허위표시에 의하여 외형상 형성된 전세권을 목적물로 하는 전세권근저당권의 피담보채권이고, 丁은 이러한 丙의 전세권근저당권부 채권을 가압류하고 압류명령을 얻음으로써 그 채권에 관한 담보권인 전세권근저당권의 목적물에 해당하는 전세권에 대하여 새로이 법률상 이해관계를 가지게 되었으므로, 丁이 통정허위표시에 관하여 선의라면 비록 丙이 악의라 하더라도 허위표시자는 그에 대하여 전세권이 통정허위표시에 의한 것이라는 이유로 대항할 수 없음에도, 이와 달리 본 원심판결에 법리오해의 위법이 있다(대판 2013.02.15. 2012다49292).

2) 제3자에 해당되지 아니하는 경우

채권의 가장양도에 있어서 원래의 채무자, 제3자를 위한 계약에 있어 수익자 등을 들 수 있고, 가장채권의 양수인으로부터 추심을 위임받은 자 등을 들 수 있다. 判例는 채권의 가장양도에서 채무자는 제3자에 해당하지 않고(대판 1983.01.18. 82다594[5]), 계약이전을 받은 금융기관은 원계약 당사자 사이의 통정허위표시에 있어서 민법 제108조 제2항의 제3자에 해당하지 않는다고 한다(대판 2004.01.15. 2002다31537[6]). 통정허위표시의 무효를 대항할 수 없는 제3자란 허위표시의 당사자 및 포괄승계인 이외의 자로서 허위표시에 의하여 외형상 형성된 법률관계를 토대로 새로운 법률원인으로써 이해관계를 갖게 된 자를 말한다. 따라서, 소외인 (A)가 부동산의 매수자금을 피고로부터 차용하고 담보조로 가등기를 경료하기로 약정한 후 채권자들의 강제집행을 우려하여 소외인 (B)에게 가장양도한 후 피고 앞으로 가등기를 경료케 한 경우에 있어서 피고는 형식상은 가장 양수인으로부터 가등기를 경료 받은 것으로 되어 있으나 실질적인 새로운 법률원인에 의한 것이 아니므로 통정허위표시에서의 제3자로 볼 수 없다(대판 1982.05.25. 80다1403). 그리고 A는 B와 통정하여 허위로 B 앞으로 매매를 원인으로 하여 가등기를 마쳤고, 후에 이러한 통정한 허위의 의사표시는 철회되었다. 그 이후 B는 A를 피고로 하여 가등기에 기한 본등기이행청구의 소를 제기하여 제1심에서 승소판결을 받아 B명의로 본등기를 경료 하였고, 이후 A의 항소로 인하여 제1심판결은 취소되었다. 이 경우 B의 본등기를 신뢰하여 B로부터 다시 이전등기를 받은 甲 등은 제108조 제2항의 선의의 제3자가 될 수 없다(대판 2020.01.30. 2019다280375).

3) 엄폐물이론

선의의 제3자로부터 다시 전득한 자에 대하여는 그 전득자가 악의이더라도 허위표시의 무효를 가지고 대항하지 못 한다(엄폐물이론).

4) 무과실의 요부

제3자는 선의이기만 하면 되고, 무과실은 요구되지 않는다(대판 2007.11.29. 2007다53013).

5) 증명책임

判例는 제3자는 특별한 사정이 없는 한 선의로 추정되므로, 허위표시를 한 부동산양도인이 소유권주장시 제3자의 악의를 입증하여야 한다고 한다(대판 2007.11.29. 2007다53013).

---

5) 민법 제108조 제2항에서 말하는 제3자는 허위표시의 당사자와 그의 포괄승계인 이외의 자 모두를 가리키는 것이 아니고 그 가운데서 허위표시행위를 기초로 하여 새로운 이해관계를 맺은 자를 한정해서 가리키는 것으로 새겨야 할 것이므로 이 사건 퇴직금 채무자인 피고는 원채권자인 소외(갑)이 소외(을)에게 퇴직금채권을 양도했다고 하더라도 그 퇴직금을 양수인에게 지급하지 않고 있는 동안에 위 양도계약이 허위표시란 것이 밝혀진 이상 위 허위표시의 선의의 제3자임을 내세워 진정한 퇴직금전부채권자인 원고에게 그 지급을 거절할 수 없다(대판 1983.01.18. 82다594).
6) 구 상호신용금고법(2000. 1. 28. 법률 제6203호로 개정되기 전의 것) 소정의 계약이전은 금융거래에서 발생한 계약상의 지위가 이전되는 사법상의 법률효과를 가져오는 것이므로, 계약이전을 받은 금융기관은 계약이전을 요구받은 금융기관과 대출채무자 사이의 통정허위표시에 따라 형성된 법률관계를 기초로 새로운 법률상 이해관계를 가지게 된 민법 제108조 제2항의 제3자에 해당하지 않는다(대판 2004.01.15. 2002다31537).

6) 허위표시의 철회 가능

허위표시는 무효이나, 당사자는 합의하여 철회할 수 있다. 그러나 철회로서 선의의 제3자에 대하여 대항할 수 없으므로, 대항하려면 허위표시의 외형을 제거해야 한다.

3. 적용범위

(1) 재산법상 행위

제108조는 계약과 상대방 있는 단독행위에 적용된다. 상대방 없는 단독행위에 대한 적용여부는 견해가 대립된다.

(2) 가족법상 행위(신분행위)

가족법상 행위에 있어서 허위표시를 무효로 하여야함은 물론이지만[7], 제3자에 대한 관계에서 본조가 적용되는지 견해가 대립된다. 부정설은 허위표시에 관한 규정은 가족법상 행위에는 적용되지 않으므로, 그 무효는 선의의 제3자에 대하여도 주장할 있다고 본다. 즉 제108조 2항은 전혀 적용이 없다고 본다(곽윤직, 백태승, 김준호 등). 긍정설은 일률적으로 적용이 되지 않는다고 볼 수는 없고, 상속재산분할의 협의(제1013조), 재산상속의 포기(제1041조)와 같이 재산적 요소가 강한 상속법상 행위에는 제108조가 적용된다고 본다(김주수, 장경학, 이영준)[주석 민법총칙(2), 640면].

(3) 소송행위 및 행정행위

소송행위나 행정행위는 허위표시에 관한 규정이 적용되지 아니한다.

(4) 어음행위

통정허위표시 규정이 적용 된다(대판 1996.08.23. 96다18076[8]).

(5) 허위표시와 채권자취소권(제406조)

제406조에서 말하는 법률행위는 유효인 법률행위만을 가리키는 것은 아니므로 허위표시에 관하여도 채권자취소권(제406조)을 행사할 수 있다고 한다(대판 1984.07.24. 84다카68). 즉 채무자의 법률행위가 통정허위표시인 경우에도 채권자취소권의 대상이 되고, 한편 채권자취소권의 대상으로 된 채무자의 법률행위라도 통정허위표시의 요건을 갖춘 경우에는 무효라고 할 것이다(대판 1998.02.27. 97다50985).

4. 제108조 제2항의 유추적용

허위표시는 아니지만 진정한 권리자의 귀책사유에 의하여 허위의 외관이 성립된 경우에 제108조 제2항의 유추적용을 할 수 있는가가 문제된다. 判例는 진정한 권리자가 무권리자의 처분을 통정 용인하였거나 이를 알고도 방치(허위의 소유권이전등기라는 외관형성에 관여) 한 경우에는 제108조 제2항의 유추적용을 긍정 한다(대판 1981.12.22. 80다1475).

---

7) 혼인 및 입양에 대해서는 민법 제815조 및 제833조가 적용되고 본조가 적용되지 아니한다. 判例도 "단순히 피청구인으로 하여금 국민학교의 교사직으로부터 면직당하지 않게 할 수단으로 호적부상 부부가 되는 것을 가장하기 위하여 이루어졌을 뿐 당사자 사이에 혼인의 합의 즉 정신적, 육체적 결합을 생기게 할 의사로서 신고된 것이 아니면 청구인과 피청구인간의 혼인관계는 무효이다(대판 1980.01.29. 79므62 · 63)."라고 한다.

8) 동일인에 대한 대출액 한도를 제한한 구 상호신용금고법(1995. 1. 5. 법률 제4867호로 개정되기 전의 것) 제12조의 적용을 회피하기 위하여 실질적인 주채무자가 실제 대출받고자 하는 채무액 중 일부에 대하여 제3자를 형식상의 주채무자로 내세웠고 상호신용금고도 이를 양해하면서 제3자에 대하여는 채무자로서의 책임을 지우지 않을 의도 하에 제3자 명의로 대출관계서류 및 약속어음을 작성 받았음을 충분히 추단할 수 있는 경우, 제3자는 형식상의 명의만을 빌려 준 자에 불과하고 그 대출계약의 실질적인 당사자는 상호신용금고와 실질적 주채무자이므로, 제3자 명의로 되어 있는 대출약정 및 약속어음 발행은 상호신용금고의 양해 하에 그에 따른 채무부담 의사 없이 형식적으로 이루어진 것에 불과하여 통정허위표시에 해당하는 무효의 법률행위라고 판단한 원심판결을 수긍한 사례(대판 1996.08.23. 96다18076).

Ⅳ. 착오로 인한 의사표시

> **제109조(착오로 인한 의사표시)** ① 의사표시는 법률행위의 내용의 중요부분에 착오가 있는 때에는 취소할 수 있다. 그러나 그 착오가 표의자의 중대한 과실로 인한 때에는 취소하지 못한다.
> ② 전항의 의사표시의 취소는 선의의 제3자에게 대항하지 못한다.

1. 착오의 의의

착오라 함은 '의사(내심의 효과의사)와 표시(표시행위)의 무의식적 불일치'를 말한다. 따라서 계약의 성립을 위한 의사표시의 객관적 합치 여부를 판단함에 있어, 처분문서인 계약서가 있는 경우에는 특별한 사정이 없는 한 계약서에 기재된 대로의 의사표시의 존재 및 내용을 인정하여야 하고, 계약을 체결함에 있어 당해 계약으로 인한 법률효과에 관하여 제대로 알지 못하였다 하더라도 이는 계약체결에 관한 의사표시의 착오의 문제가 될 뿐이다(대판 2009.04.23. 2008다96291·96307). 그리고「민법」제109조의 의사표시에 착오가 있다고 하려면 법률행위를 할 당시에 실제로 없는 사실을 있는 사실로 잘못 깨닫거나 아니면 실제로 있는 사실을 없는 것으로 잘못 생각하듯이 표의자의 인식과 그 대조사실이 어긋나는 경우라야 할 것이므로, <u>표의자가 행위를 할 당시에 장래에 있을 어떤 사항의 발생이 미필적임을 알아 그 발생을 예기한 데 지나지 않는 경우는, 표의자의 심리상태에 인식과 대조에 불일치가 있다고 할 수 없어 착오로 다룰 수는 없다</u> 할 것이다[9](대판 2010.05.27. 2009다94841).

2. 착오의 유형

(1) 표시상의 착오

표시행위를 잘못하는 착오로서, 표의자가 내심에서 사용할 의사가 없었던 표시수단이 사용된 경우를 말한다. 예를 들어 청약서에 300만원이라고 타이핑하려 했는데, 나중에 보니 30만원이라고 표기된 경우가 그것이다.

(2) 내용상의 착오

표의자가 표시하고자 하는 것을 표시했지만 그 표시의 법적 의미를 잘못 이해한 경우이다. 예를 들어 엔과 원이 동일한 통화인줄 알고 100엔을 표시할 것을 100원이라고 표시한 경우가 그것이다.

(3) 동기의 착오

1) 의의

법률행위의 동기 자체에 착오가 있는 경우이다. 判例는 동기를 계약내용으로 하는 의사를 표시하지 아니한 이상 그 착오를 이유로 계약을 취소할 수 없다(대판 1998.02.10. 97다44737)고 한다. 그러나 '<u>동기가 상대방의 부정한 방법에 의하여 유발된 경우</u>(대판 1987.07.21. 85다카2339)', '<u>동기가 상대방으로부터 제공된 경우</u>(대판 1978.07.11. 78다719)'에는 <u>동기가 표시되지 않았다고 하더라도 동기의 착오에 의한 의사표시는 취소될 수 있다</u>고 한다. 判例는 "<u>동기의 착오가 법률행위의 내용의 중요 부분의 착오에 해당함을 이유로 표의자가 법률행위를 취소하려면 그 동기를 당해 의사표시의 내용으로 삼을 것을 상대방에게 표시하고 의사표시의 해석상 법률행위의 내용으로 되어 있다고 인정되면 충분하고 당사자들 사이에 별도로 그 동기를 의사표시의 내용으로 삼기로 하는 합의까지 이루어질 필요는 없지만, 그 법률행위의 내용의 착오는 보통 일반인이 표의자의 입장에 섰더라면 그와 같은 의사표시를 하지 아니하였으리라고 여겨질 정도로 그 착오가 중요한 부분에 관한 것이어야 한다</u>(대판 1998.02.10. 97다44737)."고 본다.

---

[9] 공장을 설립할 목적으로 매수한 임야가 도시관리계획상 보전관리지역으로 지정됨에 따라 공장설립이 불가능하게 된 사안에서, 매매계약 당시 매수인이 위 임야가 장차 계획관리지역으로 지정되어 공장설립이 가능할 것으로 생각하였다고 하더라도 이는 장래에 대한 단순한 기대에 지나지 않는 것이므로, 그 기대가 이루어지지 아니하였다고 하여 이를 법률행위의 내용의 중요부분에 착오가 있는 것으로는 볼 수 없다.

2) 쌍방의 공통하는 동기의 착오

① 문제점

예를 들어 주식매매의 당사자 쌍방이 신문에 잘못 보도된 주식시세를 올바른 것으로 믿고 그에 기초하여 매매대금을 결정한 경우처럼, 당사자 쌍방이 일치하여 일정한 사정에 관하여 착오에 빠진 것을 말한다.

② 판 례

매도인의 대리인이, 매도인이 납부하여야 할 양도소득세 등의 세액이 매수인이 부담하기로 한 금액뿐이므로 매도인의 부담은 없을 것이라는 착오를 일으키지 않았더라면 매수인과 매매계약을 체결하지 않았거나 아니면 적어도 동일한 내용으로 계약을 체결하지는 않았을 것임이 명백하고, 나아가 매도인이 그와 같이 착오를 일으키게 된 계기를 제공한 원인이 매수인 측에 있을 뿐만 아니라 매수인도 매도인이 납부하여야 할 세액에 관하여 매도인과 동일한 착오에 빠져 있었다면, 매도인의 위와 같은 착오는 매매계약의 내용의 중요부분에 관한 것에 해당한다. <u>부동산의 양도가 있은 경우에 그에 대하여 부과될 양도소득세 등의 세액에 관한 착오가 미필적인 장래의 불확실한 사실에 관한 것이라도 민법 제109조 소정의 착오에서 제외되는 것은 아니다.</u> 위의 경우에, 매도인이 부담하여야 할 세금의 액수가 예상액을 초과한다는 사실을 알았더라면 매수인이 초과세액까지도 부담하기로 약정하였으리라는 특별한 사정이 인정될 수 있을 때에는 매도인으로서는 매수인에게 초과세액 상당의 청구를 할 수 있다고 해석함이 당사자의 진정한 의사에 합치할 것이므로 매도인에게 위와 같은 세액에 관한 착오가 있었다는 이유만으로 매매계약을 취소하는 것은 허용되지 않는다(대판 1994.06.10. 93다24810).

3. 요 건

(1) 법률행위의 내용의 중요부분의 착오

1) 판단기준

표의자에게 그러한 착오가 없었더라면 그 의사표시를 하지 않았으리라고 생각될 정도로 중요한 것이어야 하고, 보통 일반인도 표의자의 처지에 섰더라면 그러한 의사표시를 하지 않았으리라고 생각될 정도로 중요한 것이어야 한다(대판 1996.03.26. 93다55487). 즉 착오를 이유로 의사표시를 취소하는 자는 법률행위의 내용에 착오가 있었다는 사실과 함께 그 착오가 의사표시에 결정적인 영향을 미쳤다는 점, 즉 만약 그 착오가 없었더라면 의사표시를 하지 않았을 것이라는 점을 증명하여야 한다(대판 2008.01.17. 2007다74188).

---

1. 중요부분의 착오인 경우
① 토지의 현황에 관한 착오는 중요부분의 착오이다(대판 1968.03.26. 67다2160).
② <u>법률의 착오는 중요부분의 착오이다</u>. 토지를 매도하면서 현물출자의 방식을 취하면 양도소득세가 면제된다는 매수인의 말을 믿고 계약을 체결하였으나, 양도소득세가 부과되었다면 착오를 이유로 취소할 수 있다(대판 1981.11.10. 80다2475).
③ 토지의 경계에 관한 착오는 중요부분의 착오이다(대판 1989.07.25. 88다카9364).
④ 채무자의 동일성에 대한 물상보증인의 착오는 중요부분의 착오이다(대판 1995.12.22. 95다37087).
⑤ 도급금액에 관한 보증인의 착오는 중요부분의 착오이다(대판 2002.07.26. 2001다36450).
⑥ 재건축조합이 재건축아파트 설계용역계약을 체결함에 있어서 상대방의 건축사 자격 유무에 관한 착오는 법률행위의 중요부분의 착오에 해당한다(대판 2003.04.11. 2002다70884).
⑦ 기술신용보증기금의 신용보증에 있어서 보증대상 기업의 신용 유무가 그 보증 의사표시의 중요부분을 구성한다(대판 1998.09.22. 98다23706). 신용보증기금의 신용보증에서 보증대상기업의 신용 유무는 신용보증의사표시의 중요부분을 구성하므로, 신용보증기금 A가 금융부실거래자인 기업의 경영주 B가 타인의 명의로 신용보증기금의 신용보증을 받은 경우, A의 보증행위는 법률행위의 중요부분에 착오가 있는 경우에 해당한다(대판 2005.05.12. 2005다6228; 대판 2007.08.23. 2006다52815).

2. 중요부분의 착오가 아닌 경우

① 지번에 표시된 지적이 실제 면적보다 적은 때(대판 1969.05.13. 69다196), 토지의 면적, 평수에 관한 착오(매수 토지의 실제 면적이 장부상의 면적과 다소 차이나는 때)(대판 1956.02.23. 4288민상558 등), 피고의 <u>지분이 부족하다</u> 하더라도 그러한 근소한 차이만으로써는 매매계약의 중요부분에 착오가 있었다거나 기망행위가 있었다고는 보기 어렵다(대판 1984.0 4.10. 83다카1328). 매매목적물 지분의 근소한 부족은 중요부분의 착오가 되지 않는다.
② <u>토지매매에 있어서 시가에 관한 착오는</u> 토지를 매수하려는 의사를 결정함에 있어 그 동기의 착오에 불과할 뿐 법률행위의 중요부분에 관한 착오라 할 수 없다(대판 1985.04.23. 84다카890). 매매목적물의 시가에 관한 착오는 중요부분의 <u>착오가 아니다.</u>
③ 매수인이 대출을 받아 잔금을 지급하기로 한 잔금지급계획은 매매계약의 중요부분의 착오라고 할 수 없다(대판 1996.03.26. 93다55487).
④ <u>착오로 인하여 표의자가 어떤 경제적 불이익을 입은 것이 아닌 때에는 중요부분의 착오가 아니다</u>(대판 2006.12.07. 2006다41457). 이에 관하여 기부채납사안이 있고(대판 1999.02.23. 98다47924[10]), 연대보증사안이 있다. 연대보증인이 주채무자가 채권자에게 부담하는 차용금반환채무를 연대보증 할 의사가 있었던 이상 착오로 인하여 경제적인 불이익을 입었거나 장차 불이익을 당할 염려도 없으므로 위와 같은 착오는 연대보증계약의 중요 부분의 착오가 아니다(대판 2006.12.07. 2006다41457).
⑤ <u>공(空)리스에 있어서 리스물건의 존재 여부에 관한 보증인의 착오는 중요부분의 착오가 아니다</u>(대판 2001.02.23. 2000다48135). A병원은 운영자금이 부족하게 되자 리스물건공급자 B와 짜고 실제로는 리스물건을 공급받는 경우가 아님에도 그 리스물품을 공급받는 듯이 허위내용의 서류를 작성하여 리스회사 C에게 제출하고 C로부터 취득원가에 상당한 금원을 지급받아 병원의 운영자금으로 사용하고 있었는데, A병원에 근무하기 시작한지 며칠 되지 않은 의사 D가 A병원과 C 사이의 리스가 공(空)리스로서 실제로 리스물건의 인도가 없는 사실을 알지 못하고 C를 위하여 연대보증인이 된 경우에 연대보증행위의 중요부분의 착오가 되지 않는다.
⑥ <u>타인소유의 부동산을 임대한 것이 임대차계약을 해지할 사유는 될 수 없고 목적물이 반드시 임대인의 소유일 것을 특히 계약의 내용으로 삼은 경우라야 착오를 이유로 임차인이 임대차계약을 취소할 수 있다</u>(대판 1975.01.28. 74다2069).

2) 증명책임

착오의 존재 및 그 착오가 법률행위 내용의 중요부분에 관한 것이라는 점에 대한 증명책임은 표의자가 진다(주석 민법총칙(2), 735면). 즉 착오를 이유로 의사표시를 취소하는 자는 법률행위의 내용에 착오가 있었다는 사실과 함께 그 착오가 의사표시에 결정적인 영향을 미쳤다는 점, 즉 만약 그 착오가 없었더라면 의사표시를 하지 않았을 것이라는 점을 증명하여야 한다(대판 2008.01.17. 2007다74188).

(2) 표의자에게 중대한 과실이 없을 것

1) 중대한 과실의 판단 기준

표의자가 그의 직업, 행위의 종류·목적 등에 대응하여 보통 베풀었어야 할 주의를 현저하게 가지고 있지 않은 것을 말하며, 이때의 과실은 구체적 과실이 아니라 추상적 과실이다.

2) 증명책임

중대한 과실이 있다는 점에 대한 증명책임은 착오를 이유로 의사표시를 취소하고자 하는 표의자의 상대방이 부담 한다(통설, 주석 민법총칙(2), 735면).

---

10) 착오가 법률행위 내용의 중요 부분에 있다고 하기 위하여는 표의자에 의하여 추구된 목적을 고려하여 합리적으로 판단하여 볼 때 표시와 의사의 불일치가 객관적으로 현저하여야 하고, 만일 그 착오로 인하여 표의자가 무슨 경제적 불이익을 입은 것이 아니라고 한다면 이를 법률행위 내용의 중요 부분의 착오라고 할 수 없다. 군유지로 등기된 군립공원 내에 건물 기타 영구 시설물을 지어 이를 군(郡)에 기부채납하고 그 부지 및 기부채납 한 시설물을 사용하기로 약정하였으나 후에 그 부지가 군유지가 아니라 이(里) 주민의 총유로 밝혀진 사안에서, 군수가 여전히 공원관리청이고 기부채납자의 관리권이 계속 보장되는 점에 비추어 소유권 귀속에 대한 착오가 기부채납의 중요 부분에 관한 착오라고 볼 수 없다(대판 1999.02.23. 98다47924).

3) 상대방이 착오를 이용한 경우

상대방이 표의자의 착오를 알면서 이를 이용한 경우에 표의자에게 중대한 과실이 있더라도 표의자는 그 의사표시를 취소할 수 있다(대판 1955.11.10. 4288민상321).

---

1. 중대한 과실인 경우
① 공장경영자가 공장설립 목적으로 토지를 매수하면서 토지상에 공장건축이 가능한지 여부를 관청에 문의하지 않은 경우 표의자의 중과실이 인정 된다(대판 1993.06.29. 92다38881).
② 신용보증기금의 신용보증서를 담보로 금융채권자금을 대출하여 준 금융기관이 위 대출자금이 모두 상환되지 않았음에도 신용보증기금에게 신용보증서 담보설정해지를 통지한 경우에 그 해지의 의사표시는 중대한 과실에 기한 것이라고 하였다(대판 2000.05.12. 99다64999).

2. 중대한 과실이 아닌 경우
① 전문적 감정인에게 문의하지 않고 가짜 골동품을 진품으로 알고 매수한 자에게 '중과실'이 없다고 하였다(대판 1997.08.22. 96다26657).
② 재건축조합측이 상대방을 무자격자로 의심하여 건축사자격증의 제시를 요구한다거나 건축사단체에 자격 유무를 조회하여 이를 확인하여야 할 주의의무가 있다고 볼 수는 없다고 보아, 재건축조합의 착오가 중대한 과실로 인한 것이 아니라고 하였다(대판 2003.04.11. 2002다70884).
③ 신용보증기관이 보증대상 기업의 실제 경영주가 신용불량자라는 사실을 모르고 신용불량자가 아닌 신청명의인을 경영주로 오인하여 이를 전제로 기업의 신용도 등을 조사한 후 보증계약을 체결한 경우, 법률행위의 중요부분에 착오가 있는 것이고, 소액대출임을 감안하여 간이심사 방식으로 신용조사를 한 점 등에 비추어 볼 때 신용보증기관 직원이 실제 경영주가 신용보증을 신청하면서 제출한 신청명의인의 주민등록증 사진을 통하여 신청명의인과 실제 경영주를 구분하지 못하고, 신청명의인의 학력과 경력이 실제 경영주의 것임을 발견하지 못하였다는 사정만으로 신용보증기관이 보증대상 기업의 경영주와 그 신용상태에 대한 착오를 일으킨 데 중대한 과실이 있다고 단정할 수 없다고 하였다(대판 2007.08.23. 2006다52815).

---

4. 적용범위

(1) 가족법상 행위

제109조의 적용이 없고, 착오에 의한 가족법상 행위는 대개 무효가 된다.

(2) 주식인수청약

상법 제320조(주식인수의 무효 주장, 취소의 제한) ① 회사성립 후에는 주식을 인수한 자는 주식청약서의 요건의 흠결을 이유로 하여 그 인수의 무효를 주장하거나 사기, 강박 또는 착오를 이유로 하여 그 인수를 취소하지 못한다.
② 창립총회에 출석하여 그 권리를 행사한 자는 회사의 성립 전에도 전항과 같다.

상행위에 관하여는 거래의 안전을 위하여 제109조의 적용이 제한되는 수가 많고, 상법상 주식인수의 청약에는 이를 배척하는 규정이 있다(상법 제320조).

(3) 착오와 화해계약의 문제

제733조(화해의 효력과 착오) 화해계약은 착오를 이유로 하여 취소하지 못한다. 그러나 화해당사자의 자격 또는 화해의 목적인 분쟁이외의 사항에 착오가 있는 때에는 그러하지 아니하다.

화해계약은 원칙적으로 착오를 이유로 취소하지 못한다(제733조 본문). 그러나 분쟁 이외의 사항, 당사자의 자격에 관한 착오는 취소할 수 있는 사유가 된다(제733조 단서). 다만 민법 제733조의 규정에 의하면, 화해계약은 화해당사자의 자격 또는 화해의 목적인 분쟁 이외의 사항에 착오가 있는 경우를 제외하고는 착오를 이

유로 취소하지 못하지만, 화해계약이 사기로 인하여 이루어진 경우에는 화해의 목적인 분쟁에 관한 사항에 착오가 있는 때에도 민법 제110조에 따라 이를 취소할 수 있다고 할 것이다(대판 2008.09.11. 2008다15278).

(4) 소송행위

소송행위에는 착오에 관한 규정이 적용되지 않는다(대판 1964.09.15. 64다92). 즉 착오로 인하여 소를 취하했다 하더라도 소취하가 무효가 되는 것이 아니다(대판 2004.07.09. 2003다46758).

5. 효 과

(1) 당사자 간의 효력

의사표시는 법률행위의 중요부분의 착오가 있으면 취소할 수 있게 되므로(제109조 제1항 본문) 그 법률행위는 처음부터 무효로 된다(제141조 본문). 따라서 이행을 하지 않았으면 이행할 필요가 없고, 이행한 경우에는 부당이득반환청구권이 발생한다. 다만 당사자의 합의로 착오로 인한 의사표시 취소에 관한 민법 제109조 제1항의 적용을 배제할 수 있다(대판 2016.04.15. 2013다97694). 즉 민법 제109조는 의사표시에 착오가 있는 경우 이를 취소할 수 있도록 하여 표의자를 보호하면서도, 착오가 법률행위 내용의 중요 부분에 관한 것이 아니거나 표의자의 중대한 과실로 인한 경우에는 취소권 행사를 제한하는 한편, 표의자가 의사표시를 취소하는 경우에도 취소로 선의의 제3자에게 대항하지 못하도록 하여 거래의 안전과 상대방의 신뢰를 아울러 보호하고 있다. 이러한 민법 제109조의 법리는 적용을 배제하는 취지의 별도 규정이 있거나 당사자의 합의로 적용을 배제하는 등의 특별한 사정이 없는 한 원칙적으로 모든 사법상 의사표시에 적용된다(대판 2014.11.27. 2013다49794).

(2) 제3자에 대한 효력

'선의', '제3자', '대항하지 못 한다'의 의미는 다른 규정과 동일하다.

(3) 표의자의 배상문제

1) **독일 민법 제122조**는 상대방에게 신뢰이익의 배상책임을 규정하고 있지만, 규정이 없는 **우리 민법은 계약체결상의 과실 책임에 관한 규정**(제535조)**에 의해 구제받을 수 있다는 것이 통설**이다. 통설은 이와 같이 상대방이 보호될 수 있으므로 착오의 성립에 **상대방의 '예견가능성'을 요건으로 하지 않는다.**

2) 경과실의 착오 취소자에게 '위법성'을 이유로 불법행위가 성립할 수 있는가에 관하여, 判例는 이를 부정 한다[11](대판 1997.08.22. 97다13023).

6. 제109조와 다른 규정과의 경합 여부

(1) 해제와 착오취소

매도인이 매수인의 중도금 지급채무 불이행을 이유로 매매계약을 적법하게 해제한 후라도 매수인으로서는 상대방이 한 계약해제의 효과로서 발생하는 손해배상책임을 지거나 매매계약에 따른 계약금의 반환을 받을 수 없는 불이익을 면하기 위하여 착오를 이유로 한 취소권을 행사하여 매매계약 전체를 무효로 돌리게 할 수 있다(대판 1996.12.06. 95다24982 · 24999).

---

[11] 불법행위로 인한 손해배상책임이 성립하기 위하여는 가해자의 고의 또는 과실 이외에 행위의 위법성이 요구되므로, 전문건설공제조합이 계약보증서를 발급하면서 조합원이 수급할 공사의 실제 도급금액을 확인하지 아니한 과실이 있다고 하더라도 민법 제109조에서 중과실이 없는 착오자의 착오를 이유로 한 의사표시의 취소를 허용하고 있는 이상, 전문건설공제조합이 과실로 인하여 착오에 빠져 계약보증서를 발급한 것이나 그 착오를 이유로 보증계약을 취소한 것이 위법하다고 할 수는 없다(대판 1997.08.22. 97다13023).

(2) 재단법인 재산출연행위

재단법인의 출연자가 착오를 원인으로 취소를 한 경우에는 출연자는 재단법인의 성립 여부나 출연된 재산의 기본재산인 여부와 관계없이 그 의사표시를 취소할 수 있다(대판 1999.07.09. 98다9045).

(3) 착오와 사기의 경합

判例는 "기망행위로 인하여 법률행위의 중요부분에 관하여 착오를 일으킨 경우뿐만 아니라 법률행위의 내용으로 표시되지 아니한 의사결정의 동기에 관하여 착오를 일으킨 경우에도 표의자는 그 법률행위를 사기에 의한 의사표시로서 취소할 수 있다(대판 1985.04.09. 85도167)."라고 판시하여 양자의 경합을 인정 한다.

(4) 착오와 담보책임의 경합

통설은 매매목적물에 하자가 있다고 하는 것은 매매목적물의 성질에 관한 착오로서 동기의 착오에 해당한다고 본다. 그러나 하자담보책임에 관한 규정은 착오에 관한 규정에 대하여 특별규정으로서 매도인의 담보책임이 성립하는 범위 내에서 우선적으로 적용되어야 한다고 본다. 그러나 判例는 "착오로 인한 취소 제도와 매도인의 하자담보책임 제도는 취지가 서로 다르고, 요건과 효과도 구별된다. 따라서 매매계약 내용의 중요 부분에 착오가 있는 경우 매수인은 매도인의 하자담보책임이 성립하는지와 상관없이 착오를 이유로 매매계약을 취소할 수 있다(대판 2018.09.13. 2015다78703)."고 판시하여 양자의 경합을 인정한다.

V. 사기·강박에 의한 의사표시

> 제110조(사기, 강박에 의한 의사표시) ① 사기나 강박에 의한 의사표시는 취소할 수 있다.
> ② 상대방 있는 의사표시에 관하여 제3자가 사기나 강박을 행한 경우에는 상대방이 그 사실을 알았거나 알 수 있었을 경우에 한하여 그 의사표시를 취소할 수 있다.
> ③ 전2항의 의사표시의 취소는 선의의 제3자에게 대항하지 못한다.

1. 사기에 의한 의사표시

(1) 사기의 고의

표의자를 기망하여 착오에 빠지게 하려는 고의(1단계 고의)와 다시 그 착오에 기하여 표의자로 하여금 의사표시를 하게 하려는 고의(2단계 고의)가 있어야 한다(통설).

(2) 기망행위의 존재

1) 기망행위에 해당하는 경우

리스이용자와 공급자 사이에서 미리 결정된 매매가격이 거래관념상 극히 고가로 이례적인 것이어서 리스회사에게 불측의 손해를 가할 염려가 있는 경우와 같은 특별한 사정이 있는 경우에는, 리스물건 공급자는 리스회사에게 그 매매가격의 내역을 고지하여 승낙을 받을 신의칙상의 주의의무를 부담하며 리스회사는 이를 고지 받지 못한 경우 위 부작위에 의한 기망을 이유로 매매계약을 취소할 수 있고(대판 1997.11.28. 97다26098), 아파트 분양자는 아파트단지 인근에 공동묘지가 조성되어 있는 사실을 수분양자에게 고지할 신의칙상의 의무를 부담하며(대판 2007.06.01. 2005다5812·5829·5836), 건설공제조합이 조합원이 도급받은 공사와 관련하여 수령하는 선급금의 반환채무를 보증하기 위하여 도급인과 보증계약을 체결함에 있어서 조합원이 선급금의 액수와 그 지급방법 및 선급금이 정하여진 용도로 실제 사용될 것인지를 허위로 고지한 경우, 공제조합이 그 기망행위를 이유로 보증계약을 취소할 수 있다고 하였다(대판 2002.11.26. 2002다34727).

2) 기망행위에 해당하지 않는 경우

判例는 교환계약의 경우 일방 당사자가 자기가 소유하는 목적물의 시가를 묵비하여 상대방에게 고지하지 아니하거나 혹은 허위로 시가보다 높은 가액을 시가라고 고지하였다 하더라도 이는 상대방의 의사결정에 불법적인 간섭을 한 것이라고 볼 수 없고(대판 2002.09.04. 2000다54406·54413), 부동산 분양계약에 있어서 분양자가 수분양자의 전매이익에 영향을 미칠 가능성이 있는 사항들에 관하여 분양자가 가지는 정보를 밝혀야 할 신의칙상의 의무는 원칙적으로 존재하지 않고 그러한 정보를 고지하지 아니한 것이 부작위에 의한 기망에 해당하지 않는다고 보았다(대판 2010.02.25. 2009다86000). 그리고 일반적으로 매매거래에서 매수인은 목적물을 염가로 구입할 것을 희망하고 매도인은 목적물을 고가로 처분하기를 희망하는 이해상반의 지위에 있으며, 각자가 자신의 지식과 경험을 이용하여 최대한으로 자신의 이익을 도모할 것으로 예상되기 때문에, 당사자 일방이 알고 있는 정보를 상대방에게 사실대로 고지하여야 할 신의칙상 의무가 인정된다고 볼만한 특별한 사정이 없는 한, 매수인이 목적물의 시가를 묵비하여 매도인에게 고지하지 아니하거나 혹은 시가보다 낮은 가액을 시가라고 고지하였다 하더라도, 상대방의 의사결정에 불법적인 간섭을 하였다고 볼 수 없으므로 불법행위가 성립한다고 볼 수 없다[12](대판 2014.04.10. 2012다54997).

(3) 인과관계

인과관계는 주관적인 것으로 족하므로, 표의자가 기망행위에 의해 착오에 빠졌다면 객관적인 주의의무에 반하여 알지 못했더라도 인과관계는 부정될 수 없다(반면에 착오에 의한 의사표시에서는 객관성이 요구된다).

(4) 기망행위의 위법성

1) 과장분양광고의 위법성

<u>일반적으로 상품의 선전·광고에 있어 다소의 과장·허위가 수반되는 것은 그것이 일반 상거래의 관행과 신의칙에 비추어 시인될 수 있는 한 기망성이 결여된다.</u> 연립주택을 분양함에 있어 평형의 수치를 다소 과장하여 광고를 하였으나, 그 분양가의 결정방법, 분양계약 체결의 경위, 피분양자가 그 분양계약서나 건축물관리대장 등에 의하여 그 공급면적을 평(坪)으로 환산하여 쉽게 확인할 수 있었던 점 등 제반 사정에 비추어 볼 때, 그 광고는 그 거래당사자 사이에서 매매대금을 산정하기 위한 기준이 되었다고 할 수 없고, 단지 분양 대상 주택의 규모를 표시하여 분양이 쉽게 이루어지도록 하려는 의도에서 한 것에 지나지 아니한다는 이유로, 연립주택의 서비스면적을 포함하여 평형을 과장한 광고가 거래에 있어 중요한 사항에 관하여 구체적 사실을 거래상의 신의성실의 의무에 비추어 비난받을 정도의 방법으로 허위로 고지함으로써 사회적으로 용인될 수 있는 상술의 정도를 넘은 기망행위에 해당하지 않는다(대판 1995.07.28. 95다19515·95다19522).

2) 변칙세일행위의 위법성

상품의 선전, 광고에 있어 다소의 과장이나 허위가 수반되는 것은 그것이 일반 상거래의 관행과 신의칙에 비추어 시인될 수 있는 한 기망성이 결여된다고 하겠으나, 거래에 있어서 중요한 사항에 관하여 구체적 사실을 신의성실의 의무에 비추어 비난받을 정도의 방법으로 허위로 고지한 경우에는 기망행위에 해당한다. 대형백화점의 이른바 변칙세일이 기망행위에 해당한다(대판 1993.08.13. 92다52665).

3) 교환계약

교환계약의 당사자 일방이 상대방에게 그가 소유하는 목적물의 시가를 허위로 고지한 경우라도 상대방은 원칙적으로 사기를 이유로 취소할 수 없다[13](대판 2002.09.04. 2000다54406·54413).

---

[12] 더구나 매수인이 목적물의 시가를 미리 알고 있었던 것이 아니라 목적물의 시가를 알기 위하여 감정평가법인에 의뢰하여 감정평가법인이 산정한 평가액을 매도인에게 가격자료로 제출하는 경우라면, 특별한 사정이 없는 한 매수인에게 평가액이 시가 내지 적정가격에 상당하는 것인지를 살펴볼 신의칙상 의무가 있다고 할 수 없고, 이러한 법리는 법적 성격이 사법상 매매인 공유재산의 매각에서도 마찬가지이다.

[13] 일반적으로 교환계약을 체결하려는 당사자는 서로 자기가 소유하는 교환 목적물은 고가로 평가하고 상대방이 소유하는 목

2. 강박에 의한 의사표시

(1) 강박의 고의

표의자로 하여금 공포심을 생기게 하고 이로 인하여 법률행위의사를 결정하게 할 고의가 필요하다(대판 1975.03.25. 73다1048).

(2) 강박행위의 존재

1) 인정한 경우

判例는 강박에 의한 의사표시라고 하려면 상대방이 불법으로 어떤 해악을 고지함으로 말미암아 공포를 느끼고 의사표시를 한 것이어야 한다.(대판 2003.05.13. 2002다73708·73715). 따라서 사무실에서 농성함은 물론 대통령을 비롯한 관계요로에 비행을 진정하겠다는 등의 온갖 공갈과 위협을 통해 변호사가 손해배상금 조로 약속어음을 발행한 경우(대판 1972.01.31. 71다1688), 외국무역상인의 불성실한 태도를 신문에 보도케 하여 그의 사업을 못하도록 하겠다는 해악의 고지 등(대판 1957.05.16. 4290민상58)에는 강박을 인정하였다.

2) 부정한 경우

어떤 해악의 고지가 아니라 단지 각서에 서명 날인한 것을 강력히 요구한 행위는 강박행위가 아니고(대판 1979.01.16. 78다1968), 형사상 적법절차의 고지의 경우에는 강박행위가 아니라고 하였다(대판 1972.11.14. 72다1127; 대판 1981.12.08. 80다863). 다만, **적법절차를 고지하는 등 정당한 권리행사도 그 목적이나 수단이 위법하다면 강박행위가 된다**고 하였다(대판 1992.12.24. 92다25120). 하지만, 간통으로 고소하지 않기로 하는 등의 대가로 합의금을 받게 된 경우, 상간자의 배우자가 부정한 이익을 목적으로 위법한 강박행위를 한 것으로 볼 수 없다고 하면서(대판 1997.03.25. 96다47951), 불공정한 법률행위에도 해당하지 않는다고 하였다. 그리고 계약을 해제하여 손해배상을 청구할 수 있다는 취지로 말한 것으로는 제반 사정상 '위법한 해악의 고지'에 해당한다고까지 할 수 없다고 하였다(대판 2010.02.11. 2009다72643).

(3) 인과관계

피강박자의 심리상태를 기준으로 강박행위와 공포심 유발 사이에 인과관계가 있어야 한다(주관적 판단).

(4) 강박행위의 위법성

해악을 고지하는 강박행위가 위법하다고 하기 위하여는 강박행위 당시의 거래관념과 제반 사정에 비추어 해악의 고지로써 추구하는 이익이 정당하지 아니하거나 강박의 수단으로 상대방에게 고지하는 해악의 내용이 법질서에 위배된 경우 또는 어떤 해악의 고지가 거래관념상 그 해악의 고지로써 추구하는 이익의 달성을 위한 수단으로 부적당한 경우 등에 해당하여야 할 것이다(대판 2000.03.23. 99다64049).

3. 하자 있는 의사표시의 효과

(1) 상대방 사기, 강박의 경우

표의자가 상대방의 사기나 강박으로 의사표시를 한 때에는 표의자는 그 의사표시를 취소할 수 있다. 강박에 의한 법률행위가 무효로 되기 위하여는 의사표시자로 하여금 의사결정을 스스로 할 수 있는 여지를

적물을 염가로 평가하여 보다 유리한 조건으로 교환계약을 체결하기를 희망하는 이해상반의 지위에 있고 각자가 자신의 지식과 경험을 이용하여 최대한으로 자신의 이익을 도모할 것이 예상되기 때문에, 당사자 일방이 알고 있는 정보를 상대방에게 사실대로 고지하여야 할 신의칙상의 주의의무가 인정된다고 볼 만한 특별한 사정이 없는 한, 어느 일방이 교환 목적물의 시가나 그 가액 결정의 기초가 되는 사항에 관하여 상대방에게 설명 내지 고지를 할 주의의무를 부담한다고 할 수 없고, 일방 당사자가 자기가 소유하는 목적물의 시가를 묵비하여 상대방에게 고지하지 아니하거나 혹은 허위로 시가보다 높은 가액을 시가라고 고지하였다 하더라도 이는 상대방의 의사결정에 불법적인 간섭을 한 것이라고 볼 수 없다(대판 2002.09.04. 2000다54406).

완전히 박탈한 상태에서 의사표시가 이루어져 단지 법률행위의 외형만이 만들어진 것에 불과한 정도이어야 한다(대판 1997.03.11. 96다49353; 대판 2003.05.13. 2002다73708·73715).

(2) 제3자의 사기, 강박의 경우

1) 상대방 없는 의사표시를 한 경우
상대방이 없으므로 표의자는 언제든지 그 의사표시를 취소할 수 있다.

2) 상대방 있는 의사표시를 한 경우
① 표의자는 그 의사표시의 상대방이 제3자에 의한 사기나 강박의 사실을 알고 있거나(악의) 알 수 있었을 경우(과실)에 한하여 그 의사표시를 취소할 수 있다(제110조 제2항). 判例는 상대방의 대리인 등 상대방과 동일시할 수 있는 자의 사기 또는 강박은 상대방의 사기·강박에 해당한다고 하면서(대판 1999.02.23. 98다60828·60835), 은행의 출장소장의 행위는 은행 또는 은행과 동일시할 수 있는 자의 사기일 뿐 제3자의 사기로 볼 수 없으므로, 은행이 그 사기 사실을 알았거나 알 수 있었을 경우에 한하여 위 약정을 취소할 수 있는 것은 아니라고 본다.

② 그러나 상대방의 피용자이거나 상대방이 사용자책임을 져야 할 관계에 있는 피용자에 지나지 않는 자는 상대방과 동일시할 수는 없어 이 규정에서 말하는 제3자에 해당한다고 본다(대판 1998.01.23. 96다41496). 즉, "상호신용금고의 기획감사실 과장으로서 대출 업무를 포함한 회사 업무 전반에 관하여 일일감사를 할 권한을 갖고 있었던 자가 대출금을 편취하려는 기망행위에 가담하여 대출금을 담보 제공자에게 지급할 것을 직접 보증한다고 하면서 근저당권설정계약을 체결하도록 권유하면서 그 기망의 목적을 달성하기 위하여 여신 담당 직원에게 그 대출을 부탁한 후 그 대출금을 편취한 경우, 위와 같은 피용자의 기망행위의 태양, 그의 회사에서의 지위나 영향력, 직원의 총수가 50명에 못 미치는 회사의 규모 등에 비추어 보면, 회사로서는 자신의 영역 내에서 일어난 피용자의 위와 같은 기망행위에 관하여 그 감독에 상당한 주의를 다하지 아니한 사용자로서의 책임을 져야 할 지위에 있을 뿐만 아니라 나아가 그러한 사정을 이용한 피용자의 사기 사실을 알지 못한 데에 과실이 있었다고 봄이 상당하므로, 근저당권설정자는 상호신용금고에 대하여 기망을 이유로 근저당권설정계약을 취소할 수 있다(대판 1998.01.23. 96다41496)."고 하였다.

4. 적용범위

(1) 가족법상 행위

제816조(혼인취소의 사유) 혼인은 다음 각 호의 어느 하나의 경우에는 법원에 그 취소를 청구할 수 있다. 3. 사기 또는 강박으로 인하여 혼인의 의사표시를 한 때

제110조의 적용이 없고, 특별규정으로 해결된다(제816조 3호 참고).

(2) 주식인수청약
회사설립 후에는 주식인수청약을 사기나 강박을 이유로 하여 취소할 수 없다(상법 제320조).

(3) 착오와 사기의 경합
표의자는 착오와 사기 모두를 주장할 수 있다. 즉 경합을 인정한다(통설, 判例). 다만 判例는 제3자의 기망행위로 신원보증서면에 서명한다는 착각에 빠져 연대보증서면에 서명한 경우, 사기를 이유로 의사표시를 취소할 수 없고 착오에 의한 의사표시 취소만 문제 된다[14]고 한다(대판 2005.05.27. 2004다43824).

---

14) 사기에 의한 의사표시란 타인의 기망행위로 말미암아 착오에 빠지게 된 결과 어떠한 의사표시를 하게 되는 경우이므로 거기에는 의사와 표시의 불일치가 있을 수 없고, 단지 의사의 형성과정 즉 의사표시의 동기에 착오가 있는 것에 불과하며, 이 점에서 고유한 의미의 착오에 의한 의사표시와 구분되는데, 신원보증서류에 서명날인 한다는 착각에 빠진 상태로 연대보증

(4) 계약 해제권과의 관계

본조에 의한 취소권과 계약 해제권 또는 해지권과는 목적을 달리하는 것이므로, 양자는 경합한다. 判例도 "보험계약을 체결함에 있어 중요한 사항에 관하여 보험계약자의 고지의무위반이 사기에 해당하는 경우에는 보험자는 상법의 규정에 의하여 계약을 해지할 수 있음은 물론 민법의 일반원칙에 따라 그 보험계약을 취소할 수 있다(대판 1991.12.27. 91다1165)."고 하여 동일한 입장이다.

(5) 매도인의 담보책임과의 관계

기망에 의하여 하자 있는 물건에 관한 매매계약이 체결된 경우에는 하자담보책임에 관한 규정(제570조 이하)과 본조가 모두 적용될 수 있으므로, 이때에도 표의자는 그의 선택에 따라 하자담보책임에 따른 담보책임을 물을 수도 있고, 본조에 의한 취소권을 행사할 수도 있다[주석 민법총칙(2), 816~817면].

(6) 불법행위에 의한 손해배상책임

사기, 강박의 요건과 동시에 불법행위의 요건을 갖춘 때에는 양자는 경합한다. 따라서 표의자는 의사표시를 취소할 수 있고, 손해배상책임을 물을 수도 있다. 그리고 불법행위에 기한 손해배상을 청구하기 위하여 반드시 의사표시를 취소하여야 하는 것은 아니다(대판 1998.03.10. 97다55829). 즉 기망에 의한 손해배상책임이 성립하기 위해서는 거래당사자 중 일방에 의한 고의적인 기망행위가 있고 이로 말미암아 상대방이 착오에 빠져 그러한 기망행위가 없었더라면 사회통념상 하지 않았을 것이라고 인정되는 법률행위를 하여야 한다(대판 2018.06.15. 2016다212272). 다만 법률행위가 사기에 의한 것으로서 취소되는 경우에 그 법률행위가 동시에 불법행위를 구성하는 때에는 취소의 효과로 생기는 부당이득반환청구권과 불법행위로 인한 손해배상청구권은 경합하여 병존하는 것이므로, 채권자는 어느 것이라도 선택하여 행사할 수 있지만 중첩적으로 행사할 수는 없다(대판 1993.04.27. 92다56087).

제3관 의사표시의 효력 발생

I. 서설

1. 상대방 있는 의사표시

도달주의를 취하고 있다. 특히 제111조는 단순히 상대방 있는 의사표시에 관해 규정할 뿐이고, 그 상대방이 격지자인지 대화자인지 구별하지 않으므로, 격지자나 대화자인지 상관없이 언제나 도달주의가 원칙이다(곽윤직).

의 서면에 서명날인 한 경우, 결국 위와 같은 행위는 강학 상 기명날인의 착오(또는 서명의 착오), 즉 어떤 사람이 자신의 의사와 다른 법률효과를 발생시키는 내용의 서면에, 그것을 읽지 않거나 올바르게 이해하지 못한 채 기명날인을 하는 이른바 표시상의 착오에 해당하므로, 비록 위와 같은 착오가 제3자의 기망행위에 의하여 일어난 것이라 하더라도 그에 관하여는 사기에 의한 의사표시에 관한 법리, 특히 상대방이 그러한 제3자의 기망행위 사실을 알았거나 알 수 있었을 경우가 아닌 한 의사표시자가 취소권을 행사할 수 없다는 민법 제110조 제2항의 규정을 적용할 것이 아니라, 착오에 의한 의사표시에 관한 법리만을 적용하여 취소권 행사의 가부를 가려야 한다. 취소의 의사표시란 반드시 명시적이어야 하는 것은 아니고, 취소자가 그 착오를 이유로 자신의 법률행위의 효력을 처음부터 배제하려고 한다는 의사가 드러나면 족한 것이며, 취소원인의 진술 없이도 취소의 의사표시는 유효한 것이므로, 신원보증서류에 서명날인 하는 것으로 잘못 알고 이행보증보험약정서를 읽어보지 않은 채 서명날인 한 것일 뿐 연대보증약정을 한 사실이 없다는 주장은 위 연대보증약정을 착오를 이유로 취소한다는 취지로 볼 수 있다고 한 사례.

2. 상대방 없는 의사표시

표시행위가 완료된 때 효력을 발생한다(표백주의, 곽윤직).

II. 상대방 있는 의사표시의 효력발생시기

제111조(의사표시의 효력발생시기) ① 상대방이 있는 의사표시는 상대방에게 도달한 때에 그 효력이 생긴다.
② 의사표시자가 그 통지를 발송한 후 사망하거나 제한능력자가 되어도 의사표시의 효력에 영향을 미치지 아니한다.

1. 의사표시의 효력발생시기

(1) 표백주의

외형적 존재를 가지게 된 때 효력 발생, 예 - 서면의 작성완료시

(2) 발신주의

표의자의 지배를 떠나서 상대방에게 발신된 때, 예 - 서면을 우편함에 투입 시

(3) 도달주의

의사표시가 상대방에게 도달한 때, 예 - 서면이 상대방이 객관적으로 인식한 상태에 놓인 것

(4) 요지주의

상대방이 의사표시의 내용을 요지한 때, 예 - 도달한 서면을 읽은 때

2. 도달과 송달의 차이

민사소송법상의 송달은 당사자나 그 밖의 소송관계인에게 소송상 서류의 내용을 알 기회를 주기 위하여 법정의 방식에 좇아 행하여지는 통지행위로서, 송달장소와 송달을 받을 사람 등에 관하여 구체적으로 법이 정하는 바에 따라 행하여지지 아니하면 부적법하여 송달로서의 효력이 발생하지 아니한다. 한편 채권양도의 통지는 채무자에게 도달됨으로써 효력이 발생하는 것이고, 여기서 도달이라 함은 사회통념상 상대방이 통지의 내용을 알 수 있는 객관적 상태에 놓여 졌다고 인정되는 상태를 가리킨다(대법원 1997. 11. 25. 선고 97다31281 판결 등 참조). 이와 같이 <u>도달은 보다 탄력적인 개념으로서 송달장소나 수송달자 등의 면에서 위에서 본 송달에서와 같은 엄격함은 요구되지 아니하며, 이에 송달장소 등에 관한 민사소송법의 규정을 유추 적용 할 것이 아니다.</u> 따라서 채권양도의 통지는 민사소송법상의 송달에 관한 규정에서 송달장소로 정하는 채무자의 주소·거소·영업소 또는 사무소 등에 해당하지 아니하는 장소에서라도 채무자가 사회통념상 그 통지의 내용을 알 수 있는 객관적 상태에 놓여 졌다고 인정됨으로써 족하다고 할 것이다(대판 2010.04.15. 2010다57).

> *** 통상 우편과 내용증명 우편**
>
> 통상우편의 방법으로 발송된 사실만으로는 발송일로부터 상당한 기간 내에 수취인에게 송달된 것으로 추정할 수 없고, 송달의 효력을 주장하는 측에서 증거에 의하여 도달사실을 입증하여야 하며(대판 2002.07.26. 2000다25052), <u>내용증명우편물이 발송되고 반송되지 아니한 경우 특별한 사정이 없는 한 그 무렵에 송달되었다고 볼 수 있고</u>(대판 1997.02.25. 96다38322), 우편물이 등기취급의 방법으로 발송되었다면 반송되는 등의 특별한 사정이 없는 한 그 무렵 수취인에게 배달되었다고 본다(대판 1992.03.27. 91누3819).

III. 의사표시의 수령능력, 공시송달

> **제112조(제한능력자에 대한 의사표시의 효력)** 의사표시의 상대방이 의사표시를 받은 때에 제한능력자인 경우에는 의사표시자는 그 의사표시로써 대항할 수 없다. 다만, 그 상대방의 법정대리인이 의사표시가 도달한 사실을 안 후에는 그러하지 아니하다.
>
> **제113조(의사표시의 공시송달)** 표의자가 과실 없이 상대방을 알지 못하거나 상대방의 소재를 알지 못하는 경우에는 의사표시는 민사소송법공시송달의 규정에 의하여 송달할 수 있다.

1. 의 의

당사자의 주소 등 행방을 알기 어려워 송달장소의 불명으로 통상의 송달방법에 의해서는 송달을 실시할 수 없게 되었을 때에 하는 송달이다(제194조 이하).

2. 요 건

공시송달은 송달받을 사람에게 현실적으로 소송서류가 교부되지 않고 송달이 효력이 발생되는 제도이므로, 엄격한 요건을 요구한다. 즉 ①당사자의 주소 등 또는 근무장소를 알 수 없는 경우 ② 외국에서 하여야 할 송달에 관하여 제191조에 의한 촉탁송달을 할 수 없거나[15], 효력이 없을 것[16]으로 인정되는 경우에 인정된다.

제3절 대리론

제1관 총설

I. 대리제도의 등장

1. 대리의 의의

代理란 본인과 일정한 관계에 있는 타인(대리인)이 본인을 위한 의사표시를 하고 그 법률효과가 전적으로 본인에게 귀속하는 것을 인정하는 제도이다. 의사표시의 효과는 의사표시를 실제로 한 자에게 효과가 생기는 원칙이다. 따라서 대리제도는 그 예외가 되므로, 대단히 중요하다.

2. 대리의 기능

대리의 본질적 기능은 사적자치의 "확장"이라는 기능에서 찾을 수 있고, 사적자치의 "보충"이라는 기능은 2차적 기능이다. 즉 원칙적으로 본인이 스스로 대리인을 선임하는 임의대리인은 사적자치를 확장하는 기능을 수행하게 된다. 반면 법정대리에서는 행위무능력자(제한능력자)의 능력을 보충하는 즉 사적자치를 보충하는 기능을 수행하게 된다.

---

[15] 예를 들어 외국과의 사이에 사법공조조약이 없거나 국제관행이 없기 때문에 촉탁송달이 불능으로 될 사정이 있는 경우를 말한다.
[16] 예를 들어 그 외국에 전쟁이 일어나서 촉탁송달이 불가능한 경우를 말한다.

3. 대리의 연혁

로마법에서는 원칙적으로 대리를 허용하지 않았다. 프랑스민법도 대리를 독립된 제도로 인정하지 않는다. 반면 독일민법은 대리를 위임과 구별하여 독립된 제도로 규정하고 있는데, 우리 민법은 이를 따르고 있다.

II. 대리의 본질

1. 문제점

대리인이 한 법률행위의 효과가 왜 법률행위를 하지 않은 본인에게 효과가 귀속되는지, 이론적 근거에 대해 견해가 대립된다.

2. 대리인 행위설

> 제116조(대리행위의 하자) ① 의사표시의 효력이 의사의 흠결, 사기, 강박 또는 어느 사정을 알았거나 과실로 알지 못한 것으로 인하여 영향을 받을 경우에 그 사실의 유무는 대리인을 표준 하여 결정 한다.
> ② 특정한 법률행위를 위임한 경우에 대리인이 본인의 지시에 좇아 그 행위를 한 때에는 본인은 자기가 안 사정 또는 과실로 인하여 알지 못한 사정에 관하여 대리인의 부지를 주장하지 못한다.

법률상의 행위자는 대리인이지만 그 대리인의 효과의사에 의해 본인에게 직접 법률효과가 귀속된다고 한다. 즉 대리인이 표시자 내지 행위자이고 법률효과만이 본인에게 발생한다고 본다. 특히 민법 제116조 1항은 우리 민법이 대리인 행위설을 취하고 있는 실정법적 근거라고 본다(통설, 곽윤직 등).

제2관 유권대리

I. 대리권의 의의

1. 대리권의 법적 성질

대리권은 권리가 아니라 행위능력과 같이 법률효과를 발생하게 하는 능력 또는 자격이나 상태이다(통설, 자격설). 따라서 대리권은 代理權限이라고 설명할 수 있다(곽윤직).

2. 기초적 내부관계와 대리권수여관계의 분리

> 제128조(임의대리의 종료) 법률행위에 의하여 수여된 대리권은 전조의 경우 외에 그 원인된 법률관계의 종료에 의하여 소멸한다. 법률관계의 종료 전에 본인이 수권행위를 철회한 경우에도 같다.

민법은 기초적 내부관계와 대리관계를 개념상 분리한다(통설).

II. 대리권의 발생원인

1. 법정대리권의 발생원인

(1) 법률의 규정

자에 대한 친권자의 대리권(제911조, 제920조), 후견인의 대리권(제938조), 부부의 일상가사대리권(제827조)

등이 예이다.

(2) 특정인의 지정행위

지정후견인(제931조), 지정유언집행자(제1093조) 등의 대리권이 그 예이다.

(3) 법원의 선임

부재자재산관리인(제23조, 제24조), 상속재산관리인(제1023조 2항, 제1040조), 유언집행자(제1096조) 등이 그 예이다.

2. 임의대리권의 발생원인(수권행위)

제128조(임의대리의 종료) 법률행위에 의하여 수여된 대리권은 전조의 경우 외에 그 원인된 법률관계의 종료에 의하여 소멸한다. 법률관계의 종료 전에 본인이 수권행위를 철회한 경우에도 같다.

(1) 수권행위의 의의

대리인에 대한 본인의 대리권 수여행위를 의미한다. 대리권을 수여하는 수권행위는 불요식의 행위로서 명시적인 의사표시에 의함이 없이 묵시적인 의사표시에 의하여 할 수도 있으며, 어떤 사람이 대리인의 외양을 가지고 행위 하는 것을 본인이 알면서도 이의를 하지 아니하고 방임하는 등 사실상의 용태에 의하여 대리권의 수여가 추단되는 경우도 있다(대판 2016.05.26. 2016다203315).

(2) 수권행위의 법적 성질

수권행위는 기초적 내부관계와는 다른 별개의 독립된 것으로서 대리권의 발생만을 목적으로 하는 본인의 단독행위이다. 따라서 대리인이 될 자의 승낙은 필요 없다(통설). 이의 근거로는 제117조, 제128조를 들 수 있다.

(3) 수권행위의 독자성

대리관계는 기초적 법률관계로부터 독립되어 있으며, 또한 대리권의 수여를 목적으로 하는 법률행위(수권행위)는 기초적 내부관계와 독립하여 대리권의 발생만을 목적으로 하는 행위이다(통설). 判例도 "위임과 대리권수여는 별개의 독립된 행위로서 위임은 위임자와 수임자간의 내부적인 채권채무관계를 말하고 대리권은 대리인의 행위의 효과가 본인에게 미치는 대외적 자격을 말하는 것이므로 위임계약에 대리권수여가 수반되는 일은 있으나 위임계약만으로는 그 효력은 위임자와 수임자 이외에는 미치는 것이 아니므로 구 민법 제655조의 취지는 위임종료의 사유는 이를 상대방에 통지하거나 상대방이 이를 안 때가 아니면 위임자와 수임자간에는 위임계약에 의한 권리의무관계가 존속한다는 취지에 불과하고 대리권관계와는 아무런 관계가 없는 것이다(대판 1962.05.24. 4294민상251·252)."고 한다.

(4) 수권행위의 유인성

제128조 전단의 규정상 기초적 법률관계가 무효·취소·해제되면 수권행위에도 영향을 미쳐서 그 효력이 상실된다(다수설).

(5) 수권행위의 방식

수권행위는 불요식 행위로서 민법상 특별한 방식을 요구하지는 않으므로, 대리하는 법률행위가 요식행위인 경우에도 수권행위가 그 방식을 따라야 할 이유는 없다(통설).

III. 대리권의 범위와 그 제한

1. 대리권의 범위

> 제118조(대리권의 범위) <u>권한을 정하지 아니한 대리인</u>은 다음 각 호의 행위만을 할 수 있다.
> 1. 보존행위
> 2. <u>대리의 목적인 물건이나 권리의 성질을 변하지 아니하는 범위에서</u> 그 이용 또는 개량하는 행위

(1) 보존행위

무제한으로 행사할 수 있다. 보존행위는 재산의 가치를 현상 그대로 유지하는 것을 목적으로 하는 행위로서 건물의 수선, 소멸시효의 중단, 미등기부동산의 등기, 기한이 도래한 채무의 변제, 채권의 추심 등이 이에 속한다.

(2) 이용행위

재산의 수익을 도모하는 행위로서 물건의 임대, 금전의 이자부대여 등이 이에 속하며, **대리의 목적인 물건이나 권리의 성질을 변하지 아니하는 범위에서** 가능하다.

(3) 개량행위

사용가치 또는 교환가치를 증가시키는 행위로서 건물의 장식, 설비, 무이자의 금전소비대차를 이자부로 하는 행위 등이 이에 속하며, **대리의 목적인 물건이나 권리의 성질을 변하지 아니하는 범위에서 가능**하다.

(4) 처분행위

<u>원칙적으로 대리권의 범위에 포함되지 아니한다. 즉 일반적으로 법률행위에 의하여 수여된 대리권은 원인된 법률관계의 종료에 의하여 소멸하는 것이므로 특별한 다른 사정이 없는 한, 본인을 대리하여 금전소비대차 내지 그를 위한 담보권설정계약을 체결할 권한을 수여받은 대리인에게 본래의 계약관계를 해제할 대리권까지 있다고 볼 수 없고</u>(대판 1993.01.15. 92다39365; 대판 2008.01.31. 2007다74713), 사채알선업자에 대하여도 특별수권이 없는 한 해제의 대리권이 없다고 하였다(대판 1997.09.30. 97다23372). 해제권은 형성권이며 처분행위이기 때문이다. 따라서 대여금의 영수권한만을 위임받은 대리인이 대여금채무를 면제할 수는 없고(대판 1981.06.23. 80다3221), 경매입찰대리인의 대리권범위에는 경락허가결정이 있은 후 채권자에 의한 강제경매신청취하에 동의할 권한까지 포함하는 것으로 볼 수 없다(대결 1983.12.02. 83마201). 채무면제, 동의는 형성권으로서 처분행위이기 때문이다. 그리고 예금계약의 체결을 위임받은 자가 가지는 대리권에 당연히 그 예금을 담보로 하여 대부를 받거나 기타 이를 처분할 수 있는 대리권이 포함되어 있는 것은 아니다(대판 1992.06.23. 91다14987).

2. 각자대리

> 제119조(각자대리) 대리인이 수인인 때에는 각자가 본인을 대리한다. 그러나 법률 또는 수권행위에 다른 정한 바가 있는 때에는 그러하지 아니하다.

(1) 각자대리의 원칙

대리인이 수인인 경우 각자가 본인을 대리하는 것이 원칙이다(제119조).

(2) 공동대리의 예외

1) 공동의 의미

의사결정의 공동을 의미한다는 의사결정의 공동설이 통설이다. 다만 의사표시를 공동으로 해야 한다는 의사표시의 공동설도 있다.

2) 수동대리에 적용여부

수동대리에 있어서는 상대방의 보호와 거래의 편의를 위하여 **단독으로 수령할 수 있다는 견해가 다수설**이다. 유력설은 명문의 규정이 없다 하여 수동대리의 경우에도 공동수령을 요한다고 한다(곽윤직).

3) 위반효과

공동대리의 제한에 위반하여 1인이 단독으로 대리행위를 한 때에는 권한을 넘은 무권대리행위가 되며, 경우에 따라 제126조의 표현대리가 성립할 것이다.

4) 친권의 표현적 공동행사(제920조의2)

> **제920조의2(공동친권자의 일방이 공동명의로 한 행위의 효력)** 부모가 공동으로 친권을 행사하는 경우 부모의 일방이 공동명의로 자를 대리하거나 자의 법률행위에 동의한 때에는 다른 일방의 의사에 반하는 때에도 그 효력이 있다. 그러나 상대방이 악의인 때에는 그러하지 아니한다.

친권자 중 1인이 공동명의로 대리행위를 하였으나 다른 일방의 의사에 반한 경우 상대방이 선의이면 효력이 있다.

3. 자기계약, 쌍방대리

> **제124조(자기계약, 쌍방대리)** 대리인은 본인의 허락이 없으면 본인을 위하여 자기와 법률행위를 하거나 동일한 법률행위에 관하여 당사자쌍방을 대리하지 못한다. 그러나 채무의 이행은 할 수 있다.

(1) 본인이 허락한 때

判例는 원고의 소송 복대리인으로서 변론기일에 출석하여 소송행위를 하였던 변호사가 피고의 소송복대리인으로도 출석하여 변론한 경우에, 당사자가 그에 대하여 아무런 이의를 제기하지 않았다면 그 소송행위는 소송법상 완전한 효력이 생긴다고 한다(대판 1995.07.28. 94다44903).

(2) 채무이행의 경우

기존의 법률관계를 이행하는 것이므로 가능하다. 주식명의개서는 가능하지만, 경개, 대물변제, 다툼이 있는 채무의 이행, 선택채무의 이행, 기한미도래 채무의 변제는 불가능하다. 소유권이전등기신청은 이미 법률관계가 정해진 사항으로서 쌍방대리로 할 수 있다.

> **＊ 判例**
>
> 사채알선업자가 대주(貸主)와 차주(借主) 쌍방을 대리하여 소비대차계약과 담보권설정계약을 체결한 경우, 차주가 그 사채알선업자에게 한 변제는 효력이 있으며(대판 1997.07.08. 97다12273), 부동산 입찰절차에서 동일한 물건에 관하여 1인이 2인 이상의 대리인이 된 경우, 그 대리인이 한 입찰행위는 무효라고 한다(대판 2004.02.13. 2003마44). 다만 법정대리인인 친권자가 부동산을 매수하여 이를 그 자에게 증여하는 행위는 미성년자인 자에게 이익만을 주는 행위이므로 친권자와 자 사이의 이해상반행위에 속하지 아니하고, 또 자기계약이지만 유효하다(대판 1981.10.13. 81다649). 그리고 영농조합법인과 대표이사의 이익이 상반하는 사항에 관하여 대표이사는 대리권이 없다. 그럼에도 대표이사가 민법 제124조를 위반하여 영농조합법인을 대리한 경우에 그 행위는 무권대리행위로서 영농조합법인에 대하여 효력이 없다[17](대판 2018.04.12. 2017다271070).

---

17) 영농조합법인과 대표이사의 이익이 상반하는 사항에 관하여는 구 농어업경영체법 등에 특별히 규정된 것이 없으므로, 민법 중 조합에 관한 규정을 준용하여야 한다. 민법 제709조에 의하면, 조합계약으로 업무집행자를 정하였거나 또는 선임한 때에

Ⅳ. 대리권의 남용

1. 의 의

대리인이 외형적·형식적으로는 대리권의 범위 내에서 한 행위이지만 본인의 이익을 위해서가 아니라 대리인 자신이나 제3자의 이익을 위해서 대리행위를 하는 경우를 말한다. 이 경우 대리권 남용의 경우를 어떻게 규율할지 견해가 대립 된다.

2. 判 例

진의 아닌 의사표시가 대리인에 의하여 이루어지고 그 대리인의 진의가 본인의 이익이나 의사에 반하여 자기 또는 제3자의 이익을 위한 배임적인 것임을 그 상대방이 알았거나 알 수 있었을 경우에는, 민법 제107조 제1항 단서의 유추해석상 그 대리인의 행위는 본인의 대리행위로 성립할 수 없으므로 본인은 대리인의 행위에 대하여 아무런 책임이 없으며, 이 때에 그 상대방이 대리인의 표시의사가 진의 아님을 알았거나 알 수 있었는가의 여부는 표의자인 대리인과 상대방 사이에 있었던 의사표시의 형성 과정과 그 내용 및 그로 인하여 나타나는 효과 등을 객관적인 사정에 비추어 합리적으로 판단하여야 한다(대판 1997.12.26. 97다39421). 그리고 법정대리인인 친권자의 대리행위가 객관적으로 볼 때 미성년자 본인에게는 경제적인 손실만을 초래하는 반면, 친권자나 제3자에게는 경제적인 이익을 가져오는 행위이고 행위의 상대방이 이러한 사실을 알았거나 알 수 있었을 때에는 민법 제107조 제1항 단서의 규정을 유추적용 하여 행위의 효과가 자(子)에게는 미치지 않는다고 해석함이 타당하나, 그에 따라 외형상 형성된 법률관계를 기초로 하여 새로운 법률상 이해관계를 맺은 선의의 제3자에 대하여는 같은 조 제2항의 규정을 유추적용하여 누구도 그와 같은 사정을 들어 대항할 수 없으며, 제3자가 악의라는 사실에 관한 주장·증명책임은 무효를 주장하는 자에게 있다(대판 2018.04.26. 2016다3201).

Ⅴ. 대리권의 소멸

제127조(대리권의 소멸사유) 대리권은 다음 각 호의 사유로 소멸한다.
  1. 본인의 사망
  2. 대리인의 사망, 성년후견의 개시 또는 파산

제128조(임의대리의 종료) 법률행위에 의하여 수여된 대리권은 전조의 경우 외에 그 원인된 법률관계의 종료에 의하여 소멸한다. 법률관계의 종료 전에 본인이 수권행위를 철회한 경우에도 같다.

1. 공통적인 소멸원인

(1) 본인의 사망

1) 원칙

법정대리에서는 본인이 사망하면 더 이상 대리의 필요가 없게 되고, 임의대리에서는 본인과 대리인의 신임관계가 기초를 이루고 있으므로, 본인이 신임하는 대리인이 그대로 본인의 상속인의 대리인으로 하는 것은 적절하기 않다. 따라서 법정대리든 임의대리든 본인인 사망하면 대리권도 소멸된다.

는 업무집행조합원은 조합의 목적을 달성하는 데 필요한 범위에서 조합을 위하여 모든 행위를 할 대리권이 있는 것으로 추정된다. 또한 민법 제124조는, 대리인은 본인의 허락이 없으면 본인을 위하여 자기와 법률행위를 하지 못한다고 규정하고 있는데, 본인과 대리인 간의 이해의 충돌이 있는 때에도 위 규정이 적용된다.

2) 예외

제691조(위임종료시의 긴급처리) 위임종료의 경우에 급박한 사정이 있는 때에는 수임인, 그 상속인이나 법정대리인은 위임인, 그 상속인이나 법정대리인이 위임사무를 처리할 수 있을 때까지 그 사무의 처리를 계속하여야 한다. 이 경우에는 위임의 존속과 동일한 효력이 있다.

상법 제50조(대리권의 존속) 상인이 그 영업에 관하여 수여한 대리권은 본인의 사망으로 인하여 소멸하지 아니한다.

임의대리에서 그 기초가 되는 대내관계가 본인의 사망 후에도 존속하는 때에는(제691조), 그 범위에서 대리권도 존속한다. 그리고 상법 제50조에서는 상행위의 위임에 의한 대리권은 본인의 사망으로 소멸하지 않는다[18].

(2) 대리인의 사망

법정대리든 임의대리든, 대리인 자신이 사망하였다면 대리권은 소멸한다고 보아야 한다.

(3) 대리인의 성년후견개시 또는 파산

피성년후견인도 의사능력만 있으면 임의대리인이 될 수 있다(제117조). 파산선고를 받은자도 마찬가지이다. 그러나 대리인이 된 다음에 피성년후견인이 되거나 파산선고를 받았다면 본인과 대리인의 신임관계와 대리인의 신용이 사라진다고 보아, 민법은 대리권의 소멸사유로 규정한 것이다.

2. 임의대리에 특유한 소멸원인

(1) 원인된 법률관계의 종료

임의대리권은 그 원인된 법률관계(기초적 내부관계)의 종료에 의하여 소멸한다(제128조 전단). 수권행위는 원인된 법률관계의 수단으로 행해지는 것이 일반적이므로(유인성), 내부관계 즉 위임계약이 종료하면 대리권도 철회된다고 보아야 하며, 이의 취지를 규정한 것이 제128조 전단이다. 다만 이 조항은 임의규정이며, 본인은 원인된 법률관계가 종료한 후에도 대리권만을 그대로 존속시킬 수 있다.

(2) 수권행위의 철회

원인된 법률관계가 존속하고 있어도, 본인은 수권행위를 철회[19]하여 대리권을 소멸시킬 수 있다(제128조 후단). 철회의 상대방에 대해서는 정하고 있지 않으나, 대리인 또는 대리행위의 상대방인 제3자라고 해석해야 한다. 그리고 제128조 후단은 임의규정이므로, 원인될 법률관계의 종료 전에는 수권행위를 철회하지 않겠다는 특약은 원칙적으로 유효하다.

(3) 본인의 파산

본인이 파산한 경우에도 임의대리권이 소멸하는가에 대하여 본인의 파산을 임의대리권 소멸의 일반적인 사유로 삼는 견해(다수설)와 제128조 전단의 '원인된 법률관계의 종료(제690조)'에 의한 대리권 소멸로 취급하면 충분하다는 견해(곽윤직·김재형)가 대립하지만, 결과에서 양설의 차이는 없다.

---

[18] 상행위의 대리는 본인과 대리인 사이의 개인적 신임관계를 기초로 하는 것이 아니라, 기업 중심의 신임관계이며 본인의 기업을 상속하는 상속인을 위하여 그대로 대리인이 된다고 하는 것이 적당하기 때문이다.

[19] 이 조항은 수권행위를 계약이 아니라 단독행위로 이해하는 이론의 유력한 근거가 된다. 즉 철회라는 것은 표의자가 그 의사표시의 효과를 장래에 향하여 소멸시켜 버리는 수령을 요하는 상대방 있는 단독행위를 의미하는 것이고, 제128조 후단이 '수권행위의 철회'라고 규정하고 있는 것은 수권행위가 단독행위임을 전제로 한 것이라고 보아야 한다.

공통의 소멸원인	1. 본인의 사망(제127조 제1호) 2. 대리인의 사망, 성년후견개시 또는 파산(제127조 제2호)
임의대리에 특유한 소멸원인	1. 원인된 법률관계의 종료(제128조 제1문) 　법률행위에 의하여 수여된 대리권은 전조의 경우 외에 그 원인된 법률관계의 종료에 의하여 소멸한다. 2. 수권행위의 철회(제128조 제2문) 　법률관계의 종료 전에 본인이 수권행위를 철회한 경우에도 같다. 3. 본인의 파산 　본인이 파산한 경우에도 임의대리권이 소멸하는가에 대하여 본인의 파산을 임의대리권 소멸의 일반적인 사유로 삼는 견해와 제128조 전단의 '원인된 법률관계의 종료(제690조)'에 의한 대리권 소멸로 취급하면 충분하다는 견해가 대립하지만, 결과에서 양설의 차이는 없다.
법정대리에 특유한 소멸원인	법정대리권의 발생에서와 마찬가지로 그 소멸 역시 개개의 규정에 의한다. 즉 법원의 개임(제23조, 제1023조), 대리권 상실선고(제924조, 제925조, 제940조, 제1106조), 법원의 허가를 얻어서 하는 법정대리인의 사퇴(제927조, 제939조, 제1105조, 제1106조), 대리권 발생의 원인된 사실관계의 소멸(본인의 성년·성년후견개시심판의 종료) 등이 그러하다.

VI. 대리행위

1. 현명주의

제114조(대리행위의 효력) ① 대리인이 그 권한 내에서 본인을 위한 것임을 표시한 의사표시는 직접본인에게 대하여 효력이 생긴다.
② 전항의 규정은 대리인에 대한 제3자의 의사표시에 준용한다.

제115조(본인을 위한 것임을 표시하지 아니한 행위) 대리인이 본인을 위한 것임을 표시하지 아니한 때에는 그 의사표시는 자기를 위한 것으로 본다. 그러나 상대방이 대리인으로서 한 것임을 알았거나 알 수 있었을 때에는 전조 제1항의 규정을 준용한다.

(1) 현명의 법적성질

통설은 대리행위의 효과가 본인에게 귀속되는 이유는 대리인의 대리적 효과의사 때문이고, 현명은 이러한 대리적 효과의사를 표시하는 의사표시라고 한다. 따라서 법률효과가 직접 본인에게 귀속하는 것은 대리행위의 효과가 대리인의 대리적 효과의사, 즉 대리인의 의사표시에 기하여 주어지기 때문이라고 본다.

(2) 현명의 방법

1) 비요식성

현명의 방식에는 제한이 없다. 따라서 구체적인 서면이 아니라 구두(말)에 의해서도 무방하다(통설, 判例).

2) 본인의 특정성

현명한다는 것이 반드시 본인의 이름을 밝혀야 하는 것을 뜻하지는 않는다. 즉 현명을 통해서 대리인의 법률행위가 타인을 위하여 하는 행위임이 명백하면 그것으로 충분하다. 그리고 민법 제114조에서 말하는 "본인을 위한 것"임을 표시해야 한다는 것은 대리의사를 표시하여 본인에게 효과를 귀속시키려는 의사를 뜻한다. 즉 "본인의 이익을 위하여"라는 뜻은 아니다. 따라서 대리권 남용의 행위도 일단은 대리 행위에 해당한다.

3) 대리의사의 표시방법

"甲의 대리인 乙"이라고 하는 것이 보통이나, 반드시 요구하는 방식은 아니며, 회사원, 직명 등을 적는 것도 무방하다. 判例는 "회사 기타 법인의 대리인이 어음행위를 하려면 어음상에 대리관계를 표시하여야 하는 바, 그 표시방법에 대하여 특별한 규정이 없으므로 어음상에 대리인 자신을 위한 어음행위가 아니고 본인을 위하여 어음행위를 한다는 취지를 인식할 수 있을 정도의 표시가 있으면 된다(대판 1973.12.26. 73다1436)."고 한다. 그리고 실제로는 대리인이 자기의 이름을 표시하지 않고서 마치 본인 자신이 하는 것과 같은 외관으로 행위를 하는 경우가 있다. 예를 들어 계약서 등의 서면에 본인의 이름만을 적고 본인의 인장을 찍는 방법으로 대리행위를 하는 경우로서, 대리인에게 대리의사가 있는 것으로 인정되는 한 유효한 대리행위로 보아야 할 것이다[기관방식 또는 서명대리방식20), 주석 민법총칙(3), 43면].

4) 무권대행의 문제

행위자가 타인 명의로 계약을 체결한 경우는 계약당사자의 확정 문제가 된다. 判例는 "계약을 체결하는 행위자가 타인의 이름으로 법률행위를 한 경우에 행위자 또는 명의인 가운데 누구를 계약의 당사자로 볼 것인가에 관하여는, 우선 행위자와 상대방의 의사가 일치한 경우에는 그 일치한 의사대로 행위자 또는 명의인을 계약의 당사자로 확정하여야 할 것이고, 행위자와 상대방의 의사가 일치하지 않는 경우에는 그 계약의 성질·내용·목적·체결 경위 등 그 계약 체결 전후의 구체적인 제반 사정을 토대로 상대방이 합리적인 사람이라면 행위자와 명의자 중 누구를 계약당사자로 이해할 것인가에 의하여 당사자를 결정하여야 한다(대판 2003.09.05. 2001다32120)."고 본다. 특히 어떤 사람이 타인을 통하여 부동산을 매수함에 있어 매수인 명의 및 소유권이전등기 명의를 그 타인 명의로 하기로 하였다면 이와 같은 매수인 및 등기 명의의 신탁관계는 그들 사이의 내부적인 관계에 불과한 것이므로 특별한 사정이 없는 한 대외적으로는 그 타인을 매매 당사자로 보아야 한다.

2. 대리행위의 하자

제116조(대리행위의 하자) ① 의사표시의 효력이 의사의 흠결, 사기, 강박 또는 어느 사정을 알았거나 과실로 알지 못한 것으로 인하여 영향을 받을 경우에 그 사실의 유무는 대리인을 표준 하여 결정 한다.
② 특정한 법률행위를 위임한 경우에 대리인이 본인의 지시에 좇아 그 행위를 한 때에는 본인은 자기가 안 사정 또는 과실로 인하여 알지 못한 사정에 관하여 대리인의 부지를 주장하지 못한다.

매수인이 대리인을 통하여 분양택지 매수지분의 매매계약을 체결한 경우, 대리행위의 하자의 유무는 대리인을 표준으로 판단하여야 하므로, 대리인이 매도인과 분양자와의 매매계약에 있어서 매수인의 1인으로서 그 계약 내용, 잔금의 지급 기일, 그 지급 여부 및 연체 지연손해금 액수에 관하여 잘 알고 있었다고 인정되는 때에는, 설사 매수인이 연체 지연손해금 여부 및 그 액수에 관하여 모른 채로 대리인에게 대리권을 수여하여 매도인과의 사이에 그 매매계약을 체결하였다고 하더라도, 매수인으로서는 그 자신의 착오를 이유로 매도인과의 매매계약을 취소할 수는 없게 되었다고 볼 여지가 있다(대판 1996.02.13. 95다41406).

3. 대리인의 능력

제117조(대리인의 행위능력) 대리인은 행위능력자임을 요하지 아니 한다.

---

20) 다른 사람이 본인을 위하여 한다는 대리문구를 어음상에 기재하지 않고 직접 본인명의로 기명날인을 하여 어음행위를 하는 이른바 기관방식 또는 서명대리방식의 어음행위가 권한 없는 자에 의하여 행하여졌다면 이는 어음행위의 무권대리가 아니라 어음의 위조에 해당하는 것이기는 하나, 그 경우에도 제3자가 어음행위를 실제로 한 자에게 그와 같은 어음행위를 할 수 있는 권한이 있다고 믿을 만한 사유가 있고, 본인에게 책임을 질 만한 사유가 있는 때에는 대리방식에 의한 어음행위의 경우와 마찬가지로 민법상의 표현대리규정을 유추적용 하여 본인에게 그 책임을 물을 수 있다(대판 2000.03.23. 99다50385).

(1) 의사능력

대리인이 법률행위를 할 수 있는 의사능력은 갖추고 있어야 한다(통설).

(2) 행위능력

대리인은 행위능력자임을 요하지 않는다(통설). 따라서 대리인이 무능력자임을 이유로 본인은 대리행위를 취소할 수도 없다. 그리고 제117조는 수동대리에도 적용된다(통설).

제3관 무권대리

I. 총 설

통설은 (광의의) 무권대리는 (협의의) 무권대리와 표현대리가 포함된다고 한다. 이 경우 협의의 무권대리와 표현대리의 차이는 제135조 적용여부라고 한다. 특히 判例는 "유권대리에 있어서는 본인이 대리인에게 수여한 대리권의 효력에 의하여 법률효과가 발생하는 반면 표현대리에 있어서는 대리권이 없음에도 불구하고 법률이 특히 거래상대방 보호와 거래안전유지를 위하여 본래 무효인 무권대리행위의 효과를 본인에게 미치게 한 것으로서 표현대리가 성립된다고 하여 무권대리의 성질이 유권대리로 전환되는 것은 아니므로, 양자의 구성요건 해당사실 즉 주요사실은 다르다고 볼 수 밖에 없으니 유권대리에 관한 주장 속에 무권대리에 속하는 표현대리의 주장이 포함되어 있다고 볼 수 없다(대판(全合) 1983.12.13. 83다카1489).".고 본다.

II. 표현대리

1. 제125조 표현대리

제125조(대리권수여의 표시에 의한 표현대리) 제3자에 대하여 타인에게 대리권을 수여함을 표시한 자는 그 대리권의 범위 내에서 행한 그 타인과 그 제3자간의 법률행위에 대하여 책임이 있다. 그러나 제3자가 대리권 없음을 알았거나 알 수 있었을 때에는 그러하지 아니하다.

(1) 요 건

1) 본인이 제3자에 대하여 어떤 자에게 대리권을 수여하였음을 표시할 것

① 대리권수여표시의 법적성질은 관념의 통지이다(통설). 민법 제125조가 규정하는 대리권 수여의 표시에 의한 표현대리는 본인과 대리행위를 한 자 사이의 기본적인 법률관계의 성질이나 그 효력의 유무와는 관계없이 어떤 자가 본인을 대리하여 제3자와 법률행위를 함에 있어 본인이 그 자에게 대리권을 수여하였다는 표시를 제3자에게 한 경우에 성립 한다(대판 2007.08.23. 2007다23425).

② 判例는 명의의 사용승인은 대리권 수여표시에 해당한다고 하면서 대리권수여표시는 반드시 대리권 또는 대리인이라는 말을 사용하여야 하는 것이 아니라 **사회통념상 대리권을 추단할 수 있는 직함이나 명칭 등의 사용을 승낙 또는 묵인한 경우**에도 대리권 수여의 표시가 있은 것으로 본다(대판 1998.06.12. 97다53762). 따라서 호텔 등의 시설이용 우대회원 모집계약을 체결하면서 자신의 판매점, 총대리점 또는 연락사무소 등의 명칭을 사용하여 모집 안내를 하거나 입회계약체결을 승낙 또는 묵인하였다면 제125조의 표현대리가 성립할 수 있다고 하였다.

③ 하지만 判例는 파출수납의 방법에 의한 예금 입·출금은 금융기관 직원 자신의 직무를 수행하는 것에 불과하고, 고객이 직원에게 예금 입·출금과 관련한 대리권을 수여하였다거나 그 수여의 의사를 표시한 것

으로 볼 수는 없다고 하여 표현대리의 법리를 인정하지 않았다(대판 2001.02.09. 99다48801). 다만 타인간의 거래에 있어 단지 세무회계상의 필요로 자기의 납세번호증을 이용하게 한 사실 만으로서는 그 거래에 관한 대리권을 수여하였음을 표시하였거나 또는 자기의 명의(상호)를 대여하였다고 보기 어렵다(대판 1978.06.27. 78다864).

2) 그 통지에서 수여하였다고 표시된 대리권 범위 내에서 행한 법률행위일 것

이를 넘은 경우는 제126조의 표현대리가 문제된다.

3) 상대방의 선의, 무과실

악의 및 과실의 증명책임은 본인에게 있다(본인증명책임설, 통설, 判例).

(2) 적용범위

1) 임의대리에 한한다(통설). 즉 제125조는 본인이 제3자에게 자기의 의사로 타인에게 대리권을 수여하였다는 표시를 하는 경우를 뜻하므로 본인의 의사와는 관계없이 법정대리에는 적용이 될 여지가 없다. 判例도 "호적상으로만 친권자로 되어 있는 자를 믿고 거래한 때에는 상대방은 보호받지 못 한다(대판 1955.05.12. 4287민상208)."고 하여 동일한 입장이다[주석 민법, 총칙(3), 127면].

2) 이행지체가 있으면 즉시 강제집행을 하여도 이의가 없다는 강제집행 수락의사표시는 소송행위라 할 것이고, 이러한 **소송행위에는 민법상의 표현대리규정이 적용 또는 유추적용 될 수는 없다**(대판 1983.02.08. 81다카621).

3) 지방자치단체가 사경제의 주체로서 법률행위를 하였을 때에는 표현대리에 관한 법리가 적용 된다(대판 1961.12.28. 4294민상204 참고).

(3) 효 과

1) 본인은 무권대리인의 대리행위에 대하여 책임을 부담한다. 표현대리는 상대방이 이를 주장할 때 문제되는 것이고 반대로 본인 쪽에서는 주장하지 못한다. 상대방은 철회권을 행사 할 수 있고(제134조), 본인에 대하여 추인 여부의 확답을 최고할 수 있다(제131조).

2) 본인은 추인함으로써 상대방의 철회권을 소멸시킬 수 있다.

2. 제126조 표현대리

제126조(권한을 넘은 표현대리) 대리인이 그 권한 외의 법률행위를 한 경우에 제3자가 그 권한이 있다고 믿을 만한 정당한 이유가 있는 때에는 본인은 그 행위에 대하여 책임이 있다.

(1) 요 건

1) 기본대리권의 존재

① 임의대리권, 법정대리권, 일상가사대리권, 使者權, 복대리권, 표현대리권(대판 2008.01.31. 2007다74713), 사인의 공법행위를 할 권한 등이 포함된다. 특히 사자에 대하여 判例는 "대리인이 사자 내지 임의로 선임한 복대리인을 통하여 권한 외의 법률행위를 한 경우, 상대방이 그 행위자를 대리권을 가진 대리인으로 믿었고 또한 그렇게 믿는 데에 정당한 이유가 있는 때에는, 복대리인 선임권이 없는 대리인에 의하여 선임된 복대리인의 권한도 기본대리권이 될 수 있을 뿐만 아니라, 그 행위자가 사자라고 하더라도 대리행위의 주체가 되는 대리인이 별도로 있고 그들에게 본인으로부터 기본대리권이 수여된 이상, 민법 제126조를 적용함에 있어서 기본대리권의 흠결문제는 생기지 않는다(대판 1998.03.27. 97다48982)."고 한다.

② 사실행위에 관한 권한

判例 중에는 사실행위를 위한 使者인 경우에도 기본대리권의 존재를 긍정한 것도 있고(대판 1962.02.08. 4294

민상192), "민법 제126조의 표현대리가 성립하기 위하여는 무권대리인에게 법률행위에 관한 기본대리권이 있어야 하는바, 증권회사로부터 위임받은 고객의 유치, 투자 상담 및 권유, 위탁매매약정실의 제고 등의 업무는 사실행위에 불과하므로 이를 기본대리권으로 하여서는 권한초과의 표현대리가 성립할 수 없다(대판 1992.05.26. 91다32190)."고 하여 부정하는 것도 있다.

2) 대리인이 권한 밖의 대리행위를 하였을 것

① 표현대리인과 상대방 사이에 대리행위가 있어야 한다. 대리행위는 원칙적으로 현명의 구조를 갖추어 대리적 구조를 성립시킨 행위이며 대리행위로 인정될 만한 것이 없다면 비록 상대방의 신뢰가 있더라도 제126조가 적용될 여지는 없다(대판 2001.01.19. 99다67598). 判例는 "사술"을 써서 위와 같은 대리행위의 표시를 하지 아니하고 단지 본인의 성명을 "모용"하여 자기가 마치 본인인 것처럼 기망하여 본인 명의로 직접 법률행위를 한 경우에는 특별한 사정이 없는 한 위 법조 소정의 표현대리는 성립될 수 없다. 즉 처가 제3자를 남편으로 가장시켜 관련 서류를 위조하여 남편 소유의 부동산을 담보로 금원을 대출받은 경우, 남편에 대한 민법 제126조 소정의 표현대리책임을 부정한다(대판 2002.06.28. 2001다49814). 이와 비교하여 대리인이 본인임을 "사칭"하고 본인을 가장하여 은행과 근저당권설정계약을 체결한 행위에 대해 권한을 넘은 표현대리의 법리를 유추적용 한 것은 정당하다(대판 1988.02.09. 87다카273).

② 대리행위는 기본대리권과 다른 종류의 것이라도 무방하다. 判例는 기본대리권이 공법상의 권리(등기신청권)이고, 표현대리행위가 사법상의 행위일지라도 제126조의 표현대리는 적용된다고 하고(대판 1978.03.28. 78다282), 구청에 대한 영업허가신청의 경우에도 가능하다고 한다(대판 1965.03.30. 65다44).

③ 강행규정위반의 대리행위이어서는 안 된다. 따라서 주택조합의 대표자가 조합원 총회의 결의를 거치지 아니하고 건물을 처분한 행위에 관하여 민법 제126조 표현대리에 관한 규정을 준용할 수 없다. 判例는 주택조합이 주체가 되어 신축 완공한 건물로서 일반에게 분양되는 부분은 조합원 전원의 총유에 속하며, 총유물의 관리 및 처분에 관하여 주택조합의 정관이나 규약에 정한 바에 따라야 하고, 그에 관한 정관이나 규약이 없으면 조합원 총회의 결의에 의하여야 할 것이며, 그와 같은 절차를 거치지 않은 행위는 무효라고 본다(대판 2001.05.29. 2000다10246 ; 대판 2003.07.11. 2001다73626). 그리고 주식거래에 관한 투자수익보장약정이 강행법규의 위반으로 무효인 경우, 그러한 약정을 체결할 권한이 수여되었는지 여부와 관계없이 표현대리에 관한 법리가 적용될 수 없다.

3) 상대방이 월권행위를 할 권한이 있다고 믿는 데 정당한 이유가 있을 것

4) 제3자는 권한을 넘은 **대리행위의 직접 상대방만을 의미** 한다(대판 1994.05.27. 93다21521).

(2) 정당한 이유

1) 의 의

대리행위 당시 상대방이 대리인이 대리권을 가지고 있다고 믿는 데 과실이 없는 것을 말한다(대판 2001.03.09. 2000다67884). 즉, 권한을 넘은 표현대리에 있어서 정당한 이유의 유무는 대리행위 당시를 기준으로 하여 판정하여야 하고 대리행위 성립 후의 사정은 고려할 것이 아니다(대판 2002.06.28. 2001다49814).

2) 주장, 증명책임

判例는 상대방이 정당한 이유 있음을 증명해야 한다고 한다(상대방증명책임설, 대판 1968.06.18. 68다694). 다만 다수설은 **본인**이 상대방의 정당한 이유 없음을 증명해야 한다고 본다(본인증명책임설),

(3) 적용범위

1) 어음행위의 위조

어음행위가 일반의 거래관념에 비추어 특히 이례적으로 이루어진 경우에는 달리 특별한 사정이 없는 한 그 상대방이 위조자의 권한 유무와 본인의 의사를 조사·확인하지 아니하였을 경우에는 그 상대방이 위조

자에게 어음행위를 할 권한이 있다고 믿었다고 하더라도 거기에 정당한 사유가 있다고 할 수 없다(대판 1999.01.29. 98다27470).

2) 법정대리에 대한 적용여부

判例는 한정치산자의 후견인이 친족회 동의를 얻지 않고 피후견인의 부동산을 처분한 경우, 상대방이 친족회의 동의가 있다고 믿은데 정당한 이유가 있으면 한정치산자에게 그 효력이 미친다고 하였다. 즉, 제126조는 법정대리에도 적용 된다(대판 1997.06.27. 97다3828).

3) 과실상계 규정의 적용여부

표현대리행위의 책임은 본인이 전적으로 져야 하고, 상대방에게 과실이 있어도 과실상계의 법리를 유추 적용 할 수 없다(대판 1996.07.12. 95다49554). 判例는 표현대리 및 손해배상액의 예정과 같이 본래의 채무가 이행되어야 하는 경우 과실상계법리를 적용하지 않는다. 이는 과실상계에 있어서의 과실을 '약한 부주의'로 보기 때문에 상대방의 선의, 무과실을 전제로 하는 표현대리에 있어 그 적용여부는 문제될 수 있으나, 표현대리는 본인이 대리인이 한 것과 같은 이행책임을 지고, 손해배상책임을 지는 것이 아니므로 과실상계는 적용되지 않는다는 것이다.

3. 제129조 표현대리

> 제129조(대리권소멸후의 표현대리) 대리권의 소멸은 선의의 제3자에게 대항하지 못 한다[21]. 그러나 제3자가 과실로 인하여 그 사실을 알지 못한 때에는 그러하지 아니하다.

(1) 요 건

1) 기존에 대리권이 있었으나 대리행위당시 대리권이 소멸하였을 것

判例는 더 이상 보증을 서지 않겠다고 통고를 한 것은 앞으로의 보증의뢰를 사전에 거절한 것이지 수권행위의 철회라고 볼 수 없다는 이유로 제129조의 적용을 부정 한다(대판 1967.09.05. 67다1355). 그리고 대리인이 대리권 소멸 후 복대리인을 선임하여 복대리인으로 하여금 상대방과 사이에 대리행위를 하도록 한 경우에도 제129조에 의한 표현대리가 성립할 수 있다고 하였다(대판 1998.05.29. 97다55317). 다만 처음부터 대리권이 없었던 경우에는 대리권 소멸 후의 표현대리가 성립할 수 없다[22].

2) 소멸하기 전 대리권 범위 내에서 대리행위를 할 것

본조는 과거에 존재하고 있었던 대리권의 범위 내에서 대리행위를 하여야 한다. 소멸된 대리권의 내용이 다른 종류의 것이거나 그 범위를 넘은 경우에는 본조와 제126조의 중첩적용 문제가 된다.

3) 대리권소멸에 관하여 상대방은 선의, 무과실일 것

이 경우 선의·무과실은 대리인이 이전에 대리권을 가지고 있었기 때문에 상대방이 대리권의 소멸을 알지 못하고 현재에도 역시 대리권이 존재한다고 믿고, 또 그렇게 믿는 것이 당연하다고 볼 수 있는 사정이 있음을 말한다[주석 민법, 총칙(3), 189면]. 그리고 조문의 형식상 선의의 증명책임은 먼저 상대방이 부담 하고, 그것이 증명된 경우에 본인이 상대방의 과실을 증명하면 된다(법률요건분류설, 이영준). 다만 학설은 본

---

[21] 동일한 표현대리인 제125조, 제126조는 모두 '책임이 있다'고 규정하고 있으나, 문언의 차이에도 불구하고 표현대리인이 한 행위는 직접 본인에 대하여 효력이 생기는 것이다[주석 민법, 총칙(3), 191면].
[22] 소외 회사는 과거 피고가 이사로 있을 당시부터 이사들의 등록된 인장을 보관한 바는 있으나 그것이 필요할 때는 그 때마다 개별적으로 각 이사의 승낙을 얻어서 사용하였을 뿐 인장보관과 동시에 포괄적인 대리권을 수여받은 바가 없다면 그와 같은 포괄적인 대리권을 수여한 바 있었음을 전제로 한 본건 연대보증행위에 대해 대리권 소멸 후의 표현대리를 인정할 수 없고 또 위와 같이 본건 대부 당시 소외 회사나 그 대표이사가 피고를 대리할 수 있는 대리권이 없었다고 부정되는 이상 그와 같은 대리권 있음을 전제로 한 권한 유월로 인한 표현대리 또한 성립될 여지가 없다(대판 1977.05.24. 76다2934).

인이 상대방의 악의 또는 과실을 입증하여야 한다고 본다(곽윤직, 김용한).

(2) 적용범위

본조는 임의대리, 법정대리 모두에 적용된다. 즉 대리권소멸 후의 표현대리에 관한 민법 제129조는 법정대리인의 대리권소멸에 관하여도 적용이 있다.(대판 1975.01.28. 74다1199).

(3) 중첩적용 문제

제129조에 의한 표현대리로 인정되는 경우에 그 표현대리의 권한을 넘은 대리행위가 있을 때에도 제126조의 표현대리가 성립할 수 있다고 한다(대판 1970.02.10. 69다2149 ; 대판 1973.07.30. 72다1631 ; 대판 1979.03.27. 79다234 ; 대판 2008.01.31. 2007다74713).

Ⅲ. 협의의 무권대리

> 제130조(무권대리) 대리권 없는 자가 타인의 대리인으로 한 계약은 본인이 이를 추인하지 아니하면 본인에 대하여 효력이 없다.

1. 의 의

광의의 무권대리 중에서 표현대리에 해당하지 않는 것을 협의의 무권대리라고 한다. 표현대리에 해당하는 경우에도 상대방이 이를 주장하지 않는다면, 협의의 무권대리가 된다. 협의의 무권대리에서는 상대방이 대리의 효과를 주장하지 못하는 것이 표현대리와는 다르다.

2. 본인과 상대방 사이의 효과

(1) 본인의 추인권

1) 추인의 방식

무권대리행위나 무효행위의 추인은 무권대리행위 등이 있음을 알고 그 행위의 효과를 자기에게 귀속시키도록 하는 단독행위로서 그 의사표시의 방법에 관하여 일정한 방식이 요구되는 것이 아니므로 명시적이든 묵시적이든 묻지 않는다 할 것이지만, 묵시적 추인을 인정하기 위해서는 본인이 그 행위로 처하게 된 법적 지위를 충분히 이해하고 그럼에도 진의에 기하여 그 행위의 결과가 자기에게 귀속된다는 것을 승인한 것으로 볼 만한 사정이 있어야 할 것이므로 이를 판단함에 있어서는 관계되는 여러 사정을 종합적으로 검토하여 신중하게 하여야 한다고 한다(대판 2009.09.24. 2009다37831). 그리고 추인의 상대방은 무권대리인이나 무권대리행위의 상대방에 대하여도 할 수 있다(대판 2009.11.12. 2009다46828).

2) 추인의 예

① 추인을 긍정한 경우

1. 매매계약을 체결한 무권대리인으로부터 **매매대금의 전부 또는 일부를 본인이 수령한 경우**(대판 1963.04.11. 63다64).
2. 무권대리인이 차용한 금원의 변제기일에 채권자가 본인에게 그 변제를 독촉하자 **본인이 그 유예를 요청한 경우**(대판 1973.01.30. 72다2309).
3. 본인의 장남이 서류를 위조하여 매도한 부동산을 **본인이 매수인에게 명도하고 10년간 아무런 이의를 제기하지 아니한 경우**(대판 1984.04.14. 81다151). 무권대리인이 매도인을 대리한 사안이다.
4. 상대방 명의의 영수증을 받은 본인이 무권대리인이 체결한 **임대차계약상 차임의 일부를 무권대리인에게 지급한 경우**(대판 1984.12.11. 83다카1531).
5. 처가 타인으로부터 금원을 차용하면서 승낙 없이 남편 소유 부동산에 근저당권을 설정한 것을 알게 된 남편이, 처의

채무 변제에 갈음하여 아파트와 토지를 처가 금전을 차용한 자에게 이전하고 그 토지의 시가에 따라 **사후에 정산하기로 합의한 후 그 합의가 결렬되어 이행되지 않았다고 하더라도**, 일단 처가 차용한 사채를 책임지기로 한 이상 남편은 처의 근저당권 설정 및 금원 차용의 무권대리행위를 추인한 것이다(대판 1995.12.22. 94다45098). **추인은 일단 이루어지면 확정적이라는 것이다.**

6. 임야를 상속하여 공동소유하고 있는 친족들 중 일부가 가까운 친척에게 임야의 매도를 위임하여 매도대금을 동인들의 생활비로 소비하였고 나머지 공유자들은 임야의 매각소식을 전해 듣고서 15년간 아무런 이의를 제기하지 아니하였다면 위 신분관계, 매도경위, 대금의 소비관계 등 제반사정에 비추어 처분권을 위임하지 아니한 나머지 공유자들도 매매행위를 묵시적으로 추인한 것이라고 보아야 한다(대판 1991.01.29. 90다12717).

② 추인을 부정한 경우

1. 무권대리행위는 그 효력이 불확정 상태에 있다가 본인의 추인 유무에 따라 본인에 대한 효력발생 여부가 결정되는 것으로서, 추인은 무권대리행위가 있음을 알고 그 행위의 효과를 자기에게 귀속시키도록 하는 단독행위이고, 추인은 처분행위이므로 단순히 침묵한 것만으로는 묵시적 추인이 되지 않고 일정한 행위가 있어야 한다.
2. 判例는 무권대리행위가 범죄가 되는 경우에 그 사실을 알고도 장기간 형사고소를 하지 아니하였다는 사실만으로 무권대리행위에 대한 묵시적 추인을 인정할 수 없다고 한다(대판 1998.02.10. 97다31113).

3) 추인의 범위(일부추인)

추인은 의사표시의 전부에 대하여 행하여져야 하고, 그 **일부에 대하여 추인을 하거나 그 내용을 변경하여 추인을 하였을 경우**에는 상대방의 동의를 얻지 못하는 한 무효이다. 무권대리행위의 추인은 대리행위 전부에 대하여 행해져야 한다(대판 1982.01.26. 81다카549).

4) 추인의 상대방

제132조(추인, 거절의 상대방) 추인 또는 거절의 의사표시는 상대방에 대하여 하지 아니하면 그 상대방에 대항하지 못한다. 그러나 상대방이 그 사실을 안 때에는 그러하지 아니하다.

추인 또는 거절의 의사표시는 상대방에 대하여 하지 아니하면 그 상대방에 대항하지 못한다. 그러나 상대방이 그 사실을 안 때에는 그러하지 아니하다.

5) 추인의 효과

제133조(추인의 효력) 추인은 다른 의사표시가 없는 때에는 계약 시에 소급하여 그 효력이 생긴다. 그러나 제3자의 권리를 해하지 못한다.

추인은 다른 의사표시가 없으면 행위 시에 소급하여 효력이 생긴다(제133조). 따라서 본인과 상대방은 합의로써 추인의 소급효를 제한할 수 있다.

6) 무권리자 처분행위에 있어 대한 추인

타인의 권리를 자기의 이름으로 처분하거나 또는 자기의 권리로 처분한 경우에 본인이 후일 그 처분행위를 인정하면 특단의 사유가 없는 한 그 처분행위의 효력이 본인에게 미친다(대판 1988.10.11. 87다카2238). 무권리자의 처분행위는 무효이나 무권대리행위 추인의 법리를 유추 적용하여 소급하여 유효하게 된다. 즉 타인의 권리를 자기의 이름으로 또는 자기의 권리로 처분한 후에 본인이 그 처분을 인정하였다면 특별한 사정이 없는 한 무권대리에 있어서 본인의 추인의 경우와 같이 그 처분은 본인에 대하여 효력을 발생 한다(대판 1981.01.13. 79다2151). 判例는 무권리자 처분행위에 대한 권리자의 추인의 근거를 사적자치의 원칙에 찾고 있다[23](대판 2001.11.09. 2001다44291).

(2) 본인의 추인거절권

제132조(추인, 거절의 상대방) 추인 또는 거절의 의사표시는 상대방에 대하여 하지 아니하면 그 상대방에 대항하지 못한다. 그러나 상대방이 그 사실을 안 때에는 그러하지 아니하다.

본인이 무권대리행위에 대하여 추인 또는 추인거절을 하지 않고 방치하여도 본인에게 아무런 효력이 생기지 않지만, 본인이 추인을 거절하면 그 무권대리행위는 확정적 무효가 된다. 따라서 추인 거절 후에는 본인은 추인할 수 없으며(재추인의 대상이 없으므로), 상대방은 최고권 또는 철회권을 행사할 수 없다. 상속으로 인하여 무권대리인이 본인의 지위를 상속한 경우, 본인의 지위(추인권·추인거절권)와 무권대리인의 지위(제135조 책임)는 혼동되지 않고 병존하나, 본인의 지위에서 추인을 거절하는 것은 신의칙상 허용되지 않는다[24](대판 1994.09.27. 94다20617).

(3) 상대방의 최고권

제131조(상대방의 최고권) 대리권 없는 자가 타인의 대리인으로 계약을 한 경우에 상대방은 상당한 기간을 정하여 본인에게 그 추인여부의 확답을 최고할 수 있다. 본인이 그 기간 내에 확답을 발하지 아니한 때에는 추인을 거절한 것으로 본다.

1) 최고의 법적 성질
최고는 본인에 대하여 무권대리행위를 추인할 것인지 여부의 확답을 촉구하는 것이다. 제한능력자의 상대방이 하는 촉구와 같이 준법률행위 중 의사의 통지에 속한다. 무권대리행위의 유동적 무효상태를 끝낼 수 있는 최고권은 형성권의 일종이며, 철회권과는 달리 악의의 상대방도 이를 행사할 수 있다.

2) 요건
① 무권대리행위의 본인에 대한 효력발생 여부가 불확정적이어야 한다. 즉 본인의 추인도 추인거절도 없고, 상대방의 철회도 없는 동안에만 최고 할 수 있다.
② 상당한 기간을 정하여 하여야 한다. 최고는 객관적으로 보아서 상당하다고 볼 수 있어야 한다. 다만 상대방이 기간을 너무 짧게 정하여 최고한 경우에 최고의 효력에 대해서는 견해가 대립 된다[25].
③ 최고의 내용은 무권대리행위를 추인할 것인지 여부를 확답하라는 것이다.
④ 최고의 상대방은 원칙적으로 본인이지만, 그 법정대리인에 대해서도 가능하다.

3) 효과
이 경우 본인이 그 기간 내에 확답을 발신하지 않는 경우에는 추인을 거절한 것으로 본다. 현재의 유동적 무효상태를 변경시키기 위한 조치를 취하지 않은 데서 본인의 의사를 추측한 것이다(지원림).

---

23) 무권리자가 타인의 권리를 자기의 이름으로 또는 자기의 권리로 처분한 경우에, 권리자는 후일 이를 추인함으로써 그 처분행위를 인정할 수 있고, 특별한 사정이 없는 한 이로써 권리자 본인에게 위 처분행위의 효력이 발생함은 사적 자치의 원칙에 비추어 당연하고, 이 경우 추인은 명시적으로뿐만 아니라 묵시적인 방법으로도 가능하며 그 의사표시는 무권대리인이나 그 상대방 어느 쪽에 하여도 무방하다(대판 2001.11.09. 2001다44291).
24) 甲이 대리권 없이 乙 소유 부동산을 丙에게 매도하여 부동산소유권이전등기등에관한특별조치법에 의하여 소유권이전등기를 마쳐주었다면 그 매매계약은 무효이고 이에 터잡은 이전등기 역시 무효가 되나, 甲은 乙의 무권대리인으로서 민법 제135조 제1항의 규정에 의하여 매수인인 丙에게 부동산에 대한 소유권이전등기를 이행할 의무가 있으므로 그러한 지위에 있는 甲이 乙로부터 부동산을 상속받아 그 소유자가 되어 소유권이전등기이행의무를 이행하는 것이 가능하게 된 시점에서 자신이 소유자라고 하여 자신으로부터 부동산을 전전매수한 丁에게 원래 자신의 매매행위가 무권대리행위여서 무효였다는 이유로 丁 앞으로 경료 된 소유권이전등기가 무효의 등기라고 주장하여 그 등기의 말소를 청구하거나 부동산의 점유로 인한 부당이득금의 반환을 구하는 것은 금반언의 원칙이나 신의성실의 원칙에 반하여 허용될 수 없다.
25) 최고가 무효라는 견해(강용현)와 상당한 기간이 지난 후에는 효력이 발생한다는 견해(김기선)가 있다.

(4) 상대방의 철회권

제134조(상대방의 철회권) 대리권 없는 자가 한 계약은 본인의 추인이 있을 때까지 상대방은 본인이나 그 대리인에 대하여 이를 철회할 수 있다. 그러나 계약당시에 상대방이 대리권 없음을 안 때에는 그러하지 아니하다.

1) 요 건
① **본인의 추인 또는 추인거절이 있기 전일 것**
철회권은 본인의 추인(또는 추인거절)이 있기 전에 행사할 수 있다. 그러나 본인이 무권대리인에게 추인의 의사표시를 한 경우에는 상대방이 그 사실을 알지 못하는 한, 본인이 상대방에게 추인의 효과를 주장하지 못하므로(제132조 단서), 이 경우에는 상대방이 철회권을 행사할 수 있다.
② **상대방**
철회권은 최고권의 경우와는 달리 본인뿐 아니라 무권대리인에게도 행사 할 수 있다.
③ **상대방이 선의일 것**
철회권은 '선의'의 상대방에게만 인정된다. '선의'의 의미는 대리인이 무권대리인이라는 것을 알지 못한 것을 말하며, 계약 당시를 기준으로 한다. 그리고 '악의'의 상대방은 철회권이 인정되지 않는다. <u>상대방이 대리인에게 대리권이 없음을 알았다는 점에 대한 주장·입증책임은 철회의 효과를 다투는 본인에게 있다</u>(대판 2017.06.29. 2017다213838).

2) 효 과
① 철회권을 행사하면 무권대리인과의 계약은 확정적 무효가 된다는 점에서 일종의 형성권이다.

② 확정적 무효가 되므로, 본인은 무권대리를 추인할 수 없다. 그리고 본인이 추인하지 않을 때 무권대리인이 책임을 지는 무권대리인 책임(제135조)도 발생하지 않는다. 다만 상대방이 무권대리인에게 이미 이행한 것이 있다면 부당이득반환청구가 가능하다.

3. 무권대리인과 상대방 사이의 효과 - 무권대리인 책임

제135조(상대방에 대한 무권대리인의 책임) ① 다른 자의 대리인으로서 계약을 맺은 자가 그 대리권을 증명하지 못하고 또 본인의 추인을 받지 못한 경우에는 그는 상대방의 선택에 따라 계약을 이행할 책임 또는 손해를 배상할 책임이 있다.
② 대리인으로서 계약을 맺은 자에게 대리권이 없다는 사실을 상대방이 알았거나 알 수 있었을 때 또는 대리인으로서 계약을 맺은 사람이 제한능력자일 때에는 제1항을 적용하지 아니한다.

(1) 요 건

1) 대리인이 대리권을 증명할 수 없을 것
대리인 자신이 대리권을 증명하지 못해야 한다. 무권대리인에 대한 청구권은 권리발생사실이므로, 상대방이 주장, 증명책임을 져야 하는 것이나, 제135조는 무권대리인이 증명책임을 지게 함으로써 주장책임과 증명책임의 분배가 불일치하게 된다.

2) 대리인이 본인의 추인을 얻지 못하고, 표현대리가 성립하지 않을 것
통설에 의하면 표현대리가 성립한 경우 제135조의 책임은 발생하지 않는다고 하기 때문이다.

3) 무권대리인이 행위능력자일 것

제한능력자를 보호하는 취지에서 능력자임을 요하나, 제한능력자가 법정대리인의 동의를 얻어 무권대리행위를 한 경우에는 본조의 책임을 면할 수 없다는 것이 통설이다. 이 경우에까지 제3자를 희생하여 무능력자를 보호할 필요가 없기 때문이다.

4) 무과실책임

대리인으로서 대리행위를 한 자가 의사표시 당시에 객관적으로 대리권이 결여되어 있으면 족하고 대리권의 결여에 대한 대리인의 과실이 있어야 하는 것은 아니다(대판 1962.04.12. 4294민상1021 ; 대판 2014.02.27. 2013다213038).

5) 상대방은 선의, 무과실일 것

증명책임은 무권대리인(대판 1962.04.12. 4294민상1021)에게 있다.

(2) 내 용

1) 선택채권

상대방의 선택에 따라 계약의 이행 또는 손해배상의 책임을 지는 것이 그 내용이다.

2) 손해배상범위

이행이익설이 다수설이다.

3) 소멸시효의 기산점

判例는 상대방이 선택권을 행사할 수 있는 때부터 진행한다고 하며, 선택권을 행사할 수 있는 시기는 대리권의 증명 또는 본인의 추인을 얻지 못한 때라고 본다(대판 1965.08.24. 64다1156).

> *** 손해배상액예정과 무권대리인 책임, 증명책임**
>
> [1] 다른 자의 대리인으로서 계약을 맺은 자가 그 대리권을 증명하지 못하고 또 본인의 추인을 받지 못한 경우에는 그는 상대방의 선택에 따라 계약을 이행할 책임 또는 손해를 배상할 책임이 있다(민법 제135조 제1항). 이때 상대방이 계약의 이행을 선택한 경우 무권대리인은 계약이 본인에게 효력이 발생하였더라면 본인이 상대방에게 부담하였을 것과 같은 내용의 채무를 이행할 책임이 있다. 무권대리인은 마치 자신이 계약의 당사자가 된 것처럼 계약에서 정한 채무를 이행할 책임을 지는 것이다. 무권대리인이 계약에서 정한 채무를 이행하지 않으면 상대방에게 채무불이행에 따른 손해를 배상할 책임을 진다. 위 계약에서 채무불이행에 대비하여 손해배상액의 예정에 관한 조항을 둔 때에는 특별한 사정이 없는 한 무권대리인은 조항에서 정한 바에 따라 산정한 손해액을 지급하여야 한다. 이 경우에도 손해배상액의 예정에 관한 민법 제398조가 적용됨은 물론이다. [2] 민법 제135조 제2항은 '대리인으로서 계약을 맺은 자에게 대리권이 없다는 사실을 상대방이 알았거나 알 수 있었을 때에는 제1항을 적용하지 아니한다.'고 정하고 있다. 이는 무권대리인의 무과실책임에 관한 원칙 규정인 제1항에 대한 예외 규정이므로 상대방이 대리권이 없음을 알았다는 사실 또는 알 수 있었는데도 알지 못하였다는 사실에 관한 주장·증명책임은 무권대리인에게 있다(대판 2018.06.28. 2018다210775).

4. 본인과 무권대리인 사이의 효과

본인이 추인을 하지 않는 한, 본인에게 아무런 효력이 생기지 않으므로 본인과 무권대리인 사이에는 아무런 법률관계가 생기지 않는다. 다만 본인이 추인을 한 경우에는 무권대리인이 의무 없이 본인의 사무를 관리한 것이 되어 사무관리가 성립한다(제734조). 이 경우 무권대리인은 무권대리에 기하여 취득한 것을 인도하여야 하고(제738조, 제684조), 지출한 비용에 대하여 그 상환을 청구할 수 있다(제739조). 그 밖에 부당이득(제741조)이나 불법행위(제750조)가 성립할 수 있다.

5. 단독행위와 무권대리

제136조(단독행위와 무권대리) 단독행위에는 그 행위당시에 상대방이 대리인이라 칭하는 자의 대리권 없는 행위에 동의하거나 그 대리권을 다투지 아니한 때에 한하여 전6조의 규정을 준용한다. 대리권 없는 자에 대하여 그 동의를 얻어 단독행위를 한 때에도 같다.

(1) 상대방 있는 단독행위

1) 민법규정

단독행위를 대리한 경우도 그 수령상대방이 무권대리인에게 대리권이 있다고 믿은 때에는 실질적으로 계약의 경우와 다르게 취급할 이유는 없다. 하지만 민법은 계약의 경우와 달리 단독행위의 무권대리를 원칙적으로 무효로 하고, 일정한 경우에 한하여 그 예외를 인정하고 있다(제136조).

2) 능동대리의 경우

단독행위에는 그 행위당시에 상대방이 대리인이라 칭하는 자의 대리권 없는 행위에 동의하거나 그 대리권을 다투지 아니한 때에 한하여 계약의 경우와 동일한 효과가 발생한다. 따라서 제130조 내지 제135조가 준용된다. 이 경우 '대리권을 다투지 아니한 때'란 이의를 제출하지 않은 것을 말하고, 무권대리인에게 대리권이 없다는 것에 대한 선의·악의 내지 과실·무과실은 문제되지 않는다. 그러나 무권대리인이 행한 단독행위를 수령한 후 지체 없이 이의를 제출하면 다툰 것으로 본다(통설).

(2) 상대방 없는 단독행위

능동대리·수동대리 상관없이 언제나 무효이다. 본인의 추인이 있다고 해도 무효이다(통설).

제4절 법률행위의 무효와 취소

Ⅰ. 총 설

1. 무효의 의의 및 비교개념

(1) 의 의

법률행위의 무효란 해당 법률행위가 의욕 한 법률효과가 발생하지 않는 것을 말한다. 즉 무효인 법률행위는 사실적 현상으로는 존재하나 법적으로는 존재하지 않는 것을 의미한다. 따라서 무효인 법률행위는 그 법률행위가 성립한 당초부터 당연히 효력이 발생하지 않는 것이므로, 무효인 법률행위에 따른 법률효과를 침해하는 것처럼 보이는 위법행위나 채무불이행이 있다고 하여도 법률효과의 침해에 따른 손해는 없는 것이므로 그 손해배상을 청구할 수는 없다(대판 2003.03.28. 2002다72125).

(2) 부존재와의 구별

법률행위가 성립요건을 결한 때를 '법률행위의 부존재'라고 하고, 성립요건은 갖추었으나 효력요건을 결한 경우를 '법률행위의 무효'라고 한다. 이 구별은 '무효행위의 전환'(제138조), '무효인 법률행위의 추인'(제139조)에서 의미가 있다.

2. 무효의 종류

(1) 절대적 무효와 상대적 무효

절대적 무효란 법률행위를 한 당사자 뿐 아니라 제3자에 대한 관계에서도 효력이 없는 경우를 의미한다. 그러나 상대적 무효는 당사자 사이에서는 무효이지만, 무효로써 선의의 제3자에게 대항하지 못하는 경우를 말한다(제107조 2항, 제108조 2항, 제109조 2항, 제110조 3항 등).

(2) 당연무효와 재판상 무효

원래 법률행위의 무효는 법률상 당연히 무효이므로, 무효로 하기 위한 별개의 절차나 행위는 필요하지 않다(당연무효). 하지만 소송에 의해서만 무효의 주장이 가능하고, 원고적격과 출소기간의 제한이 있는 '재판상 무효'도 있다. 예를 들어 회사설립의 무효(상법 제184조), 회사합병의 무효(상법 제236조) 등이 그것이다.

(3) 확정적 무효와 불확정적(=유동적) 무효

원래 무효는 확정적으로 효력을 발생하지 않는 것이 원칙이다(확정적 무효). 그러나 법률행위의 효력이 현재로서는 발생하지 않지만 추후에 인가를 받거나 추인을 얻거나 정지조건이 성취되거나 시기가 도래함으로써 법률행위 시에 소급하여(혹은 장래를 향해) 유효로 확정될 수 있는 법적 상태를 '불확정적(=유동적) 무효'라고 한다.

3. 국토이용관리법상 유동적 무효의 법리

(1) 문제점

판례는 국토이용관리법상 토지거래계약을 하는 경우 그 목적물이 토지거래허가구역 내의 토지인 경우에는 양 당사자가 관청의 허가를 얻어야 비로소 계약의 효력이 확정된다는 '유동적 무효'의 법리를 설시하고 있는데, 이를 살펴보기로 한다.

(2) 확정적 무효와 유동적 무효의 구별

국토이용관리법상의 규제구역 내의 토지에 대하여 관할 도지사의 허가를 받기 전에 허가받을 것을 전제로 한 계약일 경우에는 허가를 받을 때까지는 법률상의 미완성의 법률행위로서 소유권 등 권리의 이전에 관한 계약의 효력이 전혀 발생하지 않음은 위의 확정적 무효의 경우와 다를 바 없지만, 일단 허가를 받으면 그 계약은 소급하여 유효한 계약이 되고, 이와 달리 불허가가 된 때에는 무효로 확정되므로 **허가를 받기까지는 '유동적 무효'의 상태에 있다**(대판(全合) 1991.12.24. 90다12243). 따라서 허가를 받으면 그 계약은 소급해서 유효가 되므로 허가 후에 새롭게 거래계약을 체결할 필요는 없다.

(3) 유동적 무효인 법률행위의 효과

허가받을 것을 전제로 한 거래계약은 허가받기 전의 상태에서는 거래계약의 채권적 효력도 전혀 발생하지 않으므로 권리의 이전 또는 설정에 관한 어떠한 내용의 이행청구도 할 수 없다(대판(全合) 1991.12.24. 90다12243). 따라서 그러한 거래계약의 당사자로서는 허가받기 전의 상태에서 상대방의 거래계약상 채무불이행을 이유로 거래계약을 해제하거나 그로 인한 손해배상을 청구할 수 없다(대판 1997.07.25. 97다4357·4364). 또한 토지거래허가가 있을 것을 조건으로 하여 소유권이전등기절차의 이행을 구하는 부분에 있어서는 허가받기 전의 상태에서는 아무런 효력이 없어 권리의 이전 또는 설정에 관한 어떠한 이행청구도 할 수 없다(대판(全合) 1991.12.24. 90다12243).

(4) 협력의무

1) 소송가능 여부

계약이 효력 있는 것으로 완성될 수 있도록 서로 협력할 의무가 있음이 당연하므로, **계약의 쌍방 당사자는 공동으로 관할관청의 허가를 신청할 의무가 있고**, 이러한 의무에 위반하여 허가신청절차에 협력하지 않는 당사자에 대하여 상대방은 **협력의무의 이행을 소송으로써 구할 이익이 있다**(대판(全合) 1991.12.24. 90다12243).

2) 가처분의 피보전권리

허가를 받을 것을 전제로 하여 체결된 매매계약의 매수인은 비록 그 매매계약이 허가를 받을 때까지는 법률상 미완의 법률행위로서 소유권의 이전에 관한 계약의 효력이 전혀 발생하지 아니한다고 할지라도 위와 같은 토지거래허가신청절차청구권을 피보전권리로 하여 매매목적물의 처분을 금하는 가처분을 구할 수 있고, 매도인이 그 매매계약을 다투는 경우 그 보전의 필요성도 있다고 보아야 할 것이며, 이러한 가처분이 집행된 후에 진행된 강제경매절차에서 당해 토지를 낙찰받은 제3자는 특별한 사정이 없는 한 이로써 가처분채권자인 매수인의 권리보전에 대항할 수 없다(대판 1998.12.22. 98다44376).

3) 계약해제 여부

유동적 무효의 상태에 있는 거래계약의 당사자는 상대방이 그 거래계약의 효력이 완성되도록 협력할 의무를 이행하지 아니하였음을 들어 일방적으로 유동적 무효의 상태에 있는 거래계약 자체를 해제할 수 없다 [대판(全合) 1999.06.17. 98다40459].

4) 손해배상 여부

매매계약 자체로서는 유동적 무효 상태에 있는 것이나 유동적 무효 상태에 있는 계약을 효력이 있는 것으로 완성하여야 할 협력의무를 부담하는 한도 내에서의 당사자의 의사표시까지 무효 상태에 있는 것이 아니므로, 이러한 유동적 무효 상태에 있는 매매계약에 대하여 허가를 받을 수 있도록 허가신청을 하여야 할 협력의무를 이행하지 아니하고 매수인이 그 매매계약을 일방적으로 철회함으로써 매도인이 손해를 입은 경우에 매수인은 이 협력의무 불이행과 인과관계가 있는 손해는 이를 배상하여야 할 의무가 있다(대판 1995.04.28. 93다26397).

(5) 해약금 해제 또는 손해배상액의 예정

1) 해약금 해제

매매 당사자 일방이 계약 당시 상대방에게 계약금을 교부한 경우 당사자 사이에 다른 약정이 없는 한 당사자 일방이 계약 이행에 착수할 때까지 계약금 교부자는 이를 포기하고 계약을 해제할 수 있고, 그 상대방은 계약금의 배액을 상환하고 계약을 해제할 수 있음이 계약 일반의 법리인 이상, 특별한 사정이 없는 한 국토이용관리법상의 토지거래허가를 받지 않아 유동적 무효 상태인 매매계약에 있어서도 당사자 사이의 매매계약은 매도인이 계약금의 배액을 상환하고 계약을 해제함으로써 적법하게 해제된다(대판 1997.06.27. 97다9369).

2) 손해배상액 예정

국토이용관리법상 토지거래허가 구역 내의 토지에 대하여 관할 관청의 허가를 받기 전 유동적 무효 상태에 있는 계약을 체결한 당사자는 쌍방이 그 계약이 효력이 있는 것으로 완성될 수 있도록 서로 협력할 의무가 있는 것이므로, 이러한 매매계약을 체결할 당시 당사자 사이에 당사자 일방이 토지거래허가를 받기 위한 협력 자체를 이행하지 아니하거나 허가신청에 이르기 전에 매매계약을 철회하는 경우 상대방에게 일정한 손해액을 배상하기로 하는 약정을 유효하게 할 수 있다(대판 1997.02.28. 96다49933).

(6) 부당이득의 반환

허가를 배제하거나 잠탈 하는 내용이 아닌 유동적 무효상태의 매매계약을 체결하고 매도인이 이에 기하여 임의로 지급한 계약금은 그 계약이 유동적 무효상태로 있는 한 이를 부당이득으로 반환을 구할 수는 없고 유동적 무효상태가 확정적으로 무효로 되었을 때 비로소 부당이득으로 그 반환을 구할 수 있다(대판 1993.07.27. 91다33766). 다만 계약해제의 합의에는 계약 당사자들이 더 이상 계약상의 의무를 이행하지 않기로 하는 의사의 합치가 당연히 포함되어 있으며, 이러한 의사의 합치는 결국 위와 같은 토지거래 허가구역 안에 있는 토지거래와 관련해서는 양쪽 당사자가 토지거래 허가신청을 하지 아니하기로 하는 의사표시를 명백히 한 것을 의미하는 것이므로, 매수인은 계약금을 부당이득으로 반환청구를 할 수 있다(대판 2008.03.13. 2007다76603).

(7) 확정적 무효가 되는 경우

1) 주장할 수 있는 자

거래계약이 확정적으로 무효가 된 경우에는 거래계약이 확정적으로 무효로 됨에 있어서 귀책사유가 있는 자라고 하더라도 그 계약의 무효를 주장할 수 있다(대판 1997.07.25. 97다4357·4364).

2) 불허가처분이 있는 경우[26] 및 허가신청 거절의사를 명백히 한 경우

국토이용관리법상의 거래허가를 받지 않은 유동적 무효상태의 계약은 관할 도지사에 의한 불허가처분이 있을 때뿐만이 아니라, 당사자 쌍방이 허가신청을 하지 아니하기로 의사표시를 명백히 한 경우에도 유동적 무효상태의 계약은 확정적으로 무효로 된다고 보아야 할 것이다(대판 1993.07.27. 91다33766).

3) 의사흠결이 있는 경우

국토이용관리법상 거래허가를 받지 아니하고 계약당사자의 표시와 불일치한 의사(비진의표시, 허위표시 또는 착오) 또는 사기, 강박과 같은 하자 있는 의사에 의하여 토지거래 등이 이루어진 경우에 있어서, 이들 사유에 기하여 그 거래의 무효 또는 취소를 주장할 수 있는 당사자는 그러한 거래허가를 신청하기 전 단계에서 이러한 사유를 주장하여 거래허가 신청협력에 거절의사를 일방적으로 명백히 함으로써 그 계약을 확정적으로 무효화시키고 자신의 거래허가절차에 협력할 의무를 면함은 물론 기왕에 지급된 계약금 등의 반환도 구할 수 있다(대판 1996.11.08. 96다35309).

4) 정지조건부 계약의 경우

토지거래허가 전의 거래계약이 정지조건부 계약인 경우에 있어서 그 정지조건이 토지거래허가를 받기 전에 이미 불성취로 확정되었다면 장차 토지거래허가를 받는다고 하더라도 그 거래계약의 효력이 발생될 여지는 없게 되었다고 할 것이므로, 이와 같은 경우에도 또한 허가 전 거래계약의 유동적 무효 상태가 더 이상 지속된다고 볼 수 없고 그 계약관계는 확정적으로 무효가 된다(대판 1998.03.27. 97다36996).

(8) 지정해제가 되는 경우

해제하거나, 또는 허가구역 지정기간이 만료되었음에도 허가구역 재지정을 하지 아니한(이하 '허가구역 지정해제 등'이라고 한다) 취지는 당해 구역 안에서의 개별적인 토지거래에 관하여 더 이상 허가를 받지 않도록 하더라도 투기적 토지거래의 성행과 이로 인한 지가의 급격한 상승의 방지라는 토지거래허가제도가 달성하려고 하는 공공의 이익에 아무런 지장이 없게 되었고 허가의 필요성도 소멸되었으므로, 허가구역 안의 토지에 대한 거래계약에 대하여 허가를 받은 것과 마찬가지로 취급함으로써 사적자치에 대한 공법적인 규

---

[26] 그러나 단지 매매계약의 일방 당사자만이 임의로 토지거래허가신청에 대한 불허가처분을 유도할 의도로 허가신청서에 기재하도록 되어 있는 계약 내용과 토지의 이용 계획 등에 관하여 사실과 다르게 또는 불성실하게 기재한 경우라면 실제로 토지거래허가신청에 대한 불허가처분이 있었다는 사유만으로 곧바로 매매계약이 확정적인 무효 상태에 이르렀다고 할 수 없다(대판 1997.11.11. 97다36965·36972).

제를 해제하여 거래 당사자들이 당해 토지거래계약으로 달성하고자 한 사적자치를 실현할 수 있도록 함에 있다고 할 것이므로, 허가구역 지정기간 중에 허가구역 안의 토지에 대하여 토지거래허가를 받지 아니하고 토지거래계약을 체결한 후 허가구역 지정해제 등이 된 때에는 그 토지거래계약이 허가구역 지정이 해제되기 전에 확정적으로 무효로 된 경우를 제외하고는, 더 이상 관할 행정청으로부터 토지거래허가를 받을 필요가 없이 확정적으로 유효로 되어 거래 당사자는 그 계약에 기하여 바로 토지의 소유권 등 권리의 이전 또는 설정에 관한 이행청구를 할 수 있고, 상대방도 반대급부의 청구를 할 수 있다고 보아야 할 것이지, 여전히 그 계약이 유동적 무효상태에 있다고 볼 것은 아니다(대판(全合) 1999.06.17. 98다40459).

(9) 중간생략등기의 합의

1) 내용

중간생략등기의 합의란 부동산이 전전매도된 경우 각 매매계약이 유효하게 성립함을 전제로 그 이행의 편의상 최초의 매도인으로부터 최종의 매수인 앞으로 소유권이전등기를 경료하기로 한다는 당사자 사이의 합의에 불과할 뿐 그러한 합의가 있다고 하여 최초의 매도인과 최종 매수인 사이에 매매계약이 체결되었다는 것을 의미하는 것은 아니고, 따라서 최종 매수인은 최초 매도인에 대하여 직접 그 토지에 관한 토지거래허가 신청절차의 협력의무 이행청구권을 가지고 있다고 할 수 없으며, 설사 최종 매수인이 자신과 최초 매도인을 매매 당사자로 하는 토지거래허가를 받아 최종 매수인 앞으로 소유권이전등기를 경료하더라도 그러한 소유권이전등기는 적법한 토지거래허가 없이 경료된 등기로서 무효이다(대판 1997.03.14. 96다22464; 대판 1997.11.11. 97다33218).

2) 대위행사

토지거래허가구역 내의 토지가 거래허가를 받거나 소유권이전등기를 경료할 의사 없이 **중간생략등기의 합의 아래 전매차익을 얻을 목적**으로 소유자 甲으로부터 부동산중개업자인 乙, 丙을 거쳐 丁에게 **전전매매한 경우, 그 각각의 매매계약은 모두 확정적인 무효**로서 유효화 될 여지가 없고, 각 매수인이 각 매도인에 대하여 토지거래허가신청 절차 협력의무의 이행청구권을 가지고 있다고 할 수 없으며, 따라서 丁이 이들을 순차 대위하여 甲에 대한 토지거래허가 신청절차 협력의무의 이행청구권을 대위행사 할 수도 없다(대판 1996.06.28. 96다3982).

Ⅱ. 법률행위의 무효

> **제137조(법률행위의 일부무효)** 법률행위의 일부분이 무효인 때에는 그 전부를 무효로 한다. 그러나 그 무효부분이 없더라도 법률행위를 하였을 것이라고 인정될 때에는 나머지 부분은 무효가 되지 아니한다.

1. 법률행위의 일부무효

(1) 전부무효의 원칙

법률행위의 일부분이 무효인 때에는 그 전부를 무효로 한다. 그러나 그 무효부분이 없더라도 법률행위를 하였을 것이라고 인정될 때에는 나머지 부분은 무효가 되지 아니한다.

(2) 예 외

1) 내 용

법률이 일부무효의 효과를 따로 규정하고 있다면 이에 의한다.

2) 민법상 규정

불능으로 인한 선택채권의 특정(제385조), 담보책임면제의 특약에 관한 제한(제584조), 환매기간의 제한(제591조), 임대차존속기간의 제한(제651조) 등이 있다.

3) 특별법상 규정

근로기준법 제15조[27], 약관의규제등에관한법률 제16조[28] 등이 있다.

(3) 요 건

1) 법률행위의 일체성

당사자가 법률행위의 여러 부분을 하나의 전체로서 의욕 한 경우에 법률행위는 일체성을 갖는다.

2) 분할가능성

분할가능성이 있어야 한다.

3) 당사자의 가상적 의사

① 내 용

복수의 당사자 사이에 중간생략등기의 합의를 한 경우 그 합의는 전체로서 일체성을 가지는 것이므로, 그 중 한 당사자의 의사표시가 무효인 것으로 판명된 경우 나머지 당사자 사이의 합의가 유효한지의 여부는 민법 제137조에 정한 바에 따라 당사자가 그 무효 부분이 없더라도 법률행위를 하였을 것이라고 인정되는지의 여부에 의하여 판정되어야 할 것이고, 그 당사자의 의사는 실재하는 의사가 아니라 법률행위의 일부분이 무효임을 법률행위 당시에 알았다면 당사자 쌍방이 이에 대비하여 의욕 하였을 가정적 의사[29]를 말한다(대판 1996.02.27. 95다38875).

② 가상적 의사의 판단

주식투자가와 증권회사 사이에 주식매매거래계좌설정약정 및 투자수익보장약정, 일임매매약정이 일체로서 체결되었으나 그 중 투자수익보장이 무효인 경우, 약정 당시 고객이 투자수익보장약정이 무효임을 알았거나 알 수 있었다고 보여 질 뿐 아니라 주식매매거래계좌설정약정 및 일임매매약정에 기하여 주식거래가 계속되어 새로운 법률관계가 계속적으로 형성되어 왔다면, 투자수익보장약정이 무효라고 하여 주식매매거래계좌설정약정이나 일임매매약정까지 무효가 된다고 할 수는 없다(대판 1996.08.23. 94다38199).

(4) 일부무효와 일부취소

하나의 법률행위의 일부분에만 취소사유가 있다고 하더라도 그 법률행위가 가분적이거나 그 목적물의 일부가 특정될 수 있다면, 그 나머지 부분이라도 이를 유지하려는 당사자의 가정적 의사가 인정되는 경우

---

27) **제15조(이 법을 위반한 근로계약)** ① 이 법에서 정하는 기준에 미치지 못하는 근로조건을 정한 근로계약은 그 부분에 한하여 무효로 한다.
28) **제16조(일부 무효의 특칙)** 약관의 전부 또는 일부의 조항이 제3조제4항에 따라 계약의 내용이 되지 못하는 경우나 제6조부터 제14조까지의 규정에 따라 무효인 경우 계약은 나머지 부분만으로 유효하게 존재한다. 다만, 유효한 부분만으로는 계약의 목적 달성이 불가능하거나 그 유효한 부분이 한쪽 당사자에게 부당하게 불리한 경우에는 그 계약은 무효로 한다.
29) 민법 제137조는 임의규정으로서 법률행위 자치의 원칙이 지배하는 영역에서 그 적용이 있다. 그리하여 법률행위의 일부가 강행법규인 효력규정에 위반되어 무효가 되는 경우 그 부분의 무효가 나머지 부분의 유효·무효에 영향을 미치는가의 여부를 판단함에 있어서는, 개별 법령이 일부 무효의 효력에 관한 규정을 두고 있는 경우에는 그에 따르고, 그러한 규정이 없다면 민법 제137조 본문에서 정한 바에 따라서 원칙적으로 법률행위의 전부가 무효가 된다. 그러나 같은 조 단서는 당사자가 위와 같은 무효를 알았더라면 그 무효의 부분이 없더라도 법률행위를 하였을 것이라고 인정되는 경우에는, 그 무효 부분을 제외한 나머지 부분이 여전히 효력을 가진다고 정한다. 이때 당사자의 의사는 법률행위의 일부가 무효임을 법률행위 당시에 알았다면 의욕 하였을 가정적 효과의사를 가리키는 것으로서, 당해 효력규정을 둔 입법 취지 등을 고려할 때 법률행위 전부가 무효로 된다면 그 입법 취지에 반하는 결과가 되는 등의 경우에는 여기서 당사자의 가정적 의사는 다른 특별한 사정이 없는 한 무효의 부분이 없더라도 그 법률행위를 하였을 것이라고 인정되어야 한다(대판 2013.04.26. 2011다9068).

그 일부만의 취소도 가능하다 할 것이고, 그 일부의 취소는 법률행위의 일부에 관하여 효력이 생긴다(대판 1998.02.10. 97다44737).

2. 무효행위의 전환

> **제138조(무효행위의 전환)** 무효인 법률행위가 다른 법률행위의 요건을 구비하고 당사자가 그 무효를 알았더라면 다른 법률행위를 하는 것을 의욕 하였으리라고 인정될 때에는 다른 법률행위로서 효력을 가진다.

(1) 요 건

1) 내 용

① **무효인 법률행위의 존재**, ② **다른 법률행위의 요건구비**, ③ **다른 법률행위의 의욕**, ④ **다른 법률행위의 내포성**을 요건으로 한다.

2) 요식행위와 불요식행위

요식행위를 불요식행위로 전환할 수 있으나, 불요식행위를 요식행위로 전환할 수 없다.

3) 단독행위의 전환

부정설과 긍정설이 대립이 있지만, 민법에 의해 단독행위의 전환이 인정된 경우가 있다(제530조, 제534조, 제1071조). 긍정설은 민법 자체가 무효행위의 전환을 인정하고 있다고 하면서 비밀증서에 의한 유언이 그 방식을 결여할 경우에는 자필증서의 방식을 갖춘 경우에 한하여 "자필증서에 의한 유언"으로서 인정되고(제1071조), 또한 "연착된 승낙"(제530조), "변경을 가한 승낙"(제534조)은 새로운 청약으로 본다고 한다(이영준).

(2) 判 例

1) 입 양

타인의 자를 입양하기 위하여 데려다 기르면서 자기의 자로 출생신고를 한 경우 입양신고의 효력을 인정한다(대판 1977.07.27. 77다492). 다만 입양의 요건을 구비해야 하고, 감호·양육 등 양친자로서의 신분적 생활사실이 수반되지 않으면 입양의 의사로 친생자신고를 하였다 하더라도 입양신고로서의 효력이 생기지 아니한다(대판 2004.11.11. 2004므1484). 계부가 재혼한 처의 자를 입양하기로 그 대리권자인 생모(처)와 합의하여 그 입양신고의 방편으로 친생자로서의 출생신고를 한 경우 그 양친자관계를 해소하여야 하는 등의 특단의 사정이 없는 한 친생자관계의 부존재확인을 구할 수 없다(대판 1991.12.13. 91므53).

2) 인 지

혼인 외의 출생자를 혼인 중의 친생자로 신고한 경우 인지로서의 효력을 인정 한다(대판 1976.10.26. 76다2189).

3) 상속포기기간경과후의 상속포기

상속재산협의 분할로 효력이 있다(대판 1989.09.12. 88누9305).

4) 제104조 위반의 법률행위

매매계약이 약정된 매매대금의 과다로 말미암아 민법 제104조에서 정하는 '불공정한 법률행위'에 해당하여 무효인 경우에도 무효행위의 전환에 관한 민법 제138조가 적용될 수 있다. 그러므로 재건축사업부지에 포함된 토지에 대하여 재건축사업조합과 토지의 소유자가 체결한 매매계약이 매매대금의 과다로 말미암아 불공정한 법률행위에 해당하지만, 그 매매대금을 적정한 금액으로 감액하여 매매계약의 유효성을 인정할 수 있다(대판 2010.07.15. 2009다50308).

5) 공공건설임대주택의 임대보증금과 임대료의 상호전환

건설교통부 고시에 의하여 산출되는 임대보증금과 임대료의 상한액인 표준임대보증금과 표준임대료를 기준으로 계약상 임대보증금과 임대료를 산정하여 임대보증금과 임대료 사이에 상호전환을 하였으나 절차상 위법이 있어 강행법규 위반으로 무효가 되는 경우에는 특별한 사정이 없는 한 임대사업자와 임차인이 임대보증금과 임대료의 상호전환을 하지 않은 원래의 임대 조건, 즉 표준임대보증금과 표준임대료에 의한 임대 조건으로 임대차계약을 체결할 것을 의욕 하였으리라고 봄이 타당하다. 그러므로 임대차계약은 민법 제138조에 따라 표준임대보증금과 표준임대료를 임대 조건으로 하는 임대차계약으로서 유효하게 존속한다(대판(全合) 2016.11.18. 2013다42236).

3. 무효행위의 추인

> 제139조(무효행위의 추인) 무효인 법률행위는 추인하여도 그 효력이 생기지 아니한다. 그러나 당사자가 그 무효임을 알고 추인한 때에는 새로운 법률행위로 본다.

(1) 의 의

무효인 행위의 추인이라 함은 법률행위로서의 효과가 확정적으로 발생하지 아니하는 무효행위를 뒤에 유효하게 하는 의사표시를 말하는 것으로 원래 무효인 행위는 그 효과가 발생하지 않은 것으로 확정되어 있는 것이므로 그 뒤의 어떠한 사유에 의하여서도 이를 유효하게 할 수 없는 것이나, 법은 편의상 당사자의 의사를 추측하여 추인에 의하여 이것을 새로운 행위를 한 것으로 보아 유효하게 하고 있는 것이므로 **이 경우의 추인은 무효행위를 사후에 유효로 하는 것이 아니라 "새로운 의사표시"에 의하여 새로운 행위가 있는 것으로 하여 그때부터 유효하게 되는 것**이므로 추인은 "법률행위"이며 또 무효행위의 추인에는 "소급효가 인정되지 않는다"(대판 1983.09.27. 83므22). 비소급적 추인이 원칙이다. 따라서 무효인 가등기를 유효한 등기로 전용키로 한 약정은 그때부터 유효하고 이로써 위 가등기가 소급하여 유효한 등기로 전환될 수 없다(대판 1992.05.12. 91다26546).

(2) 소급적 추인 가능여부

무효행위는 추인하여도 소급효가 없는 것이 원칙이나, 당사자 간의 합의 또는 제3자의 권리를 해하지 않는 범위에서는 소급효를 인정해도 좋다는 것이 학설·판례의 태도이다.

(3) 판 례

1) 제103조 무효행위는 추인가능성이 없고(대판 2002.03.15. 2001다77352·77369), 무효인 행위를 사후에 유효로 하는 것이 아니라 새로운 의사표시에 의하여 새로운 행위가 있는 것이고, 그때부터 유효하게 되는 것이므로 원칙적으로 소급효가 인정되지 않는다(대판 1990.09.27. 83므22).

2) 무효인 법률행위를 추인에 의하여 새로운 법률행위로 보기 위하여서는 당사자가 이전의 법률행위가 무효임을 알고 그 행위에 대하여 추인하여야 한다. 한편 추인은 묵시적으로도 가능하나, 묵시적 추인을 인정하기 위해서는 본인이 그 행위로 처하게 된 법적 지위를 충분히 이해하고 그럼에도 진의에 기하여 그 행위의 결과가 자기에게 귀속된다는 것을 승인한 것으로 볼만한 사정이 있어야 할 것이므로 이를 판단함에 있어서는 관계되는 여러 사정을 종합적으로 검토하여 신중하게 하여야 한다. 위와 같은 법리를 고려하면, 당사자가 이전의 법률행위가 존재함을 알고 그 유효함을 전제로 하여 이에 터 잡은 후속행위를 하였다고 해서 그것만으로 이전의 법률행위를 묵시적으로 추인하였다고 단정할 수는 없고, 묵시적 추인을 인정하기 위해서는 이전의 법률행위가 무효임을 알거나 적어도 무효임을 의심하면서도 그 행위의 효과를 자기에게 귀속시키도록 하는 의사로 후속행위를 하였음이 인정되어야 할 것이다(대판 2014.03.27. 2012다106607).

III. 법률행위의 취소

1. 의의, 성질
취소할 수 있는 지위를 취소권이라 하고, 이는 권리자의 일방적 의사표시에 의하여 법률관계변동의 효력이 생기므로 형성권이다.

2. 취소권자

> 제140조(법률행위의 취소권자) 취소할 수 있는 법률행위는 제한능력자, 착오로 인하거나 사기·강박에 의하여 의사표시를 한 자, 그의 대리인 또는 승계인만이 취소할 수 있다.

(1) 제한능력자
단독으로 취소할 수 있으며, 확정적으로 효력을 발생한다. 즉, 다시 취소할 수 있는 취소행위가 되지 않는다.

(2) 착오, 사기, 강박에 의하여 의사표시를 한 자
사기, 강박, 일정한 착오로 인한 의사표시를 한 자를 말한다.

(3) 대리인
제한능력자와 하자 있는 의사표시를 한 자의 대리인(법정대리인)을 말한다. **임의대리인은 본인으로부터 취소의 특별수권을 얻어야 한다.**

(4) 승계인
제한능력자, 하자 있는 의사표시를 한 자로부터 취소권을 승계한 자(포괄승계인, 특정승계인 포함). **취소권만의 승계는 불가능하다.**

(5) 보증채무자의 경우
주채무에 취소원인이 있는 경우 보증인이 이를 직접 취소하는 것은 불가능하고, 주채무자에 의하여 취소될 때까지 그 이행을 거절할 수 있을 뿐이다(제435조).

3. 취소의 효과

> 제141조(취소의 효과) 취소된 법률행위는 처음부터 무효인 것으로 본다. 다만, 제한능력자는 그 행위로 인하여 받은 이익이 현존하는 한도에서 상환(상환)할 책임이 있다.

(1) 내 용
법률행위를 취소하면 소급적으로 무효가 되어 법률행위는 처음부터 무효인 것으로 간주한다(제141조 본문). 따라서 일단 발생한 채무는 이행할 필요가 없고, 이행된 경우에는 부당이득반환의무가 발생한다. 다만 근로계약의 취소는 장래효만 인정 된다[30](대판 2017.12.22. 2013다25194·25200).

---

[30] 근로계약은 근로자가 사용자에게 근로를 제공하고 사용자는 이에 대하여 임금을 지급하는 것을 목적으로 체결된 계약으로서(근로기준법 제2조 제1항 제4호) 기본적으로 그 법적 성질이 사법상 계약이므로 계약 체결에 관한 당사자들의 의사표시에 무효 또는 취소의 사유가 있으면 상대방은 이를 이유로 근로계약의 무효 또는 취소를 주장하여 그에 따른 법률효과의 발생을 부정하거나 소멸시킬 수 있다. 다만 그와 같이 근로계약의 무효 또는 취소를 주장할 수 있다 하더라도 근로계약에 따라 그동안 행하여진 근로자의 노무 제공의 효과를 소급하여 부정하는 것은 타당하지 않으므로 이미 제공된 근로자의 노무를 기초로 형성된 취소 이전의 법률관계까지 효력을 잃는다고 보아서는 아니 되고, 취소의 의사표시 이후 장래에 관하여만 근로계약의 효력이 소멸된다고 보아야 한다(대판 2017.12.22. 2013다25194·25200).

(2) 제한능력자의 반환범위

제한능력자는 "받은 이익이 현존하는 한도"에서 상환의 책임이 있다. 현존이익의 입증책임은 무능력자 측에 있다(다수설). 그러나 判例는 청구권자, 즉 제한능력자의 상대방이 입증해야 한다고 하였으나, 금전상의 이득은 추정된다고 하였다(대판 2009.01.15. 2008다58367).

(3) 제한능력자 반환범위의 유추적용

判例는 제한능력자의 책임을 제한하는 민법 제141조 단서는 의사능력의 흠결을 이유로 법률행위가 무효가 되는 경우에도 유추적용 되어야 할 것이나, 법률상 원인 없이 타인의 재산 또는 노무로 인하여 이익을 얻고 그로 인하여 타인에게 손해를 가한 경우에 그 취득한 것이 금전상의 이득인 때에는 그 금전은 이를 취득한 자가 소비하였는가의 여부를 불문하고 현존하는 것으로 추정되므로, 위 이익이 현존하지 아니함은 이를 주장하는 자, 즉 의사무능력자 측에 입증책임이 있다고 하면서(대판 2009.01.15. 2008다58367), 의사무능력자가 자신이 소유하는 부동산에 근저당권을 설정해 주고 금융기관으로부터 금원을 대출받아 이를 제3자에게 대여한 사안에서, 대출로써 받은 이익이 위 제3자에 대한 대여금채권 또는 부당이득반환채권의 형태로 현존하므로, 금융기관은 대출거래약정 등의 무효에 따른 원상회복으로서 위 대출금 자체의 반환을 구할 수는 없더라도 현존 이익인 위 채권의 양도를 구할 수 있다고 하였다(대판 2009.01.15. 2008다58367).

(4) 判 例

1) 선의점유자의 반환범위

선의의 매수인에게 제201조를 적용하여 사용이익을 반환하지 않아도 된다고 한다(대판 1976.07.27. 76다661).

2) 쌍무계약이 취소된 경우 선의매도인의 반환범위

쌍무계약이 취소된 경우 선의의 매수인에게 민법 제201조가 적용되어 과실취득권이 인정되는 이상 선의의 매도인에게도 민법 제587조의 유추적용에 의하여 대금의 운용이익 내지 법정이자의 반환을 부정함이 형평에 맞다(대판 1993.05.14. 92다45025).

3) 계약해제시의 원상회복의 범위

해제의 경우에는 계약해제에 따른 원상회복에 있어서는 민법 제548조 제2항의 취지에 비추어 민법 제201조 내지 제203조가 적용되지 않는 것으로 보는 것이 判例의 입장인바, 따라서 매도인은 제548조 제2항에 의하여 반환할 금전에 그 받은 날로부터 이자를 가하여 반환해야 하며, 매수인도 역시 반환할 물건의 사용이익을 반환하여야 한다고 본다(대판 1962.03.29. 4294민상1338).

4. 취소의 방법

제142조(취소의 상대방) 취소할 수 있는 법률행위의 상대방이 확정한 경우에는 그 취소는 그 상대방에 대한 의사표시로 하여야 한다.

(1) 취소의 대상

취소의 대상이 의사표시인지, 법률행위인지 문제가 있다. 민법은 ① 착오·사기·강박에 의한 의사표시의 경우에는 '의사표시'를 취소한다고 하고(제109조, 제110조), ② 제140조 이하에서는 '법률행위'를 취소한다고 규정한다. 법률행위의 핵심적인 부분은 의사표시이므로, 모두가 가능한 표현이라고 본다.

(2) 취소의 방법

1) 취소권자의 단독행위

취소는 취소권자의 단독적 의사표시로 한다. 재판상 행사해야 하는 것은 아니고, 특별한 방식도 요하지 않는다. 判例도 "법률행위의 취소는 상대방에 대한 의사표시로 하여야 하나 그 취소의 의사표시는 특별히 재판상 행하여짐이 요구되는 경우 이외에는 특정한 방식이 요구되는 것이 아니고, 취소의 의사가 상대방에 의하여 인식될 수 있다면 어떠한 방법에 의하더라도 무방하다고 할 것이고, 법률행위의 취소를 당연한 전제로 한 소송상의 이행청구나 이를 전제로 한 이행거절 가운데는 취소의 의사표시가 포함되어 있다고 볼 수 있다(대판 1993.09.14. 93다13162)."고 본다.

2) 취소원인에 대한 진술

<u>취소의 의사표시란 반드시 명시적이어야 하는 것은 아니고, 취소권자가 그 착오를 이유로 자신의 법률행위의 효력을 처음부터 배제하려고 한다는 의사가 드러나면 족한 것</u>이며, 취소원인의 진술 없이도 취소의 의사표시는 유효한 것이므로, 신원보증서류에 서명날인 하는 것으로 잘못 알고 이행보증보험약정서를 읽어보지 않은 채 서명날인 한 것일 뿐 연대보증약정을 한 사실이 없다는 주장은 위 연대보증약정을 착오를 이유로 취소한다는 취지로 볼 수 있다(대판 2005.05.27. 2004다43824).

(3) 취소의 상대방

1) 취소할 수 있는 법률행위의 상대방이 확정한 경우에는 그 취소는 그 상대방에 대한 의사표시로 하여야 한다(제142조). 예를 들어 미성년자 甲이 乙에게 판 부동산이 丙에게 전매가 되었다고 해도, 甲의 취소의 의사표시는 乙에게 하여야 하고 丙에게 하면 안 된다.

2) 상대방 없는 의사표시의 경우에 누구에게 취소의 의사표시를 하여야 하는지가 문제되지만, 취소의 의사표시를 적당한 방법으로 외부에 객관화하면 족하다고 본다[31](곽윤직).

5. 추 인

(1) 법적 성질

취소할 수 있는 법률행위에 대한 추인이란 '취소할 수 있는 법률행위'를 그 취소사유에도 불구하고 유효로 확정시키겠다는 취소권자의 의사표시를 말한다. 이는 취소권의 포기라는 소극적인 측면과 취소할 수 있는 법률행위를 확정적으로 유효로 하는 적극적인 측면의 성질을 갖는다.

(2) 요 건

1) 추인권자

제143조(추인의 방법, 효과) ① 취소할 수 있는 법률행위는 제140조에 규정한 자가 추인할 수 있고 추인 후에는 취소하지 못한다.
② 전조의 규정은 전항의 경우에 준용한다.

추인할 수 있는 자는 취소권자에 한정된다. 취소권자가 여러 명인 경우 1인이 추인하면 다른 취소권자는 취소할 수 없다.

2) 취소원인의 종료

제144조(추인의 요건) ① 추인은 취소의 원인이 소멸된 후에 하여야만 효력이 있다.
② 제1항은 법정대리인 또는 후견인이 추인하는 경우에는 적용하지 아니한다.

---

[31] 다만 학설은 그 외에도 그 법률행위에 의해 직접적으로 이익을 취득한 자가 상대방이 된다는 견해(이영준), 두 학설을 절충하여 이해관계를 가지는 자가 있으면 그에게 하고, 그러한 자가 없으면 취소의 의사표시를 적당한 방법으로 외부에 객관화하면 된다는 견해(송덕수) 등이 있다.

추인은 취소의 원인이 소멸된 후에 하여야만 한다. 따라서 제한능력자는 능력자가 된 후에, 착오·사기·강박의 상태에 있었던 자는 그 상태에서 벗어난 후에 추인의 의사표시를 하여야 한다. 그러므로 취소원인이 종료되기 전에 한 추인은 효력이 없다(대판 1982.06.08. 81다107). 다만 법정대리인이나 후견인은 이러한 제한 없이 추인할 수 있다. 그리고 피성년후견인이 아닌 제한능력자는 법정대리인이나 후견인의 동의가 있으면 확정적으로 유효한 행위를 할 수 있으므로, 능력자가 되기 전에도 법정대리인 또는 후견인의 동의가 있다면 유효한 추인을 할 수 있다(통설).

3) 취소할 수 있는 행위에 대한 인식

취소권자는 취소할 수 있는 행위임을 인식하고서 추인하여야 한다(통설, 대판 1997.05.30. 97다2986).

4) 추인의 방법

취소의 경우와 동일하므로, 상대방 있는 의사표시로서 명시적·묵시적 모두 가능하다.

(3) 효 과

1) 추인이 있으면 취소할 수 있는, 즉 불확정적(유동적) 유효인 행위가 확정적인 유효인 행위로 된다. 따라서 무효행위의 추인에서 문제되는 소급효는 여기에서는 의미가 없다.

2) <u>취소한 법률행위는 처음부터 무효인 것으로 간주되므로 취소할 수 있는 법률행위가 일단 취소된 이상 그 후에는 취소할 수 있는 법률행위의 추인에 의하여 이미 취소되어 무효인 것으로 간주된 당초의 의사표시를 다시 확정적으로 유효하게 할 수는 없고, 다만 무효인 법률행위의 추인의 요건과 효력으로서 추인할 수는 있으나,</u> 무효행위의 추인은 그 무효 원인이 소멸한 후에 하여야 그 효력이 있고, 따라서 강박에 의한 의사표시임을 이유로 일단 유효하게 취소되어 당초의 의사표시가 무효로 된 후에 추인한 경우 그 추인이 효력을 가지기 위하여는 그 무효 원인이 소멸한 후일 것을 요한다고 할 것인데, 그 무효 원인이란 바로 위 의사표시의 취소사유라 할 것이므로 결국 <u>무효 원인이 소멸한 후란 것은 당초의 의사표시의 성립 과정에 존재하였던 취소의 원인이 종료된 후, 즉 강박 상태에서 벗어난 후라고 보아야 한다</u>(대판 1997.12.12. 95다38240).

(4) 법정추인

제145조(법정추인) 취소할 수 있는 법률행위에 관하여 전조의 규정에 의하여 추인할 수 있는 후에 다음 각 호의 사유가 있으면 추인한 것으로 본다. 그러나 이의를 보류한 때에는 그러하지 아니하다.
  1. 전부나 일부의 이행
  2. 이행의 청구
  3. 경개
  4. 담보의 제공
  5. 취소할 수 있는 행위로 취득한 권리의 전부나 일부의 양도
  6. 강제집행

---

1) 법적 성질

취소할 수 있는 법률행위에 대하여 일정한 사유가 존재하면 당연히 추인으로 간주 되는 것을 법정추인이라고 한다. 법정추인은 추인의 의사표시 없이도 당연히 추인으로 간주하는 제도이므로, 추인이 아니라 취소권의 배제로 본다(통설).

2) 취소원인의 종료

추인할 수 있는 후, 즉 취소의 원인이 종료한 후에 법정추인 사유가 있어야 한다. 취소권자는 추인의 의사표시가 필요 없고, 취소할 수 있는 행위임을 인식할 필요도 없다(통설).

3) 법정추인 사유

① 전부나 일부의 이행
취소권자가 이행한 경우와 상대방의 이행수령을 포함한다.

② 이행의 청구
취소권자가 청구한 경우에 한하며, 취소권자가 상대방으로부터 청구 받은 경우는 포함하지 않는다(통설).

③ 경 개
취소권자가 채권자로서 경개계약(제500조)을 체결하든 채무자로서 하든 상관없다(통설).

④ 담보의 제공
취소권자가 채무자로서 담보를 제공하거나 채권자로서 담보를 제공받은 경우. 물적 담보(질권, 저당권 등)나 인적 담보(보증, 연대보증 등)를 불문한다.

⑤ 취소할 수 있는 행위로 취득한 권리의 전부나 일부의 양도
취소권자가 양도하는 경우에 한한다. 그리고 취득한 권리에 제한물권을 설정하는 경우도 포함한다. 다만 취소함으로써 발생하게 될 장래의 채권에 대한 양도는 포함되지 않는다.

⑥ 강제집행
통설은 취소권자가 채권자로서 집행하는 경우와 취소권자가 채무자로서 집행을 받는 경우도 포함한다고 한다. 이때는 취소권자가 채무자로서 소송상 이의를 주장할 수 있음에도 불구하고 이를 하지 아니한 때문이다.

6. 취소권의 소멸

> **제146조(취소권의 소멸)** 취소권은 추인할 수 있는 날로부터 3년 내에 법률행위를 한 날로부터 10년 내에 행사하여야 한다.

(1) 법적 성질
민법 제146조는 취소권은 추인할 수 있는 날로부터 3년 내에 행사하여야 한다고 규정하고 있는 바, 이때의 3년이라는 기간은 일반 소멸시효기간이 아니라 **제척기간으로서,** 제척기간이 도과하였는지 여부는 당사자의 주장에 관계없이 **법원이 당연히 조사하여 고려하여야 할 사항**이다(대판 1996.09.20. 96다25371). 취소권의 행사로 발생하는 부당이득반환청구권, 손해배상청구권의 행사기간도 아울러 정한 것으로 봄이 통설이나, **判例는 형성권 행사시부터 개별적으로 진행된다고 한다**(대판 1991.02.22. 90다13420). **통설**은 취소권행사기간은 제척기간으로서 소로써 행사되어야(출소기간) 한다고 하나, **判例**는 그 기간을 제척기간으로는 보지만 재판 외에서 권리를 행사해도 그 청구권이 보전된다고 한다(대판 1990.03.09. 88다카31866).

(2) 화해조서의 경우
강박에 의한 증여 후 증여를 원인으로 한 소유권이전등기를 하기로 제소전화해를 하여 그 화해조서에 기하여 소유권이전등기가 경료 된 경우, 증여의 취소의 제척기간의 기산점은 **제소전화해조서를 취소하는 준재심사건 판결의 확정일**이다(대판 1998.11.27. 98다7421).

(3) 제척기간의 도과
강박에 의하여 원고에게 부동산에 관한 증여의 의사표시를 한 피고가 그 취소권을 행사하지 않은 채 그 부동산을 제3자에게 이중양도하고 취소권의 제척기간 마저 도과하여 버린 후 그 이중양도계약에 기하여 제3자에게 부동산에 관한 소유권이전등기를 경료 하여 줌으로써 원고에 대한 증여계약상의 소유권이전등기의무를 이행불능 케 한 경우, 피고의 원고에 대한 증여계약 자체에 대한 채무불이행이 성립하고, 피고의 위와 같은 이중양도행위가 사회상규에 위배되지 않는 정당행위 등에 해당하여 위법성이 조각된다고 볼 수 없다 (대판 2002.12.27. 2000다47361).

제5절 부당이득 론

I. 서 설

제741조(부당이득의 내용) 법률상 원인 없이 타인의 재산 또는 노무로 인하여 이익을 얻고 이로 인하여 타인에게 손해를 가한 자는 그 이익을 반환하여야 한다.

1. 의의

민법은 법률상 원인 없이 다른 사람의 재화나 노무로부터 이익을 얻은 자에 대하여 그 이득을 부당이득으로 원래의 권리자에게 반환하도록 규정하고 있다(제741조). 재산법은 재화이전(재화의 교환을 실현시키는 것)과 재화귀속(재화의 사용·수익·처분을 정당한 권리자에게 귀속하게 하는 것)이라는 두 개의 축으로 구성되어 있는데, 재화가 정당하게 귀속될 자에게 귀속되지 않는 경우에 해결하기 위한 규정이 필요하게 된다. 민법은 이에 대하여 개별적인 규정을 두고 있으나, 민법상 개별 규정을 넘어서 공통적이고 일반적인 제도가 필요한데, 이것이 바로 부당이득제도가 된다.

2. 방법론 - 통일설과 유형설

부당이득제도를 이해하기 위한 방법론으로서 학설은 통일설과 유형설로 나뉜다. 먼저 통일설은 모든 종류의 부당이득을 통일된 요건에 의하여 일괄해서 이해하는 입장으로서, 그 근거를 공평의 관념에서 구한다(공평설). 이에 반해 유형설[32]은 통일설 같이 보면 부당이득의 요건이 너무 추상적이고 모호하다고 비판하면서, 부당이득이 성립하는 유형별로 그 요건과 효과를 개별적으로 고찰하려고 한다. 우리 민법은 독일 민법의 영향을 받아 통일주의의 입법을 하고 있다고 평가된다. 判例도 "부당이득제도는 이득자의 재산상 이득이 법률상 원인을 결여하는 경우에 공평·정의의 이념에 근거하여 이득자에게 반환의무를 부담시키는 것(대판 2012.01.12. 2011다74246)."고 하여 통일설의 입장으로 평가된다.

---

[32] 유형설은 부당이득의 유형을 급부부당이득과 기타의 부당이득으로 나눈다. 급부부당이득은 출연의 원인 없이 급부가 이루어진 경우에 그 부당이득을 말한다. 예를 들어 ① 법률행위가 무효나 취소가 된 때 ② 계약을 해제한 때(다만 이 경우의 반환범위는 원상회복의 특칙(제548조)이 있다) ③ 채무가 없음에도 이를 알지 못하고 변제한 때(제742조) ④ 쌍무계약의 당사자 일방의 채무가 당사자 쌍방의 책임 없는 사유로 이행할 수 없게 된 때 상대방의 채무도 소멸하는데(제537조), 상대방이 이미 급부한 것이 있을 때 ⑤ 정지조건의 불성취나 해제조건의 성취 등이 있을 때가 이에 해당한다. 기타의 부당이득은 보통 ① 침해부당이득(급부부당이득처럼 급부를 통하지 않고, 타인의 권리를 침해함으로써 급부를 취득하는 경우를 말한다) ② 비용부당이득(손실자가 급부 이외의 목적으로 비용을 지출한 경우를 말한다) ③ 구상부당이득(제3자가 타인의 채무를 변제하는 것과 관련하여 삼자간에 문제가 된다) 등으로 나뉜다.

> **급부부당이득과 침해부당이득의 증명책임**
>
> 민법 제741조는 "법률상 원인 없이 타인의 재산 또는 노무로 인하여 이익을 얻고 이로 인하여 타인에게 손해를 가한 자는 그 이익을 반환하여야 한다."라고 정하고 있다. <u>당사자 일방이 자신의 의사에 따라 일정한 급부를 한 다음 급부가 법률상 원인 없음을 이유로 반환을 청구하는 이른바 급부부당이득의 경우에는 법률상 원인이 없다는 점에 대한 증명책임은 부당이득반환을 주장하는 사람에게 있다.</u> 이 경우 부당이득의 반환을 구하는 자는 급부행위의 원인이 된 사실의 존재와 함께 그 사유가 무효, 취소, 해제 등으로 소멸되어 법률상 원인이 없게 되었음을 주장·증명하여야 하고, 급부행위의 원인이 될 만한 사유가 처음부터 없었음을 이유로 하는 이른바 착오 송금과 같은 경우에는 착오로 송금하였다는 점 등을 주장·증명하여야 한다. <u>이는 타인의 재산권 등을 침해하여 이익을 얻었음을 이유로 부당이득반환을 구하는 이른바 침해부당이득의 경우에는 부당이득반환 청구의 상대방이 이익을 보유할 정당한 권원이 있다는 점을 증명할 책임이 있는 것과 구별된다</u>(대판 2018.01.24. 2017다37324).

II. 부당이득의 요건

1. 이득의 취득

(1) 의 의

법률상 원인 없이 타인의 재산 또는 노무로 인하여 이익을 얻고 그로 인하여 타인에게 손해를 가하는 이른바 부당이득은 그 수익의 방법에 제한이 없음은 물론, 그 수익에 있어서도 그 어떠한 사실에 의하여 재산이 적극적으로 증가하는 재산의 적극적 증가나 그 어떠한 사실의 발생으로 당연히 발생하였을 손실을 보지 않게 되는 재산의 소극적 증가를 가리지 않는 것으로, 채권도 물권과 같이 재산의 하나이므로 그 취득도 당연히 이득이 되고 수익이 된다(대판 1996.11.22. 96다34009).

(2) 실질적인 이득

법률상의 원인 없이 이득 하였음을 이유로 한 부당이득의 반환에 있어 이득이라 함은 실질적인 이익을 의미하므로, 임차인이 임대차계약관계가 소멸된 이후에도 임차목적물을 계속 점유하기는 하였으나 이를 본래의 임대차계약상의 목적에 따라 사용·수익하지 아니하여 실질적인 이득을 얻은 바 없는 경우에는 그로 인하여 임대인에게 손해가 발생하였다 하더라도 임차인의 부당이득반환의무는 성립되지 않는다(대판 1998.05.29. 98다6497). 그러나 법정지상권이 있는 건물의 양수인으로서 장차 법정지상권을 취득할 지위에 있어 대지소유자의 건물철거나 대지인도 청구를 거부할 수 있는 지위에 있는 자라고 할지라도, 그 대지의 점거사용으로 얻은 실질적 이득은 이로 인하여 대지소유자에게 손해를 끼치는 한에 있어서는 부당이득으로서 이를 대지소유자에게 반환할 의무가 있다(대판 1995.09.15. 94다61144).

(3) 장래의 부당이득

부당이득은 현재의 부당이득뿐만 아니라 장래의 부당이득도 그 이행기에 지급을 기대할 수 없어 미리 청구할 필요가 있으면 미리 청구할 수 있다(대판(全合) 1975.04.22. 74다1184].

(4) 착오 송금과 부당이득

이때, 송금의뢰인과 수취인 사이에 계좌이체의 원인이 되는 법률관계가 존재하지 않음에도 불구하고, 계좌이체에 의하여 수취인이 계좌이체금액 상당의 예금채권을 취득한 경우에는, 송금의뢰인은 수취인에 대하여 위 금액 상당의 부당이득반환청구권을 가지게 되지만, 수취은행은 이익을 얻은 것이 없으므로 수취은행에 대하여는 부당이득반환청구권을 취득하지 아니한다[33](대판 2007.11.29. 2007다51239).

---

[33] 계좌이체는 은행 간 및 은행점포 간의 송금절차를 통하여 저렴한 비용으로 안전하고 신속하게 자금을 이동시키는 수단이고, 다수인 사이에 다액의 자금이동을 원활하게 처리하기 위하여, 그 중개 역할을 하는 은행이 각 자금이동의 원인인 법률관계의 존부, 내용 등에 관여함이 없이 이를 수행하는 체제로 되어 있다. 따라서 현금으로 계좌송금 또는 계좌이체가 된 경우에

2. 손실의 발생

(1) 의 의

일방이 이득을 얻었더라도 그로 인하여 타인이 손실을 입지 않은 경우에는 부당이득은 성립하지 않는다(통설). 손실은 기존의 재산이 감소한 경우 뿐 아니라 당연히 증가하였을 이익이 상실된 경우도 포함된다. 이 경우 당연히 증가하였을 이익의 상실은 당해 사실이 없었더라면 그만큼 재산적 증가가 있는 것이 보통이라고 인정되는 경우를 의미하며, 수익자에게 발생한 이득과 손실자의 손실이 동일할 필요는 없다.

(2) 判 例

判例도 "부당이득반환의 경우 수익자가 반환해야 할 이득의 범위는 손실자가 입은 손해의 범위에 한정되고, 여기서 손실자의 손해는 사회통념상 손실자가 당해 재산으로부터 통상 수익할 수 있을 것으로 예상되는 이익 상당이라 할 것이며, 부당이득 한 재산에 수익자의 행위가 개입되어 얻어진 이른바 운용이익의 경우, 그것이 사회통념상 수익자의 행위가 개입되지 아니하였더라도 부당이득 된 재산으로부터 손실자가 통상 취득하였으리라고 생각되는 범위 내에서는 반환해야 할 이득의 범위에 포함 된다(대판 2008.01.18. 2005다34711)."고 본다.

3. 인과관계

(1) 의 의

이익과 손실 사이에 인과관계가 있어야 한다. 이때의 인과관계는 사회통념상의 인과관계 즉 상당인과관계를 의미한다.

(2) 判 例

判例도 "피고가 얻은 법률상 원인 없는 위 발행자금 상당의 이익과 원고의 손해와 사이에 사회통념상 인과관계도 인정할 수 있다(대판 2016.07.27. 2016다203735)."고 하여 상당인과관계를 요구한다.

4. 법률상 원인의 결여

(1) 의 의

수익자에게 이득을 취득하여 보유하도록 하는 법률상 원인이 없어야 한다. 통설·판례는 법률상 원인의 결여를 공평이나 정의의 관념으로 판단한다(통일설).

(2) 判 例

1) 법률상 원인이 없는 경우

① 동시이행항변권 또는 유치권과 부당이득

동시이행의 항변권 또는 유익비 상환청구권에 의한 유치권을 행사하여 가옥을 사용 수익한 경우에는 임료상당의 금원을 부당이득 한 것으로 본다(대판 1963.07.11. 63다235).

② 확정된 배당표와 부당이득

확정된 배당표에 의하여 배당을 실시하는 것은 실체법상의 권리를 확정하는 것이 아니므로, 배당을 받아

는 예금원장에 입금의 기록이 된 때에 예금이 된다고 예금거래기본약관에 정하여져 있을 뿐이고, 수취인과 은행 사이의 예금계약의 성립 여부를 송금의뢰인과 수취인 사이에 계좌이체의 원인인 법률관계가 존재하는지 여부에 의하여 좌우되도록 한다고 별도로 약정하였다는 등의 특별한 사정이 없는 경우에는, 송금의뢰인이 수취인의 예금구좌에 계좌이체를 할 때에는, 송금의뢰인과 수취인 사이에 계좌이체의 원인인 법률관계가 존재하는지 여부에 관계없이 수취인과 수취은행 사이에는 계좌이체금액 상당의 예금계약이 성립하고, 수취인이 수취은행에 대하여 위 금액 상당의 예금채권을 취득한다.

야 할 채권자가 배당을 받지 못하고 배당을 받지 못할 자가 배당을 받은 경우에는 배당을 받지 못한 채권자로서는 배당에 관하여 이의를 한 여부에 관계없이 배당을 받지 못할 자이면서도 배당을 받았던 자를 상대로 부당이득반환청구권을 갖는다 할 것이고, 배당을 받지 못한 그 채권자가 일반채권자라고 하여 달리 볼 것은 아니다(대판 2001.03.13. 99다26948).

2) 법률상 원인이 있는 경우

① 이전등기를 경료하지 않은 부동산매수인의 권리

부동산의 매수인이 아직 소유권이전등기를 경료 받지 않았다고 하더라도 매매계약의 이행으로 그 부동산을 인도받은 때에는 매매계약의 효력으로서 이를 점유·사용할 권리가 생기는 것이고, 매수인이 그 부동산을 이미 사용하고 있는 상태에서 부동산의 매매계약을 체결한 경우에도 특별한 약정이 없는 한 매수인은 그 매매계약을 이행하는 과정에서 이를 점유·사용할 권리를 가진다(대판 1996.06.25. 95다12682).

② 이전등기를 경료하지 않은 점유취득시효 완성자

부동산에 대한 취득시효가 완성되면 점유자는 소유명의자에 대하여 취득시효완성을 원인으로 한 소유권이전등기절차의 이행을 청구할 수 있고 소유명의자는 이에 응할 의무가 있으므로 점유자가 그 명의로 소유권이전등기를 경료하지 아니하여 아직 소유권을 취득하지 못하였다고 하더라도 소유명의자는 점유자에 대하여 점유로 인한 부당이득반환청구를 할 수 없다(대판 1993.05.25. 92다51280).

③ 편취판결과 부당이득

확정판결은 재심의 소 등으로 취소되지 아니하는 한 그 소송당사자를 기속하는 것이므로, 비록 그 뒤 관련소송에서 그 확정판결에 반하는 내용의 판결이 선고되어 확정되었다 하더라도 그러한 사정만으로 위 확정판결에 기한 강제집행으로 교부받은 금원이 바로 법률상 원인 없이 지급된 것이라고 단정할 수 없다(대판 1991.02.26. 90다6576).

④ 채무자가 편취한 금전을 자신의 채무 변제에 사용한 경우

부당이득제도는 이득자의 재산상 이득이 법률상 원인을 결여하는 경우에 공평·정의의 이념에 근거하여 이득자에게 반환의무를 부담시키는 것이다. 채무자가 피해자로부터 편취한 금전을 자신의 채권자에 대한 채무변제에 사용하는 경우, 채권자가 변제를 수령할 때 금전이 편취된 것이라는 사실에 대하여 악의 또는 중대한 과실이 없는 한 채권자의 금전 취득은 피해자에 대한 관계에서 법률상 원인이 있으며, 이와 같은 법리는 채무자가 편취한 금전을 자신의 채권자에 대한 채무변제에 직접 사용하지 아니하고 자신의 채권자의 다른 채권자에 대한 채무를 대신 변제하는 데 사용한 경우에도 마찬가지이다(대판 2016.06.28. 2012다44358·44365).

5. 다른 제도와의 관계

(1) 변상금부과·징수권과 부당이득반환청구권과의 관계

이처럼 구 국유재산법(2009. 1. 30. 법률 제9401호로 전부 개정되기 전의 것, 이하 같다) 제51조 제1항, 제4항, 제5항에 의한 변상금 부과·징수권은 민사상 부당이득반환청구권과 법적 성질을 달리하므로, 국가는 무단점유자를 상대로 변상금 부과·징수권의 행사와 별도로 국유재산의 소유자로서 민사상 부당이득반환청구의 소를 제기할 수 있다[34]. 그리고 이러한 법리는 구 국유재산법 제32조 제3항, 구 국유재산법 시행령(2009.

---

[34] 국유재산의 무단점유자에 대한 변상금 부과는 공권력을 가진 우월적 지위에서 행하는 행정처분이고, 그 부과처분에 의한 변상금 징수권은 공법상의 권리인 반면, 민사상 부당이득반환청구권은 국유재산의 소유자로서 가지는 사법상의 채권이다. 또한 변상금은 부당이득 산정의 기초가 되는 대부료나 사용료의 120%에 상당하는 금액으로서 부당이득금과 액수가 다르고, 이와 같이 할증된 금액의 변상금을 부과·징수하는 목적은 국유재산의 사용·수익으로 인한 이익의 환수를 넘어 국유재산의 효율적인 보존·관리라는 공익을 실현하는 데 있다. 그리고 대부 또는 사용·수익허가 없이 국유재산을 점유하거나 사용·수익하였지만

7. 27. 대통령령 제21641호로 전부 개정되기 전의 것) 제33조 제2항에 의하여 국유재산 중 잡종재산(현행 국유재산법상의 일반재산에 해당한다)의 관리·처분에 관한 사무를 위탁받은 한국자산관리공사의 경우에도 마찬가지로 적용된다(대판(슾합) 2014.07.16. 2011다76402].

(2) 환급가산금청구권과 지연손해금청구권의 관계

조세환급금은 조세채무가 처음부터 존재하지 않거나 그 후 소멸하였음에도 불구하고 국가가 법률상 원인 없이 수령하거나 보유하고 있는 부당이득에 해당하고, 환급가산금은 그 부당이득에 대한 법정이자로서의 성질을 가진다. 부당이득반환의무는 일반적으로 기한의 정함이 없는 채무로서, 수익자는 이행청구를 받은 다음 날부터 이행지체로 인한 지연손해금을 배상할 책임이 있다. 그러므로 납세자가 조세환급금에 대하여 이행청구를 한 이후에는 법정이자의 성질을 가지는 환급가산금청구권 및 이행지체로 인한 지연손해금청구권이 경합적으로 발생하고, 납세자는 자신의 선택에 좇아 그중 하나의 청구권을 행사할 수 있다[35](대판(슾합) 2018.07.19. 2017다242409).

III. 구체적 고찰

1. 비채변제

(1) 채무 없음을 알고 변제한 경우

제742조(비채변제) 채무 없음을 알고 이를 변제한 때에는 그 반환을 청구하지 못한다.

지급자가 채무 없음을 알면서도 임의로 지급한 경우에는 민법 제742조 소정의 비채변제로서 수령자에게 그 반환을 구할 수 없으나, 지급자가 채무 없음을 알고 있었다고 하더라도 변제를 강제당한 경우나 변제거절로 인한 사실상의 손해를 피하기 위하여 부득이 변제하게 된 경우 등 그 변제가 자유로운 의사에 반하여 이루어진 것으로 볼 수 있는 사정이 있는 때에는 지급자가 그 반환청구권을 상실하지 않는다(대판 2004.01.27. 2003다46451).

(2) 착오로 변제한 경우

1) 도의관념에 적합한 변제

제744조(도의관념에 적합한 비채변제) 채무없는 자가 착오로 인하여 변제한 경우에 그 변제가 도의관념에 적합한 때에는 그 반환을 청구하지 못한다.

변상금 부과처분은 할 수 없는 때에도 민사상 부당이득반환청구권은 성립하는 경우가 있으므로, 변상금 부과·징수의 요건과 민사상 부당이득반환청구권의 성립 요건이 일치하는 것도 아니다.

35) [1] [다수의견] 과세처분이 당연무효라고 하기 위하여는 그 처분에 위법사유가 있다는 것만으로는 부족하고 그 하자가 법규의 중요한 부분을 위반한 중대한 것으로서 객관적으로 명백한 것이어야 하며, 하자가 중대하고 명백한지를 판별할 때에는 과세처분의 근거가 되는 법규의 목적·의미·기능 등을 목적론적으로 고찰함과 동시에 구체적 사안 자체의 특수성에 관하여도 합리적으로 고찰하여야 한다. 그리고 어느 법률관계나 사실관계에 대하여 어느 법령의 규정을 적용하여 과세처분을 한 경우에 그 법률관계나 사실관계에 대하여는 그 법령의 규정을 적용할 수 없다는 법리가 명백히 밝혀져서 해석에 다툼의 여지가 없음에도 과세관청이 그 법령의 규정을 적용하여 과세처분을 하였다면 그 하자는 중대하고도 명백하다고 할 것이나, 그 법률관계나 사실관계에 대하여 그 법령의 규정을 적용할 수 없다는 법리가 명백히 밝혀지지 아니하여 해석에 다툼의 여지가 있는 때에는 과세관청이 이를 잘못 해석하여 과세처분을 하였더라도 이는 과세요건사실을 오인한 것에 불과하여 그 하자가 명백하다고 할 수 없다.

① 내 용

도의관념에 적합한 변제가 되려면 변제 시에 채무가 존재하지 않음에도 불구하고 변제로서 급부가 있어야 하고 변제자가 변제 당시 채무의 존재를 믿어야 한다(착오). 그리고 도의관념에 적합해야 하는데, 도의관념이란 사회의 미풍양속을 유지하고 도덕적 의무를 실현하기 위한 것을 말한다. 시효로 소멸하였음에도 그 사정을 모르고 그 채무를 변제한 경우(절대적 소멸설), 부양의무 없는 친족을 부양한 경우가 이에 해당 한다.

② 判 例

위탁교육 후의 의무재직기간 근무 불이행시 급여를 반환토록 한 약정에 따라 근로자가 연수기간 중 지급받은 급여 일부를 반환한 사안에서, 그 급여 반환이 반환의무 없음을 알면서 자유로운 의사에 기하여 이루어진 것이 아니라는 이유로 민법 제742조의 비채변제에 해당하지 아니하고, 나아가 그와 같은 강행법규에 위반한 무효의 약정에 기한 채무의 변제를 민법 제744조의 도의관념에 적합한 비채변제라고 할 수도 없다 (대판 1996.12.20. 95다52222·52239).

2) 타인채무의 변제

제745조(타인의 채무의 변제) ① 채무자 아닌 자가 착오로 인하여 타인의 채무를 변제한 경우에 채권자가 선의로 증서를 훼멸하거나 담보를 포기하거나 시효로 인하여 그 채권을 잃은 때에는 변제자는 그 반환을 청구하지 못한다.
② 전항의 경우에 변제자는 채무자에 대하여 구상권을 행사할 수 있다.

① 취 지

민법 제745조 소정의 비채변제는 채무자가 아닌 제3자가 타인의 채무를 자기의 채무로 오신하고 착오로 변제한 경우에 채권자가 선의로 증서를 훼멸하는 등으로 그 채권을 잃은 때에는 채권자를 위하여 착오로 변제한 변제자의 부당이득반환청구권을 제한하는 취지이다(대판 1992.02.14. 91다17917).

② 判 例

자동차손해배상보장사업자가 자동차손해배상 보장법 제26조 제1항 제2호에 따른 보상금지급의무가 없음에도 보험회사가 면책주장을 하며 피해자들에게 보험금을 지급하지 아니하는 바람에 피해자들로부터 보상금을 청구받고 보장사업자에게 위 법조에 의한 보상금지급의무가 있는 것으로 잘못 알고 피해자들에게 보상금을 지급하고, 이에 피해자들이 보험회사 등을 상대로 그들이 수령한 보상금을 공제한 나머지 금액만을 청구하거나 별도의 소를 제기하지 아니하여 결국 피해자들의 보험회사 등에 대한 위 보상금 상당액의 손해배상채권이 시효로 소멸한 경우, 이는 채무자 아닌 보장사업자가 착오로 보험회사 등의 채무를 변제함으로써 채권자인 피해자들이 선의로 시효로 인하여 그 채권을 잃은 경우에 해당하므로, 위 보장사업자는 채무자인 보험회사 등에 대하여 민법 제745조 제2항에 따라 구상권을 행사할 수 있다(대판 2007.12.27. 2007다54450).

3. 기한전의 변제

제743조(기한전의 변제) 변제기에 있지 아니한 채무를 변제한 때에는 그 반환을 청구하지 못한다. 그러나 채무자가 착오로 인하여 변제한 때에는 채권자는 이로 인하여 얻은 이익을 반환하여야 한다.

민법 제743조 소정의 "착오로 인하여"라 함은 변제기 전임을 알지 못하였음을 의미하므로 변제기가 도래했다고 오신하고서 변제한 경우에 한하고 변제기 전임을 알면서 변제한 자는 기한의 이익을 포기한 것으로 볼 것이다(대판 1991.08.13. 91다6856).

4. 불법원인급여

제746조(불법원인급여) 불법의 원인으로 인하여 재산을 급여하거나 노무를 제공한 때에는 그 이익의 반환을 청구하지 못한다. 그러나 그 불법원인이 수익자에게만 있는 때에는 그러하지 아니하다.

(1) 불법원인의 의미

부당이득의 반환청구가 금지되는 사유로 민법 제746조가 규정하는 불법원인이라 함은 그 원인되는 행위가 선량한 풍속 기타 사회질서에 위반하는 경우를 말하는 것으로서, 법률의 금지에 위반하는 경우라 할지라도 그것이 선량한 풍속 기타 사회질서에 위반하지 않는 경우에는 이에 해당하지 않는다(대판 2003.11.27. 2003다41722).

(2) 불법원인급여에서의 이익

1) 종국적인 이익

민법 제746조에서 불법의 원인으로 인하여 급여함으로써 그 반환을 청구하지 못하는 이익은 종국적인 것을 말한다(대판 1995.08.11. 94다54108). 즉 수령자가 이를 실현하기 위하여 다시 국가의 협력 내지 법의 보호를 기다려야 하는 경우에는 불법원인급여에 관한 규정은 적용되지 않는다(대판 1989.09.29. 89다카5994).

2) 근저당권설정등기

도박자금으로 금원을 대여함으로 인하여 발생한 채권을 담보하기 위한 근저당권설정등기가 경료 되었을 뿐인 경우와 같이 수령자가 그 이익을 향수하려면 경매신청을 하는 등 별도의 조치를 취하여야 하는 경우에는, 그 불법원인급여로 인한 이익이 종국적인 것이 아니므로 등기설정자는 무효인 근저당권설정등기의 말소를 구할 수 있다(대판 1995.08.11. 94다54108).

3) 양도담보로 이전해 준 소유권이전등기

민법 제746조의 규정취의는 민법 제103조와 함께 사법의 기본이념으로 사회적 타당성이 없는 행위를 한 사람은 그 형식여하를 불문하고 스스로 한 불법행위의 무효를 주장하여 그 복구를 소구할 수 없다는 법의 이상을 표현한 것이고 부당이득반환청구만을 제한하는 규정이 아니므로 불법의 원인으로 급여를 한 사람이 그 원인행위가 무효라고 주장하고 그 결과 급여물의 소유권이 자기에게 있다는 주장으로 소유권에 기한 반환청구를 하는 것도 허용할 수 없는 것이니, 도박채무가 불법무효로 존재하지 않는다는 이유로 양도담보로 이전해 준 소유권이전등기의 말소를 청구하는 것은 허용되지 않는다(대판 1989.09.29. 89다카5994).

(3) 불법원인급여와 소유권에 기한 반환청구의 관계

민법 제746조는 단지 부당이득제도만을 제한하는 것이 아니라 동법 제103조와 함께 사법의 기본이념으로서, 결국 사회적 타당성이 없는 행위를 한 사람은 스스로 불법한 행위를 주장하여 복구를 그 형식 여하에 불구하고 소구할 수 없다는 이상을 표현한 것이므로, 급여를 한 사람은 그 원인행위가 법률상 무효라 하여 상대방에게 부당이득반환청구를 할 수 없음은 물론 급여한 물건의 소유권은 여전히 자기에게 있다고 하여 소유권에 기한 반환청구도 할 수 없고 따라서 급여한 물건의 소유권은 급여를 받은 상대방에게 귀속된다[대판(全合) 1979.11.13. 79다483].

(4) 불법성 비교론

민법 제746조에 의하면 급여가 불법원인급여에 해당하고 급여자에게 불법 원인이 있는 경우에는 수익자에게 불법 원인이 있는지의 여부나 수익자의 불법 원인의 정도 내지 불법성이 급여자의 그것보다 큰지의 여부를 막론하고 급여자는 그 불법원인급여의 반환을 구할 수 없는 것이 원칙이나, 수익자의 불법성이 급여자의 그것보다 현저히 크고 그에 비하면 급여자의 불법성은 미약한 경우에도 급여자의 반환 청구가 허용되지 않는다고 하는 것은 공평에 반하고 신의성실의 원칙에도 어긋나므로 이러한 경우에는 민법 제746조 본문의 적용이 배제되어 급여자의 반환 청구는 허용된다고 해석함이 상당하다(대판 1997.10.24. 95다49530).[36]

(5) 불법성 비교와 이자반환청구

선량한 풍속 기타 사회질서에 위반하여 무효인 부분의 이자 약정을 원인으로 차주가 대주에게 임의로 이자를 지급하는 것은 통상 불법의 원인으로 인한 재산 급여라고 볼 수 있을 것이나, 불법원인급여에 있어서도 그 불법원인이 수익자에게만 있는 경우이거나 수익자의 불법성이 급여자의 그것보다 현저히 커서 급여자의 반환청구를 허용하지 않는 것이 오히려 공평과 신의칙에 반하게 되는 경우에는 급여자의 반환청구가 허용되므로, 대주가 사회통념상 허용되는 한도를 초과하는 이율의 이자를 약정하여 지급받은 것은 그의 우월한 지위를 이용하여 부당한 이득을 얻고 차주에게는 과도한 반대급부 또는 기타의 부당한 부담을 지우는 것으로서 <u>그 불법의 원인이 수익자인 대주에게만 있거나 또는 적어도 대주의 불법성이 차주의 불법성에 비하여 현저히 크다고 할 것이어서</u> 차주는 그 이자의 반환을 청구할 수 있다(대판(全合) 2007.02.15. 2004다50426].

(6) 제746조 본문의 경우

윤락행위를 할 자를 고용·모집하거나 그 직업을 소개·알선한 자가 윤락행위를 할 자를 고용·모집함에 있어 성매매의 유인·강요의 수단으로 이용되는 선불금 등 명목으로 제공한 금품이나 그 밖의 재산상 이익 등은 불법원인급여에 해당하여 그 반환을 청구할 수 없다(대판 2004.09.03. 2004다27488].

(7) 명의신탁약정의 불법원인급여 여부

부동산실권리자명의등기에관한법률이 규정하는 명의신탁약정은 부동산에 관한 물권의 실권리자가 타인과의 사이에서 대내적으로는 실권리자가 부동산에 관한 물권을 보유하거나 보유하기로 하고 그에 관한 등기는 그 타인의 명의로 하기로 하는 약정을 말하는 것일 뿐이므로, 그 자체로 선량한 풍속 기타 사회질서에 위반하는 경우에 해당한다고 단정할 수 없을 뿐만 아니라, 위 법률은 원칙적으로 명의신탁약정과 그 등기에 기한 물권변동만을 무효로 하고 명의신탁자가 다른 법률관계에 기하여 등기회복 등의 권리행사를 하는 것까지 금지하지는 않는 대신, 명의신탁자에 대하여 행정적 제재나 형벌을 부과함으로써 사적자치 및 재산권 보장의 본질을 침해하지 않도록 규정하고 있으므로, 위 법률이 비록 부동산등기제도를 악용한 투기·탈세·탈법행위 등 반사회적 행위를 방지하는 것 등을 목적으로 제정되었다고 하더라도, 무효인 명의신탁약정에 기하여 타인 명의의 등기가 마쳐졌다는 이유만으로 그것이 당연히 불법원인급여에 해당한다고 볼 수 없다 (대판 2003.11.27. 2003다41722).

(8) 불법원인급여와 반환 약정

1) 불법원인급여반환 약정의 유효성

<u>불법원인급여 후 급부를 이행 받은 자가 급부의 원인행위와 별도의 약정으로 급부 그 자체 또는 그에 갈음한 대가물의 반환을 특약하는 것은</u> 불법원인급여를 한 자가 그 부당이득의 반환을 청구하는 경우와는 달리 그 반환약정 자체가 사회질서에 반하여 무효가 되지 않는 한 유효하다. 여기서 반환약정 자체의 무효 여부는 반환약정 그 자체의 목적뿐만 아니라 당초의 불법원인급여가 이루어진 경위, 쌍방당사자의 불법성의 정도, 반환약정의 체결과정 등 민법 제103조 위반 여부를 판단하기 위한 제반 요소를 종합적으로 고려하여 결정하여야 하고, 한편 반환약정이 사회질서에 반하여 무효라는 점은 수익자가 이를 입증하여야 한다(대판

---

[36] 급여자가 수익자에 대한 도박 채무의 변제를 위하여 급여자의 주택을 수익자에게 양도하기로 한 것이지만 내기바둑에의 계획적인 유인, 내기바둑에서의 사기적 행태, 도박자금 대여 및 회수 과정에서의 폭리성과 갈취성 등에서 드러나는 수익자의 불법성의 정도가 내기바둑에의 수동적인 가담, 도박 채무의 누증으로 인한 도박의 지속, 도박 채무 변제를 위한 유일한 재산인 주택의 양도 등으로 인한 급여자의 불법성보다 훨씬 크다고 보아 급여자로서는 그 주택의 반환을 구할 수 있다.

2010.05.27. 2009다12580).

2) 불법원인급여 반환약정의 한계

당사자의 일방이 상대방에게 공무원의 직무에 관한 사항에 관하여 특별한 청탁을 하게 하고 그에 대한 보수로 돈을 지급할 것을 내용으로 한 약정은 사회질서에 반하는 무효의 계약이고, 따라서 민법 제746조에 의하여 그 대가의 반환을 청구할 수 없으며, 나아가 그 돈을 반환하여 주기로 한 약정도 결국 불법원인급여물의 반환을 구하는 범주에 속하는 것으로서 무효이고, 그 반환약정에 기하여 약속어음을 발행하였다 하더라도 채권자는 그 이행을 청구할 수 없다(대판 1995.07.14. 94다51994). 민법 제746조의 규정취지는 민법 제103조와 함께 사법의 기본이념으로 사회적 타당성이 없는 행위를 한 사람은 그 형식 여하를 불문하고 스스로 한 불법행위의 무효를 주장하여 그 복구를 소구할 수 없다는 법의 이상을 표현한 것이고 부당이득반환청구만을 제한하는 규정이 아니므로 불법의 원인으로 인하여 금원을 급여한 사람이 그 금원의 교부가 단순히 임치한 것임을 전제로 이의 반환을 구하는 것도 허용되지 아니 한다(대판 1991.03.22. 91다520).

(9) 불법원인급여와 불법행위에 기한 손해배상청구

불법의 원인으로 재산을 급여한 사람은 상대방 수령자가 그 '불법의 원인'에 가공하였다고 하더라도 상대방에게만 불법의 원인이 있거나 그의 불법성이 급여자의 불법성보다 현저히 크다고 평가되는 등으로 제반 사정에 비추어 급여자의 손해배상청구를 인정하지 아니하는 것이 오히려 사회상규에 명백히 반한다고 평가될 수 있는 특별한 사정이 없는 한 상대방의 불법행위를 이유로 그 재산의 급여로 말미암아 발생한 자신의 손해를 배상할 것을 주장할 수 없다고 할 것이다. 그와 같은 경우에 급여자의 위와 같은 손해배상청구를 인용한다면, 이는 급여자는 결국 자신이 행한 급부 자체 또는 그 경제적 동일물을 환수하는 것과 다름없는 결과가 되어, 민법 제746조에서 실정법적으로 구체화된 법이념에 반하게 되는 것이다(대판 2013.08.22. 2013다35412).

5. 부당이득의 반환

(1) 반환의 방법

제747조 (원물반환 불능한 경우와 가액반환, 전득자의 책임) ① 수익자가 그 받은 목적물을 반환할 수 없는 때에는 그 가액을 반환하여야 한다.
② 수익자가 그 이익을 반환할 수 없는 경우에는 수익자로부터 무상으로 그 이익의 목적물을 양수한 악의의 제3자는 전항의 규정에 의하여 반환할 책임이 있다.

---

1) 원물반환의 원칙

부당이득이 성립되는 경우 그 부당이득의 반환은 법률상 원인 없이 취득한 이익을 반환하여 원상으로 회복하는 것을 말하므로, 법률상 원인 없이 제3자에 대한 채권을 취득한 경우, 만약 채권의 취득자가 이미 그 채권을 변제받은 때에는 그 변제받은 금액이 이득이 되어 이를 반환하여야 할 것이나, 아직 그 채권을 현실적으로 추심하지 못한 경우에는 손실자는 채권의 취득자에 대하여 그 채권의 반환을 구하여야 하고 그 채권 가액에 해당하는 금전의 반환을 구할 수는 없다(대판 2001.03.13. 99다26948).

2) 가액반환과 운용이익

일반적으로 수익자가 법률상 원인 없이 이득 한 재산을 처분함으로 인하여 원물반환이 불가능한 경우에 있어서 반환하여야 할 가액은 특별한 사정이 없는 한 그 처분 당시의 대가이나, 이 경우에 수익자가 그 법률상 원인 없는 이득을 얻기 위하여 지출한 비용은 수익자가 반환하여야 할 이득의 범위에서 공제되어야 하고, 수익자가 자신의 노력 등으로 부당이득 한 재산을 이용하여 남긴 이른바 운용이익도 그것이 사회통념상 수익자의 행위가 개입되지 아니하였더라도 부당이득 된 재산으로부터 손실자가 당연히 취득하였으리라고 생각되는 범위 내의 것이 아닌 한 수익자가 반환하여야 할 이득의 범위에서 공제되어야 한다(대판 1995.05.12. 94다25551).

(2) 반환의무의 범위

제748조 (수익자의 반환범위) ① 선의의 수익자는 그 받은 이익이 현존한 한도에서 전조의 책임이 있다.
② 악의의 수익자는 그 받은 이익에 이자를 붙여 반환하고 손해가 있으면 이를 배상하여야 한다.

제749조(수익자의 악의인정) ① 수익자가 이익을 받은 후 <u>법률상 원인 없음을 안</u> 때에는 그때부터 악의의 수익자로서 이익반환의 책임이 있다.
② <u>선의의 수익자가 패소한 때에는 그 소를 제기한 때부터 악의의 수익자로 본다.</u>

1) 반환 범위

① 내 용

부당이득반환의 경우 수익자가 반환하여야 할 이득의 범위는 손실자가 입은 손해의 범위에 한정되고, 손실자의 손해는 사회통념상 손실자가 당해 재산으로부터 통상 수익할 수 있을 것으로 예상되는 이익 상당액이다(대판(全合) 2014.07.16. 2011다76402).

② 운용이익의 경우

수익자의 특수한 재능 등으로 손실자의 손실액을 넘어 취득한 이익(운용이익)은 반환할 필요가 없는 것이 원칙이다(곽윤직, 判例[37]). 다만 判例는 "부당이득반환의 경우 수익자가 반환해야 할 이득의 범위는 손실자가 입은 손해의 범위에 한정되고, 여기서 손실자의 손해는 사회통념상 손실자가 당해 재산으로부터 통상 수익할 수 있을 것으로 예상되는 이익 상당이라 할 것이며, 부당이득 한 재산에 수익자의 행위가 개입되어 얻어진 이른바 운용이익의 경우, 그것이 사회통념상 수익자의 행위가 개입되지 아니하였더라도 부당이득 된 재산으로부터 손실자가 통상 취득하였으리라고 생각되는 범위 내에서는 반환해야 할 이득의 범위에 포함된다. 매매계약이 무효인 경우, 매도인이 매매대금으로 받은 금전을 정기예금에 예치하여 얻은 이자가 반환해야 할 부당이익의 범위에 포함 된다(대판 2008.01.18. 2005다34711)."고 본다.

2) 선의의 수익자의 경우

① 현존이익의 반환

이 경우 현존하는 이익에 대해서만 반환의무를 인정하는 취지는 법적 원인 없는 취득의 유효성을 신뢰함으로써 지출한 비용이나 손실을 반환의무에서 면제 내지 조정하기 위한 것이다.

② 선의의 의미

선의란 그의 수익에 법률상 원인이 없음을 알지 못하는 것을 말하는데, 알지 못한 것에 대한 과실 유무는 묻지 않는다. 선의·악의의 구별은 수익의 시점만을 기준으로 하는 것이 아니라, 수익자가 이익을 받은 후 <u>법률상 원인 없음을 안</u> 때에는 그때부터 악의의 수익자로 보고, <u>선의의 수익자가 패소한 때에는 그 소를 제기한 때부터 악의의 수익자로 본다</u>(제749조). 따라서 부당이득반환청구소송에서 패소한 선의의 수익자는 소 제기 전에는 부당이득에 관한 법정이자를 반환할 의무가 없다(대판 2008.06.26. 2008다19966). 이 경우 '그 소

---

[37]) 일반적으로 수익자가 법률상 원인 없이 이득 한 재산을 처분함으로 인하여 원물반환이 불가능한 경우에 있어서 반환하여야 할 가액은 특별한 사정이 없는 한 그 처분 당시의 대가이나, 이 경우에 수익자가 그 법률상 원인 없는 이득을 얻기 위하여 지출한 비용은 수익자가 반환하여야 할 이득의 범위에서 공제되어야 하고, <u>수익자 자신의 노력 등으로 부당이득 한 재산을 이용하여 남긴 이른바 운용이익도 그것이 사회통념상 수익자의 행위가 개입되지 아니하였더라도 부당이득 된 재산으로부터 손실자가 당연히 취득하였으리라고 생각되는 범위 내의 것이 아닌 한 수익자가 반환하여야 할 이득의 범위에서 공제되어야 한다</u>(대판 1995.05.12. 94다25551).

라 함은 부당이득반환청구의 소를 의미한다. 다만 민법 제197조 2항의 규정에 의하여 소유권이전등기말소청구의 소에서 패소한 자는 승소자가 소를 제기한 때부터 악의의 점유자로 간주된다(대판 1987.01.20. 86다카1372). 수익자의 악의는 손실자가 증명하여야 한다(통설).

③ 현존이익의 내용

가. 의 미

현존이익은 현재 존재하는 이익 뿐 아니라, 수익자가 법률상 원인 없이 얻은 이익을 통해서 그가 지출했어야 할 비용을 절감한 경우에도 그 절감 부분은 현존이익[38]이 된다(지출절약의 이론).

나. 원물 반환의 경우

원물에 대한 소유권이 수익자에게 이전되지 않은 경우와 이전된 경우로 나누어 보아야 한다[39]. 그리고 원물반환이 문제되는 경우에는 그 원물 자체가 반환이 되어야 한다. 다만 그 반환 범위(원물에서 생긴 과실, 점유자의 책임, 점유자의 비용상환청구)에 대해서는 견해가 대립되지만, 통설은 제201조 내지 제203조가 적용된다고 한다[40]. 이 조항들도 부당이득반환의 내용을 정한 것으로 보아야 하기 때문이다(곽윤직).

다. 가액 반환의 경우

가액 반환의 경우에는 원물반환과는 달리 물권적 청구권에 관한 규정이 적용될 여지가 없다(통설). 가액반환에서는 이익의 현존 여부가 문제되는데 이는 제748조 1항의 규정에 의하여 판단되어야 한다. 즉 이득을 얻음으로써 증가한 재산 또는 감소를 면한 재산적 이익이 존재하는 경우에는 이득이 현존[41]하는 것으로 볼 수 있으며, 이 때 수익자가 이득을 얻음에 있어서 비용을 지출한 때에는 현실적으로 지출한 비용액을 현존이익에서 공제하면 된다. 원물반환이 불가능한 경우에 있어서 반환하여야 할 가액은 특별한 사정이 없는 이상 그 처분 당시의 대가이다(대판 1995.05.12. 94다25551).

라. 현존이익의 증명책임

현존이익의 증명책임에 대하여, 학설은 부당이득제도의 취지에 비추어 '현존은 추정'되므로 수익자가 현

---

38) 사실상 얻은 이익이 그대로 있거나 그것이 변형되어 잔존하고 있는 이상 그것만을 반환하면 된다는 의미이다. 금전을 얻은 경우 이를 이용하여 자신의 채무를 변제하거나 필요한 생활용도에 사용한 경우에는 자신의 재산이 잔존하는 형태로 이익이 남아 있다고 보아야 하나 금전을 낭비하여 버린 경우에는 이익이 현존한다고 볼 수 없다(주석 민법, 총칙(3), 335면).

39) 수익자에게 소유권이 이전되지 않은 경우에 손실자는 자신의 소유권에 기한 물권적 청구권을 행사하여 목적물을 반환 받을 수 있다. 그러나 이 경우 수익자는 목적물을 점유하여 '점유의 부당이득'이 발생한다는 점에서 소유권이 수익자에게 이전되지 않은 경우에도 물권적 청구권과 함께 부당이득반환청구권이 인정될 수 있다(통설). 이 경우 물권적 청구권은 바로 그 점유의 부당이득을 반환하도록 하는 수단이 되므로 부당이득반환청구권으로서의 성질을 가진다. 그러나 소유권이 수익자에게 이전된 경우에는 부당이득청구권에 의해서만 목적물을 반환받을 수 있다. 다만 이 경우 부당이득 규정을 적용하게 되면 물권적 청구권 규정에 의할 경우보다 반환범위가 넓어지게 되므로(제748조 1과 제201조 1항의 비교), 소유권을 취득한 부당이득의무자가 소유권을 취득하지 못한 부당이득반환의무자 보다 불리한 반환의무를 부담하게 되어 균형이 맞지 않게 된다. 그리고 물권적 청구권에 관한 규정은 점유자와 본권 사이에 목적물의 사용·수익, 멸실·훼손, 비용부담에 관한 자세한 규정을 두고 있기 때문에, 소유권이 수익자에게 이전된 경우에도 물권적 청구권에 관한 규정만이 적용된다고 본다.

40) 이에 의하면 ① 원물이 그대로 남아 있거나 원물이 훼손되었더라도 그 동일성이 인정되는 한, 그 물건을 현상 그대로 반환하면 된다. 이 경우 그 멸실에 대한 수익자의 귀책사유 여부는 묻지 않는다. ② 원물로부터 생긴 과실 및 원물의 이용으로 얻은 수익은 수익자가 선의인 한 제201조의 규정에 따라 그 반환의무가 성립하지 않는다(대판 1981.09.22. 81다233 : 법률상 원인 없이 타인의 토지를 점유·경작함으로써 타인에게 손해를 입혔다 하더라도 선의의 점유자는 그 점유·경작으로 인한 이득을 그 타인에게 반환할 의무가 없다). 쌍무계약의 경우에는 대금을 수령한 선의의 매도인에게는 제587조가 유추적용될 수 있다(대판 1993.05.14. 92다45025 : 따라서 대금의 운용이익 내지 법정이자의 반환은 부정된다). ③ 수익자가 원물에 대하여 비용을 지출한 경우에는 제203조 따라 반환을 청구할 수 있다.

41) 예를 들어 수익자가 법률상의 원인 없이 급부 받은 물건을 매각하여 그 대금을 가지고 있는 경우, 물건이 소멸하여 보험금을 지급 받은 경우, 타인의 노무에 의하여 수익을 하고 그 노무의 결과가 남아 있는 경우, 금전을 취득하여 이를 다른 사람에게 빌려주거나(대판 2009.01.15. 2008다58367), 은행에 예금하였거나 또는 생활비로 지출이 있는 경우에는 이익은 현존하는 것이다. 타인의 노무의 결과가 멸실·낭비된 경우, 금전을 예금하였으나 은행의 도산으로 예금의 가치가 상실된 경우 및 이익을 낭비한 경우(부당이득이 없었더라면 그러한 낭비가 없었던 경우) 등에는 이익은 현존하지 않는다.

존이익이 존재하지 않음을 증명해야 한다고 본다(통설). 그러나 判例는 수익자에게 이익이 현존하지 않음을 증명해야 한다[42](대판 1970.10.30. 70다1390·1391)는 판시도 있고, 반환청구권자에게 그 증명책임이 있다[43] (대판 1970.02.10. 69다2171)는 판시도 있다. 다만 금전상의 이득에 대해서는 "법률상 원인 없이 타인의 재산 또는 노무로 인하여 이익을 얻고 그로 인하여 타인에게 손해를 가한 경우, 그 취득한 것이 금전상의 이득인 때에는 그 금전은 이를 취득한 자가 소비하였는가의 여부를 불문하고 현존하는 것으로 추정된다(대판 1996.12.10. 96다32881)."고 보며, "그 취득한 것이 성질상 계속적으로 반복하여 거래되는 물품으로서 곧바로 판매되어 환가될 수 있는 금전과 유사한 대체물인 경우에도 마찬가지다."라고 한다(대판 2009.05.28. 2007다20440·20457).

3) 악의수익자의 경우

악의의 수익자는 그가 받은 이득의 전부 및 이에 대한 이자를 반환하여야 하며, 이득의 전부와 이자를 반환하여도 손실자에게 손해가 있는 때에는 그 손해도 함께 배상하여야 한다(제748조 2항). 그리고 이때의 손해배상책임의 실질은 불법행위 책임이다(통설).

Ⅳ. 부당이득이 문제되는 특수 관계

1. 전용물 소권의 문제

(1) 의 의

전용물소권은 계약상의 급부가 계약의 상대방뿐만 아니라 제3자의 이익이 된 경우에 급부자가 그 제3자를 상대로 부당이득의 반환을 청구할 수 있는가의 문제를 말한다.

(2) 判 例 - 전용물 소권 부정

계약상의 급부가 계약의 상대방뿐만 아니라 제3자의 이익으로 된 경우에 급부를 한 계약당사자가 계약상대방에 대하여 계약상의 반대급부를 청구할 수 있는 이외에 그 제3자에 대하여 직접 부당이득반환청구를 할 수 있다고 보면, 자기 책임 하에 체결된 계약에 따른 위험부담을 제3자에게 전가시키는 것이 되어 계약법의 기본원리에 반하는 결과를 초래할 뿐만 아니라, 채권자인 계약당사자가 채무자인 계약 상대방의 일반채권자에 비하여 우대받는 결과가 되어 일반채권자의 이익을 해치게 되고, 수익자인 제3자가 계약 상대방에 대하여 가지는 항변권 등을 침해하게 되어 부당하므로, 위와 같은 경우 계약상의 급부를 한 계약당사자는 이익의 귀속 주체인 제3자에 대하여 직접 부당이득반환을 청구할 수는 없다고 보아야 한다(대판 2002.08.23. 99다66564·66571). 그리고 계약의 일방당사자가 계약상대방의 지시 등으로 급부과정을 단축하여 계약상대방과 또 다른 계약관계를 맺고 있는 제3자에게 직접 급부를 한 경우(이른바 삼각관계에서의 급부가 이루어진 경우), 그 급부로써 계약당사자의 계약상대방에 대한 급부가 이루어질 뿐 아니라 그 상대방의 제3자에 대한 급부도 이루어지는 것이므로 계약의 일방당사자는 제3자를 상대로 법률상 원인 없이 급부를 수령하였다는 이유로 부당이득반환청구를 할 수 없다. 이러한 경우에 계약의 일방당사자가 계약상대방에 대하여 급부를 한 원인관계인 법률관계에 취소사유 등의 흠이 있다는 이유로 제3자를 상대로 직접 부당이득반환청구를 할 수 있다고 보면 자기 책임 하에 체결된 계약에 따른 위험부담을 제3자에게 전가하는 것이 되어 계약법의

---

[42] 본조에 위반한 농지임대차계약이 무효라 할지라도 이로 인한 임료의 급여행위가 선량한 풍속 기타 사회질서에 위반되는 불법원인급여에 해당한다고 볼 수 없으며 본조를 위반하여 농지를 임대하고 임료를 받았다면 특별한 사정이 없는 이상 그 임료를 받은 때로부터 악의의 수익자로서 반환의무가 있다 할 것이다. 원고가 위 법조에 위반하여 농지를 임대하고 피고로부터 임료로서 벼를 받았다면 다른 사정이 없는 한 아직도 원고가 이를 소지하고 있다고 보아야 할 것이고 이것이 현재 원고에게 존재하지 아니한다는 점은 원고가 이를 입증해야 할 책임이 있다(대판 1970.10.30. 70다1390·1391).

[43] 선의의 수익자에 대한 부당이득반환청구에 있어서 그 이익이 현존하고 있고 사실에 관하여는 그 반환청구권자에게 입증책임이 있다(대판 1970.02.10. 69다2171).

원리에 반하는 결과를 초래할 뿐만 아니라 수익자인 제3자가 계약상대방에 대하여 가지는 항변권 등을 침해하게 되어 부당하기 때문이다(대판 2013.06.28. 2013다13733).

2. 금전 편취에 의한 변제와 부당이득

(1) 문제점

사기·횡령·배임 등 편취한 금전으로 자신이나 다른 사람의 채무를 변제하는 경우에 원래의 금전의 소유자가 변제를 받은 사람 또는 채무가 변제된 그 다른 사람에게 부당이득의 반환을 청구할 수 있는 것인지가 문제된다.

(2) 判 例

부당이득제도는 이득자의 재산상 이득이 법률상 원인을 결여하는 경우에 공평·정의의 이념에 근거하여 이득자에게 그 반환의무를 부담시키는 것인바, 채무자가 피해자로부터 횡령한 금전을 그대로 채권자에 대한 채무변제에 사용하는 경우 피해자의 손실과 채권자의 이득 사이에 인과관계가 있음이 명백하고, 한편 채무자가 횡령한 금전으로 자신의 채권자에 대한 채무를 변제하는 경우 채권자가 그 변제를 수령함에 있어 악의 또는 중대한 과실이 있는 경우에는 채권자의 금전 취득은 피해자에 대한 관계에 있어서 법률상 원인을 결여한 것으로 봄이 상당하나, 채권자가 그 변제를 수령함에 있어 단순히 과실이 있는 경우에는 그 변제는 유효하고 채권자의 금전 취득이 피해자에 대한 관계에 있어서 법률상 원인을 결여한 것이라고 할 수 없다(대판 2003.06.13. 2003다8862).

FORTUNE 完打 민법개론(재산법) -조문·이론·판례-

제3편

법률행위의 효력

제1장   조건과 기한
제2장   쌍무계약의 일반적 효력
제3장   제3자를 위한 계약
제4장   전형계약

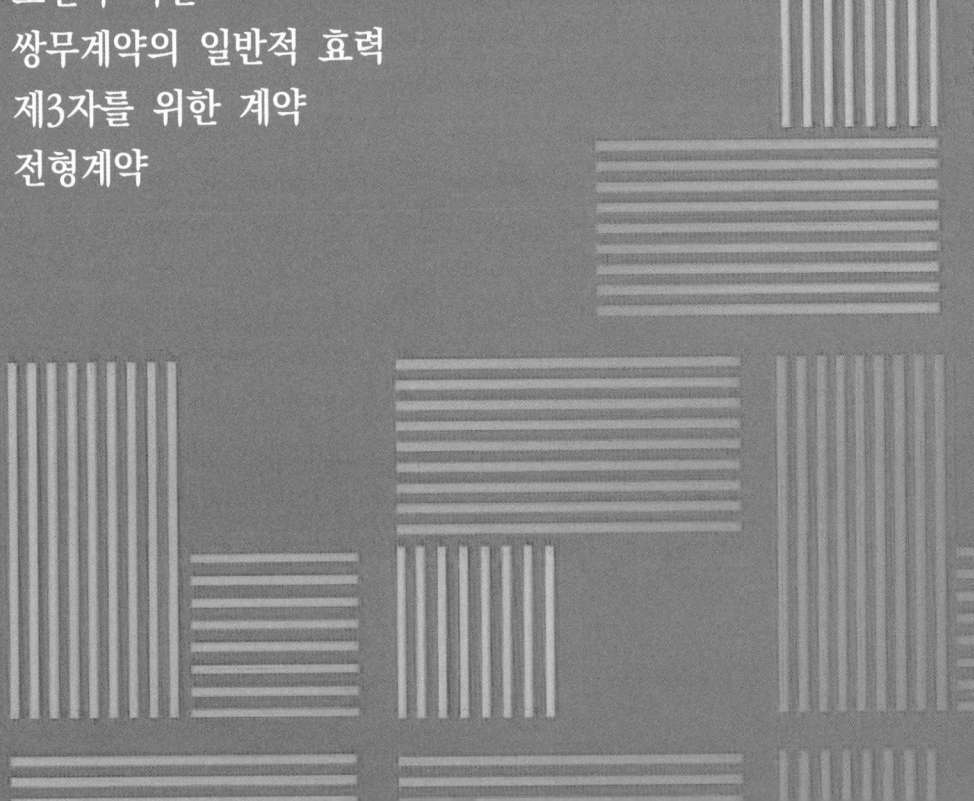

제1장 조건과 기한

I. 총 설

1. 조건과 기한의 구별

(1) 의 의

조건이란 법률행위의 효력 발생 여부를 장래의 불확실한 사실에 의존시키는 부관을 말하고, 기한이란 법률행위의 효력 발생 여부를 장래의 확실한 사실에 의존시키는 부관을 말한다.

(2) 법률행위의 해석

조건과 기한은 법률행위의 내용을 이루는 일부이기 때문에 이에 대한 다툼이 있으면 법률행위의 해석문제로 다루어진다(통설).

2. 구별개념

(1) 부 담

부담부 법률행위는 부담부이기는 하나 법률행위의 효력이 부담에 종속되는 것은 아니고, 바로 효력이 발생한다는 점에서 조건, 기한과는 구별된다. 부담부 증여(제561조), 부담부 유증(제1088조)등의 무상행위가 그 예이다. 즉 부담은 조건, 기한과 같은 법률행위의 특별유효요건이 아니라 무상행위에서 출연자의 상대방에게 요구되는 대가적 급부이다. 부담도 부관의 일종이다(통설).

(2) 동 기

법률행위를 하게 된 동기나 연유는 원칙적으로 법률행위의 내용이 되지 않으나, 조건과 기한은 그 내용을 구성한다는 점에서 구별된다. 따라서 조건을 붙이고자 하는 의사가 있더라도 그것이 표시되지 않으면 법률행위의 부관으로서의 조건이 되는 것은 아니다.

II. 조 건

제147조(조건성취의 효과) ① 정지조건 있는 법률행위는 조건이 성취한 때로부터 그 효력이 생긴다.
② 해제조건 있는 법률행위는 조건이 성취한 때로부터 그 효력을 잃는다.
③ 당사자가 조건성취의 효력을 그 성취 전에 소급하게 할 의사를 표시한 때에는 그 의사에 의한다.

1. 조건, 조건부 법률행위 및 법정조건

(1) 의 의

조건이란 그 성취 여부가 불확실한 장래의 사실을 말하고, 이러한 조건이 붙은 법률행위를 조건부 법률행위라고 한다. 다만 조건부 법률행위의 효력을 판단하는 기준 시는 법률행위의 성립 시이고, 조건의 성취 시가 아니다(통설). 그리고 조건을 붙이고자 하는 의사의 표시는 그 방법에 관하여 일정한 방식이 요구되지 않으므로 묵시적 의사표시나 묵시적 약정으로도 할 수 있다. 이를 인정하려면, 법률행위가 이루어진 동기와 경위, 법률행위에 의하여 달성하려는 목적, 거래의 관행 등을 종합적으로 고려하여 법률행위 효력의 발생 또는 소멸을 장래의 불확실한 사실의 발생 여부에 따라 좌우되게 하려는 의사가 인정되어야 한다[1](대판 2018.06.28. 2016다221368).

(2) 법정조건

조건은 법률행위의 내용으로 당사자들이 임의로 정한 것이므로 법정조건은 이미 조건이 아니다(통설). 다만 그 성질에 반하지 않는 범위에서 조건의 규정을 법정조건에 유추적용 할 수 있다(대판 1962.04.18. 4294민상1603).

2. 조건의 종류

(1) 정지조건과 해제조건

1) 의 의

정지조건이란 법률행위의 효력을 그 성취에 의하여 발생하게 하는 조건을 말하고, 해제조건이란 법률행위의 효력을 그 성취에 의하여 소멸하게 하는 조건을 말한다.

2) 정지조건부 법률행위

① 주무관청의 처분허가를 조건으로 하는 사찰재산의 처분(대판 1981.09.22. 80다2586)
② 동산할부매매에서 소유권유보부매매(대판 1996.06.28. 96다14870)
③ 일정한 사유가 발생하면 채권자의 청구 등을 요함이 없이 당연히 기한의 이익이 상실되어 이행기가 도래하는 것으로 하는 기한이익상실의 특약(대판 2002.09.04. 2002다28340).

3) 해제조건부 법률행위

① 매매 토지 중 **공장부지에 편입되지 아니한 부분을 매도인에게 원가로 반환한다는 약정**은 환매계약이 아니라, 공장부지로 사용되지 아니하는 것을 해제조건으로 하는 매매이다(대판 1981.06.09. 80다3195).
② 건축허가를 필할 때 매매계약이 성립하고 **건축허가신청이 불허되었을 때에는 이를 무효로 한다는 약정**은 건축허가신청의 불허가를 해제조건으로 하는 매매계약이다(대판 1983.08.23. 83다카552).

(2) 적극요건과 소극요건

적극요건이란 장래의 불확실한 사실이 현재의 상태를 변경하는 것을 그 내용으로 하는 것을 말하고, 소극요건이란 변경하지 않을 것을 내용으로 하는 것을 말한다. 전자는 '매매대금을 지급하면' 소유권을 이전한다는 것이 그 예이고, 후자는 '허가가 철회되지 않으면' 농지를 매매한다는 것이 그 예이다.

---

[1] 甲 주식회사가 아파트를 건축하여 분양하는 사업을 시행하기 위하여 乙 주식회사와 사업부지 양도·양수 및 정산에 관한 약정을 체결하였는데, 그 후 甲 회사로부터 위 사업의 모든 시행 권한을 양수한 丙 주식회사가 위 약정에 따라 사업부지 매입 작업을 수행한 乙 회사와 정산합의를 하면서 '아직 매수하지 못한 토지 중 일부 토지에 대하여는 당사자 간 합의된 금액으로 정산한다'고 정한 사안에서, 乙 회사와 丙 회사가 체결한 정산합의는 甲 회사와 乙 회사가 체결한 약정을 기초로 하는 합의이고 乙 회사의 토지 매입 작업을 통한 매매계약 체결을 전제로 하고 있어 만일 토지에 관한 매매계약 체결이 불가능한 것으로 확정된다면 정산을 위한 기초관계가 발생하지 않는 것으로 확정되어 정산할 이유가 없어지는 점 등 제반 사정에 비추어 보면, 乙 회사와 丙 회사가 묵시적 약정으로 '위 정산합의는 丙 회사가 토지에 관하여 매매계약을 체결할 수 없는 것이 확정되거나 그 매매계약 체결이 사실상 불가능한 것으로 확정되는 것을 해제조건으로 한다'고 표시하였다고 볼 수 있는데도, 위 정산합의가 해제조건부 또는 정지조건부 법률행위에 해당하지 않는다고 판단한 원심판결에는 정산합의의 해석과 조건부 법률행위에 관한 법리오해 등 잘못이 있다고 한 사례.

(3) 수의조건과 비수의조건

1) 수의조건

① 단순수의조건

법률행위의 효력을 당사자 일방의 의사에 의존하면서도 임의의사에 따른 작위 또는 부작위에 의존하게 되는 조건을 말한다. 예를 들어 '내가 내일 오전 10시까지 자동차판매점에 나오면 이 자동차를 인도하겠다.'고 한 경우 '매도인의 일방적 의사'와 '오전 10시까지 자동차판매점에 나오는 매도인의 행위'가 그것이다.

② 순수수의조건

이는 법률행위의 효력을 당사자 일방의 임의의사에 전적으로 의존하게 하는 조건을 말한다. 「내일 기분이 좋으면」 자동차를 인도하겠다」에서 '내일 기분이 좋으면'이 그 예이다. 학설은 그 유효성에 대해 당사자에게 법적 구속력을 발생시키려는 의사가 처음부터 존재한다고 볼 수 없으므로 언제나 무효라는 견해(무효설, 곽윤직), 순수수의조건은 사적 자치의 원칙상 민법의 전제 질서에 합치되는 제도이고 또한 독특한 사회적 기능을 담당하고 있으므로 유효하다는 견해(유효설, 이영준)가 있다.

2) 비수의조건

수의조건에 해당하지 않는 조건을 말한다. 이는 다시 ① 조건의 성취여부가 당사자의 의사와는 전혀 관계없이 자연적 사실이나 제3자의 의사나 행위에 의존하는 조건인 우성조건과, ② 조건의 성취여부가 당사자의 의사 및 제3자의 의사에 의존하는 조건인 혼성조건으로 나뉜다.

제151조(불법조건, 기성조건) ① 조건이 선량한 풍속 기타 사회질서에 위반한 것인 때에는 그 법률행위는 무효로 한다.
② 조건이 법률행위의 당시 이미 성취한 것인 경우에는 그 조건이 정지조건이면 조건 없는 법률행위로 하고 해제조건이면 그 법률행위는 무효로 한다.
③ 조건이 법률행위의 당시에 이미 성취할 수 없는 것인 경우에는 그 조건이 해제조건이면 조건 없는 법률행위로 하고 정지조건이면 그 법률행위는 무효로 한다.

---

(4) 불법조건

조건이 선량한 풍속 기타 사회질서에 위반한 것인 때에는 그 법률행위는 무효로 한다(제151조 1항). 따라서 부부관계의 종료를 해제조건으로 하는 증여계약은 그 조건은 물론 증여계약 자체가 무효이다(대판 1966.06.21. 66다530).

(5) 기성조건

법률행위의 당시 이미 성취한 조건을 기성조건이라고 한다. 그 조건이 정지조건이면 조건 없는 법률행위로 하고 해제조건이면 그 법률행위는 무효로 한다. 따라서 정지조건부 화해계약 당시 이미 그 조건이 성취되었다면 이는 조건 없는 화해계약이 된다(대판 1959.12.24. 4292민상670).

(6) 불능조건

법률행위의 당시 이미 성취할 수 없는 조건을 불능조건이라고 한다. 그 조건이 해제조건이면 조건 없는 법률행위로 하고 정지조건이면 그 법률행위는 무효로 한다. 따라서 자진하여 사임할 것을 정지조건으로 하여 증여를 받기로 하였는데 사임을 하여야 할 자가 사임하지 않고 제명되었다면 증여는 무효가 된다[2](대판

---

[2] 원고가 피고 교회의 담임 목사직을 자진퇴직 하겠다는 의사를 표명한데 대하여 피고 교회에서 은퇴위로금으로 이건 부동산을 증여하기로 한 것이라면 이 증여는 원고의 자진사임을 조건으로 한 증여라고 보아야 할 것이므로 원고가 위 증여계약을 원인으로 피고에게 소유권이전등기를 구하려면 적어도 그 후 자진사임 함으로써 그 조건이 성취되었음을 입증할 책임이 있다(대판 1984.09.25. 84다카967). 즉 증여는 무효가 된다.

1984.09.25. 84다카967).

3. 조건이 불가한 행위[3]

(1) 단독행위

단독행위는 원칙적으로 조건을 붙을 수 없다. 조건에 의하여 상대방의 지위가 불안정하게 되기 때문이다. 예를 들어 취소, 해제·해지, 추인, 상계, 철회, 선택채권의 선택, 환매 및 주식청약 등이 이에 속한다. 다만 예외적으로 상대방의 동의가 있는 경우, 채무면제, 유증 등(상대방에게 이익만을 주거나 상대방의 지위를 불안케 할 염려가 없는 행위)과 상대방이 결정할 수 있는 사실을 조건으로 한 경우에는 상대방의 지위나 이익을 해하지 않으므로 단독행위에도 조건을 붙일 수 있다. 예를 들어 계약 당사자 일방이 이행지체에 빠진 상대방에 대하여 일정한 기간을 정하여 채무이행을 최고함과 동시에 그 기간 내에 이행이 없을 시에는 계약을 해제하겠다는 정지조건부 계약해제의 의사표시는 조건이 가능하다. 따라서 일정한 유예기간의 경과로 해제권이 발생하고 동시에 그 계약은 해제 된다(대판 1970.09.29. 70다1508).

(2) 가족법상 행위

혼인, 인지, 입양, 상속 승인·포기 등이 이에 해당한다. 다만 예외적으로 유언은 조건을 붙이는 것이 가능하다(제1073조 제2항).

제1073조(유언의 효력발생 시기) ① 유언은 유언자가 사망한 때로부터 그 효력이 생긴다.
② 유언에 정지조건이 있는 경우에 그 조건이 유언자의 사망 후에 성취한 때에는 그 조건성취한 때로부터 유언의 효력이 생긴다.

---

(3) 어음, 수표 행위

어음·수표의 발행, 배서 등이 이에 속한다. 이 경우 어음법과 수표법상 배서에 붙인 조건은 이를 기재하지 아니한 것으로 보므로(어음법 제12조 1항, 제77조 1항, 수표법 제15조 1항), 조건이 없는 어음 및 수표행위로서 효력을 발생한다. 다만 예외적으로 어음보증은 조건을 붙일 수 있다(대판 1986.09.09. 84다카2310).

(4) 물권행위

독일민법은 부동산소유권이전의 합의(Auflassung)에 조건이나 기한을 붙이지 못하도록 하고 있으나(독민 제925조 제2항), 그러한 규정이 없는 우리 민법에서는 허용된다고 본다(통설). 소유권유보부 매매의 약정에는 조건부 물권행위가 있다고 볼 수 있다(통설).

4. 조건의 성취 및 불성취

(1) 증명책임

判例는 "어떠한 법률행위가 조건의 성취 시 법률행위의 효력이 발생하는 소위 정지조건부 법률행위에 해당한다는 사실은 그 법률행위로 인한 법률효과의 발생을 저지하는 사유로서 그 법률효과의 발생을 다투려는 자에게 주장, 입증책임이 있다고 할 것이므로, 원심이 인정한 바와 같이 이 사건 명의신탁계약의 해지가 정지조건부 법률행위라면 그 사실에 대한 주장, 입증책임은 그 명의신탁해지의 효과를 다투는 피고에게 있다고 할 것인데(그 정지조건의 성취에 관한 주장, 입증책임이 원고에게 있음은 별론으로 하고)……(대판 1993.09. 28. 93다20832)."라고 판시한다.

---

[3] 조건이 불가한 법률행위에 조건을 붙이는 경우에는 그 법률행위 전부가 무효가 된다. 조건에서의 의사는 법률행위에서 효과의사와 일체를 이루므로 조건만 분리하여 효력을 논할 수 없기 때문이다(통설). 그리고 이 경우에는 무효행위의 전환법리가 적용될 수 없다(이영준).

(2) 判 例

1) 조건의 성취

약혼예물의 수수는 약혼의 성립을 증명하고 혼인이 성립한 경우 당사자 내지 양가의 정리를 두텁게 할 목적으로 수수되는 것으로 혼인의 불성립을 해제조건으로 하는 증여와 유사한 성질을 가지므로, 예물의 수령자측이 혼인 당초부터 성실히 혼인을 계속할 의사가 없고 그로 인하여 혼인의 파국을 초래하였다고 인정되는 등 특별한 사정이 있는 경우에는 신의칙 내지 형평의 원칙에 비추어 혼인 불성립의 경우에 준하여 예물반환의무를 인정함이 상당하나, 그러한 특별한 사정이 없는 한 일단 부부관계가 성립하고 그 혼인이 상당 기간 지속된 이상 후일 혼인이 해소되어도 그 반환을 구할 수는 없으므로, 비록 혼인 파탄의 원인이 며느리에게 있더라도 혼인이 상당 기간 계속된 이상 약혼예물의 소유권은 며느리에게 있다(대판 1996.05.14. 96다5506).

2) 조건의 불성취

재산분할에 관한 협의는 혼인중 당사자 쌍방의 협력으로 이룩한 재산의 분할에 관하여 이미 이혼을 마친 당사자 또는 아직 이혼하지 않은 당사자 사이에 행하여지는 협의를 가리키는 것인바, 그 중 아직 이혼하지 않은 당사자가 장차 협의상 이혼할 것을 약정하면서 이를 전제로 하여 위 재산분할에 관한 협의를 하는 경우에 있어서는, 특별한 사정이 없는 한, 장차 당사자 사이에 협의상 이혼이 이루어질 것을 조건으로 하여 조건부 의사표시가 행하여지는 것이라 할 것이므로, 그 협의 후 당사자가 약정한대로 협의상 이혼이 이루어진 경우에 한하여 그 협의의 효력이 발생하는 것이지, 어떠한 원인으로든지 협의상 이혼이 이루어지지 아니하고 혼인관계가 존속하게 되거나 당사자 일방이 제기한 이혼청구의 소에 의하여 재판상 이혼(화해 또는 조정에 의한 이혼을 포함한다)이 이루어진 경우에는 위 협의는 조건의 불성취로 인하여 효력이 발생하지 않는다(대판 2000.10.24. 99다33458).

5. 조건부 권리의 침해금지

> 제148조(조건부권리의 침해금지) 조건 있는 법률행위의 당사자는 조건의 성부가 미정한 동안에 조건의 성취로 인하여 생길 상대방의 이익을 해하지 못한다.

(1) 제149조와 제150조와의 비교

제149조가 조건부 권리를 적극적으로 보호하는 것이라면 제148조는 소극적으로 권리를 보호하는 것이다. 제150조가 조건성취의 방해를 신의칙에 기초하여 규제하는 것이라면, 제148조는 조건성취에 따르는 당사자의 이익에 대한 침해를 규제하는 것이다.

(2) 손해배상청구권의 발생과 그 원인

조건부 권리를 침해당한 자는 상대방에 대하여 손해배상을 청구할 수 있다(통설). 따라서 손해배상의 범위는 신뢰이익이 아닌 이행이익에 미치며, 손해배상청구의 원인은 불법행위라고 본다(곽윤직).

(3) 제148조를 위반한 처분행위의 효력

나중에 조건성취에 의하여 발생할 효과를 멸실 또는 훼손하는 한도내에서 무효이다(통설). 다만 제3자에 대해서는 조건부 권리의 목적이 부동산일 경우에 가령 매수인이 가등기를 하여야 대항할 수 있으며, 동산일 경우는 선의취득(제249조)에 의하여 제3자의 이익이 보호될 수 있다. 조건부 권리를 침해한 처분행위의 무효 또는 손해배상청구권의 성립은 조건의 성취에 의하여 당사자가 그 이익을 받을 것이 확정된 때이다(통설).

6. 조건부 권리의 처분 등

제149조(조건부권리의 처분 등) 조건의 성취가 미정한 권리의무는 일반규정에 의하여 처분, 상속, 보존 또는 담보로 할 수 있다.

(1) 처 분

조건부권리의 변동을 목적으로 하는 법률행위이다. 불하를 정지조건으로 귀속재산을 매수한 자의 처분은 인정 된다(대판 1969.12.09. 69다1785). 그리고 피전부채권이 정지조건부 채권일 경우에 전부명령의 효력은 피전부채권에 붙은 정지조건이 성취된 경우에 발생하며, 동시에 채무자의 채무는 변제된 것으로 간주되어 소멸 한다(대판 1978.05.23. 78다441).

(2) 상 속

상속의 대상이 되는 조건부 권리는 일신전속적 권리가 아니어야 한다.

(3) 보 존

조건부 권리의 현상을 유지하고 조건이 성취될 경우의 당사자의 이익을 확보하기 위한 수단이다. 특히 부동산상의 조건부권리를 보존하기 위해서 가등기를 할 수 있다(부동산등기법 제3조). 조건부 권리에 대해서는 장래이행청구의 소를 제기할 수 있으며(민소법 제251조), 보전처분도 할 수 있다(민집법 제276조 2항, 제300조). 조건부 채권자는 채권자로서 파산절차에 참가 할 수 있는데, 그 권리가 아직 미확정상태이므로, 파산관재인은 배당할 때에 그 배당액을 임치하여야 한다(채무자회생및파산에관한법률 제519조 4호).

(4) 담 보

여기서의 담보란 조건부 권리를 위해 담보를 설정할 수 있다는 의미이고, 조건부 권리를 담보로 제공하는 것을 의미하지는 않는다(통설). 그러나 기대권을 담보의 목적으로 할 수도 있으므로, 조건부 권리를 담보로 할 수 있다는 견해(김상용)도 있다.

7. 신의칙과 조건성취, 불성취

제150조(조건성취, 불성취에 대한 반신의행위) ① 조건의 성취로 인하여 불이익을 받을 당사자가 신의성실에 반하여 조건의 성취를 방해한 때에는 상대방은 그 조건이 성취한 것으로 주장할 수 있다.
② 조건의 성취로 인하여 이익을 받을 당사자가 신의성실에 반하여 조건을 성취시킨 때에는 상대방은 그 조건이 성취하지 아니한 것으로 주장할 수 있다.

상대방이 하도급 받은 부분에 대한 공사를 완공하여 준공필증을 제출하는 것을 정지조건으로 하여 공사대금채무를 부담하거나 위 채무를 보증한 사람은 위 조건의 성취로 인하여 불이익을 받을 당사자의 지위에 있다고 할 것이므로, 이들이 위 공사에 필요한 시설을 해주지 않았을 뿐만 아니라 공사장에의 출입을 통제함으로써 위 상대방으로 하여금 나머지 공사를 수행할 수 없게 하였다면, 그것이 고의에 의한 경우만이 아니라 과실에 의한 경우에도 신의성실에 반하여 조건의 성취를 방해한 때에 해당한다고 할 것이므로, 그 상대방은 민법 제150조 제1항의 규정에 의하여 위 공사대금채무자 및 보증인에 대하여 그 조건이 성취된 것으로 주장할 수 있다(대판 1998.12.22. 98다42356). 그리고 조건의 성취로 인하여 불이익을 받을 당사자가 신의성실에 반하여 조건의 성취를 방해한 경우, <u>조건이 성취된 것으로 의제되는 시점은 이러한 신의성실에 반하는 행위가 없었더라면 조건이 성취되었으리라고 추산되는 시점이다.</u>

III. 기 한

1. 기한과 조건의 구별

제152조(기한도래의 효과) ① 시기 있는 법률행위는 기한이 도래한 때로부터 그 효력이 생긴다.
② 종기 있는 법률행위는 기한이 도래한 때로부터 그 효력을 잃는다.

(1) 의 의

判例는 부관이 붙은 법률행위에 있어서 부관에 표시된 사실이 발생하지 아니하면 채무를 이행하지 아니하여도 된다고 보는 것이 상당한 경우에는 조건으로 보아야 하고, 표시된 사실이 발생한 때에는 물론이고 반대로 발생하지 아니하는 것이 확정된 때에도 그 채무를 이행하여야 한다고 보는 것이 상당한 경우에는 표시된 사실의 발생 여부가 확정되는 것을 불확정기한으로 정한 것으로 보아야 한다[4]고 판시 한다(대판 2003.08.19. 2003다24215). 이때 당사자가 불확정한 사실이 발생한 때를 이행기한으로 정한 경우에는 그 사실이 발생한 때는 물론 그 사실의 발생이 불가능하게 된 때에도 이행기한은 도래한 것으로 보아야 한다고 본다(대판 2002.03.29. 2001다41766). 그리고 기한은 조건과는 달리 당사자의 특약으로 소급효를 인정할 수 없다(통설).

(2) 判 例

1) 채권자가 기존채무의 지급을 위하여 그 채무의 이행기가 도래하기 전에 미리 그 채무의 변제기보다 후의 일자가 만기로 된 어음의 교부를 받은 때에는 묵시적으로 기존채무의 지급을 유예하는 의사가 있었다고 볼 경우가 있을 수 있고, 이 때 기존채무의 변제기는 어음에 기재된 만기일로 변경된다고 볼 것이나, 특별한 사정이 없는 한 채무자가 기존채무의 이행기에 채무를 변제하지 아니하여 채무불이행상태에 빠진 다음에 기존채무의 지급을 위하여 어음이 발행된 경우까지 그와 동일하게 볼 수는 없다(대판 2000.07.28. 2000다16367).

2) 수급인이 완공기한 내에 공사를 완공하지 못한 채 완공기한을 넘겨 도급계약이 해제된 경우에 있어서 그 지체상금발생의 始期는 "완공기한 다음날"이고, 終期는 "수급인이 공사를 중단하거나 기타 해제사유가 있어 도급인이 이를 해제할 수 있었을 때를 기준으로 하여 도급인이 다른 업자에게 의뢰하여 같은 건물을 완공할 수 있었던 시점"이다(대판 2001.01.30. 2000다56112).

2. 기한의 이익과 포기

제153조(기한의 이익과 그 포기) ① 기한은 채무자의 이익을 위한 것으로 추정한다.
② 기한의 이익은 이를 포기할 수 있다. 그러나 상대방의 이익을 해하지 못한다.

제388조(기한의 이익의 상실) 채무자는 다음 각 호의 경우에는 기한의 이익을 주장하지 못한다.
 1. 채무자가 담보를 손상, 감소 또는 멸실하게 한 때
 2. 채무자가 담보제공의 의무를 이행하지 아니한 때

(1) 기한의 이익의 상실

① 채무자가 담보를 손상, 감소 또는 멸실하게 한 때(제388조 제1호) ② 채무자가 담보제공의무를 이행하

---

[4] 채무의 변제에 관하여 일정한 사실이 부관으로 붙여진 경우에는 특별한 사정이 없는 한 사실이 발생한 때뿐만 아니라 사실의 발생이 불가능하게 된 때에도 이행기한은 도래한 것으로 보아야 하고, 부관으로 정한 사실의 실현이 주로 채무를 변제하는 사람의 성의나 노력에 따라 좌우되고, 채권자가 사실의 실현에 영향을 줄 수 없는 경우에는 사실이 발생하는 때는 물론이고 사실의 발생이 불가능한 것으로 확정되지는 않았더라도 합리적인 기간 내에 사실이 발생하지 않는 때에도 채무의 이행기한은 도래한다(대판 2018.04.24. 2017다205127).

지 아니하는 때(제388조 제2항) 그리고 ③ 채무자가 파산선고를 받은 때(파산법 제16조)에는 기한의 이익을 주장하지 못 한다.

(2) 기한이익상실의 특약

1) 종 류

기한이익상실의 특약에는 그 내용에 의해 일정한 사유가 발생하면 채권자가 별도의 청구를 하지 않더라도 당연히 기한의 이익이 상실되어 이행기가 도래하는 '**정지조건부 기한이익상실의 특약**과 일정한 사유가 발생한 후 채권자의 통지나 청구 등 채권자의 의사행위를 기다려 비로소 이행기가 도래하는 '**형성권적 기한이익상실의 특약**'이 존재할 수 있다.

2) 判 例

기한이익 상실의 특약은 그 내용에 의하여 일정한 사유가 발생하면 채권자의 청구 등을 요함이 없이 당연히 기한의 이익이 상실되어 이행기가 도래하는 것으로 하는 정지조건부 기한이익 상실의 특약과 일정한 사유가 발생한 후 채권자의 통지나 청구 등 채권자의 의사행위를 기다려 비로소 이행기가 도래하는 것으로 하는 형성권적 기한이익 상실의 특약의 두 가지로 대별할 수 있고, 기한이익 상실의 특약이 위의 양자 중 어느 것에 해당하느냐는 당사자의 의사해석의 문제이지만 일반적으로 기한이익 상실의 특약이 채권자를 위하여 둔 것인 점에 비추어 명백히 정지조건부 기한이익 상실의 특약이라고 볼 만한 특별한 사정이 없는 이상 형성권적 기한이익 상실의 특약으로 추정하는 것이 타당하다(대판 2002.09.04. 2002다28340).

3. 기한부 권리의 침해금지 및 기한부 권리의 처분

제154조(기한부권리와 준용규정) 제148조와 제149조의 규정은 기한 있는 법률행위에 준용한다.

제148조(조건부권리의 침해금지) 조건 있는 법률행위의 당사자는 조건의 성부가 미정한 동안에 조건의 성취로 인하여 생길 상대방의 이익을 해하지 못한다.

제149조(조건부권리의 처분 등) 조건의 성취가 미정한 권리의무는 일반규정에 의하여 처분, 상속, 보존 또는 담보로 할 수 있다.

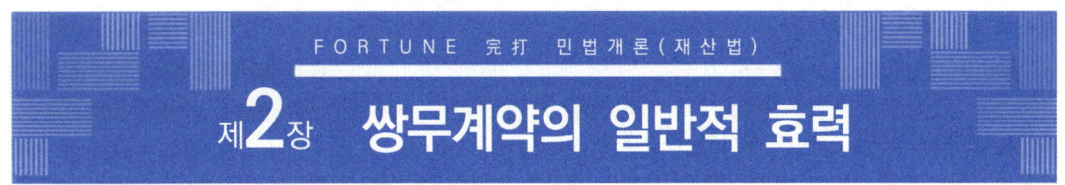

제2장 쌍무계약의 일반적 효력

I. 동시이행의 항변권

> 제536조(동시이행의 항변권) ① 쌍무계약의 당사자일방은 상대방이 그 채무이행을 제공할 때까지 자기의 채무이행을 거절할 수 있다. 그러나 상대방의 채무가 변제기에 있지 아니하는 때에는 그러하지 아니하다.
> ② 당사자일방이 상대방에게 먼저 이행하여야 할 경우에 상대방의 이행이 곤란할 현저한 사유가 있는 때에는 전항 본문과 같다.

1. 의의

동시이행의 항변권은 공평의 관념과 신의칙에 입각하여 각 당사자가 부담하는 채무가 서로 대가적 의미를 가지고 관련되어 있을 때 그 이행에 있어서 견련관계를 인정하여 당사자 일방은 상대방이 채무를 이행하거나 이행의 제공을 하지 아니한 채 당사자 일방의 채무의 이행을 청구할 때에는 자기의 채무이행을 거절할 수 있도록 하는 제도이다(대판 1999.04.23. 98다53899).

2. 요 건

(1) 쌍방의 채무가 동일한 쌍무계약으로부터 발생한 것일 것

동일한 쌍무계약이 유효하게 체결되면 당사자 쌍방은 대가적 의미가 있는 채무를 서로 부담해야 한다. 그리고 비쌍무계약 즉 당사자가 부담하는 각 채무가 쌍무계약에 있어 고유의 대가관계가 있는 채무가 아니라고 하더라도 구체적인 계약관계에서 각 당사자가 부담하는 채무에 관한 약정내용에 따라 그것이 대가적 의미가 있어 이행상 견련관계를 인정하여야 할 사정이 있는 경우에는 동시이행의 항변권을 인정할 수 있다(대판 1992.08.18. 91다30927 등).

(2) 쌍방의 채무가 변제기에 있을 것

상대방의 채무가 변제기에 있지 않으면 동시이행의 항변권이 인정되지 않는다(제536조 1항 단서). 따라서 일방채무자가 선이행의무를 부담하는 경우에는 동시이행의 항변권을 가질 수 없다. 그러나 선이행의무자가 그 이행을 지체하는 동안에 상대방의 채무가 이행기에 달하게 되면, 선이행의무를 부담하는 채무자도 동시이행의 항변권을 행사할 수 있다. 일방 당사자가 선이행의무를 부담하더라도 타방 당사자의 채무의 이행이 곤란할 정도의 현저한 사유가 존재하는 경우에는 동시이행의 항변권을 갖는다(제536조 2항, 불안의 항변권).

(3) 상대방이 채무의 이행 또는 이행의 제공을 하지 않을 것

매도인이 자신의 급부의무에 대하여 이행의 제공을 하면서 매수인에게 대금의 지급을 청구하였으나 매수인이 그 급부를 수령하지 않으면서 자신의 대금채무를 거절하는 경우에 매도인이 매수인에게 이행지체책임을 묻기 위해서는 자신의 급부의무에 대한 이행의 제공을 계속하여야 한다. 이에 반하여 이행지체에 빠진 매수인에 대하여 해제를 위한 최고를 하는 매도인은 신의칙상 최고기간 내에 이행의 제공을 계속하여야 할 필요는 없다(통설, 판례).

3. 효 과

(1) 상대방 청구의 저지 - 연기적 항변권

동시이행의 항변권을 행사함으로써 상대방의 청구를 일시적으로 저지시킬 수 있다. 다만 항변권자의 원용이 없는 한, 법원이 항변권의 존재를 고려할 것은 아니라고 한다(대판 2006.02.23. 2005다53187).

(2) 상환이행판결

쌍무계약의 성질상 일방이 소송으로 이행을 청구하는 경우에 피고(채무자)가 동시이행의 항변권을 원용하면, 법원은 피고(채무자)가 원고(채권자)의 채무이행과 상환으로 이행할 것을 명하는 상환이행판결을 내려야 한다(통설, 判例).

(3) 존재효과

동시이행의 항변권을 가진 채무자는 상대방 채무의 이행제공이 있을 때까지 그 채무를 이행하지 않을 권능을 가지고 있으므로, 동시이행의 항변권을 실제로 행사하지 않더라도 이행지체책임을 지지 않는다. 항변권의 거절권능의 존재 자체만으로 이행거절은 정당화될 수 있기 때문이다(대판 2006.10.26. 2004다24106, 존재효과설). 그리고 상대방이 동시이행의 항변권을 가지는 경우에 그 항변권이 붙어 있는 채권을 자동채권으로 하는 상계는 금지 된다[1].

II. 위험부담

제537조(채무자위험부담주의) 쌍무계약의 당사자일방의 채무가 당사자쌍방의 책임 없는 사유로 이행할 수 없게 된 때에는 채무자는 상대방의 이행을 청구하지 못한다.

1. 위험과 위험부담

(1) 위 험

위험이란 계약 당사자인 채무자와 채권자의 책임 없는 사유로 채무의 내용이 실현될 수 없게 됨으로써 발생된 불이익을 의미한다. 위험에는 채무자의 본래의 급부위험과 반대급부위험(=대가 위험)이 있다.

(2) 매매관계에서 위험

급부위험이란 재산권이전이라는 급부가 양 당사자의 귀책사유 없이 불가능하게 된 경우 그 목적물에 대한 재산권을 이전받지 못하게 되는 불이익을 말한다. 이에 반해 반대급부위험(=대가위험)이란 채무자가 반대급부인 대금지급을 받지 못하는 위험, 또는 채권자가 급부를 받지 못함에도 불구하고 반대급부를 부담해야 하는 위험을 말한다.

---

[1] 항변권이 붙어 있는 채권을 자동채권으로 하여 다른 채무(수동채권)와의 상계를 허용한다면 상계자 일방의 의사표시에 의하여 상대방의 항변권 행사의 기회를 상실시키는 결과가 되므로 그러한 상계는 허용될 수 없고, 특히 수탁보증인이 주채무자에 대하여 가지는 민법 제442조의 사전구상권에는 민법 제443조 소정의 이른바 면책청구권이 항변권으로 부착되어 있는 만큼 이를 자동채권으로 하는 상계는 허용될 수 없다(대판 2001.11.13. 2001다55222).

2. 위험부담

(1) 의 의

'위험'은 불이익의 사태를 뜻하지만, '위험부담'은 쌍무계약에 있어서 대가위험을 누가 부담하느냐의 문제이다. 이때 양 채무가 소멸하는 것으로 보는 것이 형평의 원칙상 타당하다. 민법 제537조는 채무자위험부담주의를 취한다. 즉, 양 당사자의 귀책사유 없이 급부가 불능이 된 경우에 반대급부의 위험은 채무자가 부담해야 한다.

(2) 위험이전의 시기

학설은 보통 채무자가 동산의 인도 내지 부동산의 등기가 완료할 때까지 채무자 스스로 위험을 부담한다고 본다(이은영 등).

(3) 채무자의 반대급부위험(=대가위험)부담(채무자위험부담주의)

1) 요 건

① 양 채무가 대가적 견련관계에 서있는 쌍무계약일 것
② 일방의 채무가 후발적으로 불능이 되었을 것

급부불능은 특정물의 멸실, 채무자의 사망, 국가에 의한 적법한 금지조치 및 채무자의 처분권상실 등 사실상의 불능뿐만 아니라 거래관념상의 기대불가능에 의해서도 발생한다.

③ 급부불능에 대한 양 당사자의 귀책사유가 없을 것

급부실현의 불능과 양 당사자의 귀책사유 사이에 직접적 인과관계가 존재하지 않음을 뜻한다. 따라서 채권자의 수령지체중에 당사자 쌍방의 책임 없는 사유로 급부실현이 불능이 된 경우에는 채무자는 반대급부청구권을 상실하지 않는다(제538조 1항 후단). 반대로 채무자의 이행지체 중에 급부실현이 불가항력으로 불능이 된 경우에는, 채무자가 채무불이행으로 인한 손해배상책임을 부담하므로 위험부담은 문제되지 않는다(제392조 본문).

2) 효 과

① 채무자의 반대급부청구권의 소멸

일방의 채무가 불능이 된 이상 타방의 채무도 소멸하는 것이 쌍무계약의 견련관계상 옳기 때문이다. 따라서 채무자는 자기의 채무를 면함과 동시에 채권자에게 반대채무의 이행을 청구할 수 없다. 그러나 채무자가 이미 반대급부를 전부 혹은 일부 이행받았다면 이는 부당이득으로서 상대방에게 반환되어야 한다(제741조).

② 대상청구권의 인정 여부

민법에는 대상청구권에 관하여 명문규정이 없으나, 쌍무계약의 균형을 유지하는 데 필요한 경우에는 이를 인정할 수 있다. 즉, 채무자가 그의 급부불능을 원인으로 이에 갈음하여 대상물 또는 배상청구권을 취득한 경우에 채권자는 그 대상물의 인도 또는 배상청구권의 양도를 청구하는 한편, 자신의 반대급부를 이행할 수도 있다. 다만 채권자가 대상청구권을 행사하지 않고, 반대급부의무의 소멸을 주장할 수도 있다.

③ 일부불능과 반대급부의 감축

민법은 급부의 일부가 불능이 된 경우에 대하여 명문의 규정을 두고 있지 않으나, 쌍무계약의 견련관계를 근거로 채무자는 불능이 생긴 범위에서 채무를 면함과 동시에 불능이 된 부분에 비례해서 반대급부에 대한 채권이 감축된다. 급부가 여전히 가능한 부분에 대해서는 채권관계가 존재하므로 채무자가 이행의 제공을 하면, 채권자는 이를 수령하여야 하며 반대급부를 해야 할 의무를 부담한다.

④ 임의규정

제537조는 강행규정이 아니다. 따라서 당사자 사이의 특약에 의하여 제537조의 내용과 다르게 위험부담

의 문제를 약정할 수 있다. 제537조와 다르게 위험부담의 내용을 약정하였더라도, 예를 들어 사업자가 상당한 이유 없이 자신이 부담하여야 할 위험을 고객에게 이전하는 내용의 약관조항은 무효로 된다. 운송인과 창고업자의 위험부담에 관해서는 상법상 특별규정이 있다(상법 제134조, 제135조, 제160조).

3. 채권자귀책사유로 인한 이행불능의 경우

> **제538조(채권자귀책사유로 인한 이행불능)** ① 쌍무계약의 당사자일방의 채무가 채권자의 책임 있는 사유로 이행할 수 없게 된 때에는 채무자는 상대방의 이행을 청구할 수 있다. 채권자의 수령지체중에 당사자 쌍방의 책임 없는 사유로 이행할 수 없게 된 때에도 같다.
> ② 전항의 경우에 채무자는 자기의 채무를 면함으로써 이익을 얻은 때에는 이를 채권자에게 상환하여야 한다.

(1) 요 건

1) 채권자의 책임 있는 사유(제538조 1항 전단)

민법 제538조 제1항 소정의 '채권자의 책임 있는 사유'라고 함은 채권자의 어떤 작위나 부작위가 채무자의 이행의 실현을 방해하고 그 작위나 부작위는 채권자가 이를 피할 수 있었다는 점에서 신의칙상 비난받을 수 있는 경우를 의미한다(대판 2004.03.12. 2001다79013).

2) 채권자의 수령지체(제538조 1항 후단)

채권자지체 중에 채무자의 급부가 양 당사자의 책임 없는 사유로 불능이 된 때에도 채권자가 그 불이익을 감수하여야 한다. 따라서 채권자는 반대급부의무를 면할 수 없다. 즉 채무자의 급부가 불능이 된 원인에 대하여 양 당사자에게는 직접적인 귀책사유가 없으므로 수령지체만을 이유로써 채권자의 귀책사유를 인정하는 것은 옳지 않으며, 다만 신의칙상 수령지체와 함께 반대급부의 위험이 채권자에게 이전하는 것이다(통설).

(2) 효 과

1) 채권자의 반대급부의무

채무자는 자신의 급부의무를 면하지만 반대급부 청구권을 상실하지 않는다. 채권자의 귀책사유 또는 수령지체로 채무의 일부가 불능으로 된 경우에 채무자가 잔여급부를 이행하면 전부의 반대급부청구권을 갖는다. 다만 당사자의 특약으로 반대급부위험의 부담을 제538조 1항과 달리 정할 수 있다.

2) 채무자의 이익상환의무

채무자는 자기의 채무를 면함으로써(급부위험) 얻은 이익을 채권자에게 상환하여야 한다(제538조 2항). 이익이란 적극적으로 얻은 이익뿐만 아니라 소극적으로 지출하지 않게 된 비용 등도 포함한다.

제3장 제3자를 위한 계약

제539조(제3자를 위한 계약) ① 계약에 의하여 당사자일방이 제3자에게 이행할 것을 약정한 때에는 그 제3자는 채무자에게 직접 그 이행을 청구할 수 있다.
② 전항의 경우에 제3자의 권리는 그 제3자가 채무자에 대하여 계약의 이익을 받을 의사를 표시한 때에 생긴다.

제540조(채무자의 제3자에 대한 최고권) 전조의 경우에 채무자는 상당한 기간을 정하여 계약의 이익의 향수여부의 확답을 제3자에게 최고할 수 있다. 채무자가 그 기간내에 확답을 받지 못한 때에는 제3자가 계약의 이익을 받을 것을 거절한 것으로 본다.

제541조(제3자의 권리의 확정) 제539조의 규정에 의하여 제3자의 권리가 생긴 후에는 당사자는 이를 변경 또는 소멸시키지 못한다.

제542조(채무자의 항변권) 채무자는 제539조의 계약에 기한 항변으로 그 계약의 이익을 받을 제3자에게 대항할 수 있다.

I. 의 의

제3자를 위한 계약이란 계약으로부터 생기는 급부청구권을 계약당사자가 아닌 제3자가 취득하도록 하는 계약을 말한다. 예컨대 甲이 생명보험에 들면서 사고발생시 보험금을 乙에게 지급할 것을 보험회사와 약정한 경우나 백화점에서 물건을 사면서 그것을 제3자에게 배달해 줄 것을 약정하는 경우가 제3자를 위한 계약이다. 또한 부동산을 매매하면서 매도인과 매수인 사이에 중도금 및 잔금은 매도인의 채권자에게 직접 지급하기로 약정한 경우, 그 약정은 매도인의 채권자로 하여금 매수인에 대하여 그 중도금 및 잔금에 대한 직접청구권을 행사할 권리를 취득케 하는 제3자를 위한 계약에 해당한다(대판 1997.10.24. 97다28698). 이 때 제3자에 대한 이행약속을 요청한 채권자를 요약자, 제3자에게 급부를 행할 의무를 부담하는 채무자를 낙약자, 직접 급부를 받는 제3자를 수익자라고 부른다.

II. 3면 관계

1. 보상관계

요약자와 낙약자 사이의 관계를 보상관계라고 한다. 보상이란 낙약자가 제3자에게 행하는 급부에 대하여 요약자로부터 보상받는다는 의미이다. 제3자를 위한 계약은 유효한 보상관계에 따른 낙약자의 요약자에 대한 급부의무를 전제로, 낙약자의 급부를 제3자가 수익한다는 내용을 가지는 일종의 특약으로서 보상관계를 발생시키는 계약에 부수하여 체결되는 것이 보통이다. 따라서 보상관계에서의 행위무능력, 대리권의 흠결 또는 의사표시의 흠결·하자 등은 제3자를 위한 계약 자체의 효력에도 영향을 미친다.

2. 대가관계(=출연관계)

요약자와 제3자의 관계를 말한다. 요약자가 낙약자의 이행행위를 통하여 제3자에게 급부하도록 하는 이유는 증여일 수도 있고, 부양의무의 이행이 그 원인일 수도 있으며, 채무의 이행일 수도 있다. 계약의 당사자가 제3자에 대하여 가진 채권에 관하여 그 채무를 면제하는 계약도 제3자를 위한 계약에 준한다(대판 2004.09.03. 2002다37405). 특히 대가관계가 결여된 경우에도 제3자를 위한 계약은 유효하게 성립하며, 요약자와 제3자 사이에서 부당이득의 반환이 문제될 뿐이다.

3. 급부실현관계

낙약자와 제3자 사이에는 계약이 존재하지 않으며, 낙약자는 요약자가 어떠한 원인에 의하여 제3자에게 출연을 하는지를 모르는 경우도 존재한다. 다만 제3자는 수익의 의사표시를 낙약자에게 하여야 하며(제539조 2항), 그때에 비로소 낙약자에 대한 제3자(수익자)의 청구권은 확정된다.

> *** 제3자를 위한 계약과 해제**
>
> 제3자를 위한 계약관계에서 낙약자와 요약자 사이의 법률관계(이른바 기본관계)를 이루는 계약이 해제된 경우 그 계약관계의 청산은 계약의 당사자인 낙약자와 요약자 사이에 이루어져야 하므로, 특별한 사정이 없는 한 낙약자가 이미 제3자에게 급부한 것이 있더라도 낙약자는 계약해제에 기한 원상회복 또는 부당이득을 원인으로 제3자를 상대로 그 반환을 구할 수 없다(대판 2005.07.22. 2005다7566).

제4장 전형계약

제1절 총설

1. 서 설
민법은 제3편 제2장에서 증여, 매매, 교환, 소비대차, 사용대차, 임대차, 고용, 도급, 여행계약, 현상광고, 위임, 임치, 조합, 종신정기금 그리고 화해 등 15종의 계약유형을 규정하고 있다. 각종 계약들을 그 목적의 성질별로 분류해 보면 다음과 같다.

2. 분 류

(1) 재산권의 이전을 급부의 목적으로 하는 계약

1) 무상계약 : 증여(제554조 ~ 제562조)

2) 유상계약
① 반대급부가 금전의 지급을 목적으로 하는 경우 : 매매(제563조 ~ 제595조)
② 반대급부가 금전의 지급을 목적으로 하지 않는 경우 : 교환(제596조 ~ 제597조)

(2) 물건의 대차를 급부의 목적으로 하는 계약

1) 대체물을 반환하는 계약 : 소비대차(제598조 ~ 제608조)

2) 빌린 물건 자체를 반환하는 계약
① 무상계약 : 사용대차(제609조 ~ 제617조)
② 유상계약 : 임대차(제618조 ~ 제654조)

(3) 노무의 제공을 급부의 목적으로 하는 계약 : 고용(제655조 ~ 제663조)

(4) 일의 완성을 목적으로 하는 경우 : 도급(제664조 ~ 제674조)

(5) 여행업자의 용역제공, 여행종료를 목적으로 하는 경우 : 여행계약(제674조의2~제674조의9)

(6) 광고에서 정한 행위의 완료를 목적으로 하는 경우 : 현상광고(제675조 ~ 제679조)

(7) 사무처리를 목적으로 하는 경우 : 위임(제680조 ~ 제692조)

(8) 물건의 보관을 목적으로 하는 경우 : 임치(제693조 ~ 제702조)

(9) 단체적 결합을 목적으로 하는 계약 : 조합(제703조 ~ 제724조)

(10) 특정인의 사망 시까지 정기적으로 금전 또는 기타 물건을 급부할 것을 약정하는 계약 : 종신정기금(제725조 ~ 제730조)

(11) 당사자 사이의 분쟁을 서로 양보하여 종지시키는 계약 : 화해(제731조 ~ 제733조)

제2절 증여

I. 증여의 의의

제554조(증여의 의의) 증여는 당사자일방이 무상으로 재산을 상대방에 수여하는 의사를 표시하고 상대방이 이를 승낙함으로써 그 효력이 생긴다.

1. 계약의 내용

증여계약은 당사자 일방이 무상으로 재산을 상대방에게 수여하는 의사를 표시하고 상대방이 이를 승낙함으로써 성립하는 계약이다.

2. 법적 성질

(1) 편무·무상계약

증여계약은 수증자가 급부의무 없이 성립하는 것이므로 증여자의 재산권이전 의무를 이행함에 있어서 그 대가는 전혀 존재하지 않는다. 따라서 수증자가 의무를 부담하거나 기타 부담을 진다고 하더라도 대가의 의미를 지니지 않는 경우에는 무상계약이다. 권리의 양도, 채무면제 및 노무제공 등도 증여의 목적이 될 수 있으며, 증여의 대상이 되는 재산은 반드시 증여자 자신의 것일 필요도 없다.

(2) 낙성·불요식계약

증여는 당사자들의 청약과 승낙이 합치됨으로써 성립한다. 계약과 동시에 출연이 이루어지는 현실증여에 있어서는 물권행위가 채권행위와 합체되어 이루어지므로 증여에 관한 규정이 적용된다. 증여의 성립에는 별도의 방식을 요구하지 않으므로, 구두에 의해서도 유효하게 성립한다. 그러나 증여의 무상성으로 인해 서면에 의하지 않은 증여에 있어서 각 당사자는 이행이 있기 전까지 언제든지 해제할 수 있을 뿐이다.

II. 증여에 있어서의 해제

1. 서면에 의하지 아니한 증여와 해제

제555조(서면에 의하지 아니한 증여와 해제) 증여의 의사가 서면으로 표시되지 아니한 경우에는 각 당사자는 이를 해제할 수 있다.

민법 제555조가 "증여의 의사가 서면으로 표시되지 아니한 경우에는 각 당사자는 이를 해제할 수 있다"고 규정한 취지는, 증여자가 경솔하게 무상으로 재산을 처분하는 것을 예방함과 아울러 당사자의 의사를 명확하게 하여 분쟁이 생기는 것을 피하려는 데에 있는 것이므로, "증여의 의사가 서면으로 표시"되었다고 하려면 당사자 간에 있어서 증여자가 자기의 재산을 상대방에게 무상으로 주는 증여의 의사가 서면을 통하여 확실하게 알 수 있는 정도로 표시되어 있으면 충분하다(대판 1993.03.09. 92다18481). 그리고 민법 제555조에서 말하는 증여계약의 해제는 민법 제543조 이하에서 규정한 본래 의미의 해제와는 달리 형성권의 제척기간의 적용을 받지 않는 특수한 철회로서, 10년이 경과한 후에 이루어졌다 하더라도 원칙적으로 적법하다(대판 2009.09.24. 2009다37831).

2. 수증자의 행위와 증여의 해제

제556조(수증자의 행위와 증여의 해제) ① 수증자가 증여자에 대하여 다음 각호의 사유가 있는 때에는 증여자는 그 증여를 해제할 수 있다.
  1. 증여자 또는 그 배우자나 직계혈족에 대한 범죄행위가 있는 때
  2. 증여자에 대하여 부양의무 있는 경우에 이를 이행하지 아니하는 때
② 전항의 해제권은 해제원인 있음을 안 날로부터 6월을 경과하거나 증여자가 수증자에 대하여 용서의 의사를 표시한 때에는 소멸한다.

증여자가 자신 및 배우자의 부양과 선조의 제사봉행을 조건으로 수증자(증여자의 조카의 아들)에게 토지를 증여한 행위는 상대 부담 있는 증여로서 부담부 증여에 해당한다. 부담부 증여에 있어서는 쌍무계약에 관한 규정이 준용되어 부담의무 있는 상대방이 자신의 의무를 이행하지 아니할 때에는 비록 증여계약이 이행되어 있다 하더라도 그 계약을 해제할 수 있고, 민법 제556조 제1항 제2호에 규정되어 있는 '부양의무'라 함은 민법 제974조에 규정되어 있는 직계혈족 및 그 배우자 또는 생계를 같이 하는 친족 간의 부양의무를 가리키는 것으로서, 친족 간이 아닌 당사자 사이의 약정에 의한 부양의무는 이에 해당하지 아니하여 민법 제556조 제2항이나 민법 제558조가 적용되지 않는다(대판 1996.01.26. 95다43358).

3. 증여자의 재산상태변경과 증여의 해제

제557조(증여자의 재산상태변경과 증여의 해제) 증여계약 후에 증여자의 재산상태가 현저히 변경되고 그 이행으로 인하여 생계에 중대한 영향을 미칠 경우에는 증여자는 증여를 해제할 수 있다.

4. 해제와 이행완료부분 - 해제의 비소급효

제558조(해제와 이행완료부분) 전3조의 규정에 의한 계약의 해제는 이미 이행한 부분에 대하여는 영향을 미치지 아니한다.

민법 제555조는 "증여의 의사가 서면으로 표시되지 아니한 경우에는 각 당사자는 이를 해제할 수 있다."고 규정하고 있고, 민법 제558조는 "전 3조의 규정에 의한 계약의 해제는 이미 이행한 부분에 대하여는 영향을 미치지 아니한다."라고 규정하고 있으므로, 증여의 의사가 서면으로 표시되지 아니한 경우라도 증여자가 생전에 부동산을 증여하고 그의 뜻에 따라 그 소유권이전등기에 필요한 서류를 제공하였다면 증여자가 사망한 후에 그 등기가 경료 되었다고 하더라도 증여자의 의사에 따른 증여의 이행으로서의 소유권이전등기가 경료 되었다 할 것이므로 증여는 이미 이행되었다 할 것이어서 증여자의 상속인이 서면에 의하지 아니한 증여라는 이유로 증여계약을 해제하였다 하더라도 이에 아무런 영향이 없다(대판 2001.09.18. 2001다29643).

III. 증여자의 담보책임

제559조(증여자의 담보책임) ① 증여자는 증여의 목적인 물건 또는 권리의 하자나 흠결에 대하여 책임을 지지 아니한다. 그러나 증여자가 그 하자나 흠결을 알고 수증자에게 고지하지 아니한 때에는 그러하지 아니하다.
② 상대 부담 있는 증여에 대하여는 증여자는 그 부담의 한도에서 매도인과 같은 담보의 책임이 있다.

1. 원 칙

증여는 무상계약이기 때문에, 증여자는 증여의 목적인 물건 또는 권리의 하자나 흠결에 대하여 담보책임

을 지지 않는다.

2. 예 외

증여자가 그 하자나 흠결을 알고도 수증자에게 고지하지 아니한 때에는 담보책임을 부담한다. 이 경우에 수증자의 권리는 제575조 3항을 유추적용 하여 1년 내에 행사되어야 하는 것으로 해석된다. 수증자가 이미 목적물의 하자 또는 흠결을 알고 있었던 때에는 증여자의 책임을 발생하지 않는다. 그리고 부담부 증여의 경우에 증여자는 그 부담의 한도에서 매도인과 동일한 담보책임을 부담한다.

Ⅳ. 정기증여와 사망으로 인한 실효

> 제560조(정기증여와 사망으로 인한 실효) 정기의 급여를 목적으로 한 증여는 증여자 또는 수증자의 사망으로 인하여 그 효력을 잃는다.

Ⅴ. 부담부 증여

> 제561조(부담부 증여) 상대부담 있는 증여에 대하여는 본 절의 규정 외에 쌍무계약에 관한 규정을 적용한다.

상대부담 있는 증여에 대하여는 민법 제561조에 의하여 쌍무계약에 관한 규정이 준용되어 부담의무 있는 상대방이 자신의 의무를 이행하지 아니할 때에는 비록 증여계약이 이미 이행되어 있다 하더라도 증여자는 계약을 해제할 수 있고, 그 경우 민법 제555조와 제558조는 적용되지 아니 한다(대판 1997.07.08. 97다2177).

Ⅵ. 사인증여

> 제562조(사인증여) 증여자의 사망으로 인하여 효력이 생길 증여에는 유증에 관한 규정을 준용한다.

민법 제562조는 사인증여에 관하여는 유증에 관한 규정을 준용하도록 규정하고 있지만, 유증의 방식에 관한 민법 제1065조 내지 제1072조는 그것이 단독행위임을 전제로 하는 것이어서 계약인 사인증여에는 적용되지 아니한다. 민법 제562조가 사인증여에 관하여 유증에 관한 규정을 준용하도록 규정하고 있다고 하여, 이를 근거로 포괄적 유증을 받은 자는 상속인과 동일한 권리의무가 있다고 규정하고 있는 민법 제1078조가 포괄적 사인증여에도 준용된다고 해석하면 포괄적 사인증여에도 상속과 같은 효과가 발생하게 된다. 그러나 포괄적 사인증여는 낙성·불요식의 증여계약의 일종이고, 포괄적 유증은 엄격한 방식을 요하는 단독행위이며, 방식을 위배한 포괄적 유증은 대부분 포괄적 사인증여로 보여 질 것인바, 포괄적 사인증여에 민법 제1078조가 준용된다면 양자의 효과는 같게 되므로, 결과적으로 포괄적 유증에 엄격한 방식을 요하는 요식행위로 규정한 조항들은 무의미하게 된다. 따라서 민법 제1078조가 포괄적 사인증여에 준용된다고 하는 것은 사인증여의 성질에 반하므로 준용되지 아니한다고 해석함이 상당하다(대판 1996.04.12. 94다37714·37721).

제3절 매 매

I. 의의 및 법적 성질

> 제563조(매매의 의의) 매매는 당사자일방이 재산권을 상대방에게 이전할 것을 약정하고 상대방이 그 대금을 지급할 것을 약정함으로써 그 효력이 생긴다.

1. 의 의

매매는 매도인이 재산권을 상대방에게 이전할 것을 약정하고, 매수인은 이에 대하여 그 대금을 지급할 것을 약정함으로써 성립하는 계약이다. 매매목적물과 대금은 반드시 계약체결 당시에 구체적으로 특정할 필요는 없고 이를 사후에라도 구체적으로 특정할 수 있는 방법과 기준이 정하여져 있으면 족하다.

2. 법적 성질

(1) 쌍무·유상계약

매매계약은 재산권의 이전의무와 대금의 지급의무가 서로 견련관계에 있으므로 쌍무계약이며, 양 급부의 이행은 서로 대가성을 갖는 출연관계에 서있기 때문에 유상계약이다. 그리고 매매는 유상계약 가운데 가장 대표적인 계약으로서 매매에 관한 규정은 다른 유상계약에도 준용된다.

(2) 낙성·불요식계약

매매계약은 당사자 간의 의사의 합치만으로 성립하는 낙성계약이다. 약정한 재산권의 이전과 대금의 지급은 매매계약의 이행에 의하여 실현된다. 그리고 매매계약의 성립에는 어떠한 방식도 요구되지 않는다.

II. 매매의 예약

> 제564조(매매의 일방예약) ① 매매의 일방예약은 상대방이 매매를 완결할 의사를 표시하는 때에 매매의 효력이 생긴다.
> ② 전항의 의사표시의 기간을 정하지 아니한 때에는 예약자는 상당한 기간을 정하여 매매완결여부의 확답을 상대방에게 최고할 수 있다.
> ③ 예약자가 전항의 기간 내에 확답을 받지 못한 때에는 예약은 그 효력을 잃는다.

1. 예약완결권

예약완결권은 일방 또는 쌍방 당사자가 상대방에 대하여 매매완결의 의사표시를 할 수 있는 형성권이다. 따라서 예약완결권자가 예약의 상대방 또는 그의 법적 승계인에 대하여 행사하여야 한다. 특히 예약완결권의 존속기간을 정하지 않은 경우, 예약자는 상당한 기간을 정하여 매매완결 여부의 확답을 상대방에게 최고할 수 있다. 예약자가 이에 관한 확답을 받지 못한 경우에는 예약은 그 효력을 상실한다. 매매예약 완결의 의사표시는 매매예약완결권의 처분행위이므로, 예약완결권을 가진 권리자가 복수인 경우에는 그 법률관계에 따라 행사방법이 달라진다[대판(全合) 2012.02.16. 2010다82530][1].

---

[1] 수인의 채권자가 각기 그 채권을 담보하기 위하여 채무자와 채무자 소유의 부동산에 관하여 수인의 채권자를 공동매수인으로 하는 1개의 매매예약을 체결하고 그에 따라 수인의 채권자 공동명의로 그 부동산에 가등기를 마친 경우, 수인의 채권자가 공동으로 매매예약완결권을 가지는 관계인지 아니면 채권자 각자의 지분별로 별개의 독립적인 매매예약완결권을 가지는 관계인지는

2. 매매예약완결권의 제척기간

제척기간은 권리자로 하여금 당해 권리를 신속하게 행사하도록 함으로써 법률관계를 조속히 확정시키려는 데 그 제도의 취지가 있는 것으로서, 소멸시효가 일정한 기간의 경과와 권리의 불행사라는 사정에 의하여 권리 소멸의 효과를 가져오는 것과는 달리 그 기간의 경과 자체만으로 곧 권리 소멸의 효과를 가져오게 하는 것이므로 그 기간 진행의 기산점은 특별한 사정이 없는 한 원칙적으로 권리가 발생한 때이고, 당사자 사이에 매매예약 완결권을 행사할 수 있는 시기를 특별히 약정한 경우에도 그 제척기간은 당초 권리의 발생일로부터 10년간의 기간이 경과되면 만료되는 것이지 그 기간을 넘어서 그 약정에 따라 권리를 행사할 수 있는 때로부터 10년이 되는 날까지로 연장된다고 볼 수 없다(대판 1995.11.10. 94다22682·22699).

III. 해약금

> **제565조(해약금)** ① 매매의 당사자일방이 계약당시에 금전 기타 물건을 계약금, 보증금등의 명목으로 상대방에게 교부한 때에는 당사자 간에 다른 약정이 없는 한 당사자의 일방이 이행에 착수할 때까지 교부자는 이를 포기하고 수령자는 그 배액을 상환하여 매매계약을 해제할 수 있다.
> ② 제551조의 규정은 전항의 경우에 이를 적용하지 아니한다.

1. 계약금계약의 체결과 그 내용

계약금이란 계약을 체결할 때 당사자 일방이 상대방에 대하여 교부하는 금전 기타의 유가물을 말하며, 그 계약금지급을 약정하는 합의를 계약금계약이라고 한다. 금전 또는 유가물의 교부를 요건으로 한다는 점에서 요물계약[2]이다. 계약금 계약은 주된 계약에 부수하여 행해지는 종된 계약이다. 따라서 주된 계약이 무효·취소된 경우에는 계약금계약도 당연히 그 효력을 상실한다. 그러나 계약금계약이 반드시 주된 계약과 동시에 체결될 필요는 없다.

2. 계약금의 법적 성질

계약금은 해약금의 성질을 가질 뿐이며, 다만 당사자 일방이 위약한 경우에 있어서 그 계약금을 위약금으로 한다는 특약이 있을 때에 한하여 손해배상액 예정의 성질을 함께 갖는다(대판 2006.01.27. 2005다52078).

3. 계약금에 의한 해제권

(1) 해제권의 행사

양당사자 가운데 일방이 이행에 착수할 때까지 교부자는 이를 포기하고, 수령자는 그 배액을 상환하여

매매예약의 내용에 따라야 하고, 매매예약에서 그러한 내용을 명시적으로 정하지 않은 경우에는 수인의 채권자가 공동으로 매매예약을 체결하게 된 동기 및 경위, 그 매매예약에 의하여 달성하려는 담보의 목적, 담보 관련 권리를 공동 행사하려는 의사의 유무, 채권자별 구체적인 지분권의 표시 여부 및 그 지분권 비율과 피담보채권 비율의 일치 여부, 가등기담보권 설정의 관행 등을 종합적으로 고려하여 판단하여야 한다. 이와 달리 1인의 채무자에 대한 수인의 채권자의 채권을 담보하기 위하여 그 수인의 채권자와 채무자가 채무자 소유의 부동산에 관하여 수인의 채권자를 권리자로 하는 1개의 매매예약을 체결하고 그에 따른 가등기를 마친 경우에, 매매예약의 내용이나 매매예약완결권 행사와 관련한 당사자의 의사와 관계없이 언제나 수인의 채권자가 공동으로 매매예약완결권을 가진다고 보고, 매매예약완결의 의사표시도 수인의 채권자 전원이 공동으로 행사하여야 한다는 취지의 대법원 1984. 6. 12. 선고 83다카2282 판결, 대법원 1985. 5. 28. 선고 84다카2188 판결, 대법원 1985. 10. 8. 선고 85다카604 판결, 대법원 1987. 5. 26. 선고 85다카2203 판결 등은 이 판결의 견해와 저촉되는 한도에서 변경하기로 한다.

2) 계약이 일단 성립한 후에는 당사자의 일방이 이를 마음대로 해제할 수 없는 것이 원칙이고, 다만 주된 계약과 더불어 계약금 계약을 한 경우에는 민법 제565조 제1항의 규정에 따라 임의 해제를 할 수 있기는 하나, 계약금계약은 금전 기타 유가물의 교부를 요건으로 하므로 단지 계약금을 지급하기로 약정만 한 단계에서는 아직 계약금으로서의 효력, 즉 위 민법 규정에 의해 계약해제를 할 수 있는 권리는 발생하지 않는다고 할 것이다(대판 2008.03.13. 2007다73611).

계약을 해제할 수 있다. 그러나 계약금 지급약정만을 한 단계에서는 제565조 1항의 계약해제권이 발생하지 않는다. 교부자가 해제권을 행사하는 경우 당연히 계약금포기의 효력이 생기며 별도로 포기의 의사표시를 요하지 않는다. 수령자는 그 배액을 상환하면서 계약을 해제할 수 있으며, 반드시 현실의 제공이 있어야 한다. 제공만 하면 되기 때문에 상대방이 이를 수령하지 않는다고 하여 공탁까지 할 필요는 없다(대판 1992.05. 12. 91다2151). 그리고 이 경우 해약금의 기준이 되는 금원은 '실제 교부받은 계약금'이 아니라 '약정 계약금'이라고 봄이 타당하므로, 매도인이 계약금의 일부로서 지급받은 금원의 배액을 상환하는 것으로는 매매계약을 해제할 수 없다[3](대판 2015.04.23. 2014다231378).

(2) 해제권행사의 기간 - 이행에 착수할 때까지

해제권을 행사할 수 있는 기간은 당사자의 일방이 이행에 착수할 때까지이다. 이행에 착수한 당사자를 보호하기 위해서이다. 이행의 착수란 객관적으로 외부에서 인식할 수 있는 정도로 채무의 이행행위의 일부를 하거나 또는 이행을 하기 위하여 필요한 전제행위를 하는 경우를 말하는 것으로서 단순히 이행의 준비를 하는 것만으로는 부족하나 반드시 계약내용에 들어 맞는 이행 제공의 정도에까지 이르러야 하는 것은 아니다(대판 1994.11.11. 94다17659).

(3) 해제의 효과

해약금에 의해 유보된 해제권이 행사됨으로써 나타나는 해제의 효과는 채무불이행을 전제로 하는 법정해제와 다르다. 즉 당사자가 이행에 착수하기 전에만 행사할 수 있으므로 원상회복의 문제는 발생하지 않는다. 그리고 계약금계약이라는 특약에 의한 것이기 때문에 채무불이행을 이유로 손해배상을 청구할 수도 없다.

IV. 매매의 효력

> 제568조(매매의 효력) ① 매도인은 매수인에 대하여 매매의 목적이 된 권리를 이전하여야 하며 매수인은 매도인에게 그 대금을 지급하여야 한다.
> ② 전항의 쌍방의무는 특별한 약정이나 관습이 없으면 동시에 이행하여야 한다.

1. 매도인의 의무

(1) 재산권이전의무

매도인은 매수인에게 재산권을 이전할 의무를 부담한다. 그리고 부동산 매매계약이 체결된 경우에는 매도인은 특별한 사정이 없는 한 제한이나 부담이 없는 소유권이전등기의무를 지는 것이므로, 매매 목적 부동산에 처분금지가처분등기와 소유권말소예고등기가 기입되어 있는 경우에는 매도인은 이와 같은 등기를 말소하여 완전한 소유권이전등기를 해 주어야 할 의무가 있다(대판 1999.07.09. 98다13754).

(2) 목적물인도의무

매매계약에 목적물이 존재한다면 매도인은 별도의 특약이나 관습이 없는 한 매수인에게 매매목적물에 대한 직접점유를 취득하게 할 의무를 부담한다. 매도인의 목적물인도의무와 매수인의 대금지급의무는 동시

---

[3] 매도인이 '계약금 일부만 지급된 경우 지급받은 금원의 배액을 상환하고 매매계약을 해제할 수 있다'고 주장한 사안에서, '실제 교부받은 계약금'의 배액만을 상환하여 매매계약을 해제할 수 있다면 이는 당사자가 일정한 금액을 계약금으로 정한 의사에 반하게 될 뿐 아니라, 교부받은 금원이 소액일 경우에는 사실상 계약을 자유로이 해제할 수 있어 계약의 구속력이 약화되는 결과가 되어 부당하기 때문에, 계약금 일부만 지급된 경우 수령자가 매매계약을 해제할 수 있다고 하더라도 해약금의 기준이 되는 금원은 '실제 교부받은 계약금'이 아니라 '약정 계약금'이라고 봄이 타당하므로, 매도인이 계약금의 일부로서 지급받은 금원의 배액을 상환하는 것으로는 매매계약을 해제할 수 없다고 한 사례.

이행의 관계에 있다.

2. 매수인의 이행의무

(1) 대금지급의무

매수인은 매도인의 재산권이전과 목적물의 인도에 대한 반대급부로서 대금지급의무를 부담한다. 특약이 없는 한 대금지급의무는 매도인의 재산권이전의무와 동시이행의 관계에 선다.

(2) 목적물수취의무

매수인은 매도인이 제공한 목적물을 수령할 의무를 부담하는지가 문제된다. 이는 채권자 지체이론에서 문제되는데, 수령의무를 인정하는 채무불이행설과 수령의무의 존재를 부정하는 법정책임설이 대립한다.

V. 담보책임

1. 권리의 하자에 대한 담보책임

(1) 권리의 하자에 대한 담보책임의 법적 성질

독일민법의 영향으로 권리의 하자에 대한 담보책임을 권리의 완전공여의무위반으로 인한 책임, 즉 채무불이행책임으로 보고 있다(통설).

(2) 전부 타인권리의 매매와 담보책임

> 제569조(타인의 권리의 매매) 매매의 목적이 된 권리가 타인에게 속한 경우에는 매도인은 그 권리를 취득하여 매수인에게 이전하여야 한다.
>
> 제570조(동전-매도인의 담보책임) 전조의 경우에 매도인이 그 권리를 취득하여 매수인에게 이전할 수 없는 때에는 매수인은 계약을 해제할 수 있다. 그러나 매수인이 계약당시 그 권리가 매도인에게 속하지 아니함을 안 때에는 손해배상을 청구하지 못한다.
>
> 제571조(동전-선의의 매도인의 담보책임) ① 매도인이 계약당시에 매매의 목적이 된 권리가 자기에게 속하지 아니함을 알지 못한 경우에 그 권리를 취득하여 매수인에게 이전할 수 없는 때에는 매도인은 손해를 배상하고 계약을 해제할 수 있다.
> ② 전항의 경우에 매수인이 계약당시 그 권리가 매도인에게 속하지 아니함을 안 때에는 매도인은 매수인에 대하여 그 권리를 이전할 수 없음을 통지하고 계약을 해제할 수 있다.

1) 타인 권리에 대한 매매의 유효성

특정한 매매의 목적물이 타인의 소유에 속하는 경우라 하더라도, 그 매매계약이 원시적 이행불능에 속하는 내용을 목적으로 하는 당연무효의 계약이라고 볼 수 없다(대판 1993.09.10. 93다20283).

2) 담보책임과 채무불이행 책임의 관계

타인의 권리를 매매의 목적으로 한 경우에 있어서 그 권리를 취득하여 매수인에게 이전하여야 할 매도인의 의무가 매도인의 귀책사유로 인하여 이행불능이 되었다면 매수인이 매도인의 담보책임에 관한 민법 제570조 단서의 규정에 의해 손해배상을 청구할 수 없다 하더라도 채무불이행 일반의 규정(민법 제546조, 제390조)에 좇아서 계약을 해제하고 손해배상을 청구할 수 있다(대판 1993.11.23. 93다37328).

(3) 일부 타인권리의 매매와 담보책임

제572조(권리의 일부가 타인에게 속한 경우와 매도인의 담보책임) ① 매매의 목적이 된 권리의 일부가 타인에게 속함으로 인하여 매도인이 그 권리를 취득하여 매수인에게 이전할 수 없는 때에는 매수인은 그 부분의 비율로 대금의 감액을 청구할 수 있다.
② 전항의 경우에 잔존한 부분만이면 매수인이 이를 매수하지 아니하였을 때에는 선의의 매수인은 계약전부를 해제할 수 있다.
③ 선의의 매수인은 감액청구 또는 계약해제 외에 손해배상을 청구할 수 있다.

제573조(전조의 권리행사의 기간) 전조의 권리는 매수인이 선의인 경우에는 사실을 안 날로부터, 악의인 경우에는 계약한 날로부터 1년 내에 행사하여야 한다.

매매의 목적이 된 권리의 일부가 타인에게 속한 경우의 매도인의 담보책임에 관한 민법 제572조의 규정은 단일한 권리의 일부가 타인에 속하는 경우에만 한정하여 적용되는 것이 아니라 수개의 권리를 일괄하여 매매의 목적으로 정한 경우에도 그 가운데 이전할 수 없게 된 권리부분이 차지하는 비율에 따른 대금산출이 불가능한 경우 등 특별한 사정이 없는 한 역시 적용된다(대판 1989.11.14. 88다카13547).

(4) 수량부족, 일부 멸실의 경우와 담보책임

제574조(수량부족, 일부 멸실의 경우와 매도인의 담보책임) 전2조의 규정은 수량을 지정한 매매의 목적물이 부족 되는 경우와 매매목적물의 일부가 계약당시에 이미 멸실된 경우에 매수인이 그 부족 또는 멸실을 알지 못한 때에 준용한다.

부동산 매매계약에 있어서 매수인이 일정한 면적이 있는 것으로 믿고 매도인도 그 면적이 있는 것을 명시적 또는 묵시적으로 표시하며, 나아가 계약당사자가 면적을 가격을 정하는 여러 요소 중 가장 중요한 요소로 파악하고, 그 객관적 수치를 기준으로 가격을 정하는 경우라면 특정물이 일정한 수량을 가지고 있다는 데에 주안을 두고, 대금도 그 수량을 기준으로 하여 정한 경우에 속하므로 민법 제574조에 정한 '수량을 지정한 매매'에 해당 한다(대판 2001.04.10. 2001다12256). 그리고 매매계약을 체결함에 있어 토지의 면적을 기초로 하여 평수에 따라 대금을 산정하였는데 토지의 일부가 매매계약 당시에 이미 도로의 부지로 편입되어 있었고, 매수인이 그와 같은 사실을 알지 못하고 매매계약을 체결한 경우 매수인은 민법 제574조에 따라 매도인에 대하여 토지 중 도로의 부지로 편입된 부분의 비율로 대금의 감액을 청구할 수 있다(대판 1992.12.22. 92다30580).

(5) 제한물권 있는 경우의 담보책임

제575조(제한물권 있는 경우와 매도인의 담보책임) ① 매매의 목적물이 지상권, 지역권, 전세권, 질권 또는 유치권의 목적이 된 경우에 매수인이 이를 알지 못한 때에는 이로 인하여 계약의 목적을 달성할 수 없는 경우에 한하여 매수인은 계약을 해제할 수 있다. 기타의 경우에는 손해배상만을 청구할 수 있다.
② 전항의 규정은 매매의 목적이 된 부동산을 위하여 존재할 지역권이 없거나 그 부동산에 등기된 임대차계약이 있는 경우에 준용한다.
③ 전2항의 권리는 매수인이 그 사실을 안 날로부터 1년내에 행사하여야 한다.

1) 요건
① 매매의 목적물이 지상권, 지역권, 전세권, 질권 또는 유치권의 목적이 된 경우
이와 같은 권리가 있는 경우, 매수인은 사용·수익을 할 수 없기 때문이다.

② 매매의 목적이 된 부동산을 위하여 존재할 지역권이 없거나 그 부동산에 등기된 임대차계약이 있는 경우

지역권을 있는 것을 전제로 매수한 토지에 그 토지를 위한 지역권이 없다면 매수인이 사용·수익에 지장을 받는다. 그리고 매수한 부동산에 '등기'된 임차권이 있다면 매수인이 사용·수익을 제대로 할 수 없다. 이 경우 등기된 임대차계약이란 임차권이 대항력이 있는 경우를 말하므로(제621조 2항), 건물의 소유를 목적으로 한 토지임대차, 주택임대차, 상가건물 임대차에 대항력이 있는 경우도 포함된다(제622조, 주택임대차보호법 제3조 1항·5항, 상가건물임대차보호법 제3조 1항·3항).

2) 내용

① 질적 하자

제574조가 양적 하자인데 비하여, 본조는 질적 하자에 대한 것이다.

② 선의의 매수인

악의의 매수인은 그러한 사정을 고려하여 매매대금을 정하였을 것이므로, 선의의 매수인만 담보책임을 물을 수 있다.

③ 손해배상, 해제

손해배상을 어느 경우이든 가능하나, 해제는 계약의 목적을 달성할 수 없는 경우에만 가능하다. 즉 해제를 할 수 있는 경우에는 손해배상청구도 같이 가능하지만, 해제를 할 수 없는 경우에는 손해배상청구만 가능하다.

④ 대금감액청구권은 없음

본조가 대금감액청구권을 인정하지 않는 것은 용익권이 있다고 하여도 소유권이전에는 지장이 없고, 질적인 하자가 문제되는 경우에 있어서 감축되어야 할 금액을 산출하기 곤란하기 때문이다.

3) 행사기간

매수인이 용익권의 존재나 지역권의 부존재를 안 날로부터 1년 내에 행사하여야 한다. 제척기간을 두고 있는 이유는 용익권의 존재로 인하여 계약의 목적을 달성할 수 없는 경우 계약의 해제가 가능한데, 이는 계약 당시의 사정을 기준으로 하는 것이어서 너무 오랜 시간이 지나면 이를 판정하기가 쉽지 않기 때문이다.

(6) 저당권, 전세권의 행사와 담보책임

제576조(저당권, 전세권의 행사와 매도인의 담보책임) ① 매매의 목적이 된 부동산에 설정된 저당권 또는 전세권의 행사로 인하여 매수인이 그 소유권을 취득할 수 없거나 취득한 소유권을 잃은 때에는 매수인은 계약을 해제할 수 있다.
② 전항의 경우에 매수인의 출재로 그 소유권을 보존한 때에는 매도인에 대하여 그 상환을 청구할 수 있다.
③ 전2항의 경우에 매수인이 손해를 받은 때에는 그 배상을 청구할 수 있다.

제577조(저당권의 목적이된 지상권, 전세권의 매매와 매도인의 담보책임) 전조의 규정은 저당권의 목적이 된 지상권 또는 전세권이 매매의 목적이 된 경우에 준용한다.

가등기의 목적이 된 부동산을 매수한 사람이 그 뒤 가등기에 기한 본등기가 경료 됨으로써 그 부동산의 소유권을 상실하게 된 때에는 매매의 목적 부동산에 설정된 저당권 또는 전세권의 행사로 인하여 매수인이 취득한 소유권을 상실한 경우와 유사하므로, 이와 같은 경우 민법 제576조의 규정이 준용된다고 보아 같은 조 소정의 담보책임을 진다고 보는 것이 상당하고 민법 제570조에 의한 담보책임을 진다고 할 수 없다(대판 1992.10.27. 92다21784). (그리고) 가압류 목적이 된 부동산을 매수한 사람이 그 후 가압류에 기한 강제집행으로 부동산 소유권을 상실하게 되었다면 이는 매매의 목적 부동산에 설정된 저당권 또는 전세권의 행사로 인하여 매수인이 취득한 소유권을 상실한 경우와 유사하므로, 이와 같은 경우 매도인의 담보책임에 관한 민

법 제576조의 규정이 준용된다고 보아 매수인은 같은 조 제1항에 따라 매매계약을 해제할 수 있고, 같은 조 제3항에 따라 손해배상을 청구할 수 있다고 보아야 한다(대판 2011.05.13. 2011다1941).

(7) 경매와 담보책임

제578조(경매와 매도인의 담보책임) ① 경매의 경우에는 경락인은 전8조의 규정에 의하여 채무자에게 계약의 해제 또는 대금감액의 청구를 할 수 있다.
② 전항의 경우에 채무자가 자력이 없는 때에는 경락인은 대금의 배당을 받은 채권자에 대하여 그 대금전부나 일부의 반환을 청구할 수 있다.
③ 전2항의 경우에 채무자가 물건 또는 권리의 흠결을 알고 고지하지 아니하거나 채권자가 이를 알고 경매를 청구한 때에는 경락인은 그 흠결을 안 채무자나 채권자에 대하여 손해배상을 청구할 수 있다.

민법 제578조 제1항, 제2항은 매매의 일종인 경매에 있어서 그 목적물의 하자로 인하여 경락인이 경락의 목적인 재산권을 완전히 취득할 수 없을 때에 매매의 경우에 준하여 매도인의 위치에 있는 경매의 채무자나 채권자에게 담보책임을 부담시켜 경락인을 보호하기 위한 규정으로서, 그 담보책임은 매매의 경우와 마찬가지로 경매절차는 유효하게 이루어졌으나 경매의 목적이 된 권리의 전부 또는 일부가 타인에게 속하는 등의 하자로 경락인이 완전한 소유권을 취득할 수 없거나 이를 잃게 되는 경우에 인정되는 것이고, 경매절차 자체가 무효인 경우에는 경매의 채무자나 채권자의 담보책임은 인정될 여지가 없다(대판 1991.10.11. 91다21640).

(8) 채권매매와 담보책임

제579조(채권매매와 매도인의 담보책임) ① 채권의 매도인이 채무자의 자력을 담보한 때에는 매매계약당시의 자력을 담보한 것으로 추정한다.
② 변제기에 도달하지 아니한 채권의 매도인이 채무자의 자력을 담보한 때에는 변제기의 자력을 담보한 것으로 추정한다.

임대차계약에 기한 임차권(임대차보증금반환청구권을 포함한다)을 그 목적물로 한 매매계약이 성립한 경우, 매도인이 임대인의 임대차계약상의 의무이행을 담보한다는 특별한 약정을 하지 아니한 이상, 임차권 매매계약 당시 임대차 목적물에 이미 설정되어 있던 근저당권이 임차권 매매계약 이후에 실행되어 낙찰인이 임대차 목적물의 소유권을 취득함으로써 임대인의 목적물을 사용·수익하게 할 의무가 이행불능으로 되었다거나, 임대인의 무자력으로 인하여 임대차보증금반환의무가 사실상 이행되지 않고 있다고 하더라도, 임차권 매도인에게 민법 제576조에 따른 담보책임이 있다고 할 수 없고, 이러한 법리는 임차권을 교환계약의 목적물로 한 경우에도 마찬가지이다(대판 2007.04.26. 2005다34018).

유형(조문)	매수인	내용	제척기간
전부타인권리의 매매 (제570조)	선의	계약해제권, 손해배상청구권(=이행이익)	X
	악의	계약해제권 O, 손해배상청구권X 단, 채무불이행을 원인으로 손해배상청구 可能	
일부타인권리의 매매 (제572조)	선의	대금감액청구권, 계약해제권, 손해배상청구권	1년
	악의	대금감액청구권(제574조와 비교)	
수량부족,일부멸실의	선의	대금감액청구권, 계약해제권, 손해배상청구권	1년

유형(조문)	매수인	내용	제척기간
경우(제574조)	악의	X	
제한물권 있는 경우(제575조)	선의	계약해제권, 손해배상청구권	1년
	악의	X	
저당권, 전세권(담보물권)의 경우(제576조)	선의·악의 불문	1. 담보물권의 실행 시에 문제가 됨. 2. 소유권을 취득할 수 없거나, 잃은 때 : 계약해제권, 손해배상청구권 3. 매수인의 출재로 소유권을 보존한 때 : 출재상환청구권, 손해배상청구권	X
경매의 경우(제578조)	제570조 ~ 제577조 준용		
채권매매의 경우(제579조)	1. 매도인이 채무자의 자력을 담보한 때 : 매매계약당시의 자력을 담보한 것으로 "추정" 2. 변제기에 도달하지 아니한 채권의 경우 : 변제기의 자력을 담보한 것으로 "추정"		

2. 물건의 하자에 대한 담보책임

제580조(매도인의 하자담보책임) ① 매매의 목적물에 하자가 있는 때에는 제575조제1항의 규정을 준용한다. 그러나 매수인이 하자있는 것을 알았거나 과실로 인하여 이를 알지 못한 때에는 그러하지 아니하다.
② 전항의 규정은 경매4)의 경우에 적용하지 아니한다.

(1) 물건의 하자에 대한 담보책임

1) 법정책임설5)

하자있는 종류물의 인도는 불완전이행=채무불이행이다.

2) 채무불이행책임설6)

---

4) 민법은 제570조부터 제584조까지 매도인의 담보책임을 규정하면서 제578조와 제580조 제2항에서 '경매'에 관한 특칙을 두고 있다. 민법이 특칙을 둔 취지는 경매의 사법상 효력이 매매와 유사하다고는 하나, 매매는 당사자 사이의 의사합치에 의하여 체결되는 것인 반면 경매는 매도인의 지위에 있는 채무자 의사와 무관하게 국가기관인 법원에 의하여 실행되어 재산권이 이전되는 특수성이 있고, 이러한 특수성으로 인해 경매절차에 관여하는 채권자와 채무자, 매수인 등의 이해를 합리적으로 조정하고 국가기관에 의하여 시행되는 경매절차의 안정도 도모할 필요가 있으므로, 일반 매매를 전제로 한 담보책임 규정을 경매에 그대로 적용하는 것은 부당하다는 고려에 따른 것이다. 따라서 <u>민법 제578조와 민법 제580조 제2항이 말하는 '경매'는 민사집행법상의 강제집행이나 담보권 실행을 위한 경매 또는 국세징수법상의 공매 등과 같이 국가나 그를 대행하는 기관 등이 법률에 기하여 목적물 권리자의 의사와 무관하게 행하는 매도행위만을 의미하는 것으로 해석하여야 한다</u>(대판 2016.08.24. 2014다80839).
5) 특정물의 매도인은 계약체결 시에 그 특정물에 하자가 있더라도 그 물건을 있는 그대로 인도하면 완전한 이행이 되므로 하자 있는 특정물을 인도하더라도 채무불이행책임은 발생하지 않고, 다만 쌍무계약의 대가적 균형상 매수인에게 발생된 불이익을 회복하기 위하여 법률이 특별히 매도인에게 무과실책임으로서의 담보책임을 부과할 뿐이라고 한다. 그러나 종류매매에서는 하자 없는 목적물의 인도가 현실적으로 가능하므로 매도인은 하자 없는 종류물을 인도할 의무를 부담한다.
6) 대금과 동일한 대가적 가치를 갖는 특정물의 인도를 합의함으로써 매도인에게는 하자 없는 동일한 대가적 가치를 갖는 특정물의 인도를 합의함으로써 매도인에게는 하자 없는 특정물을 인도해야 할 채무가 발생한다는 점을 전제한다. 따라서 하자있는 특정물을 인도하는 것은 이러한 채무에 위반하는 것으로서 계약상의 의무에 반하는 것이다. 즉 담보책임은 하자 없는 목적물의 인도·소유권이전의무의 불이행을 기초로 하는 것이다.

담보책임은 하자에 대한 매도인의 과실을 요건으로 하지 않기 때문에 채무자의 귀책사유를 전제로 하는 일반적 채무불이행책임과 구별된다.

3) 判 例

① 담보책임과 채무불이행책임의 경합

토지 매도인이 성토작업을 기화로 다량의 폐기물을 은밀히 매립하고 그 위에 토사를 덮은 다음 도시계획사업을 시행하는 공공사업시행자와 사이에서 정상적인 토지임을 전제로 협의취득절차를 진행하여 이를 매도함으로써 매수자로 하여금 그 토지의 폐기물처리비용 상당의 손해를 입게 하였다면 매도인은 이른바 불완전이행으로서 채무불이행으로 인한 손해배상책임을 부담하고, 이는 하자 있는 토지의 매매로 인한 민법 제580조 소정의 하자담보책임과 경합적으로 인정 된다(대판 2004.07.22. 2002다51586).

② 확대손해의 경우

매도인이 매수인에게 공급한 부품이 통상의 품질이나 성능을 갖추고 있는 경우, 나아가 내한성이라는 특수한 품질이나 성능을 갖추고 있지 못하여 하자가 있다고 인정할 수 있기 위하여는, 매수인이 매도인에게 완제품이 사용될 환경을 설명하면서 그 환경에 충분히 견딜 수 있는 내한성 있는 부품의 공급을 요구한 데 대하여, 매도인이 부품이 그러한 품질과 성능을 갖춘 제품이라는 점을 명시적으로나 묵시적으로 보증하고 공급하였다는 사실이 인정되어야만 할 것이고, 특히 매매목적물의 하자로 인하여 확대손해 내지 2차 손해가 발생하였다는 이유로 매도인에게 그 확대손해에 대한 배상책임을 지우기 위하여는 채무의 내용으로 된 하자 없는 목적물을 인도하지 못한 의무위반사실 외에 그러한 의무위반에 대하여 매도인에게 귀책사유가 인정될 수 있어야만 한다(대판 1997.05.07. 96다39455).

(2) 종류매매와 담보책임

제581조(종류매매와 매도인의 담보책임) ① 매매의 목적물을 종류로 지정한 경우에도 그 후 특정된 목적물에 하자가 있는 때에는 전조의 규정을 준용한다.
② 전항의 경우에 매수인은 계약의 해제 또는 손해배상의 청구를 하지 아니하고 하자없는 물건을 청구할 수 있다.

1) 완전물급부청구권의 제한

민법의 하자담보책임에 관한 규정은 매매라는 유상·쌍무계약에 의한 급부와 반대급부 사이의 등가관계를 유지하기 위하여 민법의 지도이념인 공평의 원칙에 입각하여 마련된 것인데, 종류매매에서 매수인이 가지는 완전물급부청구권을 제한 없이 인정하는 경우에는 오히려 매도인에게 지나친 불이익이나 부당한 손해를 주어 등가관계를 파괴하는 결과를 낳을 수 있다. 따라서 매매목적물의 하자가 경미하여 수선 등의 방법으로도 계약의 목적을 달성하는 데 별다른 지장이 없는 반면 매도인에게 하자 없는 물건의 급부의무를 지우면 다른 구제방법에 비하여 지나치게 큰 불이익이 매도인에게 발생되는 경우와 같이 하자담보의무의 이행이 오히려 공평의 원칙에 반하는 경우에는, 완전물급부청구권의 행사를 제한함이 타당하다(대판 2014.05.16. 2012다72582).

2) 과실상계 준용 여부

민법 제581조, 제580조에 기한 매도인의 하자담보책임은 법이 특별히 인정한 무과실책임으로서 여기에 민법 제396조의 과실상계 규정이 준용될 수는 없다 하더라도, 담보책임이 민법의 지도이념인 공평의 원칙에 입각한 것인 이상 하자 발생 및 그 확대에 가공한 매수인의 잘못을 참작하여 손해배상의 범위를 정함이 상당하다(대판 1995.06.30. 94다23920).

(3) 행사기간

제582조(전2조의 권리행사기간) 전2조에 의한 권리는 매수인이 그 사실을 안 날로부터 6월내에 행사하여야 한다.

1) 제척기간

① 민법 제582조 소정의 매도인의 하자담보책임에 관한 매수인의 권리행사기간은 재판상 또는 재판외의 권리행사기간이고 재판상 청구를 위한 출소기간은 아니다(대판 1985.11.12. 84다카2344).

② 민법 제582조 소정의 매수인의 권리행사 기간은 재판상 또는 재판 외에서의 권리행사에 관한 기간이므로 매수인은 소정 기간 내에 재판 외에서 권리행사를 함으로써 그 권리를 보존할 수 있고, 재판 외에서의 권리행사는 특별한 형식을 요구하는 것이 아니므로 매수인이 매도인에 대하여 적당한 방법으로 물건에 하자가 있음을 통지하고, 계약의 해제나 하자의 보수 또는 손해배상을 구하는 뜻을 표시함으로써 충분하다(대판 2003.06.27. 2003다20190).

2) 소멸시효와의 관계

매도인에 대한 하자담보에 기한 손해배상청구권에 대하여는 민법 제582조의 제척기간이 적용되고, 이는 법률관계의 조속한 안정을 도모하고자 하는 데에 취지가 있다. 그런데 하자담보에 기한 매수인의 손해배상청구권은 권리의 내용·성질 및 취지에 비추어 민법 제162조 제1항의 채권 소멸시효의 규정이 적용되고, 민법 제582조의 제척기간 규정으로 인하여 소멸시효 규정의 적용이 배제된다고 볼 수 없으며, 이때 다른 특별한 사정이 없는 한 무엇보다도 매수인이 매매 목적물을 인도받은 때부터 소멸시효가 진행한다고 해석함이 타당하다[7](대판 2011.10.13. 2011다10266).

(4) 담보책임과 동시이행

제583조(담보책임과 동시이행) 제536조의 규정은 제572조 내지 제575조, 제580조 및 제581조의 경우에 준용한다.

민법 제583조의 취지는 매도인은 같은 조에서 명시한 규정들에 터잡아 이미 지급받은 대금의 전부나 일부의 반환의무, 손해배상의무, 하자 없는 물건의 지급의무가 있는 반면 매수인은 매도인에게서 수령한 목적물이 있다면 원상회복의무로서 이를 반환할 의무가 있는데, 이러한 쌍방 당사자의 의무는 하나의 쌍무계약에서 발생한 것은 아닐지라도 동일한 생활관계에서 발생한 것으로 서로 밀접한 관계에 있어 그 이행에 견련관계를 인정함이 공평의 원칙에 부합하기 때문에, 일반 해제의 경우와 마찬가지로 이들 경우에도 민법 제536조를 준용한다는 것이다(대판 1993.04.09. 92다25946).

(5) 담보책임 면제의 특약

제584조(담보책임면제의 특약) 매도인은 전15조에 의한 담보책임을 면하는 특약을 한 경우에도 매도인이 알고 고지하지 아니한 사실 및 제3자에게 권리를 설정 또는 양도한 행위에 대하여는 책임을 면하지 못한다.

---

7) 甲이 乙 등에게서 부동산을 매수하여 소유권이전등기를 마쳤는데 위 부동산을 순차 매수한 丙이 부동산 지하에 매립되어 있는 폐기물을 처리한 후 甲을 상대로 처리비용 상당의 손해배상청구소송을 제기하였고, 甲이 丙에게 위 판결에 따라 손해배상금을 지급한 후 乙 등을 상대로 하자담보책임에 기한 손해배상으로서 丙에게 기지급한 돈의 배상을 구한 사안에서, 甲의 하자담보에 기한 손해배상청구권은 甲이 乙 등에게서 부동산을 인도받았을 것으로 보이는 소유권이전등기일로부터 소멸시효가 진행하는데, 甲이 그로부터 10년이 경과한 후 소를 제기하였으므로, 甲의 하자담보책임에 기한 손해배상청구권은 이미 소멸시효 완성으로 소멸되었다고 한 사례.

(6) 다른 제도와의 관계

1) 제109조와의 관계

매매의 목적물에 하자가 있는 것을 미리 알았더라면 매수의 의사표시를 하지 않았을 경우에 매수인은 착오에 의한 의사표시를 이유로 매매계약을 취소할 수 있는지가 문제된다. 통설은 제109조 1항의 적용을 배제하고, 담보책임의 규정만이 적용된다고 한다. 그러나 判例는 "착오로 인한 취소 제도와 매도인의 하자담보책임 제도는 취지가 서로 다르고, 요건과 효과도 구별된다. 따라서 매매계약 내용의 중요 부분에 착오가 있는 경우 매수인은 매도인의 하자담보책임이 성립하는지와 상관없이 착오를 이유로 매매계약을 취소할 수 있다(대판 2018.09.13. 2015다78703)."고 판시하여 양자의 경합을 인정한다.

2) 제110조와의 관계

매매의 목적물에 하자가 있는 것을 알면서 매도인이 계약을 체결하였을 경우에 매도인에게 고지하지 않았다면, 매수인은 매도인의 사기에 의해 기망에 빠진 채 의사표시를 한 것이 되므로 민법 제110조 1항에 의하여 계약을 취소할 수도 있다. 이때에는 사기에 대한 매수인의 보호라든가 사기에 기한 의사표시의 취소와 담보책임의 성립요건이 서로 상이하다는 점에서 양자의 경합이 인정될 수 있다. 사기로 인하여 불법행위가 성립하는 경우에도 불법행위책임과 하자담보책임은 경합된다.

3) 원시적 불능과 담보책임의 관계

① 급부가 원시적 전부불능인 경우

급부의 주관적·원시적 전부불능은 계약이 성립하는 데 아무런 영향을 미치지 않으므로, 매매목적물이 타인의 소유여서 주관적 불능으로 판단되는 경우에도 매매계약은 유효하게 성립할 수 있다. 다만 채무자의 채무불이행책임이 문제될 뿐이다. 급부의 객관적·원시적 전부불능의 경우에는 계약은 처음부터 성립하지 않으며 무효이다. 다만 이 경우에는 계약체결상의 과실책임이 문제될 수 있다.

② 급부가 원시적 일부불능인 경우

계약은 유효하게 성립하고, 매도인은 그 불능부분에 대하여 담보책임을 부담할 뿐이다.

Ⅵ. 매매 관련 기타 규정

1. 매매계약의 비용부담

제566조(매매계약의 비용의 부담) 매매계약에 관한 비용은 당사자쌍방이 균분하여 부담한다.

계약비용이란 계약을 체결하는 데 일반적으로 소요되는 비용이다. 예를 들어 목적토지의 측량, 평가비용, 계약서작성비용 등이다. 부동산매매에 있어서의 등기비용과 같이 이행에 관한 비용은 계약비용에 포함되지 않는다. 매매계약에 관한 비용은 당사자 사이의 특약이 없는 한, 당사자 쌍방이 균분하여 부담한다.

2. 유상계약에의 준용

제567조(유상계약에의 준용) 본 절의 규정은 매매이외의 유상계약에 준용한다. 그러나 그 계약의 성질이 이를 허용하지 아니하는 때에는 그러하지 아니하다.

3. 동일기한의 추정

제585조(동일기한의 추정) 매매의 당사자일방에 대한 의무이행의 기한이 있는 때에는 상대방의 의무이행에 대하여도 동일한 기한이 있는 것으로 추정한다.

4. 대금지급장소

제586조(대금지급장소) 매매의 목적물의 인도와 동시에 대금을 지급할 경우에는 그 인도 장소에서 이를 지급하여야 한다.

5. 과실의 귀속, 대금의 이자

제587조(과실의 귀속, 대금의 이자) 매매계약 있은 후에도 인도하지 아니한 목적물로부터 생긴 과실은 매도인에게 속한다. 매수인은 목적물의 인도를 받은 날로부터 대금의 이자를 지급하여야 한다. 그러나 대금의 지급에 대하여 기한이 있는 때에는 그러하지 아니하다.

민법 제587조에 의하면, 매매계약 있은 후에도 인도하지 아니한 목적물로부터 생긴 과실은 매도인에게 속하고, 매수인은 목적물의 인도를 받은 날로부터 대금의 이자를 지급하여야 한다고 규정하고 있는바, 이는 매매당사자 사이의 형평을 꾀하기 위하여 매매목적물이 인도되지 아니하더라도 매수인이 대금을 완제한 때에는 그 시점 이후의 과실은 매수인에게 귀속되지만, 매매목적물이 인도되지 아니하고 또한 매수인이 대금을 완제하지 아니한 때에는 매도인의 이행지체가 있더라도 과실은 매도인에게 귀속되는 것이므로 매수인은 인도의무의 지체로 인한 손해배상금의 지급을 구할 수 없다(대판 2004.04.23. 2004다8210).

6. 권리주장자가 있는 경우와 대금지급거절권, 대금공탁청구권

제588조(권리주장자가 있는 경우와 대금지급거절권) 매매의 목적물에 대하여 권리를 주장하는 자가 있는 경우에 매수인이 매수한 권리의 전부나 일부를 잃을 염려가 있는 때에는 매수인은 그 위험의 한도에서 대금의 전부나 일부의 지급을 거절할 수 있다. 그러나 매도인이 상당한 담보를 제공한 때에는 그러하지 아니하다.

제589조(대금공탁청구권) 전조의 경우에 매도인은 매수인에 대하여 대금의 공탁을 청구할 수 있다.

제4절 사용대차 및 임대차

제1관 사용대차

Ⅰ. 사용대차의 의의

> 제609조(사용대차의 의의) 사용대차는 당사자일방이 상대방에게 무상으로 사용, 수익하게 하기 위하여 목적물을 인도할 것을 약정하고 상대방은 이를 사용, 수익한 후 그 물건을 반환할 것을 약정함으로써 그 효력이 생긴다.

사용대차계약에 따라 사용차주는 목적물을 사용·수익할 권리를 취득하고 이를 위하여 사용대주에게 목적물의 인도를 구할 권리를 가진다고 할 것이지만, 나아가 사용차주에게 자신의 사용·수익을 위하여 소유자인 사용대주가 목적물을 처분하는 것까지 금지시킬 권능이 있다고 할 수는 없다(대판 2007.01.26. 2006다60526).

Ⅱ. 차주의 사용수익권과 비용부담의무

1. 사용권과 수익권

> 제610조(차주의 사용, 수익권) ① 차주는 계약 또는 그 목적물의 성질에 의하여 정하여진 용법으로 이를 사용, 수익하여야 한다.
> ② 차주는 대주의 승낙이 없으면 제3자에게 차용물을 사용, 수익하게 하지 못한다.
> ③ 차주가 전2항의 규정에 위반한 때에는 대주는 계약을 해지할 수 있다.

2. 비용의 부담

> 제611조(비용의 부담) ① 차주는 차용물의 통상의 필요비를 부담한다.
> ② 기타의 비용에 대하여는 제594조 제2항8)의 규정을 준용한다.

사용대차에서 차주는 민법 제611조 제2항, 제594조 제2항, 제203조 제2항에 따라 유익비상환을 청구할 수 있다. 그러나 종중이 종중원에게 종중 소유 토지를 무상으로 사용하도록 하는 사용대차계약이 묵시적으로 성립했다고 볼 수 있는 경우 유익비상환청구권을 인정하는 것은 신중을 기해야 한다9)(대판 2018.03.27. 2015다3914·3921·3938).

---

8) **민법 제594조 (환매의 실행)** ② 매수인이나 전득자가 목적물에 대하여 비용을 지출한 때에는 매도인은 제203조의 규정에 의하여 이를 상환하여야 한다. 그러나 유익비에 대하여는 법원은 매도인의 청구에 의하여 상당한 상환기간을 허여할 수 있다.
9) 토지에 대한 장기간의 무상 사용대차계약은 종중과 종중원 관계가 아니라면 찾아보기 힘들 정도로 매우 이례적인 데다가, 토지를 장기간 무상으로 사용하면서 토지 사용이익을 향유한 종중원이 종중을 상대로 유익비상환청구를 하는 것은 형평에 어긋날 수 있기 때문이다. 따라서 이러한 경우에는 사용·수익에 충분한 기간이 지나면 종중의 반환 요청을 받은 종중원이 유익비를 지출하였더라도 그 상환을 청구하지 않고 토지를 그대로 반환한다는 묵시적 약정이 포함되어 있다고 보는 것이 당사자의 진정한 의사에 부합한다. 민법 제203조 제2항에서 정한 점유자의 지출금액은 점유자가 실제 지출한 금액을 의미한다. 비용을 지출한 것은 명백하나 유익비를 지출한 때부터 오랜 시간이 지나 자료가 없어졌다는 이유로 실제 지출한 금액에 대한 증명이 불가능하여 가치 증가에 드는 비용을 추정하는 방법으로 지출금액을 인정해야 하는 경우 실제 비용을 지출한 날을 기준시점으로 하여 가치 증가에 드는 금액을 산정한 다음 그 금액에 대하여 물가상승률을 반영하는 등의 방법으로 현가한 금액을 지출금액으로 인정해야 한다.

III. 대주의 담보책임 등

제612조(준용규정) 제559조(증여자의 담보책임), 제601조(정기증여와 사망으로 인한 실효)의 규정은 사용대차에 준용한다.

IV. 차용물의 반환

1. 반환시기와 반환물

제613조(차용물의 반환시기) ① 차주는 약정시기에 차용물을 반환하여야 한다.
② 시기의 약정이 없는 경우에는 차주는 계약 또는 목적물의 성질에 의한 사용, 수익이 종료한 때에 반환하여야 한다. 그러나 사용, 수익에 족한 기간이 경과한 때에는 대주는 언제든지 계약을 해지할 수 있다.

사용대차 계약에 있어서 그 목적물이 도로부지라 하더라도 그 사용수익에 족한 기간이 경과되었을 때에는 대주는 언제든지 계약을 해지할 수 있고 차주인 지방자치단체가 사용대차계약해지 이후 부동산을 점유하고 있는 것은 불법점유이므로 이로 인한 손해배상책임을 면할 수 없다(대판 1976.01.27. 75다1828). 그리고 민법 제613조 제2항은 사용대차계약의 해지사유로서 사용수익에 충분한 기간이 경과한 때를 들고 있다. 여기에 해당하는지는 사용대차계약 당시의 사정, 차주의 사용기간 및 이용 상황, 대주가 반환을 필요로 하는 사정 등을 종합적으로 고려하여 공평의 입장에서 대주에게 해지권을 인정하는 것이 타당한지에 따라 판단하여야 한다(대판 2018.06.28. 2014두14181[10]).

2. 원상회복의무와 철거권

제615조(차주의 원상회복의무와 철거권) 차주가 차용물을 반환하는 때에는 이를 원상에 회복하여야 한다. 이에 부속시킨 물건은 철거할 수 있다.

3. 공동차주의 연대의무

제616조(공동차주의 연대의무) 수인이 공동하여 물건을 차용한 때에는 연대하여 그 의무를 부담한다.

V. 사용대차의 해지

제614조(차주의 사망, 파산과 해지) 차주가 사망하거나 파산선고를 받은 때에는 대주는 계약을 해지할 수 있다.

---

[10] 甲 학교법인이 구황실과 사용대차계약을 체결하여 구황실재산 토지를 무상으로 학교부지로 사용하여 왔는데, 위 토지의 관리·처분에 관한 사무를 위탁받은 한국자산관리공사가 1992년에 위 토지의 관리청이었던 용산구청장이 변상금을 부과·고지함으로써 무상사용의 의사표시를 철회하였다는 이유로 甲 법인에 구 국유재산법(2012. 12. 18. 법률 제11548호로 개정되기 전의 것) 제72조 등에 따라 변상금을 부과한 사안에서, 사용대차계약에 이르게 된 경위, 구 구왕궁재산처분법(1954. 9. 23. 법률 제339호 구황실재산법 부칙 제14조로 폐지), 구 구황실재산법(1963. 2. 9. 법률 제1265호 문화재보호법 부칙 제2조 제1항으로 폐지), 문화재보호법의 제정 및 개정 경위, 그동안 위 토지를 관리한 구황실재산 사무총국장과 문화재관리국장이 사용기간을 따로 정하지 않은 채 수차례 위 토지의 사용을 허락해 온 점, 甲 법인이 설립한 대학교를 정상적으로 운영하여 왔고 현재 위 토지 위에는 교수회관, 대학본부, 학생회관, 대학원관 등의 건물이 있는 점에 비추어, 용산구청장이 종전 변상금 부과처분을 할 당시 사용대차계약 체결 후 상당한 시간이 지났다는 사정만으로 甲 법인이 위 토지를 사용·수익하기에 충분한 기간이 경과한 것으로 볼 수 없다고 본 원심판단이 정당하고, 사용대차계약에 해지사유가 인정되지 않는 이상 이와 다른 전제에 선 한국자산관리공사의 변상금 부과처분이 위법하다고 한 사례.

VI. 손해배상 및 비용상환청구의 기간

제617조(손해배상, 비용상환청구의 기간) 계약 또는 목적물의 성질에 위반한 사용, 수익으로 인하여 생긴 손해배상의 청구와 차주가 지출한 비용의 상환청구는 대주가 물건의 반환을 받은 날로부터 6월내에 하여야 한다.

제2관 임대차

Ⅰ. 임대차의 의의

제618조(임대차의 의의) 임대차는 당사자일방이 상대방에게 목적물을 사용, 수익하게 할 것을 약정하고 상대방이 이에 대하여 차임을 지급할 것을 약정함으로써 그 효력이 생긴다.

Ⅱ. 임대차의 성립

1. 성립요건

임대차는 당사자간의 약정에 의하여 성립한다(제618조). 임대차의 목적물은 물건이며, 사용·수익으로 소멸하지 않는 유체물에 한한다. 동산·부동산, 대체물·부대체물, 물건의 전부·일부를 불문한다. 임대차는 차임의 지급을 요소로 하며, 차임은 금전에 한하지 않는다. 타인소유의 부동산을 임대한 것이 임대차계약을 해지할 사유는 될 수 없고 목적물이 반드시 임대인의 소유일 것을 특히 계약의 내용으로 삼은 경우라야 착오를 이유로 임차인이 임대차계약을 취소할 수 있다(대판 1975.01.28. 74다2069).

2. 존속기간

(1) 기간의 약정이 있는 경우

1) 최장존속기간

제651조(임대차존속기간) ① 석조, 석회조, 연와조 또는 이와 유사한 견고한 건물 기타 공작물의 소유를 목적으로 하는 토지임대차나 식목, 채염을 목적으로 하는 토지임대차의 경우를 제한 외에는 임대차의 존속기간은 20년을 넘지 못한다. 당사자의 약정기간이 20년을 넘는 때에는 이를 20년으로 단축한다.[위헌]
② 전항의 기간은 이를 갱신할 수 있다. 그 기간은 갱신한 날로부터 10년을 넘지 못한다.

헌법재판소는 계약의 자유를 침해한다는 이유로 민법 제651조 제1항에 대하여 위헌결정을 하였다(헌재 2013.12.26. 2011헌바234). 처분의 능력 또는 권한 없는 자가 임대차를 하는 경우에는 그 임대차는 다음의 기간을 넘지 못한다(단기임대차).

> 제619조(처분능력, 권한 없는 자의 할 수 있는 단기임대차) 처분의 능력 또는 권한 없는 자가 임대차를 하는 경우에는 그 임대차는 다음 각 호의 기간을 넘지 못한다.
> 1. 식목, 채염 또는 석조, 석회조, 연와조 및 이와 유사한 건축을 목적으로 한 토지의 임대차는 10년
> 2. 기타 토지의 임대차는 5년
> 3. 건물 기타 공작물의 임대차는 3년
> 4. 동산의 임대차는 6월
>
> 제620조(단기임대차의 갱신) 전조의 기간은 갱신할 수 있다. 그러나 그 기간만료 전 토지에 대하여는 1년, 건물 기타 공작물에 대하여는 3월, 동산에 대하여는 1월내에 갱신하여야 한다.

2) 최단존속기간

민법에서는 최단존속기간의 규정이 없이, 당사자가 자유롭게 정할 수 있다. 그러나 특별법에서는 최단존속기간의 규정(주택은 2년, 상가는 1년)을 두고 있다(주택임대차보호법 제4조, 상가임대차보호법 제9조).

(2) 기간의 갱신

1) 계약에 의한 갱신(합의에 의한 기간 연장)

제651조 1항의 기간은 이를 갱신할 수 있다. 그 기간은 갱신한 날로부터 10년을 넘지 못한다.

2) 법정갱신(묵시적 갱신)

> 제639조(묵시의 갱신) ① 임대차기간이 만료한 후 임차인이 임차물의 사용, 수익을 계속하는 경우에 임대인이 상당한 기간 내에 이의를 하지 아니한 때에는 전임대차와 동일한 조건으로 다시 임대차한 것으로 본다. 그러나 당사자는 제635조의 규정에 의하여 해지의 통고를 할 수 있다[11].
> ② 전항의 경우에 전임대차에 대하여 제3자가 제공한 담보는 기간의 만료로 인하여 소멸한다.

제639조는 강행규정이다[12]. 민법 제639조 제1항의 묵시의 갱신은 임차인의 신뢰를 보호하기 위하여 인정되는 것이고, 이 경우 같은 조 제2항에 의하여 제3자가 제공한 담보는 소멸한다고 규정한 것은 담보를 제공한 자의 예상하지 못한 불이익을 방지하기 위한 것이라 할 것이므로, 민법 제639조 제2항은 당사자들의 합의에 따른 임대차 기간연장의 경우에는 적용되지 않는다(대판 2005.04.14. 2004다63293).

(3) 기간의 약정이 없는 경우

> 제635조(기간의 약정 없는 임대차의 해지통고) ① 임대차기간의 약정이 없는 때에는 당사자는 언제든지 계약해지의 통고를 할 수 있다.
> ② 상대방이 전항의 통고를 받은 날로부터 다음 각 호의 기간이 경과하면 해지의 효력이 생긴다.
> 1. 토지, 건물 기타 공작물에 대하여는 임대인이 해지를 통고한 경우에는 6월, 임차인이 해지를 통고한 경우에는 1월
> 2. 동산에 대하여는 5일

제635조의 규정은 임차인이나 전차인에게 불리한 것은 효력이 없다(제652조).

---

11) 따라서 묵시의 갱신이 있는 경우에 각 당사자는 언제든지 계약해지의 통고(제635조)를 할 수 있다.
12) 제639조는 제652조에 열거되어 있지 않으나, 이에 위반하는 약정으로서 임차인이나 전차인에게 불리한 것은 그 효력이 없다(대판 1972.06.27. 71누8).

III. 임대차의 효력

1. 임대인의 의무

(1) 목적물인도의무

제623조(임대인의 의무) 임대인은 목적물을 임차인에게 인도하고 계약존속 중 그 사용, 수익에 필요한 상태를 유지하게 할 의무를 부담한다.

(2) 수선의무

제623조(임대인의 의무) 임대인은 목적물을 임차인에게 인도하고 계약존속 중 그 사용, 수익에 필요한 상태를 유지하게 할 의무를 부담한다.

제624조(임대인의 보존행위, 인용의무) 임대인이 임대물의 보존에 필요한 행위를 하는 때에는 임차인은 이를 거절하지 못한다.

제625조(임차인의 의사에 반하는 보존행위와 해지권) 임대인이 임차인의 의사에 반하여 보존행위를 하는 경우에 임차인이 이로 인하여 임차의 목적을 달성할 수 없는 때에는 계약을 해지할 수 있다.

임대인의 수선의무는 특약에 의하여 이를 면제하거나 임차인의 부담으로 돌릴 수 있으나, 그러한 특약에서 수선의무의 범위를 명시하고 있는 등의 특별한 사정이 없는 한 그러한 특약에 의하여 임대인이 수선의무를 면하거나 임차인이 그 수선의무를 부담하게 되는 것은 통상 생길 수 있는 파손의 수선 등 소규모의 수선에 한한다 할 것이고, 대파손의 수리, 건물의 주요 구성부분에 대한 대수선, 기본적 설비부분의 교체 등과 같은 대규모의 수선은 이에 포함되지 아니하고 여전히 임대인이 그 수선의무를 부담한다고 해석함이 상당하다(대판 1994.12.09. 94다34692).

(3) 방해제거의무

제3자가 임차인이 점유하는 임차물을 침해하는 등 그 사용·수익을 방해하는 경우에, 임대인은 임차인을 위하여 그 방해의 제거에 노력하여야 한다. 임차인이 점유보호청구권을 가진다는 이유로 임대인은 방해제거의 의무를 면하지 못한다.

(4) 비용상환의무

1) 필요비의 상환의무

제626조(임차인의 상환청구권) ① 임차인이 임차물의 보존에 관한 필요비를 지출한 때에는 임대인에 대하여 그 상환을 청구할 수 있다.

필요비란 임차물의 수선비 등과 같이 그 보존을 위하여 지출한 비용을 의미한다. 필요비의 범위는 목적물의 통상의 용도에 적합한 상태로 보존하기 위하여 지출된 비용도 포함된다. 유익비와는 달리 필요비는 지출한 때에 즉시 상환청구를 할 수 있으므로 변제기가 이미 도래한 것이고, 상환청구 할 수 있는 범위도 가액이 현존하는지 여부에 관계없이 지출비용 전액에 미친다.

2) 유익비의 상환의무

제626조(임차인의 상환청구권) ② 임차인이 유익비를 지출한 경우에는 임대인은 임대차종료 시에 그 가액의 증가가 현존한때에 한하여 임차인의 지출한 금액이나 그 증가액을 상환하여야 한다. 이 경우에 법원은 임대인의 청구에 의하여 상당한 상환기간을 허여할 수 있다.

민법 제626조 제2항에서 임대인의 상환의무를 규정하고 있는 유익비란 임차인이 임차물의 객관적 가치를 증가시키기 위하여 투입한 비용을 말하는 것이므로, 임차인이 임차건물부분에서 간이 음식점을 경영하기 위하여 부착시킨 시설물에 불과한 간판은 건물부분의 객관적 가치를 증가시키기 위한 것이라고 보기 어려울 뿐만 아니라, 그로 인한 가액의 증가가 현존하는 것도 아니어서 그 간판설치비를 유익비라 할 수 없다(대판 1994.09.30. 94다20389). 그리고 민법 제203조 제2항에 의한 점유자의 회복자에 대한 유익비상환청구권은 점유자가 계약관계 등 적법하게 점유할 권리를 가지지 않아 소유자의 소유물반환청구에 응하여야 할 의무가 있는 경우에 성립하는 것으로서, 점유자가 유익비를 지출할 당시 계약관계 등 적법한 점유의 권원을 가진 경우에 그 지출비용 또는 가액증가액의 상환에 관하여는 그 계약관계를 규율하는 법조항이나 법리 등이 적용 된다(대판 2009.03.26. 2008다34828). 즉 이 사건에서 임차인인 원고는 임대차계약에 의하여 이 사건 건물을 적법하게 점유하고 있으면서 비용을 지출한 것이므로, 임대인인 소외 회사에 대하여 민법 제626조 제2항에 의한 임대차계약상의 유익비상환청구를 할 수 있을 뿐, 낙찰에 의하여 소유권을 취득한 피고에 대하여 이와는 별도로 민법 제203조 제2항에 의한 유익비의 상환청구를 할 수는 없다고 보아야 할 것이다(다만, 원고가 피고의 목적물인도청구에 대하여 임대인에 대한 위 유익비상환청구권에 기한 유치권으로써 대항할 수 있었을 것임은 별론으로 한다).

3) 임의규정

건물의 임차인이 임대차관계 종료 시에는 건물을 원상으로 복구하여 임대인에게 명도하기로 약정한 것은 건물에 지출한 각종 유익비 또는 필요비의 상환청구권을 미리 포기하기로 한 취지의 특약이라고 볼 수 있어 임차인은 유치권을 주장을 할 수 없다(대판 1975.04.22. 73다2010).

(5) 담보책임

임대차는 유상계약이어서, 매매에 관한 규정이 준용되므로(제567조), 임대인은 매도인과 같은 담보책임을 부담한다(대판 1995.07.14. 94다38342).

(6) 보호의무

통상의 임대차관계에 있어서 임대인의 임차인에 대한 의무는 특별한 사정이 없는 한 단순히 임차인에게 임대목적물을 제공하여 임차인으로 하여금 이를 사용·수익하게 함에 그치는 것이고, 더 나아가 임차인의 안전을 배려하여 주거나 도난을 방지하는 등의 보호의무까지 부담한다고 볼 수 없을 뿐만 아니라 임대인이 임차인에게 임대목적물을 제공하여 그 의무를 이행한 경우 임대목적물은 임차인의 지배 아래 놓이게 되어 그 이후에는 임차인의 관리 하에 임대목적물의 사용·수익이 이루어지는 것이다(대판 1999.09.07. 99다10004).

2. 임차인의 권리

(1) 임차권

1) 의의

임차인은 목적물에 대한 사용·수익권인 임차권을 가진다. 임차인은 계약 또는 그 목적물의 성질에 의하여 정하여진 용법으로 사용·수익할 수 있는 것이다(제654조, 제610조 1항).

2) 임차권의 대항력

제621조(임대차의 등기) ① 부동산임차인은 당사자 간에 반대 약정이 없으면 임대인에 대하여 그 임대차등기절차에 협력할 것을 청구할 수 있다.
② 부동산임대차를 등기한 때에는 그때부터 제3자에 대하여 효력이 생긴다.

반대해석으로 당사자 간에 반대약정이 있으면, 임대인에 대하여 임대차등기절차에 협력할 것을 청구할 수 없으므로, 의미가 있는 규정은 아니다.

제622조(건물등기 있는 차지권의 대항력) ① 건물의 소유를 목적으로 한 토지임대차는 이를 등기하지 아니한 경우에도 임차인이 그 지상건물을 등기한 때에는 제3자에 대하여 임대차의 효력이 생긴다.
② 건물이 임대차기간 만료 전에 멸실 또는 후폐한 때에는 전항의 효력을 잃는다.

민법 제622조 제1항은 '건물의 소유를 목적으로 하는 토지임대차는 이를 등기하지 아니한 경우에도 임차인이 그 지상건물을 등기한 때에는 제3자에 대하여 임대차의 효력이 생긴다.'고 규정하고 있는바, 이는 건물을 소유하는 토지임차인의 보호를 위하여 건물의 등기로써 토지임대차 등기에 갈음하는 효력을 부여하는 것일 뿐이므로 임차인이 그 지상건물을 등기하기 전에 제3자가 그 토지에 관하여 물권취득의 등기를 한 때에는 임차인이 그 지상건물을 등기하더라도 그 제3자에 대하여 임대차의 효력이 생기지 아니한다(대판 2003.02.28. 2000다65802·65819).

3) 임차권의 양도와 임대물의 전대차

① **임대인의 동의 없는 양도·전대차의 법률관계**

제629조(임차권의 양도, 전대의 제한) ① 임차인은 임대인의 동의 없이 그 권리를 양도13)하거나 임차물을 전대하지 못한다.
② 임차인이 전항의 규정에 위반한 때에는 임대인은 계약을 해지할 수 있다.

제632조(임차건물의 소부분을 타인에게 사용케 하는 경우) 전3조의 규정은 건물의 임차인이 그 건물의 소부분을 타인에게 사용하게 하는 경우에 적용하지 아니한다.

임차인의 변경이 당사자의 개인적인 신뢰를 기초로 하는 계속적 법률관계인 임대차를 더 이상 지속시키기 어려울 정도로 당사자 간의 신뢰관계를 파괴하는 임대인에 대한 배신행위가 아니라고 인정되는 특별한 사정이 있는 때에는 임대인은 자신의 동의 없이 임차권이 이전되었다는 것만을 이유로 민법 제629조 제2항에 따라서 임대차계약을 해지할 수 없고, 그와 같은 특별한 사정이 있는 때에 한하여 경락인은 임대인의 동의가 없더라도 임차권의 이전을 임대인에게 대항할 수 있다고 봄이 상당한바, 위와 같은 특별한 사정이 있는 점은 경락인이 주장·입증하여야 한다(대판 1993.04.13. 92다24950).

---

13) 임대차계약의 당사자 사이에 '임차인은 임대인의 동의 없이는 임차권을 양도 또는 담보제공 하지 못한다.'는 약정을 하였다면, 그 약정의 취지는 임차권의 양도를 금지한 것으로 볼 것이지 임대차계약에 기한 임대보증금반환채권의 양도를 금지하는 것으로 볼 수는 없다(대판 2013.02.28. 2012다104366).

② 임대인의 동의 있는 양도·전대차의 법률관계

> 제630조(전대의 효과) ① 임차인이 임대인의 동의를 얻어 임차물을 전대한 때에는 전차인은 직접 임대인에 대하여 의무를 부담한다. 이 경우에 전차인은 전대인에 대한 차임의 지급으로써 임대인에게 대항하지 못한다.
> ② 전항의 규정은 임대인의 임차인에 대한 권리행사에 영향을 미치지 아니한다.
> 제631조(전차인의 권리의 확정) 임차인이 임대인의 동의를 얻어 임차물을 전대한 경우에는 임대인과 임차인의 합의로 계약을 종료한 때에도 전차인의 권리는 소멸하지 아니한다.
> 제632조(임차건물의 소부분을 타인에게 사용케 하는 경우) 전3조의 규정은 건물의 임차인이 그 건물의 소부분을 타인에게 사용하게 하는 경우에 적용하지 아니한다.

(2) 임차인의 투하자본 회수

1) 내용

임차인이 임차물에 투하한 자본을 회수하기 위해서는 비용상환청구권(제626조), 지상물매수청구권(제643조, 제283조), 부속물매수청구권(제646조, 제647조), 부속물철거권(제654조, 제615조) 등이 있다.

2) 지상물매수청구권

① **지상물매수청구권의 성질**

지상물매수청구권은 이른바 <u>형성권</u>으로서 그 행사로 임대인·임차인 사이에 지상물에 관한 매매가 성립하게 되며, 임차인이 지상물의 매수청구권을 행사한 경우에는 임대인은 그 매수를 거절하지 못하고, 이 규정은 강행규정이므로 이에 위반하는 것으로서 임차인에게 불리한 약정은 그 효력이 없다[대판(全合) 1995.07.11. 94다34265].

② **지상물매수청구권의 적용범위**

토지임차인의 지상물매수청구권은 기간의 정함이 없는 임대차에 있어서 임대인에 의한 해지통고에 의하여 그 임차권이 소멸된 경우에도 마찬가지로 인정된다[대판(全) 1995.07.11. 94다34265].

③ **채무불이행의 경우에 지상물매수청구권의 성부**

공작물의 소유 등을 목적으로 하는 토지임대차에 있어서 임차인의 채무불이행을 이유로 계약이 해지된 경우에는 임차인은 임대인에 대하여 민법 제283조, 제643조에 의한 매수청구권을 가지지 아니한다(대판 2003.04.22. 2003다7685).

④ **건물매수청구권의 대상**

민법 제643조가 정하는 건물 소유를 목적으로 하는 토지 임대차에 있어서 임차인이 가지는 건물매수청구권은 건물의 소유를 목적으로 하는 토지 임대차계약이 종료되었음에도 그 지상 건물이 현존하는 경우에 임대차계약을 성실하게 지켜온 임차인이 임대인에게 상당한 가액으로 그 지상 건물의 매수를 청구할 수 있는 권리로서 국민경제적 관점에서 지상 건물의 잔존 가치를 보존하고, 토지 소유자의 배타적 소유권 행사로 인하여 희생당하기 쉬운 임차인을 보호하기 위한 제도이므로, 임대차계약 종료 시에 경제적 가치가 잔존하고 있는 건물은 그것이 토지의 임대 목적에 반하여 축조되고 임대인이 예상할 수 없을 정도의 고가의 것이라는 등의 특별한 사정이 없는 한, <u>비록 행정관청의 허가를 받은 적법한 건물이 아니더라도 임차인의 건물매수청구권의 대상이 될 수 있다</u>(대판 1997.12.23. 97다37753). 그리고 건물을 매수하여 점유하고 있는 사람은 소유자로서의 등기명의가 없다 하더라도 그 권리의 범위 내에서는 그 점유 중인 건물에 대하여 법률상 또는 사실상의 처분권을 가지고 있다. 위와 같은 지상물매수청구권 제도의 목적, 미등기 매수인의 법적 지위 등에 비추어 볼 때, <u>종전 임차인으로부터 미등기 무허가건물을 매수하여 점유하고 있는 임차인은 특별</u>

한 사정이 없는 한 비록 소유자로서의 등기명의가 없어 소유권을 취득하지 못하였다 하더라도 임대인에 대하여 지상물매수청구권을 행사할 수 있는 지위에 있다(대판 2013.11.28. 2013다48364).

⑤ 지상물매수청구권의 대상

임차인의 지상물매수청구권은 건물 기타 공작물의 소유 등을 목적으로 한 토지임대차의 기간이 만료되었음에도 그 지상시설 등이 현존하고, 또한 임대인이 계약의 갱신에 불응하는 경우에 임차인이 임대인에게 상당한 가액으로 그 지상시설의 매수를 청구할 수 있는 권리라는 점에서 보면, 위 매수청구권의 대상이 되는 건물은 그것이 토지의 임대목적에 반하여 축조되고, 임대인이 예상할 수 없을 정도의 고가의 것이라는 특별한 사정이 없는 한 임대차기간 중에 축조되었다고 하더라도 그 만료 시에 그 가치가 잔존하고 있으면 그 범위에 포함되는 것이고, 반드시 임대차계약 당시의 기존건물이거나 임대인의 동의를 얻어 신축한 것에 한정된다고는 할 수 없다(대판 1993.11.12. 93다34589).

⑥ 건물매수청구권 행사로 인한 건물의 시가 산정

건물매수청구권 행사로 인하여 토지 소유자가 임차인에게 지급하여야 할 건물의 시가를 산정함에 있어서 그 건물에서 임차인이 영업을 하면서 얻고 있었던 수익까지 고려하여야 할 것은 아니다(대판 1997.12.23. 97다37753).

⑦ 지상물매수청구권의 상대방

건물 등의 소유를 목적으로 하는 토지 임대차에서 임대차 기간이 만료되거나 기간을 정하지 않은 임대차의 해지통고로 임차권이 소멸한 경우에 임차인은 민법 제643조에 따라 임대인에게 상당한 가액으로 건물 등의 매수를 청구할 수 있다. 임차인의 지상물매수청구권은 국민경제적 관점에서 지상 건물의 잔존 가치를 보존하고 토지 소유자의 배타적 소유권 행사로부터 임차인을 보호하기 위한 것으로서, <u>원칙적으로 임차권 소멸 당시에 토지 소유권을 가진 임대인을 상대로 행사할 수 있다</u>. 임대인이 제3자에게 토지를 양도하는 등으로 토지 소유권이 이전된 경우에는 임대인의 지위가 승계되거나 임차인이 토지 소유자에게 임차권을 대항할 수 있다면 새로운 토지 소유자를 상대로 지상물매수청구권을 행사할 수 있다. 한편 토지 소유자가 아닌 제3자가 토지 임대행위를 한 경우에는 제3자가 토지 소유자를 적법하게 대리하거나 토지 소유자가 제3자의 무권대리행위를 추인하는 등으로 임대차계약의 효과가 토지 소유자에게 귀속되었다면 토지 소유자가 임대인으로서 지상물매수청구권의 상대방이 된다. 그러나 <u>제3자가 임대차계약의 당사자로서 토지를 임대하였다면, 토지 소유자가 임대인의 지위를 승계하였다는 등의 특별한 사정이 없는 한 임대인이 아닌 토지 소유자가 직접 지상물매수청구권의 상대방이 될 수는 없다</u>[14](대판 2017.04.26. 2014다72449·72456).

3) 부속물매수청구권

제646조(임차인의 부속물매수청구권) ① 건물 기타 공작물의 임차인이 그 사용의 편익을 위하여 임대인의 동의를 얻어 이에 부속한 물건이 있는 때에는 임대차의 종료 시에 임대인에 대하여 그 부속물의 매수를 청구할 수 있다.
② 임대인으로부터 매수한 부속물에 대하여도 전항과 같다.

① 부속물의 의미

민법 제646조가 규정하는 건물임차인의 매수청구권의 대상이 되는 부속물이라 함은 건물에 부속된 물건

---

[14] 甲의 형인 乙 명의로 소유권이전등기를 마친 후 甲의 아버지인 丙 명의로 소유권이전청구권 가등기를 마친 토지에 관하여 丙이 丁에게 기간을 정하지 않고 건물의 소유를 목적으로 토지를 임대하였고, 그 후 토지에 관하여 甲 명의로 소유권이전등기를 마쳤는데, 甲이 丁을 상대로 토지에 건립된 丁 소유의 건물 등의 철거와 토지 인도를 구하자, 丁이 건물 등의 매수를 구한 사안에서, 임대인이 아닌 토지 소유자는 임대인의 지위를 승계하였다는 등의 특별한 사정이 없는 한 임차인의 지상물매수청구권의 상대방이 될 수 없으므로, 甲이 아닌 丙으로부터 토지를 임차한 丁은 원칙적으로 임대인이 아닌 토지 소유자인 甲을 상대로 지상물매수청구권을 행사할 수 없다고 한 사례.

으로 임차인의 소유에 속하고, 건물의 구성부분이 되지 아니한 것으로서 건물의 사용에 객관적인 편익을 가져오게 하는 물건이라 할 것이므로, 부속된 물건이 오로지 임차인의 특수목적에 사용하기 위하여 부속된 것일 때는 이를 부속물매수청구권의 대상이 되는 물건이라 할 수 없을 것이나, 이 경우 당해 건물의 객관적인 사용목적은 건물 자체의 구조와 임대차계약 당시 당사자 사이에 합의된 사용목적, 기타 건물의 위치, 주변의 환경 등 제반 사정을 참작하여 정하여 지는 것이라 할 것이다(대판 1993.02.26. 92다41627).

② **건물 임차인이 자신의 비용을 들여 증축한 부분을 임대인 소유로 귀속시키기로 하는 약정의 의미**

건물 임차인이 자신의 비용을 들여 증축한 부분을 임대인 소유로 귀속시키기로 하는 약정은 임차인이 원상회복의무를 면하는 대신 투입비용의 변상이나 권리주장을 포기하는 내용이 포함된 것으로서 특별한 사정이 없는 한 유효하므로, 그 약정이 부속물매수청구권을 포기하는 약정으로서 강행규정에 반하여 무효라고 할 수 없고 또한 그 증축 부분의 원상회복이 불가능하다고 해서 유익비의 상환을 청구할 수도 없다(대판 1996.08.20. 94다44705).

③ **채무불이행의 경우 부속물매수청구권의 성부**

임대차계약이 임차인의 채무불이행으로 인하여 해지된 경우에는 임차인은 민법 제646조에 의한 부속물매수청구권이 없다(대판 1990.01.23. 88다카7245).

3. 임차인의 의무

(1) 차임지급의무

제633조(차임지급의 시기) 차임은 동산, 건물이나 대지에 대하여는 매월 말에, 기타 토지에 대하여는 매년 말에 지급하여야 한다. 그러나 수확기 있는 것에 대하여는 그 수확 후 지체 없이 지급하여야 한다.

제640조(차임연체와 해지) 건물 기타 공작물의 임대차에는 <u>임차인의 차임연체액이 2기의 차임액에 달하는 때</u>에는 임대인은 계약을 해지할 수 있다.

제641조(동전) 건물 기타 공작물의 소유 또는 식목, 채염, 목축을 목적으로 한 토지임대차의 경우에도 전조의 규정을 준용한다.

제642조(토지임대차의 해지와 지상건물 등에 대한 담보권자에의 통지) 전조의 경우에 그 지상에 있는 건물 기타 공작물이 담보물권의 목적이 된 때에는 제288조[15]의 규정을 준용한다.

임차인은 차임을 지급하여야 하며, 차임은 반드시 금전에 한하지 않는다. 상가건물 임대차보호법의 적용을 받는 상가건물의 임대차에도 민법 제640조가 적용되고, 상가건물의 임대인이라도 임차인의 차임연체액이 2기(현재는 3기)의 차임액에 이르는 때에는 임대차계약을 해지할 수 있다(대판 2014.07.24. 2012다28486).

(2) 임차물 보존 및 반환의무

임대차 종료 후 임차인의 임차목적물 명도의무와 임대인의 연체차임 기타 명도시까지 발생한 손해배상금 등을 공제하고 남은 임대보증금반환 채무와는 동시이행의 관계에 있는 것이어서 임차인은 이를 지급받을 때까지 동시이행의 항변권에 기하여 목적물을 유치하면서 명도를 거절할 권리가 있는 것이나, 임차인은 임차목적물을 명도할 때까지는 선량한 관리자의 주의로 이를 보존할 의무가 있어, 이러한 주의의무를 위반하여 임대목적물이 멸실, 훼손된 경우에는 그에 대한 손해를 배상할 채무가 발생하며, 임대목적물이 멸실, 훼손된 경우 임차인이 그 책임을 면하려면 그 임차건물의 보존에 관하여 선량한 관리자의 주의의무를 다하였음을 입증하여야 할 것이다(대판 1991.10.25. 91다22605·22612).

---

15) **민법 제288조 (지상권소멸청구와 저당권자에 대한 통지)** 지상권이 저당권의 목적인 때 또는 그 토지에 있는 건물, 수목이 저당권의 목적이 된 때에는 전조의 청구는 저당권자에게 통지한 후 상당한 기간이 경과함으로써 그 효력이 생긴다.

(3) 공동임차인의 연대의무

제654조(준용규정) 제610조 제1항(차주의 사용·수익권), 제615조 내지 제617조(차주의 원상회복의무와 철거권, 공동차주의 연대의무, 손해배상·비용상환청구의 기간)의 규정은 임대차에 이를 준용한다.

제616조(공동차주의 연대의무) 수인이 공동하여 물건을 차용한 때에는 연대하여 그 의무를 부담한다.

Ⅳ. 보증금과 권리금

1. 보증금

(1) 의의

보증금은 임대차, 특히 건물임대차에 있어서 임차인이 부담하는 차임 기타의 채무를 담보하기 위하여 임차인 또는 제3자가 임대인에게 교부하는 금전을 말한다.

(2) 임대차 종료 시의 임대차보증금

임대차계약에 있어 임대차보증금은 <u>임대차계약 "종료 후"</u> 목적물을 임대인에게 명도 할 때까지 발생하는, 임대차에 따른 임차인의 모든 채무를 담보하는 것으로서, 그 피담보채무 상당액은 임대차관계의 종료 후 목적물이 반환될 때에, 특별한 사정이 없는 한, 별도의 의사표시 없이 보증금에서 당연히 공제되는 것이므로, 임대인은 임대차보증금에서 그 피담보채무를 공제한 나머지만을 임차인에게 반환할 의무가 있다(대판 2005. 09.28. 2005다8323·8330). 이에 반하여 임대차보증금이 임대인에게 교부되어 있더라도 임대인은 임대차관계가 <u>"계속되고 있는 동안"</u>에는 임대차보증금에서 연체차임을 충당할 것인지를 자유로이 선택할 수 있으므로, 임대차계약 종료 전에는 연체차임이 공제 등 별도의 의사표시 없이 임대차보증금에서 당연히 공제되는 것은 아니다. 그리고 임대인이 차임채권을 양도하는 등의 사정으로 인하여 차임채권을 가지고 있지 아니한 경우에는 특별한 사정이 없는 한 임대차계약 종료 전에 임대차보증금에서 공제한다는 의사표시를 할 수 있는 권한이 있다고 할 수도 없다(대판 2013.02.28. 2011다49608).

2. 권리금

(1) 의의

권리금이란 주로 건물(점포) 임대차의 경우에 점포의 장소적 이익 등의 대가로 임차인으로부터 임대인에게 또는 임차권의 양수인으로부터 그 양도인에게 지급되는 금전을 말한다.

(2) 권리금 관계

영업용 건물의 임대차에 수반되어 행하여지는 권리금의 지급은 임대차계약의 내용을 이루는 것은 아니고 권리금 자체는 거기의 영업시설·비품 등 유형물이나 거래처, 신용, 영업상의 노하우(know-how) 혹은 점포 위치에 따른 영업상의 이점 등 무형의 재산적 가치의 양도 또는 일정 기간 동안의 이용대가라고 볼 것인바, 권리금이 그 수수 후 일정한 기간 이상으로 그 임대차를 존속시키기로 하는 임차권 보장의 약정 하에 임차인으로부터 임대인에게 지급된 경우에는, 보장기간 동안의 이용이 유효하게 이루어진 이상 임대인은 그 권리금의 반환의무를 지지 아니하며, 다만 임차인은 당초의 임대차에서 반대되는 약정이 없는 한 임차권의 양도 또는 전대차 기회에 부수하여 자신도 일정 기간 이용할 수 있는 권리를 다른 사람에게 양도하거나 또는 다른 사람으로 하여금 일정기간 이용케 함으로써 권리금 상당액을 회수할 수 있을 것이지만, 반면 임대인의 사정으로 임대차계약이 중도 해지됨으로써 당초 보장된 기간 동안의 이용이 불가능하였다는 등의 특별한 사정이 있을 때에는 임대인은 임차인에 대하여 그 권리금의 반환의무를 진다고 할 것이고, 그 경우 임대인이 반환의무를 부담하는 권리금의 범위는, 지급된 권리금을 경과기간과 잔존기간에 대응하는 것으로 나누어, 임대인은 임차인으로부터 수령한 권리금 중 임대차계약이 종료될 때까지의 기간에 대응하는 부분을 공제한 잔존기간에 대응하는 부분만을 반환할 의무를 부담한다고 봄이 공평의 원칙에 합치 된다(대판 2002.07.26. 2002다25013).

V. 임대차의 종료

1. 종료의 원인

(1) 존속기간의 만료

존속기간의 약정이 있는 임대차는 그 기간의 만료로 종료한다.

(2) 해지통고

제635조(기간의 약정 없는 임대차의 해지통고) ① 임대차기간의 약정이 없는 때에는 당사자는 언제든지 계약해지의 통고를 할 수 있다.
② 상대방이 전항의 통고를 받은 날로부터 다음 각 호의 기간이 경과하면 해지의 효력이 생긴다.
   1. 토지, 건물 기타 공작물에 대하여는 임대인이 해지를 통고한 경우에는 6월, 임차인이 해지를 통고한 경우에는 1월
   2. 동산에 대하여는 5일

제636조(기간의 약정 있는 임대차의 해지통고) 임대차기간의 약정이 있는 경우에도 당사자일방 또는 쌍방이 그 기간 내에 해지할 권리를 보류한 때에는 전조의 규정을 준용한다.

제637조(임차인의 파산과 해지통고) ① 임차인이 파산선고를 받은 경우에는 임대차기간의 약정이 있는 때에도 임대인 또는 파산관재인은 제635조의 규정에 의하여 계약해지의 통고를 할 수 있다.
② 전항의 경우에 각 당사자는 상대방에 대하여 계약해지로 인하여 생긴 손해의 배상을 청구하지 못한다.

제638조(해지통고의 전차인에 대한 통지) ① 임대차계약이 해지의 통고로 인하여 종료된 경우에 그 임대물이 적법하게 전대되었을 때에는 임대인은 전차인에 대하여 그 사유를 통지하지 아니하면 해지로써 전차인에게 대항하지 못한다.
② 전차인이 전항의 통지를 받은 때에는 제635조제2항의 규정을 준용한다.

(3) 해지

민법은 아래의 경우 존속기간의 약정 유무에도 불구하고 임대차를 해지할 수 있게 규정하고 있다. 이 경우에는 상대방에게 해지의 의사표시가 도달한 때에 그 효력이 생긴다.

제625조(임차인의 의사에 반하는 보존행위와 해지권) 임대인이 임차인의 의사에 반하여 보존행위를 하는 경우에 임차인이 이로 인하여 임차의 목적을 달성할 수 없는 때에는 계약을 해지할 수 있다.

제627조(일부멸실 등과 감액청구, 해지권) ① 임차물의 일부가 임차인의 과실 없이 멸실 기타 사유로 인하여 사용, 수익할 수 없는 때에는 임차인은 그 부분의 비율에 의한 차임의 감액을 청구할 수 있다.
② 전항의 경우에 그 잔존부분으로 임차의 목적을 달성할 수 없는 때에는 임차인은 계약을 해지할 수 있다.

제629조(임차권의 양도, 전대의 제한) ① 임차인은 임대인의 동의 없이 그 권리를 양도하거나 임차물을 전대하지 못한다.
② 임차인이 전항의 규정에 위반한 때에는 임대인은 계약을 해지할 수 있다.

제640조(차임연체와 해지) 건물 기타 공작물의 임대차에는 <u>임차인의 차임연체액이 2기의 차임액에 달하는 때에는</u> 임대인은 계약을 해지할 수 있다.

제641조(동전) 건물 기타 공작물의 소유 또는 식목, 채염, 목축을 목적으로 한 토지임대차의 경우에도 전조의 규정을 준용한다.

2. 종료의 효과

임대차는 계속적 계약이므로, 종료의 효과는 장래에 향하여 그 효력이 소멸 된다(제550조).

제5절 소비대차

제598조(소비대차의 의의) 소비대차는 당사자일방이 금전 기타 대체물의 소유권을 상대방에게 이전할 것을 약정하고 상대방은 그와 같은 종류, 품질 및 수량으로 반환할 것을 약정함으로써 그 효력이 생긴다.

I. 의의 및 성질

소비대차의 차주는 목적물에 대한 소유권을 취득하고 동종·동질·동량의 물건을 반환하면 되지만, 사용대차·임대차에서 차주는 목적물의 소유권을 취득하지 못하고 그 자체를 반환하여야 한다는 점에서 구별된다. 소비대차는 이자부로 약정할 수 있고, 무이자부로 약정할 수도 있다. 민법상 소비대차는 당사자 일방이 금전 기타 대체물의 소유권을 상대방에게 이전할 것을 약정하고 상대방은 그와 같은 종류, 품질 및 수량으로 반환할 것을 약정함으로써 그 효력이 생기는 이른바 낙성계약이므로, 차주가 현실로 금전 등을 수수하거나 현실의 수수가 있는 것과 같은 경제적 이익을 취득하여야만 소비대차가 성립하는 것은 아니다(대판 1991. 04.09. 90다14652).

제606조(대물대차) 금전대차의 경우에 차주가 금전에 갈음하여 유가증권 기타 물건의 인도를 받은 때에는 그 인도시의 가액으로써 차용액으로 한다.

II. 소비대차의 성립과 효력

제599조(파산과 소비대차의 실효) 대주가 목적물을 차주에게 인도하기 전에 당사자일방이 파산선고를 받은 때에는 소비대차는 그 효력을 잃는다.

제600조(이자계산의 시기) 이자있는 소비대차는 차주가 목적물의 인도를 받은 때로부터 이자를 계산하여야 하며 차주가 그 책임 있는 사유로 수령을 지체할 때에는 <u>대주가 이행을 제공한 때로부터 이자를 계산하여야 한다</u>.

제601조(무이자소비대차와 해제권) 이자 없는 소비대차의 당사자는 목적물의 인도전에는 언제든지 계약을 해제할 수 있다. 그러나 상대방에게 생긴 손해가 있는 때에는 이를 배상하여야 한다.

제602조(대주의 담보책임) ① 이자 있는 소비대차의 목적물에 하자가 있는 경우에는 제580조 내지 제582조의 규정을 준용한다. ② 이자 없는 소비대차의 경우에는 차주는 하자있는 물건의 가액으로 반환할 수 있다. 그러나 대주가 그 하자를 알고 차주에게 고지하지 아니한 때에는 전항과 같다.

제603조(반환시기) ① 차주는 약정시기에 차용물과 같은 종류, 품질 및 수량의 물건을 반환하여야 한다. ② **반환시기의 약정이 없는 때에는 대주는 상당한 기간을 정하여 반환을 최고하여야 한다.** 그러나 차주는 언제든지 반환할 수 있다.

제604조(반환불능으로 인한 시가상환) 차주가 차용물과 같은 종류, 품질 및 수량의 물건을 반환할 수 없는 때에는 그 때의 시가로 상환하여야 한다. 그러나 제376조16) 및 제377조제2항17)의 경우에는 그러하지 아니하다.

Ⅲ. 대물반환의 예약과 차주의 보호

제607조(대물반환의 예약) 차용물의 반환에 관하여 차주가 차용물에 갈음하여 다른 재산권을 이전할 것을 예약한 경우에는 그 재산의 예약당시의 가액이 차용액 및 이에 붙인 이자의 합산액을 넘지 못한다.

제608조(차주에 불이익한 약정의 금지) 전2조의 규정에 위반한 당사자의 약정으로서 차주에 불리한 것은 환매 기타 여하한 명목이라도 그 효력이 없다.

민법 제607조, 제608조는 소비대차계약 또는 준소비대차계약에 의하여 차주가 반환할 차용물에 관하여 대물반환의 예약이 있는 경우에 모두 적용되는 것이다(대판 1992.10.09. 92다13790). 민법 제607조, 제608조에 위반된 대물변제의 약정은 대물변제의 예약으로서는 무효가 되지만 약한 의미의 양도담보를 설정하기로 하는 약정으로서는 유효하되, 다만 그에 기한 소유권이전등기를 미처 경료하지 아니한 경우에는 아직 양도담보가 설정되기 이전의 단계이므로 가등기담보등에관한법률 제3조 소정의 담보권 실행에 관한 규정이 적용될 여지가 없는 한편, 채권자는 양도담보의 약정을 원인으로 하여 담보목적물에 관하여 소유권이전등기절차의 이행을 청구할 수 있다(대판 1999.02.09. 98다51220). 채무자가 채권자 앞으로 차용물 아닌 다른 재산권을 이전한 경우에 있어 그 권리의 이전이 채무의 이행을 담보하기 위한 것이 아니고 그 채무에 갈음하여 상대방에게 완전히 그 권리를 이전하는 경우 즉 대물변제의 경우에는 가사 그 시가가 그 채무의 원리금을 초과한다고 하더라도 민법 제607조, 제608조가 적용되지 아니 한다(대판 1992.02.28. 91다25574).

---

16) **민법 제376조 (금전채권)** 채권의 목적이 어느 종류의 통화로 지급할 것인 경우에 그 통화가 변제기에 강제통용력을 잃은 때에는 채무자는 다른 통화로 변제하여야 한다.
17) **민법 제377조 (외화채권)** ② 채권의 목적이 어느 종류의 다른나라 통화로 지급할 것인 경우에 그 통화가 변제기에 강제통용력을 잃은 때에는 그 나라의 다른 통화로 변제하여야 한다.

Ⅳ. 준소비대차

제605조(준소비대차) 당사자쌍방이 소비대차에 의하지 아니하고 금전 기타의 대체물을 지급할 의무가 있는 경우에 당사자가 그 목적물을 소비대차의 목적으로 할 것을 약정한 때에는 소비대차의 효력이 생긴다.

1. 경개와 준소비대차의 구별

경개나 준소비대차는 모두 기존채무를 소멸케 하고 신채무를 성립시키는 계약인 점에 있어서는 동일하지만 경개에 있어서는 기존채무와 신채무와의 사이에 동일성이 없는 반면, 준소비대차에 있어서는 원칙적으로 동일성이 인정된다는 점에 차이가 있는 바, 기존채권 채무의 당사자가 그 목적물을 소비대차의 목적으로 할 것을 약정한 경우 그 약정을 경개로 볼 것인가 또는 준소비대차로 볼 것인가는 일차적으로 당사자의 의사에 의하여 결정되고 만약 당사자의 의사가 명백하지 않을 때에는 의사해석의 문제이나 특별한 사정이 없는 한 동일성을 상실함으로써 채권자가 담보를 잃고 채무자가 항변권을 잃게 되는 것과 같이 스스로 불이익을 초래하는 의사를 표시하였다고는 볼 수 없으므로 일반적으로 준소비대차로 보아야 한다[18](대판 1989.06.27. 89다카2957).

2. 준소비대차의 구채무

민법 제605조 소정의 준소비대차는 구채무가 소비대차일 경우에도 성립한다(대판 1994.05.13. 94다8440).

3. 준소비대차계약의 당사자

준소비대차는 소비대차에 의하지 아니하고 금전 기타의 대체물을 지급할 의무가 있는 경우에 당사자가 그 목적물을 소비대차의 목적물로 할 것을 약정함으로써 당사자 사이에 소비대차의 효력이 생기는 것을 말하는 것으로서 기존 채무의 당사자가 그 채무의 목적물을 소비대차의 목적물로 한다는 합의를 할 것을 요건으로 하므로 준소비대차계약의 당사자는 기초가 되는 기존 채무의 당사자이어야 한다(대판 2002.12.06. 2001다2846).

4. 준소비대차의 경우의 담보권 존속 여부

준소비대차가 이루어진 경우 구채무가 당연히 소멸한다고 볼 수는 없고, 그 소멸 여부는 당사자의 의사에 따를 것이지만, 원칙으로 구채무는 동일성을 유지하면서 소비대차의 형태로 존속하고, 그 담보도 그대로 존속한다(대판 1994.05.13. 94다8440).

---

[18] 따라서 甲과 乙이 골재채취업을 동업하다가 乙이 탈퇴하고 甲이 乙에게 지급할 정산금을 소비대차의 목적으로 하기로 약정한 경우 甲은 골재채취를 영업으로 하는 자이어서 상인이고 이 준소비대차계약은 상인인 甲이 그 영업을 위하여 한 상행위로 추정함이 상당하므로(이 점은 위 약정을 경개라고 하더라도 마찬가지이다), 이에 의하여 새로이 발생한 채권은 상사채권으로서 5년의 상사시효의 적용을 받는다.

제6절 도급

I. 도급의 의의

> 제664조(도급의 의의) 도급은 당사자일방이 어느 일을 완성할 것을 약정하고 상대방이 그 일의 결과에 대하여 보수를 지급할 것을 약정함으로써 그 효력이 생긴다.

도급은 당사자일방이 어느 일을 완성할 것을 약정하고 상대방이 그 일의 결과에 대하여 보수를 지급할 것을 약정함으로써 성립하는 유상·쌍무·낙성·불요식의 계약이다. 단순한 노무의 제공이 아니라 일의 완성을 목적으로 한다는 점에서 고용·위임과는 구별 된다. 따라서 공사도급계약에 있어서 당사자 사이에 특약이 있거나 일의 성질상 수급인 자신이 하지 않으면 채무의 본지에 따른 이행이 될 수 없다는 등의 특별한 사정이 없는 한 반드시 수급인 자신이 직접 일을 완성하여야 하는 것은 아니고, 이행보조자 또는 이행대행자를 사용하더라도 공사도급계약에서 정한 대로 공사를 이행하는 한 계약을 불이행하였다고 볼 수 없다(대판 2002.04.12. 2001다82545·82552).

> **1. 제작물 공급계약의 법적 성질**
> 당사자의 일방이 상대방의 주문에 따라 자기 소유의 재료를 사용하여 만든 물건을 공급할 것을 약정하고 이에 대하여 상대방이 대가를 지급하기로 약정하는 이른바 제작물공급계약은, 그 제작의 측면에서는 도급의 성질이 있고 공급의 측면에서는 매매의 성질이 있어 이러한 계약은 대체로 매매와 도급의 성질을 함께 가지고 있는 것으로서, 그 적용 법률은 계약에 의하여 제작 공급하여야 할 물건이 대체물인 경우에는 매매로 보아서 매매에 관한 규정이 적용된다고 할 것이나, 물건이 특정의 주문자의 수요를 만족시키기 위한 부대체물인 경우에는 당해 물건의 공급과 함께 그 제작이 계약의 주목적이 되어 도급의 성질을 띠는 것이다(대판 1996.06.28. 94다42976).
>
> **2. 제작물공급계약에서 보수의 지급시기**
> 제작물공급계약에서 보수의 지급시기에 관하여 당사자 사이의 특약이나 관습이 없으면 도급인은 완성된 목적물을 인도받음과 동시에 수급인에게 보수를 지급하는 것이 원칙이고, 이때 목적물의 인도는 완성된 목적물에 대한 단순한 점유의 이전만을 의미하는 것이 아니라 도급인이 목적물을 검사한 후 그 목적물이 계약내용대로 완성되었음을 명시적 또는 묵시적으로 시인하는 것까지 포함하는 의미이다(대판 2006.10.13. 2004다21862).
>
> **3. 제작물공급계약에 있어 일의 완성에 관한 주장·입증책임**
> 도급계약에 있어 일의 완성에 관한 주장·입증책임은 일의 결과에 대한 보수의 지급을 청구하는 수급인에게 있고, 제작물공급계약에서 일이 완성되었다고 하려면 당초 예정된 최후의 공정까지 일단 종료하였다는 점만으로는 부족하고 목적물의 주요구조 부분이 약정된 대로 시공되어 사회통념상 일반적으로 요구되는 성능을 갖추고 있어야 하므로, 제작물공급에 대한 보수의 지급을 청구하는 수급인으로서는 그 목적물 제작에 관하여 계약에서 정해진 최후 공정을 일단 종료하였다는 점뿐만 아니라 그 목적물의 주요구조 부분이 약정된 대로 시공되어 사회통념상 일반적으로 요구되는 성능을 갖추고 있다는 점까지 주장·입증하여야 한다(대판 2006.10.13. 2004다21862).

II. 도급의 효력

1. 완성물의 소유권 귀속

(1) 원칙

수급인이 자기의 노력과 출재로 완성한 건물의 소유권은 도급인과 수급인 사이의 특약에 의하여 달리 정하거나 기타 특별한 사정이 없는 한 수급인에게 귀속 된다(대판 1990.02.13. 89다카11401).

(2) 예외

 일반적으로 자기의 노력과 재료를 들여 건물을 건축한 사람이 그 건물의 소유권을 원시취득 하는 것이지만, 도급계약에 있어서는 수급인이 자기의 노력과 재료를 들여 건물을 완성하더라도 도급인과 수급인 사이에 도급인 명의로 건축허가를 받아 소유권보존등기를 하기로 하는 등 <u>완성된 건물의 소유권을 도급인에게 귀속시키기로 합의한 것으로 보일 경우에는 그 건물의 소유권은 도급인에게 원시적으로 귀속</u> 된다(대판(全合) 2003. 12. 18. 98다43601). 따라서 이 경우 건물의 소유권자는 도급인이 되므로, 수급인은 유치권자가 될 수 있다[19].

(3) 약정의 여부

 신축건물의 소유권을 원칙상 자기의 노력과 재료를 들여 이를 건축한 사람이 원시취득 하는 것임은 물론이나, 건물신축도급계약에 있어서는 수급인이 자기의 노력과 재료를 들여 건물을 완성하더라도 도급인과 수급인 사이에 도급인 명의로 건축허가를 받아 소유권보존등기를 하기로 하는 등 완성된 건물의 소유권을 도급인에게 귀속시키기로 합의한 경우에는 그 건물의 소유권은 도급인에게 원시적으로 귀속되는바, 이때 신축건물이 집합건물로서 여러 사람이 공동으로 건축주가 되어 도급계약을 체결한 것이라면, 그 집합건물의 각 전유부분 소유권이 누구에게 원시적으로 귀속되느냐는 공동 건축주들의 약정에 따라야 한다(대판 2005. 11. 25. 2004다36352).

2. 완성물 인도 또는 일의 완성과 보수지급

(1) 보수지급

> 제665조(보수의 지급시기) ① 보수는 그 완성된 목적물의 인도와 동시에 지급하여야 한다. 그러나 목적물의 인도를 요하지 아니하는 경우에는 그 일을 완성한 후 지체 없이 지급하여야 한다.
> ② 전항의 보수에 관하여는 제656조제2항의 규정을 준용한다.

 보수는 그 완성된 목적물의 인도와 동시에 지급하여야 한다. 그러나 목적물의 인도를 요하지 아니하는 경우에는 그 일을 완성한 후 지체 없이 지급하여야 한다. 보수는 약정한 시기에 지급하여야 하며, 시기의 약정이 없으면 관습에 의하고, 관습이 없으면 일을 완성한 후 지체 없이 지급하여야 한다(보수지급시기, 제665조 2항, 제656조 2항). 그리고 민법 제665조 제1항은 도급계약에서 보수는 완성된 목적물의 인도와 동시에 지급해야 한다고 정하고 있는데, 이때 목적물의 인도는 단순한 점유의 이전만을 의미하는 것이 아니라 도급인이 목적물을 검사한 후 목적물이 계약 내용대로 완성되었음을 명시적 또는 묵시적으로 시인하는 것까지 포함하는 의미이다(대판 2023. 03. 30. 2022다289174).

(2) 저당권설정청구

> 제666조(수급인의 목적 부동산에 대한 저당권설정청구권) 부동산공사의 수급인은 전조의 보수에 관한 채권을 담보하기 위하여 그 부동산을 목적으로 한 저당권의 설정을 청구할 수 있다.

 수급인의 저당권설정청구권을 규정하는 민법 제666조는 부동산공사에서 그 목적물이 보통 수급인의 자재와 노력으로 완성되는 점을 감안하여 그 목적물의 소유권이 원시적으로 도급인에게 귀속되는 경우 수급인에게 목적물에 대한 저당권설정청구권을 부여함으로써 수급인이 사실상 목적물로부터 공사대금을 우선적으로 변제받을 수 있도록 하는 데 그 취지가 있다.

---

19) 주택건물의 신축공사를 한 수급인이 그 건물을 점유하고 있고 또 그 건물에 관하여 생긴 공사금 채권이 있다면, 수급인은 그 채권을 변제받을 때까지 건물을 유치할 권리가 있다고 할 것이고, 이러한 유치권은 수급인이 점유를 상실하거나 피담보 채무가 변제되는 등 특단의 사정이 없는 한 소멸되지 않는다(대판 1995. 09. 15. 95다16202).

3. 수급인의 담보책임

(1) 보수청구권과 손해배상청구권

> **제667조(수급인의 담보책임)** ① 완성된 목적물 또는 완성전의 성취된 부분에 하자가 있는 때에는 도급인은 수급인에 대하여 상당한 기간을 정하여 그 하자의 보수를 청구할 수 있다. 그러나 하자가 중요하지 아니한 경우에 그 보수에 과다한 비용을 요할 때에는 그러하지 아니하다.
> ② 도급인은 하자의 보수에 갈음하여 또는 보수와 함께 손해배상을 청구할 수 있다.
> ③ 전항의 경우에는 제536조의 규정을 준용한다.

도급도 유상계약이므로 완성된 일 등에 하자가 있으면 제567조에 의하여 매도인의 담보책임에 관한 규정이 준용되지만, 민법은 도급의 특성을 고려하여 수급인의 담보책임에 관한 특칙을 두고 있다(제667조 이하). 수급인의 하자담보책임은 법이 특별히 인정한 무과실책임이다(대판 1990.03.09. 88다카31866). 완성된 목적물 또는 완성전의 성취된 부분에 하자가 있는 때에는 도급인은 수급인에 대하여 상당한 기간을 정하여 그 하자의 보수를 청구할 수 있다(제667조 1항 본문). 그러나 하자가 중요하지 아니한 경우에 그 보수에 과다한 비용을 요할 때에는 그러하지 아니하다[20](동조 동항 단서). 도급인은 하자의 보수에 갈음하여 또는 보수와 함께 손해배상을 청구할 수 있다(동조 2항). 이 경우 동시이행의 항변권 규정이 준용된다(동조 3항).

(2) 해제권

> **제668조(동전-도급인의 해제권)** 도급인이 완성된 목적물의 하자로 인하여 계약의 목적을 달성할 수 없는 때에는 계약을 해제할 수 있다. 그러나 건물 기타 토지의 공작물에 대하여는 그러하지 아니하다.

건물 기타 공작물의 경우에 계약의 해제를 제한하는 이유는 수급인에게 과대한 손실을 줄 뿐 아니라 이미 세워진 건물을 철거한다는 것은 사회경제적으로 손실이 크기 때문이다. 다만 건물이 완성되기 전이라면 채무불이행의 일반원칙에 따라 해제할 수 있으나, 判例는 이미 시공한 부분에 대한 소급효를 제한한다. 즉 건축공사도급계약이 수급인의 채무불이행을 이유로 해제된 경우에 있어 해제될 당시 공사가 상당한 정도로 진척되어 이를 원상회복하는 것이 중대한 사회적 · 경제적 손실을 초래하게 되고, 완성된 부분이 도급인에게 이익이 되는 것으로 보이는 경우에는 도급계약은 미완성부분에 대하여만 실효되고 수급인은 해제한 상태 그대로 그 건물을 도급인에게 인도하고, 도급인은 특별한 사정이 없는 한 인도받은 미완성 건물에 대한 보수를 지급하여야 하는 권리의무관계가 성립한다(대판 1992.03.31. 91다42630).

(3) 면책

1) 면책사유

> **제669조(동전-하자가 도급인의 제공한 재료 또는 지시에 기인한 경우의 면책)** 전2조의 규정은 목적물의 하자가 도급인이 제공한 재료의 성질 또는 도급인의 지시에 기인한 때에는 적용하지 아니한다. 그러나 수급인이 그 재료 또는 지시의 부적당함을 알고 도급인에게 고지하지 아니한 때에는 그러하지 아니하다.

---

[20] 건물신축도급계약에 있어서 수급인이 신축한 건물의 하자가 중요하지 아니하면서 동시에 그 보수에 과다한 비용을 요하는 경우에는 도급인은 하자보수나 하자보수에 갈음하는 손해배상을 청구할 수 없고 그 하자로 인하여 입은 손해의 배상만을 청구할 수 있다 할 것인데, 이러한 경우 그 하자로 인하여 입은 통상의 손해는 특별한 사정이 없는 한 도급인이 하자 없이 시공하였을 경우의 목적물의 교환가치와 하자가 있는 현재의 상태대로의 교환가치와의 차액이 되고, 그 하자 있는 목적물을 사용함으로 인하여 발생하는 정신적 고통으로 인한 손해는 수급인이 그러한 사정을 알았거나 알 수 있었을 경우에 한하여 특별손해로서 배상받을 수 있다(대판 1997.02.25. 96다45436).

수급인의 담보책임에 관한 규정은 목적물의 하자가 도급인이 제공한 재료의 성질 또는 도급인의 지시에 기인한 때에는 적용하지 아니한다. 그러나 수급인이 그 재료 또는 지시의 부적당함을 알고 도급인에게 고지하지 아니한 때에는 적용된다. 예를 들어 건축 도급계약의 수급인이 설계도면의 기재대로 시공한 경우, 이는 도급인의 지시에 따른 것과 같아서 수급인이 그 설계도면이 부적당함을 알고 도급인에게 고지하지 아니한 것이 아닌 이상, 그로 인하여 목적물에 하자가 생겼다 하더라도 수급인에게 하자담보책임을 지울 수는 없다(대판 1996.05.14. 95다24975).

2) 면책특약

제672조(담보책임면제의 특약) 수급인은 제667조, 제668조의 담보책임이 없음을 약정한 경우에도 알고 고지하지 아니한 사실에 대하여는 그 책임을 면하지 못한다.

민법 제672조가 수급인이 담보책임이 없음을 약정한 경우에도 알고 고지하지 아니한 사실에 대하여는 그 책임을 면하지 못한다고 규정한 취지는 그와 같은 경우에도 담보책임을 면하게 하는 것은 신의성실의 원칙에 위배된다는 데 있으므로, 담보책임을 면제하는 약정을 한 경우뿐만 아니라 담보책임기간을 단축하는 등 법에 규정된 담보책임을 제한하는 약정을 한 경우에도, 수급인이 알고 고지하지 아니한 사실에 대하여 그 책임을 제한하는 것이 신의성실의 원칙에 위배된다면 그 규정의 취지를 유추하여 그 사실에 대하여는 담보책임이 제한되지 않는다고 보아야 한다(대판 1999.09.21. 99다19032).

(4) 제척기간

제670조(담보책임의 존속기간) ① 전3조의 규정에 의한 하자의 보수, 손해배상의 청구 및 계약의 해제는 목적물의 인도를 받은 날로부터 1년 내에 하여야 한다.
② 목적물의 인도를 요하지 아니하는 경우에는 전항의 기간은 일의 종료한 날로부터 기산한다.

1) 제척기간의 성질
민법상 수급인의 하자담보책임에 관한 기간은 제척기간으로서 재판상 또는 재판 외의 권리행사기간이며 재판상 청구를 위한 출소기간이 아니라고 할 것이다(대판 2000.06.09. 2000다15371).

2) 제척기간과 소멸시효의 관계
수급인의 담보책임에 기한 하자보수에 갈음하는 손해배상청구권에 대하여는 민법 제670조 또는 제671조의 제척기간이 적용되고, 이는 법률관계의 조속한 안정을 도모하고자 하는 데에 취지가 있다. 그런데 이러한 도급인의 손해배상청구권에 대하여는 권리의 내용·성질 및 취지에 비추어 민법 제162조 제1항의 채권소멸시효의 규정 또는 도급계약이 상행위에 해당하는 경우에는 상법 제64조의 상사시효의 규정이 적용되고, 민법 제670조 또는 제671조의 제척기간 규정으로 인하여 위 각 소멸시효 규정의 적용이 배제된다고 볼 수 없다(대판 2012.11.15. 2011다56491).

(5) 토지, 건물 등에 대한 특칙

제671조(수급인의 담보책임-토지, 건물 등에 대한 특칙) ① 토지, 건물 기타 공작물의 수급인은 목적물 또는 지반공사의 하자에 대하여 인도 후 5년간 담보의 책임이 있다. 그러나 목적물이 석조, 석회조, 연와조, 금속 기타 이와 유사한 재료로 조성된 것인 때에는 그 기간을 10년으로 한다.
② 전항의 하자로 인하여 목적물이 멸실 또는 훼손된 때에는 도급인은 그 멸실 또는 훼손된 날로부터 1년 내에 제667조의 권리를 행사하여야 한다.

III. 도급의 종료

1. 완성전의 해제권

제673조(완성전의 도급인의 해제권) 수급인이 일을 완성하기 전에는 도급인은 손해를 배상하고 계약을 해제할 수 있다.

(1) 제673조의 취지

민법 제673조에서 도급인으로 하여금 자유로운 해제권을 행사할 수 있도록 하는 대신 수급인이 입은 손해를 배상하도록 규정하고 있는 것은 도급인의 일방적인 의사에 기한 도급계약 해제를 인정하는 대신, 도급인의 일방적인 계약해제로 인하여 수급인이 입게 될 손해, 즉 수급인이 이미 지출한 비용과 일을 완성하였더라면 얻었을 이익을 합한 금액을 전부 배상하게 하는 것이라 할 것이므로, 위 규정에 의하여 도급계약을 해제한 이상은 특별한 사정이 없는 한 도급인은 수급인에 대한 손해배상에 있어서 과실상계나 손해배상예정액 감액을 주장할 수는 없다(대판 2002.05.10. 2000다37296).

(2) 손익상계

채무불이행이나 불법행위 등이 채권자 또는 피해자에게 손해를 생기게 하는 동시에 이익을 가져다 준 경우에는 공평의 관념상 그 이익은 당사자의 주장을 기다리지 아니하고 손해를 산정함에 있어서 공제되어야만 하는 것이므로, 민법 제673조에 의하여 도급계약이 해제된 경우에도, 그 해제로 인하여 수급인이 그 일의 완성을 위하여 들이지 않게 된 자신의 노력을 타에 사용하여 소득을 얻었거나 또는 얻을 수 있었음에도 불구하고, 태만이나 과실로 인하여 얻지 못한 소득 및 일의 완성을 위하여 준비하여 둔 재료를 사용하지 아니하게 되어 타에 사용 또는 처분하여 얻을 수 있는 대가 상당액은 당연히 손해액을 산정함에 있어서 공제되어야 한다(대판 2002.05.10. 2000다37296).

2. 도급인의 파산과 해제권

제674조(도급인의 파산과 해제권) ① 도급인이 파산선고를 받은 때에는 수급인 또는 파산관재인은 계약을 해제할 수 있다. 이 경우에는 수급인은 일의 완성된 부분에 대한 보수 및 보수에 포함되지 아니한 비용에 대하여 파산재단의 배당에 가입할 수 있다.
② 전항의 경우에는 각 당사자는 상대방에 대하여 계약해제로 인한 손해의 배상을 청구하지 못한다.

3. 완성 후의 해제권

제668조(동전-도급인의 해제권) 도급인이 완성된 목적물의 하자로 인하여 계약의 목적을 달성할 수 없는 때에는 계약을 해제할 수 있다. 그러나 건물 기타 토지의 공작물에 대하여는 그러하지 아니하다.

제7절 위 임

> 제680조 (위임의 의의) 위임은 당사자일방이 상대방에 대하여 사무의 처리를 위탁하고 상대방이 이를 승낙함으로써 그 효력이 생긴다.

I. 의의 및 성질

위임은 당사자 일방이 상대방에 대하여 사무의 처리를 위탁하고, 상대방이 이를 승낙함으로써 성립하는 낙성·불요식의 계약이다. 위임은 무상이 원칙이며(무상·편무계약), 당사자의 특약으로 유상으로 할 수 있으나(이 때에는 유상·쌍무계약, 제686조 1항), 대부분 유상으로 행해진다[21]. 위임은 자신의 재량에 의한 위임사무의 처리를 목적으로 하는 점에서 일의 완성을 목적으로 하는 도급, 사용자의 지휘·명령에 따라야 하는 고용과는 구별된다. 그리고 위임은 대리권수여(=수권행위)와도 구별 된다[22]. 위임의 규정은 타인의 사무처리에 관한 원칙 규정이므로, 타인의 사무처리 제도에 준용된다(제24조, 제701조, 제707조, 제738조, 제739조, 제919조, 제956조, 제959조, 제1048조, 제1103조, 제1104조, 상법 제382조 등).

II. 위임의 성립

위임은 계약에 의한 일정한 사무(법률행위·준법률행위·사실행위 불문)의 처리를 위탁하는 것을 목적으로 한다. 이 점에서 계약에 의하지 않고 타인의 사무를 처리하는 사무관리와 구별된다. 위임인이 수임인에게 대리권을 수여하는 것은 위임의 요건이 아니다. 따라서 위임계약에 체결되었다고 하여도 대리권이 수여되었는지 여부는 별도로 판단한다. 보수지급도 위임의 요건은 아니다.

III. 위임의 효력

1. 수임인의 의무

> 제681조 (수임인의 선관의무) 수임인은 위임의 본지에 따라 선량한 관리자의 주의[23]로써 위임사무를 처리하여야 한다.

---

[21] 민사사건의 소송대리 업무를 위임받은 변호사가 그 소송 제기 전에 상대방에 채무 이행을 최고하고 형사고소를 제기하는 등의 사무를 처리함으로써 사건위임인과 상대방 사이에 재판 외 화해가 성립되어 결과적으로 소송제기를 할 필요가 없게 된 경우에, 사건본인과 변호사 사이에 소제기에 의하지 아니한 사무 처리에 관하여 명시적인 보수의 약정을 한바 없다고 하여도 특단의 사정이 없는 한 사건위임인은 변호사에게 위 사무 처리에 들인 노력에 상당한 보수를 지급할 의무가 있다(대판 1982.09.14. 82다125).
[22] 위임과 대리권수여는 별개의 독립된 행위로서 위임은 위임자와 수임자간의 내부적인 채권채무관계를 말하고 대리권은 대리인의 행위의 효과가 본인에게 미치는 대외적 자격을 말하는 것이므로 위임계약에 대리권수여가 수반되는 일은 있으나 위임계약만으로는 그 효력은 위임자와 수임자 이외에는 미치는 것이 아니므로 구 민법 제655조의 취지는 위임종료의 사유는 이를 상대방에 통지하거나 상대방이 이를 안 때가 아니면 위임자와 수임자간에는 위임계약에 의한 권리의무관계가 존속한다는 취지에 불과하고 대리권관계와는 아무런 관계가 없는 것이다(대판 1962.05.24. 4294민상251·252).
[23] 〈민법상 선량한 관리자의 주의의무가 요구되는 경우〉 이사의 주의의무(61조), 유치권자의 선관의무(324조①), 특정물인도채무자의 선관의무(374조), 수임인의 선관의무(681조), 업무집행조합원의 선관의무(707조), 후견인의 선관의무(956조), 유언집행자의 선관의무(1103조②). 〈민법상 자기재산과 동일한 주의의무가 요구되는 경우〉 무상수치인의 주의의무(695조), 친권자의 주의의무(922조), 상속인의 상속재산관리(1022조), 상속인의 재산분리명령 후 관리의무(1048조①).

제682조(복임권의 제한) ① 수임인은 위임인의 승낙이나 부득이한 사유없이 제3자로 하여금 자기에 갈음하여 위임사무를 처리하게 하지 못한다. ② 수임인이 전항의 규정에 의하여 제3자에게 위임사무를 처리하게 한 경우에는 제121조, 제123조의 규정을 준용한다.

제683조(수임인의 보고의무) 수임인은 위임인의 청구가 있는 때에는 위임사무의 처리상황을 보고하고 위임이 종료한 때에는 지체 없이 그 전말을 보고하여야 한다.

제684조(수임인의 취득물 등의 인도, 이전의무) ① 수임인은 위임사무의 처리로 인하여 받은 금전 기타의 물건 및 그 수취한 과실을 위임인에게 인도하여야 한다. ② 수임인이 위임인을 위하여 자기의 명의로 취득한 권리는 위임인에게 이전하여야 한다.

제685조(수임인의 금전소비의 책임) 수임인이 위임인에게 인도할 금전 또는 위임인의 이익을 위하여 사용할 금전을 자기를 위하여 소비한 때에는 소비한 날 이후의 이자를 지급하여야 하며 그 외의 손해가 있으면 배상하여야 한다.

위임은 신뢰관계를 기초로 하므로, 유상·무상을 불문하고 수임인은 위임의 본지에 따라 선량한 관리자의 주의로 위임사무를 처리하여야 한다(위임사무처리의무·선관주의의무, 제681조). 수임인은 위임인의 승낙이나 부득이한 사유 없이 제3자로 하여금 자기에 갈음하여 위임사무를 처리하게 하지 못한다(복임권의 제한, 제682조 1항). 수임인이 1항의 규정에 의하여 제3자에게 위임사무를 처리하게 한 경우에는 제121조, 제123조의 규정(대리인의 복임권과 그 책임)을 준용한다. 그리고 수임인은 위임인의 청구가 있는 때에는 위임사무의 처리상황을 보고하고 위임이 종료한 때에는 지체 없이 그 전말을 보고하여야 한다(보고의무, 제683조). 수임인은 위임사무의 처리로 인하여 받은 금전 기타의 물건 및 그 수취한 과실을 위임인에게 인도하여야 한다[24](취득물인도의무, 제684조 1항). 수임인이 위임인을 위하여 자기의 명의로 취득한 권리는 위임인에게 이전하여야 한다(취득권리이전의무, 동조 2항). 수임인이 위임인에게 인도할 금전 또는 위임인의 이익을 위하여 사용할 금전을 자기를 위하여 소비한 때에는 소비한 날 이후의 이자를 지급하여야 하며 그 외의 손해가 있으면 배상하여야 한다(제685조). 이는 금전채무불이행의 경우 그 손해배상은 약정이율이 있으면 그에 의하고 약정이율이 없으면 법정이율에 의하면 된다는 제397조에 대한 특칙이다.

2. 위임인의 의무

제686조(수임인의 보수청구권) ① 수임인은 특별한 약정이 없으면 위임인에 대하여 보수를 청구하지 못한다.
② 수임인이 보수를 받을 경우에는 위임사무를 완료한 후가 아니면 이를 청구하지 못한다[25]. 그러나 기간으로 보수를 정한 때에는 그 기간이 경과한 후에 이를 청구할 수 있다.
③ 수임인이 위임사무를 처리하는 중에 수임인의 책임 없는 사유로 인하여 위임이 종료된 때에는 수임인은 이미 처리한 사무의 비율에 따른 보수를 청구할 수 있다.

---

[24] 민법 제684조 제1항에 의하면 수임인은 위임사무의 처리로 인하여 받은 금전 기타의 물건 및 그 수취한 과실이 있을 경우에는 이를 위임인에게 인도하여야 한다고 규정하고 있는바, 이때 인도 시기는 당사자 간에 특약이 있거나 위임의 본뜻에 반하는 경우 등과 같은 특별한 사정이 있지 않는 한 위임계약이 종료한 때이므로, 수임인이 반환할 금전의 범위도 위임종료시를 기준으로 정해진다(대판 2007.02.08. 2004다64432).
[25] 다만 소송위임계약과 관련하여 위임사무 처리 도중 수임인의 귀책사유로 계약이 종료된 경우, 위임인에게 수임인이 계약종료 당시까지 이행한 사무처리 부분에 관하여 사무처리비용을 지급할 의무가 있다(대판 2019.08.14. 2016다200538).

제687조(수임인의 비용선급청구권) 위임사무의 처리에 비용을 요하는 때에는 위임인은 수임인의 청구에 의하여 이를 선급하여야 한다.

제688조(수임인의 비용상환청구권등) ① 수임인이 위임사무의 처리에 관하여 필요비를 지출한 때에는 위임인에 대하여 지출한 날 이후의 이자를 청구할 수 있다.
② 수임인이 위임사무의 처리에 필요한 채무를 부담한 때에는 위임인에게 자기에 갈음하여 이를 변제하게 할 수 있고[26] 그 채무가 변제기에 있지 아니한 때에는 상당한 담보를 제공하게 할 수 있다.
③ 수임인이 위임사무의 처리를 위하여 과실 없이 손해를 받은 때에는 위임인에 대하여 그 배상을 청구할 수 있다.

수임인은 특별한 약정이 없으면 보수를 청구하지 못한다(제686조 1항). 즉 위임은 무상을 원칙으로 하지만, 보수지급에 관한 특약이 있는 경우(유상위임의 경우) 위임인은 보수지급의무를 부담하지 않는다. 수임인이 보수를 받을 경우에는 위임사무를 종료한 후가 아니면 이를 청구하지 못한다(동조 2항 본문). 그러나 기간으로 보수를 정한 때에는 그 기간이 경과한 후에 이를 청구할 수 있다(동조 2항 단서). 수임인이 위임사무를 처리하는 중에 수임인의 책임 없는 사유로 인하여 위임이 종료된 때에는 수임인은 이미 처리한 사무의 비율에 따른 보수를 청구할 수 있다(동조 3항). 위임사무의 처리에 비용을 요하는 때에는 위임인은 수임인의 청구에 의하여 이를 선급하여야 한다(비용선급의무, 제687조). 수임인이 위임사무의 처리에 관하여 필요비를 지출한 때에는 위임인에 대하여 지출한 날 이후의 이자를 청구할 수 있다(필요비상환의무, 제688조 1항). 수임인이 위임사무의 처리에 필요한 채무를 부담한 때에는 위임인에게 자기에 갈음하여 이를 변제하게 할 수 있고(代변제청구권)[27], 그 채무가 변제기에 있지 아니한 때에는 상당한 담보를 제공하게 할 수 있다(채무대변제·담보제공의무, 동조 2항). 수임인이 위임사무의 처리를 위하여 과실 없이 손해를 받은 때에는 위임인에 대하여 그 배상을 청구할 수 있다(무과실의 손해배상책임, 동조 3항).

Ⅳ. 위임의 종료

제689조[28](위임의 상호해지의 자유) ① 위임계약은 각 당사자가 언제든지 해지할 수 있다. ② 당사자일방이 부득이한 사유 없이 상대방의 불리한 시기에 계약을 해지한 때에는 그 손해를 배상하여야 한다.

---

[26] 수임인이 가지는 민법 제688조 제2항 전단 소정의 대변제청구권은 통상의 금전채권과는 다른 목적을 갖는 것이므로, 수임인이 이 대변제청구권을 보전하기 위하여 채무자인 위임인의 채권을 대위 행사하는 경우에는 채무자의 무자력을 요건으로 하지 아니 한다(대판 2002.01.25. 2001다52506).
[27] 민법 제688조 제2항은 그 전문에서 수임인이 위임사무의 처리에 필요한 채무를 부담한 때에는 위임인에게 자기에 갈음하여 이를 변제하게 할 수 있다고 규정하고 있다. 민법 제681조는 수임인은 위임의 본지에 따라 선량한 관리자의 주의로써 위임사무를 처리하여야 한다고 규정하고, 이러한 선관주의의무의 일환으로 민법 제683조는 수임인은 위임인의 청구가 있는 때에는 위임사무의 처리상황을 보고하고 위임이 종료한 때에는 지체 없이 그 전말을 보고하여야 한다고 규정하고 있다. 이러한 규정의 내용과 그 취지를 종합하여 보면, 수임인이 위임사무 처리와 관련하여 선관주의의무를 다하여 자기의 이름으로 위임인을 위해 필요한 계약을 체결하였다고 하더라도, 이후 그에 따른 채무를 이행하지도 않고 위임인에 대하여 필요한 보고 등의 조치도 취하지 않으면서 방치하여 두거나 계약 상대방의 소제기에 제대로 대응하지 않음으로써 수임인 자신이 계약 상대방에 대하여 부담하여야 할 채무액이 확대된 경우에는, 그 범위가 확대된 부분까지도 당연히 '위임사무의 처리에 필요한 채무로서 '위임인에게 대신 변제하게 할 수 있는 채무'의 범위에 포함된다고 보기는 어렵다. 이러한 경우 법원으로서는 수임인이 보고의무 등을 다하지 못하거나 계약 상대방이 제기한 소송에 제대로 대응하지 못하여 채무액이 확대된 것인지 등을 심리하여 수임인이 위임인에게 대신 변제하게 할 수 있는 채무의 범위를 정하여야 한다(대판 2018.11.29. 2016다48808).
[28] 민법 제689조 제1항, 제2항은 임의규정에 불과하므로 당사자의 약정에 의하여 위 규정의 적용을 배제하거나 그 내용을 달리 정할 수 있다. 그리고 당사자가 위임계약의 해지사유 및 절차, 손해배상책임 등에 관하여 민법 제689조 제1항, 제2항과 다른 내용으로 약정을 체결한 경우, 이러한 약정은 당사자에게 효력을 미치면서 당사자 간의 법률관계를 명확히 함과 동시에 거

제690조(사망, 파산등과 위임의 종료) 위임은 당사자 한쪽의 사망이나 파산으로 종료된다. 수임인이 성년후견개시의 심판을 받은 경우에도 이와 같다.

제691조 (위임종료시의 긴급처리) 위임종료의 경우에 급박한 사정이 있는 때에는 수임인, 그 상속인이나 법정대리인은 위임인, 그 상속인이나 법정대리인이 위임사무를 처리할 수 있을 때까지 그 사무의 처리를 계속하여야 한다. 이 경우에는 위임의 존속과 동일한 효력이 있다.

제692조(위임종료의 대항요건) 위임종료의 사유는 이를 상대방에게 통지하거나 상대방이 이를 안 때가 아니면 이로써 상대방에게 대항하지 못한다.

위임계약은 각 당사자가 언제든지 해지할 수 있다(제689조 1항). 당사자일방이 부득이한 사유 없이 상대방의 불리한 시기에 계약을 해지한 때에는 그 손해를 배상하여야 한다(제689조 2항). 위임은 당사자 한쪽의 사망이나 파산으로 종료된다(제690조 전문). 수임인이 성년후견개시의 심판을 받은 경우에도 이와 같다(동조 후문). 위임종료의 경우에 급박한 사정이 있는 때에는 수임인, 그 상속인이나 법정대리인은 위임인, 그 상속인이나 법정대리인이 위임사무를 처리할 수 있을 때까지 그 사무의 처리를 계속하여야 한다(제691조 전문). 이 경우에는 위임의 존속과 동일한 효력이 있다(동조 후문). 위임종료의 사유는 이를 상대방에게 통지하거나 상대방이 이를 안 때가 아니면 이로써 상대방에게 대항하지 못한다(제692조).

> *** 상호해지 및 손해배상 범위**
>
> 1. 위임계약의 각 당사자는 민법 제689조 제1항에 따라 특별한 이유 없이도 언제든지 위임계약을 해지할 수 있다. 따라서 위임계약의 일방 당사자가 타방 당사자의 채무불이행을 이유로 위임계약을 해지한다는 의사표시를 하였으나 실제로는 채무불이행을 이유로 한 계약 해지의 요건을 갖추지 못한 경우라도, 특별한 사정이 없는 한 의사표시에는 민법 제689조 제1항에 따른 임의해지로서의 효력이 인정된다.
> 2. 민법상의 위임계약은 유상계약이든 무상계약이든 당사자 쌍방의 특별한 대인적 신뢰관계를 기초로 하는 위임계약의 본질상 각 당사자는 언제든지 해지할 수 있고 그로 말미암아 상대방이 손해를 입는 일이 있어도 그것을 배상할 의무를 부담하지 않는 것이 원칙이며, 다만 상대방이 불리한 시기에 해지한 때에는 해지가 부득이한 사유에 의한 것이 아닌 한 그로 인한 손해를 배상하여야 하나, 배상의 범위는 위임이 해지되었다는 사실로부터 생기는 손해가 아니라 적당한 시기에 해지되었더라면 입지 아니하였을 손해에 한한다. 그리고 수임인이 위임받은 사무를 처리하던 중 사무처리를 완료하지 못한 상태에서 위임계약을 해지함으로써 위임인이 사무처리의 완료에 따른 성과를 이전받거나 이익을 얻지 못하게 되더라도, 별도로 특약을 하는 등 특별한 사정이 없는 한 위임계약에서는 시기를 불문하고 사무처리 완료 전에 계약이 해지되면 당연히 위임인이 사무처리의 완료에 따른 성과를 이전받거나 이익을 얻지 못하는 것으로 계약 당시에 예정되어 있으므로, 수임인이 사무처리를 완료하기 전에 위임계약을 해지한 것만으로 위임인에게 불리한 시기에 해지한 것이라고 볼 수는 없다(대판 2015.12.23. 2012다71411).

래의 안전과 이에 대한 각자의 신뢰를 보호하기 위한 취지라고 볼 수 있으므로, 이를 단순히 주의적인 성격의 것이라고 쉽게 단정해서는 아니 된다. 따라서 당사자가 위임계약을 체결하면서 민법 제689조 제1항, 제2항에 규정된 바와 다른 내용으로 해지사유 및 절차, 손해배상책임 등을 정하였다면, 민법 제689조 제1항, 제2항이 이러한 약정과는 별개 독립적으로 적용된다고 볼 만한 특별한 사정이 없는 한, 위 약정에서 정한 해지사유 및 절차에 의하지 않고는 계약을 해지할 수 없고, 손해배상책임에 관한 당사자 간 법률관계도 위 약정이 정한 바에 의하여 규율된다고 봄이 타당하다(대판 2019.05.30. 2017다53265).

제8절 임치

제693조(임치의 의의) 임치는 당사자일방이 상대방에 대하여 금전이나 유가증권 기타 물건의 보관을 위탁하고 상대방이 이를 승낙함으로써 효력이 생긴다.

I. 의의 및 법적 성질

임치는 당사자일방이 상대방에 대하여 금전이나 유가증권 기타 물건의 보관을 위탁하고 상대방이 이를 승낙함으로써 성립하는 낙성·불요식의 계약이다(제693조). 임치는 무상이 원칙이며(무상·편무계약), 당사자의 특약으로 유상으로 할 수 있다(이 때에는 유상·쌍무계약, 제701조, 제686조 1항). 예를 들어 창고업자에게 물건을 맡기거나, 은행 또는 증권회사에 유가증권 또는 금전을 보관하게 하거나, 주차장에 자동차를 맡기거나, 호텔·대중목욕탕 등에 귀중품 등의 물건을 보관하게 하는 경우 등이 이에 해당한다. 임치에 대해서는 대부분 상법규정이 적용되며, 민법의 규정들이 적용될 여지가 많지 않다.

II. 임치의 성립

제61조(상인의 보수청구권) 상인이 그 영업범위 내에서 타인을 위하여 행위를 한 때에는 이에 대하여 상당한 보수를 청구할 수 있다.

임치는 무상계약이므로 보수는 임치의 성립요건이 아니다. 그러나 상법상 임치는 원칙적으로 유상이다(상법 제61조).

III. 임치의 효력

1. 임치물 보관의무

제695조(무상수치인의 주의의무) 보수 없이 임치를 받은 자는 임치물을 자기재산과 동일한 주의로 보관하여야 한다.

제694조(수치인의 임치물사용금지) 수치인은 임치인의 동의 없이 임치물을 사용하지 못한다.

제696조(수치인의 통지의무) 임치물에 대한 권리를 주장하는 제3자가 수치인에 대하여 소를 제기하거나 압류한 때에는 수치인은 지체 없이 임치인에게 이를 통지하여야 한다.

제697조(임치물의 성질, 하자로 인한 임치인의 손해배상의무) 임치인은 임치물의 성질 또는 하자로 인하여 생긴 손해를 수치인에게 배상하여야 한다. 그러나 수치인이 그 성질 또는 하자를 안 때에는 그러하지 아니하다.

보수 없이 임치를 받은 자는 임치물을 자기 재산과 동일한 주의로 보관하여야 한다(임치물보관의무, 제695조). 수치인은 임치물보관의무에 부수한 의무들이 있다. 즉 수치인은 임치인의 동의 없이 임치물을 사용하지 못한다(제694조). 임치물에 대한 권리를 주장하는 제3자가 수치인에 대하여 소를 제기하거나 압류한 때에는 수치인은 지체 없이 임치인에게 이를 통지하여야 한다(제696조). 임치인은 임치물의 성질 또는 하자로 인하여 생긴 손해를 수치인에게 배상하여야 한다(제697조 본문). 그러나 수치인이 그 성질 또는 하자를 안 때에는 그러하지 아니하다(동조 단서).

2. 임치물 반환의무

> **제693조(임치의 의의)** 임치는 당사자일방이 상대방에 대하여 금전이나 유가증권 기타 물건의 보관을 위탁하고 상대방이 이를 승낙함으로써 효력이 생긴다.

> **제700조(임치물의 반환장소)** 임치물은 그 보관한 장소에서 반환하여야 한다. 그러나 수치인이 정당한 사유로 인하여 그 물건을 전치한 때에는 현존하는 장소에서 반환할 수 있다.

임치물은 그 보관한 장소에서 반환하여야 한다(임치물반환의무, 제700조 본문). 그러나 수치인이 정당한 사유로 인하여 그 물건을 전치한 때에는 현존하는 장소에서 반환할 수 있다. 임치는 보관하는 물건 그 자체를 반환하는 것이 원칙이지만, 예외적으로 수치한 것과 동종·동질의 것과 섞어서 보관하다가 동량의 것으로 반환하기로 약정하는 경우가 있는데, 이를 혼장임치(混藏任置)라고 한다.

3. 준용규정

> **제701조(준용규정)** 제682조, 제684조 내지 제687조 및 제688조제1항, 제2항의 규정은 임치에 준용한다.

> **제682조(복임권의 제한)** 제684조 내지 제687조(수임인의 부수의무) 및 제688조 1항, 2항(수임인의 비용상환청구권)의 규정은 임치에 준용한다(제701조).

Ⅳ. 임치의 종료

> **제698조(기간의 약정 있는 임치의 해지)** 임치기간의 약정이 있는 때에는 수치인은 부득이한 사유 없이 그 기간 만료 전에 계약을 해지하지 못한다. 그러나 임치인은 언제든지 계약을 해지할 수 있다.

> **제699조(기간의 약정 없는 임치의 해지)** 임치기간의 약정이 없는 때에는 각 당사자는 언제든지 계약을 해지할 수 있다.

임치기간의 약정이 있는 때에는 수치인은 부득이한 사유 없이 그 기간 만료 전에 계약을 해지하지 못한다. 그러나 임치인은 언제든지 계약을 해지할 수 있다. 임치기간의 약정이 없는 때에는 각 당사자는 언제든지 계약을 해지할 수 있다.

Ⅴ. 소비임치

> **제702조(소비임치)** 수치인이 계약에 의하여 임치물을 소비할 수 있는 경우에는 소비대차에 관한 규정을 준용한다. 그러나 반환시기의 약정이 없는 때에는 임치인은 언제든지 그 반환을 청구할 수 있다.

수치인이 계약에 의하여 임치물을 소비할 수 있는 경우에는 소비대차에 관한 규정을 준용한다. 그러나 반환시기의 약정이 없는 때에는 임치인은 언제든지 그 반환을 청구할 수 있다. 이와 같이 수치인이 대체물인 임치물을 소비하고, 그것과 동종·동질·동량의 물건을 반환하기로 하는 임치를 소비임치(小費任置) 또는 불규칙임치라고 한다. 소비임치에서 '소비'는 보관의 수단이 된다[29].

제9절 조 합

제703조(조합의 의의) ① 조합은 2인 이상이 상호출자 하여 공동사업을 경영할 것을 약정함으로써 그 효력이 생긴다.
② 전항의 출자는 금전 기타 재산 또는 노무로 할 수 있다.

I. 의의 및 성질

단체라 함은 공동의 목적을 위하여 2인 이상이 결합한 공동체를 말하며, 민법상으로는 사단과 조합이 있다. 민법상 조합을 논할 때에는 조합계약에 의하여 만들어진 단체를 의미하는 경우도 있고, 조합계약 자체를 의미하는 경우도 있다. 조합은 2인 이상이 상호출자 하여 공동사업을 경영할 것을 약정함으로써 성립하는 계약을 말한다[30](제703조 1항). 조합계약은 공동목적을 위한 제약이 따르는 계약이고, 유상·쌍무·낙성·불요식계약이다. 민법은 조합을 권리주체로 인정하지 않고, 조합에 관한 법률관계를 조합원 중심으로 규정한다. 조합에 관한 규정은 대부분 임의규정이므로, 조합의 구성이나 관리에 대해서는 조합계약에서 달리 정할 수 있다. 그리고 조합은 조합계약에 의하여 성립하지만, 특별법에 의하여 성립하는 경우도 있다(광업법 제17조 5항[31], 신탁법 제50조 1항[32]).

---

29) 예금은 은행 등 법률이 정하는 금융기관을 수치인으로 하는 금전의 소비임치 계약으로서 수치인은 임치물인 금전 등을 보관하고 그 기간 중 이를 소비할 수 있고 임치인의 청구에 따라 동종 동액의 금전을 반환할 것을 약정함으로써 성립하는 것이므로 소비대차에 관한 민법의 규정이 준용된다(대판 1985.12.24. 85다카880). 본인인 예금명의자의 의사에 따라 예금명의자의 실명확인 절차가 이루어지고 예금명의자를 예금주로 하여 예금계약서를 작성하였음에도 불구하고, 예금명의자가 아닌 출연자 등을 예금계약의 당사자라고 볼 수 있으려면, 금융기관과 출연자 등과 사이에서 실명확인 절차를 거쳐 서면으로 이루어진 예금명의자와의 예금계약을 부정하여 예금명의자의 예금반환청구권을 배제하고 출연자 등과 예금계약을 체결하여 출연자 등에게 예금반환청구권을 귀속시키겠다는 명확한 의사의 합치가 있는 극히 예외적인 경우로 제한되어야 한다. 그리고 이러한 의사의 합치는 금융실명거래 및 비밀보장에 관한 법률에 따라 실명확인 절차를 거쳐 작성된 예금계약서 등의 증명력을 번복하기에 충분할 정도의 명확한 증명력을 가진 구체적이고 객관적인 증거에 의하여 매우 엄격하게 인정하여야 한다(대판(소송) 2009.03.19. 2008다45828).
30) 민법상의 조합계약은 2인 이상이 상호 출자하여 공동으로 사업을 경영할 것을 약정하는 계약으로서(민법 제703조) 특정한 사업을 공동 경영하는 약정에 한하여 이를 조합계약이라고 할 수 있고, 공동의 목적달성이라는 정도만으로는 조합의 성립요건을 갖추지 못하였다고 할 것이다(대판 2008.07.10. 2007다44965).
31) 제17조(공동광업출원인) ⑤ 공동광업출원인은 조합계약을 한 것으로 본다.
32) 제50조(공동수탁자) ① 수탁자가 여럿인 경우 신탁재산은 수탁자들의 합유(합유)로 한다.

II. 조합의 법률관계

1. 조합의 대내관계

> 제706조(사무집행의 방법) ① 조합계약으로 업무집행자를 정하지 아니한 경우에는 조합원의 3분의 2이상의 찬성으로써 이를 선임한다.
> ② 조합의 업무집행은 조합원의 과반수로써 결정한다. 업무집행자가 수인인 때에는 그 과반수로써 결정한다[33].
> ③ 조합의 통상사무는 전항의 규정에 불구하고 각 조합원 또는 각 업무집행자가 전행할 수 있다. 그러나 그 사무의 완료 전에 다른 조합원 또는 다른 업무집행자의 이의가 있는 때에는 즉시 중지하여야 한다.

> 제272조(합유물의 처분, 변경과 보존) 합유물을 처분 또는 변경함에는 합유자 전원의 동의가 있어야 한다. 그러나 보존행위는 각자가 할 수 있다.

> 제707조(준용규정) 조합업무를 집행하는 조합원에는 제681조 내지 제688조(수임인의 의무와 권리)의 규정을 준용한다.

> 제708조(업무집행자의 사임, 해임) 업무집행자인 조합원은 정당한 사유 없이 사임하지 못하며 다른 조합원의 일치가 아니면 해임하지 못한다.

> 제710조(조합원의 업무, 재산상태검사권) 각 조합원은 언제든지 조합의 업무 및 재산 상태를 검사할 수 있다.

　조합은 각 조합원의 개성이 중요시되므로, 원칙적으로 전 조합원이 조합에 참여할 권한을 가진다. 그리고 전 조합원이 업무집행에 참여하는 경우, 조합의 업무집행은 조합원의 과반수로 결정한다(제706조 2항 전문). 그리고 업무집행자가 수인인 경우 조합의 업무집행은 업무집행자의 과반수로 결정한다(동항 후문). 조합계약으로 업무집행자를 정하지 아니한 경우 조합원의 3분의 2이상의 찬성으로써 이를 선임한다(동조 1항). 조합의 통상 사무는 전항의 규정에 불구하고 각 조합원 또는 각 업무집행자가 전행(專行)할 수 있다. 그러나 그 사무의 완료 전에 다른 조합원 또는 다른 업무집행자의 이의가 있는 때에는 즉시 중지하여야 한다. 조합업무를 집행하는 조합원에는 위임에 관한 제681조 내지 제688조의 규정을 준용한다(제707조). 업무집행자인 조합원은 정당한 사유 없이 사임하지 못하며 다른 조합원의 일치가 아니면 해임하지 못한다(제708조). 각 조합원은 언제든지 조합의 업무 및 재산 상태를 검사할 수 있다(제710조).

2. 조합의 대외관계

> 제709조(업무집행자의 대리권추정) 조합의 업무를 집행하는 조합원은 그 업무집행의 대리권 있는 것으로 추정한다.

　조합 자체는 권리능력이 없으므로, 조합 내부의 의사결정에 따라 조합이 외부의 제3자와 거래하는 행위는 전 조합원 명의로 하거나, 조합원 중 일부로 하여금 조합원 전원의 대리인으로서 하게 하여야 한다. 각 조합원은 다른 조합원을 대리할 권한이 있다. 그리고 조합의 업무를 집행하는 조합원은 그 업무집행의 대리

---

[33] 조합재산의 처분·변경에 관한 행위는 다른 특별한 사정이 없는 한 조합의 특별사무에 해당하는 업무집행이며, 업무집행조합원이 수인 있는 경우에는 조합의 통상사무의 범위에 속하지 아니하는 특별사무에 관한 업무집행은 민법 제706조 제2항에 따라 원칙적으로 업무집행조합원의 과반수로써 결정한다. 조합의 임원회의 결의로 그 조합재산인 채권을 타인에게 양도한 경우, 그 조합 임원들이 조합의 업무집행조합원들이고 그 채권의 양도는 조합의 특별사무에 해당하는 조합재산의 처분이라는 이유로 그 임원회의 과반수 결의로 이루어진 채권의 양도는 유효한 업무집행이다(대판 2000.10.10. 2000다28506·28513).

권이 있는 것으로 추정한다(제709조). 이 규정은 임의규정이다[34]. 조합은 소송상 당사자능력이 없으므로, 조합원 전원이 공동으로 소송을 수행하여야 한다(필수적 공동소송). 따라서 소송을 간이화하기 위하여 조합원 중 일부를 선정당사자로 선정하거나(민소법 제53조), 업무집행조합원에게 임의적 소송신탁[35]을 할 수 있다.

3. 조합의 재산관계

제705조(금전출자지체의 책임) 금전을 출자의 목적으로 한 조합원이 출자시기를 지체한 때에는 연체이자를 지급하는 외에 손해를 배상하여야 한다.

제704조(조합재산의 합유) 조합원의 출자 기타 조합재산은 조합원의 합유로 한다.

제272조(합유물의 처분, 변경과 보존) 합유물을 처분 또는 변경함에는 합유자 전원의 동의가 있어야 한다. 그러나 보존행위[36]는 각자가 할 수 있다.

제711조(손익분배의 비율) ① 당사자가 손익분배의 비율을 정하지 아니한 때에는 각 조합원의 출자가액에 비례하여 이를 정한다.
② 이익 또는 손실에 대하여 분배의 비율을 정한 때에는 그 비율은 이익과 손실에 공통된 것으로 추정한다.

제712조(조합원에 대한 채권자의 권리행사) 조합채권자는 그 채권발생당시에 조합원의 손실부담의 비율을 알지 못한 때에는 각 조합원에게 균분하여 그 권리를 행사할 수 있다.

제713조(무자력조합원의 채무와 타조합원의 변제책임) 조합원중에 변제할 자력없는 자가 있는 때에는 그 변제할 수 없는 부분은 다른 조합원이 균분하여 변제할 책임이 있다.

---

34) 민법 제709조에 의하면 조합계약으로 업무집행자를 정하였거나 또는 선임한 때에는 그 업무집행조합원은 조합의 목적을 달성하는 데 필요한 범위에서 조합을 위하여 모든 행위를 할 대리권이 있는 것으로 추정되지만, 위 규정은 임의규정이라고 할 것이므로 당사자 사이의 약정에 의하여 조합의 업무집행에 관하여 조합원 전원의 동의를 요하도록 하는 등 그 내용을 달리 정할 수 있고, 그와 같은 약정이 있는 경우에는 조합의 업무집행은 조합원 전원의 동의가 있는 때에만 유효하다 할 것이어서, 조합의 구성원이 위와 같은 약정의 존재를 주장·입증하면 조합의 업무집행자가 조합원을 대리할 권한이 있다는 추정은 깨어지고 업무집행자와 사이에 법률행위를 한 상대방이 나머지 조합원에게 그 법률행위의 효력을 주장하기 위하여는 그와 같은 약정에 따른 조합원 전원의 동의가 있었다는 점을 주장·입증할 필요가 있다(대판 2002.01.25. 99다62838).
35) 1979.8.13에 열린 동백흥농계원 임시총회는 20여건에 이르는 소송수행 등 계의 효율적 운영을 위하여 이 사건 피고 홍규석을 계장 겸 계업무 특별수권집행자 같은 송성용을 상임이사 겸 계업무 특별수권집행자로 각 선출하였음이 갑 제5호증에 의하여 인정되는 바이므로 원심이 이를 조합원이 피고들에게 그 이름으로 소송행위를 하도록 소송수권권을 부여한 것이 아니라 조합의 업무집행 및 대표권에 관한 것일 뿐임을 인정할 수 있다는 증거판단 자체도 위 서증의 명문에 반할 뿐더러 원심으로서는 위 결의의 취지를 심리하여 그 의결이 임의적 소송신탁을 포함하는 것이라면 피고에게 이 사건의 당사자적격을 인정하였음이 마땅하다 할 것임에도 불구하고 앞에 쓴 바와 같은 이유로 이 사건 소를 부적법하다고 이를 각하한 제1심판결을 유지한 원심판결은 민사소송법의 해석을 그르친 것으로 이 점에 관한 상고논지는 그 이유가 있다(대판 1984.02.14. 83다카1815).
36) 합유재산의 보존행위는 합유 재산의 멸실·훼손을 방지하고 그 현상을 유지하기 위하여 하는 사실적·법률적 행위로서 이러한 합유재산의 보존행위를 각 합유자 단독으로 할 수 있도록 한 취지는 그 보존행위가 긴급을 요하는 경우가 많고 다른 합유자에게도 이익이 되는 것이 보통이기 때문이다. 민법상 조합인 공동수급체가 경쟁 입찰에 참가하였다가 다른 경쟁업체가 낙찰자로 선정된 경우, 그 공동수급체의 구성원 중 1인이 그 낙찰자 선정이 무효임을 주장하며 무효 확인의 소를 제기하는 것은 그 공동수급체가 경쟁 입찰과 관련하여 갖는 법적 지위 내지 법률상 보호받는 이익이 침해될 우려가 있어 그 현상을 유지하기 위하여 하는 소송행위이므로 이는 합유재산의 보존행위에 해당한다(대판 2013.11.28. 2011다80449).

> **제714조(지분에 대한 압류의 효력)** 조합원의 지분에 대한 압류는 그 조합원의 장래의 이익배당 및 지분의 반환을 받을 권리에 대하여 효력이 있다.

> **제715조 (조합채무자의 상계의 금지)** 조합의 채무자는 그 채무와 조합원에 대한 채권으로 상계하지 못한다.

각 조합원은 조합계약에 의하여 출자의무를 부담한다(제703조 1항). 금전을 출자의 목적으로 한 조합원이 출자시기를 지체한 때에는 연체이자를 지급하는 외에 손해를 배상하여야 한다. 조합원의 출자 기타 조합재산은 조합원의 합유로 한다[37](제704조). 따라서 조합재산에는 합유에 관한 규정이 적용된다. 당사자가 손익분배의 비율을 정하지 아니한 때에는 각 조합원의 출자가액에 비례하여 이를 정한다(제711조 1항). 이익 또는 손실에 대하여 분배의 비율을 정한 때에는 그 비율은 이익과 손실에 공통된 것으로 추정한다(동조 2항). 조합채권자는 그 채권발생당시에 조합원의 손실부담의 비율을 알지 못한 때에는 각 조합원에게 균분하여 그 권리를 행사할 수 있다[38](제712조). 조합원 중에 변제할 자력 없는 자가 있는 때에는 그 변제할 수 없는 부분은 다른 조합원이 균분하여 변제할 책임이 있다(제713조). 조합원의 지분에 대한 압류는 그 조합원의 장래의 이익배당 및 지분의 반환을 받을 권리에 대하여 효력이 있다[39](제714조). 조합의 채무자는 그 채무와 조합원에 대한 채권으로 상계하지 못 한다[40](제715조).

4. 조합관계의 변동

(1) 조합원의 탈퇴

1) 임의탈퇴

> **제716조(임의탈퇴)** ① 조합계약으로 조합의 존속기간을 정하지 아니하거나 조합원의 종신까지 존속할 것을 정한 때에는 각 조합원은 언제든지 탈퇴할 수 있다. 그러나 부득이한 사유 없이 조합의 불리한 시기에 탈퇴하지 못한다.
> ② 조합의 존속기간을 정한 때에도 조합원은 부득이한 사유가 있으면 탈퇴할 수 있다.

① 2인 조합에서 조합원 1인이 탈퇴하는 경우

2인 조합에서 조합원 1인이 탈퇴하면 조합관계는 종료되지만 특별한 사정이 없는 한 조합이 해산되지 아니하고, 조합원의 합유에 속하였던 재산은 남은 조합원의 단독소유에 속하게 되어 기존의 공동사업은 청산절차를 거치지 않고 잔존자가 계속 유지할 수 있다(대판 2006.03.09. 2004다49693).

---

37) 조합의 채권은 조합원 전원에게 합유적으로 귀속하는 것이어서, 특별한 사정이 없는 한 조합원 중 1인이 임의로 조합의 채무자에 대하여 출자지분의 비율에 따른 급부를 청구할 수 없는 것이므로, 조합원 중 1인의 채권자가 그 조합원 개인을 집행채무자로 하여 조합의 채권에 대하여 강제집행 하는 경우, 다른 조합원으로서는 보존행위로서 제3자이의의 소를 제기하여 그 강제집행의 불허를 구할 수 있다(대판 1997.08.26. 97다4401).
38) 조합의 채무는 각 조합원의 채무로서 그 채무가 불가분의 채무이거나 연대의 특약이 없는 한 조합채권자는 각 조합원에 대하여 지분의 비율에 따라 또는 균일적으로 변제의 청구를 할 수 있을 뿐이지 달리 그 금원 전부나 연대의 지급을 구할 수는 없는 것이다(대판 1985.11.12. 85다카1499).
39) 민법 제714조는 "조합원의 지분에 대한 압류는 그 조합원의 장래의 이익배당 및 지분의 반환을 받을 권리에 대하여 효력이 있다."고 규정하여 조합원의 지분에 대한 압류를 허용하고 있으나, 여기에서의 조합원의 지분이란 전체로서의 조합재산에 대한 조합원 지분을 의미하는 것이고, 이와 달리 조합재산을 구성하는 개개의 재산에 대한 합유지분에 대하여는 압류 기타 강제집행의 대상으로 삼을 수 없다 할 것이다(대결 2007.11.30. 2005마1130).
40) 조합에 대한 채무자는 그 채무와 조합원에 대한 채권으로 상계할 수는 없는 것이므로(민법 제715조), 조합으로부터 부동산을 매수하여 잔대금 채무를 지고 있는 자가 조합원 중의 1인에 대하여 개인 채권을 가지고 있다고 하더라도 그 채권과 조합과의 매매계약으로 인한 잔대금 채무를 서로 대등액에서 상계할 수는 없다(대판 1998.03.13. 97다6919).

② 2인 조합에서 조합원 1인이 탈퇴하는 경우의 반환관계

2인 조합에서 조합원 1인이 탈퇴하는 경우, 탈퇴자와 잔존자 사이에 탈퇴로 인한 계산을 함에 있어서는 특단의 사정이 없는 한 민법 제719조 제1항, 제2항의 규정에 따라 '탈퇴 당시의 조합재산상태'를 기준으로 평가한 조합재산 중 탈퇴자의 지분에 해당하는 금액을 금전으로 반환하여야 할 것이고, 이러한 계산은 사업의 계속을 전제로 하는 것이므로 조합재산의 가액은 단순한 매매가격이 아닌 '영업권의 가치를 포함하는 영업가격'에 의하여 평가하되, 당해 조합원의 지분비율은 조합청산의 경우에 실제 출자한 자산가액의 비율에 의하는 것과는 달리 '조합내부의 손익분배 비율'을 기준으로 계산하여야 하는 것이 원칙이다(대판 2006.03.09. 2004다49693 · 49709)[41].

2) 비임의탈퇴

제717조(비임의탈퇴) 제716조의 경우 외에 조합원은 다음 각 호의 어느 하나에 해당하는 사유가 있으면 탈퇴된다.
1. 사망
2. 파산
3. 성년후견의 개시
4. 제명

제718조(제명) ① 조합원의 제명은 정당한 사유 있는 때에 한하여 다른 조합원의 일치로써 이를 결정한다.
② 전항의 제명결정은 제명된 조합원에게 통지하지 아니하면 그 조합원에게 대항하지 못한다.

3) 제명

조합원이 출자의무를 이행하지 않는 것은 민법 제718조 제1항에서 정한 조합원을 제명할 정당한 사유에 해당한다고 할 것인바, 그와 같은 출자의무의 불이행을 이유로 조합원을 제명함에 있어 출자의무의 이행을 지체하고 있는 당해 조합원에게 다시 상당한 기간을 정하여 출자의무의 이행을 최고하여야 하는 것은 아니다(대판 1997.07.25. 96다29816).

4) 탈퇴조합원의 지분계산

제719조(탈퇴조합원의 지분의 계산) ① 탈퇴한 조합원과 다른 조합원간의 계산은 탈퇴당시의 조합재산상태에 의하여 한다.
② 탈퇴한 조합원의 지분은 그 출자의 종류여하에 불구하고 금전으로 반환할 수 있다.
③ 탈퇴당시에 완결되지 아니한 사항에 대하여는 완결 후에 계산할 수 있다.

2인으로 된 동업관계, 즉 조합관계에 있어 그 가운데 한 사람이 탈퇴하면 조합관계는 종료되나 특별한 사정이 없는 한 조합은 해산되지 아니하고 따라서 청산이 뒤따르지 아니하며, 다만 조합원의 합유에 속한 조합 재산은 남은 조합원의 단독소유에 속하여 탈퇴자와 남은 자 사이에는 탈퇴로 인한 계산을 하는데 불과하고, 탈퇴한 조합원과 다른 조합원 간의 계산은 민법 제719조 제1항에 의하여 탈퇴 당시의 조합 재산상태에 의하여 하는 것이므로 그 지분계산에 있어서 자산평가의 기준 시기는 탈퇴 당시라고 보아야 한다(대판 1996.09.06. 96다19208). 2인의 동업관계가 종료된 경우 남아서 영업을 계속하는 자는 다른 특별한 사정이 없는 한 동업계약이 종료된 당시의 평가액에 의하여 그 1/2을 탈퇴하는 자에게 지급하여야 할 것이고, 따라서 그 영업시설인 지상건축물과 구축물에 대한 평가도 동업관계종료시를 기준하여야 하고 그 후에 생긴 사정

---

[41] 2인 조합에서 조합원 1인이 탈퇴하는 경우, 조합의 탈퇴자에 대한 채권은 잔존자에게 귀속되므로 잔존자는 이를 자동채권으로 하여 탈퇴자에 대한 지분 상당의 조합재산 반환채무와 상계할 수 있다.

을 참작할 것이 아니다(대판 1990.03.09. 89다카24728). 그리고 2인으로 구성된 조합의 조합원 중 1인이 선량한 관리자의 주의의무 위반 또는 불법행위 등으로 인하여 조합에 대하여 손해배상책임을 지게 되고 또한 그로 인하여 조합 관계마저 그 목적 달성이 불가능하게 되어 종료되고 달리 조합의 잔여업무가 남아 있지 않은 상황에서 조합재산의 분배라는 청산절차만이 남게 될 경우에, 다른 조합원은 조합에 손해를 가한 조합원을 상대로 선량한 관리자의 주의의무 위반 또는 불법행위에 따른 손해배상채권액 중 자신의 출자가액 비율에 의한 몫에 해당하는 돈을 청구하는 형식으로 조합관계의 종료로 인한 잔여재산의 분배를 청구할 수 있다(대판 2018.08.30. 2016다46338·46345).

(2) 조합원의 가입

조합의 가입에 관하여 민법의 규정은 없으나, 기존 조합원 전원과의 계약이 있으면 가능하다.

(3) 조합원 지위의 양도와 상속

조합계약에 조합원 지위의 양도에 관한 약정이 있거나, 모든 조합원이 이에 대하여 합의한 경우에는 조합원지위를 양도할 수 있다. 조합에 있어서 조합원의 1인이 사망한 때에는 민법 제717조에 의하여 그 조합관계로부터 당연히 탈퇴하고 특히 조합계약에서 사망한 조합원의 지위를 그 상속인이 승계하기로 약정한 바 없다면 사망한 조합원의 지위는 상속인에게 승계되지 아니한다(대판 1987.06.23. 86다카2951).

III. 조합의 해산과 청산

1. 해산

제720조(부득이한 사유로 인한 해산청구) 부득이한 사유가 있는 때에는 각 조합원은 조합의 해산을 청구할 수 있다.

부득이한 사유가 있는 때에는 각 조합원은 조합의 해산을 청구할 수 있다. 해산의 청구는 다른 조합원 전원에 대한 일방적 의사표시로 하고, 다른 조합원의 동의 등을 요하지 않는다. 즉 해산의 청구로 해산의 효과가 발생한다. 다른 동업자가 동업계약의 해지통고를 한 것은 조합의 해산청구로 볼 수 있다[42]. 조합관계에 있어서는 일반적으로 조합계약에서 정한 사유의 발생, 조합원 전원의 합의, 조합의 목적인 사업의 성공 또는 성공불능, 해산청구 등에 의하여 조합관계가 종료되고, 2인으로 된 조합관계에 있어 그 가운데 한 사람이 탈퇴하는 경우에도 역시 조합관계는 종료되며, 경제계의 사정변경에 따른 조합 재산상태의 악화나 영업부진 등으로 조합의 목적달성이 매우 곤란하다고 인정되는 객관적인 사정이 있거나 조합 당사자 간의 불화·대립으로 인하여 신뢰관계가 파괴됨으로써 조합업무의 원활한 운영을 기대할 수 없는 경우 등 부득이한 사유가 있는 때에는 조합원이 조합의 해산을 청구할 수 있다(대판 1997.05.30. 95다4957). 그리고 동업계약과 같은 조합계약에 있어서는 조합의 해산청구를 하거나 조합으로부터 탈퇴를 하거나 또는 다른 조합원을 제명할 수 있을 뿐이지 일반계약에 있어서처럼 조합계약을 해제하고 상대방에게 그로 인한 원상회복의 의무를 부담지울 수는 없다(대판 1994.05.13. 94다7157). 조합이 해산되어 조합관계가 종료하면, 조합재산을 정리하기 위하여 청산절차가 개시된다.

---

[42] 2인의 동업자 중 1명이 동업의 준비 과정과 영업 과정에서 부정을 저질러 형사고소를 당하고 그 사유로 결국 형사소추되어 유죄판결을 받았다면 동업자간의 신뢰관계는 깨어져서 원만한 조합운영을 기대할 수 없게 되었다고 할 것이고, 이러한 상황에서 다른 동업자가 동업계약의 해지통고를 한 것은 조합의 해산청구로 볼 수 있으므로, 그 조합은 그 해산청구로 말미암아 해산되었다 할 것이다(대판 1996.03.26. 94다46268).

2. 청산

제721조(청산인) ① 조합이 해산한 때에는 청산은 총조합원 공동으로 또는 그들이 선임한 자가 그 사무를 집행한다.
② 전항의 청산인의 선임은 조합원의 과반수로써 결정한다.

제722조(청산인의 업무집행방법) 청산인이 수인인 때에는 제706조제2항 후단(과반수)의 규정을 준용한다.

제723조(조합원인 청산인의 사임, 해임) 조합원 중에서 청산인을 정한 때에는 제708조(업무집행조합원의 사임 및 해임)의 규정을 준용한다.

제724조(청산인의 직무, 권한과 잔여재산의 분배) ① 청산인의 직무 및 권한에 관하여는 제87조의 규정을 준용한다.
② 잔여재산은 각조합원의 출자가액에 비례하여 이를 분배한다.

　조합이 해산한 때에는 청산은 총조합원 공동으로 또는 그들이 선임한 자 즉 청산인이 그 사무를 집행한다(제721조 1항). 청산인의 선임은 조합원의 과반수로써 결정한다(동조 2항). 청산인이 수인인 때에는 과반수로 결정한다(제722조, 제706조 2항). 조합원 중에서 청산인을 정한 경우 그 청산인은 정당한 사유 없이 사임하지 못하며 다른 조합원의 일치가 아니면 해임하지 못한다(제723조, 제708조). 청산인의 직무 및 권한에 관하여는 법인의 청산인에 관한 제87조의 규정을 준용한다(제724조 1항). 조합의 목적달성으로 인하여 조합이 해산된 경우 당사자 사이에 별도의 약정이 없는 이상 청산절차를 밟는 것이 통례로서 조합원들에게 분배할 잔여재산과 그 가액은 청산절차가 종료된 때에 확정되는 것이므로 원칙적으로 청산절차가 종료되지 아니한 상태에서 잔여재산의 분배를 청구할 수는 없는 것이지만, 조합의 잔무로서 처리할 일이 없고 다만 잔여재산의 분배만이 남아있을 때에는 따로 청산절차를 밟을 필요가 없이 각 조합원은 자신의 잔여재산분배비율의 범위 내에서 그 분배비율을 초과하여 잔여재산을 보유하고 있는 조합원에 대하여 바로 잔여재산의 분배를 청구할 수 있다(대판 1995.02.24. 94다13749). 그리고 민법상 조합의 청산인에 대하여 법원에 해임을 청구할 권리가 조합원에게 인정되지 않으므로, 특별한 사정이 없는 한 그와 같은 해임청구권을 피보전권리로 하여 청산인에 대한 직무집행정지와 직무대행자선임을 구하는 가처분은 허용되지 않는다[43](대결 2020.04.24. 2019마6918).

---

[43] 민사집행법 제300조 제2항에서 정한 '임시의 지위를 정하는 가처분'은 다툼 있는 권리관계에 관하여 그것이 본안소송에 의하여 확정되기까지 가처분권리자가 현재의 현저한 손해를 피하거나 급박한 위험을 막기 위하여 또는 그 밖에 필요한 이유가 있는 경우 허용되는 응급적·잠정적인 처분이므로 다툼 있는 권리관계의 존재를 요건으로 한다. 법률관계의 변경·형성을 목적으로 하는 형성의 소는 법률에 명문의 규정이 있는 경우에 한하여 제기할 수 있다. 단체의 대표자 등에 대하여 해임을 청구하는 소는 형성의 소에 해당하고, 이를 허용하는 법적 근거가 없는 경우 대표자 등에 대하여 직무집행정지와 직무대행자선임을 구하는 가처분 신청은 가처분에 의하여 보전될 권리관계가 존재한다고 볼 수 없어 허용되지 않는다. 조합이 해산한 때 청산은 총조합원 공동으로 또는 그들이 선임한 자가 그 사무를 집행하고 청산인의 선임은 조합원의 과반수로써 결정한다(민법 제721조 제1항, 제2항). 민법은 조합원 중에서 청산인을 정한 때 다른 조합원의 일치가 아니면 청산인인 조합원을 해임하지 못한다고 정하고 있을 뿐이고(제723조, 제708조), 조합원이 법원에 청산인의 해임을 청구할 수 있는 규정을 두고 있지 않다.

제10절 화해

I. 화해의 의의

> 제731조(화해의 의의) 화해는 당사자가 상호양보 하여 당사자 간의 분쟁을 종지할 것을 약정함으로써 그 효력이 생긴다.

화해 계약은 당사자가 서로 양보하여 그들 사이의 분쟁을 끝낼 것을 약정함으로써 성립하는 유상·쌍무·낙성·불요식의 계약이다. 민법상 화해계약은 당사자 간의 계약에 의하여 분쟁을 해결하는 제도라는 점에서, 분쟁해결에 법원이 관여하는 재판상 화해(소송상 화해와 제소전화해로 나뉜다) 및 조정, 제3자가 관여하는 중재와 구별된다.

II. 화해의 효력

1. 창설적 효력

> 제732조(화해의 창설적 효력) 화해계약은 당사자일방이 양보한 권리가 소멸되고 상대방이 화해로 인하여 그 권리를 취득하는 효력이 있다.

화해계약이 성립하면 특별한 사정이 없는 한 그 창설적 효력에 따라 종전의 법률관계를 바탕으로 한 권리의무관계는 소멸하고, 계약 당사자 사이에 종전의 법률관계가 어떠하였는지를 묻지 않고 화해계약에 따라 새로운 법률관계가 생긴다. 따라서 화해계약의 의사표시에 착오가 있더라도 이것이 당사자의 자격이나 화해계약의 대상인 분쟁 이외의 사항에 관한 것이 아니고 분쟁의 대상인 법률관계 자체에 관한 것일 때에는 이를 취소할 수 없다(대판 2018.05.30. 2017다21411).

2. 착오로 인한 취소의 제한

> 제733조(화해의 효력과 착오) 화해계약은 착오를 이유로 하여 취소하지 못한다. 그러나 화해당사자의 자격 또는 화해의 목적인 분쟁이외의 사항에 착오가 있는 때에는 그러하지 아니하다.

(1) 화해의 목적인 분쟁 이외의 사항

민법상 화해계약에 있어서는 당사자는 착오를 이유로 취소하지 못하고 다만 화해 당사자의 자격 또는 화해의 목적인 분쟁 이외의 사항에 착오가 있는 때에 한하여 취소할 수 있는바(민법 제733조), 여기서 '화해의 목적인 분쟁 이외의 사항'이라 함은 분쟁의 대상이 아니라 분쟁의 전제 또는 기초가 된 사항으로서, 쌍방 당사자가 예정한 것이어서 상호 양보의 내용으로 되지 않고 다툼이 없는 사실로 양해된 사항을 말한다(대판 1995.12.12. 94다22453).

(2) 제733조 단서와 제110조의 관계

민법 제733조의 규정에 의하면, 화해계약은 화해당사자의 자격 또는 화해의 목적인 분쟁 이외의 사항에 착오가 있는 경우를 제외하고는 착오를 이유로 취소하지 못하지만, 화해계약이 사기로 인하여 이루어진 경우에는 화해의 목적인 분쟁에 관한 사항에 착오가 있는 때에도 민법 제110조에 따라 이를 취소할 수 있다고 할 것이다(대판 2008.09.11. 2008다15278).

제11절 기타의 전형계약

Ⅰ. 교환

제596조(교환의 의의) 교환은 당사자쌍방이 금전이외의 재산권을 상호이전 할 것을 약정함으로써 그 효력이 생긴다.

교환은 당사자 쌍방이 금전 이외의 재산권을 상호 이전할 것을 약정함으로써 성립하는 유상·쌍무계약이다. 매매에서는 물건이나 권리의 양도에 대한 반대급부가 매매대금인데 반하여, 교환에서는 매매대금에 대한 합의가 존재하지 않는다.

Ⅱ. 고용

1. 고용의 의의

제655조(고용의 의의) 고용은 당사자일방이 상대방에 대하여 노무를 제공할 것을 약정하고 상대방이 이에 대하여 보수를 지급할 것을 약정함으로써 그 효력이 생긴다.

제656조(보수액과 그 지급시기) ① 보수 또는 보수액의 약정이 없는 때에는 관습에 의하여 지급하여야 한다.
② 보수는 약정한 시기에 지급하여야 하며 시기의 약정이 없으면 관습에 의하고 관습이 없으면 약정한 노무를 종료한 후 지체 없이 지급하여야 한다.

2. 보수액과 지급시기

사용자가 근로자에게 지급하는 금품이 임금에 해당하려면 먼저 그 금품이 근로의 대상으로 지급되는 것이어야 하므로 비록 금품이 계속적·정기적으로 지급 된 것이라 하더라도 그것이 근로의 대상으로 지급된 것으로 볼 수 없다면 임금에 해당한다고 할 수 없다. 여기서 어떤 금품이 근로의 대상으로 지급된 것이냐를 판단함에 있어서는 금품지급의무의 발생이 근로제공과 직접적으로 관련되거나 그것과 밀접하게 관련된 것으로 볼 수 있어야 한다. 사용자가 선택적 복지제도를 시행하면서 직원 전용 온라인 쇼핑사이트에서 물품을 구매하는 방식 등으로 사용할 수 있는 복지포인트를 단체협약, 취업규칙 등에 근거하여 근로자들에게 계속적·정기적으로 배정한 경우라고 하더라도, 이러한 복지포인트는 근로기준법에서 말하는 임금에 해당하지 않고, 그 결과 통상임금에도 해당하지 않는다(대판(손습) 2019.08.22. 2016다48785).

3. 권리의무의 전속성

제655조(고용의 의의) 고용은 당사자일방이 상대방에 대하여 노무를 제공할 것을 약정하고 상대방이 이에 대하여 보수를 지급할 것을 약정함으로써 그 효력이 생긴다.

제657조(권리의무의 전속성) ① 사용자는 노무자의 동의 없이 그 권리를 제3자에게 양도하지 못한다. ② 노무자는 사용자의 동의 없이 제3자로 하여금 자기에 갈음하여 노무를 제공하게 하지 못한다. ③ 당사자일방이 전2항의 규정에 위반한 때에는 상대방은 계약을 해지할 수 있다.

근로자를 그가 고용된 기업으로부터 다른 기업으로 적을 옮겨 다른 기업의 업무에 종사하게 하는 이른바 전적은, 종래에 종사하던 기업과 사이의 근로계약을 합의해지하고 이적하게 될 기업과 사이에 새로운 근로계약을 체결하는 것이거나 근로계약상의 사용자의 지위를 양도하는 것이므로, 동일 기업 내의 인사이동인 전근이나 전보와 달라 특별한 사정이 없는 한 근로자의 동의를 얻어야 효력이 생긴다(대판 2006.01.12. 2005두9873).

4. 해지권

(1) 노무의 내용과 관련한 해지권

제658조(노무의 내용과 해지권) ① 사용자가 노무자에 대하여 약정하지 아니한 노무의 제공을 요구한 때에는 노무자는 계약을 해지할 수 있다.
② 약정한 노무가 특수한 기능을 요하는 경우에 노무자가 그 기능이 없는 때에는 사용자는 계약을 해지할 수 있다.

(2) 부득이한 사유로 인한 해지권

제661조(부득이한 사유와 해지권) 고용기간의 약정이 있는 경우에도 부득이한 사유 있는 때에는 각 당사자는 계약을 해지할 수 있다. 그러나 그 사유가 당사자일방의 과실로 인하여 생긴 때에는 상대방에 대하여 손해를 배상하여야 한다.

5. 해지통고권

제659조(3년 이상의 경과와 해지 통고권) ① 고용의 약정기간이 3년을 넘거나 당사자의 일방 또는 제3자의 종신까지로 된 때에는 각 당사자는 3년을 경과한 후 언제든지 계약해지의 통고를 할 수 있다. ② 전항의 경우에는 상대방이 해지의 통고를 받은 날로부터 3월이 경과하면 해지의 효력이 생긴다.

(1) 기간의 약정이 있는 경우

제660조(기간의 약정이 없는 고용의 해지통고) ① 고용기간의 약정이 없는 때에는 당사자는 언제든지 계약해지의 통고를 할 수 있다.
② 전항의 경우에는 상대방이 해지의 통고를 받은 날로부터 1월이 경과하면 해지의 효력이 생긴다.
③ 기간으로 보수를 정한 때에는 상대방이 해지의 통고를 받은 당기후의 일기를 경과함[44]으로써 해지의 효력이 생긴다.

(2) 기간의 약정이 없는 경우

근로자가 사직서를 작성하여 사용자에게 제출한 경우에, 특별한 사정이 없는 한 그 사직서는 사용자와의 근로계약관계를 해지하는 의사표시를 담고 있는 것이므로 당사자 사이의 근로계약관계는 사용자가 그 사직서 제출에 따른 사직의 의사표시를 수락하여 합의해지(의원면직)가 성립하거나 민법 제660조 소정의 일정기간의 경과로 그 사직서 제출에 따른 해지의 효력이 발생함으로써 종료되는 것이나, 민법 제660조는 근로자의 해약의 자유를 보장하는 규정으로서 근로자에게 불리하지 않는 한 그 기간이나 절차에 관하여 취업규칙에서 이와 달리 규정하는 것도 가능하다고 할 것이므로, 근로자가 사직할 때에는 일정한 기간 내에 사용자의 승인을 얻도록 하고 있는 경우 근로자가 사직원을 제출하였으나 사용자가 승인을 거부할 합리적인 이유

---

44) 당기후의 일기란 예를 들어 월초~월말의 임금을 다음달 10일에 지급하는 경우 8월 중 퇴직의사를 표시한 근로자는 당기(8월초~8월말)후 일기(9월초~9월말)이 지난 10월 1일에 계약해지의 효력이 발생하게 된다.

가 없는데도 승인을 하지 아니하고 있을 때에는 위 법조 소정의 기간(취업규칙에서 이보다 짧은 기간을 규정한 때에는 그 기간)이 경과함으로써 근로관계는 종료 된다(대판 1997.07.08. 96누5087).

(3) 사용자가 파산한 경우

제663조(사용자파산과 해지통고) ① 사용자가 파산선고를 받은 경우에는 고용기간의 약정이 있는 때에도 노무자 또는 파산관재인은 계약을 해지할 수 있다.
② 전항의 경우에는 각 당사자는 계약해지로 인한 손해의 배상을 청구하지 못한다.

6. 묵시의 갱신

제662조(묵시의 갱신) ① 고용기간이 만료한 후 노무자가 계속하여 그 노무를 제공하는 경우에 사용자가 상당한 기간 내에 이의를 하지 아니한 때에는 전고용과 동일한 조건으로 다시 고용한 것으로 본다. 그러나 당사자는 제660조의 규정에 의하여 해지의 통고를 할 수 있다. ② 전항의 경우에는 전고용에 대하여 제3자가 제공한 담보는 기간의 만료로 인하여 소멸한다.

III. 여행계약

제674조의2(여행계약의 의의) 여행계약은 당사자 한쪽이 상대방에게 운송, 숙박, 관광 또는 그 밖의 여행 관련 용역을 결합하여 제공하기로 약정하고 상대방이 그 대금을 지급하기로 약정함으로써 효력이 생긴다.

1. 성 립

(1) 법적 성질

용역과 대금지급이 대가관계에 있으므로 유상·쌍무계약이며, 특정한 방식을 요구하지 않으므로 낙성·불요식의 전형계약이다. 이의 법적 성질에 대해서는 도급계약설과 독자계약설의 대립이 있는데, 이는 여행계약의 개념과도 연결된다.

(2) 약관규제법에 의한 규율

여행계약은 청약과 승낙의 합치로 계약이 성립함은 일반 계약과 동일하지만, 보통 약관에 의하여 청약과 승낙을 함이 통례이므로, 민법 이외에 약관규제법에 의한 적용을 받는다.

2. 효 력

(1) 내 용

여행업자는 약정한 용역을 제공하고, 여행자는 약정한 대금을 지급하여야 한다. 여행자는 여행주최자에 대하여 계약내용에 따른 여행 실행 즉 여행이행청구권이 있다.

(2) 대금지급시기

제674조의5(대금의 지급시기) 여행자는 약정한 시기에 대금을 지급하여야 하며, 그 시기의 약정이 없으면 관습에 따르고, 관습이 없으면 여행의 종료 후 지체 없이 지급하여야 한다.

3. 여행주최자의 담보책임

(1) 내 용

제674조의6(여행주최자의 담보책임) ① 여행에 하자가 있는 경우에는 여행자는 여행주최자에게 하자의 시정 또는 대금의 감액을 청구할 수 있다. 다만, 그 시정에 지나치게 많은 비용이 들거나 그 밖에 시정을 합리적으로 기대할 수 없는 경우에는 시정을 청구할 수 없다.
② 제1항의 시정 청구는 상당한 기간을 정하여 하여야 한다. 다만, 즉시 시정할 필요가 있는 경우에는 그러하지 아니하다.
③ 여행자는 시정 청구, 감액 청구를 갈음하여 손해배상을 청구하거나 시정 청구, 감액 청구와 함께 손해배상을 청구할 수 있다.

(2) 여행자의 해지권

제674조의7(여행주최자의 담보책임과 여행자의 해지권) ① 여행자는 여행에 중대한 하자가 있는 경우에 그 시정이 이루어지지 아니하거나 계약의 내용에 따른 이행을 기대할 수 없는 경우에는 계약을 해지할 수 있다.
② 계약이 해지된 경우에는 여행주최자는 대금청구권을 상실한다. 다만, 여행자가 실행된 여행으로 이익을 얻은 경우에는 그 이익을 여행주최자에게 상환하여야 한다.
③ 여행주최자는 계약의 해지로 인하여 필요하게 된 조치를 할 의무를 지며, 계약상 귀환운송 의무가 있으면 여행자를 귀환운송하여야 한다. 이 경우 상당한 이유가 있는 때에는 여행주최자는 여행자에게 그 비용의 일부를 청구할 수 있다.

이 경우 하자는 그 대상이 물건인지 용역인지만 다를 뿐, 매매에서의 하자와 유사한 개념으로 계약목적물의 완전성이 결여된 상태로 보아야 한다. 그리고 여행계약의 완전성이 결여되었는지 여부는 거래관념에 비추어 일반적으로 그 종류의 여행으로서 통상 갖추고 있어야 할 안전성이나 당사자의 특약에 의하여 보유하여야 할 품질·성질 등을 갖추지 못한 것을 말한다.

(3) 담보책임의 존속기간

제674조의8(담보책임의 존속기간) 제674조의6과 제674조의7에 따른 권리는 여행 기간 중에도 행사할 수 있으며, 계약에서 정한 여행 종료일부터 6개월 내에 행사하여야 한다.

4. 여행자의 계약 해제와 여행계약의 해지

(1) 계약 해제

제674조의3(여행 개시 전의 계약 해제) 여행자는 여행을 시작하기 전에는 언제든지 계약을 해제할 수 있다. 다만, 여행자는 상대방에게 발생한 손해를 배상하여야 한다.

(2) 계약 해지

제674조의4(부득이한 사유로 인한 계약 해지) ① 부득이한 사유가 있는 경우에는 각 당사자는 계약을 해지할 수 있다. 다만, 그 사유가 당사자 한쪽의 과실로 인하여 생긴 경우에는 상대방에게 손해를 배상하여야 한다.
② 제1항에 따라 계약이 해지된 경우에도 계약상 귀환운송 의무가 있는 여행주최자는 여행자를 귀환운송할 의무가 있다.
③ 제1항의 해지로 인하여 발생하는 추가 비용은 그 해지 사유가 어느 당사자의 사정에 속하는 경우에는 그 당사자가 부담하고, 누구의 사정에도 속하지 아니하는 경우에는 각 당사자가 절반씩 부담한다.

5. 종 료

여행계약은 약정에 따라 여행주최자의 용역제공을 통하여 여행자가 여정을 마무리함으로써 종료된다. 그 외에도 여행계약은 여행개시 전 해제나 부득이한 사정을 이유로 한 해지, 그리고 일반 채무불이행에 의한 해제 등으로 종료된다.

6. 편면적 강행규정

제674조의9(강행규정) 제674조의3, 제674조의4 또는 제674조의6부터 제674조의8까지의 규정을 위반하는 약정으로서 여행자에게 불리한 것은 효력이 없다.

IV. 현상광고

1. 현상광고의 의의

제675조(현상광고의 의의) 현상광고는 광고자가 어느 행위를 한 자에게 일정한 보수를 지급할 의사를 표시하고 이에 응한 자가 그 광고에 정한 행위를 완료함으로써 그 효력이 생긴다.

(1) 법적 성질

1) 학 설

① 현상광고는 지정행위를 완료한 자에게 보수를 지급한다는 광고자의 일방적 의사표시라고 이해하여 지정행위의 완료는 정지조건의 성취에 해당하며, 따라서 행위자는 이때에 광고에 의한 보수를 청구할 수 있다는 단독행위설(곽윤직)이 있으나, ② 광고자의 광고를 계약의 청약으로 보고, 응모자의 지정행위의 완료를 승낙으로 보는 계약설이 타당하다(통설). 즉 현상광고를 계약으로 이해하는 근거로 현상광고는 민법에서 전형계약의 일종이라는 점, 단독행위에 의하여 타인에게 일방적으로 채권·채무를 취득시키는 것은 법률에 규정이 없는 한 불가능하다는 점, 광고자의 보수지급의무는 그의 계약상 의사에 기초한 것이며 보수지급은 응모자의 지정행위완료에 대한 대가라는 점 등을 든다.

2) 검 토

현상광고계약은 의사의 합치만으로는 성립하지 않으며 지정행위의 완료가 있을 때 계약이 성립한다는 점에서 요물계약이다. 그리고 계약 성립 후에는 광고자의 보수지급의무만이 남는다는 점에서 편무계약이다. 지정행위자(응모자)는 이미 정해진 행위(급부)를 완료한 것이 되어 계약성립시에 이행의무를 남기지 않기 때문이다. 그리고 응모자의 지정행위에 대한 대가로서 보수를 지급해야 하므로 유상계약이다.

(2) 判 例

민법 제675조에 정하는 현상광고라 함은, 광고자가 어느 행위를 한 자에게 일정한 보수를 지급할 의사를 표시하고 이에 응한 자가 그 광고에 정한 행위를 완료함으로써 그 효력이 생기는 것으로서, 그 광고에 정한 행위의 완료에 조건이나 기한을 붙일 수 있다. '검거'라 함은, 수사기관이 범죄의 예방·공안의 유지 또는 범죄수사상 혐의자로 지목된 자를 사실상 일시 억류하는 것으로서, 반드시 형사소송법상의 현행범인의 체포·긴급체포·구속 등의 강제처분만을 의미하지는 아니하고 그보다는 넓은 개념이라고 보아야 한다. 경찰이 탈옥수 신창원을 수배하면서 '제보로 검거되었을 때에 신고인 또는 제보자에게 현상금을 지급한다.'는 내용의 현상광고를 한 경우, 현상광고의 지정행위는 신창원의 거처 또는 소재를 경찰에 신고 내지 제보하는 것이고 신창원이 '검거되었을 때'는 지정행위의 완료에 조건을 붙인 것인데, 제보자가 신창원의 소재를 발견하고 경찰에 이를 신고함으로써 현상광고의 지정행위는 완료되었고, 그에 따라 경찰관 등이 출동하여 신창원이 있던 호프집 안에서 그를 검문하고 나아가 차량에 태워 파출소에까지 데려간 이상 그에 대한 검거는 이루어진 것이므로, 현상광고상의 지정행위 완료에 붙인 조건도 성취되었다(대판 2000.08.22. 2000다3675).

2. 보수수령권자

(1) 광고에 정한 행위를 완료한 자

제676조(보수수령권자) ① 광고에 정한 행위를 완료한 자가 수인인 경우에는 먼저 그 행위를 완료한 자가 보수를 받을 권리가 있다.
② 수인이 동시에 완료한 경우에는 각각 균등한 비율로 보수를 받을 권리가 있다. 그러나 보수가 그 성질상 분할할 수 없거나 광고에 1인만이 보수를 받을 것으로 정한 때에는 추첨에 의하여 결정한다.

(2) 광고부지의 행위

제677조(광고부지의 행위) 전조의 규정은 광고 있음을 알지 못하고 광고에 정한 행위를 완료한 경우에 준용한다.

3. 우수현상광고

제678조(우수현상광고) ① 광고에 정한 행위를 완료한 자가 수인인 경우에 그 우수한 자에 한하여 보수를 지급할 것을 정하는 때에는 그 광고에 응모기간을 정한 때에 한하여 그 효력이 생긴다.
② 전항의 경우에 우수의 판정은 광고중에 정한 자가 한다. 광고중에 판정자를 정하지 아니한 때에는 광고자가 판정한다.
③ 우수한 자 없다는 판정은 이를 할 수 없다. 그러나 광고중에 다른 의사표시가 있거나 광고의 성질상 판정의 표준이 정하여져 있는 때에는 그러하지 아니하다.
④ 응모자는 전2항의 판정에 대하여 이의를 하지 못한다.
⑤ 수인의 행위가 동등으로 판정된 때에는 제676조제2항의 규정을 준용한다.

(1) 건축설계 우수현상광고

건축설계 우수현상광고에서 당선자가 보수로서 받는 '기본 및 실시설계권'이란 당선자가 광고자에게 우수작으로 판정된 계획 설계에 기초하여 기본 및 실시설계계약의 체결을 청구할 수 있는 권리를 말하는 것이므로, 광고자로서는 특별한 사정이 없는 한 이에 응할 의무를 지게 되어 당선자 이외의 제3자와 설계계약을 체결하여서는 아니 됨은 물론이고, 당사자 모두 계약의 체결을 위하여 성실하게 협의하여야 할 의무가 있다고 할 것이며, 만약 광고자가 일반 거래실정이나 사회통념에 비추어 현저히 부당하다고 보여 지는 사항을 계약내용으로 주장하거나 경제적 어려움으로 공사를 추진할 수 없는 등으로 인하여 계약이 체결되지 못하였다면 당선자는 이를 이유로 한 손해배상책임을 물을 수 있다(대판 2002.01.25. 99다63169).

(2) 우수현상광고의 광고자로서 당선자와 일정한 계약을 체결할 의무가 있는 자가 이를 이행하지 아니한 경우, 당선자가 취득하는 손해배상청구권의 소멸시효기간

우수현상광고의 광고자로서 당선자에게 일정한 계약을 체결할 의무가 있는 자가 그 의무를 위반함으로써 계약의 종국적인 체결에 이르지 않게 되어 상대방이 그러한 계약체결의무의 채무불이행을 원인으로 하는 손해배상을 청구한 경우 그 손해배상청구권은 계약이 체결되었을 경우에 취득하게 될 계약상의 이행청구권과 실질적이고 경제적으로 밀접한 관계가 형성되어 있기 때문에, 그 손해배상청구권의 소멸시효기간은 계약이 체결되었을 때 취득하게 될 이행청구권에 적용되는 소멸시효기간에 따른다. 우수현상광고의 당선자가 광고주에 대하여 우수작으로 판정된 계획설계에 기초하여 기본 및 실시설계계약의 체결을 청구할 수 있는 권리를 가지고 있는 경우, 이러한 청구권에 기하여 계약이 체결되었을 경우에 취득하게 될 계약상의 이행청구권은 "설계에 종사하는 자의 공사에 관한 채권"으로서 이에 관하여는 민법 제163조 제3호 소정의 3년의 단기소멸시효가 적용되므로, 위의 기본 및 실시설계계약의 체결의무의 불이행으로 인한 손해배상청구권의 소멸시효 역시 3년의 단기소멸시효가 적용된다. 채무불이행으로 인한 손해배상청구권의 소멸시효는 채무불이행 시로부터 진행한다(대판 2005.01.14. 2002다57119).

4. 현상광고의 철회

제679조(현상광고의 철회) ① 광고에 그 지정한 행위의 완료기간을 정한 때에는 그 기간만료 전에 광고를 철회하지 못한다.
② 광고에 행위의 완료기간을 정하지 아니한 때에는 그 행위를 완료한 자 있기 전에는 그 광고와 동일한 방법으로 광고를 철회할 수 있다.
③ 전광고와 동일한 방법으로 철회할 수 없는 때에는 그와 유사한 방법으로 철회할 수 있다. 이 철회는 철회한 것을 안 자에 대하여만 그 효력이 있다.

V. 종신정기금

1. 종신정기금계약의 의의

제725조(종신정기금계약의 의의) 종신정기금계약은 당사자일방이 자기, 상대방 또는 제3자의 종신까지 정기로 금전 기타의 물건을 상대방 또는 제3자에게 지급할 것을 약정함으로써 그 효력이 생긴다.

2. 종신정기금의 계산

제726조(종신정기금의 계산) 종신정기금은 일수로 계산한다.

3. 종신정기금계약의 해제

  (1) 해제사유

제727조(종신정기금계약의 해제) ① 정기금채무자가 정기금채무의 원본을 받은 경우에 그 정기금채무의 지급을 해태하거나 기타 의무를 이행하지 아니한 때에는 정기금채권자는 원본의 반환을 청구할 수 있다. 그러나 이미 지급을 받은 채무액에서 그 원본의 이자를 공제한 잔액을 정기금채무자에게 반환하여야 한다.
② 전항의 규정은 손해배상의 청구에 영향을 미치지 아니한다.

  (2) 동시이행

제728조(해제와 동시이행) 제536조의 규정은 전조의 경우에 준용한다.

4. 채권존속선고

제729조(채무자귀책사유로 인한 사망과 채권존속선고) ① 사망이 정기금채무자의 책임있는 사유로 인한 때에는 법원은 정기금채권자 또는 그 상속인의 청구에 의하여 상당한 기간 채권의 존속을 선고할 수 있다. ② 전항의 경우에도 제727조(종신정기금계약의 해제)의 권리를 행사할 수 있다.

5. 유증에 의한 종신정기금

제730조(유증에 의한 종신정기금) 본절의 규정은 유증에 의한 종신정기금채권에 준용한다.

FORTUNE 完打 민법개론(재산법) -조문·이론·판례-

제4편

채권과 채무

제1장 채권의 목적과 채무의 이행
제2장 불법행위 법

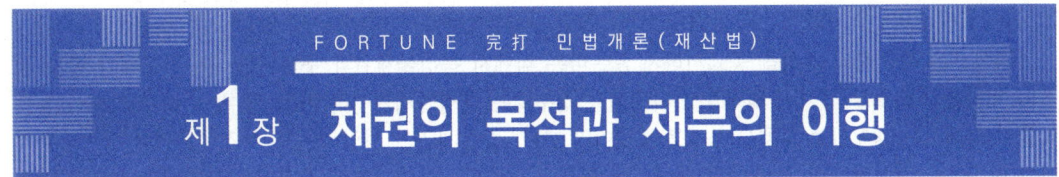

제1장 채권의 목적과 채무의 이행

제1절 채권의 목적

Ⅰ. 의의

채권의 목적을 급부(給付[1])라고 하며, 이는 채무자의 행위를 말한다. 특히 채권은 법률행위(계약)와 법률규정(사무관리·부당이득·불법행위)에 의해 발생한다. 채권이 당사자의 법률행위, 특히 계약에 의하여 발생하는 경우에는 원칙적으로 자유로운 의사에 기하여 채권의 목적을 정할 수 있으나 법률행위의 목적에 관한 일반적 효력요건(확정성·실현가능성·적법성·사회적 타당성)을 갖추어야 한다.

Ⅱ. 채권의 목적

제373조(채권의 목적) 금전으로 가액을 산정할 수 없는 것이라도 채권의 목적으로 할 수 있다.

1. 의의

채권의 목적을 급부(給付[2])라고 하며, 이는 채무자의 행위를 말한다. 특히 채권은 법률행위(계약)와 법률규정(사무관리·부당이득·불법행위)에 의해 발생한다. 채권이 당사자의 법률행위, 특히 계약에 의하여 발생하는 경우에는 원칙적으로 자유로운 의사에 기하여 채권의 목적을 정할 수 있으나 법률행위의 목적에 관한 일반적 효력요건(확정성·실현가능성·적법성·사회적 타당성)을 갖추어야 한다.

제375조(종류채권) ① 채권의 목적을 종류로만 지정한 경우에 법률행위의 성질이나 당사자의 의사에 의하여 품질을 정할 수 없는 때에는 채무자는 중등품질의 물건으로 이행하여야 한다.
② 전항의 경우에 채무자가 이행에 필요한 행위를 완료하거나 채권자의 동의를 얻어 이행할 물건을 지정한 때에는 그때로부터 그 물건을 채권의 목적물로 한다.

---

[1] 구 민법이나 구 민사소송법 등에 규정되어 있었으나, 현행 민법이나 민사소송법은 경우에 따라서 이행·지급·행위 또는 급여 등의 용어를 쓰고 있다. 본래 급부는 독일어의 Leistung이라는 말을 일본인들이 민법이나 민사소송법을 제정할 때, 번역한 것이므로 국어적 어감에 맞지 않다. 이 때문에 현행 민법이나 민사소송법은 그 개념의 사용을 피하고 있으나, 모든 채권의 목적으로서의 채무자의 행위를 통일적으로 파악하기 위하여 강학 상으로는 필요한 개념이다.

[2] 구 민법이나 구 민사소송법 등에 규정되어 있었으나, 현행 민법이나 민사소송법은 경우에 따라서 이행·지급·행위 또는 급여 등의 용어를 쓰고 있다. 본래 급부는 독일어의 Leistung이라는 말을 일본인들이 민법이나 민사소송법을 제정할 때, 번역한 것이므로 국어적 어감에 맞지 않다. 이 때문에 현행 민법이나 민사소송법은 그 개념의 사용을 피하고 있으나, 모든 채권의 목적으로서의 채무자의 행위를 통일적으로 파악하기 위하여 강학 상으로는 필요한 개념이다.

2. 특정물채권과 종류(불특정물)채권

종류채권은 목적물의 개성을 중요시하지 않는다는 점에서 특정물채권과 구별된다. 즉, 인도해야 할 목적물의 개성을 기준으로 하여 구체적으로 확정되는 경우에는 특정물채권이라 하고, 종류, 수량에 의해서만 목적물이 정해지는 경우에는 종류(불특정물)채권이라 한다. 종류채권이 성립하는지, 특정물채권이 성립하는지는 일차적으로 당사자 간의 법률행위의 해석에 의해 판단된다. 즉 대체성과 부대체성은 거래관념에 의한 객관적 기준에 따라 정해지지만, 목적물의 특정성·불특정성은 당사자의 의사에 의해 주관적으로 결정된다. 따라서 대체물을 당사자 간의 합의에 의해 특정물로 취급할 수 있으며, 부대체물을 불특정물로 취급할 수도 있다.

III. 선관주의의무

> 제374조(특정물인도채무자의 선관의무) 특정물의 인도가 채권의 목적인 때에는 채무자는 그 물건을 인도하기까지 선량한 관리자의 주의로 보존하여야 한다.

선량한 관리자의 주의란 평균적·추상적 채무자가 마땅히 기울여야 하는 일반적·객관적 주의의무를 뜻한다. 이 경우의 과실은 일정한 기준의 행태를 기준으로 판단한다(추상적 경과실). 이에 반해 자기 재산과 동일한 주의(제695조), 자기의 재산에 관한 행위와 동일한 주의(제922조), 고유재산에 대하는 것과 동일한 주의(제1022조)로 표현되어 행위자 자신의 구체적 주의능력을 기준으로 하여 구체적 과실에 따라 책임을 귀속시키는 경우를 구체적 경과실이라고 한다. 따라서 구체적 경과실은 추상적 과실에 비해서 주의의무의 정도가 낮다. 추상적 경과실은 유상계약에, 구체적 경과실은 무상계약의 경우에 적용되는 것이 보통이다. 다만 위임은 무상계약이 원칙이면서도 추상적 경과실을 요구한다(제681조). 특정물인도채무자에게 특정물에 대해 선관주의의무를 규정한 제374조는 임의규정이므로 특약 또는 특별규정이 있는 경우에는 그 적용을 배제할 수 있다.

IV. 종류채권

> 제375조(종류채권) ① 채권의 목적을 종류로만 지정한 경우에 법률행위의 성질이나 당사자의 의사에 의하여 품질을 정할 수 없는 때에는 채무자는 중등품질의 물건으로 이행하여야 한다.
> ② 전항의 경우에 채무자가 이행에 필요한 행위를 완료하거나 채권자의 동의를 얻어 이행할 물건을 지정한 때에는 그 때로부터 그 물건을 채권의 목적물로 한다[3].

1. 의의

종류채권이란 인도해야 할 목적물이 종류와 수량에 의해서 정해진 급부채권을 말한다.

2. 특정물채권과 종류(=불특정물)채권의 구별

종류채권은 목적물의 개성을 중요시하지 않는다는 점에서 특정물채권과 구별된다. 즉, 인도해야 할 목적

---

[3] 제한종류채권에 있어 급부목적물의 특정은, 원칙적으로 종류채권의 급부목적물의 특정에 관하여 민법 제375조 제2항이 적용되므로, 채무자가 이행에 필요한 행위를 완료하거나 채권자의 동의를 얻어 이행할 물건을 지정한 때에는 그 물건이 채권의 목적물이 되는 것이나, 당사자 사이에 지정권의 부여 및 지정의 방법에 관한 합의가 없고, 채무자가 이행에 필요한 행위를 하지 아니하거나 지정권자로 된 채무자가 이행할 물건을 지정하지 아니하는 경우에는 선택채권의 선택권 이전에 관한 민법 제381조를 준용하여 채권의 기한이 도래한 후 채권자가 상당한 기간을 정하여 지정권이 있는 채무자에게 그 지정을 최고하여도 채무자가 이행할 물건을 지정하지 아니하면 지정권이 채권자에게 이전 한다(대판 2003.03.28. 2000다24856)."

물의 개성을 표지로 하여 구체적으로 확정되는 경우에는 특정물채권이라 하고, 종류, 수량에 의해서만 목적물이 정해지는 경우에는 종류(=불특정물)채권이라 한다. 대체성과 부대체성은 거래관념에 의한 객관적 기준에 따라 정해지지만, 목적물의 특정성·불특정성은 당사자의 의사에 의해 주관적으로 결정된다. 따라서 대체물을 당사자 간의 합의에 의해 특정물로 다룰 수 있으며, 부대체물을 불특정물로 취급할

3. (제한)종류채권과 선택채권의 구별

제한종류채권도 종류채권의 일종으로서, 동일 종류의 목적물의 범위를 당사자의 특약에 의해 한정하여 이를 급부목적물로 하는 채권을 말한다. 예를 들어, 특정 창고에 있는 백미 10가마를 목적으로 하는 채권이 이에 해당 한다[4][5].

4. 종류물의 품질

종류채권에 있어 목적물의 품질은 법률행위의 성질, 당사자의 의사에 의해 결정된다. 그러나 이에 의해 급부목적물의 품질이 결정되지 않는 경우에 채무자는 중등품질의 물건으로 이행하여야 한다(제375조 1항).

5. 특정

(1) 의의

특정이란 종류와 수량에 의해 정해진 급부목적물을 구체적으로 확정하는 것을 말한다.

(2) 채무자가 이행에 필요한 행위를 완료한 때

1) 이행에 필요한 행위의 의미

채무의 내용에 좇은 변제의 제공을 한 때에 목적물은 특정된다. 채무내용에 좇은 변제의 내용은 당사자 사이의 약정에 의하여 결정된다.

2) 지참채무의 경우

지참채무란 채무자가 목적물을 채권자의 주소에 가지고 가서 이행하여야 하는 채무이다. 이 경우에는 채무자가 채권자의 주소 또는 영업소에 가서 채권자에게 물건을 현실로 제공한 때에 특정된다(현실제공). 다만 채권자가 미리 급부의 수령을 거절한 때에는 받을 것을 통지(구두제공=언어제공)하면 특정된다. 민법상 채무는 지참채무가 원칙이다(지참채무의 원칙).

3) 추심채무의 경우

추심채무란 채권자가 채무자의 주소에 와서 목적물을 추심하여 이행 받아야 하는 채무이다. 이 경우에는 채무자가 목적물을 분리하고, 채권자에게 채무자의 주소 또는 영업소에 와서 받아갈 것을 통지한 때에 특정

---

[4] 제한종류채권과 선택채권은 급부목적물이 특정되어 있지 않으며, 특정에 의하여 목적물이 확정된다는 점에서 공통점을 가지고 있다. 그러나 종류채권의 경우에 당사자는 목적물의 일정 범위 자체에 중점을 두고 목적물의 개성을 중요시하지 않는 반면, 선택채권은 개개의 물건이 지니는 개성을 중요시한다는 점에서 다르다. 선택채권에 있어서 선택은 소급효를 가진다(제386조 본문). 종류채권에 있어서는 그러하지 아니한다. 선택채권에 있어서는 급부불능에 대하여 제385조의 규정을 두고 있다. 종류채권에 일부종류물의 급부가 불능이 되었다 하여 특정의 효과가 생기지 않는다.

[5] 判例는 "특정창고에 소재한 백미의 일부를 목적으로 한 매매계약에서 그 목적물 백미를 특별하게 지정하거나 다른 물건과 구분하는 등 구체적 사유가 없는 한 이는 제한종류채권이며, 창고주에게 내린 하도지시만으로는 목적물이 특정되었다고 할 수 없다(대판 1956.03.31. 4288민상232).", 하고, "보유주식 일정량을 담보로 제공하기로 한 담보제공약정은 특정한 "주권"에 대한 담보약정이 아니라 기명의 "주식"에 관한 담보약정이고 다만 그 담보약정의 이행으로서 약정한 기명주식을 표창하는 주권을 인도할 의무가 있는 것인데, 주식은 동가성이 있고 상법 등의 규정에 따른 소각, 변환, 병합 등 변화가능성이 있으며 담보약정에 이르게 된 경위 등에 비추어 볼 때, 담보약정 후 주권의 이행제공 전에 갖고 있던 주식에 대한 처분이나 새로운 주식의 취득이 있더라도 약정된 수의 기명주식을 표창하는 주권만 인도하면 되고 인도할 주권의 특정은 쌍방 어느 쪽에서도 할 수 있는 것으로서 담보약정에 기한 채권은 일종의 제한종류채권이다(대판 1994.08.26. 93다20191)."이라고 한다.

된다(목적물의 분리+구두제공).

  4) 송부채무의 경우

송부채무란 채무자가 채권자에게 물건을 송부하여야 하는 채무를 말한다. 이 경우에는 채무자가 목적물을 발송함으로써 특정된다(목적물 발송).

(3) 채무자가 채권자의 동의를 얻어 이행할 물건을 지정한 때

이 경우에는 채무자가 채권자로부터 지정권을 부여 받아 인도할 물건을 지정한 때에 특정된다.

6. 효과

(1) 선관주의의무

특정에 의해 종류채권은 채권관계의 동일성을 유지하며 특정물의 인도를 목적으로 하는 채권으로 전환되고, 채무자는 특정된 목적물에 대한 선관의무를 부담하게 된다(제374조).

(2) 급부의무의 이전

특정된 물건이 양 당사자의 귀책사유 없이 멸실된 경우 채무자는 다시 동일한 물건으로 급부할 의무를 부담하지 않는다. 그러나 쌍무계약에 있어서는 채무자 또한 채권자에 대하여 반대급부를 청구할 수 없다(제537조). 즉 종류물의 특정 후에 급부위험은 채권자에게 이전되지만, 채권자의 수령지체가 없는 한 종류물의 특정만으로 대가위험(=반대급부위험)이 채권자에게 이전되지는 않기 때문이다.

(3) 채무자의 변경권한

특정에 의하여 종류채권이 특정물채권으로 전환되어도, 종류채권에서는 본래 물건의 개성이 중요시되는 것이 아니므로, 특정 후에도 급부변경권을 인정하여 특정된 물건이 멸실된 경우 채무자가 다른 불특정물(=종류물)을 제공할 수 있다는 것이 통설이다. 따라서 특정된 물건이 멸실된 경우 급부위험이 채권자에게 이전된 경우 채무자는 급부의무를 면하지만, 채무자가 반대급부(매매대금)를 얻기 위하여 채무를 이행하고자 하는 경우에는 다른 종류물(=불특정물)을 제공할 수 있다. 이를 채무자의 변경권한 또는 급부변경권이라고 한다. 다만 채권자의 의사나 이익에 반하는 경우에는 변경권한이 인정되지 않는다.

V. 금전채권

1. 의의

금전채권은 일정액의 금전지급을 목적으로 하는 채권이다[6][7]. 금전채권은 법률행위 뿐만 아니라 법률의 규정에 의하여도 성립한다(제394조, 제763조).

---

[6] 금전채권은 일정액의 금전지급을 목적으로 하는데, 그 금전은 물건으로서의 중요성이 있는 것이 아니라 그것이 표창하고 있는 '명목가치 및 강제통용력'에 그 중요성이 있다. 따라서 금전채권은 종류채권이 아니라 가치채권이며, 동시에 금액채권이다. 그러나 특정종류의 금전의 인도를 목적으로 하는 금종채권은 금전채권이 아니라 금전이라는 물건의 인도를 목적으로 하는 종류채권 또는 특정물채권이다. 금전채권은 물건의 인도를 목적으로 하는 물건채권에서 발생할 수 있는 특정·하자·급부불능·위험부담의 문제가 생기지 아니한다. 또한 화폐가 존재하는 한 이행불능이 되지 않는다.

[7] 금전채권은 ① 일정한 액수의 금전의 지급을 목적으로 하는 금액채권(금전채권은 대부분 금액채권이다) ② 일정한 종류의 금전으로 지급하기로 약정한 금전채권인 금종채권(예 : 1원을 5만원권으로 지급하기로 한 경우) ③ 진열용·소장용 등으로 특정한 금전의 지급을 목적으로 하는 특정금전채권(예 : 화폐수집가가 특정한 화폐를 매수하는 경우) ④ 진열용·소장용 등으로 특정한 종류의 금전을 목적으로 하는 종류금전채권(예 : 1988년 서울올림픽 기념주화 세트를 매수하는 경우) ⑤ 외국통화(1억유로)의 지급을 목적으로 하는 금전채권인 외국금전채권 또는 외화채권 등이 있고, 외화채권은 다시 ① 내지 ④ 유형으로 나눌 수 있다. 그리고 특정금전채권은 특정물채권에 해당하며, 종류금전채권은 종류채권에 해당하므로, 일반적으로 금전채권이라고 하면 금액채권·금종채권만을 의미하고, 외화채권도 동일하다.

2. 종류

(1) 금종채권

제376조(금전채권) 채권의 목적이 어느 종류의 통화로 지급할 것인 경우에 그 통화가 변제기에 강제통용력을 잃은 때에는 채무자는 다른 통화로 변제하여야 한다.

일정한 종류의 통화로 지급하기로 된 금전채권이다. 예를 드어 1만원권으로 백만원을 지급하기로 약정한 경우가 이에 해당한다. 이 경우 그 통화가 변제기에 강제통용력을 잃은 때에는 채무자는 다른 통화로 변제하여야 한다(제376조).

(2) 외화채권

제377조(외화채권) ① 채권의 목적이 다른 나라 통화로 지급할 것인 경우에는 채무자는 자기가 선택한 그 나라의 각 종류의 통화로 변제할 수 있다.
② 채권의 목적이 어느 종류의 다른 나라 통화로 지급할 것인 경우에 그 통화가 변제기에 강제통용력을 잃은 때에는 그 나라의 다른 통화로 변제하여야 한다.
제378조(동전) 채권액이 다른 나라 통화로 지정된 때에는 채무자[8]는 지급할 때[9][10]에 있어서의 이행지의 환금시가에 의하여 우리나라 통화로 변제할 수 있다.

외화채권이란 다른 나라의 통화로 지급하는 채권을 말한다.

3. 금전채무불이행에 대한 특칙

제397조(금전채무불이행에 대한 특칙) ① 금전채무불이행의 손해배상액은 법정이율에 의한다. 그러나 법령의 제한에 위반하지 아니한 약정이율이 있으면 그 이율에 의한다.
② 전항의 손해배상에 관하여는 채권자는 손해의 증명을 요하지 아니하고 채무자는 과실 없음을 항변하지 못한다.

---

(1) 입법 취지

금전은 가치가 중요한 것이므로, 물건으로서의 개성이 없다. 따라서 금전은 목적물의 특정이 없으며, 이행불능도 생기지 아니하고, 이행지체만이 문제 될 뿐이다. 따라서 민법은 이행지체에 따른 손해배상과 관련하여 금전의 특성을 반영한 특칙을 입법한 것이다.

(2) 제1항의 경우

1) 금전채무불이행에 따른 손해배상액은 다음 순서에 따른다[11].

---

[8] 채권자를 포함한다.
[9] 채권액이 외국통화로 지정된 금전채권인 외화채권을 채무자가 우리나라 통화로 변제함에 있어서는 민법 제378조가 그 환산시기에 관하여 외화채권에 관한 같은 법 제376조, 제377조 제2항의 "변제기"라는 표현과는 다르게 "지급할 때"라고 규정한 취지에서 새겨 볼 때 그 환산시기는 이행기가 아니라 현실로 이행하는 때 즉 현실이행시의 외국환시세에 의하여 환산한 우리나라 통화로 변제하여야 한다고 풀이함이 상당하므로 채권자가 위와 같은 외화채권을 대용급부의 권리를 행사하여 우리나라 통화로 환산하여 청구하는 경우에도 법원이 채무자에게 그 이행을 명함에 있어서는 채무자가 현실로 이행할 때에 가장 가까운 사실심 변론종결 당시의 외국환 시세를 우리나라 통화로 환산하는 기준시로 삼아야 한다(대판(全) 1991.03.12. 90다2147).
[10] 채권액이 외국통화로 정해진 금전채권인 외화채권을 채무자가 우리나라 통화로 변제하는 경우에 그 환산시기는 이행기가 아니라 현실로 이행하는 때, 즉 현실이행시의 외국환시세에 의하여 환산한 우리 나라 통화로 변제하여야 하고, 우리나라 통화를 외화채권에 변제충당할 때도 특별한 사정이 없는 한 현실로 변제충당할 당시의 외국환시세에 의하여 환산하여야 한다(대판 2000.06.09. 99다56512).
[11] 김준호, 116면, 채권법 제10판(2019), 법문사, 참고

2) 민법에 특별규정이 있는 경우에는 그에 의한다(제685조, 제705조, 제958조). 그리고 그 지연손해금에 대하여 따로 약정이 있는 경우(이는 손해배상액의 예정에 해당한다)에는 그에 따르고, 설사 그것이 법정이율 보다 낮다 하더라도 마찬가지이다(대판 2013.04.26. 2011다50509).

3) 위에 해당하지 않는다면 ① 법령의 제한을 위반하지 않는 약정이율이 있으면 그 이율에 의한다.12) 이는 약정이율이 법정이율 보다 높은 경우에 법정이율에 의하여 지연손해금이 정해지는 것으로 하면 채무자가 이행지체로 오히려 이익을 얻게 되는 문제가 발생하므로, 이를 고려하여 약정이율에 따르도록 한 것이다13)(대판 2017.09.26. 2017다22407). 따라서 이것은 약정이율이 법정이율 이상인 경우에만 적용된다. 그리고 ② 약정이율을 정하지 않은 경우에는 법정이율에 따른다. 다만 약정이율을 정한 경우에도 그것이 법정이율 보다 낮은 경우에는 법정이율에 의하여 지연손해금을 정하여야 한다(대판 2009.12.24. 2009다85342).

* 제397조 1항의 해석

소비대차에서 변제기 후의 이자약정이 없는 경우 특별한 의사표시가 없는 한 변제기가 지난 후에도 당초의 약정이자를 지급하기로 한 것으로 보는 것이 당사자의 의사이다(대판 1981.09.08. 80다2649<u>14)</u>). 다만「민법 제397조 제1항은 본문에서 금전채무불이행의 손해배상액을 법정이율에 의할 것을 규정하고 그 단서에서 "그러나 법령의 제한에 위반하지 아니한 약정이율이 있으면 그 이율에 의한다"고 정한다. 이 단서규정은 약정이율이 법정이율 이상인 경우에만 적용되고, 약정이율이 법정이율보다 낮은 경우에는 그 본문으로 돌아가 법정이율에 의하여 지연손해금을 정할 것이다. 우선 금전채무에 관하여 아예 이자약정이 없어서 이자청구를 전혀 할 수 없는 경우에도 채무자의 이행지체로 인한 지연손해금은 법정이율에 의하여 청구할 수 있으므로, 이자를 조금이라도 청구할 수 있었던 경우에는 더욱이나 법정이율에 의한 지연손해금을 청구할 수 있다고 하여야 한다(대판 2009.12.24. 2009다85342).」고 한다.

(3) 제2항의 경우

1) 손해증명의 불필요

채권자는 손해를 증명할 필요가 없다. 금전채권에서는 손해의 증명이 곤란하고, 금전은 일정한 과실을 얻는 것이 보통이므로 당연히 일정한 손해가 생기는 것으로 본 것이다.

---

12) 약정이율이 이자제한법상의 최고이자율(25%)을 넘는 경우, 그 초과부분은 무효가 되므로(동법 제2조 3항), 최고이자율에 따라 손해배상액이 정해진다.
13) 민법 제397조 제1항은 본문에서 금전채무불이행의 손해배상액을 법정이율에 의하도록 하고, 단서에서 '그러나 법령의 제한에 위반하지 아니한 약정이율이 있으면 그 이율에 의한다.'고 정하고 있다. 민법 제397조 제1항 단서에서 약정이율이 있으면 이에 따르도록 한 것은 약정이율이 법정이율보다 높은 경우에 법정이율에 의한 지연손해금만으로 충분하다고 하면 채무자가 이행지체로 오히려 이익을 얻게 되는 불합리가 발생하므로, 이를 고려해서 약정이율에 의한 지연손해금을 인정한 것이다. 당사자 일방이 금전소비대차가 있음을 주장하면서 약정이율에 따른 이자의 지급을 구하는 경우, 특별한 사정이 없는 한 대여금채권의 변제기 이후의 기간에 대해서는 약정이율에 따른 지연손해금을 구하는 것으로 보아야 하고, 여기에는 약정이율이 인정되지 않는다고 하더라도 법정이율에 의한 지연손해금을 구하는 취지가 포함되어 있다고 볼 수 있다. 이는 채무자가 금전소비대차계약 공정증서의 집행력을 배제하기 위하여 제기한 청구이의의 소에서 채권자가 금전대여와 함께 약정이율에 따른 지연손해금을 주장한 경우에도 마찬가지이다(대판 2017.09.26. 2017다22407).
14) 소비대차에 있어 **그 변제기 후의 이자약정(엄밀한 의미로는 지연손해)이 없는 경우**에는 특별한 의사표시가 없는 한 그 변제기가 지난 후에도 **당초의 약정이자**를 지급하기로 한 것으로 보는 것이 대차관계에 있어서의 당사자의 의사라고 할 것임은 (당원 1970.3.10선고 69다2269 판결참조) 소론과 같으나 소비대차 채권의 담보를 확보할 목적으로 일단 제소전 화해를 한 경우에는 화해를 하게 된 동기나 경위가 어떻든 간에 화해가 이루어진 이상 그 화해는 창설적 효력을 가지게 되므로 화해 전의 사유를 가지고 화해의 효력을 다툴 수 없고 화해가 이루어지면 종전의 법률관계를 바탕으로 한 권리의무관계는 소멸한다고 할 것이니(당원 1977.6.7선고 77다 235판결참조) 본건 제소전 화해는 **채무원금을 금 18,000,000원으로 확정하고 원설시와 같은 변제기 및 담보로서 가등기 및 본등기를 한다는 외에 변제기 후의 지연 손해에 대하여는 화해조항에 별도의 정함이 없었음이 뚜렷한 본건에 있어 변제기 후의 지연손해를 당시의 법정이율에 의하여야 한다고 한 원심의 판단조치는 정당하고** 반대의 견해로 이와 같은 해석은 거래의 실정에 맞지 아니함을 이유로 원심판시를 비의하는 소론은 채택할 바 못되며 화해의 창설적 효력에 관한 위 당원 판례의 견해를 변경할 필요를 느끼지 아니한다.

2) 과실 없음을 항변하지 못함

채무자는 과실 없음을 항변하지 못한다. 즉 금전채무불이행은 무과실책임이다. 구민법은 "불가항력을 가지고 항변하지 못한다."고 규정한 것인데, 현행 민법은 불가항력을 과실로 바꾼 것이다. 다만 변론주의 원칙상, 금전채무불이행을 이유로 손해배상을 청구하는 경우 손해가 발생하였다는 주장은 하여야 한다. 그리고 원칙적으로 주장책임과 증명책임의 분배는 일치하지만, 금전채무불이행은 일치하지 않는다(통설).

* 제397조 2항의 해석

[1] 채무불이행으로 인한 손해배상 예정액의 청구와 채무불이행으로 인한 손해배상액의 청구는 그 청구원인을 달리하는 별개의 청구이므로 손해배상 예정액의 청구 가운데 채무불이행으로 인한 손해배상액의 청구가 포함되어 있다고 볼 수 없고, 채무불이행으로 인한 손해배상액의 청구에 있어서 손해의 발생 사실과 그 손해를 금전적으로 평가한 배상액에 관하여는 손해배상을 구하는 채권자가 주장·입증하여야 하는 것이므로, 채권자가 손해배상책임의 발생 원인 사실에 관하여는 주장·입증을 하였더라도 손해의 발생 사실에 관한 주장·입증을 하지 아니하였다면 변론주의의 원칙상 법원은 당사자가 주장하지 아니한 손해의 발생 사실을 기초로 하여 손해액을 산정할 수는 없다.
[2] 금전채무 불이행에 관한 특칙을 규정한 민법 제397조는 그 이행지체가 있으면 지연이자 부분만큼의 손해가 있는 것으로 의제하려는 데에 그 취지가 있는 것이므로 지연이자를 청구하는 채권자는 그 만큼의 손해가 있었다는 것을 증명할 필요가 없는 것이나, 그렇다고 하더라도 **채권자가 금전채무의 불이행을 원인으로 손해배상을 구할 때에 지연이자 상당의 손해가 발생하였다는 취지의 주장은 하여야 하는 것이지** 주장조차 하지 아니하여 그 손해를 청구하고 있다고 볼 수 없는 경우까지 지연이자 부분만큼의 손해를 인용해 줄 수는 없는 것이다(대판 2000.02.11. 99다49644).

VI. 이자채권

제379조(법정이율) 이자있는 채권의 이율은 다른 법률의 규정이나 당사자의 약정이 없으면 연 5분으로 한다.
상법 제54조(상사법정이율) 상행위로 인한 채무의 법정이율은 연 6분으로 한다. [개정 62·12·12]
공탁금이자에 관한 규칙 제2조(이자) 공탁금의 이자는 연 1만분의 35로 한다.

1. 이 자

(1) 의의 및 이율

이자는 원본액과 사용기간에 비례하여 일정한 이율에 의해 산정된다. 이율이란 원본액에 대한 이자의 비율로서 원본사용의 일정기간을 단위로 하여 정해진다. 이율에는 당사자의 계약이나 관습에 따라 정해지는 약정이율과 법률에 의해 정해지는 법정이율로 구분된다. 법정이율의 경우 민사에 대해서는 연 5푼으로, 상사에 관해서는 연 6푼으로, 그리고 공탁금에 관해서는 연 1만분의 35로 규정되어 있다. 이율에 의하지 않고 지급되는 사례금은 이자가 아니다.

(2) 수반성

이자채권은 원본채권에 대하여 종속성을 갖고 있으나 이미 변제기에 도달한 이자채권은 원본채권과 분리하여 양도할 수 있고 원본채권과 별도로 변제할 수 있으며 시효로 인하여 소멸되기도 하는 등 어느 정도 독립성을 갖게 되는 것이므로, 원본채권이 양도된 경우 이미 변제기에 도달한 이자채권은 원본채권의 양도당시 그 이자채권도 양도한다는 의사표시가 없는 한 당연히 양도되지는 않는다(대판 1989.03.28. 88다카12803).

2. 이자제한법

(1) 제정 전의 判例

선량한 풍속 기타 사회질서에 위반하여 무효인 부분의 이자 약정을 원인으로 차주가 대주에게 임의로 이자를 지급하는 것은 통상 불법의 원인으로 인한 재산 급여라고 볼 수 있을 것이나, 불법원인급여에 있어서도 그 불법원인이 수익자에게만 있는 경우이거나 수익자의 불법성이 급여자의 그것보다 현저히 커서 급여자의 반환청구를 허용하지 않는 것이 오히려 공평과 신의칙에 반하게 되는 경우에는 급여자의 반환청구가 허용되므로, 대주가 사회통념상 허용되는 한도를 초과하는 이율의 이자를 약정하여 지급받은 것은 그의 우월한 지위를 이용하여 부당한 이득을 얻고 차주에게는 과도한 반대급부 또는 기타의 부당한 부담을 지우는 것으로서 그 불법의 원인이 수익자인 대주에게만 있거나 또는 적어도 대주의 불법성이 차주의 불법성에 비하여 현저히 크다고 할 것이어서 차주는 그 이자의 반환을 청구할 수 있다(대판(全合) 2007.02.15. 2004다50426).

(2) 적용범위

우선 동법은 금전소비대차의 경우에 적용되나, 대차원금이 10만원 미만인 때에는 적용되지 않는다(동법 제2조 1항 및 5항). 과거의 判例는 "금전 이외의 대차관계에 대해서까지 이자제한법을 유추적용할 수 없다(대판 1977.05.24. 77다271)."고 하였고, "대여미의 형식을 빌린 금전소비대차계약에 대해서는 이자제한법의 적용한다(대판 1984.05.22. 83다카195)."고 하였다. 그리고 다른 법률에 따라 인가, 허가, 등록을 마친 금융업 및 대부업과 대부업법 제9조의 4에 따른 미등록대부업자에 대하여는 그 적용이 없다. 그리고 동법 시행일 전에 성립한 대차관계에 관한 계약상의 이자율에 대해서도 동법 시행일 이후에는 동법에 따른 이자율의 제한을 받게 된다. 따라서 예를 들어 동법 시행일 전에 원금 100만원을 연이율 40%로 하여 차용한 경우라도, 동법 시행일 이후에는 연 20%의 이자만을 지급하면 된다.

(3) 동법상의 이자

1) 동법은 최고 이자율을 연 25%가 초과되지 않는 범위 내에서 대통령령으로 정하도록 하고 있으며, 동 시행령은 연 이율을 20% 이하로 정하고 있다.

2) 동법은 간주이자에 대하여 규정한다. 즉 예금, 할인금, 수수료, 공제금, 체당금, 그 밖의 명칭에도 불구하고 금전의 대차와 관련하여 채권자가 받은 것은 이를 이자로 보게 된다(동법 제4조).

(4) 내 용

1) 제한이율 20%를 초과하는 부분의 이자약정은 무효이다(동법 제2조 3항). 따라서 그 초과부분에 대하여는 재판상 이를 청구할 수 없으며, 타인에게 양도 또는 초과이자를 자동채권으로 하는 상계의 의사표시는 그 효력이 없다(대판 1963.11.21. 63다429). 또한 이러한 제한초과의 이자에 대하여 준소비대차계약 또는 경개계약을 체결하더라도 그 초과 부분에 대하여는 효력이 생기지 아니한다(대판 1998.10.13. 98다17046).

2) 동법 및 시행령은 최고 연이율을 연 20%로 한정하고 있으므로, 차주가 연 20%가 넘는 이자약정을 하고 이를 임의로 지급한 경우에는 초과 지급된 부분은 우선 원금에 충당하게 되고, 원본이 소멸한 때에는 그 반환을 청구할 수 있다(동법 제2조 4항). 이는 그 초과된 부분이 무효로 됨으로써 법률상 원인 없이 지급된 것이므로 부당이득에 해당하게 된다.

(5) 문제되는 경우

1) 선이자

대주가 선이자를 사전 공제한 경우에는, 그 공제액이 차주가 실제 수령한 금액을 원본으로 하여 동법 제2조 1항에서 정한 최고 이자율에 의해서 계산한 금액을 초과하는 때에는 그 초과부분은 원본에 충당한 것으로 본다(동법 제3조).

2) 복리의 제한

이자에 대하여 다시 이자를 지급하기로 하는 복리약정은 제2조 1항에서 정한 최고이자율을 초과하는 부분에 해당하는 금액에 대하여 무효로 한다(동법 제5조).

3) 손해배상액의 예정

동법에 따르면 법원은 당사자가 금전을 목적으로 한 채무의 불이행에 관하여 예정한 배상액이 부당하다고 인정한 때에는 이를 상당액까지 감액할 수 있다(동법 제6조).

VII. 선택채권

> 제380조(선택채권) 채권의 목적이 수개의 행위 중에서 선택에 좇아 확정될 경우에 다른 법률의 규정15)이나 당사자의 약정이 없으면 선택권은 채무자에게 있다.

1. 선택채권

(1) 의의

선택채권이란 수개의 서로 다른 급부가 채권의 목적으로 되어 있으나 선택에 의하여 그 중 하나가 급부의 목적으로 확정되는 채권이다. 선택채권에 있어서 수개의 급부는 서로 다른 급부이면 족하고, 선택에 의하여 급부가 특정될 때까지 이행할 수 있는 것이면 된다. 이행청구나 강제이행은 선택권의 행사 전, 즉 급부의 특정이 있기 전에는 할 수 없다.

(2) 判例

토지소유자가 1필 또는 수필의 토지 중 일정 면적의 소유권을 상대방에게 양도하기로 하는 계약을 체결한 경우, 상대방이 토지소유자에 대하여 구체적으로 어떠한 내용의 권리를 가지는지는 원칙적으로 당해 계약의 해석문제로 귀착되는 것이지만, 위치와 형상이 중요시되는 토지의 특성 등을 감안하여 볼 때 특별한 사정이 없는 한 위치가 특정된 일정 면적의 토지 소유권을 양도받을 수 있는 권리를 가지는 것으로 보아야 하고, 따라서 위와 같은 계약에서 양도받을 토지 위치가 확정되지 아니하였다면 상대방이 토지소유자에게 가지는 채권은 민법 제380조에서 정한 선택채권에 해당하는 것으로 보아야 한다(대판 2011.06.30. 2010다16090).

2. 선택권의 이전

> 제381조(선택권의 이전) ① 선택권행사의 기간이 있는 경우에 선택권자가 그 기간내에 선택권을 행사하지 아니하는 때에는 상대방은 상당한 기간을 정하여 그 선택을 최고할 수 있고 선택권자가 그 기간내에 선택하지 아니하면 선택권은 상대방에게 있다.
> ② 선택권행사의 기간이 없는 경우에 채권의 기한이 도래한 후 상대방이 상당한 기간을 정하여 그 선택을 최고하여도 선택권자가 그 기간 내에 선택하지 아니할 때에도 전항과 같다.

제한종류채권에 있어 급부목적물의 특정은, 원칙적으로 종류채권의 급부목적물의 특정에 관하여 민법 제375조 제2항이 적용되므로, 채무자가 이행에 필요한 행위를 완료하거나 채권자의 동의를 얻어 이행할 물건을 지정한 때에는 그 물건이 채권의 목적물이 되는 것이나, 당사자 사이에 지정권의 부여 및 지정의 방법에 관한 합의가 없고, 채무자가 이행에 필요한 행위를 하지 아니하거나 지정권자로 된 채무자가 이행할 물건을

---

15) 제135조(무권대리인의 상대방에 대한 책임) ① 타인의 대리인으로 계약을 한 자가 그 대리권을 증명하지 못하고 또 본인의 추인을 얻지 못한 때에는 <u>상대방의 선택에 좇아</u> 계약의 이행 또는 손해배상의 책임이 있다.

지정하지 아니하는 경우에는 선택채권의 선택권 이전에 관한 민법 제381조를 준용하여 채권의 기한이 도래한 후 채권자가 상당한 기간을 정하여 지정권이 있는 채무자에게 그 지정을 최고하여도 채무자가 이행할 물건을 지정하지 아니하면 지정권이 채권자에게 이전한다(대판 2003.03.28. 2000다24856).

3. 선택권의 행사

> **제382조(당사자의 선택권의 행사)** ① 채권자나 채무자가 선택하는 경우에는 그 선택은 상대방에 대한 의사표시로 한다.
> ② 전항의 의사표시는 상대방의 동의가 없으면 철회하지 못한다.
>
> **제383조(제3자의 선택권의 행사)** ① 제3자가 선택하는 경우에는 그 선택은 채무자 및 채권자에 대한 의사표시로 한다.
> ② 전항의 의사표시는 채권자 및 채무자의 동의가 없으면 철회하지 못한다.

선택의 의사표시는 상대방의 수령을 요하는 의사표시로서 상대방에게 도달하여야 그 효력이 발생한다(제111조 1항).

4. 제3자의 선택권의 이전

> **제384조(제3자의 선택권의 이전)** ① 선택할 제3자가 선택할 수 없는 경우에는 선택권은 채무자에게 있다.
> ② 제삼자가 선택하지 아니하는 경우에는 채권자나 채무자는 상당한 기간을 정하여 그 선택을 최고할 수 있고 제3자가 그 기간 내에 선택하지 아니하면 선택권은 채무자에게 있다.

5. 선택권의 특정

> **제385조(불능으로 인한 선택채권의 특정)** ① 채권의 목적으로 선택할 수개의 행위 중에 처음부터 불능한 것이나 또는 후에 이행불능하게 된 것이 있으면 채권의 목적은 잔존한 것에 존재한다.
> ② 선택권 없는 당사자의 과실로 인하여 이행불능이 된 때에는 전항의 규정을 적용하지 아니한다.

(1) 원시적 불능의 경우

수개의 급부 중 선택채권의 성립 시부터 원시적 불능인 것이 있는 경우에는 채권은 잔존한 급부에 대해서만 존재한다(제385조 1항 전단). 따라서 급부가 하나뿐이면 처음부터 단순채권으로 성립하고, 두 개 이상이면 선택채권이 성립한다.

(2) 후발적 불능의 경우

1) 선택권이 없는 당사자의 과실로 인한 때

선택권 없는 당사자의 과실로 급부가 불능으로 된 경우에는 선택채권에 아무런 영향을 주지 않는다(제385조 2항). 따라서 채권자가 선택권자인 경우에는 불능인 급부를 선택하여 채무자에 대하여 손해배상을 청구할 수 있고(전보배상), 채무자가 선택권자일 때에는 불능인 급부를 선택하여 채무를 면할 수 있다.

2) 선택권이 있는 당사자의 과실로 인한 때

선택권을 가지고 있는 당사자의 과실로 또는 당사자 쌍방의 과실 없이 급부가 불능으로 된 때에는 채권은 잔존한 급부에 대해서만 존재한다(제385조 1항 후문). 따라서 잔존채무가 하나이면 채권은 그 급부에 특정된다. 즉 원시적 불능의 경우와 동일하다.

6. 선택의 소급효

제386조(선택의 소급효) 선택의 효력은 그 채권이 발생한 때에 소급한다. 그러나 제3자의 권리를 해하지 못한다.

선택은 채권의 발생 시에 소급하여 그 효력이 발생한다. 따라서 선택채권이 발생한 때부터 그 선택된 급부를 목적으로 하는 채권이 성립하고 있었던 것으로 다루어진다. 제386조 단서는 선택의 소급효는 "제3자의 권리를 해하지 못 한다"라고 규정하고 있다. 그러나 이 규정은 당연한 규정으로서 불필요한 규정이다. 왜냐하면 제3자가 그 목적물에 관하여 물권을 취득하면 물권은 채권에 우선하므로 항상 보호받으며, 제3자가 채권을 취득한 경우에는 제3자의 채권과 선택채권자의 채권과는 그 성립시기의 선후에 따라 그 효력에 차이가 생기지 아니하므로, 선택의 소급으로 제3자의 채권을 해하는 일은 있을 수 없기 때문이다(곽윤직). 그리고 선택채권은 선택권을 행사한 때가 아니라 '선택권을 행사할 수 있는 때'부터 소멸시효가 진행한다(대판 1965.08.24. 64다1156).

Ⅷ. 임의채권

1. 의의

임의채권이란 채권의 목적은 하나의 급부에 특정되어 있으나 채권자 또는 채무자가 다른 급부를 가지고 본래의 급부에 갈음할 수 있는 권리(대용권, 보충권)를 보유하고 있는 채권을 말한다. 본래의 급부에 갈음하는 다른 급부는 확정된 내용의 것이어야 한다. 임의채권은 법률행위에 의하여 성립하는 것이 보통이지만, 법률의 규정에 의하여 발생하는 경우도 있다(제378조, 제443조, 제764조).

2. 성질

임의채권에 있어서 본래의 급부는 이미 특정되어 있는 상태이고, 본래의 급부에 갈음하는 급부는 보충적 지위를 지닐 뿐이므로, 수개의 급부가 선택적으로 채권의 목적이 되는 선택채권과는 다르다. 따라서 본래의 급부가 감축되는 경우에는 대용급부도 감축된다. 그리고 본래의 급부가 원시적 불능으로 소멸하거나 채무자에게 귀책사유 없는 사정으로 급부불능이 된 경우에는 채권은 성립하지 않거나 소멸한다. 이 점에서 급부불능의 경우에 채권이 잔존하는 급부에 한정되는 선택채권과 구별된다.

3. 대용권의 행사

(1) 대용권이 채권자에게 있는 경우

채권자가 대용청구의 의사표시를 함으로써 급부의 목적물은 대용급부로 확정된다. 따라서 그 시점 이후부터는 본래의 급부가 멸실하더라도 채무자의 대용급부의무에는 아무 영향이 미치지 않는다.

(2) 대용권이 채무자에게 있는 경우

대용급부가 현실로 행해지지 않는 한 채무자의 대용급부에 대한 의사표시만으로는 대용급부가 급부의 목적물로 확정되지 않는다. 따라서 채무자가 대용급부를 현실로 이행하기 전까지는 대용급부의 이행이 불능이 되었다 하더라도 채무자는 본래의 급부의무를 면할 수 없다.

제2절 채무의 이행

I. 채무의 이행(변제)과 채권의 소멸

변제란 채무자 또는 제3자의 채무내용에 좇은 급부행위의 사실상 실현으로 충족되는 법률요건으로, 채무의 이행 즉 채권의 소멸이라는 법률효과를 발생시킨다. 대물변제, 공탁, 상계 등도 이에 준한다.

II. 변제

1. 변제의 당사자

(1) 변제자 - 제3자의 변제

제469조(제3자의 변제) ① 채무의 변제는 제3자도 할 수 있다. 그러나 채무의 성질 또는 당사자의 의사표시로 제3자의 변제를 허용하지 아니하는 때에는 그러하지 아니하다.
② 이해관계 없는 제3자는 채무자의 의사에 반하여 변제하지 못한다.

원래 채무자가 변제를 하여야 하는 것은 당연하지만, 민법은 제3자도 변제할 수 있다고 규정하고 있다. 제3자의 변제는 제3자가 타인의 채무를 자기의 이름으로 변제하는 것을 말한다. 급부의 성질상 제3자에 의한 변제가 인정되는 경우, 원칙적으로 제3자는 채무자의 본래 채무를 변제할 수 있을 뿐만 아니라 대물변제, 공탁도 할 수 있다. 제3자는 채무자의 채무를 변제함으로써 채무자에 대하여 구상권을 취득하게 되므로, 민법은 제3자의 구상권을 확보하기 위하여 변제자대위를 규정하고 있다.

(2) 변제수령자

1) 채권자 또는 변제수령권자

변제자는 원칙적으로 채권자에게 변제하여야 한다. 변제수령권한을 위임 받은 임의대리인, 제한능력자의 법정대리인, 부재자재산관리인 등은 채권자는 아니지만 변제수령권한을 가진다. 채권자나 변제수령권자에 대한 급부는 채권을 소멸시키고, 채권자가 수령을 거절하는 경우에는 채권자지체가 성립한다. 다만 채권이 압류 또는 가압류된 경우, 채권이 질권의 목적인 경우, 채권자가 파산한 경우에는 채권자에게 수령권한이 없다.

2) 변제수령권 없는 제3자 - 표현수령권자

① 채권의 준점유자에 대한 변제

제470조(채권의 준점유자에 대한 변제) 채권의 준점유자에 대한 변제는 변제자가 선의이며 과실 없는 때에 한하여 효력이 있다.

채권의 준점유자란 거래의 관념상 진정한 채권자라고 믿게 할 만한 외관을 갖춘 자를 말한다. 무효 또는 취소된 양도계약에 의한 채권의 사실상의 양수인, 채권의 표현상속인[16], 예금증서 기타 채권증서와 그 변제

---

16) 가해자가 교통사고로 사망한 피해자의 호적부상 상속인에게 사고로 인한 손해배상금으로 금원을 지급하고, 그와 그 나머지 손해배상채권을 포기하고 민·형사상 합의를 하였으므로, 친생자관계부존재확인의 소에 의하여 새로 피해자의 상속인으로 확정된 자들의 청구는 이유 없다는 가해자의 주장 속에는 호적부상 상속인에 대한 가해자의 변제 및 손해배상채권 포기의 합의는 표현상속인과의 합의로서 채권의 준점유자에 대한 변제의 법리에 따라 유효하여 가해자는 위 사고로 인한 손해배상

를 받는 데 필요한 인장을 소지한 자, 무효인 전부명령17) 또는 추심명령을 얻은 자 등이 이에 속한다. 그리고 위조된 영수증소지자라 하더라도 거래관념에 비추어 채권자라고 인정될 만한 외관을 갖춘 때에는 채권의 준점유자에 해당될 수 있다. 표현수령권자로서의 채권의 준점유자에는 스스로 채권자 본인이라고 하면서 채권을 행사하는 자는 물론이고 채권자의 대리인이라고 하면서 채권을 행사하는 자도 포함된다(대판 2004.04.23. 2004다5389). 이 경우 선의란 준점유자에게 변제수령의 권한이 없음을 알지 못하는 소극적 의미가 아니라 적극적으로 수령권한이 있다고 믿는 것을 의미한다. 따라서 선의가 인정되는 요건은 일반적인 경우보다 강화되어 있다. 그리고 변제자의 선의, 무과실18)의 증명책임은 변제자(채무자) 자신이 부담한다(대판 1999.07.27. 98다61593).

② 영수증소지자에 대한 변제

> 제471조(영수증소지자에 대한 변제) 영수증을 소지한 자에 대한 변제는 그 소지자가 변제를 받을 권한이 없는 경우에도 효력이 있다. 그러나 변제자가 그 권한 없음을 알았거나 알 수 있었을 경우에는 그러하지 아니하다.

변제의 수령을 증명하는 문서인 영수증은 수령증을 작성할 권한 있는 자에 의해 작성된 진정한 것이어야 하고 위조된 것은 포함되지 않는다(통설). 위조된 영수증의 경우에는 제470조 즉 채권의 준점유자에 대한 변제가 문제될 수 있을 것이다. 변제자는 선의, 무과실이어야 한다. 변제자의 악의, 과실에 대해서는 채권자가 증명해야 한다.

③ 증권적 채권의 증서소지인에 대한 변제

> 제514조(동전-선의취득) 누구든지 증서의 적법한 소지인에 대하여 그 반환을 청구하지 못한다. 그러나 소지인이 취득한 때에 양도인이 권리 없음을 알았거나 중대한 과실로 알지 못한 때에는 그러하지 아니하다.

증권적 채권의 증서소지인에 대한 변제는 변제자가 악의이거나 그에게 중과실이 있는 경우를 제외하고 언제나 유효하다(제514조, 제518조, 제524조, 제525조). 이 경우 악의라 함은 증서소지인이 진정한 권리자 아님을 알고 있음을 의미하고, 중과실은 증서소지인이 진정한 권리자 아님을 몰랐음에 대한 것이다.

④ 권한 없는 자에 대한 변제

> 제472조(권한 없는 자에 대한 변제) 전2조의 경우 외에 변제받을 권한 없는 자에 대한 변제는 채권자가 이익을 받은 한도에서 효력이 있다.

민법 제472조는 불필요한 연쇄적 부당이득반환의 법률관계가 형성되는 것을 피하기 위하여 변제받을 권한 없는 자에 대한 변제의 경우에도 그로 인하여 채권자가 이익을 받은 한도에서 효력이 있다고 규정하고

책임에서 면책되어야 한다는 주장이 포함된 것으로 보아야 한다(대판 1995.03.17. 93다32996).
17) 채권가압류나 압류가 경합된 경우에 있어서는 그 압류채권자의 한 사람이 전부명령을 얻더라도 그 전부명령은 무효가 되지만, 이 경우에도 그 전부채권자는 채권의 준점유자에 해당한다고 보아야 할 것이므로 제3채무자가 그 전부채권자에게 전부금을 변제하였다면 제3채무자가 선의 무과실인 때에는 민법 제470조에 의하여 그 변제는 유효하고 제3채무자는 다른 압류채권자에 대하여 이중변제의 의무를 부담하지 아니하는 반면에 제3채무자가 위 전부금을 변제함에 있어서 선의 무과실이 아니었다면 제3채무자가 전부채권자에게 한 전부금의 변제는 효력이 없는 것이다(대판 1995.04.07. 94다59868).
18) 甲의 乙 은행에 대한 대출금 채무에 대하여 丙 주식회사가 근보증, 丁 주식회사 등이 연대보증한 후 丙 회사가 乙 은행에 대출금 채무를 대위변제하였는데, 甲이 乙 은행으로부터 '대출금이 이미 상환되었으니 丁 회사와 상의하라'고 안내받고 丁 회사의 요청에 따라 丁 회사 명의 계좌로 대출금 상당액을 송금한 사안에서, 丁 회사가 대출금의 대위변제에 따른 구상금 채권을 행사할 정당한 권한을 가진 것으로 믿을 만한 외관을 구비하였다고 보기 어렵고, 甲이 선의·무과실이라고 보기도 어려운데도, 甲의 丁 회사에 대한 대출금 상당액 지급이 채권의 준점유자에 대한 변제로서 유효하다고 본 원심판결에 법리오해의 위법이 있다(대판 2013.12.12. 2013다54055).

있다. 여기에서 '채권자가 이익을 받은' 경우란 변제수령자가 채권자에게 변제로 받은 급부를 전달한 경우는 물론이고, 변제수령자가 변제로 받은 급부를 가지고 채권자의 자신에 대한 채무의 변제에 충당하거나 채권자의 제3자에 대한 채무를 대신 변제함으로써 채권자의 기존 채무를 소멸시키는 등 채권자에게 실질적인 이익이 생긴 경우를 포함하나, 변제수령자가 변제로 받은 급부를 가지고 자신이나 제3자의 채권자에 대한 채무를 변제함으로써 채권자의 기존 채권을 소멸시킨 경우에는 채권자에게 실질적인 이익이 생겼다고 할 수 없으므로 민법 제472조에 의한 변제의 효력을 인정할 수 없다(대판 2014.10.15. 2013다17117).

2. 변제의 제공

(1) 의의

제460조(변제제공의 방법) 변제는 채무내용에 좇은 현실제공으로 이를 하여야 한다. 그러나 채권자가 미리 변제 받기를 거절하거나 채무의 이행에 채권자의 행위를 요하는 경우에는 변제준비의 완료를 통지하고 그 수령을 최고하면 된다(구두제공, 언어제공).

제462조(특정물의 현상인도) 특정물의 인도가 채권의 목적인 때에는 채무자는 이행기의 현상대로 그 물건을 인도하여야 한다.

제467조(변제의 장소) ① 채무의 성질 또는 당사자의 의사표시로 변제장소를 정하지 아니한 때에는 <u>특정물의 인도는 채권성립당시에 그 물건이 있던 장소</u>에서 하여야 한다.
② 전항의 경우에 <u>특정물인도이외의 채무변제는 채권자의 현주소에서 하여야 한다</u>(지참채무의 원칙). 그러나 영업에 관한 채무의 변제는 채권자의 현영업소에서 하여야 한다.

제468조(변제기전의 변제) 당사자의 특별한 의사표시가 없으면 변제기전이라도 채무자는 변제할 수 있다. 그러나 상대방의 손해는 배상하여야 한다.

제473조(변제비용의 부담) 변제비용은 다른 의사표시가 없으면 채무자의 부담으로 한다. 그러나 채권자의 주소이전 기타의 행위로 인하여 변제비용이 증가된 때에는 그 증가액은 채권자의 부담으로 한다.

변제제공의 방법은 제공의 정도에 따라 현실제공과 구두제공이 있다. 변제제공은 현실제공이 원칙이다. 현실제공이란 채권자에 의한 수령으로 변제가 완료될 수 있을 정도의 급부행위를 말한다. 이에 반하여 구두제공이란 일정한 경우에는 변제준비를 완료하고 이를 채권자에게 통지하여 그 수령을 최고하는 것을 말하는데, 이는 예외적으로 인정된다.

(2) 변제제공의 효과

제461조(변제제공의 효과) 변제의 제공은 그 때로부터 채무불이행의 책임을 면하게 한다.

쌍무계약의 당사자 일방이 먼저 한 번 현실의 제공을 하고, 상대방을 수령지체에 빠지게 하였다고 하더라도 그 이행의 제공이 계속되지 않는 경우는 과거에 이행의 제공이 있었다는 사실만으로 상대방이 가지는 동시이행의 항변권이 소멸하는 것은 아니므로, 일시적으로 당사자 일방의 의무의 이행 제공이 있었으나 곧 그 이행의 제공이 중지되어 더 이상 그 제공이 계속되지 아니하는 기간 동안에는 상대방의 의무가 이행지체 상태에 빠졌다고 할 수는 없다고 할 것이고, 따라서 그 이행의 제공이 중지된 이후에 상대방의 의무가 이행지체 되었음을 전제로 하는 손해배상청구도 할 수 없는 것이다(대판 1995.03.14. 94다26646).

3. 변제의 장소, 시기, 목적물, 비용 등
(1) 변제의 장소

제467조(변제의 장소) ① 채무의 성질 또는 당사자의 의사표시로 변제장소를 정하지 아니한 때에는 <u>특정물의 인도는 채권성립당시에 그 물건이 있던 장소에서 하여야 한다.</u>
② 전항의 경우에 <u>특정물인도이외의 채무변제는 채권자의 현주소에서 하여야 한다</u>(지참채무의 원칙). 그러나 영업에 관한 채무의 변제는 채권자의 현영업소에서 하여야 한다.

제375조(종류채권) ① 채권의 목적을 종류로만 지정한 경우에 법률행위의 성질이나 당사자의 의사에 의하여 품질을 정할 수 없는 때에는 채무자는 중등품질의 물건으로 이행하여야 한다.
② 전항의 경우에 채무자가 이행에 필요한 행위를 완료하거나 채권자의 동의를 얻어 이행할 물건을 지정한 때에는 그 때로부터 그 물건을 채권의 목적물로 한다.

1) 의의
특정이란 종류와 수량에 의해 정해진 급부목적물을 구체적으로 확정하는 것을 말한다.
2) 채무자가 이행에 필요한 행위를 완료한 때
① **이행에 필요한 행위의 의미**
채무의 내용에 좇은 변제의 제공을 한 때에 목적물은 특정된다. 채무내용에 좇은 변제의 내용은 당사자 사이의 약정에 의하여 결정된다.
② **지참채무의 경우**
지참채무란 채무자가 목적물을 채권자의 주소에 가지고 가서 이행하여야 하는 채무이다. 이 경우에는 채무자가 채권자의 주소 또는 영업소에 가서 채권자에게 물건을 현실로 제공한 때에 특정된다(현실제공). 다만 채권자가 미리 급부의 수령을 거절한 때에는 받을 것을 통지(구두제공=언어제공)하면 특정된다. 민법상 채무는 지참채무가 원칙이다(지참채무의 원칙).
③ **추심채무의 경우**
추심채무란 채권자가 채무자의 주소에 와서 목적물을 추심하여 이행 받아야 하는 채무이다. 이 경우에는 채무자가 목적물을 분리하고, 채권자에게 채무자의 주소 또는 영업소에 와서 받아갈 것을 통지한 때에 특정된다(목적물의 분리+구두제공).
④ **송부채무의 경우**
송부채무란 채무자가 채권자에게 물건을 송부하여야 하는 채무를 말한다. 이 경우에는 채무자가 목적물을 발송함으로써 특정된다(목적물 발송).
3) 채무자가 채권자의 동의를 얻어 이행할 물건을 지정한 때
이 경우에는 채무자가 채권자로부터 지정권을 부여 받아 인도할 물건을 지정한 때에 특정된다.

(2) 변제의 시기

제468조 당사자의 특별한 의사표시가 없으면 변제기전이라도 채무자는 변제할 수 있다. 그러나 상대방의 손해는 배상하여야 한다.

원칙적으로 변제기(=이행기)에 변제하여야 한다. 다만 당사자의 특별한 의사표시가 없으면 변제기전이라

도 채무자는 변제할 수 있다. 그러나 상대방의 손해는 배상하여야 한다.
(3) 변제의 목적물
1) 특정물의 현상인도

제462조(특정물의 현상인도) 특정물의 인도가 채권의 목적인 때에는 채무자는 이행기의 현상대로 그 물건을 인도하여야 한다.

특정물의 인도가 채권의 목적인 때에는 채무자는 이행기의 현상대로 그 물건을 인도하여야 한다. 이 경우 계약 성립 전에 특정물에 흠이 있는 경우 이행기의 현상 그대로 즉 흠이 있는 물건을 이행을 하는 경우, 채무불이행에 해당하는 지가 담보책임과 관련하여 논란이 있다(특정물 Dogma).

(2) 타인의 물건 인도

제463조(변제로서의 타인의 물건의 인도) 채무의 변제로 타인의 물건을 인도한 채무자는 다시 유효한 변제를 하지 아니하면 그 물건의 반환을 청구하지 못한다.

1) 내용

채무자가 타인의 물건으로 변제한 경우에는 소유권의 이전 기타 처분의 효과가 생기지 않으므로, 변제로서의 효력이 생기지 않는다. 따라서 채권자는 원칙적으로 물건을 보유할 수 없는데, 법은 이 경우 변제받는 것을 확보해 주기 위하여 채무자는 다시 유효한 변제를 하지 아니하면 그 물건의 반환을 청구하지 못하는 것을 규정하였다(제463조). 물건이 특정물인 경우에는 다시 유효한 변제를 할 여지가 없으므로, 불특정물의 경우에 적용된다. 채권자가 인도받은 물건의 반환을 거절할 수 있는 것은 채무자에 대한 상대적인 관계에서만이다(대판 1993.06.08. 93다14998·15007). 따라서 물건의 소유자의 반환청구에 대해서는 이를 거절할 수 없다. 다만 채권자가 선의취득·취득시효 등의 원시취득을 한 경우에는 반환을 거부할 수 있다.

2) 채권자의 선의소비 등의 경우

제465조(채권자의 선의소비, 양도와 구상권) ① 전2조의 경우에 채권자가 변제로 받은 물건을 선의로 소비하거나 타인에게 양도한 때에는 그 변제는 효력이 있다. ② 전항의 경우에 채권자가 제3자로부터 배상의 청구를 받은 때에는 채무자에 대하여 구상권을 행사할 수 있다.

채권자는 채무자가 다른 물건으로 변제하면 이미 수령한 물건을 반환하여야 하는데, 채권자가 변제로 받은 물건을 선의로 소비하거나 타인에게 양도한 때에는 이를 반환하기가 용이하지 않고, 채무자도 다른 물건을 구하기 쉽지 않다는 점을 고려하여, 그 변제를 유효한 것으로 하였다. 따라서 채무자는 더 이상 자신 소유의 다른 물건으로 인도할 채무를 부담하지 않고, 채무는 소멸한다. 이 경우 변제가 유효한 것으로 되는 것은 채권자와 채무자 간의 상대적 관계에서만이다. 즉 소유자는 채권자에 대해서 배상청구(부당이득반환청구)를 할 수 있고, 이 경우 채권자는 채무자에 대해서 구상권을 행사할 수 있다. 이 경우 구상권의 성격은 부당이득반환청구권이다(채무자는 타인의 소유물로 변제한 것이 되어 부당이득을 취한 것).

(3) 양도무능력자의 물건의 인도

제464조(양도능력 없는 소유자의 물건인도) 양도할 능력 없는 소유자가 채무의 변제로 물건을 인도한 경우에는 그 변제가 취소된 때에도 다시 유효한 변제를 하지 아니하면 그 물건의 반환을 청구하지 못한다.

1) 내용

제한능력자와 같이 양도능력이 없는 소유자가 채무의 변제로 물건을 인도한 경우에 후에 제한능력을 이유로 변제를 취소하더라도 다시 유효한 변제 즉 법정대리인의 동의를 받아 변제하지 않는 한, 채권자는 채무자에 대해 이미 수령한 물건의 반환을 거절할 수 있다(제464조). 이때의 물건도 불특정물로 보아야 한다. 이 경우 '변제가 취소된 때'란 매매관계는 그대로 두면서 급부인 물건의 인도행위만을 취소한 경우이다. 즉 채무자가 채권 성립 후에 성년후견이나 한정후견개시의 심판을 받은 경우를 말한다.

2) 채권자의 선의소비 등

제465조(채권자의 선의소비, 양도와 구상권) ① 전2조의 경우에 채권자가 변제로 받은 물건을 선의로 소비하거나 타인에게 양도한 때에는 그 변제는 효력이 있다. ② 전항의 경우에 채권자가 제3자로부터 배상의 청구를 받은 때에는 채무자에 대하여 구상권을 행사할 수 있다.

채권자가 변제로 받은 물건을 선의로 소비하거나 타인에게 양도한 때에는 그 변제는 효력이 있다(제465조 1항, 제464조). 다만 채무자는 물건의 소유자이고 단지 양도능력이 없는 것이어서, 제3자가 채권자에게 배상청구를 할 여지는 없으므로 제465조 2항은 적용되지 않는다.

4. 변제비용의 부담

제473조(변제비용의 부담) 변제비용은 다른 의사표시가 없으면 채무자의 부담으로 한다. 그러나 채권자의 주소이전 기타의 행위로 인하여 변제비용이 증가된 때에는 그 증가액은 채권자의 부담으로 한다.

5. 영수증, 채권증서 청구권

제474조(영수증청구권) 변제자는 변제를 받는 자에게 영수증을 청구할 수 있다.

제475조(채권증서반환청구권) 채권증서가 있는 경우에 변제자가 채무전부를 변제한 때에는 채권증서의 반환을 청구할 수 있다. 채권이 변제이외의 사유로 전부소멸한 때에도 같다.

채무자가 채무 전부를 변제한 때에는 채권자에게 채권증서의 반환을 청구할 수 있으며, 제3자가 변제를 하는 경우에는 제3자도 채권증서의 반환을 구할 수 있으나(제475조), 이러한 채권증서 반환청구권은 채권 전부를 변제한 경우에 인정되는 것이고, 영수증 교부의무와는 달리 변제와 동시이행관계에 있지 않다(대판 2005.08.19. 2003다22042).

3. 변제의 충당

(1) 의의

변제의 충당이란 채무자가 동일한 채권자에 대해 동종의 내용을 가진 수개의 채무를 부담하는 경우 또는 1개의 채무의 변제로서 수개의 급부를 해야 할 경우에, 변제로서 제공한 급부가 그 채무의 전부를 소멸시키는데 충분하지 않을 때 그 급부를 가지고 어느 채무 또는 어느 급부의 변제에 먼저 충분하지 않을 때 그 급부를 가지고 어느 채무 또는 어느 급부의 변제에 먼저 충당할 것인가 하는 것을 정하는 문제이다. 변제충당의 순서는 일차적으로 당사자 사이의 자유로운 합의에 의하여 정할 수 있으나(합의충당), 당사자 사이의 계약이 없는 경우에는 당사자 일방의 지정에 의하여(지정충당), 당사자 일방의 지정도 없는 경우에는 법정충당에 의하여 결정된다.

(2) 합의충당

변제자와 변제수령자 사이의 계약에 의해 충당방법을 정하는 때에는 그 방법이 어떤 것이든 유효하다. 계약에 의한 충당은 제479조, 제476조 및 제477조에 우선하여 적용된다. 判例도 "변제충당지정은 상대방에 대한 의사표시로써 하여야 하는 것이기는 하나, 채권자와 채무자 사이에 미리 변제충당에 관한 약정이 있고, 약정내용이 변제가 채권자에 대한 모든 채무를 소멸시키기에 부족한 때에는 채권자가 적당하다고 인정하는 순서와 방법에 의하여 충당하기로 한 것이라면, 변제수령권자인 채권자가 약정에 터 잡아 스스로 적당하다고 인정하는 순서와 방법에 좇아 변제충당을 한 이상 변제자에 대한 의사표시와 관계없이 충당의 효력이 있다. 그리고 이러한 법리는 민법 제499조에 의하여 변제충당에 관한 규정이 준용되는 상계의 경우에도 마찬가지로 적용 된다(대판 2015.06.11. 2012다10386)."고 한다.

(3) 지정충당

제476조(지정변제충당) ① 채무자가 동일한 채권자에 대하여 같은 종류를 목적으로 한 수개의 채무를 부담한 경우에 변제의 제공이 그 채무전부를 소멸하게 하지 못하는 때에는 변제자는 그 당시 어느 채무를 지정하여 그 변제에 충당할 수 있다.
② 변제자가 전항의 지정을 하지 아니할 때에는 변제받는 자는 그 당시 어느 채무를 지정하여 변제에 충당할 수 있다. 그러나 변제자가 그 충당에 대하여 즉시이의를 한 때에는 그러하지 아니하다.
③ 전2항의 변제충당은 상대방에 대한 의사표시로써 한다.

채무자가 동일한 채권자에 대하여 같은 종류를 목적으로 한 수개의 채무를 부담한 경우에 변제의 제공이 그 채무전부를 소멸하게 하지 못하는 때에는 변제자는 그 당시 어느 채무를 지정하여 그 변제에 충당할 수 있다. 변제충당의 지정은 상대방에 대한 의사표시로써 한다. 변제자가 이러한 지정을 하지 아니할 때에는 변제받는 자는 그 당시 어느 채무를 지정하여 변제에 충당할 수 있다. 그러나 변제자가 그 충당에 대하여 즉시이의를 한 때에는, 법정충당에 의한다.

제479조(비용, 이자, 원본에 대한 변제충당의 순서) ① 채무자가 1개 또는 수개의 채무의 비용 및 이자를 지급할 경우에 변제자가 그 전부를 소멸하게 하지 못한 급여를 한 때에는 비용, 이자, 원본의 순서로 변제에 충당하여야 한다. ② 전항의 경우에 제477조(법정변제충당)의 규정을 준용한다.

채무자가 1개 또는 수개의 채무에 대한 원본 이외에 이자 및 비용채무의 전부를 소멸시키기에 충분하지 않은 급부를 한 경우에는 비용 → 이자 → 원본의 순서로 충당해야 한다. 일방 당사자의 의사에 의해서는 그 순서를 변경할 수 없다. 즉 지정충당은 인정되지 않는다.

(4) 법정충당

제477조(법정변제충당) 당사자가 변제에 충당할 채무를 지정하지 아니한 때에는 다음 각 호의 규정에 의한다.
  1. 채무 중에 이행기가 도래한 것과 도래하지 아니한 것이 있으면 이행기가 도래한 채무의 변제에 충당한다. - 이행기의 "도래 여부"
  2. 채무전부의 이행기가 도래하였거나 도래하지 아니한 때에는 채무자에게 변제이익이 많은 채무의 변제에 충당한다. - 변제이익의 多寡
  3. 채무자에게 변제이익이 같으면 이행기가 먼저 도래한 채무나 먼저 도래할 채무의 변제에 충당한다. -이행기의 도래의 "선후"
  4. 전2호의 사항이 같은 때에는 그 채무액에 비례하여 각 채무의 변제에 충당한다. - 채무액에 비례

(1) 이행기의 도래 여부

채무 중에 이행기가 도래한 것과 도래하지 않은 것이 있으면 먼저 이행기가 도래한 채무의 변제에 충당한다. 확정기한부 채무는 원칙으로 그 기한의 도래가 이행기의 도래이다. 다만 변제가 유예된 경우에는 유예기간이 도래한 때에 이행기가 도래한다(주석 민법[채권총칙(4)], 315면). 즉 법정변제충당의 순위를 정함에 있어서 변제의 유예가 있는 채무에 대하여는 유예기까지 변제기가 도래하지 않은 것과 같게 보아야 한다(대판 1999.08.24. 99다22281).

(2) 변제이익의 다과

1) 채무의 전부의 이행기가 도래하였거나 또는 도래하지 않은 때에는 먼저 채무자에게 변제이익이 많은 채무의 변제에 충당한다.

2) 변제자가 주채무자인 경우, 보증인이 있는 채무와 보증인이 없는 채무 사이에 전자가 후자에 비하여 변제이익이 더 많다고 볼 근거는 전혀 없으므로 양자는 변제이익의 점에서 차이가 없다고 보아야 한다(대판 1997.07.25. 96다52649). 마찬가지로 변제자가 채무자인 경우 물상보증인이 제공한 물적 담보가 있는 채무와 그러한 담보가 없는 채무 사이에도 변제이익의 점에서 차이가 없다(대판 2014.04.30. 2013다8250). 그러나 특별한 사정이 없는 한 변제자가 타인의 채무에 대한 보증인으로서 부담하는 보증채무(연대보증채무도 포함)는 변제자 자신의 채무에 비하여 변제자에게 그 변제의 이익이 적다고 보아야 한다(대판 2002.07.12. 99다68652).

(3) 이행기 도래의 先後

채무자에 대해 변제이익이 같으면 이행기가 먼저 도래한 채무나 또는 먼저 도래할 채무의 변제에 충당한다.

(4) 채무액에 비례

이상의 기준에 의해 변제충당의 선후가 정해지지 않을 경우, 각 채무는 그 채무액에 비례하여 충당한다. 判例는 "채무자가 동일한 채권자에 대하여 같은 종류를 목적으로 한 수개의 채무를 부담한 경우에 변제를 제공하면서 당사자가 변제에 충당할 채무를 지정하지 아니한 때에는 민법 제477조의 규정에 따라 법정변제충당 되고, 특히 민법 제477조 제4호에 의하면 법정변제충당의 순위가 동일한 경우에는 각 채무액에 안분 비례하여 각 채무의 변제에 충당된다. 따라서 위 안분비례에 의한 법정변제충당과는 달리, 그 법정변제충당에 의하여 부여되는 법률효과 이상으로 자신에게 유리한 변제충당의 지정 또는 변제충당의 합의가 있다거나 당해 채무가 법정변제충당에서 우선순위에 있으므로 당해 채무에 전액 변제충당 되었다고 주장하는 자는 그 사실을 주장·증명할 책임을 부담하고, 이 경우 위 사실을 주장하는 자가 그 증명을 다하지 못하였다면 당연히 각 채무액에 안분 비례하여 법정충당이 행하여지는 것이다(대판 2013.02.15. 2012다81913)."고 한다.

> *** 1심판결 선고 이후 지급한 돈의 법적 성격과 변제충당방법**
>
> 불법행위로 인한 손해배상채무는 특별한 사정이 없는 한 채무 성립과 동시에 지연손해금이 발생한다. 비용, 이자, 원본에 대한 변제충당에 관해서는 민법 제479조에 충당 순서가 법정되어 있고 지정 변제충당에 관한 민법 제476조는 준용되지 않으므로 당사자가 법정 순서와 다르게 일방적으로 충당 순서를 지정할 수 없다. 민법 제479조에 따라 변제충당을 할 때 지연손해금은 이자와 같이 보아 원본보다 먼저 충당된다. 당사자 사이에 명시적·묵시적 합의가 있다면 법정변제충당의 순서와 달리 인정할 수 있지만 이러한 합의가 있는지는 이를 주장하는 자가 증명할 책임이 있다. 가집행이 붙은 제1심 판결 선고 이후 채무자가 제1심 판결에 기한 강제집행을 피하기 위해 돈을 지급한 경우 그에 따라 확정적으로 변제의 효과가 발생하는 것이 아니므로 채무자가 항소심에서 위와 같이 돈을 지급한 사실을 주장하더라도 항소심 법원은 그러한 사유를 참작하지 않고 청구의 당부를 판단해야 한다(대판 2020.01.30. 2018다204787).
>
> ☞ 원심은 1심판결 선고 이후 피고가 지급한 1억 원을 손해배상금 원금에 충당하였는데, 대법원은 1억 원은 민법 제479조에 따라 지연손해금에 우선 충당되어야 하고 위 1억 원의 법적 성격에 관해서도 심리할 필요가 있다는 이유로 원심판결을 파기한 사례임

제478조(부족변제의 충당) 1개의 채무에 수개의 급여를 요할 경우에 변제자가 그 채무전부를 소멸하게 하지 못한 급여를 한 때에는 전2조의 규정을 준용한다.

4. 변제자 대위

제480조(변제자의 임의대위) ① 채무자를 위하여 변제한 자는 변제와 동시에 채권자의 승낙을 얻어 채권자를 대위할 수 있다.
② 전항의 경우에 제450조 내지 제452조(지명채권양도의 대항요건 등)의 규정을 준용한다.

제481조(변제자의 법정대위) 변제할 정당한 이익이 있는 자는 변제로 당연히 채권자를 대위한다.

(1) 의의

변제자대위란 제3자 또는 공동채무자 등이 변제 또는 담보권 실행 등으로 채권자에게 만족을 준 경우 대위변제자는 채무자에 대하여 구상권을 취득하게 되는데, 이 경우 변제 등으로 소멸하게 될 채권자의 채권 및 담보권을 대위변제자에게 이전시킴으로써 대위변제자의 구상을 용이하게 하는 제도를 말한다(주석 민법 제4판채권총칙(4)I, 337면). 법률의 규정에 의한 권리의 이전인 점에서 법률행위에 의한 채권의 이전인 채권양도와 구별되며, 원권리자의 권리 행사가 금지된다는 점에서 피대위권리의 주체인 채무자도 권리를 행사할 수 있는 채권자대위권과 구별된다. 대위변제한 제3자는 채무자에 대한 자신의 구상권 외에, 채권자가 채무자에 대하여 가지고 있던 채권 기타의 권리도 취득하므로 청구권의 경합이 생기게 된다.

(2) 변제자대위의 효과 및 대위자 사이의 관계

제482조(변제자대위의 효과, 대위자간의 관계) ① 전2조의 규정에 의하여 채권자를 대위한 자는 자기의 권리에 의하여 구상할 수 있는 범위에서 채권 및 그 담보에 관한 권리를 행사할 수 있다.
② 전항의 권리행사는 다음 각호의 규정에 의하여야 한다.
  1. 보증인은 미리 전세권이나 저당권의 등기에 그 대위를 부기하지 아니하면 전세물이나 저당물에 권리를 취득한 제3자[19]에 대하여 채권자를 대위하지 못한다.
  2. 제3취득자는 보증인에 대하여 채권자를 대위하지 못한다.
  3. 제3취득자중의 1인은 각부동산의 가액에 비례하여 다른 제3취득자에 대하여 채권자를 대위한다.
  4. 자기의 재산을 타인의 채무의 담보로 제공한 자가 수인인 경우에는 전호의 규정을 준용한다.
  5. 자기의 재산을 타인의 채무의 담보로 제공한 자와 보증인간에는 그 인원수에 비례하여 채권자를 대위한다. 그러나 자기의 재산을 타인의 채무의 담보로 제공한 자가 수인인 때에는 보증인의 부담부분을 제외하고 그 잔액에 대하여 각재산의 가액에 비례하여 대위한다. 이 경우에 그 재산이 부동산인 때에는 제1호의 규정을 준용한다.

---

[19] [1] 민법 제482조 제2항 제1호와 제2호에서 보증인에게 대위권을 인정하면서도 제3취득자는 보증인에 대하여 채권자를 대위할 수 없다고 규정한 까닭은, 제3취득자는 등기부상 담보권의 부담이 있음을 알고 권리를 취득한 자로서 그 담보권의 실행으로 인하여 예기치 못한 손해를 입을 염려가 없고, 또한 저당부동산에 대하여 소유권, 지상권 또는 전세권을 취득한 제3자는 저당권자에게 그 부동산으로 담보된 채권을 변제하고 저당권의 소멸을 청구할 수 있으며(민법 제364조), 저당물의 제3취득자가 그 부동산의 보존, 개량을 위하여 필요비 또는 유익비를 지출한 때에는 저당물의 경매대가에서 우선상환을 받을 수 있도록(민법 제367조) 하는 등 그 이익을 보호하는 규정도 마련되어 있으므로, 변제자대위와 관련해서는 제3취득자보다는 보증인을 보호할 필요가 있기 때문이다. 그러나 저당부동산에 대하여 후순위 근저당권을 취득한 제3자는 민법 제364조에서 정한 저당권소멸청구권을 행사할 수 있는 제3취득자에 해당하지 아니하고, 달리 선순위 근저당권의 실행으로부터 그의 이익을 보호하는 규정이 없으므로 변제자대위와 관련해서 후순위 근저당권자보다 보증인을 더 보호할 이유가 없으며, 나아가 선순위 근저당권의 피담보채무에 대하여 직접 보증책임을 지는 보증인과 달리 선순위 근저당권의 피담보채무에 대한 직접 변제책임을 지지 않는 후순위 근저당권자는 보증인에 대하여 채권자를 대위할 수 있다고 봄이 타당하므로, 민법 제482조 제2항 제2호의 제3취득

3. 일부 대위

제483조(일부의 대위) ① 채권의 일부에 대하여 대위변제가 있는 때에는 대위자는 그 변제한 가액에 비례하여 채권자와 함께 그 권리를 행사한다.
② 전항의 경우에 채무불이행을 원인으로 하는 계약의 해지 또는 해제는 채권자만이 할 수 있고 채권자는 대위자에게 그 변제한 가액과 이자를 상환하여야 한다.

변제할 정당한 이익이 있는 자가 채무자를 위하여 채권의 일부를 대위변제할 경우에 대위변제자는 변제한 가액의 범위 내에서 종래 채권자가 가지고 있던 채권 및 담보에 관한 권리를 취득하게 되고[20] 따라서 채권자가 부동산에 대하여 저당권을 가지고 있는 경우에는 채권자는 대위변제자에게 일부 대위변제에 따른 저당권의 일부이전의 부기등기를 경료 해 주어야 할 의무가 있다 할 것이나, 이 경우에도 채권자는 일부 대위변제자에 대하여 우선변제권을 가지고 있다(대판 1988.09.27. 88다카1797 ; 대판 2010.04.08. 2009다80460). (그리고) 변제로 채권자를 대위하는 경우 '채권 및 그 담보에 관한 권리'가 변제자에게 이전될 뿐 계약당사자의 지위가 이전되는 것은 아니라는 점, 변제로 채권자를 대위하는 자가 구상권 범위에서 행사할 수 있는 '채권 및 그 담보에 관한 권리'에는 채권자와 채무자 사이에 채무의 이행을 확보하기 위한 특약이 있는 경우 그 특약에 기하여 채권자가 가지게 되는 권리도 포함되나, 채권자와 일부 대위변제자 사이의 약정에 지나지 않는 변제의 순위에 관한 별도 약정(이하 '우선회수특약'이라 한다)이 '채권 및 그 담보에 관한 권리'에 포함된다고 보기는 어렵다는 점을 고려하면, 일부 대위변제자의 채무자에 대한 구상채권에 대하여 보증한 자가 자신의 보증채무를 변제함으로써 일부 대위변제자를 다시 대위하게 되었다 하더라도 그것만으로 채권자의 채무자에 대한 권리가 아니라 채권자와 일부 대위변제자 사이의 약정에 지나지 않는 '우선회수특약'에 따른 권리까지 당연히 대위하거나 이전받게 된다고 볼 수는 없다(대판 2010.04.08. 2009다80460).

4. 대위변제와 채권증서, 담보물

제484조(대위변제와 채권증서, 담보물) ① 채권전부의 대위변제를 받은 채권자는 그 채권에 관한 증서 및 점유한 담보물을 대위자에게 교부하여야 한다.
② 채권의 일부에 대한 대위변제가 있는 때에는 채권자는 채권증서에 그 대위를 기입하고 자기가 점유한 담보물의 보존에 관하여 대위자의 감독을 받아야 한다.

자에 후순위 근저당권자는 포함되지 아니한다. [2] 민법 제482조 제2항 제2호의 제3취득자에 후순위 근저당권자가 포함되지 않음에도 같은 항 제1호의 제3자에는 후순위 근저당권자가 포함된다고 하면, 후순위 근저당권자는 보증인에 대하여 항상 채권자를 대위할 수 있지만 보증인은 후순위 근저당권자에 대하여 채권자를 대위하기 위해서는 미리 대위의 부기등기를 하여야만 하므로 보증인보다 후순위 근저당권자를 더 보호하는 결과가 되는데, 이러한 결과는 법정대위자인 보증인과 후순위 근저당권자 간의 이해관계를 공평하고 합리적으로 조절하기 위한 민법 제482조 제2항 제1호와 제2호의 입법 취지에 부합하지 않을뿐더러 후순위 근저당권자는 통상 자신의 이익을 위하여 선순위 근저당권의 담보가치를 초과하는 담보가치만을 파악하여 담보권을 취득한 자에 불과하므로 변제자대위와 관련해서 후순위 근저당권자를 보증인보다 더 보호할 이유도 없다. 이러한 사정들과 민법 제482조 제2항 제1호와 제2호가 상호작용하에 법정대위자 중 보증인과 제3취득자의 이해관계를 조절하는 규정인 점 등을 종합하여 보면, 보증인은 미리 저당권의 등기에 그 대위를 부기하지 않고서도 저당물에 후순위 근저당권을 취득한 제3자에 대하여 채권자를 대위할 수 있다고 할 것이므로 민법 제482조 제2항 제1호의 제3자에 후순위 근저당권자는 포함되지 않는다(대판 2013.02.15. 2012다48855).
20) 변제할 정당한 이익이 있는 사람이 채무자를 위하여 근저당권 피담보채무의 일부를 대위변제한 경우에는 대위변제자는 근저당권 일부 이전의 부기등기 경료 여부에 관계없이 변제한 가액 범위 내에서 채권자가 가지고 있던 채권 및 담보에 관한 권리를 법률상 당연히 취득한다. 한편 수인이 시기를 달리하여 채권의 일부씩을 대위변제한 경우 그들은 각 일부 대위변제자로서 변제한 가액에 비례하여 근저당권을 준공유한다고 보아야 하나, 그 경우에도 채권자는 특별한 사정이 없는 한 채권의 일부씩을 대위변제한 일부 대위변제자들에 대하여 우선변제권을 가지고, 채권자의 우선변제권은 채권최고액을 한도로 자기가 보유하고 있는 잔존 채권액 전액에 미치므로, 결국 근저당권을 실행하여 배당할 때에는 채권자가 자신의 잔존 채권액을 일부 대위변제자들보다 우선하여 배당받고, 일부 대위변제자들은 채권자가 우선 배당받고 남은 한도액을 각 대위변제액에 비례하여 안분 배당받는 것이 원칙이다(대판 2011.06.10. 2011다9013).

5. 채권자의 담보상실, 감소행위와 법정대위자의 면책

제485조(채권자의 담보상실, 감소행위와 법정대위자의 면책) 제481조의 규정에 의하여 대위할 자가 있는 경우[21]에 채권자의 고의나 과실로 담보가 상실되거나 감소된 때에는 대위할 자는 그 상실 또는 감소로 인하여 상환을 받을 수 없는 한도에서 그 책임을 면한다.

제485조는 임의규정이다(대판 1987.04.14. 86다카529). 따라서 신의칙에 반하거나 권리남용에 해당하지 않는 한 채권자와 법정대위자는 채권자의 담보보존의무에 대한 면제, 경감을 약정할 수 있다. 여기서의 '담보'라 함은 주된 채무를 담보하기 위한 인적 담보 또는 물적 담보를 말하며, 담보의 상실 또는 감소의 전형적 예는 채권자가 인적 담보인 보증인의 채무를 면제해 주거나 물적 담보인 담보물권을 포기하거나 순위를 불리하게 변경하거나 담보물을 훼손하거나 반환하는 행위 등을 들 수 있다(대판 2000.12.12. 99다13669).

4. 대물변제

제466조(대물변제) 채무자가 채권자의 승낙을 얻어 본래의 채무이행에 갈음하여 다른 급여를 한 때에는 변제와 같은 효력이 있다.

대물변제[22]는 본래의 채무에 갈음하여 다른 급여를 현실적으로 하는 때에 성립되는 요물계약이므로, 다른 급여가 부동산의 소유권이전인 때에는 등기를 완료하여야만 대물변제가 성립되어 기존채무가 소멸되는 것이므로 대물변제계약이 효력을 발생하기 전에 채무의 본지에 따른 이행으로 기존채무가 소멸되고 난 뒤에는 대물변제예약 당사자 간에 예약된 대물변제 계약으로서는 부동산소유권이전등기청구를 할 수 없다(대판 1987.10.26. 86다카1755).

III. 공탁

제487조(변제공탁의 요건, 효과) 채권자가 변제를 받지 아니하거나 받을 수 없는 때에는 변제자는 채권자를 위하여 변제의 목적물을 공탁하여 그 채무를 면할 수 있다. 변제자가 과실 없이 채권자를 알 수 없는 경우에도 같다.

---

21) 물상보증인의 변제자대위에 대한 기대권은 민법 제485조에 의하여 보호되어, 채권자가 고의나 과실로 담보를 상실하게 하거나 감소하게 한 때에는, 특별한 사정이 없는 한 물상보증인은 그 상실 또는 감소로 인하여 상환을 받을 수 없는 한도에서 면책 주장을 할 수 있다. 채권자가 물적 담보인 담보물권을 포기하거나 순위를 불리하게 변경하는 것은 담보의 상실 또는 감소행위에 해당한다. 따라서 채무자 소유 부동산과 물상보증인 소유 부동산에 공동근저당권을 설정한 채권자가 공동담보 중 채무자 소유 부동산에 대한 담보 일부를 포기하거나 순위를 불리하게 변경하여 담보를 상실하게 하거나 감소하게 한 경우, 물상보증인은 그로 인하여 상환 받을 수 없는 한도에서 책임을 면한다. 그리고 이 경우 공동근저당권자는 나머지 공동담보 목적물인 물상보증인 소유 부동산에 관한 경매절차에서, 물상보증인이 위와 같이 담보 상실 내지 감소로 인한 면책을 주장할 수 있는 한도에서는, 물상보증인 소유 부동산의 후순위 근저당권자에 우선하여 배당받을 수 없다. 공동근저당의 목적 부동산 중 일부에 대한 경매절차에서, 공동근저당권자가 선순위근저당권자로서의 자신의 채권 전액을 청구하였다면, 민법 제370조, 제333조, 제368조 제1항 전문의 규정에 따라 선순위근저당권자가 경매대가로부터 우선하여 변제받고, 후순위근저당권자는 잔액으로부터 변제를 받는 것이며, 이는 선순위근저당권자와 후순위근저당권자가 동일인이라고 하여 달라지는 것은 아니다(대판 2018.07.11. 2017다292756).
22) 채무와 관련하여 채무자 소유의 부동산의 소유권을 채권자에게 이전하기로 약정한 경우에, 그것이 종전 채무의 변제에 갈음하여 대물변제조로 이전하기로 한 것인지, 아니면 종전 채무의 담보를 위하여 추후 청산절차를 유보하고 이전하기로 한 것인지의 문제는 그 약정 당시의 당사자 의사해석에 관한 문제이다. 이 점에 관하여 명확한 증명이 없는 경우에는, 약정 당시의 채무액과 당시의 부동산의 가액, 당해 채무를 지게 된 경위와 그 후의 과정, 약정 당시의 상황, 그 이후의 당해 부동산의 지배 및 처분관계 등 여러 사정을 종합하여 그것이 담보목적인지 여부를 가려야 한다(대판 2013.01.16. 2012다11648).

1. 공탁의 의의

공탁이란 채권자가 변제를 받지 아니하거나 받을 수 없는 경우에 변제자가 채권자를 위하여 변제의 목적물을 공탁소에 임치함으로써 채무를 면하는 제도이다. 즉, 변제자의 변제제공이 있음에도 불구하고 채권자가 수령을 거부하거나 수령할 수 없을 경우에, 채무자는 채무불이행책임을 면하고 채권자는 채권자지체에 빠지게 되지만, 변제의 제공으로 채무 자체가 소멸하는 것은 아니므로 여전히 채무이행의무를 부담하게 된다. 이때 채무자로 하여금 채권관계로부터 벗어나게 하기 위한 제도로서 변제공탁제도가 인정되는 것이다.

2. 법적 성질

① 判例는 공탁은 국가기관인 공탁소를 중심으로 공탁법의 규정에 따라 그 절차가 실현되기 때문에 공법관계이며, 그러한 관계가 형성될 때에 비로소 민법상의 채무는 그 목적을 달성하고 소멸되는 것이라고 한다. 즉 "변제제공은 공탁공무원의 수탁처분과 공탁물보관자의 공탁물수령으로 그 효력이 발생하여 채무소멸의 효과를 가져오는 것이고, 채권자에 대한 공탁통지나 채권자의 수령의 의사표시가 있는 때에 공탁의 효력이 생기는 것이 아니다(대판 1972.05.15. 72마401)."고 한다(공법관계설). 이에 대해 ② 양면관계설은 공탁은 공법적인 면과 사법적인 면을 함께 지니고 있다고 한다. 따라서 공법적인 면에 대해서는 공탁법이 규율하며, 사법적인 면에 대해서는 민법의 제3자를 위한 임치계약으로 규율된다고 한다(곽윤직).

3. 변제공탁의 요건

(1) 공탁원인

1) 채권자가 변제를 받지 않거나 받을 수 없는 때[23](제487조 전단)

채권자의 태도로 보아 채무자가 설사 채무의 이행제공을 하였더라도 그 수령을 거절하였을 것이 명백한 경우에는 채무자는 이행의 제공을 하지 않고 바로 변제공탁 할 수 있다(대판 1994.08.26. 93다42276). 채권의 가압류는 제3채무자에 대하여 채무자에게 지급하는 것을 금지하는 데 그칠 뿐 채무 그 자체를 면하게 하는 것이 아니고, 가압류가 있다 하여도 그 채권의 이행기가 도래한 때에는 제3채무자는 그 지체책임을 면할 수 없다고 보아야 할 것이다(대판 1994.12.13. 93다951).

2) 변제자가 과실 없이 채권자를 알 수 없는 때(제487조 후단)

'변제자가 과실 없이 채권자를 알 수 없는 경우'라 함은 객관적으로 채권자 또는 변제수령권자가 존재하고 있으나 채무자가 선량한 관리자의 주의를 다하여도 채권자가 누구인지를 알 수 없는 경우(상대적 불확지)를 말한다(대판 2000.12.22. 2000다55904). 따라서 우리 공탁제도상 채권자가 특정되거나 적어도 채권자가 상대적으로나마 특정되는 상대적 불확지의 공탁만이 허용될 수 있는 것이고 채권자가 누구인지 전혀 알 수 없는 절대적 불확지의 공탁은 허용되지 아니하는 것이 원칙이다(대판(全合) 1997.10.16. 96다11747).

---

[23] 토지수용법 제61조 제2항 제1호는 보상금을 받을 자가 그 수령을 거부하는 때에는 기업자는 수용의 시기까지 보상금을 공탁할 수 있다고 규정하고 있으므로, 보상금을 받을 자가 보상금의 수령을 거절할 것이 명백하다고 인정되는 경우에는 기업자는 보상금을 현실제공하지 아니하고 바로 보상금을 공탁할 수 있다(대판 1998.10.20. 98다30537).

> **＊ 상대적 불확지 공탁의 예**
>
> ① 채권이 양도되었다는 등의 사유로 제3채무자가 종전의 채권자와 새로운 채권자 중 누구에게 변제하여야 하는지 과실 없이 알 수 없는 경우(대판 2005.05.26. 2003다12311).
> ② 양도금지의 특약이 붙은 채권이 양도되었으나 채무자로서는 양수인의 선의 등의 여부를 알 수 없어 과연 채권이 적법하게 양도된 것인지에 관하여 의문이 제기될 여지가 충분히 있는 경우(대판 2000.12.22. 2000다55904).
> ③ 예금계약의 출연자와 예금명의자가 서로 다르고 양자 모두 예금채권에 관한 권리를 적극 주장하고 있으나 금융기관이 그 예금의 지급 시는 물론 예금계약 성립시의 사정까지 모두 고려하여 선량한 관리자로서의 주의의무를 다하여도 어느 쪽이 진정한 예금주인지에 관하여 사실상 혹은 법률상 의문이 제기될 여지가 충분히 있는 경우(대판 2004.11.11. 2004다37737).
> ④ 확정일자 있는 채권양도 통지와 채권가압류명령이 제3채무자에게 동시에 도달된 경우(대판 2004.09.03. 2003다22561).

(2) 공탁청구권

공탁은 채무자가 일정한 공탁사유에 기하여 하는 것이지만, 채권자에게 공탁청구권이 인정되는 경우가 있다. 채권질권자는 질권의 목적이 된 채권을 자기 채권의 한도에서 직접 청구할 수 있는데, 이와 같이 질권의 목적이 된 채권의 변제기가 질권자의 채권의 변제기보다 먼저 도래한 때에는 질권자는 제삼채무자에 대하여 그 변제금액의 공탁을 청구할 수 있고, 이 경우에 질권은 그 공탁금에 존재한다(제353조 3항). 매매의 목적물에 대하여 권리를 주장하는 자가 있는 경우에 매수인이 매수한 권리의 전부나 일부를 잃을 염려가 있는 때에는 매수인은 그 위험의 한도에서 대금의 전부나 일부의 지급을 거절할 수 있는데, 이 경우 매도인은 매수인에 대하여 대금의 공탁을 청구할 수 있다(제589조).

(3) 공탁의 당사자 및 방법

> **제488조(공탁의 방법)** ① 공탁은 채무이행지의 공탁소에 하여야 한다. ② 공탁소에 관하여 법률에 특별한 규정이 없으면 법원은 변제자의 청구에 의하여 공탁소를 지정하고 공탁물보관자를 선임하여야 한다. ③ 공탁자는 지체 없이 채권자에게 공탁통지를 하여야 한다.

공탁소와 공탁자가 그 당사자가 된다. 공탁을 하는 자는 변제자이므로 채무자 외에 제3자도 공탁할 수 있으며, 채무이행지의 공탁소에 공탁하면 된다. 判例에 의하면 공법관계에 해당하므로, 변제공탁에 있어서 채권자의 수익의 의사표시 없이도 변제의 효력이 생긴다.

(4) 공탁의 목적물

> **제490조(자조매각금의 공탁)** 변제의 목적물이 공탁에 적당하지 아니하거나 멸실 또는 훼손될 염려가 있거나 공탁에 과다한 비용을 요하는 경우에는 변제자는 법원의 허가를 얻어 그 물건을 경매하거나 시가로 방매하여 대금을 공탁할 수 있다.

변제의 목적물이 공탁의 목적물로 되는 것이 원칙이다. 따라서 동산이든 부동산이든 공탁의 목적물이 될 수 있다(통설). 변제의 목적물이 공탁에 적당하지 않거나, 멸실, 훼손 또는 부패할 염려가 있거나, 보관에 과다한 비용이 소요되는 경우, 변제자는 법원의 허가를 얻어 그 물건을 경매하거나 시가로 방매하여 그 대금을 공탁할 수 있다. 이를 자조매각이라고 한다.

4. 변제공탁의 효과

(1) 채무의 소멸

채무자는 공탁에 의하여 채무를 면한다(제487조). 변제공탁이 적법한 경우에는 채권자가 공탁물 출급청구를 하였는지의 여부와는 관계없이 그 공탁을 한 때에 변제의 효력이 발생한다(대판 2002.12.06. 2001다2846). 변제공탁이 유효하려면 채무 전부에 대한 변제의 제공 및 채무 전액에 대한 공탁이 있어야 하고, 채무 전액이 아닌 일부에 대한 공탁은 그 부족액이 아주 근소하다는 등의 특별한 사정이 있는 경우를 제외하고는 채권자가 이를 수락하지 않는 한 그 공탁 부분에 관하여서도 채무소멸의 효과가 발생하지 않으며, 채무 전액이 아닌 일부에 대하여 공탁한 이상 그 채무가 계속적인 거래에서 발생하는 다수의 채무의 집합체라고 하더라도 공탁금액에 상응하는 범위 내에서 채무소멸의 효과가 발생하는 것은 아니다(대판 2005.10.13. 2005다37208). 그리고 변제공탁에 있어서 채권자에게 반대급부 기타 조건의 이행의무가 없음에도 불구하고 채무자가 이를 조건으로 공탁한 때에는 채권자가 이를 수락하지 않는 한 그 변제공탁은 무효이다(대판 2002.12.06. 2001다2846).

(2) 채권자의 공탁물출급청구권

제491조(공탁물수령과 상대의무이행) 채무자가 채권자의 상대의무이행과 동시에 변제할 경우에는 채권자는 그 의무이행을 하지 아니하면 공탁물을 수령하지 못한다.

공탁에 의하여 채권자는 공탁소에 대하여 공탁물지급청구권[24]을 취득하고 이를 행사하여 공탁물을 수령할 수 있다. 채무자가 채권자의 상대의무이행과 동시에 변제할 경우에는 채권자는 그 의무이행을 하지 아니하면 공탁물을 수령할 수 없다(제491조). 변제공탁의 공탁물출급청구권자는 피공탁자 또는 그 승계인이고 피공탁자는 공탁서의 기재에 의하여 형식적으로 결정되므로, 실체법상의 채권자라고 하더라도 피공탁자로 지정되어 있지 않으면 공탁물출급청구권을 행사할 수 없다. 따라서 피공탁자 아닌 제3자가 피공탁자를 상대로 하여 공탁물출급청구권 확인판결을 받았더라도 그 확인판결을 받은 제3자가 직접 공탁물출급청구를 할 수는 없고, 수인을 공탁금에 대하여 균등한 지분을 갖는 피공탁자로 하여 공탁한 경우 피공탁자 각자는 공탁서의 기재에 따른 지분에 해당하는 공탁금을 출급청구 할 수 있을 뿐이며, 비록 피공탁자들 내부의 실질적인 지분비율이 공탁서상의 지분비율과 다르다고 하더라도 이는 피공탁자 내부간에 별도로 해결해야 할 문제이다(대판 2006.08.25. 2005다67476).

(3) 공탁물의 회수

제489조(공탁물의 회수) ① 채권자가 공탁을 승인하거나 공탁소에 대하여 공탁물을 받기를 통고하거나 공탁유효의 판결이 확정되기까지는 변제자는 공탁물을 회수할 수 있다. 이 경우에는 공탁하지 아니한 것으로 본다. ② 전항의 규정은 질권 또는 저당권이 공탁으로 인하여 소멸한 때에는 적용하지 아니 한다[25].

---

[24] 민법 제487조 후단에 따른 채권자의 상대적 불확지를 원인으로 하는 변제공탁의 경우 피공탁자 중의 1인은 다른 피공탁자의 승낙이나 그를 상대로 받은 공탁물출급청구권확인 승소확정판결을 제출하여 공탁물출급청구를 할 수 있는데, 민사집행법 제229조 제2항에 의하면 채권압류 및 추심명령을 받은 추심채권자는 추심에 필요한 채무자의 권리를 대위절차 없이 자기 이름으로 재판상 또는 재판 외에서 행사할 수 있으므로, 상대적 불확지 변제공탁의 피공탁자 중 1인을 채무자로 하여 그의 공탁물출급청구권에 대하여 채권압류 및 추심명령을 받은 추심채권자는 공탁물을 출급하기 위하여 자기의 이름으로 다른 피공탁자를 상대로 공탁물출급청구권이 추심채권자의 채무자에게 있음을 확인한다는 확인의 소를 제기할 수 있다(대판 2011.11.10. 2011다55405).

[25] 회수권은 질권 또는 저당권이 공탁으로 인하여 소멸한 때에는 적용하지 않는다. 공탁으로 채무는 소멸하므로 이에 수반하여 질권, 저당권도 당연히 소멸한다. 그런데 공탁물의 회수가 있으면 채무는 소멸하지 않았던 것으로 간주되므로, 담보권도 소

1) 민법상의 회수

변제자가 공탁물을 회수한 경우에는 공탁하지 아니한 것으로 본다(제489조 1항). 그러나 ① 채권자가 변제자에 대한 의사표시로 공탁을 승인하거나 공탁소에 대하여 공탁물을 받기를 통고한 때 ② 공탁유효의 판결이 확정된 때 ③ 공탁으로 질권 또는 저당권이 소멸된 때에는 공탁물을 회수 할 수 없다. 그리고 제489조는 자발적인 변제공탁을 전제하는 것이다. 따라서 토지수용법 제61조 제2항에 의한 손실보상금의 공탁은 같은 법 제65조에 의하여 간접적으로 강제되는 것으로서 이와 같이 그 공탁이 자발적이 아닌 경우에는 민법 제489조의 적용은 배제되어 피공탁자가 공탁자에게 공탁금을 수령하지 아니한다는 의사를 표시하였다 할지라도 기업자는 그 공탁금을 회수할 수 없으므로 기업자가 피공탁자가 공탁금 수령을 거절한다는 이유로 그 공탁금을 회수한 것은 부적법하다(대판 1997.09.26. 97다24290). 또한 가등기 및 본등기에 의하여 담보된 채무의 변제공탁으로 인하여 가등기담보권이나 양도담보권이 소멸하는 경우에는 변제자가 공탁물을 회수할 수 없다는 취지가 아니므로, 변제자의 채권자는 공탁금회수청구권을 압류, 전부 받아 변제공탁금을 회수할 수 있다(대판 1982.07.27. 81다495).

2) 공탁법상의 회수

공탁자가 착오로 공탁한 때 또는 공탁의 원인이 소멸한 때에는 공탁자가 공탁물을 회수할 수 있을 뿐(공탁법 제9조 2항[26]) 피공탁자의 공탁물출급청구권은 존재하지 않으므로, 이러한 경우 공탁자가 공탁물을 회수하기 전에 위 공탁물출급청구권에 대한 전부명령을 받아 공탁물을 수령한 자는 법률상 원인 없이 공탁물을 수령한 것이 되어 공탁자에 대하여 부당이득반환의무를 부담 한다(대판 2008.09.25. 2008다34668). 그리고 공탁금이 금전인 경우 그 원금 또는 이자의 회수에 대한 권리는 10년간 행사하지 않으면 시효로 인하여 소멸한다(공탁법 제9조 3항[27]).

IV. 상계

> **제492조(상계의 요건)** ① 쌍방이 서로 같은 종류를 목적으로 한 채무를 부담한 경우에 그 쌍방의 채무의 이행기가 도래한 때에는 각 채무자는 대등액에 관하여 상계할 수 있다. 그러나 채무의 성질이 상계를 허용하지 아니할 때에는 그러하지 아니하다.
> ② 전항의 규정은 당사자가 다른 의사를 표시한 경우에는 적용하지 아니한다. 그러나 그 의사표시로써 선의의 제3자에게 대항하지 못한다.

1. 의의

상계라 함은 채권자와 채무자가 서로 동종의 채권·채무를 가지고 있는 경우 그 채권·채무를 대등액에서 소멸시키는 당사자 일방의 단독행위를 의미한다. 이와 비교하여 채무자와 채권자의 청약과 승낙에 의한 상계 계약도 계약자유의 원칙상 가능하지만, 이에 대한 명문의 규정은 없다.

멸하지 않았던 것이 된다. 즉 제3자에게 예측하지 않은 손해를 주게 된다. 동 조항은 이러한 불합리한 사태를 방지하기 위한 규정이다.

26) 제9조(공탁물의 수령·회수) ① 공탁물을 수령하려는 자는 대법원규칙으로 정하는 바에 따라 그 권리를 증명하여야 한다. ② 공탁자는 다음 각 호의 어느 하나에 해당하면 그 사실을 증명하여 공탁물을 회수할 수 있다. 1. 「민법」 제489조에 따르는 경우 2. 착오로 공탁을 한 경우 3. 공탁의 원인이 소멸한 경우

27) ③ 제1항 및 제2항의 공탁물이 금전인 경우(제7조에 따른 유가증권상환금, 배당금과 제11조에 따른 물품을 매각하여 그 대금을 공탁한 경우를 포함한다) 그 원금 또는 이자의 수령, 회수에 대한 권리는 그 권리를 행사할 수 있는 때부터 10년간 행사하지 아니할 때에는 시효로 인하여 소멸한다. 〈신설 2009.12.29〉

2. 기능

상계는 변제의 역할을 하는데, ① 현실적으로 이행이나 청구를 해야 하는 불편함을 피할 수 있도록 하고(채권결제의 간이화), ② 당사자가 직접 채권을 실현할 수 있도록 하는 하며(사적 집행기능), ③ 채권자가 은행인 경우 채무자의 예금채권(수동채권)으로부터 대출금반환채권(자동채권)을 우선변제 받을 수 있도록 하는 기능(담보적 기능)도 갖고 있다.

> **제492조(상계의 요건)** ① 쌍방이 서로 같은 종류를 목적으로 한 채무를 부담한 경우에 그 쌍방의 채무의 이행기가 도래한 때에는 각 채무자는 대등액에 관하여 상계할 수 있다. 그러나 채무의 성질이 상계를 허용하지 아니할 때에는 그러하지 아니하다.
> ② 전항의 규정은 당사자가 다른 의사를 표시한 경우에는 적용하지 아니한다. 그러나 그 의사표시로써 선의의 제3자에게 대항하지 못한다.

3. 쌍방의 채권이 상계적상에 있을 것

(1) 쌍방의 채권이 대립하고 있을 것

상계자(상계의 의사표시를 하는 자)와 피상계자(상계의 의사표시의 상대방) 모두 서로에게 채권을 보유하고 있어야 한다. 상계자가 보유하는 채권을 '자동채권', 피상계자가 보유하는 채권을 '수동채권'이라고 한다. 자동채권은 원칙적으로 상계자 자신이 피상계자에 대하여 가지는 채권이어야 하지만, 연대채무나 보증채무의 경우에는 타인이 가지는 채권으로서 상계할 수 있는 등의 예외가 있다. 그리고 수동채권으로 될 수 있는 채권은 상대방이 상계자에 대하여 가지는 채권이어야 하고, 상대방이 제3자에 대하여 가지는 채권과는 상계할 수 없다[28]. 다만 2인 조합에서 조합원 1인이 탈퇴하는 경우, 조합의 탈퇴자에 대한 채권은 잔존자에게 귀속되므로 잔존자는 이를 자동채권으로 하여 탈퇴자에 대한 지분 상당의 조합재산 반환채무와 상계할 수 있다(대판 2006.03.09. 2004다49693·49709).

(2) 쌍방의 채권의 목적이 동종일 것

상계는 쌍방이 서로 상대방에 대하여 같은 종류의 급부를 목적으로 하는 채권의 존재를 그 요건으로 한다[29].

---

28) [1] 상계는 당사자 쌍방이 서로 같은 종류를 목적으로 한 채무를 부담한 경우에 서로 같은 종류의 급부를 현실로 이행하는 대신 어느 일방 당사자의 의사표시로 그 대등액에 관하여 채권과 채무를 동시에 소멸시키는 것이고, 이러한 상계제도의 취지는 서로 대립하는 두 당사자 사이의 채권·채무를 간이한 방법으로 원활하고 공평하게 처리하려는 데 있으므로, 수동채권으로 될 수 있는 채권은 상대방이 상계자에 대하여 가지는 채권이어야 하고, 상대방이 제3자에 대하여 가지는 채권과는 상계할 수 없다고 보아야 한다. 그렇지 않고 만약 상대방이 제3자에 대하여 가지는 채권을 수동채권으로 하여 상계할 수 있다고 한다면, 이는 상계의 당사자가 아닌 상대방과 제3자 사이의 채권채무관계에서 상대방이 제3자에게서 채무의 본지에 따른 현실급부를 받을 이익을 침해하게 될 뿐 아니라, 상대방의 채권자들 사이에서 상계자만 독점적인 만족을 얻게 되는 불합리한 결과를 초래하게 되므로, 상계의 담보적 기능과 관련하여 법적으로 보호받을 수 있는 당사자의 합리적 기대가 이러한 경우에까지 미친다고 볼 수는 없다. [2] 유치권이 인정되는 아파트를 경락·취득한 자가 아파트 일부를 점유·사용하고 있는 유치권자에 대한 임료 상당의 부당이득금 반환채권을 자동채권으로 하고 유치권자의 종전 소유자에 대한 유익비상환채권을 수동채권으로 하여 상계의 의사표시를 한 사안에서, 상대방이 제3자에 대하여 가지는 채권을 수동채권으로 하여 상계할 수 없음에도, 그러한 상계가 허용됨을 전제로 위 상계의 의사표시로 부당이득 반환채권과 유익비상환채권이 대등액의 범위 내에서 소멸하였다고 본 원심판결에 법리오해의 위법이 있다(대판 2011.04.28. 2010다101394).

29) 상계는 쌍방이 서로 상대방에 대하여 같은 종류의 급부를 목적으로 하는 채권을 가지고 자동채권의 변제기가 도래하였을 것을 그 요건으로 하는 것인데, 형벌의 일종인 벌금도 일정 금액으로 표시된 추상적 경제가치를 급부목적으로 하는 채권인 점에서는 다른 금전채권들과 본질적으로 다를 것이 없고, 다만 발생의 법적 근거가 공법관계라는 점에서만 차이가 있을 뿐이나 채권 발생의 법적 근거가 무엇인지는 급부의 동종성을 결정하는 데 영향이 없으며, 벌금형이 확정된 이상 벌금채권의 변제기는 도래한 것이므로 달리 이를 금하는 특별한 법률상 근거가 없는 이상 벌금채권은 적어도 상계의 자동채권이 되지 못할 아무런 이유가 없다(대판 2004.04.27. 2003다37891).

(3) 쌍방의 채권이 변제기에 있을 것

자동채권은 반드시 변제기에 있어야 한다. 변제기가 도래하지 않은 채권을 자동채권으로 상계하는 것을 허용한다면, 상대방은 이유 없이 기한의 이익을 상실하게 되기 때문이다. 그러나 수동채권은 반드시 변제기가 도래할 필요가 없다. 상계자는 기한을 포기하고 이행기 전에 변제할 수 있기 때문이다. 다만 이행기 전의 상계로 상대방에게 손해가 있는 경우에는 그 손해를 배상하여야 한다.

(4) 쌍방의 채권이 상계가 허용될 것 - 상계의 제한·금지

1) 채권의 성질에 의한 금지

부작위채무나 서로 노무를 제공하는 채무 등 실제로 이행을 하지 않으면 채권의 목적을 달성할 수 없는 경우 등 채무의 성질이 상계를 허용하지 아니할 경우에는 상계가 허용되지 않는다(제492조 제1항 단서). 항변권이 붙어 있는 채권을 자동채권으로 하여 다른 채무(수동채권)와의 상계를 허용한다면 상계자 일방의 의사표시에 의하여 상대방의 항변권 행사의 기회를 상실시키는 결과가 되므로 그러한 상계는 허용될 수 없다(대판 2001.11.13. 2001다55222). 따라서 수탁보증인이 주채무자에 대하여 가지는 민법 제442조의 사전구상권에는 민법 제443조 소정의 이른바 면책청구권이 항변권으로 부착되어 있는 만큼 이를 자동채권으로 하는 상계는 허용될 수 없다[30]. 그러나 수동채권에 항변권이 부착되어 있는 경우에는 채무자인 상계자 자신이 항변권을 포기할 수 있으므로, 이를 포기하고 상계할 수 있다. 그리고 양 채권이 동시이행관계에 있고 양 채무가 동종의 급부를 목적으로 한다면 상계가 가능하다[31].

2) 당사자 약정에 의한 금지

당사자 사이에 상계금지 특약이 있는 경우에는 상계가 허용되지 않는다. 그러나 이 특약은 선의의 제3자에게 대항하지 못한다(제492조 2항). 예를 들어 甲이 乙에 대한 1억원의 채권에 대하여 상계금지특약을 한 경우에 甲·乙 어느 쪽도 이를 상계에 의하여 소멸시킬 수는 없으나, 甲으로부터 그 채권을 양수한 丙이 그 특약에 관하여 선의라면, 자기가 乙에 대하여 부담하는 채무와 상계할 수 있다.

3) 법률의 규정에 의한 금지

제496조(불법행위채권을 수동채권으로 하는 상계의 금지) 채무가 고의의 불법행위로 인한 것인 때에는 그 채무자는 상계로 채권자에게 대항하지 못한다[32].

---

① 고의의 불법행위에 기한 손해배상채권

고의의 불법행위로 인한 손해배상채권을 수동채권으로 하는 상계는 허용되지 않는 것이며, 이는 그 자동채권이 동시에 행하여진 싸움에서 서로 상해를 가한 경우와 같이 동일한 사안에서 발생한 고의의 불법행위로 인한 손해배상채권인 경우에도 마찬가지이다(대판 1994.02.25. 93다38444). <u>고의의 불법행위에 인한 손해배</u>

---

30) 다만 민법 제443조는 임의규정으로서 주채무자가 사전에 담보제공청구권의 항변권을 포기한 경우에는 보증인은 사전구상권을 자동채권으로 하여 주채무자에 대한 채무와 상계할 수 있다(대판 2004.05.28. 2001다81245).
31) 상계제도는 서로 대립하는 채권·채무를 간이한 방법에 의하여 결제함으로써 양자의 채권·채무 관계를 원활하고 공평하게 처리함을 목적으로 하고 있으므로, 상계의 대상이 될 수 있는 자동채권과 수동채권이 동시이행관계에 있다고 하더라도 서로 현실적으로 이행하여야 할 필요가 없는 경우라면 상계로 인한 불이익이 발생할 우려가 없고 오히려 상계를 허용하는 것이 동시이행관계에 있는 채권·채무 관계를 간명하게 해소할 수 있으므로 특별한 사정이 없는 한 상계가 허용된다(대판 2006.07.28. 2004다54633).
32) 민법 제496조가 고의의 불법행위로 인한 손해배상채권에 대한 상계를 금지하는 입법취지는 고의의 불법행위에 인한 손해배상채권에 대하여 상계를 허용한다면 고의로 불법행위를 한 자가 상계권행사로 현실적으로 손해배상을 지급할 필요가 없게 됨으로써 보복적 불법행위를 유발하게 될 우려가 있고, 고의의 불법행위로 인한 피해자가 가해자의 상계권행사로 인하여 현실의 변제를 받을 수 없는 결과가 됨은 사회적 정의관념에 맞지 아니하므로 고의에 의한 불법행위의 발생을 방지함과 아울러 고의의 불법행위로 인한 피해자에게 현실의 변제를 받게 하려는 데 있다.

상채권에 대한 상계금지를 중과실의 불법행위에 인한 손해배상채권에까지 유추 또는 확장적용하여야 할 필요성이 있다고 할 수 없다(대판 1994.08.12. 93다52808). 이 규정은 고의의 불법행위로 인한 손해배상채권을 수동채권으로 한 상계에 관한 것이고 고의의 채무불이행으로 인한 손해배상채권에는 적용되지 않는다. 고의에 의한 행위가 불법행위를 구성함과 동시에 채무불이행을 구성하여 불법행위로 인한 손해배상채권과 채무불이행으로 인한 손해배상채권이 경합하는 경우에는 이 규정을 유추적용 할 필요가 있다(대판 2017.02.15. 2014다19776·19783). 그리고 상계는 쌍방이 서로 상대방에 대하여 같은 종류의 급부를 목적으로 하는 채권을 가지고 자동채권의 변제기가 도래하였을 것을 그 요건으로 하는 것인데, 형벌의 일종인 벌금도 일정 금액으로 표시된 추상적 경제가치를 급부목적으로 하는 채권인 점에서는 다른 금전채권들과 본질적으로 다를 것이 없고, 다만 발생의 법적 근거가 공법관계라는 점에서만 차이가 있을 뿐이나 채권 발생의 법적 근거가 무엇인지는 급부의 동종성을 결정하는 데 영향이 없으며, 벌금형이 확정된 이상 벌금채권의 변제기는 도래한 것이므로 달리 이를 금하는 특별한 법률상 근거가 없는 이상 벌금채권은 적어도 상계의 자동채권이 되지 못할 아무런 이유가 없다(대판 2004.04.27. 2003다37891). 또한 민법 제756조에 의한 사용자책임에서 사용자의 과실은 직접의 가해행위가 아닌 피용자의 선임·감독에 관련된 것으로 해석되는 점에 비추어 볼 때, 피용자의 고의의 불법행위로 인하여 사용자책임이 성립하는 경우에 민법 제496조의 적용을 배제하여야 할 이유가 없으므로 사용자책임이 성립하는 경우 사용자는 자신의 고의의 불법행위가 아니라는 이유로 민법 제496조의 적용을 면할 수는 없다(대판 2006.10.26. 2004다63019). 그러나 고의의 불법행위로 인한 손해배상채권의 채무자는 그 채권을 수동채권으로 한 상계로 채권자에게 대항하지 못하고(민법 제496조), 그 결과 채권이 양도된 경우에 양수인에게도 상계로 대항할 수 없게 되나(민법 제451조 제2항 참조), 채권양도가 사해행위에 해당하는 경우 불법행위로 인한 손해배상채권의 채무자가 채권양도인에 대한 별도의 채권자 지위에서 채권양수인에게 채권자취소권을 행사하여 채권양도의 취소를 구함과 아울러 취소에 따른 원상회복 방법으로 직접 자신 앞으로 가액배상의 지급을 구하는 것 자체는 민법 제496조에 반하지 않으므로 허용된다(대판 2011.06.10. 2011다8980·8997).

제497조(압류금지채권을 수동채권으로 하는 상계의 금지) 채권이 압류하지 못할 것인 때에는 그 채무자는 상계로 채권자에게 대항하지 못한다.

② 압류금지채권

수동채권이 압류될 수 없는 것인 때에는 그 채무자는 상계로 채권자에게 대항하지 못한다. 즉 압류금지채권[33]을 수동채권으로 하여 상계하지 못한다. 그러나 압류금지의 채권을 자동채권으로 하는 상계는 허용된다. 그리고 일반적으로 임금은 직접 근로자에게 전액을 지급하여야 하므로 사용자가 근로자에 대하여 가지는 채권으로서 근로자의 임금채권과 상계를 하지 못하는 것이 원칙이나, 계산의 착오 등으로 임금이 초과 지급되었을 때 그 행사의 시기가 초과 지급된 시기와 임금의 정산, 조정의 실질을 잃지 않을 만큼 합리적으로 밀접되어 있고 금액과 방법이 미리 예고되는 등 근로자의 경제생활의 안정을 해할 염려가 없는 경우나, 근로자가 퇴직한 후에 그 재직 중 지급되지 아니한 임금이나 퇴직금을 청구하는 경우에는 초과 지급된 임금의 반환청구권을 자동채권으로 하여 상계하는 것은 무방하다. 따라서 근로자가 일정 기간 동안의 미지급 법정수당을 청구하는 경우에 사용자가 같은 기간 동안 법정수당의 초과 지급 부분이 있음을 이유로 상계나 그 충당을 주장하는 것도 허용된다(대판(全合) 1995.12.21. 94다26721).

---

33) 압류금지채권은 법령에 규정된 부양료 및 유족부조료, 구호사업이나 제3자의 도움으로 계속 받는 수입, 병사의 급료, 급료, 연금, 봉급, 상여금, 퇴직연금 그 밖에 이와 비슷한 성질을 가진 급여채권의 2분의 1에 해당하는 금액을 말한다(민사집행법 제246조 제1항).

③ 지급금지채권

제498조(지급금지채권을 수동채권으로 하는 상계의 금지) 지급을 금지하는 명령을 받은 제3채무자는 그 후에 취득한 채권에 의한 상계로 그 명령을 신청한 채권자에게 대항하지 못한다.

　지급금지의 명령을 받은 제3채무자는 그 후에 채무자에 대하여 취득한 반대채권을 자동채권으로 하여 지급금지 된 채권과 상계하더라도 그 명령을 신청한 채권자에게 대항하지 못한다. 지급을 금지하는 명령을 받았다는 것은 압류나 가압류를 받은 경우(민사집행법 제227조 제1항, 제296조 제3항)를 말하는데, 동 규정은 지급금지 명령을 확보한 채권자를 보호하기 위한 것이다[34]. 가압류 명령을 받은 제3채무자가 가압류채무자에 대한 반대채권(=자동채권)을 가지고 있는 경우에 가압류채권자에게 상계로써 대항하기 위하여는 가압류의 효력발생 당시에 양 채권이 상계적상에 있거나 반대채권(=자동채권)이 압류당시 변제기에 달하지 아니한 경우에는 피압류채권인 수동채권의 변제기와 동시에 또는 그 보다 먼저 변제기에 도달하는 경우이어야 한다(대판 1987.07.07. 86다카2762; 대판(全合) 2012.02.16. 2011다45521). 제3채무자의 압류채무자에 대한 자동채권이 수동채권인 피압류채권과 동시이행의 관계에 있는 경우에는, 압류명령이 제3채무자에게 송달되어 압류의 효력이 생긴 후에 자동채권이 발생하였다고 하더라도 제3채무자는 동시이행의 항변권을 주장할 수 있고 따라서 그 채권에 의한 상계로 압류채권자에게 대항할 수 있는 것으로서, 이 경우에 자동채권이 발생한 기초가 되는 원인은 수동채권이 압류되기 전에 이미 성립하여 존재하고 있었던 것이므로, 그 자동채권은 민법 제498조 소정의 "지급을 금지하는 명령을 받은 제3채무자가 그 후에 취득한 채권"에 해당하지 않는다고 봄이 상당하다(대판 1993.09.28. 92다55794). (따라서) 부동산 매수인의 매매잔대금 지급의무와 매도인의 가압류기입등기말소의무가 동시이행관계에 있었는데 위 가압류에 기한 강제경매절차가 진행되자 매수인이 강제경매의 집행채권액과 집행비용을 변제공탁 한 경우 매도인은 매수인에 대해 대위변제로 인한 구상채무를 부담하게 되고, 그 구상채무는 가압류기입등기말소의무의 변형으로서 매수인의 매매잔대금 지급의무와 여전히 대가적인 의미가 있어 서로 동시이행관계에 있으므로, 매수인은 매도인의 매매잔대금채권에 대해 가압류로부터 본압류로 전이하는 압류 및 추심명령을 받은 채권자에게 가압류 이후에 발생한 위 구상금채권에 의한 상계로 대항할 수 있다[35](대판 2001.03.27. 2000다43819).

4. 상계적상이 현존하고 있을 것

(1) 원칙

　쌍방의 채권은 상계의 의사표시를 할 당시에 유효하게 현존하여야 한다. 두 채권 가운데 한 쪽이 부존재 또는 무효인 때에는 상계가 불가능하고, 일단 상계적상에 있었던 경우에도 상계를 하지 않고 있는 동안에

---

34) 예를 들어 甲이 乙에 대하여 1억원의 채권을 가지고 있고, 乙은 丙에 대하여 1억원의 채권을 가지고 있고, 이때 甲이 그의 채권을 확보하기 위하여 丙에 대하여 1억원의 채권을 가지고 있다. 이때 甲이 그의 채권을 확보하기 위하여 丙에 대한 1억원의 채권을 압류하였다면, 이러한 압류 후에 丙이 乙에 대하여 1억원의 채권을 취득하여 자기의 채권을 자동채권으로 하여 상계하더라도 丙은 이로써 乙의 채권이 소멸되었음을 甲에게 항변할 수 없다. 그러나 제3채무자 丙이 지급금지명령이 있기 前에 이미 乙에 대하여 채권을 가지고 있었다면 그 채권으로써 유효한 상계를 할 수 있다.
35) 금전채권에 대한 가압류로부터 본압류로 전이하는 압류 및 추심명령이 있는 때에는 제3채무자는 채권이 가압류되기 전에 압류채무자에게 대항할 수 있는 사유로써 압류채권자에게 대항할 수 있으므로, 제3채무자의 압류채무자에 대한 자동채권이 수동채권인 피압류채권과 동시이행의 관계에 있는 경우에는, 그 가압류명령이 제3채무자에게 송달되어 가압류의 효력이 생긴 후에 자동채권이 발생하였다고 하더라도 제3채무자는 동시이행의 항변권을 주장할 수 있고, 따라서 그 상계로써 압류채권자에게 대항할 수 있다. 이 경우에 자동채권 발생의 기초가 되는 원인은 수동채권이 가압류되기 전에 이미 성립하여 존재하고 있었으므로, 그 자동채권은 민법 제498조 소정의 "지급을 금지하는 명령을 받은 제3채무자가 그 후에 취득한 채권"에 해당하지 아니한다. 동시이행의 항변권은 당사자 쌍방이 부담하는 각 채무가 고유의 대가관계에 있는 쌍무계약상의 채무가 아니더라도 구체적 계약관계에서 당사자 쌍방이 부담하는 채무 사이에 대가적인 의미가 있어 이행상 견련관계를 인정하여야 할 사정이 있는 경우에는 이를 인정하여야 한다.

한 쪽의 채권이 변제, 계약해제 등의 사유로 소멸한 때에는 상계가 불가능하다.

(2) 예외

제495조(소멸시효완성 된 채권에 의한 상계) 소멸시효가 완성된 채권이 그 완성 전에 상계할 수 있었던 것이면 그 채권자는 상계할 수 있다.

자동채권이 시효로 소멸된 경우에는 소멸시효가 완성된 채권이 그 완성 전에 상계할 수 있었던 것이면 그 채권자가 상계할 수 있다. 예를 들어 매매대금채권이 소멸시효가 완성된 경우에 매수인은 그 채권을 이행할 필요가 없지만 매도인은 그 채권을 자동채권으로 상계할 수 있다. 양 채권이 상계적상에 있으면 당연히 정산결제 될 것이라고 믿은 당사자들의 신뢰를 보호하기 위한 것이다. 수동채권이 소멸시효가 완성된 경우에는 채무자인 상계자가 시효의 이익을 포기할 수 있으므로, 상계가 가능하다.

---

* 제495조 관련 判例

1. 임대차보증금반환채권과 차임채권의 상계

민법 제495조는 "소멸시효가 완성된 채권이 그 완성 전에 상계할 수 있었던 것이면 그 채권자는 상계할 수 있다."라고 규정하고 있다. 이는 당사자 쌍방의 채권이 상계적상에 있었던 경우에 당사자들은 채권·채무관계가 이미 정산되어 소멸하였다고 생각하는 것이 일반적이라는 점을 고려하여 당사자들의 신뢰를 보호하기 위한 것이다. 다만 이는 '자동채권의 소멸시효 완성 전에 양 채권이 상계적상에 이르렀을 것'을 요건으로 하는데, 임대인의 임대차보증금 반환채무는 임대차계약이 종료된 때에 비로소 이행기에 도달하므로, 임대차 존속 중 차임채권의 소멸시효가 완성된 경우에는 소멸시효 완성 전에 임대인이 임대차보증금 반환채무에 관한 기한의 이익을 실제로 포기하였다는 등의 특별한 사정이 없는 한 양 채권이 상계할 수 있는 상태에 있었다고 할 수 없다. 그러므로 <u>그 이후에 임대인이 이미 소멸시효가 완성된 차임채권을 자동채권으로 삼아 임대차보증금 반환채무와 상계하는 것은 민법 제495조에 의하더라도 인정될 수 없지만, 임대차 존속 중 차임이 연체되고 있음에도 임대차보증금에서 연체차임을 충당하지 않고 있었던 임대인의 신뢰와 차임연체 상태에서 임대차관계를 지속해 온 임차인의 묵시적 의사를 감안하면 연체차임은 민법 제495조의 유추적용에 의하여 임대차보증금에서 공제할 수는 있다</u>36)(대판 2016.11.25. 2016다211309).

2. 제척기간 도과에 대한 제495조 유추적용 여부

민법 제495조는 "소멸시효가 완성된 채권이 그 완성 전에 상계할 수 있었던 것이면 그 채권자는 상계할 수 있다."라고 정하고 있다. 이는 당사자 쌍방의 채권이 상계적상에 있었던 경우에 당사자들은 채권·채무관계가 이미 정산되어 소멸하였거나 추후에 정산될 것이라고 생각하는 것이 일반적이라는 점을 고려하여 당사자들의 신뢰를 보호하기 위한 것이다. 매도인이나 수급인의 담보책임을 기초로 한 매수인이나 도급인의 손해배상채권의 제척기간이 지난 경우에도 민법 제495조를 유추적용해서 매수인이나 도급인이 상대방의 채권과 상계할 수 있는지 문제된다. 매도인의 담보책임을 기초로 한 매수인의 손해배상채권 또는 수급인의 담보책임을 기초로 한 도급인의 손해배상채권이 각각 상대방의 채권과 상계적상에 있는 경우에 당사자들은 채권·채무관계가 이미 정산되었거나 정산될 것으로 기대하는 것이 일반적이므로, 그 신뢰를 보호할 필요가 있다. 이러한 손해배상채권의 제척기간이 지난 경우에도 그 기간이 지나기 전에 상대방에 대한 채권·채무관계의 정산 소멸에 대한 신뢰를 보호할 필요성이 있다는 점은 소멸시효가 완성된 채권의 경우와 아무런 차이가 없다. 따라서 **매도인이나 수급인의 담보책임을 기초로 한 손해배상채권의 제척기간이 지난 경우에도 제척기간이 지나기 전 상대방의 채권과 상계할 수 있었던 경우에는 매수인이나 도급인은 민법 제495조를 유추적용해서 위 손해배상채권을 자동채권으로 해서 상대방의 채권과 상계할 수 있다**고 봄이 타당하다(대판 2019.03.14. 2018다255648).

---

36) [1] 임대인에게 임대차보증금이 교부되어 있더라도 임대인은 임대차관계가 계속되고 있는 동안에는 임대차보증금에서 연체차임을 충당할 것인지를 자유로이 선택할 수 있다. 따라서 임대차계약 종료 전에는 공제 등 별도의 의사표시 없이 연체차임이 임대차보증금에서 당연히 공제되는 것은 아니고, 임차인도 임대차보증금의 존재를 이유로 차임의 지급을 거절할 수 없다. [2] 소멸시효는 법률행위에 의하여 이를 배제, 연장 또는 가중할 수 없다(민법 제184조 제2항). 그러므로 임대차 존속 중 차임을 연체하더라도 이는 임대차 종료 후 목적물 인도 시에 임대차보증금에서 일괄 공제하는 방식에 의하여 정산하기로 약정한 경

5. 상계의 방법

제493조(상계의 방법, 효과) ① 상계는 상대방에 대한 의사표시로 한다. 이 의사표시에는 조건 또는 기한을 붙이지 못한다.

상계는 변제기가 도래한 채권을 가진 당사자 일방의 상대방에 대한 의사표시로 행해진다. 당사자의 의사표시가 없는 한 상계적상이 현존한다는 것만을 이유로 상계가 이루어지지는 않는다. 상계는 재판 외에서 할 수도 있고, 또는 재판상 항변으로 할 수도 있다. 채권자의 부작위가 제3자에 대하여 불법행위를 구성하려면 그 부작위가 위법하여야 하므로 그 전제로서 채권자는 제3자에 대하여 작위의무를 지고 있어야 하는바, 일반적으로 채권자가 자신의 채무자에 대하여 상계권을 행사하고 아니하고는 채권자의 권리일 뿐 특별한 사정이 없는 한 제3자의 이익을 위하여 상계를 하여야 할 작위의무를 부담한다고 할 수는 없으므로, 채권자가 상계권을 행사하지 아니한 것이 제3자에 대하여 불법행위를 구성한다고 할 수 없다(대판 2002.02.26. 2001다74353).

6. 효과

제493조(상계의 방법, 효과) ② 상계의 의사표시는 각 채무가 상계할 수 있는 때에 대등액에 관하여 소멸한 것으로 본다.

제494조(이행지를 달리하는 채무의 상계) 각 채무의 이행지가 다른 경우에도 상계할 수 있다. 그러나 상계하는 당사자는 상대방에게 상계로 인한 손해를 배상하여야 한다.

상계의 의사표시는 각 채무가 상계할 수 있는 때에 대등액에 관하여 소멸한 것으로 본다. 즉 상계의 의사표시를 한 때가 아니라 상계할 수 있는 때(상계적상이 생긴 때)에 소급하여 자동채권과 수동채권은 대등액에 관하여 소멸한다. 피상계자가 수 개의 상계적상에 있는 수동채권을 가지고 있고 자동채권이 그 전부를 소멸시키기에 부족하다면 변제충당에 관한 규정이 준용되어 상계되는 채권을 결정하는 것을 상계충당이라고 한다(제499조). 이와 반대의 경우에도 상계충당이 문제되는데, 여러 개의 자동채권이 있고 수동채권의 원리금이 자동채권의 원리금 합계에 미치지 못하는 경우에는 우선 자동채권의 채권자가 상계의 대상이 되는 자동채권을 지정할 수 있고, 다음으로 자동채권의 채무자가 이를 지정할 수 있으며, 양 당사자가 모두 지정하지 아니한 때에는 법정변제충당의 방법으로 상계충당이 이루어지게 된다(대판 2011.08.25. 2011다24814). 상계의 의사표시가 있는 경우, 채무는 상계적상 시에 소급하여 대등액에서 소멸한 것으로 보게 되므로, 상계에 의한 양 채권의 차액 계산 또는 상계충당은 상계적상의 시점을 기준으로 하게 된다. 따라서 그 시점 이전에 수동채권의 변제기가 이미 도래하여 지체가 발생한 경우에는 상계적상 시점까지의 수동채권의 약정이자 및 지연손해금을 계산한 다음 자동채권으로 그 약정이자 및 지연손해금을 먼저 소각하고 잔액을 가지고 원본을 소각하여야 한다(대판 2013.02.28. 2012다94155).

우와 같은 특별한 사정이 없는 한 차임채권의 소멸시효는 임대차계약에서 정한 지급기일부터 진행한다. [3] 임대차보증금은 차임의 미지급, 목적물의 멸실이나 훼손 등 임대차 관계에서 발생할 수 있는 임차인의 모든 채무를 담보하는 것이므로, 차임의 지급이 연체되면 장차 임대차 관계가 종료되었을 때 임대차보증금으로 충당될 것으로 생각하는 것이 당사자의 일반적인 의사이다. 이는 차임채권의 변제기가 따로 정해져 있어 임대차 존속 중 소멸시효가 진행되고 있는데도 임대인이 임대차보증금에서 연체차임을 충당하여 공제하겠다는 의사표시를 하지 않고 있었던 경우에도 마찬가지이다. 더욱이 임대차보증금의 액수가 차임에 비해 상당히 큰 금액인 경우가 많은 우리 사회의 실정에 비추어 보면, 차임 지급채무가 상당기간 연체되고 있음에도, 임대인이 임대차계약을 해지하지 아니하고 임차인도 연체차임에 대한 담보가 충분하다는 것에 의지하여 임대차관계를 지속하는 경우에는, 임대인과 임차인 모두 차임채권이 소멸시효와 상관없이 임대차보증금에 의하여 담보되는 것으로 신뢰하고, 나아가 장차 임대차보증금에서 충당 공제되는 것을 용인하겠다는 묵시적 의사를 가지고 있는 것이 일반적이다.

V. 기타 채권의 소멸 사유

1. 경개

> 제500조(경개의 요건, 효과) 당사자가 채무의 중요한 부분을 변경하는 계약을 한 때에는 구채무는 경개로 인하여 소멸한다.

(1) 경개의 의의

경개란 채무의 중요한 부분을 변경함으로써 신채무를 성립시키고 구채무를 소멸시키는 계약을 말한다. 즉 중요부분(채권자·채무자·채무내용)의 변경으로 채권·채무가 동일성을 상실하여, 구채권은 소멸하고 신채권이 성립하는 경우를 말한다[37]. 두 번에 걸친 소비대차를 합쳐서 하나의 채권채무로 하여 약속어음을 발행하고 이를 담보하기 위하여 저당권설정계약까지 하였으면, 이는 경개로 봄이 상당하다(대판 1976.12.28. 76다2563).

(2) 요건

1) 구채무의 존재

경개가 의미를 가지려면 구채무가 유효하게 존재하고 있어야 한다.

2) 구채무의 중요한 부분의 변경

① 채무자의 변경

> 제501조(채무자변경으로 인한 경개) 채무자의 변경으로 인한 경개는 채권자와 신채무자간의 계약으로 이를 할 수 있다. 그러나 구채무자의 의사에 반하여 이를 하지 못한다.

채무자의 변경으로 인한 경개는 채권자와 신채무자간의 계약으로 이를 할 수 있으나, 구채무자의 의사에 반하여 이를 하지 못한다. 채무인수와 유사하다.

② 채권자의 변경

> 제502조(채권자변경으로 인한 경개) 채권자의 변경으로 인한 경개는 확정일자 있는 증서로 하지 아니하면 이로써 제3자에게 대항하지 못한다.
> 제503조(채권자변경의 경개와 채무자승낙의 효과) 제451조제1항(채권양도의 승낙, 통지의 효과)의 규정은 채권자의 변경으로 인한 경개에 준용한다.

채권자의 변경으로 인한 경개는 확정일자 있는 증서로 하지 아니하면 이로써 제3자에게 대항하지 못한다. 이 경우 채권양도 중 채무자 승낙, 통지의 효과에 관한 제451조 1항이 준용된다. 채권양도와 유사하다[38].

---

37) 준소비대차는 당사자 쌍방이 소비대차에 의하지 아니하고 금전 기타의 대체물을 지급할 의무가 있는 경우에 당사자가 그 목적물을 소비대차의 목적으로 할 것을 약정한 때에 성립하는 것으로서, 기존채무를 소멸케 하고 신채무를 성립시키는 계약인 점에 있어서는 경개와 동일하지만 경개에 있어서는 기존채무와 신채무 사이에 동일성이 없는 반면, 준소비대차에 있어서는 원칙적으로 동일성이 인정된다는 점에 차이가 있고, 기존채권, 채무의 당사자가 그 목적물을 소비대차의 목적으로 할 것을 약정한 경우 그 약정을 경개로 볼 것인가 또는 준소비대차로 볼 것인가는 일차적으로 당사자의 의사에 의하여 결정되고, 만약 당사자의 의사가 명백하지 않을 때에는 특별한 사정이 없는 한 동일성을 상실함으로써 채권자가 담보를 잃고 채무자가 항변권을 잃게 되는 것과 같이 스스로 불이익을 초래하는 의사를 표시하였다고는 볼 수 없으므로 일반적으로 준소비대차로 보아야 하지만, 신채무의 성질이 소비대차가 아니거나 기존채무와 동일성이 없는 경우에는 준소비대차로 볼 수 없다 (대판 2003.09.26. 2002다31803).

③ 급부의 변경

구채무와 신채무 사이에 동일성이 없어질 정도의 중요한 급부변경이 있는 경우에도 경개가 인정된다.

3) 신채무의 성립

제504조(구채무불소멸의 경우) 경개로 인한 신채무가 원인의 불법 또는 당사자가 알지 못한 사유로 인하여 성립되지 아니하거나 취소된 때에는 구채무는 소멸되지 아니한다.

경개로 인한 신채무는 유효하게 성립할 수 있어야 한다. 따라서 신채무가 원인의 불법 또는 당사자가 알지 못한 사유로 인하여 성립되지 아니하거나 취소된 때에는 구채무는 소멸되지 아니한다(제504조).

(3) 효과

제505조(신채무에의 담보이전) 경개의 당사자는 구채무의 담보를 그 목적의 한도에서 신채무의 담보로 할 수 있다. 그러나 제3자가 제공한 담보는 그 승낙을 얻어야 한다.

구채무는 경개로 소멸한다. 경개의 당사자는 구채무의 담보를 그 목적의 한도에서 신채무의 담보로 할 수 있으며[39], 제3자가 제공한 담보는 그 승낙을 얻어야 한다. 그리고 경개계약은 신채권을 성립시키고 구채권을 소멸시키는 처분행위로서 신채권이 성립되면 그 효과는 완결되고 경개계약 자체의 이행의 문제는 발생할 여지가 없으므로 경개에 의하여 성립된 신채무의 불이행을 이유로 경개계약을 해제할 수는 없다(대판 2003.02.11. 2002다62333). 다만 계약자유의 원칙상 경개계약의 성립 후에 그 계약을 합의해제 하여 구채권을 부활시키는 것은 적어도 당사자 사이에서는 가능하다(대판 2003.02.11. 2002다62333). 그리고 경개계약은 구채무를 소멸시키고 신채무를 성립시키는 처분행위로서 구채무의 소멸은 신채무의 성립에 의존하므로, 경개로 인한 신채무가 원인의 불법 또는 당사자가 알지 못한 사유로 인하여 성립하지 아니하거나 취소된 때에는 구채무는 소멸하지 않는 것이며(민법 제504조), 특히 경개계약에 조건이 붙어 있는 이른바 조건부 경개의 경우에는 구채무의 소멸과 신채무의 성립 자체가 그 조건의 성취 여부에 걸려 있게 된다(대판 2007.11.15. 2005다31316).

2. 면제

제506조(면제의 요건, 효과) 채권자가 채무자에게 채무를 면제하는 의사를 표시한 때에는 채권은 소멸한다. 그러나 면제로써 정당한 이익을 가진 제3자에게 대항하지 못한다.

민법상 채무면제는 채권을 무상으로 소멸시키는 채권자의 채무자에 대한 단독행위이고 다만 계약에 의하여도 동일한 법률효과를 발생시킬 수 있는 것인 반면, 검사 작성의 피의자신문조서는 검사가 피의자를 신문하여 그 진술을 기재한 조서로서 그 작성형식은 원칙적으로 검사의 신문에 대하여 피의자가 응답하는 형

---

[38] 기존의 채권이 제3자에게 이전된 경우 이를 채권의 양도로 볼 것인가 또는 경개로 볼 것인가는 일차적으로 당사자의 의사에 의하여 결정되고, 만약 당사자의 의사가 명백하지 아니할 때에는 특별한 사정이 없는 한 동일성을 상실함으로써 채권자가 담보를 잃고 채무자가 항변권을 잃게 되는 것과 같이 스스로 불이익을 초래하는 의사를 표시하였다고는 볼 수 없으므로 일반적으로 채권의 양도로 볼 것이다(대판 1996.07.09. 96다16612).

[39] 민법 제505조의 규정은 경개에 의하여 구 채무가 소멸하기 때문에 이에 따르는 인적·물적 담보 또한, 부종성의 원리에 따라 당연히 함께 소멸하고, 당사자가 신 채무에 관하여 저당권 등을 설정하기로 합의하여도 구 채무에 관하여 존재하던 저당권 등은 어차피 소멸하여 그 순위의 보전이 불가능하나, 이러한 결과가 많은 경우 당사자의 의도에 반하는 것인 점을 고려하여 당사자의 편의를 위하여 부종성에 대한 예외를 인정한 것으로서, 경개계약의 경우 구 채무에 관한 저당권 등이 신 채무에 이전되기 위하여는 당사자 사이에 그러한 뜻의 특약이 이루어져야 하지만, 반드시 명시적인 것을 필요로 하지 않고, 묵시적인 합의로도 가능하다(대판 2002.10.11. 2001다7445).

태를 취하므로, 비록 당해 신문과정에서 다른 피의자나 참고인과 대질이 이루어진 경우라고 할지라도 피의자 진술은 어디까지나 검사를 상대로 이루어지는 것이므로 그 진술기재 가운데 채무면제의 의사가 표시되어 있다고 하더라도 그 부분이 곧바로 채무면제의 처분문서에 해당한다고 보기 어렵다(대판 1998.10.13. 98다17046).

3. 혼 동

제507조(혼동의 요건, 효과) 채권과 채무가 동일한 주체에 귀속한 때에는 채권은 소멸한다. 그러나 그 채권이 제3자의 권리의 목적인 때에는 그러하지 아니하다.

(1) 혼동에 의한 채권소멸의 예외가 인정되는 경우

민법 제507조가 혼동을 채권의 소멸사유로 인정하고 있는 것은 채권과 채무가 동일한 주체에 귀속한 때에 채권과 채무의 존속을 인정하여서는 안 될 적극적인 이유가 있어서가 아니고 그러한 경우에 채권과 채무의 존속을 인정하는 것이 별다른 의미를 가지지 않기 때문에 채권·채무의 소멸을 인정함으로써 그 후의 권리의무 관계를 간소화하려는 데 그 목적이 있는 것이라고 여겨지므로, 채권과 채무가 동일한 주체에 귀속하게 되더라도 그 채권의 존속을 인정하여야 할 특별한 이유가 있는 때에는 그 채권은 혼동에 의하여 소멸되지 아니하고 그대로 존속한다고 봄이 상당함에 비추어, 채권과 채무가 동일인에게 귀속되는 경우라도 그 채권의 존재가 채권자 겸 채무자로 된 사람의 제3자에 대한 권리행사의 전제가 되는 관계로 채권의 존속을 인정하여야 할 정당한 이익이 있을 때에는 그 채권은 혼동에 의하여 소멸하는 것이 아니라고 봄이 상당하다.

(2) 피해자의 보험회사에 대한 직접청구권이 있는 경우, 교통사고로 운행자와 동승한 그의 친족이 사망하여 손해배상채권과 채무가 상속으로 동일인에게 귀속되는 때 피해자의 운행자에 대한 손해배상청구권이 혼동으로 소멸되지 아니하는지 여부

자동차 운행 중 교통사고가 일어나 자동차의 운행자나 동승한 그의 친족이 사망하여 자동차손해배상보장법 제3조에 의한 손해배상채권과 채무가 상속으로 동일인에게 귀속하게 되는 때에, 교통사고를 일으킨 차량의 운행자가 자동차 손해배상 책임보험에 가입하였다면, 가해자가 피해자의 상속인이 되는 등의 특별한 경우를 제외하고는 생존한 교통사고 피해자나 사망자의 상속인에게 책임보험에 의한 보험의 혜택을 부여하여 이들을 보호할 사회적 필요성이 있는 점은 다른 교통사고와 다를 바 없고, 다른 한편 원래 자동차손해배상 책임보험의 보험자는 상속에 의한 채권. 채무의 혼동 그 자체와는 무관한 제3자일 뿐 아니라 이미 자신의 보상의무에 대한 대가인 보험료까지 받고 있는 처지에서 교통사고의 가해자와 피해자 사이에 상속에 의한 혼동이 생긴다는 우연한 사정에 의하여 자기의 보상책임을 면할 만한 합리적인 이유가 없으므로, 자동차 책임보험의 약관에 의하여 피해자가 보험회사에 대하여 직접 보험금의 지급청구를 할 수 있는 이른바 직접청구권이 수반되는 경우에는 그 직접청구권의 전제가 되는 자동차손해배상보장법 제3조에 의한 피해자의 운행자에 대한 손해배상청구권은 상속에 의한 혼동에 의하여 소멸되지 아니한다고 보아야 한다(대판 1995.05.12. 93다48373).

Ⅵ. 소멸시효

1. 총 설

(1) 의 의

시효란 일정한 사실상태가 일정기간 계속된 경우에 그 상태가 진실한 권리관계에 합치되는가에 상관없이 그 사실 상태를 존중하여 법률상 일정한 효과를 생기게 하는 법률요건이다. 소멸시효는 취득시효에 대비되는 개념인데, 권리자가 권리행사를 할 수 있음에도 불구하고 일정한 기간 동안 권리불행사의 상태가 계속된 경우에 그 권리를 소멸하게 하는 제도이다.

(2) 입법례

구 민법은 프랑스민법을 본받아 총칙 편에서 소멸시효와 취득시효를 통일적으로 규율하였으나, 현행 민법은 독일민법과 같이 소멸시효를 총칙 편에서 규정하고 취득시효는 물권 편에서 규율하고 있다. 이론적으로 보아 양 제도는 그 요건과 효과에서 차이점이 많아 별개의 제도로 취급되므로, 우리 민법의 태도는 타당하다. 따라서 시효취득의 주장 속에는 상대방의 청구권이 시효 소멸하였다는 주장이 포함되어 있지 않다(대판 1982.02.09. 81다534).

(3) 시효제도의 근거

시효제도의 존재이유는 영속된 사실상태를 존중하며 권리 위에 잠자는 자를 보호하지 않는다는 데 있고, 특히 소멸시효에 있어서는 후자의 의미가 강하다고 한다(대판(全合) 1992.03.31. 91다32053).

(4) 제척기간과의 비교

1) 의 의

제척기간이란 법률이 규정하는 권리의 존속기간, 혹은 권리를 행사할 수 있는 기간을 말한다. 제척기간이 만료되면 그 권리는 당연히 소멸된다.

2) 법적 성질

① 통 설(출소기간설)

제척기간은 기간 내에 권리가 재판상 행사되어야 하는 출소기간으로 본다.

② 判 例

判例는 권리행사기간 내에 권리를 행사하기만 하면 되고 반드시 재판상 청구를 하여야만 청구권이 보전되는 것은 아니라고 한다. 즉, 민법상 수급인의 하자담보책임(제670조)에 관한 기간은 제척기간으로서 재판상 또는 재판 외의 권리행사기간이며 재판상 청구를 위한 출소기간이 아니라고 한다(대판 2000.06.09. 2000다15371). 다만, 判例는 점유보호청구권에 관한 제204조 3항, 제205조 2항의 규정의 문언에 불구하고 이를 출소기간으로 보았다(대판 2002.04.26. 2001다8097).

3) 소멸시효와의 차이점

	소멸시효	제척기간[40]
소 급 효	소급효 ○.	소급효 ×, 장래에 향하여 소멸
중단제도	○	제척기간에 관하여는 중단제도 적용 × (대판 2003.01.10. 2000다26425).
정지제도	○	제182조의 적용여부에 관하여 긍정설, 부정설 대립
시효이익포기	可能	不可
기간 단축 여부	특약으로 단축, 감경 가능(연장, 가중은 불가)	단축, 감경도 불가능
직권조사사항	항변사항	직권조사사항

2. 소멸시효의 요건

(1) 소멸시효의 대상이 되는 권리인지 여부

> 제162조(채권, 재산권의 소멸시효) ① 채권은 10년간 행사하지 아니하면 소멸시효가 완성한다.
> ② 채권 및 소유권이외의 재산권은 20년간 행사하지 아니하면 소멸시효가 완성한다.

1) 채권

채권적 청구권(부당이득반환청구권, 손해배상청구권 등)을 포함한다. 그리고 사업시행자가 아파트에 관한 특별공급계약에서 강행규정인 구 공익사업법 제78조 제4항에 위배하여 생활기본시설 설치비용을 분양대금에 포함시킴으로써 특별공급계약 중 그 부분이 무효가 되었음을 이유로 이주대책대상자들이 민법의 규정에 따라 사업시행자에게 이미 지급하였던 분양대금 중 그 부분에 해당하는 금액의 반환을 구하는 부당이득반환청구의 경우에도 상거래 관계와 같은 정도로 거래관계를 신속하게 해결할 필요성이 있다고 볼 수 없으므로 위 부당이득반환청구권에는 상법 제64조가 적용되지 아니하고, 소멸시효기간은 민법 제162조 제1항에 따라 10년으로 보아야 한다(대판 2016.09.28. 2016다20244). 또한 그러나 보험계약자가 다수의 계약을 통하여 보험금을 부정 취득할 목적으로 체결한 보험계약이 민법 제103조에 따라 무효인 경우, 보험금에 대한 부당이득반환청구권에 상법 제64조를 유추적용하여 5년의 상사 소멸시효기간이 적용된다(대판(전합) 2021.07.22. 2019다277812).

2) 채권 및 소유권 이외의 재산권

용익물권(지상권, 지역권)은 시효대상이 된다. 공법상 권리[41](국세징수권[42] 등)도 시효대상이 되는 것이 있다.

3) 소멸시효에 걸리지 않는 권리

소유권은 항구성이 있고, 점유권은 점유상태만으로 인정되는 권리이므로 소멸시효대상이 아니다. 물권적 청구권도 소유권에 근거한 것이면 소멸시효 대상이 아니다[43]. 담보물권은 부종성에 의해 피담보채권과 분

---

40) 매매의 일방예약에서 예약자의 상대방이 매매예약 완결의 의사표시를 하여 매매의 효력을 생기게 하는 권리, 즉 매매예약의 완결권은 일종의 형성권으로서 당사자 사이에 그 행사기간을 약정한 때에는 그 기간 내에, 그러한 약정이 없는 때에는 그 예약이 성립한 때로부터 10년 내에 이를 행사하여야 하고, 그 기간을 지난 때에는 예약 완결권은 제척기간의 경과로 인하여 소멸한다. 제척기간은 권리자로 하여금 당해 권리를 신속하게 행사하도록 함으로써 법률관계를 조속히 확정 시키려는 데 그 제도의 취지가 있는 것으로서, 소멸시효가 일정한 기간의 경과와 권리의 불행사라는 사정에 의하여 권리 소멸의 효과를 가져 오는 것과는 달리 그 기간의 경과 자체만으로 곧 권리 소멸의 효과를 가져 오게 하는 것이므로 그 기간 진행의 기산점은 특별한 사정이 없는 한 원칙적으로 권리가 발생한 때이고, 당사자 사이에 매매예약 완결권을 행사할 수 있는 시기를 특별히 약정한 경우에도 그 제척기간은 당초 권리의 발생일로부터 10년간의 기간이 경과되면 만료되는 것이지 그 기간을 넘어서 그 약정에 따라 권리를 행사할 수 있는 때로부터 10년이 되는 날까지로 연장된다고 볼 수 없다(대판 1995.11.10. 94다22682 · 22699).
41) 국가재정법 제96조(금전채권 · 채무의 소멸시효) ① 금전의 급부를 목적으로 하는 국가의 권리로서 시효에 관하여 다른 법률에 규정이 없는 것은 5년 동안 행사하지 아니하면 시효로 인하여 소멸한다. ② 국가에 대한 권리로서 금전의 급부를 목적으로 하는 것도 또한 제1항과 같다. ③ 금전의 급부를 목적으로 하는 국가의 권리의 경우 소멸시효의 중단 · 정지 그 밖의 사항에 관하여 다른 법률의 규정이 없는 때에는 「민법」의 규정을 적용한다. 국가에 대한 권리로서 금전의 급부를 목적으로 하는 것도 또한 같다. 〈개정 2020.6.9.〉 ④ 법령의 규정에 따라 국가가 행하는 납입의 고지는 시효중단의 효력이 있다.
42) 국세기본법 제27조(국세징수권의 소멸시효) ① 국세의 징수를 목적으로 하는 국가의 권리(이하 이 조에서 "국세징수권"이라 한다)는 이를 행사할 수 있는 때부터 다음 각 호의 구분에 따른 기간 동안 행사하지 아니하면 소멸시효가 완성된다. 이 경우 다음 각 호의 국세의 금액은 가산세를 제외한 금액으로 한다. 〈개정 2013.1.1., 2019.12.31〉 1. 5억원 이상의 국세: 10년 2. 제1호 외의 국세: 5년 ② 제1항의 소멸시효에 관하여는 이 법 또는 세법에 특별한 규정이 있는 것을 제외하고는 「민법」에 따른다.
43) 매매계약이 합의해제 된 경우에도 매수인에게 이전되었던 소유권은 당연히 매도인에게 복귀하는 것이므로 합의해제에 따른 매도인의 원상회복청구권은 소유권에 기한 물권적 청구권이라고 할 것이고 이는 소멸시효의 대상이 되지 아니한다(대판

리되어 소멸시효에 걸리지 않는다. 예를 들어 유치권은 점유를 요건으로 하고 물건에 관한 채권의 담보를 위하여 일정한 법률관계가 존속되는 한 인정되는 물권이므로, 그 법률관계에서 독립하여 시효소멸 하지 않는다. 질권과 저당권 역시 피담보채권과 독립하여 소멸시효에 걸리지 않는다(주석 민법[총칙(3)], 528면). 상린권(제215조 이하)과 같이, 일정한 법률관계가 존재하는 경우에 반드시 그에 수반하여 존재하는 권리는 그 기초가 되는 권리관계가 존재하는 동안에는 독립하여 소멸시효에 걸리지 않는다. 그리고 공유물분할청구권은 공유관계에서 수반되는 형성권이므로 공유관계가 존속하는 한 그 분할청구권만이 독립하여 시효에 걸리지 않는다44)(대판 1981.03.24. 80다1888·1889). 형성권은 소멸시효대상이 아니고, 언제나 제척기간의 대상이고(통설, 판례), 명문에 기간이 정해져 있지 않으면 10년이다(통설, 判例). 항변권은 상대방이 청구권을 행사하지 않으면 구체적으로 발생하지 않는 권리이므로 소멸시효에 걸리지 않는다(항변권의 영구성45)). 그러나 상대방이 이 청구권을 행사하였을 때에는 20년의 소멸시효에 걸린다(이설 있음). 물권에 준한 재산권(광업권, 어업권, 무체재산권 등)은 소유권과 같은 성질의 것으로 소멸시효대상이 아니고, 비재산권(가족권, 인격권 등)도 마찬가지이다. 특히 가족법상 권리는 제척기간의 적용은 있어도 소멸시효에는 걸리지 않는다(통설). 민법은 재산권에 한정하여 소멸시효에 걸린다고 정하고 있다(제162조).

4) 등기청구권

채권적 청구권으로서 10년의 소멸시효에 걸린다. 다만 ① 매수인이 토지를 인도받아 사용, 수익(점유)하고 있는 경우에는 소멸시효제도의 취지에 비추어 볼 때 권리위에 잠자는 자로 볼 수 없어 소멸시효로 권리가 소멸하지 않는다(대판(全合) 1976.11.06. 76다148). ② 매수인이 부동산을 인도받아 이를 사용, 수익하다가 '보다 적극적인 권리행사의 일환으로' 타인에게 그 부동산을 처분하고 점유를 승계해 준 경우에도 스스로 사용, 수익하고 있는 경우와 특별히 다를 바 없으므로 이전등기청구권의 소멸시효는 진행하지 않는다(대판(全合) 1999.03.18. 98다32175).

(2) 단기소멸시효

제163조(3년의 단기소멸시효) 다음 각호의 채권은 3년간 행사하지 아니하면 소멸시효가 완성한다. 〈개정 1997.12.13〉
  1. 이자, 부양료, 급료, 사용료 기타 1년 이내의 기간46)으로 정한 금전 또는 물건의 지급을 목적으로 한 채권
  2. 의사, 조산사, 간호사 및 약사의 치료, 근로 및 조제에 관한 채권
  3. 도급받은 자, 기사 기타 공사의 설계 또는 감독에 종사하는 자의 공사에 관한 채권
  4. 변호사, 변리사, 공증인, 공인회계사 및 법무사에 대한 직무상 보관한 서류의 반환을 청구하는 채권
  5. 변호사, 변리사, 공증인, 공인회계사 및 법무사의 직무에 관한 채권
  6. 생산자 및 상인이 판매한 생산물 및 상품의 대가
  7. 수공업자 및 제조자의 업무에 관한 채권

1982.07.27. 80다2968).
44) 공유물분할청구권은 공유관계에서 수반되는 형성권이므로 공유관계가 존속하는 한, 그 분할청구권만이 독립하여 시효에 의하여 소멸 될 리 없다고 할 것이며 따라서 그 분할청구의 소 내지 공유물분할을 명하는 판결도 형성의 소 및 형성판결로서 소멸시효의 대상이 될 수 없다고 할 것이다(대판 1981.03.24. 80다1888·1889).
45) 항변권의 영구성 법리는 실체법상의 권리가 현상변경적 내지 공격적으로 행사되지 않고 현상유지적 내지 방어적으로 행사되는 경우 소멸시효에 걸리지 않는다는 법리이다. 이 법리가 인정되기 위해서는 소멸시효의 대상이 소권 내지 청구권이고 실체권 그 자체는 아니며, 소멸시효가 완성되더라도 실체권이 소멸하는 것은 아니라는 전제가 인정되어야 한다. 그러나 우리 민법상 소멸시효의 대상이 것은 실체법적 권리 자체이므로, 실체법상 권리가 시효로 소멸한 후에도 이를 항변으로 주장할 수 있다는 법리는 허용될 수 없다. 이런 이유로 항변권의 영구성 법리를 근거로 항변권이 소멸시효에 걸리지 않는다는 견해에는 부정적인 견해가 유력하다(주석 민법[총칙(3), 530~531면).
46) 민법 제163조 제1호에서 3년의 단기소멸시효에 걸리는 것으로 규정한 '1년 이내의 기간으로 정한 채권'이란 1년 이내의 정기로 지급되는 채권을 말하는 것이다(대판 2007.02.22. 2005다65821).

1) 1호

判例는 이자채권이라도 1년 이내의 정기지급이 아닌 이상 3년의 단기소멸시효에 걸리지 않는다고 하면서(대판 1996.09.20. 96다25302), 제163조 제1호 소정의 1년 이내의 기간으로 정한 채권이란 1년 이내의 정기에 지급되는 채권을 의미한다고 하고 **지연손해금은 민법 제163조 제1호 소정의 1년 이내의 기간으로 정한 이자에 해당되지 않으며 본래의 원본채권과 동일성을 유지한다고 한다**(대판 1991.05.14. 91다7156). 따라서 민법 제163조 제1호에서 3년의 단기소멸시효에 걸리는 것으로 규정한 '1년 이내의 기간으로 정한 채권'이란 1년 이내의 정기로 지급되는 채권을 말하는 것으로서, 1개월 단위로 지급되는 집합건물의 관리비채권은 이에 해당한다고 할 것이다(대판 2007.02.22. 2005다65821). 그리고 민법 제163조 제1호는 이자, 부양료, 급료, 사용료 기타 1년 이내의 기간으로 정한 금전 또는 물건의 지급을 목적으로 한 채권은 3년간 행사하지 아니하면 소멸시효가 완성한다고 규정하고 있다. 이는 기본 권리인 정기금채권에 기하여 발생하는 지분적 채권의 소멸시효를 정한 것으로서, 여기서 '1년 이내의 기간으로 정한 채권'이란 1년 이내의 정기로 지급되는 채권을 말한다. 그리고 채무불이행으로 인한 손해배상채권은 본래의 채권이 확장된 것이거나 본래의 채권의 내용이 변경된 것이므로 본래의 채권과 동일성을 가진다. 따라서 본래의 채권이 시효로 소멸한 때에는 손해배상채권도 함께 소멸한다. 한편 어떠한 계약상의 채무를 채무자가 이행하지 않았다고 하더라도 채권자는 여전히 해당 계약에서 정한 채권을 보유하고 있으므로, 특별한 사정이 없는 한 채무자가 채무를 이행하지 않고 있다고 하여 채무자가 법률상 원인 없이 이득을 얻었다고 할 수는 없고, 설령 채권이 시효로 소멸하게 되었다 하더라도 달리 볼 수 없다(대판 2018.02.28. 2016다45779).

2) 3호

민법 제163조 제3호는 3년의 단기소멸시효에 걸리는 채권으로서 "도급을 받은 자의 공사에 관한 채권"을 들고 있는바, 여기에서 "채권"은 도급받은 공사의 공사대금채권뿐만 아니라 그 공사에 부수되는 채권도 포함하는 것이다(대판 2002.11.08. 2002다28685). 그리고 민법 제163조 제3호에서 3년의 단기소멸시효에 걸리는 것으로 규정한 '도급받은 자의 공사에 관한 채권'은 수급인이 도급인에 대하여 갖는 공사에 관한 채권을 말하는 것이므로, 공동수급체 구성원들 상호 간의 정산금 채권 등에 관하여는 위 규정이 적용될 수 없다(대판 2013.02.28. 2011다79838).

3) 4호, 5호

민법 제163조 제5호에서 정하고 있는 '변호사, 변리사, 공증인, 공인회계사 및 법무사의 직무에 관한 채권'에만 3년의 단기 소멸시효가 적용되고, 세무사와 같이 그들의 직무와 유사한 직무를 수행하는 다른 자격사의 직무에 관한 채권에 대하여는 민법 제163조 제5호가 유추적용된다고 볼 수 없다(대판 2022.08.25. 2021다311111). 그리고 세무사를 상법 제4조 또는 제5조 제1항이 규정하는 상인이라고 볼 수 없고, 세무사의 직무에 관한 채권이 상사채권에 해당한다고 볼 수 없으므로, 세무사의 직무에 관한 채권에 대하여는 민법 제162조 제1항에 따라 10년의 소멸시효가 적용된다(대판 2022.08.25. 2021다311111).

4) 6호

계속적 물품공급계약에 기하여 발생한 외상대금채권은 특별한 사정이 없는 한 발생한 때로부터 3년이 경과함으로써 소멸시효가 완성된다고 볼 것이지 거래 종료일로부터 기산하여야 한다고 할 수 없다(대판 1992.01.21. 91다10152). 상인이 판매한 상품의 대가로서 3년의 단기소멸시효에 걸린다. 또한 **3년의 단기소멸시효가 적용되는 상인이 판매한 상품의 대가**란 상품의 매매로 인한 대금 그 자체의 채권만을 말하는 것으로서 상품의 공급자체와 등가성 있는 청구권에 한하므로, **위탁매매에 있어 위탁자의 위탁상품 공급으로 인한 위탁매매인에 대한 이득반환청구권이나 이행담보책임이행청구권은 여기에 해당하지 않고**, 다른 특별한 사정이 없는 한 통상의 상행위로 인하여 발생한 채권이어서 상법 제64조 소정의 5년의 상사시효의 대상이 된다(대판 1996.01.23. 95다39854).

제164조(1년의 단기소멸시효) 다음 각 호의 채권은 1년간 행사하지 아니하면 소멸시효가 완성한다.
1. 여관, 음식점, 대석, 오락장의 숙박료, 음식료, 대석료, 입장료, 소비물의 대가 및 체당금의 채권
2. 의복, 침구, 장구 기타 동산의 사용료의 채권
3. 노역인, 연예인의 임금 및 그에 공급한 물건의 대금채권
4. 학생 및 수업자의 교육, 의식 및 유숙에 관한 교주, 숙주, 교사의 채권

상법[47] **제64조(상사시효)** 상행위로 인한 채권은 본법에 다른 규정이 없는 때에는 5년간 행사하지 아니하면 소멸시효가 완성한다. 그러나 다른 법령에 이보다 단기의 시효의 규정이 있는 때에는 그 규정에 의한다.

민법 제164조 제3호 소정의 단기소멸시효의 적용을 받는 노임채권이라도 채권자인 원고와 채무자인 피고 회사 사이에 위 노임채권에 관하여 준소비대차의 약정이 있었다면 **준소비대차계약은 상인인 피고회사가 영업을 위하여 한 상행위로 추정함이 상당**하고, 이에 의하여 새로이 발생한 채권은 상사채권으로서 5년의 상사시효의 적용을 받게 된다(대판 1981.12.11. 80다1363). 그리고 일정한 채권의 소멸시효기간에 관하여 이를 특별히 1년의 단기로 정하는 민법 제164조는 그 각 호에서 개별적으로 정하여진 채권의 채권자가 그 채권의 발생원인이 된 계약에 기하여 상대방에 대하여 부담하는 반대채무에 대하여는 적용되지 아니한다. 따라서 그 채권의 상대방이 그 계약에 기하여 가지는 반대채권은 원칙으로 돌아가, 다른 특별한 사정이 없는 한 민법 제162조 제1항에서 정하는 10년의 일반소멸시효기간의 적용을 받는다(대판 2013.11.14. 2013다65178). 그리고 건설업을 하는 甲 주식회사가 공사에 투입한 인원이 공사 기간 중에 리조트의 객실과 식당을 사용한 데에 대한 사용료를 乙에게 매월 말 지급하기로 약정하였는데, 숙박료와 음식료로 구성되어 있는 위 리조트 사용료 채권의 소멸시효기간은 1년이다[48](대판 2020.02.13. 2019다271012).

(3) 판결 등에 의하여 확정된 채권의 소멸시효

제165조(판결 등에 의하여 확정된 채권의 소멸시효) ① 판결에 의하여 확정된 채권은 단기의 소멸시효에 해당한 것이라도 그 소멸시효는 10년으로 한다[49].
② 파산절차에 의하여 확정된 채권 및 재판상의 화해, 조정 기타 판결과 동일한 효력이 있는 것에 의하여 확정된 채권도 전항과 같다.
③ 전2항의 규정은 판결확정당시에 변제기가 도래하지 아니한 채권에 적용하지 아니한다.

---

47) 구 한국토지공사법(2009. 5. 22. 법률 제9706호 한국토지주택공사법 부칙 제2조로 폐지)에 따라 설립된 한국토지공사는 토지를 취득·관리·개발 및 공급하게 함으로써 토지자원의 효율적인 이용을 촉진하고 국토의 종합적인 이용·개발을 도모하여 건전한 국민경제의 발전에 이바지하게 하기 위하여 설립된 법인이다. 따라서 한국토지공사가 택지개발사업을 시행하기 위하여 공익사업을 위한 토지 등의 취득 및 보상에 관한 법률(이하 '토지보상법'이라 한다)에 따라 토지 소유자로부터 사업시행을 위한 토지를 매수하는 행위를 하더라도 한국토지공사를 상인이라 할 수 없고, 한국토지공사가 택지개발사업 지구 내에 있는 토지에 관하여 토지 소유자와 매매계약을 체결한 행위를 상행위로 볼 수 없다(2020. 5. 28. 2017다265389).
48) 민법 제164조 제1호는 여관, 음식점, 대석, 오락장의 숙박료, 음식료, 대석료, 입장료, 소비물의 대가 및 체당금의 채권은 1년간 행사하지 아니하면 소멸시효가 완성한다고 특별히 규정하고 있으므로, 甲 회사가 리조트 사용료를 월 단위로 지급하기로 약정하였더라도, 리조트 사용료 채권은 민법 제164조 제1호에 정한 '숙박료 및 음식료 채권'으로서 소멸시효기간은 1년이라는 이유로, 이와 달리 민법 제163조 제1호의 '사용료 기타 1년 이내의 기간으로 정한 금전의 지급을 목적으로 한 채권'으로서 소멸시효기간이 3년이라고 본 원심판결을 파기한 사례
49) 확정된 승소판결에는 기판력이 있으므로 승소 확정판결을 받은 당사자가 전소의 상대방을 상대로 다시 승소 확정판결의 전소(前訴)와 동일한 청구의 소를 제기하는 경우, 특별한 사정이 없는 한 후소(後訴)는 권리보호의 이익이 없어 부적법하다. 하지만 예외적으로 확정판결에 의한 채권의 소멸시효기간인 10년의 경과가 임박한 경우에는 그 시효중단을 위한 소는 소의 이익이 있다(대법원 1987. 11. 10. 선고 87다카1761 판결, 대법원 2018. 7. 19. 선고 2018다22008 전원합의체판결 등 참조). 이는 승소판결이 확정된 후 그 채권의 소멸시효기간인 10년의 경과가 임박하지 않은 상태에서 굳이 다시 동일한 소를 제기

민법 제165조의 규정은 10년보다 장기의 소멸시효기간을 10년으로 단축한다는 의미도 아니며 본래 소멸시효의 대상이 아닌 권리가 확정판결을 받음으로써 10년의 소멸시효에 걸린다는 뜻도 아니다(대판 1981.03.24. 80다1888·1889). 따라서 20년의 소멸시효에 걸리는 지상권, 지역권에 관한 판결이 확정되었다 하더라도 소멸시효 기간이 10년으로 단축되지 않고, 소멸시효에 걸리지 않는 저당권에 관한 판결이 확정되었다 하더라도 소멸시효 기간이 10년이 되는 것이 아니다. 또한 소송비용상환청구권은 소송비용부담의 재판에 해당하는 판결 확정 시 발생하여 그때부터 소멸시효가 진행하지만, 민법 제165조 제3항에 따라 민법 제165조 제1항에서 정한 10년의 소멸시효는 적용되지 않는다. 따라서 국가의 소송비용상환청구권은 금전의 급부를 목적으로 하는 국가의 권리로서 국가재정법 제96조 제1항에 따라 5년 동안 행사하지 않으면 소멸시효가 완성된다고 보아야 한다(대결 2021.07.29. 2019마6152).

(4) 소멸시효의 기산점

제166조(소멸시효의 기산점) ① 소멸시효는 권리를 행사할 수 있는 때로부터 진행한다.
② 부작위를 목적으로 하는 채권의 소멸시효는 위반행위를 한 때로부터 진행한다.

1) "권리를 행사할 수 있는 때로부터"의 의미

소멸시효는 권리를 행사할 수 있는 때로부터 진행한다. **"권리를 행사할 수 없는 때"**라 함은 그 권리행사에 **법률상의 장애사유**, 예를 들면 **기한의 미도래나 조건불성취 등**이 있는 경우를 말하는 것이므로 사실상 그 권리의 존재나 권리행사의 가능성을 알지 못하였거나 알지 못함에 있어서의 과실유무 등은 시효진행에 영향을 미치지 아니한다(대판(全合) 1984.12.26. 84누572). 그리고 국가배상청구권에 관한 3년의 단기시효기간 기산에는 민법 제766조 제1항 외에 소멸시효의 기산점에 관한 일반규정인 민법 제166조 제1항이 적용된다. 따라서 3년의 단기시효기간은 그 '손해 및 가해자를 안 날'에 더하여 그 '권리를 행사할 수 있는 때'가 도래하여야 비로소 시효가 진행한다(대판 2023.01.12. 2021다201184).

2) 변론주의 적용 여부

<u>소멸시효의 기산일은 변론주의의 적용대상이므로, 본래의 소멸시효기산일과 당사자가 주장하는 기산일이 다른 경우에는 법원은 당사자가 주장하는 기산일을 기준으로 한다</u>(대판 1995.08.25. 94다35886). 당사자가 주장하지도 않은 일자를 기산점으로 하여 소멸시효의 완성을 인정하는 것은 가령 그 날짜가 본래의 시효기산일이었다 하더라도 변론주의 원칙상 당사자가 주장하지 아니한 사실을 인정한 위법이 있게 된다. 그러나 <u>어떤 권리의 소멸시효기간이 얼마나 되는지에 관한 주장은 단순한 법률상의 주장에 불과하므로 변론주의의 적용대상이 되지 않고 법원이 직권으로 판단할 수 있다</u>(대판 2013.02.15. 2012다68217).

하는 것은 확정판결의 기판력에 비추어 권리보호의 이익을 인정할 수 없으나, 그 기간의 경과가 임박한 경우에는 시효중단을 위한 필요성이 있으므로 후소를 제기할 소의 이익을 인정하는 것이다. 한편 시효중단을 위한 후소의 판결은 전소의 승소 확정판결의 내용에 저촉되어서는 아니 되므로, 후소 법원으로서는 그 확정된 권리를 주장할 수 있는 모든 요건이 구비되어 있는지에 관하여 다시 심리할 수 없으나(위 2018다22008 전원합의체판결 등 참조), 위 후소 판결의 기판력은 후소의 변론종결시를 기준으로 발생하므로, 전소의 변론종결 후에 발생한 변제, 상계, 면제 등과 같은 채권소멸사유는 후소의 심리대상이 된다. 따라서 채무자인 피고는 후소 절차에서 위와 같은 사유를 들어 항변할 수 있고 심리결과 그 주장이 인정되면 법원은 원고의 청구를 기각하여야 한다. 이는 채권의 소멸사유 중 하나인 소멸시효 완성의 경우에도 마찬가지이다. 이처럼 판결이 확정된 채권의 소멸시효기간의 경과가 임박하였는지 여부에 따라 시효중단을 위한 후소의 권리보호이익을 달리 보는 취지와 채권의 소멸시효 완성이 갖는 효과 등을 고려해 보면, <u>시효중단을 위한 후소를 심리하는 법원으로서는 전소 판결이 확정된 후 소멸시효가 중단된 적이 있어 그 중단사유가 종료한 때로부터 새로이 진행된 소멸시효기간의 경과가 임박하지 않아 시효중단을 위한 재소(再訴)의 이익을 인정할 수 없다는 등의 특별한 사정이 없는 한, 후소가 전소 판결이 확정된 후 10년이 지나 제기되었다 하더라도 곧바로 소의 이익이 없다고 하여 소를 각하해서는 아니 되고, 채무자인 피고의 항변에 따라 원고의 채권이 소멸시효 완성으로 소멸하였는지에 관한 본안판단을 하여야 한다</u>(대판 2019.01.17. 2018다24349).

3. 소멸시효의 장애 – 소멸시효의 중단, 정지

(1) 소멸시효의 중단사유

제168조(소멸시효의 중단사유) 소멸시효는 다음 각 호의 사유로 인하여 중단된다.
 1. 청구
 2. 압류 또는 가압류, 가처분
 3. 승인

1) 청구의 의미

시효중단사유인 청구라 함은 시효의 목적인 사법상의 권리를 재판상 및 재판 외에서 실행하는 행위를 말하는 것이니, 재판상의 청구는 그 권리를 민사소송의 절차에 의하여 주장하는 것을 뜻한다고 해석해야 할 것이므로 공법상의 구제수단인 행정소송 따위는 '재판상 청구'라고 할 수 없다(대판 1979.02.13. 78다1500·1501). 그리고 시효를 주장하는 자가 원고가 되어 소를 제기한 데 대하여 피고로서 응소하여 '그 소송에서 적극적으로 권리를 주장하고 그것이 받아들여진 경우'도 시효중단사유로 인정된다(대판(全合) 1993.12.21. 92다47861). 다만, 응소행위만으로 당연히 시효중단 효력이 발생하는 것은 아니다. 시효중단의 효과를 원하는 피고가 당해 소송 또는 다른 소송에서의 응소행위로서 시효가 중단되었다고 주장하지 않았다면 응소사실이 인정되더라도 법원은 시효중단의 효력을 인정해서는 안 된다(대판 1997.02.28. 96다26190).

2) 압류 또는 가압류, 가처분

압류란 민사집행법에서 집행 기관에 의하여 채무자의 특정 재산에 대한 처분이 제한되는 강제 집행을 말하고, 가압류란 금전채권이나 금전으로 환산할 수 있는 채권에 대하여 동산 또는 부동산에 대한 강제집행을 보전하기 위하여 하는 조치를 말하고(민사집행법 제276조), 가처분이란 금전채권 이외의 특정물의 급부·인도를 보전하기 위하여 또는 분쟁 중에 있는 권리관계에 관해서 임시적 지위를 정하기 위하여, 법원의 결정에 따라 그 동산 또는 부동산을 상대방이 처분하지 못하도록 금지하는 잠정적·가정적 처분을 말한다[50] (민사집행법 제300조).

3) 승인

<u>시효이익을 받을 당사자인 채무자가 그 시효의 완성으로 권리를 상실하게 될 자 또는 그 대리인에 대하여 그 권리가 존재함을 인식하고 있다는 뜻을 표시하는 것을 말한다.</u>

(2) 시효중단의 효력

제169조(시효중단의 효력) 시효의 중단은 당사자 및 그 승계인간에만 효력이 있다. – 중단의 인적 범위

시효중단의 효력이 미치는 당사자란 중단에 관여한 직접의 당사자만을 말하고, 시효의 대상인 권리의 당사자가 아니기 때문이다(통설, 判例). 승계인이란 시효중단에 관여한 당사자로부터 중단의 효력을 받는 권리를 그 중단 효력의 발생 이후에 승계한 자를 말하고, 포괄승계인은 물론 특정승계인도 포함 한다(통설, 대판 1997.04.25. 96다46484).

---

50) 가처분에는 두 가지의 종류가 있다. ① 다툼의 대상이 되는 목적물에 대한 가처분이다. 특정물(토지)의 인도를 청구하려는데 상대방이 그 목적지상에 건축을 하고 있을 경우에 채권자가 이 청구권에 근거하여 장차 강제집행을 하는 것이 현재 이상으로 어렵게 될 수 있을 것일 때(가처분의 필요), 후일 집행보전을 위하여 인정하고 있는 것이 다툼의 대상에 관한 가처분이다(민사집행법 제300조). ② 임시적 지위를 정하는 가처분이다. 甲이 교통사고로 乙을 부상케 하였는데 甲은 자신의 과실이 없음을 이유로 무책임을 주장하고, 乙은 甲의 손해배상책임을 주장하여 다툼이 있을 때 乙의 응급치료를 위하여(임시 지위를 정하는 가처분의 필요) 乙에게 손해배상청구권이 있다고 우선 가정하고 甲에게 일정액의 배상금지급을 명하는 예이다.

(3) 승인과 시효중단

제177조(승인과 시효중단) 시효중단의 효력 있는 승인에는 상대방의 권리에 관한 처분의 능력이나 권한 있음을 요하지 아니한다.

시효중단사유로서의 승인은 시효이익을 받을 당사자인 채무자가 그 시효의 완성으로 권리를 상실하게 될 자 또는 그 대리인에 대하여 그 권리가 존재함을 인식하고 있다는 뜻을 표시함으로써 성립한다고 할 것이며, 이 때 그 표시의 방법은 아무런 형식을 요구하지 아니하고, 또한 명시적이건 묵시적이건 불문한다 할 것이나, 승인으로 인한 시효중단의 효력은 그 승인의 통지가 상대방에게 도달하는 때에 발생 한다(대판 1995.09.29. 95다30178). 그리고 소멸시효의 중단사유로서 채무자에 의한 채무승인이 있었다는 사실은 이를 주장하는 채권자 측에서 입증하여야 하는 것이다(대판 2005.02.17. 2004다59959).

(4) 중단의 효과 - 중단후의 시효진행, 기본적 효과

제178조(중단후의 시효진행) ① 시효가 중단된 때에는 중단까지에 경과한 시효기간은 이를 산입하지 아니하고 중단사유가 종료한 때로 부터 새로이 진행한다.
② 재판상의 청구로 인하여 중단한 시효는 전항의 규정에 의하여 재판이 확정된 때로부터 새로이 진행한다.

시효가 중단된 때에는 중단까지에 경과한 시효기간은 이를 산입하지 아니하고 중단사유가 종료한 때로부터 새로이 진행한다. 재판상의 청구로 인하여 중단한 시효는 재판이 확정된 때로부터 새로이 진행한다.

(5) 시효정지

제179조(제한능력자의 시효정지) 소멸시효의 기간만료 전 6개월 내에 제한능력자에게 법정대리인이 없는 경우에는 그가 능력자가 되거나 법정대리인이 취임한 때부터 6개월 내에는 시효가 완성되지 아니한다.

제180조(재산관리자에 대한 제한능력자의 권리, 부부 사이의 권리와 시효정지) ① 재산을 관리하는 아버지, 어머니 또는 후견인에 대한 제한능력자의 권리는 그가 능력자가 되거나 후임 법정대리인이 취임한 때부터 6개월 내에는 소멸시효가 완성되지 아니한다.
② 부부 중 한쪽이 다른 쪽에 대하여 가지는 권리는 혼인관계가 종료된 때부터 6개월 내에는 소멸시효가 완성되지 아니한다.

제181조(상속재산에 관한 권리와 시효정지) 상속재산에 속한 권리나 상속재산에 대한 권리는 상속인의 확정, 관리인의 선임 또는 파산선고가 있는 때로부터 6월내에는 소멸시효가 완성하지 아니한다.

제182조(천재 기타 사변과 시효정지) 천재 기타 사변으로 인하여 소멸시효를 중단할 수 없을 때에는 그 사유가 종료한 때로부터 1월내에는 시효가 완성하지 아니한다.

소멸시효가 거의 완성될 무렵 시효를 중단시키는 것이 불가능하거나 곤란한 사정이 있는 경우에, 시효의 진행을 일시적으로 멈추게 하고, 그러한 사정이 없어졌을 때 다시 나머지 기간을 진행시키는 것을 소멸시효의 정지라고 한다. 이미 경과한 기간이 無로 돌아가지 않는 점에서 중단과는 다르다.

4. 소멸시효의 효과

(1) 소멸시효 완성의 효과

1) 견해의 대립

민법은 취득시효에 관하여는 '소유권을 취득한다.'고 규정(제245조 · 제246조)하는 반면, 소멸시효의 효과와 관하여 '소멸시효가 완성 한다'고 규정하면서(제162조 ~ 제164조) 완성의 의미에 대해서는 구체적인 언급이 없으므로, 견해가 대립된다. 이에 대하여 학설은 소멸시효의 완성으로 권리가 당연히 소멸한다고 보는 견해(절대적 소멸설)와 시효의 이익을 받을 자에게 권리소멸을 주장할 수 있는 권리인 원용권이 생길 뿐이라는 견해(상대적 소멸설)가 있다.

(2) 判例

① 원칙 - 절대적 소멸설의 입장

"당사자의 원용이 없어도 시효완성의 사실로써 채무는 당연히 소멸되고, 다만 변론주의 원칙상 소멸시효의 이익을 받을 자가 실제 소송에서 권리를 주장하는 자에 대항하여 시효소멸의 이익을 받겠다는 뜻을 항변하지 않는 이상 그 의사에 반하여 재판할 수 없을 뿐이다(대판 1966.01.31. 65다2445 ; 대판 1979.02.13. 78다2157)."라고 판시하여 대체로 절대적 소멸설의 입장을 취한다.

② 시효원용권자 - 상대적 소멸설의 입장

채권의 소멸시효가 완성된 경우 이를 원용할 수 있는 자는 시효로 인하여 채무가 소멸되는 결과 직접적인 이익을 받는 자에 한정 된다(대판 2007.03.30. 2005다11312). 채무자, 매매예약에 기한 가등기가 경료 된 부동산의 제3취득자(대판 1991.03.12. 90다카27570), 가등기담보가 설정된 부동산의 제3취득자(대판 1995.07.11. 95다12446), 물상보증인(대판 2004.01.16. 2003다30890), 보증인(대판 1991.01.29. 89다카1114) 등도 시효이익의 직접수익자에 해당한다. 그러나 채무자에 대한 일반채권자는 자기의 채권을 보전하기 위하여 필요한 한도 내에서 채무자를 대위하여 소멸시효 주장을 할 수 있을 뿐 채권자의 지위에서 독자적으로 소멸시효의 주장을 할 수 없으며(대판 1997.12.26. 97다22676), 채무자에 대하여 아무런 채권이 없는 자는 소멸시효 주장을 대위 원용할 수 없다(대판 2007.03.30. 2005다11312).

(2) 소멸시효완성의 소급효

제167조(소멸시효의 소급효) 소멸시효는 그 기산일에 소급하여 효력이 생긴다.

시효제도는 그 시효기간 동안 계속된 권리상태로 끌어올리는 것이므로 소급효를 인정하는 것이 타당하다(통설). 그러므로 소멸시효로 채무를 면하게 되는 자는 기산일 이후의 이자를 지급할 필요가 없으나(통설, 제183조), 시효로 소멸하는 채권이 그 소멸시효가 완성되기 전에 상계할 수 있었던 것이라면 채권자는 상계할 수 있다(제495조).

(3) 시효이익의 포기

제184조(시효의 이익의 포기 기타) ① 소멸시효의 이익은 미리 포기하지 못한다.
② 소멸시효는 법률행위에 의하여 이를 배제, 연장 또는 가중할 수 없으나 이를 단축 또는 경감할 수 있다.
---

1) 소멸시효완성 후의 포기

① 포기의 유효성

소멸시효가 완성된 후 포기는 유효하다(제184조 제1항의 반대해석). 이는 시효완성 전의 포기와 같은 폐단을 수반하지 않기 때문이다.

② 포기의 방법

상대방의 동의를 요하지 않는 상대방 있는 단독행위이다. 따라서 보통의 의사표시와 같이 명시적 또는 묵시적으로 할 수 있다. 그러나 포기는 처분행위이므로 처분능력과 처분권은 있어야 한다. 그리고 소멸시효이익의 포기의 의사표시를 할 수 있는 자는, 시효완성의 이익을 받을 당사자 또는 대리인에 한정되고, 그 밖의 제3자가 시효이익 포기의 의사표시를 하였더라도 시효완성의 이익을 받을 자에 대한 관계에서 아무 효력이 없다(대판 1996.01.23. 95다39854).

2) 소멸시효이익의 포기와 승인의 비교

	승인(시효완성 前)	소멸시효완성	시효이익의 포기(시효완성 後)
법적 성질	관념의 통지		의사표시(법률행위)
처분행위성	처분행위 ×(처분능력 不要)		처분행위 ○(처분능력 要)
보증인 영향	영향 ○		영향 ×(제433조)

제3절 채무의 불이행 및 구제방법

Ⅰ. 채무불이행

제390조(채무불이행과 손해배상) 채무자가 채무의 내용에 좇은 이행을 하지 아니한 때에는 채권자는 손해배상을 청구할 수 있다. 그러나 채무자의 고의나 과실 없이 이행할 수 없게 된 때에는 그러하지 아니하다.

1. 채무의 내용

(1) 급부의무

1) 의 의

급부의무란 채권관계에 있어서 채권자의 채권에 대응하는 급부의무를 말한다. 급부의무의 내용은 계약에 의하여 정해지며 그 계약의 중심을 이루는 채무로서, 계약의 유형을 결정하는 의무를 말한다. 예를 들어 매매관계에 있어서의 매도인의 재산권이전의무를 말한다. 채무자가 급부의무를 이행하게 되면 채권자는 만족을 얻게 되어 채권관계는 소멸한다.

2) 쌍무계약과 대가적 관계

쌍무계약에 있어서 급부의무는 상대방의 급부와 대가적 견련관계에 선다. 민법은 각종의 계약관계에 있어서 그 계약의 고유한 유형 내지 특징을 지니는 급부의무를 중심으로 채권, 채무관계를 규정하고 있다. 즉, 매매에서 채무자는 재산권이전의무 같은 중심적 채무를 부담하는 자를 말한다. 그리고 이러한 주된 의무에 대립적 관계에 있는 급부의무를 보통 반대급부의무라고 한다.

3) 손해배상책임과 해제권의 발생

제546조(이행불능과 해제) 채무자의 책임 있는 사유로 이행이 불능하게 된 때에는 채권자는 계약을 해제할 수 있다.

제544조(이행지체와 해제) 당사자일방이 그 채무를 이행하지 아니하는 때에는 상대방은 상당한 기간을 정하여 그 이행을 최고하고 그 기간 내에 이행하지 아니한 때에는 계약을 해제할 수 있다. 그러나 채무자가 미리 이행하지 아니할 의사를 표시한 경우에는 최고를 요하지 아니한다.

급부의무의 위반에 대하여 채무자의 귀책사유가 있을 때에는 손해배상책임이 발생한다. 급부의무가 지체된 경우에는 지연배상이, 급부의무 자체가 실현불가능하게 된 때에는 채권자가 계약관계를 해제하지 않는 한 전보배상이 문제된다. 그리고 급부의무의 실현이 불가능하게 되었거나, 그 불이행으로 계약의 목적이 달성될 수 없게 된 때에는 계약을 해제할 수 있다(제546조). 그러나 지체의 경우에는 상당한 기간을 정하여 그 이행을 최고하여야 하며, 그 기간 내에 이행하지 않은 때에 계약을 해제할 수 있다(제544조). 그리고 채무자가 급부의무를 이행하지 않을 때에 채권자는 동시이행의 항변권을 행사할 수 있다(제536조).

(2) 부수적 의무

1) 부수적 의무는 급부의무의 내용을 제대로 실현하기 위해 이에 수반되는 준비, 지원, 주의와 배려를 해야 하는 채무자의 의무이다. 부수적 의무는 계약의 유형을 결정하는 의무는 아니다. 예를 들어 설명의무, 고지의무, 자문의무, 비밀준수의무, 안전·배려 등의 보호의무, 채권자의 협력의무가 이에 속한다. 부수적 의무는 당사자 사이의 계약이나 법률의 규정에 의해서도 발생할 수도 있으나, 채권관계의 성질과 그 계약이 이행되는 제반사정에 따라 신의칙에 의하여 발생되는 경우가 일반적이다. 특히 계속적 채권관계 내지 인적 결합관계가 두터운 계약관계에 있어서는 성실의무, 배려, 안전의무 등과 같은 부수적 의무가 중요하다.

2) 부수적 의무위반 시에 발생되는 법률효과는 그 불이행의 유형에 따라 달라진다. 특히 부수적 의무위반으로 인한 채무불이행은 일종의 불완전이행이 되므로 손해배상청구권이 문제된다. 보통 부수적 의무의 이행은 그 자체로서 고유한 목적이 없으므로, 부수적 의무만의 이행을 청구 할 수 없는 것이 원칙이다. 그리고 <u>부수적 의무의 불이행만을 이유로 계약을 해제할 수는 없다</u>. 그러나 부수적 의무의 계속적인 위반으로 계약관계의 유지를 더 이상 기대할 수 없는 때에는 채권자는 계약을 해제할 수 있다.

2. 채무불이행의 유형

(1) 이행지체

채무의 이행이 가능함에도 불구하고, 채무자가 그에게 책임 있는 사유로 이행을 하지 않음으로써 이행기가 도과하는 채무불이행의 유형이다.

(2) 이행불능

채권관계의 성립 이후 채무자의 책임 있는 사유로 인하여 급부가 불능으로 되는 채무불이행의 유형이다.

(3) 불완전이행

채무자에 의하여 적극적으로 이행행위가 행해졌으나 그것이 채무의 내용에 좇은 완전한 이행이 되지 못하여 채권자에게 손해가 발생하는 채무불이행의 유형이다.

(4) 이행거절

채무자가 자신의 채무를 이행할 의사가 없음을 표시하는 것을 말한다. 이는 이행기 전의 이행거절과 이행기 후의 이행거절로 나눌 수 있다.

3. 요 건

(1) 채무불이행이 있을 것

채무의 이행이 가능함에도 불구하고 행해지지 않고 있거나, 채무의 이행이 거래통념상 불가능하거나 또는 채무가 이행되기는 하였으나 그 급부가 불완전한 경우이어야 한다.

(2) 귀책사유

1) 고 의
위법한 결과를 인식하면서 이를 용인 하는 것을 말한다. 따라서 고의에 의한 채무불이행이란 채무자가 자신의 행위로 인하여 채무를 위반함을 알면서도 그와 같은 행위를 하는 것을 의미한다.

2) 과 실
과실에는 추상적 과실과 구체적 과실이 있다[51]. 추상적 과실은 유상계약에, 구체적 과실은 무상계약에 적용되는 귀책사유이다.

3) 면책약정이 없을 것
채무자는 계약자유의 원칙상 채권자와 과실에 대한 면책약정을 할 수 있다. 그러나 채무자 자신의 고의에 대한 면책을 특약하는 것은 사회질서에 반하므로 무효이다. 개별적인 약정 이외에 약관을 통한 면책약정도 허용되나, 사업자, 이행보조자 또는 피용자의 고의 또는 중대한 과실로 인한 책임을 배제하는 약관내용은 무효이다(약관규제법 제7조).

(3) 책임능력
책임능력이란 행위의 책임을 변식하는 데 충분한 지능을 말하는 것으로서, 채무자가 자신의 행위를 채무불이행규범에 비추어 그 저촉 여부에 관해 판단할 수 있는 능력을 의미한다. 통설은 이러한 책임능력을 손해배상책임의 요건으로서 요구한다.

(4) 위법성
통설은 위법성을 객관적 요건으로 그리고 과책을 주관적 요건으로 구별하면서 고의 또는 과실은 비난가능성으로, 위법성은 행위에 대한 가치판단이라고 이해함으로써 위법성을 채무불이행책임의 객관적 요건이라고 한다.

(5) 증명책임
1) 증명책임이란 객관적으로 제출된 증거에 의하여 요증사실의 존부가 확정되지 않는 경우에, 당해 사실이 존재하지 않는 것으로 취급되고 이를 기초로 법률판단을 함으로써 당사자 일방이 받게 되는 위험 또는 불이익을 말한다. 이의 분배기준으로는 법률요건분류설(규범설)이 통설이다.

2) 계약의 존재 및 그 내용에 좇은 이행이 없다는 사실은 본문의 형식으로 되어 있으므로, 채권자가 증명하는 것이 타당하다.

3) 고의·과실은 단서로 되어 있으므로, 채무자가 증명책임이 있다. 즉 <u>채무자는 채무불이행에 대해서 자신에게 과실이 없음을 증명하여야 한다.</u>

4. 효 과
강제이행과 손해배상청구권의 발생이 발생한다. 계약의 불이행이 문제되면 계약의 해제, 해지권이 발생할 수도 있다. 채무불이행에 따른 구체적 효과의 내용은 채무불이행의 각 유형에 따라 다르다.

---

[51] 먼저 추상적 과실은 채무자가 자신의 직업, 사회, 경제적 지위에 비추어 거래상 요구되는 일반적 주의를 해태한 것을 말한다. 추상적 과실은 선량한 관리자의 주의를 다하지 못함으로 인하여 채무를 이행하지 못하게 되는 경우에 인정된다. 이에 반해 구체적 과실은 채무자가 일정한 상황 하에서 자신의 개인적 능력에 따른 주의를 게을리 한 것으로서, 자기재산과 동일한 주의, 자기의 재산에 관한 행위와 동일한 주의, 고유재산에 대하는 것과 동일한 주의를 다하지 않은 경우에 인정된다. 따라서 추상적 과실은 평균인의 예견가능성과 결과회피가능성을 그 비난의 기준으로 하는 데 반하여, 구체적 과실은 행위자 개인의 지식이나 능력과 개별적 상황에 따른 개인적 인식가능성을 그 기준으로 한다. 이는 책임귀속의 근거에서도 중요한 의미를 지닌다. 즉 추상적 과실이 일정한 수준의 객관적 행위에 대한 기대에서 그 귀책근거를 찾는 것이라면, 구체적 과실은 채무자 개인의 능력에서 귀책근거를 찾는다.

II. 채무불이행의 구제방법

1. 강제이행

제389조(강제이행) ① 채무자가 임의로 채무를 이행하지 아니한 때에는 채권자는 그 강제이행을 법원에 청구할 수 있다. 그러나 채무의 성질이 강제이행을 하지 못할 것인 때[52]에는 그러하지 아니하다.
② 전항의 채무가 법률행위를 목적으로 한 때에는 채무자의 의사표시에 갈음할 재판을 청구할 수 있고 채무자의 일신에 전속하지 아니한 작위를 목적으로 한 때에는 채무자의 비용으로 제3자에게 이를 하게 할 것을 법원에 청구할 수 있다.
③ 그 채무가 부작위를 목적으로 한 경우에 채무자가 이에 위반한 때에는 채무자의 비용으로써 그 위반한 것을 제각하고 장래에 대한 적당한 처분을 법원에 청구할 수 있다.
④ 전3항의 규정은 손해배상의 청구에 영향을 미치지 아니한다.

민사집행법 제260조 (대체집행) ① 민법 제389조제2항 후단과 제3항의 경우에는 제1심 법원은 채권자의 신청에 따라 민법의 규정에 의한 결정을 하여야 한다.
② 채권자는 제1항의 행위에 필요한 비용을 미리 지급할 것을 채무자에게 명하는 결정을 신청할 수 있다. 다만, 뒷날 그 초과비용을 청구할 권리는 영향을 받지 아니한다.
③ 제1항과 제2항의 신청에 관한 재판에 대하여는 즉시항고를 할 수 있다.

민사집행법 제261조 (간접강제) ① 채무의 성질이 간접강제를 할 수 있는 경우에 제1심 법원은 채권자의 신청에 따라 간접강제를 명하는 결정을 한다. 그 결정에는 채무의 이행의무 및 상당한 이행기간을 밝히고, 채무자가 그 기간 이내에 이행을 하지 아니하는 때에는 늦어진 기간에 따라 일정한 배상을 하도록 명하거나 즉시 손해배상을 하도록 명할 수 있다.
② 제1항의 신청에 관한 재판에 대하여는 즉시항고를 할 수 있다.

채무자가 채무의 이행이 가능한데도 이를 이행하지 않을 때, 채권자는 확정판결 등의 집행권원(=채무명의)에 기해 강제이행을 구하여 채권을 만족을 얻는다. 이를 '강제이행'이라고 하고, 집행의 측면에서는 '강제집행'이라고 한다.

2. 손해배상

(1) 손해배상의 범위

제393조(손해배상의 범위) ① 채무불이행으로 인한 손해배상은 통상의 손해를 그 한도로 한다.
② 특별한 사정으로 인한 손해는 채무자가 그 사정을 알았거나 알 수 있었을 때에 한하여 배상의 책임이 있다.

민법 제393조 제1항은 "채무불이행으로 인한 손해배상은 통상의 손해를 그 한도로 한다."라고 규정하고 있고, 제2항은 "특별한 사정으로 인한 손해는 채무자가 이를 알았거나 알 수 있었을 때에 한하여 배상의 책임이 있다."라고 규정하고 있다. 제1항의 통상손해는 특별한 사정이 없는 한 그 종류의 채무불이행이 있으면 사회일반의 거래관념 또는 사회일반의 경험칙에 비추어 통상 발생하는 것으로 생각되는 범위의 손해를 말하고, 제2항의 특별한 사정으로 인한 손해는 당사자들의 개별적, 구체적 사정에 따른 손해를 말한다(대판 2019.04.03. 2018다286550).

(2) 손해배상의 방법

제394조(손해배상의 방법) 다른 의사표시가 없으면 손해는 금전으로 배상한다.

---

[52] 직접강제가 허용되지 않는 '하는 채무'를 말한다.

채무불이행으로 인한 손해배상을 규정하고 있는 민법 제394조는 다른 의사표시가 없는 한 손해는 금전으로 배상하여야 한다고 규정하고 있는바, 위 법조 소정의 금전이라 함은 우리나라의 통화를 가리키는 것이어서 채무불이행으로 인한 손해배상을 구하는 채권은 당사자가 외국통화로 지급하기로 약정하였다는 등의 특별한 사정이 없는 한 채권액이 외국통화로 지정된 외화채권이라고 할 수 없다(대판 2005.07.28. 2003다12083).

(3) 손해배상의 예정

제398조(배상액의 예정) ① 당사자는 채무불이행에 관한 손해배상액을 예정할 수 있다.
② 손해배상의 예정액이 부당히 과다한 경우에는 법원은 적당히 감액할 수 있다.
③ 손해배상액의 예정은 이행의 청구나 계약의 해제에 영향을 미치지 아니한다.
④ 위약금의 약정은 손해배상액의 예정으로 추정한다.
⑤ 당사자가 금전이 아닌 것으로써 손해의 배상에 충당할 것을 예정한 경우에도 전4항의 규정을 준용한다.

위약금이란 채무불이행의 경우에 채무자가 채권자에게 지급하기로 한 금전을 말한다. 그 약정의 목적은 손해배상액의 예정(채무불이행의 경우 지급하여야 할 손해배상액의 사전약정)일 수 도 있고, 위약벌(채무불이행의 경우 그에 대한 제재금으로서 손해배상액과는 별도로 지급하기로 한 사전 약정)일 수 도 있으나, 당사자간에 특약이 없는 한 손해배상액의 예정으로 추정한다(제398조 4항). 특히 위약벌의 약정은 채무의 이행을 확보하기 위하여 정하는 것으로서 손해배상액의 예정과 그 내용이 다르므로 손해배상액의 예정에 관한 민법 제398조 제2항을 유추적용하여 그 액을 감액할 수 없다[53](대판(全合) 2022.07.21. 2018다248855·248862).

3. 해제권의 행사시기

당사자의 약정이나 법률의 규정에 의하여 해제권의 행사기간이 정하여져 있는 경우에는 원칙적으로 이에 따라야 한다. 해제권의 행사기간이 미정인 경우에는 해제권이 형성권이란 점에서 10년의 제척기간에 걸린다. 그러나 법정해제권은 채무불이행을 전제로 한다는 점에서, 계약상의 채무가 소멸시효의 완성으로 소멸되는 때에는 해제권도 소멸된다.

4. 계약의 해제 및 해지

제543조(해지, 해제권) ① 계약 또는 법률의 규정에 의하여 당사자의 일방이나 쌍방이 해지 또는 해제의 권리가 있는 때에는 그 해지 또는 해제는 상대방에 대한 의사표시로 한다.
② 전항의 의사표시는 철회하지 못한다.

(1) 의 의

해제와 해지는 해제권자 및 해지권자의 일방적 의사표시에 의하여 계약관계를 해소하는 제도이다. 즉 해제는 이미 발생된 계약관계로부터의 해방 또는 이미 이행된 급부를 반환하게 하는 제도인 반면, 해지는 계

---

[53] [1] 당사자 사이에 채무불이행이 있으면 위약금을 지급하기로 약정한 경우 그 위약금 약정이 손해배상액의 예정인지 위약벌인지는, 계약서 등 처분문서의 내용과 계약의 체결 경위, 당사자가 위약금을 약정한 주된 목적 등을 종합하여 구체적인 사건에서 개별적으로 판단해야 할 의사해석의 문제이다. 위약금은 민법 제398조 제4항에 따라 손해배상액의 예정으로 추정되지만, 당사자 사이의 위약금 약정이 채무불이행으로 인한 손해의 배상이나 전보를 위한 것이라고 보기 어려운 특별한 사정, 특히 하나의 계약에 채무불이행으로 인한 손해의 배상에 관하여 손해배상예정에 관한 조항이 따로 있다거나 실손해의 배상을 전제로 하는 조항이 있고 그와 별도로 위약금 조항을 두고 있어서 그 위약금 조항을 손해배상의 예정으로 해석하게 되면 이중배상이 이루어지는 등의 사정이 있을 때에는 그 위약금은 위약벌로 보아야 한다. [2] [다수의견] 위약벌의 약정은 채무의 이행을 확보하기 위하여 정하는 것으로서 손해배상액의 예정과 그 내용이 다르므로 손해배상액의 예정에 관한 민법 제398조 제2항을 유추적용하여 그 액을 감액할 수 없다. 위와 같은 현재의 판례는 타당하고 그 법리에 따라 거래계의 현실이 정착되었다고 할 수 있으므로 그대로 유지되어야 한다(대판(全合) 2022.07.21. 2018다248855·248862).

속적 채권관계에 있어서 장래를 향해서만 그 효력이 발생하는 제도이다. 즉 계약의 해제권은 일종의 형성권으로서 당사자 일방에 의한 계약해제의 의사표시가 있으면 그 효과로서 새로운 법률관계가 발생하고 각 당사자는 그에 구속되는 것이다(대판 2005.07.14. 2004다67011).

(2) 다른 제도와의 구별

1) 해제계약(합의해제)

이는 기존의 계약 당사자들이 계약해소에 관하여 합의한 것으로서, 계약자유의 원칙상 당연히 인정된다. 즉, 형성권의 일종인 해제권의 유무와 관계없이 유효하게 성립한 계약관계를 해소하겠다는 내용을 가진 새로운 계약에 의하여 기존의 계약관계가 해소되는 것을 말한다. 따라서 해제계약은 해제와 성격이 다르므로 민법상의 해제에 관한 규정은 적용되지 않는 것이 원칙이지만, 계약의 합의해제에 있어서도 민법 제548조의 계약해제의 경우와 같이 이로써 제3자의 권리를 해할 수는 없다(대판 2005.06.09. 2005다6341).

2) 해제조건과 실권조항

① 해제조건

해제권은 일방적인 의사표시에 의하여 그 효력이 발생한다. 즉 해제권이 있어도 이를 당사자가 행사하지 않으면 계약의 효력은 소멸하지 않는다. 그러나 계약에 '해제조건'이 붙어 있는 경우에는 조건의 성취로써 당연히 계약은 효력을 잃게 되며, 해제와 같이 특별한 의사표시를 요하지 않는다.

② 실권조항

실권조항이란 일방 당사자의 채무불이행이 있으면 채권자 측의 특별한 의사표시가 없어도 당연히 계약의 효력이 소멸하고, 채무자의 계약상 권리가 상실된다는 취지의 약관을 말한다. 그런데 이 약정은 해제권의 유보를 정하는 계약이 아니라, 채무불이행을 이유로 하는 계약소멸의 조건을 정한 계약이다. 따라서 실권조항도 해제권과는 달리 해제권자의 특별한 의사표시 없이 계약의 효력이 소멸 된다[54].

3) 법률행위의 취소와의 비교

분류		해 제	취 소
적용 범위		계약에서만 인정됨	모든 법률행위에 인정됨
발생 원인		법률의 규정(채무불이행을 원인으로 하는 법정해제권) 외에 당사자 사이의 계약에 의해서도 발생함(약정해제권) ⇨ 사후적 사유	무능력(제5조 등), 착오(제109조), 사기·강박(제110조) 등이 있는 때에 법률의 규정에 의하여 발생함 ⇨ 사전적 사유
반환 관계	반환범위	원상회복의무(제548조 제1항)	부당이득반환(제748조)
	제한능력자의 특칙	×	○ : 선의·악의를 불문하고 현존이익만 반환(제141조 단서)
	이자부가의 특칙	○ : 받은 날로부터(제548조 제2항)	×
손해배상청구권		채무불이행에 의한 손해배상청구권과 양립 가능함(제551조)	채무불이행에 의한 손해배상청구권과는 양립할 수 없음

---

[54] 부동산 매매계약에 있어서 매수인이 잔대금 지급기일까지 그 대금을 지급하지 못하면 그 계약이 자동적으로 해제된다는 취지의 약정이 있더라도 매도인이 이행의 제공을 하여 매수인을 이행지체에 빠뜨리지 않는 한 그 약정기일의 도과 사실만으로는 매매계약이 자동해제된 것으로 볼 수 없으나, 매수인이 수회에 걸친 채무불이행에 대하여 잔금 지급기일의 연기를 요청하면서 새로운 약정기일까지는 반드시 계약을 이행할 것을 확약하고 불이행시에는 매매계약이 자동적으로 해제되는 것을 감수하겠다는 내용의 약정을 한 특별한 사정이 있다면, 매수인이 잔금 지급기일까지 잔금을 지급하지 아니함으로써 그 매매계약은 자동적으로 실효된다(대판 2007.12.27. 2007도5030).

제4절 채권양도와 채무인수

Ⅰ. 채권양도

1. 채권의 양도성

제449조(채권의 양도성) ① 채권은 양도할 수 있다. 그러나 채권의 성질이 양도를 허용하지 아니하는 때에는 그러하지 아니하다.
② 채권은 당사자가 반대의 의사를 표시한 경우에는 양도하지 못한다. 그러나 그 의사표시로써 선의의 제3자에게 대항하지 못한다.

(1) 준물권행위

채권양도는 재산적 거래대상으로서의 채권을 양도인이 양수인에게 처분, 이전하는 법률행위로서 채권의 주체를 변경시키는 처분행위의 성질을 갖는다.

(2) 양도금지특약

채권은 양도할 수 있다. 그러나 채권의 성질이 양도를 허용하지 아니하는 때에는 그러하지 아니하다(민법 제449조 제1항). 그리고 채권은 당사자가 반대의 의사를 표시한 경우에는 양도하지 못한다. 그러나 그 의사표시로써 선의의 제3자에게 대항하지 못한다(민법 제449조 제2항). 이처럼 당사자가 양도를 반대하는 의사를 표시(이하 '양도금지특약'이라고 한다)한 경우 채권은 양도성을 상실한다. 양도금지특약에 위반하여 채권을 제3자에게 양도한 경우에 채권양수인이 양도금지특약이 있음을 알았거나 중대한 과실로 알지 못하였다면 채권 이전의 효과가 생기지 아니한다. 반대로 양수인이 중대한 과실 없이 양도금지특약의 존재를 알지 못하였다면 채권양도는 유효하게 되어 채무자는 양수인에게 양도금지특약을 가지고 그 채무이행을 거절할 수 없다. 채권양수인의 악의 내지 중과실은 양도금지특약으로 양수인에게 대항하려는 자가 주장·증명하여야 한다. 양도금지특약을 위반하여 이루어진 채권양도는 원칙적으로 그 효력이 없다는 것이 통설이고 앞서 본 바와 같이 이와 견해를 같이하는 상당수의 대법원판결이 선고되어 재판실무가 안정적으로 운영되고 있다. 이러한 판례의 법리는 다음과 같은 이유에서 그대로 유지되어야 한다[55](대판(全合) 2019.12.19. 2016다24284).

2. 지명채권의 대항요건

제450조(지명채권양도의 대항요건) ① 지명채권의 양도는 양도인이 채무자에게 통지하거나 채무자가 승낙하지 아니하면 채무자 기타 제3자에게 대항하지 못한다.
② 전항의 통지나 승낙은 확정일자 있는 증서에 의하지 아니하면 채무자이외의 제3자에게 대항하지 못한다.

---

[55] [반대의견] 다수의견은 양도금지특약을 위반하여 이루어진 채권양도는 원칙적으로 그 효력이 없다는 이른바 물권적 효력설을 지지하고 있다. 그러나 이러한 태도는 타당하지 않다. 채권양도에서는 채권자(양도인)와 채무자, 그리고 양수인이라는 세 당사자 사이의 삼각관계를 구분해서 살펴보아야 한다. 양도금지특약의 당사자는 채권자와 채무자이고, 채권양도의 당사자는 양도인, 즉 채권자와 양수인이다. 채권자와 채무자 사이의 양도금지특약이 양도인과 양수인 사이의 채권양도에 영향을 줄 수 있는가가 문제의 핵심이다. 채권자와 채무자의 양도금지특약은 채권자가 채무자에게 채권을 양도하지 않겠다는 약속이다. 채권자가 이 약속을 위반하여 채권을 양도하면 채권자가 그 위반에 따른 채무불이행책임을 지는 것은 당연하다. 그러나 이것을 넘어서 양도인과 양수인 사이의 채권양도에 따른 법률효과까지 부정할 근거가 없다. 채권양도에 따라 채권은 양도인으로부터 양수인에게 이전하는 것이고, 채권양도의 당사자가 아닌 채무자의 의사에 따라 채권양도의 효력이 좌우되지는 않는다. 따라서 양수인이 채무자에게 채무 이행을 구할 수 있고 채무자는 양도인이 아닌 양수인에게 채무를 이행할 의무를 진다고 보아야 한다.

통지·승낙을 요구하는 의미가 "채무자"에 대한 것과 "제3자"에 대한 것이 다르다. 즉 채무자에 대한 대항으로서 통지·승낙을 요구하는 것은, 채권양도에 의해 채권자가 변경된 사실을 채무자가 인식하지 않은 상태에서 양수인이 채무자에 대해 채권자라고 주장하는 것은 채무자라로서는 이중변제를 강요당하는 등 가혹한 결과에 이르게 되기 때문이다. 이에 대해 제3자에 대한 대항요건으로서 통지·승낙을 요구하는 것은 채권에 대해 이해관계를 가지는 제3자가 채무자에게 문의하는 경우에 양도의 유무에 대한 채무자의 인식이 제3자에게 표시되는 것을 통해 비록 불완전하기는 하지만 공시방법으로서 고려된 것이다. 즉 이 경우의 통지·승낙은 그것에 따른 채권양도의 인식-표시를 통해 부동산에서의 등기와 같이 공시주의의 요청에서 요구되는 것이다. 그리고 이 통지·승낙에 확정일자를 요구하는 것은 채무자가 말한 채권이 있다고 한 표시를 신뢰하여 제3자가 양수한 후에 채권자가 타인에게 이중으로 양도하면서 채무자와 통모하여 통지·승낙의 일시를 소급하여 제3자를 해하는 것을 방지하기 위함에 있다(김준호, 민법강의, 제18판, 1180면).

제451조(승낙, 통지의 효과) ① 채무자가 이의를 보류하지 아니하고 전조의 승낙을 한 때에는 양도인에게 대항할 수 있는 사유로써 양수인에게 대항하지 못한다. 그러나 채무자가 채무를 소멸하게 하기 위하여 양도인에게 급여한 것이 있으면 이를 회수할 수 있고 양도인에 대하여 부담한 채무가 있으면 그 성립되지 아니함을 주장할 수 있다.
② 양도인이 양도통지만을 한 때에는 채무자는 그 통지를 받은 때까지 양도인에 대하여 생긴 사유로써 양수인에게 대항할 수 있다.

제452조(양도통지와 금반언) ① 양도인이 채무자에게 채권양도를 통지한 때에는 아직 양도하지 아니하였거나 그 양도가 무효인 경우에도 선의인 채무자는 양수인에게 대항할 수 있는 사유로 양도인에게 대항할 수 있다.
② 전항의 통지는 양수인의 동의가 없으면 철회하지 못한다.

민법 제452조는 '양도통지와 금반언'이라는 제목 아래 제1항에서 '양도인이 채무자에게 채권양도를 통지한 때에는 아직 양도하지 아니하였거나 그 양도가 무효인 경우에도 선의인 채무자는 양수인에게 대항할 수 있는 사유로 양도인에게 대항할 수 있다'고 하고, 제2항에서 '전항의 통지는 양수인의 동의가 없으면 철회하지 못 한다'고 하여 채권양도가 불성립 또는 무효인 경우에 선의인 채무자를 보호하는 규정을 두고 있다. 이는 채권양도가 해제 또는 합의해제 되어 소급적으로 무효가 되는 경우에도 유추적용 할 수 있다고 할 것이므로, 지명채권의 양도통지를 한 후 양도계약이 해제 또는 합의해제 된 경우에 채권양도인이 해제 등을 이유로 다시 원래의 채무자에 대하여 양도채권으로 대항하려면 채권양도인이 채권양수인의 동의를 받거나 채권양수인이 채무자에게 위와 같은 해제 등 사실을 통지하여야 한다. 이 경우 위와 같은 대항요건이 갖추어질 때까지 양도계약의 해제 등을 알지 못한 선의인 채무자는 해제 등의 통지가 있은 다음에도 채권양수인에 대한 반대채권에 의한 상계로써 채권양도인에게 대항할 수 있다고 봄이 타당하다(대판 2012.11.29. 2011다17953).

II. 채무 인수

제453조(채권자와의 계약에 의한 채무인수) ① 제3자는 채권자와의 계약으로 채무를 인수하여 채무자의 채무를 면하게 할 수 있다. 그러나 채무의 성질이 인수를 허용하지 아니하는 때에는 그러하지 아니하다.
② 이해관계 없는 제3자는 채무자의 의사에 반하여 채무를 인수하지 못한다.

제454조(채무자와의 계약에 의한 채무인수) ① 제3자가 채무자와의 계약으로 채무를 인수한 경우에는 채권자의 승낙에 의하여 그 효력이 생긴다.
② 채권자의 승낙 또는 거절의 상대방은 채무자나 제3자이다.

1. 의의 및 법적 성질

채무인수는 면책적 채무인수와 중첩적 채무인수가 있으나, 일반적으로 채무인수는 면책적 채무인수를 말하며, 민법도 면책적 채무인수만 규정하고 있다. 면책적 채무인수는 채무자가 특정의 채무를 그 동일성을 유지하면서 새로운 채무자(인수인)에게 이전하는 계약을 말하고, 중첩적 채무인수는 제3자가 새롭게 채무자가 되지만 구 채무자도 채무를 면하지 않고, 신채무자와 함께 동일 내용의 채무를 부담하는 계약을 말한다. 면책적 채무인수는 채권행위와 준물권행위가 결합되어 있는 것이다(통설). 즉 인수계약에 의하여 인수인은 종래의 채무자가 부담하고 있었던 것과 같은 채무를 부담하게 되고, 동시에 채권자는 그의 채권을 처분하는 것이라고 할 수 있기 때문이다(곽윤직).

2. 면책적 채무인수의 요건

(1) 문제점

채무인수 계약은 채권자·채무자·인수인의 3면 계약에 의할 수 있으나, 민법은 채권자·인수인의 계약에 의한 경우와 채무자·인수인의 계약에 의한 경우를 규정하고 있다.

(2) 채권자·인수인 사이의 계약

제453조(채권자와의 계약에 의한 채무인수) ① 제3자는 채권자와의 계약으로 채무를 인수하여 채무자의 채무를 면하게 할 수 있다. 그러나 채무의 성질이 인수를 허용하지 아니하는 때에는 그러하지 아니하다.
② 이해관계 없는 제3자는 채무자의 의사에 반하여 채무를 인수하지 못한다.

제3자는 채권자와의 계약으로 채무를 인수하여 채무자의 채무를 면하게 할 수 있다. 그러나 채무의 성질이 인수를 허용하지 아니하는 때에는 그러하지 아니하다. 이해관계 없는 제3자는 채무자의 의사에 반하여 채무를 인수하지 못한다. 반면 중첩적 채무인수는 채권자와 채무인수인과의 합의가 있는 이상 채무자의 의사에 반하여서도 이루어질 수 있다(대판 1988.11.22. 87다카1836).

(3) 채무자·인수인 사이의 계약

제454조(채무자와의 계약에 의한 채무인수) ① 제3자가 채무자와의 계약으로 채무를 인수한 경우에는 채권자의 승낙에 의하여 그 효력이 생긴다.
② 채권자의 승낙 또는 거절의 상대방은 채무자나 제3자이다.

제455조(승낙여부의 최고) ① 전조의 경우에 제3자나 채무자는 상당한 기간을 정하여 승낙여부의 확답을 채권자에게 최고할 수 있다.
② 채권자가 그 기간 내에 확답을 발송하지 아니한 때에는 거절한 것으로 본다.

제456조(채무인수의 철회, 변경) 제3자와 채무자간의 계약에 의한 채무인수는 채권자의 승낙이 있을 때까지 당사자는 이를 철회하거나 변경할 수 있다.

제457조(채무인수의 소급효) 채권자의 채무인수에 대한 승낙은 다른 의사표시가 없으면 채무를 인수한 때에 소급하여 그 효력이 생긴다. 그러나 제3자의 권리를 침해하지 못한다.

채무인수의 효력이 생기기 위하여 채권자의 승낙을 요하는 것은 면책적 채무인수의 경우에 한하고, 채무인수가 면책적인가 중첩적인가 하는 것은 채무인수계약에 나타난 당사자 의사의 해석에 관한 문제이다(대판 1998.11.24. 98다33765). 민법 제454조는 제3자가 채무자와 계약으로 채무를 인수하여 채무자의 채무를 면하게 하는 면책적 채무인수의 경우에 채권자 승낙이 있어야 채권자에 대하여 효력이 생긴다고 규정하고 있으므로, 채권자의 승낙이 없는 경우에는 채무자와 인수인 사이에서 면책적 채무인수 약정을 하더라도 이행인수 등으로서 효력밖에 갖지 못하며 채무자는 채무를 면하지 못 한다(대판 2012.05.24. 2009다88303). 그리고 채무자와 인수인 사이의 계약에 의한 채무인수에 대하여 채권자는 명시적인 방법뿐만 아니라 묵시적인 방법으로도 승낙을 할 수 있는 것인데, 채권자가 직접 채무인수인에 대하여 인수채무금의 지급을 청구하였다면 그 지급청구로써 묵시적으로 채무인수를 승낙한 것으로 보아야 한다(대판 1989.11.14. 88다카29962). 채권자의 승낙에 의하여 채무인수의 효력이 생기는 경우, 채권자가 승낙을 거절하면 그 이후에는 채권자가 다시 승낙하여도 채무인수로서의 효력이 생기지 않는다(대판 1998.11.24. 98다33765).

3. 면책적 채무인수의 효과

(1) 채무자의 교체(채무의 이전)

면책적 채무인수라 함은 채무의 동일성을 유지하면서 이를 종래의 채무자로부터 제3자인 인수인에게 이전하는 것을 목적으로 하는 계약을 말하는바, 채무인수로 인하여 인수인은 종래의 채무자와 지위를 교체하여 새로이 당사자로서 채무관계에 들어서서 종래의 채무자와 동일한 채무를 부담하고 동시에 종래의 채무자는 채무관계에서 탈퇴하여 면책되는 것일 뿐 종래의 채무가 소멸하는 것이 아니므로, 채무인수로 종래의 채무가 소멸하였으니 저당권의 부종성으로 인하여 당연히 소멸한 채무를 담보하는 저당권도 소멸한다는 법리는 성립하지 않는다(대판 1996.10.11. 96다27476). 물상보증인이 근저당권의 채무자의 계약상의 지위를 인수한 것이 아니라, 다만 그 채무만을 면책적으로 인수하고 이를 원인으로 하여 근저당권 변경의 부기등기가 경료 된 경우, 특별한 사정이 없는 한 그 변경등기는 당초 채무자가 근저당권자에 대하여 부담하고 있던 것으로서 물상보증인이 인수한 채무만을 그 대상으로 하는 것이지, 그 후 채무를 인수한 물상보증인이 다른 원인으로 근저당권자에 대하여 부담하게 된 새로운 채무까지 담보하는 것으로 볼 수는 없다(대판 2002.11.26. 2001다73022). 그리고 <u>민사집행법 제143조 제1항에 따라 매수인이 관계채권자의 승낙을 얻어 매각대금의 지급을 갈음하여 채무를 인수한 경우 매수인이 현금으로 매각대금을 내는 것과 효과가 같다. 이러한 채무인수를 승낙한 관계채권자는 인수된 채무액 범위에서 채권의 만족을 얻은 것으로 보아야 하므로, 그 범위에서 채무자의 채무도 소멸하게 된다. 따라서 위 규정에서 정하고 있는 채무인수는 **면책적 채무인수**로 보아야 한다</u>(대판 2018.05.30. 2017다241901).

(2) 항변권의 존속

<u>제458조(전채무자의 항변사유)</u> 인수인은 전채무자의 항변할 수 있는 사유로 채권자에게 대항할 수 있다.

인수인은 前채무자의 항변할 수 있는 사유로 채권자에게 대항할 수 있다. 채무인수계약은 구 채무자의 채무의 동일성을 유지하면서 신 채무자가 이를 부담하는 것이므로 특별한 의사표시가 없으면 채무인수자의 구 채무자에대한 항변사유로서는 채권자에게 대항할 수는 없다고 해석된다(대판 1966.11.29. 66다1861).

(3) 담보·보증의 소멸

<u>제459조(채무인수와 보증, 담보의 소멸)</u> 전채무자의 채무에 대한 보증이나 제3자가 제공한 담보는 채무인수로 인하여 소멸한다. 그러나 보증인이나 제3자가 채무인수에 동의한 경우에는 그러하지 아니하다.

채무자가 제공한 담보는 채무인수로 인하여 당연히 소멸하는 것은 아니다. 다만 前채무자의 채무에 대한 보증이나 제3자가 제공한 담보는 채무인수로 인하여 소멸하지만, 보증인이나 제3자가 채무인수에 동의한 경우에는 소멸하지 아니한다(제459조). 즉 민법 제459조 단서는 보증인이나 제3자가 채무인수에 동의한 경우에는 전 채무자의 채무에 대한 보증이나 제3자가 제공한 담보는 채무인수로 인하여 소멸하지 아니하는 것으로 규정하고 있는바, 위 조항에 규정된 채무인수에 대한 동의는 인수인을 위하여 새로운 담보를 설정하도

록 하는 의사표시를 의미하는 것이 아니라 기존의 담보를 인수인을 위하여 계속시키는데 대한 의사표시를 의미하는 것이므로, 물상보증인이 채무인수에 동의함으로써 소멸하지 아니하는 담보는 당연히 기존의 담보와 동일한 내용을 갖는 것이다(대판 1996.10.11. 96다27476).

(4) 소멸시효의 중단

면책적 채무인수가 있은 경우, 인수채무의 소멸시효기간은 채무인수와 동시에 이루어진 소멸시효 중단사유, 즉 채무승인에 따라 채무인수일로부터 새로이 진행된다(대판 1999.07.09. 99다12376).

4. 문제되는 경우

(1) 병존적 채무인수

1) 의 의

병존적 채무인수는 종래의 채무자의 채무를 면제시키지 아니하고 인수인이 채무자와 병존적으로 새로이 동일한 채무를 부담하는 계약이다. 종래의 채무자와 채권자 사이의 채권관계는 아무 변화가 없으며, 인수인이 부가적으로 채무를 부담하게 되므로 병존적 채무인수는 담보적 기능을 가진다.

2) 당사자

채권자, 채무자, 인수인 사이의 계약에 의한 병존적 채무인수를 인정하는 데에는 아무 문제가 없으며, 채권자와 인수인 사이의 계약에 의해서도 병존적 채무인수는 인정, 성립된다. 또한 병존적 채무인수는 채무자의 채무에 대한 담보로서의 기능을 한다는 점에서 면책적 인수계약과 달리 채무자의 의사에 반해서도 유효하게 성립할 수 있다(대판 1988.11.22. 87다카1836). 그리고 채무자, 인수인 사이의 계약으로도 성립하며, 이 경우에는 채권자를 수익자로 하는 제3자를 위한 계약이 있는 것으로 이해된다. 따라서 채권자는 수익의 의사표시를 함으로써 인수인에 대해 직접적인 채권을 갖는다. 채권자의 수익의 의사표시가 없는 한 이행인수가 있을 뿐이다.

3) 병존적 채무인수와 면책적 채무인수의 구별

채무인수가 면책적인가 중첩적인가 하는 것은 채무인수계약에 나타난 당사자 의사의 해석에 관한 문제이고, 채무인수에 있어서 면책적 인수인지, 중첩적 인수인지가 분명하지 아니한 때에는 이를 중첩적으로 인수한 것으로 볼 것이다(대판 1998.11.24. 98다33765). 그리고 채무인수의 효력이 생기기 위하여 채권자의 승낙을 요하는 것은 면책적 채무인수의 경우에 한한다(대판 1998.11.24. 98다33765). 금전소비대차계약으로 인한 채무에 관하여 제3자가 채무자를 위하여 어음이나 수표를 발행하는 것은 특별한 사정이 없는 한 동일한 채무를 중첩적으로 인수한 것으로 봄이 타당하다(대판 1998.03.13. 97다52493).

4) 효 과

병존적 채무인수가 있은 때에는 종래의 채무자가 채무를 면하지 않으며, 인수인은 채무자의 채무와 동일한 내용의 채무를 부담한다. 병존적 채무인수에 있어서 종래의 채무자가 지니는 채무의 인수인이 부담하는 채무 사이의 관계에 관하여, 判例는 "중첩적 채무인수에서 인수인이 채무자의 부탁 없이 채권자와의 계약으로 채무를 인수하는 것은 매우 드문 일이므로 채무자와 인수인은 원칙적으로 주관적 공동관계가 있는 연대채무관계에 있고, 인수인이 채무자의 부탁을 받지 아니하여 주관적 공동관계가 없는 경우에는 부진정연대관계에 있는 것으로 보아야 한다(대판 2009.08.20. 2009다32409)."고 한다.

(2) 이행인수

1) 의 의

이행인수는 인수인이 채무자에 대해 채무자의 채무를 이행할 것을 약정하는 채무자, 인수인 사이의 계약을 말한다. 예를 들어 부동산매매계약과 함께 부동산의 매수인이 매매목적물에 관한 근저당권의 피담보채무, 가압류채무, 임대차보증금반환채무를 넘겨받으면서 그 채무액을 매매대금에서 공제하기로 하는 계약은 이행인수라고 할 수 있다. 인수인이 채무자의 채무를 대신하여 이행하는 것이기 때문에 인수되는 채무는 제3자에 의한 변제를 허용하는 것이어야 한다. 채무인수의 경우와는 달리, 이행인수인은 채무자가 부담하는 채무를 제3자로서 채권자에게 이행할 의무를 채무자에 대하여 부담하지만, 채권자는 인수인에 대하여 채무의 이행을 청구할 권리를 가지지 않는다.

2) 判 例

① 채무자와 인수인의 계약으로 체결되는 병존적 채무인수는 채권자로 하여금 인수인에 대하여 새로운 권리를 취득하게 하는 것으로 제3자를 위한 계약의 하나로 볼 수 있고, 이와 비교하여 이행인수는 채무자와 인수인 사이의 계약으로 인수인이 변제 등에 의하여 채무를 소멸케 하여 채무자의 책임을 면하게 할 것을 약정하는 것으로 인수인이 채무자에 대한 관계에서 채무자를 면책케 하는 채무를 부담하게 될 뿐 채권자로 하여금 직접 인수인에 대한 채권을 취득케 하는 것이 아니므로 결국 <u>제3자를 위한 계약과 이행인수의 판별 기준은 계약 당사자에게 제3자 또는 채권자가 계약 당사자 일방 또는 인수인에 대하여 직접 채권을 취득케 할 의사가 있는지 여부에 달려 있다</u> 할 것이고, 구체적으로는 계약 체결의 동기, 경위 및 목적, 계약에 있어서의 당사자의 지위, 당사자 사이 및 당사자와 제3자 사이의 이해관계, 거래 관행 등을 종합적으로 고려하여 그 의사를 해석하여야 한다(대판 1997.10.24. 97다28698).

② 부동산의 매수인이 매매목적물에 관한 근저당권의 피담보채무, 가압류채무, 임대차보증금 반환채무를 인수하는 한편 그 채무액을 매매대금에서 공제하기로 약정한 경우, 다른 특별한 사정이 없는 이상, 이는 매도인을 면책시키는 채무인수가 아니라 이행인수로 보아야 한다(대판 2002.05.10. 2000다18578).

(3) 계약인수(계약상 지위의 이전)

1) 의 의

계약인수란 계약 당사자로서의 지위의 이전을 목적으로 하는 계약을 말한다. 즉 고용관계에서의 사용자의 지위를 이전하는 경우와 같이 계약 당사자 중 일방이 포괄적으로 당사자의 지위를 제3자에게 이전하면서 자신은 계약관계로부터 탈퇴하고, 그 제3자가 당사자의 지위를 승계하는 것을 목적으로 하는 계약이다. 계약인수에 관해서는 민법상 명문의 규정이 없으나 계약자유의 원칙상 당연히 인정 된다(대판 1982.10.26. 82다카508). 채권관계의 한 구성부분인 하나의 채권 또는 채무의 귀속주체를 변경하는 채권양도나 채무인수와는 구별된다. 특히 제629조 1항의 임차권의 양도는 계약인수를 의미한다(통설).

2) 요 건

① 계약인수는 통상적으로 원계약 당사자와 인수인 사이의 3면계약에 의해 행하여지는 것이 보통이지만, 원계약 당사자의 일방과 인수인이 인수계약을 하고 원계약의 상대방이 이에 동의 내지 승낙하는 방법으로도 할 수 있다(대판 1992.03.13. 91다32534). 계약관계의 양도인의 원계약 상대방의 승낙을 필요로 하는 이유는 계약인수에는 채무의 이전이라는 요소가 포함되므로 원계약 상대방의 의사를 존중해야 하기 때문이다.

② 判例는 "임대차계약에 있어 임대인의 지위의 양도는 임대인의 의무의 이전을 수반하는 것이지만 임대인의 의무는 임대인이 누구인가에 의하여 이행방법이 특별히 달라지는 것은 아니고, 목적물의 소유자의 지위에서 거의 완전히 이행할 수 있으며, 임차인의 입장에서 보아도 신 소유자에게 그 의무의 승계를 인정하는 것이 오히려 임차인에게 훨씬 유리할 수도 있으므로 임대인과 신 소유자와의 계약만으로써 그 지위의 양도를 할 수 있다 할 것이나, 이 경우에 임차인이 원하지 아니하면 임대차의 승계를 임차인에게 강요할 수는 없는 것이어서 스스로 임대차를 종료시킬 수 있어야 한다는 공평의 원칙 및 신의성실의 원칙에 따라 임차인이 곧 이의를 제기함으로써 승계되는 임대차관계의 구속을 면할 수 있고, 임대인과의 임대차관계도 해지할 수 있다고 보아야 한다(대결 1998.09.02. 98마100)."고 한다.

3) 효 과

양도의 대상이 되는 계약으로부터 발생된 채권·채무가 이전되는 것은 물론, 그 계약의 내용에 따라 장래 발생하게 될 채권·채무도 양수인을 주체로 하여 발생한다. 계약인수의 경우에는 채무인수와 달리 그 계약관계로부터 생기는 취소권, 해제권 등의 권리·의무도 포괄적으로 이전된다. 判例도 "계약 당사자로서의 지위 승계를 목적으로 하는 계약인수는 계약상 지위에 관한 양도인과 양수인 사이의 합의와 나머지 당사자가 이를 동의 내지 승낙하는 방법으로도 할 수 있으며, 나머지 당사자가 동의 내지 승낙을 함에 있어 양도인의 면책을 유보하였다는 등의 특별한 사정이 없는 한 양도인은 계약관계에서 탈퇴하고, 따라서 나머지 당사자와 양도인 사이에는 계약관계가 존재하지 아니하게 되어 그에 따른 채권채무관계도 소멸한다(대판 2007.09.06. 2007다31990)."고 한다. 다만 "구 표시·광고의 공정화에 관한 법률(2011. 9. 15. 법률 제11050호로 개정되기 전의 것, 이하 '표시광고법'이라 한다)상 허위·과장광고로 인한 손해배상청구권은 불법행위에 기한 손해배상청구권의 성격을 가지는데, 계약상 지위의 양도에 의하여 계약당사자로서의 지위가 제3자에게 이전되는 경우 계약상 지위를 전제로 한 권리관계만이 이전될 뿐 불법행위에 기한 손해배상청구권은 별도의 채권양도절차 없이 제3자에게 당연히 이전되는 것이 아니므로, 표시광고법상 허위·과장광고로 인한 손해배상청구권을 가지고 있던 아파트 수분양자가 수분양자의 지위를 제3자에게 양도하였다는 사정만으로 양수인이 당연히 위 손해배상청구권을 행사할 수 있다고 볼 수는 없고, 다만 허위·과장광고를 그대로 믿고 허위·과장광고로 높아진 가격에 수분양자 지위를 양수하는 등으로 양수인이 수분양자 지위를 양도받으면서 허위·과장광고로 인한 손해를 입었다는 등의 특별한 사정이 있는 경우에만 양수인이 손해배상청구권을 행사할 수 있다(대판 2015.07.23. 2012다15336·15343·15350·15367·15374·15381·15398·15404)."고 한다.

제5절 책임재산의 보전

Ⅰ. 채권자대위권

> **제404조(채권자대위권)** ① 채권자는 자기의 채권을 보전하기 위하여 채무자의 권리를 행사할 수 있다. 그러나 일신에 전속한 권리는 그러하지 아니하다.
> ② 채권자는 그 채권의 기한이 도래하기 전에는 법원의 허가 없이 전항의 권리를 행사하지 못한다. 그러나 보전행위는 그러하지 아니하다.

1. 채권자대위권의 의의 및 연혁

(1) 의의

채권자대위권은 채권자가 자기 채권을 보전하기 위하여 채무자의 권리를 대신 행사할 수 있는 권리이다(민법 제404조 1항 본문). 예를 들어 채무자가 제3자에 대하여 가지는 권리를 행사하지 않기 때문에 그 채권이 소멸시효에 걸릴 염려가 있는 경우 또는 채무자가 타인으로부터 부동산을 매수하였으나 그가 매도인에 대하여 등기청구권을 행사하지 않기 때문에 소유권을 취득하지 못하게 될 위험이 있는 경우에, 채권자는 채무자의 권리를 대신 행사하여 시효를 중단시키거나 채무자의 등기청구권을 대신 행사하여 채무자가 소유권을 취득하게 할 수 있다.

(2) 연혁

채권자대위권은 프랑스민법에서 유래된 제도로서, 프랑스 법에서는 강제집행방법이 불완전하므로 그 불비를 보완하기 위하여 채권자대위권의 제도를 인정하였다[56].

2. 성질

채권자대위권은 실체법상의 권리이지 소송법상의 권리가 아니다. 또한 채권자가 자기 이름으로 채무자의 권리를 행사할 수 있는 권리이므로, 대리권은 아니며 일종의 법정재산관리권이라고 할 수 있다.

3. 요건

(1) 피보전채권

1) 채권의 존재

채권자대위제도의 취지에 따라 그에 의하여 보전될 채권이 유효하게 존재하여야 한다. 보전될 채권은 그 발생원인을 불문하고 널리 청구권을 의미하며, 제3채무자에게 대항할 수 있는 것이어야 하는 것도 아니다. 또한 채권자의 채권이 채무자의 제3자에 대한 권리보다 먼저 성립하여야 하는 것도 아니다. 判例는 피보전채권의 확정을 요구한다(대판 1999.04.09. 98다58016). 이 요건의 존부는 당사자적격의 문제라는 것이 判例의 입장이다. 따라서 채권자의 채무자에 대한 피보전권리(대위권리)의 존부는 법원이 직권으로 조사하여야 할 사항이고, 변론주의가 적용될 여지가 없다. 그리고 이 요건이 결여된 경우에 채권자대위소송은 부적법하여 각하 된다(대판 1990.12.11. 88다카4727). 이와 달리 피대위권리가 부존재하는 경우에는 청구가 기각된다. 이에 비하여 채권자취소소송에 있어서 피보전채권의 존부는 본안의 요건이 되므로, 채권자취소소송에서 피보전채권이 흠결 되었다면 청구기각의 본안판결을 하여야 한다.

2) 보전의 필요성

① 채권자대위권을 행사하기 위하여 채권보전의 필요성이 있어야 하는데, 이 요건은 채무자의 권리를 대신 행사하지 않으면 채무자의 재산이 감소하거나 증가되지 않고, 그 결과 채권의 변제를 받을 수 없게 될 우려가 있는 경우에 충족된다. 따라서 대위행사에 의하여 재산의 감소가 방지될 수 있다고 하는 것만으로는 불충분하다. 判例는 채권보전의 필요성을 사실심의 변론종결 당시를 기준으로 판단한다(대판 1976.01.13. 75다1086). 이 요건에 흠이 있는 경우 채권자대위소송은 부적법하여 각하된다.

② 채권자대위권을 행사하기 위하여 채권보전의 필요성이 있어야 하는데, 채권의 만족이 채무자의 자력에 의하여 만족될 수 있는 내용의 채권인 경우에는 채무자의 무자력이 채권자대위권 행사의 요건이다. 채무자의 무자력에 대한 증명책임은 채권자가 진다.

③ 채무자의 자력과 관계없는 특정채권의 보전을 위하여 채무자의 자력 유무를 불문하고 대위권의 행사를 허용할 것인지가 문제되는데, 부동산등기청구권의 대위행사, 부동산임차인의 불법점유자에 대한 방해배제청구권의 대위행사 등이 주로 문제 된다. 예를 들어, 부동산이 甲→乙, 乙→丙에게 전매되었는데 등기는 여전히 甲의 명의로 되어 있는 경우, 乙에게 등기청구권을 가지는 丙이 乙의 甲에 대한 등기이전청구권을

---

56) 그런데 현행 민사집행법은 독일의 강제집행제도를 계수하여 부동산의 압류 및 제3채무자에 대한 채권자의 소에 대하여 특별규정(민사집행법 제244조, 제238조)을 두고 있을 뿐만 아니라 채무자의 금전채권을 압류한 채권자가 추심명령 또는 전부명령을 얻어 다른 채권자에 우선하여 압류채권으로부터 만족을 받을 수 있게 하고 있다(민사집행법 제229조 이하). 따라서 이론적으로 우리나라에서 채권자대위권을 인정할 필요성이 크지 않다. 그러나 실제로 채권자대위권이 널리 활용되고 있는데, 그 이유는 다음과 같다. ① 강제집행은 집행권원의 존재 기타 번거로운 절차를 필요로 하지만, 채권자대위권의 행사는 집행권원의 존재를 요하지 않으며 그 요건과 절차 등이 비교적 간단하다. ② 채권자대위권에 의하여 행사할 수 있는 권리는 청구권에 한정되지 않고 취소권, 해제권, 환매권 등도 그 대상으로 되며, 채무자의 권리에 대한 보존행위(가령 시효의 중단)도 가능하다. ③ 특정한 채권자만의 특정한 채권을 보전하기 위한 채권자대위권의 轉用(전용)이 判例에 의하여 허용된다.

대위행사 하여 제3채무자 甲에 대하여 乙에게 이전등기를 해 줄 것을 청구할 수 있다. 또한 甲이 乙에게 임대한 부동산을 제3자 丙이 불법으로 점거하여 乙의 사용, 수익을 방해하는 때에는 임차인 乙은 甲이 丙에 대하여 가지고 있는 소유물방해배제청구권을 대위행사 할 수 있다. 그리고 피보전채권이 특정채권이라 하여 반드시 채권적 청구권의 보전을 위하여 채권자대위권이 인정되는 것은 아니며, 물권적 청구권을 위해서도 채권자대위권이 인정될 수 있다57)(대판 2007.05.10. 2006다82700·82717).

④ 피보험자가 임의 비급여 진료행위에 따라 요양기관에 진료비를 지급한 다음 실손의료보험계약상의 보험자에게 청구하여 진료비와 관련한 보험금을 지급받았는데, 진료행위가 위법한 임의 비급여 진료행위로서 무효인 동시에 보험자와 피보험자가 체결한 실손의료보험계약상 진료행위가 보험금 지급사유에 해당하지 아니하여 보험자가 피보험자에 대하여 보험금 상당의 부당이득반환채권을 갖게 된 경우, 채권자인 보험자가 금전채권인 부당이득반환채권을 보전하기 위하여 채무자인 피보험자를 대위하여 제3채무자인 요양기관을 상대로 진료비 상당의 부당이득반환채권을 행사하는 형태의 채권자대위소송에서 채무자가 자력이 있는 때에는 보전의 필요성이 인정된다고 볼 수 없다58)(대판(全合) 2022.08.25. 2019다229202).

3) 피보전채권의 이행기 도래(민법 제404조 2항)

피보전채권의 이행기가 도래하지 않은 경우에는 채권자대위권을 인정한다면 채무자의 기한의 이익을 박탈하게 되므로, ① 재판상의 대위(민법 제404조 2항 본문), ② 보존행위(민법 제404조 2항 단서)를 제외하고는 피보전채권의 이행기 도래가 요건으로 된다.

---

57) 채권자는 채무자에 대한 채권을 보전하기 위하여 채무자를 대위해서 채무자의 권리를 행사할 수 있는바, 채권자가 보전하려는 권리와 대위하여 행사하려는 채무자의 권리가 밀접하게 관련되어 있고 채권자가 채무자의 권리를 대위하여 행사하지 않으면 자기 채권의 완전한 만족을 얻을 수 없게 될 위험이 있어 채무자의 권리를 대위하여 행사하는 것이 자기 채권의 현실적 이행을 유효·적절하게 확보하기 위하여 필요한 경우에는 채권자대위권의 행사가 채무자의 자유로운 재산관리행위에 대한 부당한 간섭이 된다는 등의 특별한 사정이 없는 한 채권자는 채무자의 권리를 대위하여 행사할 수 있어야 하고, 피보전채권이 특정채권이라 하여 반드시 순차매도 또는 임대차에 있어 소유권이전등기청구권이나 인도청구권 등의 보전을 위한 경우에만 한하여 채권자대위권이 인정되는 것은 아니며, 물권적 청구권에 대하여도 채권자대위권에 관한 민법 제404조의 규정과 위와 같은 법리가 적용될 수 있다.

58) [1] 채권자는 자기의 채권을 보전하기 위하여 일신에 전속한 권리가 아닌 한 채무자의 권리를 행사할 수 있다(민법 제404조 제1항). 권리의 행사 여부는 권리자가 자유로운 의사에 따라 결정하는 것이 원칙이다. 채무자가 스스로 권리를 행사하지 않는데도 채권자가 채무자를 대위하여 채무자의 권리를 행사할 수 있으려면 그러한 채무자의 권리를 행사함으로써 채권자의 권리를 보전해야 할 필요성이 있어야 한다. 여기에서 보전의 필요성은 채권자가 보전하려는 권리의 내용, 채권자가 보전하려는 권리가 금전채권인 경우 채무자의 자력 유무, 채권자가 보전하려는 채권과 대위하여 행사하려는 권리의 관련성 등을 종합적으로 고려하여 채권자가 채무자의 권리를 대위하여 행사하지 않으면 자기 채권의 완전한 만족을 얻을 수 없게 될 위험이 있어 채무자의 권리를 대위하여 행사하는 것이 자기 채권의 현실적 이행을 유효·적절하게 확보하기 위하여 필요한지를 기준으로 판단하여야 하고, 채권자대위권의 행사가 채무자의 자유로운 재산관리행위에 대한 부당한 간섭이 되는 등 특별한 사정이 있는 경우에는 보전의 필요성을 인정할 수 없다. 위 법리에 따르면, 보전의 필요성이 인정되기 위하여는 우선 적극적 요건으로서 채권자가 채권자대위권을 행사하지 않으면 피보전채권의 완전한 만족을 얻을 수 없게 될 위험의 존재가 인정되어야 하고, 나아가 채권자대위권을 행사하는 것이 그러한 위험을 제거하여 피보전채권의 현실적 이행을 유효·적절하게 확보하여 주어야 하며, 다음으로 소극적 요건으로서 채권자대위권의 행사가 채무자의 자유로운 재산관리행위에 대한 부당한 간섭이 된다는 사정이 없어야 한다. 이러한 적극적 요건과 소극적 요건은 채권자가 보전하려는 권리의 내용, 보전하려는 권리가 금전채권인 경우 채무자의 자력 유무, 피보전채권과 채권자가 대위행사하는 채무자의 권리와의 관련성 등을 종합적으로 고려하여 인정 여부를 판단하여야 한다. [2] 피보험자가 임의 비급여 진료행위에 따라 요양기관에 진료비를 지급한 다음 실손의료보험계약상의 보험자에게 청구하여 진료비와 관련한 보험금을 지급받았는데, 진료행위가 위법한 임의 비급여 진료행위로서 무효인 동시에 보험자와 피보험자가 체결한 실손의료보험계약상 진료행위가 보험금 지급사유에 해당하지 아니하여 보험자가 피보험자에 대하여 보험금 상당의 부당이득반환채권을 갖게 된 경우, 채권자인 보험자가 금전채권인 부당이득반환채권을 보전하기 위하여 채무자인 피보험자를 대위하여 제3채무자인 요양기관을 상대로 진료비 상당의 부당이득반환채권을 행사하는 형태의 채권자대위소송에서 채무자가 자력이 있는 때에는 보전의 필요성이 인정된다고 볼 수 없다(대판(全合) 2022.08.25. 2019다229202).

(2) 대위의 객체에 관한 요건

채권의 공동담보의 보전에 적합한 채무자의 권리는 모두 채권자대위권의 객체가 된다. 따라서 채무자의 일반재산을 이루는 재산권은 그 종류를 불문하고 모두 대위권의 목적이 된다. 즉 청구권은 물론 형성권(예를 들어 취소권·해제권·선택권·상계권·환매권·대금감액청구권·공유물분할청구권 등)·채권자대위권·채권자취소권도 대위의 목적이 될 수 있다. 다만 공유물분할청구권도 채권자대위권의 목적이 될 수 있지만, 극히 예외적인 경우가 아니라면 금전채권자는 부동산에 관한 공유물분할청구권을 대위행사 할 수 없다고 보아야 한다[59][대판(全合) 2020.05.21. 2018다879]. 그리고 가압류·가처분결정에 대한 본안의 제소명령을 신청할 수 있는 권리나 같은 조 제2항에 따라 제소기간의 도과에 의한 가압류·가처분의 취소를 신청할 수 있는 권리는 가압류·가처분신청에 기한 소송을 수행하기 위한 소송절차상의 개개의 권리가 아니라, 제소기간의 도과에 의한 가압류·가처분의 취소신청권은 가압류·가처분신청에 기한 소송절차와는 별개의 독립된 소송절차를 개시하게 하는 권리이고, 본안제소명령의 신청권은 제소기간의 도과에 의한 가압류·가처분의 취소신청권을 행사하기 위한 전제요건으로 인정된 독립된 권리이므로, 본안제소명령의 신청권이나 제소기간의 도과에 의한 가압류·가처분의 취소신청권은 채권자대위권의 목적이 될 수 있는 권리라고 봄이 상당하다(대결 1993.12.27. 93마1655). 실체법상 권리를 주장하는 방법으로 인정되는 소송행위, 예를 들어 각종 **소의 제기**, 강제집행신청, 청구이의의 소, 제3자이의의 소, 가처분명령의 취소신청 등의 행위에 대해서는 대위할 수 있다. 그러나 채무자와 제3자 사이의 소송을 수행하기 위한 개별적 소송행위, 예를 들어 공격방어방법의 제출, **상소제기**, 집행방법 또는 **가압류결정에 대한 이의신청** 등의 행위에 대해서는 대위할 수 없다(대판 1961.01.26. 4296민재항559).

(3) 채무자가 스스로 그의 권리를 행사하지 않을 것

채무자가 그의 권리 행사에 착수한 이상, 그 행사가 불완전하더라도, 그 행사의 방법이나 결과 여하를 불문하고 채권자는 대위권을 행사할 수 없다. 대위권 행사의 요건인 '채무자가 스스로 그 권리를 행사하지 않을 것'이란 채무자의 제3자에 대한 권리가 존재하고 채무자가 그 권리를 행사할 수 있는 상태에 있음에도 스스로 그 권리를 행사하고 있지 않음을 의미하고, 여기에서 권리를 행사할 수 있는 상태에 있다는 것은 권리행사를 할 수 없게 하는 법률적 장애가 없어야 한다는 뜻이며 채무자 자신에 관한 현실적인 장애까지 없어야 한다는 뜻은 아니고, 채무자가 그 권리를 행사하지 않는 이유는 묻지 않는다.

4. 행사

(1) 행사의 방법

1) 방법 및 범위

① 위의 요건이 갖추어지면 채권자는 자기 이름으로(따라서 채무자의 대리인이 아니다), 그러나 채무자의

---

[59] 채권자가 자신의 '금전채권'을 보전하기 위하여 채무자를 대위하여 '부동산에 관한' 공유물분할청구권을 행사하는 것은, 책임재산의 보전과 직접적인 관련이 없어 채권의 현실적 이행을 유효·적절하게 확보하기 위하여 필요하다고 보기 어렵고 채무자의 자유로운 재산관리행위에 대한 부당한 간섭이 되므로 보전의 필요성을 인정할 수 없다. 또한 특정 분할방법을 전제하고 있지 않는 공유물분할청구권의 성격 등에 비추어 볼 때 그 대위행사를 허용하면 여러 법적 문제들이 발생한다. 따라서 극히 예외적인 경우가 아니라면 금전채권자는 부동산에 관한 공유물분할청구권을 대위행사 할 수 없다고 보아야 한다. 이는 채무자의 공유지분이 다른 공유자들의 공유지분과 함께 근저당권을 공동으로 담보하고 있고, 근저당권의 피담보채권이 채무자의 공유지분 가치를 초과하여 채무자의 공유지분만을 경매하면 남을 가망이 없어 민사집행법 제102조에 따라 경매절차가 취소될 수밖에 없는 반면, 공유물분할의 방법으로 공유부동산 전부를 경매하면 민법 제368조 제1항에 따라 각 공유지분의 경매대가에 비례해서 공동근저당권의 피담보채권을 분담하게 되어 채무자의 공유지분 경매대가에서 근저당권의 피담보채권 분담액을 변제하고 남을 가망이 있는 경우에도 마찬가지이다. 이와 달리 공유물에 근저당권 등 선순위 권리가 있어 남을 가망이 없다는 이유로 민사집행법 제102조에 따라 공유지분에 대한 경매절차가 취소된 경우에는 공유자의 금전채권자는 자신의 채권을 보전하기 위하여 공유자의 공유물분할청구권을 대위행사 할 수 있다는 취지로 판단한 대법원 2015. 12. 10. 선고 2013다56297 판결은 이 판결의 견해에 배치되는 범위에서 이를 변경하기로 한다[대판(全合) 2020.05.21. 2018다879].

입장에서 채무자의 권리를 행사할 수 있다. 이러한 경우에 채권자와 채무자 사이에 위임에 준하는 법정채권관계가 성립하고, 그 결과 채권자는 채무자의 권리를 대위행사 함에 있어서 선량한 관리자의 주의의무를 부담한다. 그리고 채권자대위권은 재판상 또는 재판 외에서 행사할 수 있다.

② 채권자는 권리의 행사에 해당하는 모든 행위를 대위할 수 있다. 그런데 채권자대위권은 채무자의 재산을 보전하기 위한 것이므로 그 행사범위는 원칙적으로 관리행위에 그치고, 처분행위는 하지 못한다고 할 것이지만, 채무자의 책임재산의 유지·보전이라는 관점에서 보아 그 목적에 적합하다면, 취소권이나 상계 등과 같이 처분행위에 속하는 것이라도 대위행사 할 수 있다. 그리고 대위행사 할 수 있는 채권의 범위가 피보전채권의 범위로 한정되는지에 관하여 다툼이 있으나, 적어도 피대위채권이 불가분이거나 급부의 목적물이 불가분이라면 그 가액이 피보전채권을 초과하더라도 문제되지 않는다.

2) 통지와 처분권의 제한

제405조(채권자대위권행사의 통지) ① 채권자가 전조 제1항의 규정에 의하여 보전행위이외의 권리를 행사한 때에는 채무자에게 통지하여야 한다.
② 채무자가 전항의 통지를 받은 후에는 그 권리를 처분하여도 이로써 채권자에게 대항하지 못한다.

채권자가 보존행위 외의 채무자의 권리를 대위행사 하는 경우에, 이를 채무자에게 통지하여야 한다(민법 제405조 1항). 그러나 대위권 행사에 채무자의 동의를 받아야 하는 것은 아니다(대판 1963.11.21. 63다634, 채무자가 그 행사에 반대하더라도 대위권 행사가 가능하다고 한다). 그리고 채권자로부터 대위권 행사의 통지를 받은 후에는, 채무자가 대위행사 된 권리를 처분하더라도 그 처분으로 채권자에게 대항할 수 없다(처분권의 제한, 제405조 2항). 대위권 행사의 통지가 없었더라도 채무자가 대위 행사의 사실을 알고 있었다면, 통지가 있었던 것과 마찬가지의 효과가 생긴다(대판 1988.01.19. 85다카1792 ; 대판 2003.01.10. 2000다27343. 채권자가 채권자대위권에 기하여 채무자의 권리를 행사하고 있는 경우에, 그 사실을 채무자에게 통지하였거나 채무자가 그 사실을 알고 있었던 때에는, 채무자가 그 권리를 처분하여도 이로써 채권자에게 대항하지 못한다). 그리고 채무자가 채권자대위권행사의 통지를 받은 후에 채무를 불이행함으로써 통지 전에 체결된 약정에 따라 매매계약이 자동적으로 해제되거나, 채권자대위권행사의 통지를 받은 후에 채무자의 채무불이행을 이유로 제3채무자가 매매계약을 해제한 경우 제3채무자는 계약해제로써 대위권을 행사하는 채권자에게 대항할 수 있다. 다만 형식적으로는 채무자의 채무불이행을 이유로 한 계약해제인 것처럼 보이지만 실질적으로는 채무자와 제3채무자 사이의 합의에 따라 계약을 해제한 것으로 볼 수 있거나, 채무자와 제3채무자가 단지 대위채권자에게 대항할 수 있도록 채무자의 채무불이행을 이유로 하는 계약해제인 것처럼 외관을 갖춘 것이라는 등의 특별한 사정이 있는 경우에는 채무자가 피대위채권을 처분한 것으로 보아 제3채무자는 계약해제로써 대위권을 행사하는 채권자에게 대항할 수 없다[대판(全合) 2012.05.17. 2011다87235].

3) 제3자의 항변권 등

대위권 행사의 통지가 있기 전에 대위의 상대방은 채무자에 대한 항변권(예 : 동시이행의 항변권)을 대위 행사 하는 채권자에 대해서도 주장할 수 있다. 대위권 행사로 인하여 제3자의 지위가 열악하게 될 수는 없기 때문이다. 다만 통지 후에는 채무자의 "처분권"이 제한되므로, 제3채무자가 채무자로부터 면제받았더라도 채무의 소멸을 주장할 수 없다. 채무자가 채권자에 대하여 가지는 항변사유를 제3자가 주장할 수도 없다(대판 1995.05.12. 93다59502 ; 대판 2004.02.12. 2001다10151). 判例는 "채권자가 대위행사 하는 채권의 소멸시효가 완성된 경우 이를 원용할 수 있는 자는 원칙적으로 시효이익을 직접 받는 채무자뿐이므로 채권자대위소송의 제3채무자는 이를 행사할 수 없다(대판 1997.07.22. 97다5749)."고 하였으나, "채권자가 채권자대위소송을 제기한 경우, 제3채무자는 채무자가 채권자에 대하여 가지는 항변권이나 형성권 등과 같이 권리자에 의한 행사를 필요로 하는 사유를 들어 채권자의 채무자에 대한 권리가 인정되는지 여부를 다툴 수 없지만, 채권자의 채무자에 대한 권리의 발생 원인이 된 법률행위가 무효라거나 위 권리가 변제 등으로 소멸하였다는 등의 사실을 주장하여 채권자의 채무자에 대한 권리가 인정되는지 여부를 다투는 것은 가능하고, 이 경우 법원은 제3채무자의 주장을 고려하여 채권자의 채무자에 대한 권리가 인정되는지 여부에 관하여 직권으로 심리·판단하여야 한다(대판 2015.09.10. 2013다55300)."고 한다. 그리고 채권자대위권을 행사함에 있어 채권자가 채무자를 상대로 그 보전되는 청구권에 기한 이행청구의 소를 제기하여 승소판결을 선고받고 그 판결이 확정되면 제3채무자는 그 청구권의 존재를 다툴 수 없게 된다(대판 2007.05.10. 2006다82700).

> *채권자대위권의 피보전권리에 관하여 채권자와 채무자 사이에 확정판결 등이 존재하는 경우 제3채무자가 피보전권리의 존부를 다툴 수 있는지 여부*
>
> 채권자대위권을 행사하는 경우, 채권자가 채무자를 상대로 그 보전되는 청구권에 기한 이행청구의 소를 제기하여 승소판결을 선고받고 그 판결이 확정되었다면, 특별한 사정이 없는 한 그 청구권의 발생원인이 되는 사실관계가 제3채무자에 대한 관계에서도 증명되었다고 볼 수 있다. 그러나 그 청구권의 취득이, 채권자로 하여금 채무자를 대신하여 소송행위를 하게 하는 것을 주목적으로 이루어진 경우와 같이, 강행법규에 위반되어 무효라고 볼 수 있는 경우 등에는 위 확정판결에도 불구하고 채권자대위소송의 제3채무자에 대한 관계에서는 피보전권리가 존재하지 아니한다고 보아야 한다. 이는 위 확정판결 또는 그와 같은 효력이 있는 재판상 화해조서 등이 재심이나 준재심으로 취소되지 아니하여 채권자와 채무자 사이에서는 그 판결이나 화해가 무효라는 주장을 할 수 없는 경우라 하더라도 마찬가지이다[60](대판 2019.01.31. 2017다228618).

(2) 행사의 효과

1) 효과의 귀속주체

대위권 행사의 모든 효과는 채무자에게 귀속되어 전 채권자의 공동담보로 된다. 그러나 대위권을 행사함에 있어서 반드시 채무자에게 급부하라고 요구하여야 하는 것은 아니고, 채권자 자신에게 직접 급부하도록 요구하여도 된다. 즉 채권자에 의한 대위수령이 가능하다. 그리고 제3채무자로부터 급부를 대위수령한 채권자는 그것을 채무자에게 인도하여야 하지만, 채권자의 채무자에 대한 채권과 채무자의 채권자에 대한 인도채권이 상계적상에 있다면, 상계의 의사표시에 의하여 '사실상'의 우선변제를 받을 수 있다. 그 밖에 특정채권의 보전을 위하여 제도가 전용된 경우에 당연히 우선권을 가진다.

2) 비용상환의 문제

제688조(수임인의 비용상환청구권 등) ① 수임인이 위임사무의 처리에 관하여 필요비를 지출한 때에는 위임인에 대하여 지출한 날 이후의 이자를 청구할 수 있다.

채권자대위권을 행사하기 위하여 비용을 지출한 경우에, 채권자는 채무자에 대하여 그 비용의 상환을 청구할 수 있는데, 그 근거로 위임에 준하는 법정채권관계 또는 사무관리를 들 수 있다.

(3) 채권자대위소송과 중복소제기금지, 기판력

1) 중복소제기의 금지

① **채권자대위소송 계속 중에 채무자가 제3채무자에게 소를 제기한 경우**

判例는 "채권자가 채무자를 대위하여 제3채무자를 상대로 제기한 채권자대위소송이 법원에 계속 중 채무

---

[60] ☞ 원고가, 원고의 甲 등에 대한 소유권이전등기청구권을 보전하기 위하여 甲 등을 대위하여 피고들을 상대로 소유권이전등기 등의 말소를 구하는 사안에서, 원고의 甲 등에 대한 피보전권리가 재판상 조정에 의한 것이라 하더라도, 그 내용이 강행법규 위반으로 무효인 이상, 위 조정의 당사자가 아닌 피고들에 대한 관계에서 원고의 甲 등에 대한 소유권이전등기청구권이 존재한다고 볼 수는 없고, 이는 위 조정조서가 준재심절차에 의하여 취소되지 아니하여 그 당사자인 원고와 甲 등 사이에서는 위 소유권이전등기청구권이 존재한다고 하더라도 마찬가지라고 하여, 이 사건 소를 직권으로 각하한 사례

자와 제3채무자 사이에 채권자대위소송과 소송물을 같이하는 내용의 소송이 제기된 경우, 양 소송은 동일 소송이므로 후소는 중복소제기의 금지 원칙에 위배되어 제기된 부적법한 소송이라 할 것이나, 이 경우 전소, 후소의 판별기준은 소송계속의 발생시기의 선후에 의할 것이다(대판 1994.11.25. 94다12517·12524)."라고 하여 긍정설의 입장이다.

② 채무자의 제3채무자에 대한 소송이 계속 중인데 채권자대위소송이 제기된 경우

判例는 "채권자가 채무자를 상대로 제기한 소송이 계속 중 제3자가 채권자를 대위하여 같은 채무자를 상대로 청구취지 및 원인을 같이하는 내용의 소송을 제기한 경우에는 양 소송은 동일소송이므로 후소는 중복제소금지 규정에 저촉 된다(대판 1981.07.07. 80다2751)."고 하여 긍정설의 입장이다. 다만 최근에 "채권자대위권은 채무자가 제3채무자에 대한 권리를 행사하지 아니하는 경우에 한하여 채권자가 자기의 채권을 보전하기 위하여 행사할 수 있는 것이기 때문에 채권자가 대위권을 행사할 당시 이미 채무자가 그 권리를 재판상 행사하였을 때에는 설사 패소의 확정판결을 받았더라도 채권자는 채무자를 대위하여 채무자의 권리를 행사할 당사자적격이 없다(대판 2009.03.12. 2008다65839;대판 1993.03.26. 92다32876)."고 하여 당사자적격 흠결로 보아 각하 하는 경향이다(이시윤).

③ 채권자대위소송이 계속 중인데 또 다른 채권자가 채권자대위소송을 제기한 경우

判例는 "채권자대위소송의 계속 중 다른 채권자가 같은 채무자를 대위하여 같은 제3채무자를 상대로 법원에 출소한 경우 두개 소송의 소송물이 같다면 후소는 중복제소금지의 원칙에 위배하여 제기된 부적법한 소송으로서 각하를 면할 수 없다(대판 1989.04.11. 87다카3155)."고 하여 긍정설의 입장이다.

2) 기판력

채권자가 채권자 대위권을 행사하는 방법으로 제3채무자를 상대로 소송을 제기하고 판결을 받은 경우에는 어떠한 사유로 인하였던 적어도 채무자가 채권자 대위권에 의한 소송이 제기된 사실을 알았을 경우에는 채무자에게도 그 판결의 효력이 미친다(대판(全合) 1975.5.13. 74다1664). 다만 이때 채무자에게도 기판력이 미친다는 의미는 채권자대위소송의 소송물인 피대위채권의 존부에 관하여 채무자에게도 기판력이 인정된다는 것이고, 채권자대위소송의 소송요건인 피보전채권의 존부에 관하여 당해 소송의 당사자가 아닌 채무자에게 기판력이 인정된다는 것은 아니다. 따라서 채권자가 채권자대위권을 행사하는 방법으로 제3채무자를 상대로 소송을 제기하였다가 채무자를 대위할 피보전채권이 인정되지 않는다는 이유로 소각하 판결을 받아 확정된 경우 그 판결의 기판력이 채권자가 채무자를 상대로 피보전채권의 이행을 구하는 소송에 미치는 것은 아니다(대판 2014.01.23. 2011다108095). 그리고 어느 채권자가 채권자대위권을 행사하는 방법으로 제3채무자를 상대로 소송을 제기하여 판결을 받은 경우, 어떠한 사유로든 채무자가 채권자대위소송이 제기된 사실을 알았을 경우에 한하여 그 판결의 효력이 채무자에게 미치므로, 이러한 경우에는 그 후 다른 채권자가 동일한 소송물에 대하여 채권자대위권에 기한 소를 제기하면 전소의 기판력을 받게 된다고 할 것이지만, 채무자가 전소인 채권자대위소송이 제기된 사실을 알지 못하였을 경우에는 전소의 기판력이 다른 채권자가 제기한 후소인 채권자대위소송에 미치지 않는다(대판 1994.08.12. 93다52808).

II. 채권자취소권

제406조(채권자취소권) ① 채무자가 채권자를 해함을 알고 재산권을 목적으로 한 법률행위를 한 때에는 채권자는 그 취소 및 원상회복을 법원에 청구할 수 있다. 그러나 그 행위로 인하여 이익을 받은 자나 전득한 자가 그 행위 또는 전득당시에 채권자를 해함을 알지 못한 경우에는 그러하지 아니하다. ② 전항의 소는 채권자가 취소원인을 안 날로부터 1년, 법률행위 있은 날로부터 5년내에 제기하여야 한다.

제407조(채권자취소의 효력) 전조의 규정에 의한 취소와 원상회복은 모든 채권자의 이익을 위하여 그 효력이 있다.

1. 존재이유

채무자의 재산의 일탈을 방지할 수 있는 제도로는 강제집행이나 집행보전절차로서의 압류, 가압류 또는 처분금지가처분제도가 있다. 그러나 이러한 제도는 채무자재산의 현상유지만을 목적으로 할 뿐이다. 따라서 이미 행해진 채무자의 재산처분행위를 부인하고 일탈된 책임재산을 회복하여 장래의 강제집행을 가능하게 하는 제도로서 채권자취소권제도가 그 기능을 발휘하게 된다.

	형성권설	청구권설	병합설	책임설
판결의 효력	절대적 무효	법률행위 효력에 영향 없음	취소의 효과는 악의의 수익자나 전득자에 대한 관계에서만 발생 (상대적 무효)	취소는 책임법적으로만 효과가 있어 일탈재산에 대한 집행가능성의 회복을 가져올 뿐, 사해행위 효력 자체를 취소하는 것이 아님
소의 피고	채무자와 수익자(악의의 전득자 포함) 양자	수익자 또는 전득자만 피고	수익자 또는 전득자만 피고	수익자 또는 전득자만 피고
청구취지와 판결주문	반드시 사해행위의 취소를 적어야 함	사행행위 취소는 적을 필요 없고, 일탈재산의 반환을 구해야함	원칙적으로 취소와 반환(원상회복)의 양쪽을 구해야 함(채무면제 등의 경우에는 취소만으로 족함)	책임법적 취소와 강제집행의 수인을 구해야 함

2. 법적 성질[61]

(1) 상대적 효력설(=병합설)

본래 취소한 법률행위는 처음부터 무효이나, 상대적 효력설에 의하면 채권자취소권에 의한 취소의 효과는 상대적이라고 하면서, 채권자취소권을 사해행위의 취소와 일탈된 재산의 반환을 청구하는 권리로 본다. 따라서 채권자는 그 권리를 실현하기 위해서 사해행위의 효력을 취소하는 형성소송 또는 목적물의 반환을 내용으로 하는 이행소송만을 제기할 수 있으나, 원칙적으로 형성소송에 이행소송을 부가하는 소송형식을 취한다. 또한 채권자취소권의 상대방은 이득반환청구의 상대방인 수익자 또는 전득자이며, 채무자에게는 피고적격이 인정되지 않는다(대판 1988.02.23. 87다카1586). 그리고 채권자취소권의 행사로 일탈재산이 채무자에게 반환되기는 하나, 취소의 효력은 소송의 당사자인 채권자와 수익자 또는 전득자 사이에 대해서만 미칠 뿐이다. 즉, 채무자와의 사이에 원래의 법률행위는 여전히 유효한 것으로 남는다.

---

[61] **책임설**: 채권자취소권제도는 사해행위에 의하여 일탈된 책임재산의 귀속회복을 목표로 하는 것이 아니라 일탈재산의 책임법상의 지위회복, 즉 당해 목적물을 채권자에 대한 책임재산의 지위에 머물러 있게 하여 그에 대한 강제집행을 준비하기 위한 제도로 이해한다. 소송형태는, 채권자취소권이 책임법적 무효라는 효과를 발생시키는 실체법상의 형성권이라는 점에서 형성의 소가 된다. 책임설에서도 소송의 상대방은 수익자 또는 전득자만이 될 수 있지만 상대적 무효설과는 달리, 피고가 되는 자는 채무자로부터 취득한 재산을 가지고 채권자에 대하여 책임을 부담하는 지위에 서게 되므로 마치 물상보증인과 유사한 책임을 부담하게 된다. 그러나 채권자가 수익자 또는 전득자 소유의 목적물에 대해 강제집행을 행하기 위해서는 채권자취소판결의 확정 이후 또는 형성의 소에 부가해서 집행수인의 소를 제기해야만 하는데, 민사소송법에서는 이러한 소송을 인정하지 않아 문제가 있다.

(2) 判 例 - 상대적 효력설

채권자가 사해행위의 취소와 함께 수익자 또는 전득자로부터 책임재산의 회복을 구하는 사해행위취소의 소를 제기한 경우 그 취소의 효과는 채권자와 수익자 또는 전득자 사이의 관계에서만 생기는 것이므로, 수익자 또는 전득자가 사해행위의 취소로 인한 원상회복 또는 이에 갈음하는 가액배상을 하여야 할 의무를 부담한다고 하더라도 이는 채권자에 대한 관계에서 생기는 법률효과에 불과하고 채무자와 사이에서 그 취소로 인한 법률관계가 형성되는 것은 아니고, 그 취소의 효력이 소급하여 채무자의 책임재산으로 회복되는 것도 아니라 할 것이다(대판 2006.08.24. 2004다23110).

3. 요건

(1) 피보전채권의 존재

1) 피보전채권의 적격

특정채권의 보전을 위하여 채권자취소권을 행사할 수 있는지 문제되는데, 채권자대위권과 달리 判例는 이를 부정한다. 채권자취소권은 채권자의 공동담보인 채무자의 책임재산의 감소를 방지하기 위한 것이기 때문이다(제407조). 그러나 특정채권이 금전채권으로 된 후에는 당연히 피보전채권으로 될 수 있다.

2) 피보전채권의 성립시기

채권자취소권에 의하여 보전되는 채권은 원칙적으로 사해행위라고 할 수 있는 행위가 행하여지기 전에 발생하여야 한다. 재산을 감소시키는 행위로 인하여 그 후에 권리를 취득한 채권자를 해친다고 할 수는 없기 때문이다. 다만 判例는 이러한 원칙에 대한 예외를 인정한다. 즉 그 사해행위 당시에 이미 채권성립의 기초가 되는 법률관계가 발생되어 있고, 가까운 장래에 그 법률관계에 기하여 채권이 성립할 것이라는 고도의 개연성이 있으며, 실제로 가까운 장래에 그 개연성이 현실화 되어 채권이 성립한 경우에 한해서 예외적으로 그 채권도 채권자취소권의 피보전채권이 될 수 있다[62](대판 2007.06.29. 2006다66753). 그리고 채무자가 채권자를 해한다는 사해의사로써 행한 채권의 공동담보를 감소시키는 행위는 형평과 도덕적 관점에서 허용할 수 없다는 채권자취소권제도의 취지에 근거한 것으로서, 특히 여기에서의 채권성립의 기초가 되는 법률관계는 당사자 사이의 약정에 의한 법률관계에 한정되는 것이 아니고, 채권성립의 개연성이 있는 준법률관계나 사실관계 등을 널리 포함하는 것으로 보아야 한다(대판 2002.11.08. 2002다42957).

(2) 객관적 요건(사해행위 존재)

1) 사해행위

채무자가 행한 재산상의 법률행위가 "채권자를 해"하여야 한다(민법 제406조 1항 본문). 즉 채무자의 법률행위의 결과 그의 재산이 감소하여 채권자가 충분히 채권의 만족을 받을 수 없게 될 염려가 있을 것이 필요하다. 이러한 결과를 발생시키는 법률행위를 사해행위라고 한다. 사해행위는 재산상의 법률행위이어야 한

---

[62] 채권자취소권에 의하여 보호될 수 있는 채권은 원칙적으로 사해행위라고 볼 수 있는 행위가 행하여지기 전에 발생된 것임을 요하지만, 그 사해행위 당시에 이미 채권 성립의 기초가 되는 법률관계가 발생되어 있고, 가까운 장래에 그 법률관계에 기하여 채권이 성립되리라는 점에 대한 고도의 개연성이 있으며, 실제로 가까운 장래에 그 개연성이 현실화되어 채권이 성립된 경우에는 예외적으로 그 채권도 채권자취소권의 피보전채권이 될 수 있다. 왜냐하면, 위와 같은 경우에도 채권자를 위하여 책임재산을 보전할 필요가 있고, 채무자에게 채권자를 해한다는 점에 대한 인식이 있었다고 볼 수 있기 때문이다. 다만 여기서 채무자의 재산처분행위 이후에 발생한 채권에 대하여 채권자취소권을 인정하기 위한 요건으로서의 고도의 개연성은 단순히 향후 채권이 발생할 가능성이 있는 정도에 그쳐서는 안 되고, 적어도 채무자의 사해의사를 추단할 수 있는 객관적 사정이 존재하여 일반적으로 누구라도 채권의 발생을 예견할 수 있을 정도에 이르렀다고 볼 만한 상태에서 채무자의 재산처분행위가 이루어졌어야 하며, 구체적으로 이러한 고도의 개연성이 있는지 여부는 채권자와 채무자 사이의 기초적 법률관계의 내용, 채무자의 재산 상태 및 그 변화 내용, 일반적으로 그와 같은 상태에서 채권이 발생하는 빈도 및 이에 대한 일반인의 인식 정도, 채무자의 재산처분행위와 채권 발생과의 시간적 간격 등 여러 가지 사정을 종합하여 객관적으로 판단하여야 한다(대판 2013.02.14. 2012다83100).

다. 채권자취소권이 책임재산, 즉 강제집행의 객체인 재산의 회복·유지를 목적으로 하기 때문이다. 그런데 사해행위에 계약뿐만 아니라 단독행위(예 : 채무면제)도 포함되며, 그 밖에 채무자의 재산을 감소시키는 것이라면 준법률행위 등도 포함되지만, 단순한 부작위나 사실행위는 이에 포함되지 않는다. 그리고 통정허위표시가 민법 제406조의 요건을 충족하는 경우에, 허위표시를 한 채무자의 채권자가 채권자취소권을 행사할 수 있다고 함이 통설·판례의 입장이다. 채권자를 '해함'이라고 할 수 있기 위하여 사해행위 당시 채무자가 채무를 변제하기에 충분한 자산을 가지고 있지 않아야 한다. 즉 행위 직후의 채무자의 적극재산이 소극재산에 미치지 못하여야 한다(즉 채무자의 무자력. 채무자의 적극재산에는 조건부 또는 기한부 채권도 포함된다). 채무초과의 사실은 사해행위 시에 존재하여야 하며, 또한 채권자취소권의 행사시(즉 사실심의 변론종결 시)에도 존재하여야 한다.

2) 사해행위에 해당하는지 여부가 문제되는 경우

① **변제**

특정한 채권자에 대한 변제가 사해행위로 되는가에 대하여, 통설은 변제에 의하여 적극재산이 감소되지만 동시에 소극재산도 감소되므로 전체로서의 채무자의 자력에 증감이 없고, 채무자는 다른 채권자가 있더라도 변제를 거절하지 못하기 때문에 원칙적으로 사해행위로 되지 않지만, 일부채권자와 통모하여 다른 채권자를 해할 의사를 가지고 변제하는 경우에 사해행위가 성립한다고 한다.

② **대물변제**

통설은 대물변제가 변제와 동일한 효력을 가지는 것으로 기존채무를 소멸시키기 위하여 상당한 가격으로 행하여진 이상 변제에서와 같은 이유로 사해행위로 되지 않고, 다만 특정채권자와 통모하여 채권자의 채권액을 초과하는 내용의 대물변제는 사해행위로 된다고 한다. 判例는 대물이 상당한 가격으로 평가되었다면 사해행위가 성립하지 않는다고 하지만(대판 1967.04.25. 67다75), 그것이 사해행위인지 여부를 판단하는 유일한 요소가 아니다. 즉 이미 채무초과상태에 빠진 채무자가 특정부동산을 일부채권자에게 대물변제로 넘겨주는 것은 원칙적으로 사해행위로 된다고 한다(대판 2000.09.29. 2000다3262).

③ **부동산 기타 재산의 처분**

부동산 기타 재산을 무상으로 양도하거나 부당하게 염가로 매각하는 행위가 사해행위에 해당함은 당연하다(대판 1990.11.23. 90다카24762). 그리고 判例는 기본적으로 채무자가 채무 있음을 알면서 자기의 유일한 재산인 부동산을 매각하여 소비하기 쉬운 금전으로 바꾸는 행위로 그 매각이 일부 채권자에 대한 정당한 변제에 충당하기 위하여 상당한 매각으로 이루어졌다던가 하는 특별한 사정이 없는 한, 항상 채권자에 대하여 사해행위가 된다고 볼 것이므로 채무자의 사해의 의사는 추정되는 것이고 이를 매수한 수익자에게 악의가 없었다는 입증책임은 그 수익자 자신에게 있다고 한다(대판 1966.10.04. 66다1535).

④ **담보의 제공**

判例는 이미 채무초과의 상태에 빠져 있는 채무자가 그의 유일한 재산인 부동산을 채권자 중 어느 한 사람에게 채권담보로 제공하는 행위는 특별한 사정이 없는 한 다른 채권자들에 대한 관계에서 사해행위로 된다고 하였다(대판 2002.04.12. 2000다43352). 채무자가 인적 담보를 부담하는 경우에는 사해행위가 인정된다.

(3) 주관적 요건(악의)

1) 채무자의 악의

① 채무자가 그의 법률행위에 의하여 "채권자를 해함을 알고" 있어야 한다(민법 제406조 1항 본문). 채권자를 해함을 안다는 채무자의 악의, 즉 사해의사는 채무자의 재산처분행위에 의하여 그 재산이 감소되어 채권의 공동담보에 부족이 생기거나 이미 부족한 상태에 있는 공동담보가 한층 더 부족하게 됨으로써 채권자의 채권을 완전하게 만족시킬 수 없게 된다는 사실을 인식하는 것을 의미하고, 그러한 인식은 일반채권자에 대

한 관계에서 있으면 충분하며 특정채권자를 해한다는 인식이 있어야 하는 것은 아니다.

② 채무자의 사해의사 유무의 판단은 사해행위 당시를 기준으로 한다. 그런데 사해행위 당시의 사정은 물론 사해행위라고 주장하는 행위 이후의 채무자의 변제노력과 채권자 태도 등도 사해의사의 유무를 판단함에 있어서 다른 사정과 더불어 간접사실로 삼을 수 있다(대판 2003.12.12. 2001다57884).

③ 채무자의 악의의 점에 대하여는 그 취소를 주장하는 채권자에게 입증책임이 있으나 수익자 또는 전득자가 악의라는 점에 관하여는 입증책임이 채권자에게 있는 것이 아니고 수익자 또는 전득자 자신에게 선의라는 사실을 입증할 책임이 있다(대판 1997.05.23. 95다51908).

2) 취소권 행사의 상대방(즉 수익자 또는 전득자)의 악의

채무자와 거래를 한 상대방(즉 수익자) 또는 수익자로부터 재산권을 전득한 자(전득자)가 사해의 사실을 알고 있어야 한다(민법 제406조 1항 단서). 채권자는 수익자 또는 전득자 중에서 악의인 자에 대하여 취소권을 행사할 수 있다. 선·악의는 사해행위 또는 전득 당시를 기준으로 한다. 선의의 증명책임은 수익자 또는 전득자에게 있다.

4. 행사 및 그 효과

(1) 행사의 당사자

1) 취소권자

사해행위에 의하여 그의 채권 전부의 변제를 받을 수 없게 된 채권자(피보전채권의 채권자)는 누구나 채권자취소권을 행사할 수 있다. 피보전채권의 채권자도 채권자취소권을 대위행사 할 수 있다.

2) 상대방(채권자취소소송의 피고)

채권자취소권 행사의 상대방은 언제나 이득반환청구의 상대방, 즉 수익자[63] 또는 전득자이고, 채무자는 상대방이 아니다. 따라서 채무면제와 같은 단독행위를 취소하는 경우에도 채무면제로 인하여 이익을 받은 수익자만 상대방으로 한다. 그리고 수익자와 전득자가 모두 악의라면, 채권자의 선택에 따라 전득자를 피고로 하여 그에 대한 관계에서 사해행위를 취소하고 그로부터 일탈된 재산의 반환을 청구할 수 있고, 수익자를 피고로 하여 그에 대한 관계에서 사해행위를 취소하고 그에게 채무자의 재산으로부터 일탈된 본래의 재산에 갈음하여 가액의 배상을 청구할 수도 있다. 그리고 수익자가 악의이고 전득자가 선의인 경우에, 채권자는 수익자에 대해서만 채권자취소권을 행사할 수 있을 뿐이므로, 수익자에 대하여 손해배상을 청구하거나 전득자에게 영향을 주지 않는 범위 내에서 재산의 반환을 청구할 수 있다.

(2) 행사의 방법

1) 재판상 행사

채권자는 사해행위 "취소 및 원상회복을 법원에 청구할 수 있다"(민법 제406조 1항 본문). 따라서 채권자는 채권자취소권을 재판상으로만 행사할 수 있다(대판 1978.06.13. 78다404, 사해행위취소에 관한 주장은 취소의 선언을 소구하지 않고, 단지 항변으로는 할 수 없다). 그리고 채권자취소권을 인용하는 판결은, 채무면제에서와 같이 사해행위의 취소만으로 목적을 달성하는 경우나 취소만을 구하는 경우에 취소의 판결(형성판결)을

---

[63] 사해행위인 매매예약에 기하여 수익자 앞으로 가등기를 마친 후 전득자 앞으로 가등기 이전의 부기등기를 마치고 나아가 가등기에 기한 본등기까지 마쳤다 하더라도, 위 부기등기는 사해행위인 매매예약에 기초한 수익자의 권리의 이전을 나타내는 것으로서 부기등기에 의하여 수익자로서의 지위가 소멸하지는 아니하며, 채권자는 수익자를 상대로 사해행위인 매매예약의 취소를 청구할 수 있다. 그리고 설령 부기등기의 결과 가등기 및 본등기에 대한 말소청구소송에서 수익자의 피고적격이 부정되는 등의 사유로 인하여 수익자의 원물반환의무인 가등기말소의무의 이행이 불가능하게 된다 하더라도 달리 볼 수 없으며, 특별한 사정이 없는 한 수익자는 가등기 및 본등기에 의하여 발생된 채권자들의 공동담보 부족에 관하여 원상회복의무로서 가액을 배상할 의무를 진다(대판(全合) 2015.05.21. 2012다952).

내리게 되고, 사해행위를 취소하고 아울러 재산의 반환을 구하는 경우에는 취소와 동시에 재산의 반환을 명하는 판결(이행판결=급부판결)을 내리게 된다.

2) 채권자의 이름으로 행사

채권자취소권은 소송상 채권자의 이름으로 행사되고, 채권자가 채무자의 대리인이 되어 행사하는 것은 아니다.

(3) 행사의 범위

1) 취소의 범위

① 원칙

사해행위의 취소가 거래의 안전에 미치는 영향이 클 뿐만 아니라 원래 적법·유효한 채무자의 재산처분행위를 채권자가 그의 채권보전을 위하여 취소하는 것이므로 채권액을 초과하여 취소나 원상회복을 허용한다면 취소상대방인 수익자나 전득자에게 큰 피해를 줄 염려가 있다. 그래서 원칙적으로 취소는 채권자취소권을 행사하는 채권자의 사해행위 당시의 채권액을 표준으로 하며, 다른 채권자가 있더라도 취소권자의 채권액을 넘어 취소하지 못한다[64].

② 예외

예를 들어 1필의 토지의 증여에서와 같이 사해행위의 목적물이 불가분이거나 다른 채권자가 배당참가 할 것이 명백하여 채권자가 자기 손실을 피하기 위하여 필요한 경우에, 그의 채권액을 초과하여 취소권을 행사할 수 있다.

2) 원상회복의 방법

① 원칙 - 원물반환(등기말소나 진정명의회복의 이전등기)

사해행위의 목적물 자체의 반환이 가능한 경우에 원칙적으로 그 목적물의 반환을 청구하여야 하며, 특별한 사정이 없는 한 그 목적물의 가액의 반환을 청구하지 못한다. 일부취소의 경우에도 사해행위의 목적물이 가분이라면, 그 분할한 것의 반환만을 청구하여야 한다.

② 예외 - 가액반환

거래관념상 원물반환이 불가능하거나 현저히 곤란한 경우에는 예외적으로 가액을 반환하여야 한다. 원고가 가액배상을 구하는 경우에는 예외적으로 그것이 허용되는 사정에 관한 사실을 주장·입증하여야 한다. 그런데 가액은 사실심 변론종결시를 기준으로 하여 산정되며, 저당권이 선순위로 설정된 부동산이 사해행위로 양도된 후 그 저당권이 소멸된 경우에는 공평의 원칙상 가액배상만 가능하다. 그리고 가액반환의 경우에 수익자가 자기의 채무에 대한 채권을 자동채권으로 하는 상계를 주장할 수 없다. 원고가 사해행위 전부의 취소와 원물반환을 구하고 있더라도 그 청구취지 중에는 사해행위 일부취소와 가액배상을 구하는 취지도 포함되어 있으므로 법원으로서는 청구취지의 변경이 없더라도 가액배상을 명할 수 있다(대판 2001.06.1

---

[64] 사해행위취소의 소에서 채무자가 수익자에게 양도한 목적물에 저당권이 설정되어 있는 경우라면 그 목적물 중에서 일반채권자들의 공동담보에 제공되는 책임재산은 피담보채권액을 공제한 나머지 부분만이라고 할 것이고 그 피담보채권액이 목적물의 가액을 초과할 때는 당해 목적물의 양도는 사해행위에 해당한다고 할 수 없다. 그런데 수 개의 부동산에 공동저당권이 설정되어 있는 경우 책임재산을 산정함에 있어 각 부동산이 부담하는 피담보채권액은 특별한 사정이 없는 한 민법 제368조의 규정 취지에 비추어 공동저당권의 목적으로 된 각 부동산의 가액에 비례하여 공동저당권의 피담보채권액을 안분한 금액이라고 보아야 한다. 그러나 그 수 개의 부동산 중 일부는 채무자의 소유이고 다른 일부는 물상보증인의 소유인 경우에는, 물상보증인이 민법 제481조, 제482조의 규정에 따른 변제자대위에 의하여 채무자 소유의 부동산에 대하여 저당권을 행사할 수 있는 지위에 있는 점 등을 고려할 때, 그 물상보증인이 채무자에 대하여 구상권을 행사할 수 없는 특별한 사정이 없는 한 채무자 소유의 부동산에 관한 피담보채권액은 공동저당권의 피담보채권액 전액으로 봄이 상당하다. 이러한 법리는 하나의 공유부동산 중 일부 지분이 채무자의 소유이고, 다른 일부 지분이 물상보증인의 소유인 경우에도 마찬가지로 적용된다(대판 2016.08.18. 2013다90402 ; 대판(全合) 2013.07.18. 2012다5643).

2. 99다20612). 가액배상은 ① 채권자의 피보전채권, ② 목적물의 공동담보가액 ③ 수익자, 전득자가 취득한 이익 중 가장 적은 금액을 한도로 이루어진다. 그리고 사해행위취소로 인한 원상회복으로서 원물반환이 아닌 가액배상을 명하는 경우에는 그 이행의 상대방은 채권자이어야 한다(대판 2008.04.24. 2007다84352).

(4) 행사의 효과

1) 원칙

채권자취소권 행사의 효과는 "모든 채권자의 이익을 위하여 그 효력이 있다"(민법 제407조). 즉 채무자의 책임재산의 증가라는 결과를 가져온다. 따라서 취소권을 행사한 채권자이더라도, 취소권에 의하여 회복된 재산에 대하여 다시 강제집행절차를 밟지 않으면 그것을 자기 채권의 변제에 충당할 수 없다. 즉 채권자가 회복된 재산으로부터 우선변제를 받을 권리는 없다. 다만 채권자가 회복재산을 대위수령 할 수 있는데, 채권자의 채무자에 대한 채권과 채무자의 회복된 재산에 대한 반환채권이 상계적상에 있으면 상계의 의사표시에 의하여 '사실상'의 우선변제를 받을 수 있다.

2) 취소의 상대효

사해행위취소의 효과는 상대적이어서, 취소권자인 채권자와 상대방인 수익자 또는 전득자에서만, 즉 취소소송의 당사자 사이에서만 사해행위를 무효로 만들 뿐이고, 채무자 및 취소의 상대방으로 되지 않는 수익자 또는 전득자에 대한 관계에서는 법률행위(사해행위)가 유효하게 존속한다. 이것을 상대적 취소 또는 취소의 상대효라고 한다[65](대판 2006.08.24. 2004다23110).

3) 채무자·수익자·전득자 사이의 관계

채무자 · 수익자 사이의 법률행위(사해행위)와 수익자 · 전득자 사이의 법률행위는 채권자취소권의 행사에 의하여 영향을 받지 않고 여전히 유효하다. 이러한 경우에 취소의 상대방인 수익자 또는 전득자는 사해행위취소의 결과 재산상의 손실을 입게 된다. 이 경우 손실보상의 방법이 문제가 되는데, 수익자 또는 전득자는 타인의 채무를 변제한 것과 동일한 지위에 놓이게 되므로, 채무자가 이득을 얻은 한도에서 채무자에 대하여 부당이득의 반환을 청구할 수 있다.

5. 채권자취소권의 소멸

> **제406조(채권자취소권)** ② 전항의 소는 채권자가 취소원인을 안 날로부터 1년, 법률행위 있은 날로부터 5년내에 제기하여야 한다.

민법 제406조 제2항은 채권자취소의 "소는 채권자가 취소원인을 안 날로부터 1년, 법률행위 있은 날로부터 5년 내에 제기하여야 한다"고 규정하고 있다. 그런데 "법률행위가 있은 날"이란 사해행위에 해당하는 법률행위가 실제로 이루어진 날을 의미한다. 그리고 "채권자가 취소원인을 안 날"이란 채권자가 채권자취소권의 요건을 안 날, 즉 채무자가 채권자를 해함을 알면서 사해행위를 하였다는 사실을 알게 된 날을 의미하는

---

[65] [1] 사해행위의 취소는 채권자와 수익자의 관계에서 상대적으로 채무자와 수익자 사이의 법률행위를 무효로 하는 데에 그치고 채무자와 수익자 사이의 법률관계에는 영향을 미치지 아니하므로, 채무자와 수익자 사이의 부동산매매계약이 사해행위로 취소되고 그에 따른 원상회복으로 수익자 명의의 소유권이전등기가 말소되어 채무자의 등기명의가 회복되더라도, 그 부동산은 취소채권자나 민법 제407조에 따라 사해행위 취소와 원상회복의 효력을 받는 채권자와 수익자 사이에서 채무자의 책임재산으로 취급될 뿐, 채무자가 직접 부동산을 취득하여 권리자가 되는 것은 아니다. [2] 채무자가 사해행위 취소로 등기명의를 회복한 부동산을 제3자에게 처분하더라도 이는 무권리자의 처분에 불과하여 효력이 없으므로, 채무자로부터 제3자에게 마쳐진 소유권이전등기나 이에 기초하여 순차로 마쳐진 소유권이전등기 등은 모두 원인무효의 등기로서 말소되어야 한다. 이 경우 취소채권자나 민법 제407조에 따라 사해행위 취소와 원상회복의 효력을 받는 채권자는 채무자의 책임재산으로 취급되는 부동산에 대한 강제집행을 위하여 원인무효 등기의 명의인을 상대로 등기의 말소를 청구할 수 있다(대판 2017.03.09. 2015다217980).

데, 단순히 채무자가 재산의 처분행위를 하였다는 사실을 아는 것만으로는 부족하고 그 법률행위가 채권자를 해하는 행위라는 것, 즉 그에 의하여 채권의 공동담보에 부족이 생기거나 이미 부족상태에 있는 공동담보가 한층 더 부족하게 되어 채권을 완전하게 만족시킬 수 없게 되었으며 나아가 채무자에게 사해의 의사가 있었다는 사실까지 알 것을 요한다(대판 2006.08.24. 2004다23110). 이 기간은 제척기간이고, 따라서 법원은 직권으로 그 기간 준수 여부를 심리하여야 한다(대판 2001.02.27. 2000다44348). 그리고 제척기간의 도과에 관한 증명책임은 채권자취소소송의 상대방에게 있다(대판 2009.03.26. 2007다63102). 또한 채권자가 전득자를 상대로 민법 제406조 제1항에 의한 채권자취소권을 행사하기 위하여는 같은 조 제2항에서 정한 기간 안에 채무자와 수익자 사이의 사해행위취소를 법원에 소를 제기하는 방법으로 청구하여야 하는 것이고, 채권자가 수익자를 상대로 사해행위취소를 구하는 소를 제기하여 채무자와 수익자 사이의 법률행위를 취소하는 내용의 판결이 선고되어 확정되었더라도 판결의 효력은 그 소송의 피고가 아닌 전득자에게는 미치지 아니하므로, 채권자가 전득자에 대하여 채권자취소권을 행사하여 원상회복을 구하기 위하여는 민법 제406조 제2항에서 정한 기간 안에 별도로 전득자에 대한 관계에서 채무자와 수익자 사이의 사해행위를 취소하는 청구를 하여야 한다. 이는 기존 전득자 명의의 등기가 말소된 후 다시 새로운 전득자 명의의 등기가 경료 되어 새로운 전득자에 대한 관계에서 채무자와 수익자 사이의 사해행위를 취소하는 청구를 하는 경우에도 마찬가지이다(대판 2014.02.13. 2012다204013).

6. 채권자취소권과 중복소송, 기판력

(1) 중복소제기의 금지 여부

判例는 "채권자취소권의 요건을 갖춘 각 채권자는 고유의 권리로서 채무자의 재산처분 행위를 취소하고 그 원상회복을 구할 수 있는 것이므로 각 채권자가 동시 또는 이시에 채권자취소 및 원상회복소송을 제기한 경우 이들 소송이 중복제소에 해당하는 것이 아니다. 어느 한 채권자가 동일한 사해행위에 관하여 채권자취소 및 원상회복청구를 하여 승소판결을 받아 그 판결이 확정되었다는 것만으로 그 후에 제기된 다른 채권자의 동일한 청구가 권리보호의 이익이 없어지게 되는 것은 아니고, 그에 기하여 재산이나 가액의 회복을 마친 경우에 비로소 다른 채권자의 채권자취소 및 원상회복청구는 그와 중첩되는 범위 내에서 권리보호의 이익이 없게 된다(대판 2003.07.11. 2003다19558)."고 판시하였고, 최근에는 "채권자가 사해행위취소 및 원상회복청구를 하면서 보전하고자 하는 채권을 추가하거나 교환하는 것은 사해행위취소권과 원상회복청구권을 이유 있게 하는 공격방법에 관한 주장을 변경하는 것일 뿐이지 소송물 또는 청구 자체를 변경하는 것이 아니므로, 채권자가 보전하고자 하는 채권을 달리하여 동일한 법률행위의 취소 및 원상회복을 구하는 채권자취소의 소를 이중으로 제기하는 경우 전소와 후소는 소송물이 동일하다고 보아야 하고, 이는 전소나 후소 중 어느 하나가 승계참가신청에 의하여 이루어진 경우에도 마찬가지이다(대판 2012.07.05. 2010다80503)."고 판시한다.

(2) 기판력 여부

사해행위취소판결의 기판력은 그 취소권을 행사한 채권자와 그 상대방인 수익자 또는 전득자와의 상대적인 관계에서만 미칠 뿐 그 소송에 참가하지 아니한 채무자 또는 채무자와 수익자 사이의 법률관계에는 미치지 아니 한다(대판 1988.02.23. 87다카1989).

	채권자대위권	채권자취소권
연혁	프랑스 → 일본	로마법 → 프랑스·독일 → 일본
피보전권리의 발생시기	채무자의 권리보다 먼저 발생할 필요 없음	사해행위 보다 먼저 발생해야 함
피보전권리의 이행기 도래 여부	원칙적으로 이행기가 도래해야 함	이행기 도래할 필요 없음
피보전권리가 금전채권에 한하는지 여부	금전채권에 한하지 않고, 특정채권도 가능(대위권의 전용)	원칙적으로 금전채권에 한함.
고유의 권리인지 여부	고유한 권리 아님(채무자의 권리를 대신 행사)	채권자의 고유한 권리
행사의 방법	재판상, 재판 외 행사 가능	재판상 행사만 가능
행사의 상대방	제3채무자	수익자 or 전득자
행사의 효과	채무자에게 귀속(민소법 제218조 3항 참고)	채무자에게 귀속하지 않고, 채권자와 수익자 or 전득자 사이에만 발생(민소법 제218조 1항). 상대적 취소
기판력의 주관적 범위	채무자가 대위소송 계속 중임을 안 경우 미침(민소법 제218조 3항 수정 해석, 절차보장설, 제218조 1항은 당연 적용)	채무자에게 미치지 않음(민소법 제218조 1항만 적용).
중복소송 여부	중복소송 문제 생김	원칙적으로 중복소송 문제 생기지 않음
제척기간	적용 없음	1년, 5년(제406조 2항)

제6절 분할채권관계, 불가분채권과 불가분채무

Ⅰ. 분할채권관계

제408조(분할채권관계) 채권자나 채무자가 수인인 경우에 특별한 의사표시가 없으면 각 채권자 또는 각 채무자는 균등한 비율로 권리가 있고 의무를 부담한다.

1. 의의

민법상 다수당사자의 채권관계는 원칙적으로 분할채권관계이고 채권의 성질상 또는 당사자의 약정에 기하여 특히 불가분으로 하는 경우에 한하여 불가분채권관계로 되는 것이다(대판 1992.10.27. 90다13628).

2. 분할채권관계가 성립하는 경우

(1) 분할채권

1) 손해배상청구권을 상속한 공동상속인들의 청구

손해배상청구권을 상속한 공동상속인들의 청구를 인정함에 있어서 각자의 상속분이 법정되어 있음에도 불구하고 배상의무자에 대하여 전액에 대한 연대지급을 명한 것은 위법이다(대판 1962.05.03. 4294민상1105).

  2) 공유자의 공유지분에 따른 임료상당청구권, 손해배상청구권

  대지 공유자의 공유지분에 따른 임료상당청구권은 각자의 지분에 따른 비율의 한도에서만 행사할 수 있고 다른 공유자의 지분에 대하여는 청구권이 없다(대판 1977.09.13. 77다1366 · 1367 · 1368). 공유물에 끼친 불법행위를 이유로 하는 손해배상청구권은 특별한 사유가 없는 한 각 공유자는 그 지분에 대응하는 비율의 한도 내에서만 이를 행사할 수 있다(대판 1970.04.14. 70다171).

  3) 매도인 및 매수인이 수인인 매매계약이 무효인 경우, 계약금 상당액의 부당이득반환채권

  채권자나 채무자가 여러 사람인 경우에 특별한 의사표시가 없으면 각 채권자 또는 각 채무자는 균등한 비율로 권리가 있고 의무를 부담한다고 할 것이므로, 피고를 포함한 4인의 매도인이 원고를 포함한 4인의 매수인에게 임야를 매도하기로 하는 계약을 체결한 경우 매매계약의 무효를 원인으로 부당이득으로서 계약금의 반환을 구하는 채권은 특별한 사정이 없으면 불가분채권채무관계가 될 수 없으므로 매도인 중의 1인에 불과한 피고가 매수인 중의 1인에 불과한 원고에게 위 계약금 전액을 반환할 의무가 있다고 할 수 없다(대판 1993.08.14. 91다41316).

(2) 분할채무

  1) 금전소비대차에 있어 수인의 채무자가 각기 일정한 돈을 빌리는 경우

  금전소비대차에 있어 수인의 채무자가 각기 일정한 돈을 빌리는 경우에 특별한 의사표시가 없으면 이 채무는 분할채무라 할 것이고 이와 같은 특별한 의사표시가 있거나 채권의 목적이 그 성질상 불가분인 경우에 한하여 불가분채권이 성립되는 것이며 이와 같은 법리는 수인의 채무자가 채무 전부를 각자 이행할 의무가 있는 경우에도 또한 같다(대판 1985.04.23. 84다카2159).

  2) 변호사에게 공동당사자로서 소송대리를 위임한 경우 소송대리위임에 따른 보수금지급채무

  변호사에게 공동당사자로서 소송대리를 위임한 소송사건의 결과에 따라 경제적 이익을 불가분적으로 향유하게 되거나 패소할 경우 소송 상대방에 대하여 부진정연대관계의 채무를 부담하게 된다 하더라도, 이러한 사정만으로 곧바로 공동당사자들의 변호사에 대한 소송대리위임에 따른 보수금지급채무가 연대 또는 불가분채무에 해당하는 것으로 단정할 수 없다(대판 1993.02.12. 92다42941).

  3) 수인이 부동산을 공동으로 매수한 경우

  수인이 부동산을 공동으로 매수한 경우, 매수인들 사이의 법률관계는 공유관계로서 단순한 공동매수인에 불과하여 매도인은 매수인 수인에게 그 지분에 대한 소유권이전등기 의무를 부담하는 경우도 있을 수 있고, 그 수인을 조합원으로 하는 동업체에서 매수한 것으로서 매도인이 소유권 전부의 이전의무를 그 동업체에 대하여 부담하는 경우도 있을 수 있다(대판 2002.06.14. 2000다30622).

  4) 공동불법행위자들 중의 1인이 전체 채무를 변제한 경우, 나머지 공동불법행위자들이 부담하는 구상채무

  공동불법행위자는 채권자에 대한 관계에서는 부진정연대책임을 지되, 공동불법행위자들 내부관계에서는 일정한 부담 부분이 있고, 이 부담 부분은 공동불법행위자의 과실의 정도에 따라 정하여지는 것으로서 공동불법행위자 중 1인이 자기의 부담 부분 이상을 변제하여 공동의 면책을 얻게 하였을 때에는 다른 공동불법행위자에게 그 부담 부분의 비율에 따라 구상권을 행사할 수 있고, 공동불법행위자 중 1인에 대하여 구상의무를 부담하는 다른 공동불법행위자가 수인인 경우에는 특별한 사정이 없는 이상 그들의 구상권자에 대한 채무는 이를 부진정연대채무로 보아야 할 근거는 없으며, <u>오히려 다수 당사자 사이의 분할채무의 원칙이 적용되어 각자의 부담 부분에 따른 분할채무로 봄이 상당하다</u>[66](대판 2002.09.27. 2002다15917). 다만 공동불법

---

66) 공동불법행위자 중 1인에 대하여 구상의무를 부담하는 다른 공동불법행위자가 수인인 경우에는 특별한 사정이 없는 이상

행위자 중 1인에 대하여 구상의무를 부담하는 다른 공동불법행위자가 수인인 경우에는 특별한 사정이 없는 이상 그들의 구상권자에 대한 채무는 각자의 부담 부분에 따른 분할채무로 봄이 상당하지만, 구상권자인 공동불법행위자 측에 과실이 없는 경우, 즉 내부적인 부담 부분이 전혀 없는 경우에는 이와 달리 그에 대한 수인의 구상의무 사이의 관계를 부진정연대관계로 봄이 상당하다(대판 2005.10.13. 2003다24147).

3. 대외적 효력

채권자나 채무자가 수인인 경우에 특별한 의사표시가 없으면 각 채권자 또는 각 채무자는 균등한 비율로 권리가 있고 의무를 부담한다(제408조). 따라서 각 채권자는 자기가 가지는 이상의 채권액에 관하여 이행을 청구하지 못하는 동시에, 각 채무자도 자기가 부담하는 이상의 채무액을 변제하지 못한다. 그리고 분할채권관계가 쌍무계약으로 인하여 발행한 경우에는 분할채무의 전부와 대가적 관계에 있는 채무와의 사이에는 동시이행의 관계가 성립하고(제536조), 당사자의 일방 또는 쌍방이 수인인 경우에는 계약의 해지나 해제는 그 전원으로부터 또는 전원에 대하여 하여야 한다(제547조).

II. 불가분채권과 불가분채무

1. 불가분채권

(1) 의 의

채권의 목적이 그 성질 또는 당사자의 의사표시에 의하여 불가분인 경우를 말한다. 예를 들어 甲과 乙이 丙 소유의 자동차를 매수하여 인도청구권을 가지는 경우, 그 인도청구권이 불가분채권이 된다.

(2) 대외적 효력

불가분인 경우에 채권자가 수인인 때에는 각 채권자는 모든 채권자를 위하여 이행을 청구할 수 있고 채무자는 모든 채권자를 위하여 각 채권자에게 이행할 수 있다(제409조).

(3) 불가분채권자 1인에게 생긴 사유의 효력

제410조(1인의 채권자에 생긴 사항의 효력) ① 전조의 규정에 의하여 모든 채권자에게 효력이 있는 사항을 제외하고는 불가분채권자중 1인의 행위나 1인에 관한 사항은 다른 채권자에게 효력이 없다.
② 불가분채권자중의 1인과 채무자간에 경개나 면제 있는 경우에 채무전부의 이행을 받은 다른 채권자는 그 1인이 권리를 잃지 아니하였으면 그에게 분급할 이익을 채무자에게 상환하여야 한다.

채권자 1인의 이행청구(그로 인한 이행지체·시효중단의 효과 포함) 또는 채권자 1인에 대한 이행(=변제, 변제제공·공탁 포함, 그로 인한 채권자지체 효과 포함)은 다른 채권자에게도 효력이 있다(절대적 효력, 제410조 1항의 반대해석). 위의 사항을 제외하고는 불가분채권자 중 1인의 행위나 1인에 관한 사항(대물변제·상계·경개 등)은 다른 채권자에게는 효력이 없다(상대적 효력, 제410조 1항). 불가분채권자 중의 1인과 채무자간에 경개나 면제가 있는 경우에 채무전부의 이행을 받은 다른 채권자는 그 1인이 권리를 잃지 아니하였으면 그에게 분급할 이익을 채무자에게 상환하여야 한다(동조 2항).

(4) 대내적 효력

특별한 의사표시가 없는 한 이행을 받은 채권자는 다른 채권자에게 균등한 비율로 그 이익을 분급하여 주어야 한다.

그들의 구상권자에 대한 채무는 이를 부진정연대채무로 보아야 할 근거는 없으며, 오히려 다수당사자 사이의 분할채무의 원칙이 적용되어 각자의 부담 부분에 따른 분할채무로 봄이 상당하다(대판 2007.10.11. 2005다7085).

2. 불가분채무

(1) 의 의

불가분채무라 함은 수인이 부담하는 채무가 불가분인 경우를 말한다. 불가분채무에는 연대채무에 관한 일정한 규정(제413조~제415조, 제422조, 제424조~제427조)을 준용한다(제411조). 각 불가분채무자는 채무 전부를 각자 이행할 채무가 있고 불가분채무자 1인의 이행으로 다른 불가분채무자도 그 의무를 면하게 된다(제411조, 제413조).

> *** 불가분채무 判例**
>
> ① **수명이 공동으로 법률상 원인 없이 타인의 재산을 사용한 경우의 부당이득반환채무의 성질(불가분채무)**
> 수명이 공동으로 법률상 원인 없이 타인의 재산을 사용한 경우의 부당이득의 반환채무는 특별한 사정이 없는 한 불가분적 이득의 상환으로서 불가분채무라 할 것이고, 불가분채무는 각 채무자가 채무 전부를 이행할 의무가 있고, 1인의 채무이행으로 다른 채무자도 그 의무를 면하게 된다(대판 1981.08.20. 80다2587; 대판 2001.12.11. 2000다13948).
>
> ② **건물의 공유자가 공동으로 건물을 임대하고 보증금을 수령한 경우, 보증금반환채무의 성질(=불가분채무)**
> 건물의 공유자가 공동으로 건물을 임대하고 보증금을 수령한 경우, 특별한 사정이 없는 한 그 임대는 각자 공유지분을 임대한 것이 아니고 임대목적물을 다수의 당사자로서 공동으로 임대한 것이고 그 보증금 반환채무는 성질상 불가분채무에 해당된다고 보아야 할 것이다(대판 1998.12.08. 98다43137).
>
> ③ **공동상속인들의 건물철거의무의 성질**
> 공동상속인들의 건물철거의무는 그 성질상 불가분채무라고 할 것이고 각자 그 지분의 한도 내에서 건물 전체에 대한 철거의무를 지는 것이다(대판 1980.06.24. 80다756).

(2) 대외적 효력

연대채무의 규정을 준용하므로, 채권자는 어느 불가분채무자에 대하여 또는 동시나 순차로 모든 불가분채무자에 대하여 채무의 전부나 일부의 이행을 청구할 수 있다(제411조, 제414조).

(3) 불가분채무자 1인에게 생긴 효력

제411조(불가분채무와 준용규정) 수인이 불가분채무를 부담한 경우에는 제413조 내지 제415조, 제422조, 제424조 내지 제427조 및 전조의 규정을 준용한다. - 준용하지 않는 조문 : 제416조(이행청구[67]), 제417조(경개), 제418조(상계), 제419조(면제), 제420조(혼동), 제421조(소멸시효)

불가분채무에 대해서는 연대채무에 관한 제413조·제422조가 준용되므로(제411조), 불가분채무자 중 1인의 "변제·대물변제·공탁·채권자지체"는 다른 불가분채무자에게도 효력이 미친다(절대적 효력). 다만 이를 제외하고는 불가분채무자 중 1인의 행위나 1인에 대한 사항은 다른 불가분채무자에게 효력이 미치지 않는다(상대적 효력).

(4) 대내적 효력

불가분채무자 사이의 내부관계에 대해서는 연대채무에 관한 규정(제424조~제427조)을 준용한다(제411조).

---

[67] 다만 이행의 청구에 대해 통설은 연대채무에 있어서 절대적 효력을 인정한 제416조가 준용되지 않는다는 이유로 상대적 효력이 있는 것으로 해석한다. 그러나 이행의 청구에 대해 불가분채권에 관한 규정을 준용하였으므로, 중복하여 연대채무에 관한 규정을 준용할 필요가 없어 제416조를 준용하지 아니한 것으로 보는 견해가 유력하다. 즉 불가분채무자 중 1인에 대한 이행청구(그로 인한 이행지체·시효중단 효과 포함), 불가분채무자 중 채권자에 대한 상계에 대해서도 절대적 효력을 인정하여야 한다[주석 민법 - 채권총칙 (2), 415~416면].

제7절 연대채무

Ⅰ. 의의 및 성질

> **제413조(연대채무의 내용)** 수인의 채무자가 채무 전부를 각자 이행할 의무가 있고 채무자1인의 이행으로 다른 채무자도 그 의무를 면하게 되는 때에는 그 채무는 연대채무로 한다.

1. 의 의

연대채무란 수인의 채무자가 동일한 내용의 급부에 관하여 각자 독립하여 전부의 급부를 하여야 할 의무를 부담함과 동시에 채무자 가운데 1인의 전부 급부에 의해서 전체 채무자의 채무가 소멸되는 다수당사자의 채무를 말한다. 연대채무는 각 채무자가 전부의 급부를 하여야 한다는 점에서 불가분채무와 동일하지만, 그것은 당사자 간의 연대의 특약에 기초하고 있는데 반하여, 불가분채무에서는 급부가 불가분이기 때문에 전부의 급부를 하여야 하는 점에서 차이가 있다. 그리고 연대채무는 채무의 이행을 확실히 하기 위해 수인이 동일한 내용의 채무를 부담한다는 점에서 보증채무와 동일하지만, 보증채무는 주채무에 대하여 종된 채무인 점에서 각 채무가 병존적인 연대채무와 구별된다.

2. 법적 성질

연대채무는 하나의 급부를 목적으로 하는 점에서는 공통되지만 채무자의 수만큼 별개의 독립한 채무로 구성되어 있다(채무의 독립성). 즉 연대채무에서 채무는 채무자의 수만큼 병존하고 있으며, 하나의 급부를 위하여 결합되어 있을 뿐이다. 연대채무자 각자는 동일한 급부에 관하여 내부적으로 부담부분이 있어도 대외적으로는 모두 전부의 급부의무를 부담하기 때문에, 연대채무자 사이에 일정한 주관적 결합관계가 존재한다.

Ⅱ. 대외적 효력

> **제414조(각 연대채무자에 대한 이행청구)** 채권자는 어느 연대채무자에 대하여 또는 동시나 순차로 모든 연대채무자에 대하여 채무의 전부나 일부의 이행을 청구할 수 있다.

보증채무의 경우와는 달리 연대채무는 보충성이 없어 최고·검색의 항변권이 인정되지 아니한다. 따라서 채권자는 어느 연대채무자에 대하여 또는 동시나 순차로 모든 연대채무자에 대하여 채무의 전부나 일부의 이행을 청구할 수 있다(제414조). 다만 연대채무자 중의 1인으로부터 일부의 변제를 받은 경우에 이는 절대적 효력이 있으므로, 채권자는 이를 제외한 나머지 부분만 청구할 수 있다.

Ⅲ 연대채무자 1인에게 생긴 사유의 효력

1. 문제점

> **제415조(채무자에 생긴 무효, 취소)** 어느 연대채무자에 대한 법률행위의 무효나 취소의 원인은 다른 연대채무자의 채무에 영향을 미치지 아니한다.

연대채무는 각각 독립성을 갖는 것이지만 급부실현이라는 공통의 목적을 가지고 있으므로, 공동의 목적을 달성하는 변제 등의 사유는 모든 채무자를 위하여 효력이 생긴다(절대적 효력). 그러나 절대적 효력이 생기는 사유를 넓게 인정하면 연대채무의 인적 담보기능을 해하게 되므로, 민법은 제416조 내지 제422조에서 규정한 것 이외의 사유는 다른 연대채무자에게 효력이 미치지 않는 것으로 하였다(상대적 효력, 제423조).

2. 절대적 효력

(1) 이행청구

제416조(이행청구의 절대적 효력) 어느 연대채무자에 대한 이행청구는 다른 연대채무자에게도 효력이 있다.

연대채무자 1인에 대한 이행청구는 다른 연대채무자에 대해서도 효력이 있다. 따라서 이행청구를 이유로 하는 이행지체 및 소멸시효의 중단도 절대적 효력이 생긴다. 그리고 이행청구가 절대적 효력을 발생하는 것은 각 연대채무자의 채무가 이행기에 도달하였을 때이며, 아직 이행기에 있지 않은 연대채무에 대해서는 효력이 미치지 않는다. 그러므로 채권자가 연대채무자 1인의 소유 부동산에 대하여 경매신청을 한 경우, 이는 최고로서의 효력을 가지고 있고, 연대채무자에 대한 이행청구는 다른 연대채무자에게도 효력이 있으므로, 채권자가 6월내에 다른 연대채무자를 상대로 재판상 청구를 하였다면 그 다른 연대채무자에 대한 채권의 소멸시효가 중단되지만, 이로 인하여 중단된 시효는 경매절차가 종료된 때가 아니라 재판이 확정된 때로부터 새로 진행된다(대판 2001.08.21. 2001다22840).

(2) 경 개

제417조(경개의 절대적 효력) 어느 연대채무자와 채권자간에 채무의 경개가 있는 때에는 채권은 모든 연대채무자의 이익을 위하여 소멸한다.

어느 연대채무자와 채권자와의 사이에 경개가 있는 때에 채권은 모든 채무자의 이익을 위하여 소멸한다. 예컨대 A·B·C가 甲에 대하여 연대하여 9백만원의 채무를 부담하고 있는데, A가 9백만원의 지급에 갈음하여 甲에게 특정부동산의 소유권이전을 내용으로 하는 경개계약을 체결하면 B과 C의 연대채무도 모두 소멸하게 된다.

(3) 상 계

제418조(상계의 절대적 효력) ① 어느 연대채무자가 채권자에 대하여 채권이 있는 경우에 그 채무자가 상계한 때에는 채권은 모든 연대채무자의 이익을 위하여 소멸한다.
② 상계할 채권이 있는 연대채무자가 상계하지 아니한 때에는 그 채무자의 부담부분에 한하여 다른 연대채무자가 상계할 수 있다.

1) 중첩적 채무인수인이 한 상계의 효력이 원채무자에 대해서 미치는지 여부(적극)
중첩적 채무인수인이 채권자에 대한 손해배상채권을 자동채권으로 하여 채권자의 자신에 대한 그 채권에 대하여 대등액에서 상계의 의사표시를 하였다면, 연대채무자 1인이 한 상계의 절대적 효력을 규정하고 있는 민법 제418조 제1항의 규정에 의하여, 다른 연대채무자인 원채무자의 채권자에 대한 채무도 상계에 의하여 소멸되었다고 보아야 한다(대판 1997.04.22. 96다56443).

2) 부진정연대채무자 중 1인이 한 상계 내지 상계계약이 다른 부진정연대채무자에 미치는 효력(=절대적 효력)
부진정연대채무자 중 1인이 자신의 채권자에 대한 반대채권으로 상계를 한 경우에도 채권은 변제, 대물변제, 또는 공탁이 행하여진 경우와 동일하게 현실적으로 만족을 얻어 그 목적을 달성하는 것이므로, 그 상계로 인한 채무소멸의 효력은 소멸한 채무 전액에 관하여 다른 부진정연대채무자에 대하여도 미친다고 보아야 한다. 이는 부진정연대채무자 중 1인이 채권자와 상계계약을 체결한 경우에도 마찬가지이다. 나아가 이러한 법리는 채권자가 상계 내지 상계계약이 이루어질 당시 다른 부진정연대채무자의 존재를 알았는지 여부에 의하여 좌우되지 아니한다(대판(全合) 2010.09.16. 2008다97218).

(4) 면 제

제419조(면제의 절대적 효력) 어느 연대채무자에 대한 채무면제는 그 채무자의 부담부분에 한하여 다른 연대채무자의 이익을 위하여 효력이 있다.

1) 민법 제419조가 임의규정인지 여부(적극)

민법 제419조의 규정은 임의규정이라고 할 것이므로 채권자가 의사표시 등으로 위 규정의 적용을 배제하여 어느 한 연대채무자에 대하여서만 채무면제를 할 수 있다(대판 1992.09.25. 91다37553).

2) 부진정연대채무자 중 1인에 대한 채무면제의 효력(=상대적 효력)

부진정연대채무자 상호간에 있어서 채권의 목적을 달성시키는 변제와 같은 사유는 채무자 전원에 대하여 절대적 효력을 발생하지만 그 밖의 사유는 상대적 효력을 발생하는 데에 그치는 것이므로 피해자가 채무자 중의 1인에 대하여 손해배상에 관한 권리를 포기하거나 채무를 면제하는 의사표시를 하였다 하더라도 다른 채무자에 대하여 그 효력이 미친다고 볼 수는 없다 할 것이고, 이러한 법리는 채무자들 사이의 내부관계에 있어 1인이 피해자로부터 합의에 의하여 손해배상채무의 일부를 면제받고도 사후에 면제받은 채무액을 자신의 출재로 변제한 다른 채무자에 대하여 다시 그 부담 부분에 따라 구상의무를 부담하게 된다 하여 달리 볼 것은 아니다(대판 2006.01.27. 2005다19378).

3) 일부 면제의 경우

> **＊ 연대채무의 면제와 연대의 면제**
>
> 연대채무자 A·B·C·D가 채권자 甲에 대하여 1억원의 연대채무를 지고 부담부분은 균등한 경우, 채권자 甲이 연대채무자 A에 대하여 그의 연대채무 전부를 면제하였다면, 그의 부담부분인 2천5백만원만큼은 소멸하고, 남은 연대채무자 B·C·D는 7천5백만원의 연대채무를 지게 된다. 이에 반하여 연대의 면제는 채권자가 어느 연대채무자의 채무액을 그의 부담부분의 한도로 줄여주는 일방적 의사표시를 말한다. 즉 모든 연대채무자에 대하여 연대의 면제가 있으면 전체 연대채무가 분할채무로 바뀌게 되고(절대적 연대의 면제), 연대채무자 중 1인에 대하여 연대의 면제가 있으면 연대의 면제가 있었던 채무자는 자기 부담부분에 대응하는 채무만을 지게 된다(상대적 연대의 면제).

민법 제419조는 "어느 연대채무자에 대한 채무면제는 그 채무자의 부담부분에 한하여 다른 연대채무자의 이익을 위하여 효력이 있다."라고 정하여 면제의 절대적 효력을 인정한다. 이는 당사자들 사이에 구상의 순환을 피하여 구상에 관한 법률관계를 간략히 하려는 데 취지가 있는바, 채권자가 연대채무자 중 1인에 대하여 채무를 일부 면제 하는 경우에도 그와 같은 취지는 존중되어야 한다. 따라서 연대채무자 중 1인에 대한 채무의 일부 면제에 상대적 효력만 있다고 볼 특별한 사정이 없는 한 일부 면제의 경우에도 면제된 부담부분에 한하여 면제의 절대적 효력이 인정된다고 보아야 한다. 구체적으로 연대채무자 중 1인이 채무 일부를 면제받는 경우에 그 연대채무자가 지급해야 할 잔존 채무액이 부담부분을 초과하는 경우에는 그 연대채무자의 부담부분이 감소한 것은 아니므로 다른 연대채무자의 채무에도 영향을 주지 않아 다른 연대채무자는 채무 전액을 부담하여야 한다. 반대로 일부 면제에 의한 피면제자의 잔존 채무액이 부담부분보다 적은 경우에는 차액(부담부분 - 잔존 채무액)만큼 피면제자의 부담부분이 감소하였으므로, 차액의 범위에서 면제의 절대적 효력이 발생하여 다른 연대채무자의 채무도 차액만큼 감소한다(대판 2019.08.14. 2019다216435).

(5) 혼 동

제420조(혼동의 절대적 효력) 어느 연대채무자와 채권자간에 혼동이 있는 때에는 <u>그 채무자의 부담부분에 한하여</u> 다른 연대채무자도 의무를 면한다.

(6) 소멸시효

제421조(소멸시효의 절대적 효력) 어느 연대채무자에 대하여 소멸시효가 완성한 때에는 <u>그 부담부분에 한하여</u> 다른 연대채무자도 의무를 면한다.

공동불법행위자의 다른 공동불법행위자에 대한 구상권은 피해자의 다른 공동불법행위자에 대한 손해배상채권과는 그 발생 원인 및 성질을 달리하는 별개의 권리이고, 연대채무에 있어서 소멸시효의 절대적 효력에 관한 민법 제421조의 규정은 공동불법행위자 상호간의 부진정연대채무에 대하여는 그 적용이 없으므로, 공동불법행위자 중 1인의 손해배상채무가 시효로 소멸한 후에 다른 공동불법행위자 1인이 피해자에게 자기의 부담 부분을 넘는 손해를 배상하였을 경우에도, 그 공동불법행위자는 다른 공동불법행위자에게 구상권을 행사할 수 있다(대판 1997.12.23. 97다42830).

(7) 채권자지체

제422조(채권자지체의 절대적 효력) 어느 연대채무자에 대한 채권자의 지체는 다른 연대채무자에게도 효력이 있다.

3. 상대적 효력

제423조(효력의 상대성의 원칙) 전7조의 사항 외에는 어느 연대채무자에 관한 사항은 다른 연대채무자에게 효력이 없다.

연대채무자 1인과 채권자 사이에 발생한 사유로서, 위의 절대적 효력이 있는 사유를 제외하고는 모두 상대적 효력을 가질 뿐이다. 따라서 이행청구로 인한 소멸시효의 중단 이외의 소멸시효의 중단(제168조 2호, 3호) 및 소멸시효의 정지(제179조~제182조), 연대채무자 1인의 지체 또는 연대채무자 1인에 대한 판결 등은 다른 연대채무자에게 효력을 미치지 않는다. 예를 들어 채권자의 신청에 의한 경매개시결정에 따라 연대채무자 1인의 소유 부동산이 압류된 경우, 이로써 위 채무자에 대한 채권의 소멸시효는 중단되지만, 압류에 의한 시효중단의 효력은 다른 연대채무자에게 미치지 아니하므로(제169조), 경매개시결정에 의한 시효중단의 효력 다른 연대채무자에 대하여 주장할 수 없다(대판 2001.08.21. 2001다22840). 그리고 부진정연대채무에 있어서 채권자가 어느 채무자에 대하여 그의 부담부분이거나 또는 이를 초과하는 전채권액을 포기하는 의사표시를 하였다고 해도 다른 채무자들에게는 상대적 효력밖에 없다(대판 1981.06.23. 80다1796).

IV. 대내적 효력 – 다른 연대채무자에 대한 구상권

1. 부담부분과 구상권

제424조(부담부분의 균등) 연대채무자의 부담부분은 균등한 것으로 추정한다.

제425조(출재채무자의 구상권) ① 어느 연대채무자가 변제 기타 자기의 출재로 공동면책이 된 때에는 다른 연대채무자의 부담부분에 대하여 구상권을 행사할 수 있다.
② 전항의 구상권은 면책된 날 이후의 법정이자 및 피할 수 없는 비용 기타 손해배상을 포함한다.

(1) 구상권의 의의

구상권이란 공동면책을 시킨 연대채무자가 다른 연대채무자에게 각자의 부담부분을 상환청구할 수 있는 권리를 의미한다. 각 연대채무자가 대외적으로 채권자에게 채무 전액에 대해 변제할 책임을 부담하면서도 다른 연대채무자에게 구상할 수 있는 근거는 자기의 부담부분을 넘은 변제가 내부관계에 있어서는 타인채무의 변제에 해당하기 때문이다. 즉, 구상권은 연대채무의 상호보증적 성질로부터 생기는 것이다.

(2) 判 例

1) 부진정연대채무자 상호간의 구상관계의 존부

이른바 부진정연대채무의 관계에 있는 복수의 책임주체 내부관계에 있어서는 형평의 원칙상 일정한 부담 부분이 있을 수 있으며, 그 부담 부분은 각자의 고의 및 과실의 정도에 따라 정하여지는 것으로서 부진정연대채무자 중 1인이 자기의 부담 부분 이상을 변제하여 공동의 면책을 얻게 하였을 때에는 다른 부진정연대채무자에게 그 부담 부분의 비율에 따라 구상권을 행사할 수 있다(대판 2006.01.27. 2005다19378).

2) 공동불법행위자 상호간의 부담 부분의 산정 방법 및 구상권

공동불법행위자는 채권자에 대한 관계에서는 연대책임(부진정연대채무)을 지되, 공동불법행위자들 내부관계에서는 일정한 부담 부분이 있고, 이 부담 부분은 공동불법행위자의 과실의 정도에 따라 정하여지는 것으로서 공동불법행위자 중 1인이 자기의 부담 부분 이상을 변제하여 공동의 면책을 얻게 하였을 때에는 다른 공동불법행위자에게 그 부담 부분의 비율에 따라 구상권을 행사할 수 있다(대판 1999.02.26. 98다52469).

2. 구상권의 요건

변제 기타 자신의 출재(대물변제·공탁·상계·경개·혼동)로 모든 연대채무자를 공동면책하게 하였어야 한다. 따라서 면제나 시효의 완성과 같이 출재에 의하지 않고 공동면책 된 경우에는 구상권이 발생하지 않는다. 공동면책의 범위가 출재한 연대채무자의 부담부분을 넘지 않더라도 무방하며, 이때에는 공동면책액에 대한 다른 연대채무자의 부담부분의 비율에 의하여 구상할 수 있다. 예를 들어 채권자 甲에게 연대채무자 A, B, C가 3억원의 연대채무를 지고 있고 부담부분이 균등한 경우, A의 전체채무에 대한 부담부분은 1억원이지만, A가 甲에게 3천만원을 변제하였다면, B·C에게 균등한 비율 즉 1천만원씩 구상할 수 있다.

3. 구상권의 범위

제425조(출재채무자의 구상권) ② 전항의 구상권은 면책된 날 이후의 법정이자 및 피할 수 없는 비용 기타 손해배상을 포함한다.

구상권은 공동면책의 범위 내에서 출재액에 관하여 행사할 수 있다. 구상할 수 있는 범위에는 면책된 날 이후의 법정이자 및 피할 수 없는 비용 기타 손해배상을 포함한다.

4. 구상권의 제한과 확장

(1) 구상권의 제한

제426조(구상요건으로서의 통지) ① 어느 연대채무자가 다른 연대채무자에게 통지하지 아니하고 변제 기타 자기의 출재로 공동면책이 된 경우에 다른 연대채무자가 채권자에게 대항할 수 있는 사유가 있었을 때에는 그 부담부분에 한하여 이 사유로 면책행위를 한 연대채무자에게 대항할 수 있고 그 대항사유가 상계인 때에는 상계로 소멸할 채권은 그 연대채무자에게 이전된다.
② 어느 연대채무자가 변제 기타 자기의 출재로 공동면책 되었음을 다른 연대채무자에게 통지하지 아니한 경우에 다

른 연대채무자가 선의로 채권자에게 변제 기타 유상의 면책행위를 한 때에는 그 연대채무자는 자기의 면책행위의 유효를 주장할 수 있다.

1) 사전통지를 하지 않은 경우

① 어느 연대채무자가 채권자로부터 청구를 받고 다른 연대채무자에게 통지함이 없이 변제 기타 자기의 출재로 공동면책을 한 경우, 다른 채무자가 채권자에게 대항할 수 있는 사유를 가지고 있었을 때에는 그의 부담부분에 한하여 그 사유를 가지고 면책행위를 한 채무자에게 대항할 수 있다. 그 대항사유가 상계인 경우에는 상계로 소멸할 채권은 면책행위를 한 채무자에게 이전한다.

② 예를 들어 A, B, C가 甲에게 9천만원의 연대채무를 부담하고 있고, A가 B, C에게 사전통지를 하지 않은 채 9천만원을 변제하였다고 하자. A는 B, C에게 3천만원씩 구상권을 행사할 수 있다. 다만 B가 甲에 대해서 4천만원의 반대채권을 가지고 있다고 하면, B는 A에 대해 자신의 부담부분 3천만원의 한도에서 甲에 대한 상계권을 원용하여 A에 대하여 대항할 수 있다. 이 경우 B가 상계할 수 있었던 권리 중 3천만원의 반대채권은 당연히 B에서 A에게 이전한다. 따라서 A는 甲에게 3천만원의 반대채권을 행사할 수 있지만, 채권자가 무자력이 된 경우 그 위험은 A가 부담한다.

2) 사후통지를 하지 않은 경우

연대채무자의 한 사람의 변제 기타 자기의 출재로 공동면책이 되었음을 다른 연대채무자에게 통지하지 않은 경우에 다른 연대채무자가 선의로 채권자에게 변제 기타 유상의 면책행위를 한 때에는 그 채무자는 자기의 면책행위의 유효를 주장할 수 있다. 따라서 제2의 출연채무자는 제1의 출연채무자의 구상을 거부할 수 있을 뿐만 아니라 제1출연채무자에게 구상할 수도 있다. 이 경우 제2출연채무자의 면책행위는 제1출연채무자와 제2출연채무자 사이에서만 유효할 뿐이다. 동 규정은 구상관계를 공평하게 처리하기 위한 것이므로, 선의의 제2출연채무자를 보호하기 위해서는 상대적 효력을 인정하는 것으로서 충분하다(통설).

3) 사후통지를 하지 않고 있는 동안에 사전통지 없이 한 제2의 면책행위

연대채무자 중의 한 사람이 변제를 하고 사후의 통지를 게을리 하고 있는 동안에 다른 채무자가 사전의 통지를 하지 않고 변제한 경우에는 먼저 변제한 제1변제자의 면책행위만이 유효이다.

4) 부진정연대채무의 경우

<u>출연분담에 관한 주관적인 밀접한 연관관계가 없고 단지 채권만족이라는 목적만을 공통으로 하고 있는 부진정 연대채무에 있어서는 그 변제에 관하여 채무자 상호간에 통지의무 관계를 인정할 수 없다</u>(대판 1998. 06. 26. 98다5777).

(2) 구상권의 확장

제427조(상환무자력자의 부담부분) ① 연대채무자중에 상환할 자력이 없는 자가 있는 때에는 그 채무자의 부담부분은 구상권자 및 다른 자력이 있는 채무자가 그 부담부분에 비례하여 분담한다. 그러나 구상권자에게 과실이 있는 때에는 다른 연대채무자에 대하여 분담을 청구하지 못한다. - 양적 확장
② 전항의 경우에 상환할 자력이 없는 채무자의 부담부분을 분담할 다른 채무자가 채권자로부터 연대의 면제를 받은 때에는 그 채무자의 분담할 부분은 채권자의 부담으로 한다. - 인적 확장

---

1) 연대채무자 중에 상환할 자력이 없는 자가 있는 때에 그 채무자의 부담부분은 구상권자 및 다른 자력이 있는 채무자가 그 부담부분에 비례하여 분담한다. 예를 들어 9천만원의 연대채무를 A, B, C가 부담하고 있는데 A가 그 전액을 변제하였으나 C가 무자력이 된 경우에는 A는 B에 대하여 4천5백만원의 상환을 청구할 수 있다. 그러나 구상권자에게 과실이 있는 때에는 다른 연대채무자에 대하여 분담을 청구할 수 없다.

2) 채권자로부터 연대의 면제를 받은 채무자가 있는 경우에 다른 채무자 가운데 변제할 자력이 없는 채무자가 있으면 그 무자력자가 변제할 수 없는 부담부분에 관하여 연대의 면제를 받은 자가 분담할 부분은 채권자가 부담해야 한다.

5. 연대채무자의 대위권

제481조(변제자의 법정대위) 변제할 정당한 이익이 있는 자는 변제로 당연히 채권자를 대위한다.
제480조(변제자의 임의대위) ① 채무자를 위하여 변제한 자는 변제와 동시에 채권자의 승낙을 얻어 채권자를 대위할 수 있다.
② 전항의 경우에 제450조 내지 제452조(지명채권양도의 대항요건 등)의 규정을 준용한다.

변제를 한 연대채무자는 변제할 정당한 이익이 있는 자로서 당연히 채권자를 대위하여(제481조), 구상권의 범위 내에서 채권자의 권리(채권 및 담보)를 행사할 수 있다(제482조 1항). 따라서 변제를 한 연대채무자는 두 가지 권리(채무자 간의 내부관계에 기초한 구상권과 변제자대위권)를 갖게 된다.

V. 부진정연대채무

1. 의 의

수인의 채무자 간에 연대채무와 같이 채무를 공동으로 부담한다고 하는 주관적 공동관계가 없는 연대채무를 말한다. 통설·判例는 명문의 규정은 없으나, 이를 인정한다. 부진정연대채무는 연대채무자 사이에 부종성이 없으며, 채무자 수만큼의 복수의 채무가 독립하여 존재하고 급부실현이라는 공동의 목적이 있다는 점에서는 연대채무와 동일하지만, 연대채무자 상호간에 출연분담에 관한 주관적 공동관계(부담부분)가 없어 본래의 의미의 부담부분 내지 구상관계가 존재하지 않는다는 점에서 보통의 연대채무와 구별된다.

2. 성립 및 예

(1) 성 립

동일한 사실관계에 기한 손해를 수인이 각자 전부 부담하여야 하는 경우에 주로 성립한다. 判例는 "부진정연대채무 관계는 서로 별개의 원인으로 발생한 독립된 채무라 하더라도 동일한 경제적 목적을 가지고 있고 서로 중첩되는 부분에 관하여 일방의 채무가 변제 등으로 소멸할 경우 타방의 채무도 소멸하는 관계에 있으면 성립할 수 있고, 반드시 양 채무의 발생원인, 채무의 액수 등이 서로 동일할 것을 요한다고 할 수는 없다(대판 2009.03.26. 2006다47677)."고 한다.

(2) 예

부진정연대채무가 인정되는 전형적 경우로는 ① 법인의 이사가 그의 직무수행과 관련하여 불법행위를 행한 경우에 법인의 손해배상의무와 이사 개인의 손해배상의무, ② 피용자가 사무집행에 관하여 불법행위를 한 경우에 피용자의 불법행위로 인한 손해배상의무와 사용자, ③ 감독자의 손해배상의무, ④ 이행보조자가 고의, 과실로 목적물을 훼손, 멸실시킨 경우에 있어서 이행보조자의 손해배상의무와 채무자의 손해배상의무, ⑤ 공동불법행위에 대한 가해자들의 손해배상의무, ⑥ 타인의 주택을 소실시킨 자의 불법행위에 의한 손해배상의무와 화재보험회사의 보험계약상의 전보의무, ⑦ 임치물, 임차물, 운송물을 도난당하거나 훼손당한 경우에 수치인, 임차인 등의 채무불이행에 의한 손해배상의무와 절취자, ⑧ 훼손자의 불법행위에 의한 손해배상의무, 동물의 가해행위에 대한 점유자와 보관자의 손해배상의무, ⑨ <u>원채무자의 부탁이 없는 병존적 채무인수의 경우에 원채무자의 채무와 인수인의 채무</u>[68], ⑩ 임대인의 동의를 얻어 목적물이 전대된 경우에 임차인과 전차인의 목적물반환의무 등을 들 수 있다.

3. 효 력

(1) 대외적 효력

채권자는 어느 채무자에 대하여 또는 동시나 순차로 모든 채무자에 대하여 채무의 전부나 일부의 이행을 청구할 수 있다(제414조 유추적용). 즉 대외적 효력은 연대채무와 동일하다.

(2) 부진정연대채무자 1인에게 생긴 사유의 효력

부진정연대채무자 상호 간에 있어서 채권의 목적을 달성시키는 사유(변제·대물변제·공탁·상계)는 채무자 전원에 대하여 절대적 효력이 발생하지만, 그 밖의 사유는 상대적 효력이 발생할 뿐이다. 따라서 연대채무에서 절대적 효력이 인정되는 사유 중 이행청구(그로 인한 시효중단의 효과 포함)·경개·면제·혼동·소멸시효완성 등은 상대적 효력이 있을 뿐이다. 그리고 연대채무에서 상대적 효력이 인정되는 이행청구 이외의 중단사유, 채권양도에 있어서 대항요건의 구비, 제3자의 변제, 판결의 확정 등도 상대적 효력만이 있을 뿐이다. 절대적 효력이 인정되는 범위가 연대채무의 경우보다 좁으므로, 부진정연대채무에서 채권자의 지위는 연대채무에서의 지위보다 강하다.

(3) 대내적 효력

1) 부담부분과 구상권

부진정연대채무는 채무자 간에 채무를 내부적으로 분담한다고 하는 부담부분이 없으므로, 어느 채무자가 채무 전부를 이행하였다고 하여도 다른 채무자에 대해 구상권을 행사할 수 없음이 원칙이다. 그러나 부진정연대채무의 관계에 있는 복수의 책임주체 내부관계에 있어서는 형평의 원칙상 일정한 부담 부분이 있을 수 있으며, 그 부담 부분은 각자의 고의 및 과실의 정도에 따라 정하여지는 것으로서 부진정연대채무자 중 1인이 자기의 부담 부분 이상을 변제하여 공동의 면책을 얻게 하였을 때에는 다른 부진정연대채무자에게 그 부담 부분의 비율에 따라 구상권을 행사할 수 있다(대판 2006.01.27. 2005다19378). 그리고 어느 부진정연대채무자를 위하여 보증인이 된 자가 채무를 이행한 경우에는 다른 부진정연대채무자에 대하여도 직접 구상권을 취득하게 되고, 그와 같은 구상권을 확보하기 위하여 채권자를 대위하여 채권자의 다른 부진정연대채무자에 대한 채권 및 그 담보에 관한 권리를 구상권의 범위 내에서 행사할 수 있다(대판 2010.05.27. 2009다85861).

2) 연대채무 규정의 준용

부진정연대채무에 있어서 구상관계가 인정되는 경우 연대채무에 관한 규정(제425조, 제427조)이 유추적용된다. 그러나 연대채무자 상호 간의 통지의무에 관한 제426조는 유추적용 되지 아니 한다(대판 1998.06.26. 98다5777).

---

68) 判例는 "중첩적 채무인수에서 인수인이 채무자의 부탁 없이 채권자와의 계약으로 채무를 인수하는 것은 매우 드문 일이므로 채무자와 인수인은 원칙적으로 주관적 공동관계가 있는 연대채무관계에 있고, 인수인이 채무자의 부탁을 받지 아니하여 주관적 공동관계가 없는 경우에는 부진정연대관계에 있는 것으로 보아야 한다(대판 2009.08.20. 2009다32409)."고 한다.

제8절 보증채무

Ⅰ. 서설

1. 의의

제428조(보증채무의 내용) ① 보증인은 주채무자가 이행하지 아니하는 채무를 이행할 의무가 있다.
② 보증은 장래의 채무에 대하여도 할 수 있다.

　보증채무는 채권자와 보증인 사이에 체결된 보증계약에 의하여 주채무자가 채무를 이행하지 아니할 경우에 보증인이 이를 이행할 것을 내용으로 하는 채무이다. 보증채무는 주채무와 별개의 독립된 채무이고, 주채무와 동일한 내용을 가지며 어느 한 채무의 이행으로 다른 채무도 소멸하는 점에서 연대채무와 동일하다. 그러나 연대채무에서는 각 채무가 병존적인 지위에 있는데 반하여, 보증채무는 주채무의 이행을 담보하는 것을 목적으로 하는 점에서 주채무에 종속하는 성질(부종성)을 가진다. 보증인의 일반재산이 강제집행의 대상이 되므로, 인적 담보가 된다.

2. 보증채무의 방식

제428조의2(보증의 방식) ① 보증은 그 의사가 보증인의 기명날인 또는 서명이 있는 서면으로 표시되어야 효력이 발생한다. 다만, 보증의 의사가 전자적 형태로 표시된 경우에는 효력이 없다.
② 보증채무를 보증인에게 불리하게 변경하는 경우에도 제1항과 같다.
③ 보증인이 보증채무를 이행한 경우에는 그 한도에서 제1항과 제2항에 따른 방식의 하자를 이유로 보증의 무효를 주장할 수 없다.[본조신설 2015.2.3.][시행일 : 2016.2.4.]

제428조의3(근보증) ① 보증은 불확정한 다수의 채무에 대해서도 할 수 있다. 이 경우 보증하는 채무의 최고액을 서면으로 특정하여야 한다.
② 제1항의 경우 채무의 최고액을 제428조의2제1항에 따른 서면으로 특정하지 아니한 보증계약은 효력이 없다.[본조신설 2015.2.3.][시행일 : 2016.2.4.]

　민법 제428조의2 제1항 전문은 "보증은 그 의사가 보증인의 기명날인 또는 서명이 있는 서면으로 표시되어야 효력이 발생한다."라고 규정하고 있는데, '보증인의 서명'은 원칙적으로 보증인이 직접 자신의 이름을 쓰는 것을 의미하므로 타인이 보증인의 이름을 대신 쓰는 것은 이에 해당하지 않지만, '보증인의 기명날인'은 타인이 이를 대행하는 방법으로 하여도 무방하다. 민법 제428조의3은 제1항에서 "보증은 불확정한 다수의 채무에 대하여도 할 수 있다. 이 경우 보증하는 채무의 최고액을 서면으로 특정하여야 한다."라고 규정하고 있고, 제2항에서 "제1항의 경우 채무의 최고액을 제428조의2 제1항에 따른 서면으로 특정하지 아니한 보증계약은 효력이 없다."라고 규정하고 있다. 이는 불확정한 다수의 채무에 대하여 보증하는 경우 보증인이 부담하여야 할 보증채무의 액수가 당초 보증인이 예상하였거나 예상할 수 있었던 것보다 지나치게 확대될 우려가 있으므로, 보증인이 보증을 함에 있어 자신이 지게 되는 법적 부담의 한도액을 미리 명확하게 알 수 있도록 함으로써 보증인을 보호하려는 데에 그 입법취지가 있다. 위와 같은 민법의 규정 및 그 입법취지에 비추어 볼 때, 불특정한 다수의 채무에 대하여 보증하는 경우 보증채무의 최고액이 서면으로 특정되어 보증계약이 유효하다고 하기 위해서는, 보증인의 보증의사가 표시된 서면에 보증채무의 최고액이 명시적으로 기재되어 있어야 하고, 보증채무의 최고액이 명시적으로 기재되어 있지 않더라도 그 서면 자체로 보아 보증채무의 최고액이 얼마인지를 객관적으로 알 수 있는 등 보증채무의 최고액이 명시적으로 기재되어 있는 경우와 동일시할 수 있을 정도의 구체적인 기재가 필요하다고 봄이 타당하다[69](대판 2019.03.14. 2018다28 2473).

II. 보증채무의 성질

1. 독립성

보증채무는 채권자와 보증인 사이의 보증계약에 의하여 성립되는 채무로서, 주채무와는 별개의 독립된 채무이다(독립성). 따라서 주채무가 민사채무이고, 보증채무가 상행위로 인하여 생긴 상사채무인 경우에 보증채무의 소멸시효기간은 따로 결정된다(주채무는 민법 제162조 제1항에 따라 10년, 보증채무는 상법 제64조에 따라 5년). 따라서 보증채무는 주채무와는 별개의 채무이기 때문에 보증채무 자체의 이행지체로 인한 지연손해금은 보증한도액과는 별도로 부담하고 이 경우 보증채무의 연체이율에 관하여 특별한 약정이 없는 경우라면 그 거래행위의 성질에 따라 상법 또는 민법에서 정한 법정이율에 따라야 하며, 주채무에 관하여 약정된 연체이율이 당연히 여기에 적용되는 것은 아니지만, 특별한 약정이 있다면 이에 따라야 한다(대판 2000.04.11. 99다12123). 그리고 주채무자에 대한 확정판결에 의하여 민법 제163조 각 호의 단기소멸시효에 해당하는 주채무의 소멸시효기간이 10년으로 연장된 상태에서 주채무를 보증한 경우, 특별한 사정이 없는 한 보증채무에 대하여는 민법 제163조 각 호의 단기소멸시효가 적용될 여지가 없고, 성질에 따라 보증인에 대한 채권이 민사채권인 경우에는 10년, 상사채권인 경우에는 5년의 소멸시효기간이 적용된다(대판 2014.06.12. 2011다76105).

2. 보충성

보증인은 주채무자의 채무이행이 없는 경우에 그것을 이행할 책임을 부담한다(보충성). 보증인에게 최고·검색의 항변권(제437조)을 인정하는 것은 보충성에 기인한 것이다. 이러한 보충성은 모든 보증채무에 인정되는 것은 아니며, 연대보증(제437조 단서)·상사보증(상법 제57조 제2항)에서는 인정되지 않는다.

3. 부종성

(1) 의의

보증채무는 주채무의 이행을 담보하는 것을 목적으로 하는 점에서 주채무와 주종관계에 서게 된다(부종성). 보증채무는 주채무와 함께 성립·존속·소멸·이전·변경되며, 보증채무의 내용 등이 주채무의 내용보다 무거울 수 없는 것이 원칙이다. 따라서 보증채무는 주채무와 동일한 내용의 급부를 목적으로 함이 원칙이지만 주채무와는 별개 독립의 채무이다.

(2) 判例

1) 주계약이 해제되는 경우

보증채무자가 주채무를 소멸시키는 행위는 주채무의 존재를 전제로 하므로, 보증인의 출연행위 당시에는 주채무가 유효하게 존속하고 있었다 하더라도 그 후 주계약이 해제되어 소급적으로 소멸하는 경우에는 보증인은 변제를 수령한 채권자를 상대로 이미 이행한 급부를 부당이득으로 반환청구할 수 있다(대판 2004.12.24. 2004다20265).

2) 주채권과 보증채권의 양도

주채권과 보증인에 대한 채권의 귀속주체를 달리하는 것은, 주채무자의 항변권으로 채권자에게 대항할

---

[69] ☞ 원고가 피고에게 근보증에 기한 연대보증채무의 이행을 구하는 사안에서 피고로부터 적법한 대리권을 수여받은 자가 보증계약서에 보증인인 피고의 기명날인을 대행하는 것은 무방하나, 불확정한 다수의 채무에 대하여 연대보증한 것인데도 보증계약서에 보증채무의 최고액이 특정되었다고 할 수 없다는 이유에서, 원고의 청구를 인용한 원심을 파기한 사례

수 있는 보증인의 권리가 침해되는 등 보증채무의 부종성에 반하고, 주채권을 가지지 않는 자에게 보증채권만을 인정할 실익도 없기 때문에 주채권과 분리하여 보증채권만을 양도하기로 하는 약정은 그 효력이 없다. 보증채무는 주채무에 대한 부종성 또는 수반성이 있어서 주채무자에 대한 채권이 이전되면 당사자 사이에 별도의 특약이 없는 한 보증인에 대한 채권도 함께 이전하고, 이 경우 채권양도의 대항요건도 주채권의 이전에 관하여 구비하면 족하고, 별도로 보증채권에 관하여 대항요건을 갖출 필요는 없다(대판 2002.09.10. 2002다21509).

3) 주채무에 대한 소멸시효 완성

보증채무에 대한 소멸시효가 중단되는 등의 사유로 완성되지 아니하였다고 하더라도 주채무에 대한 소멸시효가 완성된 경우에는 시효완성의 사실로 주채무가 소멸되므로 보증채무의 부종성에 따라 보증채무 역시 당연히 소멸되는 것이 원칙이다. 다만 보증채무의 부종성을 부정하여야 할 특별한 사정이 있는 경우에는 예외적으로 보증인은 주채무의 시효소멸을 이유로 보증채무의 소멸을 주장할 수 없으나, 특별한 사정을 인정하여 보증채무의 본질적인 속성에 해당하는 부종성을 부정하려면 보증인이 주채무의 시효소멸에도 불구하고 보증채무를 이행하겠다는 의사를 표시하거나 채권자와 그러한 내용의 약정을 하였어야 하고, 단지 보증인이 주채무의 시효소멸에 원인을 제공하였다는 것만으로는 보증채무의 부종성을 부정할 수 없다(대판 2018.05.15. 2016다211620).

Ⅲ. 보증채무의 성립

1. 주채무의 존재

보증채무는 주채무자가 이행하지 아니하는 채무를 이행하는 것이므로, 보증채무가 성립하기 위하여는 주채무가 유효하게 존재할 것을 요한다. 주채무 발생의 원인이 되는 기본계약이 반드시 보증계약보다 먼저 체결되어야만 하는 것은 아니고, 보증계약 체결 당시 보증의 대상이 될 주채무의 발생원인과 그 내용이 어느 정도 확정되어 있다면 장래의 채무에 대해서도 유효하게 보증계약을 체결할 수 있다 할 것이다[70](제428조 2항, 대판 2006.06.27. 2005다50041).

2. 채권자와 보증인 사이의 보증계약

주채무의 채권자와 보증인 사이에 보증채무의 성립을 내용으로 하는 계약이 유효하게 성립하여야 한다. 주채무자의 부탁을 받았는지 여부는 보증계약의 효력 자체에는 영향이 없으며, 구상권의 범위에 차이가 있을 뿐이다.

Ⅳ. 보증채무의 내용 및 범위

1. 보증채무의 내용

제429조(보증채무의 범위) ① 보증채무는 주채무의 이자, 위약금, 손해배상 기타 주채무에 종속한 채무를 포함한다.
② 보증인은 그 보증채무에 관한 위약금 기타 손해배상액을 예정할 수 있다.

보증채무의 내용은 주채무의 내용과 동일한 것이 원칙이다. 다만 보증채무는 주채무의 이자, 위약금, 손해배상 기타 주채무에 종속한 채무를 포함한다(보증채무의 확대, 제429조 1항). 따라서 타인간의 계약에 있어

---

70) **제436조(취소할 수 있는 채무의 보증)** 취소의 원인있는 채무를 보증한 자가 보증계약당시에 그 원인있음을 안 경우에 주채무의 불이행 또는 취소가 있는 때에는 주채무와 동일한 목적의 독립채무를 부담한 것으로 본다. [본조삭제 2015.2.3.][시행일 : 2016.2.4.]

그 계약상의 여러 가지 의무를 부담하는 당사자의 일방을 위하여 그 계약을 보증한 보증인은 상대방에 대하여 특단의 사정이 없는 한 피보증인의 채무불이행으로 인하여 그 계약이 해제되었으므로 인한 피보증인의 원상회복의 의무에 대하여도 책임을 진다(대판 1972.05.09. 71다1474). 그리고 보증인은 특별한 사정이 없는 한 채무자가 채무불이행으로 인하여 부담하여야 할 손해배상채무에 관하여도 보증책임을 진다(대판 1996.02.09. 94다38250).

> **제430조(목적, 형태상의 부종성)** 보증인의 부담이 주채무의 목적이나 형태보다 중한 때에는 주채무의 한도로 감축한다.

보증인의 부담이 주채무의 목적이나 형태보다 중한 때에는 주채무의 한도로 축소 된다[71](보증채무의 축소, 제430조). 보증계약 체결 후 채권자가 보증인의 승낙 없이 주채무자에 대하여 변제기를 연장하여 준 경우, 그것이 반드시 보증인의 책임을 가중하는 것이라고는 할 수 없으므로 원칙적으로 보증채무에 대하여도 그 효력이 미친다(대판 1996.02.23. 95다49141). 보증인이 임대인의 임대차보증금반환채무를 보증한 후에 임대인과 임차인 간에 임대차계약과 관계없는 다른 채권으로써 연체차임을 상계하기로 약정하는 것은 보증인에게 불리한 것으로 보증인에 대하여는 그 효력을 주장할 수 없다(대판 1999.03.26. 98다22918·22925). 그리고 보증인은 특별한 사정이 없는 한 채무자가 채무불이행으로 인하여 부담하여야 할 손해배상채무에 관하여도 보증책임을 진다고 할 것이고, 따라서 보증인으로서는 채무자의 채무불이행으로 인한 채권자의 손해를 배상할 책임이 있다고 할 것이나, 원래 보증인의 의무는 보증계약 성립 후 채무자가 한 법률행위로 인하여 확장, 가중되지 아니하는 것이 원칙이므로, 채무자의 채무불이행시의 손해배상의 범위에 관하여 채무자와 채권자 사이의 합의로 보증인의 관여 없이 그 손해배상 예정액이 결정되었다고 하더라도, 보증인으로서는 위 합의로 결정된 손해배상 예정액이 채무불이행으로 인하여 채무자가 부담할 손해배상 책임의 범위를 초과하지 아니한 한도 내에서만 보증책임이 있다(대판 1996.02.09. 94다38250).

2. 채권자의 정보제공의무와 통지의무

> **제436조의2(채권자의 정보제공의무와 통지의무 등)** ① 채권자는 보증계약을 체결할 때 보증계약의 체결 여부 또는 그 내용에 영향을 미칠 수 있는 주채무자의 채무 관련 신용정보를 보유하고 있거나 알고 있는 경우에는 보증인에게 그 정보를 알려야 한다. 보증계약을 갱신할 때에도 또한 같다.
> ② 채권자는 보증계약을 체결한 후에 다음 각 호의 어느 하나에 해당하는 사유가 있는 경우에는 지체 없이 보증인에게 그 사실을 알려야 한다.
>   1. 주채무자가 원본, 이자, 위약금, 손해배상 또는 그 밖에 주채무에 종속한 채무를 3개월 이상 이행하지 아니하는 경우
>   2. 주채무자가 이행기에 이행할 수 없음을 미리 안 경우
>   3. 주채무자의 채무 관련 신용정보에 중대한 변화가 생겼음을 알게 된 경우
> ③ 채권자는 보증인의 청구가 있으면 주채무의 내용 및 그 이행 여부를 알려야 한다.
> ④ <u>채권자가 제1항부터 제3항까지의 규정에 따른 의무를 위반하여 보증인에게 손해를 입힌 경우에는 법원은 그 내용과 정도 등을 고려하여 보증채무를 감경하거나 면제할 수 있다.</u>
> [본조신설 2015.2.3.][시행일 : 2016.2.4.]

---

71) 보증계약이 성립한 후에 보증인이 알지도 못하는 사이에 주채무의 목적이나 형태가 변경되었다면, 그 변경으로 인하여 주채무의 실질적 동일성이 상실된 경우에는 당초의 주채무는 경개로 인하여 소멸하였다고 보아야 할 것이므로 보증채무도 당연히 소멸하고, 그 변경으로 인하여 주채무의 실질적 동일성이 상실되지 아니하고 동시에 주채무의 부담 내용이 축소·감경된 경우에는 보증인은 그와 같이 축소·감경된 주채무의 내용에 따라 보증책임을 질 것이지만, 그 변경으로 인하여 주채무의 실질적 동일성이 상실되지는 아니하고 주채무의 부담내용이 확장·가중된 경우에는 보증인은 그와 같이 확장·가중된 주채무의 내용에 따른 보증책임은 지지 아니하고, 다만 변경되기 전의 주채무의 내용에 따른 보증책임만을 진다(대판 2000.01.21. 97다1013).

V. 보증채무의 효력

1. 대외적 효력

(1) 최고·검색의 항변권

제437조(보증인의 최고, 검색의 항변) 채권자가 보증인에게 채무의 이행을 청구한 때에는 보증인은 주채무자의 변제자력이 있는 사실 및 그 집행이 용이할 것을 증명하여 먼저 주채무자에게 청구할 것과 그 재산에 대하여 집행할 것을 항변할 수 있다. 그러나 보증인이 주채무자와 연대하여 채무를 부담한 때에는 그러하지 아니하다.

제438조(최고, 검색의 해태의 효과) 전조의 규정에 의한 보증인의 항변에 불구하고 채권자의 해태로 인하여 채무자로부터 전부나 일부의 변제를 받지 못한 경우에는 채권자가 해태하지 아니하였으면 변제받았을 한도에서 보증인은 그 의무를 면한다.

1) 최고·검색의 항변권의 법적 성질

현행 민법은 채권자의 청구를 막을 수 있는 최고의 항변권과 검색의 항변권을 함께 규정하고 있다. 다수설은 보증인의 이러한 항변권이 별개로 독립하여 병존하는 것으로 이해한다[72](곽윤직 등).

2) 보증인의 최고와 검색의 항변을 한 경우의 증명책임

민법 제437조 본문에 의하면 채권자가 보증인에게 채무의 이행을 청구한 때에는 보증인은 주채무자의 변제자력이 있는 사실 및 그 집행이 용이할 것을 증명하여 먼저 주채무자에게 청구할 것과 그 재산에 대하여 집행할 것을 항변할 수 있다고 규정하므로 보증인의 최고와 검색의 항변권은 보증인이 주채무자에게 변제자력이 있고 집행이 용이한 사실을 입증할 때에 성립될 수 있고, 단순히 주채무자에게 먼저 청구할 것을 항변할 수 없다(대판 1968.09.24. 68다1271).

(2) 주채무자의 항변권을 행사할 수 있는 권리 등

제433조(보증인과 주채무자 항변권) ① 보증인은 주채무자의 항변으로 채권자에게 대항할 수 있다.
② 주채무자의 항변포기는 보증인에게 효력이 없다.

주채무가 시효로 소멸한 때에는 보증인도 그 시효소멸을 원용할 수 있으며, 주채무자가 시효의 이익을 포기하더라도 보증인에게는 그 효력이 없다(대판 1991.01.29. 89다카1114). 보증채무에 대한 소멸시효가 중단되었다고 하더라도 이로써 주채무에 대한 소멸시효가 중단되는 것은 아니고, 주채무가 소멸시효 완성으로 소멸된 경우에는 보증채무도 그 채무 자체의 시효중단에 불구하고 부종성에 따라 당연히 소멸된다(대판 2002.05.14. 2000다62476).

제434조(보증인과 주채무자 상계권) 보증인은 주채무자의 채권에 의한 상계로 채권자에게 대항할 수 있다.

이 때 상계로 채권자에게 대항할 수 있다는 의미는 보증인이 주채무자의 상계권을 대신 행사할 수 있다고 해석한다(다수설).

---

[72] 그러나 최고의 항변권에 대해서는 대체로 그 필요성을 인정하지 않고 있다. 최고의 항변권은 채권자가 주채무자에 대해 이행을 청구하지 않은 경우에만 인정되고 채권자가 이미 주채무자에게 사전에 청구했거나 또는 동시에 청구하고 있을 경우에는 인정되지 않기 때문이다. 근래에는 최고의 항변권이 별다른 실효성을 가질 수 없다는 의미에서, 그리고 구 민법과 달리 동일한 요건 하에 최고, 검색의 항변권을 인정하는 현행 민법의 취지에 비추어 제437조의 항변권은 해석론 상 하나의 권리로 이해하는 것이 타당하다는 견해가 유력하다(김형배, 이은영).

제435조(보증인과 주채무자의 취소권등) 주채무자가 채권자에 대하여 취소권 또는 해제권이나 해지권이 있는 동안은 보증인은 채권자에 대하여 채무의 이행을 거절할 수 있다.

주채무자가 채권자에 대하여 취소권 또는 해제권이나 해지권이 있는 동안은 보증인은 채권자에 대하여 채무의 이행을 거절할 수 있다. 그러나 보증인이 이러한 권리를 직접 행사할 수는 없다. 상계는 단독행위로서 상계를 하는 여부는 채권자의 의사에 따르는 것이고 상계적상에 있는 자동채권이 있다 하여 반드시 상계를 하여야 할 것은 아니므로 채권자가 주채무자에 대하여 상계적상에 있는 자동채권을 상계처리하지 아니하였다 하여 이를 이유로 보증채무자가 신용보증한 채무의 이행을 거부할 수 없으며 나아가 보증채무자의 책임이 면책되는 것도 아니다(대판 1987.05.12. 86다카1340 ; 대판 2018.09.13. 2015다209347).

(3) 신의칙에 의한 보증인의 책임 제한

채권자와 채무자 사이에 계속적인 거래관계에서 발생하는 불확정한 채무를 보증하는 이른바 계속적 보증의 경우뿐만 아니라 특정채무를 보증하는 일반보증의 경우에 있어서도, 채권자의 권리행사가 신의칙에 비추어 용납할 수 없는 성질의 것일 때에는 보증인의 책임을 제한하는 것이 예외적으로 허용될 수 있을 것이나, 일단 유효하게 성립된 보증계약에 따른 책임을 신의칙과 같은 일반원칙에 의하여 제한하는 것은 자칫 잘못하면 사적 자치의 원칙이나 법적 안정성에 대한 중대한 위협이 될 수 있으므로 신중을 기하여 극히 예외적으로 인정하여야 할 것이다(대판 2007.01.25. 2006다25257).

2. 주채무자 또는 보증인에게 생긴 사유의 효력

(1) 주채무자에게 생긴 사유의 효력

제440조(시효중단의 보증인에 대한 효력) 주채무자에 대한 시효의 중단은 보증인에 대하여 그 효력이 있다.

주채무자에게 생긴 사유는 부종성으로 인하여 원칙적으로 모두 보증인에 대하여도 효력이 미친다[73]. 주채무가 소멸하면 그 원인을 불문하고 보증채무는 소멸하고, 주채무자에 대한 채권이 적법하게 양도되면 보증인에 대한 채권도 당연히 양수인에게 이전되며, 주채무자에 대한 시효중단은 보증인에 대하여도 효력이 있다(제440조). 주채무자에 대한 시효중단효과에 관한 민법 제440조가 보증보험계약에 준용된다(대판 2011.11.10. 2011다62090).

(2) 보증인에 관하여 생긴 사유의 효력

채권자와 보증인 사이의 관계에서 생긴 사유는 원칙적으로 주채무자에게 효력이 미치지 않는다(상대적 효력의 원칙). 그러나 채권을 만족시키는 "변제ㆍ대물변제ㆍ공탁ㆍ상계"는 주채무자에게도 효력이 미친다(절대적 효력).

3. 대내적 효력 - 보증인의 주채무자에 대한 구상권

(1) 구상권

보증인의 변제는 채권자에 대한 관계에서는 자기 채무의 변제이지만, 주채무자에 대한 관계에서는 실질적으로 주채무자의 채무를 대신 변제하는 것이므로, 보증인이 자기의 출재로 공동의 면책을 얻은 때에는 주채무자에 대한 구상의 문제가 발생한다. 다만 보증채무자가 주채무를 소멸시키는 행위는 주채무의 존재를

---

[73] 채권자와 주채무자 사이의 확정판결에 의하여 주채무가 확정되어 그 소멸시효기간이 10년으로 연장되었다 할지라도 그 보증채무까지 당연히 단기소멸시효의 적용이 배제되어 10년의 소멸시효기간이 적용되는 것은 아니고, 채권자와 연대보증인 사이에 있어서 연대보증채무의 소멸시효기간은 여전히 종전의 소멸시효기간에 따른다(대판 2006.08.24. 2004다26287).

전제로 하므로, 보증인의 출연행위 당시에는 주채무가 유효하게 존속하고 있었다 하더라도 그 후 주계약이 해제되어 소급적으로 소멸하는 경우에는 보증인은 변제를 수령한 채권자를 상대로 이미 이행한 급부를 부당이득으로 반환청구 할 수 있다(대판 2004.12.24. 2004다20265).

(2) 수탁보증인의 구상권

1) 사후구상권

제441조(수탁보증인의 구상권) ① 주채무자의 부탁으로 보증인이 된 자가 과실없이 변제 기타의 출재로 주채무를 소멸하게 한 때에는 주채무자에 대하여 구상권이 있다(**사후구상의 원칙**).
② 제425조제2항(구상권은 면책된 날 이후의 법정이자 및 피할 수 없는 비용 기타 손해배상을 포함한다)의 규정은 전항의 경우에 준용한다.

2) 사전구상권

제442조(수탁보증인의 사전구상권) ① 주채무자의 부탁으로 보증인이 된 자는 다음 각호의 경우에 주채무자에 대하여 미리 구상권을 행사할 수 있다.
  1. 보증인이 과실없이 채권자에게 변제할 재판을 받은 때
  2. 주채무자가 파산선고를 받은 경우에 채권자가 파산재단에 가입하지 아니한 때
  3. 채무의 이행기가 확정되지 아니하고 그 최장기도 확정할 수 없는 경우에 보증계약후 5년을 경과한 때
  4. 채무의 이행기가 도래한 때
② 전항제4호의 경우에는 보증계약후에 채권자가 주채무자에게 허여한 기한으로 보증인에게 대항하지 못한다.

수탁보증인이 민법 제442조에 의하여 주채무자에 대하여 미리 구상권을 행사하는 경우에 사전구상으로서 청구할 수 있는 범위는 주채무인 원금과 사전구상에 응할 때까지 이미 발생한 이자와 기한 후의 지연손해금, 피할 수 없는 비용 기타의 손해액이 포함될 뿐이고, 주채무인 원금에 대한 완제일까지의 지연손해금은 사전구상권의 범위에 포함될 수 없으며, 또한 사전구상권은 장래의 변제를 위하여 자금의 제공을 청구하는 것이므로 수탁보증인이 아직 지출하지 아니한 금원에 대하여 지연손해금을 청구할 수도 없다(대판 2004.07.09. 2003다46758).

3) 주채무자의 면책청구

제443조(주채무자의 면책청구) 전조의 규정에 의하여 주채무자가 보증인에게 배상하는 경우에 주채무자는 자기를 면책하게 하거나 자기에게 담보를 제공할 것을 보증인에게 청구할 수 있고 또는 배상할 금액을 공탁하거나 담보를 제공하거나 보증인을 면책하게 함으로써 그 배상의무를 면할 수 있다.

항변권이 붙어 있는 채권을 자동채권으로 하여 다른 채무(수동채권)와의 상계를 허용한다면 상계자 일방의 의사표시에 의하여 상대방의 항변권 행사의 기회를 상실시키는 결과가 되므로 그러한 상계는 허용될 수 없고, 특히 수탁보증인이 주채무자에 대하여 가지는 민법 제442조의 사전구상권에는 민법 제443조 소정의 이른바 면책청구권이 항변권으로 부착되어 있는 만큼 이를 자동채권으로 하는 상계는 허용될 수 없다(대판 2001.11.13. 2001다55222·55239).

(3) 부탁 없는 보증인의 구상권

제444조 (부탁 없는 보증인의 구상권) ① 주채무자의 부탁 없이 보증인이 된 자가 변제 기타 자기의 출재로 주채무를 소멸하게 한 때에는 주채무자는 그 당시에 이익을 받은 한도에서 배상하여야 한다.(사무관리)
② 주채무자의 의사에 반하여 보증인이 된 자가 변제 기타 자기의 출재로 주채무를 소멸하게 한 때에는 주채무자는 현존 이익의 한도에서 배상하여야 한다.(부당이득)
③ 전항의 경우에 주채무자가 구상한 날 이전에 상계원인이 있음을 주장한 때에는 그 상계로 소멸할 채권은 보증인에게 이전된다.

(4) 통지의무와 구상권의 제한

1) 보증인의 주채무자에 대한 통지의무

제445조(구상요건으로서의 통지) ① 보증인이 주채무자에게 통지하지 아니하고 변제 기타 자기의 출재로 주채무를 소멸하게 한 경우에 주채무자가 채권자에게 대항할 수 있는 사유가 있었을 때에는 이 사유로 보증인에게 대항할 수 있고 그 대항사유가 상계인 때에는 상계로 소멸할 채권은 보증인에게 이전된다.
② 보증인이 변제 기타 자기의 출재로 면책되었음을 주채무자에게 통지하지 아니한 경우에 주채무자가 선의로 채권자에게 변제 기타 유상의 면책행위를 한 때에는 주채무자는 자기의 면책행위의 유효를 주장할 수 있다.

2) 주채무자의 수탁보증인에 대한 사후통지의무

제446조(주채무자의 보증인에 대한 면책통지의무) 주채무자가 자기의 행위로 면책하였음을 그 부탁으로 보증인이 된 자에게 통지하지 아니한 경우에 보증인이 선의로 채권자에게 변제 기타 유상의 면책행위를 한 때에는 보증인은 자기의 면책행위의 유효를 주장할 수 있다.

민법 제446조의 규정은 같은 법 제445조 제1항의 규정을 전제로 하는 것이어서 같은 법 제445조 제1항의 사전 통지를 하지 아니한 수탁보증인까지 보호하는 취지의 규정은 아니므로, 수탁보증에 있어서 주채무자가 면책행위를 하고도 그 사실을 보증인에게 통지하지 아니하고 있던 중에 보증인도 사전 통지를 하지 아니한 채 이중의 면책행위를 한 경우에는 보증인은 주채무자에 대하여 민법 제446조에 의하여 자기의 면책행위의 유효를 주장할 수 없다고 봄이 상당하고 따라서 이 경우에는 이중변제의 기본 원칙으로 돌아가 먼저 이루어진 주채무자의 면책행위가 유효하고 나중에 이루어진 보증인의 면책행위는 무효로 보아야 하므로 보증인은 민법 제446조에 기하여 주채무자에게 구상권을 행사할 수 없다(대판 1997.10.10. 95다46265).

(5) 연대, 불가분채무의 보증인의 구상권

제447조(연대, 불가분채무의 보증인의 구상권) 어느 연대채무자나 어느 불가분채무자를 위하여 보증인이 된 자는 다른 연대채무자나 다른 불가분채무자에 대하여 그 부담부분에 한하여 구상권이 있다.

민법 제447조는 어느 연대채무자나 어느 불가분채무자를 위하여 보증인이 된 자의 다른 연대채무자나 다른 불가분채무자에 대한 구상권에 관한 규정에 불과하므로 연대채무자 모두를 위하여 물상보증인이 된 자가 그 연대채무자의 1인에 대하여 구상권을 행사하는 경우에는 적용될 여지가 없다(대판 1990.11.13. 90다카26065).

(6) 보증인의 대위권

변제를 한 보증인은 수탁보증인이든 부탁을 받지 않은 보증인이든 변제할 정당한 이익이 있는 자이므로,

당연히 채권자를 대위하여(제481조), 구상권의 범위 내에서 채권자의 권리(채권 및 담보)를 행사할 수 있다(제482조 1항).

V. 공동보증

	부종성	보충성	분별의 이익
연대채무	×	×	×
보증채무	○	○	×
공동보증	○	○	○
연대보증	○	×	×
보증연대	○	○	×

1. 연대보증

(1) 의 의

연대보증이란 보증인이 채권자에 대하여 주채무자와 연대하여 채무를 부담함으로써 주채무의 이행을 담보하는 보증채무의 일종이다. 연대보증에 있어서도 보증인은 주채무자의 채무를 보증하는 것이므로 내부적으로 그의 채무는 0이다. 다만 채권자와의 대외적 관계에서 보증인은 주채무자와 연대하여 채무를 부담하는 것이다. 즉, 단순보증에서와는 달리 연대보증인에게는 보충성 및 이에 따른 최고, 검색의 항변권이 인정되지 않는다. 그 결과 채권의 담보력은 한층 강화된다. 그러나 연대보증도 보증채무의 일종이므로 부종성을 가진다. 따라서 주채무가 무효, 취소에 의하여 존재하지 않게 되면 연대보증채무도 성립할 수 없게 된다.

(2) 연대보증채무의 성립

연대보증채무는 보증인이 주채무자와 연대하여 채무를 부담하는 것을 내용으로 하는 채권자와의 보증계약에 의하여 성립한다. 이때 연대채무를 부담한다는 의사표시는 묵시적으로 표시될 수도 있다. 또한 법률의 규정, 예를 들어 주채무가 주채무자의 상행위로 인하여 생긴 때 또는 보증이 상행위인 때에는 그 보증채무는 언제나 연대보증이 된다(상법 제57조 2항).

(3) 연대보증의 효력

1) 대외적 효력

채권자의 연대보증인에 대한 권리는 연대채무자에 대하여 가지는 권리와 동일하다. 연대보증에는 보충성이 없으므로 연대보증인은 최고, 검색의 항변권을 행사할 수 없다. 그러나 연대보증인은 주채무자가 채권자에 대하여 가지는 여러 가지 항변 및 항변권을 행사할 수는 있다. 그리고 연대보증인은 수인이 있더라도 분별의 이익을 가질 수 없다.

2) 주채무자와 연대보증인 사이의 효력

주채무자에게 생긴 모든 사유는 연대보증인에게 그 효력이 미친다. 그러나 연대보증인에게 생긴 사유는 주채무자를 면책시키는 사유 이외에는 주채무자에게 영향을 미치지 않는다. 연대보증인이라고 할지라도 주채무자에 대하여는 보증인에 불과하므로 연대채무에 관한 면제의 절대적 효력을 규정한 민법 제419조의 규정은 주채무자와 보증인 사이에는 적용되지 아니하는 것이니, 채권자가 연대보증인에 대하여 그 채무의 일부 또는 전부를 면제하였다 하더라도 그 면제의 효력은 주채무자에 대하여 미치지 아니 한다(대판 1992.09.2

5. 91다37553).

3) 대내적 효력

주채무자와 연대보증인 사이의 구상관계는 보통의 보증의 경우와 동일하다[74].

2. 공동보증

(1) 의 의

공동보증이란 동일한 주채무에 대하여 수인이 보증채무를 부담하는 보증의 모든 형태를 말한다. 보증인의 관계에 따라 보통의 보증인 경우, 연대보증인 경우, 그리고 보증연대[75]인 경우로 구별된다.

(2) 수인의 연대보증과 보증연대의 구별

연대보증에 있어서는 보증인이 1인 또는 수인일 수 있고, 보충성과 분별의 이익은 없으나 부종성은 있다. 다만 보증연대에 있어서는 보증인이 언제나 수인이며 보충성과 부종성이 인정되지만 분별의 이익은 주어지지 않는다.

(3) 분별의 이익

수인의 보증인이 하나의 계약으로 보증인이 된 경우는 물론이고 별개의 계약으로 보증인이 된 경우에도 공동보증인은 주채무를 균등한 비율로 분할한 부분에 관해서만 보증채무를 부담한다. 이를 분별의 이익이라고 하며, 이는 보증인의 보호를 위한 것이다. 그러나 다른 한편 분별의 이익은 담보력을 약화시킬 뿐만 아니라 채권자의 의사에도 반한다. 따라서 ① 주채무가 불가분인 경우, ② 공동보증인이 각각 주채무자와 연대하여 채무를 부담한 경우(연대보증), 그리고 ③ 보증인 사이에 연대의 특약을 한 경우(보증연대)에는 보증인 사이에 분별의 이익이 인정되지 않는다.

(4) 공동보증인 사이의 구상관계

1) 구상권의 법적 기초

공동보증인이 분별의 이익을 가지는지의 여부에 따라 구상의 내용이 달라진다. 먼저 공동보증인이 분별의 이익을 가지는 경우로서 자기의 분담액을 넘어 변제한 때에는 채무자의 부탁을 받지 않은 보증인의 지위와 유사하므로 다른 공동보증인에게 일종의 사무관리가 되어 제444조가 준용된다. 반면 공동보증인이 분별의 이익을 가지지 않는 경우로서 자기의 부담부분을 넘는 변제를 한 때에는 연대채무자의 구상권에 관한 규정을 준용해야 할 것이다. <u>공동보증인 사이의 구상관계는 연대채무에서와는 달리, "공동보증인이 자기의 부담부분을 초과"하여 변제를 한 때에 그 초과부분에 한하여 구상권이 인정된다</u>. 즉, 수인의 공동보증인 가운데 한 사람이 채무의 전액이나 자기의 부담부분 이상을 변제하였을 때에 비로소 다른 보증인에게 구상할 수 있다.

---

74) 주채무자를 위하여 수인이 연대보증을 한 경우, 어느 연대보증인이 채무를 변제하였음을 내세워 다른 연대보증인에게 구상권을 행사함에 있어서는 그 변제로 인하여 다른 연대보증인도 공동으로 면책되었음을 요건으로 하는 것인데, 각 연대보증인이 주채무자의 채무를 일정한 한도에서 보증하기로 하는 이른바 일부보증을 한 경우에는 달리 특별한 사정이 없는 한, 각 보증인은 보증한 한도 이상의 채무에 대하여는 그 책임이 없음은 물론이지만 주채무의 일부가 변제되었다고 하더라도 그 보증한 한도 내의 주채무가 남아 있다면 그 남아 있는 채무에 대하여는 보증책임을 면할 수 없다고 보아야 하므로, 이와 같은 경우에 연대보증인 중 1인이 변제로써 주채무를 감소시켰다고 하더라도 주채무의 남은 금액이 다른 연대보증인의 책임한도를 초과하고 있다면 그 다른 연대보증인으로서는 그 한도금액 전부에 대한 보증책임이 그대로 남아 있어 위의 채무변제로써 면책된 부분이 전혀 없다고 볼 수밖에 없고, 따라서 이러한 경우에는 채무를 변제한 위 연대보증인이 그 채무의 변제를 내세워 보증책임이 그대로 남아 있는 다른 연대보증인에게 구상권을 행사할 수는 없다(대판 2002.03.15. 2001다59071).

75) 보증연대와 관련해서는 공동보증인 사이의 전부변제특약만으로 보증연대가 성립하는지 아니면 이러한 뜻을 채권자에 대하여 표시하여야만 하는지는 다툼이 있다.

2) 구상권의 경합

공동보증인 상호간에 생기는 구상권과 주채무자에 대한 구상권의 관계는 부진정연대채무의 관계에 있다. 따라서 변제 기타의 출재로 주채무를 소멸시킨 공동보증인이 주채무자로부터 현실적으로 구상 받지 못한 경우에는 다른 공동보증인에 대하여 구상권을 행사할 수 있다.

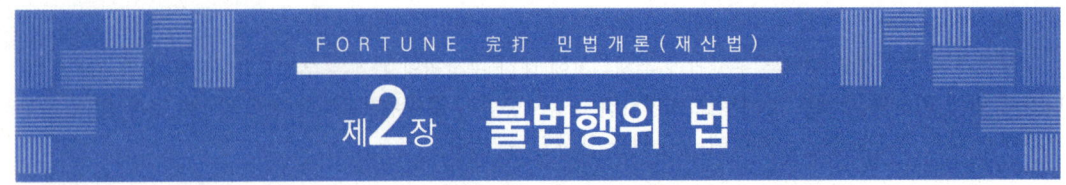

제2장 불법행위 법

제1절 일반불법행위

I. 고의 또는 과실

1. 의 의
불법행위에 있어서 고의는 일정한 결과가 발생하리라는 것을 알면서 감히 이를 행하는 심리상태로서, 객관적으로 위법이라고 평가되는 일정한 결과의 발생이라는 사실의 인식만 있으면 되고 그 외에 그것이 위법한 것으로 평가된다는 것까지 인식하는 것을 필요로 하는 것은 아니다(대판 2002.07.12. 2001다46440).

2. 구별 실익
손해배상책임에서는 고의와 과실은 동일하게 취급되므로, 불법행위에서 고의와 과실은 구별실익은 크지 않다. 다만 손해배상의 범위를 산정하는 경우에 차이가 있는데, 고의에 의한 불법행위의 경우에는 가해자에게 제393조 2항의 '특별한 사정으로 인한 손해'에 대한 예견가능성이 있다고 볼 수 있으므로, 과실의 경우보다 배상범위가 늘어날 수 있다. 그리고 생계위협에 의한 배상액 경감은 고의나 중과실이 아닌 경우에 가능하다(제765조).

3. 과실의 개념
손해배상책임에 있어서의 과실이라 함은, 통상적인 사람을 기준으로 하여 마땅히 하여야 할 의무를 태만이 하였거나, 또는 하지 아니하면 아니 될 의무를 이행하지 아니한 경우를 말하고, 그와 같이 하지 아니한 것이 불가항력적이었다면, 과실이 있다고 볼 수 없다(대판 1979.12.26. 79다1843).

4. 과실의 종류

(1) 추상적 경과실
일반적으로 법 규정 상 '선량한 관리자의 주의'(제374조, 제681조)로 표현된다. 구체적 경과실 보다 주의의무의 정도가 높다. 불법행위에서의 과실은 이 추상적 경과실을 의미한다. 判例도 "불법행위의 성립요건으로서의 과실은 이른바 추상적 과실만이 문제되는 것이고 이러한 과실은 사회평균인으로서의 주의의무를 위반한 경우를 가리키는 것이지만, 그러나 여기서의 '사회평균인'이라고 하는 것은 추상적인 일반인을 말하는 것이 아니라 그때 그때의 구체적인 사례에 있어서의 보통인을 말하는 것이다(대판 2001.01.19. 2000다12532)."라고 한다.

(2) 구체적 경과실
규정 상 '자기 재산과 동일한 주의'(제695조), '자기의 재산에 관한 행위와 동일한 주의'(제922조), '고유재산에 대하는 것과 동일한 주의'(제1022조)로 표현된다. 보통 추상적 경과실 보다 주의의무의 정도가 낮다.

5. 중과실

선량한 관리자의 주의의무를 현저하게 결여한 경우 중과실이 인정된다(제765조). 중과실은 특히 실화책임의 경우에 문제가 된다. 과거의 실화책임에 관한 법률은 실화에 관하여 중과실이 아닌 경우 면책이 되었으나, 헌법재판소의 헌법불합치 결정으로 법이 개정되어, 경과실의 경우도 손해배상책임을 지는 것으로 개정이 되었다. 다만 중과실이 아닌 경우에는 손해배상의무자는 법원에 손해배상액의 경감을 청구할 수 있는 것으로 개정이 되었다.

6. 증명책임

(1) 원 칙

법률요건분류설에 의할 경우, 채무불이행책임은 채무자가 자신에게 고의·과실이 없음을 증명하여야 하지만(제390조 단서), 불법행위는 불법행위의 성립을 주장하는 피해자(채권자)가 가해자(채무자)의 고의·과실이 있음을 증명하여야 한다(제750조 본문).

(2) 예 외

감독자 책임(제755조), 사용자책임(제756조), 공작물 점유자의 책임(제758조) 등에서는 감독자, 사용자 및 공작물사용자의 과실이 추정되므로, 그들 스스로가 과실 없음을 증명하여야 면책될 수 있다. 다만 실무는 면책증명을 거의 받아들이지 않고 있는 경향이다(대판 1969.01.21. 68다321).

II. 위법성

1. 의 의

위법이란 법질서 즉 금지 규범 및 행위 규범에 반하는 인간의 행위를 말한다. 구체적으로는 타인의 법익을 침해할 수 있는 반규범적 행위가 있을 때 위법성이 인정되는데, 문제는 민법 제750조가 작위·부작위의 행위가 어떠한 경우에 위법성을 갖게 되는 지를 구체적으로 규정하지 않고 있다는 것이다. 따라서 구체적 위법성의 판단기준은 학설과 판례에 맡겨져 있다.

2. 위법성의 판단기준

(1) 판단의 대상

위법성 판단의 대상이 결과인지, 행위인지가 문제 된다. 결과불법론은 보호법익의 침해라는 결과 자체가 있을 때 그 행위는 위법하다고 보면서, '손해결과가 없으면 위법성이 없다'라고 본다. 이에 반하여 행위불법론은 가해자의 행위가 법규범이 정하고 있는 주의의무에 위반된 경우에 위법성이 인정된다고 본다. 작위·부작위의 위법성을 일관성 있게 설명할 수 있다는 면에서 행위불법론이 타당하다.

(2) 판단의 평가기준

위법성은 사회질서를 해치는 것으로 허용될 수 없는 행위에 대한 평가라고 하면서, 이 경우 평가의 기준이 되는 것은 실정법 질서와 사회질서를 표준으로 하여 객관적·실질적으로 판단되어야 한다(실질적 위법론, 통설). 다만 이러한 기준으로 위법성 판단이 곤란한 부분이 있으면 비교형량의 이론에 의하여 판단한다[1].

---

[1] 甲 등이 트위터 글이나 기사들에 乙 등을 비판하는 글을 작성·게시하면서 '종북', '주사파', '▽▽▽연합'이라는 표현으로 지칭한 사안에서, 위 표현행위의 의미를 객관적으로 확정할 경우 사실 적시가 아니라 의견 표명으로 볼 여지가 있는 점, 명예 훼손에 해당하려면 사실의 적시가 있는지 따져보고 그것이 진실인지 허위인지에 따라 손해의 정도를 달리 보아야 하는데, 위 표현행위에 사실의 적시가 포함되어 있다고 하더라도 공인인 乙 등에 대한 의혹의 제기나 주장이 진실이라고 믿을 만한 상당한 이유가 있다고 볼 만한 구체적 정황의 제시가 있는 점 등에 비추어, 甲 등이 트위터 글이나 기사들에서 한 위 표현행위

III. 손해 발생

1. 손해의 개념

(1) 차액설

손해라 함은 '권리주체에게 발생한 비자발적 불이익'을 의미 한다[2]. 다만 이러한 손해를 어떻게 인식할 것인가와 관련하여 통설, 判例는 차액설을 취한다. 즉 불법행위로 인한 재산상 손해는 위법한 가해행위로 인하여 발생한 재산상 불이익, 즉 그 위법행위가 없었더라면 존재하였을 재산 상태와 그 위법행위가 가해진 현재의 재산상태의 차이를 말하는 것이고, 그것은 기존의 이익이 상실되는 적극적 손해의 형태와 장차 얻을 수 있을 이익을 얻지 못하는 소극적 손해의 형태로 구분 된다(대판(全合) 1992.06.23. 91다33070)[3].

(2) 규범적 손해설(평가설)

예를 들어 현재의 수입이 없는 무직자, 전업주부의 손해를 평가할 때 근로자의 평균임금의 소득상당액을 기준으로 손해를 산정하여야 하는데, 이 경우 차액이 아니라 '노동능력 상실' 그 자체를 손해로 파악하여야 한다. 왜냐하면 차액설에 의하면 현재의 손해가 없는 것이므로, 손해가 부정될 수 있기 때문이다. 이와 같이 차액설에 의하여 설명될 수 없는 손해를 규범적 손해(normativer Schaden)이라고 한다[4].

(3) 재산 이외의 손해 배상

1) 내용

제751조(재산이외의 손해의 배상) ① 타인의 신체, 자유 또는 명예를 해하거나 기타 정신상고통을 가한 자는 재산이외의 손해에 대하여도 배상할 책임이 있다.
② 법원은 전항의 손해배상을 정기금채무로 지급할 것을 명할 수 있고 그 이행을 확보하기 위하여 상당한 담보의 제공을 명할 수 있다.

제752조(생명침해로 인한 위자료) 타인의 생명을 해한 자는 피해자의 직계존속, 직계비속 및 배우자에 대하여는 재산상의 손해 없는 경우에도 손해배상의 책임이 있다.

피해자의 직계존속, 직계비속 및 배우자는 정신상 고통에 대한 입증이 없어도 본조에 의해 위자료가 청구가 가능하다(대판 1967.09.05. 67다1307). 여기에서의 친족은 입적되지 아니했어도 사실상 그와 같은 관계에 있으면 족하다(대판 1966.06.28. 66다493). 그리고 위에 열거된 자들은 예시적이므로 열거되지 아니한 친족도 정신상 고통을 입증함으로서 제750조, 제751조에 따라 위자료 청구가 가능하다. 判例는 그러한 예로 피해자

는 의견 표명이나 구체적인 정황 제시가 있는 의혹 제기에 불과하여 불법행위가 되지 않거나 乙 등이 공인이라는 점을 고려할 때 위법하지 않다(대판(全合) 2018.10.30. 2014다61654).
2) 이러한 불이익이 자발적인 경우를 '비용'이라고 하고, 비용이 일정한 목적을 지향하는 경우를 '출연'이라고 한다.
3) 타인 소유의 토지에 관하여 매도증서, 위임장 등 등기관계서류를 위조하여 원인무효의 소유권이전등기를 경료하고 다시 이를 다른 사람에게 매도하여 순차로 소유권이전등기가 경료된 후에 토지의 진정한 소유자가 최종 매수인을 상대로 말소등기청구 소송을 제기하여 그 소유자 승소의 판결이 확정된 경우 위 불법행위로 인하여 최종 매수인이 입은 손해는 무효의 소유권이전 등기를 유효한 등기로 믿고 위 토지를 매수하기 위하여 출연한 금액, 즉 매매대금으로서 이는 기존이익의 상실인 적극적 손해에 해당하고, 최종 매수인은 처음부터 위 토지의 소유권을 취득하지 못한 것이어서 위 말소등기를 명하는 판결의 확정으로 비로소 위 토지의 소유권을 상실한 것이 아니므로 위 토지의 소유권상실이 그 손해가 될 수는 없다(대판(全合) 1992.06.23. 91다33070).
4) 判例도 "불법행위로 인한 일실이익손해를 피해자의 노동능력상실률을 인정 평가하는 방법에 의하여 산정할 경우 피해자가 후유증에도 불구하고 종전과 같은 직장에서 종전과 다름없이 수입을 얻고 있다고 하더라도 달리 특별한 사정이 없는 한 피해자가 신체적인 기능의 장애로 인하여 아무런 재산상 손해도 입지 않았다고 단정할 수는 없고, 또한 피해자가 사실심의 변론종결 시까지 종전 직장으로부터 종전과 같은 보수를 지급받았다고 하더라도 그것이 사고와 상당인과관계에 있는 이익이라고는 볼 수 없어 가해자가 배상하여야 할 손해액에서 그 보수액을 공제할 것은 아니다(대판 1993.07.27. 92다15031)."고 한다.

의 며느리·시어머니·누나 등에게 위자료청구를 인정하였다(대판 1978.01.17. 77다1942). 그리고 본조에 열거된 친족들이 위자료 청구를 할 수 있는 것은 생명침해에 한정되는 것은 아니다. 즉 신체·자유 등이 침해된 경우에도 본조에 열거된 친족들은 제750조, 제751조에 의해 위자료 청구가 가능하다.

2) 명예훼손의 경우

제764조(명예훼손의 경우의 특칙) 타인의 명예를 훼손한 자에 대하여는 법원은 피해자의 청구에 의하여 손해배상에 갈음하거나 손해배상과 함께 명예회복에 적당한 처분을 명할 수 있다.

[헌재 1991.04.01. 89헌마160 - 민법 제764조(1958. 2. 22. 법률 제471호)의 "명예회복에 적당한 처분"에 사죄광고를 포함시키는 것은 헌법에 위반된다.]

2. 손해배상과 인과관계

제393조(손해배상의 범위) ① 채무불이행으로 인한 손해배상은 통상의 손해를 그 한도로 한다.
② 특별한 사정으로 인한 손해는 채무자가 그 사정을 알았거나 알 수 있었을 때에 한하여 배상의 책임이 있다.

제763조(준용규정) 제393조(손해배상의 범위), 제394조(손해배상의 방법), 제396조(과실상계), 제399조(손해배상자의 대위)의 규정은 불법행위로 인한 손해배상에 준용한다.

제763조에 의하여 준용되는 제393조는 상당인과관계에 기초한 규정이다. 즉 '통상의 손해'를 손해배상의 한도로 규정하고 있는 제393조 1항은 상당인과관계의 원칙을 규정한 것이다. 그리고 2항의 '특별한 사정으로 인한 손해'는 가해자가 그 사정을 예견할 수 있었던 경우에 한하여 그 손해의 배상을 인정하는 규정이라고 한다. 그러므로 가해자는 가해행위에 의하여 통상 발생할 수 있는 손해(통상손해)와 특별한 사정으로 인한 손해 가운데 가해자가 그러한 사정을 예견할 수 있는 손해(특별손해)를 배상하여야 한다. 즉 가해행위와 손해발생 사이에 상당인과관계[5]가 존재하여야 한다.

3. 손해배상의 방법과 산정

(1) 금전배상주의

제394조(손해배상의 방법) 다른 의사표시가 없으면 손해는 금전으로 배상한다.

제763조(준용규정) 제393조(손해배상의 범위), 제394조(손해배상의 방법), 제396조(과실상계), 제399조(손해배상자의 대위)의 규정은 불법행위로 인한 손해배상에 준용한다.

손해배상의 방법은 금전배상이 원칙이다. 다만 일시금뿐만 아니라 정기금으로 지급하도록 판결할 수 있다[6]. 그리고 당사자는 금전배상 대신 원상회복을 합의할 수도 있으며, 명예훼손의 경우는 피해자의 청구에

---

[5] 의사가 설명의무를 위반한 채 수술 등을 하여 환자에게 사망 등의 중대한 결과가 발생한 경우에 환자 측에서 선택의 기회를 잃고 자기결정권을 행사할 수 없게 된 데 대한 위자료만을 청구하는 경우에는 의사의 설명결여 내지 부족으로 선택의 기회를 상실하였다는 사실만을 입증함으로써 족하고, 설명을 받았더라면 사망 등의 결과는 생기지 않았을 것이라는 관계까지 입증할 필요는 없으나, 그 결과로 인한 모든 손해를 청구하는 경우에는 그 중대한 결과와 의사의 설명의무 위반 내지 승낙취득 과정에서의 잘못과의 사이에 상당인과관계가 존재하여야 하며, 그때의 의사의 설명의무 위반은 환자의 자기결정권 내지 치료행위에 대한 선택의 기회를 보호하기 위한 점에 비추어 환자의 생명, 신체에 대한 구체적 치료과정에서 요구되는 의사의 주의의무 위반과 동일시 할 정도의 것이어야 한다(대판 1995.02.10. 93다52402).
[6] 불법행위로 인한 손해배상청구 사건에서 채무자의 피해자에 대한 향후치료비나 개호비의 지급방법을 일시금배상과 정기금배상 중 어느 하나를 선택하는 문제는 그것이 형평의 원칙에 비추어 현저히 불합리하다고 인정되지 아니하는 한 법원의 자유재량에 속한다(대판 1991.10.08. 90다19039).

의하여 손해배상에 갈음하거나 또는 손해배상과 함께 명예회복에 적합한 처분을 명할 수 있다.

(2) 손해배상의 산정 기준 시

1) 원　칙 - 불법행위 시

불법행위로 인한 재산상 손해는 위법한 가해행위로 인하여 발생한 재산상 불이익, 즉 그 위법행위가 없었더라면 존재하였을 재산 상태와 그 위법행위가 가해진 현재의 재산상태의 차이를 말하는 것이며, 그 손해액은 원칙적으로 불법행위시를 기준으로 산정하여야 한다. 즉, 여기에서 '현재'는 '기준으로 삼은 그 시점'이란 의미에서 '불법행위 시'를 뜻하는 것이지 '지금의 시간'이란 의미로부터 '사실심 변론종결 시'를 뜻하는 것은 아니다[7](대판 2010.04.29. 2009다91828).

2) 예　외

① 시간적 간격이 있는 경우

불법행위에서 위법행위 시점과 손해발생 시점 사이에 시간적 간격이 있는 경우에 불법행위로 인한 손해배상청구권의 지연손해금은 손해발생 시점을 기산일로 하여 발생한다(대판 2011.07.28. 2010다76368).

② 사실심 변론종결 시인 경우

불법행위로 인한 손해배상채무에 대하여는 별도의 이행 최고가 없더라도 채무성립과 동시에 지연손해금이 발생하는 것이 원칙이다. 다만 불법행위 시와 변론종결 시 사이에 장기간의 세월이 경과함으로써 위자료 산정의 기준 되는 변론종결시의 국민소득수준이나 통화가치 등의 사정이 불법행위 시에 비하여 상당한 정도로 변동한 결과 그에 따라 이를 반영하는 위자료 액수 또한 현저한 증액이 불가피한 경우에는, 예외적으로 불법행위로 인한 위자료 배상채무의 지연손해금은 위자료 산정의 기준시인 사실심 변론종결 당일부터 발생한다고 보아야 한다(대판 2012.03.29. 2011다38325).

(3) 인적 손해의 산정

1) 원　칙 - 손해 3분설

생명 또는 신체에 대한 불법행위로 인하여 입게 된 적극적 손해(치료비, 개호비, 장례비 등)와 소극적 손해(일실이익) 및 정신적 손해(위자료)는 서로 소송물을 달리하므로 그 손해배상의무의 존부나 범위에 관하여 항쟁함이 상당한지의 여부는 각 손해마다 따로 판단하여야 한다(대판 2002.09.10. 2002다34581).

2) 중간이자의 공제(현존가액의 산정)

① 문제점

불법행위로 인하여 피해자가 일실이익을 상실한 경우, 가해자가 이를 일시금으로 배상하게 되면 그 손해배상액에서 중간이자에 해당하는 금액을 공제하는 것이 형평에 합치된다. 이 경우 그 이율은 5%이다. 그리고 공제의 대상이 되는 것은 일실이익 뿐 아니라 장래의 치료비·개호비 등도 포함된다(대판(全슴) 1979.04.24. 77다703).

② 공제 방식

이 경우 호프만(Hoffmann, 단리계산)식[8]과 라이프니쯔(Leipniz, 복리계산)식이 있는데, 判例는 "라이프니츠

---

[7] 매수인이 매도인의 기망행위로 인하여 부동산을 고가에 매수하게 됨으로써 입게 된 손해는 부동산의 매수 당시 시가와 매수가격과의 차액이고, 그 후 매수인이 위 부동산 중 일부에 대하여 보상금을 수령하였다거나 부동산 시가가 상승하여 매수가격을 상회하게 되었다고 하여 매수인에게 손해가 발생하지 않았다고 할 수 없다.

[8] 호프만식계산법에 의하여 중간이자를 공제함에 있어 가동할 수 있는 총기간자체는 414개월을 초과하여 그 현가율의 수치가 240을 넘더라도 피해자가 순이익을 얻을 수 없는 기간이 포함되어 있어 현가를 산정함에 있어서 가동할 수 있는 총기간의 단리연금현가율에서 순이익을 얻을 수 없는 기간에 해당하는 단리연금현가율을 공제한 수치를 적용하여야 하는 경우에는 공제한 결과의 수치가 240을 넘지만 않는다면 가동할 수 있는 총기간에 해당하는 단리연금현가율이 얼마이든지 그에 해당하

식 계산법에 의하여 복리계산을 하지 아니하고 호프만식 계산법에 의하여 일실수익금을 계산하였다고 하여 이를 위법이라고 할 수 없다(대판 1981.09.22. 81다588)."고 한다. 즉 불법행위로 인한 일실수익의 현가산정에 있어서 기초사실인 수입, 가동연한, 공제할 생활비 등은 사실상의 주장이지만 현가산정방식에 관한 주장은 당사자의 평가에 지나지 않는 것이므로 당사자의 주장에 불구하고 법원은 자유로운 판단에 따라 채용할 수 있고 이를 변론주의에 반한 것이라 할 수 없다(대판 1983.06.28. 83다191).

4. 배상액의 조정

(1) 과실상계

1) 과실상계에 '과실'의 의미

불법행위에 있어서 가해자의 과실은 의무위반이라는 강력한 과실인 데 반하여 피해자의 과실을 따지는 과실상계에 있어서의 과실은 전자의 것과는 달리 사회통념상, 신의성실의 원칙상, 공동생활상 요구되는 약한 의미의 부주의를 가리키는 것으로 보아야 한다(대판 1999.07.23. 98다31868).

2) 과실상계 제한과 신의칙

손해배상 청구소송에서 피해자에게 과실이 인정되면 법원은 손해배상의 책임 및 그 금액을 정함에 있어서 이를 참작하여야 하며, 배상의무자가 피해자의 과실에 관하여 주장하지 않는 경우에도 소송자료에 의하여 과실이 인정되는 경우에는 이를 법원이 직권으로 심리·판단하여야 할 것이지만, 피해자의 부주의를 이용하여 고의로 불법행위를 저지른 자가 바로 그 피해자의 부주의를 이유로 자신의 책임을 감하여 달라고 주장하는 것은 허용될 수 없다(대판 2000.01.21. 99다50538). 다만 피해자의 부주의를 이용하여 고의로 불법행위를 저지른 자가 바로 그 피해자의 부주의를 이유로 자신의 책임을 감하여 달라고 주장하는 것이 허용되지 아니하는 것은, 그와 같은 고의적 불법행위가 영득행위에 해당하는 경우 과실상계와 같은 책임의 제한을 인정하게 되면 가해자로 하여금 불법행위로 인한 이익을 최종적으로 보유하게 하여 공평의 이념이나 신의칙에 반하는 결과를 가져오기 때문이므로, 고의에 의한 불법행위의 경우에도 위와 같은 결과가 초래되지 않는 경우에는 과실상계나 공평의 원칙에 기한 책임의 제한은 얼마든지 가능하다(대판 2007.10.25. 2006다16758).

3) 과실상계와 직권조사사항

민법상의 과실상계제도는 채권자가 신의칙상 요구되는 주의를 다하지 아니한 경우 공평의 원칙에 따라 손해의 발생에 관한 채권자의 그와 같은 부주의를 참작하게 하려는 것이므로 단순한 부주의라도 그로 말미암아 손해가 발생하거나 확대된 원인을 이루었다면 피해자에게 과실이 있는 것으로 보아 과실상계를 할 수 있고, 피해자에게 과실이 인정되면 법원은 손해배상의 책임 및 그 금액을 정함에 있어서 이를 참작하여야 하며, 배상의무자가 피해자의 과실에 관하여 주장하지 않는 경우에도 소송자료에 의하여 과실이 인정되는 경우에는 이를 법원이 직권으로 심리·판단하여야 한다(대판 1996.10.25. 96다30113). 다만 피해자의 과실을 어느 정도 반영할 지는 사실심 법원의 전권 사항이다[9](대판 2008.07.10. 2006다43767).

4) 과실상계의 적용 범위 - 계약의 이행 책임에 대한 적용 부정

과실상계는 본래 채무불이행 내지 불법행위로 인한 손해배상책임에 대해 인정되는 것이고, 채무 내용에 따른 본래의 급부의 이행을 구하는 경우에 적용될 것이 아니다(대판 1996.05.10. 96다8468).

는 수치 그대로를 적용하여 현가를 산정할 수 있다(대판 1987.02.24. 86다카2366). 현재 국가배상법 제3조의2 3항, 시행령 제6조 3항은 호프만식에 의할 것을 규정하고 있다.
[9] 불법행위로 인한 손해배상사건에서 과실상계사유에 관한 사실인정이나 그 비율을 정하는 것은 그것이 형평의 원칙에 비추어 현저히 불합리하다고 인정되지 않는 한 사실심의 전권사항에 속하고, 제1심판결에 대하여 쌍방이 불복·항소한 경우, 항소심에서 원고의 과실과 관련한 새로운 소송자료가 제출되지 않았다 하더라도, 항소심은 속심이므로 이미 제출된 소송자료를 통하여 과실상계사유에 관한 사실인정이나 그 비율을 제1심과 다르게 정할 수 있다.

5) 피해자 측 과실이론

불법행위로 인한 손해배상의 책임 및 그 범위를 정함에 있어 피해자의 과실을 참작하는 이유는 불법행위로 인하여 발생한 손해를 가해자와 피해자 사이에 공평하게 분담시키고자 함에 있으므로, 피해자의 과실에는 피해자 본인의 과실뿐 아니라 그와 신분상 내지 사회생활상 일체를 이루는 관계에 있는 자의 과실도 피해자 측의 과실로서 참작되어야 하고, 어느 경우에 신분상 내지 사회생활상 일체를 이루는 관계라고 할 것인지는 구체적인 사정을 검토하여 피해자 측의 과실로 참작하는 것이 공평의 관념에서 타당한지에 따라 판단하여야 한다(대판 1999.07.23. 98다31868).

(2) 손익상계

1) 인과관계

손해배상액의 산정에 있어서 손익상계가 허용되기 위하여는 손해배상책임의 원인이 되는 행위로 인하여 피해자가 새로운 이득을 얻었고, 그 이득과 손해배상책임의 원인 행위 사이에 상당인과관계가 있어야 한다(대판 2005.10.28. 2003다69638).

2) 손익상계와 과실상계의 순서(상계後 공제설)

불법행위로 인한 손해배상액을 산정함에 있어서 과실상계를 한 다음 손익상계를 하여야 하고, 산업재해보상보험법상의 급여도 마찬가지이다(대판 1996.01.23. 95다24340).

3) 포함되지 않는 경우

가해자가 피해자의 유족에게 지급한 조위금은 위자료의 일부라고 볼 수 없으므로, 이를 가해자가 지급하여야 할 위자료의 액에서 공제하여야 할 것이라고는 할 수 없고 위 사실은 다만 위자료의 수액을 산정함에 있어서 참작하여야 할 사정에 해당한다고 할 것이다(대판 1971.07.27. 71다1158).

Ⅳ. 책임능력

1. 미성년자의 책임능력

제753조(미성년자의 책임능력) 미성년자가 타인에게 손해를 가한 경우에 그 행위의 책임을 변식할 지능이 없는 때에는 배상의 책임이 없다.

(1) 의 의

책임능력이란 행위자가 자기 행위의 책임을 인식할 수 있는 능력을 말한다. 불법행위능력이라고도 한다. 법률행위를 할 수 있는 의사능력과 대비된다.

(2) 判 例

책임능력을 법률상 책임을 변식할 능력이라고 본다(대판 1977.05.24. 77다354). 判例는 대체로 12세까지는 책임능력을 부정[10]하고, 15세 이상은 책임능력을 인정한다. 그러나 13~14세의 경우에는 개별적 경우에 따라 책임능력의 유무를 판단하는 경향이다. 즉 13세 3개월의 책임능력을 긍정한 경우(대판 1991.11.08. 91다32473)가 있고, 14세 2개월의 경우는 부정한 경우(대판 1992.05.22. 91다37690)가 있다.

---

[10] 6세 남짓한 어린이는 교통기관의 위험성에 대한 인식이나 또는 이것으로부터 자기 자신을 보호하는 방법 따위에 관하여 충분한 능력이 있는 자라고는 볼 수 없으므로 이러한 어린이는 부모로부터 교통사고에 대한 충분한 보호와 간호를 받아야 될 입장에 있다(대판 1974.12.24. 74다1882).

2. 심신상실자의 책임능력

제754조(심신상실자의 책임능력) 심신상실중에 타인에게 손해를 가한 자는 배상의 책임이 없다. 그러나 고의 또는 과실로 인하여 심신상실을 초래한 때에는 그러하지 아니하다.

(1) 의 의

심신상실이란 불법행위책임을 지는데 필요한 판단능력이 없음을 말한다. 심신상실은 불법행위 시를 기준으로 판단한다. 따라서 피성년후견인이라도 불법행위 시에 판단능력이 있으면 불법행위 책임을 진다. 심신상실제도와 성년후견제도는 구별되어야 한다.

(2) 원인에 있어 자유로운 행위

통상인이 일시적으로 병이나 약물 등의 원인으로 심실상실 상태에 있어 불법행위를 한 경우에도 책임이 없는 것이 원칙이나, 고의 또는 과실로 인하여 심신상실을 초래한 때에는 불법행위책임을 진다.

제2절 특수 불법행위

Ⅰ. 공동불법행위

제760조(공동불법행위자의 책임) ① 수인이 공동11)의 불법행위로 타인에게 손해를 가한 때에는 연대하여 그 손해를 배상할 책임이 있다12).
② 공동 아닌 수인의 행위 중 어느 자의 행위가 그 손해를 가한 것인지를 알 수 없는 때에도 전항과 같다.
③ 교사자나 방조자는 공동행위자로 본다.

1. 종 류

공동불법행위는 넓은 의미로는 ① 수인이 공동의 불법행위로 타인에게 손해를 가한 경우(제760조 1항), ② 공동 아닌 수인의 행위 중 어느 자의 행위가 그 손해를 가한 것인지 알 수 없는 경우(제760조 2항), ③ 교사·방조의 경우(제760조 3항)를 말한다.

2. 요 건

(1) 공동의 의미

공동불법행위가 성립하려면 행위자 사이에 의사의 공통이나 행위공동의 인식이 필요한 것은 아니지만, 객관적으로 보아 행위자 각자의 고의 또는 과실에 기한 행위가 공동으로 행하여져 피해자에 대한 권리침해 및 손해발생에 공통의 원인이 되었다고 인정되는 경우라야 할 것이므로, 공동불법행위를 이유로 손해배상

---

11) 통설·판례는 가해자들 사이에 공모나 공동의 인식은 필요 없으며, 단지 가해행위가 객관적으로 관련되거나 행위의 공동성이 존재하고 있으면 충분하다는 객관적 공동설(=행위공동설)이다. 이에 반해 가해자들 사이에 공모 내지 공동의 인식이 있어야 한다고 주장하는 주관적 공동설(=의사공동설, 이은영)이 있다.
12) 민법 제760조 제1항, 제3항의 공동불법행위자에게 불법행위로 인한 손해배상책임을 지우려면, 위법한 행위와 피해자가 입은 손해 사이에 상당인과관계가 있어야 하고, 상당인과관계의 유무는 결과발생의 개연성, 위법행위의 태양 및 피침해이익의 성질 등을 종합적으로 고려하여 판단하여야 한다(대판 2018.07.11. 2017다263703).

책임을 인정하기 위하여는 먼저 행위자 각자의 고의 또는 과실에 기한 행위가 공동으로 행하여졌다는 점이 밝혀져야 한다고 할 것이다(대판 2008.04.24. 2007다44774). 또한 그러한 공동의 행위는 불법행위 자체를 공동으로 하거나 교사·방조하는 경우는 물론 횡령행위로 인한 장물을 취득하는 등 피해의 발생에 공동으로 관련되어 있어도 인정될 수 있다(대판 2013.04.11. 44969).

(2) 가해자 불명의 경우

민법 제760조 제2항은 여러 사람의 행위가 경합하여 손해가 생긴 경우 중 같은 조 제1항에서 말하는 공동의 불법행위로 보기에 부족할 때, 입증책임을 덜어줌으로써 피해자를 보호하려는 입법정책상의 고려에 따라 각각의 행위와 손해 발생 사이의 인과관계를 법률상 추정한 것이므로, 이러한 경우 개별 행위자가 자기의 행위와 손해 발생 사이에 인과관계가 존재하지 아니함을 증명하면 면책되고, 손해의 일부가 자신의 행위에서 비롯된 것이 아님을 증명하면 배상책임이 그 범위로 감축된다. 차량 등의 3중 충돌사고로 사망한 피해자가 그 중 어느 충돌사고로 사망하였는지 정확히 알 수 없는 경우, 피해자가 입은 손해는 민법 제760조 제2항에서 말하는 가해자 불명의 공동불법행위로 인한 손해에 해당하여 위 충돌사고 관련자들의 각각의 행위와 위 손해 발생 사이의 상당인과관계가 법률상 추정되므로, 그 중 1인이 위 법조항에 따른 공동불법행위자로서의 책임을 면하려면 자기의 행위와 위 손해 발생 사이에 상당인과관계가 존재하지 아니함을 적극적으로 주장·입증하여야 한다(대판 2008.04.10. 2007다76306).

(3) 교사, 방조

민법 제760조 제3항은 교사자나 방조자는 공동행위자로 본다고 규정하여 교사자나 방조자에게 공동불법행위자로서 책임을 부담시키고 있는바, 방조라 함은 불법행위를 용이하게 하는 직접, 간접의 모든 행위를 가리키는 것으로서 작위에 의한 경우뿐만 아니라 작위의무 있는 자가 그것을 방지하여야 할 제반 조치를 취하지 아니하는 부작위로 인하여 불법행위자의 실행행위를 용이하게 하는 경우도 포함하는 것이고, 이러한 불법행위의 방조는 형법과 달리 손해의 전보를 목적으로 하여 과실을 원칙적으로 고의와 동일시하는 민법의 해석으로서는 과실에 의한 방조도 가능하다고 할 것이며, 이 경우의 과실의 내용은 불법행위에 도움을 주지 않아야 할 주의의무가 있음을 전제로 하여 이 의무에 위반하는 것을 말하고, 방조자에게 공동불법행위자로서의 책임을 지우기 위하여는 방조행위와 피방조자의 불법행위 사이에 상당인과관계가 있어야 한다(대판 1998.12.23. 98다31264).

3. 효 과

(1) 부진정연대채무

1) 의 미

통설, 판례는 이를 부진정연대채무 관계로 본다. 따라서 채무자 1인에 대한 사유 중에서 변제·대물변제·공탁·상계·채권자지체 만이 절대적 효력을 가지며, 그 밖의 사유인 경개, 면제, 혼동, 소멸시효 등은 상대적 효력을 갖는다. 따라서 피해자에게 유리하다.

2) 判 例 — 공동불법행위에서 일부변제의 효력 범위

금액이 다른 채무가 서로 부진정연대 관계에 있을 때 다액채무자가 일부 변제를 하는 경우 그 변제로 인하여 먼저 소멸하는 부분은 당사자의 의사와 채무 전액의 지급을 확실히 확보하려는 부진정연대채무 제도의 취지에 비추어 볼 때 다액채무자가 단독으로 채무를 부담하는 부분으로 보아야 한다. 이러한 법리는 사용자의 손해배상액이 피해자의 과실을 참작하여 과실상계를 한 결과 타인에게 직접 손해를 가한 피용자 자신의 손해배상액과 달라졌는데 다액채무자인 피용자가 손해배상액의 일부를 변제한 경우에 적용되고, 공동불법행위자들의 피해자에 대한 과실비율이 달라 손해배상액이 달라졌는데 다액채무자인 공동불법행위자가 손해배상액의 일부를 변제한 경우에도 적용된다. 또한 중개보조원을 고용한 개업공인중개사의 공인중개사법 제30조 제1항에 따른 손해배상액이 과실상계를 한 결과 거래당사자에게 직접 손해를 가한 중개보조원 자신의 손해배상액과 달라졌는데 다액채무자인 중개보조원이 손해배상액의 일부를 변제한 경우에도 마찬가지이다[13](대판(全合) 2018.03.22. 2012다74236).

(2) 손해배상의 범위

1) 전체적 평가설

공동불법행위책임은 가해자 각 개인의 행위에 대하여 개별적으로 그로 인한 손해를 구하는 것이 아니라 그 가해자들이 공동으로 가한 불법행위에 대하여 그 책임을 추궁하는 것이므로, 공동불법행위로 인한 손해배상책임의 범위는 피해자에 대한 관계에서 가해자들 전원의 행위를 전체적으로 함께 평가하여 정하여야 하고, 그 손해배상액에 대하여는 가해자 각자가 그 금액의 전부에 대한 책임을 부담하는 것이며, 가해자의 1인이 다른 가해자에 비하여 불법행위에 가공한 정도가 경미하다고 하더라도 피해자에 대한 관계에서 그 가해자의 책임 범위를 위와 같이 정하여진 손해배상액의 일부로 제한하여 인정할 수 없다(대판 1998.10.20. 98다31691).

2) 과실상계 - 전체적 평가

공동불법행위책임은 가해자 각 개인의 행위에 대하여 개별적으로 그로 인한 손해를 구하는 것이 아니라 가해자들이 공동으로 가한 불법행위에 대하여 그 책임을 추궁하는 것으로, 법원이 피해자의 과실을 들어 과실상계를 함에 있어서는 피해자의 공동불법행위자 각인에 대한 과실비율이 서로 다르더라도 피해자의 과실을 공동불법행위자 각인에 대한 과실로 개별적으로 평가할 것이 아니고 그들 전원에 대한 과실로 전체적으로 평가하여야 한다(대판 1998.06.12. 96다55631 ; 대판 2005.10.13. 2003다24147).

(3) 구상권

부진정연대채무자인 공동불법행위자는 각자의 부담부분을 대외관계인 피해자에 대한 관계로서 주장할 수는 없으나, 내부관계에서는 부담부분이 인정되어야 한다. 이 경우 공동불법행위자가 구상권을 갖기 위하여는 반드시 피해자의 손해 전부를 배상하여야 할 필요는 없으나, 자기의 부담 부분을 초과하여 배상을 하여야 할 것이다(대판 2006.02.09. 2005다28426). 그러나 진정연대채무에서 부담부분이란 채무자가 부담하는 '채무의 비율'을 의미하므로, 진정연대채무자는 부담부분 이하의 면책에 대해서도 다른 연대채무자에게 구상할 수 있다(통설, 判例).

II. 책임무능력자의 감독자 책임

제755조(감독자의 책임) ① 다른 자에게 손해를 가한 사람이 제753조 또는 제754조에 따라 책임이 없는 경우에는 그를 감독할 법정의무가 있는 자가 그 손해를 배상할 책임이 있다. 다만, 감독의무를 게을리하지 아니한 경우에는 그러하지 아니하다.
② 감독의무자를 갈음하여 제753조 또는 제754조에 따라 책임이 없는 사람을 감독하는 자도 제1항의 책임이 있다.
[전문개정 2011.3.7]

---

13) 이와 달리 사용자책임 또는 공동불법행위책임이 문제 되는 사안에서 다액채무자가 손해배상액의 일부를 변제하는 경우 소액채무자의 과실비율에 상응하는 만큼 소액채무자와 공동으로 채무를 부담하는 부분에서도 변제된 것으로 보아야 한다고 판시한 대법원 1994. 2. 22. 선고 93다53696 판결, 대법원 1994. 8. 9. 선고 94다10931 판결, 대법원 1995. 3. 10. 선고 94다5731 판결, 대법원 1995. 5. 12. 선고 94다6246 판결, 대법원 1995. 7. 14. 선고 94다19600 판결, 대법원 1998. 7. 24. 선고 97다55706 판결, 대법원 1999. 2. 12. 선고 98다55154 판결, 대법원 2001. 11. 13. 선고 2001다12362 판결, 대법원 2004. 3. 26. 선고 2003다34045 판결, 대법원 2005. 4. 29. 선고 2005다11893 판결, 대법원 2012. 6. 28. 선고 2010다73765 판결, 대법원 2012. 9. 13. 선고 2012다26947 판결 등은 이 판결의 견해에 배치되는 범위 내에서 이를 변경하기로 한다.

1. 의의 및 성질

감독자가 책임능력 없는 사람에 대한 감독의무를 게을리 한 경우에, 책임능력 없는 자가 피해자에게 가한 손해를 배상하여야 하는데, 이를 감독자 책임이라고 한다. 이 경우 감독자의 과실은 책임능력이 없는 사람에 대한 감독행위를 게을리 한 것을 의미하는 것이지, 책임무능력자가 가해행위를 한 것 자체에 대한 과실을 말하는 것이 아니므로, 이를 중간책임이라고 한다.

2. 배상주체

친권자, 양육자, 후견인, 성년후견인 등의 법정감독의무자, 감독의무자에 갈음하여 감독하는 자 즉 대리감독자(교사, 소년원의 직원 등)이다. 대리감독자가 피용자인 경우 그 사용자는 민법 제756조 사용자 책임을 질 수 있다.

3. 요 건

(1) 피감독자의 위법한 가해행위로 인하여 타인에게 손해가 발생한 경우에 피감독자가 책임능력이 없어서 불법행위책임을 부담하지 않아야 한다.

(2) 다만 감독의무의 해태와 피감독자의 위법한 행위 사이에 인과관계가 있어야 하므로, 감독자가 감독의무를 해태하지 아니하였음을 증명하면 그 책임을 면한다(제755조 1항 단서).

(3) 判例는 "책임무능력자에 대한 감독의무자의 배상책임의 요건인 과실은 피감독자에 대한 일반적 감독 및 교육을 게을리한 과실로서 추정되므로 감독의무자가 그 감독을 게을리하지 않았다는 것을 증명하지 않는 한 배상책임을 면할 수 없다(대판 1984.07.10. 84다카474)."고 한다.

4. 효 과

감독의무자에게 불법행위책임이 귀속된다. 손해배상의 범위에 대하여는 제393조가 적용된다. 다만 그 예견가능성은 감독의무자를 기준으로 판단 한다(대판 1968.06.11. 66다639).

5. 감독의무자가 책임능력이 있는 경우와 감독자의 책임

민법 제750조에 대한 특별규정인 민법 제755조 제1항에 의하여 책임능력 없는 미성년자를 감독할 법정의 의무 있는 자가 지는 손해배상책임은 그 미성년자에게 책임이 없음을 전제로 하여 이를 보충하는 책임이고, 그 경우에 감독의무자 자신이 감독의무를 해태하지 아니하였음을 입증하지 아니하는 한 책임을 면할 수 없는 것이나, 반면에 미성년자가 책임능력이 있어 그 스스로 불법행위책임을 지는 경우에도 그 손해가 당해 미성년자의 감독의무자의 의무위반과 상당인과관계가 있으면 감독의무자는 일반불법행위자로서 손해배상책임이 있다 할 것이므로, 이 경우에 그러한 감독의무위반사실 및 손해발생과의 상당인과관계의 존재는 이를 주장하는 자가 입증하여야 할 것이다. 소론이 인용하는 당원 1984.7.10. 선고 84다카474 판결의 해석은 위와 같은 견해와 저촉되는 것이므로 이를 변경하기로 한다(대판(全合) 1994.2.8. 93다13605).

III. 사용자 책임

제756조(사용자의 배상책임) ① 타인을 사용하여 어느 사무에 종사하게 한 자는 피용자가 그 사무집행에 관하여 제3자에게 가한 손해를 배상할 책임이 있다. 그러나 사용자가 피용자의 선임 및 그 사무 감독에 상당한 주의를 한 때 또는 상당한 주의를 하여도 손해가 있을 경우에는 그러하지 아니하다.
② 사용자에 갈음하여 그 사무를 감독하는 자도 전항의 책임이 있다.
③ 전2항의 경우에 사용자 또는 감독자는 피용자에 대하여 구상권을 행사할 수 있다.

제391조(이행보조자의 고의, 과실) 채무자의 법정대리인이 채무자를 위하여 이행하거나 채무자가 타인을 사용하여 이행하는 경우에는 법정대리인 또는 피용자의 고의나 과실은 채무자의 고의나 과실로 본다.

1. 의의 및 근거

(1) 의의

사용자의 사업과 그의 지배하에 있는 피용자의 행위는 서로 밀접한 관계에 있으므로, 사용자는 업무집행과 관련하여 피용자의 불법행위에 대하여 '원칙적'으로 책임을 부담한다. 다만 사용자가 피용자의 선임 및 사무 감독에 상당한 주의를 다했음을 증명한 때에는 그 책임을 면한다.

(2) 근 거 - 대위책임설

통설[14] 및 判例는 피용자가 부담하여야 할 배상의무를 사용자가 마치 연대보증인처럼 대신 배상하여 주는 기능을 하며(부진정연대채무), 피해자에게 배상하여준 사용자는 피용자에게 구상할 수 있다(곽윤직, 대위책임설, 대판 1992.06.23. 91다33070).

2. 요 건

(1) 피용자의 가해행위

대위책임설[15]을 취하는 한, 피용자의 고의·과실 및 책임능력은 사용자책임의 요건이 된다(곽윤직).

(2) 사용관계의 존재

사용자와 피용자 사이에 사용관계가 있어야 한다. 判例는 "사용자책임의 요건으로서의 사용관계가 있느냐 여부는 실제적으로 지휘·감독을 하였느냐의 여부에 관계없이 객관적·규범적으로 보아 사용자가 그 불법행위자를 지휘·감독해야 할 지위에 있었느냐의 여부를 기준으로 결정하여야 할 것이다(대판 2005.02.25. 2003다36133)."라고 하면서, "반드시 유효한 고용관계가 있는 경우에 한하는 것이 아니고, 사실상 어떤 사람이 다른 사람을 위하여 그 지휘·감독 아래 그 의사에 따라 사무를 집행하는 관계에 있으면 족한 것이며, 타인에게 위탁하여 계속적으로 사무를 처리하여 온 경우 객관적으로 보아 그 타인의 행위가 위탁자의 지휘·감독의 범위 내에 속한다고 보이는 경우 그 타인은 민법 제756조에 규정한 피용자에 해당 한다(대판 1998.08.21. 97다13702)."고 본다.

(3) 가해행위의 사무집행관련성 - 외형설

민법 제756조 소정의 '사무집행에 관하여'라는 뜻은 피용자의 불법행위가 외형상 객관적으로 사용자의 사업 활동 내지 사무집행 행위 또는 그와 관련된 것이라고 보여 질 때에는 행위자의 주관적 사정을 고려함이 없이 이를 사무집행에 관하여 한 행위로 본다는 것이고, 외형상 객관적으로 사용자의 사무집행에 관련된 것인지 여부는 피용자의 본래의 직무와 불법행위의 관련 정도 및 사용자에게 손해 발생에 대한 위험 창출과 방지조치 결여의 책임이 어느 정도 있는지를 고려하여 판단하여야 한다(대판 1998.06.26. 97다58170).

(4) 선임, 감독상의 주의의무

민법 제756조 제1항 및 제2항의 책임에 있어서 사용자나 그에 갈음하여 사무를 감독하는 자는 그 피용자의 선임과 사무 감독에 상당한 주의를 하였거나 상당한 주의를 하여도 손해가 있을 경우에는 손해배상의 책임이 없으나, 이러한 사정은 사용자 등이 주장 및 입증을 하여야 한다(대판 1998.05.15. 97다58538). 이렇게 증명책임을 사용자 등에게 부여하고, 면책사유를 엄격하게 해석하게 되면 무과실 책임에 가깝게 된다(김형배). 判例는 실제로 면책사유를 긍정한 적이 거의 없다.

---

14) 이에 대하여 사용자 책임은 피해자에 대한 관계에서 응당 사용자 자신이 부담하여야 할 배상책임을 부담하는 것으로 보아, 사용자는 피용자의 가해행위에 대하여 자신의 불법행위인 것처럼 책임을 부담한다는 자기(고유)책임설도 있다.
15) 고유책임설은 피용자의 과실 및 책임능력은 필요하지 않다고 본다.

3. 효 과

(1) 사용자의 배상책임

1) 사용자

사용자는 피해자에게 직접 배상할 책임을 진다. 이 경우 피용자가 사무집행에 관하여 제3자에게 손해를 가한 경우에 본조에 의한 사용자의 배상채무와 본법 제750조에 의한 피용자 자신의 배상채무는 별개의 채무이다(대판 1969.06.24. 69다441).

2) 사용자에 갈음하여 그 사무를 감독하는 자

사용자에 갈음하여 그 사무를 감독하는 자도 사용자 책임을 부담한다(제756조 2항). 이 때 민법 제756조 제2항의 "사용자에 갈음하여 그 사무를 감독하는 자"라 함은, 객관적으로 볼 때 사용자에 갈음하여 현실적으로 구체적인 사업을 감독하는 지위에 있는 사람을 말하는 것으로서, 반드시 그가 피용자를 선임한 경우라야 하는 것은 아니다[16](대판 1992.07.28. 92다10531).

3) 3자 책임의 관계

피해자에 대하여 가해자, 사용자, 대리감독자는 배상책임을 지게 되는데, 이는 '부진정연대채무'가 된다.

4) 사용자책임과 과실상계

사용자책임에 대해서도 피해자에게 과실이 있으면 과실상계를 할 수 있다(대판 1994.02.22. 93다53696).

(2) 피용자에 대한 구상권

사용자는 원래 피용자가 부담하여야 할 배상액을 대신 배상한 경우, 피용자에게 그 금액을 구상 청구 할 수 있다. 그러나 모든 금액을 구상청구 할 수는 없고, 신의칙상 상당하다고 인정되는 한도 내에서만 구상 청구가 가능하다고 보아야 한다(제한설). 判例도 "사용자가 피용자의 업무집행으로 행해진 불법행위로 인하여 직접 손해를 입었거나 또는 사용자로서의 손해배상책임을 부담한 결과로 손해를 입게 된 경우에는 사용자는 그 사업의 성격과 규모, 사업시설의 상황, 피용자의 업무내용, 근로조건이나 근무태도, 가해행위의 상황, 가해행위의 예방이나 손실의 분산에 관한 사용자의 배려정도 등의 제반사정에 비추어 손해의 공평한 분담이라는 견지에서 신의칙상 상당하다고 인정되는 한도 내에서만 피용자에 대하여 위와 같은 손해의 배상이나 구상권을 행사할 수 있다(대판 1987.09.08. 86다카1045)."고 본다.

IV. 도급인의 불법행위 책임

제757조(도급인의 책임) 도급인은 수급인이 그 일에 관하여 제3자에게 가한 손해를 배상할 책임이 없다. 그러나 도급 또는 지시에 관하여 도급인에게 중대한 과실이 있는 때에는 그러하지 아니하다.

1. 원 칙

도급인의 면책을 규정한 민법 제757조 본문은, 수급인은 도급인으로부터 독립하여 사무를 처리하기 때문에 민법 제756조 소정의 피용자에 해당되지 아니하므로 예외적으로 도급인이 수급인의 일의 진행 및 방법

---

[16] 회사의 대표이사가 타인에게 회사의 사장 직함을 사용하면서 회사 명의로 고철 관련 사업을 전담하되 사업 경비는 회사가 부담하고 이익금은 서로 분배하며 타인에게 급여는 따로 지급하지 아니하기로 하여 그 사무를 집행하도록 하는 한편, 업무에 관하여 타인으로부터 보고를 받고 이를 지휘한 경우, 대표이사는 회사에 갈음하여 현실적으로 타인을 선임 및 감독하는 지위에 있었던 자라 할 것이므로, 타인의 불법행위에 대하여 민법 제756조 제2항 소정의 사용자책임이 있다(대판 1998.05.15. 97다58538).

에 관하여 구체적인 지휘·감독권을 유보한 경우가 아닌 한 도급인이 수급인의 행위에 대하여 사용자책임을 부담하지 않는다는 것을 주의적으로 규정한 것이다(대판 2006.04.27. 2006다4564). 判例는 "세차를 의뢰하는 법률관계는 세차작업의 완료를 목적으로 하는 도급계약 관계이므로 세차 작업 중의 차량의 지배권은 세차업자에게 있다할 것이니 특단의 사정이 없는 한 세차 작업 중의 차량으로 인하여 야기된 사고에 의한 책임은 세차업자에게 있다(대판 1976.10.26. 76다517)."고 한다.

2. 예 외

도급 또는 지시에 관하여 도급인에게 중대한 과실이 있으면, 도급인은 책임을 부담한다. 특히 제757조 단서의 성격에 대하여, ① 사용자책임과 유사하게 보는 견해(곽윤직) ② 제750조를 염두에 둔 주의적 규정에 불과하다는 견해(김증한), ③ 사용자책임도 아니고 일반불법행위책임도 아닌 별개의 책임이라고 보는 견해(이은영) 등이 대립한다.

3. 도급인의 사용자책임

도급인이 수급인의 일의 진행 및 방법에 관하여 구체적인 지휘감독권을 보유한 경우에는 도급인과 수급인의 관계는 실질적으로 사용자 및 피용자의 관계와 다를 바 없으므로 수급인이 고용한 제3자의 불법행위로 인한 손해에 대하여 도급인은 민법 제756조에 의한 사용자책임을 면할 수 없다(대판 1988.06.14. 88다카102).

V. 공작물 등의 점유자, 소유자의 책임

제758조(공작물 등의 점유자, 소유자의 책임) ① 공작물의 설치 또는 보존의 하자로 인하여 타인에게 손해를 가한 때에는 공작물점유자가 손해를 배상할 책임이 있다. 그러나 점유자가 손해의 방지에 필요한 주의를 해태하지 아니한 때에는 그 소유자가 손해를 배상할 책임이 있다.
② 전항의 규정은 수목의 재식 또는 보존에 하자있는 경우에 준용한다.
③ 전2항의 경우에 점유자 또는 소유자는 그 손해의 원인에 대한 책임 있는 자에 대하여 구상권을 행사할 수 있다.

1. 서 설

(1) 의 의

공작물 책임은 공작물의 설치 또는 보존의 하자로 인하여 타인에게 손해가 생긴 경우에 발생한다. 가해자의 위법한 행위를 필요로 하지 않는 면에서, 일반불법행위와는 구별된다.

(2) 성 격

민법 제758조는 공작물의 설치·보존의 하자로 인하여 타인에게 손해를 가한 경우 그 점유자 또는 소유자에게 일반 불법행위와 달리 이른바 위험책임의 법리에 따라 책임을 가중시킨 규정일 뿐이고, 그 공작물 시공자가 그 시공 상의 고의·과실로 인하여 피해자에게 가한 손해를 민법 제750조에 의하여 직접 책임을 부담하게 되는 것을 배제하는 취지의 규정은 아니다(대판 1996.11.22. 96다39219).

(3) 책임 구조

공작물의 책임은 공작물의 '하자' 즉 공작물이 용도에 따라 통상 갖추어야할 안전성을 결여한 것을 전제로 한다. 이 경우 1차적으로 공작물에 가장 가까운 점유자가 책임을 부담하는 것이고, 점유자가 손해의 방지에 필요한 주의를 다하였음을 증명하면, 소유자가 2차 책임을 지게 된다. 다만 소유자의 책임은 면책이 허용되지 않는다는 면에서 무과실책임을 부담하게 된다[17].

---

17) 유의할 것은 소유자가 무과실책임을 지기 위해서는 최소한 공작물에 하자가 있는 것을 전제로 하는 것이고, 하자가 없는데

2. 요 건

(1) 공작물에 의한 손해일 것

민법 제758조에서 말하는 공작물이라 함은 인공적 작업에 의하여 제작된 물건을 말하는 것으로서 전기 그 자체는 여기에서 말하는 공작물에 해당되지 않는다(대판 1993.06.29. 93다11913). 구민법은 '토지의 공작물'로 규정하고 있었으나, 현행 민법은 '공작물'로 규정하여 적용범위를 확대하였다. 따라서 토지상의 공작물(도로·건물·탑·교량·육교·제방·저수지·우물·담·전주·축대·놀이터의 놀이기구 등) 외에도 건물 내의 설비(천장·계단·엘리베이터·기타 건물에 부착된 물적 설비 등)도 포함된다[18].

(2) 설치 또는 보존상의 하자

1) 하자의 의미

공작물의 설치보존상의 하자라 함은 공작물이 용도에 따라 통상 갖추어야 할 안전성을 결여한 것을 말하는 것이고 여기에서 본래 갖추어야 할 안전성이라 함은 공작물 자체만의 용도에 한정된 안전성만이 아니라 공작물이 현실적으로 설치되어 사용되고 있는 상황에서 요구되는 안전성을 뜻하는 것이다(대판 1992.10.27. 92다21050).

2) 하자의 기준

안전성의 구비 여부를 판단함에 있어서는 당해 공작물의 설치·보존자가 그 공작물의 위험성에 비례하여 사회통념상 일반적으로 요구되는 정도의 방호조치의무를 다하였는지 여부를 기준으로 삼아야 한다(대판 1997.10.10. 97다27022).

3) 증명책임

공작물 하자의 존재에 관한 입증책임은 피해자에게 있다(대판 1982.08.24. 82다카348).

(3) 공작물의 하자와 손해 사이의 인과관계

공작물의 하자로 인하여 손해가 생겨야 한다. 따라서 <u>공작물의 하자로 인해 어떠한 손해가 발생하였다고 하더라도, 손해가 공작물의 하자와 관련한 위험이 현실화되어 발생한 것이 아니라면 이는 '공작물의 설치 또는 보존상의 하자로 인하여 발생한 손해'라고 볼 수 없다</u>[19](대판 2018.07.12. 2015다68348). 공작물 하자의 존재에 관한 입증책임은 피해자에게 있으나, 일단 하자있음이 인정되는 이상 손해발생이 천재지변의 불가항력에 의한 것으로서 하자가 없었다고 하여도 불가피한 것이었다는 점에 대한 입증책임은 이를 주장하는

도 공작물의 소유자라는 이유로 결과책임을 진다는 의미는 아니다. 공작물의 하자 여부는 과실과는 관계없이 객관적으로 결정되고, 소유자는 손해의 방지에 필요한 주의를 다한 때에도 면책되지 못한다는 점에서 무과실책임을 부담한다는 의미이다(김준호).

18) 교통수단 등의 동적 설비도 포함되는지가 문제되지만, 判例는 "경사로에 주차중인 석유 배달 차량에서 원인 미상의 화재가 발생하여 보조잠금장치가 풀리면서 차량이 움직여 인근 건물을 들이받고 불이 옮겨 붙은 경우, 그 건물 화재는 공작물인 차량의 설치·보존상의 하자에 의하여 직접 발생한 것에 해당한다(대판 1998.03.13. 97다34112)."고 하여 포함된다고 본다.

19) 배수관이 설치된 여관 앞 골목길은 평소에 여관 내부를 엿보려고 하는 행인들이 있었고 그러한 사람들이 배수관을 잡고 올라가는 경우가 있어 배수관이 자주 훼손되므로 여관 주인이 이를 방지하기 위하여 보호벽을 설치하게 되었으며, 보호벽을 설치하면서 보호벽의 맨 윗부분에 여러 개의 못까지 박아 두었는데, 행인이 음주를 한 상태에서 여관의 내부를 들여다보기 위하여 그 보호벽을 타고 올라가다가 보호벽이 무너지는 바람에 사고를 당하게 된 경우, 그 보호벽의 본래의 용도는 어디까지나 배수관이 훼손되는 것을 방지하기 위한 것이므로, 보호벽이 스스로 넘어지지 않을 만큼의 견고성을 갖도록 설치하였다면 이로써 보호벽은 일단 본래의 용도에 따른 통상적인 안전성을 갖추었다고 할 것이고, 그와 같이 보호벽 윗부분에 못을 박아 사람들이 보호벽 위로 올라가서 여관방을 들여다보는 것을 방지하는 조치까지 취하였음에도 불구하고 행인들이 윗부분에 꽂혀 있는 못에 찔려 다칠 위험을 무릅쓰고 보호벽에 올라가 여관 내부를 들여다보는 부정한 행위를 저지를 것까지 예상하여 보호벽을 설치·관리하는 여관 주인에게 이러한 경우까지 대비한 방호조치를 취할 의무는 없다는 이유로 그 보호벽의 설치·보존상의 하자를 부인하였다(대판 1998.01.23. 97다25118).

공작물의 점유자에게 있다(대판 1982.08.24. 82다카348).

3. 효 과

(1) 점유자의 책임

점유자가 손해의 방지에 필요한 주의를 해태하지 아니한 때에는 면책된다(제758조 1항 단서). 그리고 손해발생이 천재지변의 불가항력에 의한 것으로서 하자가 없었다고 하여도 불가피한 것이었다면 면책되지만, 이에 대한 입증책임은 이를 주장하는 공작물의 점유자에게 있다(대판 1982.08.24. 82다카348).

(2) 소유자의 책임

점유자가 면책된 경우에는 소유자가 책임을 지는 무과실책임이다. 다만 이 경우의 소유자는 법률상의 소유자를 말하므로, 매수인이 이전등기를 하지 않았다면 매도인이 소유자로서 책임을 진다.

(3) 구상권

점유자나 소유자가 배상을 하였다면 그 손해의 원인에 대하여 책임이 있는 자에 대하여 구상권을 행사할 수 있다(제758조 3항). 예를 들어 공작물을 제작한 자 또는 관리를 위임 받은 자 등에게 구상권을 행사할 수 있다[20].

4. 수목의 하자로 인한 책임

수목의 재식 또는 보존에 하자있는 경우에 점유자나 소유자의 책임과 구상권 등은 공작물책임에서와 같다(제758조 2항).

VI. 동물의 점유자의 책임

> 제759조(동물의 점유자의 책임) ① 동물의 점유자는 그 동물이 타인에게 가한 손해를 배상할 책임이 있다. 그러나 동물의 종류와 성질에 따라 그 보관에 상당한 주의를 해태하지 아니한 때에는 그러하지 아니하다.
> ② 점유자에 갈음하여 동물을 보관한 자도 전항의 책임이 있다.

1. 의의 및 성질

(1) 동물이 타인에게 가한 손해에 대하여 동물의 점유자가 손해를 배상할 책임을 진다.
(2) '위험책임'이며, '중간책임'이다. 즉 점유자는 그가 보관하는 동물이 타인에게 가한 손해에 대해 책임을 지며(위험책임), 그 책임을 면하기 위해서는 동물의 성질과 종류에 따라 그 보관에 상당한 주의를 해태하지 아니하였음을 증명하면 책임을 면하기 때문이다(중간책임).

---

20) 判例는 "공작물의 설치 또는 보존의 하자로 인하여 타인에게 손해를 가한 때에는 제1차적으로 공작물의 점유자가 손해를 배상할 책임이 있고 공작물의 소유자는 점유자가 손해의 방지에 필요한 주의를 해태하지 아니한 때에 비로소 제2차적으로 손해를 배상할 책임이 있는 것이지만, 공작물의 임차인인 직접점유자나 그와 같은 지위에 있는 것으로 볼 수 있는 사람이 공작물의 설치 또는 보존의 하자로 인하여 손해를 입은 경우에는 소유자가 그 손해를 배상할 책임이 있는 것이고, 이 경우에 공작물의 보존에 관하여 피해자에게 과실이 있다고 하더라도 과실상계의 사유가 될 뿐이다(대판 1993.11.09. 93다40560)."라고 한다.

2. 요건

(1) 동물의 종류는 불문한다.

(2) 타인에게 가한 손해

이 경우 손해란 예를 들어, 개가 타인의 닭을 물어 죽인 경우 같이 타인 소유의 동물에게 가한 손해도 포함된다. 그리고 개가 짖으며 대들므로 놀라서 도망가다가 다친 경우도 포함이 된다(주석민법[채권각칙(8)], 482면). 다만 본조는 동물 자신의 행동에 의하여 타인에게 생긴 손해를 말하며, 사람이 타인을 해칠 목적으로 그가 보관하던 동물을 성나게 해서 타인에게 손해를 가한 경우는 본조가 아닌 제750조의 문제가 된다(통설).

(3) 점유자의 보관상 과실

점유자에게 동물의 종류와 성질에 따른 보관상의 과실이 있어야 한다. 피해자가 동물을 자극하여 손해를 입은 경우 같이 피해자가 손해를 자초하였다면 면책된다.

3. 효과

(1) 배상책임 주체

1) 동물의 점유자 또는 보관자

점유자 또는 보관자가 배상책임을 부담한다. 공작물책임과는 달리, 동물의 점유자가 따로 있는 경우에는 그 소유자는 책임을 부담하지 않는다.

2) 점유자

점유보조자가 있는 경우, 점유주가 점유자가 된다(통설). 그리고 본조는 소유자의 책임을 인정하지 않으면서 동물을 직접 보관하고 있는 자에게만 책임을 인정하고 있으므로, 점유자는 직접점유자만 의미하고 간접점유자는 포함되지 않는다(통설). 점유자가 점유를 상실하는 경우에는 더 이상 점유자가 아니므로, 본조에 의한 책임을 부담하지는 않는다. 다만 소유자는 제750조 책임이 문제될 수 있다. 判例도 "도사견은 성질이 난폭하여 사람에게 피해를 입힐 위험이 크므로 그 소유자가 이를 타인에게 빌려주는 경우에는 그가 도사견을 안전하게 보관 관리할 수 있는 시설을 갖추고 있는지 여부를 확인하여야 할 주의의무가 있다(대판 1981.02.10. 80다2966)."고 하여 제750조 책임을 인정하였다.

3) 보관자

2항의 '점유자에 갈음하여 동물을 보관하는 자'도 배상책임을 진다. 예를 들어 수치인·임차인 등을 말하는데, 이들은 직접점유자여서, 1항 소정의 점유자에 해당하므로, 동 조항은 주의규정에 불과하다(통설).

(2) 구상관계

공작물책임에서는 점유자 등은 손해 발생의 원인에 대하여 책임이 있는 자에게 구상권을 행사할 수 있다(제758조 3항). 본조는 이러한 규정을 두고 있지 않으나, 통설은 동일하게 해석한다. 예를 들어 구입한 개의 쇠사슬에 흠이 있어 이것이 끊어져서 타인에게 손해를 가한 경우, 배상을 한 점유자는 그 제조업자에게 구상권을 행사할 수 있다.

제3절 불법행위의 효과

I. 손해배상청구권의 당사자

1. 청구권자

제762조(손해배상청구권에 있어서의 태아의 지위) 태아는 손해배상의 청구권에 관하여는 이미 출생한 것으로 본다.

제752조(생명침해로 인한 위자료) 타인의 생명을 해한 자는 피해자의 직계존속, 직계비속 및 배우자에 대하여는 재산상의 손해 없는 경우에도 손해배상의 책임이 있다.

(1) 피해자

손해배상청구권자는 손해를 입은 피해자를 말하며, 자연인·법인·비법인사단 등을 불문한다. 특히 태아는 손해배상의 청구권에 관하여는 이미 출생한 것으로 본다. 즉 태아도 손해배상청구권에 관하여는 이미 출생한 것으로 보는 바, 父가 교통사고로 상해를 입을 당시 태아가 출생하지 아니하였다고 하더라도 그 뒤에 출생한 이상 父의 부상으로 인하여 입게 될 정신적 고통에 대한 위자료를 청구할 수 있다(대판 1993.04.27. 93다4663).

(2) 제752조의 해석

민법 제752조는 생명침해의 경우에 있어서의 위자료 청구권자를 규정하고 있으나 이는 위와같은 위자료 청구권자를 제한하려는 것이 아니라 동조에 규정된 자들은 그 정신적 고통에 관한 거증책임을 경감하는데 불과하고 동조에 규정된 친족 이외의 친족에 있어서도 그 정신적 고통에 관한 입증을 하므로서 일반 원칙인 같은 법 제750조, 제751조에 의하여 위자료를 청구할 수 있다(대판 1978.01.17. 77다1942). 그리고 민법 제752조는 생명침해의 경우에 있어서의 위자료 청구권자를 열거 규정하고 있으나 이는 예시적 열거 규정이라고 할 것이므로 생명침해 아닌 불법행위의 경우에도 불법행위 피해자의 부모는 그 정신적 고통에 관한 입증을 함으로써 일반 원칙인 같은 법 제750조, 제751조에 의하여 위자료를 청구할 수 있다고 해석하여야 한다[21](대판 1999.04.23. 98다41377).

2. 의무자

제763조(준용규정) 제393조(손해배상의 범위), 제394조(손해배상의 방법), 제396조(과실상계), 제399조(손해배상자의 대위)의 규정은 불법행위로 인한 손해배상에 준용한다.

제399조(손해배상자의 대위) 채권자가 그 채권의 목적인 물건 또는 권리의 가액전부를 손해배상으로 받은 때에는 채무자는 그 물건 또는 권리에 관하여 당연히 채권자를 대위한다.

손해배상의무자는 가해자인 것이 원칙이지만, 가해자와 일정한 관계에 있는 자(감독의무자, 사용자, 도급인 등, 제755조 ~ 제757조)가 배상의무를 지는 경우도 있으며, 대표기관의 불법행위에 대해서는 법인이 배상의무를 부담한다(제35조 1항).

---

[21] 피해자가 사고로 입은 부상으로 말미암아 개호가 필요하게 되어 부모나 배우자 등 근친자가 그 개호를 위하여 휴업한 경우에는 그 근친자가 휴업으로 인한 상실이익의 배상청구를 하거나 피해자가 개호비로서 배상청구 하거나에 관계없이 개호비 상당액의 배상청구를 할 수 있다고 할 것이나 그 경우 배상액은 개호비상당액을 초과할 수 없고, 이를 초과하게 되면 그 초과부분은 상당인과관계가 있는 손해라고 볼 수 없다(대판 1988.02.23. 87다카57).

II. 손해배상청구권의 성질

1. 상계의 금지

> 제496조(불법행위채권을 수동채권으로 하는 상계의 금지) 채무가 고의의 불법행위로 인한 것인 때에는 그 채무자는 상계로 채권자에게 대항하지 못한다.

2. 상속성

정신적 손해에 대한 배상(위자료) 청구권은 피해자가 이를 포기하거나 변제하였다고 볼 수 있는 특별한 사정이 없는 한 생전에 청구의 의사를 표시할 필요 없이 원칙적으로 상속되는 것이라고 해석함이 상당하다(대판 1967.05.23. 66다1025).

III. 소멸시효

> 제766조(손해배상청구권의 소멸시효) ① 불법행위로 인한 손해배상의 청구권은 피해자나 그 법정대리인이 그 손해 및 가해자를 안 날로부터 3년간 이를 행사하지 아니하면 시효로 인하여 소멸한다.
> ② 불법행위를 한 날로부터 10년을 경과한 때에도 전항과 같다.
> ③ 미성년자가 성폭력, 성추행, 성희롱, 그 밖의 성적(성적) 침해를 당한 경우에 이로 인한 손해배상청구권의 소멸시효는 그가 성년이 될 때까지는 진행되지 아니한다. 〈신설 2020.10.20〉
> [단순위헌, 2014헌바148, 2018. 8. 30. 민법(1958. 2. 22. 법률 제471호로 제정된 것) 제766조 제2항 중 '진실·화해를 위한 과거사정리 기본법' 제2조 제1항 제3호, 제4호에 규정된 사건에 적용되는 부분은 헌법에 위반된다.]

1. 법적 성질

민법 제766조 제2항이 규정하고 있는 '불법행위를 한 날로부터 10년'의 기간이나 예산회계법 제96조 제2항, 제1항이 규정하고 있는 '5년'의 기간은 모두 소멸시효기간에 해당한다(대판(숲합) 1996.12.19. 94다22927).

2. 제766조 1항의 해석

민법 제766조에서 말하는 "손해"란 위법한 행위로 인한 손해발생의 사실을, "가해자"란 손해배상 청구의 상대방으로 될 자를 의미하고, 또한 "안 날"이란 피해자나 그 법정대리인이 위 손해 및 가해자를 현실적이고도 구체적으로 인식하는 것을 뜻하며, 권리자인 피해자의 위와 같은 주관적 용태, 즉 손해를 안 시기는 시효의 이익을 주장하는 자가 입증할 책임이 있다(대판 1982.03.09. 81다977).

3. 제766조 2항의 해석

불법행위에 기한 손해배상채권에 있어서 민법 제766조 제2항에 의한 소멸시효의 기산점이 되는 '불법행위를 한 날'이란 가해행위가 있었던 날이 아니라 현실적으로 손해의 결과가 발생한 날을 의미하지만, 그 손해의 결과발생이 현실적인 것으로 되었다면 그 소멸시효는 피해자가 손해의 결과발생을 알았거나 예상할 수 있는가 여부에 관계없이 가해행위로 인한 손해가 현실적인 것으로 되었다고 볼 수 있는 때로부터 진행한다(대판 2005.05.13. 2004다71881).

4. 계속적 불법행위의 경우

불법행위에 의한 손해배상청구권의 단기소멸시효의 기산점이 되는 민법 제766조 제1항 소정의 '그 손해 및 가해자를 안 날'이라 함은 현실적으로 손해의 발생과 가해자를 알아야 할 뿐만 아니라 그 가해행위가 불법행위로서 이를 이유로 손해배상을 청구할 수 있다는 것을 안 때를 의미하고, 불법행위가 계속적으로 행하여지는 결과 손해도 역시 계속적으로 발생하는 경우에는 특별한 사정이 없는 한 그 손해는 날마다 새로운 불법행위에 기하여 발생하는 손해로서 민법 제766조 제1항을 적용함에 있어서 그 각 손해를 안 때로부터 각별로 소멸시효가 진행된다고 보아야 한다(대판 1999.03.23. 98다30285).

5. 가해행위와 이로 인한 현실적인 손해의 발생 사이에 시간적 간격이 있는 불법행위

가해행위와 이로 인한 현실적인 손해의 발생 사이에 시간적 간격이 있는 불법행위에 기한 손해배상채권에 있어서 소멸시효의 기산점이 되는 불법행위를 안 날이라 함은 단지 관념적이고 부동적인 상태에서 잠재하고 있던 손해에 대한 인식이 있었다는 정도만으로는 부족하고 그러한 손해가 그 후 현실화된 것을 안 날을 의미 한다(대판 2001.01.19. 2000다11836).[22]

---

22) 사고 당시 피해자는 만 2세 남짓한 유아로서 좌족부의 성장판을 다쳐 의학적으로 뼈가 성장을 멈추는 만 18세가 될 때까지는 위 좌족부가 어떻게 변형될지 모르는 상태였던 경우, 피해자가 고등학교 1학년 재학 중에 담당의사에게 진찰을 받은 결과 비로소 피해자의 좌족부 변형에 따른 후유장해의 잔존 및 그 정도 등을 가늠할 수 있게 되었다면 피해자의 법정대리인도 그때서야 현실화된 손해를 구체적으로 알았다고 보아 그 무렵을 기준으로 소멸시효의 기산점을 산정한 원심의 판단을 수긍한 사례

FORTUNE 完打 민법개론(재산법) -조문·이론·판례-

제5편

물권법

제1장   물권 일반
제2장   물권의 변동
제3장   점유권
제4장   소유권
제5장   제한물권

제1장 물권 일반

제1절 서설

I. 물권법의 의의
물권법은 각종 재화에 대한 사람의 지배관계, 즉 사람의 물건에 대한 지배관계를 규율하는 법이다.

II. 물권의 의의
물권은 특정의 독립된 물건을 직접 지배하여 이익을 얻는 배타적이며 절대적인 관념적 권리이다.

제2절 물권의 효력

1. 물권의 우선적 효력

(1) 물권 상호간의 효력
두 개 이상의 소유권이 동일한 물건 위에 동시에 성립할 수는 없지만, 제한물권은 병존적 양립이 가능하다. 이 경우에 시간적으로 먼저 성립한 제한물권이 후에 성립한 제한물권에 우선한다. 다만 점유권은 사실상의 지배에 의해서 인정되는 것이므로 우선적 효력이 없다.

(2) 채권에 우선하는 효력
동일물에 대하여 물권과 채권이 병존하는 경우에는 언제나 물권이 우선한다. 다만 사회보장 등의 목적을 위해 채권이 우선하는 경우도 있는데, 근로기준법상의 임금채권최우선변제권, 주택임대차보호법상의 소액보증금에 대한 최우선변제권(동법 제8조, 제12조), 보증금반환청구권(동법 제3조의 2) 등이 그 예이다. 그리고 부동산임차권(민법 제621조, 제622조), 가등기에 기한 본등기 시 순위보전의 효력(부동산등기법 제92조)에 의해 채권이 우선하는 경우도 있다.

2. 물권적 청구권

(1) 의의
물권의 내용인 물건에 대한 완전한 현실적 지배가 방해받거나 또는 방해받을 염려가 있는 경우 물권자가 방해자에 대하여 그 방해의 제거 또는 예방에 필요한 행위를 청구할 수 있는 권리이다. 물권적 청구권은 물권에 기초한 권리이지만 구체적으로는 특정인에게 행사되기 때문에 물권적 '청구권' 또는 물상'청구권'이라 한다.

(2) 물권적 청구권에 관한 민법규정

1) 민법은 물권적 청구권에 관한 일반규정 대신에, 점유권에 기한 물권적 청구권(제204 ~ 제206조)과 소유권에 기한 물권적 청구권(제213조, 제214조)에 관한 규정을 두고, 소유권에 기한 물권적 청구권에 관한 규정을 다른 물권에 준용(제290조, 제301조, 제319조, 제370조)한다. 따라서 민법의 규정체계는 그 기초가 되는 물권의 성질에 따라 크게 점유권에 기한 물권적 청구권과, 본권에 기한 물권적 청구권으로 나누어진다.

2) 다만 지상권은 제213조 및 214조가(제290조), 지역권을 위해서는 제214조가(제301조), 전세권을 위해서는 제213조 및 제214조가(제319조) 저당권을 위해서는 제214조가 준용된다(제370조). 이는 제한물권의 성질에 따라 물권적 청구권이 인정되는 범위가 다르기 때문이다. 예를 들어 점유할 권리가 없는 저당권·지역권에 대하여는 물권적 반환청구권이 인정될 여지가 없다. 또한 질권[1], 인격권·무체재산권, 부동산임차권[2] 등에도 물권적 청구권이 인정될 수 있다.

(3) 종 류

1) 반환청구권

제213조(소유물반환청구권) 소유자는 그 소유에 속한 물건을 점유한 자에 대하여 반환을 청구할 수 있다. 그러나 점유자가 그 물건을 점유할 권리가 있는 때에는 반환을 거부할 수 있다.

물권의 객체인 목적물의 점유를 침탈당하거나 그 반환이 거부되는 경우에 물권의 침해를 받은 물권자가 점유자에 대하여 그 반환을 청구할 수 있는 권리이다.

2) 방해제거청구권

제214조(소유물방해제거, 방해예방청구권) 소유자는 소유권을 방해하는 자에 대하여 방해의 제거를 청구할 수 있고 소유권을 방해할 염려 있는 행위를 하는 자에 대하여 그 예방이나 손해배상의 담보를 청구할 수 있다.

물권의 목적물에 대한 점유의 침탈 및 반환거부 이외의 방법으로 물권의 행사가 방해 되는 경우에, 물권자가 방해자에 대하여 방해 제거를 청구하는 권리이다. 다만 민법 제214조의 규정에 의하면, 소유자는 소유권을 방해하는 자에 대하여 그 방해제거 행위를 청구할 수 있고, 소유권을 방해할 염려가 있는 행위를 하는 자에 대하여 그 방해예방 행위를 청구하거나 소유권을 방해할 염려가 있는 행위로 인하여 발생하리라고 예상되는 손해의 배상에 대한 담보를 지급할 것을 청구할 수 있으나, **소유자가 침해자에 대하여 방해제거 행위 또는 방해예방 행위를 하는 데 드는 비용을 청구할 수 있는 권리는 위 규정에 포함되어 있지 않으므로**, 소유자가 민법 제214조에 기하여 방해배제 비용 또는 방해예방 비용을 청구할 수는 없다[3](대판 2014.11.27. 2014다52612).

---

[1] 민법 규정은 없으나, 통설은 질권 자체에 기한 물권적 청구권을 인정한다.
[2] 대항력을 갖춘 임차권은 소유권에 기한 물권적 청구권을 유추적용 하고, 대항력 없는 임차권은 점유권에 기한 물권적 청구권 행사가 가능하다.
[3] 원심판결 이유에 의하면 원심은, 피고가 이 사건 축사 등을 건축하는 과정에서 원고 소유 토지에 연접한 이 사건 비탈면 부분의 토지를 수직으로 절토하는 바람에 원고 소유 토지가 붕괴되는 등의 피해가 발생하였거나 발생할 것으로 예상된다고 주장하면서 민법 제214조에 기하여 이 사건 비탈면 부분에 옹벽을 설치하는 데 드는 비용 상당의 지급을 구하는 원고의 청구에 대하여, 이미 피해가 발생하고 침해가 종결된 경우 피고의 귀책사유 유무에 따라 손해배상청구의 문제가 남을 뿐이고 방해배제청구권의 대상이 될 수는 없으며, **향후 소유권에 대한 방해가 예상되는 경우 소유자는 방해 제거나 예방을 위한 구체적인 행위를 명하는 집행권원을 받아 상대방이 이를 자발적으로 이행하지 않는 경우 이를 강제집행하고 그 집행비용을 상환받으면 되고, 물권적 청구권으로서의 소유물 방해예방청구권에 방해예방조치를 위한 비용을 본안소송으로 청구할 수 있는 권리까지 포함되는 것은 아니라는 등의 이유로, 위 청구를 기각**하였다. 앞서 본 법리와 기록에 비추어 살펴보면, 이러한 원심의 판단은 정당한 것으로 수긍할 수 있고, 거기에 상고이유 주장과 같이 논리와 경험의 법칙을 위반하고 자유심증주의의 한계를 벗어나거나 민법 제214조의 해석에 관한 법리를 오해하고 필요한 심리를 다하지 아니하는 등의 위법이 없다.

3) 방해예방청구권

물권의 침해가 현실적으로 발행하지 않았지만 장래 발생할 염려가 있는 때에, 그 발생을 방지하는 데 필요한 일체의 작위·부작위를 청구할 수 있는 권리이다.

제2장 물권의 변동

제1절 물권의 공시

Ⅰ. 공시의 원칙

1. 의 의
물권 변동은 언제나 외부에서 인식할 수 있는 어떤 표상(공시방법)을 수반하여야 한다는 원칙이다.

2. 실현방법
성립요건주의(=형식주의=독법주의, 독일, 우리나라)는 당사자와 제3자간은 물론, 당사자 상호간에도 물권변동의 효력을 부인하는 입법주의이다. **대항요건주의**(=의사주의=불법주의, 프랑스, 구민법)는 공시방법을 갖추지 아니해도 당사자 간에는 물권변동이 발생하지만 제3자에 대한 관계에서는 어떤 효력도 발생하지 않는 입법주의이다.

3. 현행법상 공시방법의 내용
부동산의의 등기, 동산의 인도(점유), **증권의 배서, 교부, 등록**(선박, 자동차, 항공기, 중기 등), **광업권**(등기), **어업권**(등기), **무체재산권**(등록), **채권양도**(통지, 승낙), **신분행위**(신고) 등이 있다.

Ⅱ. 공신의 원칙

1. 의 의
물권의 존재를 추측케 하는 표상, 즉 공시방법을 신뢰해서 거래한 자가 있는 경우에 그 자의 신뢰를 보호하여야 한다는 원칙을 말한다.

2. 인정근거
공신의 원칙은 현실적 필요성에 의하여 공시의 원칙을 보완하는 방법으로 발전 하였다. 공시의 원칙으로부터 권리추정력이 나오고, 다시 추정적 효력이 보완되어 공신의 원칙에 기한 선의취득의 효력이 인정됨으로써 신뢰의 보호가 확보 되었다.

3. 적용상의 문제점
공신의 원칙은 진정한 권리자를 희생시키고 양수인을 보호함으로써 거래의 안전과 신속을 도모하는 제도이므로, 이 원칙을 어떤 범위에서 채택하여야 할 것인가는 중요한 문제가 된다.

4. 민법의 태도

(1) 동산물권과 공신의 원칙

동산에 대해서만 공신의 원칙을 인정한다(제249조). 다만 동산의 경우에도 도품이나 유실물에 대해서는 특례가 인정된다(제250조, 제251조).

(2) 부동산 물권과 공신의 원칙[1]

독일과는 달리 부동산물권에 대해서는 공신의 원칙을 인정하지 않는다. 그 이유에 대해서는 현재 등기부의 등기표시가 불완전하여 진실한 거래관계와 일치하지 않는 경우가 적지 않기 때문이다. 즉 대장과 등기부의 이원화, 동일인임을 증명하는 인감증명제도의 부실, 등기필증(등기필정보)멸실의 경우에 보증서에 의한 등기신청의 허용 등에 의하여 등기와 진실한 거래관계가 불일치할 수 있는 가능성이 많다. 또한 등기공무원의 형식적 심사주의로 인하여 진실과 부합하지 않는 등기가 행하여질 가능성이 크기 때문이다.

(3) 제3자의 보호

부동산에 관해 선의의 제3자는 불이익을 당할 수 있다. 따라서 법은 의사표시에 관한 규정(제107조 2항, 제108조 2항, 제109조 2항, 제110조 3항), 계약해제의 원상회복에 관한 규정(제548조 1항 단서), 부동산실권리자명의등기에 관한 법률 제4조 3항, 가등기담보등에 관한 법률 제11조 등으로 제3자를 보호한다. 다만 이러한 규정들은 부동산의 선의취득효과를 가져오기는 하지만 선의취득제도와는 그 성질이 다르다. 예를 들어 제108조 2항은 부동산에 관한 법률행위에 한정되어 적용되는 것이 아니고, 또한 무과실을 전제하지도 않는다. 권리취득의 형식에 있어서도 진정한 권리자가 대항할 수 없는 것으로 하고 있다.

5. 공신력을 인정하는 것과 유사한 제도(외관존중)

표현대리(제125조 이하), **어음, 수표 기타 유가증권의 선의취득**(어음법 제16조), 채권의 준점유자에 대한 변제(제470조) 등이 있다.

제2절 부동산물권의 변동

I. 법률행위에 의한 물권 변동

제186조(부동산물권변동의 효력) 부동산에 관한 법률행위로 인한 물권의 득실변경은 등기하여야 그 효력이 생긴다.

민법은 구민법과는 달리 형식주의(=성립요건주의, 독법주의)를 취하고 있다. 따라서 법률행위에 의한 부동산물권변동은 물권적 합의와 등기의 두 요건을 모두 구비했을 때 성립 내지 효력이 생긴다.

---

[1] [다수의견] 종래 대법원은 민사집행법 제267조가 신설되기 전에도 실체상 존재하는 담보권에 기하여 경매개시결정이 이루어졌으나 그 후 경매 과정에서 담보권이 소멸한 경우에는 예외적으로 공신력을 인정하여, 경매개시결정에 대한 이의 등으로 경매절차가 취소되지 않고 매각이 이루어졌다면 경매는 유효하고 매수인이 소유권을 취득한다고 해석해 왔다. 대법원은 민사집행법 제267조가 신설된 후에도 같은 입장을 유지하였다. 즉, 민사집행법 제267조는 경매개시결정이 있은 뒤에 담보권이 소멸하였음에도 경매가 계속 진행되어 매각된 경우에만 적용된다고 보는 것이 대법원의 일관된 입장이다. 위와 같은 현재의 판례는 타당하므로 그대로 유지되어야 한다(대판(全合) 2022.08.25. 2018다205209).

II. 법률행위에 의하지 않은 물권 변동

제187조(등기를 요하지 아니하는 부동산물권취득) 상속, 공용징수, 판결, 경매 기타 법률의 규정에 의한 부동산에 관한 물권의 취득은 등기를 요하지 아니한다. 그러나 등기를 하지 아니하면 이를 처분하지 못한다.

1. 문제점

민법 제187조는 '물권의 취득'이라고만 규정하고 있으나, 이는 물권의 취득뿐만 아니라 소멸까지도 포함한다.

2. 상 속

부동산물권변동이 일어나는 시기는 피상속인이 사망하는 때이다. 포괄적 유증(대판 2003.05.27. 2000다73445)과 회사의 합병도 상속과 동일하므로 등기 없이 물권변동이 있게 된다.

3. 공용징수

공익사업을 위하여 국민의 특정재산권을 법률의 힘에 의해서 강제적으로 취득하는 것이 공용징수이다. 수용절차에 있어서 공용징수는 기업자와 토지소유자의 합의에 의한 협의수용(공익사업법 제29조)과, 그러한 협의가 성립하지 않은 경우에 토지수용위원회의 재결로 성립하는 재결수용(동법 제30조)이 있다. 협의수용은 협의에서 정하여진 시기에, 재결수용은 재결에서 정한 수용의 개시 일에 물권의 변동이 있게 된다(동법 제45조 1항). 수용에 의한 소유권이전등기는 등기권리자가 단독으로 신청하거나, 국가 또는 지방자치단체가 등기권리자인 때에는 등기를 촉탁하여야 한다(부등법 제99조).

4. 판 결

오직 형성판결만을 의미하며, 확인·이행판결은 포함되지 않는다(통설, 判例). 그리고 확정판결과 동일한 효력이 있는 재판상의 화해, 청구의 포기, 인낙을 조서에 기재하고 그 내용이 법률관계의 형성에 관한 것이면 민법 제187조의 판결에 포함 된다(대판 1970.06.30. 70다568). 따라서 매매 등 법률행위를 원인으로 한 소유권이전등기절차 이행의 소에서의 원고승소판결은 부동산물권취득이라는 형성적 효력이 없어 민법 제187조 소정의 판결에 해당하지 않으므로 승소판결에 따른 소유권이전등기 경료 시까지는 부동산의 소유권을 취득한다고 볼 수 없다(대판 2003.09.02. 2001다21717). 매매를 원인으로 한 소유권이전등기청구의 경우 이는 의사의 진술을 명하는 소송으로 강제집행방법은 판결로 대용한다(제389조 제2항). 그리고 공유물분할의 소송절차 또는 조정절차에서 공유자 사이에 공유토지에 관한 현물분할의 협의가 성립하여 그 합의사항을 조서에 기재함으로써 조정이 성립하였다고 하더라도 그 조정은 제187조의 판결에 포함되지 아니 한다[2][대판(全合) 2013.11.21. 2011두1917].

5. 경 매

경매에는 사인 사이에서 행하여지는 사경매와 국가기관이 행하는 공경매가 있다. 제187조에서 말하는 경

---

2) [다수의견] 공유물분할의 소송절차 또는 조정절차에서 공유자 사이에 공유토지에 관한 현물분할의 협의가 성립하여 그 합의사항을 조서에 기재함으로써 조정이 성립하였다고 하더라도, 그와 같은 사정만으로 재판에 의한 공유물분할의 경우와 마찬가지로 그 즉시 공유관계가 소멸하고 각 공유자에게 그 협의에 따른 새로운 법률관계가 창설되는 것은 아니고, 공유자들이 협의한 바에 따라 토지의 분필절차를 마친 후 각 단독소유로 하기로 한 부분에 관하여 다른 공유자의 공유지분을 이전받아 등기를 마침으로써 비로소 그 부분에 대한 대세적 권리로서의 소권을 취득하게 된다고 보아야 한다. [대법관 민일영의 반대의견] 공유물분할의 소에서 공유부동산의 특정한 일부씩을 각각의 공유자에게 귀속시키는 것으로 현물분할 하는 내용의 조정이 성립하였다면, 그 조정조서는 공유물분할판결과 동일한 효력을 가지는 것으로서 민법 제187조 소정의 '판결'에 해당하는 것이므로 조정이 성립한 때 물권변동의 효력이 발생한다고 보아야 한다.

매는 공경매를 의미하며, 여기에는 민사집행법의 집행절차에 의한 경매와 국세징수법에 의한 경매가 있다. 매수인이 매각 대금을 완납한 때(민집법 제135조, 제268조)에 소유권을 취득한다.

6. 기타 법률의 규정에 의한 물권변동

'법률'이란 본래적 의미의 법률뿐만 아니라 관습법도 포함한다. 이러한 예로서 ① 신축건물의 소유권취득3), ② 법정지상권의 취득, ③ 관습법상의 법정지상권의 취득(제305조, 제366조), ④ 법정저당권의 취득(제649조), ⑤ 분배농지의 상환완료에 의한 소유권취득, ⑥ 용익물권의 존속기간만료에 의한 소멸, ⑦ 피담보채권의 소멸에 의한 저당권의 소멸(제369조), ⑧ 법정대위에 의한 저당권의 이전(제368조, 제482조), ⑨ 혼동에 의한 물권의 소멸(제191조), ⑩ 소멸시효에 의한 물권의 소멸, ⑪ **목적물의 멸실**(포락, 사건에 의한 물권소멸), ⑫ 법률행위의 무효·취소에 의한 물권의 복귀 등이 있다.

제3절 동산 물권 변동

Ⅰ. 법률행위에 의한 동산 물권 변동

1. 형식주의

> **제188조(동산물권양도의 효력, 간이인도)** ① 동산에 관한 물권의 양도는 그 동산을 인도하여야 효력이 생긴다.
> ② 양수인이 이미 그 동산을 점유한 때에는 당사자의 의사표시만으로 그 효력이 생긴다.

2. 법률행위에 의한 물권변동의 요소

(1) 동산에 대한 물권적 합의의 성립 시기

의사 해석의 문제이지만, 통상 대금이 완납되고 물건이 구체적으로 특정되어 양도인이 점유이전의 준비를 완료한 때라고 해석 한다(대판 1991.03.22. 91다70).

(2) 현실의 인도

물건의 인도가 이루어졌는지 여부는 사회관념 상 목적물에 대한 양도인의 사실상 지배인 점유가 동일성을 유지하면서 양수인의 지배로 이전되었다고 평가할 수 있는지 여부에 달려있는 것인바, 현실의 인도가 있었다고 하려면 양도인의 물건에 대한 사실상의 지배가 동일성을 유지한 채 양수인에게 완전히 이전되어 양수인은 목적물에 대한 지배를 계속적으로 확고하게 취득하여야 하고, 양도인은 물건에 대한 점유를 완전히 종결하여야 한다(대판 2003.02.11. 2000다66454).

(3) 간이 인도

예를 들어 甲이 乙에게 사용대차 한 오토바이를 乙에게 매각하는 경우 甲이 乙에게 소유권이전의 의사표시를 하는 것만으로 乙은 인도를 받은 것이 된다. 즉 乙은 甲에게 오토바이를 반환하고 다시 甲으로부터 현

---

3) 判例는 "건물 신축의 공사가 진행되다가 독립한 부동산인 건물로서의 요건을 아직 갖추지 못한 단계에서 중지된 것을 제3자가 이어받아 계속 진행함으로써 별개의 부동산인 건물로 성립되어 그 소유권을 원시취득한 경우에 그로써 애초의 신축 중 건물에 대한 소유권을 상실한 사람은 민법 제261조, 제257조, 제259조를 준용하여 건물의 원시취득자에 대하여 부당이득 관련 규정에 기하여 그 소유권의 상실에 관한 보상을 청구할 수 있다(대판 2010.02.25. 2009다83933)."고 한다.

실의 인도를 받을 필요가 없는 것이다.

3. 점유개정

제189조(점유개정) 동산에 관한 물권을 양도하는 경우에 당사자의 계약으로 양도인이 그 동산의 점유를 계속하는 때에는 양수인이 인도받은 것으로 본다.

양도인이 물건을 양도하면서 양수인과의 사이에 점유매개관계를 설정함으로써 양수인에게 간접점유를 취득시키고 양도인은 점유매개자가 되어 점유를 계속하는 경우를 말한다. 예를 들어 매도인이 목적물을 매각한 후 그 목적물을 다시 임차, 사용대차, 수치하여 계속 점유하는 경우가 이에 해당한다.

4. 목적물반환청구권의 양도

제190조(목적물반환청구권의 양도) 제3자가 점유하고 있는 동산에 관한 물권을 양도하는 경우에는 양도인이 그 제3자에 대한 반환청구권을 양수인에게 양도함으로써 동산을 인도한 것으로 본다.

목적물반환청구권의 양도란 양도인이 목적물의 간접점유자이고 제3자가 이를 직접점유하고 있는 경우에 양도인이 제3자에 대한 반환청구권을 양수인에게 양도함으로써 소유권이 이전되는 것을 말한다. 예를 들어 甲이 乙에게 빌려준 오토바이를 丙에게 매도하면서 丙에게 乙에 대한 반환청구권을 양도하면 丙은 인도를 받은 것으로 된다. 즉 제3자의 직접 점유 하에 놓여 있는 목적물을 임대차와 같이 양도인의 간접점유를 발생하게 한 법률관계를 소멸시키지 아니한 채 양도할 수 있는 방법이다. 이 경우 청구권은 채권적 청구권을 의미하고, 민법 제213조 소정의 물권적 청구권은 포함하지 않는다(통설). 물권적 청구권은 물권의 효력으로서 물권에 기해서 발생하는 것이므로, 물권이 이전되기 전에는 물권과 분리하여 양도할 수 없기 때문이다(대판 1980.09.09. 80다7).

II. 선의취득

1. 의 의

민법은 부동산등기에는 공신력은 인정하지 않으나, 동산의 점유에는 공신력을 인정하고 있다. 그 결과 동산물권은 무권리자로부터도 유효하게 취득될 수 있는데 이를 선의취득이라고 한다. 예를 들어 乙이 甲 소유의 동산을 임차하여 점유하던 중 乙을 소유자로 믿고 丙이 乙로부터 그 동산을 매수한 경우에 丙은 일정한 요건 하에 완전한 소유권을 취득하게 된다. 이의 취지는 거래의 안전과 신속을 위하여 권리외관을 신뢰한 자를 보호해야 한다는데 있다.

2. 요 건

(1) 객체에 관한 요건

1) 원 칙

선의취득의 객체는 동산이어야 한다. 그러므로 지상권·저당권과 같은 부동산에 대한 권리는 선의취득의 대상이 될 수 없다.

2) 문제되는 경우

① 금 전(통화 또는 화폐)

가치의 표상으로 유통되는 금전은 선의취득이 대상이 아니다. 금전에 대해서는 점유 있는 곳에 소유권도 있다고 보아야 하므로, 타인의 금전을 점유·소비한 경우에는 원칙적으로 부당이득반환청구권의 문제로 될 뿐이다. 다만, 고유한 의미의 금전으로서가 아니라 단순한 물건으로서 거래되는 경우에는 선의취득에 관한 규정이 적용된다.

② **등기 · 등록으로 공시되는 동산**

선박 · 자동차 · 항공기 · 건설기계 등과 같이 등기 · 등록을 갖춘 동산을 성질상 동산이지만, 법률상 부동산과 같이 취급되므로 선의취득의 목적이 될 수 없다.

> * **자동차에 관한 선의취득**
>
> 자동차관리법 제6조는 "자동차 소유권의 득실변경은 등록을 하여야 그 효력이 생긴다."라고 규정하고 있다. 이는 현대사회에서 자동차의 경제적 효용과 재산적 가치가 크므로 민법상 불완전한 공시방법인 '인도'가 아니라 공적 장부에 의한 체계적인 공시방법인 '등록'에 의하여 소유권 변동을 공시함으로써 자동차 소유권과 이에 관한 거래의 안전을 한층 더 보호 하려는 데 취지가 있다. 따라서 자동차관리법이 적용되는 자동차의 소유권을 취득함에는 민법상 공시방법인 '인도'에 의할 수 없고 나아가 이를 전제로 하는 민법 제249조의 선의취득 규정은 적용되지 아니함이 원칙이다. 자동차관리법이 적용되는 자동차에 해당하더라도 구조와 장치가 제작 당시부터 자동차관리법령이 정한 자동차 안전기준에 적합하지 아니하여 행정상 특례조치에 의하지 아니하고는 적법하게 등록할 수 없어서 등록하지 아니한 상태에 있고 통상적인 용도가 도로 외의 장소에서만 사용하는 것이라는 등의 특별한 사정이 있다면 그러한 자동차에 대하여 자동차관리법이 정한 공시방법인 '등록'에 의하여만 소유권 변동을 공시할 것을 기대하기는 어려우므로, 소유권을 취득함에는 민법상 공시방법인 '인도'에 의할 수도 있다. 그리고 이때는 민법 제249조의 선의취득 규정이 적용될 수 있다(대판 2016.12.15. 2016다205373).

③ **명인방법에 의하여 공시되는 지상물**

수목의 집단 · 입도 · 미분리의 과실은 토지의 일부이거나 토지의 구성부분에 불과하고 명인방법에 의해 공시될 수 있으므로 선의취득의 객체가 되지 못한다. 다만 토지로부터 벌채 · 분리된 입목은 선의취득의 목적이 될 수 있다.

④ **증권적 채권**

지시채권 · 무기명채권 기타 유가증권은 가치가 화체된 증권으로서 보통의 동산과 다르고 또한 이에 대해서는 특별규정이 있으므로(제514조, 제524조), 그에 따른 선의취득이 인정될 뿐 동산의 선의취득에 관한 규정이 적용되지는 아니한다.

⑤ **양도가 금지되어 있는 물건**

예를 들어 국유문화재처럼 법률상 양도 및 사권설정이 금지된 경우나 아편 · 아편흡식기구, 음란한 문서 · 도서 기타의 물건, 위조 · 변조한 통화와 그 종류물 등과 같이 소유 또는 소지가 금지되는 것은 선의취득의 대상이 될 수 없다.

⑥ **증권에 의하여 표상되는 동산**

화물상환증 · 창고증권 · 선하증권과 같이 증권에 의하여 표상되는 동산은 증권의 배서 · 교부에 의하여 인도되지만, 만일 창고업자 · 운송업자가 증권 없이 물건을 처분한 경우에 상대방은 그 물건을 선의취득 한다. 이 경우에 증권 자체의 선의취득도 가능하므로, 양자의 선의취득이 경합하는 때에는 물건의 선의취득이 우선하게 된다.

⑦ **부동산등기에 의하여 공시된 동산**

공장저당권의 효력이 미치는 공장설비동산이 제3취득자에게 인도된 경우에는 선의취득의 대상이 된다(공장저당법 제9조 2항). 따라서 재단을 조성하여 재단목록에 기재된 동산에 대해서도 동일하게 해석해야 한다. 또한 부동산의 종물로서 그 주물인 부동산의 등기에 의하여 공시되는 동산도 선의취득의 대상이 된다.

(2) 양도인(前主)에 관한 요건

1) 양도인이 목적물을 점유하고 있었을 것

선의취득제도의 취지가 무권리자의 점유를 신뢰하여 이와 거래한 자를 보호하는데 있으므로 양도인이 목적물을 점유하고 있었을 것이 요구된다. 여기서 점유라 함은 직접점유이든 간접점유이든, 자주점유이든 타주점유이든 상관없다. 그리고 점유보조자가 점유물을 처분한 경우에도 취득자의 선의취득이 인정되어야 한다.

2) 양도인이 무권리자일 것

양도인이 무권리자라 함은 '동산의 소유권 또는 처분권한이 없는 자'를 말한다. 예를 들어 소유자로서 동산을 처분한 자가 실제로는 임차인·수치인 등에 불과한 경우나 타인의 동산을 자기 이름으로 처분할 권한을 가졌다고 하는 자가 실제로는 그러한 처분권한이 없는 경우가 이에 해당한다.

(3) 양수인(선의취득자)에 관한 요건

1) 동산물권취득에 관한 유효한 거래행위

① 동산물권에 관한 것일 것

동산물권은 실제로 소유권과 질권에 한한다(제343조, 제249조). 즉 유치권은 법률상 당연히 성립하는 권리라는 점에서, 그리고 점유권은 물건에 대한 사실적 지배관계로부터 당연히 발생하는 권리라는 점에서 선의취득과는 무관하기 때문이다. 선의취득은 동산'물권'에 국한되는 것이므로, 동산에 관한 채권을 취득하는 행위에 대해서는 적용될 여지가 없다.

② 거래행위가 있을 것

선의취득은 거래의 안전을 보호하기 위하여 인정되는 제도이므로 그 대상으로서 거래행위가 존재하여야 한다. 거래행위라 함은 매매, 질권 설정, 변제를 위한 급부, 소비대차의 이행으로서의 급부 등과 같은 동산의 소유권과 질권에 관한 처분행위를 말한다. 통설·判例(대판 1998.06.12. 98다6800)는 공경매에 의해서도 선의취득이 인정된다고 한다. 그리고 선의취득제도는 어디까지나 개별적인 거래를 보호하는 것이기 때문에 특정승계에 국한되며, 상속·회사의 합병과 같은 포괄승계의 경우에는 인정되지 않는다.

③ 거래행위가 유효할 것

선의취득의 제도적 취지가 거래의 안전을 보호 하는 데 있으므로, 그 대상으로서의 거래행위가 완전·유효할 것을 전제로 한다. 그러므로 거래 당사자에게 제한능력, 대리권의 흠결, 착오, 사기, 강박 등의 사유가 있어 거래행위가 취소되거나 무효로 되는 경우에는 선의취득이 적용될 여지가 없다. 다만 이 경우에는 거래의 안전과 관련해서 제한능력자의 상대방보호(제15조), 무권대리인의 상대방의 보호문제(제125조 이하)로서 결과적으로 선의취득과 동일한 결과를 가져온다.

2) 평온·공연·선의·무과실에 의한 선의취득

① 의 의

양도인이 무권리자인 것을 알지 못한 것을 말하고, 무과실이란 알지 못한 것에 대하여 과실이 없음을 말한다. 양수인은 물권행위 시에는 물론 인도 시에도 선의·무과실이어야 한다. 평온·공연이란 거래의 과정에 관한 것으로서, 일반적으로 점유자는 선의로 평온·공연하게 점유하는 것으로 추정된다(제197조 1항).

② 무과실의 추정

무과실에 관한 추정규정이 없으므로 선의취득자에게 무과실에 관한 증명책임이 있다(대판 1962.03.22. 4294민상1174).

③ 기준 시점

민법 제249조가 규정하는 선의 무과실의 기준시점은 물권행위가 완성되는 때인 것이므로 물권적 합의가 동산의 인도보다 먼저 행하여지면 인도된 때를, 인도가 물권적 합의보다 먼저 행하여지면 물권적 합의가 이루어진 때를 기준으로 해야 한다(대판 1991.03.22. 91다70).

④ 양수인이 점유를 취득하였을 것 - 점유개정의 경우

거래에 의하여 취득자가 점유를 취득하게 되는 방법으로서 현실의 인도, 간이인도, 목적물반환청구권의 양도가 인정된다. 이 경우 점유개정에 의한 점유취득의 경우도 선의취득을 인정할 것인가가 문제된다. 점유개정에 의한 점유취득을 인정하는 견해(김기선)가 있지만, 통설[4]과 判例는 이를 부정 한다(대판 1964.05.05. 63다775). 즉 동산의 선의취득에 필요한 점유의 취득은 현실적인도가 있어야 하고 점유개정에 의한 점유취득 만으로서는 그 요건을 충족할 수 없다(대판 1978.01.17. 77다1872). 양도인이 소유자로부터 보관을 위탁받은 동산을 제3자에게 보관시킨 경우에 양도인이 그 제3자에 대한 반환청구권을 양수인에게 양도하고 지명채권양도의 대항요건을 갖추었을 때에는 동산의 선의취득에 필요한 점유의 취득요건을 충족한다(대판 1999.01.26. 97다48906).

3. 효 과

(1) 물권의 취득

취득되는 물권은 소유권과 질권에 한한다. <u>선의취득에 의한 물권취득은 확정적이기 때문에 취득자가 임의로 선의취득효과를 거부하고 종전 소유자에게 동산을 반환받아갈 것을 요구할 수 없으며</u>(대판 1998.06.12. 98다6800), 양도인 또한 무효를 주장할 수 없다. 양도인이 무권리자임에도 불구하고 양수인은 법률규정에 의하여 권리를 원시취득 한다. 따라서 종전 소유자에게 존재했던 제한은 선의취득과 더불어 소멸한다(통설).

(2) 부당이득과의 관계

甲소유의 물건을 무권리자 乙이 丙에게 처분한 경우, 보통 甲은 乙에 대하여 부당이득반환청구권을 행사할 수 있다. 그런데 여기서 나아가 甲이 丙을 수익자로 보고 부당이득반환청구권을 행사할 수 있는지가 문제된다. 통설은 丙이 유상취득인 경우 이를 부정해야 하고, 무상인 경우 독일민법 제816조 1항 2문을 근거로 부당이득반환의무를 인정하는 것이 타당하다고 본다(김상용, 김증한·김학동, 이영준).

4. 도품 및 유실물에 관한 특칙(제250조, 제251조)

> **제250조(도품, 유실물에 대한 특례)** 전조의 경우에 그 동산이 도품이나 유실물인 때에는 피해자 또는 유실자는 도난 또는 유실한 날로부터 2년 내에 그 물건의 반환을 청구할 수 있다. 그러나 도품이나 유실물이 금전인 때에는 그러하지 아니하다.

(1) 의 의

도품·유실물의 경우에 제3자가 선의취득의 요건을 갖추고 있더라도, 피해자 또는 유실자는 도난 또는 유실한 날로부터 2년 내에 점유자에 대하여 그 물건의 반환을 청구할 수 있다. 그러나 도품이나 유실물이 금전인 때에는 그 반환을 청구하지 못한다.

---

4) ① 점유개정은 관념적 점유이전방법 중에서 가장 불명확한 것이라는 점 ② 외부에서 거래행위의 존재를 전혀 인식할 수 없다는 점 ③ 동일인에 대하여 신뢰를 기초로 동산을 맡겨 놓은 진정한 권리자와 제3자 중에서는 전자가 우선적으로 보호되어야 한다는 점에서 점유개정에 의한 선의취득을 부정한다.

(2) 적용범위

1) 도품 또는 유실물

도품이라 함은 절도 또는 강도에 의하여 점유자의 의사에 반해서 그의 점유를 박탈당한 물건이고, 유실물은 점유자의 의사에 의하지 않고 그의 점유를 이탈한 물건으로 도품이 아닌 것을 말한다. 점유상실은 점유자의 의사에 기하지 아니하거나 그 의사에 반하여 점유를 이탈한 것을 말한다. 이 경우에 의사라 함은 법률행위의 의사가 아닌 점유의 성립에 요구되는 것과 같은 사실상의 자연적 의사이다. 그리고 점유이탈물인지 여부는 직접점유자의 의사를 표준으로 결정하여야 한다. 제3자에게 도품·유실물이 전전 양도된 경우에도 도품·유실물의 성질은 유지되므로 본조가 적용된다.

2) 사기·공갈·횡령

예를 들어 권리자를 기망하여 물건의 점유를 취득한 경우에는 그의 의사에 의하여 점유가 이전된 것이므로 본조의 적용이 없다. 그리고 공갈·횡령에 의한 경우에도 도품·유실물이 아니므로 본조의 적용은 없다(대판 1957.06.22. 4289민상428). 그리고 민법 제250조, 제251조 소정의 도품, 유실물이란 원권리자로부터 점유를 수탁한 사람이 적극적으로 제3자에게 부정처분한 경우와 같은 위탁물 횡령의 경우는 포함되지 아니하고 또한 점유보조자 내지 소지기관의 횡령처럼 형사법상 절도죄가 되는 경우도 형사법과 민사법의 경우를 동일시해야 하는 것은 아닐 뿐만 아니라 진정한 권리자와 선의의 거래 상대방간의 이익형량의 필요성에 있어서 위탁물 횡령의 경우와 다를 바 없으므로 이 역시 민법 제250조의 도품·유실물에 해당되지 않는다(대판 1991.03.22. 91다70).

(3) 특칙의 내용

1) 당사자

'반환청구권자'는 피해자 또는 유실자이다. 그리고 직접점유자가 반환청구권을 가지는 경우에 그 간접점유자인 원소유자도 반환청구권을 가진다. '반환청구의 상대방'은 도품 또는 유실물을 현재 점유하고 있는 자이다. 목적물을 직접 도인 또는 습득자로부터 취득한 자뿐만 아니라, 습득자로부터 특정승계한 자도 포함된다.

2) 반환청구 기간

도난 또는 유실한 날로부터 2년이다[5]. 기산점인 도난의 시기에 관해서는 절취행위성립 시인지 피해자의 점유를 이탈한 때인지가 문제될 수 있으나, 피해자의 점유이탈시라고 하여야 한다.

3) 소유권귀속의 문제

도품·유실물이라 하더라도 취득과 동시에 일단 소유권은 선의취득자에게 귀속하고, 원소유자는 2년간 그 반환을 청구할 수 있을 뿐이다(통설).

5. 특칙의 특칙 : 대가의 변상

> **제251조(도품, 유실물에 대한 특례)** 양수인이 도품 또는 유실물을 경매나 공개시장에서 또는 동종류의 물건을 판매하는 상인에게서 선의로 매수한 때에는 피해자 또는 유실자는 양수인이 지급한 대가를 변상하고 그 물건의 반환을 청구할 수 있다.

---

[5] 이 기간의 성질에 관하여 반환청구권의 성질이 형성권이 아니라 청구권이므로 시효기간으로 보아야 한다는 견해(곽윤직), 제250조의 제도를 둔 취지와 관련해서 시효중단을 인정한다거나, 법원의 직권에 의한 권리소멸을 부인하는 것이 타당하지 않으므로 제척기간으로 해석하는 견해(이영준)가 대립된다.

(1) 내 용

선의취득자가 도품·유실물을 경매나 공개시장에서 또는 같은 종류의 물건을 판매하는 상인으로부터 매수한 때에는 피해자 또는 유실자는 선의취득자가 실제로 지급한 대가를 변상하여야 그 물건의 반환을 청구할 수 있다.

(2) 경매 또는 상인으로부터의 매수

제251조는 경매·매매 이외의 유상계약(예 교환)에 관하여도 유추적용 된다.

(3) 무과실 요건

제251조는 제249조와 달리 양수인이 선의임에 무과실일 것을 명문으로 요구하지 않지만, 민법 제251조는 민법 제249조와 제250조를 전제로 하고 있는 규정이므로 무과실도 당연한 요건이라고 해석하여야 한다(대판 1991.03.22. 91다70).

(4) 대가변상청구권의 성질

민법 제251조의 규정은 선의취득자에게 그가 지급한 댓가의 변상을 받을 때까지는 그 물건의 반환청구를 거부할 수 있는 항변권만을 인정한 것이 아니고 피해자가 그 물건의 반환을 청구하거나 어떠한 원인으로 반환을 받은 경우에는 그 대가변상의 청구권이 있다는 취지이다(대판 1972.05.23. 72다115).

제3장 점유권

I. 의의

제192조(점유권의 취득과 소멸) ① 물건을 사실상 지배하는 자는 점유권이 있다.
② 점유자가 물건에 대한 사실상의 지배를 상실한 때에는 점유권이 소멸한다. 그러나 제204조의 규정에 의하여 점유를 회수한 때에는 그러하지 아니하다.

1. 점유제도

물건에 대한 사실상의 지배를 법리적으로 구성하는 데 있어서는, 그 사실성을 권리의 외부적 표현으로 보고 권리와의 관련 하에서 관찰하는 게르만법의 Gewere와 그 권리와의 관련을 완전히 떠나서 그 사실적인 면만을 파악하는 로마법상의 possessio가 있다. 현대 민법의 점유제도는 이와 같은 근본적 차이를 가지는 두 제도의 결합으로 이루어져 있다(김형배).

구분	possessio	Gewere
연원	로마법	게르만법
의의	물건에 대한 사실적 지배를 권리와 무관하게 그 지배 사실만을 포착하여 이해	물건에 대한 사실적 지배를 권리의 표현형식으로 보고 권리와의 관련하에 관찰
내용	① 본권과 점유가 완전히 분리되어 있고 possessio에는 본권에 기한 소권과는 별도로 점유소권이 인정됨 ② 본권과 점유, 본권의 소와 점유의 소의 분리에 의하여 물건을 지배할 수 있는 본권이 사실적 지배상태로부터 분리되어 있음	① 추상적 권리(본권)와 그 외형적 표현인 사실적 지배(점유)를 구별하지 않고, 양자를 일체로 파악하여 사실상의 지배가 있으면 본권이 있다고 인정함 ② Gewere에는 방어적 효력, 공격적 효력, 이전적 효력과 같은 세 가지 효력이 인정됨
제도	① 점유보호청구권은 점유소권(possessio actio)을 계수 ② 점유자의 과실취득권(제201조) ③ 점유자의 비용상환청구권(제203조) ④ 본권의 소와 점유의 소의 구별(제208조)	① 점유의 추정력(제200조) ② 점유자의 자력구제(제209조) ③ 선의취득(제249조) ④ 점유가 동산물권변동의 효력요건인 것 점유보조자, 간접점유제도(제194조 이하)

2. 점유권

(1) 의 의

점유권이란 물건에 대한 사실상의 지배에 부여되는 법적 지위를 말한다. 이러한 점유권에 기하여 구체적으로 점유보호청구권, 점유자의 적법한 권리 보유의 추정 등의 법률효과가 발생한다.

(2) 점유권과 물권

사실상의 지배를 법적으로 정당화할 수 있는 권리를 본권이라고 하는 데 반하여, 점유권은 본권의 유무를 묻지 않고 사실상의 지배에 의하여 성립하는 권리이다. 예를 들어 소유권·전세권·임차권 등은 점유할 수 있는 권한, 즉 본권을 갖지 않은 자가 있는가 하면, 도난당한 피해자와 같이 점유할 권리는 가지고 있으나 점유권은 갖지 못한 자가 있다. 따라서 점유권과 본권은 개념상 구별해야 한다.

(3) 법적 성질 - 점유와 점유권과의 관계

통설은 우리 민법상의 점유권은 물건을 사실상 지배하는 것, 즉 점유 자체이므로 사실상의 지배가 곧 점유권이라고 한다. 따라서 우리 민법 하에서는, 점유보호청구권 등도 점유권의 한 내용에 불과하다.

3. 점유제도의 인정근거

점유제도는 생활관계의 현재 상태를 보호하는 동시에 사회의 평화를 유지하는 데 그 목적이 있다는 점에서 평화설이 타당하다(통설, 判例).

4. 점유의 종류

(1) 자주점유와 타주점유

1) 의의

소유의 의사를 가지고서 하는 점유가 자주점유이고, 그 의외의 점유가 타주점유이다. 여기서 소유의 의사는 소유자로서 사실상 점유하려는 의사를 말하며, 반드시 소유권이 있다고 믿고서 하는 점유를 의미하는 것은 아니다. 따라서 무효인 매매에 있어서의 매수인이나 타인의 물건을 훔친 자도 자주점유자이다.

2) 자주점유의 판단

점유자의 점유가 소유의 의사 있는 자주점유인지 아니면 소유의 의사 없는 타주점유인지의 여부는 점유자의 내심의 의사에 의하여 결정되는 것이 아니라 점유 취득의 원인이 된 권원의 성질이나 점유와 관계가 있는 모든 사정에 의하여 외형적·객관적으로 결정 된다(대판(全合) 1997.08.21. 95다28625). 예를 들어 매수인은 언제나 소유의 의사를 가지는 자주점유자이고, 지상권자·전세권자·질권자·임차인·수치인·등기명의수탁자 등은 언제나 소유의 의사가 없는 타주점유자이다. 매매 이외에도 교환이나 증여를 통하여 물건을 점유하는 자의 소유의 의사가 명확하게 드러난 경우에는 자주점유이다. 권원의 성질상 점유자의 점유가 자주점유인지 타주점유인지 불분명한 경우에 점유자는 소유의 의사로 점유한 것으로 추정된다(제197조 1항). 이는 국가나 지방자치단체가 부동산을 점유하는 경우에도 마찬가지이다. 따라서 점유자의 점유가 자주점유가 아님을 주장하는 자에게 그의 점유가 타주점유임을 증명할 책임이 있다. 다만 국가 등이 취득시효의 완성을 주장하는 토지의 취득절차에 관한 서류를 제출하지 못하고 있다고 하더라도, 점유의 경위와 용도, 국가 등이 점유를 개시한 후에 지적공부 등에 토지의 소유자로 등재된 자가 소유권을 행사하려고 노력하였는지 여부, 함께 분할된 다른 토지의 이용 또는 처분관계 등 여러 가지 사정을 감안할 때 국가 등이 점유 개시 당시 공공용 재산의 취득절차를 거쳐서 소유권을 적법하게 취득하였을 가능성을 배제할 수 없는 경우에는, 국가의 자주점유의 추정을 부정하여 무단점유로 인정할 것이 아니다(대판 2014.03.27. 2010다9473).

3) 점유자가 스스로 매매 등과 같은 자주점유의 권원을 주장하였으나 인정되지 않은 경우

점유자가 스스로 매매 또는 증여와 같은 자주점유의 권원을 주장하였으나 이것이 인정되지 않는 경우에도 원래 이와 같은 자주점유의 권원에 관한 입증책임이 점유자에게 있지 아니한 이상 그 점유권원이 인정되지 않는다는 사유만으로 자주점유의 추정이 번복된다거나 또는 점유권원의 성질상 타주점유라고는 볼 수 없다[대판(全合) 1983.07.12. 82다708·709].

4) 악의의 무단점유의 경우

부동산의 점유권원의 성질이 분명하지 않을 때에는 민법 제197조 제1항에 의하여 점유자는 소유의 의사로 선의, 평온 및 공연하게 점유한 것으로 추정되고, 이러한 추정은 지적공부 등의 관리주체인 국가나 지방자치단체가 점유하는 경우에도 동일하게 적용된다. 그러나 점유자가 점유 개시 당시에 소유권 취득의 원인이 될 수 있는 법률행위 기타 법률요건이 없이 그와 같은 법률요건이 없다는 사실을 잘 알면서 타인 소유의 부동산을 무단점유 한 것임이 입증된 경우에는 특별한 사정이 없는 한 자주점유의 추정은 깨어진다 할 것이고, 이는 국가 등이 토지를 점유할 수 있는 권원 없이 사유 토지를 임의로 도로부지로 편입시킨 경우에도 마찬가지이다. 따라서 도로부지에 편입된 토지에 관한 지적공부 등이 6.25 전란으로 소실되었거나 기타의 사유로 존재하지 아니하는 등 그 토지의 취득절차에 관한 서류의 제출을 기대하기 어려운 사정이 있지도 않으며, 지적공부나 등기부 등에 국가 등이 소유권을 적법하게 취득한 것으로 볼 수 있는 기재가 없을 뿐 아니라 오히려 종전소유자의 소유권이 그대로 유지되고 있는 것으로 기재되어 있다는 등의 사정이 입증된 반면, 당해 토지를 도로로 점유 사용하고 있는 국가 등이 자주점유의 추정을 유지하기 위한 적극반증 사유로서 그 토지를 도로에 편입시킨 경위 및 시기 등에 관한 사정과 아울러 그 토지의 취득절차에 관한 서류를 제출하지 못하는 납득할 만한 사유, 그 밖에 도로로 점유를 개시할 당시 공공용 재산의 취득절차를 거쳐서 소유권을 적법하게 취득했을 가능성을 배제할 수 없는 등의 사정에 관한 증거를 제시하지 못하는 경우에는 국가 등이 소유권 취득의 법률요건 없이 그 토지를 도로에 편입시켜 무단점유 한 것임이 증명되었다고 볼 수 있고, 그로써 자주점유의 추정은 깨어진다고 볼 것이다(대판 2013.01.10. 2012다73981)."고 한다. 즉 국가가 자신의 부담이나 기부채납 등 국유재산법 등에 정한 국유재산의 취득절차를 밟는 등 토지를 점유할 수 있는 권원 없이 사유토지를 국유재산으로 편입시킨 경우에도 마찬가지로 자주점유의 추정은 깨어진다(대판 2015.11.26. 2015다212343). 그러나 국가 등이 취득시효의 완성을 주장하는 토지의 취득절차에 관한 서류를 제출하지 못하고 있다고 하더라도, 그 점유의 경위와 용도, 국가 등이 점유를 개시한 후에 지적공부에 그 토지의 소유자로 등재된 자가 소유권을 행사하려고 노력하였는지 여부, 함께 분할된 다른 토지의 이용 또는 처분관계 등 여러 가지 사정을 감안할 때 국가 등이 점유 개시 당시 공공용 재산의 취득절차를 거쳐서 소유권을 적법하게 취득하였을 가능성을 배제할 수 없는 경우에는, 국가 등의 자주점유의 추정을 부정하여 무단점유로 인정할 것이 아니다(대판 2016.02.18. 2015다241686).

5) 타인의 권리를 매매한 경우나 등기를 수반하지 않는 점유가 자주점유에 해당하는 지 여부

토지의 매수인이 매매계약에 의하여 목적 토지의 점유를 취득한 경우 설사 그 것이 타인의 토지의 매매에 해당하여 그에 의하여 곧바로 소유권을 취득할 수 없다고 하더라도, 그것만으로 매수인이 점유권원의 성질상 소유의 의사가 없는 것으로 보이는 권원에 바탕을 두고 점유를 취득한 사실이 증명되었다고 단정할 수 없을 뿐만 아니라, 매도인에게 처분권한이 없다는 것을 잘 알면서 이를 매수하였다는 등의 다른 특별한 사정이 증명되지 않는 한, 그 사실만으로 바로 그 매수인의 점유가 소유의 의사가 있는 점유라는 추정이 깨어지는 것이라고 할 수 없고, 민법 제197조 1항이 규정하고 있는 점유자에게 추정되는 소유의 의사는 사실상 아니므로, 등기를 수반하지 아니한 점유임이 밝혀졌다고 하여 이 사실만 가지고 바로 점유권원의 성질상 소유의 의사가 결여된 타주점유라고 할 수 없다[대판(全合) 2000.03.16. 97다37661].

> *** 구분소유적 공유관계**
>
> 공유부동산의 경우에 공유자 중의 1인이 공유지분권에 기초하여 부동산 전부를 점유하고 있다고 하여도 다른 특별한 사정이 없는 한 권원의 성질상 다른 공유자의 지분비율의 범위 내에서는 타주점유라고 할 것이다. 그렇지만 이와 달리 구분소유적 공유관계에서 어느 특정된 부분만을 소유·점유하고 있는 공유자가 매매 등과 같이 종전의 공유지분권과는 별도의 자주점유가 가능한 권원에 의하여 다른 공유자가 소유·점유하는 특정된 부분을 취득하여 점유를 개시하였다고 주장하는 경우에는 타인 소유의 부동산을 매수·점유하였다고 주장하는 경우와 달리 볼 필요가 없으므로, 취득 권원이 인정되지 않는다고 하더라도 그 사유만으로 자주점유의 추정이 번복된다거나 점유권원의 성질상 타주점유라고 할 수 없고, 상대방에게 타주점유에 대하여 증명할 책임이 있다(대판 2013.03.28. 2012다68750).

6) 타주점유의 자주점유로의 전환

타주점유가 자주점유로 전환되려면 타주점유자가 새로운 권원에 기하여 소유의 의사를 가지고 점유를 시작하거나, 타주점유자가 타주점유를 하게 한 자에 대하여 소유의 의사가 있음을 표시하여야 한다. 타주점유자가 새로운 권원에 기하여 소유의 의사를 가지고 점유를 시작한 경우, 예를 들어 임차인이 임차물을 매수하면 그때부터 자주점유자가 된다. 이때 상속이 새로운 권원에 해당하는지가 문제되는데, 상속으로 점유를 승계한 자는 피상속인의 점유를 승계하는 것이므로 피상속인의 점유가 소유의 의사가 없는 경우에는 상속에 의한 점유도 역시 소유의 의사가 없는 것이어서 상속은 새로운 권원에 해당하지 않는다(대판 2004.09.24. 2004다27273)고 한다. 타주점유자가 그 타주점유를 하게 한 자에 대하여 이제부터 스스로를 위하여 소유의 의사를 가지고 점유한다는 사실을 표시한 때에도 자주점유로 전환될 수 있다(대판 1982.05.25. 81다195). 다만 간접점유자가 없는 경우에는 소유의 의사를 객관적으로 인식할 수 있으면 충분하다.

7) 자주점유의 타주점유로의 전환

타주점유의 자주점유로의 전환에 준한다. 예를 들어 경락에 의한 소유권이전등기가 있으면 종전소유자는 경락인에게 경락부동산을 인도할 의무가 있으므로 종전소유자의 점유는 자주점유에서 타주점유로 전환된다(대판 1968.07.30. 68다523).

> *** 자주점유의 타주점유로의 전환**
>
> **1. 전환을 부정한 경우**
> 토지의 점유자가 이전에 소유자를 상대로 그 토지에 관하여 소유권이전등기말소절차의 이행을 구하는 소를 제기하였다가 패소하고 그 판결이 확정되었다 하더라도 그 소송은 점유자가 소유자를 상대로 소유권이전등기의 말소를 구하는 것이므로 그 패소판결의 확정으로 점유자의 소유자에 대한 말소등기청구권이 부정될 뿐, 그로써 점유자가 소유자에 대하여 어떠한 의무를 부담하게 되었다든가 그러한 의무가 확인되었다고 볼 수는 없고, 따라서 점유자가 그 소송에서 패소하고 그 판결이 확정되었다는 사정만으로는 토지 점유자의 자주점유의 추정이 번복되어 타주점유로 전환된다고 할 수 없다(대판 1999.09.17. 98다63018).
>
> **2. 전환을 긍정한 경우**
> 진정 소유자가 자신의 소유권을 주장하며 점유자 명의의 소유권이전등기는 원인무효의 등기라 하여 점유자를 상대로 토지에 관한 점유자 명의의 소유권이전등기의 말소등기청구소송을 제기하여 그 소송사건이 점유자의 패소로 확정되었다면, 그 점유자는 민법 제197조 제2항의 규정에 의하여 그 소송의 제기 시부터는 토지에 대한 악의의 점유자로 간주되고, 또 이러한 경우 토지 점유자가 소유권이전등기 말소등기청구소송의 직접 당사자가 되어 소송을 수행하였고 결국 그 소송을 통해 대지의 정당한 소유자를 알게 되었으며, 나아가 패소판결의 확정으로 점유자로서는 토지에 관한 점유자 명의의 소유권이전등기에 관하여 정당한 소유자에 대하여 말소등기의무를 부담하게 되었음이 확정되었으므로, 단순한 악의점유의 상태와는 달리 객관적으로 그와 같은 의무를 부담하고 있는 점유자로 변한 것이어서 점유자의 토지에 대한 점유는 패소판결 확정 후부터는 타주점유로 전환되었다고 보아야 할 것이다(대판 2000.12.08. 2000다14934).

(2) 하자 있는 점유와 하자 없는 점유

1) 의의

하자 있는 점유란 악의·과실·강압·불계속 등의 사정이 있는 점유를 말하고, 하자 없는 점유란 선의·무과실·평온·공연·계속 등의 사정이 있는 점유를 말한다.

2) 선의점유와 악의점유

선의 점유란 점유할 수 있는 권리가 없음에도 불구하고 본권이 있다고 오신하면서 하는 점유를 말하며, 악의점유는 본권이 없음을 알면서 또는 본권의 유무에 관해 의심을 품으면서 하는 점유를 말한다. 본권의 유무에 대해 의심을 갖는 것을 악의로 해석하는 이유는, 선의점유에 대해서는 강력한 보호가 인정되므로(제201조, 제202조, 제203조, 제245조, 제249조 등) 선의의 인정범위를 엄격히 해석해야 하기 때문이다. 선의점유와 악의점유의 구별은 점유자의 과실취득(제201조), 점유자의 회복자에 대한 책임(제202조), 등기부취득시효(제245조 2항), 선의취득(제245조) 등에서 그 실익이 있다. 선의와 악의가 분명하지 않을 때에는 선의점유로 추정된다(제197조 1항). 그러나 선의의 점유자라도 본권에 관한 소에 패소한 때에는 그 소가 제기된 때로부터 악의의 점유자로 간주된다(제197조 2항). 본권에 관한 소에는 소유권에 기하여 점유물의 인도나 명도를 구하는 소송은 물론 부당점유자를 상대로 점유로 인한 부당이득의 반환을 구하는 소송도 포함된다(대판 2002.11.22. 2001다6213).

3) 과실 있는 점유와 과실 없는 점유

본권이 없음에도 불구하고 있다고 오신한 데 과실이 있으면 과실 있는 점유이고, 없으면 과실 없는 점유이다. 등기부취득시효(제245조)·선의취득(제249조) 등에서 이를 구별할 실익이 있다. 무과실은 추정되지 않는다는 것이 통설이다(제197조 참고). 따라서 무과실을 주장하는 자에게 그 증명책임이 있다.

4) 평온점유와 폭력점유, 공연점유와 은비점유

평온 점유란 점유자가 그 점유를 취득 또는 보유함에 있어 법률이 허용할 수 없는 강폭행위를 쓰지 않은 것을 말하고, 폭력점유는 평온한 점유가 아닌 점유를 통틀어서 지칭하는 것이다. 그리고 공연점유는 남몰래 하지 않는 점유를 말하고, 은비점유는 남몰래 하는 점유를 말한다. 점유자의 과실취득(제201조 3항)·선의취득(제249조) 등에서 이를 구별할 실익이 있다.

(3) 단독점유와 공동점유

단독점유는 하나의 물건에 관하여 한 사람이 점유하는 경우이고, 공동점유는 2인 이상이 공동으로 동일한 물건을 점유하는 경우이다.

II. 간접점유와 점유보조자

	점유보조자	간접점유
점유 인정 여부	X	O
사회적 종속관계	O	X
점유보호청구권	X	O
자력구제권	O	X

1. 간접점유

> **제194조(간접점유)** 지상권, 전세권, 질권, 사용대차, 임대차, 임치 기타의 관계로 타인으로 하여금 물건을 점유하게 한 자는 간접으로 점유권이 있다.

 간접점유자는 점유보조자와는 달리 점유권을 가진다. 간접점유가 인정됨으로써 동산물권 변동의 요건으로서의 인도가 현실의 인도로 한정되지 않고, 양수인이 이미 그 동산을 점유하고 있는 때에는 의사표시만으로 점유이전, 즉 인도의 효력이 생기게 된다.

2. 점유보조자

> **제195조(점유보조자)** 가사상, 영업상 기타 유사한 관계에 의하여 타인의 지시를 받아 물건에 대한 사실상의 지배를 하는 때에는 그 타인만을 점유자로 한다.

 점유보조자란 가사상, 영업상 기타 유사한 관계에 의하여 타인의 지시를 받아 물건에 대한 사실상의 지배를 하는 자를 말한다. 점유보조자는 점유권을 취득하지 못하며, 점유자만이 점유권자이다. 특히 혼인 생활에 있어 남녀평등을 표방하고 있는 현행 민법 하에서는 본질적으로 부부간의 명령·복종관계는 인정될 수 없다. 따라서 공동점유 내지 단독점유를 인정할 수는 있어도, 妻가 夫의 점유보조자가 아니다(통설). 判例도 "처가 아무런 권원 없이 토지와 건물을 주택 및 축사 등으로 계속 점유·사용하여 오고 있으면서 소유자의 명도요구를 거부하고 있다면 비록 그 시부모 및 부(부)와 함께 이를 점유하고 있다고 하더라도 처는 소유자에 대한 관계에서 단순한 점유보조자에 불과한 것이 아니라 공동점유자로서 이를 불법점유하고 있다고 봄이 상당하다(대판 1998.06.26. 98다16456·16463)."고 한다.

III. 점유권의 취득과 소멸

> **제196조(점유권의 양도)** ① 점유권의 양도는 점유물의 인도로 그 효력이 생긴다.
> ② 전항의 점유권의 양도에는 제188조제2항, 제189조, 제190조의 규정을 준용한다.

1. 점유권의 취득

(1) 의 의

 점유권은 물건에 대한 사실상의 지배를 말하므로 물건을 사실상 지배하는 자가 점유권을 취득한다.

(2) 직접점유의 취득

 직접점유의 취득에는 원시취득과 승계취득이 있다. 원시취득이란 물건에 대한 사실적 지배가 성립하면 점유권을 당연히 원시적으로 취득하는 것으로서 그 취득행위는 사실행위이다. 예컨대 무주물선점·유실물 습득·매장물발견·절취 등이 원시취득이다. 반면에 승계취득이란 전 점유자로부터 해당물건에 대한 사실상의 지배를 인수함으로써 점유를 취득하는 것이다. 민법 제196조는 점유권의 양도에 관한 규정을 두고 있다. 제196조 1항은 현실의 인도에 의한 양도를, 2항에서는 제188조 2항을 준용함으로써 간이인도에 의한 양도를 규정한다. 물건에 대한 사실상의 지배를 이전하는 것을 현실의 인도라고 한다. 현실의 인도에 의하여 양수인은 직접점유를 취득한다. 현실의 인도에 있어서 점유이전의사의 법적 성질에 관해서는 법률행위설 (곽윤직)과 사실행위설[1](다수설)이 대립하고 있다. 양수인이 이미 물건을 점유하고 있는 때에는 당사자의 의사표시만으로도 인도한 것이 된다. 이러한 간이인도에 의해서도 점유권이 양도될 수 있다.

3) 포괄승계

제193조(상속으로 인한 점유권의 이전) 점유권은 상속인에 이전한다.

민법 제193조는 '점유권은 상속인에 이전 한다'고 함으로써 상속에 의한 점유의 승계를 인정하고 있다. 상속개시로 피상속인이 점유하고 있던 물건은 당연히 상속인의 점유가 되므로, 상속인이 그 물건에 대한 사실상의 지배를 취득하기 전이라도 상속재산의 침해에 대하여 점유보호청구권을 행사할 수 있다. 상속인이 수인인 경우, 민법 제1009조 이하의 상속분에 관한 규정의 적용을 부정하고 상속인들이 공동점유 할 뿐이다. 따라서 피상속인이 사망하고 상속인 중 일부만이 상속부동산의 점유를 계속한 때에는 특별한 사정이 없는 한 수인의 상속인 전부가 그 부동산을 점유한 것으로 된다(대판 1989.04.11. 88다카17389).

2. 간접점유의 취득

(1) 간접점유의 설정

① 점유매개관계를 통하여 직접점유자가 간접점유자로 되는 방법, ② 점유개정에 의한 방법, ③ 점유자가 아닌 자가 자기를 위해서는 직접점유를 취득하고 타인을 위해서는 간접점유를 취득하는 방법이 있다.

(2) 간접점유의 양도

간접점유자는 반환청구권을 양도함으로써 점유권을 양도할 수 있다(제196조 2항, 제190조). 이때의 반환청구권은 점유매개관계를 성립시킨 법률관계의 성질에 따라 채권적 청구권이거나 물권적 청구권일 수 있는데, 채권적 청구권일 경우에는 채권양도에 관한 규정이 준용된다(제450조).

3. 점유권의 소멸

(1) 내 용

점유권은 다른 물권과 그 성질을 달리하므로, 혼동(제191조 3항)·소멸시효(제162조) 등의 물권 일반의 소멸원인은 그 적용이 없다.

(2) 직접점유의 소멸원인

직접점유는 목적물에 대한 사실상의 지배를 상실함으로써 소멸한다(제192조 2항). 사실상의 지배가 상실되었는지는 사회통념에 따라 결정된다. 이의 예로는 점유자의 자유의사에 따른 소멸[2]과 자유의사에 의하지 않은 소멸[3]이 있다. 다만 점유자가 제204조의 규정에 의하여 1년 이내에 점유회수 청구를 하는 경우에는 점유는 처음부터 상실되지 않은 것으로 본다(제192조 2항 단서). 그리고 사실상 지배의 상실이 일시적이라면 점유권이 상실되었다고 볼 수 없다.

(3) 간접점유의 소멸원인

간접점유는 직접점유자가 점유를 상실하거나, 직접점유자가 점유매개자로서의 기능을 하지 않는 경우[4]에는 소멸한다.

---

1) 점유의 성립은 점유설정의사만으로 충분하다. 이 점유설정의사는 자연적 의사이므로 이와 같은 사실 위에 성립하는 점유권의 특수성을 고려한다면, 본권의 경우와 같이 그 양도에 물권적 합의를 요구할 필요는 없을 것이다. 이런 의미에서 점유와 점유권은 동일한 것이라고 할 수 있다. 따라서 현실의 인도에 의한 점유권의 양도는 사실행위로 보아야 한다.
2) 타인에게 점유물을 양도하거나 포기하는 경우
3) 절도, 유실, 횡령에 의하여 점유를 상실한 경우
4) 직접점유자가 점유물을 횡령하는 경우

Ⅳ. 점유권의 효력

1. 내용

점유권의 효력은 점유의 추정적 효력(제197조, 제198조, 제200조), 점유자와 회복자의 관계(제201조 ~ 제203조), 점유보호청구권(제204조 ~ 제208조), 자력구제(제209조) 등을 들 수 있다.

2. 점유의 추정적 효력

제197조(점유의 태양) ① 점유자는 소유의 의사로 선의, 평온 및 공연하게 점유한 것으로 추정한다. ② 선의의 점유자라도 본권에 관한 소에 패소한 때에는 그 소가 제기된 때로부터 악의의 점유자로 본다.

(1) 내 용

1) 점유자는 소유의 의사로 점유한 것으로 추정되므로, 점유가 타주점유라는 데 대한 증명책임은 상대방에게 있다. 따라서 점유자가 스스로 자주점유의 권원을 주장하였으나, 이것이 인정되지 않는 경우에도 그러한 사유만으로는 자주점유의 추정이 깨지지 않는다. 그러나 선의의 점유에 관하여 과실이 없었다는 것은 점유자가 증명하여야 한다.

2) 선의의 점유자라 하더라도 본권에 관한 소에 패소한 때에는 그 소가 제기된 때로부터 악의의 점유자로 본다. 이때 본권에 관한 소는 보통 소유자가 제기한 소유물반환청구의 소를 의미한다. 본권에 관한 소에 패소한 때란 종국판결에 의하여 점유자의 패소로 확정된 경우를 말한다[5].

(2) 점유계속의 추정

제198조(점유계속의 추정) 전후양시에 점유한 사실이 있는 때에는 그 점유는 계속한 것으로 추정한다.

점유계속의 추정은 동일인이 전후 양 시점에 점유한 것이 증명 된 때에만 적용되는 것이 아니고, 전후 양 시점의 점유자가 다른 경우에도 점유의 승계가 입증되는 한 점유계속은 추정 된다. 이는 법률상 추정이므로 추정을 깨뜨리기 위해서는 점유취득을 저지하려는 자가 양 시점 사이에 점유상실이 있었다는 사실을 반증으로 증명하든지, 아니면 그 점유계속사실이 없음을 본증으로 증명해야 한다.

(3) 점유승계의 주장과 효과

제199조(점유의 승계의 주장과 그 효과) ① 점유자의 승계인은 자기의 점유만을 주장하거나 자기의 점유와 전점유자의 점유를 아울러 주장할 수 있다. ② 전점유자의 점유를 아울러 주장하는 경우에는 그 하자도 계승한다.

1) 점유의 분리 · 병합

점유의 승계가 있는 경우, 승계인은 자기의 점유만을 주장하거나 자기의 점유와 전 점유자의 점유를 아울러 주장할 수 있다. 다만 전 점유자의 점유를 아울러 주장하는 경우에는 그 하자도 승계한다. 이러한 점유의 분리 · 병합은 취득시효의 기산점과 관련하여 중요한 의미를 갖는다. 예를 들어 X 명의로 등기된 땅을 甲 · 乙이 악의로 각각 6년과 4년 동안 점유한 후 丙이 선의로 10년간 점유한 경우에 丙은 ① 甲 · 乙이 악의로 점유한 10년과 자신이 점유하고 있는 10년을 합한 20년간의 점유를 주장할 수도 있고, ② 자신이 선의로

---

[5] 判例도 "이러한 경우에 소유권에 기한 반환청구가 소유권이 상실되었음을 이유로 배척된다고 하더라도 점유자의 점유가 부당한 것이라면 소 제기 일부터는 점유자의 점유를 악의로 의제하여 부당이득을 반환해야 한다(대판 2002.11.22. 2001다6213)."고 하였다.

점유한 10년과 乙이 악의로 점유한 4년 합계 14년간의 점유를 주장할 수도 있으며, ③ 자신의 선의의 10년간의 점유만을 주장할 수도 있다. 다만, 丙이 甲과 乙의 점유를 승계하는 경우에는 악의의 점유로만 승계한다.

2) 포괄승계에의 적용 여부

점유의 분리·병합은 포괄승계, 특히 상속의 경우에도 적용되는지가 문제된다. 다수설은 상속인이 사실상의 지배를 취득한 때로부터 피상속인의 점유가 하자 있는 점유라도 상속인은 하자 없는 점유를 취득한다고 한다고 하여 이를 긍정한다(곽윤직 등). 그러나 判例는 상속은 점유변경의 새 권원이 될 수 없으므로 상속인은 민법 제193조에 의하여 피상속인의 점유의 하자를 승계한 점유를 보유한다고 하여 이를 부정 한다(대판 1997.12.12. 97다40100).

(4) 권리의 적법 추정

제200조(권리의 적법의 추정) 점유자가 점유물에 대하여 행사하는 권리는 적법하게 보유한 것으로 추정한다.

1) 추정의 근거

점유의 적법추정의 근거를 물건을 점유해서 권리를 행사하는 자는 대부분 적법한 권리자라는 개연성이나, 점유의 현상을 일단 정당한 것으로 보고자 하는 점유제도의 이상인 점유의 사실적 효과에서 찾는다.

2) 추정의 요건

① 동산에 한할 것

점유에 대한 권리의 추정은 동산에 관해서만 적용되고, 부동산에 대해서는 적용되지 않는다. 따라서 등기명의인과 점유자가 불일치하는 경우에는 등기명의인이 적법한 권리자로 추정된다.

② 점유이탈물

권리의 적법추정은 도품·유실물 등 점유이탈물의 점유자에 대해서도 적용 된다(곽윤직).

3) 추정의 범위

권리의 적법추정은 소유자와 그로부터 점유를 취득한 자 사이에 있어서도 적용되는지가 문제된다. 통설과 判例는 소유자와 그로부터 점유를 취득한 자 사이에는 동 규정을 적용할 수 없다고 한다(대판 1964.12.08. 64다714). 따라서 예를 들어 임차인이 임대인인 소유자에 대하여 임차권을 주장하는 때에는, 임차인은 현실적 점유사실에 의하여 적법한 임차인으로 추정되지 않으므로 임차인이 임차권의 취득사실을 주장·증명해야 한다.

4) 추정의 효과

권리의 추정은 점유자의 이익뿐만 아니라 불이익을 위해서도 인정된다. 예를 들어, 건물임차인이 그 건물에 부속시킨 임차인소유의 동산을 객체로 하는 임대인의 법정 질권(제650조)에 있어서 그 동산은 임차인의 소유라고 추정된다. 이러한 추정의 효과는 점유자뿐만 아니라 제3자도 원용할 수 있다(예를 들어 채권자가 채무자의 점유 하에 있는 물건을 압류한 경우에 채권자는 그 물건이 채무자의 소유라고 추정하는 효과를 원용할 수 있다).

3. 점유자와 과실

제201조(점유자와 과실) ① 선의의 점유자는 점유물의 과실을 취득한다.
② 악의의 점유자는 수취한 과실을 반환하여야 하며 소비하였거나 과실로 인하여 훼손 또는 수취하지 못한 경우에는 그 과실의 대가를 보상하여야 한다.
③ 전항의 규정은 폭력 또는 은비에 의한 점유자에 준용한다.

(1) 선의점유자의 과실취득권

1) 의 의

선의의 점유자는 점유물의 과실을 취득할 권리가 있다. 민법이 선의의 점유자에게 이와 같이 점유물의 과실취득권을 인정하고 있는 이유는, 점유자는 과실을 수취하여 소비하는 것이 보통인데 후에 본권자가 원물의 반환을 청구한 경우에 그 과실까지도 반환하게 하는 것은 점유자가 그 과실을 얻기 위하여 적지 않은 노력과 자본을 들였을 것임에 비추어 너무 가혹하다는 데 있다.

2) 과실의 의미

과실은 천연과실과 법정과실을 모두 포함한다. 물건을 점유하여 사용함으로써 취득하게 되는 이익, 이른바 사용이익도 과실에 준한다고 해석하는 것이 통설과 判例(대판 1981.09.22. 81다233)이다.

3) 과실취득권의 성질

① 회복자가 점유자에 대하여 소비한 과실 등을 부당이득으로서 반환청구하는 경우에 그 반환의무를 면제하는 데 지나지 않는다고 보는 견해6)(곽윤직)도 있으나, ② 이 규정의 의미를 선의의 점유자에게 과실을 수취할 권리를 적극적으로 부여한 것이라고 이해하는 견해7)가 타당하다(다수설, 判例8)). 따라서 선의의 점유자는 단순히 소비한 과실뿐만 아니라 수취한 과실 전부에 대하여 소유권을 취득한다.

(2) 과실취득의 요건

1) 선 의

선의의 점유자란, 실제로는 과실을 수취할 수 있는 본권을 갖고 있지 않음에도 불구하고 과실을 수취할 수 있는 권리를 가지고 있다고 오신하고, 그와 같이 오신한 데 대해서는 오신할 만한 정당한 근거가 있는 점유자를 말한다. 즉 일반적으로 선의란 일정한 사실을 알지 못하는 상태, 즉 소극적인 不知(부지)를 말하는 것이다. 그러나 제201조에서 의미하는 선의는 적극적인 오신, 즉 실제로는 없는 권리를 존재하는 것으로 적극적으로 믿는 것을 말한다(통설, 判例).

2) 무과실의 요부

① 점유자가 과실을 취득할 수 있는 권리를 가지고 있다고 오신한 데 대하여 과실이 있더라도 민법 제201조 1항의 적용을 받는다고 하는 것이 통설이다. 그러나 ② 判例는 "오신을 함에는 오신할 만한 정당한 근거가 있어야 한다(대판 1995.08.25. 94다27069)."고 본다.

3) 악의의 점유자

점유자가 점유를 취득할 당시에 과실을 취득할 권리가 없음을 안 경우에는 제201조 1항이 적용되지 않는다. 또한 과실을 취득할 당시에는 선의였더라도 후에 자신에게 과실취득권이 없음을 적극적으로 알게 된 때부터는 악의가 된다. 천연과실의 경우에는 원물로부터 분리될 때의 선의 여부가 과실취득의 기준이 된다. 법정과실이나 사용이익은 선의가 존속한 일수의 비율에 따라 취득한다.

4) 악의 간주

선의의 점유자가 본권에 관한 소에 패소한 때에는 그 소를 제기한 때로부터 악의의 점유자로 간주되며

---

6) 이에 따르면, 선의점유자가 취득할 수 있는 것은 이미 소비한 과실에 한하고, 현존하는 과실에 대해서는 부당이득에 기한 반환의무를 지게 된다.
7) 이에 따르면, 선의점유자가 취득할 수 있는 것은 이미 소비한 과실에 한하고, 현존하는 과실에 대해서는 부당이득에 기한 반환의무를 지게 된다.
8) 민법 제201조 제1항에 의하면 선의의 점유자는 점유물의 과실을 취득한다고 규정하고 있는바, 건물을 사용함으로써 얻는 이득은 그 건물의 과실에 준하는 것이므로, 선의의 점유자는 비록 법률상 원인 없이 타인의 건물을 점유·사용하고 이로 말미암아 그에게 손해를 입혔다고 하더라도 그 점유·사용으로 인한 이득을 반환할 의무는 없다(대판 1996.01.26. 95다44290).

(제197조 2항), 점유자가 선의이더라도 폭력 또는 은비에 의한 점유인 경우에는 악의의 점유자로 본다(제201조 3항).

(3) 과실취득의 효과

1) 취득되는 과실에는 천연과실·법정과실뿐만 아니라 물건의 사용이익도 포함된다. 선의점유자의 과실취득권의 범위는 모든 과실에 미치는 것이 아니라 일반적으로 정상적인 과실의 취득에 한한다고 보는 것이 공평·타당하므로, 통상의 경우보다 과도하게 취득한 과실은 부당이득으로서 반환해야 한다.

2) 제201조 1항과 불법행위에 의한 손해배상책임과의 관계에 있어서 통설 및 判例는 제201조 1항과 불법행위에 의한 손해배상책임이 경합한다고 한다. 즉, 선의의 점유자에게 과실취득권을 인정하면서도 그에게 과실 있는 경우에는 불법행위로 인한 손해배상책임을 인정하고 있다[9](대판 1966.07.19. 66다994[10]).

3) 계약이 무효가 되거나 취소 또는 해제된 경우에도 제201조를 적용할 것인지 문제된다. 통설과 判例는 "쌍무계약이 취소된 경우 선의의 매수인에게 민법 제201조가 적용되어 과실취득권이 인정되는 이상 선의의 매도인에게도 민법 제587조의 유추적용에 의하여 대금의 운용이익 내지 법정이자의 반환을 부정함이 형평에 맞다(대판 1993.05.14. 92다45025)."고 하여 매매계약이 무효 또는 취소되는 경우 제748조의 1항의 특칙으로서 제201조의 적용을 긍정한다. 다만 계약해제의 경우에는 "계약해제의 효과로서의 원상회복의무를 규정한 민법 제548조 제1항 본문은 부당이득에 관한 특별 규정의 성격을 가진 것이라 할 것이어서, 그 이익 반환의 범위는 이익의 현존 여부나 선의, 악의에 불문하고 특단의 사유가 없는 한 받은 이익의 전부라고 할 것이다(대판 1998.12.23. 98다43175)."고 한다.

(4) 악의점유자의 과실반환의무

1) 요 건

악의의 점유자라고 함은 선의 점유자가 아닌 점유자를 말한다. 폭력 또는 은비에 의한 점유자, 과실취득권이 없는 본권에 관하여 오신한 자, 또는 본권에 관한 소가 계속 중인 점유자는 선의라 하더라도 패소한 때에는 그 소가 제기된 때로부터 악의점유자로 된다.

2) 효 과

① 내 용

악의의 점유자는 수취한 과실을 반환해야 하며, 소비하였거나 과실로 훼손 또는 수취하지 못한 경우에는 그 과실의 대가를 보상하여야 한다.

② 제201조 2항과 불법행위와의 관계

대가 보상은 진정한 권리자에게 손해를 가한 악의의 점유자에게 과실이 인정되기 때문에 부과되는 것이다. 따라서 제201조 2항이 규정하는 대가보상은 불법행위로 인한 손해배상과 유사한 성질을 가진다. 따라서 제750조에 기한 손해배상의무와의 관계가 문제되는데, 통설과 判例는 일반불법행위규정의 적용이 배제되지 않는다고 한다(대판 1961.06.29. 4293민상704).

---

9) 이에 대해서 점유자가 과실로 타인의 물건으로부터 과실을 수취하였다고 하여 그로 인한 손해를 전부 배상하여야 한다면, 이는 오히려 경미한 불법에 대하여 과도한 제재를 가하는 것이 되어 민법 제201조 1항의 입법목적을 무의미하게 할 우려가 있다는 비판(양창수)이 있다.

10) 피고가 본건 토지의 선의의 점유자로 그 과실을 취득할 권리가 있어 경작한 농작물의 소유권을 취득할 수 있다 하더라도 법령의 부지로 상속인이 될 수 없는 사람을 상속인이라고 생각하여 본건 토지를 점유하였다면 피고에게 과실이 있다고 아니할 수 없고 따라서 피고의 본건 토지의 점유는 진정한 소유자에 대하여 불법행위를 구성하는 것이라 아니할 수 없는 것이고 피고에게는 그 불법행위로 인한 손해배상의 책임이 있는 것이며 선의의 점유자도 과실취득권이 있다하여 불법행위로 인한 손해배상책임이 배제되는 것은 아니다(대판 1966.07.19. 66다994).

③ 제748조 2항과의 관계

타인 소유물을 권원 없이 점유함으로써 얻은 사용이익을 반환하는 경우 민법은 선의 점유자를 보호하기 위하여 제201조 제1항을 두어 선의 점유자에게 과실수취권을 인정함에 대하여, 이러한 보호의 필요성이 없는 악의 점유자에 관하여는 민법 제201조 제2항을 두어 과실수취권이 인정되지 않는다는 취지를 규정하는 것으로 해석되는 바, 따라서 악의 수익자가 반환하여야 할 범위는 민법 제748조 제2항에 따라 정하여지는 결과 그는 받은 이익에 이자를 붙여 반환하여야 하며, 위 이자의 이행지체로 인한 지연손해금도 지급하여야 한다11)(대판 2003.11.14. 2001다61869). 반면에 학설은 물권적 청구권에 관한 규정이 우선 적용되므로 불법점유로 인한 과실취득이나 부당 사용이익과 관련하여 점유자는 수취한 과실만을 반환하면 족하고 여기에 이자를 가산하여 지급할 필요가 없다고 한다.

4. 점유자의 회복자에 대한 책임

> 제202조(점유자의 회복자에 대한 책임) 점유물이 점유자의 책임 있는 사유로 인하여 멸실 또는 훼손한 때에는 악의의 점유자는 그 손해의 전부를 배상하여야 하며 선의의 점유자는 이익이 현존하는 한도에서 배상하여야 한다. 소유의 의사가 없는 점유자는 선의인 경우에도 손해의 전부를 배상하여야 한다.

(1) 점유물의 멸실·훼손

멸실은 단순히 물리적인 파손뿐만 아니라 널리 반환불능의 상태를 포함하는 의미이다. 그리고 훼손은 물리적인 완전성을 해치는 경우뿐만 아니라 그 물건의 가치를 저하시키는 일체의 행위, 즉 통상적인 관리·수리행위를 하지 않아 물건의 가치가 저하되는 것을 말한다.

(2) 선의점유자의 책임

1) 자주점유자는 회복자에 대하여 이익이 현존하는 한도에서 배상할 책임을 진다. 예를 들면, 주택의 점유자가 그것을 파손하여 그 재료를 점유하는 때에는 그것을 반환하고, 주택을 매도하였으면 이익이 현존하는 한도에서 그 대금을 반환해야 한다. 선의의 자주점유자는 그 물건을 자신의 물건으로 알고 사용한 것이므로, 제202조 전단에서의 책임 있는 사유란 자기재산에 대한 주의를 게을리 한 것을 의미한다.

2) 타주점유자는 선의이더라도 점유물의 멸실·훼손에 대한 전손해를 배상하여야 한다. 이는 점유자가 처음부터 타인의 소유물임을 알고 점유한 것이므로 특별히 보호할 필요가 없기 때문이다.

(3) 악의점유자의 책임

악의의 점유자는 소유의 의사 여부와 상관없이 손해의 전부를 배상할 의무를 부담다. 점유자가 본권이 없는 것을 알면서 점유한 것이므로 보호의 필요성이 없기 때문이다.

(4) 불법행위로 인한 손해배상청구권과의 경합

계약의무위반이 있는 경우에 계약책임에 의해 해결될 수 있으므로, 제202조는 채무불이행으로 인한 손해배상청구권이 존재하지 않는 경우에만 적용된다. 다만, 문제가 되는 것은 불법행위로 인한 손해배상청구권과의 관계이다. 제202조는 점유물 자체에 관하여 생긴 손해배상에 관한 것이므로 불법행위규정의 적용은 배제되지 않으며, 서로 경합 한다(대판 1966.07.19. 66다994).

---

11) 한국전력공사가 권원 없이 타인 소유 토지의 상공에 송전선을 설치함으로써 토지를 사용·수익한 경우, 구분지상권에 상응하는 임료 상당의 부당이득금에 대하여 점유일 이후의 법정이자 및 그 이자에 대한 지연손해금을 인정한 사례.

5. 점유자의 상환청구권

제203조(점유자의 상환청구권) ① 점유자가 점유물을 반환할 때에는 회복자에 대하여 점유물을 보존하기 위하여 지출한 금액 기타 필요비의 상환을 청구할 수 있다. 그러나 점유자가 과실을 취득한 경우에는 통상의 필요비는 청구하지 못한다.
② 점유자가 점유물을 개량하기 위하여 지출한 금액 기타 유익비에 관하여는 그 가액의 증가가 현존한 경우에 한하여 회복자의 선택에 좇아 그 지출금액이나 증가액의 상환을 청구할 수 있다.
③ 전항의 경우에 법원은 회복자의 청구에 의하여 상당한 상환기간을 허여할 수 있다.

(1) 의 의

점유자가 비용을 지출하여 목적물을 보존하거나 목적물의 가격이 증가한 후, 소유자가 그 목적물을 반환받으면 그 이익은 소유자에게 귀속된다. 이 경우 보존·개량된 목적물을 소유자가 점유자에게 아무 보상을 하지 않고 보유할 수 있도록 하는 것은 부당하므로, 민법은 점유자가 점유물을 반환하는 때에는 회복자에 대하여 지출된 비용의 상환을 청구할 수 있도록 규정하고 있다.

(2) 요 건

1) 비용의 의의

비용상환청구권을 취득하려면 물건의 점유자가 그 물건에 대하여 비용을 지출하여야 한다. 제203조가 규정하는 비용은 물건의 보존·개량을 위한 지출을 의미하며, 민법은 필요비와 유익비를 구별한다.

2) 필요비와 유익비

① **필요비**

점유자는 선의·악의 또는 소유의 의사 유무를 묻지 않고 필요비의 상환을 청구할 수 있다. 필요비라 함은 물건을 통상 사용함에 있어 적합한 상태로 보존하고 관리하는 데 지출되는 비용을 말한다. 필요비는 통상의 필요비와 특별한 필요비로 나뉜다. 통상의 필요비란 평상적인 보존에 필요한 비용으로서, 예를 들면 보존비·수리비·조세·보험료·공과금 등이 이에 속한다. 특별한 필요비는 평상적인 보존 이외에 지출하는 필요비용을 말한다. 점유자가 과실을 취득한 때에는 통상의 필요비에 대하여 그 상환을 청구 할 수 없다. 그리고 유익비의 경우와 달리 필요비에 대하여는 그 상환기간의 유예가 허용되지 않는다.

② **유익비**

유익비라 함은 필요비 이외의 비용, 즉 물건의 개량이나 물건의 가치를 증가시키기 위하여 지출된 비용을 말한다. 점유자는 이러한 유익비에 관하여 그의 선의·악의를 묻지 않고「그 가액의 증가가 현존한 경우[12])에 한하여 회복자의 선택에 좇아[13]) 그 지출금액이나 증가액의 상환을 청구 할 수 있다」. 유익비상환청구권이 행사된 경우 법원은 회복자의 청구에 의하여 상당한 상환기간을 허여할 수 있다.

---

[12]) 가액 증가의 현존여부를 판단하기 위한 시점에 대해서는 소유자가 반환을 청구한 때를 기준으로 해야 한다는 견해(양창수)가 있으나, 가액의 증가라는 효과가 현실적으로 구체화되는 시기는 소유자가 물건을 반환받는 때이므로, 반환시를 기준으로 하는 것이 타당할 것이다(이영준).

[13]) 유익비상환청구에 관하여 민법 제203조 제2항은 점유자가 점유물을 개량하기 위하여 지출한 금액 기타 유익비에 관하여는 그 가액의 증가가 현존한 경우에 한하여 회복자의 선택에 좇아 그 지출금액이나 증가액의 상환을 청구할 수 있다고 규정하고 있고, 민법 제626조 제2항은 임차인이 유익비를 지출한 경우에는 임대인은 임대차종료시에 그 가액의 증가가 현존한 때에 한하여 임차인의 지출한 금액이나 그 증가액을 상환하여야 한다고 규정하고 있으므로, 유익비의 상환범위는 점유자 또는 임차인이 유익비로 지출한 비용과 현존하는 증가액 중 회복자 또는 임대인이 선택하는 바에 따라 정하여진다고 할 것이고, 따라서 유익비상환의무자인 회복자 또는 임대인의 선택권을 위하여 그 유익비는 실제로 지출한 비용과 현존하는 증가액을 모두 산정하여야 할 것이다(대판 2002.11.22. 2001다40381).

(3) 상환청구의 당사자

1) 청구권자

① 甲의 소유의 물건을 임차한 乙이 이를 수급한 丙에게 수리를 맡긴 경우 丙은 甲에 대하여 비용상환청구권을 갖는지가 문제된다. 먼저 甲의 수령은 법률상 원인이 있는 것이므로 丙이 부당이득에 의하여 甲에게 비용상환을 청구할 수 없다. 전용물소권에 의한 비용상환의 경우도 判例는 이를 인정하지 않는다(대판 1970. 11. 24. 70다1012). 그리고 제203조 2항에 의한 비용상환을 청구할 수 있는가에 대해서 判例는 제203조 2항에 의한 丙의 비용상환을 부정하고 乙이 비용상환청구권을 갖는다고 한다14)(대판 2002. 08. 23. 99다66564・66571).

② 甲으로부터 물건을 임차하여 설비를 투자하고 영업장으로 사용하고 있는 乙은, 그 물건을 경매로 매입한 丙에 대하여 비용상환청구를 할 수 있는지가 문제된다. 判例는 乙이 제203조 2항에 의한 비용상환을 丙에 대하여 청구하는 것을 부정하고, 이러한 경우에는 임대인 甲에 대하여 제626조 2항에 의해 임대차계약상의 유익비 상환청구를 할 수 있다고 한다(대판 2003. 07. 25. 2001다64752).

> ※ 점유자가 유익비를 지출할 당시 계약관계 등 적법한 점유의 권원을 가진 경우, 그 지출비용 또는 가액증가액 상환의 규준(=그 계약관계를 규율하는 법조항이나 법리)
>
> 민법 제203조 제2항에 의한 점유자의 회복자에 대한 유익비상환청구권은 점유자가 계약관계 등 적법하게 점유할 권리를 가지지 않아 소유자의 소유물반환청구에 응하여야 할 의무가 있는 경우에 성립하는 것으로서, 점유자가 유익비를 지출할 당시 계약관계 등 적법한 점유의 권원을 가진 경우에 그 지출비용 또는 가액증가액의 상환에 관하여는 그 계약관계를 규율하는 법조항이나 법리 등이 적용된다(대판 2009. 03. 26. 2008다34828). 즉 이 사건에서 임차인인 원고는 임대차계약에 의하여 이 사건 건물을 적법하게 점유하고 있으면서 비용을 지출한 것이므로, 임대인인 소외 회사에 대하여 민법 제626조 제2항에 의한 임대차계약상의 유익비상환청구를 할 수 있을 뿐, 낙찰에 의하여 소유권을 취득한 피고에 대하여 이와는 별도로 민법 제203조 제2항에 의한 유익비의 상환청구를 할 수는 없다고 보아야 할 것이며(다만, 원고가 피고의 목적물인도청구에 대하여 임대인에 대한 위 유익비상환청구권에 기한 유치권으로써 대항할 수 있었을 것임은 별론으로 한다), 이러한 법리는 이 사건 시설에 관한 비용이 경매절차에서 감정평가 가격에 포함되었는지 여부와 아무런 상관이 없다.

③ 점유가 승계된 경우에 현재의 점유자는 전점유자의 비용상환청구권을 행사할 수 있는지가 문제 된다15).

2) 상환의무자

점유자의 비용지출 후에 소유자가 교체된 경우에는 전 소유자와 현재의 소유자 중 누가 상환의무를 부담

---

14) [1] 계약상의 급부가 계약의 상대방뿐만 아니라 제3자의 이익으로 된 경우에 급부를 한 계약당사자가 계약 상대방에 대하여 계약상의 반대급부를 청구할 수 있는 이외에 그 제3자에 대하여 직접 부당이득반환청구를 할 수 있다고 보면, 자기 책임하에 체결된 계약에 따른 위험부담을 제3자에게 전가시키는 것이 되어 계약법의 기본원리에 반하는 결과를 초래할 뿐만 아니라, 채권자인 계약당사자가 채무자인 계약 상대방의 일반채권자에 비하여 우대받는 결과가 되어 일반채권자의 이익을 해치게 되고, 수익자인 제3자가 계약 상대방에 대하여 가지는 항변권 등을 침해하게 되어 부당하므로, 위와 같은 경우 계약상의 급부를 한 계약당사자는 이익의 귀속 주체인 제3자에 대하여 직접 부당이득반환을 청구할 수는 없다고 보아야 한다. [2] 유효한 도급계약에 기하여 수급인이 도급인으로부터 제3자 소유 물건의 점유를 이전받아 이를 수리한 결과 그 물건의 가치가 증가한 경우, 도급인이 그 물건을 간접점유하면서 궁극적으로 자신의 계산으로 비용지출과정을 관리한 것이므로, 도급인만이 소유자에 대한 관계에 있어서 민법 제203조에 의한 비용상환청구권을 행사할 수 있는 비용지출자라고 할 것이고, 수급인은 그러한 비용지출자에 해당하지 않는다고 보아야 한다(대판 2002. 08. 23. 99다66564・66571).
15) 이에 대하여 비용상환청구권은 물건에 부착되어 있는 성질이 강하고, 점유이전 시에 현 점유자가 전 점유자에게 지급하는 반대급부는 이러한 전 점유자의 비용상환청구권을 고려하여 행하여지는 경우가 많으므로 전 점유자의 비용상환청구권도 현재의 점유자가 행사할 수 있다는 견해(이영준)와, 구체적인 경우에 따라 달리 판단해야 한다는 견해(양창수)가 있다. 후자의 견해에 의하면, 현재의 점유자가 전 점유자의 지위를 포괄승계한 경우에는 전 점유자가 지출한 비용의 상환을 아울러 청구할 수 있지만, 점유승계만이 행하여진 데 불과하고 그것이 점유할 권리의 승계행위에 기하여 이루어진 것이 아닌 경우 또는 권리승계행위가 있는 경우에는 현재의 점유자가 전 점유자의 비용상환청구권을 행사할 수 없다고 한다.

하는가가 문제되는데, 현재의 소유자가 전 소유자의 반환범위에 속하는 것을 포함하여 함께 책임을 진다고 본다(대판 1966.06.15. 65다598).

3) 비용상환청구권과 유치권

점유자는 필요비·유익비에 대하여 유치권을 행사할 수 있다(제320조). 다만, 점유자가 유익비의 상환청구를 하는 경우에 회복자는 법원으로부터 상당한 상환기간을 허여 받아 유치권의 성립을 저지할 수 있다(제203조 3항).

V. 점유보호청구권

1. 점유물 회수청구권

> 제204조(점유의 회수) ① 점유자가 점유의 침탈을 당한 때에는 그 물건의 반환 및 손해의 배상을 청구할 수 있다.
> ② 전항의 청구권은 침탈자의 특별승계인에 대하여는 행사하지 못한다. 그러나 승계인이 악의인 때에는 그러하지 아니하다.
> ③ 제1항의 청구권은 침탈을 당한 날로부터 1년내에 행사하여야 한다.

(1) 점유의 침탈

점유를 침탈당했어야 한다. 침탈이라 함은 점유자가 그의 의사에 기하지 않고서 사실적 지배를 빼앗기는 것을 말한다. 따라서 사기로 인해서 물건을 인도하거나, 빨랫줄에 널어놓은 빨래가 바람에 날려 이웃집에 넘어가거나 또는 유실물을 습득한 경우에는 점유물반환청구를 행사할 수 없다. 점유의 의사에 반하느냐의 여부는 직접점유자를 기준으로 한다.

(2) 당사자

청구권자는 점유를 침탈당한 자이며, 직접점유자나 간접점유자나 모두 청구권자가 될 수 있다. 본권의 유무는 당사자적격에 영향이 없다(대판 1962.01.15. 4294민상793). 그리고 점유를 침탈한 자가 점유물반환청구권의 상대방이다. 이때 침탈자는 점유물반환청구권을 행사할 당시 사실상의 지배를 하고 있는 자이어야 한다(대판 2000.04.07. 99다68768). 또한 점유침탈자의 포괄승계인은 언제나 점유물반환청구권의 상대방이 되지만, 특별승계인은 악의인 경우에 한해서 상대방이 될 수 있다. 그리고 선의의 특별승계인으로 점유가 이전된 다음, 다시 악의의 특별승계인에게 점유가 이전되더라도 점유물반환청구권은 인정되지 않는다. 문제는 악의의 특별승계인이 목적물을 다시 임대하여 임차인이 직접점유자가 되어 있는 경우에, 임차인에 대하여 반환청구를 할 수 있는가 하는 점이다. 이때에 임대인은 악의의 간접점유자이므로 반환청구의 상대방이 되지만(대판 1995.06.30. 95다12927), 직접점유자인 임차인은 악의의 경우에만 상대방이 될 수 있다.

(3) 상호침탈

점유를 침탈당하여 점유물반환 청구할 수 있는 자가 점유를 탈환한 경우에, 피탈환자에게도 반환청구권이 성립하는지가 문제된다. ① 이를 긍정하는 견해(이영준)도 있으나 ② 스스로 침탈에 의하여 점유를 취득하는 자는 전 점유자가 나타나 그 점유를 다시 강제로 탈환했더라도 전 점유자에 대하여 점유물반환청구권을 행사할 수 없다는 견해가 타당하다(곽윤직 등 다수설). 즉 상호침탈을 인정하여 피탈환자의 반환청구를 인정하더라도 탈환자가 다시 반환을 청구할 수 있게 되므로, 소송상의 낭비일 뿐이기 때문이다.

(4) 내 용

물건의 반환 및 손해의 배상을 청구하는 것이다. 목적물이 환가처분 되어 금전으로 바뀐 경우, 그 환가금을 청구할 수 있는지가 문제된다. 이를 긍정하는 견해(김기선)가 있으나, 점유물반환청구권은 점유의 사실상태의 유지·회복을 그 권리의 내용으로 하는 일종의 물권이므로 부정설이 타당하다(곽윤직). 여기에서의 손해배상은 불법행위로 인한 손해배상을 말하는 것이므로, 불법행위의 요건을 갖춘 경우에만 인정된다(제750조).

(5) 제척기간

침탈당한 날부터 1년 이내에 행사해야 하는 제척기간은 재판 외에서 권리행사 하는 것으로 족한 기간이 아니라 반드시 그 기간 내에 소를 제기하여야 하는 이른바 출소기간으로 해석함이 상당하다[16](대판 2002.04. 26. 2001다8097·8103).

(6) 증명책임

원고는 현재까지 자신이 점유하고 있었다는 사실과 피고가 자신의 점유를 침탈하였다는 사실을 주장·증명해야 하며, 피고는 원고의 점유에 대한 침탈이 상대방의 동의나 법률의 규정에 의하여 허용된 것이라는 사실을 주장·증명해야 한다.

3. 점유물 방해 및 손해배상청구권

제205조(점유의 보유) ① 점유자가 점유의 방해를 받은 때에는 그 방해의 제거 및 손해의 배상을 청구할 수 있다.
② 전항의 청구권은 방해가 종료한 날로부터 1년 내에 행사하여야 한다.
③ 공사로 인하여 점유의 방해를 받은 경우에는 공사착수 후 1년을 경과하거나 그 공사가 완성한 때에는 방해의 제거를 청구하지 못한다.

민법 제205조에 의하면, 점유자가 점유의 방해를 받은 때에는 방해의 제거 및 손해의 배상을 청구할 수 있고(제1항), 제1항의 청구권은 방해가 종료한 날로부터 1년 내에 행사하여야 하는데(제2항), 민법 제205조 제2항이 정한 '1년의 제척기간'은 재판 외에서 권리행사 하는 것으로 족한 기간이 아니라 반드시 그 기간 내에 소를 제기하여야 하는 이른바 출소기간으로 해석함이 타당하다. 그리고 기산점이 되는 '방해가 종료한 날'은 방해 행위가 종료한 날을 의미한다(대판 2016.07.29. 2016다214483·214490).

4. 점유물방해예방 및 손해배상담보 청구권

제206조(점유의 보전) ① 점유자가 점유의 방해를 받을 염려가 있는 때에는 그 방해의 예방 또는 손해배상의 담보를 청구할 수 있다.
② 공사로 인하여 점유의 방해를 받을 염려가 있는 경우에는 전조 제3항의 규정을 준용한다.

5. 간접점유의 경우

제207조(간접점유의 보호) ① 전3조의 청구권은 제194조의 규정에 의한 간접점유자도 이를 행사할 수 있다.
② 점유자가 점유의 침탈을 당한 경우에 간접점유자는 그 물건을 점유자에게 반환할 것을 청구할 수 있고 점유자가 그 물건의 반환을 받을 수 없거나 이를 원하지 아니하는 때에는 자기에게 반환할 것을 청구할 수 있다.

---

16) 민법 제204조 제3항과 제205조 제2항에 의하면 점유를 침탈 당하거나 방해를 받은 자의 침탈자 또는 방해자에 대한 청구권은 그 점유를 침탈 당한 날 또는 점유의 방해행위가 종료된 날로부터 1년 내에 행사하여야 하는 것으로 규정되어 있는데, 여기에서 제척기간의 대상이 되는 권리는 형성권이 아니라 통상의 청구권인 점과 점유의 침탈 또는 방해의 상태가 일정한 기간을 지나게 되면 그대로 사회의 평온한 상태가 되고 이를 구복하는 것이 오히려 평화질서의 교란으로 볼 수 있게 되므로 일정한 기간을 지난 후에는 원상회복을 허용하지 않는 것이 점유제도의 이상에 맞고 여기에 점유의 회수 또는 방해제거 등 청구권에 단기의 제척기간을 두는 이유가 있는 점 등에 비추어 볼 때....

VI. 기타 규정

1. 점유의 소와 본권의 소

제208조(점유의 소와 본권의 소와의 관계) ① 점유권에 기인한 소와 본권에 기인한 소는 서로 영향을 미치지 아니한다.
② 점유권에 기인한 소는 본권에 관한 이유로 재판하지 못한다.

점유의 소란 점유보호청구권을 청구원인으로 하는 소를 말하고, 본권의 소란 본권(소유권·전세권·임차권 등과 같은 점유할 수 있는 권리)를 청구원인으로 하는 소를 말한다. 점유의 소와 본권의 소는 별개의 소송으로서 서로 영향을 미치지 아니한다(제208조 1항). 따라서 양 소를 동시에 제기하든 각각 별도로 제기하든 무방하며, 그 중 하나의 소권이 소멸하더라도 다른 소권을 행사할 수 있다. 점유권에 기인한 소는 본권에 관한 이유로 재판하지 못한다(제208조 2항). 다만 이 규정은 점유의 소에 대하여 피고가 본권을 방어방법으로 내세울 수 없다는 것이지 본권에 기한 반소제기까지 막는 것을 아니다(이시윤). 제208조 2항의 규정은 점유의 소에 대하여 그 반소로서 본권에 기한 반환청구의 소를 제기하는 것을 금지하지는 않는다[17](통설, 대판 1957.11.14. 4294민상454·455).

> **※ 점유권에 기인한 소와 본권에 기인한 소의 관계**
>
> 1. 점유권에 기인한 소와 본권에 기인한 소는 서로 영향을 미치지 아니하고, 점유권에 기인한 소는 본권에 관한 이유로 재판하지 못하므로 점유회수의 청구에 대하여 점유침탈자가 점유물에 대한 본권이 있다는 주장으로 점유회수를 배척할 수 없다(민법 제208조, 대법원 1967. 6. 20. 선고 67다479 판결, 대법원 2010. 7. 15. 선고 2010다18294 판결 등 참조). 그러므로 점유권에 기한 본소에 대하여 본권자가 본소청구 인용에 대비하여 본권에 기한 예비적 반소를 제기하고 양 청구가 모두 이유 있는 경우, 법원은 점유권에 기한 본소와 본권에 기한 예비적 반소를 모두 인용해야하고 점유권에 기한 본소를 본권에 관한 이유로 배척할 수 없다.
> 2. 그리하여 **이 사건과 같이 점유회수의 본소에 대하여 본권자가 소유권에 기한 인도를 구하는 반소를 제기하여 본소청구와 예비적 반소청구가 모두 인용되어 확정되면, 점유자가 본소 확정판결에 의하여 집행문을 부여받아 강제집행으로 물건의 점유를 회복할 수 있다.** 본권자의 소유권에 기한 반소청구는 본소의 의무 실현을 정지조건으로 하므로, 본권자는 위 본소 집행 후 집행문을 부여받아 비로소 반소 확정판결에 따른 강제집행으로 물건의 점유를 회복할 수 있다. 이러한 과정은 애당초 본권자가 허용되지 않는 자력구제로 점유를 회복한 데 따른 것으로 그 과정에서 본권자가 점유 침탈 중 설치한 장애물 등이 제거될 수 있다. 다만 **점유자의 점유 회수의 집행이 무의미한 점유상태의 변경을 반복하는 것에 불과할 뿐 아무런 실익이 없거나 본권자로 하여금 점유 회수의 집행을 수인하도록 하는 것이 명백히 정의에 반하여 사회생활상 용인할 수 없다고 인정되는 경우**(대법원 1997. 9. 12. 선고 96다4862 판결 등 참조), 또는 점유자가 점유권에 기한 본소 승소 확정판결을 장기간 강제집행하지 않음으로써 본권자의 예비적 반소 승소 확정판결까지 조건불성취로 강제집행에 나아갈 수 없게 되는 등 특별한 사정이 있다면 **본권자는 점유자가 제기하여 승소한 본소 확정판결에 대한 청구이의의 소를 통해서 점유권에 기한 강제집행을 저지할 수 있다**(대판 2021.02.04. 2019다202795(본소)·202801(반소)).

2. 자력구제권

제209조(자력구제) ① 점유자는 그 점유를 부정히 침탈 또는 방해하는 행위에 대하여 자력으로써 이를 방위할 수 있다. ② 점유물이 침탈되었을 경우에 부동산일 때에는 점유자는 침탈 후 직시 가해자를 배제하여 이를 탈환할 수 있고 동산일 때에는 점유자는 현장에서 또는 추적하여 가해자로부터 이를 탈환할 수 있다.

---

[17] 점유제도는 물건을 사실상 지배하고 있는 현존상태를 보호하여 회사평화를 유지하려는데 그 목적이 있는 것이므로, 점유의 소송에 있어서는 점유할 수 있는 권리인 본권에 관한 이유에 기하여 재판할 수 없는 것이고, 따라서 피고의 점유방해의 사실이 인정된다고 한다면 설사 피고가 소유권에 기하여 그 점유물의 인도를 구하는 반환청구를 하고 그 청구권이 인정된다고 하더라도 피고로서는 그 인도청구권을 적법하게 행사하지 않고 사력으로 원고의 점유를 방해할 수는 없는 것이니 이러한 경우에는 본소와 반소의 청구를 모두 인정하여야 할 것이다(대판 1957.11.14. 4290민상454·455).

점유자는 그 점유를 부정히 침탈 또는 방해하는 행위에 대하여 자력으로써 이를 방위할 수 있다(자력방위권, 제209조 1항). 점유자는 점유물이 침탈되었을 경우, 부동산인 때에는 침탈 수 즉시 가해자를 배제하여 이를 탈환할 수 있고, 동산인 때에는 현장에서 또는 추적하여 가해자로부터 이를 탈환할 수 있다(자력탈환권, 제209조 2항). 민법 제209조 제1항에 규정된 점유자의 자력방위권은 점유의 침탈 또는 방해의 위험이 있는 때에 인정되는 것인 한편, 제2항에 규정된 점유자의 자력탈환권은 점유가 침탈되었을 때 시간적으로 좁게 제한된 범위 내에서 자력으로 점유를 회복할 수 있다는 것으로서, 위 규정에서 말하는 "직시"란 "객관적으로 가능한 한 신속히" 또는 "사회관념 상 가해자를 배제하여 점유를 회복하는 데 필요하다고 인정되는 범위 안에서 되도록 속히"라는 뜻으로 해석할 것이므로 점유자가 침탈사실을 알고 모르고와는 관계없이 침탈을 당한 후 상당한 시간이 흘렀다면 자력탈환권을 행사할 수 없다(대판 1993.03.26. 91다14116). 집행관이 집행채권자 甲 조합 소유 아파트에서 유치권을 주장하는 피고인을 상대로 부동산 인도 집행을 실시하자, 피고인이 이에 불만을 갖고 아파트 출입문과 잠금 장치를 훼손하며 강제로 개방하고 아파트에 들어갔다고 하여 재물손괴 및 건조물침입으로 기소된 사안에서, 피고인이 아파트에 들어갈 당시에는 이미 甲 조합이 집행관으로부터 아파트를 인도받은 후 출입문의 잠금 장치를 교체하는 등으로 그 점유가 확립된 상태여서 점유권 침해의 현장성 내지 추적가능성이 있다고 보기 어려워 점유를 실력에 의하여 탈환한 피고인의 행위가 민법상 자력구제에 해당하지 않는다고 보아 유죄를 인정한 원심판단을 수긍한 사례가 있다(대판 2017.09.07. 2017도9999). 그러나 위법한 강제집행에 의하여 부동산의 명도를 받는 것은 공권력을 빌려서 상대방의 점유를 침탈하는 것이 되므로 위 강제집행이 일응 종료한 후 불과 2시간 이내에 자력으로 그 점유를 탈환한 것은 민법상의 점유자의 자력구제권의 행사에 해당 한다(대판 1987.06.09. 86다카1683).

3. 준점유

제210조(준점유) 본장의 규정은 재산권을 사실상 행사하는 경우에 준용한다.

제470조(채권의 준점유자에 대한 변제) 채권의 준점유자에 대한 변제는 변제자가 선의이며 과실 없는 때에 한하여 효력이 있다.

민법은 물건이 아닌 재산권을 사실상 행사하는 경우에, 이를 준점유라 하여 점유권에 관한 규정을 준용하고 있다. 점유는 원래 물건의 지배에 관해서만 인정되는 것이나, 물건 이외의 이익에 대해서도 사실상의 지배가 존재하고 사회가 그 외형을 신뢰하는 경우에는 점유에 있어서와 같은 보호를 부여할 필요가 있다. 이러한 보호를 목적으로 인정되는 것이 준점유이며, 준점유는 점유의 개념을 확장한 것이라 할 수 있다. 점유를 수반하는 재산권(소유권·지상권·전세권·질권·임차권)에 관하여는 준점유가 성립될 여지가 없으므로, 준점유의 객체는 점유를 수반하지 않는 재산권(채권·무체재산권)에 한하게 한다. 준점유가 성립하기 위해서는 재산권을 사실상 행사하여야 한다. 즉 점유를 수반하지 않는 재산권이 사실상 어떤 자에게 귀속되는 것과 같은 외관이 존재해야 한다(甲이 乙의 예금통장과 도장을 갖고 있는 경우와 채권증서의 교부). 준점유에는 점유권의 규정이 준용된다. 따라서 권리의 추정, 과실의 취득, 비용상환청구권, 점유보호청구권 등의 효력은 준점유에 대해서도 발생한다. 채권의 준점유에 관하여는, 선의의 변제자보호를 위한 제470조의 규정이 중요하다. 즉, 채무자가 채권의 준점유자에 대하여 선의이며 과실 없이 변제한 때에는 그 변제는 유효하다. 그런 의미에서 준점유자의 권리외관을 신뢰한 선의의 변제자가 보호된다.

제4장 소유권

제1절 소유권의 의의

I. 서설

제211조(소유권의 내용) 소유자는 법률의 범위 내에서 그 소유물을 사용, 수익, 처분할 권리가 있다.

소유자가 토지를 소유하게 된 경위와 보유기간, 소유자가 토지를 공공의 사용에 제공한 경위와 그 규모, 토지의 제공에 따른 소유자의 이익 또는 편익의 유무, 해당 토지 부분의 위치나 형태, 인근의 다른 토지들과의 관계, 주위 환경 등 여러 사정을 종합적으로 고찰하고, 토지 소유자의 소유권 보장과 공공의 이익 사이의 비교형량을 한 결과, 소유자가 그 토지에 대한 독점적·배타적인 사용·수익권을 포기한 것으로 볼 수 있다면, 타인[사인(私人)뿐만 아니라 국가, 지방자치단체도 이에 해당할 수 있다, 이하 같다]이 그 토지를 점유·사용하고 있다 하더라도 특별한 사정이 없는 한 그로 인해 토지 소유자에게 어떤 손해가 생긴다고 볼 수 없으므로, 토지 소유자는 그 타인을 상대로 부당이득반환을 청구할 수 없고, 토지의 인도 등을 구할 수도 없다. 다만, 소유권의 핵심적 권능에 속하는 사용·수익 권능의 대세적·영구적인 포기는 물권법정주의에 반하여 허용할 수 없으므로, 일반 공중의 무상 이용이라는 토지이용현황과 양립 또는 병존하기 어려운 토지 소유자의 독점적이고 배타적인 사용·수익만이 제한될 뿐이고, 토지 소유자는 일반 공중의 통행 등 이용을 방해하지 않는 범위 내에서는 그 토지를 처분하거나 사용·수익할 권능을 상실하지 않는다(대판(순合) 2019. 01.24. 2016다264556). 그리고 원소유자의 독점적, 배타적인 사용·수익권의 행사가 제한되는 토지의 소유권을 경매, 매매, 대물변제 등에 의하여 특정승계한 자는, 특별한 사정이 없는 한 그와 같은 사용·수익의 제한이라는 부담이 있다는 사정을 용인하거나 적어도 그러한 사정이 있음을 알고서 그 토지의 소유권을 취득하였다고 봄이 타당하므로, 그러한 특정승계인은 그 토지 부분에 대하여 독점적이고 배타적인 사용·수익권을 행사할 수 없다. 이때 특정승계인의 독점적·배타적인 사용·수익권의 행사를 허용할 특별한 사정이 있는지 여부는 특정승계인이 토지를 취득한 경위, 목적과 함께, 그 토지가 일반 공중의 이용에 제공되어 사용·수익에 제한이 있다는 사정이 이용현황과 지목 등을 통하여 외관에 어느 정도로 표시되어 있었는지, 해당 토지의 취득가액에 사용·수익권 행사의 제한으로 인한 재산적 가치 하락이 반영되어 있었는지, 원소유자가 그 토지를 일반 공중의 이용에 무상 제공한 것이 해당 토지를 이용하는 사람들과의 특별한 인적 관계 또는 그 토지 사용 등을 위한 관련 법령상의 허가·등록 등과 관계가 있었다고 한다면, 그와 같은 관련성이 특정승계인에게 어떠한 영향을 미치는지 등의 여러 사정을 종합적으로 고려하여 판단하여야 한다(대판 2021.01.14. 2020다246630).

II. 소유권의 내용과 제한

1. 소유권제한의 근거와 한계

2. 토지소유권의 범위

제212조(토지소유권의 범위) 토지의 소유권은 정당한 이익 있는 범위 내에서 토지의 상하에 미친다.

3. 건물의 구분소유

제215조(건물의 구분소유) ① 수인이 한 채의 건물을 구분하여 각각 그 일부분을 소유한 때에는 건물과 그 부속물중 공용하는 부분은 그의 공유로 추정한다.
② 공용부분의 보존에 관한 비용 기타의 부담은 각자의 소유부분의 가액에 비례하여 분담한다.

III. 소유권의 효과

1. 소유물반환청구권

제213조(소유물반환청구권) 소유자는 그 소유에 속한 물건을 점유한 자에 대하여 반환을 청구할 수 있다. 그러나 점유자가 그 물건을 점유할 권리가 있는 때에는 반환을 거부할 수 있다.

(1) 요 건

1) 소유자

반환청구권자는 소유자이다. 따라서 소유권을 상실한 전 소유자(대판(全合) 1969.05.27. 68다725), 등기를 갖추지 않은 부동산 매수인, 명의신탁자(대판(全合) 1979.09.25. 77다1079) 등은 소유자가 아니므로 소유물반환청구권을 행사할 수 없다. 소유물반환청구소송에 있어서 소유권존부의 판단시점은 사실심 변론종결 시이다.

2) 점유자

청구의 상대방은 점유자[1]이다. 현재의 점유자이어야 하며, 점유침탈자라도 현재 그 물건에 대한 점유를 상실한 때에는 청구의 상대방이 되지 않는다(대판 1999.07.09. 98다9045). 또한 점유보조자도 반환청구의 상대방으로 되지 않는다. 그러나 점유주에 대하여 얻은 승소판결에 기하여 점유보조자에게 반환명령을 집행할 수는 있다. 간접점유자에 대하여도 소유물반환청구가 인정되는지가 문제된다. 判例는 불법점유를 이유로 한 소유물반환청구의 경우에는 불법점유자를 상대로 하여야 한다고 하면서도, 계약의 종료를 이유로 한 반환청구의 경우에는 간접점유자에 대한 청구를 긍정 한다[2](대판 1995.06.30. 95다12927).

---

1) 사회통념상 건물은 그 부지를 떠나서는 존재할 수 없는 것이므로 건물의 부지가 된 토지는 그 건물의 소유자가 점유하는 것으로 볼 것이고, 이 경우 건물의 소유자가 현실적으로 건물이나 그 부지를 점거하고 있지 아니하고 있더라도 그 건물의 소유를 위하여 그 부지를 점유한다고 보아야 한다. 미등기건물을 양수하여 건물에 관한 사실상의 처분권을 보유하게 됨으로써 그 양수인이 건물부지 역시 아울러 점유하고 있다고 볼 수 있는 등의 다른 특별한 사정이 없는 한 건물의 소유명의자가 아닌 자로서는 실제로 그 건물을 점유하고 있다고 하더라도 그 건물의 부지를 점유하는 자로는 볼 수 없다(대판 2003.11.13. 2002다57935).
2) 임차인 甲이 임차보증금의 반환을 요구하며 임차물을 유치하던 중 임차물 관리인 乙이 그 점유를 침탈하여 점유·사용하다가 임대인으로부터 이를 다시 임차한 丙에게 이전한 경우, 乙은 이미 점유를 상실하였고 또 丙을 통하여 간접점유하고 있다고도 할 수 없어 甲의 乙에 대한 명도청구는 배척될 수밖에 없고, 乙이 甲의 점유를 침탈한 당사자라거나 丙이 소송을 인수한 후에

3) 점유할 권리의 부존재

점유자가 그 물건을 점유할 권리를 가진 때에는 반환을 거부할 수 있다. 여기서 점유할 권리라 함은 물권(지상권·전세권·질권·유치권 등), 채권 또는 동시이행의 항변권 등을 말한다. 특히 判例는 "소유자는 그 소유에 속한 물건을 점유한 자에 대하여 반환을 청구할 수 있다. 그러나 점유자가 그 물건을 점유할 권리가 있는 때에는 반환을 거부할 수 있다(민법 제213조). 여기서 반환을 거부할 수 있는 점유할 권리에는 유치권도 포함되고, 유치권자로부터 유치물을 유치하기 위한 방법으로 유치물의 점유 내지 보관을 위탁받은 자는 특별한 사정이 없는 한 점유할 권리가 있음을 들어 소유자의 소유물반환청구를 거부할 수 있다(대판 2014.12.24. 2011다62618)."고 한다.

4) 상대방의 귀책사유

상대방에게 점유취득에 대한 고의·과실 등의 귀책사유는 요구되지 않는다. 즉, 점유취득이 타인의 행위에 의한 것이든 또는 자연력에 의한 것이든 상관없다.

(2) 효과

소유물반환청구권의 내용은 소유물의 반환, 즉 점유의 이전을 하는 것이다.

2. 소유물방해제거, 방해예방청구권

> 제214조(소유물방해제거, 방해예방청구권) 소유자는 소유권을 방해하는 자에 대하여 방해의 제거를 청구할 수 있고 소유권을 방해할 염려 있는 행위를 하는 자에 대하여 그 예방이나 손해배상의 담보를 청구할 수 있다.

(1) 소유물방해제거청구권

1) 의 의

소유자는 소유물을 방해하는 자에 대하여 방해의 제거를 청구할 수 있는 소유물방해제거청구권을 갖는다. 이 청구권은 소유권과 그 외의 물권뿐만 아니라 인격권이나 영업권에도 인정된다. 방해제거의 실질을 가지고 있지만 민법의 다른 규정이나 특별법이 있는 경우에는 그 특별규정이 우선적으로 적용된다고 보아야 한다. 예를 들어, 상린관계에 대한 규정들, 건축관계법규, 환경관계법규 등이 있다.

2) 요 건

① 소유물방해제거청구권의 주체는 소유자[3]이며, 그 소유권 내용의 실현이 점유의 상실 이외의 방법으로 방해받고 있는 경우에 인정된다. 상대방은 현재 방해하는 사정을 지배하는 지위에 있는 자[4]이다. 따라서 방해를 발생케 한 자가 언제나 상대방이 되는 것은 아니다. 즉, 과거에 방해를 발생케 하였으나 현재 그 방해상태를 지배하고 있지 않은 자는 청구권의 상대방이 되지 않는다. 그리고 등기부상 진실한 소유자의 소유권에 방해가 되는 불실등기가 존재하는 경우에 그 등기명의인이 허무인 또는 실체가 없는 단체인 때에는 소유자는 그와 같은 허무인 또는 실체가 없는 단체 명의로 실제 등기행위를 한 자에 대하여 소유권에 기한 방해배제로서 등기행위자를 표상하는 허무인 또는 실체가 없는 단체 명의 등기의 말소를 구할 수 있다. 등

도 탈퇴하지 않고 있다고 하여 달리 볼 것은 아니다(대판 1995.06.30. 95다12927).
[3] 判例는 "소유권을 양도함에 있어 소유권에 의하여 발생되는 물상청구권을 소유권과 분리, 소유권없는 전소유자에게 유보하여 제3자에게 대하여 이를 행사케 한다는 것은 소유권의 절대적 권리인 점에 비추어 허용될 수 없는 것이라 할 것으로서, 이는 양도인인 전소유자가 그 목적물을 양수인에게 인도할 의무 있고 그 의무이행이 매매대금 잔액의 지급과 동시이행관계에 있다거나 그 소유권의 양도가 소송계속 중에 있었다 하여 다를 리 없고 일단 소유권을 상실한 전소유자는 제3자인 불법점유자에 대하여 물권적청구권에 의한 방해배제를 청구할 수 없다(대판(순) 1969.05.27. 68다725)."고 한다.
[4] 判例는 "타인의 토지 위에 건립된 건물이 미등기이고 그 건물로 인하여 그 토지의 소유권이 침해되는 경우 그 건물을 철거할 의무는 그 건물을 법률상, 사실상 처분할 수 있는 지위에 있는 사람이다(대판 1991.06.11. 91다11278)."고 한다.

기명의인의 표시변경(경정)의 등기는 등기명의인의 동일성이 유지되는 범위 내에서 등기부상의 표시를 실제와 합치시키기 위하여 행하여지는 것에 불과할 뿐 어떠한 권리변동을 가져오는 것이 아니므로 등기가 잘못된 경우에도 등기명의인은 다시 소정의 서면을 갖추어 경정등기를 하면 되는 것이고 따라서 거기에는 등기의무자의 관념이 있을 수 없다5)(대판 2019.05.30. 2015다47105).

② 방해는 현재에도 지속되고 있는 침해를 의미하며 점유침탈 이외의 방법으로 소유권을 방해하고 있어야 한다. 따라서 과거에 법익 침해가 일어났고 현재 이미 종결된 경우에 해당하는 손해6)와는 다르다. 判例도 "소유권에 기한 방해배제청구권에 있어서 '방해'라 함은 현재에도 지속되고 있는 침해를 의미하고, 법익침해가 과거에 일어나서 이미 종결된 경우에 해당하는 '손해'의 개념과는 다르다 할 것이어서, 소유권에 기한 방해배제청구권은 방해결과의 제거를 내용으로 하는 것이 되어서는 아니 되며(이는 손해배상의 영역에 해당한다 할 것이다) 현재 계속되고 있는 방해의 원인을 제거하는 것을 내용으로 한다. 따라서 쓰레기 매립으로 조성한 토지에 소유권자가 매립에 동의하지 않은 쓰레기가 매립되어 있다 하더라도 이는 과거의 위법한 매립공사로 인하여 생긴 결과로서 소유권자가 입은 손해에 해당한다 할 것일 뿐, 그 쓰레기가 현재 소유권에 대하여 별도의 침해를 지속하고 있다고 볼 수 없다는 이유로 소유권에 기한 방해배제청구권을 행사할 수 없다7)(대판 2003.03.28. 2003다5917)."고 한다.

③ 상린관계나 그 밖의 특별법에 의하여 타인의 방해를 인용해야 할 경우에는 방해배제청구권이 인정되지 않는다. 방해원인제공자의 귀책사유가 없는 순수한 자연력에 귀착될 수 있는 침해라 하더라도 방해제거청구권은 성립한다고 보아야 한다. 방해를 일으키는 데 대한 고의·과실을 요건으로 하지 않는다는 점에서

---

5) ☞ 채무자 소유의 부동산에 관하여 甲이 개인사찰 명의로 소유권이전등기를 마쳤고, 그 소유권이전등기에 관하여 개인사찰의 대표자를 채무자, 乙 명의로 순차 변경하는 표시변경의 부기등기가 마쳐진 경우에, 원고가 채권자대위권에 기하여 채무자를 대위하여 乙을 상대로 개인사찰 명의의 소유권이전등기의 말소등기를 청구한 사안에서, 위 소유권이전등기의 말소청구는 甲을 상대로 하여야 하고, 乙 명의의 등기명의인 표시변경의 부기등기는 등기명의인의 동일성이 유지되는 경우 경정등기의 대상일 뿐이므로, 乙은 위 소유권이전등기 말소청구의 등기의무자가 아니어서 乙을 상대로 제기한 이 사건 소는 부적법하다고 판단한 원심을 수긍하여 상고를 기각한 사안임
6) 대판(순합) 2016.05.19. 2009다66549 : 헌법 제35조 제1항, 구 환경정책기본법(2011. 7. 21. 법률 제10893호로 전부 개정되기 전의 것), 구 토양환경보전법(2011. 4. 5. 법률 제10551호로 개정되기 전의 것, 이하 같다) 및 구 폐기물관리법(2007. 1. 19. 법률 제8260호로 개정되기 전의 것)의 취지와 아울러 토양오염원인자의 피해배상의무 및 오염토양 정화의무, 폐기물 처리의무 등에 관한 관련 규정들과 법리에 비추어 보면, 토지의 소유자라 하더라도 토양오염물질을 토양에 누출·유출하거나 투기·방치함으로써 토양오염을 유발하였음에도 오염토양을 정화하지 않은 상태에서 오염토양이 포함된 토지를 거래에 제공함으로써 유통되게 하거나, 토지에 폐기물을 불법으로 매립하였음에도 처리하지 않은 상태에서 토지를 거래에 제공하는 등으로 유통되게 하였다면, 다른 특별한 사정이 없는 한 이는 거래의 상대방 및 토지를 전전 취득한 현재의 토지 소유자에 대한 위법행위로서 불법행위가 성립할 수 있다. 그리고 토지를 매수한 현재의 토지 소유자가 오염토양 또는 폐기물이 매립되어 있는 지하까지 토지를 개발·사용하게 된 경우 등과 같이 자신의 토지소유권을 완전하게 행사하기 위하여 오염토양 정화비용이나 폐기물 처리비용을 지출하였거나 지출해야만 하는 상황에 이르렀다거나 구 토양환경보전법에 의하여 관할 행정관청으로부터 조치명령 등을 받음에 따라 마찬가지의 상황에 이르렀다면 위법행위로 인하여 오염토양 정화비용 또는 폐기물 처리비용의 지출이라는 손해의 결과가 현실적으로 발생하였으므로, 토양오염을 유발하거나 폐기물을 매립한 종전 토지 소유자는 오염토양 정화비용 또는 폐기물 처리비용 상당의 손해에 대하여 불법행위자로서 손해배상책임을 진다. 이와 달리, 자신의 소유 토지에 폐기물 등을 불법으로 매립하였다고 하더라도 그 후 그 토지를 매수하여 소유권을 취득한 자에 대하여 불법행위가 성립하지 않는다는 취지의 대판 2002.01.11. 99다16460은 이 판결의 견해에 배치되는 범위 내에서 이를 변경하기로 한다.
7) 甲 지방자치단체가 30여 년 전 쓰레기매립지에 쓰레기를 매립하는 과정에서 매립지와 경계를 같이하는 인접 토지에 상당한 양의 쓰레기가 매립되었고, 그 후 인접 토지의 소유권을 취득한 乙이 토지를 굴착한 결과 지하 1.5~4m 지점 사이에 비닐, 목재, 폐의류, 오니류, 건축폐기물 등 각종 생활쓰레기가 뒤섞여 혼합된 상태로 매립되어 있었고 주변 토양은 검게 오염되어 있었으며, 이에 乙이 甲 지방자치단체를 상대로 매립물 제거 등을 구한 사안에서, 위 토지 지하에 매립된 생활쓰레기는 매립된 후 30년 이상 경과하였고, 그 사이 오니류와 각종 생활쓰레기가 주변 토양과 뒤섞여 토양을 오염시키고 토양과 사실상 분리하기 어려울 정도로 혼재되어 있다고 봄이 타당하며, 이러한 상태는 과거 甲 지방자치단체의 위법한 쓰레기매립행위로 인하여 생긴 결과로서 토지 소유자인 乙이 입은 손해에 불과할 뿐 생활쓰레기가 현재 乙의 소유권에 대하여 별도의 침해를 지속하고 있는 것이라고 볼 수 없으므로, 乙의 방해배제청구는 인용될 수 없는데도, 甲 지방자치단체가 토지 지하에 매립한 생활쓰레기가 현재도 계속 존재하는 이상 乙의 방해배제청구권이 인정된다고 본 원심판단에 법리오해의 잘못이 있다(대판 2019.07.10. 2016다205540).

소유물반환청구권과 같다.

3) 효 과

① 방해의 제거를 청구하는 것이다. 방해제거라 함은 방해결과의 제거가 아니라 현재 계속되고 있는 방해의 원인을 제거하는 것이다. 장래에 방해 행위를 하지 아니할 것도 아울러 청구할 수 있다. 이와 관련하여 判例는 "건물의 소유자가 그 건물의 소유를 통하여 타인 소유의 토지를 점유하고 있다고 하더라도 그 토지 소유자로서는 그 건물의 철거와 그 대지 부분의 인도를 청구할 수 있을 뿐, 자기 소유의 건물을 점유하고 있는 자에 대하여 그 건물에서 퇴거할 것을 청구할 수는 없다(대판 1999.07.09. 98다57457·57464)."고 한다.

② 判例는 소위 부산대학교 사안에서 "인접 대지 위에 건축 중인 아파트가 24층까지 완공되는 경우, 대학교 구내의 첨단과학관에서의 교육 및 연구 활동에 커다란 지장이 초래되고 첨단과학관 옥상에 설치된 자동 기상관측장비 등의 본래의 기능 및 활용성이 극도로 저하되며 대학교로서의 경관·조망이 훼손되고 조용하고 쾌적한 교육환경이 저해되며 소음의 증가 등으로 교육 및 연구 활동이 방해받게 된다면, 그 부지 및 건물을 교육 및 연구시설로서 활용하는 것을 방해받게 되는 대학교 측으로서는 그 방해가 사회통념상 일반적으로 수인할 정도를 넘어선다고 인정되는 한 그것이 민법 제217조 제1항 소정의 매연, 열기체, 액체, 음향, 진동 기타 이에 유사한 것에 해당하는지 여부를 떠나 그 소유권에 기하여 그 방해의 제거나 예방을 청구할 수 있고, 이 경우 그 침해가 사회통념상 일반적으로 수인할 정도를 넘어서는지 여부는 피해의 성질 및 정도, 피해이익의 공공성과 사회적 가치, 가해행위의 태양, 가해행위의 공공성과 사회적 가치, 방지조치 또는 손해회피의 가능성, 공법적 규제 및 인·허가 관계, 지역성, 토지이용의 선후 관계 등 모든 사정을 종합적으로 고려하여 판단하여야 한다[8](대판 1995.09.15. 95다23378)."고 하였다.

(2) 소유물방해예방청구권

1) 요 건

청구권의 주체는 방해받을 염려가 있는 소유물의 소유자이며, 청구권의 상대방은 장차 소유권을 방해하는 행위를 할 염려가 있는 자이다. 그리고 그 상대방에게 소유권을 방해할 염려가 있어야 한다.

2) 효 과

방해의 예방청구라 함은 방해의 원인을 제거하여 방해를 미연에 방지할 수 있는 모든 적절한 조치를 청구하는 것을 말한다. 예방청구는 주로 상대방의 부작위를 청구하는 경우가 많지만, 적절한 작위를 청구하는 경우도 있다. 손해배상의 담보청구는 장래 손해가 발생할 경우에 대비하여 예정배상금을 미리 제공하도록 하는 것이다. 소유자는 방해의 예방청구나 손해배상의 담보청구 중 하나만을 선택하여 청구할 수 있다.

> *** 건물철거 및 퇴거청구**
>
> 건물이 그 존립을 위한 토지사용권을 갖추지 못하여 토지소유자가 건물소유자에 대하여 당해 건물의 철거 및 그 대지의 인도를 청구할 수 있는 상황에서 건물소유자가 아닌 사람이 건물을 점유하고 있는 경우, 토지소유자가 건물 점유자에 대하여 퇴거청구를 할 수 있는지 여부(적극) 및 그 건물점유자가 대항력 있는 임차인인 경우 위 퇴거청구에 대항할 수 있는지 여부(소극)
>
> 건물이 그 존립을 위한 토지사용권을 갖추지 못하여 토지의 소유자가 건물의 소유자에 대하여 당해 건물의 철거 및 그 대지의 인도를 청구할 수 있는 경우에라도 건물소유자가 아닌 사람이 건물을 점유하고 있다면 토지소유자는 그 건물 점유를 제거하지 아니하는 한 위의 건물 철거 등을 실행할 수 없다. 따라서 <u>그때 토지소유권은 위와 같은 점유에 의하여 그 원만한 실현을 방해당하고 있다고 할 것이므로, 토지소유자는 자신의 소유권에 기한 방해배제로서</u>

---

[8] 특히 이 判例는 "환경권에 관한 헌법 제35조의 규정이 개개의 국민에게 직접으로 구체적인 사법상의 권리를 부여한 것이라고 보기는 어렵고, 사법상의 권리로서의 환경권이 인정되려면 그에 관한 명문의 법률규정이 있거나 관계법령의 규정취지 및 조리에 비추어 권리의 주체, 대상, 내용, 행사방법 등이 구체적으로 정립될 수 있어야 한다."고 했다.

건물점유자에 대하여 건물로부터의 퇴출을 청구할 수 있다. 그리고 이는 건물점유자가 건물소유자로부터의 임차인으로서 그 건물임차권이 이른바 대항력을 가진다고 해서 달라지지 아니한다. 건물임차권의 대항력은 기본적으로 건물에 관한 것이고 토지를 목적으로 하는 것이 아니므로 이로써 토지소유권을 제약할 수 없고, 토지에 있는 건물에 대하여 대항력 있는 임차권이 존재한다고 하여도 이를 토지소유자에 대하여 대항할 수 있는 토지사용권이라고 할 수는 없다. 바꾸어 말하면, 건물에 관한 임차권이 대항력을 갖춘 후에 그 대지의 소유권을 취득한 사람은 민법 제622조 제1항이나 주택임대차보호법 제3조 제1항 등에서 그 임차권의 대항을 받는 것으로 정하여진 '제3자'에 해당한다고 할 수 없다(대판 2010.08.19. 2010다43801).

Ⅳ. 상린관계

1. 인지사용청구권

제216조(인지사용청구권) ① 토지소유자는 경계나 그 근방에서 담 또는 건물을 축조하거나 수선하기 위하여 필요한 범위내에서 이웃토지의 사용을 청구할 수 있다. 그러나 이웃사람의 승낙이 없으면 그 주거에 들어가지 못한다.
② 전항의 경우에 이웃사람이 손해를 받은 때에는 보상을 청구할 수 있다.

2. 생활방해금지

제217조(매연 등에 의한 인지에 대한 방해금지) ① 토지소유자는 매연, 열기체, 액체, 음향, 진동 기타 이에 유사한 것으로 이웃토지의 사용을 방해하거나 이웃거주자의 생활에 고통을 주지 아니하도록 적당한 조처를 할 의무가 있다.
② 이웃거주자는 전항의 사태가 이웃 토지의 통상의 용도에 적당한 것인 때에는 이를 인용할 의무가 있다.

3. 수도 등 시설권

제218조(수도 등 시설권) ① 토지소유자는 타인의 토지를 통과하지 아니하면 필요한 수도, 소수관, 까스관, 전선 등을 시설할 수 없거나 과다한 비용을 요하는 경우에는 타인의 토지를 통과하여 이를 시설할 수 있다. 그러나 이로 인한 손해가 가장 적은 장소와 방법을 선택하여 이를 시설할 것이며 타토지의 소유자의 청구에 의하여 손해를 보상하여야 한다.
② 전항에 의한 시설을 한 후 사정의 변경이 있는 때에는 타토지의 소유자는 그 시설의 변경을 청구할 수 있다. 시설변경의 비용은 토지소유자가 부담한다.

민법 제218조 제1항 본문은 "토지 소유자는 타인의 토지를 통과하지 아니하면 필요한 수도, 소수(소수)관, 까스관, 전선 등을 시설할 수 없거나 과다한 비용을 요하는 경우에는 타인의 토지를 통과하여 이를 시설할 수 있다."라고 규정하고 있는데, 이와 같은 수도 등 시설권은 법정의 요건을 갖추면 당연히 인정되는 것이고, 시설권에 근거하여 수도 등 시설공사를 시행하기 위해 따로 수도 등이 통과하는 토지 소유자의 동의나 승낙을 받아야 하는 것이 아니다. 따라서 토지 소유자의 동의나 승낙은 민법 제218조에 기초한 수도 등 시설권의 성립이나 효력 등에 어떠한 영향을 미치는 법률행위나 준법률행위라고 볼 수 없다(대판 2016.12.15. 2015다247325).

4. 주위토지통행권

제219조(주위토지통행권) ① 어느 토지와 공로사이에 그 토지의 용도에 필요한 통로가 없는경우에 그 토지소유자는 주위의 토지를 통행 또는 통로로 하지 아니하면 공로에 출입할 수 없거나 과다한 비용을 요하는 때에는 그 주위의 토지를 통행할 수 있고 필요한 경우에는 통로를 개설할 수 있다. 그러나 이로 인한 손해가 가장 적은 장소와 방법을 선택하여야 한다. ② 전항의 통행권자는 통행지 소유자의 손해를 보상하여야 한다.

(1) 의의

어느 토지와 공로와의 사이에 그 토지의 용도에 필요한 통로가 없는 경우, 그 토지소유자는 주위의 토지를 통행 또는 통로로 하지 아니하면 공로에 출입할 수 없거나 과다한 비용을 요하는 때에는 그 주위의 토지를 통행할 수 있고, 필요한 경우에는 통로를 개설할 수도 있다.

(2) 주위토지통행권의 범위

주위토지통행권의 정도와 범위는 사회통념에 비추어 쌍방토지의 지형과 위치 및 이용관계, 부근의 지리상황, 상린지 이용자의 이해득실 기타 제반사정을 참작한 뒤 구체적 사례에 응하여 판단해야 한다. 따라서 건축법에 건축과 관련하여 도로에 관한 폭 등의 제한규정이 있다 하더라도 이는 건물 신축이나 증 개축 허가시 그와 같은 범위의 도로가 필요하다는 행정법규에 불과할 뿐 위 규정만으로 당연히 포위된 토지 소유자에게 그 반사적 이익으로서 건축법에서 정하는 도로의 폭이나 면적 등과 일치하는 주위토지통행권이 바로 생긴다고 할 수 없다(대판 1994.02.25. 93누20498). 주위토지통행권은 통행을 위한 지역권과는 달리 통행로가 항상 특정한 장소로 고정되어 있는 것은 아니고, 주위토지의 현황이나 사용방법이 달라졌을 때에는 주위토지통행권자는 주위토지소유자를 위하여 보다 손해가 적은 다른 장소로 옮겨 통행할 수밖에 없는 경우도 있으므로, 일단 확정판결이나 화해조서 등에 의하여 특정의 구체적 구역이 위 요건에 맞는 통행로로 인정되었더라도 그 이후 그 전제가 되는 포위된 토지나 주위토지 등의 현황이나 구체적 이용상황에 변동이 생긴 경우에는 민법 제219조의 입법취지나 신의성실의 원칙 등에 비추어 구체적 상황에 맞게 통행로를 변경할 수 있는 것이고, 그 과정에서 포위된 토지와 주위토지의 각 소유자간에 원만한 합의가 이루어지지 아니하는 경우 일방이 상대방에 대하여 기존의 확정판결이나 화해조서 등이 인정한 통행장소와 다른 곳을 통행로로 삼아 주위토지통행권의 확인이나 통행방해의 배제·예방 또는 통행금지 등을 소로써 구하더라도 그 청구가 위 확정판결이나 화해조서 등의 기판력에 저촉된다고 볼 수 없다(대판 2004.05.13. 2004다10268). 주위토지통행권이 있음을 주장하여 확인을 구하는 특정의 통로 부분이 민법 제219조에 정한 요건을 충족하지 못할 경우에는 다른 토지 부분에 주위토지통행권이 인정된다고 할지라도 원칙적으로 청구를 기각할 수밖에 없다. 다만 이와 달리 통행권의 확인을 구하는 특정의 통로 부분 중 일부분이 민법 제219조에 정한 요건을 충족하거나 특정의 통로 부분에 대하여 일정한 시기나 횟수를 제한하여 주위토지통행권을 인정하는 것이 가능한 경우라면, 그와 같이 한정된 범위에서만 통행권의 확인을 구할 의사는 없음이 명백한 경우가 아닌 한 청구를 전부 기각할 것이 아니라, 그렇게 제한된 범위에서 청구를 인용함이 타당하다(대판 2017.01.12. 2016다39422).

(3) 손해의 보상

1) 통행 또는 통로개설로 인하여 통행지소유자에게 손해가 발생한 때에는 통행권자는 그 손해를 보상하여야 한다. 손해보상은 일시금으로 하든 정기금으로 하든 상관없다. 이 보상의무는 주위의 토지를 통행하는 것과 필연적 관계가 있으므로 통로가 없는 토지가 양도되면 이 보상의무도 당연히 이전된다. 다만 민법 제219조는 어느 토지와 공로 사이에 그 토지의 용도에 필요한 통로가 없는 경우에 그 토지소유자에게 그 주위의 토지통행권을 인정하면서 그 통행권자로 하여금 통행지 소유자의 손해를 보상하도록 규정하고 있는 것이므로 통행권자의 허락을 얻어 사실상 통행하고 있는 자에게는 그 손해의 보상을 청구할 수 없다(대판 199

1.09.10. 91다19623).

  2) 보상의 지급은 법률상 통행권성립의 요건이 아니므로 통행권자가 손해를 보상하지 않더라도 통행권은 소멸되지 않고 채무불이행의 책임만이 발생할 뿐이다.

(4) 관련 判例

  1) 주위토지통행권은 어느 토지가 타인 소유의 토지에 둘러싸여 공로에 통할 수 없는 경우에 인정되는 것이므로, 필요한 통로가 있음에도 생활에 더 편리하다는 이유만으로 다른 통로를 이용하는 것은 인정되지 않는다(대판 1995.06.13. 95다1088).

  2) 그러나 이미 기존의 통로가 있더라도 그것이 너무 협소하거나 개조에 과다한 비용이 드는 등의 이유로 이용에 부적합하여 실제로 통로로서의 충분한 기능을 하지 못하고 있는 경우에는 인정 된다(대판 2003.08.19. 2002다53469).

  3) 공로가 새로이 개설되는 등의 이유로 통행권을 인정할 필요성이 없어진 때에는 그 통행권은 소멸 한다(대판 1998.03.10. 97다47118). 즉 주위토지통행권은 법정의 요건을 충족하면 당연히 성립하고 요건이 없어지게 되면 당연히 소멸한다. 따라서 포위된 토지가 사정변경에 의하여 공로에 접하게 되거나 포위된 토지의 소유자가 주위의 토지를 취득함으로써 주위토지통행권을 인정할 필요성이 없어지게 된 경우에는 통행권은 소멸한다. 주위토지통행권자가 통행지 소유자에게 보상해야 할 손해액은 주위토지통행권이 인정되는 당시의 현실적 이용 상태에 따른 통행지의 임료 상당액을 기준으로 하여, 구체적인 사안에서 사회통념에 따라 쌍방 토지의 토지소유권 취득 시기와 가격, 통행지에 부과되는 재산세, 본래 용도에의 사용 가능성, 통행지를 공동으로 이용하는 사람이 있는지를 비롯하여 통행 횟수·방법 등의 이용태양, 쌍방 토지의 지형적·위치적 형상과 이용관계, 부근의 환경, 상린지 이용자의 이해득실 기타 제반 사정을 고려하여 이를 감경할 수 있고, 단지 주위토지통행권이 인정되어 통행하고 있다는 사정만으로 통행지를 '도로'로 평가하여 산정한 임료 상당액이 통행지 소유자의 손해액이 된다고 볼 수 없다(대판 2014.12.24. 2013다11669).

  4) 주위토지통행권은 통행을 위한 지역권과는 달리 통행로가 항상 특정한 장소로 고정되어 있는 것이 아니다. 주위토지의 현황이나 사용방법이 달라졌을 때에는 민법 제219조의 입법 취지나 신의성실의 원칙 등에 비추어 주위 토지 소유자를 위하여 손해가 적은 다른 장소로 구체적 상황에 맞게 통행로를 변경할 수 있다(대판 2004.05.13. 2004다10268).

  5) 주위토지통행권자는 주위토지통행권이 인정되는 경우에도 그 통로개설이나 유지비용을 부담하여야 한다(대판 2006.10.26. 2005다30993).

(5) 분할, 일부양도의 경우

제220조(분할, 일부양도와 주위통행권) ① 분할로 인하여 공로에 통하지 못하는 토지가 있는 때에는 그 토지소유자는 공로에 출입하기 위하여 다른 분할자의 토지를 통행할 수 있다. 이 경우에는 보상의 의무가 없다. ② 전항의 규정은 토지소유자가 그 토지의 일부를 양도한 경우에 준용한다.

1) 내용

  토지의 분할 또는 일부양도로 공로에의 출입이 막힌 경우에는, 다른 분할자의 토지나 양도 당사자의 토지를 통행할 수 있으며, 이때에는 보상의무를 지지 않는다. 이러한 무상의 통행권이 인정되는 이유는 분할 또는 양도 당사자가 분할 또는 일부양도로 인하여 자기의 토지가 통행될 것임을 예견할 수 있었기 때문이다.

  2) 토지가 분할되어 동시에 모두 양도된 경우에도 그 양수인 사이에 무상통행권이 인정되는지 여부

  무상주위통행권에 관한 민법 제220조의 규정은 토지의 직접 분할자 또는 일부 양도의 당사자 사이에만 적용되고 포위된 토지 또는 피통행지의 특정승계인에게는 적용되지 않는바, 이러한 법리는 분할자 또는 일부 양도의 당사자가 무상주위통행권에 기하여 이미 통로를 개설해 놓은 다음 특정승계가 이루어진 경우라

하더라도 마찬가지라 할 것이다(대판 2002.05.31. 2002다9202).

3) 무상통행권의 부담이 해당 토지의 특정승계인에게도 승계되는지 여부

분할 또는 토지의 일부 양도로 인하여 공로에 통하지 못하는 토지가 생긴 경우에 그 포위된 토지를 위한 통행권은 분할 또는 일부 양도 전의 종전토지에만 있고, 그 경우 통행에 대한 보상의 의무가 없다고 하는 민법 제220조의 규정은 직접 분할자, 일부 양도의 당사자 사이에만 적용되고 포위된 토지 또는 피통행지의 특정승계인의 경우에는 주위토지통행권에 관한 민법 제219조의 일반원칙으로 돌아가 통행권의 유무를 가려야 한다(대판 1991.07.23. 90다12670·90다12678). 다만 토지의 원소유자가 토지를 분할·매각함에 있어서 토지의 일부를 분할된 다른 토지의 통행로로 제공하여 독점적·배타적인 사용수익권을 포기하고 그에 따라 다른 분할토지의 소유자들이 그 토지를 무상으로 통행하게 된 후에 그 통행로 부분에 사용수익의 제한이라는 부담이 있다는 사정을 알면서 그 토지의 소유권을 승계취득한 자는, 다른 특별한 사정이 없는 한 원칙적으로 그 토지에 대한 독점적·배타적 사용수익을 주장할 만한 정당한 이익을 갖지 않는다 할 것이어서 원소유자와 마찬가지로 분할토지의 소유자들의 무상통행을 수인하여야 할 의무를 진다(대판 1998.03.10. 97다47118).

4) 주위토지통행권의 범위

분할 또는 토지의 일부양도로 인하여 공로에 통하지 못하는 토지가 생긴 경우에, 그 포위된 토지를 위한 통행권은 분할 또는 일부양도 전의 종전 토지에만 있다(대판 1991.07.23. 90다12670·12678; 대판 1994.12.02. 93다45268 등).

5) 명의신탁자에 대한 주위토지통행권

민법 제219조에 정한 주위토지통행권은 인접한 토지의 상호이용의 조절에 기한 권리로서 토지의 소유자 또는 지상권자, 전세권자 등 토지사용권을 가진 자에게 인정되는 권리이다. 따라서 명의신탁자에게는 주위토지통행권이 인정되지 아니 한다(대판 2008.05.08. 2007다22767).

5. 여수소통권 및 여수급여청구권

> 제226조(여수소통권) ① 고지소유자는 침수지를 건조하기 위하여 또는 가용이나 농, 공업용의 여수를 소통하기 위하여 공로, 공류 또는 하수도에 달하기까지 저지에 물을 통과하게 할 수 있다.
> ② 전항의 경우에는 저지의 손해가 가장 적은 장소와 방법을 선택하여야 하며 손해를 보상하여야 한다.

> 제228조(여수급여청구권) 토지소유자는 과다한 비용이나 노력을 요하지 아니하고는 가용이나 토지이용에 필요한 물을 얻기 곤란한 때에는 이웃토지소유자에게 보상하고 여수의 급여를 청구할 수 있다.

6. 유수용공작물의 사용권

> 제227조(유수용공작물의 사용권) ① 토지소유자는 그 소유지의 물을 소통하기 위하여 이웃토지소유자의 시설한 공작물을 사용할 수 있다. ② 전항의 공작물을 사용하는 자는 그 이익을 받는 비율로 공작물의 설치와 보존의 비용을 분담하여야 한다.

민법 제226조는 고지소유자에게 여수소통을 위하여 공로, 공류 또는 하수도에 달하기까지의 저지에 물을 소통할 권리를 인정하면서 동시에 고지소유자에게 그에 따른 저지소유자의 손해를 보상할 의무가 있음을 정하고 있는 규정이므로, 그 규정이 적용되기 위하여는 고지소유자가 여수소통을 위하여 저지소유자의 토지를 통과하여 사용할 것이 요구된다. 민법 제227조는 토지소유자가 소유지 상의 물을 소통하기 위하여 이웃 토지소유자 시설의 공작물을 사용할 수 있고 그 경우 토지소유자는 이웃 토지소유자에 대하여 그 이익

을 받는 비율로 공작물의 설치보존 비용을 분담하여야 한다고 규정하고 있는바, 여기서 말하는 공작물의 시설자는 이웃 토지소유자로 한정되지는 않으나 단순히 공작물을 시설한 것만으로는 부족하고 이에 대한 정당한 권리를 갖는 자를 의미 한다(대판 2003.04.11. 2000다11645).

7. 기타 상린관계 규정

제221조(자연유수의 승수의무와 권리) ① 토지소유자는 이웃토지로부터 자연히 흘러오는 물을 막지 못한다. ② 고지소유자는 이웃저지에 자연히 흘러 내리는 이웃저지에서 필요한 물을 자기의 정당한 사용범위를 넘어서 이를 막지 못한다.

제222조(소통공사권) 흐르는 물이 저지에서 폐색된 때에는 고지소유자는 자비로 소통에 필요한 공사를 할 수 있다.

제223조(저수, 배수, 인수를 위한 공작물에 대한 공사청구권) 토지소유자가 저수, 배수 또는 인수 하기 위하여 공작물을 설치한 경우에 공작물의 파손 또는 폐색으로 타인의 토지에 손해를 가하거나 가할 염려가 있는 때에는 타인은 그 공작물의 보수, 폐색의 소통 또는 예방에 필요한 청구를 할 수 있다.

제224조(관습에 의한 비용부담) 전2조의 경우에 비용부담에 관한 관습이 있으면 그 관습에 의한다.

제225조(처마물에 대한 시설의무) 토지소유자는 처마물이 이웃에 직접 낙하하지 아니하도록 적당한 시설을 하여야 한다.

제229조(수류의 변경) ① 구거(溝渠)[9] 기타 수류지의 소유자는 대안(對岸)[10]의 토지가 타인의 소유인 때에는 그 수로나 수류의 폭을 변경하지 못한다.
② 양안(兩岸)[11]의 토지가 수류지소유자의 소유인 때에는 소유자는 수로와 수류의 폭을 변경할 수 있다. 그러나 하류는 자연의 수로와 일치하도록 하여야 한다.
③ 전2항의 규정은 다른 관습이 있으면 그 관습에 의한다.

제230조(언[12]의 설치, 이용권) ① 수류지의 소유자가 언을 설치할 필요가 있는 때에는 그 언을 대안에 접촉하게 할 수 있다. 그러나 이로 인한 손해를 보상하여야 한다.
② 대안의 소유자는 수류지의 일부가 자기소유인 때에는 그 언을 사용할 수 있다. 그러나 그 이익을 받는 비율로 언의 설치, 보존의 비용을 분담하여야 한다.

제231조(공유하천용수권) ① 공유하천의 연안에서 농, 공업을 경영하는 자는 이에 이용하기 위하여 타인의 용수를 방해하지 아니하는 범위 내에서 필요한 인수를 할 수 있다.
② 전항의 인수를 하기 위하여 필요한 공작물을 설치할 수 있다.

---

[9] "도랑"을 말한다.
[10] "수류(水流)의 건너 편 언덕"을 말한다.
[11] "수류(水流)의 양쪽 언덕"을 말한다.
[12] "둑"을 말한다.

제232조(하류연안의 용수권보호) 전조의 인수나 공작물로 인하여 하류연안의 용수권을 방해하는 때에는 그 용수권자는 방해의 제거 및 손해의 배상을 청구할 수 있다.

제233조(용수권의 승계) 농, 공업의 경영에 이용하는 수로 기타 공작물의 소유자나 몽리(蒙利)[13]자의 특별승계인은 그 용수에 관한 전소유자나 몽리자의 권리의무를 승계한다.

제234조(용수권에 관한 다른 관습) 전3조의 규정은 다른 관습이 있으면 그 관습에 의한다.

제235조(공용수의 용수권) 상린자는 그 공용에 속하는 원천이나 수도를 각수요의 정도에 응하여 타인의 용수를 방해하지 아니하는 범위 내에서 각각 용수할 권리가 있다.

제236조(용수장해의 공사와 손해배상, 원상회복) ① 필요한 용도나 수익이 있는 원천이나 수도가 타인의 건축 기타 공사로 인하여 단수, 감수 기타 용도에 장해가 생긴 때에는 용수권자는 손해배상을 청구할 수 있다.
② 전항의 공사로 인하여 음료수 기타 생활상 필요한 용수에 장해가 있을 때에는 원상회복을 청구할 수 있다.

제237조[14](경계표, 담의 설치권) ① 인접하여 토지를 소유한 자는 공동비용으로 통상의 경계표나 담을 설치할 수 있다.
② 전항의 비용은 쌍방이 절반하여 부담한다. 그러나 측량비용은 토지의 면적에 비례하여 부담한다.
③ 전2항의 규정은 다른 관습이 있으면 그 관습에 의한다.

제238조(담의 특수시설권) 인지소유자는 자기의 비용으로 담의 재료를 통상보다 양호한 것으로 할 수 있으며 그 높이를 통상 보다 높게 할 수 있고 또는 방화벽 기타 특수시설을 할 수 있다.

제239조(경계표등의 공유추정) 경계에 설치된 경계표, 담, 구거 등은 상린자의 공유로 추정한다. 그러나 경계표, 담, 구거등이 상린자일방의 단독비용으로 설치되었거나 담이 건물의 일부인 경우에는 그러하지 아니하다.

---

13) 저수지나 보 따위의 수리 시설 등으로 물을 받는 것을 말한다.
14) 토지의 경계에 경계표나 담이 설치되어 있지 아니하다면 특별한 사정이 없는 한 어느 한쪽 토지의 소유자는 인접한 토지의 소유자에 대하여 공동비용으로 통상의 경계표나 담을 설치하는 데에 협력할 것을 요구할 수 있고, 인접 토지 소유자는 그에 협력할 의무가 있다고 보아야 하므로, 한쪽 토지 소유자의 요구에 대하여 인접 토지 소유자가 응하지 아니하는 경우에는 한쪽 토지 소유자는 민사소송으로 인접 토지 소유자에 대하여 그 협력 의무의 이행을 구할 수 있다. 법원은 당해 토지들의 이용 상황, 그 소재 지역의 일반적인 관행, 설치비용 등을 고려하여 새로 설치할 경계표나 담장의 위치(특별한 사정이 없는 한 원칙적으로 새로 설치할 경계표나 담장의 중심 또는 중심선이 양 토지의 경계선상에 위치하도록 해야 한다), 재질, 모양, 크기 등 필요한 사항을 심리하여 인접 토지 소유자에 대하여 협력 의무의 이행을 명할 수 있다. 한편 기존의 경계표나 담장에 대하여 어느 쪽 토지 소유자도 일방적으로 처분할 권한을 가지고 있지 아니하다면 한쪽 토지 소유자가 인접 토지 소유자의 동의 없이 임의로 기존의 경계표나 담장을 제거하는 것은 허용되지 않으므로 한쪽 토지 소유자의 의사만으로 새로운 경계표나 담장을 설치하도록 강제할 수는 없으나, 그와 달리 기존의 경계표나 담장에 대하여 한쪽 토지 소유자가 처분권한을 가지고 있으면서 기존의 경계표나 담장을 제거할 의사를 분명하게 나타내고 있는 경우라면 한쪽 토지 소유자는 인접 토지 소유자에 대하여 새로운 경계표나 담장의 설치에 협력할 것을 소구할 수 있다. 담장의 처분권한이 없는 토지 소유자가 그 처분권한이 있는 인접 토지 소유자를 상대로 기존 담장의 철거를 명하는 판결을 받아 그 담장이 적법하게 철거되어야 하는 경우에도 인접 토지 사이에 경계를 표시할 통상의 담장이 설치되지 않은 상태와 마찬가지로 볼 수 있으므로, 이와 같은 법리가 그대로 적용된다(대판 2023.04.13. 2021다271725).

제240조(수지, 목근의 제거권) ① 인접지의 수목가지가 경계를 넘은 때에는 그 소유자에 대하여 가지의 제거를 청구할 수 있다.
② 전항의 청구에 응하지 아니한 때에는 청구자가 그 가지를 제거할 수 있다.
③ 인접지의 수목 뿌리가 경계를 넘은 때에는 임의로 제거할 수 있다.

제241조(토지의 심굴금지) 토지소유자는 인접지의 지반이 붕괴할 정도로 자기의 토지를 심굴하지 못한다. 그러나 충분한 방어공사를 한 때에는 그러하지 아니하다.

제242조(경계선부근의 건축) ① 건물을 축조함에는 특별한 관습이 없으면 경계로부터 반미터이상의 거리를 두어야 한다.
② 인접지소유자는 전항의 규정에 위반한 자에 대하여 건물의 변경이나 철거를 청구할 수 있다. 그러나 건축에 착수한 후 1년을 경과하거나 건물이 완성된 후에는 손해배상만을 청구할 수 있다.

제243조(차면시설의무) 경계로부터 2미터이내의 거리에서 이웃 주택의 내부를 관망할 수 있는 창이나 마루를 설치하는 경우에는 적당한 차면시설을 하여야 한다.

제244조(지하시설 등에 대한 제한) ① 우물을 파거나 용수, 하수 또는 오물 등을 저치할 지하시설을 하는 때에는 경계로부터 2미터이상의 거리를 두어야 하며 저수지, 구거 또는 지하실공사에는 경계로부터 그 깊이의 반이상의 거리를 두어야 한다.
② 전항의 공사를 함에는 토사가 붕괴하거나 하수 또는 오액이 이웃에 흐르지 아니하도록 적당한 조처를 하여야 한다.

V. 건물의 구분소유

1. 민법 규정

제215조(건물의 구분소유) ① 수인이 한 채의 건물을 구분하여 각각 그 일부분을 소유한 때에는 건물과 그 부속물중 공용하는 부분은 그의 공유로 추정한다. ② 공용부분의 보존에 관한 비용 기타의 부담은 각자의 소유부분의 가액에 비례하여 분담한다.

(1) 규정 취지

건물의 일부가 경제적으로 독립한 건물과 동일한 효용을 가지고 있고 사회통념상 독립한 건물로 다루어지는 경우에, 그러한 건물의 일부에 대하여 독립한 소유권을 인정하는 것을 구분소유권이라고 한다.

(2) 문제점

건물의 구분소유에 관한 민법 제215조는 종래의 평층연결식 건물과 같이 규모가 작은 건물을 세로로 구분하는 경우를 염두에 두고 규정한 것에 지나지 않기 때문에, 1970년대 말 이후 아파트·연립주택과 같은 공동주택의 보편화에 따라 발생되는 문제를 규율하는 데는 적합하지 않은 것으로 판단되었다. 이와 같은 문제점을 해결하기 위하여 1984년 4월 10일에 집합건물의 소유 및 관리에 관한 법률이 제정되었다.

2. 집합건물의 소유 및 관리에 관한 법률

(1) 구 성

동법은 집합건물이 전유부분·공용부분·대지로 구성되어 있음을 전제로 하여, 전유부분에 대해서는 단독소유권을 인정하고, 공용부분과 대지에 대해서는 전유부분에 따른 공유지분을 인정한다.

(2) 구분소유권

구분소유권이라 함은 1동의 건물 중 구조상의 독립성 및 이용 상의 독립성을 가진 전유부분을 목적으로 하는 소유권을 말한다(동법 제2조 1호). 1동의 건물 중 구분된 각 부분이 구조상, 이용상 독립성을 가지고 있는 경우에 그 각 부분을 1개의 구분건물로 하는 것도 가능하고, 그 1동 전체를 1개의 건물로 하는 것도 가능하기 때문에, 이를 구분건물로 할 것인지 여부는 특별한 사정이 없는 한 소유자의 의사에 의하여 결정된다고 할 것이므로, 구분건물이 되기 위하여는 객관적, 물리적인 측면에서 구분건물이 구조상, 이용 상의 독립성을 갖추어야 하고, 그 건물을 구분소유권의 객체로 하려는 의사표시 즉 구분행위가 있어야 하는 것이다[15](대판 1999.07.27. 98다35020). 그리고 구조상의 독립성은 주로 소유권의 목적이 되는 객체에 대한 물적 지배의 범위를 명확히 할 필요성 때문에 요구된다고 할 것이므로, 구조상의 구분에 의하여 구분소유권의 객체 범위를 확정할 수 없는 경우에는 구조상의 독립성이 있다고 할 수 없다. 따라서 상가평면매장(오픈상가)는 구분소유권의 객체가 될 수 없다(대결 2010.01.14. 2009마1449). 또한 구분행위는 건물의 물리적 형질에 변경을 가함이 없이 법률관념상 건물의 특정 부분을 구분하여 별개의 소유권의 객체로 하려는 일종의 법률행위로서, 그 시기나 방식에 특별한 제한이 있는 것은 아니고 처분권자의 구분의사가 객관적으로 외부에 표시되면 인정된다. 따라서 구분건물이 물리적으로 완성되기 전에도 건축허가신청이나 분양계약 등을 통하여 장래 신축되는 건물을 구분 건물로 하겠다는 구분의사가 객관적으로 표시되면 구분행위의 존재를 인정할 수 있고, 이후 1동의 건물 및 그 구분행위에 상응하는 구분건물이 객관적·물리적으로 완성되면 아직 그 건물이 집합건축물대장에 등록되거나 구분건물로서 등기부에 등기되지 않았더라도 그 시점에서 구분소유가 성립한다(대판(全合) 2013.01.17. 2010다71578). 그러나 1동 건물의 구분된 각 부분이 구조상·이용상 독립성을 가지는 경우 각 부분을 구분 건물로 할지 1동 전체를 1개의 건물로 할지는 소유자의 의사에 의하여 자유롭게 결정할 수 있는 점에 비추어 보면, 구분건물이 물리적으로 완성되기 전에 분양계약 등을 통하여 장래 신축되는 건물을 구분 건물로 하겠다는 구분의사를 표시함으로써 구분행위를 한 다음 1동의 건물 및 구분행위에 상응하는 구분건물이 객관적·물리적으로 완성되면 그 시점에서 구분소유가 성립하지만, 이후 소유권자가 분양계약을 전부 해지하고 1동 건물의 전체를 1개의 건물로 소유권보존등기를 마쳤다면 이는 구분폐지행위를 한 것으로서 구분소유권은 소멸한다. 그리고 이러한 법리는 구분폐지가 있기 전에 개개의 구분건물에 대하여 유치권이 성립한 경우라 하여 달리 볼 것은 아니다(대판 2016.01.14. 2013다219142). 또한 1동의 건물 중 구조상 구분된 수개의 부분이 독립한 건물로서 구분소유권의 목적이 되었으나 그 구분건물들 사이의 격벽이 제거되는 등의 방법으로 각 구분건물이 건물로서의 독립성을 상실하여 일체화되고 이러한 일체화 후의 구획을 전유부분으로 하는 1개의 건물이 되었다면 기존 구분건물에 대한 등기는 합동으로 인하여 생겨난 새로운 건물 중에서 위 구분건물이 차지하는 비율에 상응하는 공유지분 등기로서의 효력만 인정된

---

15) 1동의 건물에 대하여 구분소유가 성립하기 위해서는 객관적·물리적인 측면에서 1동의 건물이 존재하고 구분된 건물부분이 구조상·이용상 독립성을 갖추어야 할 뿐 아니라 1동의 건물 중 물리적으로 구획된 건물부분을 각각 구분소유권의 객체로 하려는 구분행위가 있어야 한다. 구분행위는 건물의 물리적 형질을 변경하지 않고 건물의 특정 부분을 구분하여 별개의 소유권의 객체로 하려는 법률행위로서, 그 시기나 방식에 특별한 제한이 있는 것은 아니고 처분권자의 구분의사가 객관적으로 외부에 표시되면 인정할 수 있다. 1동의 건물과 그 구분행위에 상응하는 구분건물이 객관적·물리적으로 완성되면 그 시점에서 구분소유가 성립한다. 이와 같이 구분소유가 성립하는 이상 구분행위에 상응하여 객관적·물리적으로 완성된 구분건물이 구분소유권의 객체가 되고, 구분건물에 관하여 집합건축물대장에 등록하거나 등기부에 등재하는 것은 구분소유권의 내용을 공시하는 사후적 절차일 뿐이다(대판 2019.10.17. 2017다286485).

다. 건물의 구조상의 구분에 의하여 구분소유권의 객체 범위를 확정할 수 없는 경우에는 구조상의 독립성이 있다고 할 수 없고, 구분소유권의 객체로서 적합한 요건을 갖추지 못한 건물의 일부는 그에 관한 구분소유권이 성립할 수 없으므로, 건축물관리대장상 독립한 별개의 구분건물로 등재되고 등기부상에도 구분소유권의 목적으로 등기되어 있더라도, 그 등기는 그 자체로 무효이다[16](대판 2020.02.27. 2018다232898).

(3) 전유부분과 공용부분

1) 전유부분

구분소유권의 목적인 건물부분이 전유부분이다(동법 제2조 3호). 즉 1동의 건물의 일부이면서 구분해서 소유권의 목적으로 된 부분을 말하며 여기에 성립하는 소유권이 구분소유권이다(동법 제2조 1호).

2) 공용부분

공용부분은 법정공용부분과 규약공용부분으로 나뉜다. 법정 공용부분은 그 성질 및 구조상 당연한 공용부분으로서, 1동의 건물 중 전유부분이외의 건물부분[17]과 전유부분에 속하지 않는 건물의 부속물[18]을 말한다. 규약공용부분은 구조상으로는 전유부분이지만 규약에 의해서 공용부분으로 된 부속건물[19]을 말한다. 법정공용부분은 등기할 필요가 없으나, 규약공용부분은 등기하여야 한다(동법 제3조 4항). 공용부분은 원칙적으로 구분소유자 전원이 공유하는 것이 원칙이나, 일부 사람만의 공용에 제공되는 것임이 명백한 경우에는 그 구분소유자 일부의 공유이다(동법 제10조 1항). 어느 것에 해당하는가는 소유자들 간에 특약이 없는 한, 그 건물의 구조에 따른 객관적인 용도에 의하여 결정해야 한다. 집합건물 중 여러 개의 전유부분으로 통하는 복도, 계단, 그 밖에 구조상 구분소유자의 전원 또는 일부의 공용에 제공되는 건물부분은 공용부분으로서 구분소유권의 목적으로 할 수 없다. 이때 건물의 어느 부분이 구분소유자의 전원 또는 일부의 공용에 제공되는지는 소유자들 사이에 특단의 합의가 없는 한 건물의 구조에 따른 객관적인 용도에 의하여 결정된다. 따라서 구분건물에 관하여 구분소유가 성립될 당시 객관적인 용도가 공용부분인 건물부분을 나중에 임의로 개조하는 등으로 이용 상황을 변경하거나 집합건축물대장에 전유부분으로 등록하고 소유권보존등기를 하였더라도 그로써 공용부분이 전유부분이 되어 어느 구분소유자의 전속적인 소유권의 객체가 되지는 않는다(대판 2016.05.27. 2015다77212).

(4) 대지사용권

1) 의의

대지사용권이라 함은 전유부분을 소유하기 위하여 건물의 대지에 대해서 가지는 권리[20]를 말한다(제2조

---

16) ☞ 1동의 건물의 리모델링 후 기존 구분건물의 독립성이 인정되지 않음에도 기존 구분건물의 등기부상 소유자인 원고들이 구분소유권의 효력이 리모델링 후 건물의 특정 점포부분에도 미친다고 주장하며 점포 점유자를 상대로 점포의 인도를 구하였으나, A 상가 건물 내 기존 구분소유로 등기된 구분건물이 격벽이 처음부터 없었거나 리모델링으로 제거되고, 구조, 위치와 면적이 모두 변경됨으로써 구분건물로서의 구조상 및 이용상의 독립성을 상실하여 일체화되었고, 리모델링 후 A 상가 건물의 구조상의 구분에 의해서는 기존 구분등기에 따른 구분소유권의 객체 범위를 확정할 수 없으며, 위 리모델링이 기존 구분건물로서 복원을 전제로 한 일시적인 것이라거나 복원이 용이해 보이지도 않으므로, 기존 구분건물로서의 구조상의 독립성이 있다고 할 수 없다고 보아, A 상가 건물에 관한 구분등기가 그 자체로 무효이고, 리모델링으로 생겨난 새로운 A 상가 건물 중에서 원고들 소유의 구분건물이 차지하는 비율에 상응하는 공유지분 등기로서의 효력을 인정하고, 원고들의 소유권의 효력이 리모델링 후 A 상가 건물의 특정 점포부분에 미치지 않는다고 판단하여, 원심을 파기한 사례
17) 지붕, 계단, 복도, 외벽, 승강기, 지하실 등. 아파트 지하실이 건축 당시부터 그 지상의 주택 부분과는 별도의 용도나 목적으로 건축되었다고 볼 특별한 사정이 엿보이지 않는다면 건축 당시 그 아파트의 각층 주택의 관리를 위한 기계실 또는 전입주자 공동사용의 목적을 위한 창고, 대피소 등으로 사용하기 위하여 건축된 것으로 봄이 타당하고, 이에 관한 건축물관리대장상 용도가 주택으로 되어 있다거나 그 지하실이 주택 또는 상가 등의 용도로 사용하기에 충분한 높이와 환기 시설 등을 갖추고 있다는 등의 사정만으로 달리 볼 수 없으므로, 이는 구분소유자 전원의 공용에 제공되는 건물 부분으로 그들의 공유에 속할 뿐 따로 구분소유의 목적이 될 수 없다(대판 1995.03.03. 94다4691).
18) 전기배선, 저수탱크, 소화시설 등.
19) 관리사무실, 창고, 차고 등.

6호). 대지에는 법정대지[21]와 규약대지[22]가 있다.

2) 일체성의 원칙

대지사용권에 관하여는 일체성의 원칙이 적용된다. 즉, 구분소유자의 대지사용권은 그의 전유부분의 처분에 따르고(동법 제20조 1항), 규약에 특별한 규정이 없는 한 그가 가지는 전유부분과 분리하여 대지사용권을 처분할 수 없는 것이 원칙[23]이다(동법 제20조 2항). 다만, 위 분리처분금지는 그 취지를 등기하지 않으면 선의로 물권을 취득한 제3자[24]에게 대항하지 못 한다[25](동법 제20조 3항).

3) 전유부분의 매수와 대지사용권

아파트와 같은 대규모 집합건물의 경우, 대지의 분·합필 및 환지절차의 지연, 각 세대 당 지분비율 결정의 지연 등으로 인하여 전유부분에 대한 소유권이전등기만 수분양자를 거쳐 양수인 앞으로 경료 되고, 대지지분에 대한 소유권이전등기는 상당기간 지체되는 경우가 종종 생기고 있는데, 이러한 경우 집합건물의 건축자로부터 전유부분과 대지지분을 함께 분양의 형식으로 매수하여 그 대금을 모두 지급함으로써 소유권 취득의 실질적 요건은 갖추었지만 전유부분에 대한 소유권이전등기만 경료 받고 대지지분에 대하여는 위와 같은 사정으로 아직 소유권이전등기를 경료 받지 못한 자는 매매계약의 효력으로써 전유부분의 소유를 위하여 건물의 대지를 점유·사용할 권리가 있는바, 매수인의 지위에서 가지는 이러한 점유·사용권은 단순한 점유권과는 차원을 달리하는 본권으로서 집합건물의소유및관리에관한법률 제2조 제6호 소정의 구분소유자가 전유부분을 소유하기 위하여 건물의 대지에 대하여 가지는 권리인 대지사용권에 해당한다고 할 것이고, 수분양자로부터 전유부분과 대지지분을 다시 매수하거나 증여 등의 방법으로 양수받거나 전전 양수받은 자 역시 당초 수분양자가 가졌던 이러한 대지사용권을 취득 한다[대판(숲합) 2000.11.16. 98다45652·45669].

4) 전유부분의 시효취득과 대지사용권

건물은 일반적으로 대지를 떠나서는 존재할 수 없으므로, 건물의 소유자가 건물의 대지인 토지를 점유하고 있다고 볼 수 있다. 이 경우 건물의 소유자가 현실적으로 건물이나 대지를 점유하지 않고 있더라도 건물의 소유를 위하여 대지를 점유한다고 보아야 한다. 그리고 점유는 물건을 사실상 지배하는 것을 가리키므로, 1개의 물건 중 특정 부분만을 점유할 수는 있지만, 일부 지분만을 사실상 지배하여 점유한다는 것은 상정하기 어렵다. 따라서 1동의 건물의 구분소유자들은 전유부분을 구분소유하면서 공용부분을 공유하므로

---

20) **예** 소유권, 지상권, 임차권 등.
21) 1동의 건물이 소재하는 토지를 말한다.
22) 규약에 의하여 건물의 대지로 된 도로·주차장·정원·부속건물의 대지 등을 말한다.
23) 집합건물의 소유 및 관리에 관한 법률은 제20조에서 구분소유자의 대지사용권은 그가 가지는 전유부분의 처분에 따르고, 구분소유자는 규약으로써 달리 정하지 않는 한 그가 가지는 전유부분과 분리하여 대지사용권을 처분할 수 없으며, 분리처분금지는 그 취지를 등기하지 아니하면 선의로 물권을 취득한 제3자에게 대항하지 못한다고 규정하고 있는데, 위 규정의 취지는 집합건물의 전유부분과 대지사용권이 분리되는 것을 최대한 억제하여 대지사용권이 없는 구분소유권의 발생을 방지함으로써 집합건물에 관한 법률관계의 안정과 합리적 규율을 도모하려는 데 있으므로, 전유부분과 대지사용권의 일체성에 반하는 대지의 처분행위는 효력이 없다[대판(숲합) 2013.01.17. 2010다71578].
24) 대지사용권은 구분소유자가 전유부분을 소유하기 위하여 건물의 대지에 대하여 가지는 권리로서, 그 성립을 위해서는 집합건물의 존재와 구분소유자가 전유부분 소유를 위하여 당해 대지를 사용할 수 있는 권리를 보유하는 것 이외에 다른 특별한 요건이 필요하지 않다. 이러한 사정을 고려하면, 집합건물의 소유 및 관리에 관한 법률 제20조 제3항의 분리처분금지로 대항할 수 없는 '선의'의 제3자라 함은 원칙적으로 집합건물의 대지로 되어 있는 사정을 모른 채 대지사용권의 목적이 되는 토지를 취득한 제3자를 의미한다[대판(숲합) 2013.01.17. 2010다71578].
25) 집합건물의 소유 및 관리에 관한 법률은 제20조에서, 구분소유자의 대지사용권은 그가 가지는 전유부분의 처분에 따르고(제1항), 구분소유자는 규약 또는 공정증서로써 달리 정하지 않는 한 그가 가지는 전유부분과 분리하여 대지사용권을 처분할 수 없으며(제2항, 제4항), 위 분리처분금지는 그 취지를 등기하지 아니하면 선의로 물권을 취득한 제3자에 대하여 대항하지 못한다(제3항)고 규정하고 있는바, 위 규정의 취지는 집합건물의 전유부분과 대지사용권이 분리되는 것을 최대한 억제하여 대지사용권 없는 구분소유권의 발생을 방지함으로써 집합건물에 관한 법률관계의 안정과 합리적 규율을 도모하려는 데 있다(대판 2006.03.10. 2004다742).

특별한 사정이 없는 한 건물의 대지 전체를 공동으로 점유한다. 이는 집합건물의 대지에 관한 점유취득시효에서 말하는 '점유'에도 적용되므로, 20년간 소유의 의사로 평온, 공연하게 집합건물을 구분소유한 사람은 등기함으로써 대지의 소유권을 취득할 수 있다. 이와 같이 점유취득시효가 완성된 경우에 집합건물의 구분소유자들이 취득하는 대지의 소유권은 전유부분을 소유하기 위한 대지사용권에 해당한다(대판 2017.01.25. 2012다72469).

5) 전유부분의 경매와 대지사용권

구분건물의 전유부분에 대한 소유권이전등기만 경료 되고 대지지분에 대한 소유권이전등기가 경료되기 전에 전유부분 만에 관하여 설정된 근저당권에 터 잡아 임의경매절차가 개시되었고, 집행법원이 구분건물에 대한 입찰명령을 함에 있어 대지지분에 관한 감정평가액을 반영하지 않은 상태에서 경매절차를 진행하였다고 하더라도, 전유부분에 대한 대지사용권을 분리처분 할 수 있도록 정한 규약이 존재한다는 등의 특별한 사정이 없는 한 낙찰인은 경매목적물인 전유부분을 낙찰 받음에 따라 종물 내지 종된 권리인 대지지분도 함께 취득하였다 할 것이므로, 구분건물의 대지 지분 등기가 경료 된 후 집행법원의 촉탁에 의하여 낙찰인이 대지지분에 관하여 소유권이전등기를 경료 받은 것을 두고 법률상 원인 없이 이득을 얻은 것이라고 할 수 없다(대판 2001.09.04. 2001다22604).

6) 전유부분에 설정된 저당권과 대지사용권

구분건물의 전유부분만에 관하여 설정된 저당권의 효력은 대지사용권의 분리처분이 가능하도록 규약으로 정하는 등의 특별한 사정이 없는 한, 그 전유부분의 소유자가 사후에라도 대지사용권을 취득함으로써 전유부분과 대지권이 동일 소유자의 소유에 속하게 되면 그 대지사용권에까지 미치고, 여기의 대지사용권에는 지상권 등 용익권 이외에 대지소유권도 포함되는 것이다(대결 2005.11.14. 2004그31).

7) 주물·종물 이론의 유추적용

민법 제100조 제2항의 종물과 주물의 관계에 관한 법리는 물건 상호간의 관계뿐 아니라 권리 상호간에도 적용되고, 위 규정에서의 처분은 처분행위에 의한 권리변동뿐 아니라 주물의 권리관계가 압류와 같은 공법상의 처분 등에 의하여 생긴 경우에도 적용되어야 하는 점, 저당권의 효력이 종물에 대하여도 미친다는 민법 제358조 본문 규정은 같은 법 제100조 제2항과 이론적 기초를 같이하는 점, 집합건물의 소유 및 관리에 관한 법률 제20조 제1항, 제2항에 의하면 구분건물의 대지사용권은 전유부분과 종속적 일체불가분성이 인정되는 점 등에 비추어 볼 때, 구분건물의 전유부분에 대한 소유권보존등기만 경료되고 대지지분에 대한 등기가 경료되기 전에 전유부분만에 대해 내려진 가압류결정의 효력은, 대지사용권의 분리처분이 가능하도록 규약으로 정하였다는 등의 특별한 사정이 없는 한, 종물 내지 종된 권리인 그 대지권에까지 미친다(대판 2006.10.26. 2006다29020).

8) 구분소유자와 대지사용권

공유자는 공유물 전부를 지분의 비율로 사용·수익할 수 있으므로 공유토지의 일부를 배타적으로 점유하면서 사용·수익하는 공유자는 그가 보유한 공유지분의 비율에 관계없이 다른 공유자에 대하여 부당이득반환의무를 부담한다. 그런데 일반 건물에서 대지를 사용·수익할 권원이 건물의 소유권과 별개로 존재하는 것과 달리, 집합건물의 경우에는 대지사용권인 대지지분이 구분소유권의 목적인 전유부분에 종속되어 일체화되는 관계에 있으므로, 집합건물 대지의 공유관계에서는 이와 같은 민법상 공유물에 관한 일반 법리가 그대로 적용될 수 없고, 이는 대지 공유자들 중 구분소유자 아닌 사람이 있더라도 마찬가지이다. 집합건물에서 전유부분 면적 비율에 상응하는 적정 대지지분을 가진 구분소유자는 그 대지 전부를 용도에 따라 사용·수익할 수 있는 적법한 권원을 가지므로, 구분소유자 아닌 대지 공유자는 그 대지 공유지분권에 기초하여 적정 대지지분을 가진 구분소유자를 상대로는 대지의 사용·수익에 따른 부당이득반환을 청구할 수 없다[26](대판(全合) 2022.08.25. 2017다257067).

9) 매도청구권

구분소유자가 대지사용권이 없는 때에는 그 전유부분의 철거를 주장할 수 있는 권리를 가지는 자가 그 구분소유자에 대하여 구분소유권을 시가로 매도할 것을 청구할 수 있다(동법 제7조).

(5) 공시방법

구분소유권의 객체인 건물의 전부에 대하여 1개의 등기기록을 사용하고(부등법 제15조 1항 단서), 1동 건물의 등기기록과 각 구분건물에 대한 전유부분의 등기기록을 둔다(규칙 제14조).

(6) 구분소유자의 권리·의무

1) 전유부분에 대한 권리·의무

① 내 용

구분소유권에는 상린관계에 기초한 것으로 볼 수 있는 권리·의무가 발생한다(동법 제5조 1항). 즉, 공동의 이익에 반하는 행위의 금지·용도변경 및 증·개축의 금지(제5조 2항), 타부분사용청구권(제5조 3항), 대지소유자의 구분소유권매도청구권행사에 응할 의무(제7조) 등이 인정된다.

② 하자담보추급권

집합건물의소유및관리에관한법률 제9조는 집합건물의 건축자 내지 분양자로 하여금 견고한 건물을 짓도록 유도하고 부실하게 건축된 집합건물의 소유자를 두텁게 보호하기 위하여 집합건물을 건축하여 분양하는 자의 담보책임에 관하여 수급인의 담보책임에 관한 민법 제667조 내지 제671조의 규정을 준용하는 한편 이를 강행규정화 하였으며, 위 규정에 의한 하자담보추급권은 현재의 집합건물의 소유자에게 귀속한다. 그리고 민법상 수급인의 하자담보책임에 관한 기간은 제척기간으로서 재판상 또는 재판외의 권리행사기간이며 재판상 청구를 위한 출소기간이 아니다(대판 2004.01.27. 2001다24891). 집합건물의 소유 및 관리에 관한 법률 제9조는 건축업자 내지 분양자로 하여금 견고한 건물을 짓도록 유도하고 부실하게 건축된 집합건물의 소유자를 두텁게 보호하기 위하여 집합건물 분양자의 담보책임에 관하여 민법상 도급인의 담보책임에 관한 규정을 준용하도록 함으로써 분양자의 담보책임의 내용을 명확히 하는 한편 이를 강행규정화한 것으로서, 같은 조에 의한 책임은 분양계약에 기한 책임이 아니라 집합건물의 분양자가 집합건물의 현재의 구분소유자에 대하여 부담하는 법정책임이므로 이에 따른 손해배상청구권에 대하여는 민법 제162조 제1항에 따라 10년의 소멸시효기간이 적용 된다(대판 2008.12.11. 2008다12439).

2) 공용부분에 대한 권리·의무

① 체납관리비 및 연체료의 승계, 인수채무의 성질

특별승계인이 그 관리규약을 명시적, 묵시적으로 승인하지 않는 이상 그 효력이 없다고 할 것이며, 집합건물법 제42조 제1항 및 공동주택관리령 제9조 제4항의 각 규정은 공동주택의 입주자들이 공동주택의 관리·사용 등의 사항에 관하여 관리규약으로 정한 내용은 그것이 승계 이전에 제정된 것이라고 하더라도 승계인에 대하여 효력이 있다는 뜻으로서, 관리비와 관련하여서는 승계인도 입주자로서 관리규약에 따른 관리비를 납부하여야 한다는 의미일 뿐, 그 규정으로 인하여 승계인이 전 입주자의 체납관리비까지 승계하게

---

26) 변경 전의 判例 : 1동 건물의 구분소유자들이 당초 건물을 분양받을 당시 대지 공유지분 비율대로 건물의 대지를 공유하고 있는 경우에는 별도의 규약이 존재하는 등 특별한 사정이 없는 한 구분소유자들이 대지에 대하여 가지는 공유지분의 비율과 상관없이 대지 전부를 용도에 따라 사용할 수 있는 적법한 권원이 있으므로, 구분소유자들 사이에서는 대지 공유지분 비율의 차이를 이유로 부당이득반환을 구할 수 없다. 그러나 그 대지에 관하여 구분소유자 외의 다른 공유자가 있는 경우에는 공유물에 관한 일반 법리에 따라 대지를 사용·수익·관리할 수 있다고 보아야 하므로, 특별한 사정이 없으면 구분소유자들이 무상으로 대지를 전부 사용·수익할 수 있는 권원을 가진다고 할 수 없고 다른 공유자는 대지 공유지분권에 기초하여 부당이득의 반환을 청구할 수 있다(대판 2018.06.28. 2016다219419·219426).

되는 것으로 해석할 수는 없다. 다만, 집합건물의 공용부분은 전체 공유자의 이익에 공여하는 것이어서 공동으로 유지·관리해야 하고 그에 대한 적정한 유지·관리를 도모하기 위하여는 소요되는 경비에 대한 공유자 간의 채권은 이를 특히 보장할 필요가 있어 공유자의 특별승계인에게 그 승계의사의 유무에 관계없이 청구할 수 있도록 집합건물법 제18조에서 특별규정을 두고 있는 바, 위 관리규약 중 공용부분 관리비에 관한 부분은 위 규정에 터 잡은 것으로서 유효하다부분에 관하여는 이를 승계하여야 한다고 봄이 타당하다[대판(숲슴) 2001.09.20. 2001다8677]고 할 것이므로, <u>아파트의 특별승계인은 전 입주자의 체납관리비 중 공용I.</u> 그러나 관리비 납부를 연체할 경우 부과되는 연체료는 위약벌의 일종이고, 前 구분소유자의 특별승계인이 체납된 공용부분 관리비를 승계한다고 하여 전 구분소유자가 관리비 납부를 연체함으로 인해 이미 발생하게 된 법률효과까지 그대로 승계하는 것은 아니라 할 것이어서, <u>공용부분 관리비에 대한 연체료는 특별승계인에게 승계되는 공용부분 관리비에 포함되지 않는다</u>(대판 2006.06.29. 2004다3598·3604). 또한 집합건물의 소유 및 관리에 관한 법률상의 특별승계인은 관리규약에 따라 집합건물의 공용부분에 대한 유지·관리에 소요되는 비용의 부담의무를 승계한다는 점에서 채무인수인으로서의 지위를 갖는데, 위 법률의 입법 취지와 채무인수의 법리에 비추어 보면 구분소유권이 순차로 양도된 경우 <u>각 특별승계인들은 이전 구분소유권자들의 채무를 중첩적으로 인수한다고 봄이 상당하므로, 현재 구분소유권을 보유하고 있는 최종 특별승계인뿐만 아니라 그 이전의 구분소유자들도 구분소유권의 보유 여부와 상관없이 공용부분에 관한 종전 구분소유자들의 체납관리비채무를 부담한다</u>(대판 2008.12.11. 2006다50420).

② **구분소유자의 공용부분의 점유·사용**

구분소유자 중 일부가 정당한 권원 없이 집합건물의 복도, 계단 등과 같은 공용부분을 배타적으로 점유·사용함으로써 이익을 얻고, 그로 인하여 다른 구분소유자들이 해당 공용부분을 사용할 수 없게 되었다면, 공용부분을 무단점유 한 구분소유자는 특별한 사정이 없는 한 해당 공용부분을 점유·사용함으로써 얻은 이익을 부당이득으로 반환할 의무가 있다[대판(숲슴) 2020.05.21. 2017다220744].[27][28]

(7) 의무위반의 효과

1) 행위정지의 청구

어느 구분소유자가 공동이익에 반하는 행위를 하거나 또는 할 염려가 있는 경우에, 관리인 또는 관리단집회의 결의에 의하여 지정된 구분소유자로 하여금 그러한 행위의 정지, 결과의 제거, 예방에 필요한 조치를 취할 것을 청구할 수 있다(제43조 1항). 따라서 구분소유자가 집합건물의 규약에서 정한 업종준수의무를

---

27) 1. 구분소유자 중 일부가 정당한 권원 없이 집합건물의 복도, 계단 등과 같은 공용부분을 배타적으로 점유·사용함으로써 이익을 얻고, 그로 인하여 다른 구분소유자들이 해당 공용부분을 사용할 수 없게 되었다면, 공용부분을 무단점유 한 구분소유자는 특별한 사정이 없는 한 해당 공용부분을 점유·사용함으로써 얻은 이익을 부당이득으로 반환할 의무가 있다. 해당 공용부분이 구조상 이를 별개 용도로 사용하거나 다른 목적으로 임대할 수 있는 대상이 아니더라도, 무단점유로 인하여 다른 구분소유자들이 해당 공용부분을 사용·수익할 권리가 침해되었고 이는 그 자체로 민법 제741조에서 정한 손해로 볼 수 있다. 2. 이러한 법리는 구분소유자가 아닌 제3자가 집합건물의 공용부분을 정당한 권원 없이 배타적으로 점유·사용하는 경우에도 마찬가지로 적용된다. 3. 이와 달리 집합건물의 복도, 계단 등과 같은 공용부분은 구조상 이를 점포로 사용하는 등 별개의 용도로 사용하거나 그와 같은 목적으로 임대할 수 있는 대상이 아니므로 특별한 사정이 없는 한 구분소유자 중 일부나 제3자가 정당한 권원 없이 이를 점유·사용하였더라도 이로 인하여 다른 구분소유자에게 차임 상당의 이익을 상실하는 손해가 발생하였다고 볼 수 없다고 하여 부당이득이 성립하지 않는다고 판시한 대법원 1998. 2. 10. 선고 96다42277, 96다42284 판결, 대법원 2005. 6. 24. 선고 2004다30279 판결, 대법원 2014. 7. 24. 선고 2014다202608 판결 등을 비롯하여 같은 취지의 대법원판결들은 이 판결의 견해에 배치되는 범위에서 이를 모두 변경하기로 한다[대판(숲슴) 2020.05.21. 2017다220744].
28) 변경 전의 判例 : 집합건물의 복도, 계단 등과 같은 공용부분은 구조상 이를 점포로 사용하는 등 별개의 용도로 사용하거나 그와 같은 목적으로 他에 임대할 수 있는 대상이 아니므로 특별한 사정이 없는 구분소유자 중 일부가 아무런 권원 없이 이를 점유·사용하였다고 하더라도 이로 인하여 <u>다른 구분소유자에게 임료 상당의 이익을 상실하는 손해가 발생하였다고 볼 수 없다</u>(대판 2014.07.24. 2014다202608).

위반할 경우, 단전·단수 등 제재조치를 가할 수 있다(대판 2004.05.13. 2004다2243).

   2) 사용금지의 청구

   공동 이익에 반하는 어느 구분소유자의 행위로 인하여 구분소유자의 공동생활상의 현저한 장해가 발생한 경우에는 일정한 요건 하에 소로써 상당기간 당해 구분소유자에 의한 전유부분의 사용금지를 청구할 수 있다(제44조 1항).

   3) 구분소유자의 경매명령청구

   구분소유자가 건물보존에 해로운 행위 기타 건물의 관리 및 사용에 관하여 구분소유자의 공동이익에 반하는 행위를 한 경우 및 이에 준하는 경우에는, 일정한 요건 하에 당해구분소유자의 전유부분 및 대지 사용권의 경매를 명할 것을 청구할 수 있다(제45조 1항).

   4) 점유자에 대한 계약해제·인도청구

   점유자가 건물보존에 해로운 행위 기타 건물의 관리 및 사용에 관하여 구분소유자의 공동이익에 반하는 행위를 한 경우 및 이에 준하는 경우에는, 관리인 또는 관리단 집회의 결의에 의하여 지정된 구분소유자는 그 전유부분을 목적으로 하는 계약의 해제나 그 전유부분의 인도를 청구할 수 있다(제46조 1항).

   (8) 관리조직 및 집회

   건물에 대한 구분소유관계가 성립하면 그 건물 및 대지와 부속시설의 관리를 위하여 구분소유자 전원으로 관리단을 구성하도록 되어 있다. 관리단은 특별한 조직행위가 없더라도 구분소유관계가 존재하면 당연히 성립 된다[29](대판 1995.03.10. 94다49687). 미분양된 전유부분의 구분소유자도 그 관리단의 구성원이 될 수 있지만, 상가의 구분소유자 일부만이 주주가 되어 설립한 주식회사는 그 상가를 관리하였다고 하더라도 건물의 관리단으로 볼 수 없다(대판 2002.10.11. 2002다43851). 관리단의 사무는 동 법률 또는 규약으로 관리인에게 위임한 사항 외에는 구분소유자 전원으로 구성된 관리단 집회의 결의에 의하여 행한다(제31조). 구분소유자가 10인 이상일 때에는 반드시 관리인을 선임해야 하며, 관리인은 관리단 집회의 결의에 의해 선임·해임된다. 관리인의 권리·의무에 관해서는 법에 구체적 규정을 두고 있다(제25조 1항). 관리인은 대외적으로 대표권을 가진다. 관리인의 대표권은 규약 또는 관리단 집회의 결의로 제한할 수 있다. 그러나 선의의 제3자에게 대항하지 못한다(제25조 2항).

   (9) 규 약

   건물 및 대지 또는 부속시설의 관리나 사용에 관한 구분소유자 상호간의 사항으로서 동법에 규정되지 아니한 사항은 규약으로 정할 수 있도록 되어 있다(제28조 1항). 이 규약은 구분소유자의 포괄승계인에 대해서는 물론 특별승계인에 대하여도 그 효력이 미친다(제42조 1항).

   (10) 재건축결의 내용 변경

   재건축 결의에 따라 설립된 재건축조합은 민법상의 비법인사단에 해당하므로 그 구성원의 의사의 합의는 총회의 결의에 의할 수밖에 없다고 할 것이나, 다만 <u>집합건물의소유및관리에관한법률 제49조에 의하여 의제된 합의 내용인 재건축 결의의 내용을 변경함에 있어서는 그것이 구성원인 조합원의 이해관계에 미치는 영향에 비추어 재건축 결의시의 의결정족수를 규정한 같은 법 제47조 제2항을 유추적용하여 조합원 5분의 4이상의 결의가 필요하다고 할 것이다.</u> 이와 달리 집합건물법 제49조에 의하여 재건축에 관한 합의가 이루어진 경우, 그 의제된 합의의 내용인 재건축 결의의 내용을 변경함에 있어서는 조합원 전원의 합의가 필

---

[29] '집합건물의 소유 및 관리에 관한 법률' 제23조 제1항의 관리단은 어떠한 조직행위를 거쳐야 비로소 성립되는 단체가 아니라 구분소유관계가 성립하는 건물이 있는 경우 당연히 그 구분소유자 전원을 구성원으로 하여 성립되는 단체라 할 것이므로, 집합건물의 분양이 개시되고 입주가 이루어져서 공동관리의 필요가 생긴 때에는 그 당시의 미분양된 전유부분의 구분소유자를 포함한 구분소유자 전원을 구성원으로 하는 관리단이 설립된다(대판 2005.11.10. 2003다45496).

요하다고 한 대판 1998.06.26. 98다15996은 이 판결의 견해와 저촉되는 한도에서 변경하기로 한다[대판(全合) 2005.04.21. 2003다4969].

제2절 소유권의 취득

I. 서설

소유권의 취득에는 법률행위에 의한 물권변동(제186조)이 적용되는 법률행위에 의한 취득과 법률의 규정에 의한 취득이 있다. 법률의 규정에 의한 취득은 취득시효, 선의취득, 무주물선점, 유실물습득, 매장물발견, 첨부에 관한 규정이 있다.

II. 취득시효

1. 서설

(1) 의의

취득시효란 물건 또는 권리를 점유하는 사실상태가 일정기간 계속되는 경우, 그것이 진실한 권리관계와 일치하는가의 여부를 묻지 않고 권리취득의 효과가 생기게 하는 제도이다. 취득시효제도와 소멸시효제도는 일정한 기간의 경과를 필요로 한다는 점에서 공통점이 있기는 하지만, 그 효과에 있어서는 서로 대립된다.

(2) 존재 의의

취득시효제도는 일정한 기간 계속된 사실관계를 권리관계로 인정함으로써 법질서를 안정시키는 데 궁극적인 존재의의가 있다. 통설은 이 외에도 증명곤란의 구제, 권리행사의 태만에 대한 제재 등을 존재이유로 들고 있다.

(3) 시효취득 되는 권리

시효로 취득할 수 있는 권리는 점유를 수반하여야 한다. 지상권(대판 1994.10.14. 94다9849)·지역권(제294조, 다만 계속되고 표현된 것에 한해서 제245조 준용)·질권과 이와 유사한 성질을 가지는 것[30]·분묘기지권(대판 1995.02.28. 94다37912)·주주권(대판 1965.01.19. 64다1437)에 한한다. 점유권·유치권·저당권은 시효취득의 대상이 되지 못한다.

(4) 시효취득의 대상 - 부동산, 동산

1) 타인성 여부

시효로 인한 부동산 소유권의 취득은 원시취득으로서 취득시효의 요건을 갖추면 등기청구권을 취득하는 것이지, 타인의 소유권을 승계취득 하는 것이 아니므로 시효취득의 대상이 반드시 타인의 소유물이거나, 그 타인이 특정되어 있을 필요는 없다. 따라서 자기의 소유물(통설, 判例) 또는 소유자불명의 물건(대판 1992.02.25. 91다9312)에 대해서도 시효취득을 인정할 수 있다. 그러나 토지소유자가 특정한 토지 일부분을 타인에게 매도하면서 등기부상으로는 전체 토지의 일부 지분에 관하여 소유권이전등기를 경료 해 준 후 매도 대상에서 제외된 나머지 특정부분을 계속 점유하는 경우[31](대판 2001.04.13. 99다62036·62043)나 종전토지에 대한

---

30) 광업권, 어업권, 무체재산권 등

환지예정지를 점유하는 것[32](대판 2002.09.04. 2002다22083·22090) 등은 자기소유의 토지를 점유하는 것이어서 취득시효의 기초가 되는 점유라고 할 수 없다. 다만 부동산에 대한 취득시효 제도의 존재이유는 부동산을 점유하는 상태가 오랫동안 계속된 경우 권리자로서의 외형을 지닌 사실상태를 존중하여 이를 진실한 권리관계로 높여 보호함으로써 법질서의 안정을 기하고, 장기간 지속된 사실상태는 진실한 권리관계와 일치될 개연성이 높다는 점을 고려하여 권리관계에 관한 분쟁이 생긴 경우 점유자의 증명곤란을 구제하려는 데에 있다. 그런데 부동산에 관하여 적법·유효한 등기를 마치고 소유권을 취득한 사람이 자기 소유의 부동산을 점유하는 경우에는 특별한 사정이 없는 한 사실상태를 권리관계로 높여 보호할 필요가 없고, 부동산의 소유명의자는 부동산에 대한 소유권을 적법하게 보유하는 것으로 추정되어 소유권에 대한 증명의 곤란을 구제할 필요 역시 없으므로, 그러한 점유는 취득시효의 기초가 되는 점유라고 할 수 없다. 다만 그 상태에서 다른 사람 명의로 소유권이전등기가 되는 등으로 소유권의 변동이 있는 때에 비로소 취득시효의 요건인 점유가 개시된다고 볼 수 있을 뿐이다(대판 2016.10.27. 2016다224596).

2) 1필의 토지의 일부

1필의 토지의 일부가 시효취득의 대상이 될 수 있지만, 시효취득자가 점유해 온 부분이 다른 부분과 구분되어 그의 점유에 속했었다는 것을 인식하기에 족한 객관적 징표가 계속 존재해야 한다(대판 1993.12.14. 93다5581). 그리고 시효취득이 인정되더라도 이에 대한 소유권을 취득하기 위해서는 분필등기를 하여야 한다.

3) 국유재산

국유재산은 그 용도에 따라 행정재산[33]과 일반재산으로 구분되고(국유재산법 제6조 1항), 행정재산은 원칙적으로 시효취득의 대상이 되지 않는다(국유재산법 제7조 2항). 다만 일반재산에 대해서는 시효취득이 인정된다. '일반재산'이라 함은 행정재산 이외의 모든 국유재산을 가리킨다. 행정재산은 공용폐지 되지 않는 한 취득시효의 대상이 되지 않고, 일반재산인지의 여부에 대한 증명책임은 시효이익을 주장하는 측에 있다(대판 1995.06.16. 94다42655). 일반재산에 대한 취득시효가 완성된 후 그 일반재산이 행정재산으로 된 경우에는 취득시효완성을 원인으로 소유권이전등기를 청구할 수 없다(대판 1997.11.14. 96다10782).

4) 공유 지분

공유지분의 일부에 대한 시효취득도 가능하다(대판 1979.06.26. 79다639). 이때에는 점유의 범위를 특정할 수 있는 객관적인 정표가 계속 존재할 필요는 없다(대판 1975.06.24. 74다1877). 그러나 <u>집합건물의 공용부분은 취득시효에 의한 소유권 취득의 대상이 될 수 없다고 봄이 타당하다</u>[34](대판 2013.12.12. 2011다78200·7821

---

31) 자기 소유의 부동산을 점유하고 있는 상태에서 다른 사람 명의로 소유권이전등기를 경료해 준 경우에 그 소유권이전등기 이전에 자기 소유 부동산을 점유해 온 것은 취득시효의 기초로서의 점유라고 할 수는 없는 것이고 그 소유권의 변동이 있는 경우에 비로소 취득시효의 기초가 되는 점유가 개시되는 것이라고 보아야 할 것이고(대판 1989.09.26. 88다카26574 참조), 한편 공유자들이 분할 전 토지의 전체면적 중 각 점유부분을 구분소유하게 된다고 믿고서 그 각 점유부분의 대략적인 면적에 해당하는 만큼의 지분에 관하여 소유권이전등기를 경료하는 경우에는 등기부상 공유자들이 분할 전 토지의 공유자로 되어 있다고 하더라도 그들은 각자 자기 소유의 토지를 점유하는 것일 뿐 자신과 타인이 공유하는 토지를 점유하는 것은 아니라고 할 것이므로, 이 사건에서와 같이 토지 소유자가 토지의 특정한 일부분을 타인에게 매도하면서 등기부상으로는 전체 토지의 일부 지분에 관한 소유권이전등기를 경료해 준 경우에 매도 대상에서 제외된 나머지 특정 부분을 계속 점유한다고 하더라도 이는 자기 소유의 토지를 점유하는 것이어서 취득시효의 기초가 되는 점유라고 할 수 없을 것이다(대판 2001.04.13. 99다62036·62043).
32) 토지구획정리사업의 시행으로 환지예정지 지정이 있을 경우 종전 토지의 소유자는 환지예정지로 지정된 토지에 관하여 사용·수익권을 취득하게 되고, 이 사용·수익권은 종전 토지에 대한 소유권에 기한 것이므로, 종전 토지 소유자의 환지예정지에 대한 점유는 자기 소유의 종전 토지에 대한 점유와 그 성질이 같다 할 것이어서, 종전 토지 소유자가 종전 토지에 대한 환지예정지를 점유하는 것은 취득시효의 기초로서의 점유라고 볼 수 없다(대판 2002.09.04. 2002다22083·22090).
33) 행정재산은 다시 공용재산, 공공용재산, 기업용재산, 보존용재산 등으로 나뉜다.
34) 집합건물의 소유 및 관리에 관한 법률(이하 '집합건물법'이라 한다) 제1조, 제2조 제1호 및 제3호는 1동의 건물 중 구조상 구분된 수개의 부분이 독립된 건물로서 사용될 수 있을 때에는 그 각 부분을 집합건물법이 정하는 바에 따라 각각 소유권의 목적으로 할 수 있고, 그 각 부분을 목적으로 하는 소유권을 구분소유권으로, 구분소유권의 목적인 각 건물 부분을 전유부분

7). 그리고 토지 소유자가 토지의 특정한 일부분을 타인에게 매도하면서 등기부상으로는 전체 토지의 일부 지분에 관한 소유권이전등기를 경료해 준 경우에 매도 대상에서 제외된 나머지 특정 부분을 계속 점유한다고 하더라도 이는 자기 소유의 토지를 점유하는 것이어서 취득시효의 기초가 되는 점유라고 할 수 없고, 이는 토지의 특정한 일부분을 매수한 자가 등기부상으로는 전체 토지의 일부 지분에 관한 소유권이전등기를 경료 받고 매수 대상인 그 특정 부분을 점유하는 경우에도 마찬가지일 것이다(대판 2009.10.15. 2007다83632).

5) 취득시효의 종류

민법상 취득시효는 부동산소유권의 취득시효, 동산소유권의 취득시효, 소유권 이외의 재산권의 취득시효로 나누어지며, 부동산은 다시 일반 취득시효와 등기부취득시효로 나뉘고, 동산은 일반취득시효와 단기취득시효로 나뉜다.

2. 부동산 취득시효

(1) 점유취득시효

> **제245조(점유로 인한 부동산소유권의 취득기간)** ① 20년간 소유의 의사로 평온, 공연하게 부동산을 점유하는 자는 등기함으로써 그 소유권을 취득한다.

1) 소유의 의사

점유취득시효의 요건으로서의 점유는 소유의 의사로 하는 점유, 즉 自主이어야 한다. 자주점유에 대한 판단은 권원의 성질에 의하여 객관적으로 정해지고, 권원의 성질이 불분명하여 자주점유인지 타주점유인지 확정하기 어려운 경우에는 자주점유로 추정된다(제197조 1항). 직접점유뿐만 아니라 간접점유도 점유취득시효 요건으로서의 점유로 인정된다(대판 1991.10.08. 91다25116[35])).

2) 평온·공연한 점유

점유취득시효의 요건으로서의 점유는 평온·공연한 소유의 의사로 하는 점유이면 충분하고 선의·무과실은 그 요건이 아니다. 여기서 평온한 점유란 강포(強暴, 강박, 폭행)한 점유가 아닌 점유로서, 점유자가 그 점유를 취득 또는 보유함에 있어 법률상 허용되지 않는 강포한 행위를 쓰지 아니하는 점유를 말하며, 공연한 점유라 함은 은비(隱祕)의 점유가 아닌 점유를 말한다. 점유자는 특별한 사정이 없는 한 평온·공연하게 점유하는 것으로 추정된다(제197조 1항). 따라서 소유자가 점유의 평온·공연한 점유가 아님을 증명하여야 한다. 그 점유가 불법이라고 주장하는 자로부터 이의를 받은 사실이 있거나 점유물의 소유권을 둘러싸고 당사자 사이에 법률상의 분쟁이 있었다고 하더라도 그러한 사실만으로 곧 그 점유의 평온·공연성이 상실된다고는 할 수 없다(대판(全合) 1982.09.28. 81사9).

으로 규정하고 있으므로, 공용부분은 전유부분으로 변경되지 않는 한 구분소유권의 목적이 될 수 없다. 집합건물의 공용부분은 구분소유자 전원의 공유에 속하나(집합건물법 제10조 제1항), 그 공유는 민법상의 공유와는 달리 건물의 구분소유라고 하는 공동의 목적을 위하여 인정되는 것으로 집합건물법 제13조는 공용부분에 대한 공유자의 지분은 그가 가지는 전유부분의 처분에 따를 뿐 전유부분과 분리하여 처분할 수 없도록 규정하고 있다. 또한 공용부분을 전유부분으로 변경하기 위하여는 집합건물법 제15조에 따른 구분소유자들의 집회결의와 그 공용부분의 변경으로 특별한 영향을 받게 되는 구분소유자의 승낙을 얻어야 한다. 그런데 공용부분에 대하여 취득시효의 완성을 인정하여 그 부분에 대한 소유권취득을 인정한다면 전유부분과 분리하여 공용부분의 처분을 허용하고 일정 기간의 점유로 인하여 공용부분이 전유부분으로 변경되는 결과가 되어 집합건물법의 취지에 어긋나게 된다.

35) 농지를 소작을 준 것이 농지개혁법상 무효라 하더라도 소작인들을 점유매개자로 하여 간접적으로 이를 점유하고 있고 또 그들을 상대로 그 농지의 반환을 청구할 수 있는 지위에 있는 한 위 간접점유자의 시효취득에 있어서의 점유 자체를 부정할 수 없다(대판 1991.10.08. 91다25116).

3) 20년간의 점유

20년 이상 점유하고 있다는 사실을 증명하는 것은 어려우므로, 법은 전후 양시의 시점에 점유 한 것을 증명하면 그 사이의 점유 기간은 추정을 하고 있다(제198조).

4) 등 기

① **등기의 의의** : 취득시효는 법률의 규정에 의한 물권변동이므로 제187조에 따라 등기 없이도 소유권취득의 효과가 발생한다고 해야 하겠지만, 제245조에서 등기를 요구 하고 있다. 그 이유는 상속·경매·판결 등은 소유권의 이전시기가 명확하고 진정한 권리자의 권리를 해하는 일이 없으나, 취득시효는 불명확하므로 제245조 1항에 등기를 규정함으로써 당사자들 사이의 이해관계를 조절하고자 한 것이다. 따라서 제245조 1항은 제187조의 유일한 예외가 된다.

② **등기의 종류와 절차**

시효취득의 경우에는 등기함으로써 소유권을 취득하기 때문에 제186조와 같은 등기청구권의 문제가 발생한다. 취득시효완성을 이유로 하는 등기의 종류 및 그 절차에 관하여 민법이나 부동산등기법은 아무런 규정을 두고 있지 않다. 취득시효로 인한 소유권의 취득이 원시취득이라면 그 등기는 성질상 보존등기여야 한다. 그러나 보존등기는 절차가 매우 번거롭고 종전의 권리변동관계를 단절시키는 점 등 여러 가지 문제점이 있으므로, 이전등기에 의한다. 따라서 그 등기신청은 점유자와 소유자가 공동으로 하여야 한다.

③ **등기청구의 상대방**

점유취득시효완성을 원인으로 한 소유권이전등기청구는 시효완성 당시의 소유자를 상대로 하여야 한다(대판 1997.04.25. 96다53420). 따라서 시효완성 당시의 소유권보존등기 또는 이전등기가 무효라면 원칙적으로 그 등기명의인은 시효취득을 원인으로 한 소유권이전등기청구의 상대방이 될 수 없고, 이 경우 시효취득자는 소유자를 대위하여 위 무효등기의 말소를 구하고 다시 위 소유자를 상대로 취득시효완성을 원인으로 한 소유권이전등기를 구하여야 한다(대판 1993.09.14. 93다10989). 다만 부동산의 점유로 인한 시효취득자는 취득시효 완성 당시의 소유자에 대하여 소유권이전등기를 청구할 수 있다고 할 것인바, 취득시효 완성 당시 그 부동산의 등기부상 소유명의자의 등기가 원인 무효의 흠결이 있다 하더라도 그 등기명의 소유자가 진정한 소유자를 상대로 제기한 소유권이전등기 청구소송의 기판력 있는 확정판결에 의하여 소유권이전등기를 경료 하였던 것이고, 따라서 시효취득자가 진정한 소유자를 대위하여 등기부상 소유자를 상대로 위 등기의 말소를 구하는 것은 위 판결의 기판력 때문에 극히 어려운 것이고, 그 등기명의를 둔 채 진정한 소유자를 상대로 시효취득을 원인으로 한 이전등기를 구하여 판결을 받더라도 위 등기가 말소되지 않는 한 그 판결이 이행될 수 없는 것이라면 특별한 사정이 없는 한 시효취득자는 그 등기부상 소유명의자를 상대로 취득시효를 원인으로 한 소유권이전등기를 청구할 수 있다고 보아야 할 것이다(대판 1999.07.09. 98다29575). 그러나 진정한 소유자를 찾는 것이 불가능할 경우에 시효취득자는 취득시효완성 당시 진정한 소유자는 아니지만 소유권보존등기명의를 가지고 있는 자에 대하여 직접 취득시효완성을 원인으로 하는 소유권이전등기를 청구할 수 있다(대판 2005.05.26. 2002다43417).

④ **시효취득에 의한 등기청구권의 성질**

제245조 1항은 제187조의 원칙에 대한 예외이고, 시효취득으로 인한 등기청구권은 채권적 성질을 갖는다. 따라서 등기청구권은 원칙적으로 소멸시효의 대상이 된다고 할 것이지만, 법률행위에 의한 등기청구권의 경우와 같이 시효취득자가 목적물을 계속 점유하고 있는 한 소멸시효에 걸리지 않는다(대판 1996.03.08. 95다34866).

(2) 점유취득시효 5원칙

1) 제1원칙

부동산에 대한 점유취득시효기간이 완성된 경우에 그 부동산의 원소유자는 권리변동의 당사자이므로 점유자는 원소유자에 대하여 등기 없이도 그 부동산의 시효취득을 주장하여 대항할 수 있는 반면에 원소유자는 점유자에 대한 이전등기의무자로서 소유권에 기한 권능을 행사할 수 없다(대판 1977.03.22. 76다242, 대판 1993.05.25. 92다51280 등).

2) 제2원칙

점유취득시효 기간이 완성되기 전, 그 진행 중에 등기부상의 소유자가 변경된 경우에 있어서는, 이는 점유자의 종래의 사실상태의 계속을 파괴한 것으로 볼 수 없어 시효중단사유가 될 수 없고 따라서 점유취득시효 완성 당시의 등기부상의 소유자가 권리변동의 당사자가 되는 것이므로 점유자는 그 자에 대하여 등기 없이도 취득시효완성의 효과를 주장할 수 있다(대판 1972.01.31. 71다2416, 대판 1989.04.11. 88다카5843·5850 등).

3) 제3원칙

점유취득시효가 완성되었다고 하더라도 그에 따른 등기를 하지 않고 있는 사이에 제3자가 그 부동산에 관한 소유권이전등기를 경료 한 경우에는, 그 제3자는 점유취득시효완성으로 인한 권리변동의 당사자가 아니므로 점유자는 그 제3자에 대하여 취득시효완성의 효과를 주장하여 대항할 수 없다[36](대판 1964.06.09. 63다1129 등). 그러나 점유로 인한 소유권취득시효 완성 당시 미등기로 남아 있던 토지에 관하여 소유권을 가지고 있던 자가 취득시효 완성 후에 그 명의로 소유권보존등기를 마쳤다 하더라도 이는 소유권의 변경에 관한 등기가 아니므로 그러한 자를 그 취득시효 완성 후의 새로운 이해관계인으로 볼 수 없고, 또 그 미등기 토지에 대하여 소유자의 상속인 명의로 소유권보존등기를 마친 것도 시효취득에 영향을 미치는 소유자의 변경에 해당하지 않으므로, 이러한 경우에는 그 등기명의인에게 취득시효 완성을 주장할 수 있다(대판 2007.06.14. 2006다84423).

---

[36] 파산선고 전에 부동산에 대한 점유취득시효가 완성되었으나 파산선고 시까지 이를 원인으로 한 소유권이전등기를 마치지 아니한 자는, 그 부동산의 소유자에 대한 파산선고와 동시에 파산채권자 전체의 공동의 이익을 위하여 파산재단에 속하는 그 부동산에 관하여 이해관계를 갖는 제3자의 지위에 있는 파산관재인이 선임된 이상, 파산관재인을 상대로 파산선고 전의 점유취득시효 완성을 원인으로 한 소유권이전등기절차의 이행을 청구할 수 없을 뿐만 아니라, 그 부동산의 관리처분권을 상실한 파산자가 파산선고를 전후하여 그 부동산의 법률상 소유자로 남아 있음을 이유로 점유취득시효의 기산점을 임의로 선택하여 파산선고 후에 점유취득시효가 완성된 것으로 주장하여 파산관재인에게 소유권이전등기절차의 이행을 청구할 수도 없다고 할 것이다. 이 경우 법률적 성질이 채권적 청구권인 점유취득시효 완성을 원인으로 한 소유권이전등기청구권은 구 파산법 제14조가 규정하는 파산자에 대하여 파산선고 전의 원인으로 생긴 재산상의 청구권으로서 파산채권에 해당하므로 파산절차에 의하여서만 그 권리를 행사할 수 있다고 할 것이다(대판 2008.02.01. 2006다32187)."

* 신탁에서 제3자에 해당하는지 여부

① 명의신탁이 해지된 경우
명의신탁된 부동산에 대하여 점유취득시효가 완성된 후 시효취득자가 그 소유권이전등기를 경료하기 전에 명의신탁이 해지되어 그 등기명의가 명의수탁자로부터 명의신탁자에게로 이전된 경우에는 그 부동산에 대한 내부적인 소유권의 변동은 없으나, 대외적으로는 그 소유권에 변동이 있을 뿐 아니라 그 등기명의에도 변동이 있고, 명의신탁 제도가 대외적 관계에서는 등기명의자만이 소유권자로 취급될 뿐이고 시효 완성 당시 시효취득자에게 져야 할 등기의무도 대외적으로는 명의신탁자에게 있지 아니하고 명의수탁자에게 있음에 불과하므로 대외적 등기명의인 수탁자로부터 소유자로 취급되지 않던 명의신탁자에게 등기가 옮겨간 것도 점유시효취득자 등과의 관계와 같은 외부적 관계에서는 완전한 새로운 권리변동으로 보아야 하므로, 그 명의신탁자의 등기취득이 등기의무자의 배임행위에 적극 가담한 반사회적 행위에 근거한 등기이든가 또는 기타 다른 이유로 인한 원인무효의 등기인 경우는 별론으로 하고, <u>그 명의신탁자는 취득시효 완성 후에 소유권을 취득한 자에 해당하여 그에 대하여 취득시효를 주장할 수 없다</u>(대판 1995.12.08. 95다38493).

② 명의신탁을 한 경우
부동산에 관한 점유취득시효기간이 경과하였다고 하더라도 그 점유자가 자신의 명의로 등기하지 아니하고 있는 사이에 먼저 제3자 명의로 소유권이전등기가 경료 되어 버리면, 특별한 사정이 없는 한, 그 제3자에 대하여는 시효취득을 주장할 수 없으나, <u>그 제3자가 취득시효기간만료 당시의 등기명의인으로부터 신탁 또는 명의신탁 받은 경우라면 종전 등기명의인으로서는 언제든지 이를 해지하고 소유권이전등기를 청구할 수 있고, 점유시효취득자로서는 종전 등기명의인을 대위하여 이러한 권리를 행사할 수 있으므로, 그러한 제3자가 소유자로서의 권리를 행사하는 경우 점유자로서는 취득시효완성을 이유로 이를 저지할 수 있다</u>(대판 1995.09.05. 95다24586).

③ 신탁법상의 신탁의 경우
신탁재산의 소유관계, 신탁재산의 독립성, 신탁등기의 대항력, 구 신탁법(2011. 7. 25. 법률 제10924호로 전부 개정되기 전의 것, 이하 같다) 제3조 제1항, 제20조, 제24조, 제30조의 취지 등에 비추어 보면, <u>부동산에 대한 점유취득시효가 완성될 당시 부동산이 구 신탁법상의 신탁계약에 따라 수탁자 명의로 소유권이전등기와 신탁등기가 되어 있더라도 수탁자가 신탁재산에 대하여 대내외적인 소유권을 가지는 이상 점유자가 수탁자에 대하여 취득시효 완성을 주장하여 소유권이전등기청구권을 행사할 수 있지만, 이를 등기하지 아니하고 있는 사이에 부동산이 제3자에게 처분되어 그 명의로 소유권이전등기가 마쳐짐으로써 점유자가 제3자에 대하여 취득시효 완성을 주장할 수 없게 되었다면 제3자가 다시 별개의 신탁계약에 의하여 동일한 수탁자 명의로 소유권이전등기와 신탁등기를 마침으로써 부동산의 소유권이 취득시효 완성 당시의 소유자인 수탁자에게 회복되는 결과가 되었더라도 수탁자는 특별한 사정이 없는 한 취득시효 완성 후의 새로운 이해관계인에 해당하므로 점유자는 그에 대하여도 취득시효 완성을 주장할 수 없다.</u> 이 경우 점유자가 수탁자의 원래 신탁재산에 속하던 부동산에 관하여 점유취득시효 완성을 원인으로 하는 소유권이전등기청구권을 가지고 있었다고 하여 수탁자가 별개의 신탁계약에 따라 수탁한 다른 신탁재산에 속하는 부동산에 대하여도 소유권이전등기청구권을 행사할 수 있다고 보는 것은 신탁재산을 수탁자의 고유재산이나 다른 신탁재산으로부터 분리하여 보호하려는 신탁재산 독립의 원칙의 취지에 반하기 때문이다(대판 2016.02.18. 2014다61814).

4) 제4원칙
제3원칙이 적용되는 당연한 결과로서, 점유취득시효가 언제 완성되는지에 따라 점유자와 제3자의 우열 및 대항력이 다르게 되므로 점유자는 실제로 점유를 개시한 때를 점유취득시효의 기산점으로 삼아야 하고 그 기산점을 임의로 선택할 수 없다(대판 1965.04.06. 65다170 등). 점유취득시효기간의 기산점을 당사자가 임의로 선택할 수 있게 되면 당사자는 시효완성 후에 등기명의를 취득한 자를 시효완성 당시의 권리변동의 당사자로 삼을 수 있게 되어 결국에 가서는 시효의 완성을 주장하는 당사자는 등기 없이 언제나 제3취득자에 대하여 시효의 완성을 주장하고 그에 관해서 등기를 청구하는 등 그에 상응하는 권리관계를 주장할 수 있게 되는 결과가 되어 등기제도의 기능을 몹시 약화시키고 부동산에 관한 거래의 안전을 해할 우려가 있기 때문이다(대판 1976.06.22. 76다487·488). 다만 취득시효기간의 계산에 있어 그 점유개시의 기산일은 임의로 선택할 수 없으나 그 실소유자(등기명의인)에 변경이 없는 경우에는 취득시효완성을 주장할 수 있는 시점에서 보아 소요기간이 경과된 사실만 확정되면 족하다(대판 1994.02.08. 93다41303, 역산설).

5) 제5원칙

① 제3원칙이 적용되는 경우에 있어 제3자 앞으로 소유권이전등기가 경료 된 후에도 당초 점유자가 점유를 계속하여 20년이 경과하였고 그 기간 중에 등기명의자에 변동이 없었다면, 이때의 법률관계는 제3원칙과는 달리 볼 수 있지 않는지가 문제된다.

② 이때의 점유자는 1차 점유취득시효가 완성된 때부터 그 등기명의자에게 등기를 청구할 수 있음에도 불구하고 이를 게을리 하여 제3자 명의로 등기가 경료 되도록 방치함으로써 그 제3자에 대하여 점유취득시효완성의 효과를 주장, 대항할 수 없는 처지에 스스로 빠졌다는 의미에서 권리 위에 잠자는 자이고, 등기를 경료한 제3자는 그 등기일 이후 20년 이상을 그 소유권의 객체인 부동산에 대한 점유사용은 물론 그 부동산을 타에 처분하는 등으로 그 소유권을 행사하지 아니하였다는 의미에서 권리 위에 잠자는 자이다. 이 경우 判例는 "부동산에 대한 점유취득시효가 완성된 후 취득시효 완성을 원인으로 한 소유권이전등기를 하지 않고 있는 사이에 그 부동산에 관하여 제3자 명의의 소유권이전등기가 경료 된 경우라 하더라도 당초의 점유자가 계속 점유하고 있고 소유자가 변동된 시점을 기산점으로 삼아도 다시 취득시효의 점유기간이 경과한 경우에는 점유자로서는 제3자 앞으로의 소유권 변동시를 새로운 점유취득시효의 기산점으로 삼아 2차의 취득시효의 완성을 주장할 수 있다."고 한다. 다만 이 경우 과거 判例는 "부동산의 취득시효가 완성된 후 토지소유자가 변동된 시점을 새로운 취득시효의 기산점으로 삼아 2차의 취득시효의 완성을 주장하려면 그 새로운 취득시효기간 중에는 등기명의자가 동일하고 소유자의 변동이 없어야만 한다(대판(全合) 1994.03.22. 93다46360]."고 하였다.

③ 하지만 입장을 변경하여 "취득시효기간이 경과하기 전에 등기부상의 소유명의자가 변경된다고 하더라도 그 사유만으로는 점유자의 종래의 사실상태의 계속을 파괴한 것이라고 볼 수 없어 취득시효를 중단할 사유가 되지 못하므로, 새로운 소유명의자는 취득시효 완성 당시 권리의무 변동의 당사자로서 취득시효 완성으로 인한 불이익을 받게 된다 할 것이어서 시효완성자는 그 소유명의자에게 시효취득을 주장할 수 있는 바, 이러한 법리는 새로이 2차의 취득시효가 개시되어 그 취득시효기간이 경과하기 전에 등기부상의 소유명의자가 다시 변경된 경우에도 마찬가지로 적용된다고 봄이 상당하다(대판(全合) 2009.07.16. 2007다15172·15189]."고 하여 등기명의자가 동일할 것을 요구하지 않고 있다.

(3) 점유자와 소유자의 관계

시효취득사실을 알고 있는 등기명의자가 고의로 취득시효대상이 되는 부동산을 제3자에게 처분한 경우에는 불법행위가 성립하고, 제3자가 부동산 소유자의 이와 같은 불법행위에 적극 가담하였다면 이는 사회질서에 반하는 행위로서 무효가 된다(대판 1993.02.09. 92다47892). 그러나 점유자의 권리취득을 방해하려고 하는 등의 특별한 사정이 없는 한, 점유자 명의로 소유권이전등기가 마쳐지기 전까지 원소유자는 소유자로서 그 토지에 관한 적법한 권리를 행사할 수 있다. 즉, 원소유자가 취득시효의 완성 이후 그 등기가 있기 전에 그 토지를 제3자에게 처분하거나 제한물권의 설정, 토지의 현상 변경 등 소유자로서의 권리를 행사할 수 있다(대판 2006.05.12. 2005다75910). 그리고 취득시효가 완성된 후 점유자가 그 취득시효를 주장하거나 이로 인한 소유권이전등기청구를 하기 이전에는, 특별한 사정이 없는 한 그 등기명의인 부동산 소유자로서는 그 시효취득 사실을 알 수 없는 것이므로, 이를 제3자에게 처분하였다고 하더라도 불법행위가 성립하는 것은 아니다. 그리고 부동산 점유자에게 시효취득으로 인한 소유권이전등기청구권이 있다고 하더라도 이로 인하여 부동산 소유자와 시효취득자 사이에 계약상의 채권·채무관계가 성립하는 것은 아니므로, 그 부동산을 처분한 소유자에게 채무불이행 책임을 물을 수 없다(대판 1995.07.11. 94다4509).

(4) 시효완성자로부터 점유를 승계한 자의 법적 지위

시효취득자는 취득시효완성 후 점유를 상실한 때부터 10년이 지나기 전에는 승계 등으로 점유를 상실하였다고 하더라도 소유명의자에 대하여 소유권이전등기청구권을 행사할 수 있고, 취득시효 완성 당시 점유자로부터 부동산을 매수한 자는 그 부동산의 명의인에게 직접 소유권이전등기를 청구할 수는 없지만, 매도인의 명의인에 대한 소유권이전등기청구권을 대위 행사할 수는 있다(대판(숲슈) 1995.03.28. 93다4775].

(5) 대상청구권의 행사

예를 들어 취득시효가 완성된 토지가 수용됨으로써 취득시효 완성을 원인으로 하는 소유권이전등기의무가 이행불능 한 경우, 점유자는 대상청구권을 행사하여 등기명의자가 지급받은 수용보상금을 반환청구 할 수 있는지가 문제된다. 민법은 이행불능의 효과로서 대상청구권을 규정하고 있지 않지만, 해석상 이를 부인할 이유는 없을 것이다(대판 1992.05.12. 92다4581). 소유권이전등기청구권의 이행불능 전에 등기명의자에 대하여 점유로 인한 취득시효기간이 만료되었음을 이유로 권리를 주장하거나, 등기청구권을 행사하지 않았다면 대상청구권을 행사할 수 없다(대판 1996.12.10. 94다43825).

(6) 소유권이전에 관한 경과규정

현행민법 시행일 전의 시효완성으로 인하여 물권을 취득한 경우 현행 민법 시행일로부터 6년 내에 등기하지 아니하면 물권은 그 효력을 잃는다. 이 경우 구민법하의 시효취득자를 구제하기 위해 학설과 判例는 부칙 제10조 3항에 의하여 소멸되는 등기청구권은 물권적 등기청구권만을 의미하고 채권적 등기청구권은 해당되지 않는다고 한다. 따라서 시효취득자는 등기명의자에 대해서 채권적 청구권을 행사할 수 있고, 이는 10년의 소멸시효에 걸린다고 해석하였다(대판 1991.10.22. 90다16283). 그러나 현재의 判例는 취득시효완성을 원인으로 한 소유권이전등기청구권은 점유자가 그 점유를 계속하는 한 소멸시효에 걸리지 않는다(대판 1996.03.08. 95다34866)고 본다.

(2) 등기부취득시효

제245조(점유로 인한 부동산소유권의 취득기간) ② 부동산의 소유자로 등기한 자가 10년간 소유의 의사로 평온, 공연하게 선의이며 과실 없이 그 부동산을 점유한 때에는 소유권을 취득한다.

1) 선의·무과실의 점유

등기부취득시효에 있어서는 선의·무과실의 점유라는 요건이 추가된다. 예를 들어, 정당한 절차에 의하지 않은 부동산등기를 하고 이를 점유하고 있는 자는 선의·무과실이라고 할 수 없고, 등기부상 소유명의자 아닌 자로부터 매수하여 점유한 자는 일단 과실 있는 점유자라고 할 수 있다. 이러한 점유자의 선의 및 무과실은 점유취득에 관한 것이며(대판 1998.01.20. 96다48527), 점유개시 시에만 있으면 되고(대판 1983.10.11. 83다카531), 전 시효기간 동안 계속되어야 하는 것은 아니다. 점유의 선의는 추정되므로(제197조 1항), 이를 다투는 자가 악의를 증명하여야 한다. 반면 무과실은 추정되지 않으므로, 이에 대해서는 점유자가 증명해야 한다(대판 1981.06.23. 90다1642).

2) 10년의 등기 및 점유

① 등기의 승계

점유는 10년간 계속되어야 한다. 그런데 이 경우 소유자로 등기된 기간과 점유기간이 때를 같이하여 모두 10년이어야 하는지 여부가 문제된다. 判例[37]는 "등기부취득시효에 관한 민법 제245조 제2항의 규정에 의하여 소유권을 취득하는 자는 10년간 반드시 그의 명의로 등기되어 있어야 하는 것은 아니고 앞 사람의 등기까지 아울러 그 기간 동안 부동산의 소유자로 등기되어 있으면 된다고 할 것이다(대판(숲슈) 1989.12.26. 87

---

[37] 이를 지지하는 학설은, ① 등기와 점유는 권리외관을 표상하는 방법에서 동등한 가치를 가지므로 등기에 관해서도 점유의 승계에 관한 민법 제199조를 유추적용하는 것이 타당하고, ② 등기에 공신력을 주고 있지 아니한 현행법 체계 하에서 등기의 승계를 인정함으로써 보완적으로 등기를 믿고 부동산을 취득한 자를 보호할 수 있으며, ③ 이는 10년의 단기로써 법률관계의 안정을 기하고자 한 등기부취득시효의 입법취지에 부합한다는 것을 그 논거로 한다.

다카2176).”고 한다.

② 무효의 등기

등기부취득시효의 요건으로서의 소유자로 등기한 자라 함은 적법·유효한 등기를 마친 자일 필요는 없고 무효의 등기를 마친 자라도 상관없다. 다만, 등기부는 적법·유효하게 개설된 것이어야 하므로 등기명의인을 달리하여 소유권보존등기가 2중으로 경료 된 경우에 있어서 먼저 이루어진 소유권보존등기가 원인무효가 아니어서 뒤에 된 소유권보존등기가 무효로 되는 때에는, 뒤에 된 소유권보존등기나 이에 터 잡은 소유권이전등기를 근거로 하여서는 등기부취득시효의 완성을 주장할 수 없다(대판(숟합) 1996.10.17. 96다12511). 그리고 상속의 경우에 있어서, 피상속인의 명의로 등기가 되어 있다면 상속등기가 없다 하여도 상속인은 등기부시효취득을 할 수 있다(대판 1989.12.26. 89다카6140).

> *** 등기부취득시효 判例**
>
> **1. 국가의 등기부취득시효와 과실 여부**
> 등기부취득시효가 인정되려면 점유의 개시에 과실이 없어야 하고, 증명책임은 주장자에게 있으며, 여기서 무과실이란 점유자가 자기의 소유라고 믿은 데에 과실이 없음을 말한다. 그런데 부동산에 등기부상 소유자가 존재하는 등 소유자가 따로 있음을 알 수 있는 경우에는 비록 소유자가 행방불명되어 생사를 알 수 없더라도 부동산이 바로 무주부동산에 해당하는 것은 아니므로, 소유자가 따로 있음을 알 수 있는 부동산에 대하여 국가가 국유재산법 제8조에 따른 무주부동산 공고절차를 거쳐 국유재산으로 등기를 마치고 점유를 개시하였다면, 특별한 사정이 없는 한 점유의 개시에 자기의 소유라고 믿은 데에 과실이 있다(대판 2016.08.24. 2016다220679).
>
> **2. 채권자취소소송과 등기부취득시효**
> 부동산에 관한 소유권이전의 원인행위가 사해행위로 인정되어 취소되더라도, 사해행위취소의 효과는 채권자와 수익자 사이에서 상대적으로 생길 뿐이다. 따라서 사해행위가 취소되더라도 부동산은 여전히 수익자의 소유이고, 다만 채권자에 대한 관계에서 채무자의 책임재산으로 환원되어 강제집행을 당할 수 있는 부담을 지고 있는 데 지나지 않는다. 그러므로 수익자의 등기부취득시효가 인정되려면, 자기 소유 부동산에 대한 취득시효가 인정될 수 있다는 것이 전제되어야 한다. 그러나 부동산에 관하여 적법·유효한 등기를 하여 소유권을 취득한 사람이 당해 부동산을 점유하는 경우에는 특별한 사정이 없는 한 사실상태를 권리관계로 높여 보호할 필요가 없고, 부동산의 소유명의자는 부동산에 대한 소유권을 적법하게 보유하는 것으로 추정되어 소유권에 대한 증명의 곤란을 구제할 필요 역시 없으므로, 그러한 점유는 취득시효의 기초가 되는 점유라고 할 수 없다(대판 2016.11.25. 2013다206313).
>
> **3. 공유와 등기부취득시효**
> 공유자 중 1인이 1필지 토지 중 특정부분만을 점유하여 왔다면 민법 제245조 제2항이 정한 '부동산의 소유자로 등기한 자'와 '그 부동산을 점유한 때'라는 등기부취득시효의 요건 중 특정부분을 제외한 나머지 부분에 관하여는 부동산의 점유라는 요건을 갖추지 못하였고, 그 특정부분 점유자가 1필지 토지에 관하여 가지고 있는 공유지분등기가 그 특정부분 자체를 표상하는 등기라고 볼 수는 없으므로, 결국 그 특정부분에 대한 공유지분의 범위 내에서만 등기부취득시효가 완성되었다고 보아야 할 것이고, 그 1필지 토지가 원래 2인 이상이 내부적으로는 위치와 면적을 특정하여 구분소유하기로 하고 그들의 공유로 등기한 구분소유적 공유관계에 있었던 토지라고 하여 달리 볼 수 없다(대판 2015.02.12. 2013다215515).

3. 동산취득시효

제246조(점유로 인한 동산소유권의 취득기간) ① 10년간 소유의 의사로 평온, 공연하게 동산을 점유한 자는 그 소유권을 취득한다.(일반취득시효)
② 전항의 점유가 선의이며 과실 없이 개시된 경우에는 5년을 경과함으로써 그 소유권을 취득한다.(단기취득시효)

10년간 소유의 의사로 평온·공연하게 동산을 점유한 자는 그 소유권을 취득하며(일반취득시효), 그 점유가 선의이며 과실 없이 개시된 경우에는 5년을 경과함으로써 그 소유권을 취득한다(단기취득시효). 다만 동

산에 대해서는 선의취득(제249조)이 인정되므로, 제246조는 선의취득이 인정되지 않는 경우에 의미를 가지게 된다.

4. 소유권 이외의 재산권의 취득시효

제248조(소유권이외의 재산권의 취득시효) 전3조의 규정은 소유권이외의 재산권의 취득에 준용한다.

부동산물권에 대해서는 부동산소유권의 취득시효의 규정이 적용된다. 즉 일반취득시효의 요건을 구비한 때에는 시효기간이 20년이고, 등기부취득시효의 요건을 구비한 때에는 10년이다. 동산물권에 대해서는 동산소유권의 취득시효의 규정이 적용되는데 일반취득시효의 요건을 구비한 때에는 10년이고, 단기취득시효의 요건을 구비한 때에는 5년이다. 기타 취득시효의 대상이 될 수 있는 권리로는 상표권이나 저작권 등의 무체재산권 등이 있다. 무체재산권과 같이 점유를 수반하지 않는 권리에서는 준점유가 취득시효의 요건이 된다.

5. 취득시효의 효과

제247조(소유권취득의 소급효, 중단사유) ① 전2조의 규정에 의한 소유권취득의 효력은 점유를 개시한 때에 소급한다.
② 소멸시효의 중단에 관한 규정은 전2조의 소유권취득기간에 준용한다.

(1) 내 용

취득시효의 요건을 갖추면 점유자는 권리를 취득한다. 다만 부동산점유취득시효의 경우 취득시효기간의 완성만으로 소유권취득의 효력이 바로 발생하는 것이 아니라, 이를 원인으로 하여 소유권취득을 위한 등기청구권이 발생할 뿐이다.

(2) 원시취득인지 여부

취득시효로 인한 권리의 취득은 원시취득이다[38](통설, 判例[39]).

(3) 취득시효의 소급효

1) 취득시효로 인한 권리취득의 효력은 점유를 개시한 때에 소급한다(제247조 1항). 따라서 시효기간 중에 시효취득자가 수취한 과실은 정당한 소유자로서 취득한 것으로 보아야 하고, 시효기간 중에 시효취득자가 한 임대 기타의 처분은 유효한 것으로 된다.

2) 취득시효기간 중에 제3자가 목적물을 침해하여 불법행위의 책임을 부담하는 경우, 제3자가 그 책임을 취득시효의 효력이 생길 때까지 이행하지 않은 때에는 점유자가 손해배상청구권을 가진다. 그러나 소급효가 모든 관계에서 발생하는 것은 아니다. 즉, 시효기간 중에 원소유자가 어떤 처분을 하였거나 기타 법률행위를 한 경우에 이는 무효로 되지 않으며, 원소유자가 배상을 받은 경우에는 시효취득자에게 반환할 의무가 없다. 원소유자에 의하여 이루어진 법률관계를 그대로 유효한 것으로 인정하는 것이 취득시효제도의 존재의의에 부합하기 때문이다.

---

38) 이에 대해서 일반취득시효에 의한 소유권취득은 등기를 요하는 것으로 규정되어 있으며, 통설과 같이 원시취득으로 이론을 구성하면 전 소유자에게 존재하였던 모든 제한은 취득시효와 더불어 소멸하게 되는데, 이러한 불합리성을 피하기 위해서는 취득시효에 의한 권리취득을 소급효를 갖는 승계취득이라고 이해해야 한다고 한다(이영준).

39) 부동산점유취득시효는 20년의 시효기간이 완성한 것만으로 점유자가 곧바로 소유권을 취득하는 것은 아니고 민법 제245조에 따라 점유자 명의로 등기를 함으로써 소유권을 취득하게 되며, 이는 원시취득에 해당하므로 특별한 사정이 없는 한 원소유자의 소유권에 가하여진 각종 제한에 의하여 영향을 받지 아니하는 완전한 내용의 소유권을 취득하게 되고, 이와 같은 소유권취득의 반사적 효과로서 그 부동산에 관하여 취득시효의 기간이 진행 중에 체결되어 소유권이전등기청구권가등기에 의하여 보전된 매매예약상의 매수인의 지위는 소멸된다고 할 것이지만, 시효기간이 완성되었다고 하더라도 점유자 앞으로 등기를 마치지 아니한 이상 전 소유권에 붙어 있는 위와 같은 부담은 소멸되지 아니 한다(대판 2004.09.24. 2004다31463).

3) 判例도 취득시효의 소급효는 제3자와의 관계에까지 인정되는 것은 아니라고 하여 소급효의 범위를 제한하고 있다. 즉, 시효가 완성된 후 시효를 원인으로 한 등기가 완료되기 전에 제3자에게 소유권이 이전되거나, 압류된 경우에는 시효취득자는 제3자에게 대항할 수 없다(대판 1991.02.26. 90누5375). 그리고 최근 判例는 "부동산점유취득시효는 원시취득에 해당하므로 특별한 사정이 없는 한 원소유자의 소유권에 가하여진 각종 제한에 의하여 영향을 받지 아니하는 완전한 내용의 소유권을 취득하는 것이지만, 진정한 권리자가 아니었던 채무자 또는 물상보증인이 채무담보의 목적으로 채권자에게 부동산에 관하여 저당권설정등기를 경료해 준 후 그 부동산을 시효취득 하는 경우에는, 채무자 또는 물상보증인은 피담보채권의 변제의무 내지 책임이 있는 사람으로서 이미 저당권의 존재를 용인하고 점유하여 온 것이므로, 저당목적물의 시효취득으로 저당권자의 권리는 소멸하지 않는다. 이러한 법리는 부동산 양도담보의 경우에도 마찬가지이므로, 양도담보권설정자가 양도담보부동산을 20년간 소유의 의사로 평온, 공연하게 점유하였다고 하더라도, 양도담보권자를 상대로 피담보채권의 시효소멸을 주장하면서 담보 목적으로 경료된 소유권이전등기의 말소를 구하는 것은 별론으로 하고, 점유취득시효를 원인으로 하여 담보 목적으로 경료된 소유권이전등기의 말소를 구할 수 없고, 이와 같은 효과가 있는 양도담보권설정자 명의로의 소유권이전등기를 구할 수도 없다(대판 2015.02.26. 2014다21649)."고 한다.

(4) 취득시효의 중단·정지

1) 소멸시효의 중단에 관한 규정은 취득시효에도 준용된다(제247조 2항). 따라서 시효중단의 사유와 효력은 소멸시효에 있어서와 같다. 즉 청구, 압류·가압류·가처분, 승인은 취득시효의 중단사유가 된다. 재판상 청구에는 시효취득의 대상인 목적물의 인도 내지는 소유권존부 확인이나 소유권에 관한 등기청구소송, 소유권을 기초로 하는 방해배제 및 손해배상, 부당이득반환청구소송 등이 있다.

> *** 임의경매개시결정에 따른 부동산 압류가 점유취득시효의 시효중단 사유가 되는지 여부(소극)**
>
> 민법 제247조 제2항은 '소멸시효의 중단에 관한 규정은 점유로 인한 부동산소유권의 시효취득기간에 준용한다.'라고 규정하고, 민법 제168조 제2호는 소멸시효 중단사유로 '압류 또는 가압류, 가처분'을 규정하고 있다. 점유로 인한 부동산소유권의 시효취득에 있어 취득시효의 중단 사유는 종래의 점유상태의 계속을 파괴하는 것으로 인정될 수 있는 사유이어야 하는데, 민법 제168조 제2호에서 정하는 '압류 또는 가압류'는 금전채권의 강제집행을 위한 수단이거나 그 보전수단에 불과하여 취득시효기간의 완성 전에 부동산에 압류 또는 가압류 조치가 이루어졌다고 하더라도 이로써 종래의 점유상태의 계속이 파괴되었다고는 할 수 없으므로 이는 취득시효의 중단사유가 될 수 없다[40](대판 2019.04.03. 2018다296878).

2) 소멸시효의 정지에 관한 규정의 준용에 관해서는 규정을 두고 있지 않지만, 취득시효에 대해서만 이를 배척해야 할 이유가 없으므로, 시효정지제도의 취지에 비추어 소멸시효의 정지에 관한 규정을 유추적용 하여 취득시효의 정지를 인정해야 한다.

(5) 취득시효이익의 포기

민법은 취득시효의 경우에는 소멸시효의 경우와는 달리 취득시효이익의 포기에 관한 규정을 두고 있지 않다. 그러나 소멸시효이익의 포기에 관한 민법 제184조 1항을 유추적용 하여 이를 미리 포기하지는 못하지만, 시효가 완성된 후에 포기하는 것은 가능하다. 判例도 ① 토지에 관한 취득시효완성 후에 타인의 주택지

---

[40] ☞ 원고가 점유취득시효에 따른 소유권취득을 이유로 취득시효 완성 전에 근저당권을 취득한 피고를 상대로 근저당권설정등기의 말소를 청구한 사건에서, 피고가 취득시효기간의 완성 전에 이 사건 부동산에 대한 임의경매개시결정이 이루어져 그 결정이 점유자인 원고에게 송달되고 부동산이 압류되었으므로 취득시효가 중단된다고 주장하자, 부동산에 대한 압류나 가압류는 취득시효의 중단사유가 될 수 없다는 이유로 피고의 위 주장을 배척하면서 원고의 청구를 인용한 원심을 수긍하여 상고기각 한 사안임

를 침범한 데 대하여 토지를 실측하여 경계선을 확정하고 쌍방의 공동부담으로 블록 담을 축조하기로 합의하는 경우(대판 1961.12.21. 4293민상297), ② 매도인이 자기가 매도한 토지를 매도하지 않은 것으로 알고 점유하여 취득시효기간이 완성하였으나 그 후 지적측량 복구 시에 매도인의 상속인들이 경계측량결과에 동의하여 매수인 측에게 점유를 이전하여 준 경우(대판 1973.06.22. 72다2107), ③ 시효이익의 포기각서를 작성한 경우(대판 1974.11.26. 74다1043), ④ 취득시효 완성 후 상대방의 소유를 인정하고 상대방과 합의하여 소를 취하하는 경우(대판 1973.09.29. 73다762)에 취득시효이익의 포기가 있는 것으로 인정한다. 그리고 취득시효 완성 후에 그 사실을 모르고 당해 토지에 관하여 어떠한 권리도 주장하지 않기로 하는 각서를 작성하였다가 이에 반하여 시효주장을 하는 것은, 특별한 사정이 없는 한 신의칙상 허용되지 않는다(대판 1998.02.22. 96다24101).

III. 선점, 유실물습득, 매장물발견

1. 선점·습득·발견

(1) 無主物先占

제252조(무주물의 귀속) ① 무주의 동산을 소유의 의사로 점유한 자는 그 소유권을 취득한다.
② 무주의 부동산은 국유로 한다.
③ 야생하는 동물은 무주물로 하고 사양하는 야생동물도 다시 야생상태로 돌아가면 무주물로 한다.

1) 의의

무주의 동산을 소유의 의사로 점유한 자는 그 소유권을 취득한다. 이를 무주물선점이라고 한다.

2) 요 건

① 무주물일 것

무주물이란 현재 소유자가 없는 물건을 말한다, 또한 사육하는 야생동물도 야생상태로 돌아가면 무주물로 된다. 그리고 과거에 어느 누구의 소유에 속해 있었더라도 현재까지 그 소유가 계속되고 있다고 인정할 수 없는 물건도 무주물이다. 그러나 전에 누군가의 소유에 속했었고 현재에도 그 상속인의 소유에 속한다고 인정되는 물건은 무주물이 아니라 매장물이다.

② 동산일 것

무주의 동산만이 선점의 대상이 된다. 무주의 부동산은 국고로 귀속되기 때문에 선점의 대상이 되지 않는다.

③ 소유의 의사로 점유할 것

선점이란 소유의 의사를 가지고 무주물을 점유하는 것을 말한다. 이와 같은 점유는 점유매개자 또는 점유보조자에 의하여 할 수도 있다. 선점은 의사를 요소로 하는 준법률행위 중 비표현행위 내지 사실행위로서, 제한능력자라도 선점을 할 수 있다.

3) 효 과

선점에 의하여 선점자는 그 목적물의 소유권을 원시취득 한다. 다만 학술·기예·고고의 중요한 자료가 되는 물건은 국유로 된다. 이 경우 위 물건은 처음부터 국유로 되기 때문에 선점의 대상이 되지 않으나, 선점자에게도 제255조 2항을 유추적용 하여 국가에 대한 보상청구권을 인정하여야 한다(통설). 그리고 수산업법, 야생 동·식물보호법 등에 의하여 어획이나 포획이 금지되어 있거나 제한되어 있는 경우에도 선점은 성립한다. 법에 위반한 어획 및 포획에 대하여 제재를 가하는 것은 별개의 문제이다(통설). 또한 바다 하천에 인접한 토지가 침수되어 바다의 일부가 되거나, 하천의 바닥이 되어버리는 일이 있다. 이를 가리켜 토지의 포락이라고 한다. 포락된 토지가 원상으로 되돌아오지 않으면, 그 토지에 대한 소유권은 영구적으로 소멸한다. 그러나 그것이 다시 성토 화 되는 경우가 있는데, 이때 포락한 토지의 소유권귀속이 문제 된다. 判例는 "종전소유자는 포락한 토지에 대한 소유권을 영원히 상실하고 그 후 다시 성토되더라도 그 토지에 대한 소유권을 다시 취득하지 못 한다(대판 1992.09.25. 92다24677)."고 한다.

(2) 유실물 습득

제253조(유실물의 소유권취득) 유실물은 법률에 정한 바에 의하여 공고한 후 6개월 내[41])에 그 소유자가 권리를 주장하지 아니하면 습득자가 그 소유권을 취득한다. 〈개정 2013.4.5〉

1) 의 의
유실물은 유실물법이 정하는 바에 따라 공고한 후 6개월 내에 그 소유자가 권리를 주장하지 아니하면 습득자가 그 소유권을 취득한다.

2) 요 건

① 유실물 또는 이에 준하는 물건일 것

유실물 또는 이에 준하는 물건이어야 한다. 유실물이라 함은 점유자의 의사에 기하지 않고 그의 점유를 떠난 물건으로서 도품이 아닌 것을 말한다. 성질상 유실물은 동산에 국한된다.

② 습 득

습득이란 유실물의 점유를 취득하는 것으로서, 선점과 달리 소유의 의사를 요하지 않는다. 객관적으로 유실물이면 충분하고, 제한능력자도 습득할 수 있으며, 점유매개자 또는 점유보조자에 의한 습득도 가능하다.

③ 공고 후 6개월의 경과

유실물법이 정하는 바에 의하여 공고 후 6개월 내에 그 소유자가 권리를 주장하지 않아야 한다.

3) 효 과

① 소유권의 획득

습득자는 위의 요건이 갖추어지면 유실물에 대한 소유권을 취득한다. 그러나 습득자가 습득 후 7일 이내에 습득물을 경찰서에 제출하지 않으면 습득물의 소유권을 취득할 권리를 상실한다(유실물법 제9조).

② 보상청구권의 범위

사무관리에서는 관리자의 보수청구권이 인정되지 않는다. 그러나 유실물법은, 유실한 소유자는 원칙적으로 유실물 가액의 100분의 5 내지 100분의 20의 범위 내에서 보상금을 지급해야 한다고 규정함으로써 습득자에게 보상금청구권을 인정하고 있다(동법 제4조).

③ 습득물의 보관비 등

습득비의 보관비, 공고비 기타 필요비는 물건의 소유권을 취득하여 이를 인도받는 자 또는 물건의 반환을 받는 자의 부담으로 하되, 그 지급확보를 위하여 유치권의 규정이 적용된다(동법 제3조).

---

[41]) 개정이유 : 현행법에서는 유실물에 대하여 공고 후 1년 내에 소유자가 권리를 주장하지 않으면 습득자가 소유권을 가진다고 규정하고 있으나, 20년 전 최초로 유실물 규정이 제정된 때와는 달리 현재는 교통·통신망의 발달로 유실물이 소유자에게 반환되는 기간이 짧아지고 있으며, 유실물 중 고가의 전자기기 등은 시간이 지날수록 가치가 하락하므로 습득자의 권리를 보다 빨리 인정할 필요가 있는 점을 고려하여 유실물의 소유권이 습득자에게 귀속되는 기간을 1년에서 6개월로 단축하려는 것임.

④ 유실물의 국유화

유실물의 학술·기예·고고의 중요한 재료가 되는 물건인 때에는 습득자가 소유권을 취득하지 못하고 국유가 된다. 이때 습득자는 국가에 대하여 적당한 보상을 청구할 수 있다(제255조).

(3) 매장물 발견

제254조(매장물의 소유권취득) 매장물은 법률에 정한 바에 의하여 공고한 후 1년 내에 그 소유자가 권리를 주장하지 아니하면 발견자가 그 소유권을 취득한다. 그러나 타인의 토지 기타 물건으로부터 발견한 매장물은 그 토지 기타 물건의 소유자와 발견자가 절반하여 취득한다.

1) 요 건

매장물이란 토지 또는 그 밖의 물건 속에 매장되어서, 그 소유권이 누구에게 속하는지를 판별할 수 없는 물건을 말한다. 소유자는 그 상속인이 존재하지만 이를 확정할 수 없다는 점에서 무주물과 구별된다. 매장물은 보통 동산이지만, 반드시 동산에만 한정되는 것은 아니다. 발견이란 매장물의 존재를 구체적·객관적으로 인식하는 것으로서, 점유의 취득은 필요하지 않다.

2) 효 과

발견자는 매장물의 소유권을 취득한다. 그러나 타인의 토지 기타 물건으로부터 발견한 매장물은, 그 토지 기타 물건의 소유자와 발견자가 각각 2분의 1씩 취득한다. 매장물이 문화재인 때에는 국유로 되며, 이때에는 국가에 대하여 적당한 보상을 청구할 수 있다(제255조).

(4) 문화재의 경우

제255조(문화재의 국유) ① 학술, 기예 또는 고고의 중요한 재료가 되는 물건에 대하여는 제252조제1항 및 전2조의 규정에 의하지 아니하고 국유로 한다.
② 전항의 경우에 습득자, 발견자 및 매장물이 발견된 토지 기타 물건의 소유자는 국가에 대하여 적당한 보상을 청구할 수 있다.

Ⅳ. 첨 부

1. 의 의

첨부란 어떤 물건에 타인의 물건이 결합하거나 타인의 노력이 가하여지는 것을 말하는데, 부합, 혼화, 가공 등이 있다. 이를 인정하는 이유는 다른 소유자에게 속하는 두 개 이상의 물건이 결합되어 사회통념상 분리하는 것이 불가능하거나(부합과 혼화), 물건과 이에 가하여진 노력이 결합하여 사회통념상 그 분리가 불가능하게 된 때(가공), 이를 원상으로 회복하는 것이 물리적으로는 가능하더라도 사회경제상 불합리하거나 비경제적이므로, 민법은 그 복구를 허용하지 않고 그것을 하나의 물건으로 하여 어느 한 사람의 소유에 귀속시키고자 하는 데 있다(통설).

2. 부동산에의 부합

제256조(부동산에의 부합) 부동산의 소유자는 그 부동산에 부합한 물건의 소유권을 취득한다. 그러나 타인의 권원에 의하여 부속된 것은 그러하지 아니하다.

(1) 요 건

1) 부합물

부합 되는 물건, 즉 부합의 주된 물건은 부동산이어야 한다. 당연히 토지와 건물 모두 피부합물이 된다. 그러면 부동산에 부합하는 물건은 동산에 한정되는지가 문제되지만, 判例는 부동산도 포함된다고 한다(대판 1991.04.12. 90다11967).

2) 부합의 정도

부합으로 인하여 소유권의 변동이 있기 위해서는 부합·합체가 일정 정도에 이르러야 한다. 부동산에의 부합에 관하여 동산간의 부합규정의 유추적용을 긍정하는 判例는 "부합이라 함은 훼손하지 아니하면 분리할 수 없거나 분리에 과다한 비용을 요하는 경우는 물론 분리하게 되면 경제적 가치를 심히 감소시키는 경우도 포함 된다(대판 1962.01.31. 4294민상445)."고 한다.

(2) 효 과

부동산의 소유자가 그의 부동산에 부합한 물건의 소유권을 취득한다. 부합이 되면 경매목적물로 평가되지 않더라도 경락인은 부합 부분의 소유권을 취득하고(대판 1992.12.08. 92다26772), 부합되지 않으면 설사 미완성의 건물이라 하더라도 독립된 부동산이 되어 대지에 설정된 저당권이 실행되어 경매되더라도 경락인은 건물에 대한 소유권을 취득하는 것은 아니다(대판 2001.01.16. 2000다51872). 부합하는 물건의 가격이 부동산의 가격을 초과하는 경우라 할지라도 물건 소유자는 부동산소유권을 취득하지 못 한다(대판 1957.02.08. 4289민상117·118). 다만 부합한 물건이 타인의 권원에 의하여 부속된 것인 때에는, 그것은 부속시킨 자의 소유로 된다. 여기서 권원이라 함은 타인의 부동산에 자기의 물건을 부속시켜 그 부동산을 이용할 수 있는 권리로서, 지상권·전세권·임차권 등을 의미한다. 이와 같이 부속된 물건에 대하여 독립된 소유권이 인정되기 위해서는 그 물건이 독립한 존재이어야 한다. 따라서 부속된 물건이 독립성이 없는 경우에는 부합이 성립될 뿐 제256조 단서는 적용될 수 없다(통설). 즉 부동산에 부합된 물건이 사실상 분리복구가 불가능하여 거래상 독립한 권리의 객체성을 상실하고 그 부동산과 일체를 이루는 부동산의 구성부분이 된 경우에는 타인이 권원에 의하여 이를 부합시켰더라도 그 물건의 소유권은 부동산의 소유자에게 귀속 된다(대판 2008.05.08. 2007다36933·36940).

---

* 제256조 단서의 권원의 의미

[1] 민법 제256조는 "부동산의 소유자는 그 부동산에 부합한 물건의 소유권을 취득한다. 그러나 타인의 권원에 의하여 부속된 것은 그러하지 아니하다."라고 규정하고 있다. 위 조항 단서에서 말하는 '권원'이라 함은 지상권, 전세권, 임차권 등과 같이 타인의 부동산에 자기의 동산을 부속시켜서 부동산을 이용할 수 있는 권리를 뜻하므로, 그와 같은 권원이 없는 자가 타인의 토지 위에 나무를 심었다면 특별한 사정이 없는 한 토지소유자에 대하여 나무의 소유권을 주장할 수 없다. 지상권자는 타인의 토지에 건물 기타 공작물이나 수목을 소유하기 위하여 그 토지를 사용하는 권리가 있으므로(민법 제279조), 지상권설정등기가 경료 되면 토지의 사용·수익권은 지상권자에게 있고, 지상권을 설정한 토지소유자는 지상권이 존속하는 한 토지를 사용·수익할 수 없다. 따라서 지상권을 설정한 토지소유자로부터 토지를 이용할 수 있는 권리를 취득하였다고 하더라도 지상권이 존속하는 한 이와 같은 권리는 원칙적으로 민법 제256조 단서가 정한 '권원'에 해당하지 아니한다.

[2] 금융기관이 대출금 채권의 담보를 위하여 토지에 저당권과 함께 지료 없는 지상권을 설정하면서 채무자 등의 사용·수익권을 배제하지 않은 경우, 지상권은 저당권이 실행될 때까지 제3자가 용익권을 취득하거나 목적 토지의 담보가치를 하락시키는 침해행위를 하는 것을 배제함으로써 저당 부동산의 담보가치를 확보하는 데에 목적이 있으므로, 토지소유자는 저당 부동산의 담보가치를 하락시킬 우려가 있는 등의 특별한 사정이 없는 한 토지를 사용·수익할 수 있다고 보아야 한다. 따라서 그러한 토지소유자로부터 토지를 사용·수익할 수 있는 권리를 취득하였다면 이러한 권리는 민법 제256조 단서가 정한 '권원'에 해당한다고 볼 수 있다(대판 2018.03.15. 2015다69907).

(3) 관련문제

1) 증·개축부분의 건물에의 부합

토지와 건물은 별개의 부동산이므로, 건물이 토지에 부합하는 일은 없다. 다만 타인소유의 건물을 증축 또는 개축한 경우에, 그 중에서 증·개축 부분은 누구의 소유로 되는지가 문제된다. 증·개축 부분은 부합의 법리에 따라 기존건물의 소유자에게 귀속되는 것이 원칙이나, 건물의 임차인이 건물소유자의 동의를 얻어 증·개축한 경우에는 처음부터 증·개축이 권원에 의한 것이라 할 수 있으므로 증·개축 부분의 소유권은 임차인에게 귀속된다. 다만, 권원에 의하여 증·개축한 경우라 하더라도 증·개축한 자의 소유로 되기 위해서는 그 부분이 독립성을 갖추어야 한다(대판 1999.07.27. 99다14518). 증·개축 부분의 독립성의 유무를 판단하는 데 있어서는 구조상의 독립성과 기능상의 독립성이 그 기준으로 된다. 즉 어떠한 동산이 민법 제256조에 의하여 부동산에 부합된 것으로 인정되기 위해서는 그 동산을 훼손하거나 과다한 비용을 지출하지 않고서는 분리할 수 없을 정도로 부착·합체되었는지 여부 및 그 물리적 구조, 용도와 기능면에서 기존 부동산과는 독립한 경제적 효용을 가지고 거래상 별개의 소유권의 객체가 될 수 있는지 여부 등을 종합하여 판단하여야 하고, 이러한 부동산에의 부합에 관한 법리는 건물의 증축의 경우는 물론 건물의 신축의 경우에도 그대로 적용될 수 있다(대판 2009.09.24. 2009다15602).

2) 수목의 토지에의 부합

예를 들어, 권한 없이 타인의 토지에 수목을 심은 경우에 그 수목은 토지에 부합 한다(대판 1970.11.30. 68다1995). 권원에 기하여 수목을 심은 경우에는 부합되지 않으며, 수목을 심은 자에게 소유권이 있다.

3) 농작물에 대한 예외

각종 농작물도 토지의 일부로서 토지에 부합함이 원칙이겠지만, 판례는 권한 없이 타인의 토지에 농작물을 심은 경우에도 경작자의 소유로 인정하고 있고 이에 대한 명인방법도 필요 없다고 한다(대판 1963.02.21. 62다9131).

3. 동산간의 부합

제257조(동산간의 부합) 동산과 동산이 부합하여 훼손하지 아니하면 분리할 수 없거나 그 분리에 과다한 비용을 요할 경우에는 그 합성물의 소유권은 주된 동산의 소유자에게 속한다. 부합한 동산의 주종을 구별할 수 없는 때에는 동산의 소유자는 부합당시의 가액의 비율로 합성물을 공유한다.

4. 혼 화

제258조(혼화) 전조의 규정은 동산과 동산이 혼화하여 식별할 수 없는 경우에 준용한다.

혼화에는 곡물·금전과 같은 고형종류물혼합과, 술·기름과 같은 유동종류물혼합의 두 종류가 있다. 어느 것이나 서로 쉽게 섞여져서 원물을 식별할 수 없게 된다는 특성이 있다.

5. 가 공

제259조(가공) ① 타인의 동산에 가공한 때에는 그 물건의 소유권은 원재료의 소유자에게 속한다. 그러나 가공으로 인한 가액의 증가가 원재료의 가액보다 현저히 다액인 때에는 가공자의 소유로 한다.
② 가공자가 재료의 일부를 제공하였을 때에는 그 가액은 전항의 증가액에 가산한다.

(1) 요 건

타인의 재료를 쓰거나 또는 타인의 물건에 변경을 가하는 工作(공작)이 있고, 공작의 결과 새로운 물건이 성립하여야 한다. 새로운 물건인가의 여부는 사회경제상의 관념에 의하여 결정될 수밖에 없다.

(2) 효 과

소유권은 원칙적으로 원재료의 소유자에게 속한다. 그러나 가공으로 인한 가액의 증가가 원재료의 가액보다 현저히 다액인 때에는 가공자의 소유로 한다. 가공자가 재료의 일부를 제공하였을 때에는 그 가액은 위 증가액에 가산한다. 가공물의 소유권귀속에 관한 규정은 임의규정이므로 당사자 사이에 별도의 합의가 있으면 그에 의한다[42].

(3) 증명책임

가공으로 인한 소유권취득의 증명책임은 소유권취득을 주장하는 자가 부담한다. 이 경우에는 가공하였다는 사실뿐 아니라 가공으로 인하여 재료의 가액보다 가공물의 가액이 현저히 증가하였다는 사실까지 증명하여야 한다. 민법이 재료주의를 취하고 있기 때문이다.

6. 첨부의 효과

제260조(첨부의 효과) ① 전4조의 규정에 의하여 동산의 소유권이 소멸한 때에는 그 동산을 목적으로 한 다른 권리도 소멸한다.
② 동산의 소유자가 합성물, 혼화물 또는 가공물의 단독소유자가 된 때에는 전항의 권리는 합성물, 혼화물 또는 가공물에 존속하고 그 공유자가 된 때에는 그 지분에 존속한다.

제261조(첨부로 인한 구상권) 전5조의 경우에 손해를 받은 자는 부당이득에 관한 규정에 의하여 보상을 청구할 수 있다.

(1) 의 미

민법 제261조는 첨부에 관한 민법 규정에 의하여 어떤 물건의 소유권 또는 그 물건 위의 다른 권리가 소멸한 경우 이로 인하여 손해를 받은 자는 '부당이득에 관한 규정에 의하여 보상을 청구할 수 있다'고 규정하고 있는데, 여기서 '부당이득에 관한 규정에 의하여 보상을 청구할 수 있다'는 것은 법률효과만이 아니라 법률요건도 부당이득에 관한 규정이 정하는 바에 따른다는 의미이다. 判例도 "민법 제261조에서 첨부로 법률규정에 의한 소유권 취득(민법 제256조 내지 제260조)이 인정된 경우에 "손해를 받은 자는 부당이득에 관한 규정에 의하여 보상을 청구할 수 있다"라고 규정하고 있는바, 이러한 보상청구가 인정되기 위해서는 민법 제261조 자체의 요건만이 아니라, 부당이득 법리에 따른 판단에 의하여 부당이득의 요건이 모두 충족되었음이 인정되어야 한다. 매도인에게 소유권이 유보된 자재가 제3자와 매수인 사이에 이루어진 도급계약의 이행으로 제3자 소유 건물의 건축에 사용되어 부합된 경우 보상청구를 거부할 법률상 원인이 있다고 할 수 없지만, 제3자가 도급계약에 의하여 제공된 자재의 소유권이 유보된 사실에 관하여 과실 없이 알지 못한 경우라면 선의취득의 경우와 마찬가지로 제3자가 그 자재의 귀속으로 인한 이익을 보유할 수 있는 법률상 원인이 있다고 봄이 상당하므로, 매도인으로서는 그에 관한 보상청구를 할 수 없다(대판 2009.09.24. 2009다15602)."고 본다. 그리고 이러한 법리는 매도인에게 소유권이 유보된 자재가 본인에게 효력이 없는 계약에 기초하

---

[42] 근로관계에 기하여 생산된 생산물의 소유권 귀속에 관해서는 가공에 관한 민법규정의 적용이 배제된다. 처음부터 사용자를 위하여 일정한 생산계획에 따라 창조적 노동력을 제공할 것을 계약의 내용으로 하는 근로계약관계에 있어서는 제259조가 적용되지 않는다. 다만, 근로자의 발명에 관해서는 정신적 재산권의 보호와 관련하여 사용자와 근로자 사이의 특약 또는 특별법으로 이를 규율할 수 있다.

여 매도인으로부터 무권대리인에게 이전되고, 무권대리인과 본인 사이에 이루어진 도급계약의 이행으로 본인 소유 건물의 건축에 사용되어 부합된 경우에도 마찬가지로 적용된다(대판 2018.03.15. 2017다282391).

(2) 양도담보의 경우

부당이득반환청구에서 이득이란 실질적인 이익을 의미하는데, 동산에 대하여 양도담보권을 설정하면서 양도담보권설정자가 양도담보권자에게 담보목적인 동산의 소유권을 이전하는 이유는 양도담보권자가 양도담보권을 실행할 때까지 스스로 담보물의 가치를 보존할 수 있게 함으로써 만약 채무자가 채무를 이행하지 않더라도 채권자인 양도담보권자가 양도받은 담보물을 환가하여 우선변제 받는 데에 지장이 없도록 하기 위한 것이고, 동산양도담보권은 담보물의 교환가치 취득을 목적으로 하는 것이다. 이러한 양도담보의 성격에 비추어 보면, 양도담보의 목적인 주된 동산에 다른 동산이 부합되어 부합된 동산에 관한 권리자가 권리를 상실하는 손해를 입은 경우 주된 동산이 담보물로서 가치가 증가된 데 따른 실질적 이익은 주된 동산에 관한 양도담보권설정자에게 귀속되는 것이므로, 이 경우 부합으로 인하여 권리를 상실하는 자는 양도담보권설정자를 상대로 민법 제261조에 따라 보상을 청구할 수 있을 뿐 양도담보권자를 상대로 보상을 청구할 수는 없다(대판 2016.04.02. 2012다19659).

제3절 공동소유

I. 서설

	공유	합유	총유
성질	다수인간에 인적 결합관계없이 단순히 2인 이상이 소유하는 경우(지분적 소유)	다수인이 공동목적으로 결합하나 단체로서의 독립성을 갖추지 못한 조합의 소유형태(합수적 소유)	사원의 집합체로서 물건을 소유하는 비법인사단의 소유형태
보존행위	각자 단독으로 가능 (제265조 단서)	각자 단독으로 가능 (제272조 단서)	비법인사단 또는 구성원전원이 당사자가 되며 구성원은 총회결의를 거쳐도 당사자가 되지 않음(대판(全合) 2005.09.15. 2004다44971).
기타 관리 행위 (이용, 개량행위)	과반수지분으로 가능 (제265조 본문)	계약(조합규약)에 의함	총회 결의로만 가능(제275조 제2항)
사용, 수익, 부담	지분비율로 가능 (제263조, 제266조)	계약(조합규약)에 의함	각 사원이 정관 기타 규약에 좇아 가능(제276조 제2항)
물건의 처분, 변경	전원 동의로만 가능 (제264조)	전원 동의로만 가능 (제272조 본문)	총회 결의로만 가능 (제276조 제1항)
지분의 처분	자유로이 처분가능(제263조 전단) ∴ 공유지분은 독립된 권리이다.	전원 동의로만 가능(제273조 제1항) ∴ 합유지분은 독립된 권리가 아니라고 볼 수 있다.	지분개념 ×

1. 공동소유 형태

민법은 공동소유 형태에 대해 공유(제262조 ~ 제270조), 합유(제271조 ~ 제274조), 총유(제275조 ~ 제277조)의 3가지를 인정하고, 이를 소유권 이외의 다른 재산권에 준용시킨다(제278조).

2. 입법례

일본은 공유에 대해서만 규정하고 있고, 독일과 스위스는 공유, 합유 만을 규정하고 있다. 따라서 총유라는 개념을 인정하는 현행 민법은 특유한 입법례라고 할 수 있다.

3. 분류 기준

통설은 ① 공동목적 없이 우연하게 결합된 것은 공유 ② 일정한 사업 등의 목적을 위하여 결합하였으나 단체로서의 실질이 없는 조합을 이루고 있는 합유 ③ 비법인사단으로 결합되어 있으면 총유라고 본다.

4. 특징

공유는 지분을 중심으로 독립된 소유권이 우연하게 결합되어 있는데 지나지 않고, 합유는 지분은 있으나 지분처분 등에 제한을 받는 조합의 소유형태이고, 총유는 지분이라는 개념이 인정되지 않고 단순한 사용·수익권만 인정되는 비법인사단의 소유형태이다.

II. 공유

제262조(물건의 공유) ① 물건이 지분에 의하여 수인의 소유로 된 때에는 공유로 한다.
② 공유자의 지분은 균등한 것으로 추정한다.

1. 의의 및 성립

(1) 의의 및 성질

물권이 지분에 의하여 수인의 소유로 되는 경우 공유가 된다. 공유는 물건에 대한 공동소유의 한 형태로서 물건에 대한 1개의 소유권이 분량적으로 분할되어 여러 사람에게 속하는 것이다(양적분할설, 대판 1991.11.12. 91다27228).

(2) 상호명의신탁 및 상표권

부동산의 위치와 면적을 특정하여 2인 이상이 구분소유하기로 약정을 하고 그 구분소유자의 공유로 등기하는 것을 구분소유적 공유 또는 상호명의신탁이라고 한다. 이 경우 지분권자는 내부관계에 있어서는 그 특정부분에 한하여 소유권을 취득하나, 외부관계에 있어서는 1필지 전체에 관하여 공유관계가 성립 된다(대판 1994.02.08. 93다42986). 상표권이 공유인 경우에 합유와 유사한 성질을 가지지만, 상표권의 공유에도 상표법의 다른 규정이나 그 본질에 반하지 아니하는 범위 내에서는 민법상의 공유의 규정이 적용될 수 있다고 할 것이다(대판 2004.12.09. 2002후567).

> **＊ 상호명의신탁**
>
> **1. 상호명의신탁의 법률관계**
> 공유지분의 등기가 있다 하더라도 내부관계에서는 공유관계가 아닌 특정 부분에 대한 단독소유권이 발생하여 이를 배타적으로 사용·수익할 수 있다. 다른 구분소유자의 방해행위에 대하여 배제가 가능하고, 외부적으로 제3자와의 관계에서는 그 부동산 전체에 대하여 공유관계가 성립 한다(대판 1994.02.08. 93다42986). 구분소유적 공유지분을 양도하면 양수인과의 명의신탁관계가 그대로 유지되는데 승계를 위해서 다른 구분소유자의 동의를 얻어야 하는 것은 아니다. 구분소유적 공유관계에 있는 토지 위에 자신의 특정 사용 부분에 건물을 신축한 후 경매로 대지와 건물의 소유자가 달라진 경우, 경락 매수인은 그 대지에 대하여 관습상의 법정지상권을 취득 한다(대판 1990.06.26. 89다카24094). 상호명의신탁관계 내지 구분소유적 공유관계에서 건물의 특정 부분을 구분소유 하는 자는 그 부분에 대하여 신탁적으로 지분등기를 가지고 있는 자를 상대로 하여 그 특정 부분에 대한 명의신탁 해지를 원인으로 한 지분이전등기절차의 이행을 구할 수 있을 뿐 그 건물 전체에 대한 공유물분할을 구할 수는 없다(대판 2010.05.27. 2006다84171).
>
> **2. 관련 判例**
> 1동의 건물 중 위치 및 면적이 특정되고 구조상·이용상 독립성이 있는 일부분씩을 2인 이상이 구분소유하기로 하는 약정을 하고 등기만은 편의상 각 구분소유의 면적에 해당하는 비율로 공유지분등기를 하여 놓은 경우, 구분소유자들 사이에 공유지분등기의 상호명의신탁관계 내지 건물에 대한 구분소유적 공유관계가 성립하지만, <u>1동 건물 중 각 일부분의 위치 및 면적이 특정되지 않거나 구조상·이용상 독립성이 인정되지 아니한 경우에는 공유자들 사이에 이를 구분소유하기로 하는 취지의 약정이 있다 하더라도 일반적인 공유관계가 성립할 뿐, 공유지분등기의 상호명의신탁관계 내지 건물에 대한 구분소유적 공유관계가 성립한다고 할 수 없다</u>(대판 2014.02.27. 2011다42430). 1필지의 토지의 위치와 면적을 특정하여 2인 이상이 구분소유하기로 하는 약정을 하고 구분소유자의 공유로 등기하는 이른바 구분소유적 공유관계에 있어서, <u>1필지의 토지 중 특정 부분에 대한 구분소유적 공유관계를 표상하는 공유지분을 목적으로 하는 근저당권이 설정된 후 구분소유하고 있는 특정 부분별로 독립한 필지로 분할되고 나아가 구분소유자 상호 간에 지분이전등기를 하는 등으로 구분소유적 공유관계가 해소되더라도 그 '근저당권'은 종전의 구분소유적 공유지분의 비율대로 분할된 토지들 전부의 위에 그대로 존속하는 것이고, 근저당권설정자의 단독소유로 분할된 토지에 당연히 집중되는 것은 아니다</u>(대판 2014.06.26. 2012다25944).

(3) 법률행위 또는 법률의 규정

1) 법률행위

하나의 물건을 수인이 공동의 소유로 한다는 의사의 합치에 의하여 공유는 성립한다. 이때 그 물건이 부동산인 경우에는 등기를 하여야 한다. 이때의 등기는 공유의 등기와 공유지분의 등기이다. 공유자는 공유등기를 하여야 한다(부등법 제44조). 등기가 없으면 공유자가 되지 못하고, 따라서 지분권도 주장하지 못한다. 공유지분도 반드시 등기하여야 하며, 이를 하지 아니하는 때에는 그 지분은 균등한 것으로 추정되고, 실제의 지분비율을 가지고 제3자에게 대항할 수 없다(제262조 2항).

2) 법률의 규정

수인 공동의 무주물선점(제252조), 유실물습득(제253조), 매장물발견(제254조 본문), 타인의 물건 속에서의 매장물발견(제254조 단서), 주종을 구별할 수 없는 동산의 부합(제257조 후단), 혼화(제258조), 공유물의 과실(제102조), 건물의 구분소유에 있어서의 공용부분(제215조) 및 경계에 설치된 경계표, 담, 구거(제239조) 등이 있다. 그리고 공동상속재산과 공동포괄수유재산에 대해서는 민법 제1006조의 '공유로 한다.'의 의미를 둘러싸고, 공유와 동일한 의미라는 공유설과 합유의 의미라는 합유설이 대립하고 있다. 判例는 "당사자인 피상속인이 사망한 경우 공동상속재산은 상속인들의 공유(대판 1993.02.12. 92다29801)."라고 하여 공유설이다.

2. 공유지분

(1) 지분의 의의 및 비율

각 공유자가 목적물에 대하여 가지는 소유의 비율인 지분과 이 지분에 기하여 각 공유자가 공유물에 대하여 가지는 권리인 지분권은 개념상 구별되나, 민법은 양자를 엄격하게 구별하여 사용하지는 않는다. 지분의 비율은 공유자의 의사표시나 법률의 규정(제254조 단서, 제257조 후문, 제258조, 집합건물법 제12조)에 의하여 정해진다. 그러나 그것이 불분명한 경우에는 균등한 것으로 추정된다(제262조 2항). 부동산의 공유지분의 비율은 등기하여야 하며(부등법 제44조), 등기하지 않으면 지분비율은 균등한 것으로 추정된다(제262조 2항).

(2) 지분의 처분

> 제263조(공유지분의 처분과 공유물의 사용, 수익) 공유자는 그 지분을 처분할 수 있고 공유물 전부를 지분의 비율로 사용, 수익할 수 있다.

지분권은 하나의 독립된 소유권의 성질을 가지므로 각 소유자는 다른 공유자의 동의 없이 자유로이 자신의 지분을 처분할 수 있다(제263조). 각 공유자는 그 지분권을 다른 공유자의 동의가 없는 경우라도 양도 기타의 처분을 할 수 있는 것이며 공유자끼리 그 지분을 교환하는 것도 그것이 지분권의 처분에 해당하는 이상 다른 공유자의 동의를 요하는 것이 아니다(대판 1972.05.23. 71다2760).

3. 공유자간 간의 법률관계

(1) 공유물의 사용, 수익

> 제263조(공유지분의 처분과 공유물의 사용, 수익) 공유자는 그 지분을 처분할 수 있고 공유물 전부를 지분의 비율로 사용, 수익할 수 있다.

<u>공유자는 공유물 전부를 지분의 비율로 사용·수익할 수 있고 공유물의 관리에 관한 사항은 공유자의 지분의 과반수로써 결정하는 것이므로 공유물의 구체적인 사용·수익의 방법에 관하여 공유자들 사이에 지분 과반수의 합의 없이 공유자 중의 1인이 이를 배타적으로 점유·사용하고 있다면 다른 공유자에 대하여는 그 지분에 상응하는 부당이득을 하고 있는 것이 된다</u>(대판 2001.12.11. 2000다13948). 따라서 공동상속인 중의 1인이 상속재산인 건물에 거주함으로써 상속재산인 그 건물 부지를 사용·수익하고 있는 경우, 그 사용·수익이 공유지분 과반수의 결의에 기한 것이라는 등의 특별한 사정이 없다면, 위 공동상속인은 건물뿐만 아니라 토지에 관하여도 다른 공동상속인의 공유지분에 해당하는 부분을 부당이득으로서 반환하여야 한다(대판 2006.11.24. 2006다49307·49314).

(2) 공유물의 처분, 변경

> 제264조(공유물의 처분, 변경) 공유자는 다른 공유자의 동의 없이 공유물을 처분하거나 변경하지 못한다.

공유자 사이에 공유물을 사용·수익할 구체적인 방법을 정하는 것은 공유물의 관리에 관한 사항으로서 공유자의 지분의 과반수로써 결정하여야 할 것이고, 과반수의 지분을 가진 공유자는 다른 공유자와 사이에 미리 공유물의 관리방법에 관한 협의가 없었다 하더라도 공유물의 관리에 관한 사항을 단독으로 결정할 수 있으므로, 과반수의 지분을 가진 공유자가 그 공유물의 특정 부분을 배타적으로 사용·수익하기로 정하는 것은 공유물의 관리방법으로서 적법하며, 다만 그 사용·수익의 내용이 공유물의 기존의 모습에 본질적 변화를 일으켜 '관리' 아닌 '처분'이나 '변경'의 정도에 이르는 것이어서는 안 될 것이고, 예컨대 다수지분권자라

하여 나대지에 새로이 건물을 건축한다든지 하는 것은 '관리'의 범위를 넘는 것이 될 것이다(대판 2001.11.27. 2000다33638·33645).

(3) 공유물의 관리, 보존

제265조(공유물의 관리, 보존) 공유물의 관리에 관한 사항은 공유자의 지분의 과반수로써 결정한다. 그러나 보존행위는 각자가 할 수 있다.

1) 공유물의 관리

제265조의 관리란 제264조 규정의 처분 및 변경에까지 이르지 않는 것으로서 공유물을 이용·개량하는 행위이다. 따라서 과반수 지분의 공유자라면 다른 공유자와 사이에 협의를 하지 아니한 채 자신이 그 공유물의 특정 부분을 배타적으로 사용·수익하기로 정할 수 있다. 위토[43]경작계약의 해제는 관리행위라고 할 수 있으므로, 민법 제265조 본문에 의하여 공유자의 과반수의 결의가 필요하다(대판 1964.09.22. 64다288). 이 때의 계약해제는 단순한 현상유지에 지나지 않기 때문이다. 그러나 계약의 해제가 관리행위가 아니라 소유권의 귀속을 달리하는 공유물의 처분·변경에 해당할 때(매매계약)에는 공유자 전원의 동의를 요한다(제264조). 공유물의 관리에 관한 사항은 공유자의 지분의 과반수로써 결정하고, 공유자간의 공유물에 대한 사용수익·관리에 관한 특약은 공유자의 특정승계인에 대하여도 당연히 승계된다고 할 것이나, 공유물에 관한 특약이 지분권자로서의 사용수익권을 사실상 포기하는 등으로 공유지분권의 본질적 부분을 침해한다고 볼 수 있는 경우에는 특정승계인이 그러한 사실을 알고도 공유지분권을 취득하였다는 등의 특별한 사정이 없는 한 특정승계인에게 당연히 승계되는 것으로 볼 수는 없다(대판 2009.12.10. 2009다54294).

2) 보존행위

공유물의 보존행위는 공유물의 멸실·훼손을 방지하고 그 현상을 유지하기 위하여 하는 사실적, 법률적 행위이다. 민법 제265조 단서가 이러한 공유물의 보존행위를 각 공유자가 단독으로 할 수 있도록 한 취지는 그 보존행위가 긴급을 요하는 경우가 많고 다른 공유자에게도 이익이 되는 것이 보통이기 때문이다(대판 2019.09.26. 2015다208252). 보존행위란 목적물의 멸실·훼손을 방지하고 그 현상을 유지하기 위하여 하는 행위를 말하고, 보존행위의 형태는 수선·유지·보관뿐만 아니라 필요한 경우에는 공유물의 인도나 명도도 이에 해당 한다(대판(全合) 1994.03.22. 93다9392]. 또한 부동산의 공유자의 1인은 당해 부동산에 관하여 제3자 명의로 원인무효의 소유권이전등기가 경료 되어 있는 경우 공유물에 관한 보존행위로서 제3자에 대하여 그 등기 전부의 말소를 구할 수 있다(대판 1993.05.11. 92다52870).

(4) 공유물의 부담

제266조(공유물의 부담) ① 공유자는 그 지분의 비율로 공유물의 관리비용 기타 의무를 부담한다. ② 공유자가 1년 이상 전항의 의무이행을 지체한 때에는 다른 공유자는 상당한 가액으로 지분을 매수할 수 있다.

공유자의 지분매수청구권은 상대방의 동의를 요하지 않는 일종의 형성권으로서 이를 행사하려면 매수대상지분에 해당하는 매매대금을 제공하여야 한다(대판 1992.10.09. 92다25656).

---

43) 제사 또는 이와 관련된 사항들을 집행하는 데 드는 비용을 충당하기 위한 토지. 위토는 주로 논과 밭으로서 각각 위토답(位土畓)·위토전(位土田) 또는 위답(位畓)·위전(位田)이라고 구분하여 부르기도 하며, 이따금 임야도 그 수익이 제사 경비에 충당되는 경우에는 위토에 포함하기도 한다.

(5) 지분의 포기 - 지분의 탄력성

제267조(지분포기 등의 경우의 귀속) 공유자가 그 지분을 포기하거나 상속인 없이 사망한 때에는 그 지분은 다른 공유자에게 각지분의 비율로 귀속한다.

지분은 하나의 독립된 소유권과 같은 성질을 가지므로 탄력성이 있다. 즉 공유자가 그 지분을 포기하거나, 상속인 없이 사망한 때에는 그 지분은 다른 공유자에게 각 지분의 비율로 귀속한다(제267조). 다만, 구분건물의 소유자가 갖는 대지사용권에 대한 지분에는 제267조의 적용이 배제된다(집합건물법 제22조). 민법 제267조는 "공유자가 그 지분을 포기하거나 상속인 없이 사망한 때에는 그 지분은 다른 공유자에게 각 지분의 비율로 귀속한다."라고 규정하고 있다. 여기서 공유지분의 포기는 법률행위로서 상대방 있는 단독행위에 해당하므로, 부동산 공유자의 공유지분 포기의 의사표시가 다른 공유자에게 도달하더라도 이로써 곧바로 공유지분 포기에 따른 물권변동의 효력이 발생하는 것은 아니고, 다른 공유자는 자신에게 귀속될 공유지분에 관하여 소유권이전등기청구권을 취득하며, 이후 민법 제186조에 의하여 등기를 하여야 공유지분 포기에 따른 물권변동의 효력이 발생한다. 그리고 부동산 공유자의 공유 지분 포기에 따른 등기는 해당 지분에 관하여 다른 공유자 앞으로 소유권이전등기를 하는 형태가 되어야 한다(대판 2016.10.27. 2015다52978).

4. 공유의 주장

(1) 지분의 대외적 주장

1) 지분권의 확인 청구

공유자의 지분은 다른 공유자의 지분에 의하여 일정한 비율로 제한을 받는 것을 제외하고는 독립한 소유권과 같은 것으로 공유자는 그 지분을 부인하는 제3자에 대하여 각자 그 지분권을 주장하여 지분의 확인을 소구하여야 하는 것이고, 공유자 일부가 제3자를 상대로 다른 공유자의 지분의 확인을 구하는 것은 타인의 권리관계의 확인을 구하는 소에 해당한다고 보아야 할 것이므로 그 타인 간의 권리관계가 자기의 권리관계에 영향을 미치는 경우에 한하여 확인의 이익이 있다고 할 것이며, 공유물 전체에 대한 소유관계 확인도 이를 다투는 제3자를 상대로 공유자 전원이 하여야 하는 것이지 공유자 일부만이 그 관계를 대외적으로 주장할 수 있는 것이 아니므로, 아무런 특별한 사정이 없이 다른 공유자의 지분의 확인을 구하는 것은 확인의 이익이 없다(대판 1994.11.11. 94다35008).

2) 지분의 이전 또는 말소등기청구

복수의 권리자가 소유권이전청구권을 보전하기 위하여 가등기를 마쳐 둔 경우 특별한 사정이 없는 한 그 권리자 중 한 사람은 자신의 지분에 관하여 단독으로 그 가등기에 기한 본등기를 청구할 수 있고, 이는 명의신탁해지에 따라 발생한 소유권이전청구권을 보전하기 위하여 복수의 권리자 명의로 가등기를 마쳐 둔 경우에도 마찬가지이며, 이때 그 가등기 원인을 매매예약으로 하였다는 이유만으로 가등기 권리자 전원이 동시에 본등기절차의 이행을 청구하여야 한다고 볼 수 없다(대판 2002.07.09. 2001다43922·43939). 그러나 수인의 채권자가 각기 채권을 담보하기 위하여 채무자와 채무자 소유의 부동산에 관하여 수인의 채권자를 공동매수인으로 하는 1개의 매매예약을 체결하고 그에 따라 수인의 채권자 공동명의로 그 부동산에 가등기를 마친 경우, **수인의 채권자가 공동으로 매매예약완결권을 가지는 관계인지 아니면 채권자 각자의 지분별로 별개의 독립적인 매매예약완결권을 가지는 관계인지는 매매예약의 내용에 따라야 하고, 매매예약에서 그러한 내용을 명시적으로 정하지 않은 경우**에는 수인의 채권자가 공동으로 매매예약을 체결하게 된 동기 및 경위, 매매예약에 의하여 달성하려는 담보의 목적, 담보 관련 권리를 공동 행사하려는 의사의 유무, 채권자별 구체적인 지분권의 표시 여부 및 지분권 비율과 피담보채권 비율의 일치 여부, 가등기담보권 설정의 관행 등을 종합적으로 고려하여 판단하여야 한다[44](대판(全合) 2012.02.16. 2010다82530). 그리고 <u>원고가 피고에 대</u>

하여 피고 명의로 마쳐진 소유권보존등기의 말소를 구하려면 먼저 원고에게 그 말소를 청구할 수 있는 권원이 있음을 적극적으로 주장·증명하여야 하며, 만일 원고에게 이러한 권원이 있음이 인정되지 않는다면 설사 피고 명의의 소유권보존등기가 말소되어야 할 무효의 등기라고 하더라도 원고의 청구를 인용할 수 없다 할 것인바, 부동산의 공유자의 1인은 당해 부동산에 관하여 제3자 명의로 원인무효의 소유권이전등기가 경료 되어 있는 경우 공유물에 관한 보존행위로서 제3자에 대하여 그 등기 전부의 말소를 구할 수 있으나, 공유자가 "다른 공유자의 지분권을 대외적으로 주장하는 것"을 공유물의 멸실·훼손을 방지하고 공유물의 현상을 유지하는 사실적·법률적 행위인 공유물의 보존행위에 속한다고 할 수 없으므로, 자신의 소유지분을 침해하는 지분 범위를 초과하는 부분에 대하여 공유물에 관한 보존행위로서 무효라고 주장하면서 그 부분 등기의 말소를 구할 수는 없다(대판 2010.01.14. 2009다67429).

3) 지분의 침해에 대한 반환청구, 방해배제청구 및 손해배상청구

공유물에 관하여 제3자가 침해를 가하고 있는 경우, 각 공유자는 지분권에 기한 물권적 청구권으로서 제3자에 대하여 지분비율에 따른 반환청구권 내지 방해배제 청구권을 단독으로 행사할 수 있음은 당연하다. 이 경우 공유자 1인이 자신의 지분권에 기하여 공유물 '전부'에 대한 방해배제, 또는 자기에게 물건의 전부를 인도할 것을 청구할 수 있는지가 문제된다. 지분권은 어느 부분으로 특정되어 있지 않기 때문에 공유물 전체에 미치는 소유권의 실질을 가지므로 공유물 전체에 대한 방해배제청구가 인정된다. 그리고 인도 또는 반환청구에 있어서도 단독으로 청구할 수 있다45). 다만 공유물에 끼친 불법행위를 이유로 하는 손해배상청구권은 특별한 사유가 없는 한 각 공유자가 지분에 대응하는 비율의 한도 내에서만 이를 행사할 수 있다(대판 1970.04.14. 70다171). 그리고 공유자가 다른 공유자의 지분을 침해하고 있거나 불법점유하고 있는 경우, 다른 공유자는 그 방해를 배제를 청구할 수 있다. 다만 공유물의 소수지분권자인 피고가 다른 공유자와 협의하지 않고 공유물의 전부 또는 일부를 독점적으로 점유하는 경우, 다른 소수지분권자인 원고는 피고를 상대로 공유물의 인도를 청구할 수 없다46)47)[대판(全) 2020.05.21. 2018다287522]. 그러나 과반수의 지분권을 가진 자가 배타적으로 사용할

---

44) 이와 달리 1인의 채무자에 대한 수인의 채권자의 채권을 담보하기 위하여 그 수인의 채권자와 채무자가 채무자 소유의 부동산에 관하여 수인의 채권자를 권리자로 하는 1개의 매매예약을 체결하고 그에 따른 가등기를 마친 경우에, **매매예약의 내용이나 매매예약완결권 행사와 관련한 당사자의 의사와 관계없이 언제나 수인의 채권자가 공동으로 매매예약완결권을 가진다고 보고, 매매예약완결의 의사표시도 수인의 채권자 전원이 공동으로 행사하여야 한다는 취지의 대판 1984.06.12. 83다카2282, 대판 1985.05.28. 84다카2188, 대판 1985.10.08. 85다카604, 대판 1987.05.26. 85다카2203 등은 이 판결의 견해와 저촉되는 한도에서 변경**하기로 한다.

45) 그러나 그 근거에 대하여 학설은, 공유물은 불가분이므로 불가분채권을 유추적용하여 불가분채권에 있어서와 마찬가지로 각 공유자가 단독으로 모든 공유자를 위하여 반환청구를 할 수 있다고 한다. 반면 판례는 방해배제의 청구 및 반환청구가 보존행위에 속하므로 단독으로도 청구할 수 있다고 한다(대판 1993.05.11. 92다52870).

46) 1. 공유물의 소수지분권자인 피고가 다른 공유자와 협의하지 않고 공유물의 전부 또는 일부를 독점적으로 점유하는 경우 소수지분권자인 원고가 피고를 상대로 공유물의 인도를 청구할 수는 없다고 보아야 한다. 2. 공유자들 사이에 공유물 관리에 관한 결정이 없는 경우 공유자가 다른 공유자를 배제하고 공유물을 독점적으로 점유·사용하는 것은 위법하여 허용되지 않지만, 다른 공유자의 사용·수익권을 침해하지 않는 방법으로, 즉 비독점적인 형태로 공유물 전부를 다른 공유자와 함께 점유·사용하는 것은 자신의 지분권에 기초한 것으로 적법하다. 일부 공유자가 공유물의 전부나 일부를 독점적으로 점유한다면 이는 다른 공유자의 지분권에 기초한 사용·수익권을 침해하는 것이다. 공유자는 자신의 지분권 행사를 방해하는 행위에 대해서 민법 제214조에 따른 방해배제청구권을 행사할 수 있고, 공유물에 대한 지분권은 공유자 개개인에게 귀속되는 것이므로 공유자 각자가 행사할 수 있다. 원고는 공유물의 종류(토지, 건물, 동산 등), 용도, 상태(피고의 독점적 점유를 전·후로 한 공유물의 현황)나 당사자의 관계 등을 고려해서 원고의 공동 점유를 방해하거나 방해할 염려가 있는 피고의 행위와 방해물을 구체적으로 특정하여 그 방해의 금지, 제거, 예방(작위·부작위의무의 이행)을 구하는 형태로 청구취지를 구성할 수 있다. 법원은 이것이 피고의 방해 상태를 제거하기 위하여 필요하고 원고가 달성하려는 상태가 공유자들의 공동 점유 상태에 부합한다면 이를 인용할 수 있다. 위와 같은 출입 방해금지 등의 부대체적 작위의무와 부작위의무는 간접강제의 방법으로 민사집행법에 따라 충분히 실효성 있는 강제집행을 할 수 있다. 3. 이와 달리 공유물의 소수지분권자가 다른 공유자와 협의 없이 공유물의 전부 또는 일부를 독점적으로 점유하고 있는 경우 다른 소수지분권자가 공유물에 대한 보존행위로서 그 인도를 청구할 수 있다고 판단한 대법원 1994. 3. 22. 선고 93다9392, 93다9408 전원합의체 판결 등은 이 판결의 견해에 배치되는 범위에서 이를 변경하기로 한다[대판(全) 2020.05.21. 2018다287522].

것을 정하는 경우, 이는 공유물의 관리방법으로서 적법한 것이지만, 소수지분권자는 그로 인한 손해에 대해 과반수지분권자에게 부당이득반환을 구할 수 있다[48](대판 2001.11.27. 2000다33638·33645).

(2) 공유관계의 대외적 주장

부동산의 공유자의 1인은 당해부동산에 관하여 제3자 명의로 원인무효의 소유권이전등기가 경료 되어 있는 경우, 공유물에 관한 보존행위로서 제3자에 대하여 그 등기 전부의 말소를 구할 수 있다(대판 1966.04.19. 66다415). 그리고 부동산의 공유자 중 한 사람은 공유물에 대한 보존행위로서 그 공유물에 관한 원인무효의 등기 전부의 말소를 구할 수 있고, 진정명의회복을 원인으로 한 소유권이전등기청구권과 무효등기의 말소청구권은 어느 것이나 진정한 소유자의 등기명의를 회복하기 위한 것으로서 실질적으로 그 목적이 동일하고 두 청구권 모두 소유권에 기한 방해배제청구권으로서 그 법적 근거와 성질이 동일하므로, 공유자 중 한 사람은 공유물에 경료된 원인무효의 등기에 관하여 각 공유자에게 해당 지분별로 진정명의회복을 원인으로 한 소유권이전등기를 이행할 것을 단독으로 청구할 수 있다(대판 2005.09.29. 2003다40651). 다만 그 제3자가 당해 부동산의 공유자 중의 1인인 경우에는 그 소유권이전등기는 동인의 공유지분에 관하여는 실체관계에 부합하는 등기라고 할 것이므로, 이러한 경우 공유자의 1인은 단독 명의로 등기를 경료하고 있는 공유자에 대하여 그 공유자의 공유지분을 제외한 나머지 공유지분 전부에 관하여만 소유권이전등기 말소등기절차의 이행을 구할 수 있다(대판 2015.04.09. 2012다2408).

5. 공유물의 분할

(1) 의의

공유자는 언제든지 공유물의 분할을 청구하여 공유관계를 종료시킬 수 있다. 공유물분할청구권은 형성권이다. 공유물의 분할은 협의에 의한 분할, 재판상 분할 모두 공유자 전원이 분할절차에 참여하여야 한다. 공유물분할청구의 소는 분할을 청구하는 공유자가 원고가 되어 다른 공유자 전부를 공동피고로 하여야 하는 고유필수적 공동소송이다(대판 2014.01.29. 2013다78556).

(2) 분할의 법적 성질

공유물의 분할은 소유권지분의 이전이므로, 공유자 상호간의 지분의 교환(현물분할) 또는 매매(가격배상 또는 대금분할)이며, 분할의 효과는 분할 시에 발생한다[49](이전설). 협의에 의한 분할의 경우에는 공유부동산

---

47) 변경 전 判例 : 공유자 1인이 공유물 전체를 배타적·독점적으로 사용하고 있는 경우, 지분을 소유하고 있는 공유자나 그 지분에 관한 소유권이전등기청구권을 가지고 있는 자라고 할지라도 다른 공유권자와의 협의 없이는 공유물을 배타적으로 점유하여 사용·수익할 수 없는 것이므로, 다른 공유권자는 자신이 소유하고 있는 지분이 과반수에 미달되더라도 공유물을 점유하고 있는 자에 대하여 공유물의 보존행위로서 공유물의 인도나 명도를 청구할 수 있다(대판(全合) 1994.03.22. 93다9392·93다9408).
48) 공유자 사이에 공유물을 사용·수익할 구체적인 방법을 정하는 것은 공유물의 관리에 관한 사항으로서 공유자의 지분의 과반수로써 결정하여야 할 것이고, 과반수 지분의 공유자는 다른 공유자와 사이에 미리 공유물의 관리방법에 관한 협의가 없었다 하더라도 공유물의 관리에 관한 사항을 단독으로 결정할 수 있으므로, 과반수 지분의 공유자가 그 공유물의 특정 부분을 배타적으로 사용·수익하기로 정하는 것은 공유물의 관리방법으로서 적법하다고 할 것이므로, 과반수 지분의 공유자로부터 사용·수익을 허락받은 점유자에 대하여 소수 지분의 공유자는 그 점유자가 사용·수익하는 건물의 철거나 퇴거 등 점유배제를 구할 수 없다. 과반수 지분의 공유자는 공유자와 사이에 미리 공유물의 관리방법에 관하여 협의가 없었다 하더라도 공유물의 관리에 관한 사항을 단독으로 결정할 수 있으므로 과반수 지분의 공유자는 그 공유물의 관리방법으로서 그 공유토지의 특정된 한 부분을 배타적으로 사용·수익할 수 있으나, 그로 말미암아 지분은 있으되 그 특정 부분의 사용·수익을 전혀 하지 못하여 손해를 입고 있는 소수지분권자에 대하여 그 지분에 상응하는 임료 상당의 부당이득을 하고 있다 할 것이므로 이를 반환할 의무가 있다 할 것이나, 그 과반수 지분의 공유자로부터 다시 그 특정 부분의 사용·수익을 허락받은 제3자의 점유는 다수지분권자의 공유물관리권에 터잡은 적법한 점유이므로 그 제3자는 소수지분권자에 대하여도 그 점유로 인하여 법률상 원인 없이 이득을 얻고 있다고는 볼 수 없다(대판 2002.05.14. 2002다9738).
49) 이에 반하여 공유물의 분할은 소유형태에 불과한 것으로, 공유물전부에 분산되어 있던 지분을 특정부분에 집중하는 것이고, 공유자가 분할로 취득한 부분은 본래 각자의 소유에 속하던 것을 분할에 의하여 인정 또는 선언하는 것에 불과하다는 선언

에 대하여 대장상 분할등록을 하고 등기부상 분할등기를 한 후, 분할 된 각 부분에 대하여 단독소유권을 취득하게 된다(제186조). 재판에 의한 분할(현물분할)의 경우에는 분할을 명한 판결의 확정으로 각 공유자가 분할된 각 부분에 대하여 단독소유권을 취득하게 된다(제187조). 구분소유적 공유물의 분할(=상호명의신탁 해지)의 경우에는 그 특정된 대로 대장상 분할등록을 하고 등기부상 분할등기를 한 후, 분할된 각 부분에 대하여 상호명의신탁해지를 원인으로 한 지분이전등기를 함으로써, 특정된 각 부분을 각 공유자의 단독소유로 등기할 수 있다.

(3) 분할의 제한

1) 법률행위에 의한 제한

제268조(공유물의 분할청구) ① 공유자는 공유물의 분할을 청구할 수 있다. 그러나 5년 내의 기간으로 분할하지 아니할 것을 약정할 수 있다. ② 전항의 계약을 갱신한 때에는 그 기간은 갱신한 날로부터 5년을 넘지 못한다. ③ 전2항의 규정은 제215조, 제239조의 공유물에는 적용하지 아니한다.

공유자는 5년 내의 기간으로 분할하지 아니할 것을 약정할 수 있다(분할금지특약). 이 기간은 갱신할 수 있으나, 갱신된 분할금지기간 역시 5년을 넘지 못하며, 부동산에 관한 분할금지의 약정은 등기하여야 한다. 피상속인은 유언으로 상속개시의 날로부터 5년을 경과하지 아니하는 기간 내에서 상속재산의 분할을 금지할 수 있다(제1012조).

2) 법률규정에 의한 제한

건물을 구분소유 하는 경우의 공용부분(제215조), 경계에 설치된 경계표, 담, 구거(제239조) 등에 대하여는 분할이 인정되지 아니한다(제268조 3항). 또한 대지 위에 구분소유권의 목적인 건물이 속하는 1동의 건물이 있을 때에는 그 대지의 공유자는 그 건물의 사용에 필요한 범위 내의 대지에 대해서는 분할을 청구하지 못한다(집합건물법 제8조). 그리고 判例는 "민사집행법 제81조 제1항 제2호 단서는 등기되지 아니한 건물에 대한 강제경매신청서에는 그 건물에 관한 건축허가 또는 건축신고를 증명할 서류를 첨부하여야 한다고 규정함으로써 적법하게 건축허가나 건축신고를 마친 건물이 사용승인을 받지 못한 경우에 한하여 부동산 집행을 위한 보존등기를 할 수 있게 하였고, 같은 법 제274조 제1항은 공유물분할을 위한 경매와 같은 형식적 경매는 담보권 실행을 위한 경매의 예에 따라 실시한다고 규정하며, 같은 법 제268조는 부동산을 목적으로 하는 담보권 실행을 위한 경매절차에는 같은 법 제79조 내지 제162조의 규정을 준용한다고 규정하고 있으므로, 건축허가나 신고 없이 건축된 미등기 건물에 대하여는 경매에 의한 공유물분할이 허용되지 않는다(대판 2013.09.13. 2011다69190)."고 한다.

3) 구분소유적 공유관계

상호명의신탁은 진정한 공유관계가 아니므로 공유물분할청구를 할 수 없고, 명의신탁해지를 원인으로 한 지분이전등기를 청구하여야 한다.

(4) 분할의 방법

제269조(분할의 방법) ① 분할의 방법에 관하여 협의가 성립되지 아니한 때에는 공유자는 법원에 그 분할을 청구할 수 있다. ② 현물로 분할할 수 없거나 분할로 인하여 현저히 그 가액이 감손될 염려가 있는 때에는 법원은 물건의 경매를 명할 수 있다.

설이 있다. 이에 의하면 분할의 효과는 공유관계의 성립 시로 소급하여 발생하게 된다. 判例는 이전설의 입장이지만, 조세소송(대판 1999.12.24. 98두10387)이나 명의신탁소송(대판(全合) 1999.06.17. 98다58443)에서는 선언설을 취하고 있다(민법[Ⅰ], 383면, 법원공무원교육원, 2018).

1) 협의에 의한 분할

분할방법은 공유물을 그대로 양적으로 분할하는 현물분할을 원칙으로 하며, 공유물을 매각하고 그 대금을 나누는 대금분할, 공유자의 한 사람이 다른 공유자들의 지분을 양수하여 그 가격을 지급하고 단독소유자가 되는 가격배상의 방법 등도 있다.

2) 재판에 의한 분할

분할방법에 관하여 협의가 성립하지 않는 때에는 공유자는 법원에 그 분할을 청구할 수 있다.

공유물분할은 협의분할을 원칙으로 하고 협의가 성립되지 아니한 때에는 재판상 분할을 청구할 수 있으므로 공유자 사이에 이미 분할에 관한 협의가 성립된 경우에는 일부 공유자가 분할에 따른 이전등기에 협조하지 않거나 분할에 관하여 다툼이 있더라도 그 분할된 부분에 대한 소유권이전등기를 청구하든가 소유권확인을 구함은 별문제이나 또다시 소로써 그 분할을 청구하거나 이미 제기한 공유물분할의 소를 유지함은 허용되지 않는다(대판 1995.01.12. 94다30348·94다30355). 재판에 의하여 공유물을 분할하는 경우에 현물로 분할하는 것이 원칙이나, 현물로 분할할 수 없거나 현물로 분할하게 되면 그 가액이 현저히 감손될 염려가 있는 때에는 공유물의 경매를 명하여 대금분할을 할 수 있다. 여기에서 '현물로 분할할 수 없다'는 요건은 물리적으로 분할이 불가능한 경우는 물론, 공유물의 성질, 위치나 면적, 이용 상황, 분할 후의 사용가치 등에 비추어 현물분할을 하는 것이 곤란하거나 부적당한 경우를 포함한다. 그리고 '현물로 분할을 하게 되면 현저히 그 가액이 감손될 염려가 있는 경우'에는 공유자의 한 사람이라도 현물분할에 의하여 단독으로 소유하게 될 부분의 가액이 분할 전의 소유 지분 가액보다 현저하게 감손될 염려가 있는 경우도 포함 된다(대판 2015.12.10. 2013다56297). 그리고 분할방법에 대하여 判例는 "공유물 분할청구의 소는 형성의 소로서 법원은 공유물분할을 청구하는 원고가 구하는 방법에 구애받지 않고 재량에 따라 합리적 방법으로 분할을 명할 수 있으므로, 여러 사람이 공유하는 물건을 현물 분할하는 경우에는 분할청구자의 지분 한도 안에서 현물분할을 하고 분할을 원하지 않는 나머지 공유자는 공유로 남게 하는 방법도 허용되지만, 그렇다고 하더라도 공유물분할을 청구한 공유자의 지분한도 안에서는 공유물을 현물 또는 경매·분할함으로써 공유 관계를 해소하고 단독소유권을 인정하여야지, 그 분할청구자 지분의 일부에 대하여만 공유물 분할을 명하고 일부 지분에 대하여는 이를 분할하지 아니하거나, 공유물의 지분비율만을 조정하는 등의 방법으로 공유관계를 유지하도록 하는 것은 허용될 수 없다[50](대판 2011.03.10. 2010다92506)."고 한다.

3) 공유토지분할에 관한 특례법에 의한 분할

일정한 공유토지의 분할에 관한 특례법으로 공유토지분할에 관한 특례법이 있다(2006년 12월 31일까지 효력 가짐, 한시법). 공유토지는 분할조서가 확정된 때에 분할조서의 내용대로 분할되며, 공유지분 위에 존속하는 소유권 이외의 권리는 그 공유자가 분할취득 하는 토지부분 위에 집중하여 존속하고(제34조 1항), 공유토지 전부에 존속하는 소유권 이외의 권리는 이 법에 의한 분할에 의하여 영향을 받지 않는다(제4조). 이 법에 의한 분할의 대상이 되는 토지는 공유토지로서 공유자 총수의 3분의 1이상이 그 지상에 건물을 소유하는 방법으로 1년 이상 자기 지분에 상당하는 토지부분을 특정하여 점유하고 있는 토지이며(제3조 1항), 이 법에 의한 공유토지의 분할은 원칙적으로 각 공유자가 현재 점유하고 있는 상태를 기준으로 하여 행한다(제5조 1항 본문).

---

50) 공유는 물건에 대한 공동소유의 한 형태로서 물건에 대한 1개의 소유권이 분량적으로 분할되어 여러 사람에게 속하는 것이므로, 특별한 사정이 없는 한 각 공유자는 일방적으로 공유물의 분할을 청구하여 기존의 공유관계를 폐지하고 각 공유자 간에 공유물을 분배하는 법률 관계를 실현할 권리가 있다. 나아가 그 분할의 방법에 있어, 당사자 사이에 협의가 이루어지는 경우에는 그 방법을 임의로 선택할 수 있으나, 협의가 이루어지지 아니하여 재판에 의하여 공유물을 분할하는 경우에는 법원은 현물로 분할하는 것이 원칙이고, 현물로 분할할 수 없거나 현물로 분할을 하게 되면 현저히 그 가액이 감손될 염려가 있는 때에 비로소 물건의 경매를 명할 수 있으므로, 그러한 사정이 없는 한 법원은 각 공유자의 지분비율에 따라 공유물을 현물 그대로 수개의 물건으로 분할하고, 분할된 물건에 대하여 각 공유자의 단독소유권을 인정하는 판결을 하여야 한다.

(5) 분할의 효과

1) 지분의 이전(교환, 매매)

공유물분할에 의하여 공유관계는 종료하고, 지분의 교환 또는 매매가 있게 된다. 현물분할의 경우에는 지분의 교환이 있게 되며, 대금분할·가격배상의 경우에는 지분의 매매가 있게 된다. 이처럼 공유물 분할은 지분이전의 성질을 갖고 있으므로 공유자간의 담보책임이 문제된다.

2) 분할효과의 불소급

부동산의 경우, 협의분할의 경우에는 등기 시(제186조), 재판상 분할의 경우에는 판결확정시(제187조)에 각 소유권을 취득 한다. 공유물분할은 지분의 교환·매매의 실질을 가지므로, 분할의 효과는 소급하지 아니한다. 다만 공동상속재산의 분할의 경우에는 분할의 소급효가 인정된다(제1015조, 제997조).

3) 분할로 인한 담보책임

> 제270조(분할로 인한 담보책임) 공유자는 다른 공유자가 분할로 인하여 취득한 물건에 대하여 그 지분의 비율로 매도인과 동일한 담보책임이 있다.

공유물분할은 지분의 교환(현물분할)이나 매매(대금분할, 가격배상)에 해당하므로, 서로에게 담보책임이 있다.

4) 지분 상의 담보물권

공유자의 지분 위에 성립하고 있던 담보물권이 분할에 의하여 어떤 영향을 받는지에 관해서 민법은 아무런 규정을 두고 있지 않다. 따라서 ① 그 지분을 가진 자가 공유물 전부를 취득하거나 그 일부를 취득한 경우에는 담보물권은 그 지분 위에 존속한다. ② 공유물 전부가 제3자 또는 다른 공유자에게 귀속하게 된 경우에는 담보물권은 타인에게 귀속하게 된 물건의 지분 위에 존속한다. 또한 담보물권자는 물상대위의 규정(제342조, 제370조)에 의하여 지분을 가졌던 자가 취득하는 대금이나 가격 위에 권리를 행사할 수 있다. 즉 甲, 乙의 공유인 부동산 중 甲의 지분위에 설정된 근저당권 등 담보물권은 특단의 합의가 없는 한 공유물분할이 된 뒤에도 종전의 지분비율대로 공유물 전부의 위에 그대로 존속하고 근저당권설정자인 甲 앞으로 분할된 부분에 당연히 집중되는 것은 아니다(대판 1989.08.08. 88다카24868).

III. 합 유

1. 합유의 의의와 성질

> 제271조(물건의 합유) ① 법률의 규정 또는 계약에 의하여 수인의 조합체로서 물건을 소유하는 때에는 합유로 한다. 합유자의 권리는 합유물 전부에 미친다. ② 합유에 관하여는 전항의 규정 또는 계약에 의하는 외에 다음 3조의 규정에 의한다.

합유는 수인이 조합체를 이루어 물건을 소유하는 공동소유의 한 형태이다. 조합체란 수인이 동일한 목적으로 결합되어 있으나, 구성원의 개별성이 강하여 아직 단체로서의 체제를 갖추지 못한 수인의 결합체를 의미한다.

2. 합유의 성립

합유물에 대한 각 조합원 사이의 권리·의무는 계약이 우선하여 적용되고 민법의 조합규정이 보충적으로 적용된다. 계약에 의한 조합성립의 전형적인 예로는 동업계약과 계가 있다. 법률규정에 의한 합유로는 신탁법 제50조에 의한 조합과 광업법 제17조 5항에 의한 조합의 두 경우가 있다.

3. 합유관계

> 제272조(합유물의 처분, 변경과 보존) 합유물을 처분 또는 변경함에는 합유자 전원의 동의가 있어야 한다. 그러나 보존행위는 각자가 할 수 있다.

합유자의 권리는 합유물 전부에 미친다. 합유물을 처분 또는 변경하려면 합유자 전원의 동의가 있어야 한다. 그러나 보존행위는 각자가 할 수 있다.

> 제706조(사무집행의 방법) ① 조합계약으로 업무집행자를 정하지 아니한 경우에는 조합원의 3분의 2이상의 찬성으로써 이를 선임한다. ② 조합의 업무집행은 조합원의 과반수로써 결정한다. 업무집행자가 수인인 때에는 그 과반수로써 결정한다. ③ 조합의 통상사무는 전항의 규정에 불구하고 각 조합원 또는 각 업무집행자가 전행할 수 있다. 그러나 그 사무의 완료 전에 다른 조합원 또는 다른 업무집행자의 이의가 있는 때에는 즉시 중지하여야 한다.

민법 제272조에 따르면 합유물을 처분 또는 변경함에는 합유자 전원의 동의가 있어야 하나, 합유물 가운데서도 조합재산의 경우 그 처분·변경에 관한 행위는 조합의 특별사무에 해당하는 업무집행으로서, 이에 대하여는 특별한 사정이 없는 한 민법 제706조 제2항이 민법 제272조에 우선하여 적용되므로, 조합재산의 처분·변경은 업무집행자가 없는 경우에는 조합원의 과반수로 결정하고, 업무집행자가 수인 있는 경우에는 그 업무집행자의 과반수로써 결정하며, 업무집행자가 1인만 있는 경우에는 그 업무집행자가 단독으로 결정한다(대판 1998.03.13. 95다30345; 대판 2010.04.29. 2007다18911).

4. 합유지분의 처분

> 제273조(합유지분의 처분과 합유물의 분할금지) ① 합유자는 전원의 동의 없이 합유물에 대한 지분을 처분하지 못한다. ② 합유자는 합유물의 분할을 청구하지 못한다.

(1) 합유지분의 의의 및 성질

합유지분이란 합유물에 대한 합유자의 권리를 말하는 것으로, 이는 합유물 전부에 미친다. 합유지분은 공유지분과 같이 자유로이 처분할 수 있는 독립한 권리로서의 지분이 아니다. 다시 말하면 합유의 지분은 조합의 목적과 단체성에 의하여 제약을 받으며, 조합원의 자격과 분리하여 지분권만을 처분할 수 없다.

(2) 합유지분의 처분

민법은 합유자로 하여금 전원의 동의 없이 합유물에 대한 지분을 처분하지 못하도록 규정하고 있다. 이 경우 합유자 전원의 동의가 있으면 합유지분의 처분이 가능하고, 그렇지 않은 지분의 처분은 무효이다(대판 1970.12.29. 69다22).

5. 합유물의 분할금지

조합이 존속하고 있는 동안은 각 합유자는 합유물의 분할을 청구하지 못한다.

6. 합유의 종료

> 제274조(합유의 종료) ① 합유는 조합체의 해산 또는 합유물의 양도로 인하여 종료한다. ② 전항의 경우에 합유물의 분할에 관하여는 공유물의 분할에 관한 규정을 준용한다.

(1) 합유의 종료원인

합유물의 분할은 원칙적으로 금지되어 있으므로, 합유관계가 종료하는 것은 합유물의 양도로 조합재산이 없게 되는 때와 조합체의 해산이 있게 되는 때이다. 합유자 중 일부가 사망한 경우 그 합유지분은 상속되는지가 문제된다. 조합원의 사망한 경우 그 조합원의 지위는 일신전속적이므로 조합원의 지분은 상속인에게 상속되지 않고, 지분계산방법으로 청산이 되므로 합유지분에 대한 상속등기는 인정될 수 없다. 判例는 "부동산의 합유자 중 일부가 사망한 경우 합유자 사이에 특별한 약정이 없는 한 사망한 합유자의 상속인은 합유자로서의 지위를 승계하는 것이 아니므로, 해당 부동산은 잔존 합유자가 2인 이상일 경우에는 잔존 합유자의 합유로 귀속되고 잔존 합유자가 1인인 경우에는 잔존 합유자의 단독소유로 귀속 된다(대판 1994.02.25. 93다39225; 대판 1996.12.10. 96다23238 등)."고 한다.

(2) 합유물의 분할

조합체의 해산으로 합유관계를 종료하게 되면 합유물을 분할하게 되는데, 그 분할에는 공유물의 분할에 관한 규정이 준용된다.

Ⅳ. 총 유

> 제275조(물건의 총유) ① 법인이 아닌 사단의 사원이 집합체로서 물건을 소유할 때에는 총유로 한다.
> ② 총유에 관하여는 사단의 정관 기타 계약에 의하는 외에 다음 2조의 규정에 의한다.

> 제276조(총유물의 관리, 처분과 사용, 수익) ① 총유물의 관리 및 처분은 사원총회의 결의에 의한다.
> ② 각사원은 정관 기타의 규약에 좇아 총유물을 사용, 수익할 수 있다.

> 제277조(총유물에 관한 권리의무의 득상) 총유물에 관한 사원의 권리의무는 사원의 지위를 취득 상실함으로써 취득상실 된다.

1. 총유의 법적 성질과 형태

총유는 법인이 아닌 사단의 사원이 집합체로서 물건을 소유하는 공동소유형태이다. 총유의 주체는 법인격을 취득하지 못한 인적 결합체를 총칭하는 법인격 없는 사단으로서 그 모습이 다양하다. 따라서 이에 대응하여 총유의 형태도 다양하게 나타난다. 예를 들어, 종중재산, 교회재산, 촌락단체의 재산이나 의사회·친목회·동창회·학회·정당·어촌계 등이다. 부동산의 총유는 이를 등기하여야 하며, 등기는 사단의 명의로 그 대표자 또는 관리인이 이를 신청한다.

2. 총유물의 관리·처분[51][52] 및 사용·수익

---

[51] 관리·처분행위에 해당하지 않는 경우 : ① 비법인사단이 타인 간의 금전채무를 보증하는 행위 ② 비법인사단이 총유물의 매수인에게 그 매매계약에 의하여 이미 부담하고 있는 채무의 존재를 인식하고 있다는 뜻을 표시하는 데 불과한 소멸시효 중단사유로서의 승인(대판 2009.11.26. 2009다64383) ③ 종중이 그 소유 토지의 매매를 중개한 중개업자에게 중개수수료를 지급하기로 하는 약정을 체결하는 행위(대판 2012.04.12. 2011다107900) ④ 주택건설촉진법에 의하여 설립된 재건축조합이 재건축사업의 시행을 위하여 설계용역계약을 체결하는 행위(대판 2003.07.22. 2002다64780)

[52] 관리·처분행위에 해당하는 경우 : 종중 소유의 토지에 대한 수용보상금을 분배하는 행위 - 비법인사단인 종중의 토지에 대한 수용보상금은 종원의 총유에 속하고, 그 수용보상금의 분배는 총유물의 처분에 해당하므로, 정관 기타 규약에 달리 정함이 없는 한 종중총회의 결의에 의하여 그 수용보상금을 분배할 수 있고, 그 분배 비율, 방법, 내용 역시 결의에 의하여 자율적으로 결정할 수 있다(대판 2010.09.30. 2007다74775).

(1) 총유물의 관리 및 처분은 사원총회의 결의에 의한다. 일반적으로 사용·수익의 권능은 각 사원에게 귀속되지만, 그 행사는 정관 기타의 규약에 따라 하여야 한다.

(2) 각 사원이 총유물에 관한 보존행위를 단독으로 할 수 있는가에 관해서는 민법에 규정이 없다. 과거의 判例는 각 사원이 총회의 결의를 얻어 단독으로 보존행위를 할 수 있다고 하였으나, 현재의 判例는 "<u>법인 아닌 사단이 그 명의로 사원총회의 결의를 거쳐서 하거나 또는 그 구성원 전원이 당사자가 되어 필수적 공동소송의 형태로 할 수 있을 뿐 그 사단의 구성원은 설령 그가 사단의 대표자라거나 사원총회의 결의를 거쳤다 하더라도 보존행위를 할 수 없다</u>[대판(순합) 2005.09.15. 2004다44971]."고 하고 있다.

(3) 判例는 "민법 제275조, 제276조 제1항에서 말하는 총유물의 관리 및 처분이라 함은 총유물 그 자체에 관한 이용·개량행위나 법률적·사실적 처분행위를 의미하는 것이므로, <u>비법인사단이 타인 간의 금전채무를 보증하는 행위는 총유물 그 자체의 관리·처분이 따르지 아니하는 단순한 채무부담행위에 불과하여 이를 총유물의 관리·처분행위라고 볼 수는 없다</u>. 따라서 비법인사단인 재건축조합의 조합장이 채무보증계약을 체결하면서 조합규약에서 정한 조합 임원회의 결의를 거치지 아니하였다거나 조합원총회 결의를 거치지 않았다고 하더라도 그것만으로 바로 그 보증계약이 무효라고 할 수는 없다. 다만, 이와 같은 경우에 조합 임원회의의 결의 등을 거치도록 한 조합규약은 조합장의 대표권을 제한하는 규정에 해당하는 것이므로, 거래 상대방이 그와 같은 대표권 제한 및 그 위반 사실을 알았거나 과실로 인하여 이를 알지 못한 때에는 그 거래행위가 무효로 된다고 봄이 상당하며, 이 경우 그 거래 상대방이 대표권 제한 및 그 위반 사실을 알았거나 알지 못한 데에 과실이 있다는 사정은 그 거래의 무효를 주장하는 측이 이를 주장·입증하여야 한다[대판(순합) 2007.04.19. 2004다60072·60089]."고 한다.

(4) 그리고 判例는 "총유물의 보존에 있어서는 공유물의 보존에 관한 민법 제265조의 규정이 적용될 수 없고, 민법 제276조 제1항의 규정에 따른 사원총회의 결의를 거치거나 정관이 정하는 바에 따른 절차를 거쳐야 하므로, <u>법인 아닌 사단인 교회가 총유재산에 대한 보존행위로서 소송을 하는 경우에도 교인 총회의 결의를 거치거나 정관이 정하는 바에 따른 절차를 거쳐야 한다</u>. 민법 제275조, 제276조 제1항은 총유물의 관리 및 처분에 관하여는 정관이나 규약에 정한 바가 있으면 그에 의하되 정관이나 규약에서 정한 바가 없으면 사원총회의 결의에 의하도록 규정하고 있으므로, 이러한 절차를 거치지 아니한 총유물의 관리·처분행위는 무효라 할 것이고, 이 법리는 민법 제278조에 의하여 소유권 이외의 재산권에 대하여 준용되고 있다. 그런데 <u>위 법조에서 말하는 총유물의 관리 및 처분이라 함은 총유물 자체에 관한 이용·개량행위나 법률적·사실적 처분행위를 의미하므로 총유물 자체의 관리·처분이 따르지 아니하는 채무부담행위는 이를 총유물의 관리·처분행위라고 볼 수 없다</u>(대판 2014.02.13. 2012다112299·112305)."고 본다.

3. 총유물에 관한 권리·의무의 특성

> 제278조(준공동소유) 본절의 규정은 소유권이외의 재산권에 준용한다. 그러나 다른 법률에 특별한 규정이 있으면 그에 의한다.

총유물에 관한 사원의 권리·의무는 사원의 지위를 취득·상실함으로써 취득·상실된다. 총유물에 관한 사원의 권리의 주요한 내용은 총유물의 관리·처분에 참여할 수 있는 것과 총유물을 사용·수익하는 것이다. 그 밖에 총유에 있어서는 공유와 합유에 있어서와 같은 지분이 없다.

V. 준공동소유

1. 의 의

준공동소유란 소유권 이외의 재산권을 수인이 공동으로 소유하는 법률관계를 말한다. 준공동소유에는 준공유·준합유·준총유의 세 종류가 있다.

2. 준공동소유가 인정되는 재산권

(1) 소유권 이외의 물권

준공동소유가 인정되는 것으로는 지상권·지역권·전세권·저당권과 같은 민법상의 물권이 있다.

(2) 채 권

채권에 대해서도 준공동소유가 인정되는가에 관하여, 다수설은 준공동소유가 성립하나, 채권편의 불가분채권에 관한 규정이 우선 적용된다고 한다.

(3) 기타 재산권

상법상의 재산권인 주식·사채와 광업권, 저작권, 특허권, 어업권 등에 대해서도 준공동소유가 인정된다.

제4절 명의신탁

I. 의의

명의신탁에 관하여 민법은 아무런 규정을 두고 있지 않다. 判例는 "명의신탁에 대해서 신탁자가 소유권을 보류하여 이를 관리·수익하면서, 공부상의 소유명의만을 수탁자로 하여 두는 것(대판 1965.05.18. 65다312)."이라고 한다. 즉, 진정한 소유자가 아닌 자를 대외적으로 마치 소유자인 것처럼 공부상 표시해놓는 것을 말한다.

II. 명의신탁관계에 대한 判例[53]이론

1. 유효성

부동산의 명의신탁에 관하여 判例는 명의신탁을 유효한 것으로 보았다. 判例는 명의신탁은 민법 제108조의 통정허위표시에 해당하지 않아 유효하고(대판 1995.12.26. 95다29888), 양도소득세 등을 회피하기 위한 방법으로 매매계약을 체결하였다고 하더라도 매매계약이 제103조의 반사회적 법률행위로서 무효로 되지 않는다고 하고(대판 1992.12.22. 91다35540), 대내관계에서는 명의신탁자의 소유권의 인정하여 명의신탁자의 사용·수익·처분을 인정하지만, 대외관계에서는 명의수탁자의 소유권을 인정한다. 명의신탁관계가 성립하려면 신탁자와 수탁자 사이에 명의신탁약정이 있어야 한다고 본다(대판 1981.01.28. 81다카16175). 그리고 토지의 일부매매에 있어서 그 전부에 관하여 매수인 앞으로 이전등기가 경료 된 경우에는 매매하지 않은 부분에 대하여는 당사자 사이에 명의신탁관계가 성립한 것으로 의제 된다(대판 1981.07.20. 81다1819). 명의신탁 할 수 있는 목적물은 공부(등기·등록)에 의하여 권리관계(소유관계)가 표시되는 재화에 한한다. 부동산, 선박(1988.11.8. 87다카2188), 자동차(대판 1996.06.25. 96다12009) 등이 이에 해당하며, 식품접객영업허가(대판 2004.03.12. 2002도5090)·유선방송사업허가(대판 2002.06.14. 99다61378)·예금주(대판 2001.01.05. 2000다49091) 등의 명의신탁도 가능하다. 다만 공부에 의하여 권리관계가 공시될 수 없는 동산은 명의신탁이 성립할 여지가 없으며, 선의취득이 문제된다(대판 1994.10.11. 94다16175). 그리고 명의신탁 할 수 있는 권리는 소유권, 전세권

---

[53] 이에 비해 학설은 무효설과 유효설로 나뉘어 있다.

(대판 2006.02.09. 2005다59864), 근저당권(대판 2007.01.11. 2006다50055), 가등기담보권(대판 2002.12.24. 2002다50484) 등이 있다.

2. 대내관계

명의신탁을 설정하는 신탁계약의 기본적 내용은 신탁자가 수탁자에 대한 관계에서 목적물의 재산권을 보유한다는 데 있다(대판 1985.05.12. 89다카2653). 따라서 부동산의 소유자로 등기된 수탁자는 점유권원의 성질상 자주점유를 할 수 없어 신탁부동산의 소유권을 시효취득 할 수 없다(대판 1987.11.10. 85다카1644). 또한 명의신탁한 대지 위에 제3자가 신탁자의 승낙을 얻어 공작물을 설치한 경우에도 수탁자에게는 그 제3자에 대한 관계에서 물권적 청구권이 인정되지 않기 때문에 수탁자는 그 공작물의 철거를 청구할 수 없다(대판 1965.08.24. 65다1081). 그리고 명의신탁 된 토지 위에 수탁자가 건물을 지어 소유하고 있다가 명의신탁이 해지된 경우에 관습법상의 법정지상권을 취득할 수도 없다. 왜냐하면 수탁자는 그 토지의 명의신탁이 되어 있던 기간에도 신탁자와의 대내적 관계에 있어서는 그 토지가 자신의 소유라고 할 수 없기 때문이다(대판 1986.05.27. 86다카62).

3. 대외관계

수탁자는 대외적 관계에 있어서는 완전한 소유자로서의 지위를 가진다. 따라서 수탁자로부터 명의신탁된 부동산을 양수한 제3자는 그의 선의·악의를 불문하고 소유권을 취득하게 된다(대판 1963.09.19. 63다388). 다만, 제3자가 수탁자의 신탁자에 대한 배임행위에 적극 가담한 경우에는 제3자와 수탁자 사이의 계약은 제103조에 의하여 무효가 될 수 있다(대판 1991.04.23. 91다6221). 또한 제3자가 목적부동산을 불법점거하거나 방해하는 경우에 수탁자만이 물권적 청구권을 행사할 수 있다. 신탁자는 원칙적으로 제3자에 대해서는 직접적으로 어떤 권리도 행사할 수는 없지만 수탁자를 대위해서 반환청구·방해배제청구·손해배상청구를 할 수 있는 경우가 있을 것이다(대판(全合) 1979.09.25. 77다1079). 그러나 제3자가 법률상 원인 없이 점유함으로 인한 임료 상당의 부당이득반환청구권은 수탁자를 대위하여서도 주장할 수 없다(대판 1991.10.22. 91다17207). 그리고 수탁자로부터 원인 없이 소유자명의를 넘겨받은 제3자에 대해서 소유권을 회복하기 위한 제소권은 수탁자에게만 있다(대판 1967.12.29. 67다2304). 그러나 判例는 공작물책임과 관련하여 신탁자에게 소유자의 무과실책임을 인정함으로써 대내적 관계를 대외적 책임에 고려·반영하고 있다(대판 1977.08.23. 77다246).

4. 명의신탁의 해지

해지는 해지권자의 일방적 의사표시로 행하게 된다. 단순한 명의신탁에 있어서는 신탁자가 소유권을 보유하고 있고 수탁자는 목적부동산에 대하여 어떤 권한도 가지고 있지 않으므로 신탁자는 명의신탁의 원인이 되는 신탁계약관계를 해지 할 수 있다. **신탁자는 신탁관계의 종료를 이유로 소유명의의 이전등기절차의 이행을 청구할 수 있으며, 이와 같은 등기청구권은 소유권에 기하여 행사하는 것이므로 소멸시효의 대상이 되지 않는다**(대판 1991.11.26. 91다34387). 그리고 명의신탁의 해지는 채권적 효력을 가질 뿐이다(대판 1996.05.31. 94다35985). 따라서 **등기명의가 신탁자에게 반환 또는 이전되기 전까지는 외부적 소유권은 수탁자에게 있으므로 수탁자로부터 부동산을 양수받아 등기한 제3자는 유효하게 소유권을 취득 한다**(대판 1991.08.29. 90다19848).

5. 상호명의신탁(구분소유적 공유관계)

(1) 의의

수인이 일필의 토지를 각 위치 특정하여 그 일부씩 매수하고 편의상 그 소유권이전등기만은 공유 지분 이전등기를 경료 한 경우에는, 관계 당사자 내부관계에 있어서는 각 특정매수 부분의 소유권을 취득하고, 각 공유지분등기는 각자 특정 매수한 부분에 관하여 각 상호 명의신탁하고 있는 것이다(대판(全合) 1980.12.0

9. 79다634).

(2) 성립 및 이전

구분소유적 공유관계는 어떤 토지에 관하여 그 위치와 면적을 특정하여 여러 사람이 구분소유하기로 하는 약정이 있어야만 적법하게 성립할 수 있고, 공유자들 사이에 그 공유물을 분할하기로 약정하고 그 때부터 각자의 소유로 분할된 부분을 특정하여 각자 점유·사용하여 온 경우에도 구분소유적 공유관계가 성립할 수 있지만, 공유자들 사이에서 특정 부분을 각각의 공유자들에게 배타적으로 귀속시키려는 의사의 합치가 이루어지지 아니한 경우에는 이러한 관계가 성립할 여지가 없다(대판 2005.04.29. 2004다71409). 1동의 건물 중 위치 및 면적이 특정되고 구조상 및 이용상 독립성이 있는 일부분씩을 2인 이상이 구분소유하기로 하는 약정을 하고 등기만은 편의상 각 구분소유의 면적에 해당하는 비율로 공유지분등기를 하여 놓은 경우 공유자들 사이에 상호 명의신탁관계에 있는 이른바 구분소유적 공유관계에 해당하고, 낙찰에 의한 소유권취득은 성질상 승계취득이어서 1동의 건물 중 특정부분에 대한 구분소유적 공유관계를 표상하는 공유지분을 목적으로 하는 근저당권이 설정된 후 그 근저당권의 실행에 의하여 위 공유지분을 취득한 낙찰자는 구분소유적 공유지분을 그대로 취득하는 것이므로, 건물에 관한 구분소유적 공유지분에 대한 입찰을 실시하는 집행법원으로서는 감정인에게 위 건물의 지분에 대한 평가가 아닌 특정 구분소유 목적물에 대한 평가를 하게 하고 그 평가액을 참작하여 최저입찰가격을 정한 후 입찰을 실시하여야 한다(대결 2001.06.15. 2000마2633).

(3) 해소

상호명의신탁 된 부동산의 각 특정부분을 각 공유자의 단독소유로 등기하기 위해서는, 그 특정된 대로 대장상 분할등록을 하고 등기부상 분할등기를 한 후 상호명의신탁해지를 원인으로 한 지분권이전등기를 하여야 한다(대판 2006.09.28. 2004다53050). 공유물분할청구는 공유자의 일방이 그 공유지분권에 터 잡아서 하는 것이므로, 공유지분권을 주장하지 아니하고 목적물의 특정 부분을 소유한다고 주장하는 자는 그 부분에 대하여 신탁적으로 지분등기를 가지고 있는 자를 상대로 하여 그 특정 부분에 대한 명의신탁 해지를 원인으로 한 지분이전등기절차의 이행을 구하면 되고, 이에 갈음하여 공유물분할청구를 할 수는 없다(대판 1996.02.23. 95다8430). 내부적으로는 토지의 특정 부분을 소유하나 등기부상으로는 공유지분을 가지는 이른바 구분소유적 공유관계에서 구분공유자 중 1인이 소유하는 부분이 후에 독립한 필지로 분할되고 그 구분공유자가 그 필지에 관하여 단독 명의로 소유권이전등기를 경료받았다면, 그 소유권이전등기는 실체관계에 부합하는 것으로서 유효하고, 그 구분공유자는 당해 토지에 대한 단독소유권을 적법하게 취득하게 되어, 결국 당해 구분공유자에 관한 한 이제 구분소유적 공유관계는 해소된다(대판 2009.12.24. 2008다71858).

Ⅲ. 부동산실권리자명의등기에 관한 법률

1. 성립배경

내부적으로는 신탁자가 소유권을 보유한 채 등기명의 상으로는 수탁자가 소유권을 갖는 명의신탁은, 과거에는 주로 종중재산과 관련하여 형성되었으나 근래에 와서 세금의 포탈·투기·재산은닉 등 탈법과 불법 수단으로 이용되면서 사회적 물의를 일으키게 되었다. 이에 따라 이러한 부정행위를 규제하기 위하여 실명법이 제정되기에 이른 것이다.

2. 목적과 적용범위

(1) 목적

부동산에 관한 소유권 기타 물권을 실체적 권리관계에 부합하도록 실권리자 명의로 등기하게 함으로써 부동산등기제도를 악용한 투기·탈세·탈법행위 등 반사회적 행위를 방지하고 부동산거래의 정상화와 부동산가격의 안정을 도모하여 국민경제의 건전한 발전에 이바지함을 목적으로 한다.

(2) 적용 범위

부동산에 관한 소유권 기타 물권을 보유한 자 또는 사실상 취득하거나 취득하려고 하는 자가 타인과의 사이에서 대내적으로는 실권리자가 부동산에 관한 물권을 보유하거나 보유하기로 하고 그에 관한 등기는 그 타인의 명의로 하기로 하는 약정에 대하여 적용 된다(제2조 1항 본문). 이 법은 1995.3.30. 제정되어 동년 7.1.부터 시행되고 있다. 1995.7.1. 이후에 명의신탁약정 및 그에 따른 등기를 하는 경우뿐만 아니라, 1995.6.30. 이전에 명의신탁약정을 하고 1995.7.1. 이후 그에 따른 등기를 하는 경우에도 적용 된다(동법 부칙 제2조). 1995.6.30. 이전에 명의신탁약정 및 그에 따른 등기를 한 때에는 원칙적으로 이 법 시행일부터 1년의 기간(1995.7.1. ~ 1996.6.30.) 이내에 실명등기를 하여야 하며, 이 기간 내에 실명등기 또는 매각처분을 하지 않으면 1996.7.1. 이후에는 같은 법 제4조가 적용되어 명의신탁약정 및 그에 따른 등기는 무효가 된다(동법 제11조, 제12조).

(3) 적용의 제외

제2조(정의) 이 법에서 사용하는 용어의 뜻은 다음과 같다.
1. "명의신탁약정"(名義信託約定)이란 부동산에 관한 소유권이나 그 밖의 물권(이하 "부동산에 관한 물권"이라 한다)을 보유한 자 또는 사실상 취득하거나 취득하려고 하는 자[이하 "실권리자"(實權利者)라 한다]가 타인과의 사이에서 대내적으로는 실권리자가 부동산에 관한 물권을 보유하거나 보유하기로 하고 그에 관한 등기(가등기를 포함한다. 이하 같다)는 그 타인의 명의로 하기로 하는 약정[위임·위탁매매의 형식에 의하거나 추인(追認)에 의한 경우를 포함한다]을 말한다. 다만, 다음 각 목의 경우는 제외한다.
   가. 채무의 변제를 담보하기 위하여 채권자가 부동산에 관한 물권을 이전(移轉)받거나 가등기하는 경우
   나. 부동산의 위치와 면적을 특정하여 2인 이상이 구분소유하기로 하는 약정을 하고 그 구분소유자의 공유로 등기하는 경우
   다. 「신탁법」 또는 「자본시장과 금융투자업에 관한 법률」에 따른 신탁재산인 사실을 등기한 경우
2. "명의신탁자"(名義信託者)란 명의신탁약정에 따라 자신의 부동산에 관한 물권을 타인의 명의로 등기하게 하는 실권리자를 말한다.
3. "명의수탁자"(名義受託者)란 명의신탁약정에 따라 실권리자의 부동산에 관한 물권을 자신의 명의로 등기하는 자를 말한다.
4. "실명등기"(實名登記)란 법률 제4944호 부동산실권리자명의등기에관한법률 시행 전에 명의신탁약정에 따라 명의수탁자의 명의로 등기된 부동산에 관한 물권을 법률 제4944호 부동산실권리자명의등기에관한법률 시행일 이후 명의신탁자의 명의로 등기하는 것을 말한다. [전문개정 2010.3.31.]

제8조(종중, 배우자 및 종교단체에 대한 특례) 다음 각 호의 어느 하나에 해당하는 경우로서 조세 포탈, 강제집행의 면탈(免脫) 또는 법령상 제한의 회피를 목적으로 하지 아니하는 경우에는 제4조부터 제7조까지 및 제12조제1항부터 제3항까지를 적용하지 아니한다.
〈개정 2013.7.12.〉
1. 종중(宗中)이 보유한 부동산에 관한 물권을 종중(종중과 그 대표자를 같이 표시하여 등기한 경우를 포함한다) 외의 자의 명의로 등기한 경우
2. 배우자 명의로 부동산에 관한 물권을 등기한 경우
3. 종교단체의 명의로 그 산하 조직이 보유한 부동산에 관한 물권을 등기한 경우
[전문개정 2010.3.31.]
[제목개정 2013.7.12.]

제4조(명의신탁약정의 효력) ① 명의신탁약정은 무효로 한다.
② 명의신탁약정에 따른 등기로 이루어진 부동산에 관한 물권변동은 무효로 한다. 다만, 부동산에 관한 물권을 취득하기 위한 계약에서 명의수탁자가 어느 한쪽 당사자가 되고 상대방 당사자는 명의신탁약정이 있다는 사실을 알지 못한 경우에는 그러하지 아니하다.
③ 제1항 및 제2항의 무효는 제3자에게 대항하지 못한다.
[전문개정 2010.3.31.]

1) 원 칙

명의신탁약정은 무효로 한다(제4조 1항). 그리고 이 약정에 따라 행하여진 등기에 의한 물권변동도 무효가 된다(제4조 2항 본문). 다만, 이러한 무효는 제3자에게 대항하지 못 한다[54]. 여기서의 '제3자'라 함은, 수탁자가 물권자임을 기초로 그와의 사이에 새로운 이해관계를 맺는 자를 말하고, 여기에는 소유권이나 저당권 등 물권을 취득한 자뿐만 아니라 압류 또는 가압류채권자도 포함되며, 제3자의 선의·악의를 묻지 않는다(대판 2009.03.12. 2008다36022). 그리고 부동산 실권리자명의 등기에 관한 법률이 규정하는 명의신탁약정은 부동산에 관한 물권의 실권리자가 타인과의 사이에서 대내적으로는 실권리자가 부동산에 관한 물권을 보유하되 다만 그에 관한 등기를 타인의 명의로 하기로 하는 약정을 말하는 것일 뿐이므로, 그 자체로 선량한 풍속 기타 사회질서에 반한다고 단정할 수 없을 뿐만 아니라, 위 법률이 비록 부동산등기제도를 악용한 투기·탈세·탈법행위 등 반사회적 행위를 방지하는 것 등을 목적으로 제정되었다고 하더라도, 무효인 명의신탁약정에 기하여 타인 명의의 등기가 마쳐졌다는 이유만으로 그것이 당연히 불법원인급여에 해당한다고 볼 수 없고, 이는 탈세의 목적으로 한 명의신탁약정에 기하여 타인 명의의 등기가 마쳐진 경우라도 마찬가지이다(대판 2010.09.30. 2010도8556). 부동산 실권리자명의 등기에 관한 법률(이하 '부동산실명법'이라 한다) 규정의 문언, 내용, 체계와 입법 목적 등을 종합하면, 부동산실명법을 위반하여 무효인 명의신탁약정에 따라 명의수탁자 명의로 등기를 하였다는 이유만으로 그것이 당연히 불법원인급여에 해당한다고 단정할 수는 없다. 이는 농지법에 따른 제한을 회피하고자 명의신탁을 한 경우에도 마찬가지이다(대판(全合) 2019.06.20. 2013다218156).

2) 등기명의신탁(이전형 명의신탁)

신탁자의 명의로 되어 있는 부동산의 등기를 명의신탁약정에 의하여 수탁자에게 이전등기 한 경우를 말한다. 이 경우 그 이전등기는 무효가 된다[55]. 이때 명의신탁자는 해지에 기한 소유권이전등기를 청구할 수 없고(대결 1997.05.01. 97마384), 수탁자를 상대로 소유권에 기한 방해배제청구권을 행사하여 수탁자 명의의 등기의 말소를 구하거나 진정명의회복을 원인으로 하는 소유권이전등기를 구할 수 있다(대판 2002.09.06. 2002다35157). 만약 제3자가 위 부동산을 매입하여 이전등기를 완료한 경우에는 신탁자는 그 부동산에 대한 소유권을 상실한다(제4조 3항).

---

54) 즉 제3자가 수탁자의 배임행위에 적극가담하지 않는 한, 명의신탁사실에 대한 선의·악의를 불문하고 소유권을 취득한다.
55) 1995. 3. 30. 법률 제4944호로 공포되어 1995. 7. 1.부터 시행된 '부동산 실권리자명의 등기에 관한 법률'(이하 '법률 제4944호 부동산실명법'이라고 한다) 제4조, 제11조, 제12조 등에 의하면, 법률 제4944호 부동산실명법 시행 전에 명의신탁약정에 의하여 부동산에 관한 물권을 명의수탁자의 명의로 등기하거나 하도록 한 명의신탁자는 법률 제4944호 부동산실명법의 시행일부터 1년의 기간 내에 실명등기를 하여야 하고, 그 기간 이내에 실명등기 또는 매각처분 등을 하지 아니하면 그 이후에는 명의신탁약정은 무효가 되고, 명의신탁약정에 따라 행하여진 등기에 의한 부동산의 물권변동도 무효가 된다고 정하고 있다. 따라서 명의신탁자가 그 소유인 부동산의 등기명의를 명의수탁자에게 이전하는 이른바 양자 간 등기명의신탁의 경우에 있어서 명의신탁자와의 명의신탁약정에 의하여 행하여진 명의수탁자 명의의 소유권이전등기는 법률 제4944호 부동산실명법의 유예기간이 경과한 1996. 7. 1. 이후에는 원인무효로서 말소되어야 한다. 그리하여 명의수탁자로서는 명의신탁자는 물론 제3자에 대한 관계에서도 수탁된 부동산에 대한 소유권자임을 주장할 수 없고, 소유권에 기한 물권적 청구권을 행사할 수도 없다고 할 것이다(대판 2014.02.13. 2012다97864).

3) 3자간 등기명의신탁(중간생략형 명의신탁)

명의신탁자가 매도인으로부터 부동산 매입계약을 체결한 후 신탁자의 명의가 아닌 수탁자의 명의로 이전등기를 하는 경우이다. 이 경우에는 명의신탁약정이 무효이므로 수탁자는 소유권을 취득하지 못한다(제4조 2항). 이때 매도인은 직접 수탁자에게 등기말소청구를 할 수 있다. 다만 매도인과 신탁자 사이의 매매계약이 무효가 되는 것은 아니므로 매수인은 매매계약에 따른 소유권이전등기청구권[56]을 보전하기 위하여 매도인을 대위해서 명의수탁자 명의 등기말소를 청구할 수 있다(대판 2002.11.22. 2002다11496). 그리고 3자간 등기명의신탁의 경우 부동산 실권리자명의 등기에 관한 법률에서 정한 유예기간 경과에 의하여 그 명의신탁 약정과 그에 의한 등기가 무효로 되더라도 명의신탁자는 매도인에 대하여 매매계약에 기한 소유권이전등기청구권을 보유하고 있어 그 유예기간의 경과로 그 등기 명의를 보유하지 못하는 손해를 입었다고 볼 수 없다. 또한 명의신탁 부동산의 소유권이 매도인에게 복귀한 마당에 명의신탁자가 무효인 등기의 명의인인 명의수탁자를 상대로 그 이전등기를 구할 수도 없다. 결국 3자간 등기명의신탁에 있어서 명의신탁자는 명의수탁자를 상대로 부당이득반환을 원인으로 한 소유권이전등기를 구할 수 없다(대판 2008.11.27. 2008다55290·55306). 그러나 3자간 등기명의신탁에서 부동산 실권리자명의 등기에 관한 법률에서 정한 유예기간이 경과한 후 명의수탁자가 신탁부동산을 임의로 처분하거나 강제수용이나 공공용지 협의취득 등을 원인으로 제3취득자 명의로 이전등기가 마쳐진 경우, 특별한 사정이 없는 한 제3취득자는 유효하게 소유권을 취득하게 되므로(같은 법 제4조 제3항), 그로 인하여 매도인의 명의신탁자에 대한 소유권이전등기의무는 이행불능으로 되고 그 결과 명의신탁자는 신탁부동산의 소유권을 이전받을 권리를 상실하는 손해를 입게 되는 반면, 명의수탁자는 신탁부동산의 처분대금이나 보상금을 취득하는 이익을 얻게 되므로, 명의수탁자는 명의신탁자에게 그 이익을 부당이득으로 반환할 의무가 있다(대판 2011.09.08. 2009다49193·49209). 즉 3자간 등기명의신탁에서 명의수탁자가 제3자에게 부동산을 매도하거나 부동산에 근저당권을 설정하는 등으로 처분행위를 하여 제3자가 부동산 실권리자명의 등기에 관한 법률 제4조 제3항에 따라 부동산에 관한 권리를 취득하는 경우, 명의신탁자가 명의수탁자를 상대로 직접 부당이득반환을 청구할 수 있다고 보아야 한다[57](대판(순합)

---

[56] 부동산의 매수인이 목적물을 인도받아 계속 점유하는 경우에는 매도인에 대한 소유권이전등기청구권은 소멸시효가 진행되지 않고, 이러한 법리는 3자간 등기명의신탁에 의한 등기가 유효기간의 경과로 무효로 된 경우에도 마찬가지로 적용된다. 따라서 그 경우 목적 부동산을 인도받아 점유하고 있는 명의신탁자의 매도인에 대한 소유권이전등기청구권 역시 소멸시효가 진행되지 않는다(대판 2013.12.12. 2013다26647).

[57] [다수의견] (가) 3자간 등기명의신탁에서 명의수탁자의 임의처분 또는 강제수용이나 공공용지 협의취득 등(이러한 소유명의 이전의 원인관계를 통틀어 이하에서는 '명의수탁자의 처분행위 등'이라 한다)을 원인으로 제3자 명의로 소유권이전등기가 마쳐진 경우, 특별한 사정이 없는 한 제3자는 유효하게 소유권을 취득한다[부동산 실권리자명의 등기에 관한 법률(이하 '부동산실명법'이라 한다) 제4조 제3항]. 그 결과 매도인의 명의신탁자에 대한 소유권이전등기의무는 이행불능이 되어 명의신탁자로서는 부동산의 소유권을 이전받을 수 없게 되는 한편, 명의수탁자는 부동산의 처분대금이나 보상금 등을 취득하게 된다. 판례는, 명의수탁자가 그러한 처분대금이나 보상금 등의 이익을 명의신탁자에게 부당이득으로 반환할 의무를 부담한다고 보고 있다. 이러한 판례는 타당하므로 그대로 유지되어야 한다. (나) 명의수탁자가 부동산에 관하여 제3자에게 근저당권을 설정하여 준 경우에도 부동산의 소유권이 제3자에게 이전된 경우와 마찬가지로 보아야 한다. 명의수탁자가 제3자에게 부동산에 관하여 근저당권을 설정하여 준 경우에 제3자는 부동산실명법 제4조 제3항에 따라 유효하게 근저당권을 취득한다. 이 경우 매도인의 부동산에 관한 소유권이전등기의무가 이행불능된 것은 아니므로, 명의신탁자는 여전히 매도인을 대위하여 명의수탁자의 부동산에 관한 진정명의회복을 원인으로 한 소유권이전등기 등을 통하여 매도인으로부터 소유권을 이전받을 수 있지만, 그 소유권은 명의수탁자가 설정한 근저당권이 유효하게 남아 있는 상태의 것이다. 명의수탁자는 제3자에게 근저당권을 설정하여 줌으로써 피담보채무액 상당의 이익을 얻었고, 명의신탁자는 매도인을 매개로 하더라도 피담보채무액만큼의 교환가치가 제한된 소유권만을 취득할 수밖에 없는 손해를 입은 한편, 매도인은 명의신탁자로부터 매매대금을 수령하여 매매계약의 목적을 달성하였으면서도 근저당권이 설정된 상태의 소유권을 이전하는 것에 대하여 손해배상책임을 부담하지 않으므로 실질적인 손실을 입지 않는다. 따라서 3자간 등기명의신탁에서 명의수탁자가 부동산에 관하여 제3자에게 근저당권을 설정한 경우 명의수탁자는 근저당권의 피담보채무액 상당의 이익을 얻었고 그로 인하여 명의신탁자에게 그에 상응하는 손해를 입혔으므로, 명의수탁자는 명의신탁자에게 이를 부당이득으로 반환할 의무를 부담한다(대판(순합) 2021.9.9. 2018다284233).

2021.9.9. 2018다284233). 判例는 3자간 등기명의신탁과 계약명의신탁의 구별 기준에 대해 "명의신탁약정이 3자간 등기명의신탁인지 아니면 계약명의신탁인지의 구별은 계약당사자가 누구인가를 확정하는 문제로 귀결되는데, 계약명의자가 명의수탁자로 되어 있다 하더라도 계약당사자를 명의신탁자로 볼 수 있다면 이는 3자간 등기명의신탁이 된다. 따라서 계약명의자인 명의수탁자가 아니라 명의신탁자에게 계약에 따른 법률효과를 직접 귀속시킬 의도로 계약을 체결한 사정이 인정된다면 명의신탁자가 계약당사자라고 할 것이므로, 이 경우의 명의신탁관계는 3자간 등기명의신탁으로 보아야 한다(대판 2010.10.28. 2010다52799),"고 한다. 다만 부동산경매절차에서 부동산을 매수하려는 사람이 매수대금을 자신이 부담하면서 다른 사람의 명의로 매각허가결정을 받기로 그 다른 사람과 약정함에 따라 매각허가가 이루어진 경우 그 경매절차에서 매수인의 지위에 서게 되는 사람은 어디까지나 그 명의인이므로 경매 목적 부동산의 소유권은 매수대금을 실질적으로 부담한 사람이 누구인가와 상관없이 그 명의인이 취득한다고 할 것이고, 이 경우 매수대금을 부담한 사람과 이름을 빌려 준 사람 사이에는 명의신탁관계가 성립 한다(대판 2005.04.29. 2005다664).

4) 계약명의신탁(위임형 명의신탁)

① 의의

수탁자가 매매계약의 당사자로서 매매계약을 체결하고 이전등기를 마친 경우이다. 매도인의 선의·악의 여부에 따라 물권변동의 효력이 달라진다. 매도인의 선의·악의 여부는 계약체결시를 기준으로 판단해야 할 것이다.

② 매도인이 악의인 경우

매도인이 명의신탁약정 사실을 알고 있는 경우[58]에는 물권변동은 무효가 되고 소유권은 매도인에게 귀속된다(제4조 2항).

③ 매도인이 선의인 경우

매도인이 선의인 경우에는 부동산실명법의 의하여 예외적으로 그 수탁자의 등기명의는 유효한 것으로 처리된다(제4조 2항 단서). 이 경우 명의신탁이 부동산실명법 시행 前에 이루어진 경우라면 명의신탁자는 수탁자에 대하여 부동산 자체의 반환을 청구할 수 있으며[59](대판 2002.12.26. 2000다21123), 명의신탁자가 당해

---

[58] 명의신탁자와 명의수탁자가 이른바 계약명의신탁 약정을 맺고 매매계약을 체결한 소유자도 명의신탁자와 명의수탁자 사이의 명의신탁약정을 알면서 그 매매계약에 따라 명의수탁자 앞으로 당해 부동산의 소유권이전등기를 마친 경우 부동산 실권리자명의 등기에 관한 법률 제4조 제2항 본문에 의하여 명의수탁자 명의의 소유권이전등기는 무효이므로, 당해 부동산의 소유권은 매매계약을 체결한 소유자에게 그대로 남아 있게 되고, 명의수탁자가 자신의 명의로 소유권이전등기를 마친 부동산을 제3자에게 처분하면 이는 매도인의 소유권 침해행위로서 불법행위가 된다. 그러나 명의수탁자로부터 매매대금을 수령한 상태의 소유자로서는 그 부동산에 관한 소유명의를 회복하기 전까지는 신의칙 내지 민법 제536조 제1항 본문의 규정에 의하여 명의수탁자에 대하여 이와 동시이행의 관계에 있는 매매대금 반환채무의 이행을 거절할 수 있는데, 이른바 계약명의신탁에서 명의수탁자의 제3자에 대한 처분행위가 유효하게 확정되어 소유자에 대한 소유명의 회복이 불가능한 이상, 소유자로서는 그와 동시이행관계에 있는 매매대금 반환채무를 이행할 여지가 없다. 또한 명의신탁자는 소유자와 매매계약관계가 없어 소유자에 대한 소유권이전등기청구도 허용되지 아니하므로, 결국 소유자인 매도인으로서는 특별한 사정이 없는 한 명의수탁자의 처분행위로 인하여 어떠한 손해도 입은 바가 없다(대판 2013.09.12. 2010다95185).

[59] 부동산실권리자명의등기에관한법률 제4조 제1항, 제2항의 규정에 의하면, 명의신탁자와 명의수탁자가 명의신탁 약정을 맺고, 이에 따라 명의수탁자가 당사자가 되어 명의신탁 약정이 있다는 사실을 알지 못하는 소유자와의 사이에 부동산에 관한 매매계약을 체결한 후 그 매매계약에 기하여 당해 부동산의 소유권이전등기를 수탁자 명의로 마친 경우에는 명의신탁자와 명의수탁자 사이의 명의신탁 약정의 무효에도 불구하고 그 소유권이전등기에 의한 당해 부동산에 관한 물권변동 자체는 유효한 것으로 취급되어 명의수탁자는 당해 부동산의 완전한 소유권을 취득하게 되고, 부동산실권리자명의등기에관한법률 시행 전에 위와 같은 명의신탁 약정과 그에 기한 물권변동이 이루어진 다음 부동산실권리자명의등기에관한법률 제11조에서 정한 유예기간 내에 실명등기 등을 하지 않고 그 기간을 경과한 때에도 같은 법 제12조 제1항에 의하여 제4조의 적용을 받게 되어 위 법리가 그대로 적용되는 것인바, 이 경우 명의수탁자는 명의신탁 약정에 따라 명의신탁자가 제공한 비용을 매매대금으로 지급하고 당해 부동산에 관한 소유명의를 취득한 것이고, 위 유예기간이 경과하기 전까지는 명의신탁자는 언제라도 명의신탁 약정을 해지하고 당해 부동산에 관한 소유권을 취득할 수 있었던 것이므로, 명의수탁자는 부동산실권리자

부동산의 회복을 위해 명의수탁자에 대해 가지는 소유권이전등기청구권은 그 성질상 법률의 규정에 의한 부당이득반환 청구권으로서 민법 제162조 제1항에 따라 10년의 기간이 경과함으로써 시효로 소멸한다(대판 2009.07.09. 2009다23313). 그러나 명의신탁약정이 부동산실명법시행 以後에 이루어졌거나, 부동산실명법 제11조에서 정한 유예기간이 경과하기까지 명의신탁자가 그 명의로 당해 부동산을 등기 이전 하는 데 법률상 장애가 있었던 경우에는 명의신탁자가 제공한 매수자금에 대한 부당이득반환을 구할 수 있을 뿐이다(대판 2005.01.28. 2002다66922). 명의신탁자의 이러한 부당이득반환청구권은 부동산 자체로부터 발생한 채권이 아닐 뿐만 아니라 소유권 등에 기한 부동산의 반환청구권과 동일한 법률관계나 사실관계로부터 발생한 채권이라고 보기도 어려우므로, 결국 민법 제320조 제1항에서 정한 유치권 성립요건으로서의 목적물과 채권사이의 견련관계를 인정할 수 없기 때문에 명의신탁자가 설령 부동산을 점유하고 있더라도 유치권을 행사할 수 없게 된다(대판 2009.03.26. 2008다34828). 부동산 실권리자명의 등기에 관한 법률(이하 '부동산실명법'이라 한다) 시행 이후 부동산을 매수하면서 매수대금의 실질적 부담자와 명의인 간에 명의신탁관계가 성립한 경우, 그들 사이에 매수대금의 실질적 부담자의 요구에 따라 부동산의 소유 명의를 이전하기로 하는 등의 약정을 하였다고 하더라도, 이는 부동산실명법에 의하여 무효인 명의신탁약정을 전제로 명의신탁 부동산 자체 또는 처분대금의 반환을 구하는 범주에 속하는 것이어서 역시 무효라고 보아야 한다. 나아가 명의신탁자와 명의수탁자가 위와 같이 무효인 명의신탁약정을 함과 아울러 그 약정을 전제로 하여 이에 기한 명의신탁자의 명의수탁자에 대한 소유권이전등기청구권을 확보하기 위하여 명의신탁 부동산에 명의신탁자 명의의 가등기를 마치고 향후 명의신탁자가 요구하는 경우 본등기를 마쳐 주기로 약정하였더라도, 이러한 약정 또한 부동산실명법에 의하여 무효인 명의신탁약정을 전제로 한 것이어서 무효이고, 위 약정에 의하여 마쳐진 가등기는 원인무효이다(대판 2015.02.26. 2014다63315). 그리고 아파트의 수분양자가 타인과 대내적으로는 자신이 수분양권을 계속 보유하기로 하되 수분양자 명의만을 타인의 명의로 하는 내용의 명의신탁약정을 맺으면서 분양계약의 수분양자로서의 지위를 포괄적으로 이전하는 내용의 계약인수약정을 체결하고 이에 대하여 명의신탁약정의 존재를 모르는 분양자가 동의 내지 승낙을 한 경우, 이는 계약명의신탁 관계에서 명의수탁자가 당초 명의신탁약정의 존재를 모르는 분양자와 분양계약을 체결한 경우와 다를 바 없으므로, 분양계약인수약정은 유효하다(대판 2015.12.23. 2012다202932).

주식을 양수하였으나 아직 주주명부에 명의개서를 하지 아니한 경우 또는 주식을 인수하거나 양수하려는 자가 타인의 명의를 빌려 회사의 주식을 인수하거나 양수하고 타인의 명의로 주주명부 기재를 마친 경우, 주주명부상 주주만이 의결권 등 주주권을 행사할 수 있는지 여부(원칙적 적극) 및 이 경우 회사가 주주명부상 주주의 주주권 행사를 부인하거나 주주명부에 기재를 마치지 아니한 자의 주주권 행사를 인정할 수 있는지 여부(원칙적 소극) / 주주명부에 기재를 마치지 않은 자가 회사에 대한 관계에서 주주권을 행사할 수 있는 경우
특별한 사정이 없는 한, <u>주주명부에 적법하게 주주로 기재되어 있는 자는 회사에 대한 관계에서 주식에 관한 의결권 등 주주권을 행사할 수 있고, 회사 역시 주주명부상 주주 외에 실제 주식을 인수하거나 양수하고자 하였던 자가 따로 존재한다는 사실을 알았든 몰랐든 간에 주주명부상 주주의 주주권 행사를 부인할 수 없으며, 주주명부에 기재를 마치지 아니한 자의 주주권 행사를 인정할 수도 없다. 주주명부에 기재를 마치지 않고도 회사에 대한 관계에서 주주권을 행사할 수 있는 경우는 주주명부에의 기재 또는 명의개서청구가 부당하게 지연되거나 거절되었다는 등의 극히 예외적인 사정이 인정되는 경우에 한한다</u>(대판(전합) 2017.03.23. 2015다248342).

명의등기에관한법률 시행에 따라 당해 부동산에 관한 완전한 소유권을 취득함으로써 당해 부동산 자체를 부당이득하였다고 보아야 할 것이고, 부동산실권리자명의등기에관한법률 제3조 및 제4조가 명의신탁자에게 소유권이 귀속되는 것을 막는 취지의 규정은 아니므로 명의수탁자는 명의신탁자에게 자신이 취득한 당해 부동산을 부당이득으로 반환할 의무가 있다(대판 2002.12.26. 2000다21123).

제5장 제한물권

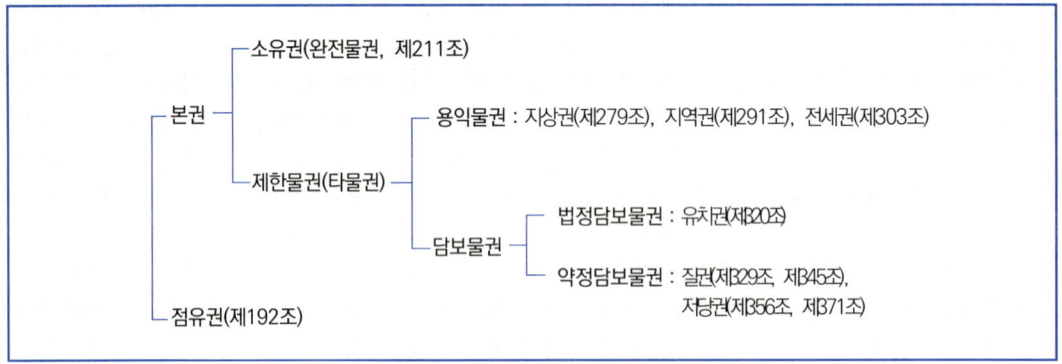

제1절 용익물권

I. 지상권

1. 의의

> 제279조(지상권의 내용) 지상권자는 타인의 토지에 건물 기타 공작물이나 수목을 소유하기 위하여 그 토지를 사용하는 권리가 있다.

지상권이란 타인의 토지에 건물 기타 공작물이나 수목을 소유하기 위하여 그 토지를 사용하는 권리를 말한다.

2. 지상권의 취득

(1) 법률행위에 의한 취득

1) 지상권설정계약과 등기

지상권은 토지소유자와 지상권자의 설정계약, 즉 지상권의 설정을 목적으로 하는 물권적 합의와 등기에 의하여 취득되는 것이 일반적이다. 그리고 설정계약 이외에 유언과 지상권의 양도에 의하여 지상권이 승계취득 된다. 어느 것이나 모두 법률행위로 인한 부동산물권의 변동이므로 등기하여야 효력이 발생한다(제186조).

2) 지상권자와 지상물의 소유권자

법률행위에 의하여 지상권을 설정할 경우 지상권자와 그 지상물의 소유권자가 반드시 일치하여야 하는 것은 아니다. 그리고 지상권설정시에 그 지상권이 미치는 토지의 범위와 그 설정 당시 매매되는 지상물의 범위를 다르게 하는 것도 가능하다(대판 2006.06.15. 2006다6126·6133).

(2) 법률행위에 의하지 않은 취득 - 법률규정 또는 판결에 의한 취득

상속·경매·공용징수·취득시효 등의 법률규정 또는 판결에 의하여 취득할 수 있다(제187조). 이 가운데 취득시효로 인한 지상권의 취득은 등기함으로써 효력이 생기지만(대판 1994.10.14. 94다9849), 그 밖의 원인으로 인한 취득은 등기 없이 그 효력이 생긴다(제187조).

3. 지상권 조문

제280조(존속기간을 약정한 지상권) ① 계약으로 지상권의 존속기간을 정하는 경우에는 그 기간은 다음 연한보다 단축하지 못한다.
 1. 석조, 석회조, 연와조 또는 이와 유사한 견고한 건물이나 수목의 소유를 목적으로 하는 때에는 30년
 2. 전호이외의 건물의 소유를 목적으로 하는 때에는 15년
 3. 건물이외의 공작물의 소유를 목적으로 하는 때에는 5년
② 전항의 기간보다 단축한 기간을 정한 때에는 전항의 기간까지 연장한다.

제281조(존속기간을 약정하지 아니한 지상권) ① 계약으로 지상권의 존속기간을 정하지 아니한 때에는 그 기간은 전조의 최단존속기간으로 한다.
② 지상권설정당시에 공작물의 종류와 구조를 정하지 아니한 때에는 지상권은 전조제2호의 건물의 소유를 목적으로 한 것으로 본다.

제282조(지상권의 양도, 임대) 지상권자는 타인에게 그 권리를 양도하거나 그 권리의 존속기간 내에서 그 토지를 임대할 수 있다.

제283조(지상권자의 갱신청구권, 매수청구권) ① 지상권이 소멸한 경우에 건물 기타 공작물이나 수목이 현존한 때에는 지상권자는 계약의 갱신을 청구할 수 있다. ② 지상권설정자가 계약의 갱신을 원하지 아니하는 때에는 지상권자는 상당한 가액으로 전항의 공작물이나 수목의 매수를 청구할 수 있다.

(1) 갱신청구권의 법적 성질

지상권자의 갱신청구권의 성질은 형성권이 아니라 청구권, 즉 토지소유자에게 계약의 갱신을 요구하는 권리이다.

(2) 갱신청구권행사의 효과

지상권자의 갱신청구로 곧 계약갱신의 효과가 발생하지는 않으며, 지상권설정자가 갱신청구에 응하여 청구자와 계약을 체결함으로써 갱신의 효과가 생긴다. 그러나 지상권설정자가 지상권자의 갱신청구를 거절하는 경우에는 지상권자는 상당한 가액으로 지상물의 매수를 청구할 수 있다. 따라서 지상권자의 갱신청구에 대하여 토지소유자는 이를 갱신하여야 하는 부담을 갖게 된다. 매수청구권은 그러한 한도 내에서 지상권설정자의 계약갱신을 간접적으로 강제하는 권리로서의 성질을 가지게 된다(통설).

(3) 지상권자의 매수청구권

매수청구권은 일종의 형성권이므로, 행사시에는 매매계약이 성립하게 된다. 다만 지상권의 차임연체와 같은 귀책사유로 약정소멸사유가 발생한 경우 지상권자는 토지소유권자에 대하여 지상건물의 매수를 청구할 수 없다(대판 1972.12.26. 72다2085).

제284조(갱신과 존속기간) 당사자가 계약을 갱신하는 경우에는 지상권의 존속기간은 갱신한 날로부터 제280조의 최단존속기간보다 단축하지 못한다. 그러나 당사자는 이보다 장기의 기간을 정할 수 있다.

제285조(수거의무, 매수청구권) ① 지상권이 소멸한 때에는 지상권자는 건물 기타 공작물이나 수목을 수거하여 토지를 원상에 회복하여야 한다. ② 전항의 경우에 지상권설정자가 상당한 가액을 제공하여 그 공작물이나 수목의 매수를 청구한 때에는 지상권자는 정당한 이유없이 이를 거절하지 못한다.

(1) 지상물수거권

지상권이 소멸한 때에는 지상권자는 건물 기타 공작물이나 수목을 수거하여 토지를 원상회복하여야 한다. 수거는 지상권소멸 후 지체 없이 하여야 하지만, 수거를 하는 데 필요한 기간 동안은 토지의 사용을 계속할 수 있다.

(2) 지상권설정자의 매수청구권

지상권이 소멸한 경우 지상권설정자가 상당한 가액을 제공하여 그 공작물이나 수목의 매수를 청구한 때에는 지상권자는 정당한 이유 없이 이를 거절하지 못한다. 여기서 상당한 가액이란 매수청구권행사 당시의 시가상당액을 말한다(대판 1972.07.25. 72다653). 토지소유자에게 이러한 권리를 부여하는 것은 사회경제적으로 이익이 되기 때문이다. 매수청구권은 형성권이기 때문에 매수청구권이 행사되면 매매계약이 성립하게 되어 지상권자는 채무에 반하는 행위를 할 수 없다. 다만, 지상권자는 정당한 이유가 있는 경우[1])에는 지상물매매계약의 성립을 부인할 수 있다.

제286조(지료증감청구권) 지료가 토지에 관한 조세 기타 부담의 증감이나 지가의 변동으로 인하여 상당하지 아니하게 된 때에는 당사자는 그 증감을 청구할 수 있다.

지료액은 당사자의 협의로 결정되지만, 그 후에 토지에 관한 조세 기타 부담의 증감이나 지가의 변동으로 인하여 지료의 액수가 상당하지 않게 된 때에는 당사자는 그 증감을 청구할 수 있다. 이 지료증감청구권은 일종의 형성권이다(통설). 이러한 증감청구에 대하여 상대방이 다투는 경우에는 법원의 결정에 따르게 될 것이다. 증감이 인정되면 그 증감청구를 한 때로 소급하여 효력이 생긴다. 그러나 결정될 때까지는 종래의 지료액을 지급하여도 지료의 체납이 되지 않는다고 하여야 한다(대판 2001.03.13. 99다17142).

제287조(지상권소멸청구권) 지상권자가 2년 이상의 지료를 지급하지 아니한 때에는 지상권설정자는 지상권의 소멸을 청구할 수 있다.

(1) 토지소유권의 이전

토지소유권이 이전된 경우에는 지료의 등기가 없다고 하더라도 신 소유자는 지상권자에게 지료를 청구할 수 있다. 다만, 지상권자가 전 소유자와 체결한 특약[2])은 등기된 경우에만 이를 가지고 새로운 소유자에

---

1) 지상물가격의 부당한 평가 등
2) 예를 들어 지료를 인상하지 않겠다는 특약

게 대항할 수 있다(대판 1999.09.03. 99다24874). 判例는 "민법 제287조가 토지소유자에게 지상권소멸청구권을 부여하고 있는 이유는 지상권은 성질상 그 존속기간 동안은 당연히 존속하는 것을 원칙으로 하는 것이나, 지상권자가 2년 이상의 지료를 연체하는 때에는 토지소유자로 하여금 지상권의 소멸을 청구할 수 있도록 함으로써 토지소유자의 이익을 보호하려는 취지에서 나온 것이라고 할 것이므로, 지상권자가 그 권리의 목적이 된 토지의 특정한 소유자에 대하여 2년분 이상의 지료를 지불하지 아니한 경우에 그 특정의 소유자는 선택에 따라 지상권의 소멸을 청구할 수 있으나, 지상권자의 지료 지급 연체가 토지소유권의 양도 전후에 걸쳐 이루어진 경우 토지양수인에 대한 연체기간이 2년이 되지 않는다면 양수인은 지상권소멸청구를 할 수 없다(대판 2001.03.13. 99다17142)."고 한다. 그리고 지상권자가 2년 이상의 지료를 지급하지 아니한 때에는 지상권설정자는 지상권의 소멸을 청구할 수 있으나(민법 제287조), 지상권설정자가 지상권의 소멸을 청구하지 않고 있는 동안 지상권자로부터 연체된 지료의 일부를 지급받고 이를 이의 없이 수령하여 연체된 지료가 2년 미만으로 된 경우에는 지상권설정자는 종전에 지상권자가 2년분의 지료를 연체하였다는 사유를 들어 지상권자에게 지상권의 소멸을 청구할 수 없으며, 이러한 법리는 토지소유자와 법정지상권자 사이에서도 마찬가지이다(대판 2014.08.28. 2012다102384).

(2) 지상권의 이전

지상권의 이전이 있으면 장래의 지료채무도 신 지상권자에게 이전하는 것으로 해석된다. 즉 지료채권은 소유권에 종속되어 있고 지료지급채무는 지상권에 종속하고 있으므로, 이들은 서로 결합하여 그 내용상 하나의 법률적 지위를 이루는 것으로 새기는 것이 타당하기 때문이다(통설). 그러나 등기가 없으면 전 지상권자가 지료를 체납한 경우에 그 지료체납의 효과를 신 지상권자에게 대항할 수 없다. 지료 및 그 지급시기에 관한 약정이 등기된 경우에는 그 약정은 신 지상권자에게는 물론 제3자에 대해서도 물권적 효력을 가진다(부등법 제136조).

제288조(지상권소멸청구와 저당권자에 대한 통지) 지상권이 저당권의 목적인 때 또는 그 토지에 있는 건물, 수목이 저당권의 목적이 된 때에는 전조의 청구는 저당권자에게 통지한 후 상당한 기간이 경과함으로써 그 효력이 생긴다.

제289조(강행규정) 제280조 내지 제287조의 규정에 위반되는 계약으로 지상권자에게 불리한 것은 그 효력이 없다.

제290조(준용규정) ① **제213조, 제214조**, 제216조 내지 제244조의 규정은 지상권자간 또는 지상권자와 인지소유자 간에 이를 준용한다. ② 제280조 내지 제289조 및 제1항의 규정은 제289조의2의 규정에 의한 구분지상권에 관하여 이를 준용한다. 〈신설 1984.4.10.〉

> *** 제3자가 지상권설정자에 대하여 해당 토지를 사용·수익할 수 있는 채권적 권리를 가지고 있는 경우, 이로써 지상권자에 대항할 수 있는지 여부(소극)**
>
> 토지에 관하여 저당권을 취득함과 아울러 그 저당권의 담보가치를 확보하기 위하여 지상권을 취득하는 경우, 특별한 사정이 없는 한 그 지상권은 저당권이 실행될 때까지 제3자가 용익권을 취득하거나 목적 토지의 담보가치를 하락시키는 침해행위를 하는 것을 배제함으로써 저당 부동산의 담보가치를 확보하는 데에 그 목적이 있다고 할 것이므로, 제3자가 저당권의 목적인 토지 위에 건물을 신축하는 경우에는, 그 제3자가 지상권자에게 대항할 수 있는 권원을 가지고 있다는 등의 특별한 사정이 없는 한, 지상권자는 그 방해배제청구로서 신축중인 건물의 철거와 대지의 인도 등을 구할 수 있다고 할 것이다. 한편, 물권은 법률 또는 관습법에 의하는 외에는 임의로 창설하지 못하는 것이므로(민법 제185조), 지상권설정등기가 경료 되면 그 지상권의 내용과 범위는 등기된 바에 따라서 대세적인 효력이 발생하고, 제3자가 지상권설정자에 대하여 해당 토지를 사용·수익할 수 있는 채권적 권리를 가지고 있다고 하더라도 이러한 사정만으로 지상권자에 대항할 수는 없다고 할 것이다(대판 2008.02.15. 2005다47205).

> **※ 지상권자의 권리**
>
> [1] 토지에 관하여 저당권을 취득함과 아울러 그 저당권의 담보가치를 확보하기 위하여 지상권을 취득하는 경우, 특별한 사정이 없는 한 당해 지상권은 저당권이 실행될 때까지 제3자가 용익권을 취득하거나 목적 토지의 담보가치를 하락시키는 침해행위를 하는 것을 배제함으로써 저당 부동산의 담보가치를 확보하는 데에 그 목적이 있다고 할 것이므로, 그와 같은 경우 제3자가 비록 토지소유자로부터 신축중인 지상 건물에 관한 건축주 명의를 변경 받았다 하더라도, 그 지상권자에게 대항할 수 있는 권원이 없는 한 지상권자로서는 제3자에 대하여 목적 토지 위에 건물을 축조하는 것을 중지하도록 요구할 수 있다.
>
> [2] 토지 위에 건물을 신축중인 토지소유자가 토지에 관한 근저당권 및 지상권설정등기를 경료한 후 제3자에게 위 건물에 대한 건축주 명의를 변경하여 준 경우, 제3자가 지상권자에게 대항할 수 있는 권원이 없는 한 지상권자는 제3자에 대하여 목적 토지 위에 건물을 축조하는 것을 중지하도록 요구할 수 있다고 한 사례(대결 2004.03.29. 2003마1753).

4. 법정지상권

(1) 취지

민법은 토지와 건물이 각각 별개의 독립한 부동산으로 취급하고 있으므로, 토지와 건물의 소유자가 다를 수 있다. 이 경우 토지이용관계가 설정되지 않으면, 건물소유자는 토지소유자에 의하여 건물이 철거될 수 있다. 그런데 토지소유자와의 협의를 거쳐 미리 토지이용관계를 설정할 수 없는 부득이한 경우가 있을 수 있는데, 이러한 경우 법률이 지상권을 인정하여 줌으로써 건물이 철거되지 않게 하려는 제도가 법정지상권 제도이다.

(2) 형태

1) 토지와 그 지상의 건물이 동일인에게 속하는 경우에, 건물에 대해서만 전세권을 설정한 후 토지소유자가 변경된 경우(제305조)

2) 토지와 그 지상의 건물이 동일인에게 속하고 있는 경우에, 어느 한쪽에만 저당권이 설정된 후 저당권의 실행으로 토지와 건물의 소유자가 다르게 된 경우(제366조)

> **제366조(법정지상권)** 저당물의 경매로 인하여 토지와 그 지상건물이 다른 소유자에 속한 경우에는 토지소유자는 건물소유자에 대하여 지상권을 설정한 것으로 본다. 그러나 지료는 당사자의 청구에 의하여 법원이 이를 정한다.

3) 토지와 그 지상의 건물이 동일인에게 속하는 경우에, 그 토지 또는 건물 중 어느 한쪽에만 가등기담보권·양도담보권 또는 매도담보권이 설정된 후 담보권의 실행으로 토지와 건물의 소유자가 다르게 된 경우(가등기담보등에 관한 법률 제10조)

4) 토지와 입목이 동일인에게 속하고 있는 경우에, 경매 기타의 사유로 토지와 입목이 각각 다른 소유자에게 속하게 된 경우(입목등 등기에 관한 법률 제6조)

5. 관습법상의 법정지상권

(1) 의의

관습법상 또는 관습상의 법정지상권이란 토지와 그 지상 건물이 동일인에게 속하였다가 민법 등이 규정하는 법정지상권의 성립·취득사유가 아닌 사유에 의하여 각각 소유자가 달라진 경우에 그 건물을 철거한다는 특약이 없는 한 건물소유자가 관습법에 의하여 등기 없이 당연히 취득하는 지상권을 말한다. 이러한 관습법상의 법정지상권은 일찍이 조선고등법원판결에서 한국에 있어서의 관습이라고 인정한 것(조고판 1916.9.29.)을 시작으로, 대법원에서 이를 받아들여(대판 1960.09.29. 4292민상944) 현재 관습법으로 형성되어 있다. 그러므로 동일인 소유이던 토지와 그 지상 건물이 매매 등으로 인하여 각각 소유자를 달리하게 되었을 때 그 건물 철거 특약이 없는 한 건물 소유자가 법정지상권을 취득한다는 관습법은 현재에도 그 법적 규범으로서의 효력을 여전히 유지하고 있다고 보아야 한다[3](대판(全合) 2022.07.21. 2017다236749).

(2) 성립요건

1) 토지와 건물이 동일인의 소유에 속할 것

① **건물의 존재**[4]

건물로서의 요건을 갖추고 있는 이상 무허가나 미등기건물도 상관없다. 즉, 동일한 소유자에게 귀속된 토지·건물이 매매 등의 원인으로 소유자가 다르게 될 때에는 그 건물을 철거하기로 하는 합의가 있었다는 등의 특별한 사정이 없는 한 건물소유자는 토지소유자에 대하여 그 건물을 위한 관습상의 지상권을 취득하게 되고, 그 건물은 반드시 등기가 되어 있어야만 하는 것이 아니고 무허가건물이라고 하여도 상관이 없다(대판 1964.09.22. 63아62). 그러나 토지의 점유·사용에 관하여 당사자 사이에 약정이 있는 것으로 볼 수 있거나 토지 소유자가 건물의 처분권까지 함께 취득한 경우에는 관습상의 법정지상권을 인정할 까닭이 없다 할 것이므로 미등기 건물을 그 대지와 함께 양수한 사람이 그 대지에 관하여서만 소유권이전등기를 넘겨받은 상태에서 대지가 경매되어 소유자가 다르게 된 경우에는, 대지와 건물이 동일인의 소유에 속한 것이라고 볼 수 없어 제366조의 법정지상권은 물론 관습법상의 법정지상권도 발생할 수 없다(대판 1998.04.24. 98다4798).

② **동일인의 소유에 속할 것**[5]

처분 당시에 동일인의 소유에 속하여야 한다[6](대판 1995.07.28. 95다9075). 특히 이를 판단하는 기준시기와

---

[3] [다수의견] 동일인 소유이던 토지와 그 지상 건물이 매매 등으로 인하여 각각 소유자를 달리하게 되었을 때 그 건물 철거 특약이 없는 한 건물 소유자가 법정지상권을 취득한다는 관습법은 현재에도 그 법적 규범으로서의 효력을 여전히 유지하고 있다고 보아야 한다. [대법관 김재형의 반대의견] 동일인 소유이던 토지와 그 지상 건물이 매매 등으로 소유자가 달라질 때 법정지상권이라는 물권이 성립한다는 관습은 관습법으로서의 성립 요건을 갖춘 것이라고 볼 수 없다. 설령 그러한 관습법이 성립하였다고 하더라도 현재에 이르러서는 사회 구성원들이 그러한 관행의 법적 구속력에 대하여 확신을 갖지 않게 되었고, 또한 헌법을 최상위 규범으로 하는 전체 법질서에 부합하지 않으므로, 법적 규범으로서 효력을 인정할 수 없다고 보아야 한다. 따라서 관습법상 법정지상권을 광범위하게 인정하고 있는 종래 판례는 폐기해야 한다(대판(全合) 2022.07.21. 2017다236749).

[4] 나대지상에 환매특약의 등기가 마쳐진 상태에서 대지소유자가 그 지상에 건물을 신축하였다면, 대지소유자는 그 신축 당시부터 환매권 행사에 따라 환매권자에게 환매특약 등기 당시의 권리관계 그대로의 토지 소유권을 이전하여 줄 잠재적 의무를 부담한다고 볼 수 있으므로, 통상의 대지소유자로서는 그 건물이 장차 철거되어야 하는 운명에 처하게 될 것임을 예상하면서도 그 건물을 건축하였다고 볼 수 있고, 환매권자가 환매기간 내에 적법하게 환매권을 행사하면 환매특약의 등기 후에 마쳐진 제3자의 근저당권 등 이미 유효하게 성립한 제한물권조차 소멸하므로, 특별한 사정이 없는 한 환매권의 행사에 따라 토지와 건물의 소유자가 달라진 경우 그 건물을 위한 관습상의 법정지상권은 애초부터 생기지 않는다(대판 2010.11.25. 2010두16431).

[5] [1] 동일인의 소유에 속하고 있던 토지와 지상 건물이 매매 등으로 인하여 소유자가 다르게 된 경우에 건물을 철거한다는 특약이 없는 한 건물소유자는 건물의 소유를 위한 관습상 법정지상권을 취득한다. 그런데 민법 제406조의 채권자취소권의 행사로 인한 사해행위의 취소와 일탈재산의 원상회복은 채권자와 수익자 또는 전득자에 대한 관계에 있어서만 효력이 발생할 뿐이고 채무자가 직접 권리를 취득하는 것이 아니므로, 토지와 지상 건물이 함께 양도되었다가 채권자취소권의 행사에 따라 그중 건물에 관하여만 양도가 취소되고 수익자와 전득자 명의의 소유권이전등기가 말소되었다고 하더라도, 이는 관습상 법정지상권의 성립요건인 '동일인의 소유에 속하고 있던 토지와 지상 건물이 매매 등으로 인하여 소유자가 다르게 된 경우'에 해당한다고 할 수 없다. [2] 저당권설정 당시 동일인의 소유에 속하고 있던 토지와 지상 건물이 경매로 인하여 소유자가 다르게 된 경우에 건물소유자는 건물의 소유를 위한 민법 제366조의 법정지상권을 취득한다. 그리고 건물 소유를 위하여 법정지상권을 취득한 사람으로부터 경매에 의하여 건물의 소유권을 이전받은 매수인은 매수 후 건물을 철거한다는 등의 매각조건하에서 경매되는 경우 등 특별한 사정이 없는 한 건물의 매수취득과 함께 위 지상권도 당연히 취득하는데, 이러한 법리는 사해행위의 수익자 또는 전득자가 건물의 소유자로서 법정지상권을 취득한 후 채무자와 수익자 사이에 행하여진 건물의 양도에 대한 채권자취소권의 행사에 따라 수익자와 전득자 명의의 소유권이전등기가 말소된 다음 경매절차에서 건물이 매각되는 경우에도 마찬가지로 적용된다(대판 2014.12.24. 2012다73158). 그리고 이러한 법리는 압류, 가압류나 체납처분압류 등 처분제한의 등기가 된 건물에 관하여 그에 저촉되는 소유권이전등기를 마친 사람이 건물의 소유자로서 관습상의 법정지상권을 취득한 후 경매 또는 공매절차에서 건물이 매각되는 경우에도 마찬가지로 적용된다(대판 2014.09.04. 2011다13463).

관련하여 매수인이 소유권을 취득하는 매각대금의 완납시가 아니라 그 압류 또는 가압류의 효력이 발생하는 때를 기준으로 토지와 그 지상 건물이 동일인에게 속하였는지가 판단되어야 한다[7](대판(손송) 2012.10.18. 2010다52140). 반면에 강제경매의 목적이 된 토지 또는 그 지상 건물에 관하여 강제경매를 위한 압류나 그 압류에 선행한 가압류가 있기 이전에 저당권이 설정되어 있다가 그 후 강제경매로 인해 그 저당권이 소멸하는 경우에는, 그 저당권 설정 당시를 기준으로 토지와 그 지상 건물이 동일인에게 속하였는지에 따라 관습상 법정지상권의 성립 여부를 판단하여야 한다[8](대판 2013.04.11. 2009다62059). 그리고 토지의 소유자가 건물을 건축할 당시 이미 토지를 타인에게 매도하였다면 토지의 매수인이 그 건축행위를 승낙하지 않는 이상 그 건물은 장차 철거되어야 하는 운명에 처하게 될 것이고, 토지 소유자가 이를 예상하면서도 건물을 건축하였다면 그 건물을 위한 관습상의 법정지상권은 발생하지 않는다(대판 1994.12.22. 94다41072·41089). 그러나 예를 들어 공유지 상에 공유자의 1인 또는 수인 소유의 건물이 있을 경우 다른 특별한 사정이 없는 한 건물 소유자는 그 건물 부지 상에 그 건물을 위하여 관습상의 지상권을 취득 한다(대판 1974.02.12. 73다353).

---

6) 동일인의 소유 요건과 관련하여 관습법상의 법정지상권을 **부정한** 判例로는 토지와 건물의 매매 이후 건물에 대한 소유명의가 양도인에게 그대로 남아 있는 경우(대판 1998.04.24. 98다4798), 동일인에 귀속된 소유권이 원인무효로 건물과 토지의 소유권자가 달라진 경우(대판 1999.03.26. 98다64189), 구분소유적 공유관계에 있는 자가 자신의 특정 소유가 아닌 부분에 건물을 신축한 경우(대판 1994.01.28. 93다49871), 토지공유자 중 1인이 공유토지 위에 건물을 소유하고 있다가 토지지분을 전매한 경우(대판 1988.09.27. 87다카140), 공유자의 1인의 지분 과반수의 동의를 얻어 건물을 신축한 후 토지와 건물의 소유자가 달라진 경우(대판 1993.04.13. 92다55756), 명의수탁자가 신탁 토지 위에 건물을 신축한 경우(대판 1986.05.27. 86다카62), 건물의 등기부상 소유명의를 타인에게 신탁한 후에 토지소유권이 경매로 타인에게 이전된 경우(대판 2004.02.13. 2003다29043), 대지를 양도담보 한 후에 채무자가 채권자의 승낙을 얻어 그 대지 위에 건물을 지은 후 양도담보권자가 토지를 제3자에게 양도한 경우(대판 1966.05.17. 66다504), 환지처분의 경우(대판 2001.05.08. 2001다4101) 등이 있다.
7) 부동산강제경매절차에서 목적물을 매수한 사람의 법적 지위는 다른 특별한 사정이 없는 한 그 절차상 압류의 효력이 발생하는 때를 기준으로 하여 정하여지고, 매수신청인·담보권자·채권자·채무자 기타 그 절차에 이해관계를 가지는 여러 당사자는 그와 같이 하여 정하여지는 법적 지위를 전제로 하여 자신의 이해관계를 계산하고, 나아가 경매절차에의 참여, 채무이행, 대위변제 기타의 재산적 결정에 이르게 된다. 이는 토지와 지상 건물 중 하나 또는 그 전부가 경매의 목적물이 된 경우에 그 경매로 인하여 종국적으로 소유자가 달라지면 이제 토지가 건물의 소유를 위한 사용권의 부담을 안게 되고 건물은 계속 유지되어 존립할 수 있는지와 같이 이해관계인에게 중요한 의미가 있는 사항에 관련하여서도 다를 바 없다고 할 것이다. 그렇다면 강제경매의 목적이 된 토지 또는 그 지상 건물의 소유권이 강제경매로 인하여 그 절차상의 매수인에게 이전된 경우에 건물의 소유를 위한 관습상 법정지상권이 성립하는가 하는 문제에 있어서는 그 매수인이 소유권을 취득하는 매각대금의 완납시가 아니라 그 압류의 효력이 발생하는 때를 기준으로 하여 토지와 그 지상 건물이 동일인에 속하였는지 여부가 판단되어야 한다. 강제경매개시결정의 기입등기가 이루어져 압류의 효력이 발생한 후에 경매목적물의 소유권을 취득한 이른바 제3취득자는 그의 권리를 경매절차상의 매수인에게 대항하지 못하고, 나아가 그 명의로 경료된 소유권이전등기는 매수인이 인수하지 아니하는 부동산의 부담에 관한 기입에 해당하므로(민사집행법 제144조 제1항 제2호 참조) 그 매각대금이 완납되면 직권으로 그 말소가 촉탁되어야 하는 것이어서, 결국 매각대금 완납 당시 소유자가 누구인지는 이 문제맥락에서 별다른 의미를 가질 수 없다는 점 등을 고려하여 보면 더욱 그러하다. 한편 강제경매개시결정 이전에 가압류가 있는 경우에는, 그 가압류가 강제경매개시결정으로 인하여 본압류로 이행되어 가압류집행이 본집행에 포섭됨으로써 당초부터 본집행이 있었던 것과 같은 효력이 있다. 따라서 경매의 목적이 된 부동산에 대하여 가압류가 있고 그것이 본압류로 이행되어 경매절차가 진행된 경우에는 애초 가압류가 효력을 발생하는 때를 기준으로 토지와 그 지상 건물이 동일인에 속하였는지 여부를 판단할 것이다. 이와 달리 강제경매로 인하여 관습상 법정지상권이 성립함에는 그 매각 당시를 기준으로 토지와 그 지상 건물이 동일인에게 속하여야 한다는 취지의 대판 1970.09.29. 70다1454, 대판 1971.09.28. 71다1631 등은 이 판결의 견해와 저촉되는 한도에서 변경하기로 한다(대판(손송) 2012.10.18. 2010다52140).
8) 강제경매의 목적이 된 토지 또는 그 지상 건물에 관하여 강제경매를 위한 압류나 그 압류에 선행한 가압류가 있기 이전에 저당권이 설정되어 있다가 그 후 강제경매로 인해 그 저당권이 소멸하는 경우에는, 그 저당권 설정 이후의 특정 시점을 기준으로 토지와 그 지상 건물이 동일인의 소유에 속하였는지에 따라 관습상 법정지상권의 성립 여부를 판단하게 되면, 저당권자로서는 저당권 설정 당시를 기준으로 그 토지나 지상 건물의 담보가치를 평가하였음에도 저당권 설정 이후에 토지나 그 지상 건물의 소유자가 변경되었다는 외부의 우연한 사정으로 인하여 자신이 당초에 파악하고 있던 것보다 부당하게 높아지거나 떨어진 가치를 가진 담보를 취득하게 되는 예상하지 못한 이익을 얻거나 손해를 입게 되므로, 그 저당권 설정 당시를 기준으로 토지와 그 지상 건물이 동일인에게 속하였는지에 따라 관습상 법정지상권의 성립 여부를 판단하여야 한다.

2) 토지와 건물 중 어느 하나가 매매 기타의 원인으로 처분되어 토지소유자와 건물소유자가 다르게 되었을 것

① 매매(대판 1960.09.29. 4292민상944), 증여(대판 1963.05.09. 63아11), 귀속재산의 불하(대판 1986.09.09. 85다카2275), 강제경매(대판 1970.09.29. 70다1454), 공유물의 분할(대판 1967.11.14. 67다1105), 국세징수법에 의한 경매(대판 1967.11.28. 67다1831) 등이 判例가 들고 있는 사유이다. 소유자가 다르게 되려면 토지 또는 건물에 관하여 소유권이전등기를 경료 해야 한다.

3) 당사자 사이에 건물을 철거한다는 특약이 없을 것

그러한 특약이 없다는 것은 건물소유자로 하여금 계속 토지를 사용케 한다는 묵시적 합의가 있다고 해석할 수 있는 전제가 되기 때문이다[9]. 건물철거에 관한 합의 등 특별한 사정의 존재에 관한 주장·증명에 관해서는 그러한 사정의 존재를 주장하는 자가 증명책임을 진다(대판 1988.09.27. 87다카279). 그리고 관습법상의 법정지상권은 포기할 수 있다. 예를 들어 동일인에게 속하였던 대지나 지상물 중 건물만을 양도하면서 따로 건물을 위하여 당사자가 대지에 관한 임대차계약을 체결한 경우에는, 건물의 양수인이 관습법상의 법정지상권을 포기한 것으로 본다(대판 1968.01.31. 67다2007).

4) 등 기

관습법상의 법정지상권은 관습법에 의하여 당연히 성립하는 것이므로 제187조에 의하여 등기를 할 필요가 없다(대판 1972.07.25. 72다893). 그러나 제3자에게 이 법정지상권을 전득시키려면 제187조 단서에 의하여 등기를 하여야 한다. 즉 제3자가 관습법상의 법정지상권을 전득하려면, 먼저 건물소유자가 그의 법정지상권의 등기를 하고 난 다음에 이 지상권의 이전등기를 하여야 한다(대판 1968.07.31. 67다1759).

(3) 내 용

민법의 지상권에 관한 규정이 준용된다. 존속기간에 있어서는 존속기간을 약정하지 아니한 지상권으로 보므로(대판 1963.05.09. 63아11), 민법 제281조의 규정에 의하여 그 존속기간이 정하여진다. 그리고 토지의 사용에 있어서는 그 건물의 유지 및 사용에 필요한 범위에 대하여 효력이 미치며(대판 1974.02.12. 73다353) 지료에 대해서는 제366조 단서를 준용 한다(대판 1996.02.13. 95누11023). 관습법상의 법정지상권이 설정된 지상물을 양도한 경우 특별한 사정이 없는 한 지상권도 양도하기로 한 것으로 보아야 하고(대판 1996.04.26. 95다52864), 양수인은 양도인을 대위하여 토지소유자에게 지상권설정등기절차이행을 청구할 수 있을 것이다(대판 1988.09.27. 87다카279).

(4) 미등기건물과 법정지상권·관습법상 법정지상권

1) 미등기건물을 전전양수한 자의 법적 지위

미등기부동산의 원시취득자는 이를 등기하지 않으면 처분할 수 없으므로, 미등기부동산을 법적으로 취득

---

9) [1] 토지와 건물이 동일한 소유자에게 속하였다가 건물 또는 토지가 매매 기타 원인으로 인하여 양자의 소유자가 다르게 되었더라도, 당사자 사이에 그 건물을 철거하기로 하는 합의가 있었던 경우에는 건물 소유자는 토지 소유자에 대하여 그 건물을 위한 관습상의 법정지상권을 취득할 수 없다. [2] 건물 철거의 합의가 관습상의 법정지상권 발생의 소극적 요건이 되는 이유는 그러한 합의가 없을 때라야 토지와 건물의 소유자가 달라진 후에도 건물 소유자로 하여금 그 건물의 소유를 위하여 토지를 계속 사용케 하려는 묵시적 합의가 있는 것으로 볼 수 있다는 데 있고, 한편 관습상의 법정지상권은 타인의 토지 위에 건물을 소유하는 것을 본질적 내용으로 하는 권리가 아니라, 건물의 소유를 위하여 타인의 토지를 사용하는 것을 본질적 내용으로 하는 권리여서, 위에서 말하는 '묵시적 합의'라는 당사자의 추정 의사는 건물의 소유를 위하여 '토지를 계속 사용 한다'는 데 중점이 있는 의사라 할 것이므로, 건물 철거의 합의에 위와 같은 묵시적 합의를 깨뜨리는 효력, 즉 관습상의 법정지상권의 발생을 배제하는 효력을 인정할 수 있기 위하여서는, 단지 형식적으로 건물을 철거한다는 내용만이 아니라 건물을 철거함으로써 토지의 계속 사용을 그만두고자 하는 당사자의 의사가 그 합의에 의하여 인정될 수 있어야 한다. [3] 토지와 건물의 소유자가 토지만을 타인에게 증여한 후 구 건물을 철거하되 그 지상에 자신의 이름으로 건물을 다시 신축하기로 합의한 경우, 그 건물 철거의 합의는 건물 소유자가 토지의 계속 사용을 그만두고자 하는 내용의 합의로 볼 수 없어 관습상의 법정지상권의 발생을 배제하는 효력이 인정되지 않는다(대판 1999.12.10. 98다58467).

할 수는 없다(제187조 단서). 그러나 실제로는 미등기건물을 매수하여 점유하는 일이 일어나므로, 점유자의 법적 지위가 문제가 된다. 건물철거는 그 소유권의 종국적 처분에 해당되는 사실행위이므로 원칙으로는 그 소유자(민법상 원칙으로는 등기명의자)에게만 그 철거처분권이 있다 할 것이고, 예외적으로 건물을 전소유자로부터 매수하여 점유하고 있는 등 그 권리의 범위 내에서 그 점유 중인 건물에 대하여 법률상 또는 사실상 처분을 할 수 있는 지위에 있는 자에게도 그 철거처분권이 있다(대판 2003.01.24. 2002다61521).

2) 법정지상권의 성립 여부

동일인의 소유에 속하는 대지와 그 지상의 미등기건물 중 대지만이 경매(임의경매)되어 다른 사람 앞으로 이전등기 된 경우, 미등기건물의 소유자(=원시취득자 또는 그 포괄승계인)는 제366조 소정의 법정지상권을 취득한다(대판 2004.06.11. 2004다13533). 대지와 그 지상의 미등기건물을 일괄하여 양도하였으나 대지에 대해서만 양수인 앞으로 이전등기 된 후 저당권이 설정되고 경매(임의경매)되어 대지가 다른 사람 소유에 속하게 된 경우, 미등기건물은 여전히 최초의 양도인 소유로 남아 있으므로 저당권 설정 당시에 미등기건물은 양도인의 소유이고 대지는 이전등기를 경료한 양수인의 소유이므로 서로 소유자가 달라 제366조의 법정지상권이 성립될 여지가 없다(대판(全合) 2002.06.20. 2002다9660).

3) 관습법상 법정지상권의 성립 여부

① 동일인의 소유에 속하는 대지와 그 지상의 미등기건물 중 대지만을 양도하고 이전등기 한 경우, 대지를 양도할 당시에 그 지상건물을 철거하기로 하는 특약을 하는 등의 특별한 사정이 없는 한 미등기건물의 소유자가 관습법상의 법정지상권을 취득한다. 등기된 건물의 경우와 동일하다.

② 대지와 그 지상의 미등기건물을 일괄하여 양도하였으나 대지에 대해서만 이전등기 된 경우, 미등기건물의 양수인은 물론이고 양도인도 관습법상의 법정지상권을 취득할 수 없다. 일단 양수인은 그 이전등기를 할 수 없어(제187조) 그 건물의 소유권을 취득할 수 없으므로 그 건물의 소유를 위한 법정지상권을 취득할 수 없다(대판 1989.02.14. 88다카2592). 왜냐하면 법정지상권은 건물의 소유 및 유지를 위하여 건물의 소유자에게 인정되는 것이기 때문이다. 미등기건물의 양도인이 관습법상 법정지상권을 취득하는지가 문제되는데, 양도인은 미등기건물의 소유자이므로, 그 건물 소유를 위한 관습법상 법정지상권을 인정할 여지가 있다. 이에 대하여 관습법상 법정지상권을 인정한 것(대판 1972.10.31. 72다1515)도 있었고, 부정한 것(대판 1998.04.24. 98다4798)도 있었으나, "관습상의 법정지상권은 동일인의 소유이던 토지와 그 지상건물이 매매 기타 원인으로 인하여 각각 소유자를 달리하게 되었으나 그 건물을 철거한다는 등의 특약이 없으면 건물 소유자로 하여금 토지를 계속 사용하게 하려는 것이 당사자의 의사라고 보아 인정되는 것이므로 토지의 점유·사용에 관하여 당사자 사이에 약정이 있는 것으로 볼 수 있거나 토지 소유자가 건물의 처분권까지 함께 취득한 경우에는 관습상의 법정지상권을 인정할 까닭이 없다 할 것이어서, 미등기건물을 그 대지와 함께 매도하였다면 비록 매수인에게 그 대지에 관하여만 소유권이전등기가 경료 되고 건물에 관하여는 등기가 경료 되지 아니하여 형식적으로 대지와 건물이 그 소유 명의자를 달리하게 되었다 하더라도 매도인에게 관습상의 법정지상권을 인정할 이유가 없다(대판(全合) 2002.06.20. 2002다9660)."고 판시하여 부정하고 있다. 그리고 관습상의 법정지상권의 성립 요건인 해당 토지와 건물의 소유권의 동일인에의 귀속과 그 후의 각기 다른 사람에의 귀속은 법의 보호를 받을 수 있는 권리변동으로 인한 것이어야 하므로, 원래 동일인에게의 소유권 귀속이 원인무효로 이루어졌다가 그 뒤 그 원인무효임이 밝혀져 그 등기가 말소됨으로써 그 건물과 토지의 소유자가 달라지게 된 경우에는 관습상의 법정지상권을 허용할 수 없다(대판 1999.03.26. 98다64189).

6. 특수지상권

(1) 구분지상권

제289조의2(구분지상권) ① 지하 또는 지상의 공간은 상하의 범위를 정하여 건물 기타 공작물을 소유하기 위한 지상권의 목적으로 할 수 있다. 이 경우 설정행위로써 지상권의 행사를 위하여 토지의 사용을 제한할 수 있다.
② 제1항의 규정에 의한 구분지상권은 제3자가 토지를 사용·수익할 권리를 가진 때에도 그 권리자 및 그 권리를 목적으로 하는 권리를 가진 자 전원의 승낙이 있으면 이를 설정할 수 있다. 이 경우 토지를 사용·수익할 권리를 가진 제3자는 그 지상권의 행사를 방해하여서는 아니 된다.

제290조(준용규정) ② 제280조 내지 제289조 및 제1항의 규정은 제289조의2의 규정에 의한 구분지상권에 관하여 이를 준용한다. 〈신설 1984.4.10〉

구분지상권이라 함은 지하 또는 지상의 공간에 상하의 범위를 정하여 건물 기타 공작물을 소유하기 위한 지상권이다. 즉 상하의 범위가 정해진 토지를 목적으로 하는 지상권을 구분지상권이라 한다. 구분지상권은 과학·기술의 발달과 경제적 필요에 따라 토지이용의 입체화가 가능해짐으로써 현실화된 권리이다. 즉 일반지상권은 토지소유권이 미치는 상하의 범위 전체에 대한 권리이기 때문에, 그것이 설정되면 토지소유자의 토지이용은 전면적으로 배제되게 된다. 이는 필요 이상으로 토지이용을 제한하게 되는 것이므로 토지의 상하 중 일정범위를 지정, 그 범위에만 지상권의 효력이 미치도록 하여, 그 이외의 토지이용부분을 토지소유자가 이용할 수 있도록 하자는 취지에서 1984년 민법개정에 의하여 구분지상권제도가 신설되었다.

(2) 분묘기지권

1) 의 의

분묘기지권이란 타인의 토지에 분묘를 설치한 자가 그 분묘를 소유하기 위하여 분묘의 기지 부분과 분묘의 수호 및 제사에 필요한 범위 내에서 분묘의 기지 주위의 공지를 포함한 지역의 타인 소유의 토지를 사용하는 것을 내용으로 하는 지상권 유사의 관습상의 물권이다. 조선고등법원은 한국의 관습에 의거하여 이와 같은 물권을 인정하고 등기 없이 제3자에 대하여 대항할 수 있다(조고판 1927.3.8.)고 하였다. 이러한 관습에 의한 지상권은 대법원도 이를 수용하였다.

2) 성립요건

判例는 ① 타인의 소유지 내에 그 소유자의 승낙을 얻어 분묘를 설치한 경우(대판 1962.04.06. 61민상1491) ② 자기 소유토지에 분묘를 설치하고 이 토지를 타인에게 양도한 경우(대판 1967.10.12. 67다1903) ③ 타인소유의 토지에 그의 승낙 없이 분묘를 설치한 자가 20년간 평온·공연하게 그 분묘의 기지를 점유함으로써 지상권으로서의 분묘기지권을 시효취득하는 경우(대판 1969.01.28. 68다1927)에 분묘기지권이 성립한다고 한다. 그러나 분묘의 내부에 시신이 안장되어 있지 않은, 즉 가묘의 경우에는 분묘기지권이 인정되지 않는다(대판 1976.10.26. 76다1359).

3) 효과

① 분묘기지권의 보호

분묘가 침해당한 때에는 분묘소유자는 그 침해의 배제를 청구할 수 있다.

② 효력범위

분묘를 수호하고 봉사하는 목적을 달성하는 데 필요한 범위 내이다. 따라서 분묘가 설치된 기지에 국한되는 것이 아니고 분묘의 수호 및 제사의 봉향에 필요한 주위의 빈 땅에도 효력이 미치게 된다. 그러나 분묘기지권이 미치는 범위의 토지라 하더라도 새로 분묘를 신설하거나 원래의 분묘를 다른 곳으로 이장할 수 없다(대판 1958.06.12. 4290민상771). 그리고 합장하여 단분형태로 분묘를 설치하는 것도 불가능하다(대판 2001.08.21. 2001다28367).

③ 존속기간

존속기간의 약정이 없는 경우에는 권리자가 분묘의 수호와 봉사를 계속하는 동안 분묘기지권도 존속한다.

④ 지 료

분묘기지의 사용의 대가로 지료가 지급되어야 하는지가 문제된다. 명시적인 반대의 약정이 없는 한 어느 경우에도 토지 소유자의 청구가 있으면 지료를 지급할 의무가 있다고 하는 견해가 있다(이영준). 그러나 경우를 나누어 ① 토지 소유자의 승낙을 얻어 분묘를 설치한 경우는 지료에 관한 약정이 있으면 그에 따르고 약정이 없는 때에는 무상이고, ② 분묘기지권을 시효취득하는 경우에는 무상(대판 1995.02.28. 94다37912)이나, ③ 자기 토지 내에 분묘를 가지고 있던 자가 그 토지를 처분하여 분묘기지권을 취득하게 되는 경우에만 제366조 단서를 적용하여 지료를 결정하여야 할 것이다(다수설). 그리고 자기 소유의 토지 위에 분묘를 설치한 후 토지의 소유권이 경매 등으로 타인에게 이전되면서 분묘기지권을 취득한 자가, 판결에 따라 분묘기지권에 관한 지료의 액수가 정해졌음에도 판결확정 후 책임 있는 사유로 상당한 기간 동안 지료의 지급을 지체하여 지체된 지료가 판결확정 전후에 걸쳐 2년분 이상이 되는 경우에는 민법 제287조를 유추적용 하여 새로운 토지소유자는 분묘기지권자에 대하여 분묘기지권의 소멸을 청구할 수 있다. 분묘기지권자가 판결확정 후 지료지급 청구를 받았음에도 책임 있는 사유로 상당한 기간 지료의 지급을 지체한 경우에만 분묘기지권의 소멸을 청구할 수 있는 것은 아니다(대판 2015.07.23. 2015다206850).

4) 공시방법

관습법상의 지상권은 분묘 자체가 공시의 기능을 하고 있기 때문에 등기는 요구되지 않는다. 분묘가 평장되거나 암장된 경우에는 분묘기지권을 취득할 수 없다(대판 1996.06.14. 96다14036).

---

* 분묘기지권의 설정 - 처분행위

분묘의 기지인 토지가 분묘소유권자 아닌 다른 사람의 소유인 경우에 그 토지 소유자가 분묘소유자에 대하여 분묘의 설치를 승낙한 때에는 그 분묘의 기지에 대하여 분묘소유자를 위한 지상권 유사의 물권(분묘기지권)을 설정한 것으로 볼 수 있으나, 종중원은 총유자의 한 사람으로서 그 총유물인 종산을 사용수익 할 수 있다 하여도 그 종산에 대한 분묘설치행위는 단순한 사용수익에 불과한 것이 아니고 관습에 의한 지상권 유사의 물권을 취득하게 되는 처분행위에 해당된다할 것이므로 총유체인 종중의 결의가 필요하다(대판 1967.07.18. 66다1600).

---

* 타인 소유의 토지에 분묘를 설치한 경우에 20년간 평온, 공연하게 분묘의 기지를 점유하면 지상권과 유사한 관습상의 물권인 분묘기지권을 시효로 취득한다는 법적 규범이 2000. 1. 12. 법률 제6158호로 전부 개정된 '장사 등에 관한 법률'의 시행일인 2001. 1. 13. 이전에 설치된 분묘에 관하여 현재까지 유지되고 있는지 여부(적극)

타인 소유의 토지에 분묘를 설치한 경우에 20년간 평온, 공연하게 분묘의 기지를 점유하면 지상권과 유사한 관습상의 물권인 분묘기지권을 시효로 취득한다는 점은 오랜 세월 동안 지속되어 온 관습 또는 관행으로서 법적 규범으로 승인되어 왔고, 이러한 법적 규범이 장사법(법률 제6158호) 시행일인 2001. 1. 13. 이전에 설치된 분묘에 관하여 현재까지 유지되고 있다고 보아야 한다(대판(전합) 2017.01.19. 2013다17292).

II. 지역권

제291조(지역권의 내용) 지역권자는 일정한 목적을 위하여 타인의 토지를 자기토지의 편익에 이용하는 권리가 있다.

지역권이란 지역권설정행위에서 정한 일정한 목적을 위하여 타인의 토지를 자기의 토지의 편익에 이용하는 부동산 용익물권의 일종이다. 예를 들어, 타인의 토지를 통행하거나, 그 토지를 거쳐 물을 끌어오거나, 그 토지에 일정한 높이 이상의 건물을 건축하지 않는 등 두 개의 토지 사이의 이용을 조절하는 것을 목적으로 한다. 그 편익을 얻는 토지를 요역지라 하고, 편익을 제공하는 토지를 승역지라고 한다. 따라서 지역권은 요역지의 이용가치를 높이기 위하여 승역지를 이용할 수 있는 권리이다.

제292조(부종성) ① 지역권은 요역지소유권에 부종하여 이전하며 또는 요역지에 대한 소유권이외의 권리의 목적이 된다. 그러나 다른 약정이 있는 때에는 그 약정에 의한다. ② 지역권은 요역지와 분리하여 양도하거나 다른 권리의 목적으로 하지 못한다.

제293조(공유관계, 일부양도와 불가분성) ① 토지공유자의 1인은 지분에 관하여 그 토지를 위한 지역권 또는 그 토지가 부담한 지역권을 소멸하게 하지 못한다. ② 토지의 분할이나 토지의 일부양도의 경우에는 지역권은 요역지의 각 부분을 위하여 또는 그 승역지의 각부분에 존속한다. 그러나 지역권이 토지의 일부분에만 관한 것인 때에는 다른 부분에 대하여는 그러하지 아니하다.

제294조(지역권취득기간) 지역권은 계속되고 표현된 것에 한하여 제245조의 규정을 준용한다.

(1) 내 용

계속되고 표현된 것에 한하여 지역권의 시효취득이 가능하다. 특히 판례는 "계속", "표현"의 개념을 좁히는 경향이 있다.

(2) 判例

통행지역권에 관하여 요역지의 소유자가 승역지상에 통로를 개설하여 승역지를 항시 이용하고 있다는 객관적인 상태가 민법 제245조에 규정된 기간 동안 계속된 사실이 있어야 한다(대판 1995.06.13. 95다1088). 통행지역권의 통로개설은 요역지 소유자에 의하여 행해져야 한다(대판 1993.05.11. 91다46861). 요역지의 소유자 기타 사용권자만이 시효취득을 할 수 있다(대판 1979.04.19. 78다2482). 요역지의 불법점유자는 상린관계로서의 주위토지통행권의 주장이나 지역권의 시효취득 주장을 할 수 없다(대판 1976.10.29. 76다1694).

> *** 취득시효 관련 判例**
>
> 1. 취득시효기간을 계산할 때에, 점유기간 중에 해당 부동산의 소유권자가 변동된 경우에는 취득시효를 주장하는 자가 임의로 기산점을 선택하거나 소급하여 20년 이상 점유한 사실만 내세워 시효완성을 주장할 수 없으며, 법원이 당사자의 주장에 구애됨이 없이 소송자료에 의하여 인정되는 바에 따라 진정한 점유의 개시시기를 인정하고, 그에 터 잡아 취득시효 주장의 당부를 판단하여야 한다. 한편 점유가 순차 승계된 경우에는 취득시효의 완성을 주장하는 자가 자기의 점유만을 주장하거나 또는 자기의 점유와 전 점유자의 점유를 아울러 주장할 수 있는 선택권이 있다. 소유권의 취득시효에 관한 위와 같은 법리는 지역권의 취득시효에 관한 민법 제294조에 의하여 민법 제245조의 규정이 준용되는 통행지역권의 취득시효에 관하여도 마찬가지로 적용된다.
> 2. 통행지역권의 경우에 지역의 대가로서의 지료는 그 요건이 아니다. 그렇지만 통행지역권의 취득시효가 인정되면,

도로가 개설된 상태에서 승역지가 이용되고 또한 다른 사정이 없는 한 그 존속기간에 제한이 없어 승역지 소유자의 승역지에 대한 사용 및 소유권 행사에 상당한 지장을 주게 되므로 그에 따른 불이익에 대하여 승역지 소유자를 적절히 보호할 필요가 있다. 한편 통행지역권의 취득시효는 승역지 위에 도로를 설치하여 늘 사용하는 객관적 상태를 전제로 하는데, 도로 개설에 의한 종전의 승역지 사용이 무상으로 이루어졌다는 특별한 사정이 없다면 취득시효 전에는 그 사용에 관한 지료 지급의무를 지거나 부당이득반환의무를 지므로, 이러한 상태에서의 도로 개설·사용을 전제로 하여 시효취득이 이루어진다고 할 수 있다. 그리고 민법 제219조는 어느 토지와 공로 사이에 그 토지의 용도에 필요한 통로가 없는 경우에 그 토지 소유자가 주위의 토지를 통행 또는 통로로 하지 아니하면 공로에 출입할 수 없거나 과다한 비용을 요하는 때에는 그 주위의 토지를 통행할 수 있고 필요한 경우에는 통로를 개설할 수 있도록 하여 주위토지통행권을 인정하는 한편, 그 토지 소유자로 하여금 통행지 소유자의 손해를 보상하도록 정하고 있다. 통행지역권은 용익물권으로서 통행지역권의 시효취득은 상린관계에 관한 주위토지통행권과는 그 권리의 성질 및 성립 근거가 다르지만 인접한 토지소유자 사이에서 통로 개설에 의한 통행 이용에 관한 이해관계를 조정하는 역할을 한다는 점에서는 서로 유사하다. 이와 같이 도로 설치에 의한 사용을 근거로 영구적인 통행지역권이 인정되는 통행지역권의 취득시효에 관한 여러 사정들과 아울러 주위토지통행권과의 유사성 등을 종합하여 보면, 종전의 승역지 사용이 무상으로 이루어졌다는 등의 다른 특별한 사정이 없다면 <u>통행지역권을 취득시효한 경우에도 주위토지통행권의 경우와 마찬가지로 요역지 소유자는 승역지에 대한 도로 설치 및 사용에 의하여 승역지 소유자가 입은 손해를 보상하여야 한다고</u> 해석함이 타당하다(대판 2015.03.20. 2012다17479).

제295조(취득과 불가분성) ① 공유자의 1인이 지역권을 취득한 때에는 다른 공유자도 이를 취득한다. ② 점유로 인한 지역권취득기간의 중단은 지역권을 행사하는 모든 공유자에 대한 사유가 아니면 그 효력이 없다.

제296조(소멸시효의 중단, 정지와 불가분성) 요역지가 수인의 공유인 경우에 그 1인에 의한 지역권소멸시효의 중단 또는 정지는 다른 공유자를 위하여 효력이 있다.

제297조(용수지역권) ① 용수승역지의 수량이 요역지 및 승역지의 수요에 부족한 때에는 그 수요정도에 의하여 먼저 가용에 공급하고 다른 용도에 공급하여야 한다. 그러나 설정행위에 다른 약정이 있는 때에는 그 약정에 의한다. ② 승역지에 수개의 용수지역권이 설정된 때에는 후순위의 지역권자는 선순위의 지역권자의 용수를 방해하지 못한다.

제299조(위기에 의한 부담면제) 승역지의 소유자는 지역권에 필요한 부분의 토지소유권을 지역권자에게 위기하여 전조의 부담을 면할 수 있다.

제300조(공작물의 공동사용) ① 승역지의 소유자는 지역권의 행사를 방해하지 아니하는 범위내에서 지역권자가 지역권의 행사를 위하여 승역지에 설치한 공작물을 사용할 수 있다. ② 전항의 경우에 승역지의 소제299조(위기에 의한 부담면제) 승역지의 소유자는 지역권에 필요한 부분의 토지소유권을 지역권자에게 위기하여 전조의 부담을 면할 수 있다.유자는 수익정도의 비율로 공작물의 설치, 보존의 비용을 분담하여야 한다.

제301조(준용규정) 제214조의 규정은 지역권에 준용한다.

제302조(특수지역권) 어느 지역의 주민이 집합체의 관계로 각자가 타인의 토지에서 초목, 야생물 및 토사의 채취, 방목 기타의 수익을 하는 권리가 있는 경우에는 관습에 의하는 외에 본장의 규정을 준용한다.

1. 다른 제도와의 관계

(1) 지상권·전세권

지역권은 타인의 토지의 이용을 그 내용으로 하는 점에서 지상권·전세권과 같다. 그러나 지상권·전세권은 사람과 관계하는 권리이고 또 토지의 이용목적이 한정되는 점에서, 토지와 관계하는 관리이고 그 토지의 이용목적에는 아무런 제한이 없는 지역권과 구별된다.

(2) 상린관계

상린관계는 법률의 규정으로 隣地(인지)간의 토지사용을 규율하고 있는 데 반하여, 지역권은 隔地(격지)간에도 발생한다.

(3) 임차권과의 구별

임차권은 채권적 권리이므로 원칙적으로 제3자에게 대항할 수 없는데 반하여, 지역권은 물권으로서 제3자에 대하여 대항할 수 있다. 그리고 임대차에 의하여 당해 토지의 점유 및 사용권이 전면적으로 임차인에게 이전되는 반면, 지역권에서는 승역지의 소유자도 직접 점유하고 용익할 수 있다.

2. 지역권의 존속기간

(1) 문제점

민법은 지역권의 존속기간에 관하여 아무런 규정을 두고 있지 않을 뿐만 아니라, 부동산등기법도 이를 등기사항으로 규정하고 있지 않아 문제가 있다.

(2) 영구적 지역권의 설정가능성

지역권이 본래 영구적인 것으로 설정되었던 로마법 이래의 연혁과 소유권을 제한하는 정도가 낮다는 점 등을 생각할 때 영구적인 지역권의 설정을 인정하는 것이 타당하다(대판 1980.01.29. 79다1704).

(3) 존속기간약정의 등기

존속기간에 관한 당사자 사이의 약정은 유효하다. 그러나 부동산등기법상 등기사항이 아니므로 등기할 방법은 존재하지 않는다. 지역권의 존속기간에 관한 등기는 그 유상성과는 달리 지역권의 존립 자체를 나타내주는 것이므로, 등기할 수 있는 방안이 마련되어야 한다.

3. 지역권의 효력

(1) 타인의 토지를 자기토지의 편익에 이용하는 권리

토지의 편익에 이용한다는 것은 요역지의 사용가치를 증대시키는 것으로서, 승역지의 소유권자는 지역권자의 행위를 용인하거나, 스스로 승역지의 이용을 제한하는 등 토지의 편익의 종류에는 제한이 없다. 다만 지역권의 내용이 상린관계에 관한 강행규정에 위반해서는 안 된다. 승역지의 소유자는 그 승역지가 요역지의 편익에 제공되는 한도에서 의무를 부담한다. 승역지의 소유자는 지역권자의 적극적인 행위를 인용하며, 승역지의 일정한 이용을 하지 않는 것이 그 의무에 포함된다. 이 경우 승역지의 소유자로 하여금 일정한 행위를 할 적극적인 의무를 부담하게 할 수 있는지가 문제되지만, 지역권이 2개의 토지 사이의 이용조절을 기초로 하는 권리라는 점을 고려하여 지역권행사에 필요한 토지의 설치·수선과 같은 부수적인 행위를 승역지의 소유자가 부담하는 것도 가능하다는 것이 통설이다. 특히 승역지 소유자의 의무에 관해서는 제298조가 규정하고 있으며, 이에 관한 약정은 등기할 수 있다.

> 제298조(승역지소유자의 의무와 승계) 계약에 의하여 승역지소유자가 자기의 비용으로 지역권의 행사를 위하여 공작물의 설치 또는 수선의 의무를 부담한 때에는 승역지소유자의 특별승계인도 그 의무를 부담한다.

3) 지역권은 유상이든 무상이든 상관없다. 하지만 정기적으로 대가를 지급할 약정이 있는 경우에 부동산등기법에 아무런 규정이 없으므로 이를 등기할 수 없다. 따라서 대가지급의 약정은 등기를 하여도 제3자에게 대항하지 못한다.

(2) 요역지와 승역지 사이의 관계

1) 지역권자가 될 수 있는 자

지역권은 두 개의 토지 사이의 이용의 조절을 목적으로 하는 것이므로, 소유권자·지상권자·전세권자는 각각의 권한 내에서 그들이 이용하는 토지를 위하여 또는 그 토지 위에 지역권을 설정할 수 있다. 그리고 지역권설정등기는 승역지의 등기부 을구에 기재된다.

2) 1필의 토지와 일부

요역지는 1필의 토지이어야 하며, 토지의 일부를 위한 지역권을 설정할 수는 없다. 그러나 승역지는 1필의 토지일 필요가 없으며, 토지의 일부 위에도 지역권이 성립할 수 있다.

Ⅲ. 전세권

> 제303조(전세권의 내용) ① 전세권자는 전세금을 지급하고 타인의 부동산을 점유하여 그 부동산의 용도에 좇아 사용·수익하며, 그 부동산 전부에 대하여 후순위권리자 기타 채권자보다 전세금의 우선변제를 받을 권리가 있다. 〈개정 1984.4.10〉
> ② 농경지는 전세권의 목적으로 하지 못한다.

1. 의의 및 취지

전세권은 전세금을 지급하고 타인의 부동산을 점유하여 그 부동산의 용도에 좇아 사용·수익하는 용익물권으로서, 전세권이 소멸하면 목적부동산으로부터 전세권자는 전세금의 우선변제를 받을 수 있다. 전세제도는 원래 채권관계로서 관행되어 온 이른바 전세를 물권의 일종으로 성문화한 것으로서, 이는 외국의 입법례에서는 찾아볼 수 없는 우리나라의 특유한 제도이다. 전세제도는 타인의 부동산을 사용·수익한다는 용익물권적 기능과 함께 담보물권적 기능도 아울러 가지고 있다. 그러나 전세제도의 주된 기능은 부동산의 사용·수익이라는 용익물권성에 있으며, 전세금반환의 확보를 위한 담보물권성은 부수적인 것이다.

2. 전세금의 우선변제권

(1) 전세권자의 우선적 지위

① 전세권은 대항력이 없는 일반채권자에게 언제나 우선한다. 그러나 대항력 있는 채권 등과 경합하는 경우에는 설정 순위에 의한다.
② 저당권과 경합하는 경우에는 배당순위자의 설정등기의 순위에 의하여 정해진다(민집법 제91조). 그러나 뒤에 설정된 저당권에 의한 경매의 경우 먼저 설정된 전세권은 소멸하지 않는다.
③ 전세권설정자가 파산하면 별제권을 갖는다(채무자회생및파산법 제411조).

(2) 우선변제권의 실현방법

① 원 칙

전세권자가 우선변제를 받는 방법으로는 ⅰ) 전세권설정자가 전세금의 반환을 지체한 경우 전세권자가 민사집행법이 정한 바에 의하여 전세 목적물의 경매를 신청하는 방법10), ⅱ) 일반채권자의 강제집행이나 담보권의 실행에 따라 우선변제를 받는 방법11)이 있다.

> **＊ 전세권에 대한 배당 요구**
>
> 민사집행법 제91조 제3항은 "전세권은 저당권·압류채권·가압류채권에 대항할 수 없는 경우에는 매각으로 소멸된다."라고 규정하고, 같은 조 제4항은 "제3항의 경우 외의 전세권은 매수인이 인수한다. 다만 전세권자가 배당요구를 하면 매각으로 소멸된다."라고 규정하고 있는데, 이는 저당권 등에 대항할 수 없는 전세권과 달리, 최선순위의 전세권은 존속기간에 상관없이 오로지 전세권자의 배당요구에 의하여만 소멸하고, 전세권자가 배당요구를 하지 않는 한 매수인에게 인수된다는 취지이다. 따라서 최선순위의 전세권은 전세권자 스스로 배당요구를 하여야만 매각으로 소멸함이 원칙이다. 그러나 전세권이 존속기간의 만료나 합의해지 등으로 종료하면 전세권의 용익물권적 권능은 소멸하고 단지 전세금반환채권을 담보하는 담보물권적 권능의 범위 내에서 전세금의 반환 시까지 전세권설정등기의 효력이 존속하므로, 전세권이 존속기간의 만료 등으로 종료한 경우라면 최선순위 전세권자의 채권자는 전세권이 설정된 부동산에 대한 경매절차에서 채권자대위권에 기하거나 전세금반환채권에 대하여 압류 및 추심명령을 받은 다음 추심권한에 기하여 자기 이름으로 전세권에 대한 배당요구를 할 수 있다. 다만 경매의 매각절차에서 집행법원은 원래 전세권의 존속기간 만료 여부 등을 직접 조사하지는 아니하는 점, 또 건물에 대한 전세권이 법정갱신된 경우에는 등기된 존속기간의 경과 여부만 보고 실제 존속기간의 만료 여부를 판단할 수는 없는 점 및 민사집행규칙 제48조 제2항은 "배당요구서에는 배당요구의 자격을 소명하는 서면을 붙여야 한다."라고 규정하고 있는 점 등에 비추어 보면, 최선순위 전세권자의 채권자가 채권자대위권이나 추심권한에 기하여 전세권에 대한 배당요구를 할 때에는 채권자대위권 행사의 요건을 갖추었다거나 전세금반환채권에 대하여 압류 및 추심명령을 받았다는 점과 아울러 전세권이 존속기간의 만료 등으로 종료하였다는 점에 관한 소명자료를 배당요구의 종기까지 제출하여야 한다(대판 2015.11.17. 2014다10694).

② 목적물의 일부에 대한 전세권의 경우

전세권의 목적물이 한 개의 부동산의 일부인 경우에 전세권자는 그 목적부분에 관해서만 경매청구를 할 수 있는지 아니면 그 부동산 전부에 대하여 경매청구를 할 수 있는지가 문제된다. 이 경우 判例는 "건물의 일부에 대하여 전세권이 설정되어 있는 경우 그 전세권자는 민법 제303조 제1항, 제318조의 규정에 의하여 그 건물 전부에 대하여 후순위 권리자 기타 채권자보다 전세금의 우선변제를 받을 권리가 있고, 전세권설정자가 전세금의 반환을 지체한 때에는 전세권의 목적물의 경매를 청구할 수 있다 할 것이나, 전세권의 목적물이 아닌 나머지 건물부분에 대하여는 우선변제권은 별론으로 하고 경매신청권은 없다(대결 1992.03.10. 91마256)."고 본다.

③ 전세권설정자의 일반재산에 대한 배당참여

전세권자가 우선변제권을 행사하지 않고, 먼저 전세권설정자의 일반재산에 대하여 일반채권자로 배당에 참여 할 수 있는지가 문제되지만, 일반채권자에 대한 관계에서는 허용되지 않는다(통설). 그러나 채무자에

---

10) 이 경우 전세권자가 경매를 신청하려면 전세권설정자에 대하여 전세목적물의 인도의무 및 전세권설정등기말소 의무의 이행제공을 완료함으로써 설정자의 동시이행의 항변요소를 차단하고, 전세권설정자를 이행지체에 빠뜨려야 한다(대결 1977.04.13. 77마90).
11) 이 경우 전세권은 물권이므로 물권적 순위에 따라 배당에 참가하여 우선변제를 받거나, 대항력이 있는 경우에는 경매에 의한 매수인은 전세권의 부담을 그대로 인수한다(민집법 제91조). 다만 전세권이 저당권이나 압류채권, 가압류채권에 대항할 수 없는 경우에는 매각으로 소멸된다(민집법 제91조).

대한 관계에서는 일반재산에 대하여 먼저 집행할 수 있고, 전세권자가 그의 우선변제권을 행사하였으나 그 배당으로 전세금을 완전히 변제받지 못한 경우에는 전세권설정자의 일반재산에 대하여 강제집행을 하거나, 타인의 집행에 배당가입을 할 수 있다(제340조).

④ **임의환가특약**

전세금의 반환시기가 도래한 후에 경매가 아닌 임의의 방법으로 처분하여 정산하기로 한 특약도 유효하다.

제304조(건물의 전세권, 지상권, 임차권에 대한 효력) ① 타인의 토지에 있는 건물에 전세권을 설정한 때에는 전세권의 효력은 그 건물의 소유를 목적으로 한 지상권 또는 임차권에 미친다.
② 전항의 경우에 전세권설정자는 전세권자의 동의없이 지상권 또는 임차권을 소멸하게 하는 행위를 하지 못한다.

제305조(건물의 전세권과 법정지상권) ① 대지와 건물이 동일한 소유자에 속한 경우에 건물에 전세권을 설정한 때에는 그 대지소유권의 특별승계인은 전세권설정자에 대하여 지상권을 설정한 것으로 본다. 그러나 지료는 당사자의 청구에 의하여 법원이 이를 정한다.
② 전항의 경우에 대지소유자는 타인에게 그 대지를 임대하거나 이를 목적으로 한 지상권 또는 전세권을 설정하지 못한다.

제306조(전세권의 양도, 임대 등) 전세권자는 전세권을 타인에게 양도 또는 담보로 제공할 수 있고 그 존속기간 내에서 그 목적물을 타인에게 전전세 또는 임대할 수 있다. 그러나 설정행위로 이를 금지한 때에는 그러하지 아니하다.

(1) 전세금반환청구권의 분리양도

1) 문제점

전세권과 분리하여 전세금반환청구권만을 양도할 수 있는지가 문제 된다.

2) 判 例

원칙적으로 전세권이 존속하는 동안은 전세금반환채권만을 전세권과 분리하여 확정적으로 양도하는 것은 허용되지 않는다. 다만 전세권이 존속기간 만료로 소멸한 경우, 전세권이 존속 중이라도 장래 전세권의 소멸로 전세금반환채권이 발생하는 것을 조건으로 하는 경우(대판 2002.08.23. 2001다69122), 전세계약의 합의해지 또는 특약에 의하여 전세금반환채권의 처분에도 불구하고 전세권의 처분이 따르지 않는 등의 특별한 사정이 있는 경우(대판 1997.11.25. 97다29790) 등에는 반환채권만의 분리양도가 가능하다.

* **전세금반환청구권과 전세권의 양도**

① **전세금반환청구권의 분리와 전세권에 대한 가압류 효력**
[1] 전세권이 담보물권적 성격도 가지는 이상 부종성과 수반성이 있는 것이므로 전세권을 그 담보하는 전세금반환채권과 분리하여 양도하는 것은 허용되지 않는다고 할 것이나, 한편 담보물권의 수반성이란 피담보채권의 처분이 있으면 언제나 담보물권도 함께 처분된다는 것이 아니라 채권담보라고 하는 담보물권 제도의 존재 목적에 비추어 볼 때 특별한 사정이 없는 한 피담보채권의 처분에는 담보물권의 처분도 당연히 포함된다고 보는 것이 합리적이라는 것일 뿐이므로, 피담보채권의 처분이 있음에도 불구하고 담보물권의 처분이 따르지 않는 특별한 사정이 있는 경우에는 채권양수인은 담보물권이 없는 무담보의 채권을 양수한 것이 되고 채권의 처분에 따르지 않은 담보물권은 소멸한다.
[2] 전세권설정계약의 당사자 사이에 그 계약이 합의해지된 경우 전세권설정등기는 전세금반환채권을 담보하는 효력은 있다고 할 것이나, 그 후 당사자 간의 약정에 의하여 전세권의 처분이 따르지 않는 전세금반환채권만의 분리양도가 이루어진 경우에는 양수인은 유효하게 전세금반환채권을 양수하였다고 할 것이고, 그로 인하여 전세금반환채권을 담보하는 물권으로서의 전세권마저 소멸된 이상 그 전세권에 관하여 가압류부기등기가 경료되었다고 하더라도 아무런 효력이 없다.

[3] 전세권자가 전세권설정자에 대하여 그 전세권설정등기의 말소의무를 부담하고 있는 경우라면, 그 전세권을 가압류하여 부기등기를 경료한 가압류권자는 등기상 이해관계 있는 제3자로서 등기권리자인 전세권설정자의 말소등기절차에 필요한 승낙을 할 실체법상의 의무가 있다(대판 1999.02.05. 97다33997).

② 전세권설정등기를 마친 민법상의 전세권을 존속기간 만료 후에 양도할 수 있는지 여부(적극) 및 그 대항요건
전세권설정등기를 마친 민법상의 전세권은 그 성질상 용익물권적 성격과 담보물권적 성격을 겸비한 것으로서, 전세권의 존속기간이 만료되면 전세권의 용익물권적 권능은 전세권설정등기의 말소 없이도 당연히 소멸하고 단지 전세금반환채권을 담보하는 담보물권적 권능의 범위 내에서 전세금의 반환시까지 그 전세권설정등기의 효력이 존속하고 있다 할 것인데, 이와 같이 존속기간의 경과로서 본래의 용익물권적 권능이 소멸하고 담보물권적 권능만 남은 전세권에 대해서도 그 피담보채권인 전세금반환채권과 함께 제3자에게 이를 양도할 수 있다 할 것이지만 이 경우에는 민법 제450조 제2항 소정의 확정일자 있는 증서에 의한 채권양도절차를 거치지 않는 한 위 전세금반환채권의 압류·전부 채권자 등 제3자에게 위 전세보증금반환채권의 양도사실로써 대항할 수 없다(대판 2005.03.25. 2003다35659).

제307조(전세권양도의 효력) 전세권양수인은 전세권설정자에 대하여 전세권양도인과 동일한 권리의무가 있다.

(1) 문제점

전세목적물에 관한 소유권이 양도된 경우 전세권관계가 종전 소유자인 양도인과 전세권자 사이에 지속되는 것인지, 아니면 전세권자와 새로운 소유자인 양수인 사이에 동일한 내용으로 존속되는지에 관하여 민법에 명문의 규정이 없어 문제된다.

(2) 判 例

判例는 "전세목적물의 소유권이 이전된 경우 민법이 전세권 관계로부터 생기는 상환청구·소멸청구·갱신청구·전세금증감청구·원상회복·매수청구 등의 법률관계의 당사자로 규정하고 있는 전세권설정자 또는 소유자는 모두 목적물의 소유권을 취득한 신 소유자로 새길 수 밖에 없다."고 한다. 따라서 "목적물의 신 소유자는 전세권자에 대하여 전세권설정자의 지위에서 전세금반환의무를 부담하게 되고, 구 소유자는 전세권설정자의 지위를 상실하여 전세금반환의무를 면하게 된다."고 하여 양수인이 계속해서 전세권설정자의 지위를 승계한 것으로 본다(대판 2000.06.09. 99다15122).

제308조(전전세 등의 경우의 책임) 전세권의 목적물을 전전세 또는 임대한 경우에는 전세권자는 전전세 또는 임대하지 아니하였으면 면할 수 있는 불가항력으로 인한 손해에 대하여 그 책임을 부담한다.

제309조(전세권자의 유지, 수선의무) 전세권자는 목적물의 현상을 유지하고 그 통상의 관리에 속한 수선을 하여야 한다.

제310조(전세권자의 상환청구권) ① 전세권자가 목적물을 개량하기 위하여 지출한 금액 기타 **유익비**에 관하여는 그 가액의 증가가 현존한 경우에 한하여 소유자의 선택에 좇아 그 지출액이나 증가액의 상환을 청구할 수 있다. ② 전항의 경우에 법원은 소유자의 청구에 의하여 상당한 상환기간을 허여할 수 있다.

제311조(전세권의 소멸청구) ① 전세권자가 전세권설정계약 또는 그 목적물의 성질에 의하여 정하여진 용법으로 이를 사용, 수익하지 아니한 경우에는 전세권설정자는 전세권의 소멸을 청구할 수 있다. ② 전항의 경우에는 전세권설정자는 전세권자에 대하여 원상회복 또는 손해배상을 청구할 수 있다.

제312조(전세권의 존속기간) ① 전세권의 존속기간은 10년을 넘지 못한다. 당사자의 약정기간이 10년을 넘는 때에는 이를 10년으로 단축한다. ② 건물에 대한 전세권의 존속기간을 1년 미만으로 정한 때에는 이를 1년으로 한다. 〈신설 1984.4.10.〉 ③ 전세권의 설정은 이를 갱신할 수 있다. 그 기간은 갱신한 날로부터 10년을 넘지 못한다. ④ 건물의 전세권설정자가 전세권의 존속기간 만료전 6월부터 1월까지 사이에 전세권자에 대하여 갱신거절의 통지 또는 조건을 변경하지 아니하면 갱신하지 아니한다는 뜻의 통지를 하지 아니한 경우에는 그 기간이 만료된 때에 전전세권과 동일한 조건으로 다시 전세권을 설정한 것으로 본다. 이 경우 전세권의 존속기간은 그 정함이 없는 것으로 본다. 〈신설 1984.4.10〉

제312조의2(전세금 증감청구권) 전세금이 목적 부동산에 관한 조세·공과금 기타 부담의 증감이나 경제사정의 변동으로 인하여 상당하지 아니하게 된 때에는 당사자는 장래에 대하여 그 증감을 청구할 수 있다. 그러나 증액의 경우에는 대통령령이 정하는 기준에 따른 비율을 초과하지 못한다. [본조신설 1984.4.10]

제313조(전세권의 소멸통고) 전세권의 존속기간을 약정하지 아니한 때에는 각 당사자는 언제든지 상대방에 대하여 전세권의 소멸을 통고할 수 있고 상대방이 이 통고를 받은 날로부터 6월이 경과하면 전세권은 소멸한다.

제314조(불가항력으로 인한 멸실) ① 전세권의 목적물의 전부 또는 일부가 불가항력으로 인하여 멸실된 때에는 그 멸실된 부분의 전세권은 소멸한다. ② 전항의 일부멸실의 경우에 전세권자가 그 잔존부분으로 전세권의 목적을 달성할 수 없는 때에는 전세권설정자에 대하여 전세권전부의 소멸을 통고하고 전세금의 반환을 청구할 수 있다.

제315조(전세권자의 손해배상책임) ① 전세권의 목적물의 전부 또는 일부가 전세권자에 책임있는 사유로 인하여 멸실된 때에는 전세권자는 손해를 배상할 책임이 있다. ② 전항의 경우에 전세권설정자는 전세권이 소멸된 후 전세금으로써 손해의 배상에 충당하고 잉여가 있으면 반환하여야 하며 부족이 있으면 다시 청구할 수 있다.

제316조(원상회복의무, 매수청구권) ① 전세권이 그 존속기간의 만료로 인하여 소멸한 때에는 전세권자는 그 목적물을 원상에 회복하여야 하며 그 목적물에 부속시킨 물건은 수거할 수 있다. 그러나 전세권설정자가 그 부속물건의 매수를 청구한 때에는 전세권자는 정당한 이유없이 거절하지 못한다. ② 전항의 경우에 그 부속물건이 전세권설정자의 동의를 얻어 부속시킨 것인 때에는 전세권자는 전세권설정자에 대하여 그 부속물건의 매수를 청구할 수 있다. 그 부속물건이 전세권설정자로부터 매수한 것인 때에도 같다.

제317조(전세권의 소멸과 동시이행) 전세권이 소멸한 때에는 전세권설정자는 전세권자로부터 그 목적물의 인도 및 전세권설정등기의 말소등기에 필요한 서류의 교부를 받는 동시에 전세금을 반환하여야 한다.

(1) 내 용

전세권이 소멸한 경우에 전세권설정자는 전세권자로부터 그 목적물의 인도 및 전세권설정등기의 말소등기에 필요한 서류의 교부를 받는 동시에 전세금을 반환하여야 한다. 즉 양자는 동시이행의 관계에 있다. 따라서 전세권자가 그 목적물을 인도하였다고 하더라도 전세권의 말소등기에 필요한 서류를 교부하거나 그 이행의 제공을 하지 않는 경우, 전세권설정자는 전세금의 반환을 거부할 수 있고, 특별한 사정이 없는 한 그가 전세금에 대한 이자상당액의 이득을 취했더라도 부당이득이 되지 않는다(대판 2002.02.05. 2001다62091).

(2) 저당권과의 관계

전세권이 기간만료로 종료된 경우 전세권은 전세권설정등기의 말소등기 없이도 당연히 소멸하고, 저당권의 목적물인 전세권이 소멸하면 저당권도 당연히 소멸하는 것이므로 전세권을 목적으로 한 저당권자는 전세권의 목적물인 부동산의 소유자에게 더 이상 저당권을 주장할 수 없다. 이 경우 전세권설정자는 전세금반환채권에 대한 제3자의 압류 등이 없는 한 전세권자에 대하여만 전세금반환의무를 부담한다고 보아야 한다(대판 1999.09.17. 98다31301).

> **＊ 전세권과 근저당권과의 관계**
>
> [1] 실제로는 전세권설정계약이 없으면서도 임대차계약에 기한 임차보증금 반환채권을 담보할 목적으로 임차인과 임대인 사이의 합의에 따라 임차인 명의로 전세권설정등기를 경료한 후 그 전세권에 대하여 근저당권이 설정된 경우, 설령 위 전세권설정계약만 놓고 보아 그것이 통정허위표시에 해당하여 무효라 하더라도 이로써 위 전세권설정계약에 의하여 형성된 법률관계를 토대로 별개의 법률원인에 의하여 새로운 법률상 이해관계를 갖게 된 근저당권자에 대하여는 그와 같은 사정을 알고 있었던 경우에만 그 무효를 주장할 수 있다.
> [2] 전세권의 존속기간이 만료되면 전세권의 용익물권적 권능이 소멸하기 때문에 그 전세권에 대한 저당권자는 더 이상 전세권 자체에 대하여 저당권을 실행할 수 없게 되고, 이러한 경우에는 민법 제370조, 제342조, 민사집행법 제273조에 의하여 저당권의 목적물인 전세권에 갈음하여 존속하는 것으로 볼 수 있는 전세금반환채권에 대하여 추심명령 또는 전부명령을 받거나, 제3자가 전세금반환채권에 대하여 실시한 강제집행절차에서 배당요구를 하는 등의 방법으로 자신의 권리를 행사할 수 있고, 민법 제370조, 제342조 단서가 저당권자는 물상대위권을 행사하기 위하여 저당권설정자가 받을 금전 기타 물건의 지급 또는 인도 전에 압류하여야 한다고 규정한 것은 물상대위의 목적인 채권의 특정성을 유지하여 그 효력을 보전함과 동시에 제3자에게 불측의 손해를 입히지 않으려는 데 그 목적이 있으므로, 적법한 기간 내에 적법한 방법으로 물상대위권을 행사한 저당권자는 전세권자에 대한 일반채권자보다 우선변제를 받을 수 있다.
> [3] 전세금은 그 성격에 비추어 민법 제315조에 정한 전세권설정자의 전세권자에 대한 손해배상채권 외 다른 채권까지 담보한다고 볼 수 없으므로, 전세권설정자가 전세권자에 대하여 위 손해배상채권 외 다른 채권을 가지고 있더라도 다른 특별한 사정이 없는 한 이를 가지고 전세금반환채권에 대하여 물상대위권을 행사한 전세권저당권자에게 상계 등으로 대항할 수 없다(대판 2008.03.13. 2006다29372·29389).

제318조(전세권자의 경매청구권) 전세권설정자가 전세금의 반환을 지체한 때에는 전세권자는 민사집행법의 정한 바에 의하여 전세권의 목적물의 경매를 청구할 수 있다. 〈개정 1997.12.13, 2001.12.29〉

제319조(준용규정) 제213조, 제214조, 제216조 내지 제244조의 규정은 전세권자간 또는 전세권자와 인지소유자 및 지상권자간에 이를 준용한다.

제2절 담보물권

I. 유치권

> 제320조(유치권의 내용) ① 타인의 물건 또는 유가증권을 점유한 자는 그 물건이나 유가증권에 관하여 생긴 채권이 변제기에 있는 경우에는 변제를 받을 때까지 그 물건 또는 유가증권을 유치할 권리가 있다.
> ② 전항의 규정은 그 점유가 불법행위로 인한 경우에 적용하지 아니한다.

1. 의의

타인의 물건 또는 유가증권을 점유한 자가 그 물건이나 유가증권에 대하여 생긴 채권이 있는 경우, 그 채권의 변제를 받을 때까지 그 물건 또는 유가증권을 유치함으로써 채무자의 변제를 간접으로 강제하는 법정담보물권이다(제320조 1항). 예를 들어 타인의 세탁물을 세탁한 세탁업자가 세탁비를 지급 받을 때까지 세탁물을 유치하는 것이나 임차인이 임차물에 대한 필요비를 받을 때까지 임차물을 유치하는 경우를 예로 들 수 있다. 그리고 유가증권의 수치인이 임치에 대한 보수를 받을 때까지 임치물인 유가증권을 유치할 수 있다.

2. 특징

(1) ① 유치권은 점유를 상실하면 소멸한다(제328조). ② 추급효를 갖지 않으므로 유치물의 점유를 침탈당한 경우에는 점유물반환청구(제204조)에 의하여 그 점유를 회복할 수밖에 없다. ③ 유치권은 동산뿐만 아니라 부동산에 대해서도 성립한다. ④ 유치권자는 경매권은 있어도 우선변제권이 없기 때문에, 이를 보존하기 위한 물상대위성을 갖지 않는다.

(2) 민사집행법은 유치권의 목적물이 경매절차로 매각된 경우 "매수인은 유치권자에게 그 유치권으로 담보하는 채권을 변제할 책임이 있다."고 규정하고 있고(민집법 제91조 5항), 유치권은 등기부에 공시가 되지 않아 경락인 등 제3자가 그 존재를 용이하게 알 수가 없어, 경매절차의 남용 수단으로 쓰이는 경우가 많다.

3. 동시이행항변권과의 비교

> 제536조(동시이행의 항변권) ① 쌍무계약의 당사자일방은 상대방이 그 채무이행을 제공할 때 까지 자기의 채무이행을 거절할 수 있다. 그러나 상대방의 채무가 변제기에 있지 아니하는 때에는 그러하지 아니하다.

(1) 공통점

공평의 원칙에 근거하여 이행거절권이 인정되고, 성립요건으로서 견련관계와 변제기의 도과를 요하고, 효과에서 있어서 상환이행판결(일부승소판결)이 내려지는 점에서 공통적이다.

(2) 차이점

동시이행항변권은 계약 당사자 사이에만 주장할 수 있는 채권적인 것인데 반하여, 유치권은 제3자에 대하여도 주장할 수 있는 물권이다. 동시이행항변권은 일방의 선이행 요구의 거절을 목적으로 하지만, 유치권은 채권담보를 목적으로 한다. 동시이행항변권의 경우 쌍방의 채무는 서로 법률상 대가관계에 있는 것이어야 하지만, 유치권자의 채권과 상대방의 유치물 반환청구권은 대가관계에 있을 필요가 없으며 그 가치가 같지 않아도 된다.

4. 유치권의 성립

(1) 유치권의 목적물

유치권의 목적이 될 수 있는 것은 물건 즉, 동산·부동산과 유가증권이다. 부동산유치권의 경우에는 등기를 필요로 하지 않고, 유가증권을 목적으로 하는 경우에는 배서를 필요로 하지 않는다. 이는 법률의 규정에 의한 물권변동이기 때문이다.

> *** 건물신축공사를 도급받은 수급인이 사회통념상 독립한 건물이 되지 못한 정착물을 토지에 설치한 상태에서 공사가 중단된 경우, 위 정착물 또는 토지에 대하여 유치권을 행사할 수 있는지 여부(소극)**
>
> 건물의 신축공사를 한 수급인이 그 건물을 점유하고 있고 또 그 건물에 관하여 생긴 공사금 채권이 있다면, 수급인은 그 채권을 변제받을 때까지 건물을 유치할 권리가 있는 것이지만, 건물의 신축공사를 도급받은 수급인이 사회통념상 독립한 건물이라고 볼 수 없는 정착물을 토지에 설치한 상태에서 공사가 중단된 경우에 위 정착물은 토지의 부합물에 불과하여 이러한 정착물에 대하여 유치권을 행사할 수 없는 것이고, 또한 공사중단시까지 발생한 공사금 채권은 토지에 관하여 생긴 것이 아니므로 위 공사금 채권에 기하여 토지에 대하여 유치권을 행사할 수도 없는 것이다(대결 2008.05.30. 2007마98).

(2) 채권과 목적물과의 견련관계

1) 문제점

채권이 유치권의 목적물에 관하여 생긴 것이어야 한다. 즉 채권과 목적물 사이에 견련관계가 있어야 한다. 유치권은 피담보채권의 공시가 불가능하므로, 유치권의 성립을 통제하는 역할로서 견련관계는 매우 중요하다.

2) '관하여 생긴 것[12]'의 의미

① 채권이 목적물 자체로부터 발생한 경우[13]

예를 들어 목적물에 지출한 비용의 상환청구권, 목적물로부터 받은 손해에 대한 손해배상청구권 등이 성립한 경우에는 목적물과 채권 사이에 견련성이 인정된다. 그러나 채권이 목적물 그 자체를 목적으로 하는 경우에는 견련관계가 인정되지 않는다. 따라서 자동차를 수리한 대가인 수리비채권에 대해서는 견련관계가 인정되지만, 주택임차인에게는 보증금채권에 대해서 유치권이 인정되지 않는다. 주택임차인은 동시이행의

---

[12] 유치권은 점유하는 물건으로써 유치권자의 피담보채권에 대한 우선적 만족을 확보하여 주는 법정담보물권이다. 민법 제320조 제1항은 "타인의 물건 또는 유가증권을 점유한 자는 그 물건이나 유가증권에 관하여 생긴 채권이 변제기에 있는 경우에는 변제를 받을 때까지 그 물건 또는 유가증권을 유치할 권리가 있다."라고 규정하고 있으므로, 유치권의 피담보채권은 '그 물건에 관하여 생긴 채권'이어야 한다. 민법 제185조는 "물권은 법률 또는 관습법에 의하는 외에는 임의로 창설하지 못한다."라고 정하여 물권법정주의를 선언하고 있다. 물권법의 강행법규성에 따라 법률과 관습법이 인정하지 않는 새로운 종류나 내용의 물권을 창설하는 것은 허용되지 않는다(대판 2023.04.27. 2022다273018).

[13] 명의신탁자와 명의수탁자가 이른바 계약명의신탁약정을 맺고 명의수탁자가 당사자가 되어 명의신탁약정이 있다는 사실을 알지 못하는 소유자와 사이에 부동산에 관한 매매계약을 체결한 뒤 수탁자 명의로 소유권이전등기를 마친 경우에는, 명의신탁자와 명의수탁자 사이의 명의신탁약정은 무효이지만 그 명의수탁자는 당해 부동산의 완전한 소유권을 취득하게 되고(부동산 실권리자명의 등기에 관한 법률 제4조 제1항, 제2항 참조), 반면 명의신탁자는 애초부터 당해 부동산의 소유권을 취득할 수 없고 다만 그가 명의수탁자에게 제공한 부동산 매수자금이 무효의 명의신탁약정에 의한 법률상 원인 없는 것이 되는 관계로 명의수탁자에 대하여 동액 상당의 부당이득반환청구권을 가질 수 있을 뿐이다. 명의신탁자의 이와 같은 부당이득반환청구권은 부동산 자체로부터 발생한 채권이 아닐 뿐만 아니라 소유권 등에 기한 부동산의 반환청구권과 동일한 법률관계나 사실관계로부터 발생한 채권이라고 보기도 어려우므로, 결국 민법 제320조 제1항에서 정한 유치권 성립요건으로서의 목적물과 채권 사이의 견련관계를 인정할 수 없다(대판 2009.03.26. 2008다34828).

항변권을 가질 뿐이다.

② 채권이 목적물의 반환청구권과 동일한 법률관계 또는 동일한 사실관계로부터 발생한 경우

예를 들어 미성년을 이유로 매매계약을 취소한 결과 생긴 대금반환 청구권과 목적물의 반환의무는 매매계약의 취소라는 동일한 법률관계로부터 발생한 것이기 때문에 상호 견련관계를 갖는다. 따라서 대금반환 청구권자는 그 대금의 변제를 받을 때까지 그 목적물에 대한 유치권을 취득한다. 그리고 우연히 서로 물건을 바꾸어간 경우와 같이 동일한 사실관계로부터 생긴 상호간의 반환청구권 사이에도 견련관계가 성립한다고 한다. 그러나 부동산이중매매에서 등기 없는 제1매수인의 등기 있는 제2매수인에 대한 유치권의 주장이나 임대인의 이행불능에 대한 임차인의 손해배상청구권을 근거로 하는 목적물의 양수인에 대한 유치권의 주장, 계약에 반하여 담보목적물을 처분한 양도담보권자에 대한 손해배상청구권에 기한 양수인에 대한 설정자의 유치권의 주장 등은 인정되지 않는다.

3) 채권과 목적물의 점유와의 견련관계 여부

채권은 목적물의 점유 중 또는 점유와 더불어 생긴 것이어야 하는지가 문제되지만, 공평의 원리에 비추어 점유 중에 발생할 것을 요구하지는 않는다(통설). 따라서 목적물을 점유하기 전에 그 목적물에 관련되는 채권이 발생하였고, 그 후 어떤 사정으로 그 목적물의 점유를 취득한 경우에도 유치권은 성립한다고 해야 한다.

4) 상사유치권의 경우

① 상법 제58조

"상인간의 상행위로 인한 채권이 변제기에 있는 때에는 채권자는 변제를 받을 때까지 그 채무자에 대한 상행위로 인하여 자기가 점유하고 있는 채무자소유의 물건 또는 유가증권을 유치할 수 있다. 그러나 당사자간에 다른 약정이 있으면 그러하지 아니하다."고 규정되어 있다.

② 견련관계의 不要 및 채무자의 소유 물건

민사유치권은 피담보채권과 견련성을 가지는 물건만 대상이 되지만, 상사유치권은 채무자 소유의 물건이라면 견련성이 없어도 대상이 된다. 그리고 민사유치권은 채무자 소유 이외의 물건이라고 하여도 대상이 되지만, 상사유치권은 채무자 소유의 물건에 제한된다. 이 두 가지가 상사유치권이 민사유치권과 다른 특징이 된다.

(3) 채권변제기의 도래

채권의 변제기가 도래하기 전에는 유치권은 성립하지 않는다. 이를 인정할 경우에는 변제기 전의 채무의 이행을 강제하는 결과가 되기 때문이다. 따라서 채무자가 법원으로부터 기한을 허여 받은 경우에는 채권자는 유치권을 잃게 된다.

(4) 타인의 물건 또는 유가증권의 점유

1) 점유의 계속

점유가 계속되어야 한다. 유치권자가 목적물의 점유를 잃으면 유치권은 당연히 소멸한다. 그러나 점유를 일시적으로 상실하였다가 다시 회복한 경우에는 유치권을 그대로 유지한다고 본다. 유치권의 성립요건이자 존속요건인 유치권자의 점유는 직접점유이든 간접점유이든 관계가 없으나[14], 다만 유치권은 목적물을 유치

---

14) 유치권의 성립요건인 유치권자의 점유는 직접점유이든 간접점유이든 관계없다. 간접점유를 인정하기 위해서는 간접점유자와 직접점유를 하는 자 사이에 일정한 법률관계, 즉 점유매개관계가 필요한데, 간접점유에서 점유매개관계를 이루는 임대차계약 등이 해지 등의 사유로 종료되더라도 직접점유자가 목적물을 반환하기 전까지는 간접점유자의 직접점유자에 대한 반환청구권이 소멸하지 않는다. 따라서 점유매개관계를 이루는 임대차계약 등이 종료된 이후에도 직접점유자가 목적물을 점유한 채 이를 반환하지 않고 있는 경우에는, 간접점유자의 반환청구권이 소멸한 것이 아니므로 간접점유의 점유매개관계가

함으로써 채무자의 변제를 간접적으로 강제하는 것을 본체적 효력으로 하는 권리인 점 등에 비추어, 그 직접점유자가 채무자인 경우에는 유치권의 요건으로서의 점유에 해당하지 않는다고 할 것이다(대판 2008.04.11. 2007다27236).

2) 적법한 점유

① 점유는 불법행위로 인하여 취득한 것이 아닐 것

불법행위에 의하여 점유를 취득한 자에게까지 유치권을 인정하여 그의 채권을 보호할 필요나 이유가 없기 때문이다. 예를 들어 타인의 물건을 훔치거나 횡령한 자가 그 물건을 수선하였더라도 그 수선대금채권을 위한 유치권은 성립하지 않으며, 또한 권원 없이 타인의 물건을 점유하는 자는 그 물건에 관하여 필요비나 유익비를 지출하였더라도 유치권이 성립하지 않는다. 특히 判例는 "건물점유자가 건물의 원시취득자에게 그 건물에 관한 유치권이 있다고 하더라도 그 건물의 존재와 점유가 토지소유자에게 불법행위가 되고 있다면 그 유치권으로 토지소유자에게 대항할 수 없다(대판 1989.02.14. 87다카3073)."고 한다.

② 점유개시 후의 불법행위

처음에는 권원에 의하여 점유를 개시하였더라도 후에 권원이 소멸한 경우에는 유치권의 성립이 인정되지 않는다. 그러므로 건물임차인의 임대차계약의 해제·해지 후에도 계속 건물을 점유하고 그 기간 동안에 필요비나 유익비를 지출하더라도 그 상환청구권에 관해서는 유치권이 성립되지 않는다. 매매계약의 해제 후 비용을 지출하는 경우, 또는 저당목적물을 취득한 제3자가 저당권실행 후에 비용을 지출한 때에도 마찬가지이다. 그러나 권한이 없음을 과실로 알지 못하고 비용을 지출한 점유자는 유치권을 잃지 않는다. 判例는 점유자의 비용상환청구권을 기초로 하는 유치권의 주장은 그 점유가 불법행위로 인하여 개시된 경우만이 아니라 비용지출 당시에 점유자가 이를 점유할 권원이 없음을 알았거나 이를 알지 못한 것에 중대한 과실이 있는 경우에는 배척된다고 한다.

③ 증명책임

점유자는 선의·평온·공연하게 점유하는 것으로 추정되며, 점유자가 점유물에 대하여 행사하는 권리는 적법하게 보유하는 것으로 추정된다. 그리고 제320조 2항은 제320조 1항의 예외규정이므로, 점유가 불법행위에 의하여 시작되었다는 것은 목적물의 반환을 청구하는 소유자가 주장·증명하여야 한다.

3) 타인의 소유

유치권의 대상은 타인의 물건이어야 한다. 타인의 범위에 관하여 통설과 判例는 유치권의 기초인 공평의 원칙에 요청에 따라 채무자뿐 아니라 제3자도 포함된다고 한다.

(5) 유치권발생금지특약이 없을 것

제한물권은 이해관계인의 이익을 부당하게 침해하지 않는 한 자유로이 포기할 수 있는 것이 원칙이다. <u>유치권은 채권자의 이익을 보호하기 위한 법정담보물권으로서, 당사자는 미리 유치권의 발생을 막는 특약을 할 수 있고 이러한 특약은 유효하다. 유치권 배제 특약이 있는 경우 다른 법정요건이 모두 충족되더라도 유치권은 발생하지 않는데, 특약에 따른 효력은 특약의 상대방뿐 아니라 그 밖의 사람도 주장할 수 있다.</u> 조건은 법률행위의 효력 발생 또는 소멸을 장래의 불확실한 사실의 발생 여부에 의존케 하는 법률행위의 부관으로서, 법률행위에서 효과의사와 일체적인 내용을 이루는 의사표시 그 자체라고 볼 수 있다. <u>유치권 배제 특약에도 조건을 붙일 수 있는데, 조건을 붙이고자 하는 의사가 있는지는 의사표시에 관한 법리에 따라 판단하여야 한다</u>(대판 2018.01.24. 2016다234043).

단절된다고 할 수 없다(대판 2019.08.14. 2019다205329).

5. 유치권 조문

제321조(유치권의 불가분성) 유치권자는 채권전부의 변제를 받을 때까지 유치물 전부에 대하여 그 권리를 행사할 수 있다[15].

(1) 의 의

민법 제320조 제1항에서 '그 물건에 관하여 생긴 채권'은 유치권 제도 본래의 취지인 공평의 원칙에 특별히 반하지 않는 한 채권이 목적물 자체로부터 발생한 경우는 물론이고 채권이 목적물의 반환청구권과 동일한 법률관계나 사실관계로부터 발생한 경우도 포함하고, 한편 민법 제321조는 "유치권자는 채권 전부의 변제를 받을 때까지 유치물 전부에 대하여 그 권리를 행사할 수 있다"고 규정하고 있으므로, 유치물은 그 각 부분으로써 피담보채권의 전부를 담보하며, 이와 같은 유치권의 불가분성은 그 목적물이 분할 가능하거나 수개의 물건인 경우에도 적용 된다(대판 2007.09.07. 2005다16942).

> **＊ 유치권 관련 判例**
>
> ① 소유자는 그 소유에 속한 물건을 점유한 자에 대하여 반환을 청구할 수 있다. 그러나 점유자가 그 물건을 점유할 권리가 있는 때에는 반환을 거부할 수 있다(민법 제213조). 여기서 반환을 거부할 수 있는 점유할 권리에는 유치권도 포함되고, 유치권자로부터 유치물을 유치하기 위한 방법으로 유치물의 점유 내지 보관을 위탁받은 자는 특별한 사정이 없는 한 점유할 권리가 있음을 들어 소유자의 소유물반환청구를 거부할 수 있다(대판 2014.12.24. 2011다62618).
> ② 수급인의 공사대금채권이 도급인의 하자보수청구권 내지 하자보수에 갈음한 손해배상채권 등과 동시이행의 관계에 있는 점 및 피담보채권의 변제기 도래를 유치권의 성립요건으로 규정한 취지 등에 비추어 보면, 건물신축 도급계약에서 수급인이 공사를 완성하였더라도, 신축된 건물에 하자가 있고 그 하자 및 손해에 상응하는 금액이 공사잔대금액 이상이어서, 도급인이 수급인에 대한 하자보수청구권 내지 하자보수에 갈음한 손해배상채권 등에 기하여 수급인의 공사잔대금 채권 전부에 대하여 동시이행의 항변을 한 때에는, 공사잔대금 채권의 변제기가 도래하지 아니한 경우와 마찬가지로 수급인은 도급인에 대하여 하자보수의무나 하자보수에 갈음한 손해배상의무 등에 관한 이행의 제공을 하지 아니한 이상 공사잔대금 채권에 기한 유치권을 행사할 수 없다고 보아야 한다(대판 2014.01.16. 2013다30653).
> 2) 효 력
> 유치권 성립 이전에 설정된 근저당권에 기하여 경매절차가 이루어진 경우에도 유치권자는 그 절차에서 부동산을 매수한 매수인에게 유치권을 가지고 대항할 수 있으며(대판 2009.01.15. 2008다70763), 가압류 이후에 채무자의 점유이전으로 유치권이 성립한 경우에도 점유의 이전은 가압류의 처분금지효에 저촉되지 않으므로 그 이후 경매절차로 인하여 유치권이 소멸하지 않는다(대판 2011.11.24. 2009다19246). 다만 경매개시결정의 기입등기가 되어 압류의 효력이 발생한 다음에 점유이전으로 유치권이 성립되었다면 이는 압류의 처분금지효에 반하는 처분으로서 유치권을 가지고 경매절차의 매수인에게 대항할 수 없다[16](대판 2005.08.19. 2005다22688).

---

15) 민사집행법 제268조에 의하여 담보권의 실행을 위한 경매절차에 준용되는 같은 법 제91조 제5항에 의하면 유치권자는 경락인에 대하여 피담보채권의 변제를 청구할 수는 없지만 자신의 피담보채권이 변제될 때까지 유치목적물인 부동산의 인도를 거절할 수 있어 경매절차의 입찰인들은 낙찰 후 유치권자로부터 경매목적물을 쉽게 인도받을 수 없다는 점을 고려하여 입찰하게 되고 그에 따라 경매목적 부동산이 그만큼 낮은 가격에 낙찰될 우려가 있다. 이와 같이 저가낙찰로 인해 경매를 신청한 근저당권자의 배당액이 줄어들거나 경매목적물 가액과 비교하여 거액의 유치권 신고로 매각 자체가 불가능하게 될 위험은 경매절차에서 근저당권자의 법률상 지위를 불안정하게 하는 것이므로 위 불안을 제거하는 근저당권자의 이익을 단순한 사실상·경제상의 이익이라고 볼 수는 없다. 따라서 근저당권자는 유치권 신고를 한 사람을 상대로 유치권 전부의 부존재뿐만 아니라 경매절차에서 유치권을 내세워 대항할 수 있는 범위를 초과하는 유치권의 부존재 확인을 구할 법률상 이익이 있고, 심리 결과 유치권 신고를 한 사람이 유치권의 피담보채권으로 주장하는 금액의 일부만이 경매절차에서 유치권으로 대항할 수 있는 것으로 인정되는 경우에는 법원은 특별한 사정이 없는 한 그 유치권 부분에 대하여 일부패소의 판결을 하여야 한다. 소극적 확인소송에서는 원고가 먼저 청구를 특정하여 채무발생원인 사실을 부정하는 주장을 하면 채권자인 피고는 권리관계의 요건사실에 관하여 주장·증명책임을 부담하므로, 유치권 부존재 확인소송에서 유치권의 요건사실인 유치권의 목적물과 견련관계 있는 채권의 존재에 대해서는 피고가 주장·증명하여야 한다(대판 2016.03.10. 2013다99409).

> *** 체납처분압류가 되어 있는 부동산에 대하여 경매절차가 개시되기 전에 민사유치권을 취득한 유치권자가 경매절차의 매수인에게 유치권을 행사할 수 있는지 여부(적극)**
>
> 부동산에 관한 민사집행절차에서는 경매개시결정과 함께 압류를 명하므로 압류가 행하여짐과 동시에 매각절차인 경매절차가 개시되는 반면, 국세징수법에 의한 체납처분절차에서는 그와 달리 체납처분에 의한 압류(이하 '체납처분압류'라고 한다)와 동시에 매각절차인 공매절차가 개시되는 것이 아닐 뿐만 아니라, 체납처분압류가 반드시 공매절차로 이어지는 것도 아니다. 또한 체납처분절차와 민사집행절차는 서로 별개의 절차로서 공매절차와 경매절차가 별도로 진행되는 것이므로, 부동산에 관하여 체납처분압류가 되어 있다고 하여 경매절차에서 <u>이를 그 부동산에 관하여 경매개시결정에 따른 압류가 행하여진 경우와 마찬가지로 볼 수는 없다. 따라서 체납처분압류가 되어 있는 부동산이라고 하더라도 그러한 사정만으로 경매절차가 개시되어 경매개시결정등기가 되기 전에 부동산에 관하여 민사유치권을 취득한 유치권자가 경매절차의 매수인에게 유치권을 행사할 수 없다고 볼 것은 아니다</u>(대판(손합) 2014.03.20. 2009다60336).

(2) 상사유치권의 경우

① 문제점

민법은 유치권에 선행저당권에도 대항할 수 있는 강력한 효력을 인정하고 있는데, 견련성이 요구되지 않아 상대적으로 쉽게 성립할 수 있는 상사유치권에도 이러한 효력이 인정됨으로써 실제 집행절차에서는 상사유치권이 남용되는 경우가 빈번하게 발생하였다(송옥렬, 상법강의, 제8판, 108면). 따라서 상사유치권의 경우 효력을 제한하는 문제가 생기게 된다.

② 유치권 행사와 권리남용

이미 저당권이 설정되어 있다는 것을 알면서도 자기 채권의 우선적 만족을 위해 의도적으로 유치권을 성립시킨 경우에는 그 유치권의 행사를 권리남용에 해당 한다(대판 2011.12.22. 2011다84298).

③ 민사유치권과 상사유치권의 분리

상사유치권이 채무자 소유의 물건에 대해서만 성립한다는 것은, 상사유치권은 성립 당시 채무자가 목적물에 대하여 보유하고 있는 담보가치만을 대상으로 하는 제한물권이라는 의미를 담고 있다 할 것이고, 따라서 유치권 성립 당시에 이미 목적물에 대하여 제3자가 권리자인 제한물권이 설정되어 있다면, 상사유치권은 그와 같이 제한된 채무자의 소유권에 기초하여 성립할 뿐이고, 기존의 제한물권이 확보하고 있는 담보가치를 사후적으로 침탈하지는 못한다고 보아야 한다. <u>상사유치권자는 선행저당권자 또는 선행저당권에 기한 임의경매절차에서 부동산을 취득한 매수인에 대한 관계에서는 상사유치권으로 대항할 수 없다</u>[17](대판 2013.

---

[16] 채무자 소유의 부동산에 경매개시결정의 기입등기가 경료 되어 압류의 효력이 발생한 이후에 채권자가 채무자로부터 위 부동산의 점유를 이전받고 이에 관한 공사 등을 시행함으로써 채무자에 대한 공사대금채권 및 이를 피담보채권으로 한 유치권을 취득한 경우, 이러한 점유의 이전은 목적물의 교환가치를 감소시킬 우려가 있는 처분행위에 해당하여 민사집행법 제92조 제1항·제83조 제4항에 따른 압류의 처분금지효에 저촉되므로, 위와 같은 경위로 부동산을 점유한 채권자로서는 위 유치권을 내세워 그 부동산에 관한 경매절차의 매수인에게 대항할 수 없고, 이 경우 위 부동산에 경매개시결정의 기입등기가 경료되어 있음을 채권자가 알았는지 여부 또는 이를 알지 못한 것에 관하여 과실이 있는지 여부 등은 채권자가 그 유치권을 매수인에게 대항할 수 없다는 결론에 아무런 영향을 미치지 못한다(대판 2006.08.25. 2006다22050; 대판 2005.08.19. 2005다22688). 따라서 반대해석으로 압류의 효력이 발생하기 전에 취득한 유치권으로는 경매절차의 매수인에게 대항할 수 있다.

[17] 상사유치권은 민사유치권과 달리 피담보채권이 '목적물에 관하여' 생긴 것일 필요는 없지만 유치권의 대상이 되는 물건은 '채무자 소유'일 것으로 제한되어 있다(상법 제58조, 민법 제320조 제1항 참조). 이와 같이 상사유치권의 대상이 되는 목적물을 '채무자 소유의 물건'에 한정하는 취지는, 상사유치권의 경우에는 목적물과 피담보채권 사이의 견련관계가 완화됨으로써 피담보채권이 목적물에 대한 공익비용적 성질을 가지지 않아도 되므로 피담보채권이 유치권자와 채무자 사이에 발생하는 모든 상사채권으로 무한정 확장될 수 있고, 그로 인하여 이미 제3자가 목적물에 관하여 확보한 권리를 침해할 우려가 있어 상사유치권의 성립범위 또는 상사유치권으로 대항할 수 있는 범위를 제한한 것으로 볼 수 있다. 즉 상사유치권이 채무자 소유의 물건에 대해서만 성립한다는 것은, 상사유치권은 성립 당시 채무자가 목적물에 대하여 보유하고 있는 담보가치만을 대상으로 하는 제한물권이라는 의미를 담고 있다 할 것이고, 따라서 유치권 성립 당시에 이미 목적물에 대하여 제3자가 권리자인 제한물권이 설정되어 있다면, 상사유치권은 그와 같이 제한된 채무자의 소유권에 기초하여 성립할 뿐이고, 기존의 제한

02.28. 2010다57350).

제322조(경매, 간이변제충당) ① 유치권자는 채권의 변제를 받기 위하여 유치물을 경매할 수 있다.
② 정당한 이유 있는 때에는 유치권자는 감정인의 평가에 의하여 유치물로 직접변제에 충당할 것을 법원에 청구할 수 있다. 이 경우에는 유치권자는 미리 채무자에게 통지하여야 한다.

제323조(과실수취권) ① 유치권자는 유치물의 과실을 수취하여 다른 채권보다 먼저 그 채권의 변제에 충당할 수 있다. 그러나 과실이 금전이 아닌 때에는 경매하여야 한다.
② 과실은 먼저 채권의 이자에 충당하고 그 잉여가 있으면 원본에 충당한다.

제324조(유치권자의 선관의무) ① 유치권자는 선량한 관리자의 주의로 유치물을 점유하여야 한다.
② 유치권자는 채무자의 승낙 없이 유치물의 사용, 대여 또는 담보제공을 하지 못한다. 그러나 유치물의 보존에 필요한 사용은 그러하지 아니하다.
③ 유치권자가 전2항의 규정에 위반한 때에는 채무자는 유치권의 소멸을 청구할 수 있다.

제325조(유치권자의 상환청구권) ① 유치권자가 유치물에 관하여 필요비를 지출한 때에는 소유자에게 그 상환을 청구할 수 있다.
② 유치권자가 유치물에 관하여 유익비를 지출한 때에는 그 가액의 증가가 현존한 경우에 한하여 소유자의 선택에 좇아 그 지출한 금액이나 증가액의 상환을 청구할 수 있다. 그러나 법원은 소유자의 청구에 의하여 상당한 상환기간을 허여할 수 있다.

제326조(피담보채권의 소멸시효) 유치권의 행사는 채권의 소멸시효의 진행에 영향을 미치지 아니한다.

제327조(타담보제공과 유치권소멸) 채무자는 상당한 담보를 제공하고 유치권의 소멸을 청구할 수 있다.

제328조(점유상실과 유치권소멸) 유치권은 점유의 상실로 인하여 소멸한다.

II. 질권

1. 동산질권

제329조(동산질권의 내용) 동산질권자는 채권의 담보로 채무자 또는 제3자가 제공한 동산을 점유하고 그 동산에 대하여 다른 채권자보다 자기채권의 우선변제를 받을 권리가 있다.

질권은 유치적 효력을 가지는 담보물권이라는 점에서 유치권과 동일하지만, 약정담보물권이라는 점에서

물권이 확보하고 있는 담보가치를 사후적으로 침탈하지는 못한다고 보아야 한다. 그러므로 채무자 소유의 부동산에 관하여 이미 선행(선행)저당권이 설정되어 있는 상태에서 채권자의 상사유치권이 성립한 경우, 상사유치권자는 채무자 및 그 이후 채무자로부터 부동산을 양수하거나 제한물권을 설정받는 자에 대해서는 대항할 수 있지만, 선행저당권자 또는 선행저당권에 기한 임의경매절차에서 부동산을 취득한 매수인에 대한 관계에서는 상사유치권으로 대항할 수 없다(대판 2013.02.28. 2010다57350).

법정담보물권인 유치권과 다르다. 그리고 질권은 약정담보물권이고 우선변제권이 인정되는 점에서 저당권과 공통되지만, 점유의 이전이 공시적 작용과 유치적 작용을 한다는 점에서 저당권과 구별된다.

제330조(설정계약의 요물성) 질권의 설정은 질권자에게 목적물을 인도함으로써 그 효력이 생긴다.

제331조(질권의 목적물) 질권은 양도할 수 없는 물건을 목적으로 하지 못한다.

제332조(설정자에 의한 대리점유의 금지) 질권자는 설정자로 하여금 질물의 점유를 하게 하지 못한다.

제333조(동산질권의 순위) 수개의 채권을 담보하기 위하여 동일한 동산에 수개의 질권을 설정한 때에는 그 순위는 설정의 선후에 의한다.

제334조(피담보채권의 범위) 질권은 원본, 이자, 위약금, 질권실행의 비용, 질물보존의 비용 및 채무불이행 또는 질물의 하자로 인한 손해배상의 채권을 담보한다. 그러나 다른 약정이 있는 때에는 그 약정에 의한다.

제360조(피담보채권의 범위) 저당권은 원본, 이자, 위약금, 채무불이행으로 인한 손해배상 및 저당권의 실행비용을 담보한다. 그러나 지연배상에 대하여는 원본의 이행기일을 경과한 후의 1년분에 한하여 저당권을 행사할 수 있다.

제335조(유치적효력) 질권자는 전조의 채권의 변제를 받을 때까지 질물을 유치할 수 있다. 그러나 자기보다 우선권이 있는 채권자에게 대항하지 못한다.

제336조(전질권) 질권자는 그 권리의 범위내에서 자기의 책임으로 질물을 전질할 수 있다. 이 경우에는 전질을 하지 아니하였으면 면할 수 있는 불가항력으로 인한 손해에 대하여도 책임을 부담한다.

제337조(전질의 대항요건) ① 전조의 경우에 질권자가 채무자에게 전질의 사실을 통지하거나 채무자가 이를 승낙함이 아니면 전질로써 채무자, 보증인, 질권설정자 및 그 승계인에게 대항하지 못한다. ② 채무자가 전항의 통지를 받거나 승낙을 한 때에는 전질권자의 동의없이 질권자에게 채무를 변제하여도 이로써 전질권자에게 대항하지 못한다.

(1) 의의 및 인정이유

1) 의 의

전질이란 질권자가 채권의 담보로서 인도받아 유치하고 있던 질물을 이용하여, 그 위에 다시 자신의 제3자에 대한 채무 또는 제3자의 또 다른 제3자에 대한 채무를 위한 질권을 설정하는 것을 말한다. 민법 제336조는 질권자는 그 권리의 범위 내에서 자기의 책임으로 질물을 전질할 수 있다고 규정함으로써 전질권을 인정하고 있다.

2) 취 지

질권자로 하여금 일단 그 질물에 고정된 그의 자금을 피담보채권의 변제 이전에 다시 이용할 수 있게 하는 작용을 한다.

3) 제336조와 제324조의 관계

전질제도의 취지가 질물에 고정시킨 자금을 다시 회수할 수 있도록 한 것인 이상, 제336조는 책임전질을 제343조에 의하여 질권에 준용되는 제324조는 승낙전질을 규정한 것으로 보아, 전질에는 두 종류가 있다.

(2) 책임전질(제336조 본문)

1) 성 질

질물재입설[18]이 있으나, 채권질권공동입질설[19]이 통설이다.

2) 성립요건

원질권자와 전질권자의 물권적 합의와 질물의 인도가 있어야 한다. 전질권은 원질권의 범위 내이어야 한다. 따라서 전질권의 피담보 채권액은 원질권의 피담보채권액을 초과하지 못하며, 또한 전질권의 존속기간은 원질권의 존속기간 내이어야 한다. 초과전질의 경우에는 그 초과부분은 채무자에 대한 관계에서는 무효이다(제137조). 전질은 피담보채권의 입질을 포함하므로 권리질권설정의 요건을 갖추어야 한다. 즉, 책임전질은 원질권설정자의 승낙을 요하지 않으나, 원질권자가 채무자에게 전질의 사실을 통지하거나 채무자가 이를 승낙하지 않으면 전질을 가지고 채무자·보증인·질권설정자 및 승계인에 대하여 대항하지 못한다(제337조 1항, 제450조).

3) 효 과

① 전질권설정자의 의무와 책임

전질권설정자는 불가항력으로 인한 손해라 하더라도 전질을 하지 아니하였으면 면할 수 있었던 손해에 대하여 책임을 부담한다(제336조 후단). 예를 들어 전질권자의 창고가 연소되어 질물이 멸실되었으나 원질권자의 창고는 소실되지 않은 때에 원질권자는 전질로 인한 손해를 배상하여야 한다. 질권자는 질권설정자의 승낙 없이도 전질할 수 있으므로 이에 부수되는 불이익은 귀책사유의 유무에 불구하고 질권자에 귀속하는 것이 타당하기 때문이다. 원질권자는 원질권을 소멸케 하는 처분행위를 하지 못한다. 전질은 원질권이 갖는 담보가치를 다시 전질권자로 하여금 우선적으로 취득시키는 것인 만큼, 원질권자는 전질권자의 이익을 해하는 행위, 즉, 질권을 포기하거나 채무를 면제해 줄 수 없다(제352조).

② 전질권자의 권리

전질권자는 자기의 피담보채권의 변제를 받을 때까지 질물을 유치할 수 있다(제335조). 원질권설정자에게 대항할 수 있는지는 대항요건의 구비 여부에 달려 있다. 즉, 채무자가 전질의 통지를 받거나 승낙을 한 때에는 채무자는 원채권을 소멸시키지 않을 구속을 받게 되므로 전질권자의 동의 없이 원질권자에게 채무를 변제하여도 이로써 전질권자에게 대항하지 못한다(제337조 2항). 전질권자는 원질권자로부터 피담보채권의 변제를 수령할 권리를 갖는다. 전질권자는 변제의 수령과 동시에 질물을 원질권자에게 반환해야 한다. 또한 전질권자는 채권질권자와 같은 지위에서 원질권자의 피담보채권을 질권설정자에게 직접 청구하고 급부목적물을 수령할 수 있다(제353조 1항·2항 유추적용). 전질권자는 질물에 대한 경매권 및 간이변제충당권을 갖는다(제343조, 제322조). 전질권자가 질권을 실행하기 위해서는 그 요건으로서 자기의 채권이 변제기에 도달하였을 뿐만 아니라, 원질권의 피담보채권도 변제기에 도달하였어야 한다. 전질권자는 질물의 환가금으로부터 원질권자에 우선하여 변제권을 갖는다. 질물의 환가금으로부터의 변제는 전질권자의 채권에의 충당,

---

[18] 질권을 피담보채권과 단절된 순수한 가치권으로서 파악하여, 전질은 원질권자가 자기의 채무를 담보하기 위하여 질물 위에 다시 질권을 설정하는 것이다.

[19] ① 현행민법은 구민법과는 달리 민법 제337조에서 질권 뿐 아니라 채권도 함께 입질된다고 하는 것을 전제로 하여 규정하고 있는 점, ② 담보물권의 부종성이 아직까지 민법의 기본원리로서 유지되고 있어 채권과 분리하여 질권만을 처분하는 것이 허용될 수 없다는 점, ③ 민법은 가치권으로서의 독립성이 질권보다도 더 뚜렷한 저당권에 있어서도 피담보채권과 분리하여 저당권을 처분할 수 없다는 규정을 두어 엄격한 부종성을 요구하고 있기 때문이다.

원질권자의 채권에의 충당, 일반채권자의 채권에의 충당의 순서로 진행된다.
  ③ 전질권의 소멸
  전질권은 원질권에 기하여 성립하는 것이므로 원질권이 소멸하면 전질권도 소멸한다.

(3) 승낙전질(제343조, 제324조 2항)

제343조(준용규정) 제249조 내지 제251조, 제321조 내지 제325조의 규정은 동산질권에 준용한다.

제324조(유치권자의 선관의무) ② 유치권자는 채무자의 승낙 없이 유치물의 사용, 대여 또는 담보제공을 하지 못한다. 그러나 유치물의 보존에 필요한 사용은 그러하지 아니하다.

 1) 성 질
  승낙전질은 질권자가 질물소유자의 승낙을 얻어 그 질물 위에 다시 질권을 성립시키는 것이다. 승낙전질권은 원질권과는 전혀 별개로서 독립적으로 설정되는 것이므로 그 법적 성질은 질물의 재입질이다(통설).

 2) 요 건
  책임전질과는 달리 질물소유자의 승낙을 요하며, 승낙 없이 전질하면 질권의 소멸을 청구할 수 있다(제343조, 제324조). 다만 책임전질의 요건을 갖춘 경우에는 그러하지 아니하다. 승낙전질은 원질권자의 질권이나 피담보채권과는 무관하므로 원질권의 범위에 의한 제한이 없다. 그러므로 원질권의 피담보채권액 이상으로 전질을 하여도 유효하고, 존속기간도 원질권과 관계없이 정할 수 있다. 또한 민법 제377조가 적용되지 않으므로 통지를 할 필요도 없다.

 3) 효 과
  책임전질에서와 같이 질물에 관한 질권자의 책임이 가중되지 않는다. 즉, 불가항력에 의한 손해배상책임을 부담하지 않는다. 승낙전질은 원질권과는 무관한 전질로서, 원질권설정자는 자기의 채무를 원질권자에게 변제해서 질권을 소멸시킬 수 있다. 그러나 원질권자의 질권이 소멸하여도, 전질권자의 질권에는 영향을 미치지 않는다. 따라서 전질권자는 계속 질물을 점유하고 유치할 수 있다. 이 경우 원질권설정자가 원질권자에 대한 채무를 변제하는 데 대하여 전질권자가 동의하였다면 그 변제로서 전질권자에게 대항할 수 있는지가 문제되는데, 다수설은 이를 긍정한다(제337조 2항 유추적용, 곽윤직). 이에 대해서는 제337조는 제336조와 동일하게 책임전질에 대해서만 적용되고 승낙전질에는 적용이 없으므로 전질권자에게 대항할 수 없다는 견해도 있다(이영준).

제338조(경매, 간이변제충당) ① 질권자는 채권의 변제를 받기 위하여 질물을 경매할 수 있다. ② 정당한 이유 있는 때에는 질권자는 감정인의 평가에 의하여 질물로 직접 변제에 충당할 것을 법원에 청구할 수 있다. 이 경우에는 질권자는 미리 채무자 및 질권설정자에게 통지하여야 한다.

제339조(유질계약의 금지) 질권설정자는 채무변제기전의 계약으로 질권자에게 변제에 갈음하여 질물의 소유권을 취득하게 하거나 법률에 정한 방법에 의하지 아니하고 질물을 처분할 것을 약정하지 못한다. 〈개정 2014.12.30〉

제340조(질물 이외의 재산으로부터의 변제) ① 질권자는 질물에 의하여 변제를 받지 못한 부분의 채권에 한하여 채무자의 다른 재산으로부터 변제를 받을 수 있다. ② 전항의 규정은 질물보다 먼저 다른 재산에 관한 배당을 실시하는 경우에는 적용하지 아니한다. 그러나 다른 채권자는 질권자에게 그 배당금액의 공탁을 청구할 수 있다.

제341조(물상보증인의 구상권) 타인의 채무를 담보하기 위한 질권설정자가 그 채무를 변제하거나 질권의 실행으로 인하여 질물의 소유권을 잃은 때에는 보증채무에 관한 규정에 의하여 채무자에 대한 구상권이 있다.

(1) 물상보증인의 구상권

물상보증은 채무자 아닌 사람이 채무자를 위하여 담보물권을 설정하는 행위이고 채무자를 대신해서 채무를 이행하는 사무의 처리를 위탁받는 것이 아니므로, 물상보증인이 변제 등에 의하여 채무자를 면책시키는 것은 위임사무의 처리가 아니고 법적 의미에서는 의무 없이 채무자를 위하여 사무를 관리한 것에 유사하다. 따라서 물상보증인의 채무자에 대한 구상권은 그들 사이의 물상보증위탁계약의 법적 성질과 관계없이 민법에 의하여 인정된 별개의 독립한 권리이고, 그 소멸시효에 있어서는 민법상 일반채권에 관한 규정이 적용 된다(대판 2001.04.24. 2001다6237).

(2) 물상보증인의 사전구상권

원칙적으로 수탁보증인의 사전구상권에 관한 민법 제442조는 물상보증인에게 적용되지 아니하고 물상보증인은 사전구상권을 행사할 수 없다[20](대판 2009.07.23. 2009다19802·19819).

(3) 면책적 채무인수와 구상권

타인의 채무를 담보하기 위하여 그 소유의 부동산에 저당권을 설정한 물상보증인이 타인의 채무를 변제하거나 저당권의 실행으로 저당물의 소유권을 잃은 때에는 채무자에 대하여 구상권을 취득한다(민법 제370조, 제341조). 그런데 구상권 취득의 요건인 '채무의 변제'라 함은 채무의 내용인 급부가 실현되고 이로써 채권이 그 목적을 달성하여 소멸하는 것을 의미하므로, 기존 채무가 동일성을 유지하면서 인수 당시의 상태로 종래의 채무자로부터 인수인에게 이전할 뿐 기존 채무를 소멸시키는 효력이 없는 면책적 채무인수는 설령 이로 인하여 기존 채무자가 채무를 면한다고 하더라도 이를 가리켜 채무가 변제된 경우에 해당한다고 할 수 없다. 따라서 채무인수의 대가로 기존 채무자가 물상보증인에게 어떤 급부를 하기로 약정하였다는 등의 사정이 없는 한 물상보증인이 기존 채무자의 채무를 면책적으로 인수하였다는 것만으로 물상보증인이 기존 채무자에 대하여 구상권 등의 권리를 가진다고 할 수 없다(대판 2019.02.14. 2017다274703).

(4) 구상권의 범위

물상보증은 채무자 아닌 사람이 채무자를 위하여 담보물권을 설정하는 행위이고 물상보증인은 담보물로 물적 유한책임만을 부담할 뿐 채권자에 대하여 채무를 부담하지 않는다. 보증인은 '변제 기타의 출재로 주채무를 소멸하게 한 때' 주채무자에 대한 구상권이 있는 반면(민법 제441조 제1항, 제444조 제1항, 제2항), 물상보증인은 '그 채무를 변제'한 경우 외에 '담보권의 실행으로 인하여 담보물의 소유권을 잃은 때'에도 채무자에 대한 구상권이 있다(민법 제341조). 물상보증인이 담보권의 실행으로 타인의 채무를 담보하기 위하여 제공한 부동산의 소유권을 잃은 경우 물상보증인이 채무자에게 구상할 수 있는 범위는 특별한 사정이 없는 한 담보권의 실행으로 부동산의 소유권을 잃게 된 때, 즉 매수인이 매각대금을 다 낸 때의 부동산 시가를 기준으로 하여야 하고, 매각대금을 기준으로 할 것이 아니다. 경매절차에서 유찰 등의 사유로 소유권 상실 당시의 시가에 비하여 낮은 가격으로 매각되는 경우가 있는데, 이 경우 소유권 상실로 인한 부동산 시가와

---

[20] 민법 제370조에 의하여 민법 제341조가 저당권에 준용되는데, 민법 제341조는 타인의 채무를 담보하기 위한 저당권설정자가 그 채무를 변제하거나 저당권의 실행으로 인하여 저당물의 소유권을 잃은 때에 채무자에 대하여 구상권을 취득한다고 규정하여 물상보증인의 구상권 발생 요건을 보증인의 경우와 달리 규정하고 있는 점, 물상보증은 채무자 아닌 사람이 채무자를 위하여 담보물권을 설정하는 행위이고 채무자를 대신해서 채무를 이행하는 사무의 처리를 위탁받는 것이 아니므로 물상보증인은 담보물로서 물적 유한책임만을 부담할 뿐 채권자에 대하여 채무를 부담하는 것이 아닌 점, 물상보증인이 채무자에게 구상할 구상권의 범위는 특별한 사정이 없는 한 채무를 변제하거나 담보권의 실행으로 담보물의 소유권을 상실하게 된 시점에 확정된다는 점 등을 종합하면,...

매각대금의 차액에 해당하는 손해는 채무자가 채무를 변제하지 못한 데 따른 담보권의 실행으로 물상보증인에게 발생한 손해이므로, 이를 채무자에게 구상할 수 있어야 하기 때문이다(대판 2018.04.10. 2017다283028).

제342조(물상대위) 질권은 질물의 멸실, 훼손 또는 공용징수로 인하여 질권설정자가 받을 금전 기타 물건에 대하여도 이를 행사할 수 있다. 이 경우에는 그 지급 또는 인도전에 압류하여야 한다.

제370조(준용규정) 제214조, 제321조, 제333조, 제340조, 제341조 및 제342조의 규정은 저당권에 준용한다.

질권 또는 저당권은 담보목적물의 멸실·훼손·공용징수로 인하여 질권 또는 저당권설정자가 받을 금전 기타 물건에 대하여도 이를 행사할 수 있다. 이를 물상대위라고 한다. 물상대위는 담보물권의 한 특성으로서 민법은 질권에서 먼저 이를 규정하고, 다시 저당권에 준용하고 있다(제342조, 제370조). 대위목적물은 질물 또는 저당물의 멸실·훼손 또는 공용징수로 인하여 질권·저당권설정자가 받을 금전 기타의 물건이다. 예를 들어 보험금청구권, 손해배상청구권, 보상금청구권 등에 대한 질권·저당권설정자가 제3채무자에 대하여 가지는 금전·기타의 대위물의 지급청구권이다. 여기서 멸실이라 함은 물리적인 것뿐만 아니라 법률적인 멸실, 예를 들어 부합·혼화·가공 등으로 인하여 소유권이 상실되는 경우가 포함된다. 그리고 멸실·훼손의 원인은 사람의 행위이든 사건이든 이를 묻지 않지만, 담보권자의 과실에 의하지 않아야 한다. 담보권자가 그 목적물 위에 그 권리를 행사하려면 설정자가 금전 기타의 물건을 지급 또는 인도받기 전에 그 목적물을 압류하여야 한다. 따라서 근저당권자는 근저당권의 목적이 된 토지의 공용징수 등으로 토지의 소유자가 받을 금전이나 그 밖의 물건에 대하여 물상대위권을 행사할 수 있으나, 다만 그 지급이나 인도 전에 압류하여야 하고(민법 제370조, 제342조), 근저당권자가 금전이나 물건의 인도청구권을 압류하기 전에 토지의 소유자가 인도청구권에 기하여 금전 등을 수령한 경우 근저당권자는 더 이상 물상대위권을 행사할 수 없다(대판 2015.09.10. 2013다216273). 압류를 요건으로 하는 취지는, 일단 담보권설정자가 이를 지급 또는 인도받으면 담보권설정자의 일반재산과 혼합되어 그 특정성을 잃게 되는데, 그 후에까지 담보권자의 추급을 허용한다면 다른 채권자의 이익을 해칠 우려가 있기 때문이다. 그리고 대위의 목적물은 현실의 금전 기타의 물건이 아니라, 설정자가 제3채무자에 대하여 가지는 금전 기타의 대표물에 대한 지급청구권 또는 인도청구권이므로, 물상대위권의 행사를 위한 압류는 반드시 담보권자에 의한 압류에만 국한시킬 필요는 없다(통설). 즉, 제3채권자가 압류하여 그 금전 또는 물건이 특정된 이상 저당권자가 스스로 이를 압류하지 않더라도 물상대위권을 행사하여 일반 채권자보다 우선변제를 받을 수 있다(대판 2002.10.11. 2002다33137). 그리고 압류가 아니더라도 공탁을 통해서 특정성이 유지된다면 물상대위를 할 수 있을 것이다(대판 2000.06.23. 98다31899). 민사집행법 제273조에 의하여 담보권의 존재를 증명하는 서류를 집행법원에 제출하여 채권압류 및 전부명령을 신청하거나 민사집행법 제247조 1항 각호 소정의 배당요구 종기까지 배당요구를 하여야 한다. 물상대위권을 행사하기 아니한 채 대상토지에 저당등기가 된 것만 가지고는 그 보상금이나 변제공탁금으로부터 우선변제를 받을 수 없다. 따라서 배당요구 종기까지 물상대위권을 행사하지 아니하여 우선변제권을 상실한 저당권자는 다른 채권자가 보상금 등으로부터 이득을 얻었다고 하더라도 그에 대하여 부당이득반환청구를 할 수 없다(대판 2002.10.11. 2002다33137). 또한 배당요구의 종기가 지난 후에 물상대위에 기한 채권압류 및 전부명령이 제3채무자에게 송달되었을 경우에, 물상대위권자는 배당절차에서 우선변제를 받을 수 없다(대판 2003.03.28. 2002다13539).

제343조(준용규정) 제249조 내지 제251조, 제321조 내지 제325조의 규정은 동산질권에 준용한다.

(1) 점유보호청구권 및 물권적 청구권

1) 점유보호청구권

동산질권은 질물을 점유할 물권적 권리이다. 따라서 동산질권에 대한 침해가 있는 경우에는 점유보호청구권에 의하여 보호되고(제204조, 제205조, 제206조), 동산질권의 침해로 인하여 손해가 발생한 경우에는 손해배상청구권이 인정된다(제750조).

2) 물권적 청구권

질권자도 본권에 기한 물권적 청구권을 가지는지가 문제된다. 질권에 대해서는 소유권에서의 물권적 청구권을 준용하는 규정이 없으므로 견해의 대립이 있지만, 소유권에 관한 물권적 청구권을 질권에 준용한다는 규정을 두지 않은 것은 입법상의 부주의가 있다. 해석론 상 질권자에게도 질권에 기한 물권적 청구권을 인정하는 것이 타당하고, 실익[21]도 있다 할 것이므로, 물권적 청구권을 인정하는 경우 소유권에서의 규정을 준용한다(제213조, 제214조, 통설).

(2) 질물훼손의 효과

질권설정자가 질물을 훼손한 경우에는 기한의 이익이 상실된다(제388조 1항). 따라서, 질권자는 피담보채권의 즉시 이행을 청구할 수 있고, 잔존물이 있으면 질권을 실행할 수 있으며, 손해배상을 청구할 수도 있다. 제3자가 질물을 훼손한 때에는 불법행위로 인한 손해배상청구권이 발생한다. 손해배상액은 피담보채권액을 한도로 하며, 배상을 청구할 수 있는 시기는 침해행위가 있는 때이다.

제344조(타법률에 의한 질권) 본절의 규정은 다른 법률의 규정에 의하여 설정된 질권에 준용한다.

2. 권리질권

(1) 의 의

제345조(권리질권의 목적) 질권은 재산권을 그 목적으로 할 수 있다. 그러나 부동산의 사용, 수익을 목적으로 하는 권리는 그러하지 아니하다.

제346조(권리질권의 설정방법) 권리질권의 설정은 법률에 다른 규정이 없으면 그 권리의 양도에 관한 방법에 의하여야 한다.

양도할 수 있는 재산권은 동산과 같이 질권의 목적이 될 수 있다. 이 같이 재산권을 목적으로 하는 질권을 권리질권이라고 한다(제345조 본문). 다만 부동산의 사용·수익을 목적으로 하는 권리(지상권·전세권 등)는 양도성이 있다 하더라도 질권의 목적으로 할 수 없으며(동조 단서), 권리질권의 목적이 될 수 있는 것은 채권·주식·지식재산권 등이다. 권리질권의 공시는 점유 이전 이외의 방법에 의한다. 채권을 질권의 목적으로 하는 경우에 채권증서가 있는 때에는 질권의 설정은 그 증서를 질권자에게 교부함으로써 그 효력이 생기는데, 채권·주식 위에 질권을 설정한 경우, 증서의 교부는 우선변제를 확보하기 위한 권리행사·처분을 금지하는 의미는 있으나, 유치적 기능은 거의 없다. 권리질권도 담보물권이므로 부종성·수반성·불가분성·물상대위성이 있다. 권리질권의 설정은 법률에 다른 규정이 없으면 그 권리의 양도에 관한 방법에 의하여야 한다[22](제346조).

---

[21] 질권자가 질물을 유실하거나 제3자의 사기에 의하여 질물을 인도한 경우와 같이 점유물반환청구권을 행사할 할 수 없는 경우에 인정할 실익이 있다.
[22] 주권발행 전의 주식에 대한 양도도 인정되고, 주권발행 전 주식의 담보제공을 금하는 법률규정도 없으므로 주권발행 전 주식에 대한 질권 설정도 가능하다고 할 것이지만, 상법 제338조 제1항은 기명주식을 질권의 목적으로 하는 때에는 주권을

(2) 채권질권

1) 의의

채권질권이란 권리질권 중 채권을 목적으로 하는 질권을 말한다. 채권질권의 목적이 될 수 있는 것은 양도성 있는 채권이다(제355조, 제331조). 그러나 법률상 처분이 금지된 채권은 채권질권의 목적이 되지 못한다.

2) 채권질권의 설정

① 채권질권의 성립

> **제347조(설정계약의 요물성)** 채권을 질권의 목적으로 하는 경우에 채권증서가 있는 때에는 질권의 설정은 그 증서를 질권자에게 교부함으로써 그 효력이 생긴다.

채권질권이 성립하기 위해서는 질권설정계약과 공시방법을 갖추어야 한다. 채권을 질권의 목적으로 하는 경우에는 채권증서가 있는 때에는 질권의 설정은 그 증서를 질권자에게 교부함으로써 그 효력이 생긴다(제347조). 이 경우 '채권증서'는 채권의 존재를 증명하기 위하여 채권자에게 제공된 문서로서 특정한 이름이나 형식을 따라야 하는 것은 아니지만, 장차 변제 등으로 채권이 소멸하는 경우에는 민법 제475조에 따라 채무자가 채권자에게 그 반환을 청구할 수 있는 것이어야 한다. 이에 비추어 <u>임대차계약서와 같이 계약 당사자 쌍방의 권리의무관계의 내용을 정한 서면은 그 계약에 의한 권리의 존속을 표상하기 위한 것이라고 할 수는 없으므로 위 채권증서에 해당하지 않는다</u>(대판 2013.08.22. 2013다32574).

② 지명채권을 목적으로 한 질권의 설정

> **제349조(지명채권에 대한 질권의 대항요건)** ① 지명채권을 목적으로 한 질권의 설정은 설정자가 제450조의 규정에 의하여 제3채무자에게 질권 설정의 사실을 통지하거나 제삼채무자가 이를 승낙함이 아니면 이로써 제삼채무자 기타 제3자에게 대항하지 못한다. ② 제451조의 규정은 전항의 경우에 준용한다.
>
> **제350조(지시채권에 대한 질권의 설정방법)** 지시채권을 질권의 목적으로 한 질권의 설정은 증서에 배서하여 질권자에게 교부함으로써 그 효력이 생긴다.
>
> **제351조(무기명채권에 대한 질권의 설정방법)** 무기명채권을 목적으로 한 질권의 설정은 증서를 질권자에게 교부함으로써 그 효력이 생긴다.

지명채권을 목적으로 한 질권의 설정은 설정자가 제450조의 규정에 의하여 제3채무자에게 질권설정의 사실을 통지하거나 제3채무자가 이를 승낙함이 아니면 제3재무자 기타 제3자에게 대항하지 못한다(제349조 1항). 통지나 승낙의 효력에 관한 제451조의 규정은 제1항의 경우에 준용한다(제349조 2항). 지시채권을 질권의 목적으로 한 질권의 설정은 증서에 배서하여 질권자에게 교부함으로써 그 효력이 생긴다(제350조). 무기명채권을 목적으로 한 질권의 설정은 증서를 질권자에게 교부함으로써 그 효력이 생긴다(제351조).

> **제348조(저당채권에 대한 질권과 부기등기)** 저당권으로 담보한 채권을 질권의 목적으로 한 때에는 그 저당권등기에 질권의 부기등기를 하여야 그 효력이 저당권에 미친다.

저당권으로 담보한 채권을 질권의 목적으로 한 때에는 그 저당권등기에 질권의 부기등기를 하여야 그 효

교부하여야 한다고 규정하고 있으나, 이는 주권이 발행된 기명주식의 경우에 해당하는 규정이라고 해석함이 상당하므로, 주권발행 전의 주식 입질에 관하여는 상법 제338조 제1항의 규정이 아니라 권리질권설정의 일반원칙인 민법 제346조로 돌아가 그 권리의 양도방법에 의하여 질권을 설정할 수 있다고 보아야 한다(대결 2000.08.16. 99그1).

력이 저당권에 미친다(제348조). 이 때에는 그 뜻의 등기를 하여야 한다(부동산등기법 제76조 1항). 그리고 근저당권에 의하여 담보되는 채권을 질권의 목적으로 하는 경우에도 신청정보에 부등법 제76조 1항 각 호의 사항을 표시하여 근저당권부질권의 부기등기를 신청할 수 있다. 다만 이러한 부기등기가 없으면 질권자는 저당권에 의하여 담보되지 않는 채권에 관하여만 질권을 가지는 것으로 된다(통설). 그리고 민법 제355조의 규정에 의하여 권리질권에 준용되는 민법 제334조 전문은 '질권은 원본, 이자, 위약금, 질권실행의 비용, 질물보존의 비용 및 채무불이행 또는 질물의 하자로 인한 손해배상의 채권을 담보한다.'고 정하고 있다. 부동산등기법 제76조 제1항은 등기관이 민법 제348조에 따라 저당권부 채권에 대한 질권의 등기를 할 때에는 부동산등기법 제48조에서 규정한 사항 외에 '채권액 또는 채권최고액, 채무자의 성명 또는 명칭과 주소 또는 사무소 소재지, 변제기와 이자의 약정이 있는 경우에는 그 내용'을 기록하여야 한다고 정하고 있어 채권의 지연손해금을 등기사항으로 정하고 있지 않다. 이러한 사정에 비추어 보면, 채권의 지연손해금을 별도로 등기부에 기재하지 않았더라도 근저당권부 질권의 피담보채권의 범위가 등기부에 기재된 약정이자에 한정된다고 볼 수 없다(대판 2023.01.12. 2020다296840).

3) 채권질권의 효력

① 채권질권의 효력이 미치는 범위

제355조(준용규정) 권리질권에는 본절의 규정 외에 동산질권에 관한 규정을 준용한다.

채권질권의 효력이 미치는 피담보채권의 범위는 동산질권의 경우와 동일하다(제355조, 제334조). 채권질권의 효력이 미치는 범위는 원본채권과 이자채권 및 이들에 관한 인적·물적 담보 전부에 미친다. 질권자는 채권의 변제를 받을 때까지 질물을 유치할 수 있다(제355조, 제335조). 채권질권에 관하여도 유질계약에 관한 제339조가 준용된다(제355조).

② 질권설정자의 권리처분제한

제352조(질권설정자의 권리처분제한) 질권설정자는 질권자의 동의 없이 질권의 목적된 권리를 소멸하게 하거나 질권자의 이익을 해하는 변경을 할 수 없다.

민법 제352조가 질권설정자는 질권자의 동의 없이 질권의 목적된 권리를 소멸하게 하거나 질권자의 이익을 해하는 변경을 할 수 없다고 규정한 것은 질권자가 질권의 목적인 채권의 교환가치에 대하여 가지는 배타적 지배권능을 보호하기 위한 것이므로, 질권설정자와 제3채무자가 질권의 목적된 권리를 소멸하게 하는 행위를 하였다고 하더라도 이는 질권자에 대한 관계에 있어 무효일 뿐이어서 특별한 사정이 없는 한 질권자 아닌 제3자가 그 무효의 주장을 할 수는 없다(대판 1997.11.11. 97다35375). 질권의 목적인 채권의 양도행위는 민법 제352조 소정의 질권자의 이익을 해하는 변경에 해당되지 않으므로 질권자의 동의를 요하지 아니한다(대판 2005.12.22. 2003다55059).

4) 채권질권의 실행방법

① 민법의 방법

제353조(질권의 목적이 된 채권의 실행방법) ① 질권자는 질권의 목적이 된 채권을 직접 청구할 수 있다.
② 채권의 목적물이 금전인 때에는 질권자는 자기채권의 한도에서 직접 청구할 수 있다.
③ 전항의 채권의 변제기가 질권자의 채권의 변제기보다 먼저 도래한 때에는 질권자는 제3채무자에 대하여 그 변제금액의 공탁을 청구할 수 있다. 이 경우에 질권은 그 공탁금에 존재한다.
④ 채권의 목적물이 금전이외의 물건인 때에는 질권자는 그 변제를 받은 물건에 대하여 질권을 행사할 수 있다.

'직접 청구할 수 있다'의 의미는 제3채무자에 대한 집행권원, 질권설정자의 추심위임 등을 요하지 않는다는 의미이다(대판 1960.09.01. 4292민상937). 질권자는 제3채무자에 대하여 직접 이행의 소를 제기할 수 있고, 이 채권을 피담보채권으로 하여 보전처분을 신청할 수 있으며, 파산신청·파산신청의 신고·최고·변제의 수령 등을 할 수 있다. 질권자 자신이 원고가 된 판결의 기판력은 질권설정자에게도 미친다(민소법 제218조 3항). 입질채권이 금전채권인 경우에는 질권자는 자기채권의 한도에서 직접 청구하고, 이를 변제에 충당할 수 있다(제353조 2항). 예를 들어 채권이 동산인도청구권이라면 질권자는 그 변제를 받은 물건에 대하여 질권을 행사할 수 있다(제353조 4항). 이 경우에는 동산질권의 실행방법에 따라 우선변제를 받아야 한다. 입질채권의 변제기가 질권자의 채권의 변제기보다 먼저 도래한 때에는 질권자는 직접 청구를 할 수 없다. 이 때에는 질권자는 제3채무자에 대하여 그 변제금액의 공탁을 청구할 수 있고, 질권은 이 공탁금 위에 존재한다(제353조 3항).

② **민사집행법의 방법**

제354조(동전) 질권자는 전조의 규정에 의하는 외에 민사집행법에 정한 집행방법에 의하여 질권을 실행할 수 있다. 〈개정 2001.12.29〉

민사집행법에 의한 집행방법은 채권의 추심·전부·환가이다(민집법 제223조 이하). 이 경우 질권의 실행으로 하는 집행이므로, 판결 그 밖의 집행권원을 필요로 하지 않고 질권의 존재를 증명하는 서류의 제출만으로 실행 된다(민집법 제273조[23]).

제3절 저당권

I. 서 설

1. 저당권의 의의

제356조(저당권의 내용) 저당권자는 채무자 또는 제3자가 점유를 이전하지 아니하고 채무의 담보로 제공한 부동산에 대하여 다른 채권자보다 자기채권의 우선변제를 받을 권리가 있다.

저당권은 채무자 또는 제3자가 담보로 제공한 부동산 기타의 목적물을 채권자가 인도받지 않고 관념적으로만 지배하다가, 채무의 변제가 없는 경우 그 목적물로부터 우선변제를 받을 수 있는 담보물권이다.

2. 근대적 저당권의 특질

(1) 공시의 원칙

저당권의 존재는 반드시 등기·등록에 의하여 공시되어야 한다. 다만, 극히 제한된 경우에 한하여 법정저당권이 인정되고 있을 뿐이다.

---

23) 제273조(채권과 그 밖의 재산권에 대한 담보권의 실행) ① 채권, 그 밖의 재산권을 목적으로 하는 담보권의 실행은 담보권의 존재를 증명하는 서류(권리의 이전에 관하여 등기나 등록을 필요로 하는 경우에는 그 등기부 또는 등록원부의 등본)가 제출된 때에 개시한다. ② 민법 제342조에 따라 담보권설정자가 받을 금전, 그 밖의 물건에 대하여 권리를 행사하는 경우에도 제1항과 같다. ③ 제1항과 제2항의 권리실행절차에는 제2편 제2장 제4절 제3관의 규정을 준용한다.

(2) 특정의 원칙

저당권은 특정·현존의 목적물 위에만 성립할 수 있다. 이는 담보물권의 물질적 기초를 확정함으로써 저당권에 의하여 파악되는 가치에 대해서 객관성을 부여함과 동시에 채무자의 전재산 위에 인정되는 일반저당권을 배척하기 위한 것이다. 민법도 이 원칙을 지키고 있지만, 법정저당권이나 조세우선특권에 있어서는 이 특정의 원칙이 관철되지 않는다.

(3) 순위확정의 원칙

동일한 목적물 위에 여러 개의 저당권이 존재할 때에는 각 저당권이 존재할 때에는 각 저당권은 확정된 순위를 가지고 있어 서로 침범하지 않는다는 원칙이다. 이는 ① 저당권의 순위는 등기의 선후에 의하여 결정되고, 먼저 등기된 저당권은 후에 등기된 저당권에 의하여 그 순위가 내려가지 않는다. ② 한번 주어진 저당권의 순위는 선순위의 저당권이 소멸하더라도 그 순위가 상승하지 않는다. 민법은 ②의 내용은 채택하고 있지 않다. 따라서 1번 저당권이 소멸하면 2번 저당권은 그 순위가 자동적으로 올라가서 1번 저당권으로 된다(순위승진의 원칙).

(4) 독립의 원칙

1) 의 의

독립의 원칙은 저당권을 특정채권의 담보라는 종된 지위에서 해방시켜 재화의 교환가치를 지배하는 가치권으로서, 금융거래의 객체로서의 독자적인 지위를 확보하게 하려는 원칙이다. 이러한 저당권의 독립의 원칙은 다음과 같은 내용을 포함하고 있다.

2) 피담보채권으로부터의 독립

저당권은 채권으로부터 독립되어야 한다. 즉, 저당권이 피담보채권으로부터 완전히 분리되어, 추상적 존재로 되어야 한다. 그러나 민법에서는 저당권이 그 피담보채권과 분리되어 타인에게 양도되거나 다른 채권의 담보로 제공되는 것이 금지되고, 피담보채권의 소멸로 저당권도 당연히 소멸되도록 하여, 이러한 의미의 독립의 원칙을 취하고 있지 않다. 다만, 예외적으로 근저당권을 인정함으로써 저당권의 성립에 관하여 부종성을 완화하고 있다.

3) 투자자지위의 보전

독립의 원칙은 저당권이 후순위저당권의 실행으로 인하여 변제받을 것을 강요당하지 아니할 것을 요청한다. 그러나 민법은 후순위저당권으로부터의 독립의 원칙을 취하지 않고 있다. 즉, 민사집행법은 후순위저당권자의 경매신청에 의하여 경락이 실현되면 선순위저당권도 소멸한다고 규정하고 있다(민집법 제91조 2항).

4) 일반재산에 대한 집행제한

독립의 원칙은 특정목적물의 교환가치를 우선적으로 파악하고 채무자의 일반재산에 대한 집행을 금지하는 내용을 포함한다. 민법은 제340조 1항에서 "질권자는 질물에 의하여 변제를 받지 못한 부분의 채권에 한하여 채무자의 다른 재산으로부터 변제를 받을 수 있다."고 규정하고, 제370조에서 저당권에 이를 준용하여, 일반재산에 대한 집행을 부분적으로 인정한다.

5) 이용권으로부터의 독립

독립의 원칙은 저당권의 목적물을 용익하는 자로부터 독립할 것을 요구하는데, 민법은 이 원칙에 입각하고 있다.

(5) 유통성확보의 원칙

저당권의 특정의 교환가치를 우선적으로 파악하여 이를 금융거래시장에서 유통되도록 하기 위해서는 저당권의 유통성 즉, 저당권의 안전과 신속한 양도가 확보되지 않으면 안 된다. 이를 위해서는 공신의 원칙과 저당권의 증권화가 필요하다. 그러나 민법은 등기부에 공신력을 인정하지 않으며, 또한 증권화도 인정하지 않으므로 저당권의 유통성은 확보되어 있지 않다. 다만 주택저당채권유동화회사법·자산유동화에관한법률 등이 마련되어 있다.

3. 저당권의 법적 성질

(1) 저당권의 특징

저당권은 당사자의 합의와 등기에 의해 성립하는 약정담보물권이라는 점에서 질권과 같고, 유치권과 다르다. 다른 채권자보다 우선변제권이 인정되지만, 목적물의 점유를 저당권설정자로부터 박탈하지 않는다(비점유권원). 따라서 유치적 효력이 없으므로 공시가 불가능한 재산권은 저당권의 목적이 될 수 없다.

(2) 담보물권으로서의 통유성

담보물권으로서 타인소유의 부동산을 목적으로 한다(타물권성). 그리고 담보물권으로서의 부종성, 수반성, 불가분성, 물상대위성 등을 가진다.

II. 저당권의 성립

1. 저당권설정계약

(1) 의 의

저당권은 약정담보물권으로서 저당권설정을 목적으로 하는 당사자 간의 물권적 합의와 등기에 의하여 성립한다.

(2) 계약의 당사자

1) 저당권에 있어서 저당권자는 채권자이어야 한다. 다만 判例는 "근저당권은 채권담보를 위한 것이므로 원칙적으로 채권자와 근저당권자는 동일인이 되어야 하지만, 제3자를 근저당권 명의인으로 하는 근저당권을 설정하는 경우 그 점에 대하여 채권자와 채무자 및 제3자 사이에 합의가 있고, 채권양도, 제3자를 위한 계약, 불가분적 채권관계의 형성 등 방법으로 채권이 그 제3자에게 실질적으로 귀속되었다고 볼 수 있는 특별한 사정이 있는 경우에는 제3자 명의의 근저당권설정등기도 유효하다고 보아야 할 것이고, 한편 부동산을 매수한 자가 소유권이전등기를 마치지 아니한 상태에서 매도인 소유자의 승낙 아래 매수 부동산을 타에 담보로 제공하면서 당사자 사이의 합의로 편의상 매수인 대신 등기부상 소유자인 매도인을 채무자로 하여 마친 근저당권설정등기는 실제 채무자인 매수인의 근저당권자에 대한 채무를 담보하는 것으로서 유효하다고 볼 것인바, 위 양자의 형태가 결합된 근저당권이라 하여도 그 자체만으로는 부종성의 관점에서 근저당권이 무효라고 보아야 할 어떤 질적인 차이를 가져오는 것은 아니라 할 것이다[24](대판(全合) 2001.03.15. 99다48948). 이와 같이 제3자를 근저당권자로 한 근저당권설정등기를 유효하게 볼 수 있는 경우에는 그 근저당

---

[24] 그리고 매매잔대금 채무를 지고 있는 부동산 매수인이 매도인과 사이에 소유권이전등기를 경료하지 아니한 상태에서 그 부동산을 담보로 하여 대출받는 돈으로 매매잔대금을 지급하기로 약정하는 한편, 매매잔대금의 지급을 위하여 당좌수표를 발행·교부하고 이를 담보하기 위하여 그 부동산에 제1순위 근저당권을 설정하되, 그 구체적 방안으로서 채권자인 매도인과 채무자인 매수인 및 매도인이 지정하는 제3자 사이의 합의 아래 근저당권자를 제3자로, 채무자를 매도인으로 하기로 하고, 이를 위하여 매도인이 제3자로부터 매매잔대금 상당액을 차용하는 내용의 차용금증서를 작성·교부하였다면, 매도인이 매매잔대금 채권의 이전 없이 단순히 명의만을 제3자에게 신탁한 것으로 볼 것이 아니고, 채무자인 매수인의 승낙 아래 매매잔대금 채권이 제3자에게 이전되었다고 보는 것이 일련의 과정에 나타난 당사자들의 진정한 의사에 부합하는 해석일 것이므로, 제3자 명의의 근저당권설정등기는 그 피담보채무가 엄연히 존재하고 있어 그 원인이 없거나 부종성에 반하는 무효의 등기라고 볼 수 없다.

권설정등기를 「부동산 실권리자명의 등기에 관한 법률」이 금지하고 있는 실권리자 아닌 자 명의의 등기라고 할 수 없다(대판 2013.01.16. 2011다71100)."고 본다.

2) 저당권설정자는 피담보채권의 채무자인 것이 보통이지만, 물상보증인과 같은 제3자라도 무방하다(제356조). 저당권설정계약상의 채무자 아닌 제3자를 채무자로 한 저당권설정등기는 저당권의 부종성에 비추어 무효이다. 그러나 이러한 경우에도 당사자 사이의 의사가 합치가 있으면 유효성을 인정할 수 있다.

3) 저당권설정은 처분행위에 해당하므로, 저당권설정자는 목적물에 관하여 이를 처분할 권리나 권한을 가지고 있어야 한다. 그리고 ① 저당권의 설정이 친권자와 그 미성년자 간의 이해상반행위에 해당하는 때에는 법원이 선임한 특별대리인에 의하지 않으면 친권자의 저당권설정행위는 그 효력이 없다(대판 1964.08.31. 63다547). 그러나 이해상반행위에 해당하지 않고 권한범위 내에서 행하는 저당권설정계약은 유효하다(대판 1969.07.22. 69다785). ② 주식회사의 이사의 채무를 위하여 회사가 저당권을 설정한 경우에는 자기거래에 해당하며, 이사회의 승인을 요한다(상법 제398조, 대판 1965.06.22. 65다734).

2. 저당권의 설정등기

(1) 설정등기

저당권은 저당권설정계약 이외에 등기를 하여야 성립한다(제186조). 즉, 저당권설정의 등기는 저당권의 성립요건이다. 그리고 동일목적물 위에 성립한 저당권과 다른 물권의 우열관계는 등기의 선후에 의하여 결정된다.

(2) 등기의 내용

등기사항은 채권액, 채무자(물상보증인의 경우), 변제기, 이자 및 그 발생시기와 지급시기, 원본 또는 이자의 지급장소, 저당권의 효력범위에 관한 약정이 있는 경우에는 그 약정, 채권이 조건부인 때에 그 조건의 내용이다(부등법 제75조). 그리고 저당권설정등기의 비용은 당사자 사이에 다른 특약이 없으면 채무자가 부담하는 것이 거래상의 관행이다(대판 1962.02.15. 4294민상291).

(3) 저당권등기의 불법말소 및 탈루

1) 원칙

저당권설정등기가 유효하게 경료 되었으나 불법으로 말소 또는 탈루된 경우에 저당권은 소멸하게 되는지, 아니면 저당권은 소멸하지 않고 저당권자가 말소된 등기의 회복등기를 청구할 수 있는지가 문제된다. 불법말소된 등기는 실체관계에 부합하지 않는 것이어서 효력이 없으므로, 말소된 물권은 소멸하지 않고 말소된 등기의 회복등기가 행하여지면 그 회복등기는 말소된 종전의 등기와 동일한 효력을 갖는다(대판 1968.08.30. 68다1187, 존속설).

2) 예외

존속설에 따라 등기가 불법말소 되거나 탈루된 경우, 저당권이 소멸하는 것은 아니라고 하더라도, 저당목적물이 경매로 매각된 경우에는 그 한도에서 저당권등기는 회복될 수 없다(대판 1998.10.02. 98다27197). 왜냐하면 저당권은 경매에 의한 매각으로 인하여 항상 소멸하기 때문이다. 이러한 경우 저당권자는 배당이의의 소를 제기하거나 경매절차에서 실제로 배당받은 자의 배당금 한도 내에서 그 저당권설정등기가 말소되지 아니하였더라면 배당받았을 금액을 부당이득반환청구로서 구할 수 있을 뿐이다(대판 1998.10.02. 98다27197).

(4) 무효인 저당권등기의 유용

1) 저당권의 설정등기가 행하여진 후에 피담보채권이 무효가 되거나 소멸하게 되면 저당권은 당연히 소멸하게 된다. 그러나 피담보채권의 소멸로 효력을 잃고 무효가 된 저당권의 등기가 말소되지 않고 그대로 남아 있는 경우에, 당사자 사이의 약정으로 이 무효로 된 등기를 다른 저당권을 위한 등기로서 이용하여도

이를 유효한 것으로 볼 수 있는지가 문제된다. 이는 무효인 저당권등기의 유용에 관한 문제이다. 判例는 등기가 무효로 된 후 당사자가 그 무효등기를 유용하기로 합의할 때까지의 사이에 등기부상 이해관계 있는 제3자가 나타나지 않는 한 유효하다고 보고 있다(대판 1986.12.09. 86다카716, 제한적 긍정설).

2) 이해관계 있는 제3자에는 등기부상 이해관계 있는 제3자뿐만 아니라 유용 전에 대항력요건을 갖춘 주택임차인이나 상가임차인도 포함된다고 해석해야할 것이다.

3. 저당권의 목적물

(1) 민법상 저당권의 객체

> 제371조(지상권, 전세권을 목적으로 하는 저당권) ① 본장의 규정은 지상권 또는 전세권을 저당권의 목적으로 한 경우에 준용한다. ② 지상권 또는 전세권을 목적으로 저당권을 설정한 자는 저당권자의 동의 없이 지상권 또는 전세권을 소멸하게 하는 행위를 하지 못한다.

저당권은 목적물에 대한 점유 없이 교환가치만을 파악해서 설정되는 담보물권이므로, 목적물이 등기·등록 등의 공시방법이 가능한 경우에 저당권의 객체가 가능하다. 따라서 민법이 인정하는 저당권의 객체는 부동산(제356조), 지상권·전세권(제371조) 등이다.

(2) 민법 이외의 법률에서 인정되는 저당권의 객체

등기 된 선박(상법 제871조), 광업권(광업법 제13조), 어업권(수산업법 제15조), 댐 사용권(특정다목적댐법 제21조), 공장재단(공장저당법 제1조), 광업재단(광업재단저당법 제3조), 자동차(자동차저당법 제3조), 항공기(항공기저당법 제3조), 건설기계(건설기계저당법 제3조), 입목등기가 이루어진 입목(입목법 제3조) 등이다.

(3) 저당물로서 특히 문제가 되는 것들

1) 1필의 토지의 일부

1필의 토지가 1개의 저당권의 목적이 된다. 따라서 여러 필의 토지의 집합위에 1개의 저당권을 설정할 수는 없다. 그리고 1필의 토지의 일부에 관하여도 저당권을 설정할 수 없다. 다만, 공유자의 1지분을 목적으로 하는 저당권은 가능하다.

2) 1동의 건물의 일부

저당권은 1동의 건물에 설정할 수 있다. 그러나 1동의 건물의 일부는 그것이 구분소유권의 목적으로 되는 경우를 제외하고는 원칙적으로 저당권의 목적이 될 수 없다.

3) 부속건물

부속건물은 등기절차에 있어서 주된 건물과 함께 1개의 건물로 등기하도록 되어 있다(부등법 제40조 1항 4호).

4. 피담보채권

(1) 피담보채권으로서 특정채권

저당권에 의하여 담보할 수 있는 채권, 즉 피담보채권은 금전채권인 경우가 보통이지만, 금전의 지급 이외의 급부를 목적으로 하는 채권도 피담보채권이 될 수 있다. 예를 들어 목적물인도청구권을 담보하기 위해서도 저당권을 설정할 수 있다. 다만 저당권은 목적물의 교환가치로부터 우선변제를 받는 것을 목적으로 하기 때문에, 그 담보적 적용을 발휘할 때에는 피담보채권이 금전채권으로 될 것을 필요로 한다. 이 경우 피담보채권의 가액을 금전으로 산정하여 이를 등기하여야 한다(부등법 제77조[25]). 이것은 목적부동산에 관하여 이미 파악되어 있는 담보가치의 가액을 공시해서, 목적부동산에 관하여 다시 이해관계를 갖게 되는 자에게 정확한 판단의 자료를 주어 보호하기 위한 것이다. 피담보채권이 금전으로 산정되어 등기되면 채권자는 제3자에 대한 관계에 있어서는 그 등기된 평가액의 한도에서만 저당권의 효력을 주장할 수 있다(대판 1980.09.18. 80다75).

(2) 여러 개의 채권 또는 채권의 일부

채무자는 동일 또는 상이한 여러 개의 채권을 합하여 이를 하나의 피담보채권으로 해서 저당권을 설정할 수 있다. 채무자가 각각 다른 수개의 채권에 대하여 물상보증인이 1개의 저당권을 설정할 수도 있다. 채권의 일부만을 저당권의 피담보채권으로 할 수도 있다. 그리고 채권자도 동일 또는 상이한 여러 개의 채권을 합하여 이를 하나의 피담보채권으로 해서 저당권을 설정할 수 있다. 채권자가 상이한 경우, 예를 들어 은행 A, B가 각각 2억원과 1억원을 채무자 甲에게 대출을 하고 전체 채권인 3억원을 1개의 저당권으로 담보를 하는 경우에는, 채권자 A, B는 피담보채권액의 비율로 저당권을 준공유하게 된다.

(3) 저당권의 피담보채권에 대한 부종성

1) 발생에서의 부종성

① **채권의 무효 · 취소**

피담보채권이 무효인 경우에는 저당권도 그 효력이 발생하지 않는다. 따라서 공서양속에 반하는 계약에 의해서 발생한 채권을 담보하는 저당권설정은 무효이다. 그러나 피담보채권의 일부가 무효인 경우에는 나머지 채권에 관하여 저당권은 그 범위 내에서 유효하다(대판 1970.09.17. 70다150). 피담보채권을 발생케 한 계약이 취소된 경우에는 채권이 소급하여 존재하지 않는 것으로 되므로 저당권도 소급하여 효력을 잃는다.

② **장래의 채권을 위한 저당권의 설정**

장래 발생한 채권을 위하여 저당권을 설정할 수 있는지가 문제된다. 피담보채권이 장래에 성립할 것으로 되어 있는 경우에도 저당권을 설정할 수 있다는 것은 특히 순위보전에 있어 중요한 의의를 가진다. 민법은 장래의 불특정의 채권을 담보하는 근저당(제357조)에 관하여 규율하는 이외에도 여러 곳에서 장래의 채권의 담보를 인정하는 규정을 두고 있다(제206조, 제443조, 제558조, 제639조 2항, 제662조 2항, 제918조 4항). 장래의 특정한 채권을 담보하는 저당권에 관하여는 민법에 정한 바가 없으나, 저당권의 실행 당시에 채권과 저당권이 함께 존재하면 저당권의 부종성은 충족되는 것이므로 장래에 발생할 특정의 채권을 위해서 저당권을 설정할 수 있다(통설).

2) 소멸에서의 부종성

소멸에 관한 부종성은 발생에 관한 부종성보다 엄격하다. 피담보채권의 전부 또는 일부가 변제 기타의 사유로 소멸한 때에는 저당권은 이에 상응하여 당연히 소멸하는 것이 원칙이다. 따라서 압류나 전부명령을 받아 저당권 이전의 부기등기를 경료 했다고 하더라도 그 전에 피담보채권이 소멸된 이상 그 부기등기는 효력이 없다(대판 2002.09.24. 2002다27910).

(4) 피담보채권과 저당권설정등기청구권의 관계

저당권설정등기청구권은 피담보채권과 별개로 소멸시효에 걸린다. 저당권설정등기청구권의 소의 제기가 있는 경우 그것은 피담보채권이 될 채권에 관한 권리행사로 볼 수 있어 피담보채권의 소멸시효를 중단하는 효력을 갖는다(대판 2004.02.13. 2002다7213).

---

25) 부등법 제77조(피담보채권이 금액을 목적으로 하지 아니하는 경우) 등기관이 일정한 금액을 목적으로 하지 아니하는 채권을 담보하기 위한 저당권설정의 등기를 할 때에는 그 채권의 평가액을 기록하여야 한다.

5. 법정저당권과 부동산공사수급인의 저당권설정청구권

(1) 법정저당권

> 제649조(임차지상의 건물에 대한 법정저당권) 토지임대인이 변제기를 경과한 최후 2년의 차임채권에 의하여 그 지상에 있는 임차인소유의 건물을 압류한 때에는 저당권과 동일한 효력이 있다.

토지임대인이 변제기를 경과한 최후 2년의 차임채권에 의하여, 그 지상에 있는 임차인 소유의 건물을 압류한 때에는 법정저당권이 성립한다(제649조). 즉, 토지임대인은 우선변제를 받을 수 있는 물권을 취득하며, 그 성립 시기는 압류등기를 한 때이다.

(2) 부동산공사수급인의 저당권설정청구권

> 제666조(수급인의 목적 부동산에 대한 저당권설정청구권) 부동산공사의 수급인은 전조의 보수에 관한 채권을 담보하기 위하여 그 부동산을 목적으로 한 저당권의 설정을 청구할 수 있다.

부동산공사의 수급인은 그 보수채권을 담보하기 위하여 도급인에 대하여 그 부동산을 목적으로 하는 저당권의 설정을 청구할 수 있다(제666조). 이 제도는 부동산공사수급인을 보호하기 위한 것이며, 구 민법에서는 이를 선취특권으로 규정하고 있었다. 저당권의 설정을 청구할 수 있다는 것이므로, 이 청구권의 행사로 당연히 저당권이 성립하는 것이 아니라 도급인이 수급인의 청구에 응하여 등기를 함으로써 비로소 저당권이 성립한다(통설).

Ⅲ. 저당권의 효력

1. 저당권의 효력이 미치는 범위

(1) 피담보채권의 범위

> 제334조(피담보채권의 범위) 질권은 원본, 이자, 위약금, 질권실행의 비용, 질물보존의 비용 및 채무불이행 또는 질물의 하자로 인한 손해배상의 채권을 담보한다. 그러나 다른 약정이 있는 때에는 그 약정에 의한다.
> 제360조(피담보채권의 범위) 저당권은 원본, 이자, 위약금, 채무불이행으로 인한 손해배상 및 저당권의 실행비용을 담보한다. 그러나 지연배상에 대하여는 원본의 이행기일을 경과한 후의 1년분에 한하여 저당권을 행사할 수 있다.

1) 취 지

민법 제360조가 규정하고 있는 피담보채권의 범위에는 지연배상에 관하여 일정한 제한을 두고 있다는 점에서, 그러한 제한이 없는 질권의 범위와 비교해 볼 때 그 범위가 좁다고 할 수 있다. 이와 같은 제한을 둔 것은 저당목적물 위에 후순위의 저당권이 설정되거나 또는 저당목적물에 대한 소유권이 양도되는 등 제3자가 이해관계를 가지는 경우가 많으므로, 이들이 불측의 손해를 입지 않도록 하기 위한 것이다.

2) 피담보채권의 범위

① 원 본

원본채권의 전액이 피담보채권으로 되는 것이 보통이지만, 원본의 일부만을 피담보채권으로 하는 것도 가능하다. 담보되는 원본의 액·변제기·지급장소는 등기사항이다(부등법 제75조). 피담보채권이 금전채권이 아닌 경우에는 미리 그 가액을 금전으로 평가해서 이 평가액을 등기하여야 한다(부등법 제77조).

② 이 자

이자를 발생하게 하는 특약이 있는 때에는, 이율·발생시기·지급시기·지급장소에 관한 약정을 등기하여야 한다(부등법 제75조). 이자채권은 저당권에 의하여 무제한으로 담보되고, 저당부동산의 매득금으로부터 우선변제를 받을 수 있다.

③ 손해배상청구권

채무불이행으로 인한 손해배상 즉, 지연배상은 원본의 이행기일을 경과한 후의 1년분에 한한다(제360조 단서). 이 규정은 후순위저당권자를 비롯하여 다른 채권자의 이익을 위한 취지로 해석되므로, 이행기일 경과 후 1년 이상의 지연이자라고 할지라도 저당권자는 일반채권자로서 배당에서 변제받을 수 있다. 判例도 "저당권의 피담보채무의 범위에 관하여 민법 제360조가 지연배상에 대하여는 원본의 이행기일을 경과한 후의 1년분에 한하여 저당권을 행사할 수 있다고 규정하고 있는 것은 저당권자의 제3자에 대한 관계에서의 제한이며 채무자나 저당권설정자가 저당권자에 대하여 대항할 수 있는 것이 아니고, 민법 제360조가 양도담보의 경우에 준용된다고 하여도 마찬가지로 해석하여야 할 것인 만큼, 양도담보의 채무자가 양도담보권자에 대하여 민법 제360조에 따른 피담보채권의 제한을 주장할 수는 없는 것이다(대판 1992.05.12. 90다8855)."고 한다.

④ 위약금

위약금의 약정이 있는 경우에는 그것이 손해배상액의 예정(제398조 4항)이든 위약벌이든, 언제나 등기를 하여야만 저당권에 의하여 담보된다(통설).

⑤ 저당권실행의 비용

부동산감정비용·경매신청등록세 등과 같은 저당권실행의 비용은 등기 없이도 당연히 저당권의 피담보채권의 범위에 속한다.

(2) 목적물의 범위

> 제358조(저당권의 효력의 범위) 저당권의 효력은 저당부동산에 부합된 물건과 종물에 미친다. 그러나 법률에 특별한 규정 또는 설정행위에 다른 약정이 있으면 그러하지 아니하다.

1) 부합물

① 부합된 물건의 의미

민법 제256조의 부동산에 부합한 물건과 동일하다고 해석된다. 예를 들어 건물의 증축부분 등은 부합물에 해당한다. 토지와 건물은 각각 별개의 부동산이므로 토지의 저당권은 건물에 미치지 아니한다. 다만, 토지에 대한 저당권설정 후 설정자가 저당토지 위에 건물을 신축한 경우, 저당권자는 토지와 함께 그 건물에 대해서도 경매를 청구할 수 있다. 정당한 권원에 의하지 않고 토지에 식재된 수목은 토지의 부합물이므로 토지저당권의 효력이 미친다.

② 부합의 시기 : 저당권 설정 당시에 이미 부합하여 있는 것이든, 그 후에 부합한 것이든 원칙적으로 모두에 대해서 저당권의 효력이 미친다(통설, 대판 1974.12.12. 73다298).

2) 종 물 : 저당권의 효력은 저당부동산의 종물에도 미친다. 저당부동산의 종물이라 함은 민법 제100조가 규정하는 종물과 같은 의미이다. 예를 들어, 공장토지에 설치된 폐수처리시설, 주유소 건물의 주유기 등이 종물에 해당한다. 종물에 관하여도 부합물의 이론이 적용된다.

3) 종된 권리 : 종된 권리도 종물에 준하여 취급된다. 예를 들어, 대지이용권에 기하여 건물을 소유하는 자가 그 건물 위에 저당권을 설정한 경우에 저당권은 지상권·전세권·임차권에도 효력을 미친다(대판 1996. 04.26. 95다52864). 그리고 구분소유권의 목적인 집합건물의 전유부분에 관한 저당권은 대지사용권 및 공용

부분에 대한 지분권에 관하여 그 효력이 미친다(대판 1996.04.26. 95다52864).

4) 과 실

> **제359조(과실에 대한 효력)** 저당권의 효력은 저당부동산에 대한 압류가 있은 후에 저당권설정자가 그 부동산으로부터 수취한 과실 또는 수취할 수 있는 과실에 미친다. 그러나 저당권자가 그 부동산에 대한 소유권, 지상권 또는 전세권을 취득한 제3자에 대하여는 압류한 사실을 통지한 후가 아니면 이로써 대항하지 못한다.

저당권은 목적물의 사용·수익을 설정자에게 남겨두는 것이 원칙이므로 과실에는 저당권의 효력이 미치지 않는다. 그러나 이 원칙을 무제한으로 관철한다면, 목적물의 소유자가 고의로 경매절차를 지연시켜서 과실을 취득하는 불합리한 일이 발생할 수 있다. 따라서 민법은 저당부동산에 대한 압류가 행해진 후에 저당권설정자가 그 부동산으로부터 수취한 과실 또는 수취할 수 있는 과실에 대해서는 저당권의 효력이 미치는 것으로 본다(제359조 본문). 다만, 저당권자가 그 부동산에 대한 소유권, 지상권 또는 전세권을 취득한 제3자에 대하여는 압류한 사실을 통지한 후가 아니면 이로써 대항하지 못한다(제359조). 과실은 천연과실뿐만 아니라 법정과실도 포함된다(통설).

5) 저당부동산으로부터 부합물 또는 종물의 분리·반출

> **제370조(준용규정)** 제214조, 제321조, 제333조, 제340조, 제341조 및 제342조의 규정은 저당권에 준용한다.

제370조는 저당권에 대하여 목적물방해제거 및 방해예방청구권을 인정하고 있으나, 목적물반환청구권은 인정하고 있지 않다. 그러나 이는 저당권은 점유권원이 없는 물권이므로 저당권자 자신에게 저당물의 반환을 요구할 수 없다는 의미이다. 하지만 저당권자는 저당권방해배제청구권을 행사함으로써 저당물이 원래 있던 장소로 반환을 요구할 수 있다. 즉, 判例는 "저당권자는 물권에 기하여 그 침해가 있는 때에는 그 제거나 예방을 청구할 수 있다고 할 것인바, 공장저당권의 목적 동산이 저당권자의 동의를 얻지 아니하고 설치된 공장으로부터 반출된 경우에는 저당권자는 점유권이 없기 때문에 설정자로부터 일탈한 저당목적물을 저당권자 자신에게 반환할 것을 청구할 수는 없지만, 저당목적물이 제3자에게 선의취득되지 아니하는 한 원래의 설치 장소에 원상회복할 것을 청구함은 저당권의 성질에 반하지 아니함은 물론 저당권자가 가지는 방해배제권의 당연한 행사에 해당한다(대판 1996.03.22. 95다55184)."고 한다.

6) 예 외

① **설정행위에서 다른 약정을 한 경우**

당사자는 설정계약에 의하여 타인이 권원에 의하여 부속시킨 것은 부합물이 아니다. 예를 들어 지상권자, 전세권자 또는 부동산임차인이 식재한 수목 또는 축조한 건물, 기타의 공작물이나 부속시킨 물건 등은 이들 부동산이용권자의 소유에 속하고 부동산소유권에는 흡수되지 않으므로, 당연히 저당권의 효력이 미치지 않는다.

② **물상대위**

질물의 물상대위에 관한 규정은 저당권에 대해서도 준용된다(제370조, 제342조).

> **※ 전세권저당권자과 물상대위, 상계**
>
> 전세권을 목적으로 한 저당권이 설정된 경우, 전세권의 존속기간이 만료되면 전세권의 용익물권적 권능이 소멸하기 때문에 더 이상 전세권 자체에 대하여 저당권을 실행할 수 없게 되고, 저당권자는 저당권의 목적물인 전세권에 갈음하여 존속하는 것으로 볼 수 있는 전세금반환채권에 대하여 압류 및 추심명령 또는 전부명령을 받거나 제3자가 전세금반환채권에 대하여 실시한 강제집행절차에서 배당요구를 하는 등의 방법으로 물상대위권을 행사하여 전세금의 지급을 구하여야 한다. 전세권저당권자가 위와 같은 방법으로 전세금반환채권에 대하여 물상대위권을 행사한 경우, 종전 저당권의 효력은 물상대위의 목적이 된 전세금반환채권에 존속하여 저당권자가 전세금반환채권으로부터 다른 일반채권자보다 우선변제를 받을 권리가 있으므로, 설령 전세금반환채권이 압류될 때에 전세권설정자가 전세권자에 대하여 반대채권을 가지고 있고 반대채권과 전세금반환채권이 상계적상에 있다고 하더라도 그러한 사정만으로 전세권설정자가 전세권저당권자에게 상계로써 대항할 수는 없다. 그러나 전세금반환채권은 전세권이 성립하였을 때부터 이미 발생이 예정되어 있다고 볼 수 있으므로, 전세권저당권이 설정된 때에 이미 전세권설정자가 전세권자에 대하여 반대채권을 가지고 있고 반대채권의 변제기가 장래 발생할 전세금반환채권의 변제기와 동시에 또는 그보다 먼저 도래하는 경우와 같이 전세권설정자에게 합리적 기대 이익을 인정할 수 있는 경우에는 특별한 사정이 없는 한 전세권설정자는 반대채권을 자동채권으로 하여 전세금반환채권과 상계함으로써 전세권저당권자에게 대항할 수 있다(대판 2014.10.27. 2013다91672).

2. 우선변제적 효력

(1) 의 의

채무자가 변제기에 변제하지 않으면 저당권자는 저당목적물을 일정한 절차에 의해 매각·환가하여, 그 대금으로부터 다른 채권자에 우선하여 변제를 받을 수 있다(제356조).

(2) 저당권자가 피담보채권의 변제를 받는 방법

1) 저당권에 기하여 우선변제를 받는 경우

저당권자가 우선변제를 받는 가장 전형적인 방법이다. 즉, 저당권자는 저당부동산에 대하여 일반채권자가 강제집행을 하거나, 저당부동산의 전세권자가 경매를 신청하거나 후순위저당권자가 저당권의 실행을 하는 경우에 저당권자는 이를 막을 수 없고, 그가 가지는 우선순위에 따라 매각대금으로 우선변제를 받는다(민집법 제268조, 제91조 2항, 제145조).

2) 단순한 채권자로서 변제를 받는 경우

저당부동산의 경매대금으로 우선변제를 받았지만 피담보채권이 완전히 변제되지 않은 경우에는 저당권자의 피담보채권 중 변제받지 못한 채권은 무담보 채권이 된다. 그리고 저당권자는 저당권을 실행하지 않고 먼저 채무자의 일반 재산에 대하여 일반채권자로 집행할 수 있지만, 제370조의 제한이 있다.

3) 우선변제의 순위

① 일반채권자에 대한 관계

저당권자는 일반채권자에 대해 언제나 우선한다. 다만 주택임대차보호법상 저당권설정등기일보다 먼저 대항요건과 확정일자를 갖춘 임차권자는 보증금 반환에 대하여 저당권자에 우선한다(동법 제3조의 2). 그리고 소액보증금의 일정액에 대해서 그 임차인은 다른 담보권자의 경매신청의 등기 전에 대항요건을 갖춘 경우에는 언제나 최우선한다(동법 제8조).

② 전세권자에 대한 관계

전세금반환청구권에 대하여 우선변제권이 있는 전세권(제303조 1항)과 저당권의 순위는 등기의 선후에 의해 결정된다.

③ 유치권에 대한 관계

우선변제권이 없는 유치권과 우선변제권이 있는 저당권은 경합이나 우열의 문제는 생기지 않으나, 경락인은 유치권자에게 변제하지 않으면 경매의 목적물을 수취할 수 없기 때문에 사실상 우선변제효가 인정된다.

④ **저당권 상호간의 관계**

동일한 부동산 위에 수개의 저당권이 경합하는 경우 각 저당권의 설정등기의 선후에 따라 우선순위가 결정된다(제370조, 제333조). 즉 후순위저당권자는 선순위저당권자가 변제를 받고 남은 잔액에 대해서만 우선변제권이 있다. 그러나 순위승진의 원칙에 의해 선순위저당권이 변제 기타 사유로 소멸하면 후순위저당권은 그 순위가 승진한다.

⑤ **국세우선권과의 관계**

저당물의 소유자가 체납하고 있는 국세는 그 법정기일 전에 설정된 저당권에 우선해서 징수하지 못한다(국세기본법 제35조 1항 3호). 그러나 그 재산에 부과된 국세[26)27)]와 가산금은 그 법정기일 전에 설정된 저당권에 대하여 언제나 우선한다(국세기본법 제35조 1항 3호).

⑥ **파산채권자와의 관계**

저당부동산의 소유자가 파산하면 저당권자는 별제권을 행사할 수 있다(채무자회생 및 파산에 관한 법률 제411조).

⑦ **최종 3월분의 임금과 최종 3년간의 퇴직금 및 재해보상금과의 관계**

기업이 파산하는 경우에 기업의 총재산에 대해서 변제를 받을 수 있는 채권의 순위는 ⅰ) 근로자의 최종 3월분의 임금과 최종 3년간의 퇴직금 및 재해보상금 ⅱ) 질권·저당권에 우선하는 조세·공과금 ⅲ) 질권·저당권에 의하여 담보된 피담보채권 ⅳ) 최종 3월분의 임금과 최종 3년간의 퇴직금을 제외한 임금 및 퇴직금 기타 근로관계로 인한 채권 ⅴ) 조세·공과금 및 질권 또는 저당권에 의하여 담보되지 않은 일반채권이 된다(근로기준법 제38조 등 참고).

3. 저당권의 실행

(1) 담보권실행경매에 의한 저당권실행

제363조(저당권자의 경매청구권, 경매인) ① 저당권자는 그 채권의 변제를 받기 위하여 저당물의 **競賣**(경매)를 청구할 수 있다. ② 저당물의 소유권을 취득한 제3자도 **競買人**(경매인)이 될 수 있다.

---

1) 실행절차의 규정 : 민사집행법 제3편 '담보권실행 등을 위한 경매'의 규정이 있다. 강제경매는 경매신청 시에 집행권원이 반드시 요구되지만(민집법 제80조), 담보권실행을 위한 경매(=임의경매)는 집행권원이 필요 없다(민집법 제264조).

2) 저당권실행의 요건

저당권의 존재는 경매신청 시에 이를 증명하는 서류를 첨부 하고(민집법 제264조 1항), 저당권을 승계한 경우는 그 승계를 증명하는 서류를 첨부(민집법 제264조 2항)하여 소명하면 된다. 저당권 실행 시에는 피담

---

26) 상속세, 증여세 등을 말한다.
27) 국세기본법 제35조 제1항 제3호는 공시를 수반하는 담보물권과 관련하여 거래의 안전을 보장하려는 사법적(사법적) 요청과 조세채권의 실현을 확보하려는 공익적 요청을 적절하게 조화시키려는 데 그 입법의 취지가 있으므로, 당해세가 담보물권에 의하여 담보되는 채권에 우선한다고 하더라도 이로써 담보물권의 본질적 내용까지 침해되어서는 아니 되고, 따라서 같은 법 제35조 제1항 제3호 단서에서 말하는 '그 재산에 대하여 부과된 국세'라 함은 담보물권을 취득하는 사람이 장래 그 재산에 대하여 부과될 것을 상당한 정도로 예측할 수 있는 것으로서 오로지 당해 재산을 소유하고 있는 것 자체에 담세력을 인정하여 부과되는 국세만을 의미하는 것으로 보아야 한다(대판(全) 1999.03.18. 96다23184). 예를 들어 등기부상 상속재산임이 공시되어 있지 아니한 부동산의 경우, 담보물권자는 당해 부동산에 상속세가 부과되리라는 점을 예측할 수 없으므로 부과된 상속세는 먼저 설정된 저당권에 우선할 수 없다(대판 2003.01.10. 2001다44376).

보채권이 존재해야 하므로, 저당권설정의 원인되는 채권관계가 강행법규에 위배되어 무효인 경우에는 저당권도 효력이 없다(대결 1968.04.24. 68마576). 다만 피담보채권의 일부만 무효인 경우에는 저당권의 불가분성 때문에 저당권을 실행하는데 아무런 방해를 받지 않는다(대판 1957.03.16. 4289민상670). 채무자의 이행지체가 있어야 한다. 따라서 이행기가 아직 도래하지 않은 때에는 저당권자가 경매를 신청하면, 그 신청은 위법한 것으로 각하되어야 한다(대결 1968.04.24. 68마330). 그러나 이행기가 도래하기 전에 매각절차가 개시되었다고 해도 매각허가결정이 확정될 때까지 기한이 도래하면 하자는 치유된다(통설).

3) 경매절차

① 경매의 신청

저당권의 실행은 경매신청서를 경매법원에 제출함으로써 시작된다(제365조 1항). 특히 피담보채권을 저당권과 함께 양수한 자는 저당권이전의 부기등기를 마치고 저당권실행의 요건을 갖추고 있는 한 채권양도의 대항요건을 갖추고 있지 아니하더라도 경매신청을 할 수 있으며, 채무자는 경매절차의 이해관계인으로서 채권양도의 대항요건을 갖추지 못하였다는 사유를 들어 경매개시결정에 대한 이의나 즉시항고절차에서 다툴 수 있고, 이 경우는 신청채권자가 대항요건을 갖추었다는 사실을 증명하여야 할 것이나, 이러한 절차를 통하여 채권 및 근저당권의 양수인의 신청에 의하여 개시된 경매절차가 실효되지 아니한 이상 그 경매절차는 적법한 것이고, 또한 그 경매신청인은 양수채권의 변제를 받을 수도 있다(대판 2005.06.23. 2004다29279).

② 경매개시결정

집행법원은 경매신청이 적법하면 경매개시결정을 한다. 경매개시결정이 있는 경우에는 그 부동산의 압류를 명해야 한다(민집법 제83조, 제268조). 경매개시결정에 대하여 이해관계인은 이의신청을 할 수 있지만 이의사유로서는 저당권의 부존재 또는 소멸만이 인정된다(민집법 제265조). 법원은 경매개시결정과 동시에 관할등기소에 경매신청의 기입등기를 촉탁한다(민집법 제94조). 채무자에게 그 결정이 송달된 때 또는 개시결정이 등기된 때[28] 목적물에 대한 압류의 효력이 생긴다(민집법 제83조 4항, 제94조).

③ 현황조사

법원은 경매개시결정을 한 후 지체 없이 집행관에게 부동산의 현상, 점유관계, 차임 또는 보증금의 액수와 그 밖의 현황에 대하여 조사할 것을 명하여야 한다(민집법 제85조).

④ 매각기일결정의 공고와 통지

법원은 감정인에게 부동산을 평가하게 하고 그 평가액을 참작하여 최저매각가격을 정하여야 한다(민집법 제97조 1항). 법원은 최저매각가격으로 압류채권자의 채권에 우선하는 부동산의 모든 부담과 절차비용을 변제하고도 남을 것이 있다고 인정되는 등의 사유가 있는 때 직권으로 매각기일과 매각결정기일을 정하여 공고하고, 이를 이해관계인[29]에게 통지하여야 한다(민집법 제104조 1항, 2항).

⑤ 경매절차의 정지·취소

경매절차의 진행 중 저당권의 부존재 또는 소멸을 증명하는 문서의 제출이 있거나 기타 일정한 사유가 있는 때에는 경매법원은 경매절차를 정지 또는 취소하여야 한다(민집법 제266조, 제96조).

---

28) 채무자 소유의 부동산에 경매개시결정의 기입등기가 경료되어 **압류의 효력이 발생한 이후**에 채권자가 채무자로부터 위 부동산의 점유를 이전받고 이에 관한 공사 등을 시행함으로써 채무자에 대한 공사대금채권 및 이를 피담보채권으로 한 **유치권을 취득한 경우**, 이러한 점유의 이전은 목적물의 교환가치를 감소시킬 우려가 있는 처분행위에 해당하여 민사집행법 제92조 제1항·제83조 제4항에 따른 압류의 처분금지효에 저촉되므로, **위와 같은 경위로 부동산을 점유한 채권자로서는 위 유치권을 내세워 그 부동산에 관한 경매절차의 매수인에게 대항할 수 없고**, 이 경우 위 부동산에 경매개시결정의 기입등기가 경료되어 있음을 채권자가 알았는지 여부 또는 이를 알지 못한 것에 관하여 과실이 있는지 여부 등은 채권자가 그 유치권을 매수인에게 대항할 수 없다는 결론에 아무런 영향을 미치지 못한다(대판 2006.08.25. 2006다22050; 대판 2005.08.19. 2005다22688).

29) 여기서의 이해관계인이란 민사집행법 제90조가 규정하는 ① 압류채권자와 집행력 있는 정본에 의하여 배당을 요구한 채권자 ② 채무자 및 소유자 ③ 등기부에 기입된 부동산 위의 권리자 ④ 부동산 위의 권리자로서 그 권리를 증명한 자이다.

⑥ 매각허가 여부의 결정

법원은 매각결정기일에 출석한 이해관계인의 진술을 들은 후 이의신청이 없으면 선고로서 매각허가 여부를 결정한다(민집법 제120조, 제121조, 제126조). 매각허가결정이 확정되면 법원은 대금의 지급기한을 정하고, 이를 매수인과 차순위매수신고인에게 통지하여야 하며(민집법 제142조 1항), 매수인은 대금지급기한까지 매각대금을 지급하여야 한다(민집법 제142조 2항). 매각대금이 지급되면 법원사무관 등은 매각허가결정의 등본을 첨부하여 매수인의 소유권등기를 관할등기소에 촉탁하여야 한다(민집법 제144조 1항). 매수인이 대금지급기일에 그의 의무를 완전히 이행하지 않고 또한 차순위신고인이 없는 때에는 법원은 직권으로 재매각을 명하여야 한다(민집법 제138조 1항).

⑦ 매각대금의 배당

매수인이 대금을 완납한 때에는 법원은 배당기일을 정하여 이해관계인과 배당을 요구한 채권자에게 이를 통지하는 등의 배당절차를 밟아야 한다(민집법 제146조, 제145조).

4) 매각의 효과

① 매수인의 권리취득

매각허가결정에 의하여 매수인은 매각대금을 완납한 때(민집법 제135조) 등기 없이 저당목적물에 대한 권리 즉, 소유권·지상권·전세권을 취득한다(제187조). 경매절차의 하자는 항고·이의에 의하여 다툴 수 있지만, 대금완납으로 매각허가결정이 확정되면 경매절차상의 하자는 치유되어 더 이상 다툴 수 없다. 따라서 채권의 변제기 전에 저당권을 실행하였다 하더라도 경매의 효과는 확정되고, 경락매수인의 부동산취득은 담보권소멸로 영향을 받지 않는다(민집법 제267조). 다만, 저당권이 처음부터 존재하지 않는 경우 매수인은 소유권을 취득하지 못 한다[30].

② 다른 권리에 대한 효력

경매의 목적인 부동산 위에 존재하는 저당권은 매각으로 인하여 소멸한다[31](민집법 제91조 2항). 유치권은 경매가 있더라도 그대로 유효하며 매수인은 유치권자에게 변제해야 할 책임이 있다(민집법 제91조 5항). 저당권을 설정하기 전에 제3자가 목적물에 관하여 이미 용익권 또는 대항력 있는 권리(임차권)를 가지고 있는 경우에는 저당권이 실행되더라도 용익권자는 그 용익권을 가지고 경락 매수인에게 대항할 수 있으나, 저당권 설정 후 성립한 용익권이나 대항력요건을 갖춘 임차권은 경락 매수인에게 대항할 수 없다[32][33](제370

---

30) 민법 제578조 제1항, 제2항은 매매의 일종인 경매에 있어서 그 목적물의 하자로 인하여 경락인이 경락의 목적인 재산권을 완전히 취득할 수 없을 때에 매매의 경우에 준하여 매도인의 위치에 있는 경매의 채무자나 채권자에게 담보책임을 부담시켜 경락인을 보호하기 위한 규정으로서, 그 담보책임은 매매의 경우와 마찬가지로 경매절차는 유효하게 이루어졌으나 경매의 목적이 된 권리의 전부 또는 일부가 타인에게 속하는 등의 하자로 경락인이 완전한 소유권을 취득할 수 없거나 이를 잃게 되는 경우에 인정되는 것이고, 경매절차 자체가 무효인 경우에는 경매의 채무자나 채권자의 담보책임은 인정될 여지가 없다. 경락인이 강제경매절차를 통하여 부동산을 경락받아 대금을 납부하고 그 앞으로 소유권이전등기까지 마쳤으나, 그 후 위 강제집행의 채무명의가 된 약속어음공정증서가 위조된 것이어서 무효라는 이유로 그 소유권이전등기의 말소를 명하는 판결이 확정됨으로써 경매 부동산에 대한 소유권을 취득하지 못하게 된 경우 경락인은 경매 채권자에게 경매 대금 중 그가 배당받은 금액에 대하여 일반 부당이득의 법리에 따라 반환을 청구할 수 있을 뿐, 민법 제578조 제2항에 의한 담보책임을 물을 수는 없다(대판 1991.10.11. 91다21640).
31) 부동산에 관하여 근저당권설정등기가 경료 되었다가 그 등기가 위조된 관계서류에 기하여 아무런 원인 없이 말소되었다는 사정만으로는 곧바로 근저당권이 소멸하는 것은 아니라고 할 것이지만, 부동산이 경매절차에서 경락되면 그 부동산에 존재하였던 저당권은 당연히 소멸하는 것이므로, 근저당권설정등기가 원인 없이 말소된 이후에 근저당목적물인 부동산에 관하여 다른 근저당권자 등 권리자의 신청에 따라 경매절차가 진행되어 경락허가결정이 확정되고 경락인이 경락대금을 완납하였다면, 원인 없이 말소된 근저당권은 소멸하였다(대판 1998.01.23. 97다43406).
32) 용익권이 저당권의 실행에 의하여 소멸하는지의 여부는 경매를 신청한 저당권자의 저당권과 용익권설정 시기의 선후에 의해 결정되는 것이 아니라 그 부동산 위의 최고 순위의 저당권과 용익권설정의 우열에 의해 정해진다. 예를 들어 1번 저당권, (대항력 있는) 임차권, 2번 저당권의 순서로 등기가 설정된 경우에 2번 저당권의 신청으로 경매가 실시되면 임차권은 소멸하

조, 제333조). 담보가등기는 순서와 관계 없이 모두 말소되지만, 순위보전을 위한 가등기가 최선순위인 경우에는 말소되지 않는다. 그러나 그 가등기 이전에 선순위의 담보권 또는 가압류의 등기가 있어서 그 등기가 말소되면 순위보전을 위한 가등기도 말소된다(대판 2007.12.13. 2007다57459). 가압류는 매수인에게 대항할 수 있는가와 관계없이 모두 말소된다. 즉, 압류효력발생 전의 가압류는 배당을 받기 때문에 존속시킬 필요가 없고, 압류 이후의 가압류는 매수인에게 대항할 수 없어 말소된다. 그러나 가압류된 甲 소유의 부동산을 매입한 乙이 근저당권을 설정한 후 그 근저당권 실행으로 丙이 소유권자가 된 경우에 그 가압류는 말소되지 않는다. 가처분의 경우는 압류의 효력 발생 후에 등기된 것만 말소되고 그 이전에 등기된 것은 경락매수인에게 인수된다. 그러나 압류의 효력발생 전에 등기된 가처분이라 해도 그보다 선순위로서 매각에 의하여 소멸되는 담보권 또는 가압류가 있는 경우에는 함께 소멸한다.

③ **경매의 하자**

피담보채권의 무효·취소·부존재 등의 사유로 저당권이 처음부터 존재하지 않는 경우에 경매의 하자는 치유되지 않고 경락매수인은 소유권을 취득할 수 없다. 타인의 물건에 저당권을 설정하는 등의 경우에는 담보책임이 문제되지만, 경매절차 자체가 무효인 경우에는 부당이득이 문제될 뿐이다(대판 1991.10.11. 91다21640).

(2) 담보권실행경매에 의하지 않은 저당권실행(유저당)

1) 의 의

유저당이란 저당권설정계약 또는 피담보채권의 변제기가 도래하기 전의 특약으로 저당채무의 불이행이 있는 경우, 저당목적물의 소유권을 저당권자가 취득하는 것으로 하거나 경매에 의하지 않은 임의의 방법으로 저당목적물을 처분·환가해도 좋다는 내용의 약정을 말한다.

2) 유저당의 유효성

① **유효성**

통설은 질권과는 달리 저당권에 대해서는 유질계약금지규정이 준용되지 않으므로, 유저당을 유효한 것으로 본다.

② **문제점**

채무자의 궁박을 이용한 폭리의 문제가 생기지 않는 한, 변제기 도래 이후의 유저당계약은 문제가 되지 않는다. 따라서 변제기 도래 "전"의 유저당이 문제되는데, 이는 실질적으로 대물변제의 예약과 다를 바 없으므로 민법 제607조·제608조가 적용된다.

고 임차권자는 경락매수인에게 대항할 수 없다(대판 1987.03.10. 86다카1718). 즉 2번 저장권의 실행으로 1번 저당권이 소멸하게 되므로, 결국 실질적으로 1번 저당권이 실행되는 결과가 되기 때문이다.

33) 부동산의 경매절차에 있어서 주택임대차보호법 제3조에 정한 대항요건을 갖춘 임차권보다 선순위의 근저당권이 있는 경우에는, 낙찰로 인하여 선순위 근저당권이 소멸하면 그보다 후순위의 임차권도 선순위 근저당권이 확보한 담보가치의 보장을 위하여 그 대항력을 상실하는 것이지만, 낙찰로 인하여 근저당권이 소멸하고 낙찰인이 소유권을 취득하게 되는 시점인 낙찰대금지급기일 이전에 선순위 근저당권이 다른 사유로 소멸한 경우에는, 대항력이 있는 임차권의 존재로 인하여 담보가치의 손상을 받을 선순위 근저당권이 없게 되므로 임차권의 대항력이 소멸하지 아니한다. 선순위 근저당권의 존재로 후순위 임차권이 소멸하는 것으로 알고 부동산을 낙찰 받았으나, 그 후 채무자가 후순위 임차권의 대항력을 존속시킬 목적으로 선순위 근저당권의 피담보채무를 모두 변제하고 그 근저당권을 소멸시키고도 이 점에 대하여 낙찰자에게 아무런 고지도 하지 아니하여 낙찰자가 대항력 있는 임차권이 존속하게 된다는 사정을 알지 못한 채 대금지급기일에 낙찰대금을 지급하였다면, 채무자는 민법 제578조 제3항의 규정에 의하여 낙찰자가 입게 된 손해를 배상할 책임이 있다(대판 2003.04.25. 2002다70075).

> 제607조(대물반환의 예약) 차용물의 반환에 관하여 차주가 차용물에 갈음하여 다른 재산권을 이전할 것을 예약한 경우에는 그 재산의 예약당시의 가액이 차용액 및 이에 붙인 이자의 합산액을 넘지 못한다.
> 제608조(차주에 불이익한 약정의 금지) 전2조의 규정에 위반한 당사자의 약정으로서 차주에 불리한 것은 환매 기타 여하한 명목이라도 그 효력이 없다.

3) 유저당의 유형

① 대물변제예약형 유저당[34]

저당권자의 채무불이행을 조건으로 저당물의 소유권을 저당권자에게 이전시키겠다는 내용으로 저당권과 병행해서 이루어지는 유저당이다. 제607조에 위반하는 대물변제예약은 제608조에 따라서 무효이고, 이에 의한 소유권취득 역시 무효가 되지만, 대물변제예약에 포함되어 있는 채권담보계약은 약한 의미의 양도담보로서 유효하다고 본다(대판 1968.06.28. 68다737). 따라서 약한 의미의 양도담보이므로 저당권자는 청산의무를 부담한다. 즉, 소유권이전등기를 할 때 피담보채권의 원본과 이자를 저당목적물의 가액에서 공제하고 나머지는 채무자에게 반환하여야 한다. 이때 채권자의 소유권이전등기청구와 채무자의 청산청구는 서로 동시이행관계에 있다(제536조).

② 임의환가의 약정형

저당부동산의 환가를 경매에 의하지 않고 제3자에게 매각하여 청산하기로 약정하는 것을 말한다. 저당권자는 미리 자기 앞으로 소유권이전등기를 하고 목적물을 인도받아 제3자에게 처분해서 피담보채권에 충당하고 남은 금액을 저당권설정자에게 반환해야 한다. 저당권자가 환가를 위하여 저당목적물을 처분하여 제3자에게 이전등기를 경료할 때까지 저당권설정자는 언제나 채무를 변제하고 저당목적물의 반환을 청구할 수 있으므로, 피담보채권이 확정적으로 소멸하는 시기는 제3자 명의로 소유권이전등기를 한 때이다(통설).

4. 저당권과 용익관계

(1) 의 의

저당권이 실행되면 저당물의 소유권은 경락인에게 이전되므로, 종래의 용익관계는 소멸하게 된다. 여기서 ① 저당권과 용익권의 관계 ② 법정지상권의 경우 ③ 제3취득자의 지위 등의 문제가 생긴다.

(2) 저당권과 용익권의 관계

1) 저당권과 용익권의 우열

저당권을 설정하기 전에 제3자가 목적물에 관하여 이미 용익권 또는 대항력 있는 권리(임차권)를 가지고 있는 경우에는 저당권이 실행되더라도 용익권자는 그 용익권을 가지고 경락 매수인에게 대항할 수 있으나, 저당권 설정 후 성립한 용익권이나 대항력요건을 갖춘 임차권은 경락 매수인에게 대항할 수 없다(제370조, 제333조).

2) 용익권이 저당권의 실행에 의하여 소멸하는지의 여부

경매를 신청한 저당권자의 저당권과 용익권설정 시기의 선후에 의해 결정되는 것이 아니라 그 부동산 위의 최고 순위의 저당권과 용익권설정의 우열에 의해 정해진다. 예를 들어 1번 저당권, (대항력 있는)임차권, 2번 저당권의 순서로 등기가 설정된 경우에 2번 저당권의 신청으로 경매가 실시되면 임차권은 소멸하고 임차권자는 경락매수인에게 대항할 수 없다(대판 1987.03.10. 86다카1718). 즉, 2번 저당권의 실행으로 1번 저당

---

[34] 저당부동산에 대하여 대물변제의 예약을 하고 소유권이전청구권 보전의 가등기를 마친 담보형태는 가담법이 적용되므로, 유저당의 범주에서 이해할 필요는 없다(곽윤직). 따라서 여기서 문제되는 유저당은 가등기가 기입되지 않은 경우에 한정해서 파악하면 충분하다.

권이 소멸하게 되므로, 결국 1번 저당권이 실행되는 결과가 되기 때문이다.

(3) 법정지상권

제366조(법정지상권) 저당물의 경매로 인하여 토지와 그 지상건물이 다른 소유자에 속한 경우에는 토지소유자는 건물 소유자에 대하여 지상권을 설정한 것으로 본다. 그러나 지료는 당사자의 청구에 의하여 법원이 이를 정한다.

1) 의의, 근거 및 성격

민법 제366조는 저당물의 경매로 인하여 토지와 그 지상건물이 다른 소유자에 속한 경우에는, 토지소유자는 건물소유자에 대하여 지상권을 설정한 것으로 본다. 그러나 지료는 당사자의 청구에 의하여 법원이 이를 정한다고 규정하고 있다. 즉, 동일인에게 속하고 있던 토지와 지상건물 중 어느 하나 위에 또는 양자 위에 설정된 저당권의 실행으로 말미암아 그 소유자를 달리 하게 된 경우에 건물의 소유자를 위하여 대지에 대한 지상권의 성립을 인정한 것이다. 민법은 토지와 건물을 각기 독립한 부동산으로 취급하고 있으므로 토지와 건물의 소유권이 달라지는 경우가 생길 수 있다. 따라서, 이러한 경우에 건물철거라는 사회경제상의 불이익을 방지하고 그 건물로 하여금 건물로서의 가치를 유지하게 하기 위하여 법정지상권이 인정되고 있다. 제366조는 가치권과 이용권의 조절을 위한 공익상의 이유로 지상권의 설정을 강제하는 강행규정이므로, 미리 동조의 적용을 배제하는 당사자의 특약은 무효[35]이다(대판 1988.10.25. 87다카1564).

2) 요 건

① **저당권설정 당시 건물의 존재**

저당권 설정 당시에 지상에 건물이 존재할 것을 요한다. 건물이 없는 토지에 저당권을 설정한 저당권자는 그 상태에서의 토지의 교환가치를 평가하여 담보를 취득할 것인데, 그 후에 세워진 건물에 대해서도 법정지상권이 인정된다면, 그 토지의 담보가치는 크게 떨어지게 될 것이고 이는 저당권자에게 피해를 주게 된다. 判例도 이러한 점을 고려하여 건물이 없는 토지에 저당권을 설정하고 그 후에 건물을 지은 때에는 그 건물을 위한 법정지상권 성립은 부정 한다(대판 1965.08.31. 65다1404). 건물이 없는 토지에 저당권을 설정한 후에, 저당권설정자가 저당권자로부터 법정지상권의 성립을 인정한다는 양해를 얻어서 건물을 건축하였더라도, 그러한 것은 주관적인 것이고 공시할 수도 없어 경락 매수인에게 불측의 손실을 가져다준다는 점에서 법정지상권은 인정되지 않는다(통설). 건물이 없는 토지에 1번 저당권을 설정한 후 건물을 건축하고, 다시 그 토지에 2번 저당권을 설정하여 2번 저당권자의 신청으로 경매가 있게 되더라도 건물을 위한 법정지상권은 성립하지 않는다(통설). 무허가 건물이나 미등기 건물의 경우에도 법정지상권성립은 인정 된다(대판 1991.10.11. 91다23462). 저당권 설정 당시의 건물을 그 후 개축·증축한 경우 구 건물과 증·개축한 건물 사이에 동일성이 인정되는 한 저당권의 효력이 미치므로 법정지상권은 성립 된다(대판 1968.05.27. 68마140). 그리고 저당권설정 당시 건물이 건축 중이었고 사회통념상 독립된 건물이 아니라고 하더라도 건물의 규모나 종류가 외형상 예상할 수 있는 정도까지 진전되어 있는 경우에도 법정지상권은 인정 된다(대판 1992.06.12. 92다7221). 건물이 멸실되거나 철거된 뒤 재건축한 경우에 判例는 토지나 건물에 대한 단독저당의 경우에는 법정지상권이 성립하고, 그 내용인 존속기간이나 범위 등은 구 건물을 기준으로 하여 인정된다고 한다(대판 1990.07.10. 90다카6399). <u>토지와 건물에 공동저당권이 설정된 후 건물이 철거되고 건물이 신축된 경우에 법정지상권의 성립을 부정하였다</u>[36][대판(숲合) 2003.12.18. 98다43601].

---

35) 이에 반해 관습법상 법정지상권을 배제하는 특약은 유효하다(대판 1988.09.27. 87다카279).
36) <u>동일인의 소유에 속하는 토지 및 그 지상 건물에 관하여 공동저당권이 설정된 후 그 지상 건물이 철거되고 새로 건물이 신축된 경우에는 그 신축건물의 소유자가 토지의 소유자와 동일하고 토지의 저당권자에게 신축건물에 관하여 토지의 저당권과 동일한 순위의 공동저당권을 설정해 주는 등 특별한 사정이 없는 한 저당물의 경매로 인하여 토지와 그 신축건물이 다른 소유자에 속하게 되더라도 그 신축건물을 위한 법정지상권은 성립하지 않는다고 해석하여야 하는바, 그 이유는 동일인의 소유에 속하는</u>

* 법정지상권 관련 判例

1. 공동저당권과 법정지상권, 합동건물에 대한 저당권의 존속여부
동일인의 소유에 속하는 토지 및 그 지상 건물에 관하여 공동저당권이 설정된 후 그 지상 건물이 철거되고 새로 건물이 신축되어 두 건물 사이의 동일성이 부정되는 결과 공동저당권자가 신축건물의 교환가치를 취득할 수 없게 되었다면, 공동저당권자의 불측의 손해를 방지하기 위하여, 특별한 사정이 없는 한 저당물의 경매로 인하여 토지와 그 신축건물이 다른 소유자에 속하게 되더라도 그 신축건물을 위한 법정지상권은 성립하지 않는다. 경매대상 건물이 인접한 다른 건물과 합동(합동)됨으로 인하여 건물로서의 독립성을 상실하게 되었다면 경매대상 건물만을 독립하여 양도하거나 경매의 대상으로 삼을 수는 없고, 이러한 경우 경매대상 건물에 대한 채권자의 저당권은 위 합동으로 인하여 생겨난 새로운 건물 중에서 위 경매대상 건물이 차지하는 비율에 상응하는 공유 지분 위에 존속하게 된다(대판 2010.01.14. 2009다66150).

2. 토지공유자와 법정지상권, 공동저당권과 법정지상권
토지공유자의 한 사람이 다른 공유자의 지분 과반수의 동의를 얻어 건물을 건축한 후 토지와 건물의 소유자가 달라진 경우 토지에 관하여 관습법상의 법정지상권이 성립되는 것으로 보게 되면 이는 토지공유자의 1인으로 하여금 자신의 지분을 제외한 다른 공유자의 지분에 대하여서까지 지상권설정의 처분행위를 허용하는 셈이 되어 부당하다. 그리고 이러한 법리는 민법 제366조의 법정지상권의 경우에도 마찬가지로 적용되고, 나아가 토지와 건물 모두가 각각 공유에 속한 경우에 토지에 관한 공유자 일부의 지분만을 목적으로 하는 근저당권이 설정되었다가 경매로 인하여 그 지분을 제3자가 취득하게 된 경우에도 마찬가지로 적용된다. <u>동일인의 소유에 속하는 토지 및 그 지상건물에 관하여 공동저당권이 설정된 후 지상 건물이 철거되고 새로 건물이 신축된 경우에, 신축건물의 소유자가 토지의 소유자와 동일하고 토지의 저당권자에게 신축건물에 관하여 토지의 저당권과 동일한 순위의 공동저당권을 설정해 주는 등 특별한 사정이 없는 한, 저당물의 경매로 인하여 토지와 신축건물이 다른 소유자에 속하게 되더라도 신축건물을 위한 법정지상권은 성립하지 않는다.</u> 이는 건물이 철거된 후 신축된 건물에 토지와 동순위의 공동저당권이 설정되지 아니하였는데도 신축건물을 위한 법정지상권이 성립한다고 해석하게 되면, 공동저당권자가 법정지상권이 성립하는 신축건물의 교환가치를 취득할 수 없게 되는 결과 법정지상권의 가액 상당 가치를 되찾을 길이 막혀 당초 토지에 관하여 아무런 제한이 없는 나대지로서의 교환가치 전체를 실현시킬 수 있다고 기대하고 담보를 취득한 공동저당권자에게 불측의 손해를 입게 하기 때문으로서, 이러한 법리는 집합건물의 전부 또는 일부 전유부분과 대지 지분에 관하여 공동저당권이 설정된 후 그 지상 집합건물이 철거되고 새로운 집합건물이 신축된 경우에도 마찬가지로 보아야 한다(대판 2014.09.04. 2011다73038 · 73045).

민법 제366조의 법정지상권은 저당권 설정 당시부터 저당권의 목적되는 토지 위에 건물이 존재할 경우에 한하여 인정되며, 토지에 관하여 저당권이 설정될 당시 그 지상에 토지소유자에 의한 건물의 건축이 개시되기 이전이었다면, 건물이 없는 토지에 관하여 저당권이 설정될 당시 근저당권자가 토지소유자에 의한 건물의 건축에 동의하였다고 하더라도 그러한 사정은 주관적 사항이고 공시할 수도 없는 것이어서 토지를 낙찰받는 제3자로서는 알 수 없는 것이므로 그와 같은 사정을 들어 법정지상권의 성립을 인정한다면 토지 소유권을 취득하려는 제3자의 법적 안정성을 해하는 등 법률관계가 매우 불명확하게 되므로 법정지상권이 성립되지 않는다(대판 2003.09.05. 2003다26051).

토지 및 그 지상 건물에 관하여 공동저당권이 설정된 경우에는, 처음부터 지상 건물로 인하여 토지의 이용이 제한 받는 것을 용인하고 토지에 대하여만 저당권을 설정하여 법정지상권의 가치만큼 감소된 토지의 교환가치를 담보로 취득한 경우와는 달리, 공동저당권자는 토지 및 건물 각각의 교환가치 전부를 담보로 취득한 것으로서, 저당권의 목적이 된 건물이 그대로 존속하는 이상은 건물을 위한 법정지상권이 성립해도 그로 인하여 토지의 교환가치에서 제외된 법정지상권의 가액 상당 가치는 법정지상권이 성립하는 건물의 교환가치에서 되찾을 수 있어 궁극적으로 토지에 관하여 아무런 제한이 없는 나대지로서의 교환가치 전체를 실현시킬 수 있다고 기대하지만, 건물이 철거된 후 신축된 건물에 토지와 동순위의 공동저당권이 설정되지 아니 하였는데도 그 신축건물을 위한 법정지상권이 성립한다고 해석하게 되면, 공동저당권자가 법정지상권이 성립하는 신축건물의 교환가치를 취득할 수 없게 되는 결과 법정지상권의 가액 상당 가치를 되찾을 길이 막혀 위와 같이 당초 나대지로서의 토지의 교환가치 전체를 기대하여 담보를 취득한 공동저당권자에게 불측의 손해를 입게 하기 때문이다.

② 저당권설정 당시의 소유자의 동일성

저당권을 설정할 때에 토지와 건물이 동일한 소유자에게 속하고 있어야 한다. 저당권설정 당시에 토지와 건물의 소유자가 서로 다른 때에는, 그 건물에 관하여 이미 토지소유자에게 대항할 수 있는 용익권이 설정되어 있을 것이므로, 그 건물을 위해 다시 법정지상권을 인정할 필요가 없기 때문이다. 저당권설정 당시에는 동일인에게 속하고 있었으나, 그 후 경매가 있기 전에 토지와 건물 중 어느 한쪽이 제3자에게 양도된 경우에도 법정지상권이 성립하는지가 문제된다. 저당권설정 당시에 토지와 건물이 동일인에게 속하고 있으면 그 이후 토지와 건물 중 한 쪽이 제3자에게 양도되더라도 법정지상권은 성립 한다(대판 1999.11.23. 99다52602). 그리고 저당권설정 후에 토지와 건물 중 어느 한 쪽을 소유자가 임의로 처분하는 때에는 건물소유자와 토지소유자 사이에서 지상권을 설정하거나 기타 건물의 존속을 가능하게 하는 토지사용관계를 정하게 되겠지만, 저당권설정 후에 설정된 용익권은 경락으로 그 효력을 상실하기 때문에 제366조의 법정지상권은 이 경우에 인정하여야 한다(통설). 미등기건물을 대지와 일괄하여 함께 매수하였으나 대지에 관하여만 소유권이전등기를 넘겨받고 대지에 대하여 설정된 저당권이 실행된 경우, 민법 제366조 소정의 법정지상권이 성립하는지가 문제지만, 判例는 이를 부정 한다(대판(全合) 2002.06.20. 2002다9660). 저당권의 설정당시에 이미 대지와 건물이 각각 다른 사람의 소유에 속하고 있어 소유자의 동일성요건을 충족하지 못하기 때문이다. 이 경우 관습상 법정지상권의 성립 여부도 문제될 수 있는데, 判例는 "토지의 점유·사용에 관하여 당사자 사이에 약정이 있는 것으로 볼 수 있거나 토지 소유자가 건물의 처분권까지 함께 취득한 경우에는 관습상의 법정지상권을 인정할 까닭이 없다 할 것이어서, 미등기건물을 그 대지와 함께 매도하였다면 비록 매수인에게 그 대지에 관하여만 소유권이전등기가 경료 되고 건물에 관하여는 등기가 경료 되지 아니하여 형식적으로 대지와 건물이 그 소유 명의자를 달리하게 되었다 하더라도 매도인에게 관습상의 법정지상권을 인정할 이유가 없다(대판(全合) 2002.06.20. 2002다9660)."고 하고 있다. 토지의 공유자 중의 1인이 공유토지 위에 건물을 소유하고 있다가 토지지분만을 전매하는 경우 등에는 다른 공유자의 지분에까지 지상권설정의 처분행위를 허용할 우려가 있으므로 법정지상권이 성립하지 않는다(대판 1987.06.23. 86다카2188). 그러나 구분소유적 공유관계에 있는 토지의 공유자들이 내부적으로 각자의 소유로 생각하는 특정지역 토지 위에 각자 독자적으로 별개의 건물을 신축하여 소유하면서 그 토지 전체에 대하여 저당권을 설정하였다가 그 저당권의 실행으로 토지와 건물의 소유자가 다르게 된 경우에는 법정지상권이 성립 한다(대판 2004.06.11. 2004다13533).

> *** 법정지상권 - 소유자의 동일성**
>
> 민법 제366조의 법정지상권은 저당권설정 당시 동일인의 소유에 속하던 토지와 건물이 경매로 인하여 양자의 소유자가 다르게 될 때에 건물의 소유자를 위하여 발생하는 것으로서, 토지에 관하여 저당권이 설정될 당시 토지 소유자에 의하여 그 지상에 건물이 건축 중이었던 경우 그것이 사회관념 상 독립된 건물로 볼 수 있는 정도에 이르지 않았다 하더라도 건물의 규모, 종류가 외형상 예상할 수 있는 정도까지 건축이 진전되어 있었고, 그 후 경매절차에서 매수인이 매각대금을 다 낼 때까지 최소한의 기둥과 지붕 그리고 주벽이 이루어지는 등 독립된 부동산으로서 건물의 요건을 갖춘 경우에는 법정지상권이 성립 한다. 건물공유자의 1인이 그 건물의 부지인 토지를 단독으로 소유하면서 그 토지에 관하여만 저당권을 설정하였다가 위 저당권에 의한 경매로 인하여 토지의 소유자가 달라진 경우에도, 위 토지 소유자는 자기뿐만 아니라 다른 건물공유자들을 위하여도 위 토지의 이용을 인정하고 있었다고 할 것인 점, 저당권자로서도 저당권 설정 당시 법정지상권의 부담을 예상할 수 있었으므로 불측의 손해를 입는 것이 아닌 점, 건물의 철거로 인한 사회경제적 손실을 방지할 공익상의 필요성도 인정되는 점 등에 비추어 위 건물공유자들은 민법 제366조에 의하여 토지 전부에 관하여 건물의 존속을 위한 법정지상권을 취득한다고 보아야 한다(대판 2011.01.13. 2010다67159).

③ 저당권의 설정

토지와 건물의 어느 한쪽이나 또는 양자 위에 저당권이 설정되어야 한다. 토지와 건물의 어느 쪽에도 저당권이 설정되지 않았으나, 어떤 원인으로 인하여 토지와 건물의 소유자가 각각 다르게 된 경우에는 관습법상의 법정지상권은 성립할 수 있지만, 민법 제366조의 법정지상권은 성립하지 않는다.

④ 경매로 소유자가 달라질 것

저당물의 경매로 토지와 그 지상건물의 소유자가 달라져야 한다. 여기서 경매란 담보권실행경매만을 의미한다고 보아야 한다. 따라서 동일인에게 속하였던 토지와 그 건물이 경매 이외의 방법으로 그 소유자를 달리하게 된 경우에는 관습법상의 법정지상권은 성립할 수 있어도 민법 제366조에 의한 법정지상권은 성립하지 않는다(대판 1991.04.09. 89다카1305). 다만, 전세권자를 위한 법정지상권의 경우에는 매매 등에 의해 토지와 건물의 소유자가 달라지는 것도 포함한다.

⑤ 토지와 그 위의 건물이 동일한 소유자에게 속하는 경우

그 토지나 건물에 대하여 가등기담보 등에 관한 법률 제4조 제2항에 따른 소유권을 취득하거나 담보가등기에 따른 본등기가 행하여진 경우에는 그 건물의 소유를 목적으로 그 토지 위에 지상권이 설정된 것으로 본다(가담법 제10조 본문).

3) 성립시기와 등기

① 성립 시기

토지와 그 지상건물이 경매로 인해 서로 다른 소유자에게 속한 때에 법정지상권은 성립한다. 따라서 경매에 있어서 매수인이 매각대금을 완납한 때에 법정지상권이 성립하게 된다(민집법 제268조, 제135조).

② 등 기

법정지상권은 민법 제366조의 규정에 의하여 성립하기 때문에 민법 제187조에서 말하는 법률의 규정에 의한 물권의 취득으로서 등기를 필요로 하지 않는다. 등기가 없더라도 토지소유자나 그로부터 토지를 양수한 제3자에 대하여도 법정지상권을 주장할 수 있다(대판(全合) 1965.07.06. 65다907). 다만, 민법 제187조 단서의 규정에 따라 법정지상권자가 이를 등기하지 아니하면 그 지상권을 처분할 수 없다. 이 경우 등기 없이 건물을 처분하면 건물양수인도 마찬가지로 법정지상권을 취득하여 이를 가지고 토지 소유자나 그 전득자에게 대항할 수 있는지가 문제되지만, 判例는 이를 부정 한다(대판 1965.07.06. 65다907). 다만, 이 경우 법정지상권부 건물을 매수한 전득자는 원소유자를 대위하여 토지 소유자에 대하여 지상권설정등기 절차이행을 구할 수 있다고 한다(대판 1981.09.08. 80다2873). 이와는 별개로 토지소유권자는 법정지상권의 등기 없는 전득자에 대하여 건물의 철거를 주장할 수 있는지가 문제되지만, 判例는 신의칙을 근거로 이를 부정 한다(대판(全合) 1985.04.09. 84다카1131). 다만, 이 경우 건물소유자에 대한 토지소유자의 부당이득반환청구는 가능하다.

4) 내 용

① 법정지상권의 범위

법정지상권은 건물의 대지에 한정되지 않고 건물을 이용하는 데 필요한 한도에서 대지 이외의 부분에도 미친다. 필요한 범위의 구체적 내용은 건물의 구조와 크기, 건물의 사용목적과 주변의 환경 등을 종합적으로 고려하여 객관적으로 정하여진다. 예를 들어, 창고로 사용되는 건물에 대해서는 일반적으로 필요한 둘레의 대지가 법정지상권이 미치는 범위에 속한다(대판 1977.07.26. 77다791). 다만, 법정지상권이 성립한 후에 건물을 개축 또는 증축하는 경우 그 법정지상권의 범위는 구건물을 기준으로 하여 그 유지 또는 사용을 위하여 일반적으로 필요한 범위 내의 대지 부분에 한정 된다(대판 1997.01.21. 96다40080).

② 존속기간과 지료

법정지상권의 존속기간은 민법 제280조 1항의 규정에 의한다(대판 1992.06.09. 92다4857). 지료는 우선 당사자의 협의로 이를 정하게 되나, 협의가 이루어지지 않는 때에는 당사자의 청구로 법원이 이를 정한다(제366조 단서). 법원에 의하여 결정된 지료는 지상권이 성립한 때에 소급해서 효력을 발생한다. 가등기담보등에 관한 법률에 따라 성립하는 법정지상권의 경우 그 존속기간 및 지료는 당사자의 청구에 의하여 법원이 정

한다(가담법 제10조).

③ **관련문제**

건물의 소유자가 건물의 소유권과 분리하여 법정지상권만을 처분하는 것이 가능한지가 문제된다. 判例는 아파트의 대지권 확보를 위하여 법정지상권을 취득하였다면, 그 법정지상권이 아파트의 소유권과는 분리되어 양도되었다고 하여도 이를 사회질서에 반하여 무효라고 할 수 없고, 또한 법정지상권이 건물의 소유에 부속되는 종속적인 권리가 되는 것이 아니며 하나의 독립된 법률상의 물권으로서의 성격을 지니고 있는 것이기 때문에 건물의 소유자가 건물과 법정지상권 중 어느 하나만을 처분하는 것도 가능하다고 한다(대판 2001.12.27. 2000다1976).

5) **소 멸**

법정지상권은 토지소유자의 소멸청구(제287조), 지상권자에 의한 포기 및 당사자 사이의 계약에 의하여 소멸한다.

(4) 저당 토지 위의 건물에 대한 일괄경매권

> **제365조(저당지상의 건물에 대한 경매청구권)** 토지를 목적으로 저당권을 설정한 후 그 설정자가 그 토지에 건물을 축조한 때에는 저당권자는 토지와 함께 그 건물에 대하여도 경매를 청구할 수 있다. 그러나 그 건물의 경매대가에 대하여는 우선변제를 받을 권리가 없다.

1) **의 의**

민법 제365조는 토지를 목적으로 하는 저당권이 설정된 후, 설정자가 그 토지에 건물을 축조한 때에는 저당권자는 토지와 함께 그 건물에 대하여도 경매를 청구할 수 있는 일괄경매청구권을 인정하고 있다. 일괄경매청구권은 토지 위에 저당권을 설정한 후 그 지상에 건물이 축조된 경우처럼, 민법 제366조의 법정지상권이 인정되지 않는 경우에 그 의의가 있다.

2) **요 건**

① **저당권설정 당시에 지상에 건물이 없을 것**

저당권 설정 후에 저당 토지 위에 건물이 신축된 경우에 한하여 본조가 적용된다. 저당권설정 당시에 건물이 이미 존재하고 있는 경우에는 민법 제366조의 법정지상권이 적용될 수 있다.

② **저당권설정자가 축조하고 소유하는 건물일 것**

토지소유자인 저당권설정자가 축조하여 소유하고 있는 건물이어야 한다(대결 1994.01.24. 93마1736). 따라서, 저당권설정 후 저당권설정자 이외의 제3자가 건물을 축조하고 소유한 경우에는 원칙적으로 일괄경매청구권이 성립하지 않는다. 본조의 일괄경매권을 제3자의 소유물에까지 미치게 하는 것은 환가권의 지나친 확대이기 때문이다. 다만, 저당권설정자로부터 저당토지에 대한 용익권을 설정 받은 자가 그 토지에 건물을 축조한 경우라도 그 후 저당권설정자가 그 건물의 소유권을 취득한 경우에는 저당권자는 토지와 함께 그 건물에 대하여 경매를 청구할 수 있다[37](대판 2003.04.11. 2003다3850). 반면에 저당권설정자가 건물축조 후 경매개시 결정전에

---

37) 민법 제365조가 토지를 목적으로 한 저당권을 설정한 후 그 저당권설정자가 그 토지에 건물을 축조한 때에는 저당권자가 토지와 건물을 일괄하여 경매를 청구할 수 있도록 규정한 취지는, 저당권은 담보물의 교환가치의 취득을 목적으로 할 뿐 담보물의 이용을 제한하지 아니하여 저당권설정자로서는 저당권설정 후에도 그 지상에 건물을 신축할 수 있는데, 후에 그 저당권의 실행으로 토지가 제3자에게 경락될 경우에 건물을 철거하여야 한다면 사회경제적으로 현저한 불이익이 생기게 되어 이를 방지할 필요가 있으므로 이러한 이해관계를 조절하고, 저당권자에게도 저당토지상의 건물의 존재로 인하여 생기게 되는 경매의 어려움을 해소하여 저당권의 실행을 쉽게 할 수 있도록 한 데에 있다는 점에 비추어 볼 때, 저당지상의 건물에 대한 일괄경매청구권은 저당권설정자가 건물을 축조한 경우뿐만 아니라 저당권설정자로부터 저당토지에 대한 용익권을 설정 받은 자가 그 토지에 건물을 축조한 경우라도 그 후 저당권설정자가 그 건물의 소유권을 취득한 경우에는 저당권자는

이를 제3자에게 양도한 경우에도 일괄경매청구권은 성립하지 않는다(대결 1999.04.20. 99마146).

③ 일괄경매청구권의 행사

일괄경매청구권의 행사가 권리남용에 해당한다는 특별한 사정이 없는 한, 자신의 자유로운 선택에 따라 토지만에 대하여 경매를 청구하거나 아니면 토지·건물을 일괄하여 경매를 청구할 수 있다(대판 1977.04.26. 77다77). 그리고 토지만을 경매하여 그 대금으로 충분히 피담보채권의 변제를 받을 수 있다고 해도 토지·건물의 일괄경매는 허용되며 과잉경매로 되지 않는다(대결 1961.03.20. 4294민재항50).

3) 일괄경매의 효력

① 우선변제적 효력의 범위

일괄경매를 하는 경우에도 저당권의 우선변제적 효력은 건물에 관하여는 미치지 않으므로 저당권자가 우선변제를 받을 수 있는 범위는 토지의 경매대금에 한정된다(제365조 단서). 건물의 경매대금에 대해서는 일반 채권자의 지위에서 배당을 받을 수 있을 뿐이다.

② 토지와 건물의 동일인에의 매각

토지와 건물을 동일인에게 경락시켜 건물을 유지하려고 하는 것이 본조의 취지이므로, 토지와 건물은 동일인에게 매각되어야 한다.

(5) 제3취득자의 지위

제364조(제3취득자의 변제) 저당부동산에 대하여 소유권, 지상권 또는 전세권을 취득한 제3자는 저당권자에게 그 부동산으로 담보된 채권을 변제하고 저당권의 소멸을 청구할 수 있다.

---

1) 저당물 제3취득자의 지위

① 의 의

저당권은 목적물에 대한 점유를 내용으로 하는 것이 아니므로 저당권설정자는 저당권설정 후에도 자유로이 목적물을 사용·수익할 수 있음은 물론, 이를 양도하거나 지상권 또는 전세권을 설정할 수 있다. 이때 저당권이 설정된 후에 저당목적물을 양도받은 양수인, 또는 그 저당부동산 위에 지상권이나 전세권을 취득한 자를 제3취득자라고 한다.

② 취 지

저당부동산의 제3취득자는 저당권이 실행되기 전에는 소유권을 취득하거나 저당부동산을 용익하는데 아무런 제한을 받지 않지만, 채무자의 채무불이행으로 저당권이 실행된 경우에는 완전히 그 권리를 상실한다. 이와 같이 제3취득자의 지위는 채무자의 채무변제 여하에 따라 그 존속에 영향을 받게 되어 매우 불완전한 지위를 가진다. 이러한 제3자의 불안한 지위를 보호하기 위하여 민법은 저당물의 소유권을 취득한 제3자는 競買人이 될 수 있도록 하고(제363조 2항), 나아가 저당부동산에 대하여 소유권·지상권 또는 전세권을 취득한 제3취득자는 저당권자에게 그 부동산으로 담보된 채권을 변제하고 저당권의 소멸을 청구할 수 있다(제364조)고 규정하고 있다.

2) 제3취득자의 변제권

제364조는 저당부동산의 제3취득자에게 저당채무를 변제하여 저당권을 소멸시킬 수 있는 권리를 인정함으로써, 제3취득자로 하여금 저당부동산 위에 취득하게 된 권리를 스스로 보전할 수 있도록 하고 있다. 그런데 저당부동산의 제3취득자는 저당채무가 변제되면 저당권이 소멸하여 저당목적물에 대한 자신의 권리를 보전할 수 있는 지위에 있기 때문에 이해관계 있는 제3자이다. 따라서, 저당부동산의 제3취득자는 채무자의

토지와 함께 그 건물에 대하여 경매를 청구할 수 있다.

의사에 반해서도 채무를 변제할 수 있다. 즉, 저당목적물의 제3취득자는 제364조의 규정을 기다리지 않고 제469조에 의해 저당채무를 변제할 권리도 있다.

3) 제469조와 제364조의 관계

> **제469조(제3자의 변제)** ① 채무의 변제는 제3자도 할 수 있다. 그러나 채무의 성질 또는 당사자의 의사표시로 제3자의 변제를 허용하지 아니하는 때에는 그러하지 아니하다. ② 이해관계 없는 제3자는 채무자의 의사에 반하여 변제하지 못한다.

① 변제할 채무범위의 제한 여부

제3취득자가 제469조 1항에 근거하여 채무를 변제할 경우에는 저당채무자가 부담하는 모든 채무를 부담한다. 이 경우의 제3취득자는 채무자를 갈음하는 단순한 제3자로서 채무를 변제하는 것이므로 저당채무의 모든 채무를 변제하지 않으면 안 되기 때문이다. 이에 반하여 제3취득자가 제364조에 의한 변제권을 행사하는 경우에는 그 부동산으로 담보된 채권 즉, 제360조가 정하는 범위의 금액만을 변제하면 된다. 따라서 지연이자는 원본의 이행기를 경과한 후의 1년분만을 변제하면 된다. 즉, 제364조에 의한 변제를 할 경우에는 제3취득자가 변제하여야 할 채무의 범위가 일정범위로 한정된다는 데에 그 의의가 있다(통설, 대결 1974.10.26. 74마440).

② 변제기 도래 전의 변제 가능 여부

제3취득자는 제364조에 의하여 변제기 전에도 변제할 수 있는지가 문제된다. 변제기 전에 제3취득자가 변제하는 것은 저당권의 투자수단으로서의 작용을 해치는 결과를 가져오며 저당권의 추급력을 부정하는 것이 되므로 변제할 수 없다고 본다(통설).

③ 양도계약을 통한 피담보채무의 인수

제3취득자인 양수인이 양도인과 양도계약 시 피담보채무를 인수하기로 한 경우에는 제364조가 적용되지 않는다. 이는 면책적 채무인수이므로 채권자의 승낙을 받지 않는 한 채무인수효과가 발생하지 않는다. 즉, 양도계약에서 양수인이 피담보채권액을 공제하고 잔액만을 수수한 사실만으로는 채무인수가 있었다고 할 수 없다(대판 2002.05.24. 2002다7176).

4) 제3취득자 변제의 효과

① 제3취득자와 저당권자 사이

제3취득자의 변제에 의해 피담보채권은 소멸되고, 피담보채권이 소멸되면 저당권은 부종성에 의하여 당연히 소멸되는 것이며 이는 법률의 규정에 의한 물권변동이므로 등기를 요하지 않는다(통설).

② 제3취득자와 저당채무자 사이

제3취득자는 변제하는 데 정당한 이익을 가지는 자이므로 변제를 하면 당연히 채권자를 대위하게 된다(제481조). 즉, 제3취득자가 변제한 경우에 저당권은 제3취득자에게 이전한다(제482조 1항). 그리고 제3취득자가 변제를 하면 채무자에 대해 구상권을 가진다. 判例는 "저당부동산의 제3취득자가 채무를 변제하거나 저당권의 실행으로 저당물의 소유권을 잃은 때에는 물상보증인의 구상권에 관한 민법 제370조·제341조의 규정을 유추적용하여 보증채무에 관한 규정에 의하여 채무자에 대한 구상권이 있다(대판 1997.07.25. 97다8403)."고 한다.

③ 제3취득자의 비용상환청구권(제367조)

> **제367조(제3취득자의 비용상환청구권)** 저당물의 제3취득자가 그 부동산의 보존, 개량을 위하여 필요비 또는 유익비를 지출한 때에는 제203조제1항, 제2항의 규정에 의하여 저당물의 경매대가에서 우선상환을 받을 수 있다.

제3취득자가 그 부동산의 보존·개량을 위하여 필요비 또는 유익비를 지출한 때에는 점유자의 비용상환청구권의 규정(제203조 1항·2항)에 의하여 저당물의 경매대가에서 우선상환을 받을 수 있다.

5. 저당권의 침해에 대한 구제

(1) 침해유형과 특수성

1) 침해유형

예를 들어, 저당목적물을 멸실 또는 훼손하거나 이를 부당하게 방치하는 경우, 저당산림의 부당한 벌채, 부당관리에 의한 저당건물의 붕괴, 종물의 부당한 분리반출 등이 있다.

2) 특수성

저당권은 유치적 효력이 없으므로 저당물이 통상적인 경제적 용도에 따라 이용되는 한 저당권의 침해는 있을 수 없다. 그리고 저당물을 침해하여 교환가치가 감소해도 목적물의 가치가 아직 피담보채권액을 넘고 있다면 저당권자에게 손해가 생긴 것이 아니다.

(2) 물권적 청구권

1) 방해배제 또는 예방청구

저당권자는 저당목적물의 침해가 있으면 그 침해의 배제 또는 예방을 청구할 수 있다(제370조, 제214조). 判例는 "저당권자는 저당권 설정 이후 환가에 이르기까지 저당물의 교환가치에 대한 지배권능을 보유하고 있으므로 저당목적물의 소유자 또는 제3자가 저당목적물을 물리적으로 멸실·훼손하는 경우는 물론 그 밖의 행위로 저당부동산의 교환가치가 하락할 우려가 있는 등 저당권자의 우선변제청구권의 행사가 방해되는 결과가 발생한다면 저당권자는 저당권에 기한 방해배제청구권을 행사하여 방해행위의 제거를 청구할 수 있다(대판 2006.01.27. 2003다58454)."고 한다.

2) 무효등기의 말소청구

피담보채권의 소멸로 1번 저당권이 무효인 경우에 2번 저당권자는 자신의 저당권의 실행이나 양도에 장애를 받게 되므로 1번 저당권의 말소를 청구할 수 있다.

3) 제3자 이의의 소

저당권은 저당물의 종물 등에도 효력이 미치므로, 종물 등의 동산에 대해 일반채권자가 강제집행을 한다면 이는 저당권의 침해가 된다. 따라서 이 경우 저당권자는 제3자이의의 소를 제기할 수 있다(민집법 제48조).

(3) 손해배상청구권

1) 불법행위에 의한 손해배상청구

저당권의 침해행위로 손해배상청구권이 발생하는 것은 목적물의 침해로 저당권자가 채권의 만족을 얻을 수 없는 때이다. 따라서 저당물의 가액이 감소되더라도 채권의 만족을 얻을 수 있는 때에는 손해배상청구권이 발생하지 않는다. 즉 불법행위로 인한 재산상 손해가 있다고 하려면 위법한 가해행위로 인하여 발생한 재산상 불이익, 즉 그 위법행위가 없었더라면 존재하였을 재산상태와 그 위법행위가 가해진 현재의 재산상태에 차이가 있어야 한다. 그런데 등기는 물권의 효력 발생 요건이고 존속 요건은 아니어서 등기가 원인 없이 말소된 경우에는 그 물권의 효력에 아무런 영향이 없고, 그 회복등기가 마쳐지기 전이라도 말소된 등기의 등기명의인은 적법한 권리자로 추정되며, 그 회복등기 신청절차에 의하여 말소된 등기를 회복할 수 있으므로(부동산등기법 제75조), 근저당권설정등기가 불법행위로 인하여 원인 없이 말소되었다 하더라도 말소된 근저당권설정등기의 등기명의인이 곧바로 근저당권 상실의 손해를 입게 된다고 할 수는 없다(대판 2010.02.11. 2009다68408).

2) 손해액의 산정시기

① 저당권의 실행이 있는 때에는 저당권실행시점, ② 저당권실행 전에 손해배상을 청구할 수 있는 경우에는 침해행위가 있었던 때, ③ 침해자가 가격등귀를 알 수 있었던 경우에는 사실심의 변론종결시가 기준시점이 된다.

3) 담보물보충청구권과 즉시변제청구권과의 관계

손해배상청구권은 담보물보충청구권(제362조)과는 선택적 행사의 대상이고, 즉시변제청구권(제388조)과는 함께 행사할 수 있다(통설).

(4) 채무자에 대한 특별효과

1) 담보물보충청구권(제362조)

> 제362조(저당물의 보충) 저당권설정자의 책임 있는 사유로 인하여 저당물의 가액이 현저히 감소된 때에는 저당권자는 저당권설정자에 대하여 그 원상회복 또는 상당한 담보제공을 청구할 수 있다.

담보물보충청구권을 행사하는 경우에는 손해배상청구권이나 기한의 이익의 상실로 인한 즉시변제청구권을 행사할 수 없다(통설).

2) 즉시변제청구권(제388조)

> 제388조(기한의 이익의 상실) 채무자는 다음 각 호의 경우에는 기한의 이익을 주장하지 못한다.
> 1. 채무자가 담보를 손상, 감소 또는 멸실하게 한 때
> 2. 채무자가 담보제공의 의무를 이행하지 아니한 때

저당권의 침해가 채무자의 책임 있는 사유에 기한 때 채무자는 기한의 이익을 상실하므로 채권자는 즉시변제를 청구할 수 있으며, 채권자는 저당권을 실행할 수 있다.

Ⅳ. 저당권의 처분 및 소멸

1. 저당권의 처분

> 제361조(저당권의 처분제한) 저당권은 그 담보한 채권과 분리하여 타인에게 양도하거나 다른 채권의 담보로 하지 못한다.

저당권은 피담보채권과 분리하여 양도하지 못하는 것이어서 저당권부 채권의 양도는 언제나 저당권의 양도와 채권양도가 결합되어 행해지므로 저당권부 채권의 양도는 민법 제186조의 부동산물권변동에 관한 규정과 민법 제449조 내지 제452조의 채권양도에 관한 규정에 의해 규율되므로 저당권의 양도에 있어서도 물권변동의 일반원칙에 따라 저당권을 이전할 것을 목적으로 하는 물권적 합의와 등기가 있어야 저당권이 이전된다고 할 것이나, 이 때의 물권적 합의는 저당권의 양도·양수받는 당사자 사이에 있으면 족하고 그 외에 그 채무자나 물상보증인 사이에까지 있어야 하는 것은 아니라 할 것이고, 단지 채무자에게 채권양도의 통지나 이에 대한 채무자의 승낙이 있으면 채권양도를 가지고 채무자에게 대항할 수 있게 되는 것이다(대판 2005.06.10. 2002다15412·15429). 그리고 근저당권이전의 부기등기가 기존의 주등기인 근저당권설정등기에 종속되어 주등기와 일체를 이룬 경우에는 부기등기만의 말소를 따로 인정할 아무런 실익이 없지만, 근저당권의 이전원인만이 무효로 되거나 취소 또는 해제된 경우, 즉 근저당권의 주등기 자체는 유효한 것을 전제로 이와는 별도로 근저당권이전의 부기등기에 한하여 무효사유가 있다는 이유로 부기등기만의 효력을 다투는 경우에는 그 부기등기의 말소를 소구할 필요가 있으므로 예외적으로 소의 이익이 있다(대판 2005.06.10. 2002

다15412 · 15429).

2. 저당권의 소멸

제369조(부종성) 저당권으로 담보한 채권이 시효의 완성 기타 사유로 인하여 소멸한 때에는 저당권도 소멸한다.

근저당권이 설정된 후에 그 부동산의 소유권이 제3자에게 이전된 경우에는 현재의 소유자가 자신의 소유권에 기하여 피담보채무의 소멸을 원인으로 그 근저당권설정등기의 말소를 청구할 수 있음은 물론이지만, 근저당권설정자인 종전의 소유자도 근저당권설정계약의 당사자로서 근저당권소멸에 따른 원상회복으로 근저당권자에게 근저당권설정등기의 말소를 구할 수 있는 계약상 권리가 있으므로 이러한 계약상 권리에 터잡아 근저당권자에게 피담보채무의 소멸을 이유로 하여 그 근저당권설정등기의 말소를 청구할 수 있다고 봄이 상당하고, 목적물의 소유권을 상실하였다는 이유만으로 그러한 권리를 행사할 수 없다고 볼 것은 아니다[대판(全合) 1994.01.25. 93다16338].

3. 준용규정

제370조(준용규정) 제214조, 제321조, 제333조, 제340조, 제341조[38] 및 제342조의 규정은 저당권에 준용한다.

V. 특수저당권

1. 공동저당

제368조(공동저당과 대가의 배당, 차순위자의 대위) ① 동일한 채권의 담보로 수개의 부동산에 저당권을 설정한 경우에 그 부동산의 경매대가를 동시에 배당하는 때에는 각부동산의 경매대가에 비례하여 그 채권의 분담을 정한다. ② 전항의 저당부동산중 일부의 경매대가를 먼저 배당하는 경우에는 그 대가에서 그 채권전부의 변제를 받을 수 있다. 이 경우에 그 경매한 부동산의 차순위저당권자는 선순위저당권자가 전항의 규정에 의하여 다른 부동산의 경매대가에서 변제를 받을 수 있는 금액의 한도에서 선순위자를 대위하여 저당권을 행사할 수 있다.

---

[38] 민법 제481조는 "변제할 정당한 이익이 있는 자는 변제로 당연히 채권자를 대위한다."라고 규정하고, 민법 제482조 제1항은 "전2조의 규정에 의하여 채권자를 대위한 자는 자기의 권리에 의하여 구상할 수 있는 범위에서 채권 및 그 담보에 관한 권리를 행사할 수 있다."라고 규정하며, 같은 조 제2항은 "전항의 권리행사는 다음 각 호의 규정에 의하여야 한다."라고 규정하고 있으나, 그중 물상보증인과 제3취득자 사이의 변제자대위에 관하여는 명확한 규정이 없다. 그런데 보증인과 제3취득자 사이의 변제자대위에 관하여 민법 제482조 제2항 제1호는 "보증인은 미리 전세권이나 저당권의 등기에 그 대위를 부기하지 아니하면 전세물이나 저당물에 권리를 취득한 제3자에 대하여 채권자를 대위하지 못한다."라고 규정하고, 같은 항 제2호는 "제3취득자는 보증인에 대하여 채권자를 대위하지 못한다."라고 규정하고 있다. 한편 민법 제370조, 제341조에 의하면 물상보증인이 채무를 변제하거나 담보권의 실행으로 소유권을 잃은 때에는 '보증채무'에 관한 규정에 의하여 채무자에 대한 구상권을 가지고, 민법 제482조 제2항 제5호에 따르면 물상보증인과 보증인 상호 간에는 그 인원수에 비례하여 채권자를 대위하게 되어 있을 뿐 이들 사이의 우열은 인정하고 있지 아니하다. 위와 같은 규정 내용을 종합하여 보면, **물상보증인이 채무를 변제하거나 담보권의 실행으로 소유권을 잃은 때에는 보증채무를 이행한 보증인과 마찬가지로 채무자로부터 담보부동산을 취득한 제3자에 대하여 구상권의 범위 내에서 출재한 전액에 관하여 채권자를 대위할 수 있는 반면, 채무자로부터 담보부동산을 취득한 제3자는 채무를 변제하거나 담보권의 실행으로 소유권을 잃더라도 물상보증인에 대하여 채권자를 대위할 수 없다고 보아야 한다.** 만일 물상보증인의 지위를 보증인과 다르게 보아서 물상보증인과 채무자로부터 담보부동산을 취득한 제3자 상호 간에는 각 부동산의 가액에 비례하여 채권자를 대위할 수 있다고 한다면, 본래 채무자에 대하여 출재한 전액에 관하여 대위할 수 있었던 물상보증인은 채무자가 담보부동산의 소유권을 제3자에게 이전하였다는 우연한 사정으로 이제는 각 부동산의 가액에 비례하여서만 대위하게 되는 반면, 당초 채무 전액에 대한 담보권의 부담을 각오하고 채무자로부터 담보부동산을 취득한 제3자는 그 범위에서 뜻하지 않은 이득을 얻게 되어 부당하다[대판(全合) 2014.12.18. 2011다50233].

(1) 공동저당권의 성립

1) 설정계약

하나의 채권의 담보로서 수개의 부동산 위에 저당권이 설정되면 공동저당권이 성립한다. 그러나 이러한 공동저당은 때를 달리하여 설정되는 경우도 있고, 수개의 목적물의 소유자 내지 수개의 저당권의 순위를 달리하여 설정되는 경우도 있다.

2) 등 기[39]

각 부동산에 관하여 저당권설정의 등기를 요한다. 이때 각 저당권의 등기에 있어서 다른 부동산과 함께 1개의 채권의 공동담보로 되어 있다는 것을 아울러 기재하여야 한다. 이는 수개의 부동산이 공동저당관계에 있음을 공시하기 위한 것이다. 그리고 부동산이 5개 이상인 경우에는 절차의 번거로움을 피하기 위하여 등기신청 시에 공동담보목록을 첨부함으로써 공동저당관계를 공시한다. 이 공동저당목록은 등기부의 일부로 간주된다.

(2) 후순위저당권자의 관계

1) 동시배당(부담의 안분)

경매 대가를 동시에 배당하는 때에는 각 부동산의 경매대가에 비례하여 그 채권의 분담을 정한다[40](제368조 1항). 그 비례 안분액을 초과하는 부분은 후순위저당권자의 변제에 충당한다. 그러나 부동산경매대가에 대한 배당참가는 저당권자 이외에도 존재할 수 있게 되는데, 공동저당권자를 해하지 않고서 이들 여러 배당권자도 보호되어야 하므로 제368조의 규정은 부동산에 관하여 후순위저당권자의 존재 여부에 상관없이 그 적용이 있다(통설).

2) 이시배당(순차배당: 후순위저당권자의 대위)

① 이시배당의 순위

공동저당의 어느 일부 부동산만을 경매하여 그 대가를 먼저 배당하는 때에는 공동저당권자는 그 대가로부터 채권 전부의 변제를 받을 수 있으나(제368조 2항 1문), 이 경우에 그 경매된 부동산의 후순위저당권자는 공동저당부동산을 동시에 경매하여 배당하였더라면 공동저당권자가 다른 부동산에서 변제받을 수 있었던 금액의 한도 내에서 공동저당권자에 대위하여 그 저당권을 실행할 수 있다(제368조 2항 2문). 제368조 2항 2문은 채무자 소유의 여러 부동산 위에 저당권이 설정된 경우에 한하여 적용되는 것이므로, 예를 들어 채무자와 물상보증인의 부동산 위에 각각 1번 저당권을 가진 자에 의해 채무자의 부동산이 경매 실행된 경우, 채무자 토지 위에 2번 저당권을 가진 자는 물상보증인의 부동산에 대하여 공동저당권자를 대위하여 그 저

---

[39] **부동산등기법 제78조(공동저당의 등기)** ① 등기관이 동일한 채권에 관하여 여러 개의 부동산에 관한 권리를 목적으로 하는 저당권설정의 등기를 할 때에는 각 부동산의 등기기록에 그 부동산에 관한 권리가 다른 부동산에 관한 권리와 함께 저당권의 목적으로 제공된 뜻을 기록하여야 한다.
② 등기관은 제1항의 경우에 부동산이 5개 이상일 때에는 공동담보목록을 작성하여야 한다.
③ 제2항의 공동담보목록은 등기기록의 일부로 본다.
④ 등기관이 1개 또는 여러 개의 부동산에 관한 권리를 목적으로 하는 저당권설정의 등기를 한 후 동일한 채권에 대하여 다른 1개 또는 여러 개의 부동산에 관한 권리를 목적으로 하는 저당권설정의 등기를 할 때에는 그 등기와 종전의 등기에 각 부동산에 관한 권리가 함께 저당권의 목적으로 제공된 뜻을 기록하여야 한다. 이 경우 제2항 및 제3항을 준용한다.
⑤ 제4항의 경우 종전에 등기한 부동산이 다른 등기소의 관할에 속할 때에는 제71조제2항 및 제3항을 준용한다.

[40] 공동저당권이 설정되어 있는 수개의 부동산 중 일부는 채무자 소유이고 일부는 물상보증인 소유인 경우 각 부동산의 경매 대가를 동시에 배당하는 때에는 민법 제368조 제1항은 적용되지 아니하고, 채무자 소유 부동산의 경매대가에서 공동저당권자에게 우선적으로 배당을 하고, 부족분이 있는 경우에 한하여 물상보증인 소유 부동산의 경매대가에서 추가로 배당을 하여야 한다. 그리고 이러한 이치는 물상보증인이 채무자를 위한 연대보증인의 지위를 겸하고 있는 경우에도 마찬가지이다(대판 2016.03.10. 2014다231965).

당권을 실행할 수 없다(대판 1996.03.08. 95다36596). 또한 공동저당의 목적인 채무자 소유의 부동산과 물상보증인 소유의 부동산 중 채무자 소유의 부동산에 대하여 먼저 경매가 이루어져 그 경매대금의 교부에 의하여 1번 공동저당권자가 변제를 받더라도 채무자 소유의 부동산에 대한 후순위 저당권자는 민법 제368조 제2항 후단에 의하여 1번 공동저당권자를 대위하여 물상보증인 소유의 부동산에 대하여 저당권을 행사할 수 없다. 그리고 이러한 법리는 채무자 소유의 부동산에 후순위 저당권이 설정된 후에 물상보증인 소유의 부동산이 추가로 공동저당의 목적으로 된 경우에도 마찬가지로 적용 된다(대판 2014.01.23. 2013다207996). 그러나 자기 소유의 부동산이 먼저 경매되어 1번 저당권자에게 대위변제를 한 물상보증인은 1번 저당권을 대위취득하고, 그 물상보증인 소유의 부동산의 후순위저당권자는 1번 저당권에 대하여 물상대위를 할 수 있다.

② 대위권자의 범위

차순위의 저당권자는 공동저당권자의 후순위 저당권자 모두를 말하고, 공동저당권자가 채권의 전부를 변제받은 경우뿐만 아니라 일부변제를 받은 경우에도 후순위저당권자의 대위가 인정된다.

③ 대위권의 발생 시기

대위권은 배당이의소송의 확정 등 그 배당표가 확정되는 것을 기다려 그때에 비로소 발생하는 것이 아니라, 배당기일에 그 배당표에 따라 배당이 실시되어 배당기일이 종료되었을 때 즉, 선순위저당권자가 배당에서 실질적으로 채권을 완제 받은 때에 발생한다.

④ 대위권 발생 전의 후순위저당권자의 지위

후순위저당권자의 대위권은 공동저당권자가 전액의 변제를 받음으로써 발생한다. 그 이전에는 후순위저당권자는 위와 같은 전액의 변제가 있는 때에 대위권을 취득할 수 있는 지위, 즉 일종의 기대권을 가지고 있다고 할 것이다. 따라서 공동저당권자가 선순위의 저당권을 포기하는 것은 후순위저당권자의 대위가능성을 해치는 것이므로 이는 기대권의 침해가 된다. 다만, 혼동의 경우에는 제191조 1항 단서의 규정에 의하여 그 부동산에 대한 선순위저당권자의 저당권은 소멸하지 않는다.

⑤ 대위의 방법

대위에 의하여 공동저당권자의 저당권은 후순위저당권자에게 이전한다. 이는 법률의 규정에 의한 물권변동이므로, 등기 없이도 저당권이전의 효력이 발생한다. 이 경우 공동저당권자의 저당권설정등기가 말소되고 그 후 제3자를 위한 새로운 저당권설정등기가 되어 있는 경우에도 대위의 부기등기 없이 신저당권자에 대하여 대위를 주장할 수 있는지가 문제된다. 대위될 저당권설정등기가 말소되어 그 후에 제3자를 위한 저당권이 설정된 경우에도 대위의 부기등기 없이 대위를 주장할 수 있다면 거래의 안전을 해하므로, 대위의 부기등기를 요한다.

* 공동저당의 목적부동산 중 먼저 경매된 부동산의 후순위저당권자가 다른 부동산에 공동저당의 대위등기를 하지 아니하고 있는 사이에 선순위저당권자 등에 의해 그 부동산에 관한 저당권등기가 말소된 경우, 그 상태에서 그 부동산에 관하여 소유권이나 저당권 등 새로 이해관계를 취득한 제3취득자에 대하여 후순위저당권자가 민법 제368조 제2항에 따른 대위를 주장할 수 있는지 여부(소극)

민법 제482조 제2항 제1호, 제5호는 변제자대위의 효과로 채권자가 가지고 있던 채권 및 그 담보에 관한 권리가 법률상 당연히 변제자에게 이전하는 경우에도, 변제로 인하여 저당권 등이 소멸한 것으로 믿고 목적부동산을 취득한 제3취득자를 불측의 손해로부터 보호하기 위하여 미리 저당권 등에 대위의 부기등기를 하지 아니하면 제3취득자에 대하여 채권자를 대위하지 못하도록 정하고 있다. 이에 따라 자기의 재산을 타인의 채무의 담보로 제공한 물상보증인이 수인일 때 그중 일부의 물상보증인이 채무를 변제한 뒤 다른 물상보증인 소유 부동산에 설정된 근저당권설정등기에 관하여 대위의 부기등기를 하여 두지 아니하고 있는 동안에 제3취득자가 위 부동산을 취득하였다면, 대위변제한 물상보증인들은 제3취득자에 대하여 채권자를 대위할 수 없다. 그런데 이와 같이 법률상 당연히 이전되는 저당권과 관련하여 그 후에 해당 부동산에 대하여 권리를 취득한 제3취득자를 보호할 필요성은 후순위저당권자의 대위의 경우에도 마찬가지로 존재한다. 그리고 후순위저당권자의 대위의 경우에도 부동산등기법 제80조에서 정한 공동저당의 대위등기를 통하여 제3취득자에게 공시할 수 있으므로, 변제자대위와 마찬가지로 일정한 경우에 대위등기를 선행하도록 요구한다고 하더라도 후순위저당권자에게 크게 불리하지 아니하다. 더욱이 변제자대위의 경우에는 저당권뿐 아니라 채권까지 이전됨에 비하여 후순위저당권자의 대위의 경우에는 채권이 이전되지 아니한다는 점까지 고려하면, 후순위저당권자를 변제자보다 항상 더 보호하여야 할 필요성이 있다고 보기는 어렵다. 한편 후순위저당권자의 대위에 의하여 선순위저당권자가 가지고 있던 다른 부동산에 관한 저당권이 후순위저당권자에게 이전된 후에 아직 저당권이 말소되지 아니하고 부동산등기부에 존속하는 경우라면, 비록 공동저당의 대위등기를 하지 아니하더라도 제3취득자로서는 저당권이 유효하게 존재함을 알거나 적어도 저당권이 공동저당권으로서 공시되어 있는 상태에서 이를 알면서 해당 부동산을 취득할 것이므로 저당권의 이전과 관련하여 제3취득자를 보호할 필요성은 적다. 이러한 사정들을 종합하여 보면, 먼저 경매된 부동산의 후순위저당권자가 다른 부동산에 공동저당의 대위등기를 하지 아니하고 있는 사이에 선순위저당권자 등에 의해 그 부동산에 관한 저당권등기가 말소되고, 그와 같이 저당권등기가 말소되어 등기부상 저당권의 존재를 확인할 수 없는 상태에서 그 부동산에 관하여 소유권이나 저당권 등 새로 이해관계를 취득한 사람에 대해서는, 후순위저당권자가 민법 제368조 제2항에 의한 대위를 주장할 수 없다(대판 2015.03.20. 2012다99341).

(3) 선순위저당권자와의 관계

공동저당의 목적인 부동산의 일부에 선순위저당권이 존재하는 경우 공동저당권자는 모든 부동산을 일괄 경매 할 수 없으며, 선순위저당권이 존재하는 부동산만은 별도로 경매하여야 한다. 일괄경매를 함으로써 선순위저당권자에게 불이익이 미칠 염려가 있기 때문이다.

(4) 물상보증인 또는 제3취득자와의 관계[41]

공동저당의 목적물의 전부 또는 일부가 채무자 이외의 자의 소유에 속하는 경우에도 공동저당권은 아무런 영향을 받지 않는다. 다만, 이러한 부동산이 경매되는 경우에는 그 소유자였던 물상보증인 또는 제3취득자는 변제자대위의 규정에 의하여 다른 목적물 위의 공동저당권자를 대위한다. 그런데 문제가 되는 것은 물상보증인 또는 제3취득자에 의한 변제자의 대위와 공동저당권의 후순위저당권자의 대위와의 사이에는 이해관계의 충돌이 생긴다는 점이다. 즉, 경매되는 저당목적물 또는 제3자에 의하여 대위되는 저당목적물에 후순위저당권자가 있는 경우에 민법 제481조에 의한 제3자의 대위권과 민법 제368조 2항에 의한 후순위저당권자의 대위권 중에서 어느 것을 우선 시켜야 할 것인지가 문제된다. 물상보증인의 부동산에 대하여 먼저 경매가 실행된 경우, 判例는 "공동저당의 목적인 채무자 소유의 부동산과 물상보증인 소유의 부동산에 각각 채권자를 달리하는 후순위저당권이 설정되어 있는 경우, 물상보증인 소유의 부동산에 대하여 먼저 경매가

---

[41] 사해행위취소의 소에서 채무자가 수익자에게 양도한 목적물에 저당권이 설정되어 있는 경우라면 그 목적물 중에서 일반채권자들의 공동담보에 제공되는 책임재산은 피담보채권액을 공제한 나머지 부분만이라고 할 것이고 그 피담보채권액이 목적물의 가액을 초과할 때는 당해 목적물의 양도는 사해행위에 해당한다고 할 수 없다. 그런데 수 개의 부동산에 공동저당권이 설정되어 있는 경우 책임재산을 산정함에 있어 각 부동산이 부담하는 피담보채권액은 특별한 사정이 없는 한 민법 제368조의 규정 취지에 비추어 공동저당권의 목적으로 된 각 부동산의 가액에 비례하여 공동저당권의 피담보채권액을 안분한 금액이라고 보아야 한다. 그러나 그 수 개의 부동산 중 일부는 채무자의 소유이고 다른 일부는 물상보증인의 소유인 경우에는, 물상보증인이 민법 제481조, 제482조의 규정에 따른 변제자대위에 의하여 채무자 소유의 부동산에 대하여 저당권을 행사할 수 있는 지위에 있는 점 등을 고려할 때, 그 물상보증인이 채무자에 대하여 구상권을 행사할 수 없는 특별한 사정이 없는 한 채무자 소유의 부동산에 관한 피담보채권액은 공동저당권의 피담보채권액 전액으로 봄이 상당하다. 이러한 법리는 하나의 공유부동산 중 일부 지분이 채무자의 소유이고, 다른 일부 지분이 물상보증인의 소유인 경우에도 마찬가지로 적용된다. 이와 달리 채무자와 물상보증인의 공유인 부동산에 관하여 저당권이 설정되어 있고, 채무자가 그 부동산 중 자신의 지분을 양도하여 그 양도가 사해행위에 해당하는지를 판단할 때 채무자 소유의 부동산 지분이 부담하는 피담보채권액은 원칙적으로 각 공유지분의 비율에 따라 분담된 금액이라는 취지의 대판 2002.12.06. 2002다39715과 대판 2005.12.09. 2005다39068은 이 판결의 견해와 저촉되는 한도에서 변경하기로 한다[대판(全) 2013.07.18. 2012다5643].

이루어져 그 경매대금의 교부에 의하여 1번저당권자가 변제를 받은 때에는 물상보증인은 채무자에 대하여 구상권을 취득함과 동시에, 민법 제481조, 제482조의 규정에 의한 변제자대위에 의하여 채무자 소유의 부동산에 대한 1번저당권을 취득하고, 이러한 경우 물상보증인 소유의 부동산에 대한 후순위저당권자는 물상보증인에게 이전한 1번저당권으로부터 우선하여 변제를 받을 수 있으며, 물상보증인이 수인인 경우에도 마찬가지라 할 것이므로(이 경우 물상보증인들 사이의 변제자대위의 관계는 민법 제482조 제2항 제4호, 제3호에 의하여 규율될 것이다), 자기 소유의 부동산이 먼저 경매되어 1번저당권자에게 대위변제를 한 물상보증인은 1번저당권을 대위취득하고, 그 물상보증인 소유의 부동산의 후순위저당권자는 1번저당권에 대하여 물상대위를 할 수 있다(대판 1994.05.10. 93다25417)."고 한다. 그리고 공동저당에 제공된 채무자 소유의 부동산과 물상보증인 소유의 부동산 가운데 물상보증인 소유의 부동산이 먼저 경매되어 매각대금에서 선순위공동저당권자가 변제를 받은 때에는 물상보증인은 채무자에 대하여 구상권을 취득함과 동시에 변제자대위에 의하여 채무자 소유의 부동산에 대한 선순위공동저당권을 대위취득한다. 물상보증인 소유의 부동산에 대한 후순위저당권자는 물상보증인이 대위취득한 채무자 소유의 부동산에 대한 선순위공동저당권에 대하여 물상대위를 할 수 있다. 이 경우에 채무자는 물상보증인에 대한 반대채권이 있더라도 특별한 사정이 없는 한 물상보증인의 구상금 채권과 상계함으로써 물상보증인 소유의 부동산에 대한 후순위저당권자에게 대항할 수 없다. 채무자는 선순위공동저당권자가 물상보증인 소유의 부동산에 대해 먼저 경매를 신청한 경우에 비로소 상계할 것을 기대할 수 있는데, 이처럼 우연한 사정에 의하여 좌우되는 상계에 대한 기대가 물상보증인 소유의 부동산에 대한 후순위저당권자가 가지는 법적 지위에 우선할 수 없다(대판 2017.04.26. 2014다221777·221784).

(5) 제368조의 유추적용

判例는 소액보증금우선변제특권을 갖는 임차인이 대지와 건물이 동시에 매각되어 동시에 배당하는 경우(대판 2003.09.05. 2001다66291), 임금채권 등에 대한 우선특권에 따라 배당이 주어지는 경우(대판 2002.12.10. 2002다48399), 조세우선특권(대판 2001.11.27. 99다22311) 등의 경우에 제368조를 유추적용하고 있다.

※ 공동근저당권의 실행과 배당

공동저당권의 목적인 수 개의 부동산이 동시에 경매된 경우에 공동저당권자로서는 어느 부동산의 경매대가로부터 배당받든 우선변제권이 충족되기만 하면 되지만, 각 부동산의 소유자나 후순위 저당권자 그 밖의 채권자는 어느 부동산의 경매대가가 공동저당권자에게 배당되는지에 관하여 중대한 이해관계를 가진다. 민법 제368조 제1항은 공동저당권 목적 부동산의 전체 환가대금을 동시에 배당하는 이른바 동시배당(동시배당)의 경우에 공동저당권자의 실행선택권과 우선변제권을 침해하지 아니하는 범위 내에서 각 부동산의 책임을 안분함으로써 각 부동산의 소유자와 후순위 저당권자 그 밖의 채권자의 이해관계를 조절하고, 나아가 같은 조 제2항은 대위제도를 규정하여 공동저당권의 목적 부동산 중 일부의 경매대가를 먼저 배당하는 이른바 이시배당(이시배당)의 경우에도 최종적인 배당의 결과가 동시배당의 경우와 같게 함으로써 공동저당권자의 실행선택권 행사로 인하여 불이익을 입은 후순위 저당권자를 보호하는 데에 그 취지가 있다. 민법 제368조는 공동근저당권의 경우에도 적용되고, 공동저당권자가 스스로 근저당권을 실행한 경우는 물론이며 타인에 의하여 개시된 경매·공매 절차, 수용 절차 또는 회생 절차 등(이하 '경매 등의 환가절차'라 한다)에서 환가대금 등으로부터 다른 권리자에 우선하여 피담보채권의 일부에 대하여 배당받은 경우에도 적용된다. 공동근저당권이 설정된 목적 부동산에 대하여 동시배당이 이루어지는 경우에 공동근저당권자는 채권최고액 범위 내에서 피담보채권을 민법 제368조 제1항에 따라 부동산별로 나누어 각 환가대금에 비례한 액수로 배당받으며, 공동근저당권의 각 목적 부동산에 대하여 채권최고액만큼 반복하여, 이른바 누적적으로 배당받지 아니한다. 그렇다면 공동근저당권이 설정된 목적 부동산에 대하여 이시배당이 이루어지는 경우에도 동시배당의 경우와 마찬가지로 공동근저당권자가 공동근저당권 목적 부동산의 각 환가대금으로부터 채권최고액만큼 반복하여 배당받을 수는 없다고 해석하는 것이 민법 제368조 제1항 및 제2항의 취지에 부합한다. 그러므로 공동근저당권자가 스스로 근저당권을 실행하거나 타인에 의하여 개시된 경매 등의 환가절차를 통하여 공동담보의 목적 부동산 중 일부에 대한 환가대금 등으로부터 다른 권리자에 우선하여 피담보채권의 일부에 대하여 배당받은 경우에, 그와 같이 우선변제받은 금액에 관하여는 공동담보의 나머지 목적 부동산에 대한 경매 등의 환가절차에서 다시 공동근저당권자로서 우선변제권을 행사할 수 없다고 보아야 하며, 공동담보의 나머지 목적 부동산에 대하여 공동근저당권자로서 행사할 수 있는 우선변제권의 범위는 피담보채권의 확정 여부와 상관없이 최초의 채권최고액에서 위와 같이 우선변제받은 금액을 공제한 나머지 채권최고액으로 제한된다고 해석함이 타당하다. 그리고 이러한 법리는 채권최고액을 넘는 피담보채권이 원금이 아니라 이자·지연손해금인 경우에도 마찬가지로 적용된다(대판(全合) 2017.12.21. 2013다16992).

2. 근저당

제357조(근저당) ① 저당권은 그 담보할 채무의 최고액만을 정하고 채무의 확정을 장래에 보류하여 이를 설정할 수 있다. 이 경우에는 그 확정될 때까지의 채무의 소멸 또는 이전은 저당권에 영향을 미치지 아니한다. ② 전항의 경우에는 채무의 이자는 최고액 중에 산입한 것으로 본다.

(1) 의의 및 특징

1) 의 의

근저당이란 계속적인 거래관계로부터 발생·변동·소멸하는 과정을 반복하며, 이러한 변동하는 채권을 하나의 담보권에 의하여 보전하기 위하여 근저당이라는 형식의 저당권이 활용되는 것이다.

2) 근저당권의 특징

① 피담보채권의 불확정성

근저당권은 장래의 증감·변동하는 불특정의 채권을 담보한다는 점에서 보통의 저당권과 다르다. 근저당권은 장래에 있어서 증감·변동하는 채권을 담보하는 것이므로 채권자·채무자간의 기본관계가 종료할 때까지 그 피담보채권액은 불확정적이다. 그러나 보통저당권에 있어서도 피담보채권액의 이자나 손해배상액에 의하여 피담보채권액이 점차 증가할 수 있으므로, 피담보채권액이 확정되어 있지 않다는 것만으로 근저당권과 보통저당권이 서로 다르다고 할 수는 없다. 근저당권이라고 할 수 있기 위하여는 장래의 불특정채권을 담보하여야 한다. 이에 반하여 보통의 저당권은 현재 또는 장래의 특정의 채권을 담보하는 것이다.

② 성립·존속·소멸에 있어서의 부종성의 불요

근저당권에 있어서는 이른바 저당권의 부종성이 엄격하게 요구되지 않는다. 즉, 근저당권에 있어서는 피담보채권이 증감·변동하여 일정한 액수로 고정되어 있지 않다. 따라서 채무액이 일시 존재하지 않더라도 저당권은 소멸하지 않으며, 이는 소멸상 부종성의 예외가 된다. 근저당권에 있어서는 비록 채무가 기간 내에 전부 변제되었더라도 저당권은 이로 인하여 소멸하지 않으며, 기간 내에 다시 채무가 발생하면 저당권은 동일성을 유지하면서 그 채권을 담보한다는 점에서, 보통저당권과는 다른 특색이 있다. 근저당도 담보물권에 공통된 채권에 부종하는 성질을 가지고 있으면서도, 보통저당권과는 달리 성립·존속·소멸에 있어서는 엄격한 부종성이 요구되지 않는다. "민법 제357조 1항 2문이 확정될 때까지의 채무의 소멸 또는 이전은 저당권에 영향을 미치지 아니한다."고 규정한 것은 바로 이러한 의미이다.

(2) 설정계약 및 등기

1) 근저당권설정계약

① 근저당권설정계약의 당사자

근저당권자와 근저당권설정자이다. 근저당권자는 피담보채권의 채권자이나, 근저당권설정자는 채무자일 수도 있고 채무자가 아닌 자 즉, 물상보증인일 수도 있다.

② 내 용

근저당권설정계약에는 담보할 채권의 최고액을 정하고 피담보채권의 범위를 결정하는 기준을 정하여야 한다. 그리고 근저당에 있어서는 장래에 구체적인 피담보채권액이 확정될 것이므로, 그러한 피담보채권으로 될 채권의 기초가 되는 계속적 법률관계, 즉 기본계약관계도 명백히 정해져 있어야 한다. 기본계약에 결산기가 있는 경우에는 이에 의하여 근저당권의 존속기간이 정하여진다.

2) 등 기[42]

① 등기 원인

근저당권임을 반드시 등기하여야 하는데, 이는 등기원인으로서 근저당권설정계약을 기재하여야 함을 의미한다. 이를 기재하지 않으면 근저당이 아닌 단순한 장래의 특정채권의 저당권으로서 효력을 가지는 데 불과하므로, 한번 변제하면 그 범위에서 저당권은 소멸하게 된다.

② 최고액

채권의 최고액은 반드시 등기하여야 한다. 최고액은 보통의 저당권에 있어서 채권액에 상당하는 것이므로 이를 등기로 공시하지 아니하면 제3자에게 불측의 손해를 입힐 수 있기 때문이다. 判例도 이를 근저당권의 필수요건으로 본다(대판 1959.05.14. 4291민상564). 최고액으로서 등기되는 것은 채권원본의 한도액이 아니라, 이자를 포함하는 원리금의 한도액이므로(제357조 2항) 이자의 등기를 별도로 할 필요는 없다.

③ 근저당권의 존속기간 또는 결산기의 등기

근저당권의 존속기간이나 기존거래관계의 결산기에 관한 약정은 필요적 등기사항이 아니므로, 이러한 약정을 등기하지 않았더라도 근저당권의 등기는 유효하다. 존속기간 내지 결산기의 등기여부는 당사자의 자유이지만 일단 등기된 경우에는 그 이후에 생긴 채권을 피담보채권에 포함시키지 못하며, 또한 후순위저당권설정 후에 기간을 변경하였다 하더라도 원래의 기간만료 후에 생긴 채권에 관하여는 후순위저당권자에게 대항하지 못한다. 후순위저당권자를 보호해야 하기 때문이다.

(3) 근저당권의 효력

1) 최고액

근저당권에 있어서 최고액이란 근저당권에 의하여 담보되는 한도액, 즉 담보목적물로부터 우선변제를 받을 수 있는 최고한도액을 의미한다. 따라서 피담보채권액이 최고액을 넘는 때에는 그 최고액까지만 우선변제를 받을 수 있다(대판 1971.04.06. 71다26). 확정된 피담보채권액이 최고액에 미달하는 경우에는 확정액에 한하여 우선변제를 받을 수 있다.

2) 최고액과 민법 제360조

근저당권의 효력이 미치는 피담보채권의 범위에 관해 근저당권설정계약에서 약정이 없는 경우에는 제357조 2항과 제360조가 적용된다. 따라서 원본, 이자, 위약금, 채무불이행으로 인한 손해배상, 저당권의 실행비용 등이 모두 채권최고액의 범위 내에서 담보된다(제360조 본문). 특히 "민법 제357조 2항은 채무의 이자는 최고액 중에 산입한 것으로 본다."고 규정하고 있으므로 지연이자 내지 지연배상은 1년분에 한정되지 아니하고 채권최고액에 포함되는 이상 모두 담보된다. 다만, 근저당권의 실행비용이 최고액에 포함되는가에 관

---

42) **제75조(저당권의 등기사항)** ② 등기관은 제1항의 저당권의 내용이 근저당권(根抵當權)인 경우에는 제48조에서 규정한 사항 외에 다음 각 호의 사항을 기록하여야 한다. 다만, 제3호 및 제4호는 등기원인에 그 약정이 있는 경우에만 기록한다.
  1. 채권의 최고액
  2. 채무자의 성명 또는 명칭과 주소 또는 사무소 소재지
  3. 「민법」 제358조 단서의 약정
  4. 존속기간

하여는 긍정설(김용한)과 부정설(다수설, 대결 1971.05.15. 71마251)이 대립하고 있다.

3) 담보되는 채권의 확정

근저당권을 실행하여 피담보채권의 우선변제를 받기 위하여는 유통·교체하는 채권이 확정되어야 한다. 근저당권에 의하여 담보되는 피담보채권은 ① 근저당권의 설정계약 내지 기본계약에서 규정되고 있는 결산기가 도래하거나, ② 근저당권의 존속기간이 있는 경우에는 존속기간이 만료되거나, ③ 기본계약 또는 근저당권설정계약이 해지 또는 해제되는 때(대판 2002.02.26. 2000다48265), ④ 근저당권자가 경매를 신청하는 때[43](대판 1999.09.21. 2001다73022), ⑤ 제3자가 경매 신청한 경우에는 매수인이 매각대금을 완납한 때(대판 1999.09.21. 99다26085) 등의 경우에 확정된다. 근저당권의 존속기간의 약정이 없는 때에는 다른 특약이 없는 한 당사자는 기본계약 또는 설정계약을 언제든지 해지할 수 있다[44](대판 2002.02.26. 2000다48265). 그리고 물상보증으로 담보된 근저당설정계약관계에 있어서 피담보채무의 현존여부와 상관없이 상당기간 거래가 없어 새로운 채무의 발생이 없고, 앞으로도 계속적인 거래관계를 유지할 수 없는 사정이 있다면 근저당설정자도 근저당권을 소멸시키는 확정청구가 가능하다(대판 1990.06.26. 89다카26915). 원칙적으로 피담보채권이 일단 확정되면 그 후에 발생하는 새로운 거래관계로 인한 채권은 그 근저당권에 의하여 담보되지 못하고(대판 2001.06.01. 99다66649), 확정시부터 근저당권은 보통의 저당권으로 전환 된다(대판 1963.02.07. 62다796). 다만 근저당권자의 경매신청 등의 사유로 인하여 근저당권의 피담보채권이 확정되었을 경우, 확정 이후에 새로운 거래관계에서 발생한 원본채권은 그 근저당권에 의하여 담보되지 아니하지만, 확정 전에 발생한 원본채권에 관하여 확정 후에 발생하는 이자나 지연손해금 채권은 채권최고액의 범위 내에서 근저당권에 의하여 여전히 담보되는 것이다(대판 2007.04.26. 2005다38300).

(4) 근저당권의 실행

근저당권자는 피담보채권이 확정되고, 확정된 피담보채권의 변제기가 도래하면 근저당권을 실행하여 최

---

43) 당해 근저당권자는 저당부동산에 대하여 경매신청을 하지 아니하였는데 다른 채권자가 저당부동산에 대하여 경매신청을 한 경우 민사소송법 제608조 제2항, 제728조의 규정에 따라 경매신청을 하지 아니한 근저당권자의 근저당권도 경락으로 인하여 소멸하므로, 다른 채권자가 경매를 신청하여 경매절차가 개시된 때로부터 경락으로 인하여 당해 근저당권이 소멸하게 되기까지의 어느 시점에서인가는 당해 근저당권의 피담보채권도 확정된다고 하지 아니할 수 없는데, 그 중 어느 시기에 당해 근저당권의 피담보채권이 확정되는가 하는 점에 관하여 우리 민법은 아무런 규정을 두고 있지 아니한 바, 부동산 경매절차에서 경매신청기입등기 이전에 등기되어 있는 근저당권은 경락으로 인하여 소멸되는 대신에 그 근저당권자는 민사소송법 제605조가 정하는 배당요구를 하지 아니하더라도 당연히 그 순위에 따라 배당을 받을 수 있고, 이러한 까닭으로 선순위 근저당권이 설정되어 있는 부동산에 대하여 근저당권을 취득하는 거래를 하려는 사람들은 선순위 근저당권의 채권최고액 만큼의 담보가치는 이미 선순위 근저당권자에 의하여 파악되어 있는 것으로 인정하고 거래를 하는 것이 보통이므로, 담보권 실행을 위한 경매절차가 개시되었음을 선순위 근저당권자가 안 때 이후의 어떤 시점에 선순위 근저당권의 피담보채무액이 증가하더라도 그와 같이 증가한 피담보채무액이 선순위 근저당권의 채권최고액 한도 안에 있다면 경매를 신청한 후순위 근저당권자가 예측하지 못한 손해를 입게 된다고 볼 수 없는 반면, 선순위 근저당권자는 자신이 경매신청을 하지 아니하였으면서도 경락으로 인하여 근저당권을 상실하게 되는 처지에 있으므로 거래의 안전을 해치지 아니하는 한도 안에서 선순위 근저당권자가 파악한 담보가치를 최대한 활용할 수 있도록 함이 타당하다는 관점에서 보면, 후순위 근저당권자가 경매를 신청한 경우 선순위 근저당권의 피담보채권은 그 근저당권이 소멸하는 시기, 즉 경락인이 경락대금을 완납한 때에 확정된다고 보아야 한다(대판 1999.09.21. 99다26085).

44) 근저당권이라 함은 그 담보할 채권의 최고액만을 정하고 채무의 확정을 장래에 유보하여 설정하는 저당권을 말하고, 이 경우 그 피담보채무가 확정될 때까지의 채무의 소멸 또는 이전은 근저당권에 영향을 미치지 아니하므로, 근저당부동산에 대하여 소유권을 취득한 제3자는 피담보채무가 확정된 이후에 그 확정된 피담보채무를 채권최고액의 범위 내에서 변제하고 근저당권의 소멸을 청구할 수 있다고 할 것인바, 피담보채무는 근저당권설정계약에서 근저당권의 존속기간을 정하거나 근저당권으로 담보되는 기본적인 거래계약에서 결산기를 정한 경우에는 원칙적으로 존속기간이나 결산기가 도래한 때에 확정되지만, 이 경우에도 근저당권에 의하여 담보되는 채권이 전부 소멸하고 채무자가 채권자로부터 새로이 금원을 차용하는 등 거래를 계속할 의사가 없는 경우에는, 그 존속기간 또는 결산기가 경과하기 전이라 하더라도 근저당권설정자는 계약을 해제하고 근저당권설정등기의 말소를 구할 수 있고, 존속기간이나 결산기의 정함이 없는 때에는 근저당권설정자가 근저당권자를 상대로 언제든지 해지의 의사표시를 함으로써 피담보채무를 확정시킬 수 있으며, 이러한 계약의 해제 또는 해지에 관한 권한은 근저당부동산의 소유권을 취득한 제3자도 원용할 수 있다고 할 것이다(대판 2001.11.09. 2001다47528).

고액까지 피담보채권의 우선변제를 받을 수 있다. 그리고 저당권실행의 절차는 보통저당권의 실행절차에 의하게 된다. 다른 채권자가 근저당권의 목적물에 관하여 경매를 신청하면 근저당권은 매수인이 매각대금을 완납한 때(대판 1999.09.21. 99다26085)를 기준으로 하여 그때까지 생긴 채권에 대해 최고액의 한도에서 우선변제 받을 수 있다.

(5) 근저당권의 변경

1) 최고액·존속기간의 변경

당사자는 계약에 의하여 근저당권설정계약으로 정한 최고액 및 존속기간을 변경할 수 있다. 근저당권에 있어서는 처음부터 피담보채권이 특정되어 있지 않기 때문에 증액에 의하여 피담보채권 자체의 변경이 있는 것이라고는 할 수 없다. 그러나 최고액의 증액은 당해 근저당권 자체의 변경이므로 그 효력이 발생되기 위해서는 변경등기를 갖추어야 한다.

2) 기본계약의 추가·변경

어떤 기본계약으로부터 발생하는 채권을 담보하기 위하여 근저당권을 설정한 후에 당사자가 기본계약을 변경하거나 다른 기본계약을 추가할 수 있다.

3) 채권자·채무자의 변경

설정계약에 의하여 정한 채권자·채무자는 상속이나 합병에 의하여 변경될 수 있다. 기본계약의 특정승계도 인정된다. 특정승계는 계약인수에 의하여 이루어지기 때문에 기본계약의 당사자와 승계인의 3면 계약을 요한다.

(6) 근저당권의 양도

피담보채권이 양도되면 저당권의 수반성에 의하여 근저당권도 이전한다. 다만, 피담보채권과 분리하여 근저당권만의 양도는 허용되지 않으며, 피담보채권이 없는 근저당권의 양도는 무효이다(대판 1968.02.20. 67다2543). 그리고 근저당권 이전의 부기등기는 기존의 주등기인 근저당권설정등기에 종속되어 주등기와 일체를 이루는 것으로서 기존의 근저당권설정등기에 의한 권리의 승계를 등기부상 명시하는 것일 뿐 그 등기에 의하여 새로운 권리가 생기는 것이 아니므로, 근저당권설정자 또는 그로부터 소유권을 이전받은 제3취득자는 피담보채무가 소멸된 경우 또는 근저당권설정등기가 당초부터 원인무효인 경우 등에 근저당권의 현재의 명의인인 양수인을 상대로 주등기인 근저당권설정등기의 말소를 구할 수 있으나, 근저당권자로부터 양수인 앞으로의 근저당권 이전이 무효라는 사유를 내세워 양도인을 상대로 근저당권설정등기의 말소를 구할 수는 없다(대판 2003.04.11. 2003다5016).

(7) 근저당권의 소멸

근저당권은 피담보채권의 발생가능성이 확정적으로 없게 된 때에 소멸 한다(대판 1968.02.20. 67다2543). 피담보채권이 확정되기 전이라도 채권이 변제 등으로 소멸하거나 또는 거래의 계속을 원하지 않는 경우에는 근저당권설정계약을 해지하고 설정등기의 말소를 청구할 수 있다(대판 2002.05.24. 2002다7176). 경매부동산의 제3취득자는 피담보채권의 최고액과 경매비용을 변제공탁하고 근저당권의 소멸을 청구할 수 있다(제364조).

(8) 포괄근저당

1) 의 의

채권자와 채무자 사이에 당좌대월계약이나 어음할인계약과 같은 기초적인 거래관계조차도 특정하지 않고서 채권자가 채무자에 대하여 취득하는 모든 채권을 담보하는 근저당권이 포괄근저당이다. 포괄근저당은 특히, 은행과 반복·계속되는 복잡·다양한 여러 개의 거래에서 근저당권설정계약을 체결하는 번잡함을 피하기 위해 거래관계에서 발생하는 모든 채권·채무를 일정한 한도까지 담보하려는 것이다. 포괄근저당 중에서도 기본계약의 열거 없이 단순히 채무자가 부담하게 될 현재 또는 장래의 모든 채무를 부담하는 순수 포괄근저당은 실무상 거의 찾아 볼 수 없고, 기본계약을 열거하고 그와 관련하여 채무자가 부담하게 될 현재 또는 장래의 모든 채무를 담보하는 형식의 부가적 포괄근저당이 금융거래 계에서 주로 활용되고 있다.

2) 유효성

근저당설정계약서는 처분문서로서 그 성립에 진정성이 인정되면, 반증이 없는 한 그 기재내용에 의하여 그 의사표시의 존재 및 내용을 인정해야 한다고 한다. 따라서 "근저당설정계약서에 그 피담보채권으로서 근저당권설정 당시의 차용금채무뿐만 아니라, 기타 각종 원인으로 장래 부담하게 될 모든 채무까지 담보한다." 라고 기재되어 있으면 그 계약서의 내용은 포괄적인 근저당으로서 유효하다(대판 2001.01.19. 2000다44911). 이 경우에 포괄적 근저당에 포함되는 각종 원인에 의한 채무 중에는 보증채무와 같은 계약에 의한 채무뿐만 아니라(대판 1982.12.14. 82다카413), 주채무를 발생하게 한 차입행위의 무효로 인하여 생긴 부당이득반환채무도 포함된다(대결 1968.01.11. 67마756).

(9) 공동근저당

피담보채권을 공동으로 하는 근저당권을 수개의 부동산 위에 설정한 경우가 공동근저당[45]이다. 공동근저당에 대하여도 민법 제368조가 적용 된다(대판 2006.10.27. 2005다14502). 따라서 확정채권액이 최고액보다 적은 때에는 확정 채권액을 기준으로, 많은 때에는 최고액을 기준으로 하여 동시배당에 대하여는 민법 제368조 1항을, 이시배당에 대하여는 민법 제368조 2항을 적용하여야 한다.

* 1. 누적적 근저당권의 의미와 권리실행 방법, 2. 채권자가 동일한 채권을 담보하기 위하여 채무자 소유의 부동산과 물상보증인 소유의 부동산에 누적적 근저당권을 설정한 뒤 물상보증인 소유의 부동산이 먼저 경매되어 매각대금에서 채권자가 변제를 받은 경우, 물상보증인이 변제자대위에 의하여 채무자 소유 부동산에 관한 근저당권을 행사할 수 있는지 여부(적극)

(1) 당사자 사이에 하나의 기본계약에서 발생하는 동일한 채권을 담보하기 위하여 여러 개의 부동산에 근저당권을 설정하면서 각각의 근저당권 채권최고액을 합한 금액을 우선변제받기 위하여 공동근저당권의 형식이 아닌 개별 근저당권의 형식을 취한 경우, 이러한 근저당권은 민법 제368조 적용되는 공동근저당권이 아니라 피담보채권을 누적적(累積的)으로 담보하는 근저당권에 해당한다. 이와 같은 누적적 근저당권은 공동근저당권과 달리 담보의 범위가 중첩되지 않으므로, 누적적 근저당권을 설정 받은 채권자는 여러 개의 근저당권을 동시에 실행할 수도 있고, 여러 개의 근저당권 중 어느 것이라도 먼저 실행하여 그 채권최고액의 범위에서 피담보채권의 전부나 일부를 우선변제 받은 다음 피담보채권이 소멸할 때까지 나머지 근저당권을 실행하여 그 근저당권의 채권최고액 범위에서 반복하여 우선변제를 받을 수 있다.
(2) 채권자가 하나의 기본계약에서 발생하는 동일한 채권을 담보하기 위하여 채무자 소유의 부동산과 물상보증인 소유의 부동산에 누적적 근저당권을 설정 받았는데 물상보증인 소유의 부동산이 먼저 경매되어 매각대금에서 채권자가 변제를 받은 경우, 물상보증인은 채무자에 대하여 구상권을 취득함과 동시에 민법 제481조, 제482조에 따라 종래 채권자가 가지고 있던 채권 및 담보에 관한 권리를 행사할 수 있다. 이때 물상보증인은 변제자대위에 의하여 종래

---

[45] 공동근저당권자가 목적 부동산 중 일부 부동산에 대하여 제3자가 신청한 경매절차에 소극적으로 참가하여 우선배당을 받은 경우, 해당 부동산에 관한 근저당권의 피담보채권은 그 근저당권이 소멸하는 시기, 즉 매수인이 매각대금을 지급한 때에 확정되지만, 나머지 목적 부동산에 관한 근저당권의 피담보채권은 기본거래가 종료하거나 채무자나 물상보증인에 대하여 파산이 선고되는 등의 다른 확정사유가 발생하지 아니하는 한 확정되지 아니한다. 공동근저당권자가 제3자가 신청한 경매절차에 소극적으로 참가하여 우선배당을 받았다는 사정만으로는 당연히 채권자와 채무자 사이의 기본거래가 종료된다고 볼 수 없고, 기본거래가 계속되는 동안에는 공동근저당권자가 나머지 목적 부동산에 관한 근저당권의 담보가치를 최대한 활용할 수 있도록 피담보채권의 증감·교체를 허용할 필요가 있으며, 위와 같이 우선배당을 받은 금액은 나머지 목적 부동산에 대한 경매절차에서 다시 공동근저당권자로서 우선변제권을 행사할 수 없어 이후에 피담보채권액이 증가하더라도 나머지 목적 부동산에 관한 공동근저당권자의 우선변제권 범위는 우선배당액을 공제한 채권최고액으로 제한되므로 후순위 근저당권자나 기타 채권자들이 예측하지 못한 손해를 입게 된다고 볼 수 없기 때문이다(대판 2017.09.21. 2015다50637).

채권자가 보유하던 채무자 소유 부동산에 관한 근저당권을 대위취득 하여 행사할 수 있다고 보아야 한다. 그 상세한 이유는 다음과 같다.

가. 누적적 근저당권은 모두 하나의 기본계약에서 발생한 동일한 피담보채권을 담보하기 위한 것이다. 이와 달리 당사자가 근저당권 설정 시 피담보채권을 여러 개로 분할하여 분할된 채권별로 근저당권을 설정하였다면 이는 그 자체로 각각 별개의 채권을 담보하기 위한 개별 근저당권일 뿐 누적적 근저당권이라고 할 수 없다. 누적적 근저당권은 각 근저당권의 담보 범위가 중첩되지 않고 서로 다르지만 이러한 점을 들어 피담보채권이 각 근저당권별로 자동으로 분할된다고 볼 수도 없다. 이는 동일한 피담보채권이 모두 소멸할 때까지 자유롭게 근저당권 전부 또는 일부를 실행하여 각각의 채권최고액까지 우선변제를 받고자 누적적 근저당권을 설정한 당사자의 의사에 반하기 때문이다. 채무자 소유의 부동산과 물상보증인 소유의 부동산에 설정된 누적적 근저당권도 마찬가지이다. 따라서 채무자 소유 부동산에 설정된 근저당권은 물상보증인이 변제로 채권자를 대위할 경우 민법 제482조 제1항에 따라 행사할 수 있는 채권의 담보에 관한 권리에 해당한다.

나. 민법 제481조, 제482조가 대위변제자로 하여금 채권자의 채권과 그 채권에 대한 담보권을 행사할 수 있도록 하는 이유는 대위변제자의 채무자에 대한 구상권의 만족을 실효성 있게 보장하기 위함이다. 물상보증인은 채무자의 자력이나 함께 담보로 제공된 채무자 소유 부동산의 담보력을 기대하고 자신의 부동산을 담보로 제공한다. 누적적 근저당권의 피담보채권액이 각각의 채권최고액을 합한 금액에 미달하는 경우 물상보증인은 변제자대위 등을 통해 채무자 소유의 부동산이 가장 우선적으로 책임을 부담할 것을 기대하고 담보를 제공한다(누적적 근저당권의 피담보채권액이 각각의 채권최고액을 합한 금액보다 큰 경우에는 채권자만이 모든 근저당권으로부터 만족을 받게 되므로 물상보증인의 변제자대위가 인정될 여지가 없다). 그 후에 채무자 소유 부동산에 후순위저당권이 설정되었다는 사정 때문에 물상보증인의 기대이익을 박탈할 수 없다.

다. 반면 누적적 근저당권은 공동근저당권이 아니라 개별 근저당권의 형식으로 등기되므로 채무자 소유 부동산의 후순위저당권자는 해당 부동산의 교환가치에서 선순위근저당권의 채권최고액을 뺀 나머지 부분을 담보가치로 파악하고 저당권을 취득한다. 따라서 선순위근저당권의 채권최고액 범위에서 물상보증인에게 변제자대위를 허용하더라도 후순위저당권자의 보호가치 있는 신뢰를 침해한다고 볼 수 없다[46](대판 2020.04.09. 2014다51756·51763(병합)).

3. 특별법에 의한 저당권

제372조(타법률에 의한 저당권) 본장의 규정은 다른 법률에 의하여 설정된 저당권에 준용한다.

(1) 입목저당

1) 의 의

입목에 관한 법률에 의하여 1필의 토지 또는 1필의 토지의 일부에 생육하는 수목의 집단은 소유권보존등기를 할 수 있고, 이 등기를 거친 수목의 집단을 입목법상 입목이라 한다(입목법 제2조). 입목은 토지와는 독립한 하나의 부동산으로 보게 되며(동법 제3조 1항), 따라서 토지와 분리해서 양도 및 저당권의 목적이 될 수 있다(동법 제3조 2항). 이러한 입목을 목적으로 하여 설정된 저당권을 입목저당이라 한다.

2) 입목저당권의 설정

입목저당권은 저당권자와 저당권설정자 사이의 입목저당권설정의 합의에 의하여 설정되고 입목등기부의 등기를 효력발생요건으로 한다. 그리고 입목에 대해 저당권을 설정하기 위해서는 그 입목을 산림보험에 가

---

[46] ☞ 채권자가 동일한 채권을 담보하기 위하여 채무자 소유의 부동산과 물상보증인 소유의 부동산에 여러 개의 누적적 근저당권을 설정한 뒤, 물상보증인 소유 부동산이 공익사업으로 협의취득되자 채권자가 협의취득 보상금에 물상대위권을 행사하여 채권 일부를 변제받음. 그 후 채무자 소유의 부동산이 경매로 매각되자 물상보증인이 변제자대위에 따라 누적적 근저당권에 기한 배당을 요구하였는데, 배당법원은 물상보증인에게 배당하지 않고 후순위자에게 배당함. 대법원은 물상보증인 소유의 부동산과 채무자 소유 부동산에 설정된 누적적 근저당권은 담보 범위가 다르더라도 동일한 채권을 담보하기 위한 것이므로 물상보증인이 변제자대위에 의하여 채무자 소유 부동산에 관한 근저당권을 대위취득하여 행사할 수 있다고 보아, 물상보증인에게 먼저 배당하는 것으로 배당표를 경정한 원심판결에 대한 상고를 기각함

입시켜야 한다(동법 제22조).

3) 입목저당권의 효력

① 입목의 벌채

입목에 관하여 저당권을 설정하면 입목소유자는 당사자 간에 약정된 방법에 따라 그 입목을 조성·육림하여야 한다(동법 제5조 1항). 저당권설정자는 저당권자의 동의를 얻어 수목을 벌채할 수 있다(동법 시행령 제2조). 그리고 입목을 목적으로 하는 저당권의 효력은 입목을 벌채한 경우에 그 토지로부터 분리된 수목에 대하여도 미친다(동법 제4조).

② 법정지상권

토지와 그 지상의 입목이 동일소유자에게 속하는 경우에 그 어느 한쪽이 저당권의 목적이 되어 경매되고 토지와 입목의 소유자가 다르게 된 때에는 토지소유자는 입목소유자에게 지상권을 설정한 것으로 간주된다(동법 제6조). 지상권자 또는 토지임차인이 그의 소유입목을 저당한 때에는 저당권자의 승낙 없이는 자기의 지상권이나 임차권을 포기하지 못하며 또한, 토지소유자와 그 계약을 합의해지 할 수 없다(동법 제7조).

(2) 재단저당

1) 의 의

재단저당이란 기업을 구성하는 토지·건물·기계·기구 등 물적 설비와 그 기업에 관한 면허, 특허 기타의 특권 등으로써 통일적 재산, 즉 재단을 구성하고 그 재단을 일괄하여 저당권의 목적으로 하는 제도이다. 현재 재단저당에 관한 특별법으로는 공장저당법과 광업재단저당법이 있을 뿐이다.

2) 공장저당

① 공장재단저당

공장재단은 공장에 속하는 토지와 공작물, 기계, 기구, 전주 등과 기타의 부속물, 지상권 및 전세권, 임차권, 공업소유권으로 구성된다(공장저당법 제15조). 공장재단은 1개의 부동산으로 간주되고, 이를 저당권의 목적으로 할 수 있다(동법 제3조, 제11조, 제12조).

② 협의의 공장저당

협의의 공장저당은 재단을 구성함이 없이 공장에 속하는 토지 또는 건물과 함께 그의 부가물, 그에 설치된 기계·기구 등을 저당권의 목적으로 하는 제도이다(동법 제4조, 제5조). 이는 전체로서 공장을 담보에 제공하는 것이 아니고, 공장에 속하는 개개의 토지나 건물에 관하여 저당권을 설정하는 것이다. 이 점에서 공장재단저당과 그 본질을 달리한다. 그러나 협의의 공장저당은 토지나 건물, 그 부속물·종물뿐만 아니라, 그에 설치된 기계·기구 기타의 공장의 공용물까지 그 효력이 확장된다는 점에서 민법상의 저당권과 다르다(동법 제4조). 이 저당권을 설정하려면 부가물 및 설치물의 목록을 제출하여야 하며, 그 후 내용의 변경이 있으면 목록도 변경하여야 한다. 이 목록은 등기부의 일부이다(동법 제7조).

(3) 동산저당

동산은 질권의 목적이 될 수 있을 뿐이고, 저당권의 목적으로는 되지 못한다. 그러나 질권을 설정하려면 동산의 점유를 이전하여야 하므로, 공장의 기계와 같이 생산에 이용되는 시설을 담보로 생산자금을 융자하는 것을 불가능하게 된다. 그래서 등기·등록이라는 공시방법이 갖추어져 있는 동산에 관하여 저당권의 설정을 인정하고 있는데, 이것이 동산저당이다. 자동차저당(자동차저당법 제2조)·항공기저당(항공기저당법 제3조)·건설기계(건설기계저당법 제3조)·선박저당(상법 제787조) 등이 있다.

제4절 비전형담보물권

I. 서설

1. 의 의
비전형담보란 민법이 인정하는 담보물권이 아니면서 실제 거래에서는 담보적 기능을 수행하고 있는 제도를 비전형담보라고 부른다.

2. 유 형

(1) 가등기담보와 양도담보

비전형담보는 가등기를 이용한 가등기담보와 재산권이전 형태의 양도담보로 분류할 수 있다.

(2) 가등기담보

가등기담보는 대물변제예약형 가등기담보와 매매예약형 또는 매매형 가등기담보로 분류할 수 있다. 양도담보는 매매형식의 양도담보(=매도담보)와 소비대차계약형식의 양도담보(=좁은 의미의 양도담보)로 분류된다.

(3) 매도담보

예를 들어 1억원의 자금을 필요로 하는 甲이 시가 3억원 상당의 甲소유의 토지를 1억원에 乙에게 매각하고 필요한 자금을 얻은 다음, 변제기에 그 1억원을 반환함으로써 토지소유권을 다시 반환 받아오는 방법이다. 법률적 수단으로는 환매와 재매매의 예약이라는 두 방법이 이용될 수 있다.

(4) 좁은 의미의 양도담보

좁은 의미의 양도담보란 예를 들어 1억원의 자금을 필요로 하는 甲이 소비대차계약에 의하여 乙로부터 1,000만원을 차용하고 이 채무를 담보하기 위하여 甲소유인 물건의 소유권을 乙에게 이전하는 형식을 취한다. 좁은 의미의 양도담보는 다시 채권자의 청산의무 여부에 따라 청산의무가 없는 강한 의미의 양도담보(유담보형)와 청산의무가 있는 약한 의미의 양도담보(청산형 양도담보)로 나누어진다.

자금조달 형식[47]	비전형담보 유형	비고
소비대차	가등기담보	양도담보(광의)
	양도담보(협의)	
매매	매도담보(환매특약, 재매매예약)	

II. 가등기담보 등에 관한 법률

1. 제정배경

(1) 문제점

비전형담보는 채권자가 담보목적물을 청산절차 없이 취득할 수 있으므로, 특히 담보채권자의 초과취득(폭리행위)을 어떻게 규제할 것인가가 문제가 된다.

---
[47] 민법(Ⅰ), 513면, 법원공무원교육원, 2018

(2) 제104조

구민법 하에서는 제104조를 적용하였다. 그러나 피해자가 궁박·경솔·무경험 상태에 있음을 폭리행위자가 알고 이를 이용하였다는 사실의 증명이 용이하지 않아, 제104조에 의한 규제는 큰 실효성이 없었다.

(3) 제607조·제608조

현행 민법은 제607조·제608조를 신설하였다. 그러나 대물변제예약이 민법 제607조, 제608조에 따라 무효라 할지라도 양도담보의 목적범위에서는 유효하다 할 것이니 양도담보권자가 제3자에게 그 담보목적물을 처분하여 그 등기를 필하였다면 채무자는 그 제3자에 대하여 대물변제예약의 무효를 들어 대항할 수 없다 (대판 1982.07.13. 81다254).

(4) 가등기담보법의 제정

대물반환의 예약 등을 하면서 미리 제소전 화해조서를 작성하고 변제기 도과 후에 이를 이용하여 가등기에 기한 본등기를 하는 경우 제소전 화해가 준재심의 소에 의하여 취소되지 않는 한(민소법 제385조, 제220조, 제461조) 그 본등기는 유효하므로, 담보채권자는 초과이득을 얻을 수가 있다. 이러한 문제점을 해결하기 위하여 1984년 가등기담보법을 제정하기에 이른 것이다. 이 법은 비전형담보에 대하여 소위 정산형 담보만을 인정함으로써, 비전형담보채권자는 청산을 하여야 목적물의 소유권을 취득할 수 있다.

2. 적용범위

(1) 소비대차 내지 준소비대차계약

가등기담보 등에 관한 법률은 소비대차와 관련하여 대물변제의 예약과 결부된 담보계약 및 그 담보의 목적으로 경료된 가등기 또는 소유권이전등기에 관해서 적용된다(동법 제1조, 제2조 1호). 양도담보·매도담보·환매·재매매의 예약 등 명칭 여하를 불문하고 그 실질이 채권담보를 목적으로 한 경우에는 동법이 적용된다. 따라서 가등기담보 등에 관한 법률은 차용물의 반환에 관하여 다른 재산권을 이전할 것을 예약한 경우에만 적용되고, 매매잔대금 지급과 관련하여 다른 재산권을 이전하기로 약정한 경우에는 적용되지 않는다(대판 2007.12.13. 2005다52214).

(2) 判 例

1) 가담법의 적용범위

① (준)소비대차의 경우에 적용

가등기담보등에관한법률은 차용물의 반환에 관하여 다른 재산권을 이전할 것을 예약한 경우에 적용되므로 금전소비대차나 준소비대차에 기한 차용금반환채무 이외의 채무를 담보하기 위하여 경료된 가등기나 양도담보에는 위 법이 적용되지 아니하나, 금전소비대차나 준소비대차에 기한 차용금반환채무와 그 외의 원인으로 발생한 채무를 동시에 담보할 목적으로 경료된 가등기나 소유권이전등기라도 그 후 후자의 채무가 변제 기타의 사유로 소멸하고 금전소비대차나 준소비대차에 기한 차용금반환채무의 전부 또는 일부만이 남게 된 경우에는 그 가등기담보나 양도담보에 가등기담보등에관한법률이 적용된다(대판 2004.04.27. 2003다29968).

② 피담보채권의 범위 - 담보물권이 설정되어 있는 경우

가등기담보 등에 관한 법률은 재산권 이전의 예약에 의한 가등기담보에 있어서 재산의 예약 당시의 가액이 차용액 및 이에 붙인 이자의 합산액을 초과하는 경우에 적용되는바, 재산권 이전의 예약 당시 재산에 대하여 선순위 근저당권이 설정되어 있는 경우에는 **재산의 가액에서 피담보채무액을 공제한** 나머지 가액이 차용액 및 이에 붙인 이자의 합산액을 초과하는 경우에만 적용된다(대판 2006.08.24. 2005다61140).

③ **피담보채권의 범위 - 재산가액의 의미**

가등기담보 등에 관한 법률은 재산권 이전의 예약에 의한 가등기담보에 있어서 그 재산의 예약 당시의 가액이 차용액 및 이에 붙인 이자의 합산액을 초과하는 경우에 적용되는 것인바, 여기에서 말하는 재산의 가액은 원칙적으로 '통상적인 시장에서 충분한 기간 거래된 후 그 대상재산의 내용에 정통한 거래당사자 간에 성립한다고 인정되는 적정가격'이고, 그와 같은 적정가격을 확인하기 어려울 때에는 객관적이고 합리적인 방법으로 평가한 가액이라고 할 것이므로, 대상재산이 토지로서 법정지상권의 성립가능성이 있는 등 토지이용상 제한을 받는지 여부가 불분명한 경우에는 법정지상권의 성립에 관한 사정을 객관적이고 합리적으로 평가하여 그 성립 여부를 판단한 다음 그에 따라 평가한 토지의 가격을 가액으로 봄이 상당하다(대판 2007.06.15. 2006다5611).

④ **피담보채권의 범위 - 구상권 포함 여부**

가등기담보 채권자가 가등기담보권을 실행하기 이전에 그의 계약상의 권리를 보전하기 위하여 가등기담보 채무자의 제3자에 대한 선순위 가등기담보채무를 대위변제하여 구상권이 발생하였다면 특별한 사정이 없는 한 이 구상권도 가등기담보계약에 의하여 담보된다고 보는 것이 상당하다(대판 2002.06.11. 99다41657).

2) **가담법의 절차 - 강행규정**

가등기담보 등에 관한 법률(이하 '가등기담보법'이라고 한다) 제3조, 제4조의 각 규정에 비추어 볼 때 위 각 규정을 위반하여 담보가등기에 기한 본등기가 이루어진 경우에는 그 본등기는 무효라고 할 것이고, 설령 그와 같은 본등기가 가등기권리자와 채무자 사이에 이루어진 특약에 의하여 이루어졌다고 할지라도 만일 그 특약이 채무자에게 불리한 것으로서 무효라고 한다면 그 본등기는 여전히 무효일 뿐, 이른바 약한 의미의 양도담보로서 담보의 목적 내에서는 유효하다고 할 것이 아니고, 다만 가등기권리자가 가등기담보법 제3조, 제4조에 정한 절차에 따라 청산금의 평가액을 채무자 등에게 통지한 후 채무자에게 정당한 청산금을 지급하거나 지급할 청산금이 없는 경우에는 채무자가 그 통지를 받은 날로부터 2월의 청산기간이 경과하면 위 무효인 본등기는 실체적 법률관계에 부합하는 유효한 등기가 될 수 있다고 할 것이다(대판 2007.07.13. 2006다46421).

3) **가담법 제11단서 - 선의의 제3자가 소유권의 취득한 경우에 채무자의 손해**

채권자가 구 가등기담보 등에 관한 법률(2008. 3. 21. 법률 제8919호로 개정되기 전의 것, 이하 '구 가등기담보법'이라 한다)에 정해진 청산절차를 밟지 아니하여 담보목적부동산의 소유권을 취득하지 못하였음에도 그 담보목적부동산을 처분하여 선의의 제3자가 소유권을 취득하고 그로 인하여 구 가등기담보법 제11조 단서에 의하여 채무자가 더는 채액을 채권자에게 지급하고 그 채권담보의 목적으로 마친 소유권이전등기의 말소를 청구할 수 없게 되었다면, 채권자는 위법한 담보목적부동산 처분으로 인하여 채무자가 입은 손해를 배상할 책임이 있다. 이때 채무자가 입은 손해는 다른 특별한 사정이 없는 한 채무자가 더는 그 소유권이전등기의 말소를 청구할 수 없게 된 때의 담보목적부동산의 가액에서 그때까지의 채액을 공제한 금액이라고 봄이 상당하다. 그리고 채무자가 약정 이자 지급을 연체하였다든지 채무자가 그 채액을 채권자에게 지급하고 그 채권담보의 목적으로 마친 소유권이전등기의 말소를 청구할 수 있었다는 사정이나 채권자가 담보목적부동산을 처분하여 얻은 이익의 크고 작음 등과 같은 사정은 위법한 담보목적부동산 처분으로 인한 손해배상책임을 제한할 수 있는 사유가 될 수 없다(대판 2010.08.26. 2010다27458).

3. 가등기담보법의 특징

가등기담보법은 채무자의 보호를 위하여 변제기가 경과되더라도 채권자는 곧바로 담보를 실행할 수 없고, 변제기 후 일정한 청산기간(2월)이 경과한 때에 비로소 담보를 실행할 수 있게 하고 있다(제3조). 동시에 채무자에게는 청산금의 지급과 소유권이전등기 및 목적물인도의무에 대하여 동시이행의 항변권을 인정하고 있다(제4조 3항). 가등기담보권자에게는 저당권자의 경우와 마찬가지로 경매청구권, 경매에서의 우선변제청구권이 있다(제12조, 제13조). 그리고 담보권자의 담보실행방식은 타인에게 처분하여 청산하는 방식이 아니고, 그 자신이 목적물을 평가하여 그 평가액에서 채권에 충당하고 남은 것을 반환하는 귀속청산의 방식이 원칙이다(제4조 2항, 3항). 후순위권리자와의 이해관계를 고려한 규정도 두고 있다. 후순위권리자는 채권자에 대한 청산금에 대한 권리를 행사할 수 있으며(제5조 1항), 자신의 피담보채권의 변제기가 도래하기 전이라도 청산기간 내에 목적물에 대한 경매를 청구할 수 있다(제12조 2항).

Ⅲ. 양도담보

1. 서 설

(1) 양도담보의 개념

양도담보란 채권담보의 목적으로 물건의 소유권을 채권자에게 이전하고, 채무자가 이행하지 아니한 경우에는 채권자가 그 목적물로부터 우선변제를 받게 되지만, 채무자가 이행을 하는 경우에는 목적물을 다시 원소유자에게 반환함으로써 채권을 담보하는 비전형담보이다.

(2) 양도담보에 대한 규율

判例는 "대지 소유자가 건축업자에게 대지를 매도하고 건축업자는 대지 소유자 명의로 건축허가를 받았다면 이는 완성될 건물을 대지 매매대금의 담보로 제공키로 하는 합의로서 법률행위에 의한 담보물권의 설정에 다름 아니어서, 완성된 건물의 소유권은 일단 이를 건축한 채무자가 원시적으로 취득한 후 대지 소유자 명의로 소유권보존등기를 마침으로써 담보목적의 범위 내에서 대지 소유자에게 그 소유권이 이전된다고 할 것이므로, 그 경우 건축업자가 건물을 타에 분양하였다 할지라도 그 후 대지 소유자 명의로 건물에 대한 소유권보존등기가 경료 된 경우에는, 건축업자가 담보물인 위 건물을 타에 분양하고 그 분양대금 중 일부로 매매대금을 대지 소유자에게 지급하기로 약정하는 등 건축업자가 건물을 타에 분양하는 것을 대지 소유자가 허용한 경우가 아닌 한, 건축업자의 분양 등 처분행위는 대지 소유자의 담보권에 반한다 할 것이고, 따라서 건축업자로부터 건물을 분양받고 소유권이전등기를 경료 받지 못한 자는 그보다 앞서 건물에 관하여 담보 목적으로 소유권보존등기를 경료 한 대지 소유자에 대하여 분양을 이유로 한 소유권이전등기를 구할 수 없다(대판 2002.07.12. 2002다19254)."고 한다.

2. 양도담보의 법리구성

(1) 문제점

신탁적소유권이전설과 담보물권설이 있다.

(2) 학 설

1) 신탁적 소유권이전설

양도담보권자는 목적물의 완전한 소유권을 취득하지만, 그 소유권을 행사함에 있어서는 양도담보권설정자에 대하여 담보목적을 넘어서 그 소유권을 행사하지 않을 채무를 부담할 뿐이라고 한다. 따라서 이에 위반하면 채무불이행으로 인한 손해배상의무를 지게 된다. 그러므로 채무변제기 전이라도 목적물을 제3자에게 양도하면 양수인은 선의·악의를 불문하고 목적물의 소유권을 유효하게 취득한다고 한다.

2) 담보물권설

양도담보에 의하여 채권자는 진정한 의미의 소유권을 취득하는 것이 아니라, 소유권은 여전히 채무자에게 있고, 다만 양도담보권이라는 제한물권을 취득하는데 불과하다고 한다. 즉 ① 가등기담보법 제4조 2항이 채권자는 담보부동산에 관하여 이미 소유권이전등기가 경료된 경우에는 청산기간 경과 후 청산금을 채무자 등에게 지급한 때에 목적부동산의 소유권을 취득 하는 것으로 규정하고 있으므로 설정자에게 소유권이 있고 단지 양도담보권이라는 일종의 담보물권이 설정된 것으로 보아야 하고, ② 세법에서 체납자가 채권자에게 양도담보의 목적물로서 재산권을 양도한 경우라 하더라도 그 재산으로부터 체납금을 징수할 수 있는 것으로 규정한 것은 양도담보를 일종의 담보물권에 불과한 것으로 보고 소유권은 여전히 설정자가 보유하고 있음을 전제로 한 것이라고 한다.

(3) 判 例

1) 부동산양도담보의 경우

부동산에 관하여 가등기담보법 시행 전의 判例는 신탁적 소유권이전설의 입장이었다. 그리고 가등기담보법 시행 이후 判例는 담보물권설과 신탁적 소유권이전설 중 명확한 입장을 취하지 않다가, 최근 判例의 경향은 담보물권설을 취하는 것으로 해석된다. 그리고 判例는 "일반적으로 부동산을 채권담보의 목적으로 양도한 경우 특별한 사정이 없는 한 목적부동산에 대한 사용수익권은 채무자인 양도담보설정자에게 있는 것이므로 설정자와 양도담보권자 사이에 양도담보권자가 목적물을 사용·수익하기로 하는 약정이 없는 이상 목적부동산을 임대할 권한은 양도담보설정자에게 있다(대판 2001.12.11. 2001다40213)."고 한다.

2) 동산양도담보의 경우

判例는 가등기담보법 전이나 후에도 신탁적 소유권이전설의 입장이다. 즉 判例는 "동산에 대하여 양도담보권설정계약이 이루어진 경우에 양도담보권자는 양도담보권설정자를 제외한 제3자에 대한 관계에 있어서는 자신이 그 동산의 소유자임을 주장하여 권리를 행사할 수 있다(대판 1999.09.07. 98다47283)."고 한다. 따라서 동산에 관하여 양도담보계약이 이루어지고 양도담보권자가 점유개정의 방법으로 인도를 받았다면 그 청산절차를 마치기 전이라 하더라도 그 소유권을 주장하여 제3자이의의 소를 제기함으로써 위 동산에 대한 강제집행의 배제를 구할 수 있다[48](대판 2008.11.27. 2006도4263).

> *** 양도담보 관련 判例**
>
> **1. 부동산양도담보에 있어 목적부동산의 사용수익권자(=양도담보설정자)**
> [1] 교회가 그 실체를 갖추어 법인 아닌 사단으로 성립한 경우에 교회의 대표자가 교회를 위하여 취득한 권리의무는 교회에 귀속되나, 교회가 아직 실체를 갖추지 못하여 법인 아닌 사단으로 성립하기 전에 설립의 주체인 개인이 취득한 권리의무는 그것이 앞으로 성립할 교회를 위한 것이라 하더라도 바로 법인 아닌 사단인 교회에 귀속될 수는 없고, 또한 설립중의 회사의 개념과 법적 성격에 비추어, 법인 아닌 사단인 교회가 성립하기 전의 단계에서 설립중의 회사의 법리를 유추적용 할 수는 없다.
> [2] 일반적으로 부동산을 채권담보의 목적으로 양도한 경우 특별한 사정이 없는 한 목적부동산에 대한 사용수익권은 채무자인 양도담보설정자에게 있으므로, 양도담보권자는 사용 수익할 수 있는 정당한 권한이 있는 채무자나 채무자로부터 그 사용 수익할 수 있는 권한을 승계한 자에 대하여는 사용수익을 하지 못한 것을 이유로 임료 상당의 손해배상이나 부당이득반환청구를 할 수 없다(대판 2008.02.28. 2007다37394·37400).
>
> **2. 양도담보와 물상대위**
> 동산 양도담보권자는 양도담보 목적물이 소실되어 양도담보 설정자가 보험회사에 대하여 화재보험계약에 따른 보험금청구권을 취득한 경우 담보물 가치의 변형물인 화재보험금청구권에 대하여 양도담보권에 기한 물상대위권을 행사할 수 있는데, 동산 양도담보권자가 물상대위권 행사로 양도담보 설정자의 화재보험금청구권에 대하여 압류 및 추심

---

48) 금전채무를 담보하기 위하여 채무자가 그 소유의 동산을 채권자에게 양도하되 점유개정에 의하여 채무자가 이를 계속 점유하기로 한 경우, 특별한 사정이 없는 한 동산의 소유권은 신탁적으로 이전되고, 채권자와 채무자 사이의 대내적 관계에서 채무자는 의연히 소유권을 보유하나 대외적인 관계에 있어서 채무자는 동산의 소유권을 이미 채권자에게 양도한 무권리자가 된다. 따라서 동산에 관하여 양도담보계약이 이루어지고 채권자가 점유개정의 방법으로 인도를 받았다면, 그 정산절차를 마치기 전이라도 양도담보권자인 채권자는 제3자에 대한 관계에 있어서는 담보목적물의 소유자로서 그 권리를 행사할 수 있다.

명령을 얻어 추심권을 행사하는 경우 특별한 사정이 없는 한 제3채무자인 보험회사는 양도담보 설정 후 취득한 양도담보 설정자에 대한 별개의 채권을 가지고 상계로써 양도담보권자에게 대항할 수 없다. 그리고 이는 보험금청구권과 본질이 동일한 공제금청구권에 대하여 물상대위권을 행사하는 경우에도 마찬가지이다(대판 2014.09.25. 2012다58609).

3. 집합물에 대한 양도담보설정

[1] 재고상품, 제품, 원자재 등과 같은 집합물을 하나의 물건으로 보아 일정 기간 계속하여 채권담보의 목적으로 삼으려는 이른바 집합물에 대한 양도담보권설정계약에서는 담보목적인 집합물을 종류, 장소 또는 수량지정 등의 방법에 의하여 특정할 수 있으면 집합물 전체를 하나의 재산권 객체로 하는 담보권의 설정이 가능하므로, 그에 대한 양도담보권설정계약이 이루어지면 집합물을 구성하는 개개의 물건이 변동되거나 변형되더라도 한 개의 물건으로서의 동일성을 잃지 아니한 채 양도담보권의 효력은 항상 현재의 집합물 위에 미치고, 따라서 그러한 경우에 양도담보권자가 점유개정의 방법으로 양도담보권설정계약 당시 존재하는 집합물의 점유를 취득하면 그 후 양도담보권설정자가 집합물을 이루는 개개의 물건을 반입하였더라도 별도의 양도담보권설정계약을 맺거나 점유개정의 표시를 하지 않더라도 양도담보권의 효력이 나중에 반입된 물건에도 미친다. 다만 양도담보권설정자가 양도담보권설정계약에서 정한 종류·수량에 포함되는 물건을 계약에서 정한 장소에 반입하였더라도 그 물건이 제3자의 소유라면 담보목적인 집합물의 구성부분이 될 수 없고 따라서 그 물건에는 양도담보권의 효력이 미치지 않는다.

[2] 민법 제261조는 첨부에 관한 민법 규정에 의하여 어떤 물건의 소유권 또는 그 물건 위의 다른 권리가 소멸한 경우 이로 인하여 손해를 받은 자는 '부당이득에 관한 규정에 의하여 보상을 청구할 수 있다'고 규정하고 있는데, 여기서 '부당이득에 관한 규정에 의하여 보상을 청구할 수 있다'는 것은 법률효과만이 아니라 법률요건도 부당이득에 관한 규정이 정하는 바에 따른다는 의미이다.

[3] 부당이득반환청구에서 이득이란 실질적인 이익을 의미하는데, 동산에 대하여 양도담보권을 설정하면서 양도담보권설정자가 양도담보권자에게 담보목적인 동산의 소유권을 이전하는 이유는 양도담보권자가 양도담보권을 실행할 때까지 스스로 담보물의 가치를 보존할 수 있게 함으로써 만약 채무자가 채무를 이행하지 않더라도 채권자인 양도담보권자가 양도받은 담보물을 환가하여 우선변제 받는 데에 지장이 없도록 하기 위한 것이고, 동산양도담보권은 담보물의 교환가치 취득을 목적으로 하는 것이다. 이러한 양도담보권의 성격에 비추어 보면, 양도담보권의 목적인 주된 동산에 다른 동산이 부합되어 부합된 동산에 관한 권리자가 권리를 상실하는 손해를 입은 경우 주된 동산이 담보물로서 가치가 증가된 데 따른 실질적 이익은 주된 동산에 관한 양도담보권설정자에게 귀속되는 것이므로, 이 경우 부합으로 인하여 권리를 상실하는 자는 양도담보권설정자를 상대로 민법 제261조에 따라 보상을 청구할 수 있을 뿐 양도담보권자를 상대로 보상을 청구할 수는 없다(대판 2016.04.02. 2012다19659).

4. 양도담보설정계약의 해석

여러 개의 동산을 일괄하여 양도담보의 목적으로 하는 양도담보설정계약을 체결하면서 향후 일정 장소에 편입되는 동산에 대해서도 양도담보의 효력을 받는 것으로 약정한 경우에, 이를 특정된 동산들을 목적물로 한 양도담보로 볼 것인지, 일단의 증감 변동하는 동산을 하나의 물건으로 보아 이를 목적물로 한 이른바 유동집합동산 양도담보로 볼 것인지는 양도담보설정계약의 해석의 문제이다. 양도담보설정계약이 기계기구 또는 영업설비 등 내구연수가 장기간이고 가공 과정이나 유통 과정 중에 있지 아니한 여러 개의 동산을 목적으로 하고 있으며, 담보목적물마다 명칭, 성능, 규격, 제작자, 제작번호 등으로 특정하고 있는 경우에는, 원칙적으로 특정된 동산들을 일괄하여 양도담보의 목적물로 한 계약이라고 보아야 하므로 향후 편입되는 동산을 양도담보 목적으로 하기 위해서는 편입 시점에 제3자가 그 동산을 다른 동산과 구별할 수 있을 정도로 구체적으로 특정되어야 한다(대판 2016.04.02. 2015다221286).

IV. 소유권유보부매매

1. 의 의

매매에 있어서 매도인이 매매목적물을 매수인에게 인도하되 자신의 대금채권의 확보를 위하여 매매대금이 모두 지급될 때까지 소유권을 유보하고, 그 완전한 급부가 있으면 소유권이 자동적으로 매수인에게 이전되는 것으로 약정하는 것을 말한다. 소유권유보부매매는 점유를 수반하지 않는 질권설정을 인정하고 있지 않은 현행민법상의 담보제도의 약점을 보완하는 기능을 담당하고 있다.

2. 성 질

(1) 학 설

목적물의 소유권은 처음부터 매수인에게 이전하고 매도인의 권리는 대금채권의 담보를 위하여 존재한다고 하는 **담보물권설**과 목적물의 소유권은 매도인에게 유보되고 매매대금의 완급이라고 하는 정지조건의 성취와 더불어 소유권이 매수인에게 이전한다는 **정지조건부소유권이전설**이 있다.

(2) 判 例

동산의 매매계약을 체결하면서, 매도인이 대금을 모두 지급받기 전에 목적물을 매수인에게 인도하지만 대금이 모두 지급될 때까지는 목적물의 소유권은 매도인에게 유보되며 대금이 모두 지급된 때에 그 소유권이 매수인에게 이전된다는 내용의 소위 소유권유보의 특약을 한 경우, 목적물의 소유권을 이전한다는 당사자 사이의 물권적 합의는 매매계약을 체결하고 목적물을 인도한 때 이미 성립하지만 대금이 모두 지급되는 것을 정지조건으로 하므로, 목적물이 매수인에게 인도되었다고 하더라도 특별한 사정이 없는 한 매도인은 대금이 모두 지급될 때까지 매수인뿐만 아니라 제3자에 대하여도 유보된 목적물의 소유권을 주장할 수 있고, 다만 대금이 모두 지급되었을 때에는 그 정지조건이 완성되어 별도의 의사표시 없이 목적물의 소유권이 매수인에게 이전된다(대판 1996.06.28. 96다14807, 정지조건부소유권이전설).

3. 소유권유보의 성립

(1) 소유권유보의 특약이 존재할 것

소유권유보는 매도인과 매수인 간의 소유권유보의 합의가 있어야 성립한다. 즉, 소유권유보부매매는 매매계약에 부수되는 특약에 의하여 성립하는 것이다. 이러한 소유권유보의 특약은 계약자유의 원칙에 따라 특별한 방식을 필요로 하지는 않으나, 매매계약 자체가 서면에 의하는 경우에는 그 특약도 매매계약서 자체에 명시되는 것이 보통이다.

(2) 목적물

소유권유보부매매의 목적물에 관해서는 이를 동산에 한정시키는 입법례도 있지만, 부동산의 소유권이전 행위에 대하여도 조건을 붙일 수 있는 우리 민법의 경우에는 목적물이 동산에 제한되지 않는다. 따라서 부동산, 특히 건물의 대금분할매매의 경우에도 대금채권의 담보를 위하여 그 소유권을 매도인에게 유보하는 것이 가능하며, 아파트분양계약 등에서 실제로 이러한 방법이 상당히 널리 이용되고 있다. 그러나 부동산의 경우에는 저당권 같은 전형 담보제도를 활용할 수 있다.

판례색인

[대법원 판결]

대판 1955.04.14. 4286민상231 ········· 16	대판 1962.04.04. 4294민상1296 ········· 98
대판 1955.05.12. 4287민상208 ········· 142	대판 1962.04.06. 61민상1491 ········· 467
대판 1955.11.10. 4288민상321 ········· 124	대판 1962.04.12. 4294민상1021 ········· 149
대판 1956.02.23. 4288민상558 ········· 123	대판 1962.04.18. 4294민상1603 ········· 180
대판 1956.03.31. 4288민상232 ········· 255	대판 1962.05.03. 4294민상1105 ········· 324
대판 1956.05.10. 4289민상115 ········· 98	대판 1962.05.24. 4294민상251·252 ······ 134, 229
대판 1957.01.11. 4289행상70 ········· 65	대판 1962.11.01. 62다582 ········· 42
대판 1957.02.08. 4289민상117·118 ········· 433	대판 1963.02.07. 62다796 ········· 524
대판 1957.03.16. 4289민상670 ········· 504	대판 1963.02.21. 62다913 ········· 80
대판 1957.05.16. 4290민상58 ········· 128	대판 1963.02.21. 62다9131 ········· 434
대판 1957.06.22. 4289민상428 ········· 380	대판 1963.04.11. 63다64 ········· 145
대판 1957.11.14. 4290민상454·455 ········· 398	대판 1963.05.09. 63아11 ········· 465
대판 1957.11.28. 4290민상613 ········· 52	대판 1963.07.11. 63다235 ········· 165
대판 1958.06.12. 4290민상771 ········· 468	대판 1963.09.12. 63다452 ········· 16
대판 1959.05.14. 4291민상564 ········· 523	대판 1963.09.19. 63다388 ········· 451
대판 1959.10.15. 4291민상262 ········· 98	대판 1963.11.17. 63마587 ········· 98
대판 1959.12.24. 4292민상670 ········· 181	대판 1963.11.21. 63다429 ········· 260
대판 1960.02.04. 4291민상636 ········· 42	대판 1963.11.21. 63다634 ········· 313
대판 1960.08.18. 4592민상859 ········· 80	대판 1964.05.05. 63다775 ········· 379
대판 1960.09.01. 4292민상937 ········· 493	대판 1964.06.09. 63다1129 ········· 423
대판 1960.09.29. 4292민상944 ······ 462, 465	대판 1964.06.23. 64다120 ········· 80
대판 1961.01.26. 4296민재항559 ········· 312	대판 1964.07.23. 64다108 ········· 42
대판 1961.06.29. 4293민상704 ········· 392	대판 1964.08.31. 63다547 ········· 496
대판 1961.12.21. 4293민상297 ········· 430	대판 1964.09.15. 64다92 ········· 125
대판 1961.12.28. 4294민상204 ········· 142	대판 1964.09.22. 63아62 ········· 463
대판 1962.01.31. 4294민상445 ········· 433	대판 1964.09.22. 64다288 ········· 440
대판 1962.01.15. 4294민상793 ········· 396	대판 1964.11.11. 64다720 ········· 19
대판 1962.02.08. 4294민상192 ········· 142	대판 1964.12.08. 64다714 ········· 390
대판 1962.02.15. 4294민상291 ········· 496	대판 1964.12.29. 64다1188 ········· 102
대판 1962.03.22. 4294민상1174 ········· 378	대판 1965.01.19. 64다1437 ········· 419
대판 1962.03.29. 4294민상1338 ········· 159	대판 1965.03.30. 65다44 ········· 143
	대판 1965.04.06. 65다170 ········· 424

대판 1965.05.18. 65다114 ·········· 69	대판 1968.09.24. 68다1271 ·········· 339
대판 1965.05.18. 65다312 ·········· 450	대판 1969.01.21. 68다321 ·········· 347
대판 1965.06.15. 65다610 ·········· 102	대판 1969.01.28. 68다1927 ·········· 467
대판 1965.06.22. 65다734 ·········· 496	대판 1969.05.13. 69다196 ·········· 123
대판(全合) 1965.07.06. 65다907 ·········· 511	대판(全合) 1969.05.27. 68다725 ·········· 401, 402
대판 1965.07.06. 65다907 ·········· 511	대판 1969.06.10. 68다1343 ·········· 94
대판 1965.08.31. 65다1156 ·········· 5	대판 1969.06.24. 69다441 ·········· 358
대판 1965.08.31. 65다1404 ·········· 508	대판 1969.07.08. 69다563 ·········· 106
대판 1965.08.24. 64다1156 ·········· 149, 263	대판 1969.07.22. 69다785 ·········· 496
대판 1965.08.24. 65다1081 ·········· 451	대판 1969.08.19. 69므18 ·········· 98
대판 1965.12.21. 65다1910 ·········· 19	대판 1969.08.26. 68다2320 ·········· 53
대판 1966.01.31. 65다2445 ·········· 296	대판 1969.12.30. 69다1873 ·········· 103
대판 1966.04.19. 66다415 ·········· 443	대판 1969.12.09. 69다1785 ·········· 184
대판 1966.05.17. 66다504 ·········· 464	대판 1970.02.10. 69다2149 ·········· 145
대판 1966.06.15. 65다598 ·········· 396	대판 1970.02.10. 69다2171 ·········· 174
대판 1966.06.21. 66다530 ·········· 98, 181	대판 1970.02.24. 69다1568 ·········· 27
대판 1966.06.28. 66다493 ·········· 348	대판 1970.03.31. 69다2293 ·········· 99
대판 1966.07.19. 66다994 ·········· 392, 393	대판 1970.04.14. 70다171 ·········· 324, 442
대판 1966.10.04. 66다1535 ·········· 318	대판 1970.06.30. 70다568 ·········· 374
대판 1966.11.29. 66다1861 ·········· 306	대판 1970.09.17. 70다150 ·········· 498
대판 1967.03.07. 66누176 ·········· 82	대판 1970.09.22. 70다1494 ·········· 80
대판 1967.04.25. 67다75 ·········· 318	대판 1970.09.29. 70다1454 ·········· 465
대판 1967.05.23. 66다1025 ·········· 364	대판 1970.09.29. 70다1508 ·········· 182
대판 1967.07.18. 66다1600 ·········· 468	대판 1970.10.30. 70다1390·1391 ·········· 174
대판 1967.09.05. 67다1307 ·········· 348	대판 1970.10.23. 70다2038 ·········· 98
대판 1967.09.05. 67다1355 ·········· 144	대판 1970.11.30. 68다1995 ·········· 434
대판 1967.10.12. 67다1903 ·········· 467	대판 1970.11.24. 70다1012 ·········· 395
대판 1967.11.14. 67다1105 ·········· 465	대판 1970.11.24. 70다2056 ·········· 103
대판 1967.11.28. 67다1831 ·········· 465	대판 1970.12.29. 69다22 ·········· 447
대판 1967.12.19. 67다1337 ·········· 69	대판 1971.03.23. 71다189 ·········· 42
대판 1967.12.29. 67다2304 ·········· 451	대판 1971.04.06. 71다26 ·········· 523
대판 1968.01.31. 67다2007 ·········· 465	대판 1971.07.27. 71다1113 ·········· 30
대판 1968.02.20. 67다2543 ·········· 525	대판 1971.07.27. 71다1158 ·········· 352
대판 1968.03.26. 67다2160 ·········· 122	대판 1971.10.11. 71다1645 ·········· 98
대판 1968.05.27. 68마140 ·········· 508	대판 1971.10.22. 71다1636 ·········· 40
대판 1968.06.11. 66다639 ·········· 356	대판 1971.12.24. 71다2045 ·········· 38
대판 1968.06.18. 68다694 ·········· 143	대판 1972.01.31. 71다1688 ·········· 128
대판 1968.06.28. 68다737 ·········· 507	대판 1972.01.31. 71다2416 ·········· 423
대판 1968.07.30. 68다523 ·········· 385	대판 1972.05.09. 71다1474 ·········· 338
대판 1968.07.31. 67다1759 ·········· 465	대판 1972.05.15. 72마401 ·········· 275
대판 1968.08.30. 68다1187 ·········· 496	대판 1972.05.23. 71다2760 ·········· 439

대판 1972.05.23. 72다115 ·················· 381	대판 1976.10.26. 76다2189 ················ 156
대판 1972.06.27. 71누8 ···················· 212	대판 1976.10.26. 76다517 ················· 359
대판 1972.07.11. 72므5 ················ 28, 29	대판 1976.10.29. 76다1694 ················ 469
대판 1972.07.25. 72다653 ·················· 460	대판(全合) 1976.11.06. 76다148 ············ 290
대판 1972.07.25. 72다893 ·················· 465	대판 1976.12.21. 75마551 ··················· 43
대판 1972.07.27. 72마741 ··················· 80	대판 1976.12.28. 76다2563 ················ 285
대판 1972.09.26. 71다2488 ·················· 80	대판 1977.03.22. 76다242 ················· 423
대판 1972.10.31. 72다1515 ················· 466	대판 1977.03.22. 77다81·82 ················· 45
대판 1972.11.14. 72다1127 ················· 128	대판 1977.04.12. 76다1124 ··················· 5
대판 1972.12.26. 72다2085 ················· 460	대판 1977.04.12. 76도2887 ·················· 80
대판 1973.01.30. 72다2309 ················· 145	대판 1977.04.26. 77다77 ··················· 513
대판 1973.05.22. 73다231 ·················· 103	대판 1977.05.24. 75다1394 ·················· 90
대판 1973.06.22. 72다2107 ················· 430	대판 1977.05.24. 76다2934 ················ 144
대판 1973.07.30. 72다1631 ················· 145	대판 1977.05.24. 77다271 ················· 260
대판 1973.07.24. 72다2136 ·················· 40	대판 1977.05.24. 77다354 ················· 352
대판 1973.09.29. 73다762 ·················· 430	대판 1977.07.26. 77다791 ················· 511
대판 1973.12.26. 73다1436 ················· 140	대판 1977.07.27. 77다492 ················· 156
대판 1974.02.12. 73다353 ············· 464, 465	대판 1977.08.23. 76누145 ··················· 50
대판 1974.05.28. 73다2014 ·················· 53	대판 1977.08.23. 77다246 ················· 451
대판 1974.06.11. 73다1975 ·················· 69	대판 1977.09.13. 77다1366·1367·1368 ········ 324
대판 1974.11.26. 74다1043 ················· 430	대판 1977.11.08. 77다1159 ··················· 43
대판 1974.11.26. 74다310 ··················· 52	대판 1978.01.17. 77다1872 ················· 379
대판 1974.12.12. 73다298 ·················· 500	대판 1978.01.17. 77다1942 ············· 349, 363
대판 1974.12.24. 74다1882 ················· 352	대판 1978.03.14. 78다132 ··················· 53
대판 1975.01.28. 74다1199 ················· 145	대판 1978.03.28. 78다282 ················· 143
대판 1975.01.28. 74다2069 ············· 123, 211	대판 1978.05.23. 78다441 ················· 184
대판 1975.03.25. 73다1048 ················· 128	대판 1978.06.13. 78다404 ················· 319
대판 1975.04.22. 73다2010 ················· 214	대판 1978.06.27. 78다864 ················· 142
대판(全合) 1975.04.22. 74다1184 ············ 164	대판 1978.07.11. 78다719 ················· 121
대판(全合) 1975.05.13. 74다1664 ············ 315	대판 1978.08.22. 78다1038·1039 ·············· 69
대판 1975.05.13. 75다92 ··················· 103	대판 1978.11.01. 78다1206 ··················· 74
대판 1975.06.24. 74다1877 ················· 420	대판 1979.01.16. 78다1968 ················· 128
대판 1975.12.23. 75다1479 ··················· 52	대판 1979.02.13. 78다1500·1501 ············ 294
대판 1976.01.13. 75다1086 ················· 310	대판 1979.02.13. 78다2157 ················· 296
대판 1976.01.27. 75다1828 ················· 210	대판 1979.03.27. 79다234 ················· 145
대판 1976.03.09. 75다2340 ··················· 31	대판 1979.04.10. 78다2457 ················· 103
대판 1976.06.22. 76다487·488 ··············· 424	대판 1979.04.19. 78다2482 ················· 469
대판 1976.07.13. 76다983 ·················· 105	대판 1979.04.24. 77다703 ················· 350
대판 1976.07.27. 76다661 ·················· 159	대판 1979.06.26. 79다639 ················· 420
대판 1976.09.14. 76다1365 ··················· 25	대판(全合) 1979.09.25. 77다1079 ········ 401, 451
대판 1976.10.26. 76다1359 ················· 467	대판(全合) 1979.11.13. 79다483 ········ 100, 169

대판(全合) 1979.12.11. 78다481 …………… 50	대판 1982.02.09. 81다534 …………… 24, 288
대판 1979.12.26. 79다1843 …………… 346	대판 1982.03.09. 81다977 …………… 364
대판 1980.01.29. 79다1704 …………… 471	대판 1982.05.25. 80다1403 …………… 119
대판 1980.01.29. 79므62·63 …………… 120	대판 1982.05.25. 81다195 …………… 385
대판 1980.03.21. 80마77 …………… 104	대판 1982.06.08. 81다107 …………… 161
대판 1980.04.08. 79다203.6 …………… 65	대판 1982.06.22. 82다카90 …………… 101
대판 1980.04.08. 79다2036 …………… 65, 67	대판 1982.07.13. 81다254 …………… 530
대판 1980.06.10. 80다569 …………… 100	대판 1982.07.27. 80다2968 …………… 290
대판 1980.06.24. 80다458 …………… 101	대판 1982.07.27. 81다495 …………… 278
대판 1980.06.24. 80다756 …………… 326	대판 1982.08.24. 82다카348 …………… 360, 361
대판 1980.07.09. 80다639 …………… 114	대판 1982.09.14. 80다2859 …………… 19
대판 1980.09.09. 80다7 …………… 376	대판 1982.09.14. 80다3063 …………… 42
대판 1980.09.18. 80다75 …………… 498	대판 1982.09.14. 82다125 …………… 229
대판 1980.11.11. 79다2164 …………… 42	대판(全合) 1982.09.28. 81사9 …………… 421
대판(全合) 1980.12.09. 79다634 …………… 452	대판 1982.10.26. 82다카508 …………… 308
대판 1981.01.13. 79다2151 …………… 146	대판 1982.12.14. 80다1872 …………… 42
대판 1981.01.28. 81다카16175 …………… 450	대판 1982.12.14. 82다카413 …………… 526
대판 1981.02.10. 80다2966 …………… 362	대판 1983.01.18. 82다594 …………… 119
대판 1981.03.24. 80다1888·1889 …………… 290, 293	대판 1983.02.08. 81다카621 …………… 142
대판 1981.06.09. 80다3195 …………… 180	대판 1983.06.14. 80다3231 …………… 4, 5, 105
대판 1981.06.23. 80다1796 …………… 330	대판 1983.06.28. 83다191 …………… 351
대판 1981.06.23. 80다3221 …………… 135	대판(全合) 1983.07.12. 82다708·709 …………… 384
대판 1981.06.23. 90다1642 …………… 426	대판 1983.08.23. 83다카552 …………… 180
대판 1981.07.07. 80다2064 …………… 14	대판 1983.09.27. 83므22 …………… 157
대판 1981.07.07. 80다2751 …………… 315	대판 1983.10.11. 83다카531 …………… 426
대판 1981.07.20. 81다1819 …………… 450	대판 1983.12.13. 83다카1463 …………… 75
대판 1981.07.28. 80다2668 …………… 42	대판(全合) 1983.12.13. 83다카1489 …………… 141
대판 1981.08.20. 80다2587 …………… 326	대판 1984.02.14. 83다카1815 …………… 237
대판 1981.09.08. 80다2649 …………… 258	대판 1984.04.10. 83다카1328 …………… 123
대판 1981.09.08. 80다2873 …………… 511	대판 1984.04.14. 81다151 …………… 145
대판 1981.09.22. 80다2586 …………… 180	대판 1984.05.22. 83다카195 …………… 260
대판 1981.09.22. 81다233 …………… 173, 391	대판 1984.06.12. 83다카2282 …………… 442
대판 1981.09.22. 81다588 …………… 351	대판 1984.07.10. 84다카474 …………… 356
대판 1981.10.13. 81다649 …………… 31, 136	대판 1984.07.24. 84다카68 …………… 120
대판 1981.11.10. 80다2475 …………… 122	대판 1984.09.11. 83누578 …………… 50
대판 1981.11.24. 80다320·321 …………… 97	대판 1984.09.25. 83다카1858 …………… 80
대판 1981.12.08. 80다863 …………… 128	대판 1984.09.25. 84다카967 …………… 181, 182
대판 1981.12.11. 80다1363 …………… 292	대판 1984.12.11. 83다카1531 …………… 145
대판 1981.12.22. 80다1475 …………… 120	대판 1984.12.11. 84다카1402 …………… 99
대판 1982.01.26. 81다카549 …………… 146	대판(全合) 1984.12.26. 84누572 …………… 293
대판 1982.02.09. 81다1134 …………… 100	대판 1985.02.26. 84다카1921 …………… 65

대판 1985.03.26. 84다카269 ·············· 82	대판 1988.02.23. 87다카600 ·············· 81
대판(全合) 1985.04.09. 84다카1131 ·········· 511	대판 1988.05.10. 87다카2578 ············· 115
대판 1985.04.09. 85도167 ·············· 126	대판 1988.06.14. 88다카102 ············· 359
대판 1985.04.23. 84다카2159 ············· 324	대판 1988.08.09. 86다카1858 ············· 56
대판 1985.04.23. 84다카890 ············· 123	대판 1988.09.13. 86다카563 ············· 102
대판 1985.05.12. 89다카2653 ············· 451	대판 1988.09.27. 86다카2375·2376 ········· 105
대판 1985.05.28. 84다카2188 ············· 442	대판 1988.09.27. 87다카140 ············· 464
대판 1985.10.08. 85다카604 ············· 442	대판 1988.09.27. 87다카279 ········ 465, 508
대판 1985.11.12. 84다카2344 ············· 206	대판 1988.09.27. 88다카1797 ············ 273
대판 1985.11.12. 85다카1499 ············· 238	대판 1988.10.11. 87다카2238 ············ 146
대판 1985.12.24. 85다카880 ············· 235	대판 1988.10.25. 87다카1564 ············ 508
대판 1986.05.27. 86다카62 ········· 451, 464	대판 1988.11.22. 87다카1836 ········ 305, 307
대판 1986.07.22. 85다카2307 ·············· 17	대판 1989.01.31. 87다카2954 ············· 43
대판 1986.09.09. 84다카2310 ············· 182	대판 1989.02.14. 87다카3073 ············ 481
대판 1986.09.09. 85다카2275 ············· 465	대판 1989.02.14. 88다카2592 ············ 466
대판 1986.12.09. 86다카716 ············· 497	대판 1989.03.28. 88다카11602 ············· 63
대판 1987.01.20. 86다카1372 ············· 173	대판 1989.03.28. 88다카12803 ········ 83, 259
대판 1987.02.24. 86다카2366 ············· 351	대판 1989.04.11. 87다카3155 ············ 315
대판 1987.03.10. 86다카1718 ········ 506, 507	대판 1989.04.11. 88다카17389 ············ 388
대판 1987.03.24. 84다카1324 ·············· 97	대판 1989.04.11. 88다카5843·5850 ········ 423
대판 1987.04.14. 86다카520 ·············· 97	대판 1989.05.09. 88다카9418 ············· 19
대판 1987.04.14. 86다카529 ············· 274	대판 1989.06.27. 88다카25861 ············· 78
대판 1987.05.12. 86다카1340 ············· 340	대판 1989.06.27. 89다카2957 ············ 223
대판 1987.05.26. 85다카2203 ············· 442	대판 1989.07.25. 88다카9364 ············ 122
대판 1987.06.09. 86다카1683 ············· 399	대판 1989.07.25. 89다카968 ············· 107
대판 1987.06.23. 86다카2188 ············· 510	대판 1989.08.08. 88다카24868 ············ 446
대판 1987.06.23. 86다카2951 ············· 240	대판 1989.09.12. 88누9305 ············· 156
대판 1987.07.07. 86다카1004 ············· 116	대판 1989.09.26. 88다카26574 ············ 420
대판 1987.07.07. 86다카2762 ············· 282	대판 1989.09.29. 89다카5994 ············ 169
대판 1987.07.21. 85다카2339 ············· 121	대판 1989.11.14. 88다카13547 ············ 201
대판 1987.09.08. 86다카1045 ············· 358	대판 1989.11.14. 88다카29962 ············ 306
대판 1987.10.13. 86다카1522 ·············· 56	대판(全合) 1989.12.26. 87다카2176 ········· 426
대판 1987.10.26. 86다카1755 ············· 274	대판 1989.12.26. 89다카6140 ············ 427
대판 1987.11.10. 85다카1644 ············· 451	대판 1990.01.23. 88다카7245 ············ 218
대판 1987.11.24. 87다카1708 ·············· 14	대판 1990.02.13. 89다카11401 ············ 224
대판 1987.12.08. 86다카1170 ·············· 54	대판 1990.03.09. 88다카31866 ······· 162, 226
대판 1988.01.19. 85다카1792 ············· 313	대판 1990.03.09. 89다카24728 ············ 240
대판 1988.02.09. 87다카273 ············· 143	대판 1990.05.11. 89다카10514 ············· 95
대판 1988.02.23. 87다카1586 ············· 316	대판 1990.06.26. 89다카24094 ············ 438
대판 1988.02.23. 87다카1989 ············· 322	대판 1990.06.26. 89다카26915 ············ 524
대판 1988.02.23. 87다카57 ············· 363	대판 1990.07.10. 90다카6399 ············ 508

대판 1990.07.24. 89누8224 ·················· 14	대판(全合) 1991.12.24. 90다12243 ········ 151, 152
대판 1990.09.27. 83므22 ··················· 157	대판 1991.12.27. 91다1165 ·················· 130
대판 1990.11.13. 90다카26065 ············· 342	대판 1992.01.21. 91다10152 ················ 291
대판 1990.11.23. 90다카24762 ············· 318	대판 1992.01.21. 91다30118 ·················· 13
대판 1990.12.11. 88다카4727 ··············· 310	대판 1992.02.12. 92도3234 ··················· 82
대판 1991.01.21. 91다30118 ·················· 13	대판 1992.02.14. 91다17917 ················ 168
대판 1991.01.29. 89다카1114 ·········· 296, 339	대판 1992.02.14. 91다24564 ·················· 57
대판 1991.01.29. 90다12717 ················ 146	대판 1992.02.25. 91다40351 ················ 103
대판 1991.02.22. 90다13420 ················ 162	대판 1992.02.25. 91다9312 ·················· 419
대판 1991.02.26. 90누5375 ·················· 429	대판 1992.02.28. 91다25574 ················ 222
대판 1991.02.26. 90다6576 ·················· 166	대판(全合) 1992.03.31. 91다32053 ·········· 288
대판(全合) 1991.03.12. 90다2147 ············ 257	대판 1992.03.31. 91다42630 ················ 226
대판 1991.03.12. 90다카27570 ············· 296	대판 1992.03.13. 91다32534 ················ 308
대판 1991.03.22. 91다520 ··················· 171	대판 1992.03.27. 91누3819 ·················· 131
대판 1991.03.22. 91다70 ······ 375, 379, 380, 381	대판 1992.04.14. 91다26850 ·············· 64, 97
대판 1991.04.09. 89다카1305 ··············· 511	대판 1992.04.28. 91누9848 ··················· 67
대판 1991.04.09. 90다14652 ················ 221	대판 1992.05.12. 90다8855 ·················· 500
대판 1991.04.12. 90다11967 ················ 433	대판 1992.05.12. 91다2151 ·················· 199
대판 1991.04.23. 91다6221 ·················· 451	대판 1992.05.12. 91다26546 ················ 157
대판 1991.05.14. 91다2729 ··················· 82	대판 1992.05.12. 92다4581 ·················· 426
대판 1991.05.14. 91다7156 ·················· 291	대판 1992.05.22. 91다37690 ················ 352
대판 1991.06.11. 91다11278 ················ 402	대판 1992.05.22. 92다2295 ·················· 115
대판 1991.07.12. 90다11554 ················ 114	대판 1992.05.26. 91다32190 ················ 143
대판 1991.07.23. 90다12670·12678 ········ 408	대판 1992.06.09. 92다4857 ·················· 511
대판 1991.07.23. 90다12670·90다12678 ··· 408	대판 1992.06.12. 92다12384·92다912391(반소) 19
대판 1991.08.13. 91다6856 ·················· 168	대판 1992.06.12. 92다7221 ·················· 508
대판 1991.08.27. 91다16525 ·················· 74	대판 1992.06.23. 91다14987 ················ 135
대판 1991.08.29. 90다19848 ················ 451	대판(全合) 1992.06.23. 91다33070 ·········· 348
대판 1991.09.10. 91다19623 ················ 407	대판 1992.06.23. 91다33070 ················ 357
대판 1991.10.08. 90다19039 ················ 349	대판 1992.07.14. 92다2455 ··················· 45
대판 1991.10.08. 91다25116 ················ 421	대판 1992.07.28. 92다10531 ················ 358
대판 1991.10.11. 91다21640 ········ 203, 505, 506	대판 1992.08.18. 91다30927 ················ 187
대판 1991.10.11. 91다23462 ················ 508	대판 1992.09.25. 91다37553 ·········· 329, 344
대판 1991.10.22. 90다16283 ················ 426	대판 1992.09.25. 92다24677 ················ 431
대판 1991.10.22. 91다17207 ················ 451	대판 1992.10.09. 92다13790 ················ 222
대판 1991.10.25. 91다22605·22612 ········ 218	대판 1992.10.09. 92다25656 ················ 440
대판 1991.11.08. 91다32473 ················ 352	대판 1992.10.27. 90다13628 ················ 323
대판 1991.11.12. 91다27228 ················ 437	대판 1992.10.27. 92다21050 ················ 360
대판 1991.11.25. 91다11810 ·················· 42	대판 1992.10.27. 92다21784 ················ 202
대판 1991.11.26. 91다34387 ················ 451	대판 1992.10.27. 92므204 ··················· 101
대판 1991.12.13. 91므53 ···················· 156	대판 1992.12.08. 92다26772 ················ 433

대판 1992.12.22. 91다35540 ·············· 450	대판 1993.11.12. 93다34589 ·············· 217
대판 1992.12.22. 91다35540·35557 ······· 101	대판 1993.11.23. 93다37328 ·············· 200
대판 1992.12.22. 92다30580 ·············· 201	대판 1993.12.10. 93다42399 ··············· 81
대판 1992.12.24. 92다25120 ·············· 128	대판 1993.12.14. 93다5581 ··············· 420
대판 1993.01.15. 92다39365 ·············· 135	대판(全合) 1993.12.21. 92다47861 ········ 294
대판 1993.02.09. 92다47892 ·············· 425	대판 1993.12.24. 93다42603 ··············· 14
대판 1993.02.12. 92다29801 ·············· 438	대판 1994.01.11. 93누10057 ·············· 116
대판 1993.02.12. 92다42941 ·············· 324	대판(全合) 1994.01.25. 93다16338 ········ 517
대판 1993.02.26. 92다41627 ·············· 218	대판 1994.01.28. 93다49871 ·············· 464
대판 1993.03.09. 92다18481 ·············· 194	대판(全合) 1994.2.8. 93다13605 ··········· 356
대판 1993.03.26. 91다14116 ·············· 399	대판 1994.02.08. 93다41303 ·············· 424
대판 1993.03.26. 92다32876 ·············· 315	대판 1994.02.08. 93다42986 ········· 437, 438
대판 1993.04.09. 92다25946 ·············· 206	대판 1994.02.22. 93다53696 ·············· 358
대판 1993.04.13. 92다24950 ·············· 215	대판 1994.02.25. 93누20498 ·············· 406
대판 1993.04.13. 92다55756 ·············· 464	대판 1994.02.25. 93다38444 ·············· 280
대판 1993.04.27. 92다56087 ·············· 130	대판 1994.02.25. 93다39225 ·············· 448
대판 1993.04.27. 93다4663 ················ 363	대판 1994.03.11. 93다40522 ··············· 98
대판 1993.05.11. 91다46861 ·············· 469	대판 1994.03.11. 93다55289 ·············· 100
대판 1993.05.11. 92다52870 ·········· 440, 442	대판(全合) 1994.03.22. 93다46360 ········ 425
대판 1993.05.14. 92다45025 ······ 159, 173, 392	대판(全合) 1994.03.22. 93다9392 ·········· 440
대판 1993.05.14. 93다4366 ················· 17	대판(全合) 1994.03.22. 93다9392·93다9408 ··· 443
대판 1993.05.25. 92다51280 ·········· 166, 423	대판 1994.03.25. 93다32668 ············· 7, 12
대판 1993.06.08. 93다14998·15007 ······· 268	대판 1994.03.25. 93다32828·32835 ········ 55
대판 1993.06.29. 92다38881 ·············· 124	대판 1994.04.12. 93다52747 ··············· 69
대판 1993.06.29. 93다11913 ·············· 360	대판 1994.04.15. 93다61307 ·············· 118
대판 1993.07.16. 92다41528·41535 ······· 114	대판 1994.05.10. 93다25417 ·············· 521
대판 1993.07.27. 91다33766 ·············· 153	대판 1994.05.13. 94다7157 ················ 240
대판 1993.07.27. 92다15031 ·············· 348	대판 1994.05.13. 94다8440 ················ 223
대판 1993.08.13. 92다52665 ·············· 127	대판 1994.05.27. 93다21521 ·············· 143
대판 1993.08.14. 91다41316 ·············· 324	대판 1994.06.10. 93다24810 ·············· 122
대판 1993.08.24. 92므907 ·················· 14	대판 1994.08.12. 93다52808 ·········· 281, 315
대판 1993.08.27. 93다12930 ·············· 117	대판 1994.08.26. 93다20191 ·············· 255
대판 1993.09.10. 93다20283 ·············· 200	대판 1994.08.26. 93다42276 ·············· 275
대판 1993.09.13. 92다43142 ··············· 82	대판 1994.09.30. 94다20389 ·············· 214
대판 1993.09.14. 93다10989 ·············· 422	대판 1994.09.27. 94다20617 ·············· 147
대판 1993.09.14. 93다13162 ·············· 160	대판 1994.10.11. 94다16175 ·············· 450
대판 1993.09.28. 92다55794 ·············· 282	대판 1994.10.14. 94다9849 ··········· 419, 459
대판 1993.09.28. 93다20832 ·············· 182	대판 1994.11.11. 94다17659 ·············· 199
대판 1993.10.12. 92다50799 ··············· 62	대판 1994.11.11. 94다35008 ·············· 441
대판 1993.10.26. 93다2629 ················ 106	대판 1994.11.25. 94다12234 ··············· 13
대판 1993.11.09. 93다40560 ·············· 361	대판 1994.11.25. 94다12517·12524 ········ 315

대판 1994.12.02. 93다45268 ·················· 408	대판 1995.09.15. 95다16202 ·················· 225
대판 1994.12.09. 94다34692 ·················· 213	대판 1995.09.15. 95다23378 ·················· 404
대판 1994.12.13. 93다951 ······················ 275	대판 1995.09.29. 95다30178 ·················· 295
대판 1994.12.22. 94다41072·41089 ·········· 464	대판 1995.11.10. 94다22682·22699 ······· 198, 289
대판 1995.01.12. 94다30348·94다30355 ····· 445	대판 1995.12.08. 95다38493 ·················· 424
대판 1995.02.10. 93다52402 ·················· 349	대판 1995.12.12. 94다22453 ·················· 242
대판 1995.02.17. 94다52751 ···················· 44	대판(全合) 1995.12.21. 94다26721 ········· 281
대판 1995.02.24. 94다13749 ·················· 241	대판 1995.12.22. 94다42129 ···················· 12
대판 1995.02.28. 94다37912 ············ 419, 468	대판 1995.12.22. 94다45098 ·················· 146
대판 1995.03.03. 94다4691 ···················· 413	대판 1995.12.22. 95다12736 ···················· 44
대판 1995.03.10. 94다49687 ·················· 418	대판 1995.12.22. 95다37087 ·················· 122
대판 1995.03.14. 94다26646 ·················· 266	대판 1995.12.26. 95다29888 ·················· 450
대판 1995.03.17. 93다32996 ·················· 265	대판 1996.01.23. 95다24340 ·················· 352
대판(全合) 1995.03.28. 93다4775 ··········· 426	대판 1996.01.23. 95다39854 ············ 291, 297
대판 1995.04.07. 94다59868 ·················· 265	대판 1996.01.26. 94다45562 ···················· 74
대판 1995.04.28. 93다26397 ·················· 152	대판 1996.01.26. 95다43358 ·················· 195
대판 1995.05.12. 93다48373 ·················· 287	대판 1996.01.26. 95다44290 ············· 84, 391
대판 1995.05.12. 93다59502 ·················· 313	대판 1996.02.09. 94다38250 ·················· 338
대판 1995.05.12. 94다25551 ············ 172, 173	대판 1996.02.13. 95누11023 ·················· 465
대판(全合) 1995.5.16. 95누4810 ········· 68, 70	대판 1996.02.13. 95다41406 ·················· 140
대판 1995.06.30. 94다23920 ·················· 205	대판 1996.02.23. 95다49141 ·················· 338
대판 1995.06.30. 95다12927 ······· 396, 401, 402	대판 1996.02.23. 95다8430 ···················· 452
대판 1995.06.05. 94다40239 ···················· 80	대판 1996.02.27. 95다38875 ·················· 155
대판 1995.06.13. 95다1088 ············· 407, 469	대판 1996.03.08. 95다34866 ············ 422, 426
대판 1995.06.16. 94다42655 ·················· 420	대판 1996.03.08. 95다36596 ·················· 519
대판 1995.06.16. 94다4615 ······················ 79	대판 1996.03.08. 95다53546 ···················· 12
대판 1995.06.29. 94다6345 ······················ 82	대판 1996.03.22. 95다24302 ······················ 8
대판(全合) 1995.07.11. 94다34265 ·········· 216	대판 1996.03.22. 95다55184 ·················· 501
대판 1995.07.11. 94다4509 ···················· 425	대판 1996.03.26. 93다55487 ············ 122, 123
대판 1995.07.11. 95다12446 ·················· 296	대판 1996.03.26. 94다46268 ·················· 240
대판 1995.07.14. 94다38342 ·················· 214	대판 1996.04.12. 94다37714·37721 ········· 196
대판 1995.07.14. 94다51994 ·················· 171	대판 1996.04.26. 94다12074 ·················· 118
대판 1995.07.28. 94다44903 ·················· 136	대판 1996.04.26. 94다34432 ············· 92, 100
대판 1995.07.28. 95다19515·95다19522 ····· 127	대판 1996.04.26. 95다52864 ··· 83, 465, 500, 501
대판 1995.07.28. 95다9075 ···················· 463	대판 1996.05.31. 94다35985 ·················· 451
대판 1995.08.11. 94다54108 ·················· 169	대판 1996.05.10. 96다8468 ···················· 351
대판 1995.08.25. 94다27069 ·················· 391	대판 1996.05.14. 94다54283 ···················· 18
대판 1995.08.25. 94다35886 ·················· 293	대판 1996.05.14. 95다24975 ·················· 227
대판 1995.08.25. 95다18659 ···················· 80	대판 1996.05.14. 96다5506 ···················· 183
대판 1995.09.05. 95다24586 ·················· 424	대판 1996.06.14. 96다14036 ·················· 468
대판 1995.09.15. 94다61144 ·················· 164	대판 1996.06.25. 95다12682 ·················· 166

대판 1996.06.25. 96다12009 ·················· 450
대판 1996.06.28. 94다42976 ·················· 224
대판 1996.06.28. 96다14807 ·················· 535
대판 1996.06.28. 96다14870 ·················· 180
대판 1996.06.28. 96다3982 ···················· 154
대판 1996.07.30. 94다51840 ···················· 13
대판 1996.07.09. 96다16612 ·················· 286
대판 1996.07.12. 95다49554 ·················· 144
대판 1996.08.20. 94다44705 ·················· 218
대판 1996.08.23. 94다38199 ······· 96, 97, 155
대판 1996.08.23. 96다18076 ·················· 120
대판 1996.09.06. 94다18522 ···················· 58
대판 1996.09.06. 94다19208 ·················· 239
대판 1996.09.20. 96다25302 ·················· 291
대판 1996.09.20. 96다25371 ·················· 162
대판 1996.10.11. 96다27476 ············ 306, 307
대판(全合) 1996.10.17. 96다12511 ········· 427
대판 1996.10.25. 96다16049 ·················· 104
대판 1996.10.25. 96다30113 ·················· 351
대판 1996.11.08. 96다35309 ·················· 153
대판 1996.11.22. 96다10270 ············· 30, 31
대판 1996.11.22. 96다34009 ·················· 164
대판 1996.11.22. 96다39219 ·················· 359
대판 1996.12.06. 95다24982·24999 ······· 125
대판 1996.12.10. 94다43825 ·················· 426
대판 1996.12.10. 96다23238 ·················· 448
대판 1996.12.10. 96다32881 ·················· 174
대판(全合) 1996.12.19. 94다22927 ········· 364
대판 1996.12.20. 95누16059 ·················· 114
대판 1996.12.20. 95다52222·52239 ······· 168
대판 1997.01.21. 96다40080 ·················· 511
대판 1997.02.25. 96다38322 ·················· 131
대판 1997.02.25. 96다45436 ·················· 226
대판 1997.02.28. 96다26190 ·················· 294
대판 1997.02.28. 96다49933 ·················· 152
대판 1997.03.11. 96다49353 ·················· 129
대판 1997.03.11. 96다49650 ·················· 103
대판 1997.03.14. 96다22464 ·················· 154
대판 1997.03.25. 96다47951 ············ 103, 128
대판 1997.04.22. 96다56443 ·················· 328
대판 1997.04.25. 96다46484 ·················· 294

대판 1997.04.25. 96다53420 ·················· 422
대판 1997.05.30. 95다4957 ···················· 240
대판 1997.05.30. 97다2986 ···················· 161
대판 1997.05.07. 96다39455 ·················· 205
대판 1997.05.23. 95다51908 ·················· 319
대판 1997.06.27. 97다3828 ···················· 144
대판 1997.06.27. 97다9369 ···················· 152
대판 1997.07.08. 96누5087 ···················· 245
대판 1997.07.08. 97다12273 ·················· 136
대판 1997.07.08. 97다2177 ···················· 196
대판 1997.07.22. 97다5749 ···················· 313
대판 1997.07.25. 96다29816 ·················· 239
대판 1997.07.25. 96다52649 ·················· 271
대판 1997.07.25. 97다4357·4364 ······ 151, 153
대판 1997.07.25. 97다8403 ···················· 514
대판(全合) 1997.08.21. 95다28625 ········· 383
대판 1997.08.22. 96다26657 ·················· 124
대판 1997.08.22. 97다13023 ·················· 125
대판 1997.08.26. 97다4401 ···················· 238
대판 1997.08.29. 97다18059 ···················· 56
대판 1997.09.30. 97다23372 ·················· 135
대판 1997.09.26. 97다24290 ·················· 278
대판 1997.10.10. 95다46265 ·················· 342
대판 1997.10.10. 97다27022 ·················· 360
대판 1997.10.10. 97다3750 ······················ 81
대판(全合) 1997.10.16. 96다11747 ········· 275
대판 1997.10.24. 95다49530 ·················· 170
대판 1997.10.24. 97다28698 ············ 191, 308
대판 1997.11.11. 97다33218 ·················· 154
대판 1997.11.11. 97다35375 ·················· 492
대판 1997.11.11. 97다36965·36972 ········· 153
대판 1997.11.14. 96다10782 ·················· 420
대판 1997.11.25. 97다29790 ·················· 474
대판 1997.11.28. 97다26098 ·················· 126
대판 1997.11.28. 97다36231 ·················· 107
대판 1997.12.12. 95다38240 ·················· 161
대판 1997.12.12. 97누13962 ·················· 116
대판 1997.12.12. 97다40100 ·················· 390
대판 1997.12.23. 97다37753 ············ 216, 217
대판 1997.12.23. 97다42830 ·················· 330
대판 1997.12.26. 97다22676 ·················· 296

대판 1997.12.26. 97다39421	137
대판 1998.01.20. 96다48527	426
대판 1998.01.23. 96다41496	129
대판 1998.01.23. 97다25118	360
대판 1998.01.23. 97다43406	505
대판 1998.02.10. 97다31113	146
대판 1998.02.10. 97다44737	121, 156
대판 1998.02.22. 96다24101	430
대판 1998.02.27. 97다50985	120
대판 1998.03.10. 97다47118	407, 408
대판 1998.03.10. 97다55829	130
대판 1998.03.13. 95다30345	447
대판 1998.03.13. 97다34112	360
대판 1998.03.13. 97다51506	102
대판 1998.03.13. 97다52493	307
대판 1998.03.13. 97다6919	238
대판 1998.03.27. 97다36996	153
대판 1998.03.27. 97다48982	142
대판 1998.04.24. 98다4798	463, 464, 466
대판 1998.05.15. 97다58538	357, 358
대판 1998.05.29. 97다55317	144
대판 1998.05.29. 98다6497	97, 164
대판 1998.06.12. 96다52670	20
대판 1998.06.12. 96다55631	355
대판 1998.06.12. 97다53762	141
대판 1998.06.12. 98다6800	378, 379
대판 1998.06.26. 97다58170	357
대판 1998.06.26. 98다16456·16463	387
대판 1998.06.26. 98다5777	332, 334
대판 1998.07.24. 96다27988	70
대판 1998.08.21. 97다13702	357
대판 1998.08.21. 98다8974	46
대판 1998.09.22. 98다23706	122
대판 1998.10.02. 98다27197	496
대판 1998.10.13. 98다17046	260, 287
대판 1998.10.20. 98다30537	275
대판 1998.10.20. 98다31691	355
대판 1998.11.24. 98다33765	305, 306, 307
대판 1998.11.27. 98다7421	162
대판 1998.12.08. 98다43137	326
대판 1998.12.22. 98다42356	184
대판 1998.12.22. 98다44376	152
대판 1998.12.23. 97다20649	114
대판 1998.12.23. 97다26142	58
대판 1998.12.23. 98다31264	354
대판 1998.12.23. 98다43175	392
대판 1999.01.26. 97다48906	379
대판 1999.01.29. 98다27470	144
대판 1999.02.05. 97다33997	475
대판 1999.02.09. 98다51220	222
대판 1999.02.23. 98다47924	123
대판 1999.02.23. 98다60828·60835	129
대판 1999.02.26. 98다52469	331
대판 1999.03.12. 98다48989	117
대판(全合) 1999.03.18. 96다23184	503
대판(全合) 1999.03.18. 98다32175	290
대판 1999.03.23. 98다30285	365
대판 1999.03.26. 98다22918·22925	338
대판 1999.03.26. 98다64189	464, 466
대판 1999.04.09. 98다58016	310
대판 1999.04.13. 98다52483	98
대판 1999.04.23. 98다41377	363
대판 1999.04.23. 98다53899	187
대판 1999.05.25. 98다60668	63
대판(全合) 1999.06.17. 98다40459	152, 154
대판(全合) 1999.06.17. 98다58443	444
대판 1999.07.09. 98다13754	199
대판 1999.07.09. 98다29575	422
대판 1999.07.09. 98다57457·57464	404
대판 1999.07.09. 98다9045	49, 126, 401
대판 1999.07.09. 99다12376	307
대판 1999.07.23. 98다31868	351, 352
대판 1999.07.27. 98다35020	412
대판 1999.07.27. 98다61593	265
대판 1999.07.27. 99다14518	434
대판 1999.07.27. 99다19384	55
대판 1999.08.24. 99다22281	271
대판 1999.09.03. 99다24874	461
대판 1999.09.07. 98다47283	533
대판 1999.09.07. 99다10004	214
대판 1999.09.07. 99다27613	19
대판 1999.09.17. 98다31301	477

대판 1999.09.17. 98다63018 ·················· 385	대판 2001.01.16. 2000다51872 ·················· 433
대판 1999.09.21. 2001다73022 ·················· 524	대판 2001.01.19. 2000다11836 ·················· 365
대판 1999.09.21. 99다19032 ·················· 227	대판 2001.01.19. 2000다12532 ·················· 346
대판 1999.09.21. 99다26085 ············ 524, 525	대판 2001.01.19. 2000다44911 ·················· 526
대판 1999.11.23. 99다52602 ·················· 510	대판 2001.01.19. 99다67598 ·················· 143
대판 1999.12.07. 99다39999 ···················· 15	대판 2001.02.09. 99다38613 ·················· 100
대판 1999.12.10. 98다58467 ·················· 465	대판 2001.02.09. 99다48801 ·················· 142
대판 1999.12.24. 98두10387 ·················· 444	대판 2001.02.23. 2000다48135 ·················· 123
대판 1999.12.28. 99다25938 ···················· 17	대판 2001.02.23. 2000다65246 ···················· 18
대판 2000.01.21. 97다1013 ···················· 338	대판 2001.02.27. 2000다44348 ·················· 322
대판 2000.01.21. 99다50538 ·················· 351	대판 2001.03.09. 2000다67884 ·················· 143
대판 2000.01.28. 98다26187 ···················· 72	대판 2001.03.09. 99다13157 ···················· 46
대판 2000.02.11. 99다49644 ·················· 259	대판 2001.03.13. 99다17142 ············ 460, 461
대판 2000.02.11. 99다56833 ·················· 103	대판 2001.03.13. 99다26948 ············ 166, 171
대판 2000.03.10. 99다61750 ···················· 17	대판(全合) 2001.03.15. 99다48948 ·················· 495
대판(全合) 2000.03.16. 97다37661 ·················· 384	대판 2001.03.27. 2000다43819 ·················· 282
대판 2000.03.23. 99다50385 ·················· 140	대판 2001.04.10. 2000다49343 ·················· 101
대판 2000.03.23. 99다64049 ·················· 128	대판 2001.04.10. 2001다12256 ·················· 201
대판 2000.04.07. 99다68768 ·················· 396	대판 2001.04.13. 99다62036·62043 ······ 419, 420
대판 2000.04.11. 99다12123 ·················· 336	대판 2001.04.24. 2000다71999 ···················· 98
대판 2000.04.25. 99다34475 ············ 114, 115	대판 2001.04.24. 2001다6237 ·················· 488
대판 2000.05.12. 99다64999 ·················· 124	대판 2001.04.24. 99다30718 ···················· 94
대판 2000.06.09. 2000다15371 ············ 227, 288	대판 2001.05.08. 2001다4101 ·················· 464
대판 2000.06.09. 99다15122 ·················· 475	대판 2001.05.29. 2000다10246 ·················· 143
대판 2000.06.09. 99다56512 ·················· 257	대판 2001.05.29. 2001다15422·15439 ············ 14
대판 2000.06.09. 99다70860 ···················· 15	대판 2001.06.01. 99다66649 ·················· 524
대판 2000.06.23. 98다31899 ·················· 489	대판 2001.06.12. 99다20612 ·················· 321
대판 2000.07.06. 2000다17582 ···················· 75	대판 2001.06.29. 2001다21991 ···················· 73
대판 2000.07.28. 2000다16367 ·················· 185	대판 2001.08.21. 2001다22840 ············ 328, 330
대판 2000.08.22. 2000다3675 ·················· 248	대판 2001.08.21. 2001다28367 ·················· 468
대판 2000.09.29. 2000다3262 ·················· 318	대판 2001.09.04. 2001다22604 ·················· 415
대판 2000.10.10. 2000다28506·28513 ·················· 236	대판 2001.09.18. 2001다29643 ·················· 195
대판 2000.10.24. 99다33458 ·················· 183	대판(全合) 2001.09.20. 2001다8677 ·················· 417
대판 2000.10.27. 2000다22881 ···················· 76	대판 2001.11.09. 2001다44291 ············ 146, 147
대판(全合) 2000.11.16. 98다45652·45669 ······ 414	대판 2001.11.09. 2001다47528 ·················· 524
대판 2000.11.24. 98다12437 ···················· 69	대판 2001.11.13. 2001다55222 ············ 188, 280
대판 2000.12.08. 2000다14934 ·················· 385	대판 2001.11.13. 2001다55222·55239 ············ 341
대판 2000.12.12. 99다13669 ·················· 274	대판 2001.11.27. 2000다33638·33645 ··· 440, 443
대판 2000.12.22. 2000다55904 ············ 275, 276	대판 2001.11.27. 2001프1353 ···················· 13
대판 2001.01.30. 2000다56112 ·················· 185	대판 2001.11.27. 99다22311 ·················· 521
대판 2001.01.05. 2000다49091 ·················· 450	대판 2001.12.11. 2000다13948 ············ 326, 439

| 대판 2001.12.11. 2001다40213 ·········· 533
| 대판 2001.12.27. 2000다1976 ············ 512
| 대판 2001.12.28. 2000다27749 ············ 84
| 대판 2002.01.08. 2001다60019 ············ 13
| 대판 2002.01.11. 2001다41971 ············ 42
| 대판 2002.01.11. 2001다65960 ············ 31
| 대판 2002.01.25. 2001다52506 ············ 231
| 대판 2002.01.25. 99다62838 ············· 237
| 대판 2002.01.25. 99다63169 ············· 248
| 대판 2002.02.05. 2000다38527 ············ 82
| 대판 2002.02.05. 2001다62091 ············ 476
| 대판 2002.02.26. 2000다48265 ············ 524
| 대판 2002.02.26. 2001다74353 ············ 284
| 대판 2002.03.15. 2001다59071 ············ 344
| 대판 2002.03.15. 2001다77352·77369 ····· 157
| 대판 2002.03.29. 2001다41766 ············ 185
| 대판 2002.04.12. 2000다43352 ············ 318
| 대판 2002.04.12. 2001다82545·82552 ····· 224
| 대판 2002.04.26. 2001다8097 ············· 288
| 대판 2002.04.26. 2001다8097·8103 ······· 397
| 대판 2002.05.31. 2002다9202 ············· 408
| 대판 2002.05.10. 2000다18578 ············ 308
| 대판 2002.05.10. 2000다37296 ············ 228
| 대판 2002.05.14. 2000다62476 ············ 339
| 대판 2002.05.14. 2002다9738 ············· 443
| 대판 2002.05.24. 2002다7176 ······· 514, 525
| 대판 2002.06.11. 99다41657 ············· 531
| 대판 2002.06.14. 2000다30622 ············ 324
| 대판 2002.06.14. 99다61378 ············· 450
| 대판(全合) 2002.06.20. 2002다9660 ···· 466, 510
| 대판 2002.06.28. 2001다49814 ············ 143
| 대판 2002.06.28. 2002다23482 ············ 113
| 대판 2002.07.09. 2001다43922·43939 ····· 441
| 대판 2002.07.12. 2001다46440 ············ 346
| 대판 2002.07.12. 2002다19254 ············ 532
| 대판 2002.07.12. 99다68652 ············· 271
| 대판 2002.07.26. 2000다25052 ············ 131
| 대판 2002.07.26. 2001다36450 ············ 122
| 대판 2002.07.26. 2002다25013 ············ 220
| 대판 2002.08.23. 2001다69122 ············ 474
| 대판 2002.08.23. 99다66564·66571 ···· 174, 395

대판 2002.09.04. 2000다54406 ············ 128
대판 2002.09.04. 2000다54406·54413 ····· 127
대판 2002.09.04. 2002다22083·22090 ····· 420
대판 2002.09.04. 2002다28340 ······· 180, 186
대판 2002.09.06. 2002다35157 ············ 454
대판 2002.09.10. 2002다21509 ············ 337
대판 2002.09.10. 2002다34581 ············ 350
대판 2002.09.24. 2002다27910 ············ 498
대판 2002.09.27. 2002다15917 ············ 324
대판 2002.10.11. 2001다7445 ············· 286
대판 2002.10.11. 2002다33137 ············ 489
대판 2002.10.11. 2002다43851 ············ 418
대판 2002.10.22. 2002다38927 ············ 102
대판 2002.11.08. 2002다28685 ············ 291
대판 2002.11.08. 2002다42957 ············ 317
대판 2002.11.22. 2001다40381 ············ 394
대판 2002.11.22. 2001다6213 ········ 386, 389
대판 2002.11.22. 2002다11496 ············ 455
대판 2002.11.26. 2001다73022 ············ 306
대판 2002.11.26. 2002다34727 ············ 126
대판 2002.12.06. 2001다2846 ········ 223, 277
대판 2002.12.10. 2002다48399 ············ 521
대판 2002.12.24. 2002다50484 ············ 451
대판 2002.12.26. 2000다21123 ······· 456, 457
대판 2002.12.27. 2000다47361 ············ 163
대판 2003.01.10. 2000다26425 ············ 288
대판 2003.01.10. 2000다27343 ············ 313
대판 2003.01.10. 2001다44376 ············ 503
대판 2003.01.24. 2002다61521 ············ 466
대판 2003.02.11. 2000다66454 ············ 375
대판 2003.02.11. 2002다62333 ············ 286
대판 2003.02.28. 2000다65802·65819 ····· 215
대판 2003.03.28. 2000다24856 ······· 254, 262
대판 2003.03.28. 2002다13539 ············ 489
대판 2003.03.28. 2002다72125 ············ 150
대판 2003.03.28. 2003다5917 ············· 403
대판 2003.04.11. 2000다11645 ············ 409
대판 2003.04.11. 2002다59481 ············ 18
대판 2003.04.11. 2002다70884 ······· 122, 124
대판 2003.04.11. 2003다3850 ············· 512
대판 2003.04.11. 2003다5016 ············· 525

대판 2003.04.22. 2003다2390 ················ 11
대판 2003.04.22. 2003다2390·2406 ········· 14
대판 2003.04.22. 2003다7685 ················ 216
대판 2003.04.25. 2002다70075 ··············· 506
대판 2003.05.30. 2002다21592·21608 ······ 79, 80
대판 2003.05.13. 2002다73708·73715 ··· 128, 129
대판 2003.05.27. 2000다73445 ··············· 374
대판 2003.05.27. 2002다69211 ················ 60
대판 2003.06.13. 2003다8862 ················ 175
대판 2003.06.24. 2002다48214 ··············· 118
대판 2003.06.27. 2003다20190 ··············· 206
대판 2003.07.08. 2001다19097 ················ 97
대판 2003.07.08. 2002다74817 ················ 64
대판 2003.07.11. 2001다73626 ··············· 143
대판 2003.07.11. 2003다19558 ··············· 322
대판 2003.07.22. 2002다64780 ··········· 57, 448
대판 2003.07.25. 2001다64752 ··············· 395
대판 2003.07.25. 2002다27088 ················ 55
대판 2003.08.19. 2002다53469 ··············· 407
대판 2003.08.19. 2003다24215 ··············· 185
대판 2003.09.02. 2001다21717 ··············· 374
대판 2003.09.05. 2001다32120 ··············· 140
대판 2003.09.05. 2001다66291 ··············· 521
대판 2003.09.05. 2003다26051 ··············· 509
대판 2003.09.26. 2002다31803 ··············· 285
대판 2003.11.13. 2002다57935 ··············· 401
대판 2003.11.14. 2001다61869 ··············· 393
대판 2003.11.27. 2003다41722 ·········· 169, 170
대판 2003.12.12. 2001다57884 ··············· 319
대판(全合) 2003.12.18. 98다43601 ········ 225, 508
대판 2004.01.15. 2002다31537 ·········· 118, 119
대판 2004.01.16. 2003다30890 ··············· 296
대판 2004.01.27. 2001다24891 ··············· 416
대판 2004.01.27. 2003다46451 ··············· 167
대판 2004.02.12. 2001다10151 ··············· 313
대판 2004.02.13. 2002다7213 ················ 498
대판 2004.02.13. 2003다29043 ··············· 464
대판 2004.02.13. 2003마44 ··················· 136
대판 2004.03.12. 2001다79013 ··············· 190
대판 2004.03.12. 2002도5090 ··············· 450
대판 2004.03.26. 2003다34045 ················ 53
대판 2004.04.23. 2004다5389 ··············· 265
대판 2004.04.23. 2004다8210 ··············· 208
대판 2004.04.27. 2003다29968 ··············· 530
대판 2004.04.27. 2003다37891 ·········· 279, 281
대판 2004.05.13. 2004다10268 ·········· 406, 407
대판 2004.05.13. 2004다2243 ··············· 418
대판 2004.05.28. 2001다81245 ··············· 280
대판 2004.05.28. 2003다70041 ··············· 101
대판 2004.06.11. 2004다13533 ·········· 466, 510
대판 2004.07.09. 2003다46758 ·········· 125, 341
대판 2004.07.22. 2002다51586 ··············· 205
대판 2004.09.03. 2002다37405 ··············· 192
대판 2004.09.03. 2003다22561 ··············· 276
대판 2004.09.03. 2004다27488 ··············· 170
대판 2004.09.24. 2004다27273 ··············· 385
대판 2004.09.24. 2004다31463 ··············· 428
대판 2004.11.11. 2004다37737 ··············· 276
대판 2004.11.11. 2004므1484 ··············· 156
대판 2004.12.09. 2002후567 ················ 437
대판 2004.12.24. 2004다20265 ·········· 336, 341
대판 2005.01.14. 2002다57119 ··············· 249
대판 2005.01.28. 2002다66922 ··············· 457
대판 2005.02.17. 2004다59959 ··············· 295
대판 2005.02.25. 2003다36133 ··············· 357
대판 2005.03.25. 2003다35659 ··············· 475
대판 2005.03.25. 2004다65336 ············ 58, 59
대판 2005.04.14. 2004다63293 ··············· 212
대판(全合) 2005.04.21. 2003다4969 ········· 419
대판 2005.04.29. 2004다71409 ··············· 452
대판 2005.04.29. 2005다664 ················ 456
대판 2005.05.12. 2005다6228 ··············· 122
대판 2005.05.13. 2004다71881 ··············· 364
대판 2005.05.26. 2002다43417 ··············· 422
대판 2005.05.26. 2003다12311 ··············· 276
대판 2005.05.27. 2004다43824 ·········· 129, 160
대판 2005.06.09. 2005다6341 ··············· 302
대판 2005.06.10. 2002다15412·15429 ·········· 516
대판 2005.06.23. 2004다29279 ··············· 504
대판 2005.07.14. 2004다67011 ··············· 302
대판(全合) 2005.07.21. 2002다1178 ········ 4, 6, 75
대판 2005.07.22. 2005다7566 ··············· 192

대판 2005.07.28. 2003다12083 ·················· 301
대판 2005.08.19. 2003다22042 ·················· 269
대판 2005.08.19. 2005다22688 ······ 482, 483, 504
대판(全合) 2005.09.15. 2004다44971 ······ 436, 449
대판 2005.09.28. 2005다8323·8330 ·········· 219
대판 2005.09.29. 2003다40651 ················· 443
대판 2005.10.13. 2003다24147 ········ 325, 355
대판 2005.10.13. 2005다37208 ················· 277
대판 2005.10.28. 2003다69638 ················· 352
대판 2005.10.28. 2005다45827 ··················· 13
대판 2005.11.10. 2003다45496 ················· 418
대판 2005.11.25. 2004다36352 ················· 225
대판 2005.12.22. 2003다55059 ················· 492
대판 2005.12.23. 2003다30159 ··················· 53
대판 2006.01.12. 2005두9873 ··················· 244
대판 2006.01.26. 2003다36225 ··················· 60
대판 2006.01.27. 2003다58454 ················· 515
대판 2006.01.27. 2005다19378 ······ 329, 331, 334
대판 2006.01.27. 2005다52078 ················· 198
대판 2006.02.09. 2005다28426 ················· 355
대판 2006.02.09. 2005다59864 ················· 451
대판 2006.02.23. 2005다53187 ················· 188
대판 2006.03.09. 2004다49693 ················· 238
대판 2006.03.09. 2004다49693·49709 ··· 239, 279
대판 2006.03.10. 2002다1321 ··················· 118
대판 2006.03.10. 2004다742 ····················· 414
대판 2006.03.23. 2005다66534 ··················· 70
대판(全合) 2006.04.20. 2004다37775 ··········· 76
대판 2006.04.27. 2006다4564 ··················· 359
대판 2006.04.28. 2005다76265 ················· 117
대판 2006.05.12. 2005다75910 ················· 425
대판 2006.06.15. 2006다6126·6133 ·········· 459
대판 2006.06.27. 2005다50041 ················· 337
대판 2006.06.29. 2004다3598·3604 ·········· 417
대판 2006.07.28. 2004다54633 ················· 280
대판 2006.08.24. 2004다23110 ······ 317, 321, 322
대판 2006.08.24. 2004다26287 ················· 340
대판 2006.08.24. 2005다61140 ················· 530
대판 2006.08.25. 2005다67476 ················· 277
대판 2006.08.25. 2006다22050 ········ 483, 504
대판 2006.09.22. 2004다51627 ············ 15, 26

대판 2006.09.28. 2004다53050 ················· 452
대판 2006.10.13. 2004다21862 ················· 224
대판 2006.10.26. 2004다24106 ················· 188
대판 2006.10.26. 2004다63019 ················· 281
대판 2006.10.26. 2005다30993 ················· 407
대판 2006.10.26. 2006다29020 ············ 83, 415
대판 2006.10.27. 2005다14502 ················· 526
대판 2006.11.10. 2004다10299 ················· 118
대판 2006.11.23. 2005다13288 ················· 107
대판 2006.11.24. 2006다49307·49314 ······· 439
대판 2006.12.07. 2006다41457 ················· 123
대판 2007.01.11. 2006다50055 ················· 451
대판 2007.01.25. 2006다25257 ················· 340
대판 2007.01.26. 2006다60526 ················· 209
대판 2007.02.08. 2004다64432 ················· 230
대판(全合) 2007.02.15. 2004다50426 ······ 170, 260
대판 2007.02.22. 2005다65821 ·········· 290, 291
대판 2007.03.30. 2005다11312 ················· 296
대판 2007.03.29. 2004다31302 ·············· 16, 17
대판 2007.04.12. 2006다77593 ··················· 64
대판(全合) 2007.04.19. 2004다60072·60089
·· 73, 449
대판 2007.04.26. 2005다34018 ················· 203
대판 2007.04.26. 2005다38300 ················· 524
대판 2007.05.10. 2006다82700 ················· 314
대판 2007.05.10. 2006다82700·82717 ······· 311
대판 2007.06.01. 2005다5812·5829·5836 ······· 126
대판 2007.06.14. 2006다84423 ················· 423
대판 2007.06.15. 2006다5611 ··················· 531
대판 2007.06.15. 2007다6307 ····················· 73
대판 2007.06.29. 2006다66753 ················· 317
대판 2007.07.13. 2006다46421 ················· 531
대판 2007.08.23. 2006다52815 ·········· 122, 124
대판 2007.08.23. 2007다23425 ················· 141
대판 2007.09.06. 2007다31990 ················· 309
대판 2007.09.06. 2007다34982 ··················· 75
대판 2007.09.07. 2005다16942 ················· 482
대판 2007.10.11. 2005다7085 ··················· 325
대판 2007.10.25. 2006다16758 ················· 351
대판 2007.11.15. 2005다31316 ················· 286
대판 2007.11.16. 2005다71659·71666·71673 ··· 15

대판 2007.11.16. 2005다71659·71673 ······ 28, 29
대판 2007.11.29. 2007다51239 ······················ 164
대판 2007.11.29. 2007다53013 ··············· 117, 119
대판 2007.12.13. 2005다52214 ······················ 530
대판 2007.12.13. 2007다57459 ······················ 506
대판 2007.12.14. 2007다18584 ······················ 104
대판(全合) 2007.12.20. 2005다32159 ············· 94
대판 2007.12.27. 2007다54450 ······················ 168
대판 2007.12.27. 2007도5030 ························ 302
대판 2008.01.31. 2007다74713 ······ 135, 142, 145
대판 2008.01.17. 2007다74188 ··············· 122, 123
대판 2008.01.18. 2005다34711 ········· 53, 165, 172
대판 2008.02.01. 2006다32187 ······················ 423
대판 2008.02.14. 2006다18969 ······················ 104
대판 2008.02.14. 2007다33224 ························· 14
대판 2008.02.15. 2005다47205 ······················ 461
대판 2008.02.28. 2007다37394·37400 ············ 533
대판 2008.03.13. 2006다29372·29389 ····· 118, 477
대판 2008.03.13. 2007다73611 ······················ 198
대판 2008.03.13. 2007다76603 ······················ 153
대판 2008.03.14. 2007다11996 ······················ 102
대판 2008.04.10. 2007다76306 ······················ 354
대판 2008.04.11. 2007다27236 ······················ 481
대판 2008.04.24. 2007다44774 ······················ 354
대판 2008.04.24. 2007다84352 ······················ 321
대판 2008.05.08. 2007다22767 ······················ 408
대판 2008.05.08. 2007다36933·36940
·· 81, 82, 433
대판 2008.05.29. 2008다4537 ························· 72
대판 2008.06.26. 2008다19966 ······················ 172
대판 2008.07.10. 2006다43767 ······················ 351
대판 2008.07.10. 2007다44965 ······················ 235
대판 2008.07.10. 2008다12453 ························· 70
대판 2008.07.24. 2006다40461·40478 ············· 18
대판 2008.09.11. 2007다90982 ························· 22
대판 2008.09.11. 2008다15278 ··············· 125, 242
대판 2008.09.25. 2006다37021 ························· 68
대판 2008.09.25. 2007다17109 ························· 57
대판 2008.09.25. 2008다34668 ······················ 278
대판(全合) 2008.11.20. 2007다27670 ············· 78
대판 2008.11.27. 2006다18129 ························· 20

대판 2008.11.27. 2006도4263 ························ 533
대판 2008.11.27. 2008다55290·55306 ············ 455
대판 2008.12.11. 2006다50420 ······················ 417
대판 2008.12.11. 2006다57131 ························· 61
대판 2008.12.11. 2008다12439 ······················ 416
대판 2008.12.24. 2006다53672 ························· 96
대판 2008.12.24. 2008다61172 ························· 96
대판 2009.01.15. 2008다58367 ····· 26, 27, 159, 173
대판 2009.01.15. 2008다70763 ······················ 482
대판 2009.03.12. 2008다36022 ······················ 454
대판 2009.03.12. 2008다65839 ······················ 315
대판(全合) 2009.03.19. 2008다45828 ······ 107, 235
대판 2009.03.26. 2006다47677 ······················ 333
대판 2009.03.26. 2007다63102 ······················ 322
대판 2009.03.26. 2008다34828 214, 395, 457, 479
대판 2009.04.09. 2008다1521 ························· 63
대판 2009.04.23. 2008다96291·96307 ············ 121
대판 2009.05.28. 2007다20440·20457 ············ 174
대판 2009.07.09. 2009다23313 ······················ 457
대판(全合) 2009.07.16. 2007다15172·15189 ··· 425
대판 2009.07.23. 2009다19802·19819 ············ 488
대판 2009.08.20. 2009다32409 ··············· 307, 334
대판 2009.09.24. 2009다15602 ··············· 434, 435
대판 2009.09.24. 2009다37831 ··············· 145, 194
대판 2009.10.15. 2007다83632 ······················ 421
대판 2009.10.29. 2009다45740 ························· 63
대판 2009.11.12. 2009다46828 ······················ 145
대판(全合) 2009.11.19. 2008마699 ·················· 59
대판 2009.11.26. 2009다57033 ························· 53
대판 2009.11.26. 2009다64383 ······················ 448
대판 2009.12.10. 2009다54294 ······················ 440
대판 2009.12.10. 2009다63236 ························· 52
대판 2009.12.24. 2008다71858 ······················ 452
대판 2009.12.24. 2009다51288 ························· 94
대판 2009.12.24. 2009다85342 ······················ 258
대판 2010.01.14. 2009다66150 ······················ 509
대판 2010.01.14. 2009다67429 ······················ 442
대판 2010.02.11. 2009다68408 ······················ 515
대판 2010.02.11. 2009다70395 ························· 60
대판 2010.02.11. 2009다72643 ······················ 128
대판 2010.02.25. 2008다73809 ························· 18

대판 2010.02.25. 2009다83933 ·········· 80, 375	대판 2011.10.13. 2011다10266 ·········· 206
대판 2010.02.25. 2009다86000 ·········· 127	대판 2011.11.10. 2011다55405 ·········· 277
대판 2010.03.25. 2009다35743 ·········· 118	대판 2011.11.10. 2011다62090 ·········· 340
대판 2010.04.08. 2009다80460 ·········· 273	대판 2011.11.24. 2009다19246 ·········· 482
대판 2010.04.08. 2009다93329 ·········· 70	대판 2011.12.22. 2011다84298 ·········· 483
대판 2010.04.15. 2009다96953 ·········· 20	대판 2012.01.12. 2011다74246 ·········· 163
대판 2010.04.15. 2010다57 ·········· 131	대판(全合) 2012.02.16. 2010다82530 ····· 197, 441
대판 2010.04.29. 2007다18911 ·········· 447	대판(全合) 2012.02.16. 2011다45521 ·········· 282
대판 2010.04.29. 2009다91828 ·········· 350	대판 2012.03.29. 2011다38325 ·········· 350
대판 2010.04.29. 2009다96083 ·········· 118	대판 2012.04.12. 2011다107900 ·········· 448
대판 2010.04.29. 2010다1166 ·········· 76	대판(全合) 2012.05.17. 2011다87235 ·········· 313
대판 2010.05.27. 2006다84171 ·········· 438	대판 2012.05.24. 2009다88303 ·········· 306
대판 2010.05.27. 2007다66088 ·········· 21	대판 2012.06.14. 2010다86525 ·········· 96
대판 2010.05.27. 2009다12580 ·········· 171	대판 2012.07.05. 2010다80503 ·········· 322
대판 2010.05.27. 2009다85861 ·········· 334	대판(全合) 2012.10.18. 2010다52140 ·········· 464
대판 2010.05.27. 2009다94841 ·········· 121	대판 2012.11.15. 2011다56491 ·········· 227
대판 2010.07.15. 2009다50308 ····· 103, 104, 156	대판 2012.11.29. 2011다17953 ·········· 304
대판 2010.08.19. 2010다43801 ·········· 405	대판 2013.01.10. 2012다73981 ·········· 384
대판 2010.08.26. 2010다27458 ·········· 531	대판 2013.01.16. 2011다102776 ·········· 106
대판 2010.09.30. 2007다74775 ·········· 448	대판 2013.01.16. 2011다71100 ·········· 496
대판 2010.09.30. 2010도8556 ·········· 454	대판 2013.01.16. 2012다11648 ·········· 274
대판 2010.09.09. 2008다15865 ·········· 20	대판(全合) 2013.01.17. 2010다71578 ····· 412, 414
대판(全合) 2010.09.16. 2008다97218 ·········· 329	대판 2013.02.14. 2012다83100 ·········· 317
대판 2010.10.28. 2010다52799 ·········· 456	대판 2013.02.15. 2012다48855 ·········· 273
대판 2010.11.25. 2010두16431 ·········· 463	대판 2013.02.15. 2012다49292 ·········· 119
대판 2010.12.23. 2008다75119 ·········· 94	대판 2013.02.15. 2012다68217 ·········· 293
대판 2011.01.13. 2010다67159 ·········· 510	대판 2013.02.15. 2012다81913 ·········· 271
대판 2011.01.13. 2010다67890 ·········· 95	대판 2013.02.28. 2010다57350 ·········· 484
대판 2011.02.24. 2009다17783 ·········· 74	대판 2013.02.28. 2011다49608 ·········· 219
대판 2011.03.10. 2010다92506 ·········· 445	대판 2013.02.28. 2011다79838 ·········· 291
대판 2011.04.28. 2008다15438 ·········· 53	대판 2013.02.28. 2012다104366 ·········· 215
대판 2011.04.28. 2010다101394 ·········· 279	대판 2013.02.28. 2012다94155 ·········· 284
대판 2011.05.13. 2010다94472 ·········· 22	대판 2013.03.28. 2012다68750 ·········· 385
대판 2011.05.13. 2011다1941 ·········· 203	대판 2013.04.11. 2009다62059 ·········· 464
대판 2011.05.26. 2010다102991 ·········· 96	대판 2013.04.11. 44969 ·········· 354
대판 2011.06.30. 2010다16090 ·········· 261	대판 2013.04.26. 2011다50509 ·········· 258
대판 2011.06.10. 2011다8980·8997 ·········· 281	대판 2013.04.26. 2011다9068 ·········· 155
대판 2011.06.10. 2011다9013 ·········· 273	대판(全合) 2013.05.16. 2012다202819 ·········· 20
대판 2011.07.28. 2010다76368 ·········· 350	대판 2013.06.28. 2013다13733 ·········· 175
대판 2011.08.25. 2011다24814 ·········· 284	대판(全合) 2013.07.18. 2012다5643 ····· 320, 520
대판 2011.09.08. 2009다49193·49209 ·········· 455	대판 2013.08.22. 2013다32574 ·········· 491

대판 2013.08.22. 2013다35412 ·················· 171
대판 2013.09.12. 2010다95185 ·················· 456
대판 2013.09.13. 2011다69190 ·················· 444
대판(全合) 2013.9.26. 2012다1146·1153 ······ 102
대판 2013.11.14. 2013다65178 ·················· 292
대판(全合) 2013.11.21. 2011두1917 ············ 374
대판 2013.11.28. 2011다80449 ·················· 237
대판 2013.11.28. 2013다48364 ·················· 217
대판 2013.12.12. 2011다78200·78217 ········ 420
대판 2013.12.12. 2013다26647 ·················· 455
대판 2013.12.12. 2013다54055 ·················· 265
대판(全合) 2013.12.18. 2012다89399 ··········· 16
대판 2014.01.16. 2013다30653 ·················· 482
대판 2014.01.23. 2011다108095 ················ 315
대판 2014.01.23. 2013다207996 ················ 519
대판 2014.01.29. 2013다78556 ·················· 443
대판 2014.02.13. 2012다112299·112305 ····· 449
대판 2014.02.13. 2012다204013 ················ 322
대판 2014.02.13. 2012다97864 ·················· 454
대판 2014.02.13. 2012다98843 ···················· 76
대판 2014.02.27. 2011다42430 ·················· 438
대판 2014.02.27. 2013다213038 ················ 149
대판(全合) 2014.03.20. 2009다60336 ·········· 483
대판 2014.03.27. 2010다9473 ···················· 383
대판 2014.03.27. 2012다106607 ················ 157
대판 2014.04.30. 2013다8250 ···················· 271
대판 2014.04.10. 2012다54997 ·················· 127
대판 2014.05.16. 2012다72582 ·················· 205
대판 2014.06.12. 2011다76105 ·················· 336
대판 2014.06.26. 2012다25944 ·················· 438
대판(全合) 2014.07.16. 2011다76402 ······ 167, 172
대판 2014.07.24. 2012다28486 ·················· 218
대판 2014.07.24. 2014다202608 ················ 417
대판 2014.08.28. 2012다102384 ················ 461
대판 2014.09.04. 2011다13463 ·················· 463
대판 2014.09.04. 2011다73038·73045 ········ 509
대판 2014.09.25. 2012다58609 ·················· 534
대판 2014.10.15. 2013다17117 ·················· 266
대판 2014.10.27. 2013다91672 ·················· 502
대판 2014.11.27. 2013다49794 ·················· 125
대판 2014.11.27. 2014다52612 ·················· 370

대판(全合) 2014.12.18. 2011다50233 ·········· 517
대판 2014.12.24. 2011다62618 ············ 402, 482
대판 2014.12.24. 2012다73158 ·················· 463
대판 2014.12.24. 2013다11669 ·················· 407
대판 2015.02.12. 2013다215515 ················ 427
대판 2015.02.26. 2014다21649 ·················· 429
대판 2015.02.26. 2014다63315 ·················· 457
대판 2015.03.20. 2012다17479 ·················· 470
대판 2015.03.20. 2012다99341 ·················· 520
대판 2015.04.09. 2012다2408 ···················· 443
대판 2015.04.23. 2014다231378 ················ 199
대판(全合) 2015.05.21. 2012다952 ············· 319
대판 2015.06.11. 2012다10386 ·················· 270
대판 2015.07.23. 2012다15336·15343·15350·15336
7·15374·15381·15398·15404 ················ 309
대판(全合) 2015.07.23. 2015다200111 ······· 101
대판 2015.07.23. 2015다206850 ················ 468
대판 2015.09.10. 2013다216273 ················ 489
대판 2015.09.10. 2013다55300 ·················· 314
대판 2015.11.17. 2014다10694 ·················· 473
대판 2015.11.26. 2015다212343 ················ 384
대판 2015.12.10. 2013다56297 ·················· 445
대판 2015.12.23. 2012다202932 ················ 457
대판 2015.12.23. 2012다71411 ·················· 232
대판 2016.01.14. 2013다219142 ················ 412
대판 2016.01.14. 2015다206461 ·················· 99
대판 2016.02.18. 2014다61814 ·················· 424
대판 2016.02.18. 2015다241686 ················ 384
대판 2016.02.18. 2015다35560 ···················· 98
대판 2016.03.10. 2013다99409 ·················· 482
대판 2016.03.10. 2014다231965 ················ 518
대판 2016.03.24. 2015다11281 ···················· 99
대판 2016.04.02. 2012다19659 ············ 436, 534
대판 2016.04.02. 2015다221286 ················ 534
대판 2016.04.15. 2013다97694 ·················· 125
대판(全合) 2016.05.19. 2009다66549 ·········· 403
대판 2016.05.26. 2016다203315 ················ 134
대판 2016.05.27. 2015다77212 ·················· 413
대판 2016.06.28. 2012다44358·44365 ········ 166
대판 2016.07.27. 2016다203735 ················ 165
대판 2016.07.29. 2016다214483·214490 ····· 397

대판 2016.08.18. 2013다90402 ·············· 320	대판 2018.05.30. 2017다241901 ············· 306
대판 2016.08.24. 2014다80839 ················ 204	대판 2018.05.15. 2016다211620 ············· 337
대판 2016.08.24. 2016다220679 ·············· 427	대판 2018.06.15. 2016다212272 ············· 130
대판 2016.09.28. 2016다20244 ················ 289	대판 2018.06.28. 2014두14181 ··············· 210
대판 2016.10.27. 2015다52978 ················ 441	대판 2018.06.28. 2016다219419·219426 ······ 416
대판 2016.10.27. 2016다224596 ·············· 420	대판 2018.06.28. 2016다221368 ············· 180
대판(全合) 2016.11.18. 2013다42236 ······· 95, 157	대판 2018.06.28. 2018다210775 ············· 149
대판 2016.11.25. 2013다206313 ·············· 427	대판 2018.07.11. 2016다9261·9278 ············ 15
대판 2016.11.25. 2016다211309 ·············· 283	대판 2018.07.11. 2017다263703 ············· 353
대판 2016.12.01. 2016다240543 ················ 13	대판 2018.07.11. 2017다292756 ············· 274
대판 2016.12.15. 2015다247325 ·············· 405	대판 2018.07.12. 2015다68348 ··············· 360
대판 2016.12.15. 2016다205373 ·············· 377	대판(全合) 2018.07.19. 2017다242409 ······ 167
대판 2017.01.12. 2016다39422 ················ 406	대판 2018.08.30. 2016다46338·46345 ······· 240
대판(全合) 2017.01.19. 2013다17292 ······· 468	대판 2018.09.13. 2015다209347 ············· 340
대판 2017.01.25. 2012다72469 ················ 415	대판 2018.09.13. 2015다78703 ············ 126, 207
대판 2017.02.03. 2016다259677 ················ 96	대판 2018.09.13. 2017두38560 ··············· 12
대판 2017.02.15. 2014다19776·19783 ······· 281	대판(全合) 2018.10.30. 2013다61381 ······· 105
대판 2017.03.09. 2015다217980 ·············· 321	대판(全合) 2018.10.30. 2014다61654 ······· 348
대판(全合) 2017.03.23. 2015다248342 ····· 457	대판 2018.11.29. 2016다48808 ················ 231
대판 2017.04.26. 2014다221777·221784 ······ 521	대판 2019.01.31. 2016다258148 ················ 21
대판 2017.04.26. 2014다72449·72456 ······· 217	대판 2019.01.31. 2017다228618 ············· 314
대판 2017.06.29. 2017다213838 ·············· 148	대판 2019.01.17. 2018다24349 ················ 293
대판 2017.09.07. 2017도9999 ··················· 399	대판(全合) 2019.01.24. 2016다264556 ····· 400
대판 2017.09.21. 2015다50637 ················ 526	대판 2019.02.14. 2017다274703 ············· 488
대판 2017.09.26. 2017다22407 ················ 258	대판(全合) 2019.02.21. 2018다248909 ····· 108
대판(全合) 2017.12.21. 2013다16992 ······· 522	대판 2019.03.14. 2018다255648 ············· 283
대판 2017.12.22. 2013다25194·25200 ······· 158	대판 2019.03.14. 2018다282473 ············· 336
대판 2017.12.22. 2016두49891 ················· 50	대판 2019.04.03. 2018다286550 ············· 300
대판 2018.01.24. 2016다234043 ·············· 481	대판 2019.04.03. 2018다296878 ············· 429
대판 2018.01.24. 2017다37324 ················ 164	대판 2019.05.30. 2015다47105 ··············· 403
대판 2018.02.28. 2016다45779 ················ 291	대판 2019.05.30. 2017다53265 ············ 54, 232
대판 2018.03.15. 2015다69907 ················ 433	대판(全合) 2019.06.20. 2013다218156 ····· 454
대판 2018.03.15. 2017다282391 ·············· 436	대판 2019.06.27. 2017다244054 ················ 63
대판(全合) 2018.03.22. 2012다74236 ······· 355	대판 2019.07.10. 2016다205540 ············· 403
대판 2018.03.27. 2015다3914·3921·3938 ····· 209	대판 2019.08.14. 2016다200538 ············· 230
대판 2018.04.10. 2017다283028 ·············· 489	대판 2019.08.14. 2019다205329 ············· 481
대판 2018.04.12. 2017다271070 ·············· 136	대판 2019.08.14. 2019다216435 ············· 329
대판 2018.04.24. 2017다205127 ·············· 185	대판(全合) 2019.08.22. 2016다48785 ······· 243
대판 2018.04.26. 2016다3201 ··················· 137	대판 2019.09.10. 2019다208953 ················ 59
대판 2018.04.26. 2017다288757 ················ 16	대판 2019.09.26. 2015다208252 ············· 440
대판 2018.05.30. 2017다21411 ················ 242	대판 2019.10.17. 2017다286485 ············· 412

대판(全合) 2019.12.19. 2016다24284 ·············· 303
대판 2020.01.30. 2018다204787 ·················· 271
대판 2020.01.30. 2019다280375 ·················· 119
대판 2020.02.13. 2019다271012 ·················· 292
대판 2020.02.27. 2018다232898 ·················· 413
대판 2020.04.09. 2014다51756·51763(병합) ··· 527
대판 2020.04.09. 2019다216411 ···················· 75
대판 2020.04.09. 2019다294824 ···················· 96
대판(全合) 2020.05.21. 2017다220744 ·········· 417
대판(全合) 2020.05.21. 2018다287522 ·········· 442
대판(全合) 2020.05.21. 2018다879 ················ 312
대판(全合) 2020.08.27. 2016다248998 ·········· 101
대판 2020.11.12. 2017다228236 ···················· 95
대판 2020.12.30. 2017다17603 ···················· 106
대판 2021.01.14. 2020다246630 ·················· 400
대판 2021.02.04. 2019다202795(본소)·202801(반소)
 ·· 398
대판 2021.05.07. 2017다220 ······················· 104
대판(全合) 2021.07.22. 2019다277812 ·········· 289
대판(全合) 2021.9.9. 2018다284233 ········ 455, 456
대판 2021.12.30. 2018다268538 ·················· 117
대판(全合) 2022.07.21. 2017다236749 ·········· 463
대판(全合) 2022.07.21. 2018다248855·248862 301
대판(全合) 2022.08.25. 2017다257067 ·········· 415
대판(全合) 2022.08.25. 2018다205209 ·········· 373
대판(全合) 2022.08.25. 2019다229202 ·········· 311
대판 2022.08.25. 2021다311111 ·················· 291
대판 2023.01.12. 2020다296840 ·················· 492
대판 2023.01.12. 2021다201184 ·················· 293
대판 2023.02.02. 2022다276703 ···················· 22
대판 2023.03.30. 2022다289174 ·················· 225
대판 2023.04.13. 2021다271725 ·················· 410
대판 2023.04.27. 2022다273018 ·················· 479
대판 2023.04.27. 2023두30833 ····················· 51
대판(全合) 2023.05.11. 2018다248626 ············ 6

[대법원 결정]

대결 1957.10.14. 4290민재항104 ················· 42
대결 1961.03.20. 4294민재항50 ·················· 513
대결 1961.11.23. 4294민재항1 ····················· 44
대결 1965.02.09. 64스9 ································ 40
대결 1968.01.11. 67마756 ·························· 526
대결 1968.04.24. 68마330 ·························· 504
대결 1968.04.24. 68마576 ·························· 504
대결 1971.05.15. 71마251 ·························· 524
대결 1974.10.26. 74마440 ·························· 514
대결 1977.04.13. 77마90 ···························· 473
대결 1983.12.02. 83마201 ·························· 135
대결 1986.10.10. 86스20 ······························ 44
대결 1992.03.10. 91마256 ·························· 473
대결 1993.12.27. 93마1655 ························ 312
대결 1994.01.24. 93마1736 ························ 512
대결 1995.05.12. 93마44531 ························ 22
대결 1997.05.01. 97마384 ·························· 454
대결 1997.11.27. 97스4 ································ 43
대결 1998.09.02. 98마100 ·························· 308
대결 1999.04.20. 99마146 ·························· 513
대결 2000.08.16. 99그1 ······························ 491
대결 2001.06.15. 2000마2633 ···················· 452
대결 2004.03.29. 2003마1753 ···················· 462
대결 2005.11.14. 2004그31 ························ 415
대결 2007.11.30. 2005마1130 ···················· 238
대결 2008.05.30. 2007마98 ························ 479
대결 2009.01.30. 2006마930 ························ 54
대결 2010.01.14. 2009마1449 ···················· 412
대결 2011.01.31. 2010스165 ························ 44
대결 2017.12.01. 2017그661 ················· 59, 62
대결 2018.07.20. 2017마1565 ······················ 70
대결 2019.02.28. 2018마800 ························ 71
대결 2020.04.24. 2019마6918 ···················· 241
대결 2021.07.29. 2019마6152 ···················· 293

[헌법재판소 결정]

헌재 1991.04.01. 89헌마160 ······················· 349
헌재 2013.12.26. 2011헌바234 ···················· 211

지은이 **김춘환**

[약 력]
부산대학교 법과대학 사법학과 졸업
부산대학교 일반대학원 법학과 석사과정(민사법 전공) 수료
중앙대학교 일반대학원 법학과 박사과정(Ph.D, 민사법 전공) 수료
(前) 평생교육진흥원 학점은행 교강사(민법, 민소법)
(現) 차세대콘텐츠재산학회 이사(회장 이규호 중앙대 법학전문대학원 교수)
(現) 중앙법학회 이사
(現) 한국법제연구원 법령번역센터 전문가 과정 강사(민법, 민소법)
(주) 윌비스 한림법학원 공인노무사, 감정평가사 민사법 전임교수
(주) 윌비스 나무경영아카데미 세무사 민법 전임교수
공단기, 법검단기, 경찰간부단기 민사법 대표 교수

[주요저서]
THEME 민사소송법
THEME 민사소송법 주관식 핵심암기장
FORTUNE 민사법(민법·민소법) 최신판례(학연, 2020)
FORTUNE 수험민법입문(학연, 2020)
FORTUNE 민사법 법령집(학연, 2020)
FORTUNE 민법(학연, 2020)
FORTUNE 객관식 민사소송법의 종결(학연, 2020)
FORTUNE 객관식 민법의 종결(학연, 2020)
김춘환 민사소송법 필기노트(학연, 2021)
FORTUNE 민사소송법 중요지문 OX(학연, 2022)
FORTUNE 수험 민사소송법 입문(학연, 2022)
FORTUNE 민법 중요지문 OX(학연, 2022)
FORTUNE 민사소송법(학연, 2022)
FORTUNE 슬림한 민사소송법 조문집(학연, 2023)
FORTUNE 完打 민사소송법 암기장(학연, 2023)

FORTUNE 完打 민법개론(재산법) -조문·이론·판례-

발행일 : 2023년 07월 04일
저 자 : 김 춘 환
발행인 : 이 인 규
발행처 : 도서출판 (주)학연
주 소 : 서울시 관악구 호암로 602, 7층
전 화 : 02-887-4203   팩 스 : 02-6008-1800
출판등록 : 2012.02.06. 제2012-13호
www.baracademy.co.kr / e-mail : baracademy@naver.com

정가 : 33,000원   ISBN : 979-11-5824-896-3(93360)

저자와 협의하여
인지를 생략함

* 파본은 구입하신 서점에서 바꿔드립니다
* 본 서는 저작권법에 의하여 보호를 받는 저작물이므로 무단 전재와 복제를 금합니다.